D1823399

Veröffentlichungen des
Deutschen Historischen Instituts London

Publications of the
German Historical Institute London

Veröffentlichungen
des Deutschen Historischen
Instituts London

Herausgegeben von Hagen Schulze

Band 51

Publications of the
German Historical Institute
London

Edited by Hagen Schulze

Volume 51

R. Oldenbourg Verlag München 2002

Willibald Steinmetz

Begegnungen vor Gericht

Eine Sozial- und Kulturgeschichte des
englischen Arbeitsrechts (1850–1925)

R. Oldenbourg Verlag München 2002

Die Deutsche Bibliothek – CIP-Einheitsaufnahme

Steinmetz, Willibald:
Begegnungen vor Gericht : eine Sozial- und Kulturgeschichte des englischen
Arbeitsrechts (1850 - 1925) / Willibald Steinmetz. - München : Oldenbourg, 2002
  (Veröffentlichungen des Deutschen Historischen Instituts London ; Bd. 51)
  Zugl.: Bochum, Univ., Habil.-Schr., 2000
  ISBN 3-486-56589-3

© 2002 Oldenbourg Wissenschaftsverlag GmbH, München
Rosenheimer Straße 145, D - 81671 München
Internet: http://www.oldenbourg-verlag.de

Umschlaggestaltung: Dieter Vollendorf, München
Gedruckt auf säurefreiem, alterungsbeständigem Papier (chlorfrei gebleicht).
Gesamtherstellung: R. Oldenbourg Graphische Betriebe Druckerei GmbH, München

ISBN 3-486-56589-3

INHALTSVERZEICHNIS

EINLEITUNG

Im ersten Band des „Kapital", im Kapitel über „Maschinerie und große Industrie", berichtet Karl Marx in einer seiner materialgesättigten Fußnoten über zwei Gerichtsfälle. Sie sollen veranschaulichen, wie die englische Justiz half, die Arbeiter unter die „kasernenmäßige Disziplin" des Fabrikregimes zu zwingen.[1]

Der eine Fall spielt in Sheffield, Ende 1866. Dort hatte sich ein Arbeiter für 2 Jahre in eine Metallfabrik verdingt. Infolge eines Zwistes mit dem Fabrikanten verließ er die Fabrik und erklärte, unter keinen Umständen mehr für ihn arbeiten zu wollen. Wurde wegen Kontraktbruchs verklagt, zu zwei Monaten Gefängnis verurteilt. (Bricht der Fabrikant den Kontrakt, so kann er nur civiliter verklagt werden und riskiert nur eine Geldbuße.) Nach Absitzen der zwei Monate stellt derselbe Fabrikant ihm Ladung zu, dem alten Kontrakt gemäß in die Fabrik zurückzukehren. Arbeiter erklärt, Nein. Den Kontraktsbruch habe er bereits abgebüßt. Fabrikant verklagt von neuem, Gericht verurteilt von neuem, obgleich einer der Richter, Mr. Shee, dies öffentlich als juristische Ungeheuerlichkeit denunziert, wonach ein Mann sein ganzes Leben durch periodisch für dasselbe identische Vergehn, resp. Verbrechen, wieder und wieder bestraft werden könne. Dieses Urteil wurde gefällt nicht von den „Great Unpaid", provinzialen Dogberries, sondern zu London, von einem der höchsten Gerichtshöfe.[2]

Der zweite Fall spielt in Wiltshire, Ende November 1863. Ungefähr 30 Dampfstuhlweberinnen, in der Beschäftigung eines gewissen Harrupp, Tuchfabrikant von Leower's Mill, Westbury Leigh, machten einen strike, weil dieser selbe Harrupp die angenehme Gewohnheit hatte, ihnen für Verspätung am Morgen Lohnabzug zu machen, und zwar 6d. für 2 Minuten, 1 sh. für 3 Minuten und 1 sh. 6d. für 10 Minuten. (...) Harrupp hat ebenfalls einen Jungen bestellt, um die Fabrikstunde zu blasen, was er selber manchmal vor 6 Uhr morgens tut, und wenn die Hände nicht grade da sind, sobald er aufhört, werden die Tore geschlossen und die draußen in Geldbuße genommen; und da keine Uhr im Gebäude, sind die unglücklichen Hände in der Gewalt des von Harrupp inspirierten jugendlichen Zeitwächters. Die im „strike" begriffnen Hände, Familienmütter und Mädchen, erklärten, sie wollten wieder ans Werk gehn, wenn der Zeitwächter durch eine Uhr ersetzt und ein rationellrer Straftarif eingeführt würde. Harrupp zitierte 19 Weiber und Mädchen vor die Magistrate wegen Kontraktsbruch. Sie wurden verurteilt zu je 6d. Strafe und 2 sh. 6d. Kosten, unter lauter Entrüstung des Auditoriums. Harrupp wurde vom Gericht weg von einer zischenden Volksmasse begleitet.[3]

---

[1] Karl Marx, Das Kapital, Bd. 1, MEW 23, S. 447 (MEGA² II.5., S. 348 f.)

[2] Marx, Kapital, MEW 23, S. 448 (MEGA² II.5., S. 349). Als „Great Unpaid" bezeichnete man die unbezahlten Laienfriedensrichter. Marx nannte deren Gerichte an anderer Stelle „die Patrimonialgerichte der herrschenden Klassen" (MEW 23, S. 306; MEGA² II.5., S. 229). *Dogberry* = botanisch: Hundsbeere, im übertragenen Sinne: dummer, geschwätziger Amtsträger.

[3] Marx, Kapital, MEW 23, S. 448 f. (MEGA² II.5., S. 349 f.)

Auch dem abgeklärten Leser von heute teilt sich noch die durch ironische Einblendungen kaum gemilderte Empörung mit, die Marx empfunden haben muß, als er diese Zeilen aus irgendwelchen Zeitungsartikeln oder Kommissionsberichten in seine Notizhefte abkritzelte und dann in sein Manuskript einfügte. Wie man die Gerichtsurteile zu bewerten hat – und es besteht kein Grund zu zweifeln, daß sich die beiden Fälle so oder ähnlich tatsächlich zugetragen haben – scheint klar. Es gibt dafür einen Ausdruck, den Marx zwar hier nicht verwendet, aber der seinen Zeitgenossen durchaus geläufig war: ‚Klassenjustiz‘. Sinngemäß meinte Marx genau das, wenn er die „englische Jurisdiktion" an anderer Stelle als den stets getreuen „Knecht des Kapitals" bezeichnete und im Zusammenhang mit seinen Ausführungen über die fehlende Durchsetzung der Fabrikgesetze davon sprach, daß in den Friedensgerichten „die Herrn Fabrikanten über sich selbst zu Gericht" saßen.[4]

‚Klassenjustiz‘ – das meint im alltäglichen Sprachgebrauch den Sachverhalt, daß Richter aufgrund ihrer sozialen Zugehörigkeit bestimmte Vorurteile und Ideologien teilen, die den Mächtigen einer Gesellschaft eigen sind. Wer den Begriff verwendet, geht davon aus, daß die bürgerlichen Richter, selbst wenn sie neutral sein wollen, gar nicht anders können, als die Spielräume, die das Gesetz aufgrund seiner Allgemeinheit lassen muß, einseitig zum Nachteil der Schwächeren auszulegen. ‚Klassenjustiz‘ in diesem Sinne ist nicht gleichbedeutend mit Rechtsbeugung.[5] Die Urteile in den beiden von Marx berichteten Fällen waren nach den damaligen Grundsätzen des englischen Rechts juristisch vertretbar. Freilich wären nach den gleichen Grundsätzen auch andere Entscheidungen möglich gewesen, wie der Protest zumindest des einen Richters in dem Fall aus Sheffield zeigt.

Hätte es also genügt, das Justizpersonal auszutauschen und Fabrikanten von den Friedensrichterbänken fernzuhalten, um derartige „Ungeheuerlichkeiten" zu verhindern? Der Ausdruck ‚Klassenjustiz‘ mit seiner Fixierung auf die soziale Zugehörigkeit der beteiligten Personen legt das nahe, und so ist er von den englischen Arbeitern zu Marx' Zeiten auch verstanden worden. Eben wegen dieser personalisierenden Sicht ist aber der Begriff für eine historische Langzeituntersuchung des Verhältnisses zwischen Rechtssystem und Arbeitswelt wenig geeignet. Er engt die Fragestellung von vorn-

---

[4] Marx, Kapital, MEW 23, S. 313 (MEGA² II.5., S. 236); MEW 23, S. 306 (MEGA² II.5., S. 229).

[5] Vgl. die definitorischen Bemerkungen bei Ernst Fraenkel, Zur Soziologie der Klassenjustiz (1927), wieder in: ders., Zur Soziologie der Klassenjustiz und Aufsätze zur Verfassungskrise 1931–32, Darmstadt 1968, S. 1–41, S. 36 f. u. 40 f.

herein auf einen – zwar nicht unwichtigen, aber doch zeitlich und sachlich beschränkten – Gesichtspunkt ein. Was dem Begriff damals seine polemische und identitätsstiftende Kraft verlieh, die Argumentation *ad hominem*, macht ihn als analytische Kategorie für eine umfassende Sozial- und Kulturgeschichte des Arbeitsrechts, wie sie hier vorgelegt wird, unbrauchbar.[6]

Ungleichheiten vor Gericht sind allerdings ein nicht zu vermeidendes Thema, wenn man sich mit Theorie und Wirklichkeit des Arbeitsrechts im Industriezeitalter beschäftigt. Das gilt nicht nur für England als erste Industrienation der Welt, sondern auch für andere Länder.[7] Ungleichheiten werden uns daher in den Hunderten von Fallgeschichten, die den Stoff dieses Buches bilden, immer wieder begegnen. Voreingenommene oder befangene Richter sind nur ein Teilaspekt dieser Geschichte. Ein anderer Aspekt sind die ungleichen Chancen, mit denen ungebildete und finanzschwache Kläger und Beklagte in allen Rechtssystemen zu rechnen haben. Glaubt man dem Zeugnis der Kritiker, waren die Zugangsbarrieren zur Justiz in England für Arme besonders hoch. Schließlich enthielt das Recht selbst Asymmetrien, die vor Gericht zu Ungleichbehandlungen führten. Marx macht darauf aufmerksam, daß Arbeitgeber, wenn sie ihre Verpflichtungen aus dem Vertrag nicht erfüllten, nur „civiliter" belangt werden konnten, während Arbeiter für Vertragsbruch strafrechtlich verfolgt wurden.[8] Das gleiche Fehlverhalten zog also ungleiche Sanktionen nach sich. Man kann noch weitergehen, als Marx es an dieser Stelle tut, und feststellen, daß die Rechtsfigur des Vertrags selbst, angewendet auf Arbeitsverhältnisse, eine Ungleichbehandlung darstellen konnte. Denn die in der Figur des Vertrags mitgedachte Vorstellung, daß Arbeiter und Arbeitgeber gleich frei waren, einen Vertrag zu schließen oder es bleiben zu lassen, hatte mit der Realität des Arbeitslebens im Industriezeitalter wenig zu tun. Die gleiche Freiheit der Vertragschließenden war eine Fiktion der Jurisprudenz, hinter der sich das tatsächliche Abhängigkeitsverhältnis verbarg.[9]

---

6 Es ist gewiß möglich und auch versucht worden, den Begriff ‚Klassenjustiz' in einer theoretisch anspruchsvolleren Weise zu definieren. Dennoch bleibt er eine starre und zeitgebundene Kategorie, die den Blick auf andere Aspekte der Entwicklung des Verhältnisses von Recht und Sozialbeziehungen versperrt.

7 Hierzu die Beiträge in: Willibald Steinmetz (Hg.), Private Law and Social Inequality in the Industrial Age. Comparing Legal Cultures in Britain, France, Germany and the United States, Oxford 2000.

8 Diese Gesetzeslage galt bis 1875. In der vierten Auflage des „Kapital" (1890) fügte Friedrich Engels hinzu, daß der Arbeiter nunmehr dem Arbeitgeber beim Kontraktbruch „gleichgestellt" sei, indem nun auch er nur zivilrechtlich belangt werden könne, MEW 23, S. 448.

9 Vgl. eine von vielen klassischen Formulierungen dieses Sachverhalts bei: Josef Karner [i.e. Karl Renner], Die soziale Funktion der Rechtsinstitute, in: Max Adler u. Rudolf Hilferding

War der Arbeiter in Wirklichkeit nicht frei, einen Vertrag einzugehen oder es zu lassen, so hatte er auch auf den Inhalt des Vertrags kaum Einfluß. Gleichwohl gingen die Gerichte davon aus, daß die Arbeiter den einseitig diktierten Fabrikordnungen bei Arbeitsantritt ‚zugestimmt' hatten, so daß die Bestimmungen der Fabrikordnung, wie im Falle der dreißig in Streik getretenen Dampfstuhlweberinnen, als implizite Bestandteile der Individualverträge gewertet wurden. Das Recht behandelte also hier Ungleiches, die ungleiche Verhandlungsmacht der Vertragschließenden, gleich. Dies war eine versteckte Asymmetrie im Recht als die viel offensichtlichere Ungleichheit der Sanktionen. Die Dampfstuhlweberinnen scheinen indes das Prinzip des Vertrags und der Fabrikordnung als impliziten Bestandteil desselben akzeptiert zu haben; sie forderten lediglich eine rationellere, willkürfreie Zeitmessung und Strafgeldpraxis.

Was die Weberinnen aus Wiltshire und der zweimal verurteilte Arbeiter aus Sheffield wirklich dachten, wie sie und die anwesenden Zuschauer die Rechtsprechung erlebten, welche Schlußfolgerungen sie daraus für ihr künftiges Verhalten vor Gericht und außerhalb der Gerichte zogen, läßt sich den Fallberichten nur ansatzweise entnehmen. Hier bleiben viele Fragen offen. Die ‚zischende Volksmasse', die den Fabrikanten Harrupp aus dem Gerichtssaal begleitete, deutet darauf hin, daß punktuelle Proteste vorkamen, aber hatten diese Proteste weitergehende Konsequenzen? Führten Skandalurteile wie in den beiden zitierten Fällen zu einem generellen Vertrauensverlust der englischen Arbeiterschaft in die Justiz? Welche Chancen hatten Arbeiter, wenn sie ihrerseits, wie es das Gesetz erlaubte, ihre Arbeitgeber „civiliter" verklagten, zum Beispiel wegen unbezahlten Lohns, ungerechtfertigter Entlassung, nicht vertragsgemäßer Strafgeldbemessung oder Verletzung infolge eines Arbeitsunfalls? Machten englische Arbeiter überhaupt vom Rechtsweg Gebrauch, um ihre Streitigkeiten mit den Arbeitgebern auszufechten?

Man meint, die Antwort auf diese Fragen zu kennen. Die Geschichten des englischen Arbeitsrechts und der Arbeitsbeziehungen im 19. und frühen 20. Jahrhundert konzipieren das Verhältnis zwischen Recht und Arbeiterschaft durchweg antagonistisch. Die Justiz erscheint im wesentlichen nur als strafende Gewalt, die Richter stets bestrebt, durch spitzfindige Wortklaubereien die wenigen Freiräume, die das staatliche Gesetz den Gewerkschaften und den einzelnen Arbeitern ließ, noch weiter zu beschneiden.

(Hg.), Marx-Studien. Blätter zur Theorie und Politik des wissenschaftlichen Sozialismus, Bd. 1 (Wien 1904), ND Glashütten 1971, S. 65–192, S. 107. Renner bezog sich hier auf exakt die Stelle im „Kapital", an der auch die beiden von mir zitierten Gerichtsfälle erscheinen.

Einzelne Gerichtsfälle, ähnlich empörend wie die beiden aus Sheffield und Wiltshire, bilden die Knotenpunkte dieser Erzählungen. Sie plausibilisieren die These, ohne den Beweis im Detail zu führen, daß es zwischen Arbeiterschaft und Recht im Laufe des 19. und frühen 20. Jahrhunderts zu einer Entfremdung gekommen sei. Damit wird zugleich erklärt – zumindest ist dies das Telos der Erzählungen –, warum die industriellen Beziehungen in Großbritannien bis heute vergleichsweise staats- und rechtsfern geblieben sind. Die negativen Erfahrungen mit der Justiz hätten dazu geführt, daß Arbeiter und Gewerkschaften sich von der rechtsförmigen Lösung von Konflikten verabschiedet und statt dessen ganz auf ihre kollektive Kampfstärke besonnen hätten. So erscheint es dann auch folgerichtig, daß es in England, anders als in den meisten kontinentaleuropäischen Staaten, bis 1971 nicht zur Ausbildung einer gesonderten Gerichtsbarkeit für individuelle Arbeitsstreitigkeiten gekommen ist.[10] Es bestand einfach, so die allgemein vertretene Auffassung, kein Bedarf dafür, weil das kollektive Verhandlungssystem und betriebsinterne Beschwerdeprozeduren die Funktionen erfüllten, die etwa in Deutschland von den Arbeitsgerichten wahrgenommen wurden.

Diese große Entfremdungserzählung, beglaubigt durch die darin eingebetteten kleinen Fallgeschichten, besitzt eine geradezu mythische Qualität. Sie hat sich tief in das soziale und kulturelle Gedächtnis der Arbeiterschaft eingegraben. Ihre Wiederholung bestärkte die englische Arbeiterbewegung mindestens bis in die siebziger Jahre des 20. Jahrhunderts in ihrer Abwehrhaltung gegen Recht und Justiz. Wie beim Kollektiv, so auch bei den Individuen. „Die meisten Arbeiter", so beginnt der bekannteste englische Arbeitsrechtler der Gegenwart sein grundlegendes Werk, „wünschen vom Recht nichts anderes, als in Ruhe gelassen zu werden."[11] Was für die englischen Arbeiter gilt, traf umgekehrt vom Ende des Ersten Weltkriegs bis zum Beginn der Ära Margaret Thatchers auch auf die Juristen zu: „Es gibt vielleicht kein anderes großes Land der Welt, in dem das Recht eine unbedeutendere Rolle bei der Gestaltung der industriellen Beziehungen gespielt hat als in Großbritannien...", so formulierte im Jahr 1954 Otto Kahn-

---

10 Die Vorläufer der heutigen *industrial tribunals* entstanden 1964, aber erst 1971 erhielten sie durch den *Industrial Relations Act* jurisdiktionelle Kompetenzen, die sie annähernd vergleichbar mit den Arbeitsgerichten in Deutschland und anderen Staaten werden ließen. Vgl. Ralf Rogowski, Industrial Relations, Labour Conflict Resolution and Reflexive Labour Law, in: ders. u. Ton Wilthagen (Hg.), Reflexive Labour Law. Studies in Industrial Relations and Employment Regulation, Deventer u. Boston 1994, S. 53–93, S. 80ff.

11 K.W. Wedderburn, The Worker and the Law, 2. Aufl. Harmondsworth 1971, S. 13: „Most workers want nothing more of the law than that it should leave them alone."

Freund, der Begründer der englischen Arbeitsrechtswissenschaft.[12] Verläßt man sich auf diese Autoritäten, scheint meine Frage nach dem individuellem Klageverhalten und Rechtsbewußtsein englischer Arbeiter in der zweiten Hälfte des 19. und im frühen 20. Jahrhundert wenig Erkenntnisgewinn zu versprechen. Das Ergebnis, die aus dem Vertrauensverlust der Arbeiter entstandene Entrechtlichung der Arbeitsbeziehungen in England, stände schon fest. Wozu also eine Sozial- und Kulturgeschichte des englischen Arbeitsrechts im industriellen Zeitalter?

Erkenntnisinteresse

Die skizzierte große Erzählung operiert mit zahlreichen Unbekannten. Sie ist suggestiv, aber empirisch nur schwach belegt. Dies beginnt schon bei den elementaren Fragen. So ist bisher noch nie untersucht worden, in welchem Umfang die ordentlichen Gerichte in England[13] von Arbeitnehmern und Arbeitgebern für Streitigkeiten untereinander genutzt worden sind. Wir wissen nicht, wie oft geklagt wurde, wie sich die Klagetätigkeit auf Arbeitnehmer und Arbeitgeber verteilte und welchen Erfolg die Klagen hatten. Bevor vage über Vertrauensverluste und Entfremdung zwischen Recht und Arbeitswelt in der kritischen Phase des späten 19. und frühen 20. Jahrhunderts spekuliert wird, ist es notwendig, diese Fragen auf breiter Grundlage zu klären. Das ist das erste Ziel der vorliegenden Arbeit. Hierfür genügt es nicht, wie in der traditionellen Rechtsgeschichte üblich, lediglich die Entscheidungen der *Common law*-Gerichtshöfe in London zu betrachten. Schon wegen der hohen Prozeßkosten gelangte nur ein winziger Bruchteil aller Arbeitsstreitigkeiten vor diese höchsten Instanzen der englischen Justiz. Im Zentrum meiner Untersuchung steht daher die Rechtsprechung der Lokalgerichte.

Hier ist es wiederum nicht ausreichend, sich allein mit den von Marx und vielen anderen vor und nach ihm kritisierten Friedensgerichten zu beschäftigen. Die Zuständigkeit der Friedensrichter in Arbeitsstreitigkeiten war

---

12 Otto Kahn-Freund, Legal Framework, in: Allan Flanders u. H.A. Clegg (Hg.), The System of Industrial Relations in Great Britain. Its History, Law and Institutions, Oxford 1954, S. 42–127, S. 44: „There is, perhaps, no major country in the world in which the law has played a less significant rôle in the shaping of these relations than in Great Britain and in which to-day the law and the legal profession have less to do with labour relations."

13 Wenn im folgenden von England gesprochen wird, so ist Wales stets mitgemeint. Schottland wurde wegen des teilweise anderen Rechtssystems nicht berücksichtigt, auch wenn die meisten Ergebnisse mit geringen Modifikationen übertragbar sein dürften. Irland blieb aus der Untersuchung ausgeschlossen.

personell, sachlich und vom Streitwert her begrenzt. Sie erstreckte sich nur auf Handarbeiter, betraf im wesentlichen nur Rechte und Pflichten, die sich aus ‚Dienstverträgen' ergaben, und endete bei einer Streitwertgrenze von zehn Pfund. Für alle anderen Streitsachen mußten sich englische Arbeitnehmer und Arbeitgeber an die Grafschaftsgerichte wenden. Im Jahr 1847 eingerichtet, bildeten die Grafschaftsgerichte die untere Ebene der englischen Zivilgerichtsbarkeit. Sie waren zuständig für alle vertrags- und deliktsrechtlichen Streitigkeiten bis zu einem Streitwert von £ 50 (1903 erhöht auf £ 100). Im späten 19. und frühen 20. Jahrhundert wurden in den englischen Grafschaftsgerichten Jahr für Jahr über eine Million Klagen erledigt. Darunter waren auch Arbeitsstreitigkeiten, aber wieviele es waren, worum es dabei ging, welche soziale Stellung die Prozeßparteien hatten und wie es um ihre Erfolge bestellt war, ist unbekannt. Gibt es zu den Arbeitsstreitigkeiten vor den Friedensgerichten immerhin einige Studien, die sich allerdings sämtlich nur auf die Zeit vor 1875 beziehen, hat die rechts- und sozialgeschichtliche Forschung das Geschehen in den Grafschaftsgerichten bisher fast völlig ignoriert.[14] Dieses ist um so merkwürdiger, als Arbeitsstreitigkeiten in England seit 1875 bis auf wenige Ausnahmen eine Angelegenheit des Zivilrechts waren. Die noch von Marx beklagte Ungleichbehandlung vor Gericht wurde also zumindest in diesem Punkt beseitigt.

Die Konzentration der bisherigen Forschungen zum englischen Arbeitsrecht auf den strafenden Aspekt der Rechtsprechung und die damit einhergehende Vernachlässigung der niederen Zivilgerichtsbarkeit hat mehrere Gründe. Generell trifft es auch für andere Länder zu, daß sich sozial- und kulturgeschichtliche Untersuchungen zur Rechtswirklichkeit überwiegend auf Kriminalfälle beschränkt haben, während sich die von Juristen betriebene rechtshistorische Forschung erst in den letzten Jahren langsam von der Konzentration auf die Geschichte der höchstrichterlichen Urteilspraxis, der Gesetzgebung und der Rechtstheorie zu lösen beginnt.[15] Die Normalität

---

14 Um die Einleitung von umfangreichen Fußnoten zu entlasten, wird überall dort auf ausführliche Literaturangaben verzichtet, wo sich Kommentare zur Forschung und entsprechende Nachweise im Text finden. Vgl. hier Kap. I.2. (Gesetzgebung zu *master and servant*), II.2. (Friedensgerichte) und II.3 (Grafschaftsgerichte). Hervorzuheben sind insbesondere die Arbeiten von Douglas Hay und Gerry M. Rubin.

15 Vgl. die folgenden Forschungsberichte: Barbara Dölemeyer, Justizforschung in Frankreich und Deutschland, in: Zeitschrift für Neuere Rechtsgeschichte 18 (1996), S. 288–299; Joachim Eibach, Kriminalitätsgeschichte zwischen Sozialgeschichte und Historischer Kulturforschung, in: Historische Zeitschrift 263 (1996), S. 681–715; Joachim Rückert, Zeitgeschichte des Rechts: Aufgaben und Leistungen zwischen Geschichte, Rechtswissenschaft, Sozialwissenschaft und Soziologie, in: Zeitschrift der Savigny-Stiftung für Rechtsgeschichte, Germanist. Abt., 115 (1998), S. 1–85. Hannes Siegrist u. David Sugarman, Geschichte als historisch-

der Ziviljustiz fiel lange gleichsam zwischen die Interessen der Disziplinen. Postulate, diesen Zustand zu ändern, gibt es inzwischen recht viele, gehaltvolle empirische Studien dagegen kaum, vor allem nicht für das spätere 19. und das 20. Jahrhundert.[16] Wie etwa in deutschen Amtsgerichten des Kaiserreichs Recht gesprochen wurde, wie die Laien diese Rechtsprechungspraxis aufnahmen, ist ebenso unbekannt wie die Realität in den englischen Grafschaftsgerichten, es sei denn, man könnte sich darauf verlassen, daß die Produzenten der Fernsehserie „Königlich bayerisches Amtsgericht" sorgfältige historische Recherchen angestellt hätten.

Was nun das englische Arbeitsrecht angeht, so rührt die unbefriedigende Forschungslage nicht nur aus diesen allgemeinen, disziplinär bedingten Blindstellen, sondern auch aus der Sogwirkung, die von der oben skizzierten großen Entfremdungserzählung auf die Definition der Erkenntnisinteressen ausgegangen ist. Britische Sozialhistoriker waren lange – und sind immer noch – vom Phänomen der Klassengesellschaft obsessioniert. In der Zeit zwischen den Weltkriegen, zugespitzt im Generalstreik von 1926, erfuhr der Klassengegensatz seine schärfste Ausprägung. Historikern der Arbeiterbewegung im engeren Sinne ging es in diesem Zusammenhang vor allem um den Prozeß der Selbstfindung der Arbeiterklasse und der Selbstbehauptung der Trade Unions als ihres institutionellen Kerns. Aus diesem Blickwinkel ergab sich wie selbstverständlich eine Auffassung, die das Recht vornehmlich als Repressionsinstrument gegen gewerkschaftliche Zusammenschlüsse und Aktionen zu sehen imstande war, nicht hingegen als Instanz, die es Arbeitern ermöglichte, individuelle Rechte geltend zu ma-

vergleichende Eigentumswissenschaft. Rechts-. kultur- und gesellschaftsgeschichtliche Perspektiven, in: dies. (Hg.), Eigentum im internationalen Vergleich (18.–20. Jahrhundert), Göttingen 1999, S. 9–30; Francine Soubiran-Paillet, Histoire du droit et sociologie: interrogations sur un vide disciplinaire, in: Genèses 29 (Dez. 1997), S. 141–163; Willibald Steinmetz, Law, Crime and Society in England 1750–1950, in: German Historical Institute London Bulletin 16, Nr. 1 (1994), S. 1–30; David Sugarman, Introduction: Histories of Law and Society, in: ders. (Hg.), Law in History: Histories of Law and Society, 2 Bde., Aldershot etc. 1996, Bd. 1, S. XI–XXX.

16 Für das frühere 19. Jahrhundert jetzt die Arbeit von Monika Wienfort, Ländliche Gesellschaft und Bürgerliches Recht. Patrimonialgerichtsbarkeit in Preußen 1770–1848/49, Habilitationsschrift, Bielefeld 1998. Für den engeren Bereich der frühen Arbeitsgerichtsbarkeit vorbildlich die Fallstudien von Peter Schöttler, Die rheinischen Fabrikengerichte im Vormärz und in der Revolution von 1848/49. Zwischenergebnisse einer sozialgeschichtlichen Untersuchung, in: Zeitschrift für Neuere Rechtsgeschichte 7 (1985), S. 160–180; ders., Zur Mikrogeschichte der Arbeitsgerichtsbarkeit am Beispiel der rheinischen Fabrikengerichte im Vormärz und in der Revolution von 1848, in: Rechtshistorisches Journal 9 (1990), S. 127–142. Siehe auch die umfassende Bibliographie von Joachim Rückert (Hg.), Beschreibende Bibliographie zur Geschichte des Arbeitsrechts mit Sozialrecht, Sozialpolitik und Sozialgeschichte, Berichtszeitraum 1945–1993, Baden-Baden 1996.

chen. Die Geschichte des Arbeitsrechts reduzierte sich so für die meisten Sozialhistoriker auf eine Geschichte des Gewerkschafts- und Streikrechts. Mit der Emanzipation der Trade Unions aus rechtlichen Bindungen – endgültig erreicht im Jahr 1906 – konnte diese Darstellung abgebrochen werden.[17] Das Ziel der Geschichte bildete der um die Mitte des 20. Jahrhunderts erreichte Zustand freien kollektiven Verhandelns, und von diesem Ziel her bestimmte sich die Auswahl des Gegenstands.[18]

Aus dieser Verengung der Perspektive folgte eine weitere: Recht und Justiz wurden von sozialhistorischer Seite im wesentlichen nur insoweit thematisiert, als die *working class*, also Handarbeiter, betroffen waren. Dies entsprach jedoch nicht der zeitgenössischen juristischen Terminologie von *master and servant*, nach der zum Beispiel auch Büroangestellte, Lehrer oder Hausbedienstete, ja sogar hochbezahlte Manager als *servants* gelten konnten. Rechtsgrundsätze, die in Gerichtsentscheidungen für diese Gruppen entwickelt wurden, wirkten auf die Rechtsverhältnisse der Handarbeiter zurück. Schon deshalb ist eine sozial enggefaßte Definition, die Arbeitsrecht nur als Sonderrecht der handarbeitenden Klassen begreift, kein geeigneter Analyserahmen für eine Geschichte der Wechselbeziehungen zwischen Rechtssystem und Arbeitswelt, wie sie hier intendiert ist. Die Rechtsverhältnisse der dienstleistenden Berufe gehören in eine solche Geschichte hinein, und sie werden hier, eben weil sie bisher vernachlässigt wurden, mit besonderer Aufmerksamkeit bedacht.

Eine unzulässige Einengung wäre es aber andererseits auch, wenn man sich bei der Wahl des Gegenstands allein durch die juristischen Begriffe von *master and servant* leiten ließe. Denn einmal waren diese Begriffe im Untersuchungszeitraum selber instabil und ständig umstritten; und zum anderen fielen viele Formen abhängiger Arbeit, etwa diejenigen, die man im Deutschen unter die Kategorie des ‚Werkvertrags‘ fassen müßte, von vornherein nicht darunter. Der vorliegenden Untersuchung liegen daher weitgefaßte Begriffe von ‚Arbeitsrecht‘, ‚Arbeitnehmer‘ und ‚Arbeitgeber‘ zugrunde. Es sollen alle Formen abhängiger Beschäftigung erfaßt werden, auch solche, die nach den damaligen Grundsätzen des englischen Rechts nicht unter die Kategorie des ‚Dienstvertrags‘ fielen. Der Wandel der juristischen und all-

---

[17] Auch historische Arbeiten von Juristen folgen diesem Muster, vgl. zuletzt: John V. Orth, Combination and Conspiracy. A Legal History of Trade Unionism, 1721–1906, Oxford 1991, eine recht zuverlässige Darstellung der Gesetzgebungsgeschichte zum kollektiven Arbeitsrecht bis zum *Trade Disputes Act*, 1906.

[18] Die beste Zusammenfassung von historischer Seite auf dieser Linie: Alan Fox, History and Heritage. The Social Origins of the British Industrial Relations System, London 1985.

tagssprachlichen Definitionen von Arbeitsverhältnissen wird im übrigen bei meiner Analyse der Rechtsprechung in den englischen Lokalgerichten stets mitverfolgt. Um den Wandel aber erfassen zu können, darf das Untersuchungsfeld weder durch die damaligen Rechtsbegriffe noch durch die Konturen der *working class* begrenzt werden, seien letztere nun *ex post* konstruiert oder aus den Selbstbeschreibungen der Zeitgenossen abgeleitet.

Zu den unbekannten Größen, mit denen die vorliegenden Geschichten des englischen Arbeitsrechts operieren, gehört nicht nur das Ausmaß der Nutzung der ordentlichen Gerichte durch Arbeitnehmer und Arbeitgeber, sondern auch die Bestimmung der Funktion, die alternative Formen der Konfliktaustragung bei der Lösung typischer Individualstreitigkeiten um Entlassungen, unbezahlte Löhne, Strafgelder etc. zukam. Im allgemeinen wird stillschweigend unterstellt, daß englische Arbeiter – von den dienstleistenden Berufen ist kaum die Rede – unter anderem deshalb vom Rechtsweg Abstand nahmen, weil es seit den späten sechziger Jahren des 19. Jahrhunderts in immer mehr Industrien gut funktionierende, paritätisch besetzte Schieds- und Einigungsstellen sowie, etwa seit der Jahrhundertwende, in zunehmendem Maße auch formalisierte innerbetriebliche Streitschlichtungsverfahren gab, die den Gang zum Gericht für einzelne Arbeiter erübrigt hätten.[19] Wie jedoch die *arbitration and conciliation boards*, *trade boards*, *works committees*, *joint councils*, *shop stewards* und wie dergleichen Gremien noch heißen mochten mit potentiell justiziablen Individualstreitigkeiten umgingen, ist wiederum unerforscht geblieben. Das Frageinteresse wurde auch hier durch das Telos der großen Entfremdungserzählung gelenkt. So wurde wohl die Bedeutung dieser Einrichtungen in den großen Arbeitskämpfen und im Emanzipationsprozeß der Gewerkschaften herausgearbeitet, nicht aber ihre Leistungsfähigkeit in den vielen alltäglichen Disputen zwischen kleinen Gruppen oder einzelnen Arbeitnehmern und Arbeitgebern.[20] Meine Arbeit versucht hier ein Stück weiterzukommen, indem ich zumindest für einen Typ dieser alternativen Konfliktlösungsformen, die Schieds- und Einigungsstellen, zu ermitteln versuche, ob und in

---

[19] Die äußere Entwicklung dieser Gremien und ihre Stellung im Geflecht der kollektiven Akteure – Staat, Gewerkschaften, Unternehmensführungen – sind in groben Zügen bekannt; hierzu die Angaben in Kap. II.4.

[20] Zum Teil ist die Forschungslücke auch auf den informellen und daher schwer durchschaubaren Charakter dieser Gremien zurückzuführen. Das gilt insbesondere für die betriebsinternen Verfahren. Für die Gegenwart gibt es hier Studien, die auf Umfragen und anderen Methoden der empirischen Soziologie beruhen: K.W. Wedderburn u. P.L. Davies, Employment Grievances and Disputes Procedures in Britain, Berkeley u. Los Angeles 1969; Linda Dickens, Michael Jones, Brian Weekes u. Moira Hart, Dismissed, Oxford 1985.

welchem Ausmaß sie wirklich eine Alternative zur gerichtlichen Auseinandersetzung darstellten.

Fassen wir die bisher genannten Erkenntnisziele zusammen, so geht es zunächst darum, die These von der gegenseitigen Entfremdung zwischen englischen Arbeitnehmern, nicht nur Arbeitern, und dem Rechtssystem auf eine sichere empirische Grundlage zu stellen und – so weit nötig – zu modifizieren. Handelte es sich mit Blick auf das spätere 19. und frühe 20. Jahrhundert nur um einen Mythos, nachträglich ersonnen, um für den Zustand in der Mitte des 20. Jahrhunderts eine Vorgeschichte zu erfinden? Oder änderte sich das Konfliktverhalten in der Zeit zwischen 1850 und 1925 tatsächlich in der Weise, daß man von einer Abkehr der Arbeitnehmer und Arbeitgeber von den ordentlichen Gerichten, insbesondere den Lokalgerichten, sprechen kann? Wenn sich die Frage im zuletzt genannten Sinne beantworten läßt, und – so viel sei hier schon vorweggenommen – das ist mit Einschränkungen der Fall, dann schließt sich die Frage an, durch welche Faktoren und wann genau dieser Prozeß ausgelöst wurde und wie er vorangetrieben wurde. Das zweite Ziel der Arbeit ist daher die Erklärung des Entfremdungsprozesses oder, um in neutraleren Worten zu sprechen, der *Entrechtlichung* der englischen Arbeitsbeziehungen.

Der Ausdruck ‚Entfremdung' wird von nun an in der Darstellung nur noch im metaphorischen Sinne verwendet, in allen analytischen Passagen wird er durch den Begriff ‚Entrechtlichung' ersetzt. Dies geschieht aus dem Grund, weil ‚Entfremdung' bereits eine bestimmte Erklärung suggeriert, eine Erklärung, die primär auf das subjektive Erleben und die Erfahrungsverarbeitung der beteiligten Personen abhebt. Die Untersuchung würde damit zu stark in eine Richtung gelenkt. ‚Entrechtlichung' als deskriptiver Terminus läßt dagegen mehrere Antworten auf die Frage nach dem Warum des gemeinten Vorgangs zu.

Die Entrechtlichung eines Lebensbereichs, hier der Arbeitswelt, kann stattfinden, weil die von ‚ungerechten' Urteilen betroffenen Personen sich empört oder resigniert, jedenfalls aber bewußt, von der Justiz abwenden und ihre Konflikte auf andere Weise regeln. Entrechtlichung kann auch dadurch zustandekommen, daß der Gesetzgeber sich abstinent verhält oder sogar bewußt deregulierend eingreift, so etwa wenn er – wie es in der Ära Margaret Thatchers geschah und in Deutschland zur Zeit diskutiert wird – den Zugang zur Arbeitsgerichtsbarkeit durch Einzug verschiedener Schwellen erschwert.[21] Schließlich kann Entrechtlichung auch das Resultat

---

[21] In Großbritannien wurde in den achtziger Jahren die Mindestbeschäftigungszeit, die einen Arbeitnehmer zur Klage wegen unfairer Entlassung vor einem *industrial tribunal* berech-

von Prozessen sein, die sich hinter dem Rücken der Beteiligten oder über ihre Köpfe hinweg vollziehen. Entrechtlichung kann zum Beispiel, system-theoretisch formuliert, eine Folge davon sein, daß sich in einem Land die ,Systeme' der Politik, des Rechts und der industriellen Beziehungen auf-grund der Tatsache, daß sie nur interne Informationen verarbeiten können (nur mit sich selbst kommunizieren), auseinanderentwickeln anstatt aufein-ander zu bewegen.[22] Dies hätte zur Folge, daß Menschen, wenn sie zwi-schen den Kommunikationsräumen hin- und herwechseln, also konkret: wenn sie als klagende Arbeitnehmer zu einem Anwalt gehen und dort ihr Problem in ein rechtlich verhandelbares Problem ,übersetzen' müssen, sich nicht mehr verständigen können, ihre Erwartungen nicht mehr erfüllt sehen und daher unverrichteter Dinge von einer weiteren Verfolgung der Klage Abstand nehmen. Von der anderen Seite, der juristischen, her betrachtet würde sich der gleiche Vorgang so ausnehmen, daß für das ,Problem' des Klägers leider keine etablierte Klageform zur Verfügung stehe, daß es sich mithin gar nicht um ein rechtliches, sondern ein moralisches, soziales oder psychisches Problem handele, das besser durch Einschaltung des Betriebs-rats oder durch Sozialarbeiter oder Therapeuten zu bewältigen sei. Ähnli-che Verständigungsschwierigkeiten und Erwartungsenttäuschungen kön-nen sich natürlich auch in der Gerichtsverhandlung selbst einstellen. Kurzum, es gibt verschiedene Erklärungsansätze für Entrechtlichung, ge-nau wie es verschiedene Erklärungen für die Gegentendenz, die Verrechtli-chung, gibt. Die Wahrscheinlichkeit ist hoch, daß bei einem derart komple-xen Vorgang mehrere Faktoren zusammenwirken, und aus diesem Grund werden hier mehrere Erklärungsmöglichkeiten verfolgt.

Das Buch versteht sich damit auch als historischer Beitrag zur gegenwär-tigen Diskussion um Verrechtlichung und alternative Rechtsformen.[23]

---

tigte, von sechs Monaten auf ein Jahr und dann auf zwei Jahre erhöht. Bei einer gleichzeiti-gen (und zum Teil dadurch bedingten) Zunahme kurzfristiger Arbeitsverträge ist klar, daß vielen Arbeitnehmern die Klagechance genommen wurde. Für die deutsche Diskussion vgl.: Günter Grotmann-Höfling, Zur Lage der Arbeitsgerichtsbarkeit im Jahr 2000 – Ein Beitrag zur Verringerung der Neuzugänge, in: Zeitschrift für Rechtssoziologie 18 (1997), S. 205–224; Bernd Rüthers, Beschäftigungskrise und Arbeitsrecht. Zur Arbeitsmarktpolitik der Arbeitsgerichtsbarkeit, Frankfurt 1996.

22 Diesen Ansatz vertritt in Anlehnung an Niklas Luhmann: Rogowski, Reflexive Labour Law. Vgl. auch: Gunther Teubner, Verrechtlichung – Begriffe, Merkmale, Grenzen, Aus-wege, in: Friedrich Kübler (Hg.), Verrechtlichung von Wirtschaft, Arbeit und sozialer Soli-darität. Vergleichende Analysen, Frankfurt/Main 1985, S. 289–344, bes. S. 316 ff. u. 325.

23 Vgl. neben Kübler (Hg.), Verrechtlichung, folgende Bände: Erhard Blankenburg u. a. (Hg.), Alternative Rechtsformen und Alternativen zum Recht (Jahrbuch für Rechtssoziologie und Rechtstheorie, Bd. 6), Opladen 1980; Rüdiger Voigt (Hg.), Gegentendenzen zur Verrechtli-chung (Jahrbuch für Rechtssoziologie und Rechtstheorie, Bd. 9), Opladen 1983; Gunther

Diese Diskussion beschäftigt nicht nur die Rechtssoziologie und Rechtsanthropologie, sondern unter verschiedenen Vorzeichen auch zeitkritische Philosophen und praktizierende Juristen. So warnt Jürgen Habermas vor einer fortschreitenden „Kolonialisierung" der Lebenswelten durch das Recht und sieht diese Tendenz zur Verrechtlichung untrennbar mit der „ökonomischen Wachstumsdynamik" verbunden.[24] Die Bereiche, in denen Probleme noch durch informelle, selbstregulierte Kommunikation gelöst werden könnten, sieht er dagegen immer weiter schrumpfen. Juristen beobachten das Phänomen eher unter dem Aspekt einer vermeintlichen oder tatsächlichen „Normenflut" oder „Prozeßflut" und suchen nach Auswegen, um mit der daraus resultierenden Überlastung der Gerichte fertig zu werden.[25] Fast alle Autoren, die sich an dieser Diskussion beteiligen, ob sie die Verrechtlichung nun beklagen, begrüßen oder als ambivalent beschreiben, stimmen darin überein, daß Verrechtlichung geradezu ein Signum der Moderne sei und in allen industrialisierten Gesellschaften unaufhaltsam voranschreite. Wenn es aber darum geht, die treibenden Kräfte und Faktoren für diese Entwicklung zu benennen, werden die Akzente verschieden gesetzt. Die einen verweisen vor allem auf den ‚aktivistischen Staat', der durch Wohlfahrtsmaßnahmen und Arbeiterschutzgesetze bestrebt sei, die Industrialisierungsfolgen aufzufangen.[26] Andere machen eher gesellschaftliche Veränderungen für das Eindringen des Rechts in die Lebenswelten verantwortlich: zusammenbrechende Familienstrukturen, Kommunikationsunfähigkeit, größere Reizbarkeit gegenüber Störungen, gestiegene Ansprüche in

---

Teubner (Hg.), Juridification of Social Spheres. A Comparative Analysis in the Areas of Labor, Corporate, Antitrust and Social Welfare Law, Berlin u. New York 1987 (enthält verkürzte englische Versionen der Aufsätze in der von Kübler herausgegebenen Publikation, dazu ergänzende Beiträge von britischen, französischen, italienischen und amerikanischen Autoren); Michael Freeman (Hg.), Alternative Dispute Resolution, Aldershot 1995; als historische Studie zur deutschen Entwicklung auch: Klaus Eder, Geschichte als Lernprozeß? Zur Pathogenese politischer Modernität in Deutschland, Frankfurt/Main 1991, bes. S. 357–395.

[24] Jürgen Habermas, Theorie des kommunikativen Handelns, 2 Bde., Frankfurt/Main 1981, Bd. 2: Zur Kritik der funktionalistischen Vernunft, S. 522 ff. u. 539 f.; vgl. auch ders., Faktizität und Geltung. Beiträge zur Diskurstheorie des Rechts und des demokratischen Rechtsstaats, Frankfurt/Main 1992, bes. S. 490 ff.

[25] Vgl. Erhard Blankenburg (Hg.), Prozeßflut? Studien zur Prozeßtätigkeit europäischer Gerichte in historischen Zeitreihen und im Rechtsvergleich, Köln 1989; Basil S. Markesinis, Litigation-Mania in England, Germany and the USA: Are we so very different?, in: Cambridge Law Journal 49, Nr. 2 (1990), S. 233–276.

[26] So etwa Spiros Simitis, Zur Verrechtlichung der Arbeitsbeziehungen, in: Kübler (Hg.), Verrechtlichung, S. 73–165.

Konsum und Freizeit.[27] Wieder andere vertreten die Auffassung, daß das ‚Angebot' an juristischen Dienstleistungen selbst – die Zahl der Anwälte und Richter, die Erreichbarkeit der Gerichte, die Höhe der Zugangsschwellen, die Geschwindigkeit der Verfahren – entscheidend für die mehr oder weniger ausgeprägte ‚Prozeßfreudigkeit' der Bürger sei.[28] Es kommt hier nicht darauf an, einem dieser Theorieangebote den Vorzug zu geben. Vielmehr lassen sie sich nutzen, um Kriterien für mögliche Antworten auf die Frage nach den Gründen der Entrechtlichung der Arbeitsbeziehungen in England zu gewinnen.

Die Geschichte des englischen Arbeitsrechts ist nun mit Blick auf die Verrechtlichungsdiskussion ein besonders interessanter Fall, weil das Arbeitsrecht an sich als das „klassische Verrechtlichungsparadigma" gilt.[29] Spiros Simitis, der diese These in einem bedeutenden vergleichend angelegten Aufsatz ausgeführt hat, will sie ausdrücklich auch auf England, wenngleich mit gewissen Abstrichen, angewendet wissen. Man hat ihm darin sogar mit Blick auf die Gegenwart und jüngste Vergangenheit widersprochen.[30] Noch größer sind die Zweifel, wenn man sich der hier betrachteten Periode, dem Zeitraum zwischen 1850 und 1925 zuwendet.[31] Betrachtet man nur die Gesetzgebung, was Simitis vor allem tut, dann stößt man in England allerdings auf eine große Zahl von Gesetzen, die regulierend in den Betrieb von Fabriken, Bergwerken, Werkstätten und Läden eingriffen. Unfallprävention, Hygiene, Verhinderung der Lohnauszahlung in Waren und Begrenzung der Arbeitszeiten für Frauen und Kinder waren die Hauptzwecke dieser Gesetze. Nicht umsonst galt England bis zum späten 19. Jahrhundert als Pionierland des Arbeiterschutzes, wenngleich es einen äquivalenten Begriff, der die Einzelmaßnahmen unter einen gemeinsamen Zweck subsumierte,

---

27 So etwa Lawrence Friedman, The Republic of Choice. Law, Authority, and Culture, Cambridge Mass. u. London 1990.
28 So vor allem: Erhard Blankenburg, Mobilisierung des Rechts. Eine Einführung in die Rechtssoziologie, Berlin 1995.
29 Simitis, Verrechtlichung der Arbeitsbeziehungen, S. 74.
30 Jon Clark u. Lord Wedderburn, Juridification – a Universal Trend? The British Experience in Labor Law, in: Teubner (Hg.), Juridification, S. 163–190.
31 Ausführlicher zum folgenden: Willibald Steinmetz, Theorie und Praxis des Arbeitsrechts in Deutschland und England (1850–1930). Annäherung an einen Vergleich verschiedener Rechtskulturen, in: Mitteilungsblatt des Instituts zur Erforschung der europäischen Arbeiterbewegung 22 (1999), S. 85–113. Vgl. außerdem zu Deutschland: Joachim Rückert, Die Verrechtlichung der Arbeitsbeziehungen in Deutschland seit dem frühen 19. Jahrhundert, in: Hans G. Nutzinger (Hg.), Die Entstehung des Arbeitsrechts in Deutschland. Eine aktuelle Problematik in historischer Perspektive, Marburg 1998, S. 213–229. Rückert sieht in der deutschen Arbeitsrechtsentwicklung des 19. Jahrhunderts „einen Vorgang von Entrechtlichung und Verrechtlichung" (S. 228).

im Englischen bezeichnenderweise nicht gab. Sieht man jedoch genauer hin, so blieb das, was nach dem englischen *Common law* den Kern der Arbeitsbeziehung ausmachte, ja sie überhaupt erst konstituierte, der individuelle Arbeitsvertrag, konsequent aus den legislativen Normierungsversuchen ausgespart, jedenfalls so weit es um erwachsene Männer ging. Das begann sich erst seit den späten sechziger Jahren des 20. Jahrhunderts zu ändern. Was schließlich den anderen großen Bereich des Arbeitsrechts angeht, das kollektive Arbeitsrecht, so bestreitet auch Simitis nicht, daß hier der Voluntarismus und nicht staatlicher Zwang das leitende Prinzip der britischen Gesetzgebung seit dem späten 19. Jahrhundert bildete.

Läßt sich somit schon aufgrund der Gesetzgebung nur bedingt von einer Verrechtlichung sprechen, so wachsen die Zweifel, wenn man das Streitverhalten der potentiellen Nutzer des Rechtssystems, Arbeitnehmer und Arbeitgeber, in die Betrachtung einbezieht. Simitis schenkt der Klageaktivität der Laien, ihrem Rechtsbewußtsein und ihren Versuchen, das Recht zu umgehen, keine Beachtung. Darin bleibt er einer Auffassung verpflichtet, die Verrechtlichung im wesentlichen als Resultat staatlicher oder richterlicher Normierungsbestrebungen begreift. Die besten Gesetze sind jedoch toter Buchstabe, wenn niemand klagt oder wenn sich herausstellt, daß sie im Justizalltag nicht durchsetzbar sind. Die englischen Fabrikgesetze bieten dafür genügend Beispiele, das wußte schon Karl Marx. Gesetzestexte und eine Handvoll höchstrichterlicher Urteile allein können niemals ein ausreichender Indikator für Verrechtlichung oder Entrechtlichung sein. Ob ein Lebensbereich verrechtlicht oder entrechtlicht wird, hängt vielmehr immer auch von denen ab, die das Recht und die Justiz für ihre Zwecke nutzen oder aber, aus welchen Gründen auch immer, nicht nutzen. Wer nach Prozessen der Verrechtlichung oder Entrechtlichung fragt, kommt daher nicht umhin, zu ermitteln, in welchem Umfang die Klagemöglichkeiten vor Gericht tatsächlich in Anspruch genommen wurden. Verrechtlichung oder Entrechtlichung sind also, und darin weicht mein Verständnis dieser Begriffe vom Hauptstrom der Verrechtlichungsdebatte ab, mindestens ebenso ein Resultat des Handelns der rechtssuchenden oder das Recht umgehenden Laien wie des Handelns der Gesetzgeber und professionellen Juristen.

Indem meine Arbeit nicht nur den Motiven der Gesetzgeber und Juristen, sondern auch den Gründen für das Streitverhalten der Laien nachspürt und dabei Theorieangebote aus verschiedenen Disziplinen erprobt, verspricht sie Erkenntnisse, die über den historischen Einzelfall der englischen Arbeitsrechtsgeschichte hinausweisen. Angesichts der aktuellen Bestrebungen in vielen Industrieländern, einer weiteren Verrechtlichung gerade im Bereich des Arbeitslebens entgegenzusteuern, mag es sinnvoll sein, sich an einem historischen Beispiel die Ursachen und Folgen eines gegenläufigen Prozesses zu vergegenwärtigen. Am englischen Fall läßt sich zeigen, daß ein starker staatlicher Regelungswille in Teilbereichen durchaus mit einer zurückgehenden Bedeutung des Rechts im Arbeitsalltag der meisten Beschäftigten einhergehen konnte. Gewerkschaftlich organisierte Arbeitnehmer verfügten in dieser Situation über andere Möglichkeiten, ihren Forderungen Nachdruck zu verleihen. Für Arbeitnehmer in individualisierten Beschäftigungsverhältnissen wirkte es sich dagegen nachteilig aus, daß sich das Recht vielfach als unerkennbar erwies und damit den Klageweg risikoreich machte.

Angestoßen durch die technische Entwicklung, Konsum- und Freizeitbedürfnisse, aber auch durch den Wunsch der Arbeitgeber, das mit gesetzlichen Vorschriften umhegte ‚Normalarbeitsverhältnis' auf legale Weise zu umgehen, werden heute immer mehr Arbeitsverhältnisse individualisiert, sei es durch Telearbeit, Kumulation von Teilzeitbeschäftigungen oder die vielfältigen Formen der Scheinselbständigkeit. Zugleich fallen immer mehr Arbeitnehmer aus gewerkschaftlichen Bindungen und kollektiv ausgehandelten Tarifen heraus.[32] Wir nähern uns daher einer Situation, in der sich das Arbeitsrecht – bald europaweit vereinheitlicht – in der Theorie immer weiter perfektioniert und ausdifferenziert, während es in der Praxis unterlaufen und damit für die meisten funktionslos wird. Diese Entwicklung ähnelt in manchem der englischen Situation im späten 19. und frühen 20. Jahrhundert, jedoch mit dem Unterschied, daß damals der Aufstieg der Gewerkschaften zu kampfkräftigen Massenorganisationen noch bevorstand. In der Gegenwart bestehen hingegen kaum Anzeichen für eine Stärkung der kollektiven Verhandlungssysteme. Um so mehr werden die zunehmend individualisierten Beschäftigten auf die rechtliche Normierung ihrer Arbeitsverhältnisse und zugängliche Arbeitsgerichte angewiesen sein, um minimale Standards im Hinblick auf Löhne, Arbeitszeiten, Kündigungsfristen und soziale Sicherheit zu halten. Ein genauerer Blick auf die Entrechtlichung der Arbeitsbeziehungen in England kann davor schützen, die historischen Gewinne der Verrechtlichung geringzuschätzen und leichtfertig preiszugeben.

---

32 Vgl. Simon Milner, The Coverage of Collective Pay-setting Institutions in Britain, 1895–1990, in: British Journal of Industrial Relations 33 (1995), S. 69–91. Weniger als 50% der britischen Arbeitnehmer unterlagen nach dieser Studie am Beginn der neunziger Jahre einem kollektiv ausgehandelten Tarif, das ist die niedrigste Rate seit den dreißiger Jahren.

METHODEN, QUELLEN, AUFBAU

Mit diesem Buch bewege ich mich auf der Grenze zwischen Sozialgeschichte, Kulturgeschichte und Rechtsgeschichte. Ich greife dabei Theorieangebote und Methoden mehrerer Teildisziplinen auf: Rechtssoziologie, Kommunikationsanalyse, Begriffsgeschichte, Komparatistik, um nur die wichtigsten zu nennen. Die Methodenvielfalt ist nicht Ausdruck von Beliebigkeit, sondern entspringt der Absicht, das komplexe Phänomen der Entrechtlichung von verschiedenen Seiten aus zu beleuchten.

Von der großen Mehrzahl aller vorliegenden rechtsgeschichtlichen Arbeiten unterscheidet sich meine Darstellung insbesondere durch die konsequente Berücksichtigung der Laienperspektive. Dem liegt eine andere Vorstellung von dem zugrunde, was Recht ist und wie es sich verändert. Ich gehe davon aus, daß das jeweils geltende materielle Recht einer Zeit in der Kommunikation *aller* Beteiligten, einschließlich der Streitparteien und des reflektierenden und kommentierenden Publikums, immer neu ausgehandelt wird. Das Recht ist also keine Setzung ,von oben', vom Gesetzgeber oder von den höchsten Gerichten erlassen, um von den Richtern ,unten' nur angewendet zu werden. Vielmehr ist es Resultat einer Kommunikation, die in beiden Richtungen verläuft. Laien sind an dieser Kommunikation maßgeblich beteiligt, einmal indem sie ständig neue Probleme (Irritationen) in das Rechtssystem einschleusen, zum anderen dadurch, daß sie die Resultate der Rechtsprechung einer permanenten Kritik unterwerfen, die auch die Form einer Abstimmung mit den Füßen annehmen kann. Wird die Rechtsprechung dauerhaft als ,ungerecht', das heißt als inkonsistent und nicht adäquat komplex empfunden, kann es geschehen, daß sich die Rechtssuchenden, etwa Arbeitnehmer und Arbeitgeber, vom Recht abwenden.[33] Es kommt zur Entrechtlichung der entsprechenden Sozialbeziehung. Diese Vorstellung vom Recht, seiner Veränderung und seinem Funktionswandel ist für jemanden, der im anglo-amerikanischen, auf Einzelfällen aufbauenden Rechtsdenken zu Hause ist, vermutlich leichter zu fassen als für Kontinentaleuropäer, die es eher gewöhnt sind, das Recht als Ausfluß von Ordnungsentscheidungen des Souveräns zu sehen, die von der Justiz mehr oder weniger gut ,durchgesetzt' werden. Trotz dieses Unterschieds gilt aber auch für das gesprochene Recht in kontinentaleuropäischen Staaten, daß es Resultat von Verhandlungen ist, in denen die Laien mitreden.

---

[33] Zu diesem Gerechtigkeitsbegriff vgl. Niklas Luhmann, Das Recht der Gesellschaft, Frankfurt/Main 1993, S. 227 ff. u. 356 ff.; siehe auch Kap. V.1.

In der neueren Rechtsgeschichte hat man nun zwar in den letzten Jahren unter den Stichworten ‚Justizforschung' und ‚Normdurchsetzung' damit begonnen, auch den Gerichtsalltag in den Untergerichten in Augenschein zu nehmen, doch interessiert sich die Mehrzahl der Rechtshistoriker nach wie vor hauptsächlich für das, was Juristen selber in der Vergangenheit sagten, dachten oder taten. Das gilt, mit einigen Ausnahmen, für deutsche wie für britische Rechtshistoriker.[34] In diesem Buch werden dagegen nicht nur Richter, Gesetzgeber und Sprecher von Interessengruppen zu Worte kommen, sondern auch diejenigen, die als Kläger, Beklagte, Anwälte und teilnehmende Beobachter in den Gerichtssälen erschienen, sowie die schwer zu fassende Gruppe derjenigen, die sich aus Mißtrauen, Resignation oder Angst von der Justiz fernhielten.

Nur durch diese Erweiterung des Blickfelds lassen sich die Mechanismen der wechselseitigen Einwirkung vom Rechtssystem in die Arbeitswelt hinein und aus der Arbeitswelt in das Rechtssystem zurück angemessen beschreiben. Wenn im Untertitel des Buches von einer „Sozial- und Kulturgeschichte" des Arbeitsrechts gesprochen wird, so soll damit diese Erweiterung der herkömmlichen Rechtsgeschichte erfaßt werden. Um eine Sozialgeschichte handelt es sich deshalb, weil die Frage nach Ungleichheiten, Machtdifferenzen und Klassengegensätzen in der Rechtsprechungspraxis einen leitenden Gesichtspunkt bildet. Die Kulturgeschichte kommt hinzu, weil hier danach gefragt wird, wie sich die großen Strukturen, die Normen, Institutionen, Verfahren und Selbstdefinitionen, in der Kommunikation der Beteiligten immer neu reproduzierten und dabei veränderten.[35]

Die Rechtssoziologie bietet für dieses Vorhaben Frageraster und Methoden an, die sich zum Teil nutzen lassen. Ein vielversprechender Erklärungsansatz ist vor allem die erwähnte Angebotstheorie des Streitverhaltens.[36] Diesem Ansatz folgend, betrachte ich juristische Dienstleistungen und In-

---

34 Führend in Deutschland ist hier das Max-Planck-Institut für Europäische Rechtsgeschichte in Frankfurt mit seinen Repertorien zu gedruckten und ungedruckten Quellen der Rechtsprechung in Europa, der Zeitschrift „Ius Commune" und der Reihe „Vorträge zur Justizforschung". In Großbritannien gingen wichtige Impulse vor allem von David Sugarman, Gerry M. Rubin und Douglas Hay aus.

35 Vgl. Thomas Mergel, Geschichte und Soziologie, in: Hans-Jürgen Goertz (Hg.), Geschichte. Ein Grundkurs, Reinbek 1998, S. 621–651; ders. u. Thomas Welskopp, Einleitung: Geschichtswissenschaft und Gesellschaftstheorie, in: dies. (Hg.), Geschichte zwischen Kultur und Gesellschaft. Beiträge zur Theoriedebatte, S. 9–35, bes. S. 24 ff. u. 32 f.

36 Vgl. neben der oben (Fn. 28) erwähnten Publikation die in Kap. II.1. kommentierte Literatur. Außerdem auch: Hubert Rottleuthner (Hg.), Rechtssoziologische Studien zur Arbeitsgerichtsbarkeit, Baden-Baden 1984; Erhard Blankenburg, Siegfried Schönholz u. Ralf Rogowski, Zur Soziologie des Arbeitsgerichtsverfahrens. Die Verrechtlichung von Arbeitskonflikten, Neuwied u. Darmstadt 1979.

stitutionen, insbesondere die Friedens- und Grafschaftsgerichte, daraufhin, wie attraktiv oder abstoßend sie für potentielle Kläger waren. Die tatsächliche Nutzung und die Erfolgsquoten sind dafür ein wichtiger Indikator (Kap. II). Daran schließt sich die Frage nach Zugangschancen und Erfolgsbarrieren an, also nach den Kosten des Verfahrens, der Erreichbarkeit der Gerichte, den Möglichkeiten, sich rechtskundig zu machen, der Verfügbarkeit von Anwälten und der Geschwindigkeit, mit der ein Prozeß abgeschlossen werden konnte. Die Ungleichheit der Chancen von reichen und armen Klägern ist dabei, wie in der gesamten Untersuchung, ein leitender Gesichtspunkt. In diesem Zusammenhang wird auch die Frage erörtert, ob die englischen Gewerkschaften in der Lage waren, einzelnen Mitgliedern bei ihren Rechtsstreitigkeiten mit Arbeitgebern zu helfen, ähnlich wie das in Deutschland die Arbeitersekretariate besorgten. Damit wird ein bisher völlig unbeachtet gebliebener Bereich der englischen Gewerkschaftsgeschichte erschlossen (Kap. III). Anders als dem empirischen Soziologen steht dem Historiker zwar nicht das Mittel der Umfrage zur Verfügung, um etwas über die Motive und die Zufriedenheit der Kläger mit der Justiz zu erfahren, doch erlauben Berichte über Publikumsreaktionen und Kommentare in der Arbeitgeber- und Gewerkschaftspresse zumindest begründete Vermutungen.

Eine weitere Gruppe von vorwiegend rechtssoziologischen Arbeiten, denen ich nützliche Anregungen entnehme, sind Studien zu Kommunikationsformen und Sprachstilen von Laien und Juristen vor Gericht.[37] Das Hauptthema bilden hier die Verständigungsprobleme und Machtdifferenzen zwischen den moralisch oder beziehungsorientiert sprechenden Laien und den normenorientiert argumentierenden Juristen (Kap. IV). Auch dieser Punkt kommt als möglicher Grund für die Entrechtlichung der Arbeitsbeziehungen in Frage. Nicht alle gegenwartsbezogenen Beobachtungen der sozologischen und kommunikationstheoretischen Studien lassen sich ohne weiteres auf die Zeit des 19. und frühen 20. Jahrhunderts übertragen, doch wird die Anwendbarkeit dadurch erleichtert, daß es sich bei der Gerichtsverhandlung, anders als bei der politischen Kommunikation, um ein vergleichsweise zeitloses Handlungsschema handelt. Als zusätzlicher Faktor des kommunikativen Geschehens kommt allerdings bei der damaligen englischen Lokalgerichtsbarkeit die Öffentlichkeit ins Spiel, zum einen in Gestalt des anwesenden Publikums, zum anderen, wichtiger noch, in Form der nach heutigen Maßstäben geradezu unglaublich breiten Berichterstattung in

---

[37] Hierzu die Literaturangaben in Kap. IV.1.

der Presse, auch bei juristisch vermeintlich trivialen Fällen. Dieser Tatsache verdanke ich eine meiner Hauptquellen. Ohne die ausführlichen Fallberichte in der Presse wären argumentationsanalytische und begriffshistorische Studien, die einen wesentlichen Aspekt der Arbeit bilden, nicht möglich.

Die Untersuchung des Sprachgebrauches in den Gerichtsverhandlungen ist kein Selbstzweck. Im Rahmen der Suche nach Gründen für die Entrechtlichung geht es dabei um die Frage, wie weit sich die Rechtsbegriffe von den alltagssprachlichen Begriffen klagender Arbeitnehmer und Arbeitgeber entfernten, beziehungsweise ob sie sich zeitweise auch entgegenkamen (Kap. V). Davon hing es ab, ob die Antworten, die das Recht auf die Probleme der Streitparteien geben konnte, als hinreichend adäquat angesehen wurden. Je mehr die Begriffe divergierten, desto größer die Wahrscheinlichkeit, daß Arbeitnehmer und Arbeitgeber das Recht als ungeeigneten Problemlöser wahrnahmen. Im einzelnen betrachtet werden zum einen die Bezeichnungen für Über- und Unterordnungsverhältnisse am Arbeitsplatz, sodann die Kriterien, nach denen Verträge und ‚Gewohnheiten‘ beurteilt wurden, und schließlich der Begriff der ‚Arbeit‘ selbst. Folgt man der Annahme der Systemtheorie, daß Systeme, also hier das Recht und die Arbeitsbeziehungen, nur mit sich selbst kommunizieren und nur auf eigene Probleme antworten, müßte man davon ausgehen, daß Konvergenzen und Divergenzen der beiden Systemsprachen letzlich rein zufällig waren. In den englischen Lokalgerichten, zumal in den mit Laienrichtern besetzten Friedensgerichten, ließen sich jedoch die Systeme und ihre Sprachen nicht sauber trennen. Für konkrete Sprachanalysen erweisen sich die Abstraktionen der Systemtheorie als untauglich. Methodisch stütze ich mich daher bei der Analyse der Definitionskämpfe im Gericht vor allem auf die Begriffsgeschichte und eigene Studien zur historischen Sprachanalyse.[38]

Als untergeordnetes methodisches Instrument wird an verschiedenen Stellen der Vergleich eingesetzt, wobei Deutschland den Hauptreferenzpunkt bildet. Insbesondere bei der Untersuchung der Nutzungsfrequenz bietet sich der Vergleich mit den deutschen Gewerbegerichten und Kaufmannsgerichten an, um Maßstäbe für die Bewertung der für England ermittelten Zahlen zu erhalten und um den Einfluß unterschiedlicher institutioneller ‚Angebote‘ auf das Klageverhalten zu testen (Kap. II.5.). In den übrigen Teilen werden gelegentlich vergleichende Überlegungen angestellt, vor allem dort, wo es um die Erläuterung der Besonderheiten des englischen

---

[38] Willibald Steinmetz, Das Sagbare und das Machbare. Zum Wandel politischer Handlungsspielräume: England 1780–1867, Stuttgart 1993.

Rechtssystems geht. Hier haben die Vergleiche die Funktion, dem deutschen Leser das Verständnis einer Rechtskultur zu erleichtern, die weniger gesetzesfixiert und pluralistischer als die deutsche ist.[39] Die Konkurrenz verschiedener Rechtsmaterien, insbesondere der Dualismus zwischen dem von den Richtern gesprochenen *Common law* und dem vom Gesetzgeber erlassenen *Statute law*, war ein wesentlicher Faktor in der Entwicklung des englischen Arbeitsrechts und in der Entstehung der ‚großen Erzählung‘, von der eingangs die Rede war. Aus diesem Dualismus entstand eine eigene Dynamik im Rechtssystem, die für die inhaltliche Entleerung des individuellen Arbeitsvertragsrechts und die Entlassung der kollektiven Arbeitsbeziehungen in einen quasi rechtsfreien Raum mitverantwortlich war (Kap. I). Durch die Kontrastierung mit Deutschland läßt sich diese Besonderheit der englischen Entwicklung besser herausarbeiten.

Durch die Methodenvielfalt und den interdisziplinären Ansatz entzieht sich die vorliegende Arbeit einer einfachen Etikettierung. Am ehesten ließe sie sich verstehen als Teil einer noch ungeschriebenen vergleichenden Geschichte der Rechtskulturen.[40] Dabei geht es um mehr als nur den Vergleich der Rechtssysteme oder des materiellen Rechts selbst. Gegenstand sind nicht einzelne Institutionen und Rechtsinstitute, sondern die Wechselwirkungen zwischen Recht und Gesellschaft, so wie sie hier am Beispiel des Verhältnisses von Arbeitswelt und Rechtssystem in England beschrieben werden. Das Begriffspaar Verrechtlichung und Entrechtlichung bildet für eine solche vergleichende Geschichte der Rechtskulturen einen sinnvollen Bezugsrahmen, weil in diesen beiden Begriffen Recht und Gesellschaft aufeinander bezogen und in ein zeitliches Verhältnis gesetzt werden.

Der Vielfalt der Methoden entspricht eine Vielfalt der Quellen. Neben den offiziellen Justizstatistiken, Gesetzestexten, juristischen Lehrbüchern und Ratgebern, parlamentarischen Kommissionsberichten und den gedruckten *Law Reports* wurden in großem Umfang bislang ungenutzte Protokollbücher der Friedens- und Grafschaftsgerichte, Gewerkschaftsakten und vor allem Berichte aus Lokal- und Verbandszeitungen sowie gewerbespezifischen Presseorganen über Gerichtsfälle herangezogen. Durch diese neu erschlossenen Quellen gelingt es, ein wesentlich dichteres und farbigeres Bild vom Geschehen in den englischen Lokalgerichten zu zeichnen als es

---

[39] Zum Konzept des „Legal Pluralism“ die Literaturangaben in Kap. II.1. Ausführlicher zum deutsch-englischen Vergleich des Arbeitsrechts: Steinmetz, Theorie und Praxis des Arbeitsrechts.

[40] Hierzu ausführlicher: Willibald Steinmetz, Introduction: Towards a Comparative History of Legal Cultures, 1750–1950, in: ders., Private Law and Social Inequality, S. 1–41.

bisher möglich war. Insgesamt liegen der Darstellung annähernd 7000 durch
Aktennotizen oder Presseberichte dokumentierte Einzelfälle von den Lokalgerichten zugrunde, verteilt über einen Zeitraum von etwa 1850 bis 1925.
In Verbindung mit den Justizstatistiken ergibt dies ein ausreichendes Sample für quantifizierende Analysen.

Bei gut eintausend dieser Fälle sind die Berichte zudem aussagekräftig genug, um über die Daten zur Klagetätigkeit von Arbeitnehmern und Arbeitgebern, zur beruflichen und geschlechtlichen Zusammensetzung und zu
den Klageerfolgen hinaus die Kommunikationsverhältnisse in den Gerichtssälen und die ausgetauschten Argumente zu untersuchen. Abgesehen
von einigen gut dokumentierten Fällen in den Gewerkschaftsakten handelt
es sich dabei um Presseberichte, die teils für ein unbestimmtes, lokales oder
nationales, teils für ein sachkundiges, berufsspezifisches oder juristisches
Lesepublikum geschrieben wurden. Bei der Auswahl der Presseorgane
wurde darauf geachtet, daß sie ein breites Spektrum an Industriebranchen
und Dienstleistungsberufen abdecken und die Standpunkte von Arbeitgebern, Arbeitnehmern, Juristen und breiterer Öffentlichkeit reflektieren.
Aus arbeitsökonomischen Gründen erfolgte die Auswertung der Presseorgane auf bestimmte Jahrgänge zentriert, wobei jeweils Jahre ausgewählt
wurden, die zwischen bedeutenden gesetzlichen Innovationen lagen.[41]

Die Aktennotizen aus den Friedens- und Grafschaftsgerichten sind anders als in deutschen Gerichten aufgrund der Mündlichkeit des englischen
Verfahrens nur dürre Verlaufsprotokolle. Sie eignen sich für die quantifizierende Analyse, aber über die Argumentation vor Gericht und die Umstände
des Falls läßt sich ihnen in aller Regel nichts entnehmen.[42] Sehr aufschlußreich hierfür sind dagegen die Akten einer ganzen Reihe von Gewerkschaften und Rechtshilfeorganisationen, die im Zusammenhang mit der Frage
nach den Möglichkeiten für Arbeitnehmer, sich rechtskundig zu machen
und finanzielle Hilfe zu erhalten, ausgewertet wurden.[43] Diese Akten vermitteln darüber hinaus Einblicke in Bereiche, die der damaligen Öffentlichkeit und den Richtern weitgehend verschlossen blieben. Sie lassen erken-

---

[41] Im einzelnen sind dies die Jahrgänge 1858, 1870, 1882, 1896, 1912, 1917 und 1923. Längere
Serien bzw. zusätzliche Jahrgänge wurden ausgewertet in der „Labour Gazette", dem
„County Courts Chronicle", „Justice of the Peace" und in den *Law Reports*. Weitere quel-
lenkritische Ausführungen zu Inhalt und Qualität der Berichterstattung in Kap. IV.4.

[42] Weitere quellenkritische Bemerkungen zur Aktenführung in Kap. II.2. u. II.3.

[43] Hierbei handelt es sich vor allem um die Akten der *Amalgamated Society of Engineers*, der
Operative Bricklayers' Society, der *London Society of Compositors*, der *Dockers' Union*, der
National Union of Teachers und der *United Kingdom Commercial Travellers' Association*
sowie des *Industrial Law Committee*. Näheres in Kap. III.2. u. III.3.

nen, was im Vorfeld von Gerichtsverhandlungen geschah; sie zeigen die Ängste der Beteiligten, die Pressionen, denen sie durch Arbeitgeber und Versicherungen ausgesetzt wurden, die Vorbereitung von Argumentationsstrategien, die versteckten Kosten der Fälle und schließlich Reflexionen über den Sinn und Unsinn des Prozessierens.

In der Gesamtanlage ist das Buch nach systematischen Gesichtspunkten gegliedert. Innerhalb der Kapitel beziehungsweise Abschnitte werden dann jeweils Veränderungen in der Zeit thematisiert. In einigen Kapiteln überwiegt die Beschreibung gleichbleibender oder unmerklich sich wandelnder Strukturen, so im Kapitel über die Kommunikationsformen, in anderen Kapiteln stehen Prozesse im Mittelpunkt, die sich in ihrer Wirkung aufeinander zur Entrechtlichung der Arbeitsbeziehungen aufsummierten. Für einzelne Gerichtsfälle gehe ich bis an die Grenzen mikrogeschichtlicher Analyse, insgesamt bewegt sich die Darstellung jedoch auf einer mittleren Ebene zwischen Detail und Abstraktion.

Die Darstellung beginnt mit den ‚Mythen‘ des englischen Arbeitsrechts im 19. und 20. Jahrhundert, deren Entstehung und Folgen zum einen aus der Perspektive der Arbeiterbewegung, zum andern aus der Perspektive der *Common law*-Juristen rekonstruiert werden. Eingebettet in dieses erste Kapitel über die ‚Meistererzählungen‘ finden sich Abschnitte, die eher informativen Charakter haben und den deutschen Leser mit der Entwicklung des *Statute law* und des *Common law* zum Arbeitsverhältnis bekannt machen sollen. Das zweite Kapitel beschäftigt sich mit den Institutionen und ihrer – abnehmenden – Nutzung durch Arbeitgeber und Arbeitnehmer. Neben den Friedensgerichten und Grafschaftsgerichten werden als konkurrierende Organe die freiwilligen Schieds- und Einigungsstellen und im Vergleich die deutschen Gewerbe- und Kaufmannsgerichte behandelt. Die beiden ersten Kapitel sind eher als makrohistorische Überblicke angelegt, die zugleich auch der Information dienen sollen. In den folgenden drei Kapiteln dominieren dann mikrohistorische Fallanalysen, die in einleitenden und resümierenden Passagen auf die leitende Fragestellung bezogen werden. Kapitel drei befaßt sich mit den Schwellen vor dem Gang zum Gericht, vor allem für Arbeitnehmer, und den Hilfestellungen zu ihrer Überwindung. Den Schwerpunkt bildet hier die Untersuchung der gewerkschaftlichen Rechtshilfepraxis. Im vierten Kapitel folgt die Beschreibung der Kommunikationsbedingungen und Sprachstile in der Gerichtsverhandlung. Das geschieht unter der leitenden Frage, ob dort eine produktive Verständigung zwischen Laien und Juristen über die Geltung von Normen überhaupt möglich war. Das fünfte Kapitel schließlich ist der Divergenz (und zeitweisen Konvergenz) von Rechtsbegriffen und allgemeinsprachlichen Begriffen gewidmet.

An Fallbeispielen wird verfolgt, wie die Unschärfe der Rechtsbegriffe zu unvorhersehbaren Prozeßresultaten führte und dadurch das Recht insgesamt als inkonsistent und ‚ungerecht' erschien. Den Abschluß bildet eine Reflexion über Erscheinungsformen und Ursachen der Entrechtlichung, welche die verschiedenen Ergebnisse bündelt und die ‚Meistererzählungen' des Anfangs kritisiert.

I. DIE MEISTERERZÄHLUNGEN UND DIE MARGINALISIERUNG DES INDIVIDUALARBEITSRECHTS

1. DIE ERZÄHLUNG DER ENGLISCHEN ARBEITERBEWEGUNG: SELBSTBEFREIUNG AUS ‚KLASSENGESETZGEBUNG‘ UND ‚KLASSENJUSTIZ‘

STATIONEN DER UNTERDRÜCKUNG: VON DEN TOLPUDDLE MARTYRS BIS TAFF VALE

Jede große Bewegung hat ihre Märtyrer. Auch in den Annalen der englischen Arbeiterbewegung nehmen sie einen prominenten Platz ein. Ihre Namen waren den Zeitgenossen kaum bekannt, aber die Erinnerung an ihren Opfergang wurde sorgsam gepflegt und lebt bis heute fort. Die Märtyrer der englischen Arbeiterbewegung haben eines gemeinsam: Sie waren Opfer der Justiz, und die Sache, für die sie sich eingesetzt hatten und um derentwillen sie bestraft wurden, hieß *Trade Unionism*. Die Auftritte der Märtyrer vor Gericht markieren die Wendepunkte der englischen Gewerkschaftsgeschichte im 19. Jahrhundert.

Wohl am berühmtesten sind die *Tolpuddle Martyrs* geworden, jene sechs Landarbeiter aus dem Dorf Tolpuddle in der Grafschaft Dorset, die im Jahre 1834 unter Rückgriff auf ein längst vergessenes Gesetz, das die „Abnahme oder Ableistung ungesetzlicher Eide" unter Strafe stellte, zu sieben Jahren Verbannung nach Australien verurteilt wurden.[1] Die Verurteilten hatten in ihrem abgelegenen Dorf einen Zusammenschluß der Landarbeiter organisieren wollen, um sich der von Robert Owen geführten *Grand National Consolidated Trades' Union* anschließen zu können. Zu diesem Zweck hatten sie den Eintrittswilligen einen Eid abverlangt, der sie an die Regeln der Union binden sollte. Das harte Urteil – es wurde die nach dem

---

[1] Das Gesetz von 1797 (37 Geo. 3, c. 123) verbot „the administering or taking of unlawful oaths". Zu den juristischen Aspekten des Falles: Ralph Dickson, The Tolpuddle Martyrs: Guilty or Not Guilty?, in: Journal of Legal History 7 (1986), S. 178–187. Als Beispiel für die Bewertung des Falles durch die Historiographie der Arbeiterbewegung: G. D. H. Cole, A Study in Legal Repression, in: ders., Persons and Periods (1938), Harmondsworth 1945, S. 99–116. Zum Nachleben des Falles und zur Fabrikation der Legende um die ‚Märtyrer‘ in der Arbeiterkultur: Clare Griffiths, Remembering Tolpuddle: Rural History and Commemoration in the Inter-War Labour Movement, in: History Workshop Journal 44 (1997), S. 144–169.

fraglichen Gesetz mögliche Höchststrafe verhängt – mag juristisch haltbar gewesen sein oder nicht, entscheidend in den Augen der protestierenden Arbeiter und ihrer Historiographen war die Tatsache, daß mit diesem Richterspruch die erst vor wenigen Jahren, 1824/25, errungene Koalitionsfreiheit zunichte gemacht schien. Das mühsam erkämpfte Gesetz, das den repressiven *Combination Act* von 1800 zurückgenommen hatte und damit Zusammenschlüsse zur Verbesserung der Arbeitsbedingungen straffrei machte, schien nur toter Buchstabe zu sein.[2] Zu der Empörung über die Höhe des Strafmaßes kam so das Gefühl, von der Richterschaft und den Mächtigen im Lande, die ihr eigenes Gesetz mißachteten, betrogen worden zu sein.

Ähnliche Fälle von Justizopfern, die zu Märtyrern wurden, durchziehen die Geschichtswerke zur englischen Arbeiterbewegung im 19. Jahrhundert. Zum Beispiel der Fall der sechzehn Landarbeiter-Frauen in Chipping Norton: sie wurden im Mai 1873 wegen „Belästigung" und „Behinderung" von Arbeitern, die zur Brechung eines Streiks angeheuert worden waren, zu zehn beziehungsweise sieben Tagen Gefängnis mit *hard labour* verurteilt. Hier war es nicht die Rechtmäßigkeit des Urteils, die in Zweifel gezogen wurde, sondern die Angemessenheit der Strafe.[3] Daß es sich um Frauen, zum Teil mit Säuglingen, handelte, die nach Oxford verbracht wurden, um dort ihre Strafe zu verbüßen, und daß die beiden Friedensrichter Kleriker waren, rief den Unmut der armen Landbevölkerung hervor und erregte soviel Aufsehen, daß der Fall Gegenstand eines Briefwechsels zwischen dem Lordkanzler (Selborne), dem Lord Lieutenant von Oxfordshire (Duke of Marlborough) und den beiden Friedensrichtern wurde. Diese Korrespondenz wurde nach einer Anfrage im Unterhaus sogar in den *Parliamentary Papers* abgedruckt. Damit wurde öffentlich, daß selbst der Lordkanzler Bedenken wegen der Härte und mehr noch der Zweckmäßigkeit des Urteils hatte. Er befürchtete, daß solche „exzessiven" Richtersprüche mehr Sympathie mit den Gesetzesbrechern als mit dem Gesetz hervorrufen würden.[4]

---

[2] Zu den Bestimmungen der *Combination Acts* von 1799 und 1800, ihrer zunächst vollständigen Rücknahme im Jahre 1824 und der erneuten Korrektur dieses Gesetzes 1825 vgl. Orth, Combination, S. 43–92 u. 156–171.

[3] Der *Criminal Law Amendment Act* von 1871 (34 & 35 Vict., c. 32), aufgrund dessen die Verurteilung erfolgte, definierte die Tatbestände der „Belästigung" und „Behinderung"' so vage, daß jeder, der einem anderen auf der Straße in lärmender, „unordentlicher" Weise folgte oder sein Haus „dauernd" beobachtete, deswegen belangt werden konnte.

[4] PP 1873 (315) LIV, S. 2: „Another obvious consideration is that the effect of such excessive and indiscriminate severity is to create sympathy with the law breakers, rather than with the law ...".

Nur wenige Monate zuvor, im Dezember 1872, war es schon einmal zu einem sensationellen Fall gekommen, bei dem auch die Rechtmäßigkeit des Urteils zweifelhaft war. Fünf Londoner Gaswerker wurden vor dem *Central Criminal Court* wegen ‚Verschwörung' (*conspiracy*) zu zwölf Monaten Haft mit *hard labour* verurteilt.[5] Die Arbeiter waren in einen Streik getreten und hatten dabei ihren Vertrag gebrochen. Nach dem reformierten *Master and Servant Act* von 1867 war Kontraktbruch im Normalfall nur noch mit einer Geldbuße, höchstens jedoch mit drei Monaten Haft zu bestrafen.[6] Und nach dem neuen *Trade Union Act* von 1871 hätte eine Anklage wegen ‚Verschwörung' eigentlich scheitern müssen, weil diesem Gesetz zufolge die Zwecke einer Gewerkschaft ausdrücklich nicht mehr unter den Tatbestand der ‚Verschwörung' fallen sollten.[7] Auch in diesem Fall waren die Proteste so stark, daß die Königin dem Rat des Innenministers folgte und die Strafe auf vier Monate reduzierte, das war immer noch ein Monat mehr als nach dem *Master and Servant Act* zulässig gewesen wäre.[8]

Die rabulistische Argumentation, mit der es dem Richter, Justice Brett, gelungen war, das Handeln der angeklagten Gaswerker als ‚Verschwörung' zu deuten, braucht hier nicht zu interessieren.[9] Wichtiger für die damalige Wahrnehmung war die Parallele zum Fall der *Tolpuddle Martyrs*. Wieder schienen durch einen Richterspruch eben erst verabschiedete Gesetze, die der Intention nach den Rechtsstatus der Gewerkschaften und ihrer Mitglieder wenigstens ein Stück weit verbessern sollten, unwirksam gemacht worden zu sein. Für die organisierte Arbeiterschaft war es kaum möglich, diese Art der Urteilsfindung noch als unparteiisch wahrzunehmen. In ihren Augen arbeitete die Justiz, insbesondere die Laien-Friedensrichter auf dem Lande und die Richter an den höheren Gerichtshöfen, aktiv und willentlich darauf hin, jeden auf dem Wege der Gesetzgebung erreichten Fortschritt so weit es ging nachträglich zu hintertreiben. Auch wenn es einmal für längere

---

5 *R. v. Bunn* (1872), 12 Cox CC, S. 316. Vgl. [John Morley], The Five Gas-Stokers, in: Fortnightly Review 13 (1873), S. 138–141.

6 30 & 31 Vict., c. 141 (1867), ss. 9 u. 14.

7 34 & 35 Vict., c. 31 (1871), s. 2.

8 Der *London Trades Council* berief am 31. Dez. 1872 ein Delegiertentreffen ein und organisierte Protestkundgebungen gegen dieses Urteil. Die Sammlung für den zu diesem Zweck und zur Hilfe für die streikenden Gaswerker eingerichteten *Gas Stokers' Fund* erbrachte £ 247 10s. 8d. Vgl. London Trades Council Minutes, 1872, Bd. 3, S. 91 (Zeitungsausschnitt zum Delegiertentreffen); London Trades Council, Annual Report and Balance Sheet, 1872–73, S. 7 ff. u. 14–17 (Microfilm edition). Der TUC verabschiedete am 17. Jan. 1873 eine Bittschrift, die dem Innenminister Henry Austin Bruce überreicht wurde und um einen königlichen Gnadenerlaß bat. Fifth Annual Trades Union Congress, Leeds 1873, S. 3 f. (Microfilm edition).

9 Vgl. dazu Orth, Combination, S. 142.

Zeit keine offensichtlich einseitigen Urteile gegen Gewerkschaftssekretäre oder einfache Mitglieder gab, genügten doch wenige spektakuläre Fälle, um diese Sicht der Dinge zu bestätigen. Manche Köpfe in der Gewerkschaftsbewegung zogen daraus schon in den siebziger Jahren des 19. Jahrhunderts den Schluß, daß man den Staat und seine Organe ganz aus den Arbeitsbeziehungen heraushalten müsse.[10]

Seinen Höhepunkt erreichte der Konflikt zwischen Richterschaft und Unions um die Jahrhundertwende mit dem berühmten *Taff Vale Case*.[11] Aus der Sicht zumindest der militanteren Teile der Arbeiterbewegung war dieser Fall der endgültige Beweis, daß es die Justiz im Verein mit den Scharfmachern in der Arbeitgeberschaft darauf abgesehen hatte, die Gewerkschaften in ihrer Existenz zu treffen, und zwar nicht mehr mit den alten, grobschlächtigen Methoden des Strafrechts und der Kriminalisierung einzelner Personen, sondern gleichsam auf die elegante Art, mit dem Mittel zivilrechtlicher Unterlassungs- und Schadensersatzklagen. Daß eine Gewerkschaft als Ganzes haftbar sein sollte für Schäden, die durch illegale Aktionen einzelner Mitglieder im Verlaufe von Streiks entstanden waren: dieses Resultat des *Taff Vale*-Falles drohte jede Arbeitskampfmaßnahme zu einem unkalkulierbaren finanziellen Risiko zu machen.

Das Urteil des House of Lords vom Juli 1901 erschien um so skandalöser, als es erneut hinter einen Rechtszustand zurückzufallen schien, der bereits 1871 mit dem *Trade Union Act* als gesichert galt. Einmal mehr wiederholte sich also das altbekannte Muster, nur diesmal auf der Ebene des Zivilrechts. Es mußte so aussehen, als hätten die *Common law*-Juristen nun auf einmal, nach dreißig Jahren relativer Ruhe, einen Weg erfunden,[12] wie man die

---

10 Henry Crompton, Class Legislation, in: Fortnightly Review 13 (1873), S. 205–217, S. 215: „The true progress on these matters is to depend less and less on the power of the state, which has culpably lent itself to the masters' side." Vgl. auch mit weiteren Beispielen für Skandalurteile ders., The Government and Class Legislation, in: Fortnightly Review 14 (1873), S. 25–40. Henry Crompton war in den siebziger und frühen achtziger Jahren Rechtsberater des TUC.

11 *Taff Vale Railway Co.* v. *Amalgamated Society of Railway Servants* (1901) A.C. 426–445. Eine knappe Zusammenfassung der wesentlichen juristischen und politischen Aspekte des Falles bietet: Norman McCord, Taff Vale Revisited, in: History 78 (1993), S. 243–260. Zu der durch das Urteil ausgelösten innergewerkschaftlichen und öffentlichen Debatte: Adolf M. Birke, Pluralismus und Gewerkschaftsautonomie in England. Entstehungsgeschichte einer politischen Theorie, Stuttgart 1978, S. 88–115. Zur Rezeption in Deutschland: Wilhelm Rütten, Der Taff Vale Case und das deutsche Gewerkschaftsrecht, in: Archiv für Sozialgeschichte 31 (1991), S. 103–121.

12 Vgl. McCord, Taff Vale, S. 249f. u. 252, der die Entscheidung zum Teil als eine Fernwirkung des *Judicature Act* von 1873 interpretiert, in dessen Folge der freiere, erfindungsreichere Urteilsstil des *Equity law* das strengere *Common law* überformte. Nach der *Equity*-Rechtsprechung war es schon vorher möglich gewesen, einzelne Agenten von Körperschaften stellver-

schon als geschützt geltenden Kassen der Gewerkschaften von rachsüchtigen Arbeitgebern plündern lassen konnte. Die im *Taff Vale*-Fall unterlegene *Amalgamated Society of Railway Servants* mußte insgesamt £ 42000 an Kosten und Schadensersatz zahlen. Ob die Richter und Lords tatsächlich solche feindlichen Absichten hegten, ob sie nicht vielmehr durchaus im Rahmen der Logik juristischer Argumentation blieben, spielte für die Beurteilung des Falles auf Arbeiterseite damals kaum eine Rolle. *Taff Vale* und eine Serie anderer Fälle ähnlicher Tendenz ließen für sie nur den Schluß zu, daß es sich um Klassenjustiz handelte, um den Versuch der finanziellen Kollektivbestrafung, nachdem das Strafrecht gegen Einzelne nicht mehr zur Verfügung stand.[13]

Ben Tillett, der Generalsekretär der *Dockers' Union*, sah in dem Urteil „Klassenkampf", wie ihn die Menschheitsgeschichte härter noch nicht erlebt habe.[14] Seine Forderung lautete, die „schwerfällige Maschinerie der Gesetzgebung" in Gang zu setzen, um das von den Richtern gemachte Recht ein für allemal und vollständig aus Arbeitskämpfen auszuschalten.[15] Die Ansichten darüber, was an die Stelle des zurückzudrängenden *Common law* treten sollte, gingen innerhalb der Gewerkschaftsbewegung auseinander.[16] Tillett favorisierte damals von Arbeitnehmern und Arbeitgebern gewählte Schiedsgerichte, deren Sprüche für beide Seiten bindend sein sollten. Andere Unions, zum Beispiel die Bergarbeiter, setzten mehr auf die eigene Kampfstärke und Verhandlungsmacht bei gleichzeitiger Disziplinierung der

---

tretend für die ganze Körperschaft zu verklagen. Diese Möglichkeit hatte es im *Common law* vor 1873 nicht gegeben. Gegen Ende des 19. Jahrhunderts mehrten sich auch in anderen Bereichen die Fälle, in denen dieses Element der *Equity*-Rechtsprechung in die Spruchpraxis der obersten Gerichte eindrang.

[13] Tatsächlich wurden die Gewerkschaften in den Jahren 1900–1906 mit zivilen Schadensersatzklagen aller Art überflutet, wie ein Blick in die monatlich erscheinende Rubrik „Legal Cases Affecting Labour" der „Labour Gazette" zeigt. In diesen Prozessen kam es ab und zu auch einmal zu Siegen der Trade Unions, jedoch oft erst in der zweiten oder dritten Berufungsinstanz.

[14] MRC Mss. 126/DWR/4/1/2, Dock, Wharf, Riverside and General Labourers' Union, Thirteenth Annual Report (1902), London 1903, S. 4.

[15] Vgl. MRC Mss. 126/DWR/4/1/2, Dock, Wharf, Riverside and General Labourers' Union, Twelfth Annual Report (1901), London 1902, S. 11: „The growth of the Morgan Trust, the Taff Vale decision, the working of Judge made law, all point to the necessity of lifting trade disputes from the Courts, as now constituted, and common law." Und: MRC Mss. 126/DWR/4/1/2, Dock, Wharf, Riverside and General Labourers' Union, Fifteenth Annual Report (1904), Hull 1905, S. 8: „... it is quite evident the right of combination among workmen is beset with the meshes of the law, such being a fact, the inevitable counter move is, move the cumbersome machinery of the legislature."

[16] Vgl. die Zusammenstellung verschiedener Reaktionen auf das Urteil bei H.A. Clegg, Alan Fox u. A.F. Thompson, A History of British Trade Unions since 1889, Bd. 1: 1889–1910, Oxford 1964, S. 316–320.

militanten Kräfte in der Bewegung. Unter diesem Gesichtspunkt waren gemäßigte Gewerkschaftsführer anfangs sogar bereit, das *Taff Vale*-Urteil als heilsamen Schock hinzunehmen. Sidney Webb wiederum hatte zu diesem Zeitpunkt den Glauben an das freie Spiel des kollektiven Verhandelns verloren und propagierte die gesetzliche Regulierung von Löhnen und eine staatlich unterstützte Zwangsschlichtung nach neuseeländischem und australischem Vorbild. Auch er wollte den mit dem *Taff Vale*-Urteil geschaffenen Rechtszustand akzeptieren, wenn durch eine Reform des Streikrechts und flankierende Maßnahmen sichergestellt würde, daß in Zukunft nur wirklich kriminelle Handlungen zu einem Verfahren gegen eine Gewerkschaft führen könnten. Mit seinen zuletzt im Mehrheitsbericht der *Royal Commission on Trade Disputes and Trade Combinations* (1906) geäußerten Auffassungen setzte sich Webb allerdings in Widerspruch zu der inzwischen gefestigten Mehrheitsmeinung in der Gewerkschaftsbewegung.[17] Denn trotz divergierender Zielvorstellungen hatte sich dort in den Jahren nach dem *Taff Vale*-Prozeß weithin ein Konsens dahingehend gebildet, daß der Richterschaft und dem *Common law* jeder Spielraum für weitere Eingriffe in die kollektiven Arbeitsbeziehungen genommen werden müsse. Der Hebel dazu sollte die Gesetzgebung sein. Das Resultat der entsprechenden Kampagne war der *Trade Disputes Act* von 1906, eine der ersten Maßnahmen der neuen liberalen Regierung nach ihrem Erdrutschsieg des gleichen Jahres.

Dieses Gesetz ging erheblich weiter, als es die gemäßigten Gewerkschaftsführer noch wenige Jahre zuvor für möglich und wünschenswert gehalten hatten. Es räumte den Gewerkschaften nahezu vollständige Immunität ein. Die durch Arbeitskämpfe Geschädigten hatten fortan keine Möglichkeit mehr, eine zivile Schadensersatzklage gegen eine Gewerkschaft (oder eine Arbeitgebervereinigung) als Körperschaft anzustrengen. Auch gewisse Handlungen einzelner Mitglieder wie das Streikpostenstehen oder die Aufforderung zur Arbeitsniederlegung, sofern sie im Zusammenhang mit Arbeitskämpfen standen, konnten kein Gegenstand einer zivilen Schadensersatzklage mehr werden.[18] Kollektive Arbeitskämpfe fanden seitdem in einem nahezu rechtsfreien Raum statt. Die englischen Gewerkschaften hatten eine Rechtsposition erlangt, die in Europa ihresgleichen suchte. Gegner deuteten diesen Zustand als unzulässige Privilegierung. Man warf den Gewerkschaften vor, daß sie von ihrem eigenen, lange Zeit hochgehaltenen

---

[17] Zur Position Sidney Webbs vgl. Birke, Pluralismus, S. 98f., 109, 111 u. 115.
[18] *Trade Disputes Act*, 6 Edw. 7, c. 47 (1906). Vgl. Orth, Combination, S. 150f.; McCord, Taff Vale, S. 258f.

Grundsatz der strikten Gleichbehandlung durch das Gesetz abgerückt seien. Sie antworteten, daß der *Trade Disputes Act* für die Arbeitnehmerseite lediglich das statutarisch festhalte, was die Arbeitgeber in der Praxis schon immer genossen hätten, nämlich Freiheit vor Strafverfolgung und Zivilklagen.[19] Die durch den *Trade Disputes Act* geschaffene Rechtslage hatte im wesentlichen, abgesehen von bescheidenen Einschränkungen im Gefolge des Generalstreiks von 1926, bis zu den Reformen der Regierung Margaret Thatchers Bestand.

EIN HAUCH VON WHIGGISMUS: DIE WEBBS & CO.

Für einen Historiker, der von der Mitte des 20. Jahrhunderts aus zurückblickte, war es verlockend, dem gut einhundert Jahre währenden und schließlich erfolgreich abgeschlossenen Kampf der englischen Arbeiterschaft um ihre Rechte eine innere Folgerichtigkeit zuzuschreiben. Dieser Kampf besaß überdies eine dramatische Qualität, die ihn für eine ‚große Erzählung‘ nach whiggistischer Manier prädestinierte. Das Subjekt der Erzählung waren nicht einzelne Arbeiter, sondern die Arbeiterbewegung – „the movement“, wie es in den klassischen Darstellungen von G. D. H. Cole und den Webbs oft verkürzend hieß.[20] Den Kern der Bewegung bildeten die organisierten Kollektive, allen voran die Trade Unions. Dahinter rangierten, chronologisch wie von der Bedeutung her, die *Labour Party* und die zahlreichen Kooperativen, Konsumvereine und Selbsthilfegruppen. Gegenstand der Erzählung war das Wachstum der Kollektive und ihre Emanzipation aus rechtlicher Beschränkung und politischer Unmündigkeit. Die Erzählung nahm ihren Anfang mit der zunehmenden Repression seit dem späten 18. Jahrhundert, symbolisch zugespitzt in den *Combination Acts* von 1799 und 1800. Diese Gesetze eröffneten das Drama des 19. Jahrhunderts, das mit dem *Taff Vale Case* von 1901 und seiner legislativen Bereinigung im Jahr 1906 endete. Dazwischen lagen als Stationen auf dem Weg zur vollen Freiheit und Gleichbehandlung die Rücknahme des *Combination Act* 1824/25 und die Kette der Reformen zwischen 1867 und 1875. Durch diese

---

19 Vgl. Orth, Combination, S. 151.
20 Sidney u. Beatrice Webb, The History of Trade Unionism, Revised edition, London 1920, S. VIII u. XIII; G.D.H. Cole, A Short History of the British Working-Class Movement, 1789–1947, New edition, completely revised and continued to 1947, London 1948, S. 4: „The term ‚movement‘ implies a common end or at least a community of purpose which is real, and influences men's thoughts and actions, even if it is imperfectly apprehended or largely unconscious." Kritisch zu diesem Wortgebrauch: Clegg, Fox u. Thompson, Trade Unions, Bd. 1, S. 486 ff.

beiden Ereignisverdichtungen ließ sich die Darstellung strukturieren und in drei, jeweils etwa eine Generation umfassende Zeitabschnitte teilen: eine erste Phase, in der es um das pure Existenzrecht der Gewerkschaften ging (1800–1825), eine zweite Phase, in der die Entkriminalisierung ihrer Aktivitäten und die Erweiterung ihres Handlungsspielraums auf dem Programm stand (1825–1875), und eine dritte Phase, die der Abwehr zivilrechtlicher Haftung für die Folgen gewerkschaftlicher Aktionen gewidmet war (1876–1906). Der Kampf gegen ‚Klassengesetzgebung‘ und ungleiche Rechtsanwendung hatte, so schien es, der Bewegung geholfen, zu sich selbst zu finden. Sie wurde solidarischer nach innen und wuchs nach außen. In den letzten Jahren vor dem Ersten Weltkrieg hatte die Arbeiterschaft dann endlich jenes Maß an Handlungsfreiheit erreicht, das die Triumphe des 20. Jahrhunderts bis hin zur politischen Machtübernahme möglich machte. Das Leiden der Märtyrer fand darin seinen Sinn. Aus den „Opfern des Whiggismus", als welche George Loveless sich und die anderen fünf *Tolpuddle Martyrs* drei Jahre nach seiner Verurteilung darstellte, waren die Helden einer whiggistischen Geschichtserzählung geworden.[21]

Was den engeren Aspekt der Begegnung mit dem Recht anging, so konnte es aus der Rückschau plausibel erscheinen, in den aufeinanderfolgenden Kampagnen und legislativen Schritten eine gemeinsame Zielrichtung zu erkennen. Sie bestand in der Übertragung des Prinzips der Vertragsfreiheit von den Individuen auf die Kollektive. Vereinigungen und Zusammenschlüsse von Arbeitnehmern sollten frei sein, genau das zu tun, was nach der herrschenden Lehre des *Common law* und der politischen Ökonomie nur Einzelpersonen erlaubt war: Arbeit anzubieten oder zurückzuhalten, Verträge zu schließen oder zu kündigen, Bedingungen zu akzeptieren oder es bleiben zu lassen. Nichts, was jeder normale Bürger durfte, sollte nur deshalb ungesetzlich sein, weil es ein Arbeiter tat, und nichts was Individuen erlaubt war, sollte verboten sein, bloß weil es mehrere zusammen taten. Das war die Forderung nach Gleichbehandlung, wie sie Frederic Harrison und Thomas Hughes in einem Minderheitsvotum der *Royal Commission on Trade Unions* von 1869 kurz und bündig auf den Punkt brachten.[22] Gegen-

---

21 George Loveless, The Victims of Whiggery; being a statement of the persecutions experienced by the Dorchester Labourers, London [1837], 8. Aufl. 1838. Vgl. die Bemerkung bei Charles Muir, Justice in a Depressed Area. A Critical Study, London 1936, S. 111: „The book which in the writer's experience has exercised the most powerful influence on working-class estimates of English Judges is the History of Trade Unionism by Sidney and Beatrice Webb."

22 Vgl. Eleventh and Final Report of the Royal Commissioners appointed to inquire into the Organization and Rules of Trades Unions and other Associations, PP 1868–69 (4123) XXXI,

über dem Recht folgte daraus eine eher defensive Einstellung. Die Gesetzgebung sollte ermöglichen, daß Kollektive ebenso wie Individuen frei und von gleich zu gleich miteinander verhandeln konnten. Die Justiz hatte nur in Erscheinung zu treten, wenn die Arbeitskämpfe gewaltsam ausgetragen oder Abmachungen auf ungesetzliche Weise gebrochen wurden. Die legislativen Fortschritte des 19. Jahrhunderts, die jeweils auf die von der Rechtsprechung ausgehenden Rückschläge reagierten, schienen genau auf dieses Ziel hinzuführen. In den Kämpfen des 19. Jahrhunderts bahnte sich somit – so sah es jedenfalls rückblickend aus – jenes System des kollektiven *laissez-faire* an, das für die industriellen Beziehungen Großbritanniens im 20. Jahrhundert charakteristisch geworden ist. Der Arbeitsrechtler Otto Kahn-Freund, der in den fünfziger Jahren des 20. Jahrhunderts den Ausdruck „collective *laissez-faire*" prägte, charakterisierte das britische System seiner Gegenwart als ein ausgereiftes, für andere westliche Demokratien vorbildliches, zukunftsweisendes Modell.[23]

Die um die Mitte des 20. Jahrhunderts erschienenen Überblicke von G.D.H. Cole und Henry Pelling, die meisten Lehrbücher und Quellensammlungen sowie mit Einschränkung das Werk von Hugh Clegg sind in den Teilen, die das Verhältnis zwischen Arbeitern und Recht betreffen, dem hier skizzierten, teleologischen Erzählmuster verpflichtet.[24] Diese Darstellungen waren auf die Gewerkschaften als Hauptsubjekt fixiert. Sie orientierten sich am Kanon der Märtyrerfälle von *Tolpuddle* bis *Taff Vale* und an der die Trade Unions betreffenden Gesetzgebung. Das führte bei diesen

---

S. LIV: „The whole system of special laws as applying to labour seems to us a relic of feudalism, and contrary to the spirit of modern legislation. In every way it violates the principle of equality of all citizens before the law. We can see no ground for special laws relating to the agreements of workmen, which does not apply to the agreements made by any other order of citizens, and no ground for making a threat uttered by a workman penal when a threat uttered by any other citizen would not be penal." Siehe auch Cole, Short History, S. 204; Birke, Pluralismus, S. 64.

[23] Otto Kahn-Freund, Labour Law, in: Morris Ginsberg (Hg.), Law and Opinion in England in the 20th Century, London 1959, S. 215–263, S. 224 („collective *laissez-faire*"); ders., Intergroup conflicts and their settlement, in: British Journal of Sociology 5, No. 3 (1954), S. 193–227.

[24] Cole, Short History; Henry Pelling, A History of British Trade Unionism, 2. Aufl. Harmondsworth 1971; Clegg, Fox u. Thompson, Trade Unions, Bd. 1; Hugh Armstrong Clegg, A History of British Trade Unions since 1889, Bd. 2: 1911–1933, Oxford 1985, Bd. 3: 1934–1951, Oxford 1994. Clegg ist mit wertenden oder auch nur vage analytischen Aussagen sehr zurückhaltend, um es vorsichtig auszudrücken. An Quellensammlungen vgl. G.D.H. Cole u. A.W. Filson (Hg.), British Working Class Movements. Select Documents 1789–1875, London u. New York 1967; J.T. Ward u. W. Hamish Fraser (Hg.), Workers and Employers. Documents on Trade Unions and Industrial Relations in Britain Since the Eighteenth Century, London 1980.

Autoren zu einer Verengung des Blickfelds, mitunter auch zu einer Übertreibung des Gesichtspunkts der ‚Klassengesetzgebung' und ‚Klassenjustiz'.
Letzteres gilt in besonderem Maße auch für die Trilogie von Julian und Barbara Hammond zu den ländlichen, städtischen und gelernten Arbeitern, die
sich allerdings auf die Frühphase bis 1832 beschränkte und vom Ansatz her
schon beinahe als eine, freilich stark moralisierende, Alltagsgeschichte bezeichnet werden kann.[25] Friedensrichter und *Common law*-Juristen wurden in diesen Arbeiten fast durchweg als willige Vollstrecker von Arbeitge-
berinteressen dargestellt. Dem Leser blieb angesichts der aneinandergereih-
ten Beispiele empörender Urteile kaum eine andere Wahl, als sich dieser
Sicht der Dinge anzuschließen. Es wurde die Suggestion erzeugt, daß die
Rechtsprechungspraxis des 19. Jahrhunderts im wesentlichen durch die
soziale Herkunft des Justizpersonals und dessen (unbewußte) Nähe zur
Arbeitgeber-Ideologie zu erklären sei. Das entsprach zwar wahrscheinlich
der Auffassung derjenigen, die damals von den Skandalurteilen negativ betroffen waren, ließ aber den Blick auf andere im Rechtssystem wirksame
Faktoren, etwa das Zusammenspiel der Institutionen oder das Eigengewicht
der juristischen Fachsprache, kaum zu. Die Frage, ob es neben den Skandal-
fällen auch eine leidlich funktionierende Normalität der Rechtsprechung
gegeben hat, wurde überhaupt nicht gestellt. So erschienen die Abkehr der
Arbeiterschaft vom Recht und die Ausgrenzung des Handlungsfelds der
industriellen Beziehungen aus dem Zugriff der Gerichte als logische Konse-
quenz aus der Erfahrung der ‚Klassenjustiz'.

Auch neuere Arbeiten bleiben, was das 19. und frühe 20. Jahrhundert betrifft, dieser teleologischen Vision verhaftet, so etwa die Studie von Alan
Fox zu den industriellen Beziehungen oder der Überblick von John Orth
zum Rechtsstatus der Gewerkschaften.[26] Zwar ist bei beiden Autoren die
emotionale Anklage gegen die Parteilichkeit der Richter einer differenzierteren Betrachtung gewichen. Auch hat bei ihnen, wohl aufgrund der Erfahrungen der siebziger und frühen achtziger Jahre des 20. Jahrhunderts, die
uneingeschränkt positive Bewertung der gewerkschaftlichen Aktionsfreiheit nachgelassen und einer skeptischeren Einschätzung Platz gemacht.

---

25 J. L. u. Barbara Hammond, The Village Labourer, 1760–1832: a study in the government of
England before the Reform Bill, London 1911; The Town Labourer, 1760–1832: the new civilization, London 1917; The Skilled Labourer, 1760–1832, London 1919 (zahlreiche spätere
Auflagen). Vgl. die Kritik von E. P. Thompson, The Making of the English Working Class,
2. Aufl. 1968, Harmondsworth 1984, S. 215.
26 Fox, History and Heritage; Orth, Combination. Bei Fox heißt es (S. XI), daß er auch nach
„unterdrückten Alternativen" Ausschau gehalten habe, doch ist davon erst in den der jüngeren Vergangenheit gewidmeten Abschnitten etwas zu bemerken.

Aber immer noch ist die leitende Frage, wie die industriellen Beziehungen in Großbritannien so geworden sind, wie sie sich um die Mitte des 20. Jahrhunderts darboten: als ein relativ autonomes System, weitgehend unbehelligt von staatlicher Regulierung und weit entfernt von der Justiz. Auch hier führt die Konzentration auf dieses Erkenntnisziel zu einer Vernachlässigung der Alternativen, die sich den Akteuren des 19. Jahrhunderts möglicherweise noch anboten.

Wie leicht mit zunehmendem Abstand vom 19. Jahrhundert der Sinn für die damals noch offene Zukunft der ‚Bewegung‘ abhanden kommen konnte, zeigt ein Vergleich zwischen der ersten und zweiten Auflage des großen Werks von Sidney und Beatrice Webb zu den Trade Unions. Hieß es im Vorwort von 1894 noch, daß „diese Geschichte" zu Lebzeiten der Autoren, ja von Generationen danach, nicht abgeschlossen sein werde, klang in der Einführung zur Neuauflage von 1920 der Stolz auf das innerhalb nur einer Generation Erreichte deutlich an. Die Gewerkschaften erfaßten, so vermerkten die Webbs, statt 20 Prozent nunmehr über 60 Prozent der männlichen handarbeitenden Bevölkerung, ihr rechtlicher und konstitutioneller Status sei durch „präzise und unmißverständliche Gesetze" gesichert, die Gewerkschaftsorganisation sei in vielen Fällen in die „Maschinerie der öffentlichen Verwaltung" integriert worden, und der neue politische Arm der Bewegung, die *Labour Party*, schicke sich an, die politische Macht zu übernehmen.[27] Allerdings brauchten die Webbs im Jahr 1920, wie sie weiter betonten, an ihrer ursprünglichen Interpretation der historischen Entwicklung praktisch nichts zu ändern.[28] Denn zu diesem Zeitpunkt mochte es tatsächlich so aussehen, als laufe die wirkliche Geschichte der Bewegung auf genau das Ziel zu, das sich als roter Faden durch die von den Webbs erzählte Geschichte zog. Die enge Verzahnung der Gewerkschaften mit dem Staat, die Verrechtlichung der kollektiven Arbeitsbeziehungen in dem Sinne, daß Tarifabschlüsse bindend und einklagbar werden sollten, schien in den Jahren unmittelbar nach dem Ersten Weltkrieg für kurze Zeit greifbar nahe. Der Whitleyismus als englische Version des Korporatismus hatte damals seinen Höhepunkt erreicht, Zwangsschlichtungsmodelle wurden intensiv diskutiert, die gesetzliche Regulierung von Löhnen und Arbeitszeiten war, so sah es jedenfalls aus, auf dem Vormarsch, eine staatliche Steuerung von Wirtschaft und Arbeitsmarkt unter Beteiligung der Trade Unions stand auf

---

[27] Sidney u. Beatrice Webb, The History of Trade Unionism, London u. New York 1894, S. VII; Webb, Trade Unionism, 1920, S. V.
[28] Ebd., S. VI.

der Tagesordnung, sogar die Nationalisierung von Schlüsselindustrien schien bevorzustehen.[29]

Es war diese, auf staatliche Macht und positive Rechte gerichtete Perspektive, welche die historischen Interpretationen und Wertungen der Webbs schon 1894 bestimmt hatte. Unter den Methoden gewerkschaftlichen Handelns war ihnen die Methode der „gesetzlichen Verankerung" (*legal enactment*) als die beste erschienen.[30] Insofern konnten sie sich 1920 bestätigt fühlen und ihre Geschichte nahtlos fortschreiben. Die herausragenden Momente in ihrer Erzählung waren diejenigen, in denen die Gewerkschaftsbewegung politisch wurde und anfing, eine ganz andere Ordnung des Wirtschafts- und Arbeitslebens für möglich zu halten und aktiv anzustreben.[31] Neben der auf das Parlament zielenden Agitation waren auch Gerichtsverhandlungen für die Webbs ein Teil der politischen Strategie. Das Recht betrachteten sie als Waffe, die von Arbeitern genutzt werden konnte, nicht bloß als fremde Macht, die abgewehrt werden mußte. Anwälte, welche die Arbeiter lehrten, daß auch sie Rechte hatten und durchsetzen konnten, wie zum Beispiel W.P. Roberts, der „miners' attorney-general", gehörten zu den Helden ihrer Erzählung.[32] Aus Sicht der Webbs sollte sich die Bewegung nicht mit Selbsthilfe und Solidarität im Kampf gegen Arbeitgeber, Justiz und Obrigkeit begnügen. Vielmehr sollte sie versuchen, den Staat zu erobern, um das Recht zu verändern.

Teleologisch war mithin auch die Erzählung der Webbs. Aber das vorgestellte Ziel war ein anderes als in den späteren Werken von Cole, Pelling, Clegg oder Fox. Kollektive Entfaltung im rechtsfreien Raum genügte den Webbs nicht. Sie strebten nach einer Ordnung, die der Arbeiterbewegung

---

[29] Vgl. zu den unterdrückten Alternativen dieser Phase: Douglas Brodie, The Evolution of British Labour Law, in: The Juridical Review, 1997, part 5, S. 287–313; Fox, History and Heritage, S. 280–308.

[30] Vgl. Sidney u. Beatrice Webb, Industrial Democracy, London 1902, ND 1913, S. 247–278. Die anderen Methoden („Mutual Insurance", „Collective Bargaining" und „Arbitration") besaßen in ihren Augen Nachteile.

[31] Vgl. etwa die positive Bewertung der Politik der sogenannten *Junta* in den sechziger und siebziger Jahren des 19. Jahrhunderts: Webb, Trade Unionism, 1894, S. 221–223. Bei der *Junta* handelte es sich um eine Art inneres Kabinett der Gewerkschaftsbewegung. Führende Figuren der großen Gewerkschaften (William Allan, Robert Applegarth, Edwin Coulson, George Odger, George Howell, Henry Broadhurst, George Shipton, Alexander Macdonald) sorgten durch ihre enge Kooperation für eine Politisierung der Bewegung, die zu den Reformen der Jahre 1867–1875 führte und die frühen Jahre des TUC prägte. Obwohl die *Junta*-Mitglieder sehr stark den Werten der Mittelklasse zuneigten, waren sie doch – wie die Webbs meinten – die richtigen Leute zur richtigen Zeit (ebd. S. 222): „For the next ten years, when it was all important to obtain a legal status for trade societies, … their qualities exactly suited the emergency."

[32] Webb, Trade Unionism, 1894, S. 164–167.

statutarische Rechte und einen festen Platz im Staat gab. Für diese Utopie suchten sie in der Vergangenheit Anknüpfungspunkte, auf diese Utopie hin konzipierten sie ihre Darstellung. Eben aus diesem Grund erscheint uns heute die Erzählung der Webbs in manchem weniger teleologisch als die späteren Gewerkschaftsgeschichten. Denn die tatsächliche Geschichte der Begegnung zwischen englischer Arbeiterbewegung und Recht und Staat entwickelte sich in eine andere Richtung. Sie entfernte sich von der Vision der Webbs, wie sich schon bald nach 1920 herausstellen sollte. Deshalb enthält die Erzählung der Webbs aus heutiger Sicht Hinweise auf Alternativen, die nicht verwirklicht wurden. Sie wirkt sperriger und will nicht recht zu dem englischen Weg passen, wie er uns aus den neueren Arbeiten vertraut ist. Die Webbs selber hingegen glaubten um 1920, daß die Geschichte auf ihrer Seite stünde, und insofern waren auch sie – als Historiker – Whigs.

SUBJEKTWECHSEL IN DER ARBEITERGESCHICHTE

Solange die Arbeitergeschichtsschreibung auf die organisierte Arbeiterbewegung als Subjekt fixiert blieb, stand bei der Erörterung rechtlicher Aspekte stets der Status der Gewerkschaften im Mittelpunkt. Andere Gesetze und Rechtsfelder, die fühlbarer und häufiger in den Alltag einzelner Arbeiter eingriffen, wurden nur am Rande gestreift. Sie galten als Nebenkriegsschauplätze. Das betraf einmal die Abfolge der verschiedenen *Master and Servant Acts*, dann den Komplex des Arbeiterschutzes und der Regulierung bestimmter Industrien (*Factory Acts*, *Mines Acts*), schließlich die Rechtsbestimmungen zur Haftpflicht und Entschädigung bei Arbeitsunfällen (*Employers' Liability*, *Workmen's Compensation*).

Noch den größten Raum unter diesen drei Feldern nahm in den klassischen Gewerkschaftsgeschichten die *Master and Servant*-Gesetzgebung ein. Hier gaben insbesondere die einseitigen Strafbestimmungen zum Kontraktbruch den Anlaß zu näherer Untersuchung. Diese Strafbestimmungen boten den Arbeitgebern eine willkommene Handhabe, mit der sie gegen einzelne Streikende oder Unruhestifter vorgehen konnten, wenn sich eine Anklage wegen *combination* oder *conspiracy* mangels Beweisen als zu schwierig herausstellte. Tatsächlich sind unter den *Master and Servant*-Gesetzen weitaus mehr Arbeiter verhaftet und zu Gefängnisstrafen verurteilt worden als unter dem viel Wirbel verursachenden, aber gar nicht so häufig genutzten *Combination Act*.[33] Die Bekämpfung von kollektiven Arbeits-

---

[33] Zur Nutzung des *Master and Servant Act* siehe unten, Kap. II.2. Zahlen zur Nutzung des *Combination Act* fehlen. Sicher ist, daß das *Home Office* von sich aus keine Strafverfolgun-

niederlegungen war aber längst nicht der einzige Vorteil, den Arbeitgeber
aus den *Master and Servant*-Gesetzen ziehen konnten. Von ebenso großer,
wenn nicht größerer Bedeutung war im Arbeitsalltag die disziplinierende
Funktion gegenüber einzelnen Arbeitern. In den klassischen Werken zur
Arbeiter- und Gewerkschaftsbewegung ist dieser Aspekt jedoch völlig in
den Hintergrund getreten. Der *Master and Servant Act* von 1823, auf dessen
Grundlage bis zur Reform von 1867 Jahr für Jahr tausende von Arbeitern
bestraft wurden, wird dort oft nicht einmal erwähnt. Seine Genese bleibt im
Dunkeln. Die zeitgleich ausgetragene Schlacht um die Rücknahme des
Combination Act absorbierte die ganze Aufmerksamkeit der Historiographen.

Man kann dies als einen späten propagandistischen Erfolg des Londoner
Berufsradikalen Francis Place werten, dessen Manipulationen damals in erster Linie dafür sorgten, daß die Arbeiter und ihre Fürsprecher der Beseitigung des *Combination Act* Vorrang gegenüber anderen denkbaren Problemlösungen einräumten.[34] Welche anderen Lösungen 1823–24 für möglich gehalten wurden, zeigt eine von George White, Gravener Henson und
Peter Moore getragene Gesetzesinitiative, die Place nur mit großer Mühe
abwenden konnte. Bei dieser Initiative handelte es sich um nichts weniger
als eine Totalrevision der bis dahin geltenden Arbeitsgesetze, einschließlich
des gerade erst verabschiedeten *Master and Servant Act*. An die Stelle dieser
Gesetze sollte ein umfassendes Regelwerk mit zahlreichen, den einzelnen
Arbeiter schützenden Bestimmungen treten. Unter anderem waren die Begrenzung von Überstunden, die Abschaffung von Truck, die klare Fixierung von Löhnen und Arbeitsbedingungen in einem jedem Arbeiter auszu-

---

gen unternahm und auch private Klagen von seiten der Arbeitgeber nicht unterstützte; vgl.
Arthur Aspinall (Hg.), The Early English Trade Unions. Documents from the Home Office
Papers in the Public Record Office, London 1949. Das Gesetz scheint vor allem in den Textilregionen gegen den Versuch neuer Gewerkschaftsgründungen eingesetzt worden zu sein.
Die schon bestehenden Vereinigungen und Clubs von gelernten Handarbeitern blieben
weitgehend unbehelligt. Über das dem Gesetz innewohnende Drohpotential läßt sich naturgemäß wenig Konkretes sagen. Vgl. Webb, Trade Unionism, 1920, S. 74–83; Hammond,
Town Labourer, 2. Aufl. (1925), ND London 1966, S. 130–136; Fox, History and Heritage,
S. 77–82. In den zwanziger und dreißiger Jahren des 20. Jahrhunderts hatte Mary Dorothy
George behauptet, das Gesetz sei als Instrument der Unterdrückung bedeutungslos gewesen
und sei daher in eine Reihe mit älteren, ebenso wirkungslosen *Statutes* des 18. Jahrhunderts
zu stellen. Ihre Argumente können heute als im wesentlichen widerlegt gelten. Ausführlich
zu dieser Kontroverse: Orth, Combination, S. 56–67. Selbst wenn der tatsächliche Effekt gering zu veranschlagen wäre, war die Bedeutung des *Combination Act* als Symbol der Unterdrückung unbestreitbar.

34 Vgl. zum folgenden: E.P. Thompson, Making of the English Working Class, S. 563–569; Iorwerth Prothero, Artisans and Politics in Early Nineteenth-Century London. John Gast and
his Times, Folkestone 1979, S. 172–182.

händigenden Dokument und die Erleichterung von Klagemöglichkeiten für Arbeiter gegen ihre Arbeitgeber vorgesehen.[35] Francis Place bezeichnete diese Pläne damals als „kompliziert und absurd"[36] und er erreichte es, daß ihre Urheber davon Abstand nahmen, um zunächst wenigstens die Abschaffung des *Combination Act* nicht zu gefährden. Als radikaler Verfechter der Ideen der *political economy* hielt Place regulierende Eingriffe in das Arbeits- und Wirtschaftsleben prinzipiell für schädlich. Wenn man Arbeitern und Arbeitgebern nur die Freiheit ließe, ihre Verhandlungen unbehelligt von gesetzlichen Vorschriften zu führen, würden Konflikte, Streiks und Gewerkschaften von selbst verschwinden – so glaubte er.[37] Es mag sein, daß der Konkurrenzplan von White, Henson und Moore im damaligen Parlament tatsächlich chancenlos war, weil die Tatsache, daß etwas ‚kompliziert' war, dort in der Regel schon genügte, um eine weitere Debatte darüber im Keim zu ersticken. Daß es Francis Place jedoch mit dieser Weichenstellung gelang, die englische Gewerkschaftsbewegung und ihre Historiographen für mindestens den Rest des Jahrhunderts von jedem weiteren ernsthaften Gedanken an eine umfassende gesetzliche Regulierung des individuellen Arbeitsverhältnisses abzubringen, muß wohl als einer der genialsten Propagandacoups der neueren englischen Geschichte angesehen werden. Indem Place seine umfangreichen Papiere dem Britischen Museum anvertraute, stellte er sicher, daß auch die Nachwelt seine Version der Geschichte weitererzählte. Noch die Webbs reproduzierten, wenn auch mit leisen Zweifeln, seine Sicht des Konkurrenzplans.[38] Erst E.P. Thompson ließ White, Henson und Moore Gerechtigkeit widerfahren, indem er darauf hinwies, daß deren

---

35 Vgl. PP 1823, II, S. 253 ff.: „A Bill to enlarge the Powers of Justices in determining Complaints between Masters and Servants, and between Masters, Apprentices, Artificers, and others." Dazu die Debatten in: Hansard 2nd ser., Bd. 8 (3. u. 27. März 1823), Sp. 366–367; Hansard 2nd ser., Bd. 9 (27. Mai 1823), Sp. 546–550. Ferner auch die propagandistische, dem damaligen Innenminister Sir Robert Peel gewidmete Schrift von George White, A Digest of all the Laws at present in Existence respecting Masters and Work People: with Observations thereon, London 1824.

36 Zit. nach E.P. Thompson, Making of the English Working Class, S. 566.

37 „Repeal every troublesome and vexatious enactment, and enact very little in their place. Leave workmen and their employers as much as possible at liberty to make their own bargains in their own way. This is the way to prevent disputes ...". Zit. nach E.P. Thompson, Making of the English Working Class, S. 567.

38 Webb, Trade Unionism, 1920, S. 100. Sie stützten sich dabei auf die im britischen Museum aufbewahrten Place Papers sowie die Darstellungen bei Graham Wallas, The Life of Francis Place, 1771–1854, 2. Aufl. London 1918, und George Howell, Labour Legislation, Labour Movements, and Labour Leaders, London 1902, S. 43–57. Auch Prothero, Artisans, S. 175, folgt dem Verdikt von Place.

Plan, wäre er realisiert worden, den Arbeitern, insbesondere in den Verlagsindustrien, vermutlich mehr greifbare Vorteile gebracht hätte.[39]

Das Interesse der älteren Arbeiter- und Gewerkschaftshistorie an den
Master and Servant Acts beschränkte sich meist nur auf die wenigen Jahre
der Reformkampagne zwischen dem Beginn der sechziger Jahre des
19. Jahrhunderts und der Verabschiedung des *Employers and Workmen Act*
im Jahr 1875. Über die Rechtslage davor und danach und insbesondere über
die Praxis der Rechtsprechung unter den *Master and Servant*-Gesetzen war
lange so gut wie nichts bekannt. Der ganze Komplex fand nur insoweit Beachtung, wie er zu spektakulären gewerkschaftsfeindlichen Urteilen oder zu
politischen Aktionen der Bewegung führte.[40] Das änderte sich erst mit dem
Subjektwechsel in der Arbeitergeschichte, der vor allem durch E.P. Thompson eingeleitet wurde. Seitdem die Wahrnehmungen und Erfahrungen der
Arbeiter selbst zum Hauptgegenstand der Arbeitergeschichte geworden
sind, ist die einschneidende Wirkung der *Master and Servant*-Gesetze deutlicher geworden. Die Arbeiten Thompsons erstrecken sich indes hauptsächlich auf das 18. und frühe 19. Jahrhundert. Einen zusätzlichen Impuls hat
außerdem die für diesen Zeitraum intensiv betriebene Kriminalitätsfor-
schung gegeben, wobei die Arbeiten von Douglas Hay hervorzuheben
sind.[41] Die Kenntnisse über die Wirkungsweise der älteren *Master and
Servant*-Gesetze haben sich infolgedessen in den letzten Jahrzehnten verbessert.

Dennoch bleiben erhebliche Lücken. Sieht man von den Pionierarbeiten
E.P. Thompsons und Spezialuntersuchungen wie denjenigen Douglas Hays
ab, spielen rechtliche Aspekte in neueren Darstellungen zur Geschichte des
Arbeitslebens und der Arbeitserfahrung eher eine noch geringere Rolle als
in der älteren Historiographie. Auch jüngere Arbeiterhistoriker scheinen
der Suggestion der älteren Meistererzählung insofern erlegen zu sein, als sie
ungeprüft von der Voraussetzung ausgehen, daß das Recht von englischen

---

[39] E.P. Thompson, Making of the English Working Class, S. 567.
[40] Einen ersten Versuch, die Normdurchsetzung auf breiterer Basis ins Auge zu fassen, unternahm Daphne Simon, Master and Servant, in: John Saville (Hg.), Democracy and the Labour
Movement. Essays in honour of Dora Torr, London 1954, S. 160–200. Dieser Aufsatz konzentriert sich auf die beiden Jahrzehnte vor der Reform von 1875.
[41] Vgl. zuletzt: Douglas Hay u. Paul Craven, The Criminalization of ‚Free‘ Labour: Master and
Servant in Comparative Perspective, in: Slavery and Abolition 15 (1994), S. 71–101; Douglas
Hay, Master and Servant in England: Using the Law in the Eighteenth and Nineteenth Cen-
turies, in: Willibald Steinmetz (Hg.), Private Law and Social Inequality in the Industrial Age.
S. 227–264; Douglas Hay, Patronage, Paternalism, and Welfare: Masters, Workers, and
Magistrates in Eighteenth Century England, in: International Labor and Working-Class
History 53 (1998), S. 27–48.

Arbeitern des 19. und frühen 20. Jahrhunderts im wesentlichen als repressive und strafende Macht erfahren worden sei, deren Hauptzweck die Unterdrückung gewerkschaftlicher Zusammenschlüsse und Aktionen gewesen sei. Das Recht erscheint – wenn überhaupt – meist nur als störendes Randphänomen, nicht als ein Faktor, der durch seine Formen und Begriffe wie etwa ‚Vertrag‘ den Arbeitsalltag auch außerhalb der gerichtlicher Auseinandersetzungen prägte. Unerörtert geblieben ist weiterhin, ob und in welcher Weise einzelne Arbeitnehmer ihrerseits das Recht, in diesem Falle das Zivilrecht, für ihre Ziele zu nutzen verstanden. Dies gilt vor allem für die Jahrzehnte nach der Reform von 1875. So wissen wir nichts darüber, wie sich die Bestimmungen des neuen *Employers and Workmen Act* in der Praxis bewährten. Es ist nie untersucht worden, ob die mit diesem Gesetz erfolgte Abschaffung der Strafen für Kontraktbruch zu einer arbeitnehmerfreundlicheren Rechtsprechung und einer verstärkten Nutzung der Friedensgerichte geführt haben. Vollends unklar ist die Rolle der Grafschaftsgerichte, also der unteren Ebene der englischen Zivilgerichtsbarkeit, denen durch das Gesetz von 1875 ausdrücklich eine konkurrierende Rechtsprechung übertragen wurde, die sie faktisch vorher schon besaßen. Auch für die Zeit vor 1875 fehlt bisher ein Überblick, der die Theorie und Praxis der *Master and Servant*-Gesetze im Kontext anderer, das Individualarbeitsverhältnis betreffender Rechtsnormen behandelt. Eine neue Meistererzählung, welche die alte, am Fortschritt der Gewerkschaften orientierte Geschichte ablösen könnte, zeichnet sich somit nicht ab. Trotz des Subjektwechsels in der Arbeiterhistoriographie gibt es noch keine Rechtsgeschichte des Arbeitslebens, in der die Erfahrungen und Erwartungen klagender oder beklagter Arbeitnehmer im Mittelpunkt stehen.

Den bisher genannten Schwachstellen in der englischen Arbeitergeschichte, soweit das Recht berührt wird, ist nun noch ein weiterer Punkt hinzuzufügen. Ältere und jüngere Historiker der Arbeiterbewegung pflegen ‚Arbeit‘ und ‚Arbeiter‘ durch das Merkmal der manuellen, lohnabhängigen Tätigkeit zu definieren. Tatsächlich gibt es gute Gründe, gerade dieses Merkmal als konstitutiv für die Selbst- und Fremdbeschreibung der englischen *working class* spätestens seit etwa 1830 herauszugreifen. Insofern ist dagegen nichts einzuwenden, solange die Entstehung, Formierung oder Auflösung der *working class* selbst das Thema der Untersuchung ist. Ein Problem entsteht daraus aber dann, wenn die Interaktion zwischen Rechtssystem und Arbeitswelt betrachtet werden soll. Denn die Definitionen von ‚Herr‘ und ‚Diener‘, von ‚Vertrag‘ und ‚Dienst‘, im englischen Recht erstreckten sich nicht nur auf die manuell tätigen und lohnabhängigen Arbeiter. Sie erfaßten eine Vielfalt von Tätigkeiten und Beschäftigungsformen und bezogen insbesondere den gesamten Dienstleistungsbereich ein. Nach dem *Common law* galten auch Lehrer, Krankenschwestern, Filialleiter, Handlungsreisende, Schauspieler, Hausmädchen, Büroangestellte, ja unter Umständen sogar Manager großer Firmen als *servants*. Der Begriff des *servant* im *Common law* war weiter gefaßt als im *Statute law*, und die Rechtsbegriffe unterschieden sich wiederum vom allgemeinen Sprachgebrauch.[42] Keine der genannten Gruppen wird herkömmlicherweise der *working class* zugerechnet. Nach den Kategorien des *Common law* wurden aber auch sie bei Konflikten um Bezahlung, Entlassung, Fehlverhalten oder Unfälle als *servants* behandelt. Rechtsgrundsätze und Urteile, die für diese Gruppen Geltung erlangten, hatten stets Rückwirkungen auf die rechtlichen Belange der *working class*-Angehörigen. Ein Verständnis von Arbeitsrecht, das dieses nur als Sonderrecht der handarbeitenden Klassen ansieht, greift deshalb für die hier intendierte Untersuchung zu kurz. Eine an diesem engen Verständnis orientierte Geschichte müßte sich letztlich reduzieren auf jene Serien von *Statutes* seit 1349, die ein spezielles Recht für Handarbeiter schufen. Mit der Beseitigung der Sondergesetze (oder ihrer Verallgemeinerung für alle Beschäftigten) wäre dann auch jeweils die Geschichte der Interaktion zwischen Arbeitswelt und Rechtssystem zuende.

Die Meistererzählungen der Arbeiterbewegung folgen, was den Faktor Recht angeht, genau diesem Muster: Sie beginnen mit der *Ordinance of Labourers* von 1349 oder einem anderen ersten *Statute* und hören in dem Moment auf, wo die Sondergesetze für Handarbeiter widerrufen oder neutralisiert wurden – im Falle der *Master and Servant*-Gesetze also im Jahr 1875, im Falle der Gewerkschaftsgesetzgebung im Jahr 1906. Indem so jeweils bestimmte Serien spezieller *Statutes* als Leitfaden genommen werden, zerfällt die Geschichte der Wechselwirkung zwischen Recht und Arbeitsleben in partielle Erzählungen. Das Rechtssystem als Ganzes gerät nicht mehr in den Blick, und all diejenigen Arbeitnehmer bleiben außer Betracht, die nicht unter die jeweiligen *Statutes* fielen.

Wenn im folgenden Abschnitt dennoch das *Common law* zunächst ausgeklammert bleibt und wichtige Stationen der Gesetzgebung in drei voneinander getrennten Serien vorgestellt werden (*Master and Servant*, Arbeiterschutz, Unfallgesetzgebung), so geschieht dies vor allem, um die gebotenen Informationen nicht zu komplex werden zu lassen. Die Darstellung folgt insoweit der Wahrnehmung der Zeitgenossen und der soeben kritisierten Historiographie. Sie fragt jedoch auch danach, wie es zu deren beschränkter

---

[42] Hierzu ausführlich Kap. V.2.

Wahrnehmung kam. Sie sucht nach Gründen, die dazu führten, daß sowohl die englische Arbeiterbewegung als auch der englische Gesetzgeber immer nur Teilaspekte dessen zu regeln versuchten, was nach heutigem Verständnis das individuelle Arbeitsrecht ausmacht. Der Abschnitt bietet somit, abgesehen von informierenden Teilen, eine erste Erklärung für die zunehmende Verdrängung des Individualarbeitsverhältnisses aus dem Gesichtskreis der englischen Arbeiterbewegung und ihrer großen Historiographen sowie für die darauf zurückgehenden Defizite der modernen Forschung.

2. DIE GESETZGEBUNG ZU MASTER AND SERVANT, ARBEITERSCHUTZ UND UNFÄLLEN

MASTER AND SERVANT

Bis zu den Reformen von 1867 und 1875 war das auffälligste Merkmal der *Master and Servant*-Gesetze die extreme Ungleichheit der angedrohten Sanktionen. Nach dem *Master and Servant Act* von 1823 konnten Arbeiter, die unerlaubt vom ‚Dienst‘ fernblieben, ihre Arbeit vernachlässigten oder sich sonst irgendeines ungebührlichen Betragens oder Vergehens schuldig machten, auf eine beeidete Anklage des Arbeitgebers hin verhaftet werden und in summarischer Prozedur, das heißt ohne Geschworene, von einem oder mehreren Friedensrichtern zu Gefängnis mit *hard labour* bis zu drei Monaten bestraft werden. Wenn hingegen ein Arbeitgeber den vereinbarten Lohn nicht zahlte, also seinerseits den Vertrag nicht erfüllte, konnte er lediglich zu einem Zivilverfahren vorgeladen und nach Anhörung des Falles zur Zahlung des ausstehenden Lohns bis zu einer Höhe von £ 10 verurteilt werden.[43] Die Formulierungen zum Tatbestand des Kontraktbruchs auf seiten des ‚Dieners‘ („absent himself", „neglect to fulfil", „any other Misconduct or Misdemeanor") waren so dehnbar gehalten, daß der ‚Herr‘ praktisch jede noch so kleine Widersetzlichkeit zum Anlaß einer Anklage nehmen konnte. Auf der anderen Seite war nur das harte Faktum der Nichtzahlung des Lohns („Nonpayment of his or her Wages") als Grund genannt, der den ‚Diener‘ zu einer Klage vor dem Friedensrichter berechtigte. Auch dies war eine Asymmetrie in dem Gesetz, die freilich hinter den viel ekla-

---

[43] 4 Geo. 4, c. 34 (1823), ss. 3 u. 4. Das Gesetz wurde durch 10 Geo. 4, c. 52 (1829) auf eine große Zahl von Gewerben ausgedehnt, in denen Heimarbeit die Regel war (Textil-, Leder- und Metallverarbeitung).

tanteren Ungleichheiten der Sanktionen und des Verfahrens – Strafsache hier, Zivilprozeß dort – verblaßte.

Die ungleichen Bestimmungen des *Master and Servant Act* von 1823 waren ein Ausdruck dessen, daß das Arbeitsverhältnis zu diesem Zeitpunkt noch nicht konsequent als Vertragsbeziehung gedeutet wurde. Obwohl das Vorliegen eines ‚Dienstvertrags‘ in dem Gesetz von 1823 zu einem Definitionsmerkmal der Beziehung zwischen ‚Herr‘ und ‚Diener‘ wurde, erinnerten die Strafklauseln sowie die Begriffe *master* und *servant* selbst noch an ein älteres Verständnis von Lohnarbeit als Status. Dieses Verständnis ging auf die spätmittelalterliche und frühneuzeitliche Gesetzgebung zurück. Den Ausgangspunkt bildete hier das erste englische Arbeitsgesetz überhaupt, die *Ordinance of Labourers* von Edward III. Dieser Erlaß von 1349, wenig später durch das Parlament bekräftigt und ergänzt, stellte unmittelbar nach der großen Pest den Versuch dar, die sozialen Folgen des eingetretenen Arbeitskräftemangels zu steuern.[44] Danach konnten alle arbeitsfähigen Männer und Frauen bis zum Alter von 60 Jahren, sofern sie nicht durch Handel, Handwerk, Landbesitz oder Vermögen wirtschaftlich selbständig waren oder bereits jemandem dienten, zwangsverpflichtet werden, in den Dienst eines Arbeitgebers zu treten, und zwar zu den vor der Pest ortsüblichen Lohnraten. Wer sich weigerte oder einen freiwillig angetretenen Dienst eigenmächtig verließ, sollte mit Gefängnis bestraft werden, ebenso wer als gelernter Handwerker mehr für seine Arbeit nahm als vor der Pest üblich gewesen war.[45]

Das *Statute of Artificers* Elisabeths I. von 1562–63 bestätigte die allgemeine Dienstpflicht aller Personen zwischen 12 und 60 Jahren, die nicht wirtschaftlich selbständig oder bereits anderweitig beschäftigt waren.[46] Wer sich weigerte, konnte solange in Haft genommen werden, bis er zu den angebotenen Bedingungen und nach den festgesetzten Lohnraten zu dienen

---

44   23 Edw. 3 (1349); bekräftigt und ergänzt durch 25 Edw. 3, st. 2 (1350–51). Zum historischen Kontext dieser Gesetzgebung: R.C. Palmer, English Law in the Age of the Black Death, 1348–1381: A Transformation of Governance and Law, Chapel Hill N.C. 1993.

45   Zu den Einzelheiten der Gesetzgebung und ihrer Durchsetzung: Bertha Haven Putnam, The Enforcement of the Statutes of Labourers during the First Decade after the Black Death, 1349–1359, New York 1908, ND 1970. Die Umsetzung in London beleuchtet: Frank Rexroth, Das Milieu der Nacht. Obrigkeit und Randgruppen im spätmittelalterlichen London, Göttingen 1999, S. 81–110.

46   5 Eliz. 1, c. 4 (1562–63). Das Gesetz differenziert nach gelernten Arbeitern in Handwerken, bei denen die Dienstpflicht auf unverheiratete Personen und alle Personen unter 30 Jahren beschränkt blieb (s. 3), und allen anderen Personen, bei denen eine generelle Dienstpflicht zwischen dem 12. und 60. Lebensjahr bestand (s. 5). Zur Datierung des Gesetzes Orth, Combination, S. 3.

bereit war. Der Zwang zur Lohnarbeit und somit ihr unfreier Status blieben erhalten. Ebenso wurde auch bestraft, wer einen freiwillig angetretenen Dienst vorzeitig verließ. Das elisabethanische Statut trug allerdings den gewandelten Arbeitsmarkt- und Preisverhältnissen insofern Rechnung, als die Lohnraten, zu denen gearbeitet werden mußte, nun nicht mehr nach einem Normaljahr fixiert wurden, sondern jährlich durch die Friedensrichter neu festgesetzt werden sollten. Neu war auch die stärkere Betonung der Gegenseitigkeit. Der Dienstpflicht stand nun die Verpflichtung des Arbeitgebers zur Beschäftigung für jeweils ein ganzes Jahr gegenüber. Dadurch sollte verhindert werden, daß insbesondere Landarbeiter während der schlechten Saison in Scharen freigesetzt wurden und über das Land zogen. Das Beschäftigungsverhältnis mußte für ein weiteres Jahr fortgesetzt werden, wenn es nicht von einer Seite mindestens drei Monate vor Ablauf des Jahres gekündigt worden war. Ein Arbeitgeber, der seinen Diener ungerechtfertigt beziehungsweise ohne Beachtung der dreimonatigen Kündigungsfrist entließ, mußte 40 Shilling Strafe zahlen; ein Diener, der ohne „vernünftigen und ausreichenden" Grund oder ohne Beachtung der Dreimonatsfrist ging, wurde mit Gefängnis bestraft (s. 4). Die Ungleichheit der Sanktionen war also hier schon deutlich etabliert.

Mit den Kündigungsklauseln fand 1562–63 ein Element vertraglichen Denkens in das Gesetz Eingang, das in gewisser Weise zu der allgemeinen Dienstpflicht in Widerspruch stand. Die mit der Kündigungsmöglichkeit implizierte Freizügigkeit des Arbeiters wurde jedoch sofort wieder beschnitten durch die Bestimmung, daß er seinen Wohn- und Arbeitsort nur nach Erlaubnis und versehen mit einem Zeugnis der örtlichen Obrigkeit, verlassen durfte.

Das elisabethanische Gesetz enthielt darüber hinaus auch einen ersten Versuch, diejenigen Arbeiter unter Kontrolle zu bringen, die lediglich für den Bau, die Herstellung oder Reparatur bestimmter Dinge oder für bestimmte Aufgaben eingestellt waren, also (in moderner deutscher Terminologie) auf Werkvertragsbasis arbeiteten. Neben Beschäftigten in den Bauberufen betraf dies vor allem Heimarbeiter in der Textil-, Leder- und Metallverarbeitung. Wer ein übernommenes „Werkstück" nicht zuende führte, war fortan mit einem Monat Gefängnis und einer Geldbuße von £ 5 bedroht (s. 10). Durch die Strafandrohung wurden auch diese – bis dahin theoretisch selbständigen – Arbeiter dem Status von *servants* angenähert. Eine Fülle weiterer regulierender Bestimmungen, insbesondere zur Ausbildung und zahlenmäßigen Begrenzung von Lehrlingen, machte das *Statute of Artificers* zum umfassendsten Versuch einer obrigkeitlich-paternalistischen Ordnung des Arbeitslebens in der englischen Geschichte.

Es ist bis heute unklar, ob das Gesetz jemals konsequent beachtet worden ist. Zumindest in der Regierungszeit Elisabeths I. scheint die Praxis zufriedenstellend gewesen zu sein.[47] Bei Stellungnahmen seit dem späten 18. Jahrhundert zu diesem Thema ist Vorsicht geboten, weil es dabei fast immer mehr oder weniger versteckt um den Nachweis des Nutzens oder Nachteils legislativer Intervention in Arbeitsverhältnisse überhaupt ging. Mit zunehmender Entfernung vom 16. Jahrhundert scheint aber jedenfalls die Implementation des Gesetzes – von den Strafbestimmungen abgesehen – immer sporadischer, seine Bedeutung als Symbol und Referenzpunkt der Argumentation hingegen immer wichtiger geworden zu sein.[48] Für die Arbeiter wurde das Gesetz trotz der ungleichen Strafbestimmungen im Laufe des 18. Jahrhunderts zu einem Fluchtpunkt, weil es auch den Arbeitgebern Pflichten auferlegte. Für die Arbeitgeber wurde es dagegen aus eben diesem Grund mehr und mehr zum Ärgernis.

Die Periode bis zum Beginn des 19. Jahrhunderts war durch zwei Tendenzen gekennzeichnet. Auf der einen Seite wurden all diejenigen Bestimmungen des elisabethanischen Statuts nach und nach ausgehöhlt, die den Arbeitern einen gewissen Schutz gewährten und – jedenfalls aus ihrer Sicht – das Versprechen auf ein auskömmliches Dasein enthielten. Das geschah teils dadurch, daß die arbeiterschützenden Teile des Gesetzes nicht mehr angewendet wurden, teils aber auch, seit der Mitte des 18. Jahrhunderts zunehmend, durch Akte des Gesetzgebers.[49] Dieser Aushöhlungsprozeß fand seinen vorläufigen Abschluß mit der gesetzlichen Beseitigung der Klauseln zur Lohnraten-Festsetzung durch die Friedensrichter (1813) und zu den Lehrlingen (1814).[50] Auf der anderen Seite wurden all diejenigen Bestimmungen des elisabethanischen Statuts nach und nach verschärft, ergänzt und ausgedehnt, die der schnellen Bestrafung kontraktbrüchiger, nachlässiger oder widersetzlicher Arbeiter dienten. Das geschah durch eine große Zahl zunächst unzusammenhängender Einzelgesetze, die oft nur ein Gewerbe in einer bestimmten Region oder eine Branche betrafen. Diese Ein-

---

47 Vgl. William Holdsworth, A History of English Law, 17 Bde., London 1903–1972, Bd. 4, 3. Aufl. 1945, ND 1966, S. 382.

48 Zur Implementation der Strafbestimmungen bis ins 18. Jahrhundert und ihrer Ergänzung durch neue Gesetze: Robert J. Steinfeld, The Invention of Free Labor. The Employment Relation in English and American Law and Culture, 1350–1870, Chapel Hill u. London 1991, S. 31–34 u. 113–116.

49 Einen Wendepunkt markiert hier das Gesetz 30 Geo. 2, c. 12 (1757), durch das eine erst ein Jahr zuvor (1756) erwirkte Lohnfestsetzungs-Klausel für Handweber zurückgenommen wurde. Vgl. Webb, Trade Unionism, 1920, S. 50 f.

50 *Wages of Artificers Act*, 53 Geo. 3, c. 40 (1813); *Apprentices Act*, 54 Geo. 3, c. 96 (1814). Zu den Kämpfen um die Lehrlingsbestimmungen vgl. Prothero, Artisans, S. 51–61.

zelgesetze wurden dann von Zeit zu Zeit durch zusammenfassende Gesetze konsolidiert beziehungsweise überlagert. Bei diesem Prozeß der Kriminalisierung lassen sich rückblickend drei Serien von Gesetzen unterscheiden. Die eine galt der Kontrolle des Arbeitsprozesses in den Gewerben, in denen für Stücklohn oder in Heimarbeit produziert wurde: Textil, Leder, Metall. Hier wurde im 18. Jahrhundert insbesondere das sogenannte *embezzlement* oder *pilfering*, also das gewohnheitsmäßige Einbehalten kleiner Materialreste durch den Arbeiter, Gegenstand der Gesetzgebung, daneben weiterhin die schon durch das *Statute of Artificers* mit Strafe bedrohte Nicht-Beendigung oder fehlerhafte Fertigung eines Werkstücks.[51] Die zweite Serie betraf die Ausweitung der allgemeinen Klagegründe gegen kontraktbrüchige, unerlaubt abwesende oder sich sonst ‚ungebührlich‘ verhaltende einzelne Arbeiter. Hier ist ein Trend zu dehnbaren Formulierungen festzustellen, während die Klagemöglichkeiten der Arbeiter eng definiert und im wesentlichen auf die Nichtzahlung des Lohns beschränkt blieben.[52] Das vorläufig letzte Statut dieser Serie war der schon bekannte *Master and Servant Act* von 1823. Eine dritte Serie schließlich bilden die partiellen *Combination Acts* für einzelne Gewerbe, die dann, wie erwähnt, 1799 und 1800 verallgemeinert wurden.[53] Was das individuelle Fehlverhalten angeht, so setzte sich der Kriminalisierungsprozeß in einzelnen Branchen noch bis zur Mitte des 19. Jahrhunderts fort, vor allem in der Textilverarbeitung und im Bergbau.[54]

---

[51] Ausführlich hierzu, mit einer Liste der entsprechenden Gesetze im Anhang: John Styles, Embezzlement, industry and the law in England, 1500–1800, in: Maxine Berg, Pat Hudson u. Michael Sonenscher (Hg.), Manufacture in town and country before the factory, Cambridge etc. 1983, S. 173–210. Außerdem: W.G. Carson, The Conventionalization of Early Factory Crime, in: International Journal for the Sociology of Law 7 (1979), S. 37–60. Das umfassendste Gesetz dieser Serie aus dem 18. Jahrhundert war der *Frauds by Workmen Act*, 17 Geo. 3, c. 56 (1777). Das Gesetz enthielt Strafbestimmungen für *embezzlement* und andere Vergehen, aber auch Bestimmungen zum Verfahren bei Nichtzahlung des Lohns für Arbeiter in der Hutfabrikation, der Woll-, Leinen-, Barchent-, Baumwoll-, Eisen-, Leder-, Pelz-, Hanf-, Flachs-, Mohair- und Seidenverarbeitung, sowie der Textilfärberei. Das Gesetz galt bis 1875 bzw. – für einige Gewerbe – bis zu seiner Änderung 1843. Eine anschauliche Schilderung der Praxis unter diesem Gesetz bei: White, Digest, S. 49–54.

[52] 20 Geo. 2, c. 19 (1746), enthielt eine Strafandrohung von bis zu einem Monat Gefängnis mit „hard labour" für „any misdemeanour, miscarriage or ill-behaviour" eines Arbeiters (vgl. Orth, Combination, S. 108). Im Gegenzug eröffnete das Gesetz eine Klagemöglichkeit bei nicht bezahltem Lohn, und zwar auch für den Fall, daß keine Lohnrate durch einen Friedensrichter festgelegt war (vgl. Hammond, Village Labourer, 4. Aufl. 1927, ND (2 Bde.) London 1948, Bd. 1, S. 129). Weitere Gesetze dieser Serie u. a.: 6 Geo. 3, c. 25 (1766); 31 Geo. 3, c. 11 (1791).

[53] Siehe Orth, Combination. Zur Praxis der Streiks und *Combinations* von Arbeitern bis 1800: R.C. Dobson, Masters and Journeymen. A prehistory of industrial relations, 1717–1800, London 1980.

[54] Am wichtigsten ist hier der *Hosiery Act*, 6 & 7 Vict., c. 40 (1843). Dieses Gesetz kann als

Die speziellen Gesetze für einzelne Branchen bestanden im 19. Jahrhundert zum Teil neben dem allgemeinen *Master and Servant Act* weiter fort, bis die meisten von ihnen im Zuge der Reform des Jahres 1875 widerrufen wurden. Diese Komplementarität von allgemeinen und branchenspezifischen *Master and Servant Acts* ist bisher kaum beachtet worden.

Nun darf man sich die Doppeltendenz der Aushöhlung des Arbeiterschutzes einerseits, der Kriminalisierung des Kontraktbruchs und kleinerer Vergehen andererseits, nicht so geradlinig vorstellen, wie sie hier skizziert worden ist. Mindestens bis zur Mitte des 18. Jahrhunderts waren den Zeitgenossen die Alternativen als solche kaum bewußt. Die meisten Beteiligten operierten noch im Rahmen der grundsätzlichen Annahme, daß der Gesetzgeber zur Regelung der Rechte und Pflichten von ‚Herren' und ‚Dienern' befugt sei und daß ein ausgewogenes, auf Gegenseitigkeit bedachtes Verhältnis sichergestellt werden müsse. Viele Einzelgesetze enthielten deshalb immer noch von beidem etwas: eine Verschärfung der Kontrollen und Strafen, daneben aber auch Schutzbestimmungen.[55] Erst gegen Ende des 18. Jahrhunderts verhärteten sich bei einem Teil der Arbeitgeber und bei der Parlamentsmehrheit die ideologischen Positionen. Die Rezeption der Lehre von Adam Smith in ihrer vulgarisierten Form spielte dabei zweifellos eine Rolle. Sie diente vor allem Politikern als Legitimationsstütze, deutlich erkennbar zum Beispiel bei William Pitt.[56] Für die Arbeitgeber hingegen dürften eher praktische Notwendigkeiten des Managements der größer werdenden Unternehmen, seien es Fabriken oder Verlagsnetze, sowie der

---

spezieller *Master and Servant Act* für die Woll-, Kammgarn-, Leinen-, Baumwoll-, Flachs-, Mohair- und Seidenstrumpffabrikation angesehen werden. Es enthält Strafbestimmungen (meist Geldstrafen und bei Nichtzahlung Gefängnis) für sogenanntes *embezzlement*, Versäumnis der Rückgabe von überlassenem Material in der vorgeschriebenen Zeit, illegalen Weiterverkauf, unvollständige oder fehlerhafte Ablieferung sowie Arbeitsniederlegung ohne Kündigung. Den Eigentümern von Material und Werkzeugen wird ein Recht zur Inspektion der Heimwerkstätten ihrer Arbeiter eingeräumt. Eine Klausel (s. 17) regelt die Klage wegen unbezahlten Lohns, zwei Klauseln (ss. 18 u. 19) schützen die gemieteten Webstühle, Maschinen etc. vor Pfändung, ausgenommen in dem Fall, daß der Arbeiter Miete oder Geld dem Eigentümer schuldet. Der *Hosiery Manufacture (Wages) Act, 37 & 38 Vict., c. 48 (1874)*, verbot die Praxis der Einbehaltung (*stoppages*) von Löhnen für Webstühle, Werkzeuge usw. sowie überhaupt jede Mietzahlung für Produktionsmittel. Für den Bergbau siehe unten S. 75ff.

55 Ein typisches Beispiel ist der *Weavers' Combination Act*, 12 Geo. 1, c. 34 (1725). Der volle Titel lautet: „An Act to prevent unlawful combination of workmen employed in the woollen manufactures, and for better payment of their wages".

56 Laut Walter Bagehot, William Pitt, in: ders., Collected Works, hrsg. v. Norman St John-Stevas, 15 Bde., 1965–86, Bd. 3, London 1968, S. 123–155, S. 130, war William Pitt „the first Englishman who read, understood, and valued the *Wealth of Nations*." Vgl. auch Hammond, Town Labourer, S. 194ff.

stärkere Konkurrenzdruck ausschlaggebend für die Politik der Disziplinierung und Entrechtung ihrer Arbeiter gewesen sein.[57]

Die Arbeiter selbst wiederum benötigten noch etwas länger, um hinter den einzelnen Maßnahmen zur Einschränkung ‚ihrer‘ alten Rechte und Gewohnheiten eine Strategie der *Masters* als Klasse zu vermuten und sich selbst im Gegenzug als Klasse zu definieren. Ein Bewußtsein, als Kollektiv entrechtet worden zu sein, entstand auf breiter Basis erst, nachdem die alten Rechte und ‚Gewohnheiten‘ fast restlos beseitigt waren, also in den Jahren zwischen dem Ende der napoleonischen Kriege und der Wahlrechtsreform von 1832. E. P. Thompson hat diesen Selbstfindungsprozeß der Arbeiterklasse meisterhaft beschrieben und in diesem Zusammenhang immer wieder auf Gesetzgebung und Rechtsprechung als Faktoren hingewiesen. Während er dabei an der aus Arbeitersicht katastrophischen Einschätzung des frühen 19. Jahrhunderts festhielt, gelangte er in seinen späteren Werken zu einer in Teilen optimistischeren Interpretation des 18. Jahrhunderts.[58] Seine diesbezüglichen Bemerkungen laufen – kurz gesagt – darauf hinaus, daß die nachlassende Wirkung paternalistischer Ordnungsversuche und die vordringende Ideologie der ‚Herrschaft des Rechts‘ (*rule of law*) bei den handarbeitenden Klassen zumindest in Einzelfällen hier und dort zu aufblitzenden Momenten der Freiheit und des Selbstbewußseins geführt hätten. Für die Verteidigung ihrer irrtümlich als altes englisches Recht wahrgenommenen Gewohnheitsrechte und Freiheiten seien auch gemeine Landbewohner und Arbeiter im 18. Jahrhundert bereit gewesen, vor Gericht zu gehen. Dabei hätten sie es mit einem Rechtssystem zu tun gehabt, das zwar von der herrschenden Elite gemacht worden sei, dann aber zunehmend seinen eigenen Argumentationsregeln folgte. Deshalb sei, wenigstens gelegentlich, auch gegen die Mächtigen entschieden worden.

Man ist so weit gegangen, Thompson wegen dieser Beobachtungen eine romantisierende Sicht des 18. Jahrhunderts zuzuschreiben.[59] Unbestreitbar

---

[57] Hierzu allgemein Sidney Pollard, The Genesis of Modern Management. A Study of the Industrial Revolution in Great Britain, London 1965, ND Aldershot 1993; ders., Factory Discipline in the Industrial Revolution, in: Economic History Review 16 (1963/64), S. 254–271. Vgl. auch: Gregory Clark, Factory Discipline, in: Journal of Economic History 54 (1994), S. 128–163. Clarks These, daß die Arbeiter selbst die Disziplin und „hohen Löhne" in den Fabriken den freieren, aber schlechter bezahlten Arbeitsweisen in Werkstätten vorgezogen hätten, ist überzogen und steht zu den Selbstzeugnissen in krassem Widerspruch.

[58] Vgl. zum folgenden: E.P. Thompson, Whigs and Hunters. The Origin of the Black Act (1975), Harmondsworth 1990, bes. S. 260–269; ders., Customs in Common (1991), Harmondsworth 1993, bes. S. 1–15, 36–42.

[59] Adrian Merritt, The Nature and Function of Law: A Criticism of E.P. Thompson's „Whigs

ist aber, daß vor allem in den Kreisen der gelernten Arbeiter bis zum Ende des 18. Jahrhunderts eine erstaunliche Bereitschaft bestand, zur Wahrung alter Rechte und Gewohnheiten an die Gerichte oder auch – durch Petitionen und Anwälte – direkt an das Parlament zu appellieren. Schon in den Werken der Webbs und der Hammonds finden sich dafür viele Beispiele. Die Webbs sahen sogar die frühen englischen Trade Unions zum Teil aus diesem Bemühen heraus entstehen: als Vereine, die zur juristischen und politischen Verteidigung alter Rechte gebildet wurden.[60] Die Bezahlung der Anwälte für diese Zwecke scheint eine der wesentlichen Funktionen der frühen Zusammenschlüsse gewesen zu sein. Thompsons eher an literarische Einzelfunde angelehnte Überlegungen werden überdies durch neuere statistische Untersuchungen der Klagetätigkeit von Arbeitern vor den Friedensgerichten bestätigt. Entsprechende Forschungen sind noch im Gange und werden vor allem von Douglas Hay durchgeführt.[61] Die bisherigen Ergebnisse deuten darauf hin, daß Arbeiter noch im späten 18. Jahrhundert wesentlich häufiger als Kläger vor den Friedensrichtern aufgetreten sind als um die Mitte des 19. Jahrhunderts. Folgt man Hay, so sind die *Master and Servant*-Gesetze erst im Laufe der ersten Jahrzehnte des 19. Jahrhunderts zu jenem fast ausschließlich von Arbeitgebern genutzten Instrument geworden, das uns aus der älteren Forschung bekannt ist. Hay kann außerdem nachweisen, daß in eben diesen Jahrzehnten zwischen 1800 und 1830 auch die Zahl und Höhe der verhängten Gefängnisstrafen gegenüber dem 18. Jahrhundert zugenommen hat. Der Vorwurf gegen Thompson, daß er ein zu positives oder gar romantisierendes Bild des 18. Jahrhunderts gezeichnet habe, scheint daher so nicht zuzutreffen – zumindest, wenn man sich die subjektive Perspektive der Arbeiter zu eigen macht.

Wenn man allerdings von der Gesetzgebung ausgeht, dann hat sich die objektive Rechtsposition der meisten Arbeiter bereits im Laufe des 18. Jahrhunderts drastisch verschlechtert. Denn wie Christopher Tomlins in einer scharfsinnigen Kritik an Thompson gezeigt hat, ist ihm entgangen, daß insbesondere durch die Serie der Gesetze, die Heim- und Stücklohnarbeiter betrafen, der Rechtsstatus des *servant* auf immer weitere Kreise von zuvor im Rechtssinne selbständigen, autonom produzierenden Arbeitern ausgedehnt worden ist.[62] Tomlins ist zuzustimmen, wenn er feststellt, daß die

---

and Hunters", in: British Journal of Law and Society 7 (1980), S. 194–214; Perry Anderson, Arguments Within English Marxism, London 1980, S. 199–205.

60 Webb, Trade Unionism, 1920, S. 31 f., 44–49, 57 f., 66.

61 Vgl. zum folgenden Hay, Master and Servant.

62 Christopher Tomlins, Subordination, Authority, Law: Subjects in Labor History, in: International Labor and Working-Class History 47 (1995), S. 56–90.

Gesetzgebung des 18. Jahrhunderts Schritt für Schritt eine vorher bestehende Vielfalt rechtlich abgestufter Arbeitsbeziehungen auf ein einziges
Rechtsmodell reduziert hat – das Modell der *Master and Servant*-Bezie-
hung. Und Tomlins hat auch recht, wenn er es für verfehlt hält, dieses erst
im 19. Jahrhundert weitgehend universalisierte Rechtsmodell ungeprüft auf
Arbeitsbeziehungen und Selbstdefinitionen von ‚Arbeitern‘ des 18. Jahrhunderts zurückzuübertragen. Tomlins ist jedoch entgegenzuhalten, daß er
offenbar seinerseits die prägende Kraft von Gesetzen auf das Selbstverständnis der Akteure im Rechtssystem, und zwar der Juristen wie der Laien,
überschätzt. Es ist sehr gut möglich, daß die Praxis der Arbeitsstreitigkeiten
vor den Friedensgerichten relativ wenig mit den Gesetzesbestimmungen zu
tun hatte, dafür um so mehr mit den Vorurteilen aller Beteiligten. Eine neue,
auf das Recht zentrierte Geschichte von Arbeit, wie Tomlins sie fordert,
darf sich nicht auf die Gesetzgebung und das *Common law* beschränken,
sondern muß die Rechtsprechungspraxis, insbesondere vor den Lokalgerichten, in den Mittelpunkt stellen.

Unbeschadet der hier skizzierten Auffassungsunterschiede ergibt sich als
Bilanz der Forschungen zum 18. und frühen 19. Jahrhundert, daß in diesem
Zeitraum für die Mehrzahl der abhängig Beschäftigten eine allmähliche Verschlechterung der Rechtslage eingetreten ist. Zwar wurden paternalistische,
auf dem unfreien Status der Dienenden beruhende Bindungen und Zwänge
beseitigt, aber an ihre Stelle trat für die meisten Handarbeiter nicht eine freie
Vertragsbeziehung zwischen Gleichen, sondern das ungleiche Verhältnis
von ‚Herr‘ und ‚Diener‘, wie es durch den *Master and Servant Act* von 1823
und spezielle Gesetze für einzelne Gewerbezweige definiert wurde. Nicht
nur zeichneten sich diese Gesetze durch ungleiche Sanktionen und Verfahrensnormen aus, sie wurden auch in der Praxis zunehmend härter und einseitiger angewendet. Somit entbehrte das in der englischen Arbeiterschaft
bis in die dreißiger und vierziger Jahre des 19. Jahrhunderts hinein verbreitete Gefühl, daß man früher mehr und bessere Rechte besessen habe als in
der Gegenwart und daß diese Rechte auch einklagbar gewesen seien, nicht
einer gewissen Grundlage.

Von dieser Ausgangsposition her ist es erklärlich, warum das Streben der
Arbeiterbewegung mit Blick auf den *Master and Servant Act* hauptsächlich
darauf gerichtet war, die Strafbestimmungen abzuschaffen und verfahrens-
rechtliche Gleichheit herzustellen. Es kam jedoch etwas hinzu. Spätestens
seit der Jahrhundertmitte trat bei den Sprechern der etablierten Facharbei-
ter- und Handwerkervereinigungen (*craft unions*) und der neuen *Amalgamated Society of Engineers* die Orientierung an alten Rechten und überhaupt an der Vorstellung einer besseren Vergangenheit mehr und mehr zu-

rück. Die Gewerkschaftler gingen dazu über, das Ideal des freien Vertrags unter Gleichen zur Grundlage ihrer rechtspolitischen Forderungen zu machen. Sie ließen sich damit auf einen Kerngedanken der liberalen politischen Ökonomie ein. Das in immer neuen Varianten wiederholte Argument lautete nun, daß die Beziehung zwischen Arbeiter und Arbeitgeber rechtlich genau denselben Prinzipien unterliegen müsse wie jede andere Vertragsbeziehung zwischen normalen Bürgern auch. Jede Sondergesetzgebung gegen Arbeiter müsse verschwinden.

Ob der Übergang zu dieser Argumentation aus innerer Überzeugung oder aus taktischen Motiven heraus geschah, tut hier nichts zur Sache.[63] Wahrscheinlich war bei der in den gemäßigten Unions organisierten ‚Arbeiteraristokratie‘ und ihren Sprechern, der sogenannten *Junta*, beides im Spiel. Nur eine genaue quellenkritische Analyse könnte zeigen, welche Motive jeweils den Ausschlag bei der Wahl der Worte gaben. Entscheidend für die weitere Entwicklung des Nachdenkens über ‚Arbeitsrecht‘ in England war aber schon allein die bloße Tatsache, *daß* die öffentliche Kampagne zur Reform des *Master and Servant Act* auf der Basis dieser Argumentation geführt wurde. Denn damit beschnitten die Gewerkschaftler sich selbst die Möglichkeit, später neue legislative Maßnahmen zugunsten von Arbeitnehmern widerspruchsfrei begründen zu können.[64] Wer einmal Sondergesetze für bestimmte Personenkreise als unzulässig abgelehnt hatte, weil sie dem Gleichbehandlungsgrundsatz zuwiderliefen, konnte später keine Maßnahmen mehr verlangen, durch die Arbeiter als Vertragspartner besser gestellt würden als andere Akteure im normalen Wirtschaftsleben. Ein vom allgemeinen Vertragsrecht gesondertes Arbeitsvertragsrecht mit zwingenden Vorschriften, die den vermeintlich schwächeren Partner vor Übervorteilung schützen sollten, ließ sich mit der Position der Trade Unions, wie sie sich in den sechziger Jahren des 19. Jahrhunderts herausgebildet hatte, nicht mehr vereinbaren. Die Gewerkschaftsführer hatten sich in ihrer rechtspolitischen Argumentation an den *status quo* des allgemeinen Vertragsrechts gebunden und konnten davon später, selbst wenn sie es gewollt hätten, nicht ohne

---

63 Die Erörterung der Frage, warum sich die englischen Trade Unions und allgemein die besser qualifizierten Arbeiter etwa ab der Jahrhundertmitte, nach dem Scheitern des Chartismus, den Werten der Mittelklasse wie Respektabilität, Selbsthilfe und Vertragsfreiheit verschrieben haben, ist eines der Rätsel, an dem sich bereits mehrere Generationen von Historikern versucht haben. Einen Überblick vermittelt: Neville Kirk, The Growth of Working-Class Reformism in Mid-Victorian England, Beckenham 1985.

64 Das wurde auch von den Webbs bemerkt (Webb, Trade Unionism, 1920, S. 292–298), aber sie interessierten sich bezeichnenderweise nur für die Folgen, die daraus für die zukünftige Debatte über kollektive Rechte erwuchsen.

weiteres wieder abrücken. Die während der Reformkampagne ständig wiederholte Beteuerung, man wolle nichts weniger, aber auch nichts mehr, als die volle Gleichbehandlung als Vertragspartner, machte es fast unmöglich, den Gedanken an positive Arbeitnehmerrechte und Arbeitgeberpflichten überhaupt nur zu formulieren, ohne sich in Widersprüche zu verwickeln. Nachdem die Reformkampagne innerhalb kurzer Zeit bedeutende Erfolge erzielt hatte, bestand dazu vorerst auch keine Veranlassung. Das eingefahrene Argumentationsmuster konnte sich weiter verfestigen. Dies dürfte ein wesentlicher Grund dafür sein, daß in der englischen Arbeiterbewegung seit dem letzten Drittel des 19. Jahrhunderts kaum noch über das individuelle Arbeitsvertragsrecht öffentlich nachgedacht wurde.

Die Ereignisse und politischen Diskussionen, die zunächst zum reformierten *Master and Servant Act* von 1867 und dann zu dessen Ersetzung durch den *Employers and Workmen Act* von 1875 führten, sind hinreichend bekannt.[65] Das akute Stadium der Kampagne begann 1864 mit einer Initiative des *Glasgow Trades Council*, der sich andere örtliche *Trades Councils* schnell anschlossen. Adressaten der Bewegung waren zunächst die Liberalen. Sowohl die Reform von 1867 als auch das Gesetz von 1875 sind jedoch am Ende von konservativen Regierungen erwirkt worden und parteipolitisch im Zusammenhang mit Disraelis Werben um Arbeiterstimmen nach der Wahlrechtsreform von 1867 zu sehen. Die zwischen 1868 und 1874 regierenden Liberalen zeigten sich den Wünschen der Trade Unions gegenüber weniger entgegenkommend. Ihr *Trade Union Act* von 1871 war, wie am Fall der fünf Gaswerker deutlich wurde, nicht so formuliert, daß er die Mitglieder wirksam gegen Strafverfolgung wegen ,Verschwörung' schützte, und der parallel dazu verabschiedete *Criminal Law Amendment Act* definierte die Tatbestände der ,Nötigung', ,Belästigung', ,Behinderung' und des Streikpostenstehens in einer Weise, die Verurteilungen wahrscheinlicher machte; sogar die ,friedliche Überzeugung' Dritter zur Arbeitsniederlegung sollte wieder strafbar sein, nachdem sie ein Gesetz von 1859 bereits straffrei gemacht hatte.[66] Als dann offensichtlich wurde, daß auch der reformierte *Master and Servant Act* von 1867 den Erwartungen nicht entsprach, weil unter ihm weiterhin Arbeiter in großer Zahl zu Haftstrafen oder Geldbußen verurteilt wurden, reagierte die liberale Regierung hinhaltend und ver-

---

[65] Vgl. neben den bereits erwähnten Arbeiten: Jonathan Spain, Trade unionists, Gladstonian Liberals and the labour law reforms of 1875, in: Eugenio F. Biagini u. Alastair J. Reid (Hg.), Currents of Radicalism. Popular radicalism, organised labour and party politics in Britain, 1850–1914, Cambridge 1991, S. 109–133.

[66] *Molestation of Workmen Act*, 22 Vict., c. 34 (1859). Vgl. Orth, Combination, S. 126–133 u. 140 f.

weigerte eine Nachbesserung der Reform.[67] Die 1874 wieder zur Macht gelangten Tories zeigten sich flexibler. Zwar gingen auch sie nicht sofort auf
die Forderungen der Trade Unions ein, sondern beriefen zunächst eine
Royal Commission. Diese sollte die Wirksamkeit beziehungsweise Unwirksamkeit der vor kurzem erst reformierten ‚Arbeitsgesetze‘ – *labour laws* wie
sie im allgemeinen Sprachgebrauch jetzt meist hießen – überprüfen. Die
Kommissionsberichte und die Interventionen des TUC, der inzwischen
zum mächtigen Sprachrohr der Gewerkschaften aufgestiegen war, über-
zeugten dann aber die Konservativen, insbesondere deren Innenminister
Cross, daß eine weitere Reform der ‚Arbeitsgesetze‘ unumgänglich war und
der Regierung Sympathien einbringen konnte.

Das Ergebnis waren im Jahr 1875 zwei einander ergänzende Gesetze. Der
Employers and Workmen Act regelte von nun an das Verfahren bei allen
Streitigkeiten, die den Arbeitsvertrag betrafen.[68] Die Arbeitsbeziehung
wurde jetzt als ziviles Vertragsverhältnis definiert, dessen Bruch auf beiden
Seiten nur noch zu einer Schadensersatzklage berechtigte. Eine Strafverfolgung war nicht mehr möglich. Die jahrhundertealte Ungleichheit der Sanktionen war damit aufgehoben. Ausdrücklich wurde festgehalten, daß die
Friedensgerichte für die Zwecke dieses Gesetzes als Zivilgerichte anzusehen
seien und daß eine Geldsumme, zu deren Zahlung jemand verurteilt werden
sollte, wie eine Zivilschuld zu behandeln sei. Die Ersetzung der Vokabeln
Master and Servant durch *Employers and Workmen* signalisierte, daß mit
diesem Gesetz ein neues Kapitel der Arbeitsgesetzgebung aufgeschlagen
werden sollte. Der gleichzeitig verabschiedete *Conspiracy and Protection of
Property Act* nannte die besonderen Tatbestände, die trotz der generellen
Definition des Arbeitsverhältnisses als zivile Vertragsbeziehung weiterhin
strafbar bleiben sollten.[69] Kontraktbruch war demnach weiterhin mit einer
Geldbuße bis zu £ 20 oder Gefängnis bis zu drei Monaten zu bestrafen,
wenn er von Beschäftigten in der Gas- und Wasserversorgung verübt wurde
oder wenn voraussehbar war, daß durch ihn Menschenleben gefährdet oder
schwere Personen- oder Sachschäden hervorgerufen werden konnten. Des
weiteren nahm das Gesetz ausdrücklich gemeinschaftliches Handeln im
Zusammenhang mit einem Arbeitskampf vom Straftatbestand der ‚Verschwörung‘ aus und legalisierte das Streikpostenstehen, sofern es nicht mit
Gewalt, Nötigung oder Verfolgung von Personen verbunden war. Die vielleicht wichtigste Klausel des *Conspiracy and Protection of Property Act*

---

[67] Vgl. die Debatte: Hansard 3rd ser., Bd. 216 (6. Juni 1873), Sp. 572–610.
[68] 38 & 39 Vict., c. 90 (1875).
[69] 38 & 39 Vict. c. 86 (1875).

betraf jedoch die Außerkraftsetzung einer langen Liste von bis dahin geltenden Gesetzen. Mit wenigen Ausnahmen wurden sämtliche alten Gesetze für ungültig erklärt, die sich mit der Bestrafung von Vertragsbrüchen und mit Lohnklagen von Arbeitern befaßten, angefangen von den Restbeständen des elisabethanischen *Statute of Artificers* bis hin zum *Master and Servant Act* von 1867.

Mit dem Reformpaket von 1875 kam die 1349 begonnene *Master and Servant*-Gesetzgebung in England an ihr Ende. Die Gleichbehandlung durch das Gesetz bei Vertragsbrüchen schien bis auf wenige vertretbare Ausnahmen gesichert. Die Sprecher der *Junta*, die inzwischen im TUC den Ton angab, sahen damit alle grundsätzlichen Probleme, die sich auf legislativem Weg überhaupt beheben ließen, als gelöst an. George Howell, der erste Sekretär des *Parliamentary Committee* des TUC, bezeichnete die Gesetze von 1875 „als einen Segen für die industriellen Klassen – als die Charta ihrer sozialen und industriellen Freiheit". Mehr könne man nicht fordern.[70] Der Rest waren Aufräumarbeiten, nur die Frage der Haftung und Entschädigung bei Arbeitsunfällen blieb aus der Sicht des TUC in den nächsten Jahren noch strittig. Ansonsten glaubte man, sich allenfalls noch darum kümmern zu müssen, daß die Friedensrichter, denen man nach wie vor mißtraute, die neuen Gesetze einhielten. Die Arbeit der *Trades Councils* und die Kongresse der Trades Unions versanken in den Jahren nach 1875 in Routine. Eine Vielzahl von Resolutionen wurden Jahr für Jahr verabschiedet, ohne daß auf Konsistenz geachtet wurde. Erst die Ereignisse um den großen Dockerstreik von 1889 und die Herausforderung durch den ‚neuen', radikaleren *Trade Unionism* der ungelernten Arbeiter weckten den TUC aus seiner Lethargie.[71] Doch wurden bis zu den Auseinandersetzungen der Jahrhundertwende um *Taff Vale* und die Folgen kaum noch brisante rechtspolitische Fragen diskutiert, mit Ausnahme des Unfallproblems.

Was die *Master and Servant*-Gesetzgebung angeht, ist die Geschichtsschreibung der Sichtweise George Howells weitgehend gefolgt. Auch für die Historiker der Arbeiterbewegung waren durch den *Employers and*

---

70 George Howell, A Handy Book of the Labour Laws, 2. Aufl., London 1876, S. V.

71 Zur Frage, wie weit es sich bei dem *New Unionism* bloß um einen „Mythos" handelte, der von Liberalen und Sozialisten in der Gewerkschaftsbewegung zu gegenläufigen Argumentationszwecken konstruiert wurde: Sidney Pollard, Wirtschaftliche Hintergründe des *New Unionism*, in: Wolfgang J. Mommsen u. Hans-Gerhard Husung (Hg.), Auf dem Wege zur Massengewerkschaft. Die Entwicklung der Gewerkschaften in Deutschland und Großbritannien 1880–1914, Stuttgart 1984, S. 46–75. Pollard kommt zu dem Schluß, daß die Gegensätze zwischen ‚altem' und ‚neuem' Unionism übertrieben wurden, bestreitet aber nicht die Belebung der gewerkschaftlichen Aktivität seit dem Ende der achtziger Jahre.

Workmen Act offenbar alle Probleme des Individualarbeitsverhältnisses gelöst. Jedenfalls hat es bisher niemanden interessiert, ob und wie sich dieses
Gesetz in der Praxis auswirkte. Dabei genügt eine flüchtige Lektüre, um zu
erkennen, daß mit ihm im Grunde kein einziger denkbarer Streitpunkt
wirklich gelöst war. Denn bei dem *Employers and Workmen Act* handelte es
sich um eine reine Verfahrensanweisung. Der Text enthält lediglich Aussagen dazu, wie bei einer Streitigkeit zwischen *Employer* und *Workman* formal zu verfahren sei. Er legte fest, welche Gerichte zur Anhörung befugt
waren (Friedensgerichte bis zu Beträgen von £ 10, Grafschaftsgerichte für
alle Fälle bis zum Streitwert von £ 50) und welche Möglichkeiten der Beendigung eines Streits den Richtern offenstanden, nachdem Bestrafung als
Option nicht mehr in Frage kam (Zuerkennung von Schadensersatz, Befehl
zur Vertragserfüllung, Aufrechnung von Ansprüchen, Aufhebung des Vertrags). Über den konkreten Inhalt der Streitigkeiten und über die Rechtsgrundsätze, die zu ihrer Lösung herangezogen werden sollten, wurde in
dem ganzen, übrigens sehr kurzen Gesetz bis auf eine einzige, Frauen und
Jugendliche betreffende Klausel, buchstäblich nichts gesagt.[72] Hier oblag
also alles dem Ermessen des Richters und dem Geschick der Streitparteien.
Deren formale Gleichbehandlung war erkauft durch eine völlige inhaltliche
Entleerung des Gesetzes. In der Praxis bedeutete dies, daß weiter nach den
bisher angewendeten Rechtsgrundsätzen und den Präzedenzfällen des
Common law entschieden wurde. Was dies aber für die vor den Friedensgerichten klagenden Arbeitnehmer oder Arbeitgeber wirklich hieß, ist noch
nie untersucht worden.

Unklar ist außerdem, welche Rolle die Grafschaftsgerichte (*County
Courts*) spielten. Sie waren seit ihrer Einrichtung im Jahr 1847 befugt, alle
aus Verträgen resultierenden Streitigkeiten, auch solche aus Arbeitsverträgen, bis zu einem bestimmten Streitwert zu entscheiden. Sie besaßen also
von Anfang an eine mit den Friedensgerichten konkurrierende Gerichtsbarkeit. Durch den *Employers and Workmen Act* wurde diese Kompetenz der
Grafschaftsgerichte bestätigt und aufgewertet. Das kam in dem vollen Titel
des Gesetzes deutlich genug zum Ausdruck: „An Act to enlarge the powers
of County Courts in respect of disputes between Employers and Workmen,
and to give other Courts a limited civil jurisdiction in respect of such disputes." In der Geschichtsschreibung zur Arbeiterbewegung wurde dies bis-

---

[72] Die Ausnahme war s. 11. Jugendliche und Frauen, die den Bestimmungen der *Factory Acts*
unterlagen, verwirkten demnach bei Vertragsbruch nicht (wie alle anderen) den gesamten ihnen noch zustehenden Lohn, sondern nur die Beträge, die nach dem Zeitpunkt des Vertragsbruchs noch fällig gewesen wären.

lang völlig übersehen. Die ganze Aufmerksamkeit galt der Handhabung der alten *Master and Servant*-Gesetze durch die Friedensrichter und den gewerkschaftsfeindlichen Urteilen des Obersten Gerichtshofs. Wie weit die schon vor 1875 bestehende Möglichkeit genutzt wurde, Arbeitsstreitigkeiten durch Zivilklagen vor den Grafschaftsgerichten auszutragen, bedarf noch der Überprüfung.

ZERSPLITTERUNG DES ‚ARBEITERSCHUTZES‘: DIE FABRIKGESETZGEBUNG UND DER STREIT DER GESCHLECHTER

Die Fabrikgesetzgebung und ähnliche Gesetze für andere Industrien wurden in der älteren Arbeiterhistoriographie meist nur am Rande oder in separaten Schriften abgehandelt.[73] Zum Teil mag das damit zusammenhängen, daß sich die Entwicklung dieses Rechtsgebiets nicht mühelos dem dominanten Erzählmuster einfügen ließ. Zu den Fabrikgesetzen bestanden innerhalb der Arbeiterbewegung zeitweise stark divergierende Auffassungen. Die innere Einheit der Bewegung wurde dadurch eher gestört als gefördert, was dem Telos der Meistererzählungen im Wege stand. Außerdem lief die Geschichte hier nicht auf die Eliminierung von diskriminierenden Sondergesetzen hinaus, sondern auf die Ausdehnung von positiven Schutzmaßnahmen auf immer weitere Kreise von Beschäftigten. Die behördlichen Organe und – mit Einschränkung – die Justiz behielten also hier ihre Einwir-

---

[73] Einen umfassenden Überblick über die Gesetzgebungsgeschichte bis zum Ende des Untersuchungszeitraums bieten B.L. Hutchins u. A. Harrison, A History of Factory Legislation; with a preface by the Rt. Hon. Sydney Webb, London 1903 (2. Aufl. 1911, 3. Aufl. 1926). Hier, wie auch in anderen älteren Darstellungen überwog eine Sichtweise, in der die *Factory Acts* Teil eines gradualistischen Fortschrittsprozesses waren, der schließlich in den voll ausgebauten Wohlfahrtsstaat mündete. Die neuere Forschung hat sich vor allem mit der Phase zwischen 1830 und 1860 beschäftigt. Dabei dominierte bis zu den siebziger Jahren des 20. Jahrhunderts die Frage nach den Ursprüngen der Staatsintervention und des (zunehmend kritisch gesehenen) Wohlfahrtsstaats. Daneben war die politische und religiöse Orientierung der *Factory Reformer* und der populären Bewegung ein wichtiges Thema. Seit den achtziger Jahren sind Fragen nach der kulturellen Konstruktion von ‚Arbeit‘, Geschlechterrollen und Hierarchie in und außerhalb der Arbeitswelt sowie die Untersuchung der ‚Sprachen‘ des Patriarchalimus und des Radikalismus in den Kontroversen um die *Factory question* in den Mittelpunkt gerückt. Eine gelungene Synthese dieser neueren Forschungen bietet die Arbeit von Robert Gray, The factory question and industrial England, 1830–1860, Cambridge 1996. Sie enthält auch Abschnitte zur Normdurchsetzung und zum Rechtsbewußtsein der Beschäftigten. Die im engeren Sinne rechtlichen Aspekte des Themas werden jedoch ausführlicher und genauer behandelt von Peter J. Bartrip u. Sandra B. Burman, The Wounded Soldiers of Industry. Industrial Compensation Policy 1833–1897, Oxford 1983. Diese Arbeit hat überdies den Vorzug, die Fabrikgesetzgebung nicht isoliert, sondern im Kontext anderer Arbeiterschutzmaßnahmen und des *Common law* über einen längeren Zeitraum hinweg zu beobachten.

kungsmöglichkeit und wurden nicht, wie sonst, aus den Arbeitsbeziehungen schrittweise herausgedrängt. Auch das paßte nicht unbedingt zu einer Darstellung, deren Hauptziel die Erklärung der Genese des für England typischen, staats- und rechtsfernen Systems der industriellen Beziehungen war.

Im Fall der Fabrikgesetzgebung wurde die ambivalente Beurteilung in der Arbeiterhistoriographie durch zwei weitere Faktoren verstärkt: zum einen die bürgerliche Herkunft maßgeblicher Förderer und deren philanthropische Motive, zum anderen – wichtiger noch – die nach Geschlecht und Alter differenzierende Geltung dieser Gesetze. Was zunächst die Motive angeht, so ist bekannt, daß die frühen englischen *Factory Acts* vom ersten Kinderschutzgesetz von 1802 bis hin zum *Ten Hours Act* von 1847 der Initiative und publizistischen Aktivität einer bunten Koalition aus Industriellen wie Robert Peel dem Älteren und John Fielden, den Frühsozialisten um Robert Owen, radikalen Tories wie Richard Oastler und paternalistisch gesinnten Evangelikalen wie Michael Sadler und Lord Ashley (später Shaftesbury) zu danken waren.[74] Sie alle, auch Owen, verfochten ein sozialharmonistisches Ideal.[75] Die meisten der genannten Führungsfiguren zeigten parteipolitisch deutliche Affinitäten zu den Tories. Es ging ihnen immer auch um die moralische Besserung der Arbeiterfamilien. Vor allem Lord Ashley war überdies ein erklärter Feind der Gewerkschaften.[76] All dies machte die Fabrikgesetzgebung in den Augen der Arbeiter- und Gewerkschaftshistorie

---

[74] Der Umgang mit Etiketten wie ‚radikal‘, ‚paternalistisch‘, ‚Tory‘, ‚evangelikal‘ ist gerade für diese Periode des dauernden Bedeutungswandels solcher Bezeichnungen höchst problematisch. Im Hinblick auf die ‚Evangelikalen‘ sind die Dinge zusätzlich dadurch kompliziert, daß die Mehrheit derjenigen, die man in historischen Darstellungen so bezeichnet zu finden pflegt, Anhänger eines durchaus radikalen Individualismus, auch in Wirtschaftsdingen, waren. Sie redeten einer Verinnerlichung der Lehren der politischen Ökonomie das Wort und waren somit gerade nicht ‚Paternalisten‘, die mit rückwärtsgewandten Tory-Landadligen Allianzen einzugehen gewillt waren, um die Fabrikunternehmer zu treffen. Die *factory question* schnitt also mitten durch die evangelikale Bewegung hindurch, und vielleicht war es das, was sie erst zu einer ‚Frage‘ machte. Siehe Boyd Hilton, The Age of Atonement. The Influence of Evangelicalism on Social and Economic Thought, 1785–1865, 2. Aufl., Oxford 1991, bes. S. 91 f., 95 ff. u. 212 f.

[75] Zur Radikalisierung Owens und seiner Anhänger im Laufe der ersten Hälfte des 19. Jahrhunderts: Gregory Claeys, Citizens and Saints: Politics and Anti-Politics in Early British Socialism, Cambridge 1989.

[76] Die beiden einzigen Referenzen an Ashley bei den Webbs betonen nicht zufällig gerade dieses Motiv: Webb, Trade Unionism, 1920, S. 293 u. 310. Auch die anderen führenden *Factory reformer*, mit Ausnahme Robert Owens, werden von den Webbs nur nebenbei erwähnt. Selbst Owen wird scharf abgekanzelt wegen seines naiven Utopismus, der verfrühte Hoffnungen bei den Arbeitern geweckt und eine falsche, nämlich unpolitische Strategie der Gewerkschaftsbildung zur Folge gehabt habe (ebd., S. 158 f.).

ein wenig suspekt. Zwar war die Popularität der genannten Personen bei den Arbeitern und Arbeiterinnen in den Textilbezirken nicht zu leugnen, und mit John Doherty, dem Führer der Baumwollspinner von Lancashire und Gründer der *National Association for the Protection of Labour*, stand immerhin einer der ‚Helden‘ der frühen Gewerkschaftsbewegung an der Spitze der Agitation für kürzere Arbeitszeiten. Der Mobilisierungseffekt der Kampagnen wurde denn auch etwa von G.D.H. Cole gebührend gewürdigt.[77] Doch die Stoßrichtung zumindest der frühen *Factory*-Gesetzgebung schien ihm, wie den Webbs, vom Wesentlichen eher abzulenken. Das Wesentliche war für sie die Emanzipation der Arbeiter als Klasse und die Erlangung kollektiver Rechte. Der paternalistisch motivierte Schutz der Schwächeren, der Kinder und Frauen, so wohlmeinend er war, erschien demgegenüber sekundär. Auch in neueren Gesamtdarstellungen findet sich noch diese leicht herablassende Sichtweise.[78] Erst nach dem Subjektwechsel in der Arbeitergeschichte und nach der Verschiebung des Blicks auf die „Kultur der Fabrik“ (Joyce) sind die auf Selbstbestimmung und eine eigene Zeitökonomie zielenden Vorstellungen der arbeitenden Männer und Frauen selbst in die Betrachtung einbezogen worden und haben zu einer differenzierteren Bewertung der Reformbewegung geführt.[79]

Die skeptische Beurteilung der *Factory Acts* in Teilen der Arbeitergeschichte ist auch darauf zurückzuführen, daß sich die Schutzbestimmungen bis zum Ende des 19. Jahrhunderts fast ausschließlich auf Kinder, Jugendliche und Frauen, nicht aber auf erwachsene Männer erstreckten. Ein besonders strittiger Punkt ist bis heute die Frage, wie weit die angeblich schützenden Maßnahmen für Frauen in Wirklichkeit ihre Benachteiligung bewirkten oder sogar bezweckten. Die frühen Gesetze hatten nur Kindern gegolten, das Bergwerksgesetz von 1842 verbot dann die weibliche Arbeit unter Tage, und der *Factory Act* von 1844 brachte erste Arbeitszeitbeschränkungen für erwachsene Frauen. War der Kinderschutz in der Arbeiterbewegung im großen und ganzen unumstritten, rief die zeitliche Begrenzung beziehungsweise gänzliche Untersagung der Frauenarbeit spätestens seit den siebziger Jahren des 19. Jahrhunderts Proteste von Gewerkschaftsfrauen und bürgerlichen Feministinnen hervor.[80] Letztere forderten unter Berufung auf den

---

[77] Cole, Short History, S. 71 u. 80.
[78] Siehe etwa die knappen Bemerkungen bei Fox, History and Heritage, S. 107 u. 111 ff.
[79] Vgl. Gray, Factory question; Patrick Joyce, Work, Society and Politics: The Culture of the Factory in Later Victorian England, Brighton 1980 (Pb London 1982).
[80] Vgl. zum folgenden: Jane Lewis u. Sonya O. Rose, ‚Let England Blush‘. Protective Labor Legislation, 1820–1914, in: Ulla Wikander, Alice Kessler-Harris u. Jane Lewis (Hg.), Protecting Women. Labor Legislation in Europe, the United States, and Australia, 1880–1920,

Gleichheitsgrundsatz die uneingeschränkte Vertragsfreiheit für Frauen, wie im zivilen Eigentumsrecht so auch im Arbeitsleben. Durch Henry Fawcett, den Ehemann der Frauenrechtlerin Millicent Fawcett, wurde diese Argumentation 1873 ins Parlament getragen und sorgte dort mit für die Ablehnung eines von A.J. Mundella eingebrachten Gesetzentwurfs zur Verkürzung der Arbeitszeit für Frauen in *Factories* auf neun Stunden.[81] Den Gewerkschaftlerinnen waren andere Aspekte wichtiger als das bürgerliche Postulat gleicher individueller Vertragsfreiheit. Emma Paterson, Gründerin der *Women's Protective and Provident League* (später *Women's Trade Union League*), kritisierte die Fabrikgesetze vor allem, weil sie die arbeitenden Frauen obrigkeitsgläubig hielten und damit in ihrer Selbstorganisation behinderten. Des weiteren fürchtete Mrs. Paterson, daß die Arbeitgeber unter Umgehung der Schutzklauseln Frauen in ungeschützte, noch schlechter bezahlte Gewerbe abdrängen würden. Neue Gesetze erschienen Mrs. Paterson nutzlos. Sie hielt es für besser, so erklärte sie auf dem *Trades Union Congress* von Oktober 1875, wenn den Arbeiterinnen das Übel der Überarbeitung und ihre unbefriedigende Lage voll zu Bewußtsein kämen; dann erst würden sie die Notwendigkeit gewerkschaftlicher Organisation einsehen.[82]

Die vermeintlichen Schutzbestimmungen wandelten sich also in den Augen kritischer Frauen zu diskriminierenden Maßnahmen, die den Männern auf dem Arbeitsmarkt Vorteile sichern sollten. Einige männliche Gewerkschaftsführer, so Henry Broadhurst, scheuten sich nicht, offen zu erklären, daß verheiratete Frauen ihrer Ansicht nach an den Herd gehörten und aus dem Wettbewerb um Arbeitsplätze ausgeschaltet werden müßten.[83] Im Hinblick auf sein eigenes Handwerk (Broadhurst war Vorsitzender der *Friendly Society of Operative Stonemasons*) vertraute Broadhurst mit einigem Recht der gewerkschaftlichen Kampfkraft, um Arbeitszeitverkürzungen durchzusetzen. Für die Frauen mochte der Staat tätig werden (mit dem Nebeneffekt, daß lästige Konkurrenz beseitigt würde), Männer dagegen

---

Urbana u. Chicago 1995, S. 91–124, Philippa Levine, Consistent contradictions: prostitution and protective labour legislation in nineteenth-century England, in: Social History 19 (1994), S. 17–35; Carolyn Malone, Gendered Discourses and the Making of Protective Labor Legislation in England, 1830–1914, in: Journal of British Studies 37 (1998), S. 166–191.

81　Webb, Trade Unionism, 1920, S. 311f.; Cole, Short History, S. 221. Ein Jahr später, 1874, brachten die soeben zur Macht gelangten Tories, auch darin den Gewerkschaftswünschen entgegenkommend, ihre *Factories (Health of Women etc.) Bill* durch das Parlament, welche die Arbeitszeit immerhin auf 56½ Stunden pro Woche reduzierte.

82　Eighth Annual Trades' Union Congress, Glasgow 1875, S. 14 (Microfilm edition). Zu Paterson Webb, Trade Unionism, 1920, S. 336f.

83　Eighth Annual Trades' Union Congress, S. 14.

könnten sich selbst helfen – so der Tenor seiner Argumentation, die von vielen Arbeitern geteilt wurde: „It had never been in the character of Englishmen to ask for protection except for women and children. (Hear, hear.) Men were capable of protecting themselves by their own manhood and independence; and therefore they had gone on, not seeking from Parliament what they could do themselves. (Applause.)"[84] Für die männlichen Textilarbeiter wiederum, die von den Schutzbestimmungen für Frauen indirekt zu profitieren hofften, war die feministische Argumentation ein Störfaktor. Die Männer wußten aus dreißigjähriger Erfahrung, daß gesetzliche Arbeitszeitbegrenzungen für Arbeiterinnen auch ihnen – gleichsam als Trittbrettfahrern – zugute kamen. Sie versteckten sich, wie es einer der damaligen Agitatoren ausdrückte, „hinter den Petticoats der Frauen".[85] Aus ihrer Sicht halfen die Feministinnen nur den politischen Gegnern, die jede Form von gesetzlichen Mindeststandards für Beschäftigte überhaupt als ‚sozialistischen' Unfug abtaten.

Der Geschlechterstreit setzte sich in den folgenden Jahrzehnten fort und hat seine Spuren in der Historiographie hinterlassen. Es war allerdings keineswegs so, daß die Ausweitung der Fabrik- und Werkstättengesetzgebung im späten 19. und frühen 20. Jahrhundert nur von männlichen Arbeitern, Inspektoren und Staats-Männern betrieben worden wäre, während die gewerkschaftlich engagierten Frauen darin nur eine Diskriminierung erblickt hätten. Die Fronten waren komplizierter. Auf der einen Seite gab es im Umkreis der männlichen Arbeiterschaft (konservative) Kräfte, die aus prinzipiellen Gründen staatliche Interventionen ablehnten und daher in diesem Punkt den feministischen Standpunkt teilten, wenn sie dies auch in der Regel nicht offen sagten.[86] Auf der anderen Seite gab es zahlreiche (sozialisti-

---

84 Twentieth Annual Trades' Union Congress, Swansea 1887, S. 35 (Microfim edition).
85 Zit. nach Webb, Trade Unionism, 1920, S. 311.
86 Am extremsten in dieser Hinsicht waren Gruppierungen wie die *Vigilance Association for the Defence of Personal Rights* und die *State Resistance Union*. Die zuerst genannte Vereinigung gab eine eigene Zeitschrift heraus, die sich auch im Namen der Frauenrechte gegen die Fabrikgesetze wandte; vgl. etwa: Journal of the Vigilance Association for the Defence of Personal Rights, 15. März 1882, S. 35; 15. Juli 1884, S. 68; 15. März 1886, S. 23 f. („The Industrial Freedom of Women", ein Leserbrief gezeichnet „A Voice from the Factory Districts"); Personal Rights Journal, 1. März 1887, S. 22. Ähnlich Standpunkte vertrat auch die *National Free Labour Association*, eine um die Jahrhundertwende zahlenmäßig nicht unbedeutende Streikbrecherorganisation, die ein eigenes Publikationsorgan, die „Free Labour Gazette", herausgab. Zu dieser Gruppierung: Geoffrey Alderman, Opposition in der Arbeiterschaft gegen den *New Unionism*: Die National Free Labour Association, in: Wolfgang J. Mommsen u. Hans-Gerhard Husung (Hg.), *Auf dem Wege zur Massengewerkschaft. Die Entwicklung der Gewerkschaften in Deutschland und Großbritannien 1880–1914*, Stuttgart 1984, S. 375–386.

sche) Frauen in der Bewegung, darunter Beatrice Webb, die langfristig eine
Ausdehnung von gesetzlichen Mindeststandards auf ‚männliche' Berufe befürworteten und deshalb in dieser Frage ihre Geschlechtsgenossinnen be-
kämpften.[87] Beide Positionen, die libertäre wie die interventionistische, ließen sich im übrigen mit dem Gleichheitsgrundsatz begründen. In dem einen
Fall sollte die Gleichbehandlung der Geschlechter durch die Abschaffung
spezieller Schutzgesetze herbeigeführt werden, im anderen Fall durch ihre
Universalisierung, also die Ausweitung auf alle Arbeitnehmer, auch erwachsene Männer.

So extrem wurden die Alternativen freilich zu keiner Zeit formuliert. In
der Wirklichkeit suchte man pragmatische, auf einzelne Gewerbe und Be-
rufszweige bezogene Lösungen. Gewisse Vorannahmen über typisch männliche und weibliche Berufe, über die mütterliche und häusliche Rolle der
Frau wurden von manchen Feministinnen geteilt und machten es ihnen
leicht, im Einzelfall besondere Schutzmaßnahmen zu akzeptieren.[88] Der ra-
dikal-libertäre Feminismus war um die Jahrhundertwende ohnehin auf dem
Rückzug, die meisten Frauen befürworteten staatliche Eingriffe, auch wenn
diese zunächst nur ihnen galten. Seit 1890 war auch im TUC die Verwirkli-
chung des Achtstundentages für alle Gewerbe auf dem Gesetzgebungswege,
nicht allein durch Kampfmaßnahmen, eine routinemäßig wiederkehrende
Forderung. Sie blieb dort allerdings immer umstritten und führte nicht zu
berufsübergreifenden legislativen Reformkampagnen.[89] Staatlich vorgeschriebene Höchstarbeitszeiten und garantierte Mindestlöhne für alle Beschäftigten, Frauen und Männer, erschienen vorerst utopisch. Selbst in den
Phasen größter sozialpolitischer Reformfreudigkeit zwischen 1906 und
1912 und nach dem Ersten Weltkrieg hielt niemand so etwas für möglich.
Eine Position, die Gleichheit durch Universalisierung des Schutzgedankens
herstellen wollte, war zu weit von der Praxis entfernt, um theoretisch vertretbar zu sein.

Immerhin unterschieden aber nun einige Schutzgesetze formal nicht
mehr zwischen den Geschlechtern, so der *Trade Boards Act* von 1909, durch
den in Niedriglohnbranchen Gewerbeämter (*Trade Boards*) eingerichtet
wurden, denen die Festsetzung von Mindestlöhnen oblag.[90] Faktisch waren
davon überwiegend Frauen betroffen, weil sie die Mehrzahl der Beschäftig-

---

[87] Beatrice Webb, Women and the Factory Acts, Fabian Tract No. 67, London 1896; dies., The
      Case for the Factory Acts, London 1902.
[88] Hierzu Lewis u. Rose, ‚Let England Blush', S. 107 ff.
[89] Vgl. Clegg, Fox u. Thompson, Trade Unions, Bd. 1, S. 293 f.
[90] 9 Edw. 7, c. 22 (1909).

ten in den betreffenden Gewerben (Konfektionsschneiderei, Papierschach-
telherstellung, Kettenschmiede, Spitzenfabrikation) stellten. Mit dem *Coal
Mines (Minimum Wage) Act* (1912) und dem *Corn Production Act* (1917)
kam es dann zu Mindestlohngesetzen für männlich dominierte Berufe:
Bergleute und Landarbeiter.[91] Schon 1893 hatte der *Railway Regulation Act*
eine erste Arbeitszeitbegrenzung für männliche Beschäftigte gebracht, in
diesem Fall hauptsächlich aus Gründen der öffentlichen Sicherheit.[92] Mit
dem *Coal Mines Regulation Act* von 1908 erreichten die Bergleute für sich
den lange umkämpften Achtstundentag.[93] Andere Gesetze enthielten wenigstens Ansätze zur Arbeitszeitbeschränkung für erwachsene Männer, so
der *Shops Act* von 1912, der einen halben Feiertag pro Woche und Mahlzeit-
pausen für alle Ladengehilfen vorschrieb.[94] Wie die Beispiele zeigen, gab es
in der Geschlechterfrage nach der Jahrhundertwende keine strikte Linie des
Gesetzgebers, und auch in der Arbeiterbewegung selbst gingen die Positionen weit auseinander.

Nicht zuletzt aufgrund des unentschiedenen Geschlechterstreits verwik-
kelte sich der Arbeiterschutz in England zu einem unübersichtlichen
Knäuel von Einzelgesetzen. Die Tendenz zur Zersplitterung lag aber mehr
noch daran, daß die Gewerkschaften und Interessengruppen nach Industrien getrennt ihre je eigenen Kampagnen unternahmen. Weder zeitlich
noch inhaltlich kam es hier zu einem koordinierten Vorgehen. In dem
Maße, wie die Fabrikgesetze ausgedehnt und auf andere Industrien übertragen wurden, nahm die Zahl der Ausnahmen und Sonderregelungen zu.
Daran konnten auch die von Zeit zu Zeit verabschiedeten Konsolidierungs-
gesetze nichts ändern.[95] Neben den immer komplizierteren Fabrik- und
Werkstättengesetzen gab es spezielle Gesetze für Seeleute, Bergleute, Bäk-
ker, Eisenbahnangestellte, Ladengehilfen, die Dockarbeiter im Hafen von
London, Landarbeiter, Akrobaten- und Schaustellerkinder, Beschäftigte in
Wäschereien und andere. Die häufigen Regierungswechsel nach 1867 trugen
zu dem erratischen Gesetzgebungsprozeß bei. So beruhten die im frühen
20. Jahrhundert geltenden Schutzgesetze auf zum Teil sehr unterschiedli-

---

[91] 2 & 3 Geo. 5, c. 2 (1912); 7 & 8 Geo. 5, c. 46 (1917), ss. 4–7. Vgl. Robin Gowers u. Timothy J.
Hatton, The origin and the early impact of the minimum wage in agriculture, in: Economic
History Review 50, 1 (1997), S. 82–103.

[92] 56 & 57 Vict., c. 29 (1893). Dieses Gesetz gab dem *Board of Trade* die Befugnis, den Eisenbahngesellschaften unter bestimmten Umständen eine Stundenbegrenzung vorzuschreiben.

[93] 8 Edw. 7, c. 57 (1908).

[94] 2 & 3 Geo. 5, c. 3 (1912).

[95] *Factory and Workshop Act*, 41 & 42 Vict., c. 16 (1878); *Factory and Workshop Act*, 1 Edw. 7,
c. 22 (1901).

chen Prinzipien und sahen verschiedene Vollzugsmethoden vor. Die primäre Aufsicht oblag teils Inspektoren, teils den Ortsbehörden. Streitigkeiten sollten teils durch Einschaltung der Friedensrichter, teils durch speziell zu bildende Schiedsinstanzen oder *boards*, teils auf dem Verwaltungswege entschieden werden. Ein halbwegs vollständiger Überblick über diesen Komplex verlangte eine handbuchartige Darstellung.[96] In den Meistererzählungen der Arbeiterbewegung war für diese Detailfülle verständlicherweise kein Platz. Das Interesse der Historiker richtet sich bis heute entweder auf die frühe, ‚heroische' Phase der Durchsetzung der ersten *Factory Acts* oder auf einzelne Aspekte, zum Beispiel Arbeitszeitverkürzung und Achtstundentag,[97] die Truckgesetzgebung[98] oder das Problem der Sicherheit am Arbeitsplatz. Letzteres soll im folgenden etwas ausführlicher behandelt werden, weil sich daran die Schwierigkeiten der Normdurchsetzung und die Grenzen des Rechts als Problemlöser besonders gut demonstrieren lassen.

SICHERHEIT IN FABRIKEN UND BERGWERKEN: WANDEL DER VOLLZUGSMETHODEN

Der Geschlechterstreit hatte sich vor allem an den speziellen Zeitregelungen und am Verbot bestimmter Beschäftigungen für Frauen entzündet. Weniger umstritten waren die Teile der Fabrikgesetzgebung, die sich auf Hygiene und Sicherheit am Arbeitsplatz bezogen. Aus Arbeitnehmersicht war nichts dagegen einzuwenden, wenn gefährliche Maschinenteile, Schwungräder, Aufzüge und dergleichen verkleidet, Werkshallen frisch gestrichen und Schächte gut belüftet waren. Derartige Vorschriften etablierten zunächst einmal eine einseitige Verpflichtung des Arbeitgebers. Vertragsfreiheit und Beschäftigungskonditionen des Arbeitnehmers blieben davon unberührt, wenngleich von Arbeitgeberseite gelegentlich gewarnt wurde, daß die hohen Kosten für die Sicherheitsvorrichtungen zu Rationalisierungen und Lohnsenkungen führen müßten. Eine geschlechts- oder altersspezifische Differenzierung derartiger Auflagen war aber nicht die Regel, so daß Inter-

---

[96] Neben Hutchins u. Harrison, Factory Legislation, ist auch der Artikel ‚Arbeiterschutzgesetzgebung (Großbritannien)', in: Handwörterbuch der Staatswissenschaften, hg. v. Ludwig Elster, Adolf Weber u. Friedrich Wieser, 4. Aufl., 8 Bde. u. Erg.Bd., Jena 1923–29, Bd. 1, S. 405–433, eine brauchbare Zusammenfassung.

[97] Vgl. neben den bereits erwähnten Titeln die vergleichende Studie von Gary Cross, A Quest for Time. The Reduction of Work in Britain and France, 1840–1940, Berkeley 1989.

[98] Hierzu unten, Kap. I.4.

essenkonflikte zwischen männlichen und weiblichen Arbeitnehmern hier unter normalen Umständen nicht aufkommen konnten.[99]

Differenzen gab es innerhalb der Arbeiterbewegung eher im Hinblick auf die Frage, welche Methode die geeignetste sei, um die Arbeitgeber zur Verbesserung der Sicherheit am Arbeitsplatz zu zwingen. Hier rührten die Auffassungsunterschiede hauptsächlich aus den technischen Gegebenheiten und spezifischen Gefahren in den verschiedenen Produktionszweigen und Berufen. Hinzu kamen aber auch Meinungsverschiedenheiten über die richtige Rollenverteilung zwischen Staat, Justiz und ‚freiem‘ Willen der Vertragsparteien. Einigkeit bestand darüber, daß irgendeine Form von Zwang direkter oder indirekter Natur notwendig sei. Denn von den frühen Jahren der Industrialisierung bis ins letzte Drittel des 19. Jahrhunderts hinein waren nur wenige Unternehmer bereit, von sich aus das Nötige zu tun, um die Unfallgefahr entscheidend zu verringern. Zwar verursachten schwere Unglücke wie Schlagwetterexplosionen in Kohlengruben, Dampfkesselexplosionen in Fabriken oder Eisenbahnenunglücke längere Betriebsunterbrechungen und hohe Kosten, die auch bei hart kalkulierenden Arbeitgebern ein Interesse an der Vermeidung solcher Katastrophen wecken mußten. Doch galt das nicht für die viel häufigeren ‚kleinen‘ Arbeitsunfälle mit gleichwohl fatalen Folgen: die tausende von abgeschnittenen Fingern, zerquetschten Gliedern, Verbrennungen, Erblindungen durch ätzende Substanzen, Lähmungen oder Todesfälle durch Stürze von Baugerüsten, herabfallende Lasten oder Deckeneinstürze in Kohlengruben. Diese alltäglichen ‚Zwischenfälle‘ störten den laufenden Betrieb kaum, und für den Arbeitgeber entstanden daraus keine nennenswerten Kosten – solange er nicht automatisch Schadensersatz leisten mußte. Gerade die ‚kleinen‘ Unfälle waren aber durch einfache Schutzvorkehrungen viel leichter zu vermeiden als die großen Unglücke, deren genaue Ursachen, vor allem im Fall der Schlagwetter, man erst im Laufe des 19. Jahrhunderts kennenlernte und für die es tatsächlich lange Zeit keine ausreichende technische Abhilfe gab. Besaß somit

---

[99] Ein Beispiel für unterschiedliche Behandlung der Geschlechter in Sicherheitsfragen war der *Factory Act* von 1856 (19 & 20 Vict., c. 38), wonach nur noch diejenigen Maschinen verkleidet werden mußten, mit denen Frauen, Kinder oder Jugendliche im Zuge ihrer „normalen Beschäftigung" in Berührung kamen. Der *Factory Act* von 1844 sah eine solche Differenzierung nicht vor. Die neue Bestimmung war der Versuch des Parlaments, den Textilfabrikanten von Lancashire entgegenzukommen, die über die hohen Kosten der Verkleidung aller Maschinen, auch der Teile, mit denen Beschäftigte normalerweise nicht in Berührung kamen, geklagt hatten. Eine ernsthafte Benachteiligung von Männern bei Prozessen um Entschädigung ist daraus jedoch nicht erwachsen, und es ist umgekehrt auch nicht bekannt, daß Unternehmer Frauen entlassen und Männer eingestellt hätten, um die Kosten zu sparen. Vgl. Bartrip u. Burman, Wounded Soldiers, S. 64 ff.

bei großen Katastrophen die Ausrede, daß es sich um menschliches Versagen der Arbeiter selbst oder eben um ‚Schicksal' handelte, einige Plausibilität, war es bei den kleinen Zwischenfällen offensichtlich, daß es letztlich dem Geiz oder der Gleichgültigkeit der Unternehmer zuzuschreiben war, daß wirksame Schutzmaßnahmen ausblieben. Hier lag daher der Ansatzpunkt für Überlegungen, durch legislative Änderungen den nötigen Zwang auszuüben.

Allerdings spielte das Sicherheitsproblem, wie Bartrip und Burman gezeigt haben, vor den vierziger Jahren des 19. Jahrhunderts bei den Überlegungen der philanthropischen *Factory*-Reformer und bei den Arbeitern selbst nur eine untergeordnete Rolle.[100] Bis dahin fehlten Statistiken, die das genaue Ausmaß des Problems sichtbar machten, und es war offenbar bei allen Beteiligten das Bewußtsein verbreitet, daß Arbeitsunfälle ein unvermeidliches Risiko seien, bei dem man lediglich für die medizinische Versorgung und die Hilfe für die Hinterbliebenen eine moralische Verpflichtung der Arbeitgeber zu erkennen meinte. Hier gab es nun stets genügend Einzelbeispiele vorbildlichen Verhaltens, die den weniger generösen Unternehmern vorgehalten werden konnten. Der Gedanke, daß die Gesetzgebung eingreifen müsse, kam erst auf, als die Hinweise in Inspektorenberichten sich verdichteten und verschiedene Untersuchungen die Größenordnung des Problems verdeutlicht hatten.

Einen weiteren Anstoß gab der bedeutsame Fall *Priestley* v. *Fowler* (1837), in dem entschieden worden war, daß Arbeitgeber grundsätzlich nicht für die Folgen von Arbeitsunfällen haftbar zu machen waren, wenn dabei Nachlässigkeit oder Fehlverhalten von Arbeitskollegen des Geschädigten (*fellow servants*) im Spiel war.[101] Nur direktes eigenes Verschulden konstituierte demnach eine Haftpflicht des Arbeitgebers. Dieses nachzuweisen, war aber einem Arbeiter nur in den seltensten Fällen möglich, zumal wenn er in einem Großbetrieb arbeitete, den der Eigentümer womöglich nie betrat. Abgesehen davon kam ein Prozeß vor einem *Common law*-Gerichtshof für Arbeiter schon aus Kostengründen normalerweise nicht in Frage. Eine andere Gerichtsbarkeit, vor der um nennenswerten Schadensersatz geklagt werden konnte, stand zu diesem Zeitpunkt noch nicht zur Verfügung. Die Grafschaftsgerichte wurden, wie schon erwähnt, erst 1847 ein-

---

[100] Bartrip u. Burman, Wounded Soldiers, S. 15–24. Die folgenden Ausführungen beruhen zum größten Teil auf dieser Publikation.

[101] *Priestley* v. *Fowler* (1837) 3 M. & W. 1, 150 E.R., S. 1030–1033. Zu den juristischen Einzelheiten des Falles vgl.: W.R. Cornish u. G. de N. Clark, Law and Society in England 1750–1950, London 1989, S. 496ff.

gerichtet, und der Streitwert blieb dort zunächst auf £ 20, ab 1850 dann auf £ 50 begrenzt. Zivilklagen schieden somit vorerst als mögliche Lösung des Problems aus. Eine wirkliche Lösung stellten sie ohnehin nicht dar, denn der Schaden war ja in diesen Fällen immer schon entstanden. Eine Präventivwirkung konnten Schadenersatzklagen nur indirekt entfalten. Nur wenn das Risiko für Arbeitgeber, in solche Prozesse verwickelt zu werden und sie zu verlieren, groß genug wurde, entstand für sie ein ökonomischer Anreiz, technische Sicherheitsvorkehrungen als ‚billigere‘ Lösung zu wählen. Unter der nach 1837 gegebenen Rechtslage war aber an eine solche Strategie nicht zu denken.

So war es naheliegend, den direkten Weg zu gehen. Dieser bestand darin, in die Fabrikgesetze auch Sicherheitsvorschriften aufzunehmen. Das geschah erstmals mit dem *Factory Act* von 1844.[102] Der direkte Weg bot den Vorteil, daß mit den Fabrikinspektoren bereits eine etablierte und inzwischen von den Industriellen zumindest halbwegs akzeptierte Instanz für die Überwachung und den Vollzug zur Verfügung stand. Der *Factory Act* von 1833, der noch keine Sicherheitsauflagen enthielt, hatte die staatliche Fabrikinspektion ins Leben gerufen.[103] Mit dem *Mines Act* von 1842, der ebenfalls das Sicherheitsproblem noch außer Acht ließ, wurde auch ein bescheidener Anfang für staatliche Beobachtung der Arbeitsbedingungen im Kohlenbergbau gemacht. Allerdings wurde hier vorerst nur ein einziger Inspektor ernannt, dessen Befugnisse sich lediglich auf die Überwachung der Verhältnisse über Tage, und dabei auch nur auf Empfehlungen und Berichte beschränkten.[104] Demgegenüber wurden die Fabrikinspektoren durch das Gesetz von 1833 mit umfangreichen administrativen *und* jurisdiktionellen Vollmachten ausgestattet. Sie waren befugt, Fabriken jederzeit zu betreten, Arbeitgebern die Einhaltung des Gesetzes zu befehlen und, wenn ihnen Beschwerden wegen Nicht-Einhaltung zugingen, selbst ein Verfahren einzuleiten, durchzuführen und Strafen in der vom Gesetz vorgesehenen Höhe zwischen £ 1 und £ 20 zu verhängen. Die Inspektoren besaßen also selbst die rechtsprechende Gewalt. Es stand ihnen oder den privaten Klägern jedoch auch frei, den Fall vor die örtlichen Friedensrichter zu bringen. Diese

---

[102] 7 & 8 Vict., c. 15 (1844), s. 19 (Schutz vor Heißwasser und entweichendem Dampf), s. 20 (Verbot des Reinigenlassens von laufenden Maschinen durch Kinder), s. 21 (Verkleidung von Antriebselementen), s. 22 (Meldepflicht für Unfälle mit Personenschaden), s. 23 (amtsärztliche Untersuchung der Unfallursachen), ss. 59 u. 60 (Geldstrafen für Verstöße).

[103] 3 & 4 Will. 4, c. 103 (1833).

[104] Vgl. Bartrip u. Burman, Wounded Soldiers, S. 84 f.; Oliver MacDonagh, Coal Mines Regulation: The First Decade, 1842–1852, in: Robert Robson (Hg.), Ideas and Institutions of Victorian Britain. Essays in honour of George Kitson Clark, London 1967, S. 58–86.

Anhäufung administrativer und strafender Kompetenzen bei einer Person bewährte sich nicht. Sie trieb die Unternehmer in eine scharfe Abwehrhaltung gegen die Inspektoren und machte die Kooperation außerordentlich schwierig.[105]

Der *Factory Act* von 1844 beseitigte daher die Doppelfunktion und nahm den Inspektoren die rechtsprechende Gewalt und die Befugnis, direkte Anordnungen zu treffen. Gegen Empfehlungen des Inspektors konnten Unternehmer nun zunächst ein von Fall zu Fall zu bildendes Schiedsgremium anrufen. Dieses sollte aus zwei sachkundigen Personen bestehen, eine benannt vom Inspektor, die andere vom Unternehmer. Alle Verstöße gegen die Sprüche der Schiedsrichter beziehungsweise gegen die zwingenden Vorschriften des Gesetzes mußten von nun an vor den Friedensrichtern gehört werden, und nur diese durften Strafen verhängen. Die Inspektoren behielten jedoch das Recht, selber Vorladungen an vermutliche Missetäter und Zeugen ergehen zu lassen.[106] Für die Einleitung des Verfahrens waren sie weiterhin nicht auf die Mitwirkung des Gerichts angewiesen und im Verfahren selbst konnten sie zugleich Kläger und Zeugen sein. Diese Kompetenzverteilung zwischen administrativen und juristischen Vollzugsinstanzen blieb bei allen folgenden Fabrikgesetzen im wesentlichen unverändert und wurde auch bei verwandten Maßnahmen für andere Gewerbe übernommen.

Die Übertragung der alleinigen Strafgewalt auf die *magistrates* konnte unter den gegebenen Umständen als Sieg der Industriellen gelten, denn um die Mitte des 19. Jahrhunderts waren viele Friedensrichter in den Textilbezirken entweder selbst Unternehmer oder standen ihnen nahe. Die Neigung, scharfe Strafen auszusprechen, war dementsprechend gering. Dieses Faktum ist in der Historiographie der Arbeiterbewegung immer wieder betont worden. Die Fülle der Beispiele für die Niederschlagung berechtigter Klagen oder für skandalös niedrige, bloß nominelle Strafen ist in der Tat erdrückend und gehört in den Kontext der ‚Klassenjustiz‘.[107] Die eindeuti-

---

[105] Vgl. H.W. Arthurs, ‚Without the Law‘. Administrative Justice and Legal Pluralism in Nineteenth-Century England, Toronto u. Buffalo 1985, S. 103–106.

[106] 7 & 8 Vict., c. 15 (1844), s. 2 u. ss. 42–50.

[107] Der Versuch von A.E. Peacock, den Widerstand der Friedensrichter gegen die Implementation der Fabrikgesetze als Ausnahmephänomen hinzustellen, steht in krassem Widerspruch zu der großen Masse berichteter Fälle (auch in der arbeitgeberfreundlichen Presse) und gehört in die Reihe krampfhafter Revisionismen. A. E. Peacock, The successful prosecution of the Factory Acts, 1833–55, in: Economic History Review 37 (1984), S. 197–210; ders., Factory Act Prosecutions: A Hidden Consensus?, in: Economic History Review 38 (1985), S. 431–436. Vgl. dagegen Peter Bartrip, Success or failure? The prosecution of the early Factory Acts, in: ebd., S. 423–427; Gray, Factory question, S. 163–189.

gere Rollenbeschreibung der Inspektoren als Untersuchungsbeamte und Kläger barg aber für die Arbeitnehmer auch Vorteile. Vorausgesetzt, es gab genügend Inspektoren und sie nahmen ihre Aufgabe ernst, waren die Arbeiter so davor geschützt, selbst juristisch gegen ihre Arbeitgeber vorgehen zu müssen. Für die Arbeiter entfielen damit die Kosten einer Klage und das Risiko der mit ihr regelmäßig verbundenen Entlassung. Der Staat agierte stellvertretend für sie. Das Gesetz von 1844 enthielt sogar eine Klausel, die es dem Innenminister ermöglichte, einen Inspektor mit einer zivilen Schadensersatzklage im Namen eines verletzten Arbeiters zu betrauen. Diese Bestimmung ist aber nie genutzt worden, und auch von der Möglichkeit, eingetriebene Geldbußen den Opfern von Unfällen zukommen zu lassen, wurde nur wenig Gebrauch gemacht.[108] Das verweist auf den generellen Schwachpunkt der Fabrikgesetze in den ersten Jahrzehnten ihrer Existenz: ihre mangelnde Umsetzung in der Praxis. Aus Briefen und Berichten der Inspektoren geht hervor, daß sie darauf verzichteten, jeden Verstoß konsequent zu ahnden, teils weil sie den Unwillen der örtlichen Friedensrichter antizipierten, teils weil sie die stets prekäre Kooperationsbereitschaft der Unternehmer nicht aufs Spiel setzen wollten. Forderungen nach verbesserter Implementation, zusätzlichen Inspektoren und Ausschluß von Unternehmern der gleichen Branche von den Richterbänken, wenn Klagen gegen einen ihrer Kollegen erhoben wurden, gehörten jahrzehntelang zum Repertoire nicht nur der Textilgewerkschaften, sondern aller Gewerkschaften, auf deren Branchen die Fabrikgesetze oder ähnliche Maßnahmen im Laufe der Zeit ausgedehnt wurden.

Neben den Eisenbahnen waren Kohlengruben die unfallträchtigsten Arbeitsplätze.[109] Für letztere galten ab 1842 spezielle Gesetze, die sich von den Fabrikgesetzen sowohl im Hinblick auf die inhaltlichen Bestimmungen als auch die Vollzugsmethoden unterschieden. Was zunächst die Position der Inspektoren angeht, so war sie im Kohlebergbau deutlich schwächer als in den Industrien, die den *Factory Acts* unterlagen. Zwar wurde die Zahl der Bergbau-Inspektoren 1850 vermehrt und ihre Überwachungsbefugnis auch auf den Betrieb unter Tage erweitert, aber ihre Funktion beschränkte sich

---

108 Vgl. Bartrip u. Burman, Wounded Soldiers, S. 55–62.
109 Zum hier nicht näher behandelten Unfallproblem bei den Eisenbahnen und den Bestrebungen, es auf gerichtlichem Wege zu lösen, siehe R.W. Kostal, Law and English Railway Capitalism 1825–1875, Oxford 1994, S. 254–321. Das Hauptresultat dieser Untersuchung ist die Ungleichbehandlung von verunglückten Eisenbahnpassagieren, denen von englischen Gerichten häufig Schadensersatz zugesprochen wurde, und Eisenbahnarbeitern, die nur bei nachweislichem persönlichen Verschulden des Arbeitgebers (und damit faktisch fast nie) Entschädigung erhielten.

weiter hauptsächlich auf Beobachtungen und Empfehlungen. Erst der *Coal Mines Inspection Act* von 1855 präzisierte die Befugnisse und gab ihnen etwas mehr ‚Biß‘.[110] Die Inspektoren durften nun Kohlengruben jederzeit betreten, untersuchen, Befragungen vornehmen und bei Feststellung von Verstößen gegen das Gesetz den Eigentümer oder seinen Agenten davon in Kenntnis setzen und Abhilfe verlangen. Ohne daß es im Gesetz ausdrücklich gesagt war, durften sie sich auch als Kläger an die Friedensrichter wenden. Sie hatten aber nicht – wie die Fabrikinspektoren – selber die Möglichkeit, ein Verfahren durch Vorladungen einzuleiten. Bei schweren Sicherheitsmängeln konnten die Bergbau-Inspektoren darüber hinaus dem Innenminister Mitteilung machen, der nach Anhörung des Eigentümers bestimmte Teile des Bergwerks als „gefährlich“ deklarieren lassen konnte, was durch entsprechend auszuhängende Hinweise beanntgegeben werden mußte. Solange ein Bergwerksteil in dieser Weise als „gefährlich“ eingestuft blieb, war es den Bergleuten erlaubt, von diesem Ort fernzubleiben, ohne dafür wegen Kontraktbruchs nach dem *Master and Servant Act* von 1823 belangt werden zu können.[111]

In allen Kohlengruben mußten ab 1855 laut Gesetz sogenannte „generelle Regeln“ beachtet werden. Sie betrafen vor allem die „ausreichende“ Belüftung der Grube, die Umzäunung von Schächten und „geeignete“ Signalvorrichtungen bei Fördereinrichtungen. Für die Einhaltung der generellen Regeln war in erster Linie der Eigentümer beziehungsweise sein Agent oder Manager verantwortlich. Der Eigentümer mußte darüber hinaus für jede einzelne Grube sogenannte „spezielle Regeln“ mit Anordnungen für die Beschäftigten entwerfen, dem Innenminister zur Genehmigung vorlegen und bei erfolgter Genehmigung deutlich sichtbar aufhängen. Über die Inhalte der „speziellen Regeln“ sagte das Gesetz nichts, außer daß sie Verhaltensanweisungen für Manager und Beschäftigte des Bergwerks sein sollten. Faktisch handelte es sich um Arbeitsordnungen, die nicht nur Sicherheitsbestimmungen (Umgang mit Lampen, Zündhölzern, Verfahren beim Streckenausbau usw.), sondern auch Vorschriften zu ganz anderen Gegenständen (zum Beispiel Kündigungsfristen, Lohnabzügen, Arbeitszeiten) enthalten konnten.[112] Verstöße gegen die generellen und speziellen Regeln seitens der Eigentümer oder ihres Agenten waren mit Geldstrafen bis zu £ 5 belegt (1860 erhöht auf £ 20); Verstöße gegen die „speziellen Regeln“ seitens der

---

[110] 18 & 19 Vict., c. 108 (1855).

[111] Diese für die Bergleute extrem wichtige Bestimmung wurde in dem *Mines Regulation and Inspection Act* von 1860 (23 & 24 Vict., c. 151) nicht wiederholt.

[112] Vgl. Arthurs, ‚Without the Law‘, S. 111.

Beschäftigten mit Geldstrafen bis zu £ 2 oder Gefängnis bis zu drei Monaten. Damit war hier eine Ungleichheit der Sanktionen ähnlich wie bei der *Master and Servant*-Gesetzgebung etabliert.

Die Pflicht, eine Arbeitsordnung zu erlassen, machte es dem Bergwerksbesitzer möglich, neue Straftatbestände für seine eigenen Arbeiter zu definieren. Kontrolliert wurde er dabei nur durch die Inspektoren und den Innenminister. Man könnte das als staatlich lizensierte Privatgesetzgebung bezeichnen. Da nach englischem Recht Privatleute in Strafverfahren Kläger sein konnten, ja bei kleineren Delikten in aller Regel sein mußten, war auch die Strafverfolgung Privatsache des Bergwerkbesitzers oder seines Beauftragten.[113] Ruft man sich dazu in Erinnerung, daß um die Mitte des 19. Jahrhunderts viele Friedensrichter in den Kohlenbezirken Unternehmer waren, nahm schließlich auch die Rechtsprechung selbst einen teilweise ‚privaten‘ Charakter an. Das Verdikt von Boyd, dem ersten Historiker der Bergwerksgesetzgebung, daß es sich bei dem Gesetz von 1855 um eine „masters' measure" gehandelt habe, erweist sich insofern als zutreffend.[114] Das Gesetz von 1855 war legitimiert durch den Wunsch, die Sicherheit in den Bergwerken zu erhöhen. Das gesetzliche Arrangement verrät, wo der Gesetzgeber und die Eigentümer das größte Sicherheitsrisiko vermuteten: bei den Arbeitern. Ihre Disziplinierung war ein wesentliches Resultat der Gesetzgebung, die eigentlich dem Schutz vor Unfällen dienen sollte.[115] Bergwerks-

---

113 Zur Praxis der privaten Strafverfolgung in England bei ‚normaler‘ Kriminalität: Douglas Hay u. Francis Snyder, Using the Criminal Law, 1750–1850. Policing, Private Prosecution, and the State, in: dies. (Hg.), Policing and Prosecution in Britain 1750–1850, Oxford 1989, S. 3–52.

114 R. Nelson Boyd, Coal Mines Inspection: Its History and Results, London 1879, S. 132; ders., Coal Pits and Pitmen. A Short History of the Coal Trade and the Legislation affecting it, 2. Aufl. London 1895, S. 177. Zu den Details der frühen Gesetze vgl. auch die (weitgehend unkritische) Darstellung von F. Spencer Baldwin, Die Englischen Bergwerksgesetze. Ihre Geschichte von ihren Anfängen bis zur Gegenwart (Münchener Volkswirtschaftliche Studien 6), Stuttgart 1894.

115 Eine ähnliche Verlagerung der Verantwortung auf die Arbeitnehmer wurde auch durch den *Factory Act* von 1844 ermöglicht (s. 41); allerdings war hier ausdrücklich als Regelvermutung festgehalten, daß der Fabrikbesitzer „an erster Stelle" als der Gesetzesübertreter zu gelten hatte. Der Besitzer hatte jedoch, wenn gegen ihn Klage erhoben wurde, das Recht, seinerseits einen Untergebenen namhaft zu machen und vorladen zu lassen, den er als den eigentlich Schuldigen ansah. Vor Gericht mußte dann der Besitzer beweisen, daß er alles unternommen hatte, um die Durchsetzung des Gesetzes zu ermöglichen und daß es tatsächlich die Fehlhandlung des Untergebenen war, die zum Verstoß gegen das Gesetz geführt hatte. Die Beweislasten lagen somit für die Fabrikbesitzer erheblich höher als für die Eigentümer der Kohlengruben. Wie Gray, Factory question, S. 169–173, zeigen konnte, gelang es den Fabrikbesitzern aber durchaus nicht selten, die Schuld auf ‚Andere‘ zu schieben (25–45 Prozent aller Fälle, je nach Region). Bei den ‚Anderen‘ handelte es sich jedoch nicht nur um Beschäftigte, sondern auch um Eltern oder Verwandte der ungesetzlich beschäftigten Kinder.

gesetze und *Master and Servant Act* griffen also ineinander, während sie in der Forschung meist isoliert voneinander betrachtet wurden.[116]

Das hier beschriebene Arrangement für Kohlengruben blieb durch die Novellierungen der folgenden Jahrzehnte im Prinzip unberührt und wurde 1872 auch auf andere Bergwerke ausgedehnt.[117] Allerdings verlangte nun das Gesetz, daß die „speziellen Regeln" für die Sicherheit und Disziplin im Bergwerk getrennt gehalten werden sollten von anderen Regeln, die „lediglich den Vertrag zwischen Arbeitgeber und Beschäftigten" betrafen – ein sicheres Zeichen, daß es in diesem Punkt unter den vorhergehenden Berggesetzen zu Mißbräuchen gekommen war.[118] Gefängnisstrafen bis zu drei Monaten waren jetzt nur noch für den Fall vorgesehen, daß durch willentliche Fahrlässigkeit Leib und Leben der Bergleute gefährdet wurden. Auch galt diese Strafandrohung nun für Arbeiter, Manager und Besitzer gleichermaßen, so daß hier wenigstens in der Theorie Gleichheit hergestellt wurde.[119] Die Berggesetz-Novellen enthielten darüber hinaus neue Schutzbestimmungen, die den Arbeitnehmern zugute kamen. Diese bezogen sich nicht nur auf vom Arbeitgeber zu ergreifende Sicherheitsmaßnahmen, sondern auch auf Modalitäten der Lohnauszahlung; dies insbesondere dort, wo nach Gewicht bezahlt wurde. So war es den Bergleuten ab 1860 erlaubt, auf eigene Kosten einen Wiegekontrolleur (*checkweighman*) zu bestellen.[120] Die Arbeitgeber reagierten auf diese Neuerung damit, daß sie die zu Wiegekontrolleuren bestellten Arbeiter bei erster sich bietender Gelegenheit entließen, meist anläßlich der auf einen Streik oder eine Aussperrung folgenden Wiedereinstellung. Durch Gesetze von 1872, 1887 und 1894 wurde jedoch die Position des Wiegekontrolleurs so gefestigt, daß er nur durch ein förmliches Verfahren vor einem Friedensgericht seines Amtes enthoben werden konnte.[121] Das ist eines der ganz wenigen Beispiele im englischen Recht für den gesetzlichen Schutz eines Arbeitnehmervertreters im Betrieb.[122]

---

[116] Vgl. die Bemerkungen bei Roy Church, The History of the British Coal Industry, Bd. 3, 1830–1913: Victorian Pre-eminence, Oxford 1986, S. 270f.

[117] *Coal Mines Regulation Act*, 35 & 36 Vict., c. 76 (1872); *Metalliferous Mines Regulation Act*, 35 & 36 Vict., c. 77 (1872).

[118] 35 & 36 Vict., c. 76 (1872), s. 57.

[119] Ebd., s. 61.

[120] 23 & 24 Vict., c. 151 (1860), s. 29.

[121] 35 & 36 Vict., c. 76 (1872), s. 18; *Coal Mines Regulation Act*, 50 & 51 Vict. c. 58 (1887), ss. 12–14; *Coal Mines (Checkweigher) Act*, 57 & 58 Vict., c. 52 (1894). Zu den genauen Bestimmungen und ihrer Ausdehnung im Jahre 1919 auf andere Industrien vgl. Frank Tillyard, The Worker and the State, 3. Aufl., London 1948, S. 81–86.

[122] Vgl. Wedderburn, Worker, S. 231. Wedderburn sieht irrtümlich 1887 als Anfangspunkt der Institution des Wiegekontrolleurs.

Angesichts der vergleichsweise schwachen Vollmachten der Bergwerksinspektoren und eingedenk der Tatsache, daß durch die „speziellen Regeln"
vor allem die Arbeiter selbst für die Sicherheit im Bergwerk verantwortlich
gemacht wurden, wundert es nicht, daß die *Miners' Unions* neben den Ei-
senbahnern zu den Gewerkschaften gehörten, die am stärksten auf legislative Maßnahmen zur Verschärfung des Drucks auf die Unternehmer drängten. Hier kam nun der Gedanke der Verlagerung der Haftpflicht auf die Arbeitgeber ins Spiel. Die Rechtslage, wie sie durch den Fall *Priestley* v. *Fowler*
(1837) etabliert worden war, mußte dazu per Gesetzgebung überwunden
werden. Nachdem die sogenannten *Labour Laws* von 1875 erreicht worden
waren, rückte dieses Ziel in den Mittelpunkt gewerkschaftlicher Agitation.
Jahr für Jahr verabschiedete der *Trades Union Congress* Resolutionen zu
diesem Thema. Er ließ im Jahr 1876 durch sein *Parliamentary Committee*
einen eigenen Gesetzesentwurf vorbereiten und unterstützte ähnliche Bills,
die 1878 und 1879 von Alexander Macdonald, dem Präsidenten der *National Union of Miners*, ins Parlament eingebracht wurden. Die Agitation geschah einmal aus dem Wunsch heraus, endlich eine Möglichkeit zu erlangen,
auf dem Rechtsweg adäquate Entschädigungen für Unfallopfer und ihre
Hinterbliebenen zu erstreiten. Zum anderen spielte die Überlegung eine
Rolle, daß man auf diese Weise indirekt den Druck auf die Arbeitgeber erhöhen könnte, technisch mögliche Sicherheitsmaßnahmen auch ohne
Zwang von seiten des Staates zu ergreifen. Es kam hinzu, daß es durch die
Ausdehnung der Fabrik- und Bergwerksgesetze auf immer mehr Gewerbe
schwieriger wurde, allgemeine Regeln zu formulieren, die allen spezifischen
Sicherheitsproblemen der einzelnen Industrien gerecht wurden. Sollte die
Fabrik- und Bergwerksgesetzgebung nicht immer komplizierter werden
und immer mehr Inspektoren erfordern, mußte man über andere Wege
nachdenken. Auch die Gewerkschaftler wußten, daß eine Vermehrung der
Inspektoren aus finanziellen Gründen und wegen der anti-interventionisti-
schen Haltung der Parlamentsmehrheit nicht durchsetzbar war. Für die Experten und Politiker war dies ein Grund, die gesetzliche Arbeitgeberhaftpflicht als Alternative in Erwägung zu ziehen. Mit den Grafschaftsgerichten
stand nun zudem eine Institution bereit, der man die erstinstanzliche Entscheidung solcher Fälle übertragen konnte.

ABSEITS VOM HAUPTSTROM: DIE UNFALLGESETZGEBUNG

Zum wirkungsvollsten Argument in der Gewerkschaftskampagne für die
Etablierung der Arbeitgeberhaftpflicht wurde der schon aus der *Master and
Servant*-Diskussion bekannte Gleichheitsgrundsatz. Arbeiter sollten ihren

Arbeitgebern gegenüber die gleichen Klagerechte haben, wie sie nach geltendem Recht dritten Personen zustanden.[123] Wenn ein normaler Bürger eine Zugfahrt unternahm oder rechtmäßig eine Baustelle oder ein Werksgelände betrat, schuldete ihm der jeweilige Betreiber der Unternehmung gewisse Sorgfaltspflichten. Diese erstreckten sich auf die Sicherheit der Maschinen, Bauten und Anlagen sowie – das ist entscheidend – auch auf die Handlungen der Untergebenen. Der Arbeitgeber haftete nach dem *Common law* Dritten gegenüber für die Fahrlässigkeit seiner *servants*. Der englische Rechtsterminus hierfür ist *vicarious liability*.[124] Nach der Entscheidung im Fall *Priestley* v. *Fowler* und einigen weiteren, diesen Fall interpretierenden Urteilen besaß diese allgemeine Regel für geschädigte Arbeitnehmer keine Gültigkeit mehr. Wer eine Arbeit antrat, so die nach 1837 geltende Doktrin des *Common law*, akzeptierte implizit die damit verbundenen Berufsrisiken. Dazu gehörten nach Meinung der Richter auch Unachtsamkeiten von *fellow servants*. Das war die sogenannte Doktrin der ‚gemeinsamen Beschäftigung' (*doctrine of common employment*), die vor allem außer Kraft gesetzt werden mußte, wenn das Ziel erreicht werden sollte. Wie wirksam dabei das Gleichheitsargument war, zeigt sich daran, daß in der Debatte über Macdonalds Bill von 1878 der Attorney General allen Ernstes den Gedanken äußerte, man könne die Gleichheit dadurch herstellen, daß man die stellvertretende Arbeitgeberhaftung (*vicarious liability*) gänzlich beseitige, also auch für geschädigte Dritte keine Klagemöglichkeit mehr zulasse.[125] Allerdings handelte es sich hier um ein bloßes Gedankenspiel, denn daß irgendein Gesetz zugunsten der Arbeiter verabschiedet werden würde, war zu diesem Zeitpunkt nicht mehr fraglich.

Das Ergebnis der Kampagne war das Arbeitgeberhaftungsgesetz von 1880 (*Employers' Liability Act*),[126] eine Maßnahme der kurz zuvor durch Neuwahlen ins Amt gelangten liberalen Regierung unter Premierminister Gladstone. Viele frisch gewählte liberale Abgeordnete hatten sich auf Druck der Gewerkschaften in ihren Wahlprogrammen verpflichtet, für ein Gesetz einzutreten, durch das die Doktrin der ‚gemeinsamen Beschäftigung' elimi-

---

[123] Beispiele für entsprechende Äußerungen des TUC bei Bartrip u. Burman, Wounded Soldiers, S. 136 f. u. 157. Vgl. auch E.P. Hennock, British Social Reform and German Precedents. The Case of Social Insurance, 1880–1914, Oxford 1987, S. 40. Die folgenden Ausführungen zum Gesetzgebungsprozeß beruhen zum großen Teil auf diesen beiden Publikationen.

[124] Vgl. Cornish u. Clark, Law and Society, S. 489–493.

[125] Hansard 3rd ser., Bd. 239 (10. April 1878), Sp. 1067–71, zit. nach Bartrip u. Burman, Wounded Soldiers, S. 139.

[126] 43 & 44 Vict., c. 42 (1880), dort die folgenden Zitate.

niert würde. Das Resultat befriedigte nicht alle Wünsche des TUC, denn der *Employers' Liability Act* etablierte eine Haftpflicht des Arbeitgebers nur in fünf spezifischen Fällen: bei „defekten" Maschinen und Anlagen, wenn der Defekt auf Nachlässigkeit des Arbeitgebers oder seines Beauftragten zurückzuführen war; bei Fahrlässigkeit einer im Dienst des Arbeitgebers stehenden „aufsichtsführenden" Person; bei Fahrlässigkeit einer Person, deren Befehlen der Arbeiter Folge zu leisten hatte und der er tatsächlich im Moment des Unfalls gehorchte; bei Handlungen eines *fellow servant*, wenn sie auf ausdrückliche Anweisung eines Vorgesetzten oder in Befolgung einer Arbeitsordnung geschahen; bei Fahrlässigkeit von Signalwächtern, Lokomotiv- oder Zugführern in Eisenbahnunternehmen. In diesen fünf Fällen sollte der Arbeiter „dasselbe Recht auf Schadensersatzklage gegen den Arbeitgeber haben, als wenn er kein Arbeiter im Dienst dieses Arbeitgebers gewesen wäre". Diese Formulierung griff den Gleichheitsgedanken explizit auf. Indem sie es tat, wurde aber zugleich deutlich, daß es sich hier nur um eine partielle Gleichstellung handelte. Die gewährten Rechte wurden weiter eingeschränkt durch die Bestimmung, daß ein Arbeiter, der von dem Defekt oder der Fahrlässigkeit wußte und darüber keine Meldung erstattete, seines Anspruchs verlustig ging. Der Grundsatz *volenti non fit iniuria* behielt volle Geltung. Der Schadensersatz selbst schließlich durfte die Höhe von drei durchschnittlichen Jahresverdiensten des geschädigten Arbeiters nicht übersteigen.

Das Gesetz von 1880 erwies sich aus Arbeitnehmersicht sehr schnell als unzureichend.[127] Selbst die Arbeitgeber zeigten sich überrascht, daß viel weniger Klagen vor die Gerichte gelangten als sie befürchtet hatten und daß die erstrittenen Schadensersatzsummen niedriger blieben als erwartet. Das hatte verschiedene Gründe, deren relatives Gewicht schwer zu ermitteln ist, zumal Forschungen über die Justizpraxis vor den Grafschaftsgerichten fehlen. Zum einen war bei vielen Unfällen der Nachweis schwer zu erbringen, daß einer der fünf im Gesetz genannten Umstände den Unfall verursacht hatte. Die hohe Zahl der abgewiesenen Klagen (*nonsuits*) beziehungsweise der gegen den Kläger entschiedenen Fälle ist dafür ein Indiz. Zweitens mag das hohe Prozeßkostenrisiko viele Arbeiter von dem Gang zum Gericht abgeschreckt haben. Drittens hatten sich sofort Versicherungsgesellschaften gebildet, bei denen sich Arbeitgeber gegen Schadensersatzansprüche unter dem Gesetz einschließlich möglicher Gerichtskosten versichern konnten. Diese Versicherungen setzten alles daran, zweifelhafte Fälle möglichst

---

[127] Vgl. zum folgenden Bartrip u. Burman, Wounded Soldiers, S. 158–189.

schon im Vorfeld durch Einmalzahlungen an die Geschädigten gegen Verzicht auf weitere Ansprüche zu regeln und die tatsächlich vor Gericht gelangenden uneindeutigen Fälle entschlossen durchzufechten.[128] Viertens umgingen etliche Unternehmer, besonders Grubenbesitzer und Eisenbahngesellschaften, das Gesetz, indem sie Arbeiter nur unter der Bedingung einstellten, daß sie vertraglich auf alle Klagerechte aus dem Gesetz verzichteten. Diese Praxis wurde als *contracting out* bezeichnet. Immerhin boten aber viele Unternehmer als Gegenleistung dafür ihre Beteiligung an einer freiwilligen, meist unternehmenseigenen Hilfskasse für Unfallopfer an. Fünftens schließlich fielen große Arbeitnehmergruppen von vornherein nicht unter das Gesetz, so das Hauspersonal, Seeleute und sämtliche nichthandarbeitenden Beschäftigten mit Ausnahme der Eisenbahner. All diese Gründe sorgten dafür, daß das Gesetz längst nicht die abschreckende Wirkung auf Arbeitgeber entfaltete, die sich die Gewerkschaften davon versprochen hatten. Die Fabrikinspektoren sahen zwar unmittelbar vor und nach der Verabschiedung des Gesetzes bei manchen Unternehmern verstärkte Anstrengungen zur Verbesserung ihrer Sicherheitsvorkehrungen, doch ergab sich bei den Unfallzahlen insgesamt nach 1880 keine signifikante Trendwende.

Aufgrund dieser Mängel nahm der TUC seine Kampagne bald wieder auf. Hauptangriffspunkte waren das *contracting out* und die nur unvollständige Beseitigung der *doctrine of common employment*. Noch war der Glaube stark, daß man die Unfallzahlen senken könne, wenn man nur die Haftpflicht noch radikaler und eindeutiger auf die Arbeitgeber verlagerte. Es wuchsen jedoch langsam die Zweifel, ob man jemals durch bloße Veränderungen des Haftungsrechts das Problem würde lösen können. Bei vielen Unfällen war es eben unmöglich, genau festzustellen, wer oder was ,schuld' war. Naturgemäß waren es Juristen, die diese Schwierigkeit früh erkannten, denn sie mußten ja in Zweifelsfällen entscheiden. Aus dem Kreis der Rechtsreformer in der *National Association for the Promotion of Social Science* kamen erste Überlegungen, die das Versicherungsprinzip als Lösungsweg in Betracht zogen.[129] Auch medizinische Sachverständige, Inspektoren, Techniker und nicht zuletzt die Arbeiter selbst sahen, daß der Rechtsweg niemals für alle Unfallopfer eine Abhilfe sein würde. In der Arbeiterschaft war denn auch die Abneigung gegen Hilfskassen oder von beiden Seiten ge-

---

128 Näheres zur Auswirkung des Prozeßkostenrisikos und der Versicherungspraktiken auf Klageverhalten und Klageerfolge unten Kap. III.1.
129 Vgl. Hennock, British Social Reform, S. 42 ff. Das Beispiel der preußischen Knappschaftsversicherung spielte in diesen Erörterungen eine gewisse, wenngleich untergeordnete Rolle.

tragene Versicherungsmodelle bei weitem nicht so ausgeprägt, wie das die scharfen TUC-Resolutionen gegen das *contracting out* vermuten lassen könnten. Versicherungen zahlten eben auch dann Entschädigungen, wenn die Verschuldensfrage ungeklärt blieb. Unbefriedigend war hier die geringe Höhe der Zahlungen; sie lagen in der Regel weit unter dem, was bei einer erfolgreichen Klage unter dem *Employers Liability Act* zu erwarten war. Bei den unternehmenseigenen Kassen kam das Problem der Rückerstattung eingezahlter Beiträge bei Arbeitsplatzwechsel hinzu, des weiteren die Befürchtung, daß die Zahlungen von Wohlverhalten und Unterwürfigkeit abhängig gemacht werden könnten. Das Mißtrauen wurde schließlich bei vielen Arbeitern allein dadurch bestärkt, daß freiwillige Versicherungen von Unternehmerseite immer wieder als die beste Lösung hingestellt wurden.

Der TUC blieb daher bei seinen Forderungen, und die Liberalen – nach der Wahlrechtsreform von 1884 und der Parteispaltung wegen der irischen Frage mehr denn je angewiesen auf die Unterstützung der Arbeiterschaft – legten 1893 durch den Innenminister Herbert Henry Asquith einen Gesetzesentwurf vor, durch den die *doctrine of common employment* beseitigt und *contracting out* illegal gemacht worden wäre. Diese Bill scheiterte am konservativ dominierten House of Lords. Der Widerstand richtete sich dort fast ausschließlich gegen das geplante Verbot des *contracting out*. Zu einem Hauptargument der konservativen Lords wurde dabei der von den Trade Unions so lange hochgehaltene Gleichheitsgrundsatz. Ließ sich die Abschaffung der *common employment*-Doktrin noch als Gleichstellung der Arbeiter rechtfertigen, konnte dies vom Verbot des *contracting out* nicht mehr gesagt werden. Es hätte den Arbeitern etwas untersagt, was das Recht allen anderen Bürgern zubilligte: Verträge nach ihren Wünschen abzuschließen.[130] Dem Haus vorliegende Petitionen von Arbeitern, die eine Beibehaltung bestehender Versicherungsfonds mit Arbeitgeberbeteiligung wünschten, schienen diese Sicht der Lords zu bestätigen.

Es mag sein, daß die Sorge der Lords um Rechtsgleichheit nur vorgeschoben war und daß sie vor allem die zu erwartende Flut von Gerichtsprozessen und die Kosten für die britische Wirtschaft schreckten. Wichtiger im Hinblick auf die Arbeiterbewegung ist jedoch die Tatsache, daß hier einmal mehr die Grenzen einer Reformkampagne sichtbar wurden, die auf dem formalen Gleichheitsgrundsatz aufbaute. In einem Rechtssystem wie dem englischen, dessen Kernstück die individuelle Vertragsfreiheit war, konnte dabei nicht mehr als Gleichbehandlung im Verfahren herauskommen. Posi-

---

[130] Vgl. Hennock, British Social Reform, S. 56 f.

tive Sonderrechte für Arbeitnehmer, zum Beispiel das Recht auf Entschädigung für alle Unfallopfer, ließen sich so nicht ableiten. Sie hätten sich unter Berufung auf den Gleichheitssatz nur begründen lassen, wenn die individuelle Vertragsfreiheit im Fall des Arbeitsvertrags als Fiktion herausgestellt worden wäre. Dazu hätte es einer Theorie des individuellen Arbeitsvertrags bedurft, die ihn als Vertrag eigener Art definiert hätte, gekennzeichnet vor allem durch die ungleichen Verhandlungspositionen der Vertragspartner. Sonderrechte wären dann als Kompensation für diese Ungleichheit begründbar geworden. Zu einer intensiven Diskussion über diese Frage ist es jedoch in der englischen Arbeiterbewegung des späten 19. und frühen 20. Jahrhunderts – im Gegensatz zu Deutschland – nicht gekommen.[131] Auch die Arbeitergeschichtsschreibung hat sich, aus schon erwähnten Gründen, mit der juristischen Fortentwicklung des Individualarbeitsvertrags nach 1875 kaum befaßt. Die Befreiung aus der ‚Klassengesetzgebung‘ wurde als das wichtigste rechtspolitische Ziel angesehen, sowohl von den Zeitgenossen des späten 19. Jahrhunderts als auch in der rückblickenden Perspektive der Historiker. Eine darüber hinausreichende, umfassende Kritik des Rechtssystems in seiner Wirkung auf Arbeitsverhältnisse insgesamt hat es in der britischen Arbeiterbewegung nicht gegeben, jedenfalls nicht an prominenter Stelle. Das *Common law*, wiewohl abgelehnt und zeitweise sogar verhaßt, blieb in seiner Autorität unangefochten und konnte in der öffentlichen Diskussion weiterhin die Kriterien für das vorgeben, was als ‚gleich‘ und ‚ungleich‘, was als ‚freier‘ Vertrag und was als illegitime ‚Einmischung‘ zu gelten hatte.

---

131 In Deutschland bildete die Debatte um das BGB einen Anstoß, sich mit dem Thema ‚Arbeitsvertrag‘ theoretisch zu beschäftigen. Vgl. Joachim Rückert, „Frei" und „sozial": Arbeitsvertrags-Konzeptionen um 1900 zwischen Liberalismus und Sozialismus, in: Zeitschrift für Arbeitsrecht 23 (1992), S. 225–294; Martin Becker, Arbeitsvertrag und Arbeitsverhältnis in Deutschland. Vom Beginn der Industrialisierung bis zum Ende des Kaiserreichs, Frankfurt/Main 1995. Bereits 1851 hatte der Rechtswissenschaftler Johann Caspar Bluntschli die Vertragsfreiheit für Arbeiter als „Schein ohne Realität" bezeichnet, zit. nach Hermann Reichold, Der „Neue Kurs" von 1890 und das Recht der Arbeit: Gewerbegerichte, Arbeitsschutz, Arbeitsordnung, in: Zeitschrift für Arbeitsrecht 21 (1990), S. 5–41, S. 9. Dort auch Hinweise auf ähnliche Äußerungen von Lujo Brentano, Gustav Schmoller und anderen. Vgl. auch Max Weber, Wirtschaft und Gesellschaft, 5. rev. Aufl. besorgt v. Johannes Winckelmann, Tübingen 1980, S. 439. In England findet sich keine vergleichbare theoretische Diskussion, weder bei den Juristen noch in der Arbeiterbewegung. Zwar ist eine gewisse Verdichtung von Titeln zum ‚Arbeitsrecht‘ um die Jahrhundertwende feststellbar, doch handelt es sich dabei durchweg um kompendienartige Lehr- oder Handbücher zum geltenden Recht mit Ratgeberfunktion. Erst seit Mitte der sechziger Jahre des zwanzigsten Jahrhunderts ist der individuelle Arbeitsvertrag in England zu einem Thema theoretischer Überlegungen geworden.

Nach 1893 war die britische Debatte über Arbeitsunfälle festgefahren, sowohl zwischen den Parteien und gesellschaftlichen Kräften als auch auf der Ebene der Argumentation. Das zivile Deliktsrecht (*law of tort*) als Problemlöser stieß theoretisch wie praktisch an seine Grenzen, doch Liberale und TUC beharrten auf ihrer Position der Arbeitgeberhaftung, während Konservative und Arbeitgeber sich hinter dem Prinzip der Vertragsfreiheit verschanzten. Einen Ausweg aus der Situation schien nur das Versicherungsprinzip zu bieten, und in diesem Zusammenhang erlangte, wie Peter Hennock gezeigt hat, das deutsche Modell eine gewisse Bedeutung.[132] Vor allem Joseph Chamberlain, der sich wegen der irischen Frage von den Liberalen gelöst hatte, ließ sich davon inspirieren. Nach den Wahlen von 1895 trat er mit seinen *Liberal Unionists* in die konservative Regierungsmehrheit ein und wurde, obwohl selbst mit dem *Colonial Office* betraut, zum Initiator des *Workmen's Compensation Act* von 1897. Für Chamberlain belegten die Erfahrungen mit dem deutschen Unfallversicherungsgesetz von 1884, daß ein System, das Arbeitgebern die Verpflichtung auferlegte, ihre Arbeiter gegen Invalidität zu versichern, funktionierte. Eine einfache Übernahme der deutschen Lösung schied jedoch aus dem Grunde aus, weil das darin enthaltene Element des Zwangs (*compulsory insurance*) auf unüberwindliche Abneigung sowohl bei der englischen Arbeiterschaft als auch bei den Arbeitgebern und den meisten Politikern stieß. Das deutsche Modell fungierte daher in der britischen Debatte im wesentlichen nur als Zusatzargument zum Beweis, daß die Kosten für die Arbeitgeber tragbar sein würden, wenn man die Leistungsansprüche der geschädigten Arbeiter – wie bei einer Versicherung – begrenzte. Mit diesem Argument, verbunden mit einigen anderen Zugeständnissen, gelang es Chamberlain, die skeptischen Konservativen und sogar einige Unternehmer für seine Lösung zu gewinnen.

Der *Workmen's Compensation Act* von 1897 erwähnte Versicherungen nur beiläufig, aber er beruhte auf der stillschweigenden Voraussetzung, daß sich jeder vernünftige Arbeitgeber gegen das ihm nun auferlegte Risiko würde versichern müssen.[133] Das Gesetz verpflichtete die Arbeitgeber bestimmter Industrien (Eisenbahnen, ‚Fabriken‘, Bergwerke, Steinbrüche, Maschinenbau, Bau) zur Entschädigungszahlung für alle „aus dem Beschäftigungsverhältnis heraus und im Zuge der Beschäftigung" entstandenen Verletzungen durch Unfall. Ausgenommen waren Verletzungen, bei denen

---

[132] Dazu und zum folgenden Hennock, British Social Reform, S. 52–79; daneben auch Burman u. Bartrip, Wounded Soldiers, S. 140 ff. u. 151 f.
[133] 60 & 61 Vict., c. 37 (1897).

die Arbeitsunfähigkeit nicht länger als zwei Wochen dauerte, und solche, die durch „grobes und willentliches Fehlverhalten" des Beschäftigten selbst herbeigeführt worden waren. Ein *contracting out* war möglich, wenn die staatliche Registratur für Versicherungsvereine (*Registrar of Friendly Societies*) geprüft und bestätigt hatte, daß das im jeweiligen Betrieb angewendete Versicherungsmodell im ganzen mindestens ebenso günstige Bedingungen für die Beschäftigten bot wie das Gesetz. In diesem Fall konnte der Arbeitgeber mit jedem einzelnen Beschäftigten eine entsprechende Vereinbarung treffen. Ein Beitrittszwang durfte jedoch nicht ausgeübt werden. Die laut Gesetz vorgesehenen Zahlungen beschränkten sich im Todesfall auf drei Jahresverdienste oder £ 150 für die Hinterbliebenen (je nachdem, welches die höhere Summe war) und im Fall der völligen oder teilweisen Arbeitsunfähigkeit auf wöchentliche Zahlungen von 50 Prozent des durchschnittlichen Wochenlohns, höchstens jedoch £ 1, für die geschädigte Person. Alle bei der Anwendung des Gesetzes auftretenden Streitfragen sollten entweder durch gütliche Einigung oder durch eigens für diesen Zweck bestellte Schiedsausschüsse oder Schiedsmänner gelöst werden, auf die sich beide Seiten verständigt haben mußten. Wo keine Verständigung zustande kam oder solche Schiedsausschüsse oder Schiedsmänner nicht eingesetzt waren, konnte der Fall vor den Grafschaftsrichter gebracht werden, der dann – als Schiedsrichter – zu entscheiden hatte. Über alle gütlichen Einigungen oder Schiedssprüche mußte ein Memorandum angefertigt werden, das bei dem Grafschaftsgericht hinterlegt und registriert werden mußte und damit die gleiche Rechtskraft wie ein normales Gerichtsurteil erlangte.

Bemerkenswert ist ferner die Bestimmung, daß der *Workmen's Compensation Act* den *Employer's Liability Act* nicht ersetzte. Die Arbeiter in den betreffenden Industrien konnten ab 1897 wählen, ob sie in einem streng justizförmigen Verfahren die Haftpflicht ihres Arbeitgebers feststellen lassen wollten oder ob sie einen Antrag auf Leistungen unter dem *Workmen's Compensation Act* stellten. Ließen sich unter dem Arbeitgeberhaftungsgesetz höhere Summen erstreiten, war bei einem Verfahren unter dem Entschädigungsgesetz der Ausgang sicherer zu kalkulieren und mit weniger Kosten verbunden. Einem Arbeiter, der seinen Prozeß unter dem *Employer's Liability Act* verloren hatte, stand es jedoch immer noch frei, Entschädigung zu beantragen, allerdings wurden die Kosten des verlorenen Prozesses auf die gewährte Entschädigung angerechnet. Schließlich hatten alle Arbeitnehmer theoretisch die Möglichkeit, ihr Glück zuerst unter dem *Common law* zu versuchen, wo die Doktrin der ‚gemeinsamen Beschäftigung' weiterhin galt. Die Beweispflichten lagen hier noch höher, aber dafür gab es keine Begrenzung der Schadensersatzsumme. Es standen also nun für einen

Teil der Arbeiterschaft drei Normkomplexe zur Auswahl, nach denen Entschädigungen aufgrund eines Unfalls erwirkt werden konnten.

Insgesamt zeichnete sich der *Workmen's Compensation Act* durch ein hohes Maß an Freiwilligkeit und Flexibilität im Verfahren aus. Das Gesetz erlaubte verschiedene Versicherungsmodelle, ließ der Vertragsfreiheit Raum und übte sanften Druck auf die Beteiligten aus, sich so weit es ging gütlich oder durch Schiedsspruch zu einigen. Theoretisch hätten auch berufsgenossenschaftliche Spruchinstanzen nach deutschem Vorbild gebildet werden können, aber eben auf freiwilliger Basis. In der Praxis blieb es bei informellen oder von Fall zu Fall berufenen Gremien oder Einzelpersonen. Nach den Ideen Chamberlains war der Justiz lediglich die Rolle einer überwachenden Instanz zugedacht, die bei schwierigen Fällen einspringen sollte, dabei aber schiedsrichterlich zu agieren hatte. Tatsächlich wurden die Grafschaftsrichter aber doch recht häufig bemüht, nicht nur weil das Gesetz in den Details sehr viel Auslegungsspielraum ließ, sondern auch weil zwischen Arbeitnehmern und Arbeitgebern nicht das Maß an Kooperation herrschte, das zur freiwilligen Einrichtung stabiler freiwilliger Spruchinstanzen nötig gewesen wäre. Innerhalb der englischen Rechtsordnung war die Verknüpfung von freiwilliger und ordentlicher Gerichtsbarkeit, wie sie der *Workmen's Compensation Act* vorsah, eine Besonderheit. Den Bedürfnissen der geschädigten Arbeiter und ihrer Familien kam dieses Arrangement wegen der geringeren Kosten und der Minimierung des Risikos entgegen. Trotz aller Mängel des Gesetzes lag die Zahl der durch Einigung, schiedsrichterlichen oder richterlichen Spruch entschiedenen Entschädigungsfälle um ein Vielfaches höher als die Zahl der Urteile unter dem *Employers' Liability Act*, und das obwohl anfangs nur sechs Industriebranchen von dem neuen Gesetz erfaßt wurden.[134]

Die Gewerkschaften und der TUC benötigten eine Weile, um sich von ihren früheren Vorstellungen zu lösen und mit dem *Workmen's Compensation Act* anzufreunden. Das hinderte sie aber nicht daran, von Anfang an auf die Mängel des Gesetzes hinzuweisen und seine Verbesserung zu verlangen. Hauptkritikpunkte waren die berufsspezifische Begrenzung auf nur sechs als gefährlich geltende Industrien und die Unsicherheit des Vollzugs im Fall von Zahlungsunwilligkeit oder -unfähigkeit des Arbeitgebers. Letzteres hätte sich nur durch eine Zwangsversicherung lösen lassen. Dies mit Nachdruck zu fordern konnten sich aber die Gewerkschaften und Labour-Politiker vorläufig noch nicht entschließen. So brachten die Novellierungen der

---

[134] Siehe unten Kap. II.3, S. 258.

folgenden Jahre vor allem die Ausweitung der Geltung des *Workmen's Compensation Act*. Schon 1900 wurden die im weitesten Sinne landwirtschaftlich Tätigen einbezogen,[135] und durch die liberale Reform von 1906 wurden nahezu alle Arbeitgeber und ihre Beschäftigten erfaßt.[136] Ausgenommen blieben nur nicht-handarbeitende Personen mit einem Jahreseinkommen über £ 250, Gelegenheitsarbeiter für rein private Zwecke (z. B. Fensterputzer), außerdem Heimarbeiter, mithelfende Familienangehörige, Polizisten sowie die bei Militär und Marine Beschäftigten. Die zweite bedeutende Neuerung von 1906 war die Anwendung des Gesetzes auf eine Reihe von Berufskrankheiten (*industrial diseases*), wodurch den Amtsärzten (*certifying surgeons*) im Rahmen des Verfahrens eine erhöhte Bedeutung zukam. Schließlich begann nun der Entschädigungsanspruch bereits nach einer Woche, und bei Tod oder dauerhafter Arbeitsunfähigkeit bestand ein Anspruch auch dann, wenn grobes oder willentliches Fehlverhalten des Arbeitnehmers selbst vorgelegen hatte.

Die Reformen der Kriegs- und Nachkriegsjahre betrafen vor allem die Höhe der Entschädigung, die wegen der gestiegenen Lebenshaltungskosten und stärkerer Lohn- und Preisschwankungen neu geregelt werden mußte. Außerdem wurden weitere Berufskrankheiten anerkannt (Silikose und Asbestose), die Karenzzeit auf drei Tage verkürzt und andere kleine Verbesserungen vorgenommen. Eine staatlich beaufsichtigte Zwangsversicherung wurde nicht eingeführt, obwohl ein 1919 berufenes Untersuchungskomitee, das nach seinem Vorsitzenden sogenannte *Holman Gregory Committee*, diese Maßnahme empfahl.[137] Das Verfahren blieb daher bis 1946 im wesentlichen so, wie es 1897 etabliert worden war.[138] Da die von Chamberlain ursprünglich anvisierten Schiedstribunale auf freiwilliger Basis kaum irgendwo zustandegekommen waren, behielt die ordentliche Gerichtsbarkeit, wenn auch in der Rolle eines Ersatz-Schiedsgerichts, im Bereich der Arbeitsunfälle eine bedeutende Funktion. Diese starke, nach der Jahrhundertwende sogar noch wachsende Präsenz der Justiz unterschied den Be-

---

135 63 & 64 Vict., c. 14 (1900).

136 6 Edw. 7, c. 58 (1906).

137 Hierzu ausführlich: Arnold Wilson u. Hermann Levy, Workmen's Compensation, 2 Bde., London 1939–41, Bd. 1: Social and Political Development, S. 133–227; außerdem: P.W.J. Bartrip, Workmen's Compensation in Twentieth Century Britain. Law, History and Social Policy, Aldershot 1987, S. 88–96.

138 Im Jahr 1946 wurde im Rahmen der von Beveridge initiierten grundlegenden Revision des britischen Sozialstaats auch für Arbeitsunfälle eine staatlich gelenkte Versicherung an die Stelle des Systems unter dem *Workmen's Compensation Act* gesetzt. Die Bestimmungen des *National Insurance (Industrial Injuries) Act* von 1946 gelten im Kern bis heute. Vgl. Cornish u. Clark, Law and Society, S. 536 f.

reich der Arbeitsunfälle von allen anderen Konfliktfeldern in den industriellen Beziehungen. Während das Recht nach 1900 aus den kollektiven Verhandlungen fast ganz herausgedrängt wurde und bei individuellen Vertragsstreitigkeiten infolge seiner inhaltlichen Entleerung nur noch begrenzt nutzbar war, galt dies nicht für die aus Unfällen resultierenden Streitigkeiten. Statt einer Entrechtlichung kam es hier – untypisch für die sonstige Entwicklung – gerade im ersten Drittel des 20. Jahrhunderts zu einer fortschreitenden Verrechtlichung. Die rechtsförmige Konfliktlösung unterschied die Praxis unter dem *Workmen's Compensation Act* aber auch von denjenigen Feldern des Arbeiterschutzes, in denen seit der Jahrhundertwende die direkte Verantwortung des Staates und seiner Behörden wuchs. Das war zum einen die Fabrikgesetzgebung. Die Durchsetzung von Mindestlöhnen, Maximalarbeitszeiten, Hygiene- und Sicherheitsstandards wurde im frühen 20. Jahrhundert zunehmend so organisiert, daß die Justiz nur noch zur Klärung von Fragen der Gesetzesauslegung, kaum noch zur Beilegung der Streitigkeiten selbst herangezogen wurde. Gleiches gilt, zum anderen, in noch höherem Maße von der 1911 beginnenden staatlichen Sozialversicherung für Krankheit und Arbeitslosigkeit.[139] Hier wurde die Justiz von vornherein weitgehend aus der alltäglichen Anwendung ausgeschaltet.

Es zeigten sich somit in den industriellen Beziehungen ab etwa 1900 zwei Haupttendenzen. Im Feld der kollektiven Vereinbarungen und individuellen Verträge kam es zu einer Entrechtlichung, zum Teil bis hin zum *laissez-faire*. Im Feld des Arbeiterschutzes und der Sozialversicherung fand eine Bürokratisierung statt, zum Teil durchsetzt mit korporatistischen Elementen. Hält man die Unfallgesetzgebung gegen diese beiden Haupttendenzen, tritt ihre exzentrische Stellung um so deutlicher hervor, denn hier läßt sich – gewissermaßen antizyklisch – eine Verrechtlichung beobachten. Diese Beobachtung setzt allerdings einen Standpunkt voraus, wie er hier eingenommen wird: einen Standpunkt, der die Interaktion von Arbeitswelt und Rechtssystem insgesamt ins Auge faßt.

In der Historiographie der englischen Arbeiterbewegung überwog hingegen eine Schreibweise, die einzelne Felder des ‚Arbeitsrechts' isoliert von-

---

[139] Auf den gesamten Komplex der Sozialversicherungsgesetzgebung muß im Zusammenhang dieser Untersuchuung nicht näher eingegangen werden, weil die Gerichte hier kaum eine Rolle spielten. Allgemein hierzu im deutsch-englischen Vergleich die Publikationen von Gerhard A. Ritter, Sozialversicherung in Deutschland und England. Entstehung und Grundzüge im Vergleich, München 1983; Wolfgang J. Mommsen u. Wolfgang Mock (Hg.), Die Entstehung des Wohlfahrtsstaates in Großbritannien und Deutschland 1850–1950, Stuttgart 1982.

einander betrachtete. Die Geschichte des ‚Arbeitsrechts' löste sich in Einzelerzählungen auf, wobei die Befreiung aus ‚Klassengesetzgebung' und ‚Klassenjustiz' die einende Klammer bildete. Höhepunkte dieser Meistererzählung waren die Jahre des frühen Kampfes zwischen 1815 und 1830, die Reformdebatten zwischen 1860 und 1880, und die Phase des Triumphes zwischen 1900 und dem Ersten Weltkrieg. Alles, was in diesen Erzählfluß nicht paßte, so unter anderem der *Workmen's Compensation Act*, blieb in der Darstellung abseits des Hauptstroms oder wurde den Spezialisten überlassen. Nachdem diese Meistererzählung der Arbeiterbewegung im Geschichtswerk der Webbs 1894 erstmals kanonische Gestalt angenommen hatte, begann sie selbst zum Faktor der weiteren legislativen Entwicklung zu werden, indem sie die Sprecher und Vordenker der englischen Arbeiterbewegung auf eine defensive Haltung gegen das Rechtssystem festlegte.

3. Die Erzählung der Common law-Juristen: Aufstieg und Niedergang der ‚Vertragsfreiheit'

Der Arbeitsvertrag: das Stiefkind des Common law

Am 7. Mai 1977 war der Arbeitsrechtler Otto Kahn-Freund eingeladen, an der Universität Oxford die zweite *Blackstone Lecture* zu halten.[140] Was lag für ihn näher, als sich zu diesem Anlaß mit arbeitsrechtlichen Aspekten im Werk des großen englischen Rechtsgelehrten des 18. Jahrhunderts zu befassen? Ausgehend vom Gedanken, daß Arbeitsbeziehungen in der modernen Welt vor allem durch die Rechtsfigur des Vertrages gekennzeichnet seien, machte sich also Kahn-Freund auf die Suche nach dem Arbeitsvertrag in Blackstones *Commentaries on the Laws of England*.[141] Seine Bilanz fiel bescheiden aus. Nach einer rituellen Verbeugung vor dem großen Meister schilderte Kahn-Freund zunächst seine wenig erfolgreiche Suchaktion. Er berichtete, daß es nicht einfach gewesen sei, bei Blackstone überhaupt etwas über Verträge im allgemeinen zu finden. Zum Arbeitsvertrag im besonderen enthalte das einschlägige Kapitel außer einem bloßen Hinweis im Zusammenhang mit der römisch-rechtlichen Unterscheidung zwischen *Do ut Facias* und *Facio ut Des* praktisch nichts. Nach weiterem vergeblichen Blät-

---

[140] Otto Kahn-Freund, Blackstone's Neglected Child: the Contract of Employment, in: Law Quarterly Review 93 (1977), S. 508–528.

[141] William Blackstone, Commentaries on the Laws of England, 4 Bde., Oxford 1765–69, ND New York u. London 1966.

tern sei er, Kahn-Freund, schließlich auf das Erste Buch gestoßen, das vom Personenrecht (*law of persons*) handele, und an diesem, eher unwahrscheinlichen Ort finde sich endlich, eingeklemmt zwischen Kapiteln über das Heer und die Marine und über Ehemann und Ehefrau, ein Kapitel zu *Master and Servant*. Auch dort aber, so Kahn-Freund, erfahre man über den Vertrag als Grundlage der gegenseitigen Verpflichtung zwischen ‚Herr‘ und ‚Diener‘ so gut wie nichts. Statt dessen komme Blackstone an dieser Stelle sofort auf das elisabethanische *Statute of Artificers* zu sprechen, durch welches, wie wir wissen, Landarbeiter und handwerklich Beschäftigte unter Strafandrohung zur Dienstleistung gezwungen werden konnten. Zwar stelle Blackstone fest, so Kahn-Freund weiter, daß sowohl das Hauspersonal („menial servants“) als auch Diener in höheren Funktionen („in superior or ministerial capacity“) nicht unter die Bestimmungen dieses Gesetzes fielen, doch äußere er sich nicht weiter zu den doch offenbar vertraglich geregelten Arbeitsbeziehungen dieser Personen. Ein *servant* sei somit für Blackstone vor allem jemand, der durch seinen ‚Status‘ definiert werde, wobei der Status teils durch Gesetze, teils durch natürliche Charaktereigenschaften zustande komme. Insgesamt, so Kahn-Freunds vorläufiges Fazit, scheine Blackstones Darstellung des ‚Arbeitsrechts‘ im 18. Jahrhundert das berühmte Diktum des viktorianischen Juristen Sir Henry Maine zu bestätigen, wonach fortgeschrittene Gesellschaften bisher (1861) durch „eine Bewegung vom Status zum Vertrag“ gekennzeichnet gewesen seien.[142] Blackstone stehe hier gewissermaßen für die frühe Entwicklungsstufe, in der ‚Status‘ das bestimmende Element gewesen sei. Von einer Theorie des Arbeitsvertrags jedenfalls finde man bei ihm noch keine Spur.

So weit so gut, mochten die Hörer des Festvortrags denken. Nun aber kam Kahn-Freund zu seiner Hauptthese, die einen scharfen Angriff auf die Tradition des *Common law* beinhaltete und deshalb manchen Gästen kaum gefallen haben dürfte. Kahn-Freund behauptete nämlich, daß die Darstellung Blackstones für die Fortentwicklung des Arbeitsrechts in England fatale Folgen gehabt habe. Nicht nur sei das in den *Commentaries* gezeichnete Bild schon zu Blackstones Lebzeiten anachronistisch gewesen – die vielfäl-

---

[142] Henry Sumner Maine, Ancient Law: Its Connection with the Early History of Society, and its Relation to Modern Ideas, London 1861, S. 170. Das vollständige Zitat lautet: „If then we employ Status, agreeably with the usage of the best writers, to signify these personal conditions only, and avoid applying the term to such conditions as are the immediate or remote result of agreement, we may say that the movement of the progressive societies has hitherto been a movement *from Status to Contract*.“ Vgl. auch ebd., S. 304 ff. Ferner zur Rezeptionsgeschichte dieser Formel: Raymond C.J. Cocks, Sir Henry Maine. A Study in Victorian Jurisprudence, Cambridge 1988, S. 60 ff. u. 169–180.

tigen rechtlichen Formen, in denen industrielle Arbeit um 1770 organisiert war, hätte man schließlich schon damals genauer beschreiben können.[143] Viel gravierender aber sei, daß die breite Rezeption des Blackstoneschen Werks eine realitätsnahe Beschreibung des Arbeitsvertrags bis weit ins 19. Jahrhundert hinein, ja sogar bis in die jüngste Vergangenheit, enorm behindert habe. Blackstones schon 1770 überholte Vorstellung von ‚Dienst' habe, wie Kahn-Freund meinte, mindestens bis zur Mitte des 19. Jahrhunderts und indirekt sogar darüber hinaus einen „verdummenden Einfluß" auf das englische Recht ausgeübt. Das sei so weit gegangen, daß man von einer „Atrophie des Arbeitsvertrags im England des 19. Jahrhunderts" sprechen könne.[144] Diese „Atrophie" sei zurückzuführen auf die verspätete Wahrnehmung der realen Arbeitsverhältnisse durch Rechtstheorie und Rechtsprechung. Kahn-Freund gebrauchte hierfür den Ausdruck „legal time lag". Blackstone sei dafür mitverantwortlich. Und nicht genug damit, daß Kahn-Freund mit dieser Behauptung einen Säulenheiligen der englischen Rechtstradition respektlos vom Sockel stieß, fügte er noch mit herablassender Ironie hinzu, daß es für England wohl nicht unbedingt ein Segen gewesen sei, sich der Rezeption des römisch-kontinentalen Rechts verschlossen zu haben.[145]

Was aber meinte nun Kahn-Freund konkret, wenn er von der „Atrophie des Arbeitsvertrags" in England sprach? Dieser Frage widmete er sich zum Abschluß seines Vortrags. Hier kam er vor allem auf einen Punkt zu spre-

---

[143] Diese Einschätzung Kahn-Freunds ist auf berechtigte Kritik gestoßen. Vgl. John W. Cairns, Blackstone, Kahn-Freund and the Contract of Employment, in: Law Quarterly Review 105 (1989), S. 300–314. Cairns bemerkt, daß Kahn-Freund seinerseits anachronistisch verfahre, indem er das industrielle England zu weit in die Vergangenheit zurückprojeziere. Blackstones Darstellung der überwiegend noch agrarisch und häuslich bestimmten Arbeitsverhältnisse um 1760–70 sei durchaus nicht so realitätsfern, wie Kahn-Freund behaupte. Blackstone, wie auch seine Zeitgenossen, hätten noch nicht in jenen rigiden Kategorien von ‚Status' und ‚Vertrag' denken können, wie sie Kahn-Freund anwende.

[144] Kahn-Freund, Blackstone's Neglected Child, S. 524.

[145] Ebd., S. 516. Kahn-Freund kontrastierte in seinem Vortrag Blackstones *Commentaries* mit der Abhandlung des französischen Juristen Robert Joseph Pothier (1699–1772) zum *contrat de louage*. Hing Blackstone seiner Zeit hinterher, so eilte ihr weit voraus, denn seine aus dem römischen Recht abgeleiteten theoretischen Modelle von Arbeitsverträgen besaßen in Frankreich um 1760 wenig Rückhalt in der Realität. Pothier war also ebenfalls anachronistisch, aber er stellte Denkmodelle bereit, die im 19. Jahrhundert die französische Vertragstheorie lenken konnten. Was Kahn-Freund allerdings übersah, war, daß Pothiers Hauptwerk, der *Traité des Obligations* (1761–64), im Jahre 1806 ins Englische übersetzt wurde und dort bis etwa 1850 zum wichtigsten Grundlagenwerk für das Vertragsrecht wurde. Vgl. dazu A.W.B. Simpson, Innovation in Nineteenth Century Contract Law, in: Law Quarterly Review 91 (1975), S. 247–278. Die *Common law*-Juristen rezipierten also durchaus das römische Recht, aber sie machten es sich nicht in der Weise zunutze, wie Kahn-Freund es – retrospektiv – wünschte.

chen, der ihn als jemanden, der von Deutschland kommend in die englische Rechtskultur hineingewachsen war, ganz offensichtlich irritierte.[146] Es war die Tatsache, daß die am *Common law* geschulten englischen Juristen offenbar außerstande waren, ein Vertragsmodell auch nur zu denken, geschweige denn gutzuheißen, das gesetzliche Normen (*Statute law*) und privat vereinbarte Rechte und Pflichten gleichermaßen berücksichtigte. Für die *Common law*-Juristen blieben, wie Kahn-Freund erläuterte, das *Statute law* und das Recht der privaten Verträge immer zwei streng voneinander geschiedene Rechtssphären. Legislative Maßnahmen, die schützend oder repressiv in das Arbeitsleben eingriffen, zum Beispiel die *Factory Acts* oder der *Workmen's Compensation Act*, hätten nach dem englischen Rechtsverständnis mindestens bis zum Ende des 19. Jahrhunderts immer nur statutarische, niemals vertragliche Verpflichtungen geschaffen. Eine Verletzung dieser Gesetze hätte demzufolge nicht als Vertragsverletzung gegolten und somit auch kein Klagerecht aus dem Vertrag heraus begründet. Klagen, die sich auf diese *Statutes* stützten, hätten entweder die Form der Strafverfolgung annehmen müssen, so etwa bei den *Factory Acts*, oder sie seien von den Juristen dem zivilen Deliktsrecht (*law of torts*) zugeordnet worden, so etwa die Klagen unter dem *Workmen's Compensation Act*. Das Vertragsrecht (*law of contract*) sei von den legislativen Entwicklungen unberührt geblieben. Erst seit dem frühen 20. Jahrhundert sei es in England vereinzelt zu legislativen Vorschriften gekommen, durch die bestimmte Inhalte von Arbeitsverträgen zwingend, ohne Möglichkeit des *contracting out*, vorgeschrieben worden wären. Als Beispiel nannte Kahn-Freund die verschiedenen Mindestlohnbestimmungen. Den englischen Juristen jedoch sei schon die Vorstellung, daß gewisse Eckdaten von Verträgen per Gesetz verordnet werden könnten, immer fremd geblieben. Die „Idee eines Vertrags, der durch *ius cogens* in eine bestimmte Form gegossen wird", habe bei den *Common law*-Juristen noch nicht Fuß gefaßt, so schrieb Kahn-Freund 1967, und zehn Jahre später, als er seine *Blackstone Lecture* hielt, hatte sich daran anscheinend nichts geändert.[147]

Für einen kontinentaleuropäischen Leser ist es ohne weiteres nachzuvollziehen, warum Kahn-Freund die strenge Trennung von (privatem) *law of contract* und (öffentlichem) *Statute law* im englischen Rechtsdenken und

---

[146] Vgl. zum folgenden auch: Otto Kahn-Freund, A Note on Status and Contract in British Labour Law, in: Modern Law Review 80 (1967), S. 635–644. Zur Biographie Kahn-Freunds den Abriß von Wolfgang Däubler, Otto Kahn-Freund (1900–1979). Ideologiekritik und Rechtsfortschritt im Arbeitsrecht, in: Kritische Justiz (Hg.), Streitbare Juristen. Eine andere Tradition, Baden-Baden 1988, S. 380–389.

[147] Kahn-Freund, Note on Status and Contract, S. 642.

das Beharren der Juristen auf dieser Trennung höchst eigentümlich fand; ist
es doch etwa in der deutschen Rechtstradition ganz selbstverständlich, daß
bestimmte Mindeststandards von Verträgen durch Gesetze oder Kodifikationen, wie zum Beispiel die Gewerbeordnung oder das Bürgerliche Gesetzbuch, zwingend vorgeschrieben werden. Zwar waren auch deutsche
Gesetzgeber des 19. Jahrhunderts generell vorsichtig mit Bestimmungen,
die den in der Verfügungsgewalt der Vertragsparteien liegenden Bereich zu
sehr einschränkten, doch gab es genügend Paragraphen, nicht zuletzt die
berühmten Generalklauseln des BGB, die es den Richtern ermöglichten,
Verträge für nichtig oder unwirksam zu erklären.[148] Fast jeder in Deutschland geschlossene Vertrag mußte (und muß) sich, um rechtsgültig zu sein, in
Teilen den vom Gesetzgeber vorgeschriebenen zwingenden Normen fügen
und unterliegt in den übrigen, mehr oder weniger großen Teilen dem freien
Willen der Vertragsparteien. Anders gesagt: Verträge wurden (und werden)
in Deutschland grundsätzlich gedacht als eine Schnittmenge aus Elementen
des *ius cogens* und des *ius dispositivum*. Für die in der *Common law*-Tradi-
tion stehenden englischen Juristen hingegen war (und ist) jede Vorschrift
des Gesetzgebers, welche die inhaltlichen Gestaltungsmöglichkeiten der
Vertragsparteien in irgendeiner Weise normiert oder auch nur indirekt begrenzt, bereits ein Eingriff in die Vertragsfreiheit. Akzeptiert man diese
Sichtweise, erscheint es verständlich, daß die führenden Interpreten des
Common law und die Richter selbst vom Ende des 19. Jahrhunderts an immer allergischer auf politische Vorstöße reagierten, die auf eine Einschränkung von *contracting out*-Möglichkeiten oder gar auf inhaltliche Normie-
rungen von Arbeitsverträgen durch Mindestlohngesetze und ähnliches ab-
zielten.

Unter den englischen *Common law*-Juristen war es vor allem Albert V.
Dicey (1835–1922), der diese Vorbehalte um die Jahrhundertwende in ein-
gängiger Weise zu formulieren verstand und damit zum Stichwortlieferan-
ten für mehrere Juristen-Generationen nach ihm wurde. Er leistete für die
Juristen das, was die Webbs etwa gleichzeitig für das Selbstverständnis der
englischen Arbeiterbewegung bewirkten. Diceys besondere Leistung bestand darin, daß er sich nicht mit einer Kritik an legislativen Einzelvorhaben
begnügte, sondern eine Gesetzgebungsgeschichte des gesamten 19. Jahr-

---

[148] Zur Unwirksamkeit von Verträgen im *Code civil* und in den deutschen Kodifikationen vor
dem BGB vgl. den Überblick bei Helmut Coing, Europäisches Privatrecht, Bd. 2: 19. Jahrhundert. Überblick über die Entwicklung des Privatrechts in den ehemals gemeinrechtlichen
Ländern, München 1989, S. 446–452. Zur Regulierung der Vertragsfreiheit im BGB und der
zeitgenössischen Kritik an der mangelnden Ausgestaltung des Arbeitsvertragsrechts: Becker,
Arbeitsvertrag und Arbeitsverhältnis, S. 231–259, 273–277, 287–290.

hunderts entwarf, die den Trend seiner Gegenwart zu immer mehr ‚Eingriffen' des Gesetzgebers als Rückkehr zu im Grunde überholten, paternalistischen Vorstellungen des 18. und frühen 19. Jahrhunderts erscheinen ließ. Die Werke Diceys, besonders seine populären „Lectures on the Relation between Law and Public Opinion in England" (zuerst 1905), bilden bis heute die Schablone für die Meistererzählungen der Juristen und Rechtshistoriker, sobald es um die Einordnung des Arbeitsrechts in den größeren Kontext der englischen Rechts- und Verfassungsgeschichte geht. Auf Dicey wird daher noch zurückzukommen sein. Hier sei zunächst nur auf einen Punkt hingewiesen, der die Kritik Kahn-Freunds herausforderte. Dabei handelt es sich um Diceys Bewertung der Arbeiterschutzgesetze. Anknüpfend an das schon erwähnte Diktum Sir Henry Maines meinte Dicey, daß durch derartige Gesetze „die Rechte der Arbeiter nicht mehr eine Angelegenheit vertraglicher Abmachung, sondern wieder eine Sache des Status geworden" seien.[149] Dicey sah also einen Rückfall in ein früheres, schon überwunden geglaubtes Entwicklungsstadium. Kahn-Freund hielt diese Interpretation aus zwei Gründen für unhaltbar.[150] Sie sei einmal sachlich verfehlt, weil die Freiheit von Arbeitnehmern und Arbeitgebern, einen Vertrag zu schließen oder es bleiben zu lassen, durch die gesetzlichen Mindestvorschriften zu den Inhalten nicht im geringsten berührt werde. Und sie sei zum anderen historisch irreführend, weil unter ‚Status', zumindest wenn man die Definition Sir Henry Maines zugrundelege, etwas ganz anderes zu verstehen sei. Folge man Maine, so könne von ‚Status' nur dann gesprochen werden, wenn die Gesetze eines Landes zwischen Personen aufgrund ihrer Herkunft oder Geburt oder aufgrund angenommener physischer oder mentaler Schwächen Unterschiede machten. Das entscheidende Kriterium für das Vorliegen von ‚Status' sei laut Maine, daß die unterschiedliche Behandlung durch das Gesetz unabhängig von einem vorhergehenden Willensakt des oder der Beteiligten erfolge. Beispiele dafür seien die Unterscheidung zwischen ‚Freien' und ‚Unfreien' in antiken Gesellschaften, die Beschränkung der Geschäftsfähigkeit von Kindern, geistig Behinderten und (bis zu ihrer Gleichstellung) verheirateten Frauen, oder die Differenzierung zwischen Staatsbürgern und Ausländern in der Gegenwart. Gesetzlich vorgeschriebene Regeln für bestimmte Verträge seien demgegenüber etwas ganz

---

[149] Albert V. Dicey, Lectures on the Relation between Law and Public Opinion in England during the Nineteenth Century (1905), 2. Aufl. 1914, ND London 1963, S. 284: „The rights of workmen in regard to compensation for accidents have become a matter not of contract, but of status."
[150] Vgl. zum folgenden, Kahn-Freund, Note on Status and Contract.

anderes, denn ihre Geltung erstrecke sich in gleicher Weise auf jeden, der einen solchen Vertrag abschließe. Der Gebrauch des Worts ‚Status' in diesem Zusammenhang durch Dicey und die ihm folgenden Juristen sei somit abwegig und habe vor allem Begriffsverwirrung erzeugt.

Kahn-Freunds Überlegungen zu den Denkschemata der *Common law*-Juristen des 19. und 20. Jahrhunderts, insbesondere seine Kritik an ihrer Unfähigkeit, das *Statute law* konzeptionell in das Arbeitsvertragsrecht zu integrieren, sind bisher lediglich von einigen britischen Arbeitsrechtlern zustimmend rezipiert worden.[151] Die Spezialisten des allgemeinen Vertragsrechts konnten damit offenbar weniger anfangen. Fast sieht es so aus, als habe man Kahn-Freund in diesem Punkt als einen etwas rechthaberischen deutschen Außenseiter in der englischen juristischen Zunft links liegen lassen. Vielleicht haben manche ihn auch nicht verstanden. Beides wäre nicht weiter verwunderlich, denn eine Rechtsterminologie, die sich über Jahrzehnte oder gar Jahrhunderte hinweg eingeschliffen hat, läßt sich nicht durch einen definitorischen Willensakt aus der Welt schaffen. Das gilt zumal für so fundamentale begriffliche Unterscheidungen, wie eben die zwischen ‚privatem' Vertragsrecht und statutarischem Recht, und das gilt um so mehr in einem Rechtssystem, das auch in der zweiten Hälfte des 20. Jahrhunderts immer noch zu großen Teilen auf Präjudizien beruht. Die bindende Kraft älterer höchstrichterlicher Entscheidungen mag in den Details von Fall zu Fall überwindbar sein. Bei einer so grundsätzlichen Frage wie der Definition von *contract* könnte aber wohl nur eine Kodifikation des gesamten Vertragsrechts zu einer Änderung führen. Von einem solchen Schritt ist man jedoch in Großbritannien heute, mehr noch vielleicht als um 1970, weit entfernt. Die Einsichten Kahn-Freunds sind aus diesen Gründen für die *Common law*-Juristen bei der Lösung praktischer Rechtsfragen und der praxisbezogenen Exposition des geltenden Rechts wenig hilfreich. Weil nun aber die meisten Juristen (übrigens nicht nur in Großbritannien) in ihren historischen und systematischen Abhandlungen den begrifflichen Einteilungen des geltenden Rechts folgen, hat sich an der stiefmütterlichen Behandlung des Arbeitsverhältnisses durch die *Common law*-Juristen seit Blackstone wenig geändert. Zu fragen bleibt, ob es im England des 19. und frühen 20. Jahrhunderts nicht wenigstens Spezialisten für das ‚Arbeitsrecht' gab, die das von Kahn-Freund beklagte Defizit aufwiegen konnten.

---

[151] Am deutlichsten bei B.A. Hepple u. Paul O'Higgins, Employment Law, London 1976, S. 43 ff.

Vergangenheit und Zukunft des ‚Arbeitsrechts‘

Es ist nicht einfach, das im 19. und 20. Jahrhundert erschienene, im weitesten Sinne juristische Schrifttum zum Thema Arbeit in Großbritannien zu überblicken. Bis in die jüngste Vergangenheit zeigt sich eine starke Zersplitterung dessen, was in Deutschland und anderen Ländern etwa seit der Jahrhundertwende unter dem Begriff ‚Arbeitsrecht‘ zusammengefaßt wird. Aus juristischer Sicht fehlte diesem Gegenstand in England lange Zeit die innere Einheit. Es fehlte ein Mittelpunkt, wie er beispielsweise in Deutschland durch die Spruchpraxis der Gewerbegerichte und, seit 1926, der Arbeitsgerichte gegeben war. Als wissenschaftliche Disziplin hat sich ‚Arbeitsrecht‘ in Großbritannien erst nach dem Zweiten Weltkrieg etablieren können. Bis dahin beherrschten Lehrbücher, Ratgeber und Überblickswerke das Feld. Sie stammten entweder von praktizierenden *barristers* oder von Professoren des Vertrags-, Delikts- oder Handelsrechts, die sich dem Gebiet als einem Nebenaspekt ihres Hauptfachs näherten. Außerdem betätigten sich hier auch Rechtshistoriker, Sozialwissenschaftler, Persönlichkeiten aus dem Umkreis der Arbeiterbewegung und Politiker, die sich als Schlichter oder Initiatoren wichtiger Gesetze hervorgetan hatten. Daß der Gegenstand als juristische Disziplin noch keine festen Konturen besaß, zeigt sich an den Schwankungen in der Terminologie. Das Rechtsgebiet wurde unter den verschiedensten Überschriften abgehandelt, die jeweils bestimmte Teilaspekte ins Blickfeld rückten und andere vernachlässigten.[152]

Am ältesten und langlebigsten war die *Master and Servant*-Terminologie. Bis zum Ersten Weltkrieg beherrschte sie den Markt der Veröffentlichungen zum Thema. Sogar um die Mitte des 20. Jahrhunderts war es noch ohne weiteres möglich und üblich, Abhandlungen zum *law of master and servant* zu publizieren. Diese konzentrierten sich in der Regel auf das Individualarbeitsrecht mit dem *common law of contract* als Kern und tendierten dazu, die statutarischen Schutzgesetze sowie das Recht der kollektiven Arbeitsbeziehungen nur am Rande zu streifen oder ganz außer acht zu lassen. Die Darstellung ließ sich leiten von dem Bild einer persönlichen Beziehung zwischen einem ‚Herrn‘ und seinem ‚Diener‘. Man mochte dabei an das im Haushalt lebende Dienstmädchen denken oder an einen Gesellen, der in einem Kleinbetrieb unter ständiger Aufsicht des ‚Meisters‘ arbeitete. Beispielfälle bezogen sich oft auch auf leitende Angestellte, Manager, Handlungsreisende und dergleichen; dies deshalb, weil deren Fälle häufiger die höheren

---

[152] Vgl. die Titelliste bei: B.A. Hepple, J.M. Neeson u. Paul O'Higgins, A Bibliography of the Literature on British and Irish Labour Law, London 1975, S. 1–24 („General Works").

Gerichte beschäftigten, denen allein für die Entwicklung des *Common law* Bedeutung zugemessen wurde. Dagegen blieben die typischen Rechtsprobleme der Masse derjenigen, die in den großen Industrie- und Dienstleistungsbranchen beschäftigt waren, in der Regel unerörtert. Über Arbeitsordnungen, Subunternehmer, Lohnskalen und Tarifverträge erfuhr man in den Werken zum *law of master and servant* wenig. Im Kontext der entwickelten Industriegesellschaft des 20. Jahrhunderts haftete solchen Darstellungen mit ihren vielen Fallbeispielen aus dem 18. und 19. Jahrhundert etwas durchaus Irreales an.[153] Es waren vor allem diese, zuletzt nur noch akademischen, sich aber gleichwohl als praktische Ratgeber gebärdenden Produktionen, welche in den sechziger und siebziger Jahren des 20. Jahrhunderts die Angriffslust von Kahn-Freund und anderen Arbeitsrechtlern weckten.

Ein etwas weiteres, aber immer noch partielles Blickfeld wurde durch den zwischen den Weltkriegen und bis in die fünfziger Jahre gebräuchlichen Terminus *industrial law* (oder *industrial legislation*) eröffnet. Autoren, die dieses Wort als Überschrift verwendeten, hoben hervor, daß es sich dabei um eine künstliche, den traditionellen Einteilungen des englischen Rechts zuwiderlaufende Begriffsbildung handelte.[154] Im Mittelpunkt dieser Arbeiten stand eindeutig das *Statute law* jüngeren Datums, also die Gesetze zu Arbeitszeiten, Lohnzahlung, Sicherheit, Unfällen, Schiedsgerichten, Trade Unions und Sozialversicherung. Hierbei wurde eine gewisse Vollständigkeit erstrebt. Da von dieser Gesetzgebung hauptsächlich industriell beschäftigte Arbeitnehmer betroffen waren, nahmen deren Rechtsprobleme naturgemäß den breitesten Raum ein. Hingegen kamen die Leitfiguren der *Master and*

---

[153] Ein typisches Beispiel: A.S. Diamond, The Law of the Relation between Master and Servant, London 1932 (2. Aufl. 1946). Ähnlich auch: Francis Raleigh Batt, The law of master and servant, London 1929 (5. Aufl. hrsg. v. George Weber, London 1967). Verglichen mit diesen Arbeiten wirkt die viel ältere Darstellung von W.A. Holdsworth, dem Onkel des bekannten Rechtshistorikers William Holdsworth, von der Konzeption her moderner, außerdem war sie auch zum Zeitpunkt ihrer Veröffentlichung aktueller: W.A. Holdsworth, The Law of Master and Servant, London 1873 (2. Aufl. London 1876).

[154] Vgl. Frank Tillyard, Industrial Law, London 1916, S. 1 f. u. 9; William A. Robson, Industrial Law, in: Law Quarterly Review 51 (1935), S. 195–210. In diese Reihe gehören auch: John Henry Greenwood, A handbook of industrial law; a practical legal guide for trade union officers and others, London 1916; Frank Tillyard, The Worker and the State, London 1923 (3. Aufl. London 1948); Henry Slesser u. Arthur Henderson, Industrial Law, London 1924; Harry Samuels, The law relating to industry, London 1931 (2. Aufl. u.d.T. Industrial law, 1939, 7. Aufl. 1967); W.M. Cooper u. J.C. Wood, Outlines of Industrial Law, London 1947 (6. Aufl. 1972); W.F. Frank, The new industrial law, London 1950; J.L. Gayler, Industrial law, London 1955; J.R. Carby-Hall, Principles of industrial law, London 1969. Schließlich ist auch hinzuweisen auf eine Zeitschrift: Industrial Law Review 1 (1946) – 14 (1959/60).

Servant-Literatur, die Hausbediensteten, Gesellen, Manager und Handlungsreisenden, in den Werken zum *industrial law* kaum mehr vor. Strukturiert und begrenzt wurde hier die Darstellung durch die Definitionen des *Statute law*, nicht durch diejenigen des *Common law*. Die Rechtsprechung des *Common law* zum Arbeitsvertrag wurde meist mit wenigen knappen Bemerkungen abgetan. Man sah in ihr vor allem Stagnation und verhärtete Doktrinen; den Fortschritt erwartete man von der Gesetzgebung.[155] Die in den Werken der *Common law*-Juristen so beliebten (weil komplizierten) Probleme der Haftung des Arbeitgebers für vom Arbeitnehmer verursachte Schäden oder für ‚im Auftrag‘ abgeschlossene Verträge blieben aus den Handbüchern zum *industrial law* ausgeklammert. Die Mehrzahl der Autoren behandelte auch die Prozesse des kollektiven Verhandelns nur am Rande, denn der Gesetzgeber zog sich ja im Laufe der Zwischenkriegszeit aus diesem Bereich mehr und mehr zurück. Eine partielle Sichtweise lag somit auch hier vor. Die Perspektive war auf den Staat als Handlungsträger und die Arbeiter als Nutznießer zentriert. Die Wechselwirkung zwischen gesetzlichen Normen, kollektiven Vereinbarungen und individuellem Vertragsrecht gelangte in den Abhandlungen zum *industrial law* ebensowenig in den Blick wie in den Darstellungen zum *law of master and servant*.

Im Abschnitt über die Meistererzählung der Arbeiterbewegung wurde erwähnt, daß sich der Ausdruck *labour laws* seit den siebziger Jahren des 19. Jahrhunderts als Sammelbezeichnung für die Gewerkschaftsgesetzgebung und andere, das Arbeitsverhältnis betreffende Gesetze einzubürgern begann. Wenn überhaupt, so möchte man darin am ehesten ein Äquivalent für den deutschen Begriff ‚Arbeitsrecht‘ vermuten. Doch der Eindruck täuscht. Denn lange Zeit blieb es im Sprachgebrauch bei der Pluralform *labour laws*. Gemeint waren also immer nur einzelne Gesetze, und diese wurden dann in entsprechenden Werken auch eher additiv als analytisch behandelt. Die Aufmerksamkeit galt dabei in erster Linie dem Rechtsstatus der Trade Unions. In Buchtiteln kam der Ausdruck im übrigen nur selten vor. Das populäre *Handy Book of the Labour Laws* von George Howell (1876) blieb eher die Ausnahme.[156] Daneben gab es Titel mit Wortverbin-

---

[155] Vgl. Robson, Industrial Law, S. 196: „Broadly speaking, the common law has not been able to meet modern needs so far as the relations of employer and worker are concerned; and it is for this reason that amelioration and change have been introduced almost entirely through legislation. The main lines of the law of master and servant were well settled long before 1885; the severity of an earlier age towards the employee was embodied in doctrines which had become case-hardened with the passing of time; and it was too late, even if Bench and Bar had desired it, to remake the law in terms of a more enlightened philosophy.“

[156] George Howell, A Handy Book of the Labour Laws, London 1876 (3. Aufl. London u.

dungen wie *Labour and Law,* die sich aber ebenfalls fast auschließlich mit
der Gesetzgebung befaßten.[157] Der Ausdruck *labour laws* erfaßte somit im
wesentlichen das gleiche Themenspektrum wie der später aufkommende
Oberbegriff *industrial law,* vielleicht mit dem einen Unterschied, daß als
labour laws eher diejenigen Gesetze bezeichnet wurden, die den Gewerkschaften Immunität und den Einzelnen Straffreiheit zusicherten, während
mit dem Terminus *industrial law* eher die Gesetze assoziiert wurden, die
den Arbeitnehmern Schutz versprachen oder positive Rechte gaben.

Die Singularform *labour law* setzte sich in England, jedenfalls in Buch-
und Aufsatztiteln, erst nach 1950 durch, und es ist wohl kein Zufall, daß
Otto Kahn-Freund hier den Anfang machte.[158] Von diesem Zeitpunkt an
läßt sich problemlos von einem ‚Arbeitsrecht' als Disziplin sprechen. Zwar
ist eine auf Publikationstiteln basierende Erhebung kein ausreichender Beweis, daß der Ausdruck im alltäglichen Sprachgebrauch nicht schon vorher
geläufig war. Doch ist die Verwendung als Titel für die Existenz oder Nicht-
Existenz eines etablierten Rechtsgebiets ohne Zweifel ein entscheidendes
Indiz. Der Begriff *labour law* löste im Laufe der sechziger und siebziger
Jahre des 20. Jahrhunderts die älteren Bezeichnungen *law of master and
servant* und *industrial law* ab. Mit diesem Begriffswechsel erfolgte auch eine
Abkehr von der bis dahin üblichen, handbuchartig-enzyklopädischen Dar-
stellungsweise. Erst jetzt fand die alte Zersplitterung des Gegenstandes in
Common law, Statute law und *collective bargaining* ihr Ende. Es mehrten
sich Publikationen, die alle drei Aspekte zusammen in ihrer Wechselwirkung zu beschreiben versuchten.[159] Einen wesentlichen Anstoß hierzu
gaben die Reformbestrebungen der sechziger und siebziger Jahre. Das gesamte System der industriellen Beziehungen stand damals auf dem Prüf-

New York 1895); Vgl. daneben, aus dem gleichen Ereigniszusammenhang heraus publiziert:
J.E. Davis, The Labour Laws, London 1875.
[157] Vgl. Charles Bradlaugh, Labor and Law, London 1891; R.M. Minton-Senhouse, Work and
labour. A compendium of the law affecting the conditions under which the manual work of
the working classes is performed in England, London 1904.
[158] Vgl. die Angaben in der oben (Fn. 152) genannten Bibliographie, S. 12f.; hier bes.: Kahn-
Freund, Labour Law; ders., Legal Framework. In der Bibliographie ist nur ein einziger vor
1950 erschienener Titel aufgeführt, der die Singularform enthält. Dabei handelt es sich aber
um eine amerikanische Publikation: Francis Bowes Sayre, A selection of cases and other authorities on labor law, Harvard 1922. Es ist davon auszugehen, daß die Bibliographen zumindest keine bedeutenden Publikationen übersehen haben.
[159] Hier sind besonders die Arbeiten von Lord Wedderburn zu nennen: Wedderburn, Worker;
ders., Employment Rights in Britain and Europe. Selected Papers in Labour Law, London
1991; ders., Labour Law and Freedom. Further Essays in Labour Law, London 1995. Diese
Publikationen sind zwar im wesentlichen mit Blick auf gegenwärtige Probleme geschrieben,
beziehen aber oft auch eine historische und vergleichende Perspektive.

stand.[160] Kollektives *laissez-faire* wurde nicht mehr selbstverständlich als die einzig effektive und dem britischen Freiheitsgefühl kongeniale Organisationsform akzeptiert. Verrechtlichung und ein stärkeres ‚Eingreifen' des Gesetzgebers in die Vertragsfreiheit waren keine Tabuthemen mehr. Mit den *industrial tribunals* wurde 1964–71 erstmals eine Sondergerichtsbarkeit eingerichtet, deren Urteile verbindlich waren und die Individualklägern offenstand. Eine Zeitlang schien sogar eine stärkere Normierung des Individualarbeitsvertrages im Sinne Kahn-Freunds im Bereich des Möglichen.

Im Kontext dieser Diskussionen entstanden erstmals Monographien zum Individualarbeitsvertrag, die nicht mehr den Fiktionen der *Common law*-Rechtsprechung des 19. Jahrhunderts folgten, sondern nach der tatsächlichen Funktion dieses Instruments im Arbeitsleben, wie es sich um 1970 darstellte, fragten.[161] Die Wirkung von *Statutes* auf Inhalt, Form und Dauer von Arbeitsverträgen wurde erörtert, der Einfluß von kollektiven Kampfmaßnahmen, Betriebsstillegungen und Firmenzusammenschlüssen auf den Fortbestand des Vertrags untersucht, die alltägliche Rechtsprechungspraxis im Zusammenhang mit alternativen Konfliktlösungsformen beobachtet.[162] Zumindest innerhalb der Subdisziplin ‚Arbeitsrecht' war der Arbeitsvertrag nun kein vernachlässigtes Stiefkind mehr. Das schlug sich auch in der Terminologie nieder: Wenn man das Individualarbeitsverhältnis in den Blick nahm, sprach man nun häufiger von *employment law* anstelle von *labour law*. Die beiden Begriffe sind im wesentlichen deckungsgleich, signalisieren aber eine unterschiedliche Akzentuierung. *Labour law* hat einen eher ‚kollektivistischen', *employment law* einen eher ‚individualistischen' Beigeschmack. Bei *labour law* denkt man als erstes an die Rechte der Gewerkschaften, bei *employment law* an den einzelnen Arbeitnehmer, der vor einem *industrial tribunal* um seine Wiedereinstellung klagt.

Diese neuerliche Bifurkation in der Terminologie verweist auf ein unentschiedenes Problem, das in Zukunft zu einer Spaltung unter den Arbeitsrechtlern und einer neuen Zersplitterung des Gegenstandes führen könnte. Es ist nicht zu übersehen, daß die Mehrzahl der britischen Arbeitsrechtler sowie starke Kräfte in allen politischen Parteien und Interessengruppen gegenüber einer Weiterentwicklung des Individualarbeitsrechts im Sinne zu-

---

[160] Umfassend hierzu: Paul Davies u. Mark Freedland, Labour Legislation and Public Policy, Oxford 1993; zu den politischen Strategien der Parteien und Interessengruppen außerdem: André Kaiser, Staatshandeln ohne Staatsverständnis. Die Entwicklung des Politikfeldes Arbeitsbeziehungen in Großbritannien, 1965–1990, Bochum 1995.

[161] M.R. Freedland, The Contract of Employment, Oxford 1976; B.A. Hepple u. Paul O'Higgins, Individual Employment Law. An Introduction, London 1971.

[162] Zu dem letztgenannten Aspekt: Wedderburn u. Davies, Employment Grievances.

nehmender Normierung skeptisch geblieben sind. Das hat verschiedene
Gründe, die bei den Einzelnen in sehr unterschiedlicher Weise miteinander
verknüpft sind und oft nicht deutlich ausgesprochen werden. Sie sollen daher nur summarisch benannt werden. Zum einen besteht Unklarheit, in
welcher Form sich eine Ausweitung individueller Arbeitnehmerrechte vollziehen soll, solange die Normen des allgemeinen Vertragsrechts weiterhin
vom *Common law* dominiert werden.[163] Das Dilemma, auf das Kahn-
Freund aufmerksam gemacht hat, ist nämlich bis heute ungelöst: Nach wie
vor schaffen *Statutes* im Verständnis der englischen *Common law*-Juristen
immer nur besondere Rechte und Pflichten *neben* dem fortbestehenden
common law of contract; zudem tendieren englische Richter zu einer forma-
listischen, eng am Wortlaut klebenden Auslegung von *Statutes*, so daß private Vereinbarungen, die nicht klar im Widerspruch zum Gesetzestext stehen, ihre Gültigkeit behalten.[164] Sollte das britische Parlament eine Charta
von Arbeitnehmerrechten verabschieden (oder eine europäische Charta
übernehmen), hinge sehr viel davon ab, daß die Formulierungen eindeutig,
umfassend und zwingend sind, um den Richtern möglichst wenig Raum für
die Aufrechterhaltung von Privatverträgen zu lassen, die den Gesetzes-
zweck zu unterlaufen trachten.[165]

---

[163] Vgl. Lord Wedderburn, Labour Law – From Here to Autonomy? A Franco-British Comparison, in: ders., Employment Rights, S. 106–137, bes. S. 109 ff., 120 ff., 125.

[164] Vgl. P.S. Atiyah, Common Law and Statute Law, in: Modern Law Review 48 (1985), S. 1–28.
P.S. Atiyah u. Robert S. Summers, Form and Substance in Anglo-American Law. A Comparative Study of Legal Reasoning, Legal Theory, and Legal Institutions, Oxford 1987, Reprint
1991, S. 51 f., 84 ff., 100–105.

[165] Vgl. Lord Wedderburn, Introduction: From *Rookes* v. *Barnard* to Social Charter, in: ders.,
Employment Rights, S. 9–30, S. 25 f.: „Whether we are dealing with individual employment
rights – unfair dismissal, wage deductions or discrimination – or with collective issues – the
right to bargain or to consult, or the incorporation of the terms of a collective agreement into
a worker's contract – the question inevitably arises how far the tribunal which eventually de-
termines the meaning of these employment rights is meant to have, and can achieve, some
‚autonomy‘ from the common law. … the question can be expressed by asking how far labour law, in its concepts and imagination and in the hands of an ‚ordinary‘ judge, is free from
the constraints of a common law philosophy alien to its policies which emphasises the employee's subordination and the supremacy of managerial prerogative despite the camouflage
of contractual equality." Siehe auch ders., The Social Charter in Britain: Labour Law – and
Labour Courts?, in: ebd., S. 354–416, bes. S. 362 ff. Wedderburn plädiert in seinen Schriften
für eine vollständige Autonomisierung des ‚Arbeitsrechts‘ vom *Common law*, sowohl sub-
stanziell wie institutionell. Ob so etwas auf dem Weg der Gesetzgebung überhaupt zu erreichen ist, erscheint zweifelhaft, denn das *Common law* selbst würde ja dadurch nicht abgeschafft und stände den Individualklägern weiterhin zur Verfügung. Vgl. zur jüngsten Rechtsprechung: M. Freedland, Individual Contracts of Employment and the Common Law
Courts, in: Industrial Law Journal 21 (1992), S. 135–140.

Zum zweiten hegen vor allem konservative Juristen und Politiker sowie –
aus naheliegenden Gründen – die Arbeitgeber Bedenken, ob eine gesetzliche Fixierung von Arbeitnehmerrechten überhaupt wünschenswert sei. Die
Sorge, daß dies die Wettbewerbsfähigkeit der britischen Wirtschaft schmälern könnte, verbindet sich mit der als traditionell britisch geltenden Vorstellung, daß jeder frei sein solle, selbst zu entscheiden, unter welchen Bedingungen er arbeiten möchte. Politische, wirtschaftliche und juristisch-
doktrinäre Motive wirken zusammen, um die Vertragsfreiheit als verteidi-
genswerte Errungenschaft erscheinen zu lassen. Tatsächlich sind in den
achtziger Jahren etliche, meist noch nicht sehr lange bestehende statutarische Arbeitnehmerechte wieder abgebaut worden. Dies geschah mit dem
Ziel, unnötige ‚Hemmnisse‘ für die unternehmerische Initiative zu beseitigen.[166] Bei manchen Konservativen kommt noch die emotionale Aversion
gegen eine Angleichung an ‚europäische‘ (das heißt kontinentale) Rechtsvorstellungen hinzu, aber auch ohne euroskeptische Beimengung ist das
Motivbündel stark genug. Es ist im übrigen bei weitem nicht so, als würden
diese Bedenken nur von den Konservativen und Arbeitgebern geteilt.

Drittens gibt es auch in der britischen Gewerkschaftsbewegung und bei
den ihr nahestehenden Intellektuellen und Politikern Vorbehalte gegen eine
zu weit getriebene Verrechtlichung der Arbeitsbeziehungen.[167] Hier gehen
die Befürchtungen dahin, daß dies zu einer Einschränkung der kollektiven
Handlungsfreiheit und einer Schwächung der ohnehin schon nachlassenden
gewerkschaftlichen Verhandlungsmacht führen könnte. Eine stärkere Normierung des Individualarbeitsvertrags, zum Beispiel das Erfordernis der
Schriftlichkeit, könnte zur Folge haben, daß alle Arbeitnehmer mit ihren
Arbeitgebern – und sei es auch nur *pro forma* – einzeln Verträge schließen
müßten. Schon das würde den Arbeitgebern eine Möglichkeit eröffnen,
kollektiv ausgehandelte Tarife und Bedingungen zu unterlaufen. Vielen Gewerkschaftsführern erscheint es sicherer, den *status quo* zu halten, als sich
auf ein legislatives Experiment mit unsicherem Ausgang einzulassen. Selbst
eine eindeutige Verbesserung der Rechtslage der einzelnen Arbeitnehmer
könnte diese den Methoden des solidarischen Kampfes entfremden und
würde damit den Trade Unions in ihrer gegenwärtigen Form schaden. Diese
Vorbehalte werden verstärkt durch das Bewußtsein von der eigenen langen

---

[166] Vgl. Davies u. Freedland, Labour Legislation, S. 550–576.
[167] Eine aus den geschichtlichen Erfahrungen schöpfende Kritik des Individualarbeitsvertrags
als Organisationsform, die das Mißtrauen zum beherrschenden Element der industriellen
Beziehungen macht, liefert der Gewerkschaftshistoriker Alan Fox, Beyond contract: Work,
Power and Trust Relations, London 1974.

Geschichte des Kampfes gegen ‚Klassengesetzgebung‘ und ‚Klassenjustiz‘. Das Ergebnis, die erlangte kollektive Freiheit, möchte man nicht leichtfertig aufs Spiel setzen.

Angesichts der breiten Front von Verteidigern des *status quo* erscheint es wenig wahrscheinlich, daß es in Großbritannien zu einer nennenswerten Weiterentwicklung des Arbeitsvertrags auf dem Weg der Gesetzgebung kommen wird. Die unterschiedlichen Versionen der Geschichte des ‚Arbeitsrechts‘ und die daraus abgeleiteten Erfahrungen spielen, wie gesehen, bei der Stabilisierung der jeweiligen Abwehrhaltungen eine wichtige Rolle. Die Gewerkschaften wollen keine neue Verrechtlichung, weil das ihre mühsam erkämpfte Stellung gefährden könnte, und viele *Common law*-Juristen bleiben ebenfalls zurückhaltend, weil damit eine weitere Aushöhlung der ‚Vertragsfreiheit‘ verbunden wäre. Wir haben hier den merkwürdigen Effekt, daß sich die beiden großen Meistererzählungen, die schon beschriebene der Arbeiterbewegung und die noch zu skizzierende der *Common law*-Juristen, gegenseitig stützen. Die britischen Arbeitsrechtler nehmen in dieser Diskussion keine eindeutige Position ein. Traditionell stehen sie mehrheitlich der Gewerkschaftsbewegung nahe und sind daher geneigt, deren Bedenken ernstzunehmen. Auf der anderen Seite sind sie als Juristen kritisch gegenüber den Doktrinen des *Common law*. Indem sie aber mit Rücksicht auf die Gewerkschaften oder aus eigener politischer Überzeugung darauf verzichten, energisch für eine Fortbildung des Arbeitsrechts durch den Gesetzgeber einzutreten, tragen sie dazu bei, das *Common law of contract* zu stabilisieren.

In dieser Situation erweist es sich als ein Mangel, daß sich die britischen Arbeitsrechtler, anders als etwa die amerikanischen oder die deutschen, der Geschichte ihres Gegenstandes und ihrer Disziplin bisher nur in geringem Ausmaß zugewandt haben. Zwar enthalten die größeren Werke stets historische Passagen, doch haben diese meist eine rein instrumentelle Funktion. Sie dienen als Vorgeschichten für die Exposition der gegenwärtigen Rechtsprobleme. Überdies reichen die Rückblicke nur selten bis ins 19. Jahrhundert zurück, und wenn dies der Fall ist, so schließen sich die Arbeitsrechtler im großen und ganzen der Meistererzählung der Arbeiterbewegung an.[168] Eine Geschichte des Arbeitsvertrags, die über die immer wieder zitierten

---

[168] Die beste knappe Zusammenfassung findet sich bei Cornish u. Clark, Law and Society, S. 285–356. Eine hervorragende Fallstudie zu der für die Dauer des Ersten Weltkrieg und der unmittelbaren Nachkriegszeit etablierten Sondergerichtsbarkeit der *Munitions Tribunals* ist: Gerry R. Rubin, War, Law, and Labour. The Munitions Acts, State Regulation and the Unions, 1915–1921, Oxford 1987.

Präzedenzfälle und das intervenierende *Statute law* hinausgeht, bleibt noch zu schreiben. Innerhalb der juristischen Zunft besitzt daher die Erzählung der *Common law*-Juristen zum Aufstieg und Niedergang der Vertragsfreiheit ein kaum angefochtenes Deutungsmonopol. Diese Erzählung soll nun in ihren Grundzügen vorgestellt werden. Anschließend wird untersucht, welche spezifischen Beiträge die *Common law*-Juristen zur Entwicklung des Arbeitsvertrags im 19. und frühen 20. Jahrhundert leisteten.

‚INDIVIDUALISMUS' V. ‚KOLLEKTIVISMUS' – VARIATIONEN ÜBER EIN THEMA

Es wäre verfehlt, von allgemeinen Darstellungen zur Geschichte des englischen Vertragsrechts zu erwarten, daß sie auf alle möglichen Spezialprobleme des Arbeitsvertrags im Detail eingehen. Noch weniger wäre eine solche Erwartung gerechtfertigt, wenn es sich, wie bei Albert V. Dicey, um weiter ausholende, für ein breites Publikum geschriebene Darstellungen zur Gesetzgebung und Verfassungsgeschichte des 19. Jahrhunderts handelt. Dennoch ist es aufschlußreich zu beobachten, an welchen Stellen Rechtshistoriker in übergreifenden Werken auf arbeitsrechtliche Fragen zu sprechen kommen und welchem Zweck im Rahmen der Argumentation ihre diesbezüglichen Bemerkungen dienen. Ebenso ist danach zu fragen, ob sich ihre generalisierenden historischen Aussagen zu den Grundsätzen des Vertragsrechts ohne weiteres auf Arbeitsverhältnisse übertragen lassen. Die *Common law*-Juristen des 19. und frühen 20. Jahrhunderts mögen subjektiv der Überzeugung gewesen sein, daß es eine abstrakte Rechtsfigur, genannt *contract*, gab, die nach allgemeingültigen Regeln zu beurteilen sei. Sie mögen auch darum bemüht gewesen sein, diese Regeln überall gleich anzuwenden. Legt man dieses zeitgenössische Postulat jedoch einer modernen historischen Darstellung zugrunde, begibt man sich auf dünnes Eis. Man setzt im Grunde voraus, was erst bewiesen werden müßte. Es müßte überprüft werden, ob Richter und Gesetzgeber tatsächlich so verschiedene Vorgänge wie Grundstücksübertragungen, Kauf, Versicherungsgeschäfte, Wohnungsmiete oder Arbeitsleistung nach den gleichen Prinzipien behandelt haben. War nicht vielmehr die Einheit des Vertragsrechts eine Fiktion, die durch eine mitunter gewaltsame Anwendung gleicher Worte auf ungleiche Sachverhalte aufrechterhalten wurde? Schon die Wahl der abstrakten Rechtsfigur des Vertrags als Untersuchungsobjekt birgt die Gefahr, primär nach Gemeinsamkeiten der Entwicklung zu suchen und Abweichungen oder Ungleichzeitigkeiten entweder zu übersehen oder dem störenden Einfluß außerrechtlicher Faktoren zuzuschreiben.

Von allen denkbaren Faktoren, die in dieser Weise von außen auf das Recht eingewirkt haben könnten, sind von rechtshistorischer Seite bisher vor allem ‚Ideen' in Betracht gezogen worden. Mit diesem generellen Erklärungsansatz rekurrieren viele Juristen bis heute auf Dicey, so sehr sie sich sonst von ihm distanzieren. Auch die in diesem Zusammenhang immer wieder bemühten begrifflichen Gegensatzpaare sind zum großen Teil durch Dicey geprägt oder von ihm popularisiert worden. Sein Entwurf bildet daher den Ausgangspunkt für alle folgenden Varianten der Meistererzählung. Dicey identifizierte die „öffentliche Meinung" in Gestalt dominanter Denkströmungen als den entscheidenden Faktor für die Bewegung der englischen Rechtsgeschichte im 19. Jahrhundert. Er teilte das 19. Jahrhundert in drei einander überlappende Perioden ein: das Zeitalter des „alten Toryismus" (1800–1830), das durch legislativen Stillstand und eine gefühlsmäßige Abneigung gegen jede Art von Innovation gekennzeichnet gewesen sei; das Zeitalter des „Individualismus" (1825–1870), in dem es durch den überragenden Einfluß Jeremy Benthams zu einer intensiven, hauptsächlich die Freiheitssphären des Einzelnen ausdehnenden Reformtätigkeit gekommen sei; schließlich das zu seinen Lebzeiten noch andauernde Zeitalter des „Kollektivismus" (1865–1900), dessen beherrschende Tendenz die Ausweitung der Staatstätigkeit zum Wohle der arbeitenden Klassen sei, auch wenn dies unter Umständen auf Kosten der individuellen Freiheit gehe.[169] Es war Diceys unverhohlenes Ziel, vor einem weiteren Abgleiten in den sogenannten Kollektivismus zu warnen. Seine Sympathie galt einem gemäßigten Individualismus.[170] Staatliche Intervention lehnte Dicey nicht prinzipiell ab, solange sie darauf beschränkt blieb, den Individuen die Wahrnehmung ihrer Freiheit zu ermöglichen. Die Rücknahme des *Combination Act* von 1800 konnte er unter diesem Gesichtspunkt ebenso gutheißen wie die Serie der Justizreformen bis hin zu den *Judicature Acts* von 1873–75, die er unter der Überschrift „Adequate protection of rights" abhandelte.[171] Auch humanitäre Maßnahmen (Verbot der Kinderarbeit, Verhinderung von Tierquälerei) fanden seine Billigung. Sogar die öffentliche Elementarschulerziehung hielt er als Kompensation ungleicher Startchancen für eben noch vertretbar, jedoch begann für ihn spätestens mit der Einführung der Schulgeldfreiheit

---

[169] Dicey, Law and Public Opinion, S. 62–69.
[170] Vgl. Richard A. Cosgrove, The Rule of Law: Albert Venn Dicey, Victorian Jurist, London 1980; Cornish u. Clarke, Law and Society, S. 64 f.; David Sugarman, The Legal Boundaries of Liberty: Dicey, Liberalism and Legal Science, in: Modern Law Review 46 (1983), S. 102–111.
[171] Dicey, Law and Opinion, S. 191–201 u. 205–209.

(1891) die abschüssige Bahn des „Kollektivismus".[172] Dicey war somit kein Verfechter radikal-libertärer Ideen im Stile Herbert Spencers. Auch war er nach den Maßstäben seiner Zeit kein Anti-Demokrat. Ein Teil seines Arguments galt der Widerlegung des zu seiner Zeit verbreiteten Gedankens, daß die Wahlrechtsreformen von 1832, 1867 und 1884 den Wandel der legislativen Prinzipien verursacht hätten. Diceys Wirkung beruhte vor allem auf seiner genialen Vereinfachungsgabe. Er wies zwar des öfteren darauf hin, daß seine Periodisierung nur als Anhaltspunkt gedacht sei, daß man zwischen den verschiedenen Denkströmungen eigentlich genauer differenzieren müsse und daß es Gegenströme (*cross-currents*) gegeben habe, aber was sich bei den Lesern einprägte, waren doch die dreischrittige Abfolge und die suggestiven begrifflichen Gleichsetzungen. Der „alte Toryismus" der Jahre bis 1830 war für ihn im wesentlichen identisch mit „Paternalismus" und konnte bei einzelnen Vertretern, etwa Michael Sadler und Lord Shaftesbury, in einen „unbewußten Sozialismus" übergehen.[173] Den Individualismus der mittleren Periode nannte er auch Benthamismus, und beides entsprach wiederum ungefähr dem Liberalismus mit den Kernideen der Vertragsfreiheit und des *laissez-faire*. Schließlich setzte er ohne Umschweife Kollektivismus und Sozialismus gleich und brachte beide Begriffe in Großbritannien unwiderruflich in Zusammenhang mit den Prinzipien der Staatsintervention und des Eingreifens in die Vertragsfreiheit.

Vergleicht man Diceys Drei-Phasen-Modell mit der Meistererzählung der Arbeiterbewegung, so fällt die weitgehende Übereinstimmung in der Periodisierung auf. Dieses ist kein Zufall. Diceys Geschichte war gewissermaßen die juristische Antwort auf die Erfolgsstory der Arbeiterklasse. Die *labour laws* galten ihm nicht nur als die besten Beispiele für seine Thesen, so daß er sie an Gelenkstellen seiner Darstellung vorzugsweise herausgriff; vielmehr sah er sie – besonders im Falle der *Factory Acts* – selbst als treibende Faktoren des Wandels der „gesetzgebenden Meinung" an.[174] Es waren die Fabrikgesetze, die zu der ersten, noch halb unbewußten parlamentarischen Auseinandersetzung zwischen ‚Individualismus' und ‚Kollektivismus' führten; der Sieg der *Factory Reformers* verhalf dem ‚kollektivistischen' Prinzip der staatlichen Regulierung von Arbeit zu öffentlicher Anerkennung und legte den Grundstein für alles Folgende bis hin zu dem existierenden „labour code", dem konsolidierten *Factory and Workshop Act* von 1901, den Dicey als die „bemerkenswerteste Errungenschaft des englischen

---

[172] Ebd., S. 276 ff.
[173] Ebd., S. 224–231 (zu Sadler und Shaftesbury).
[174] Ebd., S. 65 u. 232–240.

Sozialismus" bezeichnete.[175] Das Verbot beziehungsweise die Einschränkung der Frauenarbeit stand für Dicey im Widerspruch sowohl zum *Common law* Englands als auch zu der „fundamentalen Annahme des Individualismus".[176] Daß *Common law* und ‚Individualismus' in einem Atemzug genannt wurden, war wiederum nicht zufällig, denn Dicey setzte auf die Richterschaft als Hüter des benthamschen Erbes.[177] Im *Common law* erblickte er das Bollwerk gegen ‚kollektivistische' Tendenzen.

Wie sehr es gerade die Arbeitsgesetzgebung war, die seine Besorgnis hervorrief, zeigt seine Bewertung der Unfallgesetzgebung und der Gewerkschaften. Sah Dicey in dem Bestreben, die Arbeitgeberhaftpflicht auch auf die Unfälle auszudehnen, die durch Nachlässigkeit eines Arbeitskollegen zustandegekommen waren, noch die benthamsche Idee der Gleichbehandlung durch das Gesetz wirksam, realisierte für ihn der *Workmen's Compensation Act* von 1897 den Übergang zum ‚Kollektivismus'.[178] Und ließ er das Recht, Koalitionen einzugehen, als Teil der individuellen Freiheitsrechte gelten, fand für ihn die Legitimität gewerkschaftlicher Aktionen dort ihre Grenze, wo der „moralische Druck" auf andere Arbeitnehmer oder auf Arbeitgeber so stark wurde, daß die individuelle Vertragsfreiheit bedroht schien. Eine Gesetzgebung, die dies ermöglichte, war für ihn ‚kollektivistisch'.[179] In der Einleitung zur 1914 erschienenen zweiten Auflage seines Werks, die als sein politisches Testament gelten kann, ordnete er schließlich neben dem *Trade Disputes Act* von 1906 auch Lloyd George's Sozialversicherungspaket, den *National Insurance Act* von 1911, in die ‚kollektivistische' Tendenz ein.[180] Dieses Etikett verwendete Dicey somit für sehr verschiedene Sachverhalte: Es erfaßte die detaillierte staatliche Regulierung von Industrien durch Vorschriften und Inspektoren ebenso wie den völligen

---

[175] Ebd., S. 238.

[176] Ebd., S. 239.

[177] Man kann es wohl nur als Geschichtsklitterung bezeichnen, daß Dicey ausgerechnet Jeremy Bentham, den schärfsten Kritiker des *Common law* im 19. Jahrhundert, für die *Common law*-Tradition zu vereinnahmen suchte. Vgl. Stefan Collini, Public Moralists. Political Thought and Intellectual Life in Britain 1850–1930, Oxford 1991 (Pb 1993), S. 299; ferner: David Sugarman, Legal Theory, the Common Law Mind and the Making of the Textbook Tradition, in: William Twining (Hg.), Legal Theory and Common Law, Oxford 1986, S. 26–61, hier S. 37–43. Spuren dieser Entradikalisierung Benthams finden sich auch in neueren Interpretationen; vgl. etwa Michael Lobban, The Common Law and English Jurisprudence 1760–1850, Oxford 1991. Er sieht in Bentham lediglich einen „common law revisionist" (S. 145).

[178] Dicey, Law and Public Opinion, S. 68 f. u. 280–284.

[179] Ebd., S. 241 u. S. 267–273.

[180] Vgl. Kahn-Freund, Labour Law, S. 219 f. Für Diceys Kritik am *National Insurance Act* und am *Trade Disputes Act* siehe Dicey, Law and Public Opinion, S. XXXVI–XLVIII.

Rückzug des Staates aus den kollektiven Arbeitsbeziehungen. Man kann dies einen Etikettenschwindel nennen. Aber aus der Perspektive eines Individuums, das unbehelligt und ohne Einmischung von dritter Seite Arbeitsverträge eingehen oder lösen wollte, konnten tatsächlich sowohl die *Factory Acts* als auch die Gewerkschaftsgesetze ab 1871 als Ausdruck einer und derselben Tendenz interpretiert werden. Die individuelle Vertragsfreiheit war der zentrale Gesichtspunkt, von dem her Dicey alle legislativen Maßnahmen beurteilte, und aus dieser Sicht verfielen nahezu alle *labour laws* nach 1870, mit Ausnahme des *Employer's Liability Act* (1880), dem Verdikt des ,Kollektivismus'.

Diceys Erzählung vom Niedergang des ,Individualismus' und seiner Ablösung durch den ,Kollektivismus' besaß eine Stringenz, der sich in den folgenden Jahrzehnten nur wenige *Common law*-Juristen entziehen konnten. Seine Begrifflichkeit und seine historische Langzeitthese blieben unter Juristen bis zur Mitte des 20. Jahrhunderts im wesentlichen unangefochten und fanden in vereinfachter Form Eingang in die Lehrbücher.[181] Nicht alle Juristen schlossen sich jedoch seinen Wertungen an. Der Rechtshistoriker William Holdsworth (1871–1944) etwa folgte zwar Dicey in dessen Ansatz, ,Ideen' als das bewegende Moment in der neueren Rechtsgeschichte anzusehen; er teilte Diceys positive Einschätzung des Einflusses von Jeremy Bentham auf die Reform des englischen Rechts in den mittleren Jahrzehnten des 19. Jahrhunderts; mit den Daten 1793, 1832 und 1875 setzte er auch ähnliche zeitliche Schnitte.[182] Doch waren für Holdsworth ,Individualismus' und ,Vertragsfreiheit' auf der einen Seite, das Prinzip des *laissez-faire* auf der anderen Seite historisch nicht so eng miteinander verknüpft wie für Dicey. Holdsworth hatte eine deutlich kritischere Einstellung gegenüber einem, wie er sich ausdrückte, „blinden" oder „fanatischen" Festhalten an der Doktrin staatlicher Nicht-Einmischung. Er bedauerte, daß es im frühen

---

[181] Vgl. Sugarman, Legal Theory.

[182] Vgl. William Holdsworth, A History of English Law, Bd. 11, London 1938, Reprint 1966, S. 501–518 (zu Adam Smith); Bd. 13, posthum hg. v. A. L. Goodhart u. H. G. Hanbury, London 1952, Reprint 1966, S. 28–155 (zu den *Political economists*, Bentham und den *Philosophic Radicals* sowie ihren radikal-konservativen Gegnern; hier greift Holdsworth in starkem Maße auf Dicey als Autorität zurück, daneben auch auf Elie Halévy und Leslie Stephen); ebd., S. 274–306 u. 639–656 (zu Romilly, Brougham und anderen Rechtsreformern); Bd. 15, posthum hg. v. A. L. Goodhart u. H. G. Hanbury, London 1965, S. 1–93 (zum dominanten Einfluß der *laissez-faire* Theorie auf die Handelsgesetzgebung bis zum Ende des 19. Jahrhunderts bei gleichzeitigem Nachlassen desselben in anderen Bereichen, etwa der Fabrikgesetzgebung). Die Darstellung von Holdsworth endet mit dem Abschluß der Justizreformen im Jahr 1875. Die eigentliche Phase des ,Kollektivismus' wird somit nicht mehr erfaßt.

19. Jahrhundert im Namen des *laissez-faire* versäumt worden sei, irgendetwas zu tun, um den Arbeitern einen „living wage" zu sichern.[183] Er sah es als einen Fehler an, daß der Gesetzgeber nach 1825 die Lösung industrieller Konflikte zunehmend dem freien Spiel der Kräfte überlassen hatte, anstatt für eine faire Regulierung von Streitigkeiten durch arbeitsfähige Schiedsgerichte zu sorgen oder wenigstens den Gewerkschaften eine klare gesetzliche Grundlage zu geben.[184] Für die Widerstände der Unternehmer gegen *Factory Acts* und *Truck Acts* zeigte er wenig Verständnis; Bezeichnungen wie ‚kollektivistisch' oder ‚sozialistisch' fielen im Zusammenhang mit diesen Maßnahmen bei Holdsworth nicht. Die Opposition der *laissez faire*-Ökonomen habe, so meinte er, im Bereich des Arbeiterschutzes, aber nicht nur dort, notwendige Reformen verzögert. Die Prinzipien des *laissez-faire* hätten für Großbritannien „unglückselige", ja sogar „verderbliche" Folgen gehabt.[185]

Diese verbalen Attacken gegen einen Kerngedanken der klassischen politischen Ökonomie geschahen bei Holdsworth jedoch keineswegs aus Sympathie mit der organisierten Arbeiterbewegung. Im Gegenteil, Holdsworth sah auch die Gewerkschaften spätestens seit den sechziger Jahren des 19. Jahrhunderts vom Ungeist des *laissez-faire* affiziert, und ironischerweise konnte er sich auf die Webbs berufen, um das zu belegen.[186] Das seit dieser Zeit erkennbare Bestreben der Gewerkschaften, aus allen gesetzlichen Bindungen strafrechtlicher und zivilrechtlicher Natur entlassen zu werden, kritisierte er als irregeleitet. Holdsworth verteidigte die Strafbestimmungen des *Criminal Law Amendment Act* von 1871 zum Streikpostenstehen und zu anderen Arbeitskampfmethoden und hielt es im Interesse der öffentlichen Ordnung sogar für gerechtfertigt, die Handlungen von Gewerkschaften durch das Gesetz schärfer zu kontrollieren und zu beschränken als Kampfmaßnahmen von Arbeitgebern. Ungleichbehandlung empfand er hier als angemessen, weil die Schäden, die durch Gewerkschaftsaktionen angerichtet würden, für die Allgemeinheit ungleich größer seien und letzlich den „Staatsfrieden" gefährdeten.[187] Ebenso rechtfertigte Holdsworth auch die Ungleichheit der Sanktionen des alten *Master and Servant Act* von 1823: Nur eine Strafverfolgung sei gegen einen in der Regel mittellosen *servant* eine effektive Abschreckung. Die Beseitigung dieser

[183] Holdsworth, History, Bd. 13, S. 324f. u. 327.
[184] Ebd., S. 338–342 u. 350f.
[185] Holdsworth, History, Bd. 15, S. 5, 13, 16, 62 u. 86.
[186] Ebd., S. 64ff.; Holdsworth zitierte hier Webb, Trade Unionism (1920), S. 239.
[187] Holdsworth, History, Bd. 15, S. 74f. u. 80–86.

Möglichkeit durch den *Employers and Workmen Act* (1875) habe zur Folge gehabt, daß Arbeiter in dem Glauben bestärkt worden seien, sie könnten ihre Verträge ohne nachteilige Folgen für sie selbst brechen. Allen Ernstes wünschte Holdsworth daher die Wiederherstellung der Strafbarkeit des Kontraktbruchs.[188] Bedenkt man, daß diese Sätze etwa um 1940 herum verfaßt und erst 1965 (posthum) publiziert worden sind, wird deutlich, wie sehr sich die Rechtsvorstellungen durchschnittlicher *Common law*-Juristen, als deren Repräsentant Holdsworth ohne weiteres gelten kann, von denen der Arbeiterschaft entfernt hatten. Es sollte allerdings erwähnt werden, daß es in der Zwischenkriegszeit auch einige bedeutende Juristen gab, zum Beispiel Lord Haldane (1856–1928) und Lord Sankey (1866–1948), die der Arbeiterbewegung aufgeschlossener gegenüberstanden.[189]

Holdsworths Kritik am *laissez-faire* und sein Eintreten für eine schärfere staatliche, auch strafrechtliche Regulierung der Arbeitsbeziehungen ergaben sich für ihn letztlich aus dem leitenden Gesichtspunkt des nationalen Interesses und der Selbstverteidigung Großbritanniens. Erst seiner Generation, die hart um die nationale Existenz habe kämpfen müssen, sei dies bewußt geworden. Arbeitskämpfe schädigten in seinen Augen die Wirtschaftskraft und damit die Widerstandsfähigkeit des Landes.[190] Was Kahn-Freund später als „kollektives *laissez-faire*" bezeichnen sollte und den kontinentaleuropäischen Staaten zur Nachahmung empfahl, nannte Holdsworth etwa zwanzig Jahre früher noch „industriellen Krieg" (*industrial war*).[191] In den Bereichen der Wirtschaftsplanung, der Infrastruktur, der wissenschaftlichen Forschung und des Außenhandels habe es des Ersten Weltkriegs bedurft, um die übertriebenen Ideen des *laissez-faire* abzustreifen.[192] Die Arbeitsbeziehungen erschienen Holdsworth demgegenüber als eine Sphäre, die von dieser, aus seiner Sicht notwendigen Entwicklung aus-

---

[188] Ebd., S. 20f.
[189] Zu Lord Richard Burdon Haldane, Lordkanzler 1912–15 und 1924: Stephen E. Koss, Lord Haldane. Scapegoat for Liberalism, New York 1969; Jean Graham Hall u. Douglas F. Martin, Haldane: Statesman, Lawyer, Philosopher, Chichester 1996. Zu Lord John Sankey: Graham D. Goodland, Lord Sankey and Labour: The radicalization of a Conservative, in: Labour History Review 59 (1994), S. 16–26. Sankey stand zu Beginn seiner Richter-Karriere den Konservativen nahe, näherte sich dann nach dem Ersten Weltkrieg in seiner Funktion als Vorsitzender der *Royal Commission on the Coal Mining Industry* der Arbeiterbewegung an, und trat schließlich als Lordkanzler in die zweite Labour-Regierung (1929–1931) ein. Mit dem Labour-Premier Ramsay MacDonald gehörte er zu den sogenannten ‚Verrätern', die 1931 in das *National Government* eintraten. Sankey bemühte sich aber weiter um Kontakt mit der nun oppositionellen *Labour Party* und trat 1935 aus dem *National Government* aus.
[190] Holdsworth, History, Bd. 15, S. 5 u. 88.
[191] Ebd., S. 88; Kahn-Freund, Labour Law, S. 224.
[192] Holdsworth, History, Bd. 15, S. 91f.

genommen geblieben war. Holdsworth wich somit in seiner Bewertung der Staatsintervention von Dicey ab. Mit Blick auf die rechtspolitischen Bestrebungen der Gewerkschaften gelangte er jedoch zu einer ähnlichen, wenn nicht noch schärferen Ablehnung. Die Heiligkeit der individuellen Arbeitsverträge besaß in seinen Augen, wie schon für Dicey, absoluten Vorrang vor der Aktionsfreiheit der Kollektive. Nur der Staat und – als seine Vollzugsorgane – die Gerichte sollten das Recht haben, wenn es das Nationalinteresse erforderte, in Verträge einzugreifen. Den organisierten Interessengruppen sollte dies verwehrt bleiben.

Für die meisten *Common law*-Juristen der Zwischenkriegszeit behielt die Regel, daß individuelle Verträge unantastbar und strikt einzuhalten seien, ihre Gültigkeit. In ihrer Rechtsprechung ließen sich die Richter nur durch unabweisbare Gründe dazu bewegen, einen Vertrag aufzuheben. Beispiele waren der Wegfall der Geschäftsgrundlage (*frustration*) durch Kriegseinwirkung oder das Verbot, mit einem Feind im Ausland (*alien enemy*) Beziehungen zu unterhalten. Generell aber habe die Richterschaft, wie ein Autor im Jahr 1935 bemerkte, der „Versuchung" widerstanden, die „Rigidität" des Prinzips *pacta sunt servanda* zu verwässern: „The Courts have been staunch upholders of the sanctity of Contract."[193] Entschuldigungen wie etwa die, daß man vom Vertragspartner irregeführt worden sei oder daß eine Fehleinschätzung vorgelegen habe oder daß man unter Druck gestanden habe, fanden vor den *Common law*-Gerichten kein Gehör. Die Richterschaft blieb weitgehend immun gegen den Ansturm ‚kollektivistischen‘ Denkens und entsprach somit Diceys Erwartungen. So gingen ‚Eingriffe‘ in die Vertragsfreiheit weiterhin nur vom Gesetzgeber aus. Dessen Primat wurde von den *Common law*-Juristen akzeptiert – bereitwillig im Falle der zur Landesverteidigung notwendigen Zwangsmaßnahmen, eher widerstrebend im Falle von Gesetzen, durch die (vermeintlich) schwächere Verhandlungspartner wie Mieter, Konsumenten, Arbeitnehmer oder kleine Kapitalanleger vor Übervorteilung geschützt werden sollten.

Unterstützung fand diese Art von legislativer Intervention, die nach den Kriterien Diceys das Etikett ‚sozialistisch‘ verdiente, vor allem außerhalb der juristischen Zunft, bei Ökonomen, sozialliberalen Publizisten und Sozialpolitikern. Hatten sich die *Common law*-Juristen noch um die Mitte des 19. Jahrhunderts in Übereinstimmung mit den herrschenden Lehrmeinungen in anderen Wissenschaften, insbesondere der politischen Ökonomie, befunden, vollzogen sie spätestens seit den neunziger Jahren des 19. Jahr-

---

[193] H.C. Gutteridge, Contract and Commercial Law, in: Law Quarterly Review 51 (1935), S. 91–141, S. 108 u. 111.

hunderts deren Wandlungen nicht mehr mit. Die Juristen kapselten sich mehr und mehr in ihr eigenes Dogmengebäude ein und bemühten sich, es zu konservieren.[194] Die Schriften von Alfred Marshall und John Maynard Keynes nahmen sie kaum mehr zur Kenntnis.[195] Deren Einsicht, daß es um der Funktionsfähigkeit des freien Marktes willen nötig werden könnte, ein größeres Maß an Staatsintervention zu befürworten, war mit dem individualistischen Denken der *Common law*-Juristen nicht zu vereinbaren. Ähnliches gilt für die nach der Jahrhundertwende vordringenden Argumente des ,neuen Liberalismus‘ und der darauf aufbauenden Theoretiker des Wohlfahrtsstaats. Für die Juristen war es ein schwer nachvollziehbarer Gedanke, daß der Staat aktiv für Chancengleichheit sorgen sollte, um armen und unwissenden Bürgern die Wahrnehmung ihrer Freiheitsrechte erst zu ermöglichen. Wenn etwa Leonard T. Hobhouse, einer der Exponenten des ,neuen Liberalismus‘, im Jahr 1911 feststellte, daß die „Bewegung zur Freiheit durch die Gleichheit" führen müsse, und unter diesem Gesichtspunkt sogar die „Emanzipation der Trade Unions" aus rechtlichen Bindungen guthieß, so hatte dies für die *Common law*-Juristen mit dem, was sie unter ,Liberalismus‘ verstanden, nichts mehr zu tun.[196] Sie glaubten nach wie vor daran, daß jeder Einzelne selbst am besten beurteilen könne, was für ihn richtig sei, und daß das Recht dazu berufen sei, diesem Prinzip Geltung zu verschaffen.

Erst um die Mitte des 20. Jahrhunderts trat unter den Juristen eine Auflockerung der starren Grundsätze und des durch Dicey geprägten Geschichts- und Selbstbilds ein. Anstöße kamen primär von den Nachbarwissenschaften und von den Rändern der eigenen Disziplin. Das zeigt ein 1959 publizierter, aus einer Vorlesungsreihe an der *London School of Economics* hervorgegangener Sammelband, dessen Titel *Law and Opinion in England in the 20th Century* ausdrücklich an Dicey anknüpfte und der sich zum Ziel setzte, die Aktualität seiner Thesen zu überprüfen.[197] Nur sieben der siebzehn Autoren waren Juristen, einer von ihnen war der Arbeitsrechtler Otto Kahn-Freund, ein anderer war Kriminologe, ein dritter Spezialist für Handelsrecht. Die übrigen Autoren einschließlich des Herausgebers waren Soziologen, Verwaltungswissenschaftler und Historiker, unter ihnen der Historiker der Arbeiterbewegung G.D.H. Cole. Im einleitenden Essay des

---

[194] Vgl. Patrick S. Atiyah, The Rise and Fall of Freedom of Contract, Oxford 1979, ND 1988, S. 294, 602 f., 661 f., 666 ff.

[195] Alfred Marshall, Principles of Economics. An introductory volume (1890), 8. Aufl., London 1920; John Maynard Keynes, The End of Laissez-Faire, London 1926.

[196] L.T. Hobhouse, Liberalism, London u. New York 1911, S. 38.

[197] Morris Ginsberg (Hg.), Law and Opinion in England in the 20th Century, London 1959.

Herausgebers, Morris Ginsberg, hieß es, die Prämissen Diceys seien auf der Basis der seither gewonnenen Erfahrungen nicht mehr haltbar.[198] Niemand glaube mehr daran, daß Individuen immer am besten in der Lage seien, ihre Interessen zu erkennen, und keiner sei mehr davon zu überzeugen, daß das größtmögliche Glück für die Allgemeinheit herauskomme, wenn jeder seine Interessen für sich allein verfolge. Mit dem Ende der Glaubwürdigkeit dieser Prämissen seien auch Diceys begriffliche Verknüpfungen zwischen ‚Individualismus‘, ‚Utilitarismus‘ und *laissez-faire* sowie seine Antithese zwischen ‚Individualismus‘ und ‚Kollektivismus‘ hinfällig. Und Ginsberg fügte hinzu, vorschnell wie sich nach 1979 herausstellen sollte, daß wohl kaum jemand noch an eine Umkehr der Bewegung denke, die in den letzten einhundert Jahren zu dem großen Zuwachs an Staatsfunktionen in Industrie und Handel geführt habe. Die unmittelbar unter dem Eindruck des „Nazismus" noch von einigen – gemeint war in erster Linie Friedrich A. Hayek – geäußerte Warnung vor „sozialistischer Planung" hätte ihre Kraft eingebüßt; der Aufruf, etwas wie den Liberalismus des 19. Jahrhunderts wiederzubeleben, sei nicht mehr aktuell.[199] Daß Hayeks Schriften, insbesondere sein 1944 erschienenes Buch „The Road to Serfdom", nur zwei Jahrzehnte später zur Bibel Margaret Thatchers wurden, war am Ende der fünfziger Jahre, auf dem Höhepunkt der *affluent society* und des *One Nation Toryism* unter Premierminister Harold Macmillan, tatsächlich schwer vorauszusehen.

Allerdings beurteilten nicht alle Autoren des Sammelbandes die Trends der Gegenwart ähnlich optimistisch wie der Herausgeber. Der Beitrag zum Handels- und Wirtschaftsrecht etwa enthielt unter der Zwischenüberschrift „Die Atrophie der Vertragsfreiheit" deutlich kritische Töne gegen die „Wohlfahrtsstaats-Mentalität", mit der die Gerichte neuerdings an Verträge herangingen.[200] Aus solchen Bemerkungen sprach noch die ältere Auffassung der *Common law*-Juristen, nach der ‚Eingriffe‘ in die Vertragsinhalte wenn überhaupt, dann nur dem Gesetzgeber erlaubt waren, während die Aufgabe der Richter darin bestand, auf die Einhaltung einmal getroffener Abmachungen zu drängen. Eine gewisse Resistenz der „individualistischen Tradition" glaubte aus seiner vergleichenden Perspektive heraus auch Otto Kahn-Freund in seinem Beitrag zum Arbeitsrecht feststellen zu können.[201] Verglichen mit anderen Ländern habe es, mit Ausnahme der Kriegsjahre,

---

198 Morris Ginsberg, The Growth of Social Responsibility, in: ders. (Hg.), Law and Opinion, S. 3–26.
199 Ebd., S. 21. Vgl. F.A. Hayek, The Road to Serfdom (1944), ND London 1993.
200 L.C.B. Gower, Business, in: Ginsberg (Hg.), Law and Opinion, S. 143–172, hier S. 161–166.
201 Kahn-Freund, Labour Law, hier S. 253–260.

nur ganz wenige gesetzliche Maßnahmen gegeben, welche die Freiheit von Arbeitnehmern und Arbeitgebern, Verträge zu schließen oder zu lösen, beeinträchtigten. Und obwohl die Juristen in Großbritannien, aufgrund der Politik des „kollektiven *laissez-faire*", mit den industriellen Beziehungen insgesamt weniger zu tun hätten als irgendwo sonst auf der Welt, hätten sie ein neues Betätigungsfeld dort entdeckt, wo es um den Schutz der einzelnen Gewerkschaftsmitglieder gegen willkürliche Repressalien oder Ausschlüsse seitens der Funktionäre gehe. Diese wenigen Hinweise mögen genügen, um zu zeigen, daß die Idee der ‚Vertragsfreiheit' um die Mitte des 20. Jahrhunderts, trotz unbestreitbarer Einbrüche seit der viktorianischen Ära, bei den Juristen durchaus noch lebendig war.

Lassen wir die skizzierten Auseinandersetzungen mit Dicey noch einmal Revue passieren, so fällt auf, daß die Kritiker sowohl von der Methode als auch vom konzeptuellen Rahmen her dem großen Vorbild verhaftet geblieben sind. Die Vorbehalte galten einmal der Bewertung der von Dicey identifizierten Denkströmungen, zum anderen ihrer genauen Verortung in der Zeit und im Verhältnis zueinander. Nicht wirklich in Frage gestellt wurde hingegen Diceys Ansatz selbst: die Erklärung rechtlichen Wandels durch den ‚Einfluß' außerrechtlicher ‚Ideen'. Kaum bezweifelt wurde auch, daß Dicey tatsächlich die das 19. und frühe 20. Jahrhundert beherrschenden Strömungen benannt hatte. Im übrigen hatte vieles von dem, was in Fortführung oder Abwandlung des Diceyschen Entwurfs geschrieben wurde, den Charakter einer politischen Stellungnahme. Als eigenständige Forschungsdisziplin begann sich die neuere Rechtsgeschichte in Großbritannien erst seit den sechziger Jahren des 20. Jahrhunderts zu verstehen. Bis dahin war sie wenig mehr als bloße Vorgeschichte der geltenden Normen und Doktrinen in praktischer Absicht.[202] Neue übergreifende Werke zum Recht des 19. und 20. Jahrhunderts, die sich nicht mehr von der Antithese zwischen ‚Individualismus' und ‚Kollektivismus' leiten ließen, sind erst in den siebziger Jahren entstanden.

VERTRAGSRECHT, KAPITALISMUS UND VIKTORIANISCHE WERTE

Eine erste neue Meistererzählung, die weder vom Ansatz noch von der Begrifflichkeit her an Dicey erinnert, kam von jenseits des Atlantiks; im Jahr

---

[202] Vgl. David Sugarman, Law, Economy and the State in England, 1750–1914: Some Major Issues, in: ders. (Hg.), Legality, Ideology and the State, London 1983, S. 213–266; ders., Writing ‚Law and Society' Histories, in: Modern Law Review 55 (1992), S. 292–308 (zugleich Rezension zu Cornish u. Clarke, Law and Society).

1977 erschien *The Transformation of American Law* von Morton J. Horwitz.[203] Die darin vertretene These, obgleich hauptsächlich auf amerikanische Verhältnisse bis zum Bürgerkrieg bezogen, stellt auch für die englische Rechtshistorie zum späten 18. und 19. Jahrhundert eine Herausforderung dar. Horwitz versucht nachzuweisen, daß die Formen, Maximen und Institutionen des *Common Law* im Zeitraum zwischen 1780 und 1860 so umgestellt wurden, daß sie die schnelle Expansion des Kapitalismus begünstigten. Alte, auf ‚Gewohnheiten‘ und Vorstellungen von ‚fairem‘ Austausch basierende Rechtsnormen seien in der nachrevolutionären Periode Schritt für Schritt unterminiert worden; neue, formalistische, auf strikte Trennung zwischen Recht und Moral bedachte Regeln seien an die Stelle getreten. Durch eine Reihe definitorischer und prozeduraler Justierungen seien Rechtsprechung und Jurisprudenz zunehmend den Bedürfnissen der aufsteigenden Handels- und Unternehmergruppen entgegengekommen, während Inhaber alter Eigentumsrechte, kleine Farmer, Konsumenten und Arbeitnehmer die Leidtragenden dieses Prozesses gewesen seien. In dieser extrem verkürzten Form vorgestellt, mag es so aussehen, als handele es sich hier um eine reduktionistische Sichtweise, doch würde man damit der Komplexität der Beobachtungen des Autors auf keinen Fall gerecht. Horwitz ist weit entfernt von einer moralisierenden ‚Klassenjustiz‘-Erzählung. Unverkennbar ist allerdings, daß Horwitz, indem er auf die Verlierer hinweist, eine pessimistische Interpretation der Rechtsentwicklung im Zeitalter der frühen Industrialisierung nahelegt. Insofern läßt sich seine These gut mit der Meistererzählung der Arbeiterbewegung vereinbaren, auch wenn das Arbeitsrecht bei ihm nur am Rande vorkommt. Worin sich aber Horwitz vorteilhaft von der Arbeiterhistoriographie abhebt, ist sein ausgeprägtes Verständnis für die relative Autonomie der juristischen Begriffs- und Systembildung. Er zeigt die *Common law*-Juristen im wesentlichen damit beschäftigt, wie sie ihre eigenen Theorieprobleme lösten und ihre eigenen professionellen Interessen vertraten, damit aber zugleich – unabhängig davon, ob sie es wollten oder wußten – dem aufstrebenden Kapitalismus dienten. Der zu erklärende historische Prozeß resultiert somit in Horwitz‘ Darstellung eher aus einer historisch-zufälligen Konvergenz als aus einer bewußten Koordination der ‚Ideen‘ und ‚Interessen‘ von *Common law*-Juristen einerseits, Unternehmern, Kapitalisten und liberalen Ökonomen andererseits. Horwitz löst sich auf diese Weise methodisch sowohl von dem schlichten

---

[203] Morton J. Horwitz, The Transformation of American Law, 1780–1860, Cambridge (Mass.) u. London 1977.

Modell einer ideengeschichtlichen Erklärung im Stile Diceys als auch von den kruderen Versionen der ‚Klassenjustiz‘-Erzählung.

Das Vertragsrecht ist eines unter mehreren Feldern, an denen Horwitz seine These durchexerziert.[204] Im 18. Jahrhundert seien, so meint er, Verträge noch im wesentlichen als Mechanismen der Eigentumsübertragung angesehen worden. Dabei habe in den Augen der Juristen vor allem die Angemessenheit der jeweiligen Gegenleistung (*consideration*) den Grund der Verpflichtung abgegeben. Einfacher ausgedrückt, es wurde darauf geachtet, daß ein fairer Austausch tatsächlich stattgefunden hatte. Die substanzielle ‚Gerechtigkeit‘ des Vertrags spielte bei der juristischen Beurteilung eine Rolle. Vom Ende des 18. Jahrhunderts an, so Horwitz weiter, hätten die Juristen dann Verträge zunehmend als Instrument zur Sicherung von Erwartungen begriffen, mit der Folge, daß das Vorliegen beiderseitiger Willensbekundungen zum Hauptgrund der Verpflichtung avanciert sei. Mit anderen Worten, es wurde nur noch darauf geachtet, ob die Vertragspartner einmal zu erkennen gegeben hatten, *daß* sie eine vertragliche Bindung einzugehen wünschten. Welcher Art diese Bindung war, ob sie fair oder unfair war, spielte für die Beurteilung der Gültigkeit des Vertrags und der daraus resultierenden Verpflichtungen keine Rolle mehr. Statt der materialen Gerechtigkeit interessierte jetzt nur noch das formale Kriterium, ob eine gegenseitige Willensbekundung (*meeting of wills*) vorgelegen hatte. Es ist leicht einzusehen, daß diese, auf den ersten Blick rein technisch anmutende Verschiebung in der juristischen Argumentation erhebliche Folgen für die Erfolgschancen von ökonomisch und sozial ungleich gestellten Prozeßparteien hatte. Unter dem neuen, nur noch auf die Willensbekundung achtenden juristischen Regime war es viel schwieriger, ja fast unmöglich geworden, unter Verweis auf ökonomische Zwangslagen oder auf die eigene Unkenntnis der Risiken aus einer ungünstigen vertraglichen Bindung herauszukommen. Wer einmal zugestimmt hatte, war gebunden. Wer den Vertrag brach, mußte die Konsequenzen tragen, das heißt für den entstandenen Schaden aufkommen, selbst wenn noch gar keine adäquate Gegenleistung (*consideration*) gegeben worden war. Unter dem alten, auf Fairness des Austauschs bedachten Vertragsregime hätte in einem solchen Fall zumindest eine Verminderung des zu zahlenden Schadensersatzes stattgefunden.

Auf die juristischen Feinheiten von Horwitz’ Thesen zur Transformation des Vertragsrechts kann hier nicht eingegangen werden. Was seine Darstellung aus Sicht des Historikers auszeichnet, ist die durchgehende Berück-

---

[204] Zum folgenden Horwitz, Transformation, S. 160–210 („The Triumph of Contract“).

sichtigung der Frage, welche Folgen innerrechtliche Veränderungen für diejenigen (Laien) hatten, die das Rechtssystem benutzten oder ihm ausgeliefert waren. Dies scheint ein so selbstverständlicher Gedanke zu sein, daß man ihn kaum niederzuschreiben wagt, doch fehlt in sehr vielen rechtshistorischen Arbeiten, auch neueren Datums, jegliche tiefergehende Reflexion über diesen Punkt. Die entsprechenden Überlegungen bei Horwitz bleiben auf einem abstrakten Niveau, konkrete Fallschilderungen sind bei ihm selten, empirische Erhebungen über Klageerfolge und -mißerfolge, wie sie von anderen amerikanischen Rechtshistorikern oder etwa von Douglas Hay für England unternommen werden, sind Horwitz' Sache nicht. Aber es ist schon ein Fortschritt, die Frage nach der *potentiellen* sozialen Auswirkung scheinbar neutraler juristischer Formen, zum Beispiel der eben skizzierten Vertragsmodelle, zu stellen. Es gelingt Horwitz auf diese Weise, das Problem der möglichen Ungleichheit des Rechts auf einer höheren Ebene abzuhandeln als derjenigen, auf der es, gerade auch unter Historikern, üblicherweise diskutiert zu werden pflegt. Das Problem erscheint bei ihm nicht lediglich als eines von offensichtlichen Ungleichheiten in den Normen selbst (man denke an die Strafbestimmungen des englischen *Master and Servant Act* von 1823). Es geht ihm auch nicht nur um die subjektiven oder herkunftsbedingten Voreingenommenheiten der Richter gegen bestimmte soziale Gruppen (Klassenjustiz). Vielmehr kann er zeigen, daß selbst formale rechtliche Kategorien wie ‚Vertrag‘, die für alle in gleicher Weise zu gelten scheinen, dennoch für verschiedene Personengruppen Verschiedenes bedeuten.[205] Am Beispiel des oben geschilderten Wandels im Vertragsrecht: Nach dem Übergang zur ‚Willenstheorie‘ des Vertrags war es für die *Common law*-Juristen leichter als zuvor möglich, eine große Zahl sehr verschiedenartiger Transaktionen nach formal gleichen Regeln zu beurteilen – Kaufverträge, Pachtverträge, Arbeitsverträge. Indem nun jede Frage nach der inhaltlichen Substanz oder den Konsequenzen dieser Verträge zurückgewiesen wurde, erschien die Rechtsprechung nach außen (und in ihrem Selbstbild) uniformer. Was die Juristen als Zugewinn an Rationalität und Vorhersagbarkeit verbuchten, wirkte sich jedoch für Kläger und Beklagte als Umverteilung der Erfolgschancen zugunsten derer aus, die sich in einer stärkeren Verhandlungsposition befanden. Weil aber das Recht nach streng formalen Kriterien gehandhabt wurde, war es für die Laien um so schwerer, diesen Umverteilungseffekt zu kritisieren oder auch nur zu bemerken.

---

[205] Zum folgenden ebd., S. 253–264 („The Rise of Legal Formalism“).

Die Thesen von Horwitz zur Transformation des *common law of contract* vom 18. zum frühen 19. Jahrhundert sind von einem Spezialisten der Geschichte des englischen Vertragsrechts, A.W.B. Simpson, einer detaillierten Kritik unterzogen worden.[206] Kurz gesagt läuft der Vorwurf Simpsons darauf hinaus, daß eine Transformation in der Form, wie Horwitz sie sehe, überhaupt nicht stattgefunden habe. Horwitz habe eine romantisierende Sicht des früheren englischen Rechts, und was er als Neuerung des späten 18. Jahrhunderts ausgebe, also ein Vertrags-Paradigma, das den Austausch von Versprechen zum Hauptkriterium erhoben habe, sei tatsächlich im englischen *Common law* schon lange vorher bekannt gewesen und in der Justizpraxis auch angewendet worden. Simpsons Kritik ist von der Fachwelt im großen und ganzen akzeptiert worden. Ein nicht unbedeutender Teil der Horwitz-These scheint damit empirisch widerlegt. Abgesehen von der chronologischen Korrektur kann man jedoch mit Simpsons Kritik wenig anfangen. Denn Simpson versäumt es, die entscheidende Frage nach der sozialen Bedeutung seiner Befunde zu stellen. Seine Betrachtungsweise ist rein dogmengeschichtlich. Was bedeutete es für Kläger und Beklagte, daß das englische Vertragsrecht offenbar schon im 17. und 18. Jahrhundert Verträge in der Weise beurteilte, wie Horwitz sie erst für das 19. Jahrhundert zu erkennen glaubt? Könnte man die Horwitz-These für England in die Vergangenheit zurückverlagern und damit womöglich eine zusätzliche Erklärung dafür gewinnen, warum die industrielle Revolution ausgerechnet in England begann? Begünstigte das englische Recht schon im 17. und 18. Jahrhundert Personen in stärkeren Verhandlungspositionen? Simpson ist als Rechtshistoriker so übervorsichtig, daß er diese Fragen nicht einmal stellt.[207] Unbeschadet der Kritik Simpsons behalten die Kernaussagen von Horwitz zum Vertragsrecht des 19. Jahrhunderts und seiner versteckten Auswirkung auf die Planungen und möglichen Klageerfolge von Marktteilnehmern ihre Gültigkeit. Eine offene Frage ist hingegen, ob sich seine abstrakte These bestätigen läßt, wenn man konkrete Streitigkeiten zwischen Arbeitnehmern und Arbeitgebern um die Mitte des 19. Jahrhunderts unter-

---

[206] A.W.B. Simpson, The Horwitz Thesis and the History of Contracts, in: University of Chicago Law Review 46 (1978/79), S. 533–601.

[207] Nur eine einzige, freilich nicht ganz unwichtige Bemerkung am Ende der über 70 Seiten langen Rezension gilt der sozialen Bedeutung des Rechts. Simpson bezweifelt, ob das *Common law* für die Masse der ärmeren Bevölkerung überhaupt von irgendeiner praktischen Relevanz gewesen ist (ebd., S. 601): „It was their misfortune to be outside the world in which such luxuries as legal actions at common law or bills in equity much mattered." Vgl. auch A.W.B. Simpson, Victorian Law and the Industrial Spirit (Selden Society Lecture, 1994), London 1995. Simpson beurteilt hier die unternehmensfördernde Rolle des viktorianischen *Common law* sehr zurückhaltend.

sucht, also in dem Zeitraum, in dem das neue Vertrags-Paradigma im juristischen Diskurs fest etabliert war.

Horwitz führte seine These zunächst nur bis zum amerikanischen Bürgerkrieg. Ihre grundsätzliche Übertragbarkeit auf das englische *Common law* ist mit den genannten Abstrichen unbestritten. Vor wenigen Jahren hat der Autor einen zweiten Band vorgelegt, der die Geschichte bis 1960 fortsetzt, sich dabei allerdings stärker auf die Rechtstheorie konzentriert.[208] Wegen der nach dem Bürgerkrieg zunehmenden Divergenz der beiden *Common law*-Systeme, gerade auf dem Feld der Theorie, kann diese Fortsetzung hier außer Betracht bleiben. Auch ist inzwischen ein Hauptwerk zur Geschichte des Vertragsrechts in England erschienen, das die Horwitz-These in manchem aufgreift und weiterführt. Es handelt sich um Patrick Atiyahs Buch *The Rise and Fall of Freedom of Contract*.[209] Dieser Titel scheint wie kein anderer die älteren und neueren Meistererzählungen der *Common law*-Juristen auf eine kurze Formel zu bringen und ist daher diesem Abschnitt als Überschrift vorangestellt.

Atiyah behandelt auf knapp 800 Seiten einen Zeitraum von zweihundert Jahren (1770–1970) und bietet weit mehr als nur die Rechtsgeschichte eines Spezialgebiets. Vielmehr interpretiert er die Entwicklung des Vertragsrechts im Kontext und als Teil der neueren britischen Geschichte. Dabei untersucht er aufs Neue die Strömungen der öffentlichen Meinung und einzelne große Denker, die bis etwa 1870 ‚Einfluß‘ auf Gesetzgeber und Juristen ausgeübt haben. Große Teile seines Werkes befassen sich – methodisch eher konventionell – mit den ideengeschichtlichen ‚Hintergründen‘. Darüber hinaus widmet er sich aber auch denjenigen Entwicklungen in Wirtschaft, Gesellschaft und Staat, die den *Common lawyers* etwa seit der Mitte des 19. Jahrhunderts in zunehmendem Maße entgangen sind. Atiyah konstatiert für die Zeit nach 1870 eine Abkopplung des juristischen Diskurses von den Hauptströmungen der Politik, der Ökonomie, der öffentlichen Meinung. Dies habe zur Folge gehabt, daß die Vorstellung der *Common lawyers* von dem, was ein Vertrag sei oder sein solle, allmählich wirklichkeitsfremd (und damit tendenziell irrelevant) geworden sei. Diese justizkritische These will Atiyah auch als eine Abrechnung mit Dicey und den durch ihn in die Köpfe der britischen Juristen gelangten Vorstellungen verstanden wissen. Neben einer Revision des Geschichtsbilds geht es dem Autor vor allem darum, bei seinen juristischen Lesern das Bewußtsein für die noch recht

---

[208] Morton J. Horwitz, The Transformation of American Law, 1870–1960. The Crisis of Legal Orthodoxy, New York u. Oxford 1992.
[209] Atiyah, Freedom of Contract.

junge Geschichte der aktuell geltenden Prinzipien des *law of contract* zu wecken und damit den Weg für eine neue, der Gegenwart angemessenere Theorie des Vertrages freizuräumen. Kann dieser Versuch der Historisierung der scheinbar zeitlosen Rechtsfigur ‚Vertrag‘ als gelungen gelten, sind gegen den historischen Interpretationsrahmen des Autors erhebliche Bedenken anzumelden. Zwar bemüht sich Atiyah um eine neutrale Darstellung, doch ist sein Text nicht frei von unreflektierten Vorurteilen und charakteristischen ‚blinden Stellen‘, die den Wert des Werks als historische Arbeit schmälern. Das wird deutlich bei seiner Behandlung (bzw. Ausblendung) des Arbeitsrechts und des Themas der sozialen Ungleichheit. Problematisch scheint auch die politische Botschaft des Gesamtwerks, die durch mehr oder weniger versteckte Wertungen, bestimmte Begriffsverwendungen sowie bereits die Anlage der Erzählung als Aufstiegs-und-Niedergangs-Geschichte vermittelt wird. Kurioserweise fällt der Autor hier in ein Muster zurück, das demjenigen von Dicey, trotz aller Kritik an dessen Terminologie und Chronologie, verblüffend ähnlich sieht.

Atiyah teilt seine Darstellung, ähnlich wie Dicey, in drei Perioden ein und versieht sie in ähnlicher Weise mit wertenden Vorzeichen. Auf die „Anfänge der Vertragsfreiheit“ (bis 1770) folgt als Höhepunkt das „Zeitalter der Vertragsfreiheit“ selbst (1770–1870), und die Geschichte endet mit dem bis zur Gegenwart andauernden „Niedergang und Sturz der Vertragsfreiheit“ (1870–1970). Im Hinblick auf die Anfänge hält sich der Autor mit wertenden Aussagen noch zurück. Diese Periode sieht Atiyah, anknüpfend an Horwitz, gekennzeichnet durch die Überwindung einer älteren Rechtsauffassung, nach der Verträge stets eingebunden waren in ein Geflecht vorvertraglicher Rechte und Pflichten. Diese vorvertraglichen Normen ruhten teils auf Gewohnheiten, teils auf der Ordnungsgesetzgebung des Staates. Vor allem aber fanden sie Ausdruck in den Regeln der Billigkeitsrechtsprechung (*equity*) am *Court of Chancery*, dem Gerichtshof des Lordkanzlers. „The Chancery tradition was one of regulation, protection, paternalism.“[210] Gegen diese Tradition verhalfen führende *Common lawyers*, zum Beispiel Lord Mansfield, *Chief Justice* des *Court of King's Bench* von 1756 bis 1788, im Einklang mit den Lehren des ökonomischen Liberalismus und den Bedürfnissen unternehmerischer Kräfte einem neuen Modell des Vertrags zum Durchbruch. In diesem Modell nahmen das freie Übereinkommen der Individuen und das Versprechen als Grund der Leistungspflicht den ersten Rang ein. Ab 1770 habe der „ökonomische Liberalismus des *Common law*“ über

---

[210] Ebd., S. 116.

den „schützenden Paternalismus der *Chancery*-Rechtsprechung" zu triumphieren begonnen.[211] Gegen Ende des 18. Jahrhunderts könne man dann zum ersten Mal in der englischen Rechtsgeschichte von einem allgemeinen Vertragsrecht sprechen. Die partikularen Beziehungen und Transaktionen, die noch bei Blackstone das Gliederungsprinzip ausgemacht hätten (darunter die Beziehung zwischen *master* und *servant*), seien hinter den verallgemeinerbaren Regeln über den Willen und das Versprechen zurückgetreten.[212] Hier findet sich die Erklärung für die fehlgeschlagene Suchaktion Kahn-Freunds bei Blackstone. Das allgemeine Vertragsrecht ist, jedenfalls in England, erst ein Produkt des späten 18. Jahrhunderts.

Bleibt Atiyah bis hierher in seinen Aussagen relativ neutral, bezieht er im Hinblick auf die zweite Periode, das „Zeitalter der Vertragsfreiheit", eine politisch-historiographische Position, die man als apologetisch bezeichnen kann. Er wendet sich gegen eine von ihm so genannte „populäre Version" der Geschichtsschreibung, die im Prozeß der Industrialisierung nur die Ausbeutung der Arbeiter sehe und in der Vertragsfreiheit nur eines unter vielen Beispielen für unternehmerische Hypokrisie erblicke.[213] Dagegen schließt er sich den von ihm so genannten „seriösen Historikern" an.[214] Mit diesen ist Atiyah der Meinung, daß von der Wohlstandssteigerung im Gefolge der Industrialisierung auch die Arbeiter profitiert hätten und daß die Vertragsfreiheit auch für die Arbeiter „bis zu einem gewissen Grade" existiert hätte; diese seien wegen der höheren Löhne „freiwillig" in die Fabriken gegangen. Die Armut habe das in jedem bevölkerungsreichen Land im Stadium der Industrialisierung „natürliche" Maß nicht überschritten und sei jedenfalls nicht Resultat von Ausbeutung gewesen. Wenn es an sozialen Reformen gefehlt habe, so sei dies eine Folge fehlenden Wissens und der fehlenden Verwaltungsmaschinerie gewesen, keineswegs des Anhängens an *laissez-faire* Prinzipien.[215]

---

[211] Ebd., S. 117; zu Mansfield vgl. S. 120–124, 126, 168.

[212] Ebd., S. 215 f. u. 398–402. Atiyah setzt sich auch mit der abweichenden Auffassung von A.W.B. Simpson auseinander, ebd., S. 198 ff.

[213] Ebd., S. 220 ff. Zu den Vertretern dieser Version zählt er praktisch die ganze Arbeiterhistoriographie: die Hammonds, die Webbs, E.P. Thompson und E.J. Hobsbawm. Sie alle seien einem Mythos aufgesessen, den Charles Dickens und andere Literaten kreiert hätten.

[214] Ebd., S. 222 ff. Das sind für ihn im wesentlichen Wirtschaftshistoriker: Sir John Clapham, T.S. Ashton, Peter Mathias.

[215] Ebd., S. 223. Vgl. auch S. 239 ff. Hier heißt es, daß bis etwa 1850 ein „sense of helplessness" gegenüber den sozialen Folgeproblemen der Industrialisierung geherrscht habe. Dies habe dazu geführt, daß man allenthalben auf den Individualismus als regulative Idee vertraut habe.

An diesem Punkt setzt Atiyahs Kritik an Dicey ein. Was den Zeitraum zwischen 1830 und 1870 angehe, habe Dicey ein völlig übertriebenes Bild von dem politischen Einfluß und der gesellschaftlichen Verbreitung des Glaubens an *laissez-faire* gezeichnet.[216] Er habe das wahre Ausmaß „legislativer Intervention in die Vertragsfreiheit und den freien Markt" und das „enorme Wachstum der bürokratischen Regierungsmaschinerie" übersehen.[217] Abgesehen davon, daß Atiyah sich hier selbst widerspricht – wenn die Bürokratie schon 1830 oder 1850 so „enorm" gewachsen war, wie kann er dann ihr Fehlen für die sozialen Probleme verantwortlich machen? –, fragt man sich ernsthaft, wen oder was er im Auge hat; bei 19 Fabrikinspektoren und 5 Bergwerksinspektoren für ganz Großbritannien im Jahr 1848/50 kann man wohl kaum von „bürokratischer Maschinerie" sprechen.[218] Ebenso wundert man sich, welche „Eingriffe" in die Vertragsfreiheit hier gemeint sein könnten. Die meisten der konkreten Gesetze aus der Zeit bis 1870, auf die er an anderer Stelle zu sprechen kommt (*Truck Act*, *Factory Acts*, Gesetze zu Maßen und Gewichten, Lebensmittelfälschung, Lizensierung von Ärzten usw.), zeichneten sich ja gerade dadurch aus, daß sie im juristischen Sinne keine vertraglichen Rechte und Pflichten begründeten, sondern lediglich einseitige Auflagen an Betreiber von Fabriken, Bergwerken, Läden oder Beförderungsunternehmen richteten, deren Nicht-Beachtung in der Regel (wenn überhaupt) strafrechtlich geahndet wurde.[219] Dennoch bezeichnet Atiyah diese Art von Gesetzgebung penetrant als „interference with freedom of contract".[220] Diesen unpräzisen Wortgebrauch, der schon bei zeitgenössischen Publizisten und Unternehmern hauptsächlich polemischen Zwecken diente, teilt Atiyah mit Dicey und anderen *Common law*-Juristen. Und mit Dicey teilt er auch die ausgesprochene Vorliebe für eine politische und rechtliche Ordnung, in der Vertragsfreiheit und individuelle Verantwortlichkeit höher geschätzt wurden

---

[216] Ebd., S. 232–235.

[217] Ebd., S. 234.

[218] Zum Ausbau der Fabrik- und Bergwerksinspektorate siehe Jill Pellew, The Home Office 1848–1914: from Clerks to Bureaucrats, London 1982, S. 122–131, 151–164 u. 224 (die Zahlenangaben für 1848/50 auf S. 123 u. 129).

[219] Vgl. Atiyah, Freedom of Contract, S. 533–561. Atiyah kann nur zwei Gesetzgebungskomplexe anführen, die tatsächlich einklagbare *vertragliche* Rechte für schwächere Vertragspartner schufen: die (m.E. in ihrer Bedeutung stark überschätzten) *Passenger Acts* (Vorschriften für Auswandererschiffe) und die *Merchant Shipping Acts* von 1844 und 1854 (Vorschriften für Handelsschiffe).

[220] Zum Beispiel ebd., S. 234, 238, 243, 510f., 543, 545, 582, 585. Atiyah fällt immer wieder in diesen Wortgebrauch zurück, obwohl er selbst die Annahme einer „natürlichen" Sphäre der freien Verträge und eines „natürlichen" gesetzlichen Rahmens als Illusion der klassischen politischen Ökonomie entlarvt, ebd., S. 329–332.

als staatliche oder ,kollektivistische' Bevormundung. Die pompös angekündigte Kritik Atiyahs an Dicey reduziert sich letztlich auf drei Punkte. Begrifflich unterscheidet er schärfer zwischen *laissez-faire*, Individualismus und verschiedenen Spielarten des Utilitarismus,[221] politisch betrachtet er das reine *laissez-faire* als eine zu keiner Zeit praktikable Lehre, und historisch kann er einen dominierenden Einfluß von *laissez-faire* und Individualismus auf den Gesetzgeber höchstens für eine Übergangsphase erkennen, die er zeitlich früher als Dicey datiert, nämlich auf die Jahre von 1770 bis höchstens 1830.[222] Danach hätten das Parlament und die „Mittelklassen" für beide Prinzipien nur noch „Lippenbekenntnisse" übrig gehabt, praktisch hätten sie in kleinen Schritten und ohne es zu beabsichtigen immer mehr ,Eingriffe' in den freien Markt und die Vertragsfreiheit zugelassen.[223] Folgt man Atiyah, so hat es um die Mitte des 19. Jahrhunderts keine Übereinstimmung mehr zwischen der öffentlich propagierten und der tatsächlichen Politik gegeben. Das Zeitalter des viktorianischen Individualismus löst sich in seiner Darstellung auf, oder anders gesagt, Atiyah gesteht ihm nur noch eine virtuelle Existenz zu. Das radikale Ideal Benthams schließlich, die freie Wahl des Einzelnen im Markt *und* die freie Wahl jedes Einzelnen in der Politik, also Marktwirtschaft *und* Demokratie, seien in England zu keiner Zeit auch nur annäherungsweise zusammen verwirklicht worden.[224] Genau das aber, die Annahme, daß in viktorianischer Zeit ein Ideal nicht realisiert wurde, das unter anderen Umständen hätte realisiert werden können, läßt sich als versteckte politische Botschaft aus Atiyahs Text herauslesen. Man ginge vermutlich zu weit, wenn man ihn als Propagandisten einer Rückkehr zu viktorianischen Werten darstellte. Zum Zeitpunkt der Publikation seines Buches (1979) konnte er nicht voraussehen, daß die im gleichen Jahr zur Macht gelangte Regierung Margaret Thatchers unter Berufung auf eben jene Werte (Freiheit des Einzelnen, Unternehmergeist, Selbsthilfe, Eigenverantwortlichkeit) die britische Wirtschaft und Gesellschaft nachhaltig umkrempeln würde. Für einen Leser, der in den achtziger Jahren Atiyahs Buch zu Hand nahm, war es aber kaum möglich, in den allgemeinhistorischen Teilen desselben etwas anderes zu sehen als eine Rechtfertigung dieser Politik.

Die im engeren Sinne rechtshistorische Langzeitthese und die darauf beruhende juristische Aussage des Buches scheinen dazu im Widerspruch zu

---

[221] Ebd., S. 326, 354 ff.

[222] Ebd., S. 231 ff., 258 f., 263.

[223] Ebd., S. 506. Atiyah stützt sich für diese Aussagen u.a. auf die umstrittenen Thesen von Oliver MacDonagh, A Pattern of Government Growth: The Passenger Acts 1800–1860, London 1961.

[224] Atiyah, Freedom of Contract, S. 262.

stehen, denn wie bereits erwähnt kritisiert Atiyah die *Common lawyers* des späten 19. und frühen 20. Jahrhunderts dafür, daß sie an dem realitätsfremd gewordenen viktorianischen Vertragsideal zu lange festhielten. Es ist aber offensichtlich, daß er sowohl dieses Ideal selbst als auch die Richter, die es durchsetzten, zunächst mit viel Sympathie bedenkt. Ausgiebig rühmt er die disziplinierende und erzieherische Wirkung, die von den rigiden Grundsätzen des *law of contract* auf die für den freien Markt zunächst noch nicht reifen Bevölkerungsgruppen, allen voran die Arbeiter, ausgegangen sei. Die zur Sparsamkeit unfähigen und der Trunksucht zuneigenden Arbeiter hätten einfach nicht gewußt, „wie man ein verantwortliches soziales Leben führt". Das Recht hätte es ihnen beigebracht: „It was a splendid, simple and cheap way of imposing social discipline, or rather of encouraging the people to discipline themselves."[225] Die viktorianischen Moralisten und Juristen hätten geglaubt, daß man ein Prinzip entscheidend schwäche, wenn man es nicht konsequent anwende, auch dort, wo es im Einzelfall zu Härten führe. Und, so fügt Atiyah hinzu, sie hatten recht, wie die nachfolgende Periode des Niedergangs nur zu deutlich gezeigt habe: „This period has witnessed a great decline in the strength of many principles of morality or law, such as the principle that promises must be kept."[226] Es ist kein Zufall, daß Atiyahs Bemerkungen zum Niedergang der Prinzipienfestigkeit den Beifall eines Historikers wie Martin J. Wiener fanden, dessen Bücher zum „Niedergang des Unternehmergeistes" und zur „Rekonstruktion des Kriminellen" offen für eine Renaissance der viktorianischen Werte eintraten und damit die thatcheristische Politik legitimieren halfen.[227] Daß aber Atiyah auch selbst eine Rückkehr zu den Tugenden und Vorzügen des freien Marktes wünschte, wird nirgends deutlicher als im dritten Teil seines Werks, der dem „Untergang der Vertragsfreiheit" gewidmet ist.

Atiyah beginnt diesen Teil mit einer langen Jeremiade, anders kann man es kaum nennen, über allerhand Tendenzen, die zwischen 1870 und 1970 angeblich zur „Zerstörung" des Wettbewerbs, zur „Entkräftung" der Vertragsfreiheit' und zur „Erosion" der Wahlmöglichkeiten für Konsumenten, für Anbieter von Gütern und Dienstleistungen, für Arbeitnehmer und Ar-

---

[225] Ebd., S. 267 u. 273; vgl. auch S. 437: „The whole point of the free market bargaining process was to give full rein to the greater skill and knowledge of those who calculated risks better. … He who failed to calculate a risk properly when making a contract would lose by it, and next time would calculate more efficiently."

[226] Ebd., S. 358; vgl. auch S. 395 f. u. 629.

[227] Vgl. Martin J. Wiener, English Culture and the Decline of the Industrial Spirit, 1850–1980, Cambridge etc. 1981, ND Harmondsworth 1987; ders., Reconstructing the criminal. Culture, law, and policy in England, 1830–1914, Cambridge 1990.

beitgeber geführt hätten.[228] Schuld daran seien die durch den Wohlstand ge-
weckten höheren Erwartungen und Sicherheitsbedürfnisse der großen
Masse, die darauf antwortenden „paternalistischen" Verbraucher-, Mieter-
und Arbeiterschutzgesetze, der Wohlfahrtsstaat mit seinen entmündigenden Begleiterscheinungen, das Mehrheitsregiment der Demokratie, die
„Monopolmacht der Gewerkschaften", die wettbewerbshemmenden Kar-
telle und Handelsassoziationen, die von ‚abstrusen' Spekulationen und „he-
gelianischen Einflüssen" irregeleiteten Theoretiker wie etwa T.H. Green,
schließlich Politiker wie Winston Churchill und Joseph Chamberlain, die
um der Popularität willen die Idee der ‚Vertragsfreiheit' preisgegeben hätten.

Läßt man die Polemik beiseite, so enthält der dritte Teil dennoch bemerkenswerte Thesen. Atiyahs Beispiele zeigen, daß die schwindende Signifi-
kanz der Rechtsprechung zum *law of contract* seit dem Ende des 19. Jahrhunderts im wesentlichen auf zwei Tendenzen zurückzuführen ist. Zum
einen waren, jedenfalls bis 1979, immer weniger Sphären im Wirtschafts-
und Arbeitsleben so organisiert, daß dort Individuen oder juristische Personen miteinander verhandeln, Angebote machen und am Ende zustimmen
oder ablehnen konnten: Der Vertrag als Instrument spielte innerhalb von
Verwaltungen und großen Firmen und zwischen ihnen so gut wie keine
Rolle; ebenso war (und ist) er auch aus den britischen Arbeitsbeziehungen
durch kollektive Absprachen, die jedoch rechtlich nicht bindend sind, weitgehend verbannt; schließlich waren (und sind) weite Bereiche des Ge-
schäftslebens durch Standardkonditionen geregelt, die für den einzelnen
Verbraucher, Versicherungsnehmer, Reisenden, Mieter, Arbeitnehmer kaum
verhandelbar sind. Kurzum, es blieb immer weniger Raum für Verträge, wie
die Viktorianer sie sich vorstellten. Zum anderen sorgten die *Common
lawyers*, indem sie eben dieses überholte Vertragsmodell bis in die sechziger
und siebziger Jahre des 20. Jahrhunderts konservierten, selbst dafür, daß
ihre Rechtsprechung als Mittel der Konfliktlösung unattraktiv wurde. Sie
gaben den Klägern und Beklagten einfach nicht das, was diese von ihnen erwarteten. Diese gingen vor Gericht, wenn ein Geschäft geplatzt war, ein Arbeitsverhältnis gekündigt wurde, eine Absprache sich wegen irgendeines
Vorkommnisses als unausführbar erwies. Sie erwarteten, daß das Gericht
unter Berücksichtigung der Fakten des Einzelfalles bei der Schadensbereini-
gung half. Statt dessen mußten sie eine Rechtsprechung erleben, die strikt
nach generellen Regeln verfuhr und sich weigerte, auf Fairness und Fakten

---

[228] Atiyah, Freedom of Contract, S. 571–601.

im Einzelfall zu achten. Atiyah sieht in den Jahren nach 1870 eine Verhärtung, ja Versteinerung der Dogmen des *law of contract*. Dieser Trend wurde noch verstärkt durch die fast vollständige Eliminierung der Geschworenen aus Zivilverfahren und die Verschmelzung der bis 1873–75 separat, im *Court of Chancery*, angesiedelten Billigkeitsrechtsprechung (*equity*) mit dem *Common law*.[229] Erst in den sechziger und siebziger Jahren des 20. Jahrhunderts entdeckt Atiyah Anzeichen für eine allmähliche Anpassung der Rechtsprechung an die Realitäten des Wirtschaftslebens und an die Bedürfnisse der Prozeßführenden. Diesen Anpassungsprozeß durch eine neue juristische Theorie des Vertrages zu untermauern, sieht er als eine Aufgabe für die Zukunft an.

So einleuchtend und gut belegt Atiyahs rechtshistorische Thesen zum ‚Niedergang' der Vertragsfreiheit und des Vertragsrechts sind, so wenig passen sie auf den ersten Blick zu seinen immer wieder durchscheinenden politisch-moralischen Wertungen. Der schon bemerkte Widerspruch zwischen der juristischen und der politischen Botschaft des Textes scheint nicht auflösbar. Einerseits bedauert Atiyah, daß das Vertragsrecht die erzieherischen, das heißt auch strafenden Funktionen, die es in viktorianischer Zeit gehabt hatte, verloren hat; andererseits benennt er sehr klar die Faktoren und Gründe, die es der Rechtsprechung zunehmend unmöglich gemacht haben, weiterhin auf diesen Funktionen zu beharren, ohne sich selbst zur völligen Bedeutungslosigkeit zu verurteilen. Betrachtet man die britische Wirklichkeit nach 1979, so scheint sich freilich dieser Widerspruch wieder abzuschwächen. Denn die wirtschaftlichen und sozialen Rahmenbedingungen sind inzwischen durch Eingriffe der Politik so verändert worden, daß sich der Raum für Verträge im Sinne der Viktorianer wieder ausgedehnt hat. Wie sich die Rechtsprechung und Theorie des *Common law* in dieser veränderten Lage verhalten wird, bleibt abzuwarten. Höchst unwahrscheinlich jedoch ist es, daß die *Common lawyers* gegen ihre gesamte Tradition seit dem 17. Jahrhundert eine neuerliche oder neue Normierung von Verträgen durch das *Statute law* oder gar durch europäische Direktiven begrüßen werden. Mit Blick auf den Streit um die Zukunft des Arbeitsrechts in Großbritannien stehen sie somit klar auf der Seite des *status quo*. Und anders als die britischen Arbeitsrechtler verfügen sie über eine historische Meistererzählung, mit der sie ihren Standpunkt in dieser Frage absichern können.

---

[229] Ebd., S. 701 (*civil juries*) u. 671–676 (*equity*); vgl. auch Cornish u. Clark, Law and Society, S. 202f.; und für den Parallelvorgang in den USA Horwitz, Transformation (1977), S. 265.

ZWISCHENRESÜMEE

In den Erzählungen der *Common law*-Juristen, so kann man zusammenfassend festhalten, nimmt das Arbeitsrecht eine, für die Argumentation freilich nicht unbedeutende, Randposition ein. Hauptsächlich tauchen arbeitsrechtliche Fragen als Störfaktoren auf. Das betrifft einmal die Gewerkschaften, deren Rechtsposition nach 1871 und 1906 von vielen britischen Rechtshistorikern als anomal verurteilt wird. Dicey, Holdsworth und Atiyah sind sich darin einig. Bis zur Zwischenkriegzeit beurteilten im übrigen viele *Common law*-Juristen schon die Existenz der Gewerkschaften als zumindest problematisch, denn in ihren Augen verletzten die Trade Unions durch die Kollektivierung der Verhandlungen den individualistischen Kern des *Common law*, die Vertragsfreiheit. Als Störfaktor erscheint das Arbeitsrecht zum anderen, weil es vom Mittelalter bis zur Gegenwart immer zu großen Teilen durch *Statute law* geregelt war. Die meisten dieser legislativen ‚Einmischungen‘ schufen – so sehen es die *Common law*-Juristen – für die Arbeiter Ausnahmeregelungen vom allgemeinen Recht, insbesondere vom allgemeinen Vertragsrecht. Kritisch beurteilt wird das vor allem dann, wenn diese Ausnahmen die Arbeiter begünstigten, während die strafrechtlichen Diskriminierungen durch die alte Gesetzgebung zu *Master and Servant* und zu den Trade Unions von den *Common law*-Juristen teils ignoriert, teils verharmlost, teils aber auch, wie etwa bei Holdsworth, begrüßt werden.

Über die Frage schließlich, wie das *Common law* selbst Arbeitsverträge normierte, findet sich in den rechtshistorischen Werken der *Common law*-Juristen erstaunlich wenig. Hier wirkt sich die von Horwitz und Atiyah als Produkt des späten 18. Jahrhunderts erwiesene Generalisierung und Formalisierung des Vertragsrechts auf die Darstellung aus. Bei der Behandlung einzelner Präzedenzfälle zum *law of contract* wird in der Regel so getan, als sei es völlig gleichgültig gewesen, worum es ging, wer die Kläger und Beklagten waren und wer seinen Prozeß gewann oder verlor. Ob eine neue Regel oder Doktrin zuerst in einem Streit um einem Kaufvertrag oder einem Versicherungsvertrag oder einem Arbeitsvertrag entwickelt wurde, wie lange es dauerte, bis die gleiche Regel auch auf andere Vertragstypen angewandt wurde (und ob überhaupt), wird – außer bei Horwitz – nicht thematisiert. Nach der Auffassung der *Common law*-Juristen braucht dies nicht thematisiert zu werden, weil sie eben von der Fiktion ausgehen, daß alle Vertragstypen prinzipiell den gleichen Regeln unterliegen. Die Frage möglicher Ungleichbehandlungen wird auf diese Weise ausgeblendet; ob Arbeiter als Kläger in einer formal gleichen Situation, etwa bei Kontraktbruch des Vertragspartners, anders behandelt wurden als Konsumenten, Unternehmer, Aktionäre oder Vermieter, läßt sich so gar nicht feststellen.[230] Wie eine andere Geschichte des *Common law* aussehen könnte, die auch nach den Nutzern des Rechtssystems, nach Gewinnern und Verlierern, fragt, hat Horwitz angedeutet. Freilich hat auch er es bei Andeutungen bewenden lassen. Eine Rechtsgeschichte der Arbeit, in der das Rechtsbewußtsein und Konfliktverhalten von Arbeitnehmern und Arbeitgebern nicht nur als Störfaktor oder Nebensache vorkommt, sondern gleichberechtigt neben das Denken der Juristen tritt, ist somit noch zu schreiben. Diese Geschichte darf sich allerdings nicht, wie in den meisten rechtshistorischen Arbeiten üblich, auf die höchstrichterlichen Entscheidungen beschränken. Die Anwendung der Rechtsgrundsätze muß vielmehr zuerst in der alltäglichen Praxis an den Untergerichten verfolgt werden. Um die spätere Darstellung von langen Exkursen zu entlasten, sollen im folgenden dennoch einige für Arbeitsverhältnisse wichtige Grundsätze des *Common law of contract* in handbuchartiger Form vorgestellt werden.

4. Das Arbeitsvertragsrecht zwischen Statute Law und Common Law

Rivalität der Normkomplexe

Für den kontinentaleuropäischen Beobachter der englischen Rechtsordnung gibt es kaum etwas Irritierenderes als die scharfe Unterscheidung zwischen *Common law* und *Statute law*. Wenn englische Juristen des 19. und frühen 20. Jahrhunderts von der ‚Herrschaft des Rechts' (*rule of law*) sprachen, so dachten sie dabei ausschließlich an das von den Richtern gesprochene *Common law*. Dieses galt ihnen als Hort der wahren Prinzipien, und das oberste Prinzip war die Freiheit der Individuen, zu tun und zu lassen, was sie wollten, solange die Freiheit anderer Individuen dadurch nicht über Gebühr eingeschränkt wurde. Das *Statute law*, die Gesetzgebung, erschien demgegenüber als eine Serie von Modifikationen, Ausnahmen und Sonderregelungen, welche die Kohärenz und Autorität des *Common law* gefährdeten. Viele *Common law*-Juristen betrachteten die Gesetzgebung mit Mißtrauen, ja Feindschaft. *Statutes* waren für sie ein Fremdkörper im Recht.[231]

---

[230] Immerhin konzediert Atiyah, daß der „Formalismus" des Vertragsrechts die neuen „commercial and industrial classes" begünstigte und verschiedene Gruppen benachteiligte, vgl. Atiyah, Freedom of Contract, S. 390 u. 666.

[231] Vgl. David Sugarman, Legal Theory, S. 27 u. 34 f.; siehe auch Atiyah, Freedom of Contract, S. 235.

Was für das *Common law* insgesamt zutraf, bestimmte auch die Definition des Vertragsrechts. Durch einen „semantischen Trick" (Atiyah) wurden statutarische Regelungen, die auf Verträge einwirkten, aus dem *law of contract* ausgegrenzt. Im Denken der *Common law*-Juristen schufen solche *Statutes* lediglich besondere Rechte und Pflichten für bestimmte Personengruppen im Hinblick auf bestimmte Sachverhalte. Definitorisch galten diese *Statutes* nicht als Bestandteil des *law of contract*. Überdies wurden die *Statutes* von den Richtern stets möglichst eng interpretiert. Keinesfalls durften sie auf Fälle oder Personen ausgedehnt werden, die nicht ausdrücklich im Gesetz genannt waren.[232] Mehr noch, es stand den Individuen nach Auffassung der *Common law*-Juristen grundsätzlich frei, von den Gesetzen abweichende Abmachungen zu treffen. Nur wenn der Gesetzestext explizit und unmißverständlich vorschrieb, daß etwas getan oder unterlassen werden *mußte*, erkannten die Richter den absoluten Primat des Gesetzes an. Um vor den Umgehungsversuchen der Vertragsparteien und den Auslegungskünsten der Richter sicher zu sein, konnte der Gesetzgeber das *contracting out* ausdrücklich verbieten. Des weiteren konnte er verfügen, daß dem Gesetz entgegenstehende Abmachungen entweder von vornherein nichtig (*void*) oder auf Antrag für nichtig zu erklären (*voidable*) oder nicht klagbar oder durchsetzbar (*unenforceable*) sein sollten.

Der sicherste Weg für das Parlament, seine Autorität gegen die widerstrebende Richterschaft durchzusetzen, war jedoch, für Verstöße gegen ein Gesetz strafrechtliche Sanktionen zu verhängen. Denn spätestens beim Strafrecht mußte die Vertragsfreiheit auch für ihre hartgesottenen Verteidiger aufhören. Es war klar: Niemand durfte sich zu einer Handlung verpflichten, die mit Strafe bedroht war. So war etwa eine Abmachung zwischen einem Arbeitgeber und einer Fabrikarbeiterin, mit der letztere einwilligte, länger als die nach dem *Factory Act* zulässige Stundenzahl zu arbeiten, auch nach dem *Common law* ungültig, denn dieser Vertrag verstieß gegen eine Strafbestimmung. Hier liegt wohl der tiefere Grund für die starke Präsenz von Strafandrohungen im statutarischen englischen Arbeitsrecht bis weit ins 20. Jahrhundert hinein. Die formale Zuordnung zum *criminal law* war für den Gesetzgeber die einfachste, und oft genug die einzig effektive Möglichkeit, den Vertragspartnern und den Richtern jede Berufung auf die geheiligte ‚Vertragsfreiheit' abzuschneiden. Indem das Parlament immer wieder diesen einfachen Weg wählte, trug es dazu bei, daß die substanzielle Ausgestaltung des eigentlichen Arbeitsvertragsrechts in England weitgehend den

---

232 Atiyah, Freedom of Contract, S. 405.

Common law-Juristen überlassen blieb (und damit in weiten Bereichen gänzlich unterblieb). Freilich konnten auch die Juristen, obwohl sie das *Statute law* definitorisch aus dem *law of contract* ausgrenzten, nicht übersehen, daß es gerade im Bereich des Arbeitsrechts einige Gesetze gab, die den Inhalt oder die Form von Verträgen in mehr oder weniger zwingender Weise normierten. Von diesen Gesetzen soll nun zunächst die Rede sein.

Eingriffe in die Vertragsfreiheit: vom Truckgesetz zum Mindestlohn

In der Gesetzgebung des 19. und frühen 20. Jahrhunderts finden sich nur wenige Bestimmungen, durch die private Abmachungen zwischen Arbeitgebern und Arbeitnehmern direkt für nichtig oder unwirksam erklärt wurden. Das bekannteste Beispiel ist das schon erwähnte Verbot des *contracting out* aus dem *Workmens' Compensation Act*.[233] Abgesehen davon sind vor allem verschiedene Gesetze zur Lohnzahlung zu nennen, an erster Stelle der *Truck Act* von 1831. Dieser verlangte die Zahlung des gesamten Lohns in der geltenden Münzwährung des Landes und erklärte jeden anderslautenden Vertrag für „illegal, null und nichtig".[234] Gleiches verfügte der *Truck Act* auch für Abmachungen, mit denen sich die Arbeiter verpflichteten, in bestimmten Läden einzukaufen. Konkret richtete sich dies gegen die sogenannten *tommy shops*, vom Arbeitgeber oder einem seiner Agenten unterhaltene Läden, die vor allem in abgelegenen Industrie- und Bergbaurevieren häufig eine Monopolstellung innehatten. Eine in Waren bereits geleistete Zahlung wurde ebenfalls für nichtig erklärt, und ein Arbeiter, der Waren statt Geldlohn entgegengenommen hatte, erhielt trotzdem das Recht, den nicht bezahlten Geldlohn vor dem Friedensgericht einzuklagen, ohne daß die schon erhaltenen Waren verrechnet werden durften. Zusätzlich konnte eine beliebige Person (ein Informant oder die Betroffenen selbst) bei einem Verstoß gegen das Gesetz vor dem Friedensgericht auf Verhängung eines Bußgelds antragen. Ein Arbeitgeber, der auf diese Weise eines dritten Verstoßes überführt wurde, machte sich einer minderen Straftat (*misdemeanour*) schuldig und mußte mit einer Buße bis zu £ 100 rechnen. Der *Truck*

---

[233] 60 & 61 Vict., c. 37 (1897), s. 3; 6 Edw. 7, c. 58 (1906), s. 3. Einige Ausnahmen waren zugelassen, ansonsten sollte das Gesetz gelten „notwithstanding any contract to the contrary".

[234] 1 & 2 Will. 4, c. 37 (1831), s. 1. Verträge, welche die Zahlung in Banknoten vorsahen, wurden ausdrücklich erlaubt (s. 8); des weiteren auch in bestimmten Fällen die Abgabe von Brennstoffen, Lebensmitteln sowie Werzeugen und Arbeitsgeräten. Hierfür durften auch – allerdings nur schriftlich – Lohnabzüge vereinbart werden (s. 23).

Act galt für eine große Zahl einzeln aufgelisteter Industriebranchen, nicht aber für Landarbeiter und Hausbedienstete.

Zeitgenössische Beobachter und Historiker stimmen darin überein, daß der *Truck Act* von 1831 in manchen notorischen Regionen, insbesondere im *Black Country*, lange Zeit nicht beachtet worden ist.[235] An den Bestimmungen selbst lag das jedoch nicht. Sie waren so unmißverständlich formuliert, daß sogar die sonst so erfindungsreichen *Common law*-Richter in den Fällen, die an sie als Revisionsinstanz gelangten, keine Entscheidungen zu fällen vermochten, die das Gesetz zugunsten der Vertragsfreiheit aushöhlten. Die Schwachstelle lag vielmehr bei dem Vollzug vor Ort. Dieser war auf private Kläger angewiesen. Nur wenige betroffene Arbeitnehmer hatten jedoch den Mut, als Kläger, Zeugen oder Informanten hervorzutreten, da eine Klage oder Information in aller Regel die sofortige Entlassung bedeutete.[236] Gegen dieses Problem half auch die mit der Novelle von 1887 vorgenommene Übertragung des Vollzugs auf die Fabrikinspektoren wenig, denn auch sie benötigten Informationen von den Arbeitern selbst.[237] Zu dieser Zeit war das Truck-System aber ohnehin nur noch eine marginale Erscheinung. Die Auseinandersetzung hatte sich inzwischen auf die Praxis der Lohnabzüge (*deductions, stoppages*) verlagert. Solche Abzüge gab es für Werkzeuge, Arbeitsgeräte, Dienstleistungen des Arbeitgebers (zum Beispiel Reinigung von Dienstkleidung) sowie für alle möglichen Verfehlungen der Arbeitnehmer. In der *Hosiery*-Industrie (Fabrikation von Strümpfen, Handschuhen usw.) war dazu im Jahr 1874 ein Gesetz verabschiedet worden, das Abzüge aller Art, außer für schlecht ausgeführte Arbeit, illegal machte und entgegenstehende Verträge für null und nichtig erklärte.[238] Das Gesetz kam zu spät, um den Arbeitern noch viel zu nützen, denn die Strumpfherstellung an Handwirkstühlen war um diese Zeit bereits eine absterbende Industrie. Außerdem lag die Regelung des Vollzugs auf der Linie des alten *Truck Act* und krankte somit an dem gleichen Problem. Vergleichbar scharfe Bestimmungen gegen Mißbräuche bei der Einbehaltung und Auszahlung von Löhnen gab es ansonsten nur für eine Berufsgruppe: die Seeleute auf Handelsschiffen. Sie waren in England seit jeher ein Objekt paternalistischer Gesetzgebung. Der *Merchant Seamen's Act* von 1844 verbot unter anderem Verträge, mit denen sich Seeleute verpflichteten, ihren Lohn

---

235 Vgl. George W. Hilton, The Truck system, including a History of the British Truck Acts, 1465–1960, Cambridge 1960.
236 Ebd., S. 121.
237 50 & 51 Vict., c. 46 (1887). Vgl. Hilton, Truck system, S. 143f.
238 *Hosiery Manufacture (Wages) Act*, 37 & 38 Vict., c. 48 (1874), ss. 1–2.

abzutreten, und enthielt detaillierte Bestimmungen über Inhalte und Form der zu schließenden Verträge.[239] Spätere Seeleute betreffende Gesetze bauten diese Vorschriften weiter aus.[240]

Ein umfassende Lösung des Problems der Lohnabzüge wurde mit dem *Truck Act* von 1896 versucht.[241] Dieses Gesetz ging jedoch nicht so weit, daß es Abzüge generell für illegal erklärte, wie der TUC gefordert hatte. Auch enthielt es keine Nichtigkeitsklauseln. Vielmehr versuchte es, die Streitigkeiten dadurch zu vermindern, daß erhöhte Anforderungen an die äußere Form der Vereinbarung von Abzügen gestellt wurden. Der Arbeitgeber mußte entweder einen entsprechenden Aushang deutlich sichtbar im Betrieb anbringen oder schriftlich mit jedem einzelnen Arbeiter Abzüge vereinbaren. Außerdem waren Abzüge nur dann erlaubt, wenn der Arbeitgeber einen tatsächlichen Verlust nachweisen konnte, und sie mußten „fair und vernünftig" sein. Verglichen mit den unmißverständlichen Bestimmungen des alten *Truck Act* waren diese Formulierungen wachsweich und ließen den Richtern viel Raum für ihre Auslegungskunst. Um etwas über die tatsächliche Auswirkung des Gesetzes zu erfahren, genügt allerdings nicht der Blick auf die wenigen Entscheidungen der *Common law*-Gerichte. Hier, wie auch bei allen anderen Lohnzahlungsgesetzen des 19. Jahrhunderts, waren in erster Instanz die Friedensrichter gefordert. Es war ihre Aufgabe, die Grenze zwischen Vertragsfreiheit und Normdurchsetzung zu ziehen. Allerdings lag die Zahl der den Justizstatistikern bekannt gewordenen Fälle unter den *Truck Acts* um die Jahrhundertwende nur noch bei etwa einem bis zwei Dutzend pro Jahr.[242] Die niedrige Zahl mag ein Indiz dafür sein, daß das Problem nicht mehr virulent war, hängt aber wohl auch damit zusammen, daß die Arbeiter das Risiko einer Zeugenaussage gegen den eigenen Arbeitgeber scheuten.

Es waren nicht zuletzt die bei der Implementation der *Truck Acts* gesammelten Erfahrungen, die den Gesetzgeber dazu bewogen, bei der Minimallohngesetzgebung in den ersten Jahrzehnten des 20. Jahrhunderts andere Druckmittel und Vollzugsmethoden zu wählen. Man hielt es nun nicht mehr für ausreichend, zwingende Vorschriften für Individualverträge zu erlassen und darauf zu hoffen, daß die Arbeitnehmer auf dem privaten Klage-

---

[239] 7 & 8 Vict., c. 112 (1844). Vgl. Atiyah, Freedom of Contract, S. 543 f.; Holdsworth, History of English Law, Bd. 15, London 1965, S. 100 ff.

[240] *Merchant Shipping Act*, 17 & 18 Vict., c. 120 (1854); *Merchant Shipping Act*, 57 & 58 Vict., c. 60 (1894); in diesem Gesetz sind 175 Paragraphen (ss. 92–266) dem Verhältnis von *Masters and Seamen* gewidmet.

[241] 59 & 60 Vict., c. 44 (1896). Vgl. Tillyard, Industrial Law, S. 59–63.

[242] Vgl. Grafik 2.6, S. 202.

weg ihre Rechte geltend machen würden. Der *Trade Boards Act* von 1909 erhob vielmehr die Ministerialbürokratie des Handelsministeriums (*Board of Trade*) zur treibenden Kraft bei der Initiierung und Durchsetzung der Mindestlohnbestimmungen.[243] Der *Board of Trade* wurde ermächtigt, in Gewerben mit exzeptionell niedrigen Löhnen sogenannte *Trade Boards* einzurichten, die über eine vom Ministerium vorgeschlagene Mindestlohnrate zu beraten hatten. Diese Gremien setzten sich zusammen aus einer gleichen Anzahl von Arbeitgeber- und Arbeitnehmervertretern sowie einer kleineren Zahl von Mitgliedern, die das Ministerium ernannte. Die Festsetzung der Lohnrate oblag unter Berücksichtigung der Beratungsergebnisse allein dem Ministerium. Nach einer sechsmonatigen Übergangszeit, in der es den Arbeitgebern noch erlaubt war, mit ihren Arbeitern durch schriftlichen Vertrag die Zahlung eines niedrigeren Lohnes zu vereinbaren, trat die Mindestlohnrate in Kraft. Die Übergangszeit sollte dazu dienen, die Arbeitgeber durch sanften Druck zur ‚freiwilligen‘ Übernahme der Lohnrate zu bewegen. Wer in dieser Zeit die Mindestlohnrate nicht akzeptierte, erhielt keine öffentlichen Aufträge mehr und erschien nicht auf der sogenannten ‚weißen Liste‘ der gefügigen Arbeitgeber. Nach Ablauf der Übergangszeit wurde die Lohnrate zwingend. Entgegenstehende Verträge waren dann – mit gewissen Ausnahmen – illegal, und Verstöße sollten mit einer vom Friedensgericht zu verhängenden Geldstrafe bis zu £20 geahndet werden. Als Kläger fungierte dabei der *Board of Trade*, der auf Beschwerden von Arbeitnehmern, ihren Vertretern oder Inspektoren zu reagieren hatte. Unbeschadet der behördlichen Strafverfolgung behielt der einzelne geschädigte Arbeitnehmer das Recht, den ihm zustehenden Mindestlohn auf dem Weg der Zivilklage einzufordern. Vom Standpunkt des *Common law* betrachtet war diese Lohnfestsetzung unter staatlichem Zwang der bis dahin drastischste Eingriff in die Vertragsfreiheit.

Eine ähnliche Regulierung von Mindestlöhnen wurde im Jahre 1912 infolge des Bergarbeiterstreiks auch für den Bergbau gesetzlich verankert.[244] Wegen der starken Gewerkschaften blieb hier allerdings das voluntaristische Element stärker. Der *Coal Mines (Minimum Wage) Act* überließ die Festsetzung der Lohnrate für die verschiedenen Kohlenreviere sogenannten *joint boards*. Das waren paritätisch zusammengesetzte Gremien mit einem unabhängigen Vorsitzenden, dem bei Uneinigkeit die entscheidende Stimme zufiel. Nach Inkrafttreten sollte die Mindestlohnrate laut Gesetz automatisch als impliziter Bestandteil (*implied term*) jedes Einzelarbeitsver-

---

[243] 9 Edw. 7, c. 22 (1909). Vgl. Tillyard, Industrial Law, S. 70–92.
[244] 2 & 3 Geo. 5, c. 2 (1912).

trages gelten (mit gewissen Ausnahmen). Den Vertragsparteien blieb es jedoch unbenommen, individuell oder kollektiv höhere Löhne zu vereinbaren. Anders als beim *Trade Boards Act* zog die Zahlung eines zu niedrigen Lohns hier jedoch keine Strafverfolgung von behördlicher Seite nach sich. Der Arbeitnehmer hatte lediglich die Möglichkeit, mittels einer Zivilklage den Lohn zu erwirken.

Die hier aufgeführten Gesetze zur Lohnzahlung stellten bis zum Ersten Weltkrieg die einzigen gravierenden Eingriffe in den Inhalt von Arbeitsverträgen erwachsener *männlicher* Arbeitnehmer dar. Die verschiedenen Fabrik- und Werkstättengesetze betrafen demgegenüber fast auschließlich Kinder, Jugendliche und Frauen, was sich aus der Sicht der *Common law*-Juristen und Parlamentarier dadurch rechtfertigen ließ, daß man diesen Personengruppen eine besondere Schwäche unterstellen durfte. Zudem schufen die *Factory Acts*, wie schon erwähnt, keine vertraglichen Rechte und Pflichten, sondern lediglich einseitige Auflagen für den Arbeitgeber. Sie waren daher im strengen Sinne juristisch nicht in gleicher Weise als Eingriffe in die Vertragsfreiheit zu werten, wenngleich sie in der politischen Publizistik der *Common law*-Juristen und von den Rechtshistorikern oft so bewertet wurden.

Der Erste Weltkrieg brachte besonders für die Beschäftigten in den kriegswichtigen Branchen einschneidende Beschränkungen ihrer Vertragsfreiheit mit sich. In den unter die *Munitions of War Acts* (1915–17) fallenden Industrien mußten Lohnkonflikte durch Zwangsschlichtung gelöst werden. Streiks und Verstöße gegen innerbetriebliche Disziplinarordnungen wurden zu Straftaten; die vor dem Krieg geltenden ‚restriktiven‘ Gewohnheiten und Praktiken (zum Beispiel die Abgrenzungen zwischen verschiedenen Tätigkeiten) waren suspendiert; die beiderseitigen Kündigungsmöglichkeiten wurden durch das System der *leaving certificates*, ähnlich wie unter dem deutschen Hilfdienstgesetz von 1916, stark beschnitten.[245] Mit der Durchsetzung dieser Bestimmungen waren spezielle Gerichte, die *Munitions Tribunals*, beauftragt. Wie Gerry Rubin gezeigt hat, trug deren nicht gerade arbeitnehmerfreundliche Rechtsprechung dazu bei, daß die britische Arbeiterbewegung im Laufe des Krieges gegenüber jeder gesetzlichen Normierung von Arbeitsverhältnissen skeptischer wurde. Die Vermutung ist berechtigt, daß in Großbritannien die Idee der Vertragsfreiheit durch die Erfahrung der industriellen Kriegsdisziplin eher an Geltung gewonnen als verloren hat, bei den Arbeitnehmern vielleicht sogar mehr als bei den Ar-

---

[245] Ausführlich hierzu: Rubin, War, Law, and Labour. Vgl. auch Fox, History and Heritage, S. 285 ff.; Cornish u. Clark, Law and Society, S. 345 f.

beitgebern. Allerdings, so ist hinzuzufügen, hatten die Arbeitnehmer dabei vor allem die Freiheit der kollektiven Vereinbarungen vor Augen. Festzuhalten ist, daß schon wenige Jahre nach Kriegsende von den im Krieg geltenden Beschränkungen der Vertragsfreiheit kaum etwas übriggeblieben war.

Von allen kriegführenden europäischen Mächten ist Großbritannien wohl dasjenige Land, bei dem der Weltkrieg die Struktur des individuellen Arbeitsvertragsrechts am wenigsten verändert hat. Es verlor jedoch an Bedeutung. Denn was sich veränderte, waren die industriellen Beziehungen. Sie entfernten sich mehr und mehr vom Zugriff des Rechts, und der Gesetzgeber und die staatliche Bürokratie unterstützten diesen Prozeß. Das Recht der Arbeitsverträge blieb jedoch davon unberührt. Die Gesetzgebung zu Schlichtungsverfahren, Mindestlöhnen, Unfällen und Sicherheit wurde zwar erweitert und ausgebaut, führte aber keine Instrumentarien und Zwangsbestimmungen ein, die die Vertragsfreiheit berührten.[246] Der Voluntarismus blieb das leitende Prinzip. Aus juristischer Sicht konnten britische Arbeitnehmer und Arbeitgeber um 1930 die Inhalte ihrer Verträge ebenso frei bestimmen wie um 1914.

DIE FORM DES ARBEITSVERTRAGS: SCHRIFTLICHKEIT UND MÜNDLICHKEIT

Nicht viel anders fällt die Bilanz aus, wenn man nach Vorschriften für die äußere Form von Verträgen im allgemeinen und von Arbeitsverträgen im besonderen sucht. Bis zur Mitte des 20. Jahrhunderts gab es nur wenige *Statutes*, die solche Vorschriften enthielten. Das älteste von ihnen war das *Statute of Frauds* von 1677. Ein Paragraph dieses Gesetzes besagte, daß jeder Vertrag, dessen Erfüllung vom Zeitpunkt des Vertragsabschlusses an länger als ein Jahr in Anspruch nehmen würde, schriftlich zu sein hatte, um vor Gericht als Klagegrund anerkannt zu werden.[247] Ein auf längere Zeit befristeter Arbeitsver-

---

[246] Allgemein zum Ausbau des kollektiven Verhandlungssystems nach dem Ersten Weltkrieg im deutsch-britischen Vergleich: Bernd-Jürgen Wendt, „Deutsche Revolution" – „Labour Unrest". Systembedingungen der Streikbewegungen in Deutschland und England 1918–1921, in: Archiv für Sozialgeschichte 20 (1980), S. 1–55.

[247] 29 Car. 2, c. 3, s. 4 (1677): „No action shall be brought upon any agreement that is not to be performed within the space of one year from the making thereof, unless the agreement upon which such action shall be brought, or some memorandum or note thereof, shall be in writing and signed by the party to be charged therewith or some other person thereunto by him lawfully authorized." Zu den Gründen, die im 17. Jahrhundert zur Entstehung dieses Gesetzes führten, siehe: John H. Baker, An Introduction to English Legal History, 3. Aufl., Lon-

trag mußte demnach schriftlich fixiert sein, zumindest in seinen essentiellen Bestimmungen, wenn darauf eine Erfüllungs- oder Schadensersatzklage gestützt werden sollte. Bis zur Mitte des 19. Jahrhunderts blieb es in der Rechtsprechung unklar, ob ein Vertrag, der gegen dieses Erfordernis verstieß, von vornherein als ungültig anzusehen war (*void*) oder ob er lediglich nicht durchsetzbar sein sollte (*unenforceable*). Die letztere Auffassung setzte sich in einer Entscheidung aus dem Jahr 1852 endgültig durch – ein Beispiel dafür, wie sehr die *Common law*-Richter in dieser Zeit darum bemüht waren, dem Grundsatz der individuellen Vertragsfreiheit Geltung zu verschaffen, so weit es mit dem Wortlaut des *Statute* nur irgend vereinbar war.[248] Auch nichtschriftliche Verträge, deren Laufzeit über ein Jahr betrug, waren demnach jetzt gültig (*valid*), wenngleich sie weiterhin nicht gerichtlich durchsetzbar waren. Allerdings konnten zum Beispiel *servants*, die aufgrund eines solchen Vertrages tatsächlich zu arbeiten begonnen hatten, den schon erarbeiteten Lohn einklagen. Dies war nach den Grundsätzen der Billigkeitsrechtsprechung (*equity*) schon vor 1852 möglich gewesen, und spätestens mit der Verschmelzung von *Common law* und *equity* (1873–75) wurde es zur allgemeinen Regel.[249] Wichtig ist ferner, daß unbefristete Verträge von den Gerichten generell so bewertet wurden, daß sie innerhalb eines Jahres erfüllt werden *konnten*. Unbefristete Arbeitsverträge fielen somit nicht unter das *Statute of Frauds*; sie brauchten nicht schriftlich zu sein, um darauf eine Klage zu gründen. Das gleiche galt für Arbeitsverträge, bei denen über die Dauer des Dienstes nichts gesagt worden war.

Da die große Mehrheit der in Industrie und Handwerk Beschäftigten auf unbestimmte Zeit eingestellt wurde, war für sie das *Statute of Frauds* weitgehend bedeutungslos. Bei ihnen genügte eine mündliche Absprache oder sogar stummes Verhalten, um einen rechtsgültigen Vertrag herzustellen. Bei Landarbeitern und Hausbediensteten ging man allgemein davon aus, daß sie jeweils für ein Jahr und nicht länger beschäftigt waren, so daß auch sie vom *Statute of Frauds* kaum betroffen waren. Nicht unwichtig war das *Statute of Frauds* hingegen für höhere Angestellte. Bei ihnen kamen auf mehrere Jahre befristete Arbeitsverträge häufiger vor, doch war bei ihnen auch die Wahrscheinlichkeit größer, daß beiden Seiten an einer schriftlichen Fixierung der

---

don etc. 1990, S. 396 f. sowie Holdsworth, History of English Law, Bd. 6, London 1924, ND 1966, S. 379–393.

[248] Vgl. Holdsworth, History of English Law, Bd. 8, 2. Aufl., London 1937, ND 1966, S. 35 f. u. 65; Atiyah, Freedom of Contract, S. 494. Noch 1876 wurde allerdings in einem Handbuch zum *Master and Servant Law* die ältere Rechtsauffassung vertreten, vgl. W.A. Holdsworth, Master and Servant, S. 20.

[249] Vgl. Atiyah, Freedom of Contract, S. 495.

Arbeitsbedingungen gelegen war. Dennoch geschah es oft genug, daß höhere Angestellte nur nach einer mündlichen Vereinbarung oder aufgrund eines Briefwechsels, der allenfalls vage Angaben enthielt, in ein Dienstverhältnis eintraten oder eintreten wollten oder sollten. Das waren dann die klassischen Anwendungsfälle für das *Statute of Frauds*. Ein Arbeitgeber konnte sich darauf berufen, daß eine schriftliche Notiz, wie sie das Gesetz verlangte, gar nicht vorlag, insofern auch kein Klagegrund für den eintrittswilligen Arbeitnehmer bestand. Ebenso konnte ein Arbeitnehmer, der es sich inzwischen anders überlegt hatte und seinen Dienst nicht antreten wollte, unter Berufung auf das *Statute of Frauds* eine Schadensersatzklage des Arbeitgebers abwehren.

Schriftliche Arbeitsverträge waren im England des 19. und frühen 20. Jahrhunderts selten. Viele Handarbeiter besaßen noch nicht einmal ein Dokument, das wenigstens die elementaren Bedingungen wie Lohnhöhe, Arbeitszeit und Kündigungsfrist festhielt und im Streitfall als Beweisstück hätte dienen können. Das *Statute of Frauds* bot hier, wie gesehen, keine Abhilfe. Die restriktive Auslegung durch die Gerichte stellte sicher, daß von diesem Gesetz für die Arbeitgeber kein Anreiz ausging, ihren Arbeitern eine schriftliche Bestätigung der Vertragsbedingungen auszuhändigen. Wenn vor Gericht geklärt werden mußte, was eigentlich vereinbart worden war, waren Arbeiter daher oft nur auf ihre Erinnerung angewiesen. Die fehlende Klarheit war für die Arbeiter vor allem dort ein Nachteil, wo weder allgemein anerkannte ‚Gewohnheiten‘ (*customs*) noch kollektive Vereinbarungen oder Arbeitsordnungen bestanden, die ersatzweise als Beweis angeführt werden konnten. In der ersten Hälfte des 19. Jahrhunderts war dieses Problem offenbar gravierender als zuvor und danach, denn in dieser Zeit waren die Gewerkschaften noch schwach, die alten ‚Gewohnheiten‘ aber schon vielfach durchlöchert. Ein besonderes Problem entstand für die Arbeiter in den Branchen, in denen für Stücklohn produziert oder nach komplizierten Maß- oder Gewichtseinheiten bezahlt wurde. Hier hatten die Arbeitgeber ein großes Interesse daran, jede schriftliche Fixierung der Lohnrate zu vermeiden, damit sie plötzliche Preisschwankungen schnell auf ihre Arbeiter abwälzen konnten. Glaubt man dem Zeugnis George Whites, der die Verhältnisse in der Strumpf- und Handschuhfabrikation (*hosiery*) von Nottinghamshire und Leicestershire gut kannte, so gab es unter den Arbeitgebern dort manche schwarze Schafe, die ihre Arbeiter systematisch im unklaren über den zu erwartenden Lohn ließen und sich weigerten, ihnen irgendetwas Schriftliches an die Hand zu geben.[250]

---

[250] Vgl. White, Digest, S. 95–99. Die Schilderung ist so anschaulich, daß sie nicht zur Gänze erfunden sein kann.

George White und Gravener Henson unternahmen in den Jahren 1823–24 einen Vorstoß, um diesen Mißstand auf dem Weg der Gesetzgebung zu beseitigen. Überall dort, wo in Heimarbeit oder in Fabriken pro Werkstück oder nach Maß bezahlt wurde, sollten die Arbeiter bei jeder neuen Materialausgabe ein sogenanntes *ticket* erhalten, auf dem die Menge des Materials, die Art der Ausführung des Auftrags und die Höhe des Lohns genau vermerkt werden sollten.[251] In Form einer Kann-Bestimmung fand dieser Vorschlag Eingang in den *Arbitration Act* von 1824.[252] Dieses Gesetz enthielt einiges von dem, was White und Gravener Henson auf umfassendere Weise zu realisieren hofften, aber bekanntlich mit Rücksicht auf die als vordringlich erachtete Rücknahme des *Combination Act* zurückstellten. So weit sich feststellen läßt, blieb der *Arbitration Act* von 1824, wie so viele andere Maßnahmen dieser Art, völlig ohne Effekt, weil alle entscheidenden Klauseln die freiwillige Mitwirkung beider Seiten voraussetzten. Etwas weiter gingen zwei Gesetze des Jahres 1845, mit denen das *ticket*-System wenigstens in zwei einzelnen Textilgewerben durchgesetzt werden sollte. Für die Beschäftigten in der *Hosiery*-Industrie wurde erneut, nun in Form einer Soll-Vorschrift, die Ausgabe von *tickets* vorgeschrieben, doch da weder das *contracting out* verboten wurde noch eine Strafandrohung hinzukam, ist es zweifelhaft, ob die Bestimmung nach dem Verständnis des *Common law* zwingend war; in der Praxis erwies sich das Gesetz als wirkungslos.[253] Bei den Seidenwebern wurde das *contracting out* sogar ausdrücklich erlaubt, wenngleich es schriftlich erfolgen mußte. Hier blieb also die Vertragsfreiheit unangetastet.[254] Erst mit dem *Factory and Workshop Act* von 1891 wurde, allerdings zunächst nur für Textilfabriken, die Aushändigung von sogenannten *particulars of work* durch Strafandrohung von £ 10 zu einer zwingenden Verpflichtung für den Arbeitgeber gemacht.[255]

---

251 Ebd., S. 103. Der Vorschlag verallgemeinerte Bestimmungen des *Cotton Weavers' Act* von 1804 (44 Geo. 3, c. 87, ss. 10–12). In diesem Gesetz war auch eine Art Zwangsschlichtung individueller Streitigkeiten durch ein paritätisches, von Fall zu Fall unter Mitwirkung der Friedensrichter zu berufendes Schiedsgericht vorgesehen; vgl. dazu ebd., S. 101 f. Ob dieses Gesetz beachtet und durchgesetzt wurde, ist nicht bekannt. Es ist davon auszugehen, daß die Arbeitgeber und die ihnen zugeneigten Friedensrichter in den Baumwollbezirken alles daran setzten, um das Gesetz zu unterlaufen.

252 *An Act to consolidate and amend the Laws relative to the Arbitration of Disputes between Masters and Workmen*, 5 Geo. 4, c. 96 (1824), s. 18.

253 *Hosiery Act*, 8 & 9 Vict., c. 77 (1845). Vgl. Hilton, Truck System, S. 136.

254 *An Act to make further Regulations respecting Tickets of Work to be delivered to Silk Weavers in certain Cases*, 8 & 9 Vict., c. 128 (1845), s. 1.

255 54 & 55 Vict., c. 75 (1891), s. 24; bestätigt durch 1 Edw. 7, c. 22 (1901), s. 116. Der *Factory and Workshop Act* von 1895 erlaubte es außerdem dem Staatssekretär, diese Bestimmung auf dem Verordnungswge auf andere Industrien auszudehnen. Von dieser Möglichkeit wurde aber

Was die äußere Form und die Bekanntgabe der Inhalte des Arbeitsvertrags angeht, gab es eine vergleichbare Schutzbestimmung im 19. Jahrhundert sonst nur für die Seeleute auf Handelsschiffen. Schon seit 1844 mußte der Kapitän (*master of the ship*) mit ihnen einen schriftlichen Arbeitsvertrag schließen, und der Vertrag mußte ihnen in Anwesenheit von Zeugen vorgelesen und erklärt werden. Verstöße gegen diese Bestimmung waren mit einem Bußgeld belegt.[256] Schließlich mußten auch Lehrlingsverträge, die jedoch von Dienstverträgen im eigentlichen Sinne zu unterscheiden sind, schriftlich sein. Das elisabethanische *Statute of Artificers* hatte sogar eine Urkunde gefordert; seit dem *Apprentices Act* von 1814 war aber die einfache schriftliche Form ausreichend.[257]

Von diesen statutarischen Ausnahmen abgesehen brauchten Arbeitnehmer und Arbeitgeber bei Vertragsabschlüssen keine besonderen Formerfordernisse zu beachten. Nach dem *Common law* waren mündliche Verträge ebenso gültig wie schriftliche, und vor Gericht genügte schon die Tatsache, daß ein Arbeitsverhältnis eine Weile bestanden hatte, um das Vorliegen der entscheidenden beiderseitigen Willensbekundung zu beweisen. Wie aber ließ sich ohne schriftliches Dokument der konkrete Inhalt des ‚Willens‘ der Vertragsparteien feststellen? Gerade bei weniger qualifiziertem Personal kam es häufig vor, daß der einstellende Agent oder Vorarbeiter selbst über essentielle Bedingungen wie Lohnhöhe, Arbeitszeit, Kündigungsfrist, Dauer der Beschäftigung nichts oder nichts Genaues sagte. Wer längere Zeit arbeitslos gewesen war, hütete sich in aller Regel, energisch nachzufragen; er konnte als Querulant gelten und den Job gar nicht erst bekommen. Eine echte Verhandlung, wie sie nach der Vorstellung der *Common law*-Juristen jedem Vertrag vorausging, fand also oft gar nicht statt. Oft gab es weder ein klar formuliertes ‚Angebot‘ noch eine deutlich ausgesprochene ‚Zustimmung‘, jedenfalls nicht zu den Arbeitsbedingungen im einzelnen. Wie konnte man in solchen Fällen erkennen, welche ‚Absichten‘ die Vertragsparteien gehabt hatten? Hier behalfen sich die *Common law*-Juristen mit einer Fiktion, den sogenannten ‚impliziten Bedingungen‘ (*implied terms*). Darunter faßten sie all diejenigen Kenntnisse und Überlegungen, die man ihrer Auffassung nach von einem geschäftsfähigen Erwachsenen unter den gegebenen Umständen ‚vernünftigerweise‘ erwarten mußte und die daher auf beiden Seiten als mitgedacht angenommen werden konnten.

---

offenbar erst nach dem Ersten Weltkrieg in größerem Umfang Gebrauch gemacht; vgl. Tillyard, The Worker and the State, S. 88 f.

[256] 7 & 8 Vict., c. 112 (1844); vgl. Atiyah, Freedom of Contract, S. 543 f.

[257] Zu den Einzelheiten vgl. Diamond, Master and Servant, S. 62 f.

Was die *Common law*-Juristen als ‚implizite‘ Bestandteile von Arbeitsverträgen ansahen, war naturgemäß von der Situation abhängig und wandelte sich im Laufe des Untersuchungszeitraums. Einige Grundannahmen
tauchten jedoch immer wieder auf und hielten sich im Kern unverändert. Sie
seien hier kurz benannt. Von einem Arbeitgeber erwartete man, daß er die
sein Gewerbe betreffenden Gesetze berücksichtigte, daß er über die in seinem Betrieb geltenden speziellen Anordnungen und Arbeitsabläufe Bescheid wußte sowie seine allgemeinen Pflichten als *master* kannte. Bei einem
Arbeitnehmer setzte man voraus, daß er sich seiner elementaren Pflichten
als *servant* bewußt war, daß er seine Vorgesetzten kannte und sich mit einer
im Betrieb deutlich sichtbar ausgehängten Arbeitsordnung vertraut gemacht hatte. Bei gelernten Kräften und ihren Arbeitgebern ging man außerdem davon aus, daß sie die branchen- und ortsüblichen ‚Gewohnheiten‘
stillschweigend akzeptierten, wenn nicht durch Absprachen oder in Form
einer Arbeitsordnung etwas Gegenteiliges vereinbart worden war. Ähnlich
wie ‚Gewohnheiten‘ bewerteten die Juristen auch kollektive Vereinbarungen als *implied terms*, jedoch mußten diese in dem betreffenden Betrieb von
beiden Seiten ohne Vorbehalte anerkannt worden sein. Schließlich gehört
hierher auch die in viktorianischer Zeit von den *Common law*-Richtern beharrlich aufrechterhaltene Unterstellung, daß ein Arbeitnehmer mit seinem
Arbeitsantritt zu erkennen gegeben hatte, daß er die mit der Arbeit verbundenen Risiken nicht nur in Kauf zu nehmen gewillt war, sondern auch den
Lohn als hinreichende Gegenleistung ansah, mit der alle Ansprüche gegen
seinen Arbeitgeber abgegolten waren. Eines dieser angeblich hingenomme-
nen Risiken war bekanntlich die Gefährdung durch fahrlässiges Handeln eines *fellow servant* – was als die Doktrin der ‚gemeinsamen Beschäftigung‘ in
die Lehrbücher einging. Als mögliche Quellen für *implied terms* galten somit, in absteigender Priorität, erstens die Grundsätze des *Common law* über
Rechte und Pflichten von *masters* und *servants*, zweitens das relevante *Statute law*, drittens innerbetriebliche Arbeitsordnungen, viertens lokale und
branchenspezifische ‚Gewohnheiten‘, fünftens kollektive Abmachungen
und sechstens, wenn es keine anderen Anhaltspunkte gab, Annahmen der
Richter über das, was unter den gegebenen Umständen als ‚vernünftig‘ anzusehen war. Generell scheuten die Richter an den *Common law*-Gerichten
davor zurück, in Verträge mehr hineinzudeuten als zur Lösung eines Streit-
falls unbedingt nötig war. Auf ‚implizite Bedingungen‘ griffen sie nur zurück, wenn anders nicht entschieden werden konnte, ob eine Klage berechtigt war oder nicht.

GÜLTIGE UND UNGÜLTIGE ARBEITSVERTRÄGE

Bei aller Zurückhaltung gegenüber den Dispositionen der Individuen mußten die Richter im Einzelfall entscheiden, welche Verträge sie überhaupt als
gültig (*valid*) und durchsetzbar (*enforceable*) ansehen wollten. In Ermangelung statutarischer Regelungen stützten sich die Juristen hier auf Präzedenzfälle und die von ihnen selbst entwickelten Prinzipien. Eine Voraussetzung für die Gültigkeit von Verträgen war die Geschäftsfähigkeit der Vertragspartner. Nach dem *Common law* waren zu gültigen Vertragsabschlüssen grundsätzlich alle Personen in der Lage, die älter als 21 Jahre waren.
Ausgenommen davon waren Geistesgestörte und – bis zur Reform von
1870 – verheiratete Frauen. Letztere besaßen dem *Common law* zufolge
keine eigene Rechtspersönlichkeit.[258] Die verheiratete Frau ging gleichsam
in der Person des Mannes auf. Sie verschwand hinter dem Mann; der englische Rechtsterminus hierfür ist *coverture*. Anders als die unverheiratete
Frau (*feme sole*) konnte die verheiratete Frau (*feme coverte*) aus eigenem
Willen keine gültigen Verträge, mithin auch keine Arbeitsverträge, schließen. Eine Ehefrau, die sich dennoch für Lohn verdingte, hatte keinen Anspruch auf ihren Verdienst. Dieser gehörte von Rechts wegen dem Mann.
Die verheiratete Frau konnte weder ihren Arbeitgeber wegen unbezahlten
Lohns verklagen (dies mußte der Ehemann für sie tun), noch konnte sie wegen Vertragsbruchs belangt werden.[259] Juristisch existierte zwischen einer
arbeitenden Ehefrau und ihrem Arbeitgeber keine Beziehung. Beide Seiten
handelten auf eigenes Risiko, wenn sie ein Beschäftigungsverhältnis eingin-
gen. Doch konnte eine Ehefrau ohne Zustimmung ihres Mannes als seine
‚Agentin‘ in begrenztem Umfang Hauspersonal einstellen und ihren Ehemann dadurch vertraglich binden. Dies war möglich, solange Zahl und Art
der eingestellten Bediensteten der gesellschaftlichen Stellung des Paares entsprachen und somit angenommen werden konnte, daß die Einstellungen im
Rahmen der impliziten Befugnis der Ehefrau in Haushaltsangelegenheiten
erfolgt waren. Zur ‚Herrin‘ im juristischen Sinne wurde die Ehefrau aber
dadurch nicht; als *master* galt der Ehemann. Um in einem solchen Fall der

---

[258] Vgl. zum folgenden: Baker, Legal History, S. 555–557; Lee Holcombe, Wives and Property.
Reform of the Married Women's Property Law in Nineteenth-Century England, Oxford
1983; Ursula Vogel, Patriarchale Herrschaft, bürgerliches Recht, bürgerliche Utopie. Eigentumsrechte der Frauen in Deutschland und England, in: Jürgen Kocka (Hg.), Bürgertum im
19. Jahrhundert. Deutschland im europäischen Vergleich, 3 Bde., München 1988, Bd. 1,
S. 406–438.

[259] Vgl. Holcombe, Wives and Property, S. 26 ff.; W.A. Holdsworth, Master and Servant, S. 11.
Eine Frau, die nach Vertragsschluß heiratete, war jedoch an ihren Vertrag gebunden und der
Ehemann haftete für die vor der Eheschließung eingegangenen Verpflichtungen.

Verpflichtung zur Lohnzahlung zu entgehen, mußte der Ehemann nachweisen, daß er seiner Frau ausdrücklich verboten hatte, Personal einzustellen, und daß er selbst sofort nach Kenntnisnahme den Vertrag für unverbindlich erklärt hatte.[260]

Der erste *Married Women's Property Act* von 1870 ließ die Rechtslage der arbeitenden Ehefrau im unklaren. Zwar sah das Gesetz vor, daß Ehefrauen ihren selbsterarbeiteten Lohn nunmehr als Eigentum behalten und anlegen durften; auch wurde ihnen ein selbständiges Klagerecht um diesen Lohn eingeräumt.[261] Das Gesetz erkannte also an, daß verheiratete Frauen tatsächlich zu hunderttausenden arbeiteten.[262] Für die *Common law*-Gerichte folgte jedoch daraus merkwürdigerweise nicht, daß Ehefrauen nun auch gültige Arbeitsverträge schließen konnten. Die Juristen sahen in den Bestimmungen des *Married Women's Property Act* zum Arbeitslohn lediglich die Ausdehnung des Privilegs eines sogenannten *separate estate*, das unter der Billigkeitsrechtsprechung bisher nur für begüterte Frauen erreichbar gewesen war. Diese Rechtsauffassung führte zu dem kuriosen Resultat, daß Ehefrauen weiterhin nicht für Vertragsbrüche unter dem *Master and Servant Act* von 1867 beziehungsweise dem *Employers and Workmen Act* von 1875 haftbar zu machen waren, obwohl sie ihrerseits Lohnklagen anstrengen durften.[263] Es kam also hier für einige Zeit zu einer Asymmetrie in der Rechtsprechung zugunsten der verheirateten Frauen. Die Gesetzesnovellen von 1882 und 1893 bereinigten dieses Ungleichgewicht zum Teil, indem die arbeitende Ehefrau nun im Umfang ihres separaten Eigentums haftete, jedoch nicht darüber hinaus mit ihrer gesamten Person.[264] Die volle Gleichstellung der Ehefrau mit der *feme sole* (und dem Mann) im Vertrags- und Deliktsrecht erfolgte erst 1935, als das Identitätsprinzip endgültig durch das Individualitätsprinzip ersetzt wurde.[265]

---

260 Ausführlich dazu mit weiteren Differenzierungen zwischen zusammen und getrennt lebenden Ehepartnern: W.A. Holdsworth, Master and Servant, S. 3–10; sowie Diamond, Master and Servant, S. 49ff.

261 33 & 34 Vict., c. 93 (1870), ss. 1 u. 11.

262 Um die Mitte des 19. Jahrhunderts waren es bereits ca. 750000; vgl. Vogel, Patriarchale Herrschaft, S. 427.

263 Vgl. Justice of the Peace 39 (1875), S. 401f. („Contract of Service made by a Married Woman"). Umgekehrt konnte die Ehefrau auch nicht in eigenem Namen eine Klage wegen ungerechtfertigter Entlassung oder anderer Vertragsbrüche des Arbeitgebers anstrengen. Hierfür blieb sie auf den Ehemann angewiesen. Vgl. W.A. Holdsworth, Master and Servant, S. 11f.

264 45 & 46 Vict., c. 75 (1882); 56 & 57 Vict., c. 63 (1893).

265 *Law Reform (Married Women and Tortfeasors) Act*, 25 & 26 Geo. 5, c. 30 (1935).

Verträge von Minderjährigen (*infants*) beiderlei Geschlechts waren nach dem *Common law* gültig und besaßen bindende Wirkung.[266] Kam es zum Streit, wurde allerdings vom Gericht geprüft, ob der Vertrag für den Minderjährigen vorteilhaft war. Bei Arbeitsverträgen und Lehrlingsverträgen ging man im 19. und frühen 20. Jahrhundert allgemein von der Vermutung aus, daß dies der Fall war. Enthielt der Arbeitsvertrag jedoch extrem unübliche Bestimmungen zum Nachteil des Minderjährigen, konnte dieser verlangen, daß das Gericht den Vertrag für nichtig erklärte. Der Vertrag war also von seiten des Minderjährigen anfechtbar (*voidable*), nicht aber von seiten des Arbeitgebers. Einen entsprechenden Antrag konnte der Minderjährige bis kurz nach Erreichen der Volljährigkeit stellen. Vor den *Common law*-Gerichten mußten sich klagende Minderjährige stets durch ihren Vormund oder einen sogenannten ‚nächsten Freund' vertreten lassen; vor den Grafschaftsgerichten konnten sie hingegen selbst Lohnklagen vorbringen.[267] Ihrerseits waren Minderjährige für Vertragsbrüche unter dem *Common law* nicht zu belangen. Wohl aber waren sie voll straffähig und unterlagen der Rechtsprechung der Friedens- und Grafschaftsgerichte unter den *Master and Servant Acts*. Sofern sie also *per definitionem* unter diese Gesetze fielen, das heißt Handarbeiter waren, konnten sie dort wegen Vertragsbruchs zu Gefängnis- oder Geldstrafen beziehungsweise nach 1875 zu Schadensersatz verurteilt werden. Die hier skizzierte Rechtslage minderjähriger Vertragspartner blieb im wesentlichen während des gesamten Untersuchungszeitraums konstant. Veränderungen ergaben sich lediglich durch die Serie der *Factory Acts*, welche die Beschäftigung unterhalb bestimmter Altersgrenzen ganz verboten oder nur unter bestimten Bedingungen erlaubten.

Verstieß ein Arbeitsvertrag weder gegen statutarische Vorschriften noch gegen die genannten Formerfordernisse und war er rechtsgültig zustandegekommen, gab es aus Sicht der *Common law*-Juristen kaum noch Gründe, die gegen die Pflicht zur Erfüllung vorgebracht werden konnten. Eine Nötigung oder äußere Zwangslage (*duress*) wurde von den Richtern nur dann als hinreichender Grund anerkannt, wenn sie mit akuter physischer Gewalt verbunden war. Generell wurde von Vertragspartnern im Geschäfts- und Arbeitsleben eine gewisse Robustheit erwartet.[268] Das war zum Beispiel wichtig für streikbrechende Arbeiter, die sich unter dem Druck der Strei-

---

[266] Vgl. zum folgenden: W.A. Holdsworth, Master and Servant, S. 12 ff.; Diamond, Master and Servant, S. 41–49.
[267] 9 & 10 Vict., c. 95 (1846), s. 64.
[268] Vgl. Atiyah, Freedom of Contract, S. 435 f.

kenden schließlich doch zur Arbeitsniederlegung entschlossen. Bloße Belästigung und Behinderung durch Streikposten genügten in einem solchen Fall nicht als Rechtfertigung für den Vertragsbruch, selbst wenn derartige Aktionen laut Gesetz strafbar waren. Um so merkwürdiger und letztlich unlogisch war es, daß viktorianische Richter, Arbeitgeber und Politiker die Strafandrohung für Streikpostenstehen und ähnliche gewerkschaftliche Kampfhandlungen immer wieder als notwendige Maßnahme zum Schutz der ,Vertragsfreiheit' forderten. Ebenso restriktiv wie bei der Nötigung verfuhren die *Common law*-Richter im Hinblick auf eine angenommene Irreführung eines Vertragspartners. Nur wenn regelrechter Betrug, zum Beispiel durch ein gefälschtes Zeugnis, nachgewiesen werden konnte, erschien ihnen ein Vertragsbruch des Betrogenen oder ein Antrag auf Entbindung von den vertraglichen Pflichten gerechtfertigt. Über die Beendigung eines Vertrags durch Wegfall der Geschäftsgrundlage oder Unmöglichkeit der Erfüllung (*frustration*) wurde oben bereits einiges gesagt. Im wesentlichen erkannten die Gerichte nur den Tod eines Vertragspartners sowie massiven staatlichen Zwang, zum Beispiel die Kriegsgesetzgebung während des Ersten Weltkriegs, als Gründe an, die eine Erfüllung unmöglich machten. Ob Arbeitsverträge, die während des Krieges auf Monate oder Jahre hinaus suspendiert waren, zum Beispiel wegen Gefangenschaft, Internierung oder Militärdienst, unter den veränderten Bedingungen nach dem Ende der Unterbrechung ohne weiteres wiederauflebten, war für die Juristen eine schwierige Frage, bei der es zu keiner einheitlichen Spruchpraxis kam; die Richter waren jedoch auch hier äußerst zurückhaltend, bevor sie einen Vertrag aus solchen Gründen als beendet ansahen.[269]

VERTRAGSFREIHEIT UND GEMEINWOHL: DIE KONKURRENZKLAUSELN

Neben den vergleichsweise scharf definierten Kriterien der fehlenden Geschäftsfähigkeit, der Nötigung, des Betrugs und der ,Frustration' kannte das *Common law* immerhin einen flexiblen Rechtsbegriff, der es den Richtern erlaubte, formal einwandfreie und mit dem *Statute law* nicht kollidierende Verträge dennoch für ungültig oder nicht durchsetzbar zu erklären.

---

[269] Vgl. folgende Fälle: *Horlock v. Beal* (1916) 1 A.C. 486–528; *Nordman v. Rayner & Sturges* (1916) 33 Times Law Reports 87–88; *Marshall v. Granville & Ballingall*, Law Journal County Courts Reporter, 20. Jan. 1917, S. 4; *Schostall v. Johnson* (1919) 36 Times Law Reports 75 f. Allgemein zur Auswirkung des Kriegs auf die Erfüllung von Verträgen: County Courts Chronicle, 1. Juni 1917, S. 79 f.; ebd., 1. Febr. 1918, S. 200 ff., „The War and the Discharge of Contracts"; William Finlayson Trotter, The Law of Contract during and after War, 3. Aufl., London u. Edinburgh 1919.

Das war der Begriff der *public policy*. Über die Bedeutung dieses Begriffs und seine Anwendbarkeit gab es im 19. und frühen 20. Jahrhundert erhebliche Meinungsverschiedenheiten. Eine angemessene Übersetzung ist daher nur im konkreten Fall möglich. ‚Öffentliches Interesse‘, ‚Nutzen der Allgemeinheit‘, ‚politische Ratsamkeit‘ kommen dem Bedeutungskern am nächsten. Sucht man nach einem annähernden Äquivalent für das deutsche Konzept der ‚Sittenwidrigkeit‘ und andere Generalklauseln des BGB, so ist *public policy* der einzige ernstzunehmende Kandidat.[270] Ein Vertrag, der gegen die *public policy* verstieß, war je nach den Umständen entweder ganz und gar nichtig oder zumindest nicht durchsetzbar, soviel stand fest. Was aber konkret unter *public policy* verstanden wurde, variierte im Laufe des Untersuchungszeitraums und auch zwischen den einzelnen Richtern.[271] Hatten manche Juristen im späten 18. Jahrhundert, etwa Lord Mansfield, das Konzept noch so weit ausdehnen wollen, daß beinahe jeder ‚illegale‘ oder auch nur ‚unmoralische‘ Vertrag als Verstoß gegen die *public policy* gelten sollte, legte die Mehrzahl der Richter im Laufe des 19. Jahrhunderts eine immer vorsichtigere Haltung an den Tag. Einige gingen so weit, den Nutzen des Begriffs für die Rechtsprechung ganz zu bezweifeln; für sie war es eine Sache der Politiker, zu entscheiden, was dem ‚allgemeinen Wohl‘ diente. Um die Mitte des 19. Jahrhunderts erkannten die meisten Richter, wenn überhaupt, nur eine *public policy* an, und das war – die Nichteinmischung in die Vertragsfreiheit. Sir George Jessel M.R. brachte dies im Jahr 1875 in einer Formulierung auf den Punkt, die seitdem lehrbuchreif geworden ist:

If there is one thing which more than another public policy requires, it is that men of full and competent understanding shall have the utmost liberty of contracting, and that their contracts when entered into freely and voluntarily shall be held sacred and shall be enforced by courts of justice. Therefore you have this paramount public policy to consider in that you are not lightly to interfere with this freedom of contract.[272]

Etwa seit der Jahrhundertwende, vor allem aber während des Ersten Weltkriegs und in der unmittelbaren Nachkriegszeit nahm der Begriff bei einigen *Common law*-Juristen eine stärker ‚nationalistische‘ Färbung an. Bei

---

270 Vgl. Eike von Hippel, Die Kontrolle der Vertragsfreiheit nach anglo-amerikanischem Recht. Zugleich ein Beitrag zur Considerationenlehre, Frankfurt/Main 1963, S. 14 u. 40–53. Zur neueren Rechtsprechung zu *public policy* vgl. John Bell, Policy Arguments in Judicial Decisions, Oxford 1983, S. 156–183.
271 Vgl. zum folgenden: W.S.M. Knight, Public Policy in English Law, in: Law Quarterly Review 38 (1922), S. 207–219; Atiyah, Freedom of Contract, S. 384–388; Holdsworth, History of English Law, Bd. 8, S. 54 ff.
272 Zit. nach Atiyah, Freedom of Contract, S. 387.

ihnen war *public policy* nun primär das, was im nationalen Interesse Groß-britanniens lag.[273] Der extrem liberalistische Standpunkt, wie ihn Jessel 1875 eingenommen hatte, wurde damit verlassen. Eine Anwendung des Konzepts auch *gegen* die Vertragsfreiheit erschien nun wieder in stärkerem Maße möglich. In dem Bedeutungswandel von *public policy* spiegelt sich somit die Geschichte vom ‚Aufstieg und Niedergang der Vertragsfreiheit'.

Der für Arbeitsverhältnisse bei weitem wichtigste Anwendungsfall von *public policy* waren Vereinbarungen, die in irgendeiner Weise die Freiheit der Gewerbeausübung und des Wettbewerbs beschränkten. In der Sprache des *Common law* hießen solche Abmachungen *agreements in restraint of trade*. Sie galten prinzipiell als dem ‚öffentlichen Interesse' zuwiderlaufend. Die konstante Verurteilung des Gewerkschaftswesens durch die *Common law*-Richter gründete sich unter anderem darauf, daß es sich dabei um Vereinigungen *in restraint of trade* handelte. Aber auch in individuellen Arbeitsverträgen gab es Absprachen, deren Zweck die Beschränkung der freien Gewerbeausübung war. In erster Linie sind hier die sogenannten Konkurrenzklauseln zu nennen. Das waren Abmachungen, mit denen sich ein Arbeitnehmer verpflichtete, nach Beendigung des Arbeitsverhältnisses nicht sogleich in den Dienst eines Konkurrenten seines Arbeitgebers über-zuwechseln oder sich in dem betreffenden Gewerbe selbständig zu machen. Solche Abmachungen waren im englischen Arbeitsleben in vielen Branchen üblich, insbesondere dort, wo die Gefahr bestand, daß Betriebsgeheimnisse oder Informationen über Kunden weitergegeben werden konnten.

Derartige Verträge stellten die *Common law*-Juristen vor ein Dilemma, denn hier schien sich die geheiligte Vertragsfreiheit gegen ihren ökonomi-schen und politischen Zweck zu kehren.[274] Statt allen Individuen das freie Kräftemessen auf dem Markt zu ermöglichen, behinderten die Konkurrenz-klauseln zahlreiche Personen in der freien Entfaltung ihrer Talente und ge-fährdeten damit womöglich die Vermehrung des Nationalreichtums. Hier stand somit eine *public policy*, die Wahrung der Vertragsfreiheit, gegen eine andere, die Abwehr gewerblicher Beschränkungen. Entsprechend unsicher blieb lange Zeit die Rechtsprechung des *Common law*.[275] Im Laufe des 19. Jahrhunderts setzte sich allmählich eine Linie durch, nach der Konkur-renzklauseln gerichtlich durchsetzbar waren, solange sie sich in einem ‚ver-nünftigen' Rahmen bewegten. Vernünftig hieß in diesem Falle, daß die Be-

---

[273] Dies wird deutlich bei Knight, Public Policy.
[274] Vgl. hierzu und zum folgenden: Atiyah, Freedom of Contract, S. 408 ff. u. 697–701.
[275] Zur älteren Rechtsprechung in *restraint of trade*-Fällen siehe Holdsworth, History of Eng-lish Law, Bd. 8, S. 56–62.

schränkung je nach Art des Gewerbes zeitlich und räumlich begrenzt sein mußte. Für einen Bäckergesellen oder einen Milchmann galten dabei andere Maßstäbe als etwa für einen Ingenieur. Dem Prinzip *pacta sunt servanda* wurde somit – in gewissen Grenzen – Vorrang gegenüber der freien Gewerbeausübung eingeräumt. Um die Jahrhundertwende verhärtete sich diese Haltung in einer Serie von Präzedenzfällen. Diese betrafen allerdings nicht individuelle Arbeitsverträge, sondern wettbewerbshemmende Absprachen zwischen Geschäftsleuten und großen Firmen. In diesen Fällen gingen die Richter nun davon aus, daß die Geschäftsleute selbst am besten beurteilen konnten, was jeweils ‚vernünftig‘ war. Die Richter traten also hier das Urteil über die adäquate *public policy* an die Vertragsparteien ab. Faktisch bedeutete das eine Stärkung etablierter Firmen gegenüber neu einsteigenden Geschäftsleuten. Von diesen Entscheidungen ging eine Präzedenzwirkung auch auf Konkurrenzklausel-Fälle aus, doch behielten sich die Richter bei individuellen Arbeitsverträgen weiterhin das Recht vor, selbst die Abwägung zwischen den berechtigten Interessen beider Vertragsparteien und dem Interesse der Allgemeinheit vorzunehmen.[276] Die vor die *Common law*-Gerichte gelangenden Fälle dieser Art bildeten freilich nur die Spitze des Eisbergs. Wie die Praxis der Grafschaftsgerichte bei Konkurrenzklausel-Fällen aussah, ist noch nie untersucht worden.

Ungleiche Rechtsbehelfe für Arbeitgeber und Arbeitnehmer

Für die Richter wie auch für die Streitparteien in einem Prozeß war es nicht damit getan, wenn festgestellt wurde, daß ein Vertrag gültig und gerichtlich durchsetzbar war. Zu entscheiden war auch, in welcher Form die als berechtigt anerkannten Ansprüche eines Klägers befriedigt werden sollten. Hier standen dem Gericht theoretisch zwei Optionen offen. Das Gericht konnte verfügen, daß der Vertrag von demjenigen, der ihn unrechtmäßig gebrochen oder zurückgewiesen hatte, buchstabengetreu erfüllt werden mußte; der Rechtsterminus hierfür hieß *specific performance*. Oder es konnte dem durch den Vertragsbruch Geschädigten Schadensersatz zusprechen. Bei Arbeitsverträgen galt (und gilt) im *Common law* die Regel, daß nach einem Vertragsbruch grundsätzlich nur Schadensersatz in Frage kam.[277] Die Richter ließen sich dabei von dem Gedanken leiten, daß Arbeitsverhältnisse ein gewisses Maß an gegenseitigem Vertrauen und Willen zur Zusammenarbeit erforderten. Einem Arbeitgeber zuzumuten, daß er einen Arbeitnehmer

---

[276] Vgl. Cornish u. Clark, Law and Society, S. 270 u. 353.
[277] Vgl. Hepple u. O'Higgins, Employment Law, S. 46.

wiedereinstellte, den er zuvor – aus welchen Gründen auch immer – entlassen hatte, erschien den Richtern wenig ratsam. Ebenso lehnten sie es ab, einen Arbeitnehmer dazu zu zwingen, in den Dienst eines ‚Herren' zurückzukehren, bei dem er es nicht mehr ausgehalten hatte. Die Erfüllung des Vertrags (*specific performance)* war aus Sicht der Juristen ein ungeeignetes Heilmittel, nachdem eine Beziehung einmal gescheitert oder gar nicht erst richtig zustandegekommen war.[278]

Es kam hinzu, daß sich der Rechtsbehelf der *specific performance* in der Billigkeitsrechtsprechung ausgebildet hatte.[279] Bis zur Verschmelzung der beiden Rechtsmaterien durch die *Judicature Acts* (1873–75) konnte eine Klage auf Erfüllung nur vor dem *Court of Chancery* angestrengt werden. Auch nach der Justizrefom von 1873–75 verhielten sich die im *Common law* ausgebildeten Richter zögerlich gegenüber einer Erweiterung des Anwendungsfelds von *specific performance*. Im Hinblick auf Arbeitsverträge blieb dieses Mittel auf wenige Ausnahmefälle begrenzt. Einer von diesen waren die besagten Konkurrenzklausel-Fälle. Die Durchsetzung der konkreten Vertragsbestimmungen geschah hier meist in der Form des gerichtlichen Verbots (*injunction*): Dem ehemaligen Arbeitnehmer wurde untersagt, bei einem Konkurrenzbetrieb zu arbeiten oder sich in dem betreffenden Gewerbe selbständig zu machen. Er wurde damit an sein ursprüngliches Versprechen gebunden. Da in diesen Fällen nicht die Fortsetzung der Arbeitsbeziehung zur Diskussion stand, entfielen jene Bedenken, die bei anderen Arbeitsstreitigkeiten (ungerechtfertigte Entlassung, Vertragsbruch) gegen die wortgetreue Vertragserfüllung sprachen. Eng mit den Konkurrenzklausel-Fällen verwandt waren Streitigkeiten, bei denen es um die Zusage eines Arbeitnehmers ging, daß er *während* der Dauer seiner Beschäftigung nicht gleichzeitig für jemand anderen arbeitete.[280] Solche Klauseln waren besonders bei Schauspielern, Journalisten und ähnlichen halbfreien Beschäftigten üblich, um sie von der leichtfertigen Annahme lukrativerer Auftritte oder Angebote abzuhalten. Auch hier war das Resultat entsprechender Klagen eines Arbeitgebers häufig das gerichtliche Verbot (*injunction*). Der vertragsbrüchige Arbeitnehmer wurde so indirekt gezwungen, bei seinem ursprünglichen Arbeitgeber zu bleiben, es sei denn, er konnte sich einen längeren

---

[278] Zur Herausbildung dieser Doktrin im Lauf des 19. Jahrhunderts: Freedland, Contract of Employment, S. 272–277. Unbeschadet dessen war es nach dem *Master and Servant Act* möglich, Arbeiter mehrmals für den gleichen Kontraktbruch zu bestrafen.

[279] Vgl. Holdsworth, History of English Law, Bd. 12, London 1938, ND 1966, S. 276f.; ebd., Bd. 15, S. 317f.

[280] Vgl. zum folgenden Ernest C.C. Firth, The Doctrine of *Lumley* v. *Wagner*, in: Law Quarterly Review 13 (1897), S. 306–312.

Verdienstausfall leisten oder er war so gefragt, daß er sofort neue Beschäftigung fand. Hier kam also wieder ein Element des Zwanges in das Arbeitsvertragsrecht hinein, das die Richter ansonsten als für Arbeitsverhältnisse unpassend ablehnten. Es ist daher nicht verwunderlich, daß die *Common law*-Gerichte gegen Ende des 19. Jahrhunderts in derartigen Fällen immer seltener eine *injunction* aussprachen. Statt dessen verwiesen sie die klagenden Arbeitgeber zunehmend auf den ihnen offenstehenden Rechtsbehelf des Schadensersatzes.

Damit sind, was das *Common law* angeht, bereits die wesentlichen Anwendungsfälle für *specific performance* und ihr negatives Gegenstück, die *injunction*, im Arbeitsvertragsrecht benannt. Es fällt auf, daß dieses Mittel nur gegen Arbeitnehmer überhaupt Verwendung fand. Offenbar war es für die *Common law*-Richter eine unerträgliche Vorstellung, daß man auch Arbeitgeber auf diese Weise in eine ungewollte Vertragsbeziehung hinein- oder zurückzwingen könnte. Diese Asymmetrie fand im *Statute law* ihre Entsprechung. Sowohl der *Master and Servant Act* von 1867 als auch der *Employers and Workmen Act* von 1875 gaben dem Friedensgericht die Möglichkeit, vertragsbrüchige Arbeiter an ihren alten Arbeitsplatz zurückzuordnen, also *specific performance* zu befehlen.[281]

Klagende Arbeitnehmer hingegen blieben, im *Statute law* wie im *Common law*, allein auf das Rechtsmittel der Schadensersatzklage verwiesen. Bis weit ins 20. Jahrhundert hinein, genauer gesagt bis zur Reformperiode der siebziger Jahre, war es für Arbeitnehmer, die ungerechtfertigt entlassen worden waren, ein nahezu aussichtsloses Unterfangen, auf Wiedereinstellung (*reinstatement*) zu klagen.[282] Bis zu einem Urteil des House of Lords im Jahre 1853 bestand im *Common law* noch nicht einmal Klarheit, ob es überhaupt ein Klagerecht wegen ungerechtfertigter Entlassung (*wrongful dismissal*) geben dürfe. Die Richter hatten eine Weile mit dem Gedanken gespielt, den Dienstvertrag so zu interpretieren, daß er für den Arbeitgeber lediglich die Pflicht zur Zahlung schon erarbeiteten Lohns, nicht aber eine Pflicht zur Aufrechterhaltung der Arbeitsbeziehung beinhaltet hätte.[283] Diese Auffassung wurde aber 1853 durch eine Entscheidung des House of Lords überwunden. Nachdem die Klage wegen *wrongful dismissal* definitiv zugelassen war, konnten Arbeitnehmer also Schadensersatz erwirken; der

---

[281] Vgl. Freedland, Contract of Employment, S. 274.
[282] G. de N. Clark, Unfair Dismissal and Reinstatement, in: Modern Law Review 82 (1969), S. 532–546. Zum gegenwärtigen Stand der Rechtsprechung: Lord Wedderburn, Companies and Employees: Common Law or Social Dimension?, in: ders., Labour Law and Freedom, S. 81–131, S. 103 ff.
[283] Vgl. Freedland, Contract of Employment, S. 21 ff.

Rechtsterminus hierfür hieß *damages in lieu of notice*. Die Höhe des Schadensersatzes richtete sich nach der Länge der Kündigungsfrist. Bei einer wöchentlichen Kündigungsfrist betrug der Schadensersatz einen Wochenlohn, bei einer monatlichen Kündigungsfrist einen Monatslohn. Höhere Summen waren für die Masse der Handarbeiter, Hausbediensteten und kleinen Angestellten nur in Ausnahmefällen zu erzielen. Ähnliches galt, wenn ein Arbeitgeber eine gegebene Beschäftigungszusage nicht einhielt, also sich weigerte, einen bereits geschlossenen Vertrag zu erfüllen (*repudiation of contract*). Auch diese Klageform wurde erst um die Mitte des 19. Jahrhunderts möglich. Überdies war der Arbeitnehmer in diesem Fall angehalten, den Schaden möglichst zu begrenzen, indem er sich ungesäumt um eine andere (vergleichbare) Beschäftigung bemühte. Man nannte dies die Pflicht zur *mitigation of damages*.[284]

Die Klage wegen *wrongful dismissal* barg für den Arbeitnehmer ein zusätzliches Risiko: Stellte sich im Laufe des Verfahrens heraus, daß die fristlose Entlassung doch gerechtfertigt gewesen war, verlor der Arbeitnehmer nicht nur seinen Anspruch auf Schadensersatz *in lieu of notice*, sondern er verwirkte auch den gesamten noch ausstehenden, bereits erarbeiteten Lohn, soweit er noch nicht gezahlt worden war (*forfeiture*). Diese Verwirkungs-Regel des *Common law* hatte einen erkennbar strafenden Charakter. Sie bedeutete besonders für das ländliche Gesinde eine große Härte, weil *farm servants* meist für ein ganzes Jahr eingestellt waren und das Gros ihres Lohns oft erst am Jahresende erhielten.[285] Die Härte wurde damit gerechtfertigt, daß ein Vertrag für ein ganzes Jahr nicht teilbar sei, somit auch die Gegenleistung, der Lohn, nur ganz oder gar nicht fällig werde. Es ist kein Zufall, daß diese spitzfindige Argumentation um 1800 zuerst gegen Landarbeiter sowie gegen Pächter entwickelt wurde.[286] Theoretisch hätte die Regel vom ‚ganzen‘ Vertrag ebenso gegen Arbeitgeber gewendet werden können; einem auf Jahresbasis beschäftigten Landarbeiter oder Handlungsreisenden hätte dann logischerweise im Falle der ungerechtfertigten Entlassung der gesamte Jahreslohn zustehen müssen. Die englischen *Common law*-Gerichte folgten dieser Logik jedoch nicht; Arbeitnehmer hatten in solchen

---

[284] Vgl. Atiyah, Freedom of Contract, S. 425–430.

[285] In der Forschung besteht Uneinigkeit darüber, wie verbreitet jährliche Dienstverträge im 19. Jahrhundert noch waren. Vgl. zuletzt: Stephen Caunce, Farm Servants and the Development of Capitalism in English Agriculture, in: Agricultural History Review 45 (1997), S. 49–60.

[286] Zu den frühen Fällen vgl. Atiyah, Freedom of Contract, S. 414f. u. 488. Atiyah hält es nicht für nötig, auf diese Einseitigkeit hinzuweisen. Vgl. dagegen Horwitz, Transformation (1977), S. 186f.

Fällen lediglich das Recht, den bereits erarbeiteten Anteil des Jahreslohns sowie Schadensersatz für die ungerechtfertigte Entlassung in einer je nach Umständen zu bemessenden Höhe einzuklagen.[287] In vielen amerikanischen Bundesstaaten scheint die Rechtsprechung in diesem Punkt dagegen konsequenter verfahren zu sein.[288]

FAZIT

Es fällt schwer, die ungleiche Anwendung der Regel vom ‚ganzen‘ Vertrag sowie die zögerliche Anerkennung der Klage wegen *wrongful dismissal* im englischen *Common law* des frühen 19. Jahrhunderts nicht als Beispiele von Klassenjustiz zu werten. In den gleichen Zeitraum fiel auch die Erfindung der Doktrin der ‚gemeinsamen Beschäftigung‘ (1837). Von der Periodisierung her ergibt sich hier eine Übereinstimmung mit den Ergebnissen der sozialhistorischen Forschung zur Normdurchsetzung auf der Ebene der Friedensgerichte. Erinnert sei an die Arbeiten von Douglas Hay und E.P. Thompson. Demnach muß man vor allem das frühe 19. Jahrhundert als eine Zeit der Verhärtung gesetzgeberischer und richterlicher Einstellungen gegenüber Arbeitnehmern, insbesondere Handarbeitern, ansehen. Der zunehmenden Kriminalisierung des Vertragsbruchs im statutarischen *law of master and servant* entsprachen die asymmetrischen Regeln im zivilen *law of contract*. Unbestreitbar bewiesen die *Common law*-Richter der ersten Jahrhunderthälfte eine erstaunliche Kreativität, wenn es darum ging, neue Doktrinen gegen Arbeitnehmeransprüche zu erfinden oder Gründe zu suchen, warum ein für Arbeitnehmer potentiell nützlicher Klagetyp unzulässig sei. Dagegen ist etwa seit 1850 ein Bemühen der *Common lawyers* um eine reziproke Regelanwendung erkennbar. Das äußerte sich zumindest in den Be-

---

[287] Vgl. Diamond, Master and Servant, S. 96 f., 217, 220 f. Zu den berücksichtigten Umständen zählte die übliche Dauer der Kündigungsfristen in den betreffenden Branchen und die Chancen eines Arbeitnehmers, gleichwertige Beschäftigung zu finden.

[288] Vgl. Peter Karsten, „Bottomed on Justice": A Reappraisal of Critical Legal Studies Scholarship Concerning Breaches of Labor Contracts by Quitting or Firing in Britain and the U.S., 1630–1880, in: American Journal of Legal History 34 (1990), S. 214–261. Der Aufsatz beschäftigt sich, trotz des anderslautenden Titels, fast ausschließlich mit den USA. Die englische *Common law*-Doktrin wird lediglich als Kontrastfolie vorgestellt. Karsten versteht seinen Beitrag als Kritik an den oben (Fn. 286) zitierten Bemerkungen von Horwitz und an einem darauf aufbauenden Aufsatz von Wythe Holt, Recovery by the Worker Who Quits: A Comparison of the Mainstream, Legal Realist, and Critical Legal Studies Approaches to a Problem of Nineteenth Century Contract Law, in: Wisconsin Law Review, Jg. 1986, S. 677–732. Aufgrund seiner empirischen Erhebung kommt Karsten zu dem Schluß, daß Horwitz' Klassenjustiz-These übertrieben sei. Der Streit läßt sich m.E. zum Teil durch eine genauere Periodisierung lösen.

reichen des individuellen Vertragsrechts, die noch ‚flüssig‘, das heißt nicht durch Präjudizien festgelegt waren.

Man findet daher im *Common law* nach der Jahrhundertmitte weniger Beispiele für offenkundige neue Asymmetrien; statt dessen zeigte sich eine zunehmende Wertschätzung der formalen Gleichbehandlung und der strikten Prinzipienanwendung. Die auf dem Gleichheitsgrundsatz beruhende Kampagne der Gewerkschaften für eine Revision des statutarischen *law of master and servant* stieß somit bei den *Common law*-Juristen auf ein gewisses Entgegenkommen. Dieses erstreckte sich jedoch immer nur auf das individuelle, niemals auf das kollektive Arbeitsrecht. Während sich im Bereich des Individualarbeitsrechts die Konfliktzonen langsam verminderten, dauerte der Kampf zwischen Richterschaft und Arbeiterbewegung um die Rechte der Gewerkschaften bis zum Beginn des 20. Jahrhunderts an. Mehrere legislative Interventionen waren nötig, um diesen Streit zu beenden. In anderen Feldern (Minimallohngesetzgebung, Sozialversicherung) sorgte der Gesetzgeber nach 1906 von vornherein dafür, daß die Normdurchsetzung größtenteils am *Common law* vorbei organisiert wurde. Die *Common law*-Juristen interpretierten diese Vorgänge als unzulässige Eingriffe in die Vertragsfreiheit, die Historiker und Theoretiker der Arbeiterbewegung hingegen sahen darin eine zumindest partielle Befreiung aus der ‚Klassenjustiz‘.

Die beiden Meistererzählungen, diejenige der Arbeiterbewegung und diejenige der *Common law*-Juristen, lassen sich somit, was die Periodisierung angeht, durchaus miteinander vereinbaren. Fügt man beide Erzählungen zusammen, stützen sie sich gegenseitig und ergeben ein Bild des 19. und frühen 20. Jahrhunderts, das über weite Strecken vom Antagonismus zwischen Arbeiterschaft und Rechtssystem geprägt war. Die Zonen der Konfrontation verschoben sich dabei vom individuellen Vertragsrecht zu den kollektiven Rechten; die gegenseitige Abstoßung und das Mißtrauen blieben erhalten. Die Schlußfolgerung liegt nahe, daß sich die Arbeitnehmer im 20. Jahrhundert aus diesem Grund endgültig vom Recht abwandten und daß die *Common law*-Juristen ihrerseits (wenn auch eher gezwungen) darauf reagierten, indem sie die Probleme des Arbeitslebens links liegen ließen.

So plausibel dieser Schluß scheinen mag, so unübersehbar sind die ‚blinden Stellen‘ in beiden Erzählungen. Diese ‚blinden Stellen‘ lassen sich auch dadurch nicht aufhellen, daß man die Erzählungen miteinander verknüpft. Wie gesehen besteht die gravierendste Schwäche beider Erzählungen in der Mißachtung dessen, was in den Friedensgerichten und Grafschaftsgerichten vor sich ging. In der herkömmlichen Rechtshistorie zum *Common law* ist diese Ignoranz noch ausgeprägter als in der Arbeiterhistorie, die sich wenig-

stens mit der Rechtsprechung der Friedensgerichte bis 1875 beschäftigt hat.
Doch haben die am Recht interessierten Sozialhistoriker aufgrund ihrer nahezu ausschließlichen Fixierung auf das den Handarbeitern geltende statutarische *law of master and servant* im Gegenzug das zivile Vertragsrecht
weitgehend außer acht gelassen. Wie weit sich die Friedensrichter und Grafschaftsrichter in ihrer Spruchpraxis vom *Common law* lenken ließen, wie
weit sie eigenen Urteilsmaßstäben folgten, ist eine offene Frage. Haben somit die Sozialhistoriker den juristischen Überbau vernachlässigt, fehlt bei
den Rechtshistorikern der soziale Unterbau. Um den gemeinsamen *plot* beider Meistererzählungen zu überprüfen und, wenn nötig, zu korrigieren,
muß man daher Rechtsgeschichte der *Common law*-Juristen ‚vom Kopf auf
die Füße‘ stellen und die Sozialgeschichte des Rechts ‚von den Füßen auf
den Kopf‘ stellen. Genau das wird in dieser Arbeit unternommen.

Die Untergerichte waren der Ort, an dem sich zeigen mußte, was das
Common law für den Arbeitsalltag wirklich bedeutete. Hier wurden zuerst
die Probleme verhandelt, die oft erst Jahre, manchmal Jahrzehnte später
(und manchmal überhaupt nicht) bis vor die höchsten Gerichte gelangten.
Hier fanden die Begegnungen statt, in denen sich entschied, wie die beiden
Welten, die Welt der Arbeit und die Welt des Rechts, einander wahrnahmen
und aufeinander reagierten. Wenn es im Laufe des 19. und frühen 20. Jahrhunderts zu einer Entfremdung zwischen beiden Welten kam, müssen hier
die Gründe dafür gesucht werden. Die folgende Untersuchung läßt sich jedoch vom Telos der beiden Meistererzählungen nicht leiten. Sie ist vielmehr
so angelegt, daß das Resultat offen bleibt. Das Ergebnis kann eine modifi-
zierte Version der bekannten Erzählung oder eine neue ‚große‘ Erzählung
sein. Unabhängig von der nationalen und vergleichenden Makrohistorie
verspricht jedoch die Mikrohistorie der vielen kleinen Begegnungen vor
Gericht Erkenntnisse eigener Art. Diese zielen auf eine Geschichte der
Streitkulturen und der Formen rechtlicher und außerrechtlicher Konfliktlösung. Das Ergebnis ist somit nicht nur eine einmalige Nationalgeschichte,
sondern auch eine Geschichte, deren Elemente und Verlaufsmuster prinzipiell wiederholbar sind.

II. DIE NACHLASSENDE ATTRAKTIVITÄT DER GERICHTE

1. Institutioneller Pluralismus und Angebotstheorie des Streitverhaltens

Warum gehen Menschen überhaupt vor Gericht? Warum prozessieren sie einmal bereitwillig, ja geradezu mit Hingabe, dann hingegen nur widerstrebend und erst nachdem alle anderen Möglichkeiten erschöpft sind? Wie kommt es, daß die Klagefreudigkeit im Laufe der Zeiten und zwischen den nationalen Rechtskulturen offenbar erheblichen Schwankungen unterliegt? Das Konfliktverhalten der Menschen zu ergründen, gehört zu den schwierigsten Aufgaben einer Kulturgeschichte des Rechts. Will man sich nicht mit der Erzählung einzelner Fälle begnügen oder mit der schlichten Auskunft zufriedengeben, daß bestimmte Völker, Gruppen oder Individuen eben ,streitsüchtiger' seien als andere, kommt man um komplexere Erklärungsversuche nicht herum. Eine notwendige, wenn auch nicht hinreichende Vorbedingung dafür ist die statistische Erhebung der Klagetätigkeit und der Klageerfolge, wenn möglich differenziert nach Gerichten, nach Art der Klagen und nach sozialer Position und Geschlecht von Klägern und Beklagten. Für Arbeitsstreitigkeiten im England des Industriezeitalters liegen justizstatistische Untersuchungen bisher nur in Form von Fallstudien zu einzelnen Gesetzen vor. Dabei stand vornehmlich der Zeitraum bis 1875 im Mittelpunkt. In den folgenden Abschnitten wird versucht, für die Zeit von 1850 bis zum Beginn zwanziger Jahre des 20. Jahrhunderts einem Gesamtüberblick näherzukommen. Neben der ordentlichen Lokalgerichtsbarkeit werden dabei auch freiwillige Schieds- und Einigungsinstanzen berücksichtigt.

Diesem Vorhaben sind allerdings durch die Quellenlage Grenzen gesetzt. Offizielle Justizstatistiken, unterteilt in eine strafrechtliche und eine zivilrechtliche Serie, gibt es in Großbritannien seit 1857. Sie wurden in den *Parliamentary Papers* veröffentlicht, waren bis zum Ersten Weltkrieg vergleichsweise ausführlich und sind – bei allen quellenkritischen Vorbehalten, die man gegen zeitgenössische Statistiken anmelden muß – einigermaßen verläßlich.[1] Leider enthalten diese Statistiken über weite Strecken nicht das,

---

[1] Für die Jahre 1858 bis 1913 erschienen die Justizstatistiken regelmäßig ein bis zwei Jahre später in den *Parliamentary Papers*, während des Ersten Weltkrieges wurden die Statistiken im

was den Sozialhistoriker interessiert. Die Streitgegenstände erscheinen dort nicht für alle Gerichte spezifiziert, und wo dies der Fall ist, werden oft juristische Kategorien wie zum Beispiel *breach of contract* verwendet, die keine Rückschlüsse auf die Fakten des Falles und die Art der Beziehung zwischen den Beteiligten erlauben. Erfolgsquoten sind ebenfalls meist nur pauschal ausgewiesen, und sozialgeschichtlich verwertbare Angaben zu Klägern und Beklagten finden sich selten. Immerhin sind aber für einige zweifelsfrei als Arbeitskonflikte identifizierbare Klagetypen (*wrongful dismissal*, Klagen unter den *Master and Servant Acts*, *Employers' Liability* und *Workmen's Compensation Acts*) Zahlenangaben vorhanden, aus denen sich langfristige Veränderungen der Prozeßhäufigkeit und zum Teil auch die Prozeßergebnisse ablesen lassen. Für darüber hinausgehende Fragen bin ich auf eigene Zählungen und Schätzungen angewiesen, die sich auf mein aus Gerichtsakten und publizierten Fallberichten gewonnenes Sample stützen.

Trotz der damit verbundenen, unvermeidlichen Unsicherheiten kann ein Befund als gesichert gelten: Gemessen an der Klagetätigkeit insgesamt nahm die Zahl der Arbeitsstreitigkeiten vor den ordentlichen Lokalgerichten im Laufe des Untersuchungszeitraums ab. Bei manchen Klagetypen, so insbesondere bei Klagen unter dem *Employers and Workmen Act*, ist seit Mitte der siebziger Jahre des 19. Jahrhunderts sogar ein Rückgang in absoluten Zahlen zu verzeichnen, was angesichts der zunehmenden Beschäftigtenzahl, und damit der zunehmenden Zahl potentiell rechtsrelevanter Konflikte, darauf hindeutet, daß die ordentlichen Lokalgerichte (Friedensrichter, Grafschaftsgerichte) als Instanzen der Konfliktregelung immer mehr an Attraktivität einbüßten. Der Oberste Gerichtshof fiel als Ort für Arbeitsstreitigkeiten *quantitativ* nicht ins Gewicht und braucht daher in diesem Kapitel nicht eigens behandelt zu werden.[2] Seine Bedeutung lag primär in der Funk-

---

Umfang erheblich reduziert und für einige Jahre nicht in den *Parliamentary Papers* veröffentlicht. Nach dem Krieg wurden vor allem die *Civil Judicial Statistics* nur noch in stark vermindertem Umfang und in veränderter Form fortgeführt. Eine Auflistung der Fundorte der Justizstatistiken in den *Parliamentary Papers* findet sich bei: P. Ford u. G. Ford, Select List of British Parliamentary Papers, 1833–1899, Shannon (Ireland) 1969, App. IV, S. 149; dies., A Breviate of Parliamentary Papers, 1900–1916, Shannon (Ireland) 1969, S. 458 f. (für 1900 bis 1938). Für die Siglen der Microfiche-Edition bis 1898 siehe: Peter Cockton, Subject Catalogue of the House of Commons Parliamentary Papers 1801–1900, Bd. 1, Cambridge 1991, S. 610 f. Außer bei wörtlichen Zitaten oder direkten Bezugnahmen auf eine einzelne Statistik wird auf Nachweise verzichtet.

2	Was erstinstanzliche Arbeitsstreitigkeiten vor dem Obersten Gerichtshof (bis 1873/75 den *Common law*-Gerichten) in London angeht, so lassen sich den offiziellen Justizstatistiken immerhin für einen wichtigen Klagegegenstand (*wrongful dismissal*) Zahlenangaben entnehmen. Danach machten Prozesse wegen ungerechtfertigter Entlassung im Zeitraum von 1867 bis 1898 stets etwa ein Prozent aller Klagen vor dem Obersten Gerichtshof aus. In absoluten

tion als Berufungsinstanz, die durch ihre Entscheidungen die Normen des *Common law* veränderte und so mittelbar auch die Praxis der Lokalgerichte lenkte. Auf diese qualitativen Aspekte der Rechtsprechung der höheren Gerichte wird in späteren Kapiteln eingegangen.

Unter quantitativem Gesichtspunkt kann man insgesamt durchaus von einer Flucht englischer Arbeitnehmer und Arbeitgeber aus dem Recht, das heißt dem gewöhnlichen Recht der ordentlichen Gerichtsbarkeit, sprechen. Dieser Befund ist um so bemerkenswerter, wenn man zum Vergleich die aus offiziellen Statistiken ermittelbaren Zahlen zur Spruchtätigkeit der deutschen Gewerbe-, Kaufmanns- und Arbeitsgerichte zwischen 1890 und 1929 dagegenhält. Hier kam es, wie zu zeigen sein wird, zu einem steilen Anstieg der Klagetätigkeit, der durch den Ersten Weltkrieg nur kurzzeitig unterbrochen wurde. Im Verhältnis zur Zahl der Beschäftigten, die jeweils unter die Jurisdiktion fielen, klagten deutsche Arbeitnehmer und Arbeitgeber in den Jahren vor dem Ersten Weltkrieg vor den Gewerbe- und Kaufmannsgerichten etwa fünfzehn mal so häufig wie englische Arbeitnehmer und Arbeitgeber vor den Friedens- und Grafschaftsgerichten.[3] Bedenkt man, daß in Deutschland zusätzlich auch die ordentlichen Gerichte (Amtsgerichte, Landgerichte) sowie Innungsschiedsgerichte mit Arbeitsstreitigkeiten befaßt waren, wird der Abstand zwischen den beiden Rechtskulturen noch größer. Andere justizförmige Institutionen, die auf englischer Seite in den Vergleich einbezogen werden müßten, fehlen; die freiwilligen Schieds- und Einigungsstellen blieben, wie sich zeigen wird, als Instanz zur Lösung von Individualkonflikten wenig bedeutsam, und eine den Gewerbegerichten vergleichbare Sondergerichtsbarkeit gab es nicht.

Wie ist es zur Flucht aus dem Recht und damit zur fortschreitenden Entrechtlichung der Arbeitsbeziehungen in England gekommen? Waren englische Arbeitnehmer und Arbeitgeber weniger ‚streitsüchtig‘ als die deutschen, oder waren ihre Beziehungen tatsächlich konfliktärmer, so daß sich der enorme Unterschied bei der Prozeßhäufigkeit auf diese Weise – sozusagen von der Nachfrageseite her – erklären ließe? Abgesehen davon, daß Phänomene wie Streitsucht oder die Konflikthaltigkeit von Situationen als

---

Zahlen waren das nie mehr als 30 Klagen pro Jahr. Hinzu kamen noch etwa ein bis maximal zwei Dutzend Fälle, die vor den in den Provinzen rundreisenden *Common law*-Richtern in den *courts of assize* entschieden wurden. So weit sich den *Law Reports* entnehmen läßt, handelte es sich bei den Klägern vor allem um leitende Angestellte (Manager, Filialleiter, Geschäftsreisende) sowie Schauspieler, Journalisten, Schuldirektoren und andere höher qualifizierte Arbeitnehmer, bei denen die Streitwerte im Fall der Entlassung über den für die Grafschaftsgerichte geltenden Grenzen lagen.

3 Vgl. die Grafiken 2.3, 3.1 und 5.2. und die vergleichende Analyse der Zahlen in Kap. II.5.

Massenerscheinung schwer nachzuweisen sind, gibt es gute Gründe dafür, zunächst nach einer eher angebotsorientierten, das heißt vor allem institutionengeschichtlichen Erklärung des Konfliktverhaltens zu suchen. Das gilt übrigens nicht nur für England im 19. und frühen 20. Jahrhundert, sondern generell.[4] Ob Streitigkeiten mithilfe der ordentlichen Justiz oder auf anderem Wege gelöst werden, hängt dieser Ausgangsvermutung zufolge zu einem guten Teil davon ab, wie weit die zur Verfügung stehenden Institutionen fähig sind, den spezifischen Bedürfnissen der Streitenden entgegenzukommen. Im Falle Englands mögen unter anderem der strenge Formalismus des *Common law*, die unterschiedslose Behandlung von Arbeitsverträgen als gewöhnliche Verträge zwischen gleichen Partnern, die geringe Flexibilität des Verfahrens und nicht zuletzt die hohen Prozeßkosten viele potentiell klagebereite Arbeitnehmer und Arbeitgeber von einem Gang zum Gericht abgehalten haben. Für die in Westminster angesiedelten höchsten Gerichte und ihre regionalen Ableger, die nur an jeweils wenigen Tagen pro Jahr in bestimmten Provinzstädten tagenden Assizengerichte (*courts of assize*), kam als zusätzlicher Hinderungsgrund die große räumliche und zeitliche Distanz zum Streitgeschehen hinzu. Die *Common law*-Richter konnten aufgrund ihrer Ausbildung und ihres Gesichtskreises nicht die Sachkenntnis besitzen, die sie in den Augen rechtssuchender Geschäftsleute oder Arbeitnehmer benötigten.

Lassen sich für die fehlende Anziehungskraft der *Common law*-Gerichte allerhand plausible Gründe benennen, vor allem die hohen Kosten, ist es nicht ohne weiteres einzusehen, warum auch die lokalen Friedens- und Grafschaftsgerichte für klagende Arbeitnehmer und Arbeitgeber so unattraktiv gewesen sein sollen. Beide Institutionen waren dicht genug gestreut und nahe genug am Geschehen, um auf lokale Besonderheiten eingehen und sich mit den typischen Konflikten ortsansässiger Industrien vertraut machen zu können. Beide Gerichte waren zwar theoretisch an das *Common law* gebunden, es ist jedoch fraglich, wie weit sich Friedensrichter und Grafschaftsrichter tatsächlich an dessen rigide Formalismen hielten. Die bisher vorliegenden Fallstudien zu beiden lokalen Gerichtstypen zeigen eher eine uneinheitliche, örtlichen Gewohnheiten verpflichtete, manchmal bis hin zur Idiosynkrasie neigende Spruchpraxis. Unter den Berufsfriedensrichtern und Grafschaftsrichtern gab es durchaus populäre Figuren, manche von ihnen waren als Schlichter bei Arbeitskämpfen sehr geschätzt, vielfach

---

[4] Vgl. Blankenburg, Mobilisierung des Rechts, S. 27–30 u. 95–105; ders., Prozeßflut und Prozeßebbe. Über die Fähigkeit der Gerichte, mit Rechtsstreitigkeiten fertig zu werden, in: ders. (Hg.), Prozeßflut?, S. 9–20, hier bes. S. 11 ff.

nahmen auch die Gerichtsprozesse den Charakter von informellen Verhandlungen an. Für einen allgemeinen Vertrauensverlust in den Gerechtigkeitssinn der lokalen Rechtsprechungsorgane finden sich, jedenfalls bis zu den siebziger Jahren des 19. Jahrhunderts, nur wenig Anzeichen.

Allerdings, das muß betont werden, sind unter diesem Aspekt bisher vorwiegend die frühen und mittleren Jahrzehnte des 19. Jahrhunderts untersucht worden. Die eigentliche Abkehr von den ordentlichen Gerichten auf lokaler Ebene setzte bei englischen Arbeitnehmern und Arbeitgebern erst später, im letzten Drittel des 19. Jahrhunderts, ein. Vorher waren die lokalen Gerichte noch Bestandteile eines Systems gewesen, das man mit dem Begriff *legal pluralism* bezeichnet hat.[5] Unter ‚rechtlichem Pluralismus' hat man ein System zu verstehen, in dem verschiedene Institutionen der Konfliktregulierung, rechtliche sowohl als außerrechtliche, um die Gunst (oder wenn man so will: die Kundschaft) potentieller Streitparteien konkurrieren. Im viktorianischen England war die ordentliche, dem *Common law* verpflichtete Justiz nur eine dieser Institutionen. Daneben gab es eine Vielzahl von freiwilligen Schiedsstellen und lokalen Sondergerichtsbarkeiten aller Art, zu denen sich im Laufe des 19. und frühen 20. Jahrhunderts als neue Erscheinung auch administrative Instanzen mit quasi-judikativen Funktionen gesellten, beispielsweise die Fabrikinspektoren, die *Railway and Canal Commission* oder die *National Insurance Commissioners*.[6] Ob man für die Zeit bis zur Mitte des 19. Jahrhunderts überhaupt von einer ‚ordentlichen' lokalen Gerichtsbarkeit in England sprechen sollte, ist bezweifelt worden.[7] Die Friedensgerichte unterschieden sich in den Details der Organisation und vor allem in ihrer Tätigkeit erheblich voneinander. Ähnliches scheint

---

[5]　Hierzu vor allem: Arthurs, ‚Without the Law'. Allgemein zum Ansatz des *legal pluralism*: Marc Galanter, Justice in Many Rooms, in: Journal of Legal Pluralism 1 (1981), S. 1–48.

[6]　Vgl. hierzu neben der Publikation von Arthurs, ‚Without the Law', auch die frühe Arbeit von Otto Koellreutter, Verwaltungsrecht und Verwaltungsrechtsprechung im modernen England. Eine rechtsvergleichende Studie, Tübingen 1912. Über Koellreutters spätere Rolle im Nationalsozialismus: Michael Stolleis, Recht im Unrecht. Studien zur Rechtsgeschichte des Nationalsozialismus, Frankfurt/Main 1994, bes. S. 116 ff. u. 138 ff. Für Arbeitsstreitigkeiten besaßen die administrativen Spruchinstanzen nur eine begrenzte Bedeutung. Wichtig wurden die innerbehördlichen, oft undurchschaubaren, weil kaum gesetzlich geregelten Beschwerde- und Konfliktlösungsprozeduren besonders für Angestellte der Lokalverwaltungen sowie Lehrer. Kritisch dazu aus Sicht der zeitgenössischen Juristenschaft: W. J. L. Ambrose, The New Judiciary, in: Law Quarterly Review 26 (1910), S. 203–214. Zu den Lehrern siehe auch unten, Kap. III.3.

[7]　Siehe Arthurs, ‚Without the Law', S. 32 ff. u. 38 ff.; ders., Special Courts, Special Law: Legal Pluralism in Nineteenth-Century England, in: G.R. Rubin u. David Sugarman (Hg.), Law, Economy and Society, 1750–1914: Essays in the History of English Law, Abingdon 1984, S. 380–411.

auch noch bei den frühen Grafschaftsgerichten der Fall gewesen zu sein, wenngleich diese im Jahr 1847 im Prinzip einheitlich für ganz England und Wales, mit Ausnahme der *City of London*, eingerichtet wurden. Eine größere Uniformität der Praxis scheint aber auch hier erst um die siebziger Jahre des 19. Jahrhunderts eingekehrt zu sein. Überdies besaßen Friedensrichter und Grafschaftsgerichte etwa im Bereich der Arbeitsstreitigkeiten, aber nicht nur dort, zum Teil eine konkurrierende Rechtsprechung. Schließlich glichen selbst die höchsten Gerichtshöfe in Westminster bis zur großen Justizreform von 1873–75 eher einer vielköpfigen Hydra als einem rational strukturierten, einheitlichen Bau; ihre Entscheidungstätigkeit basierte zum Teil auf unterschiedlichen Prinzipien, *Common law* und *equity*, bevor beide Rechtsmaterien durch die Justizreform für den gesamten neugeschaffenen Obersten Gerichtshof zu verbindlichen Traditionen erklärt wurden.[8] Kurzum, wer prozessieren wollte, konnte im England des 19. Jahrhunderts unter einer großen Zahl von Institutionen der Konfliktregulierung wählen. Vor allem auf lokaler Ebene bestand dabei ein fließender Übergang zwischen justizförmigen Institutionen, die ihre Normen zumindest der Theorie nach vom *Common law* bezogen, und anderen Einrichtungen, deren Urteilsmaßstäbe nur zum Teil den strengen Maßstäben des Rechts genügten. Wie sich der Pluralismus der Institutionen auf die Prozeßfreudigkeit auswirkte, wie er die Erfolgschancen verschiedener sozialer Gruppen positiv oder negativ beeinflußte, ist bisher nur in sehr allgemeiner Form erörtert worden. Die folgenden Abschnitte versuchen, diese Fragen im Hinblick auf Arbeitnehmer und Arbeitgeber genauer zu beantworten. Dazu wird die in der Rechts- und Sozialgeschichte übliche, lediglich auf einzelne Gesetze oder einzelne Gerichtstypen zentrierte Betrachtungsweise verlassen und durch den Blick auf das Wechselspiel der Institutionen ersetzt.

Nun gibt es in der zweiten Hälfte des 19. Jahrhunderts Anzeichen für eine Verminderung pluralistischer Elemente im System der im weitesten Sinne rechtsprechenden Instanzen. Der wohl wichtigste Schritt auf diesem Weg zu mehr Uniformität war die Schaffung der Grafschaftsgerichte (1847), der zweite große Schritt war dann die Reform der Spitze der ordentlichen Gerichtsbarkeit in den Jahren 1873–75. Durch verschiedene Reformen des Berufungswesens und andere Maßnahmen wurden im Laufe der zweiten

---

[8] Zur großen Justizreform, zur Organisation und Arbeitsweise der höheren Gerichte vor und nach 1875 gibt es gute Überblicksdarstellungen, weshalb hier nicht näher darauf eingegangen werden muß. Vgl. zuletzt mit Literaturhinweisen: Cornish u. Clark, Law and Society, S. 18–28, 40–45, 92 ff.; Konrad Zweigert u. Hein Kötz, Einführung in die Rechtsvergleichung auf dem Gebiete des Privatrechts, 3. neubearb. Aufl., Tübingen 1996, S. 195 ff. u. 204 ff.

Jahrhunderthälfte die Friedens- und Grafschaftsrichter einer effektiveren Aufsicht durch die *Common law*-Gerichte und das Amt des Lordkanzlers, welches als eine Art Justizministerium fungierte, unterworfen.[9] Beide Schienen der Lokalgerichtsbarkeit gerieten so zunehmend unter die Kontrolle des *Common law*; sie wurden normalisiert, uniformisiert und professionalisiert. Die Friedensrichter verloren zudem im Laufe des 19. Jahrhunderts den größten Teil ihrer administrativen Befugnisse, was sie eindeutiger als zuvor zu Organen der Rechtsprechung werden ließ. Zwar blieben die Friedensrichter selbst überwiegend Laien, aber überall sonst in den Lokalgerichten wuchs die Bedeutung professioneller, im *Common law* geschulter Juristen. Das Laienelement, insbesondere die Einrichtung der Geschworenen, wurde immer weiter zurückgedrängt.

Am Ende des 19. Jahrhunderts war das Gesamtsystem der konfliktregulierenden Institutionen klarer als zuvor in zwei voneinander getrennte Bereiche gespalten: einen rechtlichen Bereich, der die ordentliche Gerichtsbarkeit auf nationaler und lokaler Ebene umfaßte, und einen außerrechtlichen Bereich, dem freiwillige Schiedsorgane, administrative Spruchinstanzen und alle anderen Formen mehr oder weniger informeller Streitschlichtung angehörten. Das Gesamtsystem blieb pluralistisch, aber innerhalb dessen, was nun das ‚gewöhnliche Recht‘ (*ordinary law*) genannt wurde, gab es weniger Vielfalt. Das ‚gewöhnliche Recht‘ sollte für alle Personen und für alle Situationen das gleiche sein. Für Sonderrechte, spezielle Gerichte, lokale Abweichungen sollte im Recht kein Platz mehr sein. Was sich dem gewöhnlichen Recht nicht fügte, gehörte nun begrifflich nicht mehr zum ‚Recht‘, es galt als etwas anderes, als Nicht-Recht, und außerdem als etwas der englischen Tradition Fremdes. Wieder war es Albert V. Dicey, der dieser Auffassung zum Durchbruch verhalf, nicht nur unter den *Common law*-Juristen, sondern darüber hinaus auch in weiten Kreisen der britischen Öffentlichkeit.[10] Diceys definitorische Schärfung des Begriffs *ordinary law* richtete sich vor allem gegen die administrativen Spruchinstanzen, die Fabrikinspektoren, die *Railway and Canal Commission*, die *National Insurance Commissioners*, die verschiedenen mit quasi-judikativen Aufgaben betrauten Behörden und Ministerialabteilungen. Diese Instanzen maßten sich in seinen Augen Funktionen an, die eigentlich dem gewöhnlichen Recht zu-

---

[9] Hierzu unten, Kap. II.2. u. II.3.
[10] Vgl. Albert V. Dicey, Introduction to the Study of the Law of the Constitution (1885), 6. Aufl., London 1902, hier bes. S. 183 f., 189 f., 198 f., 322–349, 485–492. Vgl. zum folgenden und zur Nachwirkung von Diceys Konzept des *rule of law* auch Cosgrove, Rule of Law, S. 78–90.

standen. Dicey verurteilte das Bestreben der Politiker und Beamten in den Verwaltungsinstanzen, sich durch sogenannte ‚privative' Klauseln in Gesetzen sogar der letztinstanzlichen Kontrolle durch den Obersten Gerichtshof entziehen zu wollen. Für ihn waren diese Bestrebungen ein Verstoß gegen den *rule of law*. Die Möglichkeit, daß man die administrativen Spruchinstanzen selbst durch rechtsstaatliche Garantien, Öffentlichkeit des Verfahrens usw. rationalisieren, dabei aber als Sondergerichtsbarkeiten bestehen lassen könnte, zog Dicey nicht in Betracht. Dieser, aus deutscher Sicht ganz naheliegende Gedanke war für ihn, der nur die französischen Verhältnisse als Gegenbild zu England beobachtete, offensichtlich unfaßbar.[11] Mit ihrer begrifflichen Engführung dessen, was ‚Recht' sein sollte, schlossen Dicey und mit ihm die große Mehrheit der Juristen und der britischen Öffentlichkeit jede Möglichkeit für die Anerkennung von Sondergerichtsbarkeiten als vollwertige Instanzen der Rechtsprechung aus. Eine Konstruktion wie die deutschen Gewerbegerichte und später die Arbeitsgerichte konnte unter diesen begrifflichen Voraussetzungen in den Köpfen der britischen Entscheidungsträger nur schwer gedeihen. Eine nennenswerte Rezeption der deutschen Einrichtungen fand in England nicht statt.[12]

Die Engführung des Rechts war aber nicht nur eine begriffliche Angelegenheit, sie hatte auch Auswirkungen auf die alltägliche Praxis im Gerichtssaal, vor allem auf lokaler Ebene. Dort wurde die Rechtsprechung nun nach den Kriterien des *Common law* einheitlicher und professioneller gehandhabt. Sie wurde damit im Sinne des formalen Gleichheitsgrundsatzes zweifellos gerechter, dennoch aber (oder gerade deshalb) aus der Sicht der Streitparteien oft als mechanisch, realitätsfern und letztlich ungerecht empfunden. Vielleicht liegt hier eine Erklärung dafür, daß Arbeitnehmer und Arbeitgeber sich von den Friedens- und Grafschaftsgerichten immer mehr abwandten. Alternativen in Form von Schiedsgerichten oder anderen speziellen Instanzen, die in Arbeitsstreitigkeiten rechtskräftige Urteile fällen konnten, standen, wie gesagt, nicht zur Verfügung. So blieb in vielen Fällen,

---

11 Für kritische Stimmen gegen Diceys irrige Auffassung des französischen *droit administratif* und die englische Diskussion über die rechtliche Kontrolle der Verwaltung siehe William A. Robson, Administrative Law, in: Morris Ginsberg (Hg.), Law and Opinion in England in the 20th Century, London 1959, S. 193–214; Cosgrove, Rule of Law, S. 91–103; John W. F. Allison, A Continental Distinction in the Common Law: A Historical and Comparative Perspective on English Public Law, Oxford 1996; ders., Cultural Difference, the Separation of Powers and the Public-Private Divide, in: Revue Européenne de Droit Public/European Review of Public Law/Europäische Zeitschrift des öffentlichen Rechts 9 (1997), S. 305–333.

12 Siehe unten Kap. II.5.

auch denen, die nur eine Person oder wenige Individuen betrafen, als einziger Ausweg die informelle Verhandlung oder der Arbeitskampf.

Folgt man diesem Gedankengang, wäre das in Großbritannien im 20. Jahrhundert dominierende System des freien kollektiven Verhandelns nicht so sehr das gezielt angestrebte Resultat einer starken Gewerkschaftsbewegung und der sie stützenden politischen Kräfte, sondern eher eine aus der Not geborene Lösung in Ermangelung adäquater rechtlicher Konfliktlösungsformen. Wenn diese These zutrifft, enthielte die Meistererzählung der Arbeiterbewegung ein starkes Element von Wunschdenken, welches im 20. Jahrhundert zur Stabilisierung der einmal entstandenen Verhältnisse beigetragen hätte. In anderer Weise erwiese sich dann auch die Meistererzählung der *Common law*-Juristen als Faktor im Prozeß der Entrechtlichung der britischen Arbeitsbeziehungen: Indem die Juristen alle aufgrund legislativer Eingriffe oder kollektiver Vereinbarung zustandegekommenen quasi-rechtlichen Konfliktlösungsformen dem Bereich des Nicht-Rechts zuordneten, sprachen sie diesen Einrichtungen von vornherein die Legitimität ab, die zu ihrer Weiterentwicklung nötig gewesen wäre. Der Versuch, das ‚gewöhnliche Recht‘ von fremden Elementen reinzuhalten, die begriffliche Engführung des Rechts durch die *Common law*-Juristen, hätten dann im Feld der Arbeitsbeziehungen letztlich zur Selbstmarginalisierung der Justiz geführt. In den folgenden Abschnitten soll geprüft werden, ob sich für diese Umdeutung der Meistererzählungen in der Geschichte der mit Arbeitsstreitigkeiten befaßten Institutionen Anhaltspunkte finden lassen.

2. FRIEDENSRICHTER

SUMMARISCHE RECHTSPRECHUNG UND RELATIVE AUTONOMIE

Der Friedensrichter (*magistrate*) war mindestens bis zur Mitte des 19. Jahrhunderts für die meisten Engländer die erste und einzige Stelle, an der sie mit dem Recht in Berührung kamen. Nach der Jahrhundertmitte traten für zivile Streitigkeiten die Grafschaftsgerichte hinzu, doch der *magistrate's court* blieb wegen der vergleichsweise niedrigen Gebühren und aufgrund seiner schnellen Erreichbarkeit das Arme-Leute-Gericht *par excellence*.[13] Diese typisch englische Institution, in der Laien über ihresgleichen zu Ge-

---

[13] Vgl. W.A. Hunter, Mr. Cross's Labour Bills, in: Fortnightly Review 18 (1875), S. 217–227, S. 225 f.: „The magistrate's court is the poor man's court, and only through that court does the bulk of the people ever come to know anything of the law".

richt sitzen, hat bisher alle ihre Kritiker überdauert und existiert, wenn auch in gewandelter Form, bis heute.[14] Ursprünglich zur Aufrechterhaltung der öffentlichen Ordnung ins Leben gerufen, waren die Friedensrichter seit jeher vor allem mit der Ausübung der Strafgewalt betraut. Daneben besaßen sie auch im Bereich des Zivilrechts Befugnisse, so unter anderem die Rechtsprechung unter dem *Employers and Workmen Act*. Außerdem erfüllten sie eine Fülle administrativer Aufgaben, angefangen von der Lizenzvergabe für Schankwirtschaften über die Verwaltung der Lokalsteuern bis hin zur Aufsicht über Straßen- und Brückenbau, Polizei, Gefängnisse und Irren- und Armenanstalten. Damit waren die *magistrates* im 18. und frühen 19. Jahrhundert nicht nur Richter, sondern zugleich auch die Hauptorgane der Lokalverwaltung. Diese administrativen Kompetenzen brauchen hier nicht weiter zu interessieren, zumal sie den Friedensrichtern im Laufe des 19. Jahrhunderts durch eine Serie von Reformen zum größten Teil genommen und statt dessen gewählten Körperschaften oder staatlichen Organen übertragen wurden.[15] Die richterlichen Funktionen rückten so in den Städten ab 1835, in den Grafschaften ab 1888 in den Mittelpunkt der Tätigkeit der *magistrates*.

Hier war es nun vor allem die Strafgewalt, die den Friedensrichtern Autorität verlieh und ihr Erscheinungsbild in der Öffentlichkeit prägte. Viermal pro Jahr, bei Bedarf öfter, traten die Friedensrichter in den Grafschaften und *boroughs* zu sogenannten *quarter sessions* zusammen, um dort unterstützt von den Geschworenen über alle Straftaten zu urteilen, mit Ausnahme der Fälle, bei denen die Todesstrafe vorgeschrieben war; diese mußten vor den *courts of assize* verhandelt werden. Das umständliche Verfahren mit *jury* fand jedoch nur bei schweren Strafsachen, den sogenannten *indictable offences*, Anwendung. Bei einer großen Zahl kleinerer Vergehen und Ordnungswidrigkeiten, darunter auch Verstößen gegen die *Master and Servant Acts*, waren die Friedensrichter befugt, allein oder zu zweit in sogenannten *petty sessions* Strafen auszusprechen und Anordnungen zu treffen. Man sprach hier von der ‚summarischen Rechtsprechung' (*summary juris-*

---

[14] Zur Geschichte der Friedensrichter: Esther Moir, British Institutions. The Justice of the Peace, Harmondsworth 1969; Sir Thomas Skyrme, History of the Justices of the Peace, 3 Bde., Chichester 1991 (eine umfangreiche, aber in den Details nicht immer verläßliche Darstellung). Zu den Reformen der jüngsten Vergangenheit: Jackson's Machinery of Justice, ed. J. R. Spencer, Cambridge 1989 (= 7. rev. Aufl. von: R.M. Jackson, The Machinery of Justice in England, zuerst 1940), S. 184–193 u. 403–419.

[15] Die wichtigsten Stationen des Kompetenzverlusts: 1829 (*Metropolitan Police*), 1834 (*Poor Law*), 1835 (*Municipal Corporations*), 1839/56 (*County Police, Borough Police*), 1835/77 (*Prisons*), 1888 (*County Councils*).

diction) der Friedensrichter. Der Umfang dieser summarischen Rechtsprechung war durch *Statutes* definiert und wuchs vom 18. bis zum 20. Jahrhundert immer weiter an. Sie hatte vor allem den Vorteil, schnell zu sein: *petty
sessions* konnten jederzeit anberaumt werden und tagten in Großstädten nahezu täglich. Die Friedensrichter in *petty sessions* waren auch zuständig für
die Voruntersuchungen bei schweren Straftaten, wobei sie allerdings nicht –
wie deutsche Untersuchungsrichter – selbständig Beweise beschafften, sondern lediglich vorgelegte Beweise daraufhin beurteilten, ob sie für eine
Überstellung zur Verhandlung vor den *quarter sessions* oder den *courts of
assize* ausreichten. Die Verfolgung, Beweissicherung und Anklageerhebung
war im übrigen in England eine Angelegenheit der Privatleute. Bei Straftaten übernahm im Laufe des 19. Jahrhunderts zunehmend die Polizei diese
Rolle, vielfach mußten aber nach wie vor die Bürger selber tätig werden, sofern nicht administrative Organe wie Fabrikinspektoren oder Lokalverwaltungen hilfsweise eingriffen. Eine der deutschen Staatsanwaltschaft vergleichbare Behörde gab und gibt es in England nicht.[16]

Sorgte bei den schweren Kriminalfällen schon das öffentliche Aufsehen
dafür, daß die Friedensrichter stets mit einer Überprüfung ihrer Urteilssprüche rechnen mußten, besaßen sie bei den summarisch verhandelten
Routinesachen ein viel höheres Maß an Autonomie. Im summarischen Verfahren wurden außer kleinen Diebstählen, Störungen der öffentlichen Ordnung und Verkehrsdelikten auch fast alle Verstöße gegen die im ersten Kapitel genannten *Master and Servant Acts, Truck Acts, Factory Acts, Mines
Acts* usw. geahndet. Die Berufungsmöglichkeiten für die Streitparteien
waren durch diese Arbeitsgesetze zum Teil stark beschnitten. Der *Master
and Servant Act* von 1823 schloß die Berufung an höhere Gerichte ganz aus,
die Fabrikgesetze ab 1844 sowie die meisten anderen Arbeitsgesetze nach
der Jahrhundertmitte ließen lediglich eine Berufung an die *quarter sessions*
zu.[17] Der *Summary Jurisdiction Act* von 1848, der eine Art rudimentärer
Prozeßordnung für das summarische Verfahren darstellte, kannte ebenfalls

---

16 Im Jahr 1879 wurde das Amt eines *Director of Public Prosecutions* eingerichtet, doch blieb
seine Rolle im 19. und frühen 20. Jahrhundert im wesentlichen beschränkt auf die Beratung
des Innenministeriums und der Polizeibehörden bei der Verfolgung der schwerwiegendsten
Verbechen. Erst im Jahr 1985 wurde diesem Amt mit dem *Crown Prosecution Service* ein
personeller Unterbau gegeben, aber nach wie vor liegt die Entscheidung, ob es überhaupt zu
einer Strafverfolgung kommt, bei der Polizei oder anderen Behörden und Privatleuten. Anders als die deutschen Staatsanwälte haben die Beamten des *Crown Prosecution Service* vor
Gericht nicht das Anklagerecht.

17 4 Geo. 4, c. 34 (1823), s. 5 („and every Order or Determination of such Justice or Justices
made under this Act shall be final and conclusive"); 7 & 8 Vict., c. 15 (1844), ss. 69 u. 70.

über die *quarter sessions* hinaus kein Berufungsrecht.[18] Einer Prozeßpartei, die sich ungerecht behandelt fühlte, war mit einer Berufung an die *quarter sessions* allerdings kaum gedient, denn dort blieben die Friedensrichter unter sich; die Wahrscheinlichkeit war gering, daß sie das Urteil eines Kollegen, der noch dazu meistens anwesend war, kassierten.

Jenseits der *quarter sessions* bestand im Prinzip die Möglichkeit, daß ein *Common law*-Gericht, in der Regel die *King's Bench*, von sich aus oder auf Betreiben einer Prozeßpartei oder dritter Personen ein Verfahren an sich zog. Das konnte durch den sogenannten *writ of certiorari* und andere richterliche Verfügungen *(writs)* geschehen.[19] Einige Arbeitsgesetze schlossen auch diese Möglichkeit kategorisch aus, so noch der *Master and Servant Act* von 1867.[20] Andere Gesetze legten fest, daß formale Verfahrensfehler nicht ausreichen sollten, um einen *writ of certiorari* zu erlassen, so etwa der *Truck Act* von 1831, das Bergwerksgesetz von 1842 und die Fabrikgesetze ab 1844.[21] Damit sollte verhindert werden, daß eine Prozeßpartei unter rein

---

18   11 & 12 Vict., c. 43 (1848), s. 27. Dieses Gesetz regulierte auch das Verfahren unter dem *Master and Servant Act* neu. Deshalb ist die in der Sekundärliteratur immer wieder zu lesende Behauptung, daß die unter dem *Master and Servant Act* angeklagten Arbeiter kein Recht auf Verteidigung und Darstellung ihres Falles gehabt hätten, für die Zeit nach 1848 unzutreffend. Vgl. ebd., s. 12 („and the Party against whom such Complaint is made or Information laid shall be admitted to make his full Answer and Defence thereto, and to have the Witnesses examined and cross-examined by Counsel or Attorney on his Behalf") u. s. 14 („and he shall be asked if he have any Cause to show why he should not be convicted, or why an Order should not be made against him"). Die irrige Auffassung wird zum Beispiel vertreten von D.C. Woods, The Operation of the Master and Servant Act in the Black Country, 1858–1875, in: Midland History 7 (1982), S. 93–115, S. 93 u. 104 („a worker prosecuted by an employer could not give evidence on his own behalf"). Richtig ist, daß Angeklagte bis 1867 nicht *als Zeugen* unter Eid in eigener Sache aussagen durften.

19   Der berühmteste *writ* war *habeas corpus*, durch den die Rechtmäßigkeit einer Gefangennahme überprüft und eine Freilassung erwirkt werden konnte. Der *writ of certiorari* ermöglichte die Revision untergerichtlicher Urteile im Hinblick auf Rechts- und Verfahrensfehler. Urteile von *magistrates* konnten auf diese Weise kassiert werden oder mit der Auflage an die *magistrates* zurückgehen, sie den Vorgaben des höheren Gerichts entsprechend zu ändern. Daneben kam auch noch der *writ of mandamus* in Frage, durch den ein Untergericht gezwungen werden konnte, einen Fall anzuhören, dessen Behandlung es verweigert hatte. Der *Review of Justices Decisions Act*, 35 & 36 Vict., c. 26 (1872) erleichterte es Friedensrichtern, ihre Entscheidung zu verteidigen. Sie brauchten nun nicht mehr persönlich zu erscheinen oder sich durch einen Anwalt vertreten zu lassen, sondern konnten per Post eine beeidete Erklärung mit ihren Urteilsgründen einsenden.

20   30 & 31 Vict., c. 141 (1867), s. 23: „No Writ of Certiorari or other Process shall issue to remove any Proceedings under this Act into any Superior Court."

21   1 & 2 Will. 4, c. 37 (1831), s. 17: „And be it further enacted, That no Conviction, Order, or Adjudication made by any Justices of the Peace under the Provisions of this Act shall be quashed for Want of Form, nor be removed by Certiorari or otherwise into any of His Majesty's superior Courts of Record". Zu den frühen Fabrik- und Bergwerksgesetzen vgl. Arthurs, ‚Without the Law', S. 146. Auch der *Factory and Workshop Act* von 1901 (1 Edw. 7,

technischen Vorwänden eine Revision der ursprünglichen Entscheidung erlangen konnte. Wenn im Gesetz nichts gesagt war, hatten die Common law-Gerichte theoretisch freie Hand, Verfahren an sich zu ziehen. Das war zum Beispiel beim *Employers and Workmen Act* von 1875 der Fall, so daß man für den Bereich der *Master and Servant*-Gesetzgebung von einer zunehmenden Überwachung der Friedensrichter durch die Common law-Richter sprechen kann. In der Praxis wurde jedoch hier, wie auch bei anderen Streitigkeiten unter den Arbeitsgesetzen, nur selten von *writs of certiorari* Gebrauch gemacht. Von sich aus wurden die höchsten Gerichte nur bei krassen Fehlentscheidungen mit entsprechendem öffentlichen Aufsehen tätig. Die Mobilisierung eines Common law-Gerichts verlangte entweder potente Fürsprecher oder eine Hartnäckigkeit und finanzielle Vorleistungen, zu denen mittellose Individualkläger in aller Regel nicht willens oder fähig waren.

Außer durch *writ of certiorari* konnten ‚summarisch‘ zu entscheidende Streitsachen noch auf andere Weise vor ein Common law-Gericht gelangen, nämlich dann, wenn die *magistrates* selber einen Fall für so bedeutend oder schwierig hielten, daß sie ihn nicht endgültig entscheiden mochten. Hierfür sah das Gesetz ab 1857 den Weg *by case stated* vor. Diese Prozedur sah so aus, daß der Friedensrichter auf Antrag einer der Prozeßparteien die wichtigsten Punkte des Falles zusammenfaßte und für diesen so dargelegten Fall (*case stated*) die Meinung des höheren Gerichts einholte.[22] Ob ein solcher *case stated* gewährt wurde, hing freilich zunächst vom einzelnen Friedensrichter ab.[23] Bei zweifelhaften Fällen mit exemplarischer Bedeutung für größere Personengruppen scheint die Bereitschaft dazu im Laufe des Untersuchungszeitraums gewachsen zu sein. Nur wenige Friedensrichter waren so sehr von missionarischem Eifer besessen, daß sie ihre eigene Auffassung *partout* durchsetzen wollten, und wo dies der Fall war, konnte der Druck der lokalen Öffentlichkeit und, wenn nichts anderes fruchtete, die Drohung mit einem Antrag an den Obersten Gerichtshof ein Einlenken herbeiführen.[24]

---

c. 22, s. 146) enthielt noch eine ähnlich lautende Klausel wie die oben zitierte aus dem *Truck Act* 1831.

22 *Summary Proceedings Act*, 20 & 21 Vict., c. 43 (1857), ss. 2 u. 6; ergänzt durch *Summary Jurisdiction Act*, 42 & 43 Vict., c. 49 (1879), s. 33.

23 20 & 21 Vict., c. 43 (1857), s. 4: „If the Justice or Justices be of opinion that the Application is merely frivolous, but not otherwise, he or they may refuse to state a Case …“. Ein Beispiel für die Verweigerung eines *case stated*: Colliery Guardian, 10. Juli 1858, S. 24.

24 20 & 21 Vict., c. 43 (1857), s. 5.

Insgesamt läßt sich somit in der zweiten Hälfte des 19. Jahrhunderts eine bescheidene Erweiterung der Berufungs- und Revisionsmöglichkeiten beobachten. Von einem regulären Instanzenzug oder einer vollständigen Lenkung der Friedensrichter durch die *Common law*-Gerichte kann jedoch auch im frühen 20. Jahrhundert noch nicht die Rede sein. In ihrer summarischen Rechtsprechung blieben die Friedensrichter weitgehend autonom. Das galt also auch für weite Bereiche des statutarischen Arbeitsrechts. Dessen Auslegung wurde vom *Common law* nur sporadisch und indirekt, durch Präzedenzfälle, beeinflußt. Die Masse der Fälle wurde entschieden, ohne daß das *Common law* bemüht wurde und ohne daß höhere Gerichte davon Kenntnis nahmen. Die Eventualität einer Kontrolle von seiten der *King's Bench* brauchte die Friedensrichter kaum zu beunruhigen; viel bedrängender war für die meisten von ihnen die Normalität der Kontrolle durch die öffentliche Meinung vor Ort.

SOZIALE ZUSAMMENSETZUNG UND ANSEHEN DER LAIENFRIEDENSRICHTER

Angesichts ihres großen Entscheidungsspielraums war es um so wichtiger, wer die Friedensrichter waren und wie sie berufen wurden. In der politischen Auseinandersetzung nahm dieses Thema breiten Raum ein. Die Arbeiterbewegung interessierte sich für die Personalfrage weit mehr als für eine Reform der Institution selbst. Die Parteilichkeit der Laienfriedensrichter schien sich in vielen Fällen direkt aus ihrer sozialen, religiösen und politischen Herkunft ableiten zu lassen. Der Austausch der Personen bot sich daher als scheinbar leichtester Weg an, um das Übel der ‚Klassenjustiz‘ zu bekämpfen. Diese Interessenlage spiegelt sich auch in der Geschichtsschreibung, so daß wir, vor allem was das 19. Jahrhundert angeht, über ein relativ genaues Bild der Zusammensetzung der Friedensrichterschaft verfügen. Hier sollen die Veränderungen nur in groben Linien skizziert werden.

Die Friedensrichter wurden im Namen der Krone vom Lordkanzler auf Lebenszeit ernannt. In den Grafschaften folgte der Lordkanzler faktisch den Vorschlägen des *Lord Lieutenant*, des höchsten Würdenträgers der *county*, in den Städten und *boroughs* spielten die Empfehlungen der Korporationen beziehungsweise der gewählten Stadträte eine Rolle. Der Bürgermeister einer Stadt war in der Regel für die Dauer seiner Amtszeit und ein weiteres Jahr darauf *ex officio* Friedensrichter. Bis zur Reform von 1835 kooptierten sich die städtischen Friedensrichter praktisch selbst. Aufgrund ihrer engen personellen Verflechtung mit der oligarchischen, manchmal korrupten Obrigkeit besaßen sie in den letzten Jahrzehnten vor der Reform häufig nur geringes Ansehen.[25] In den Grafschaften dagegen stammten die Friedensrichter aus den höheren Rängen der vermögenden *gentry* und erfreuten sich durchweg eines hohen Sozialprestiges. Seit 1731 war hier ein jährliches Einkommen aus Landbesitz von £ 100 Voraussetzung für das Amt; ab 1875 konnten auch Besitzer oder Mieter eines Wohnhauses, dessen Mietwert von der lokalen Steuerbehörde auf £ 100 taxiert worden war, zum Friedensrichter ernannt werden.[26] Diese Eigentumsqualifikationen fielen durch Gesetz im Jahr 1906, hatten aber schon lange vorher für Angehörige der gehobenen Mittelklassen kein ernsthaftes Hindernis mehr dargestellt.[27] Frauen erhielten 1919 den Zugang zum Friedensrichteramt, ihr Anteil blieb jedoch, schon wegen der Praxis lebenslänglicher Ernennungen, lange Zeit gering.[28]

Magistrates wurden und werden für ihre Tätigkeit nicht bezahlt, weshalb man sie in polemischen Zusammenhängen als „The Great Unpaid" bezeichnete.[29] Für Arbeiter und kleine Angestellte kam das Amt schon aus diesem Grund nicht in Frage, daran änderte auch die Abschaffung der Eigentumsqualifikation nichts. Nach 1906 gelangten jedoch in nicht unerheblichem Umfang Gewerkschaftsfunktionäre und Politiker der *Labour Party* auf die Friedensrichterbänke. Waren vorher die liberalen und konservativen Eliten unter sich gewesen, zeichnete sich nun ein Trend zur Politisierung des Amtes ab. Diese Tendenz wurde verstärkt durch eine Reform der Nominierungspraxis, die im Jahr 1910, nach vorausgegangener öffentlicher Debatte

---

25 Vgl. Moir, Justice of the Peace, S. 169–178; Skyrme, History of the Justices, Bd. 1, S. 266 u. 273 f.

26 5 Geo. 2, c. 18 (1732), ergänzt durch 18 Geo. 2, c. 20 (1744); 38 & 39 Vict., c. 54 (1875).

27 6 Edw. 7, c. 16 (1906). Zur praktischen Bedeutungslosigkeit der Besitzqualifikationen für das reiche Bürgertum vgl. Hartmut Berghoff, Englische Unternehmer 1870–1914. Eine Kollektivbiographie führender Wirtschaftsbürger in Birmingham, Bristol und Manchester, Göttingen 1991, S. 165.

28 Nach Jackson's Machinery of Justice, S. 406, lag der Frauenanteil im Jahr 1947 bei eins zu 3,5; vgl. auch Skyrme, History of the Justices, Bd. 2, S. 232–236 u. Bd. 3, S. 297–327 (Liste der ersten im Jahr 1920 ernannten weiblichen Friedensrichter). Im Jahr 1925 gab es 1293 weibliche Friedensrichter in Großbritannien; vgl. The Magistrate. A Quarterly Bulletin of the Magistrates' Association, No. 7 (April 1925), S. 76.

29 Vgl. etwa Hunter, Mr. Cross's Labour Bills, S. 225, der die Abschaffung der „amateur administration of justice" und die Ersetzung der „Great Unpaid" durch „skilled and paid judges" fordert. Etwas versöhnlicher: Henry Crompton, The Workmen's Victory, in: Fortnightly Review 18 (1875), S. 399–406, S. 403: „'The unpaid' is used as a term of reproach, when it ought to be a title of honour." Crompton, der Rechtsberater des TUC, schlug in diesem Artikel eine Vermehrung der professionellen *magistrates* vor, nicht jedoch die komplette Abschaffung des Systems der Laienrichter. Karl Marx, Das Kapital, MEW 23, S. 306 (MEGA² II.5., S. 229), gibt als Quelle für diesen Wortgebrauch den englischen Radikalen William Cobbett an.

und einem Bericht einer *Royal Commission*, erfolgte. Der Bericht fand vor allem auf dem Lande ein starkes Übergewicht konservativer und der anglikanischen Kirche angehörender Friedensrichter.[30] Man folgte der Empfehlung der Kommission, das Vorschlagsrecht sogenannten *advisory committees* zu übertragen. Diesen beratenden Komitees obliegt bis heute die Nominierung der Friedensrichter. Die Mitglieder wurden vom Lordkanzler bestellt, ihre Zusammensetzung war (und ist) geheim, doch achtete man dabei insbesondere auf den Parteienproporz, mit der Folge, daß auch die Nominierungen zunehmend nach politischen Proporzgesichtspunkten stattfanden. In manchen Fällen scheint man auf die sonstige Befähigung der Kandidaten wenig Rücksicht genommen zu haben; vielfach wurde das Amt offenbar als Belohnung für verdiente Lokalpolitiker und Vereinsfunktionäre mißverstanden. Jedenfalls stand das öffentliche Ansehen der Friedensrichter in den Jahrzehnten zwischen den Weltkriegen auf einem Tiefpunkt. Bemängelt wurde einmal der ‚Amateurismus‘ vieler *magistrates*, ihre unprofessionelle Verhandlungsführung, dann auch oft ihr zuweilen weit fortgeschrittenes Alter. Es kursierten Anekdoten über achtzig- oder gar hundertjährige, halbtaube, geistig abwesende Friedensrichter, die reihenweise Fehlentscheidungen trafen.[31]

Daß die Kritik an den Unregelmäßigkeiten des Verfahrens und an der Zufälligkeit vieler Urteile gerade in den zwanziger und dreißiger Jahren des 20. Jahrhunderts lauter wurde, hatte aber auch einen anderen Grund. Zum erstenmal erschienen nun Angehörige der Mittelklassen in größerer Zahl als Angeklagte vor den Friedensrichtern und wurden zu Opfern von deren – vermeintlich neuer – Inkompetenz. Das hing in erster Linie mit der Motorisierung und der wachsenden Zahl der Verkehrsdelikte zusammen. Hatten diese in den Jahren vor 1914 nur etwa 10 Prozent aller vor den *magistrates* verhandelten Fälle ausgemacht, stieg ihre Zahl bis 1938 auf fast 60 Prozent.[32] Justizkritiker aus dem Umkreis der Arbeiterbewegung wiesen nicht ohne Ironie darauf hin, daß die Arbeiter und die Armen schon immer unter

---

[30] Report of the Royal Commission on the Selection of Justices of the Peace, Cd. 5250, London 1910, S. 8 u. 14; Minutes of Evidence taken by the Royal Commission on the Selection of Justices of the Peace, Cd. 5358, London 1910, Appendix II, S. 237f. Vgl. auch Skyrme, History of the Justices, Bd. 2, S. 223–230.

[31] Die schärfsten Kritiken der Zwischenkriegszeit stammten von zwei anonymen Autoren: Solicitor, English Justice, London 1932, hier bes. S. 20–24; A Barrister, Justice in England, London 1938, hier bes. S. 14f.

[32] Vgl. Jackson's Machinery of Justice, S. 402. Ausführlich zu den polizeilichen, juristischen und sozialen Problemen der Verkehrsregulierung: Clive Emsley, ‚Mother, what *did* policemen do when there weren't any motors?‘ The law, the police and the regulation of motor traffic in England, 1900–1939, in: Historical Journal 36 (1993), S. 357–381.

der Laienjustiz der Friedensrichter gelitten hätten. Die Mittelklassen hätten davon nur nichts gemerkt, weil sie selber nicht betroffen gewesen seien. Nun werde es endlich auch ihnen kar, daß eine billige Justiz eine schlechte Justiz sei. Früher hingegen hätten sie das System der ‚großen Unbezahlten' gerne akzeptiert, um Kosten zu sparen: „Warum", so hätten sie gefragt, „soll Geld verschwendet werden, um den Arbeiterklassen teure Richter zu geben, sie sind ja schließlich auch kein teures Essen gewöhnt?"[33] Die fehlende Professionalität der Friedensrichter, ihr juristischer Dilettantismus, avancierte nun zum Hauptkritikpunkt; der Vorwurf der klassenbedingten Voreingenommenheit, gegründet auf die personelle Zusammensetzung der Friedensrichterschaft, trat nach dem Ersten Weltkrieg langsam in den Hintergrund. Klassenjustiz in diesem Sinne wurde nun eher als eine Sache der Vergangenheit angesehen.

Wie weit aber ist der im 19. Jahrhundert immer wieder zu hörende Vorwurf zutreffend, daß im Bereich der *Master and Servant*-Gesetze und Fabrikgesetze Arbeitgeber über ihre eigenen Untergebenen beziehungsweise sich selbst zu Gericht saßen? Was läßt sich aufgrund der sozialen Herkunft der Friedensrichter über ihre mögliche Parteilichkeit aussagen? Nach den vorliegenden Lokalstudien kann es als gesichert gelten, daß es in den Jahrzehnten zwischen 1830 und 1870 in manchen Industrieregionen des Nordens und der *Midlands* einen regelrechten Run der örtlichen Unternehmer auf die Friedensrichterbänke gegeben hat. In der Grafschaft Staffordshire zum Beispiel, zu großen Teilen identisch mit dem sogenannten *Black Country*, einem Kohle- und Eisenrevier westlich von Birmingham, gehörten noch 1835 fast 60 Prozent der Friedensrichter dem Adel und der Gentry an, weitere 13 Prozent waren Kleriker. Nur knapp zwanzig Jahre später, im Jahr 1854, waren bereits über 50 Prozent aller Friedensrichter Kohlengruben- und Eisenwerkbesitzer, nur noch 11 Prozent gehörten zum Adel und zur Gentry. Hier läßt sich, wie Roger Swift gezeigt hat, die Übernahme der Friedensrichterbänke durch die Industriellen durchaus als bewußte Reaktion auf eine den Arbeitern gegenüber als zu wohlmeinend und zu paternalistisch empfundene Rechtsprechung der Grundbesitzer und Kleriker erkennen.[34] Gerade die anglikanischen Geistlichen scheinen als *magistrates*

33 Barrister, Justice in England, S. 19, vgl. auch ebd., S. 47.
34 Roger Swift, The English urban magistracy and the administration of justice during the early nineteenth century: Wolverhamton 1815–1860, in: Midland History 17 (1992), S. 75–92; zur Rolle der Friedensrichter im Black Country außerdem: David Philips, The Black Country magistracy 1835–60. A changing elite and the exercise of its power, in: Midland History 3 (1976), S. 161–196; ders., Crime and Authority in Victorian England: The Black Country

vielerorts mit einer gewissen Sympathie für die klagenden oder angeklagten Industriearbeiter geurteilt zu haben, zumindest solange es sich nicht um kriminelle Handlungen im eigentlichen Sinne handelte. Die Webbs schätzten, daß Kleriker in den Jahrzehnten vor 1830 bis zu einem Viertel der aktiven Friedensrichterschaft stellten.[35] Selbst wenn dies für die urbanisierten und industrialisierten Regionen übertrieben scheint, ist es richtig, daß die Geistlichen häufiger als andere zu den Sessionen erschienen und dort oft auch den Vorsitz einnahmen, so daß ihre Spruchpraxis den Industriellen ein Dorn im Auge war. Die parteipolitische Antipathie gegen die zum größeren Teil den Tories zuneigenden Grundbesitzer und Kleriker mag ein weiterer Grund für das aktivere Engagement der Unternehmerschaft auf den Friedensrichterbänken gewesen sein.

Das *Black Country* stach insofern heraus, als dort die Industriellen schon um 1850 die *county magistracy* beherrschten. In anderen Industrieregionen war die Präsenz der Unternehmer zu dieser Zeit noch stärker auf die Städte und *boroughs* eingegrenzt, so etwa in den Textilbezirken von Lancashire und in der von Kohle, Maschinen- und Schiffsbau geprägten Tyneside-Region um Newcastle. Erst in der zweiten Hälfte des 19. Jahrhunderts gelang es den Unternehmern in einigen weiteren Grafschaften, die Mehrheit auf den Friedensrichterbänken zu erorbern, so etwa in Cheshire.[36] Auf Grafschaftsebene behielten die grundbesitzenden *gentlemen* aber fast überall bis zum späten 19. Jahrhundert die Oberhand, auch in Mittel- und Nordengland. Sie beherrschten damit weiterhin die *quarter sessions* und bis 1888 die Lokalverwaltung, jedoch nicht unbedingt sämtliche *petty sessions*, die ja für Streitigkeiten zwischen *masters* und *servants* die entscheidende Instanz waren. Das anhaltende Übergewicht des Grundbesitzes in der *county magistracy* ist zum Teil eine Folge der Verwaltungsgrenzen. Nur wenige Grafschaften deckten sich so weitgehend mit einem Industrierevier wie Staffordshire. Im benachbarten Warwickshire zum Beispiel, einer ebenfalls indu-

---

1835–1860, London 1977; Richard H. Trainor, Black Country Élites. The Exercise of Authority in an Industrialized Area 1830–1900, Oxford 1993, bes. S. 138–151 u. 166–174.

[35] Zit. Moir, Justice of the Peace, 106 f. Vgl. die damit übereinstimmenden Zahlenangaben bei Carl H. E. Zangerl, The Social Composition of the County Magistracy in England and Wales, 1831–1887, in: Journal of British Studies 11, 1 (Nov. 1971), S. 113–125, S. 118.

[36] Vgl. Clive Emsley, Crime and Society in England, 1750–1900, London u. New York 1987, S. 157 (zu Wigan/Lancashire); H. I. Dutton, u. J.E. King, The limits of paternalism: the cotton tyrants of North Lancashire, 1836–54, in: Social History 7 (1982), S. 59–74, bes. S. 65 ff. (zu Preston u. Blackburn); Norman McCord, The Government of Tyneside, 1800–1850, in: Transactions of the Royal Historical Society, Fifth Series, Bd. 20, London 1970, S. 5–30, hier S. 17–21; J.M. Lee, Social Leaders and Public Persons. A Study of County Government in Cheshire since 1888, Oxford 1963, bes. S. 5 ff.

strialisierten, aber stärker von ländlichen Zonen durchsetzten Grafschaft dominierten um die Mitte des 19. Jahrhunderts noch die Grundbesitzer, und in einer fast ganz landwirtschaftlichen Grafschaft wie Lincolnshire gehörten noch im Jahr 1876 von den insgesamt 183 Friedensrichtern 55 dem Klerus und 20 den führenden Adelsfamilien an, der Rest waren *gentlemen*.[37] So läßt sich wohl auch der Befund, daß in den englischen Grafschaften insgesamt im Jahr 1887 immer noch über 70 Prozent der Friedensrichter Mitglieder des Hochadels und der lokalen *squirearchy* waren, zum Teil auf Grenzveränderungen zurückführen.[38] Zahlreiche Städte wurden in den Jahrzehnten nach 1835 inkorporiert und fielen damit aus der Jurisdiktion und Administration der Grafschafts-Friedensrichter heraus. Andere Städte und urbanisierte Bezirke machten von der seit 1835 bestehenden Möglichkeit Gebrauch, einen bezahlten Friedensrichter einzustellen, so daß sie für die summarische Rechtsprechung ebenfalls nicht mehr auf die Grafschafts-Friedensrichter angewiesen waren. Ferner ist zu berücksichtigen, daß sich unter den zeitgenössisch als *gentlemen* oder *baronet* figurierenden Personen manche Industrielle befunden haben, die sich aus dem aktiven Geschäftsleben zurückgezogen hatten oder geadelt worden waren, nun im Umland der Städte lebten und dort die Rechtsprechung ausübten.[39] Auf der untersten Ebene der Rechtsprechung, in den *petty sessions*, machte sich somit in den verstädterten Regionen die Dominanz des Grundbesitzes weniger bemerkbar als es nach den Zahlen für die Grafschaften den Anschein haben könnte.

In den Städten und *boroughs* selbst schließlich stieg der Anteil der Friedensrichter, die den 'Mittelklassen' zugerechnet wurden, zwischen 1842 und 1887 von 43 auf 71 Prozent.[40] Daß sich unter diesen zahlreiche Geschäftsleute befunden haben, zeigt Hartmut Berghoffs Studie zu Birmingham, Manchester und Bristol zwischen 1870 und 1914. Mehr als 40 Prozent der von ihm untersuchten Unternehmer in den drei Städten, insgesamt 571

---

[37] Roland Quinault, The Warwickshire County Magistracy and Public Order, c. 1830–70, in: ders. u. John Stevenson (Hg.), Popular Protest and Public Order. Six Studies in British History, 1790–1920, London 1974, S. 181–214; Moir, Justice of the Peace, S. 160 (zu Lincolnshire).

[38] Vgl. die Tabelle bei Zangerl, County Magistracy, S. 115.

[39] Zur Nobilitierung von Unternehmern vgl. Hartmut Berghoff, Aristokratisierung des Bürgertums? Zur Sozialgeschichte der Nobilitierung von Unternehmern in Preußen und Großbritannien 1870 bis 1918, in: Vierteljahrschrift für Sozial- und Wirtschaftsgeschichte 81 (1994), S. 178–204; ders., Adel und Bürgertum in England 1770–1850. Ergebnisse der neueren Elitenforschung, in: Elisabeth Fehrenbach (Hg.), Adel und Bürgertum in Deutschland 1770–1848, München 1994, S. 95–127.

[40] Siehe Zangerl, County Magistracy, S. 115.

Personen, waren Friedensrichter, manche sogar im Laufe ihrer Karriere an mehreren Stellen. Sie übten ihr Amt teils innerhalb der Städte, teils im Umland aus, wobei die erfolgreicheren Industriellen den prestigefördernden Sprung in die county magistracy schafften, während die kleineren Unternehmer in den Städten zu Gericht saßen.[41] Insgesamt waren also Arbeitgeber auf den Friedensrichterbänken in hohem Maße präsent, und, so ist hinzuzufügen, sie waren es jeweils dort, wo ihre wirtschaftlichen Interessen lagen und ihre Beschäftigten arbeiteten. Grundbesitzer dominierten auf dem Land, Geschäftsleute, Bankiers und Inhaber kleinerer Betriebe in den Städten, Großindustrielle in den industrialisierten Teilen der Grafschaften.

Die Gefahr einer Verletzung der richterlichen Neutralität war somit durchaus vorhanden. Wenn ein arbeitgebernahes Fachorgan wie der „Colliery Guardian" 1858 schrieb, daß ‚respektable Bergwerksbesitzer keine Hilfe von einseitigen Magistrates' benötigten, so war dies ein Eingeständnis, daß es parteiliche Friedensrichter gab.[42] Unbestreitbar hat es Einzelfälle gegeben, in denen Arbeitgeber oder ihre Verwandten bei Streitigkeiten mit den eigenen Arbeitern oder bei Auseinandersetzungen mit den Fabrikinspektoren in eigener Sache zu Gericht saßen. Die Tatsache, daß es nötig schien, in die Fabrik- und Bergwerksgesetze entsprechende Ausschlußklauseln hineinzuschreiben, ist ein Indiz dafür, daß es hier zu Mißbräuchen gekommen ist.[43] Extreme Fälle von Privatjustiz sind jedoch nur aus den Jahrzehnten vor 1875 bekannt. Die Schamschwellen gegenüber einer Vermischung von wirtschaftlichem Interesse und richterlicher Tätigkeit erhöhten sich im Laufe der viktorianischen Zeit. Das Befangenheitsgefühl ging aber nicht so weit, daß Unternehmer auch davor zurückschreckten, in Fällen zu urteilen, die zwar nicht die eigene Firma, wohl aber die eigene Industriebranche betrafen. Hier galt ihnen die Konkurrenz innerhalb der Branche als ausreichendes Argument, um Forderungen nach einer Erweiterung der Unvereinbarkeitsklauseln zurückzuweisen.

Tatsächlich sollte man die Solidarität unter Arbeitgebern nicht überschätzen. Im Fall der Fabrik-, Bergwerks- und Truckgesetze hatten die vorbild-

---

[41] Berghoff, Englische Unternehmer, S. 163–169.
[42] Colliery Guardian, 2. Okt. 1858, S. 211 f.: „Respectable colliery owners derive no advantage from illegal practices, and need no assistance from one sided magistrates".
[43] Vgl. Arthurs, ‚Without the Law', S. 103–112. Vgl. etwa Colliery Guardian, 2. Okt. 1858, S. 216 f. Zwei Friedensrichter wurden hier von einem Anwalt als befangen abgelehnt, weil sie als Aktionäre bzw. über Verwandte an den Firmen beteiligt waren, gegen die eine Klage unter dem Truck Act lief. Noch 1875 war es unklar, ob Friedensrichter in solch einem Fall daran gehindert waren, zu Gericht zu sitzen, vgl. Justice of the Peace, 29. Mai 1875, S. 350 (Leseranfrage).

lichen Unternehmer ein Interesse daran, daß die von ihnen selbst eingehaltenen Standards nicht von anderen unterlaufen wurden. Die Inhaber der etablierteren, erfolgreichen Firmen konnten sich Gesetzestreue eher leisten, und oft waren sie es, die als Friedensrichter über Verstöße in kleinen, schlecht geführten Fabriken und Kohlengruben zu urteilen hatten. Solidarität konnte sich in solchen Fällen in einer gewissen Nachsicht bei der Höhe der verhängten Strafen äußern, aber daß bei eindeutig nachgewiesenen Verstößen ein Schuldspruch glatt verweigert wurde, kam nur selten vor.[44] Ähnliches gilt für individuelle Lohnklagen von Arbeitnehmern. Diese richteten sich häufig gegen die Schwächeren der Branche, gegen Subunternehmer, kleine Meister mit wenigen Beschäftigten, Firmen mit zweifelhafter Kreditwürdigkeit. Größere Unternehmer, die ihre Leute regelmäßig und gut bezahlten, hatten als Friedensrichter nicht unbedingt Mitleid mit diesen Beklagten, bloß weil sie auch Arbeitgeber waren. Auf dem Lande bestand ebenfalls oft eine soziale Distanz zwischen den großen Grundbesitzern, die zu Gericht saßen, und den Pächtern und Farmern, die ihre Streitigkeiten mit Gesinde und Landarbeitern vor Gericht austrugen. Die Neigung zur Solidarität unter Arbeitgebern wurde somit partiell konterkariert durch das Motiv der wirtschaftlichen Konkurrenz und ein gewisses moralisches Überlegenheitsgefühl auf Seiten der Friedensrichter gegenüber ihren vor Gericht erscheinenden vermeintlichen Standesgenossen.

Etwas anders sah es aus, wenn Straftaten und Vertragsbrüche von Arbeitnehmern geahndet werden sollten. Arbeiter, die des Diebstahls an Materialresten oder anderem Betriebseigentum überführt worden waren, konnten keineswegs mit Milde rechnen, nur weil zufällig der lokale Konkurrent betroffen war. Gegen die Praxis des ‚Mitgehenlassens‘ und ‚Unterschlagens‘ (*pilfering, embezzlement*) schlossen sich die Arbeitgeber vielerorts zu Assoziationen zusammen, deren Zweck es war, jeden Vorfall konsequent zu verfolgen.[45] Solidarität zeigten die Arbeitgeber auch in außergewöhnlichen

---

[44] Vgl. etwa Colliery Guardian, 13. Febr. 1858, S. 106, „Colliery Informations" (Fallbericht); 20. Febr. 1858, S. 115, „Colliery Mismanagement" (Leitartikel).

[45] Die *London Chamber of Commerce* gründete am 17. Januar 1901 ein *Pilferage Committee*, das vor allem über polizeiliche Maßnahmen zur Bekämpfung der fortgesetzten Diebstähle von Dockarbeitern beriet. Guildhall Library, MS 16 643/5, ff. 35–38, 60, 63, 67. Ansonsten verließen sich die Londoner Unternehmer vorzugsweise auf periodische Razzien und Prozeß-Kampagnen zur Abschreckung und auf informelle Maßnahmen am Arbeitsplatz, insbesondere natürlich die fristlose Entlassung. Vgl. Jennifer Davis, Prosecutions and Their Context. The Use of the Criminal Law in Later Nineteenth-Century London, in: Douglas Hay u. Francis Snyder (Hg.), Policing and Prosecution in Britain 1750–1850, Oxford 1989, S. 397–426, hier S. 401–413. Wesentlich systematischer gingen die Kammgarnfabrikanten von West Yorkshire vor. Sie hatten schon im späten 18. Jahrhundert einen privaten Detektiv-

Konfliktsituationen, bei großen Streiks und Aussperrungen. Die Friedensrichter nutzten dann ihren Ermessensspielraum, um exemplarisch harte
Strafen zu verhängen. Ein Kontraktbruch, der in ruhigen Zeiten vielleicht
nur zu einer Verwarnung geführt hätte, wurde in solchen Situationen als
schwerer Fall gewertet, der die Höchststrafe, drei Monate Gefängnis mit
hard labour, verdiente. Es waren vor allem solche situativ bedingten, extremen Ausschläge bei der Strafzumessung, die den Laien-Friedensrichtern
den Vorwurf der Klassenjustiz einbrachten. Um Rechtsbeugungen im juristischen Sinne handelte es sich dabei jedoch nicht. Die Gesetze selber machten es möglich, daß Gesetzesübertretungen der Arbeiter oft mit übertriebener Härte, dann wieder mit Milde und Mitleid behandelt wurden. Ebenso
ließen sie es zu, daß Arbeitgeberverstöße gegen Arbeiterschutzmaßnahmen
meistens mit nominellen Strafen, hin und wieder aber auch mit der Höchststrafe bedacht wurden.

INKONSEQUENTE PROFESSIONALISIERUNG

In der zweiten Hälfte des 19. Jahrhunderts waren verschiedene Tendenzen
wirksam, die den Spielraum der Laienfriedensrichter bei der Urteilsfindung
allmählich einengten und insgesamt im Laufe der Zeit ein höheres Maß an
Gleichförmigkeit der Spruchpraxis herbeiführten. Außer den erwähnten
Veränderungen im materiellen Recht und im Verfahrensrecht (Berufungsmöglichkeiten) sind vor allem zwei Faktoren zu nennen: zum einen die Publizität der Gerichtsverhandlungen, zum anderen der zunehmende Einfluß
von Personen mit juristischer Ausbildung im Justizalltag. Das enorme Anwachsen und die vielfältigen Formen der journalistischen Berichterstattung
von den Lokalgerichten nach 1850 werden uns in einem späteren Kapitel
noch näher beschäftigen.[46] Hier sei zunächst nur bemerkt, daß die gestei-
gerte Aufmerksamkeit der Presse schon von sich aus eine normierende Wirkung entfaltete. Je ausführlicher die Berichterstattung wurde, desto stärker
gerieten extrem abweichende Entscheidungen ins Blickfeld einer regionalen
sowie – zunehmend – auch branchen- und fachbezogenen nationalen Öffentlichkeit. Die Berichte und Kommentare in der Presse stellten Maßstäbe

---

und Strafverfolgungsdienst, das *Worsted Committee*, ins Leben gerufen. Dieses Komitee
richtete sich zunächst gegen das sogenannte *embezzlement* bei Heimarbeitern, später auch
Fabrikarbeitern, und übernahm im späteren 19. Jahrhundert auch die Funktion einer
Rechtsschutz- und Lobbyorganisation der Unternehmer. Vgl. hierzu: Barry Godfrey, Private Policing: A Nineteenth Century Example, unpubl. paper, Nene College, 1994; Karl
Ittmann, Work, Gender and Family in Victorian England, Basingstoke 1995, S. 66 ff.
[46] Siehe unten Kap. IV.4.

bereit für das, was als normale oder eben noch vertretbare Urteilspraxis gelten konnte. Über den so entstehenden Konsens über das ‚Normale' konnten sich auch die Laienfriedensrichter auf Dauer nicht hinwegsetzen.

Der zweite eben genannte Faktor, die erhöhte Präsenz juristisch-professioneller Elemente in den Friedensgerichten, machte sich am nachdrücklichsten in den Städten bemerkbar. Die ersten Berufsfriedensrichter gab es in London, wo die Kriminalitätsbekämpfung im 18. Jahrhundert besonders im Argen gelegen hatte. Hier wurden bereits im Jahr 1792 per Gesetz sieben ‚Polizeiämter' geschaffen und mit je drei bezahlten Richtern (*stipendiary magistrates*) besetzt, denen je sechs bezahlte Polizisten unterstellt wurden.[47] Diese Einrichtung folgte dem Vorbild eines schon bestehenden Polizeiamts in der *Bow Street*, das seine Existenz der privaten Initiative von Bürgern, darunter Henry und John Fielding, verdankte und sich zunächst nur aus Belohnungen für die Ergreifung von Straftätern und Gerichtsgebühren finanziert hatte.[48] Weitere Polizeiämter wurden in den folgenden Jahrzehnten eingerichtet. Im Jahr 1839 erhielten dann die Londoner *police courts*, wie sie nun genannt wurden, ihre bis auf weiteres endgültige Form, die im wesentlichen bis nach dem Zweiten Weltkrieg unverändert geblieben ist. Durch die Reform wurden Polizei und Justiz voneinander getrennt.[49] Die *police courts* wurden zu reinen Gerichten, denen praktisch die gesamte summarische Rechtsprechung für das innere Stadtgebiet von London mit Ausnahme der *City*, wo der *Lord Mayor* und die *Aldermen* als Friedensrichter fungierten, anvertraut wurde. Die mit Laien-Friedensrichtern besetzten Londoner *petty sessions* erfüllten daneben nur noch geringfügige, hauptsächlich administrative Aufgaben, aber die *quarter sessions* blieben, wie überall sonst im Lande, für die schweren Straftaten und in Berufungsangelegenheiten zuständig. Bis 1850 war die Zahl der Londoner *police courts* auf 13 und die Zahl der *stipendiary magistrates* auf 23 angewachsen. Sie mußten *barristers* mit mindestens sieben Jahren Berufspraxis sein, wurden mit £ 1400 pro Jahr verhältnismäßig gut bezahlt und waren stadtbekannte, zum Teil herausragende Persönlichkeiten.

Zeitgenössische Beobachter bewerteten die Arbeit der Londoner *police court magistrates* in der zweiten Hälfte des 19. Jahrhunderts überwiegend positiv, und die Historiker sind ihnen darin gefolgt. Die meisten Londoner

---

[47] 32 Geo. 3, c. 53 (1792).

[48] Zur Frühgeschichte der Londoner Police Courts siehe Cornish u. Clark, Law and Society, S. 554f. u. 587f.; John M. Beattie, Crime and the Courts in England 1660–1800, Oxford 1986, S. 58 u. 65ff.; Skyrme, History of the Justices, Bd. 2, S. 135–149.

[49] *London Police Court Act*, 2 & 3 Vict., c. 71 (1839); *Metropolitan Police Act*, 2 & 3 Vict., c. 47 (1839).

Polizeirichter sahen ihre Aufgabe nicht nur in der schnellen Aburteilung von Straftätern, sondern verstanden ihre Arbeit als umfassendes Angebot der Konfliktregelung für die zum größten Teil arme Klientel, die sich an sie wandte.[50] Bemerkenswert ist die hohe Zahl und die große Vielfalt der von ihnen erledigten Fälle. In den späten fünfziger Jahren des 19. Jahrhunderts wurden im *Metropolitan Police District* an die 100 000 Fälle pro Jahr summarisch verhandelt, in den achtziger Jahren waren es im Schnitt etwa 125 000 und in den Jahren vor dem Ersten Weltkrieg über 150 000.[51] Greifen wir zur Veranschaulichung der Bandbreite der behandelten Gegenstände ein beliebiges Jahr heraus, das Jahr 1892.[52] In diesem Jahr standen in London fast 143 000 Fälle zur summarischen Verhandlung an. Mehr als ein Fünftel davon, gut 30 000, hatte mit Trunkenheit zu tun (*drunk and disorderly*). Die beiden nächsthäufigen Kategorien mit je etwa 18 000 Fällen waren Verstöße gegen die *Elementary Education Acts* (dahinter verbargen sich vor allem Vorladungen von Eltern, deren Kinder nicht zur Schule erschienen waren) und gewöhnliche tätliche Angriffe (*common assaults*). Es folgten etliche Fallgruppen mit mehr als tausend Verstößen, angefangen bei Diebstählen verschiedener Art und Vergehen gegen die *Police Acts*, über Verstöße gegen die *Stage and Hackney Carriage Acts*, Widerstand gegen Beamte, Tierquälerei, nicht bezahlte Hundesteuern, Prostitution, Bettelei, Sachbeschädigungen, Vernachlässigung von Frauen und Kindern, unerlaubter Besitz von Gegenständen, bis hin zur Nicht-Beseitigung von Müll, lästigen Gerüchen und Verunreinigungen (*nuisances*). Schließlich gab es noch viele andere Kategorien mit weniger als tausend Fällen, darunter auch 733 Fälle unter dem *Employers and Workmen Act*, 436 Veruntreuungen (*embezzlements*), 149 Verstöße gegen die *Factory Acts* und 14 Verstöße unter dem *Conspiracy and Protection of Property Act*.

Mit der Erledigung all dieser Fälle war aber die Tätigkeit der Londoner *magistrates* längst nicht erschöpft. Hinzu kamen noch die Voruntersuchungen der schwereren Straftaten, die Prüfung der Anträge auf Haftbefehle und gerichtliche Vorladungen sowie – statistisch nicht erfaßbar, aber durch zeitgenössische Schilderungen gut belegt – die Beantwortung zahlreicher

---

50 Vgl. Jennifer Davis, A Poor Man's System of Justice: The London Police Courts in the Second Half of the Nineteenth Century, in: Historical Journal 27, 2 (1984), S. 309–335.

51 Für die Jahre bis 1892: Criminal Statistics, Tab. 7 (für die Fundorte in den *Parliamentary Papers* siehe oben S. 155 f., Fn. 1); für die Jahre 1906–1913: London Statistics, hg. v. London County Council, Bd. 18 (1907–08) – Bd. 25 (1914–15), Abschnitt „Police and Justice". Der *Metropolitan Police Court District* blieb in diesem Zeitraum bis auf kleine Grenzkorrekturen unverändert; vgl. Skyrme, History of the Justices, Bd. 2, S. 149 f.

52 Criminal Statistics 1892, PP 1893–94, CIII, Tab. 7, hier S. 28.

Rechtsfragen, Bitten und Hilfsgesuche. Die Beschäftigung mit diesen Anträgen, Fragen und Bitten eröffnete in der Regel den Arbeitstag des Polizeirichters; es war dies die sogenannte *application time*, und nach dem Bericht
Hugh Gamons, der im Jahr 1907 im Auftrag des *Toynbee Trust* eine Sozial-
reportage über die Londoner *police courts* verfaßte, erschienen viele des
Rechts unkundige arme Leute vor dem Polizeirichter, ohne eine klare Vorstellung von dem zu haben, was sie wollten. Sie hatten ein Problem, Ärger
mit dem Vermieter oder dem Arbeitgeber oder dem Ehemann, und fragten
den Richter, was sie tun sollten: „Please, sir, tell me what I am to do."[53]
Diese Form der kostenlosen Rechtsberatung hatte sich bei den Londoner
police courts als Gewohnheit eingebürgert und unterschied sie von den Friedensgerichten in der Provinz, wo es, glaubt man Hugh Gamon, eine vergleichbare Praxis nicht gab. Das relativ große Vertrauen der Arbeiterschaft
und der Armen in die Londoner Polizeirichter beruhte nicht zuletzt auf diesem Angebot, auf der Offenheit für Klagen, die zunächst nicht in juristisch
einwandfreier Form vorgebracht wurden, und auf der Bereitschaft der
Richter, bei der Suche nach adäquaten Problemlösungen behilflich zu sein,
so weit es ihr Zeitbudget erlaubte. Die Londoner Polizeigerichte waren somit ein Beispiel dafür, daß die Professionalisierung der Justiz nicht notwendigerweise mit einer Formalisierung der Rechtsprechung im Sinne mechani-
scher Normanwendung einhergehen mußte. Obwohl sie ausgebildete *barristers* waren, hatte die Spruchpraxis der Polizeirichter nichts von dem technischen Charakter der *Common law*-Rechtsprechung an sich. Auch Kritiker der Friedensrichterschaft aus dem Umkreis der Arbeiterbewegung fanden für die Londoner *police court magistrates* freundliche Worte.[54]

Außer in London gab es bezahlte Friedensrichter auch in einigen größeren Provinzstädten und städtischen Ballungsräumen, so zuerst 1813 in
Manchester. Der *Municipal Corporations Act* von 1835 gestattete es den
Stadträten, einen Antrag an den Innenminister auf Ernennung eines *stipendiary magistrate* zu stellen.[55] Für Städte und Ballungsräume außerhalb des
Geltungsbereichs des *Municipal Corporations Act* konnte die Ernennung
eines bezahlten Friedensrichters durch spezielles Gesetz erwirkt werden. In
beiden Fällen mußten jedoch die Städte selbst für das Gehalt des Richters
aufkommen, weshalb von dieser Möglichkeit nur zögernd Gebrauch ge-

---

[53] Hugh R.P. Gamon, The London Police Court To-day & To-morrow, London 1907, S. 80 f.
[54] Vgl. Henry Crompton, The Reform of the Magistracy, in: Fortnightly Review 18 (1875),
S. 688–698, S. 696: „It seems to amount to this, that while the country justices have exhibited
the greatest incompetency, the London and some of the Northern stipendiaries have done
parts of their work in the most admirable and efficient manner."
[55] 5 & 6 Will 4, c. 76 (1835), s. 99.

macht wurde. Der *stipendiary magistrate* mußte, wie in London, *barrister* mit mindestens sieben Jahren Berufspraxis sein, die Ernennung erfolgte durch die Krone jeweils auf Lebenszeit, danach mußte die Wiederbesetzung erneut beantragt werden. Bis 1900 hatte es an 23 Orten, bis zum Ende des Zweiten Weltkrieg an 26 Orten bezahlte Friedensrichter gegeben, allerdings nicht überall durchgehend.[56] In so bedeutenden Städten wie Newcastle, Sheffield und Brighton amtierte 1946 kein *stipendiary magistrate* mehr, obwohl es vorher eine Stelle gegeben hatte; andere Großstädte wie Bristol, Coventry oder Norwich hatten nie einen Antrag gestellt. Verglichen mit den Polizeirichtern in London besaßen die Berufsfriedensrichter in der Provinz eine schwächere Stellung. Sie konnten zwar allein in *petty sessions* zu Gericht sitzen, aber nichts hinderte die örtlichen Laienfriedensrichter, zu den Sitzungen zu erscheinen, und in diesem Fall entschied die Mehrheit. Der *stipendiary magistrate* in der Provinz übte seine Tätigkeit konkurrierend mit den Laien aus. In größeren Städten wie Birmingham konnte er oft nur ein Drittel oder die Hälfte der anfallenden Arbeit bewältigen. Er war somit bestenfalls *primus inter pares*, und gegenläufige Entscheidungspraktiken waren möglich. Dennoch hatte er als Berufsjurist natürlich eine gewisse Leitbildfunktion, besonders bei schwierigen Fällen.[57]

Überall dort, wo es keine Berufsrichter gab, also vor allem auf dem Lande und in den Kleinstädten, waren die Sekretäre der Friedensrichter (*clerks*) oft die einzigen Personen im Gerichtssaal mit juristischer Ausbildung. Der *clerk of the petty sessions* mußte Berufsjurist sein, der bei den *quarter sessions* tätige *clerk of the peace* brauchte es nicht zu sein, war es aber faktisch in den meisten Fällen. Bezahlt wurden die *clerks* aus lokalen Steuermitteln. Ihre Aufgabe ging weit über die eines Schreibers hinaus. Sie bestand nicht nur in der Protokollführung, Ausstellung von Vorladungen und Haftbefehlen, Vorbereitung der Sitzungen und Gebührenverwaltung, sondern auch in der Beratung der Richter (und manchmal der Prozeßparteien) zu allen Rechts- und Verfahrensfragen. Auf den *petty sessions* wurde auch die Zeu-

---

56 Hierzu und zum folgenden: R. M. Jackson, Stipendiary Magistrates and Lay Justices, in: Modern Law Review 9 (1946), S. 1–12, hier S. 2 f.

57 Eine weitere Gruppe professioneller Juristen im System der Friedensrichter bildeten die sogenannten *recorder*. Es gab sie nur in Städten und *boroughs*. Ihre Funktion entsprach derjenigen des Richterkollegiums auf den *quarter sessions*. Mit der summarischen Rechtsprechung waren die *recorder* nur als Berufungsinstanz befaßt; sie sind daher hier nur am Rande von Interesse. Die *recorder* wurden auf Antrag des jeweiligen *borough* ernannt und lokal finanziert, hielten ihre Gerichtstage viermal im Jahr ab und praktizierten daneben oft noch privat als *barristers*. Einige von ihnen waren gleichzeitig auch Grafschaftsrichter. Im Jahr 1910 gab es 108 solcher *recorder*-Gerichte. Ausführlich hierzu: Heinrich B. Gerland, Die Englische Gerichtsverfassung. Eine systematische Darstellung, Leipzig 1910, S. 123–132.

genvernehmung oft durch den *clerk* durchgeführt. Ein guter *clerk* ‚erzog‘ seine Friedensrichter, ohne sich selbst in den Vordergrund zu spielen, ein schlechter konnte sich zur dominierenden Person im Gerichtssaal aufschwingen und so die Autorität des Gerichts untergraben.[58] In jedem Fall war der *clerk* in den meisten Friedensgerichten das einzige Bindeglied zwischen den staatlichen Normen – *Common law* und *Statute law* – und der lokalen Rechtsprechungspraxis. In der Schriftführung wurde er dabei unterstützt durch eine wachsende Zahl von vorgedruckten Formularen, die für häufig wiederkehrende Vorgänge, zum Beispiel Vorladungen unter bestimmten Gesetzen, einen Standardtext bereitstellten, bei dem oft nur noch Namen, Daten und Details des Sachverhalts eingetragen werden mußten.[59]

Die professionellen Elemente im System der Friedensgerichte nahmen somit im Untersuchungszeitraum insgesamt zu, aber der Professionalisierungsgrad variierte regional sehr stark. Es gab ein deutliches Stadt-Land-Gefälle. Daß das System der Laienrichter toleriert wurde, hatte hauptsächlich Kostengründe. Die lokalen Steuerzahler waren vielfach nicht bereit, für eine Justiz viel Geld auszugeben, von der sie nur in Ausnahmefällen als Angeklagte negativ betroffen waren. Romantisch-nationale Vorstellungen wie die, daß es sich um die ‚englischste‘ Institution unter allen Regierungseinrichtungen handele, dienten daneben allenfalls der ideologischen Verbrämung.[60]

Der Ausnahmefall der Londoner *police court magistrates* zeigt, daß ein staatlich finanziertes System von Berufsrichtern sogar bei den Arbeiterklassen und Armen eine gewisse Popularität erlangen konnte, vorausgesetzt es hielt sich fern von juristischem Formalismus. Damit die Popularität erhalten blieb, war freilich eine ausreichende personelle Ausstattung notwendig. Und hier lag ein Schwachpunkt, der, wie Jennifer Davis nachgewiesen hat, ab etwa 1880 auch in London zu einer Abwendung der Arbeiterklassen von den *police courts* geführt hat.[61] Die Geschäftsüberhäufung der *stipendiary magistrates* nahm bei gleichbleibender Richterzahl derartig zu, daß die vor-

---

58 Die Kritik an der Rolle der *clerks* wuchs besonders in der Zwischenkriegszeit; vgl. Jackson, Stipendiary Magistrates, S. 10 ff.; Solicitor, English Justice, S. 25–28.

59 Zum Teil wurden die Formulartexte in den Anhängen von Gesetzen veröffentlicht; vgl. etwa Masters and Servant Act, 30 & 31 Vict., c. 141 (1867), Schedule 3. Formularsammlungen, vorgedruckte Protokollbücher und Einzelblatt-Formulare konnten von darauf spezialisierten Druck- und Verlagshäusern in London bezogen werden. Hilfestellung boten Handbücher wie z. B. George C. Oke, The Magisterial Formulist: Being A Complete Collection of Forms and Precedents for Practical Use, London 1850, 2. Aufl. London 1856 (zahlreiche weitere Auflagen).

60 Vgl. Moir, Justice of the Peace, S. 9 (mit Zitaten von F.W. Maitland und Sir Edward Coke).

61 Davis, Poor Man's System, S. 333 f.

dringliche Aufgabe der Kriminalitätsbekämpfung (und später der Aburteilung von Verkehrssündern) immer stärker in den Vordergrund rückte; für
andere Dinge, insbesondere die Bitt- und Hilfsgesuche, blieb den Richtern
immer weniger Zeit. Die Gerichte glichen zunehmend Maschinen, in denen
im Schnellgerichtsverfahren hunderte von Fällen regelrecht durchgepeitscht
wurden. Für die in der Regel komplizierten und zeitraubenden Auseinandersetzungen um Arbeitsverträge, Kündigungsbedingungen oder Lohnzahlungsmodalitäten waren die Friedensgerichte unter solchen Umständen
kaum noch der geeignete Platz. Zudem waren die Streitigkeiten unter dem
Employers and Workmen Act als ,zivile' Angelegenheiten ein Fremdkörper
in den sonst fast nur mit Strafsachen und Ordnungswidrigkeiten befaßten
police courts. Was für London zutraf, galt ähnlich auch für die Verhältnisse
in den großen Provinzstädten und Industrieregionen. Die hier aufgezählten
institutionellen Mängel dürften zur nachlassenden Attraktivität der Friedensgerichte für klagende Arbeitnehmer und Arbeitgeber beigetragen haben. Die fehlende Professionalität der *magistrates* auf dem Lande, die übermäßige Hast und das routinemäßige Abarbeiten der Fälle in den Städten
haben vermutlich mehr potentielle Kläger abgeschreckt als die vielbeschworene Klassenjustiz. Vor allem den *stipendiary magistrates* in London kann
man Unfairness gegenüber Arbeitern kaum vorwerfen, dennoch stagnierte
auch hier, trotz wachsender Beschäftigtenzahlen, die Zahl der Klagen unter
den Arbeitsgesetzen. Die Erfahrung der ,Klassenjustiz' kann zumindest in
London nicht der Hauptgrund für diese Entwicklung gewesen sein.

AKTENFÜHRUNG UND JUSTIZSTATISTIKEN

Es bedarf kaum der Erwähnung, daß die offiziellen, in den *Parliamentary
Papers* publizierten Justizstatistiken nur wenig über das tatsächliche Konfliktpotential in der englischen Gesellschaft aussagen. Ebensowenig läßt
sich daraus Genaues über das tatsächliche Ausmaß der Kriminalität ablesen.[62] Was gezählt wurde, sind allein die der Polizei bekannt gewordenen
und in irgendeiner Form vor Gericht verhandelten Fälle. Bei diesen han-

---

[62] Ausführlich zum Aufbau und zu den Möglichkeiten des Gebrauchs der englischen Kriminalstatistiken als Indikator für die tatsächliche Kriminalität und die Effektivität ihrer Bekämpfung: V. A. C. Gatrell u. T. B. Hadden, Criminal statistics and their interpretation, in:
E. A. Wrigley (Hg.), Nineteenth-century society. Essays in the use of quantitative methods
for the study of social data, Cambridge 1972, S. 336–396; V. A. C. Gatrell, The Decline of
Theft and Violence in Victorian and Edwardian England, in: ders., Bruce Lenman u. Geoffrey Parker (Hg.), Crime and the Law. The Social History of Crime in Western Europe since
1500, London 1980, S. 238–370; Emsley, Crime and Society, S. 18–47.

delte es sich um sichtbare Ereignisse, die im Prinzip leicht zählbar waren. Dennoch sind, gerade was die summarische Rechtsprechung angeht, gewisse Zweifel im Hinblick auf die Genauigkeit der Zahlen angebracht. Der Grund sind vor allem Unregelmäßigkeiten bei der Datenerhebung an der Basis. Die gesamte Spruchtätigkeit der Friedensrichter wurde in den Kriminalstatistiken erfaßt, auch die zivilrechtlichen Angelegenheiten.[63] Die Statistiken für die summarische Rechtsprechung beruhten auf jährlichen Rückmeldungen, die von der örtlichen Polizei für den jeweiligen Polizeidistrikt, ab 1893 dann für die jeweilige Grafschaft zusammengestellt und ans *Home Office* gesandt wurden.[64] Dabei war die Polizei natürlich auf die Amtshilfe der *clerks* an den *petty sessions* und *police courts* angewiesen. Das war besonders wichtig für diejenigen Bereiche der summarischen Rechtsprechung, mit denen die Polizei allenfalls am Rande zu tun hatte, also zum Beispiel die Klagen unter den verschiedenen Arbeitsgesetzen. Hier lag bereits eine erste Fehlerquelle, die noch dadurch verstärkt wurde, daß es vor 1893 keine festen Richtlinien für die Datenerhebung gab. Das führte etwa dazu, daß einige lokale Polizeibehörden die Urteilssprüche unter dem *Employers and Workmen Act* nach 1875 anfangs nicht in ihre Meldungen aufnahmen, weil es sich dabei strenggenommen nicht um Verurteilungen im straftrechtlichen Sinne (*convictions*) handelte.[65] Die Reform der Statistik im Jahr 1893 behob diesen Mangel, indem nun die Fälle unter dem *Employers and Workmen Act* in einer gesonderten Rubrik unter der Überschrift „Proceedings in Quasi-Criminal Matters" ausgewiesen wurden und entsprechende Richtlinien an die Polizeibehörden ergingen.

Eine zweite Fehlerquelle ergab sich aus der begrenzten Schriftlichkeit in den *petty sessions* selbst. Die Aktenführung auf dieser untersten Ebene der englischen Justiz war alles andere als regelmäßig. Das gilt besonders für den Zeitraum bis zum Ende der siebziger Jahre des 19. Jahrhunderts. Wenn die

---

63 Für meine Zwecke relevant sind vor allem die folgenden Tabellen der jährlichen *Criminal Statistics*: Bis einschließlich 1892 Tab. 7 („Offences Determined Summarily. Total number of Persons proceeded against before Justices, in each Police District") und Tab. 8 („Offences Determined Summarily. Total of the Offences of each Class for which Persons were Proceeded against Summarily before Justices" – gibt die Prozeßresultate); ab 1893 Tab. XI („Courts of Summary Jurisdiction. Number of Persons Tried, Nature of Offences, Results of Proceedings, and Length of Sentences" – entspricht im wesentlichen der alten Tabelle 8) und Tab. XIV („Courts of Summary Jurisdiction. Proceedings in Quasi-Criminal Matters" – enthält u. a. die Zahlen für Fälle unter dem *Employers and Workmen Act*, aber nur Gesamtzahlen für ganz England und Wales).

64 Einige Angaben zu Defiziten in der Praxis dieser Rückmeldungen finden sich im Bericht der Reformkommission der Kriminalstatistik: Report of the Committee Appointed to Revise the Criminal Portion of the Judicial Statistics (Dez. 1892), PP 1895, CVIII, hier S. 18–21.

65 Ebd., S. 19.

Aktenüberlieferung aus dieser Zeit ein getreues Abbild der Praxis des Aufschreibens vermittelt, muß man mit unvollständigen Meldungen von den *petty sessions* an die Datensammler bei der Polizei rechnen. Es ist davon auszugehen, daß nicht alle Verhandlungsergebnisse in den *petty sessions* protokolliert wurden. Ein Minimum an schriftlichem Niederschlag gab es auf jeden Fall bei Verurteilungen (*convictions*). Insofern war hier die Wahrscheinlichkeit einer Weitergabe der Information an die Polizei höher als bei den Fällen, in denen es nicht zu einer Verurteilung kam. Der *Summary Jurisdiction Act* von 1848 schrieb vor, daß über jede Verurteilung eine Protokollnotiz angefertigt werden mußte, die anschließend kopiert und mit Siegel versehen an den *clerk of the peace* weiterzuleiten war und bei etwaigen Revisionen oder Berufungsverfahren als Beweismittel dienen konnte.[66] Hierfür wurden in der Praxis meist vorgedruckte Formulare verwendet. Solche Formulare gab es auch für Fälle unter dem *Master and Servant Act*.[67] Es kam hinzu, daß die Polizei über die Gefängnisinsassen ohnehin aus direkter Kenntnis informiert war und daß an den *petty sessions* über Strafen und Bußgelder gesondert Buch geführt werden mußte.[68] Grobe Unstimmigkeiten bei den Zahlen für *convictions* mußten also auffallen. Insgesamt kann man somit die offiziellen Statistiken, was die Zahlen für *convictions* angeht, als brauchbar bewerten.

Weniger gut sah es bei abgewiesenen Klagen oder sonstigen Prozeßausgängen aus, also etwa bei gütlichen Einigungen oder ‚Rückziehern' von sei-

---

66   11 & 12 Vict., c. 43 (1848), ss. 14 u. 17.

67   Northamptonshire RO, Acc No. 1967/170, Box X 3918, Northampton Petty Sessions, Informations and Examinations, 1858. Hierbei handelt es sich um ein Bündel mit Anzeigen und Niederschriften der Aussagen von Klägern und Zeugen zu 242 Fällen, darunter zwei *Master and Servant*-Fälle. Auf der Außenseite der vorgedruckten Anzeigenformulare (*informations*) ist jeweils handschriftlich das Prozeßergebnis festgehalten. Im Fall Thomas Smith, Farmer v. John Bettle, Servant in Husbandry, angeklagt wegen „Leavg. Service", lautet die Eintragung „Conv.d Com.d 3 months Hl" (verurteilt zu drei Monaten Gefängnis mit *hard labour*); Im Fall Thomas Pell, Farmer v. Thomas Pettit, Servant in Husbandry, angeklagt als „Run away Servant" lautet die Eintragung „Settled", was man wohl mit ‚erledigt' übersetzen müßte, ohne daß damit klar ist, in welcher Weise der Prozeß ‚erledigt' wurde; jedenfalls kam der Angeklagte glimpflich, das heißt ohne Strafe, davon.

68   Northamptonshire RO, Box 4920, Northampton Petty Sessions, Record of Convictions, 1850–1861. Hierbei handelt es sich um ein Buch, in dem insgesamt 2044 Verurteilungen aufgelistet sind. Darunter befinden sich auch 20 *Master and Servant*-Fälle, sämtlich Arbeitgeberklagen, darunter auch der oben (Fn. 67) erwähnte Fall des zu drei Monaten Haft mit *hard labour* verurteilten John Bettle. In dem Buch nicht festgehalten ist hingegen der ‚erledigte' Fall des weggelaufenen Knechts Thomas Pettit (siehe Fn. 67). Man fragt sich, ob und wie der *clerk* und die Polizei in Northampton solche ‚erledigten' Fälle und die grundsätzlich nie mit einer *conviction* enden könnenden Arbeitnehmerklagen bei der Anfertigung ihrer statistischen Meldungen berücksichtigt haben.

ten des Klägers. Hier muß man bis zum Ende der siebziger Jahre des 19. Jahrhunderts mit unzuverlässigen Angaben rechnen. Das Gesetz von 1848 überließ es dem einzelnen Friedensrichter, ob er die Abweisung einer Klage schriftlich festhalten ließ oder nicht; von anderen denkbaren Ausgängen war im Gesetz erst gar nicht die Rede.[69] Es hing also von den Gepflogenheiten am Ort ab, wie man zum Beispiel bei einer mündlich erhobenen Klage gegen einen Arbeiter verfuhr, die nach kurzer Diskussion unter Zusicherung zukünftigen Wohlverhaltens zurückgezogen wurde. Presseberichte zeigen, daß derlei Fälle keineswegs selten waren.[70] Ob sie aber überhaupt aktenkundig und damit eventuell statistisch relevant wurden, war eine Sache zufälliger Entscheidungen. Wenn eine Aktennotiz gemacht wurde, war es immer noch zweifelhaft, wie weiter verfahren wurde. Sollte man den Fall als förmlichen Freispruch werten und als solchen weitermelden?[71] Oder sollte man ihn dem vorgerichtlichen Stadium zurechnen und unter den Tisch fallen lassen? Hier lag die Entscheidung allein in den Händen des Friedensrichters und seines *clerk*. An manchen *petty sessions* scheint man die Prozeßergebnisse einigermaßen konsequent dokumentiert zu haben, hier benutzten die *clerks* für Freisprüche und gütliche Einigungen die gleichen Formulare wie für *convictions*.[72] An anderen *petty sessions* verließen sich die *clerks* auf eigene, mehr oder weniger sorgfältige Aufzeichnungen. Kurzum, es ist davon auszugehen, daß die frühen Statistiken, was erfolglose Klagen und sonstige Prozeßresultate angeht, weniger zuverlässig sind als für *convictions*.

Eine stärkere Normierung der Verschriftlichungspraxis in den *petty sessions* und *police courts* ergab sich infolge des *Summary Jurisdiction Act* von 1879. Dieser verlangte, daß überall sogenannte *register of summary jurisdiction* geführt werden sollten, in denen nicht nur *convictions*, sondern auch andere Verhandlungsergebnisse nach bestimmten, von Zeit zu Zeit veränderbaren Regeln verzeichnet werden sollten.[73] Daß diese Regeln im großen und ganzen eingehalten wurden, zeigen die überlieferten Register. Sie sind einander sehr ähnlich. Die Fälle sind durchnumeriert, Namen (zum Teil auch Wohnorte und Berufe) von Klägern und Beklagten sind angegeben, die Tatbestände werden in Stichworten umschrieben, und die Prozeßausgänge

---

69 11 & 12 Vict., c. 43 (1848), s. 14.
70 Vgl. etwa Colliery Guardian, 9. Okt. 1858, S. 231, „Breach of Contract"; ähnliche Fälle: ebd., 24. Juli 1858, S. 55; ebd., 27. Nov. 1858, S. 344; Northampton Mercury, 7. Aug. 1858, „Farm Labourers absconding from Service".
71 Bis 1892 kannte die Statistik nur zwei Prozeßausgänge: Schuldspruch oder Freispruch.
72 Das war offenbar in Northampton der Fall (siehe oben Fn. 67).
73 42 & 43 Vict., c. 49 (1879), s. 22.

sind ebenfalls knapp festgehalten. Zwei Beispiele für typische Einträge, der eine aus Sutton Coldfield bei Birmingham, der andere aus Brackley in Northamptonshire, seien hier zitiert:

24 Jan. 1905; James Colley v. Frank James Lea; Claim for 14/- Wages; Judgment for Plaintiff for 14/- & 5/- costs and on counterclaim for defendant for 5/- & 2/- costs.[74]

23 Feb. 1891; Thomas Jarvis, Middleton Cheney, Butcher v. Thomas Gascoigne Junior, Middleton Cheney, Labourer; Breach of Employer's and Workmen's Act. Leaving Plaintiff's service without notice on Thursday the 15th January 1891 he being a weekly servant from Saturday to Saturday; Judgment for Plaintiff. Defendant ordered to pay 5s/- for damages & 11/6 costs.[75]

Mit diesen Registern hatte sich die Basis für verläßliche und einheitliche statistische Erhebungen auf der untersten Ebene der englischen Justiz verbessert. Es ist davon auszugehen, daß auch Freisprüche, abgewiesene Klagen und ,Rückzieher' aufgrund der fortlaufenden Buchführung nun vollständiger erfaßt wurden. In der Statistik erschienen diese Prozeßausgänge bis einschließlich 1892 (wenn überhaupt) unter der Rubrik ,Freisprüche'. Ab 1893 wurde dann genauer zwischen zurückgezogenen Klagen (*charge withdrawn*), abgewiesenen Klagen (*charge dismissed*) und Freisprüchen (*defendant discharged*) unterschieden. Wenn die statistischen Instrumentarien und Kategorien also zum Ende des 19. Jahrhunderts hin eine differenziertere Erfassung der Fälle gestatteten, blieb als Unsicherheitsfaktor die unterschiedliche Sorgfalt der *clerks* bestehen. Ein Wechsel der Personen oder übermäßige Routine konnte zu Veränderungen in der Aufschreibepraxis führen. Auf der Ebene der aggregierten Zahlen für ganz England und Wales dürften die dadurch bedingten lokalen Schwankungen jedoch nicht mehr allzu sehr ins Gewicht fallen.

Arbeitsstreitigkeiten tauchten in den Akten der *petty sessions* vermischt mit allen möglichen anderen Gegenständen der summarischen Rechtsprechung auf. Die Register spiegeln die bunte Reihenfolge, in der die Fälle vor das Gericht gelangten. Sie machen deutlich, daß klagende Arbeitnehmer und Arbeitgeber unter den zahllosen Trunkenbolden, Schlägertypen, Ruhestörern, Schulschwänzern, Landstreichern, Wilderern, Falschfahrern und Taschendieben eine Ausnahme waren. In manchen Gerichtsbezirken wurden nach 1875 zeitweise besondere Protokollbücher, sogenannte *Plaint and*

---

[74] Birmingham Central Reference Library, Archives Division, PS/SU 3/2, Sutton Coldfield Petty Sessional Division, Register of Court of Summary Jurisdiction, 1904–08 (Reihenfolge und Interpunktion der besseren Lesbarkeit halber leicht geändert).

[75] Northamptonshire RO, unverzeichnet, Brackley and Middleton Cheney Petty Sessional Division, Register of Court of Summary Jurisdicition, 1887–1897 (Reihenfolge und Interpunktion der besseren Lesbarkeit halber leicht geändert).

Minute Books, für Klagen unter dem *Employers and Workmen Act* geführt. Diese Bücher sind von der Forschung bisher unbeachtet geblieben und werden hier erstmals ausgewertet. Wie verbreitet diese Protokollbücher waren, ist aufgrund der sporadischen Überlieferung schwer zu sagen. Vorgeschrieben waren sie jedenfalls nicht. Es gab sie sowohl in großstädtischen Zentren wie Newcastle als auch in kleineren Industrie- oder Hafenstädten wie St. Helens, Kettering oder Gravesend als auch in überwiegend landwirtschaftlich geprägten Bezirken wie der Reading County Division in Berkshire.[76] Diese besonderen *Plaint and Minute Books* ähneln vom Aufbau her den normalen *registers of summary jurisdiction*, enthalten jedoch zum Teil darüber hinausgehende Informationen. Schon von ihrem äußeren Erscheinungsbild her bestätigen die Protokollbücher, daß Arbeitsstreitigkeiten in den Friedensgerichten immer mehr an den Rand gedrängt wurden. Manche Bücher wurden nur in den ersten Jahren nach ihrer Anschaffung sauber und vollständig geführt, danach gerieten sie anscheinend wegen der Seltenheit der Fälle in Vergessenheit. Es kam zu großen Lücken, und einige Bücher wurden sogar für andere Eintragungen zweckentfremdet.[77]

Als Quellen sind diese Protokollbücher, wie auch die normalen Register, dennoch wertvoll, denn sie erlauben einen genaueren Einblick in die Prozeßresultate als die publizierten Statistiken. Diese zählten nämlich die Klagen unter den *Master and Servant Acts* und unter dem *Employers and Workmen Act* nur pauschal, ohne nach Arbeitnehmer- und Arbeitgeberklagen zu differenzieren. Ab 1893 verringerte sich der Informationsgehalt der Statistiken infolge der Reform noch weiter; die Klagen unter dem *Employers and Workmen Act* wurden nun darstellungstechnisch von den eigentlichen Strafsachen getrennt. Diese Änderung war ein Akt der *political correctness*, denn die Entkriminalisierung des Kontraktbruchs fand nun endlich auch in der Statistik ihre verspätete Anerkennung. Die Absonderung von den anderen summarischen Tatbeständen hatte aber den Nebeneffekt,

---

[76] Folgende Plaint and Minute Books wurden von mir ausgewertet: Newcastle, 1889–1908: Tyne and Wear Archives Service, MG/Nc/4; St. Helens, 1891–1901: Lancashire Record Office, Preston, PSSH 3/1; Blackburn County, 1876–1915: Lancashire Record Office, Preston, PSBl 4/1; Eddisbury, 1875–1918: Cheshire Record Office, Chester, QPEd 7; Hyde, 1876–1884: Cheshire Record Office, Chester, QPH 3; Kettering and Little Bowdes, 1877–1887: Northamptonshire Record Office, unverzeichnet, shelf 58a; Reading County, 1876–1898: Berkshire Record Office, Reading PS/RC/9/1; Maidenhead, 1890–1938: Berkshire Record Office, Reading, PS/M/9/1; Gravesend, 1875–1881: Centre for Kentish Studies, Maidstone, PS/Gr/Sz/1; Maidstone, 1898–1905: Centre for Kentish Studies, Maidstone, PS/Md/Sv; Sheerness, 1880–1902: Centre for Kentish Studies, Maidstone, PS/Shz/4.

[77] Im Buch von Maidenhead Borough tauchten zum Beispiel des öfteren Klagen des lokalen Steuerbeamten wegen Nichtzahlung der Lokalsteuern auf.

daß nun nur noch Zahlen für England und Wales insgesamt gegeben wurden. Es entfiel die bis dahin übliche, nach Orten differenzierende Statistik der Streitigkeiten unter dem *Employers and Workmen Act*. Insgesamt wurden die Statistiken zur summarischen Rechtsprechung zum Ende des 19. Jahrhunderts hin zwar zuverlässiger, aber für meinen Untersuchungszweck weniger informativ.

NUTZUNG DER FRIEDENSGERICHTE DURCH ARBEITNEHMER UND ARBEITGEBER: LANGFRISTIGE VERÄNDERUNGEN

Trotz aller Einschränkungen im Hinblick auf Verläßlichkeit und Aussagekraft der Justizstatistiken ist der Haupttrend unbezweifelbar. Nach einem Höhepunkt in den frühen siebziger Jahren des 19. Jahrhunderts verloren die Friedensgerichte für Streitigkeiten aus dem Arbeitsvertrag an Bedeutung. Hatte die Zahl der Fälle bis 1875 im Durchschnitt etwas über 10 800 betragen, stagnierte sie in den Jahrzehnten danach um einen Mittelwert von 6700. Nach dem Ersten Weltkrieg fand keine Wiederbelebung der Klageaktivität statt. Im Jahr 1923 klagten nur noch weniger als halb so viele Arbeitnehmer und Arbeitgeber vor den Friedensgerichten wie 1913 (Grafik 2.1).

Wie sehr die Streitigkeiten aus dem Arbeitsvertrag im alltäglichen Geschäft der Friedensrichter marginalisiert wurden, zeigt sich, wenn man die Klagen unter den *Master and Servant*-Gesetzen in Relation zur Gesamtzahl aller summarisch verhandelten Fälle setzt. Bis einschließlich 1875 machten die *Master and Servant*-Fälle im Schnitt 2,25 Prozent aller summarischen Fälle aus, nach 1875 pendelte dieser Wert um eine Marke von etwa einem Prozent, in den frühen zwanziger Jahren des 20. Jahrhunderts bei einem halben Prozent (Grafik 2.2).[78]

Der Rückgang der Klagetätigkeit wird noch deutlicher, wenn man ihn zur Zahl der potentiellen Kläger oder Beklagten unter den genannten Gesetzen, also Handarbeitern, in Beziehung setzt. Kamen um 1870 auf 100 000 handarbeitend Beschäftigte noch knapp 150 Klagen pro Jahr, waren es zwanzig Jahre später nur noch halb soviele und nach dem Ersten Weltkrieg gerade

---

[78] Dabei ist zu berücksichtigen, daß sich durch die Reform der Statistik im Jahr 1893 die Berechnungsgrundlage für die summarischen Fälle insgesamt dergestalt änderte, daß bestimmte Kategorien von Fällen, die vorher mitgezählt worden waren, nun separat gezählt wurden. Die Gesamtzahl der summarischen Fälle reduzierte sich dadurch von 1892 auf 1893 erheblich – nach Schätzungen der Statistiker um etwa 62 000 (vgl. Criminal Statistics 1893, PP 1895, CVIII, Introduction, S. 99f.). Um dieser Veränderung Rechnung zu tragen, müßte man die Prozentwerte für *Master and Servant*-Fälle ab 1893 noch leicht nach unten revidieren.

Grafik 2.1: Friedensgerichte England und Wales, 1857–1923: Klagen unter den Master and Servant Acts (M&S) und dem Employers and Workmen Act (E&W)

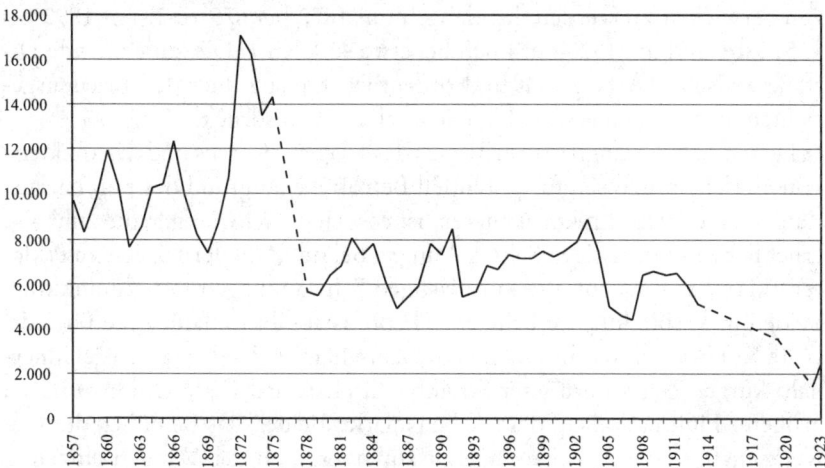

Quelle: Criminal Statistics, Tab. 7 (bis 1892), Tab. XI u. XIV (ab 1893)

Grafik 2.2: Friedensgerichte England und Wales, 1857–1923: Gesamtzahl aller summarisch verhandelten Fälle und Prozentanteil unter den Master and Servant-Gesetzen (M&S, E&W) und dem Conspiracy and Protection of Property Act (C&PP)

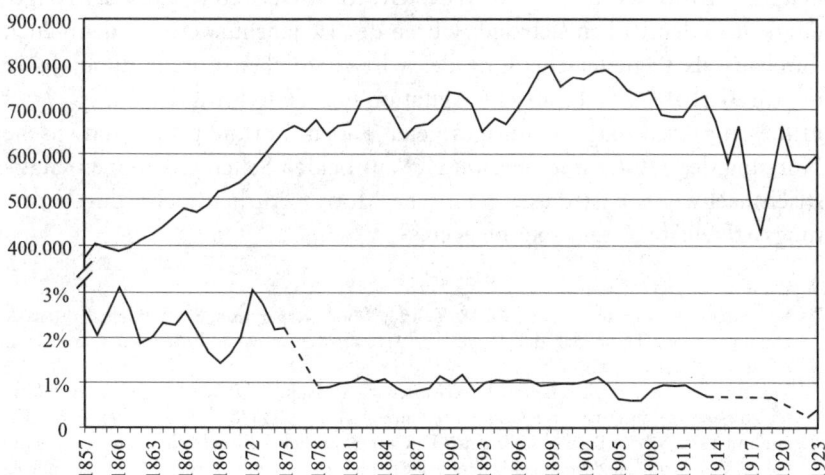

Quelle: Criminal Statistics, Tab. 7 (bis 1892), Tab. XI u. XIV (ab 1893), Comparative Tab. C 1920 u. 1924

einmal zwei Dutzend (Grafik 2.3). Die Wahrscheinlichkeit für einen einzelnen Arbeiter oder Arbeitgeber, in einen Fall unter den betreffenden Gesetzen verwickelt zu werden, lag danach um 1870 bei 675 zu 1, um 1890 bei 1350 zu 1 und um 1920 nur noch bei etwa 4300 zu 1. Die zunehmende Distanz zwischen Arbeitswelt und ordentlicher Justiz, hier den Friedensgerichten, kommt in diesen Zahlen deutlich zum Ausdruck.

Lassen sich die langfristigen Trends des Klageverhaltens und der Inzidenz von Gerichtsprozessen für potentiell Betroffene aufgrund des publizierten Zahlenmaterials gut rekonstruieren, ist es weitaus schwieriger, die zum Teil erheblichen kurzfristigen Schwankungen bei der Zahl der Klagen zu erklären. Man hat versucht, die kurzfristigen Schwankungen mit Konjunkturzyklen in Verbindung zu bringen. Theoretisch gibt es dafür gute Gründe. Gute Konjunkturen führten im viktorianischen England in der Regel innerhalb kurzer Zeit zu erhöhter Streikbereitschaft der Trade Unions und zu größerer Fluktuation auf dem Arbeitsmarkt. Beides, das Bemühen der Gewerkschaften, die günstige Lage auszunutzen, und der Versuch einzelner Arbeiter, durch einen Wechsel des Arbeitsplatzes die eigene Lage zu verbessern, ließ die Zahl der Kontraktbrüche in die Höhe schnellen. Arbeitgeber reagierten darauf, so die Theorie, indem sie verstärkt Strafanträge unter den *Master and Servant*-Gesetzen stellten. Dieser Konnex funktionierte solange, wie das Gesetz primär von Arbeitgebern als Instrument der Abschreckung eingesetzt werden konnte. Das war bis 1875 der Fall. Vor 1875 war die Abwehr von Lohnforderungen und Streiks in den Augen der Arbeitgeber ein wesentlicher Zweck des Gesetzes. Der Höhepunkt der Klagetätigkeit in den frühen siebziger Jahren des 19. Jahrhunderts ist denn auch durchaus als Begleiterscheinung des wirtschaftlichen Booms dieser Jahre interpretierbar.[79] Die politische Agitation um die Reform der *Labour laws* in diesen Jahren mag ein übriges getan haben, um die propagandistische Nutzung des *Master and Servant Act* auf beiden Seiten anzureizen. Statistisch nachweisbar ist dieses politische Motiv natürlich nicht, durch Zeitungsartikel läßt es sich aber belegen.[80]

---

[79] Vgl. Simon, Master and Servant, S. 186 u. 190; Woods, Operation, S. 98. Nicht haltbar ist Daphne Simons These, daß der *Master and Servant Act* im wesentlichen nur von kleinen *masters* benutzt worden sei.

[80] Vgl. etwa den hysterischen Leitartikel über den ,Terrorismus' der Gewerkschaften und Mittel zu ihrer Bekämpfung in: Colliery Guardian, 10. Juni 1870, S. 603; siehe auch ebd., 24. Juni 1870, S. 659: Bericht über einen Fall von angeblicher Einschüchterung von Nicht-Gewerkschaftsmitgliedern durch Angehörige der South Yorkshire Miners' Association. Der Anwalt der Gewerkschaftler sah hier ein ,abgekartetes Spiel' der Kläger – „that they had set out with the intention of going into certain localities and raising a disturbance, in order that they might bring some unionist before the magistrates".

Grafik 2.3: Friedensgerichte England und Wales, 1857–1923: Klagen unter den M&S-Gesetzen pro 100 000 handarbeitend Beschäftigte

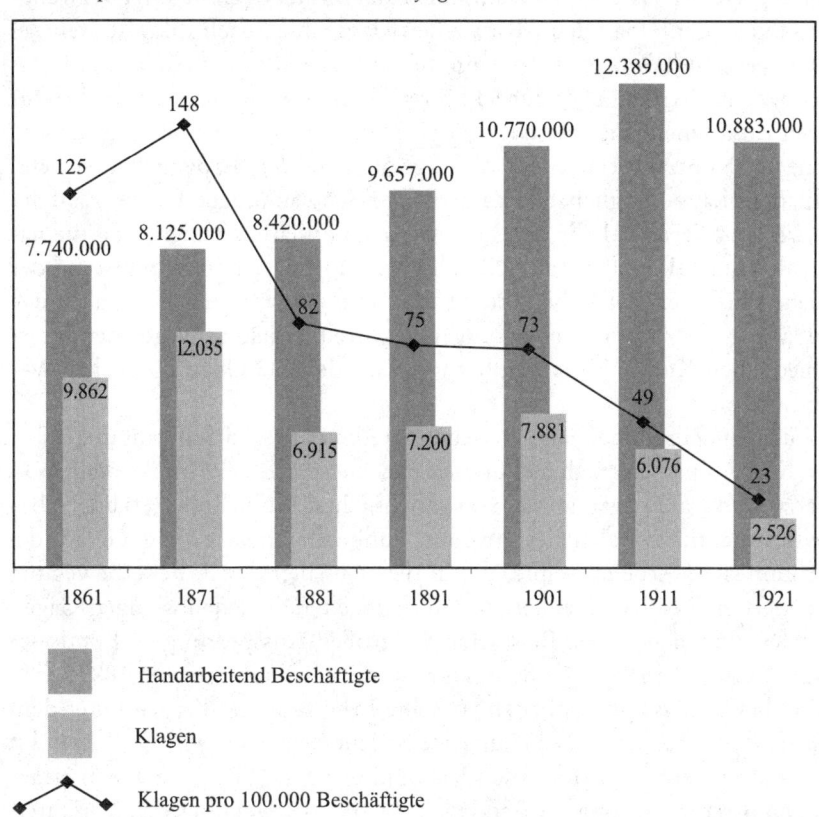

Handarbeitend Beschäftigte

Klagen

Klagen pro 100.000 Beschäftigte

Erläuterung: 1. Die Zahlen für „Klagen" von 1861 bis 1911 sind Fünfjahresdurchschnitte, zentriert auf die Zensusjahre. Die Zahl für Klagen 1921 ist der Durchschnitt aus den Klagezahlen für 1919, 1922 und 1923.
2. Die Zahl der ‚handarbeitend Beschäftigten' wurde ermittelt, indem jeweils von der im Zensus angegebenen Gesamtbevölkerungszahl (bzw. ab 1891 vom „Total aged 10 years and upwards") die Zahlen für die Kategorien „General or Local Government"/„Public Administration", „Armed Forces"/„Defence", „Professional Occupations", „Domestic Offices and Personal Services", „Buying and Selling"/„Commercial Occupations" and „Domestic Offices"/„Persons of Rank and Property"/„Persons supported by the Community"/„Scholars, children unproductive"/„Indefinite and nonproductive"/„Retired or unoccupied" (= Kinder, Hausfrauen, sonstige im Haus lebende Verwandte, Adlige, Empfänger von Armenunterstützung, Rentner, Schüler usw.) subtrahiert wurden. Das ist zwar nur ein sehr ungenauer Indikator, kommt jedoch der Zahl der potentiellen Kläger und Beklagten unter den M&S-Gesetzen immer noch näher als wenn man die Gesamtzahl der Beschäftigten oder gar nur Bevölkerungszahlen nähme.

Quellen: Criminal Statistics, Tab. 7 (bis 1892), Tab. XI u. XIV (ab 1893), Comparative Tab. C 1920 u. 1924; Census of England and Wales 1861, 1871, 1881, 1891, 1901, 1911, 1921

Nach der Beseitigung der Strafklauseln für Kontraktbruch im Jahr 1875 war das Gesetz als Abschreckungsinstrument nur noch bedingt verwendbar, und so kann man den Absturz der Klagezahlen nach Inkrafttreten des *Employers and Workmen Act* zum Teil auf nachlassende Attraktivität des Gesetzes für Arbeitgeber zurückführen.[81] Auch wenn somit manches für einen Zusammenhang zwischen Konjunkturzyklen, Arbeitsmarktschwankungen, Kontraktbrüchen und Klagetätigkeit der Arbeitgeber spricht, scheint es kaum möglich, alle kurzfristigen Schwankungen bei der Zahl der *Master and Servant*-Fälle auf diese Weise zu erklären. Zudem sind die nationalen Statistiken für eine sichere Beweisführung zu grob. Selbst auf der Ebene einzelner Polizeibezirke ist eine rein ökonomisch-konjunkturelle Erklärung plötzlicher Schwankungen des Streitverhaltens wegen der unterschiedlichen Konjunkturverläufe in verschiedenen Industriebranchen wenig sinnvoll.

Auch ein Zusammenhang zwischen Streikwellen und Schwankungen bei den Klagezahlen läßt sich nicht sicher nachweisen. Große Streiks oder Aussperrungen waren zwar immer von gerichtlichen Auseinandersetzungen begleitet, quantitativ fielen diese aber nicht unbedingt ins Gewicht. Gerade die berühmtesten Arbeitskämpfe, die in den Annalen der Arbeiterbewegung den meisten Raum einnehmen, waren eher Zeiten, in denen weniger Klagen anfielen, wie man an den Beispielen der großen Aussperrung im Londoner Baugewerbe von 1859–60 und des Streiks der Dockarbeiter von 1889 sehen kann; bei beiden Gelegenheiten ist keine Erhöhung der Klagen unter dem *Master and Servant Act* beziehungsweise dem *Employers and Workmen Act* in London festzustellen.[82] Auch während der ganz Großbritannien erfassenden Streikbewegung im Bergbau 1911–12 ist gegenüber den Vorjahren kein signifikanter Anstieg oder Rückgang der Klagen zu verzeichnen.

Konjunkturen und große kollektive Arbeitskämpfe mögen im Einzelfall zu härteren Auseinandersetzungen in den Gerichten geführt haben, sie wirkten sich aber in der Statistik der Individualklagen – außer in den frühen siebziger Jahren des 19. Jahrhunderts – nicht erkennbar aus. Erklärungen für die kurzfristigen Schwankungen müssen an anderer Stelle ansetzen. Wie

---

[81] Weitere Faktoren, die zwar nicht für den plötzlichen Rückgang nach 1875, wohl aber für die langfristige Stagnation mitverantwortlich gewesen sein könnten, waren die Tendenz zu Arbeitsverträgen mit kürzeren Kündigungsfristen und die zunehmende Selbstdisziplin der Gewerkschaften, die darauf achteten, daß Streiks nur unter Beachtung der Kündigungsfrist, also ohne Kontraktbruch, stattfanden: vgl. Simon, Master and Servant, S. 190 f.; Lujo Brentano, Einleitung, in: ders. (Hg.), Arbeitseinstellungen und Fortbildung des Arbeitsvertrags (Schriften des Vereins für Socialpolitik 45), Leipzig 1890, S. IX–LXXVIII, S. LX f.

[82] Siehe Grafik 2.5, S. 197.

sich aus Presseberichten und Protokollbüchern ablesen läßt, waren es eher kleine, spontane, örtlich begrenzte Arbeitsniederlegungen, bei denen Arbeitgeber sich nicht anders zu helfen wußten, als daß sie die Wortführer oder sogar alle beteiligten Arbeiter auf einmal vor den Friedensrichter bringen ließen. Diese Vorfälle hatten lokale und branchenspezifische Ursachen, die sich auf der Ebene national aggregierter Daten über Konjunkturen, Arbeitsmarkt oder Streikwellen kaum studieren lassen. Statistisch schlugen die kleinen, oft aus geringfügigem Anlaß entstandenen Streitigkeiten dennoch zu Buche, denn manchmal waren dutzende, ja sogar hunderte von Arbeitern in sie verwickelt.

Beispiele für solche Kollektiv- oder Massenklagen finden sich im gesamten Untersuchungszeitraum. Sie nahmen aber im späten 19. Jahrhundert stark zu, und es waren vor allem sehr viel mehr Arbeiter in sie involviert als in früheren Jahrzehnten. Oft fungierten die *magistrates* in diesen Situationen als eine Art *Clearing*-Stelle, indem sie nach Anhörung beider Seiten auf eine außergerichtliche Einigung drängten und den Fall vertagten, um den Parteien Gelegenheit zu weiteren Verhandlungen zu geben. So geschah es etwa am 29. September 1858 in Wolverhampton, als neun Bergleute wegen Arbeitsniederlegung ohne Einhaltung der vierzehntägigen Kündigungsfrist vor Gericht standen.[83] Ein anderes Mal verhielten sich die Friedensrichter eher im Sinne der Arbeitgeber, so zwei Tage vorher im benachbarten Dudley, wo zehn wegen des gleichen Delikts angeklagte Grubenarbeiter vor die Wahl gestellt wurden, entweder zu den vom Arbeitgeber diktierten Bedingungen zur Arbeit zurückzukehren oder für einen Monat ins Gefängnis zu gehen.[84] Eine mögliche Lösung konnte auch so aussehen, daß ein Fall als *test case* herausgegriffen wurde, dessen Entscheidung für alle anderen akzeptiert werden sollte, so geschehen am 6. Mai 1893 in Castle Eden (County Durham), als 187 Bergleute wegen Kontraktbruchs unter dem *Employers and Workmen Act* verklagt wurden.[85] Schließlich gab es Massenklagen, bei denen sich die Friedensrichter nicht scheuten, in jedem Einzelfall zu entscheiden, so etwa am 10. März 1923 in Pontypool (Wales), wo gegen 52 kontraktbrüchige Bergarbeiter eine Strafe von jeweils 26 Shilling verhängt wurde.[86]

Die beiden zuletzt genannten Beispiele von 1893 und 1923 machen im übrigen deutlich, daß der *Employers and Workmen Act* trotz des Wegfalls

---

[83] Colliery Guardian, 2. Okt. 1858, S. 216.
[84] Ebd., S. 217.
[85] Labour Gazette, Juni 1893, S. 42.
[86] The Times, 12.März.1923, S. 9.

der Strafandrohung für Arbeitgeber nützlich bleiben konnte. In gewisser Weise war es sogar risikoloser, leichter und weniger anstößig, eine große Zahl von Arbeitern zu kleinen Schadensersatzsummen verurteilen zu lassen als die halbe Belegschaft eines Werks ins Gefängnis zu schicken. Eine Grenze der Nutzungsmöglichkeit war eher durch die Kapazität der Gerichte gegeben, wie ein extremer Fall vom Februar-März 1923 aus dem Kohlengebiet um South Shields verdeutlicht. Hier erwirkte eine einzige *Coal Company* gegen sage und schreibe 980 Arbeiter Vorladungen; die Beratungen der Anwälte beider Seiten an dem extra anberaumten Gerichtstermin, einem Samstag, führten zu dem allseits geteilten Wunsch einer außergerichtlichen Lösung, die schließlich auch gefunden wurde.[87] Massenklagen wurden nicht nur von Arbeitgebern angestrengt. Auch Arbeiter nutzten gelegentlich dieses Mittel. Oft war dies für sie der einzige Weg, um einen Arbeitgeber, dessen Finanzlage prekär schien, zur Zahlung zu zwingen, so etwa in einem Fall von 30 Eisenbahnbauarbeitern an der *West Riding Railway*, die im November 1847 vor den Friedensrichtern in Halifax erfolgreich ausstehende Löhne einklagten.[88] Manchmal wurde die Kollektivklage auch als Zwischenschritt oder Ersatzhandlung im Rahmen von Tarifstreitigkeiten eingesetzt, so bei einer Klage von 174 Dockarbeitern in Birkenhead, deren am 15. Juni 1893 erhobene Forderung nach jeweils 2 Shilling Wartegeld und 2 Shilling Überstundengeld „gemäß den Regeln ihrer Union" vom Friedensrichter zurückgewiesen wurde, mit der Begründung, daß in den Arbeitsverträgen der Leute von diesen Gewerkschaftsregeln nichts zu finden sei.[89] Am extremsten war wohl ein Fall im Jahr 1884, bei dem 1126 Arbeiter separat ihren Arbeitgeber auf exakt die gleiche Summe Lohn verklagen mußten, weil dieser sich nicht auf einen Testfall einließ.[90] Hier mußten also über eintausendmal Gebühren vorgestreckt werden, um einen Anspruch durchzusetzen.

Angesichts der genannten Beispiele für Mehrfach- und Massenklagen stellt sich mit Blick auf die Statistik erneut die Frage, wie die *clerks* an den Friedensgerichten diese Fälle bewerteten. Notierten sie jeden Fall einzeln? Hielten sie nur den einen *test case* im Protokollbuch fest? Und als wieviele ‚Fälle' wurden die Vorkommnisse weitergemeldet? Nach dem *Plaint and*

---

[87] Iron and Coal Trades Review, 16. Febr. 1923, S. 251; 23. Febr. 1923, S. 297; 2. März 1923, S. 330. Insgesamt waren es, wie der Zeitungsbericht vermerkte, sogar 5.168 Vorladungen. Der Fall der 980 Arbeiter betraf nur eine Zechenbelegschaft.

[88] The Halifax Guardian, 13. Nov. 1847, S. 7.

[89] Labour Gazette, Juli 1893, S. 63.

[90] Über diesen Fall berichtete ein Mr. Crawford vor dem TUC-Kongreß: Seventeenth Annual Trades' Union Congress, Aberdeen 1884, S. 11 (Microfilm edition).

Minute Book vom Friedensgericht in Newcastle zu urteilen, scheint es üblich gewesen zu sein, bei Massenklagen jeden einzelnen Fall zu notieren und weiterzumelden. Das führte auf lokaler Ebene zu erheblichen Ausschlägen in der Statistik. Wurden für Newcastle-on-Tyne City im Jahr 1889 nur 11 Fälle unter dem *Employers and Workmen Act* gemeldet, waren es im folgenden Jahr 108 Fälle, und im darauffolgenden Jahr wieder nur 20 Fälle. Die extrem hohe Zahl für 1890 war, wie das Protokollbuch zeigt, auf eine einzige Klage der *Elswick Coal Company* gegen 86 Kohlenhauer zurückzuführen, die fast alle zu 10 oder 15 Shilling Schadenersatz und Gerichtskosten verurteilt wurden.[91] Ähnliche scheinbar rätselhafte ‚Ausreißer' für einzelne Polizeidistrikte finden sich in der publizierten Justizstatistik immer wieder, und sie dürften auf ähnliche Weise zu erklären sein.[92] Bei einer Gesamtzahl von (nach 1875) durchschnittlich nur etwa 6700 Klagen pro Jahr für ganz England und Wales konnte eine zufällige Häufung solcher Massenklagen an mehreren Orten in einem bestimmten Jahr bereits zu erheblichen Verschiebungen in der nationalen Statistik führen.

Diese Bemerkungen sollten davor warnen, in die kurzfristigen Schwankungen bei den Klagezahlen allzu viel hineinzuinterpretieren. Die nationale Statistik eignet sich vor allem für die Beschreibung langfristiger Trends. Über die Gründe für plötzliche Zu- oder Abnahmen läßt sich hingegen aufgrund der nationalen Zahlen allenfalls spekulieren. Nur auf der Ebene einzelner Orte und Industriebranchen ließe sich ermitteln, wie die Gesamtzahlen zustandekamen. Politische Agitation, günstige Konjunkturen für lokale Produkte, Lohnkämpfe, ein jahrelang sich hinziehender Streit um eine gewerbespezifische ‚Gewohnheit', aber auch Personen und Zufälle – ein bekannt arbeitgeberfreundlicher Friedensrichter hier, ein notorisch gewerkschaftsfeindlicher Unternehmer dort – mögen örtlich zu einem Ansteigen oder Abschwellen der Klagetätigkeit geführt haben. Grenzveränderungen von Gerichtsbezirken und die lokal differierende Praxis des Aufschreibens und Weitermeldens der Fälle konnten zusätzlich Verzerrungen bewirken. Der abnehmende Gesamtrend blieb jedoch von alldem unberührt und ist auf nationaler Ebene gut erkennbar.

[91] Tyne and Wear Archives Service, Newcastle, MG/Nc/4, Plaints and Minutes under the Employers' and Workmen's Act, 1889–1908, Eintrag vom 14. Okt. 1889. In der Kriminalstatistik tauchten diese 86 Fälle erst im Jahr 1890 auf, weil bis zur Reform der Statistik das Berechnungsjahr jeweils am 29. September endete.

[92] Extreme Ausschläge gibt es z.B. für Preston in den sechziger Jahren und für Warrington in den achtziger Jahren des 19. Jahrhunderts. Preston: 1863 – 38 Fälle, 1865 – 285 Fälle, 1866 – 498 Fälle, 1868 – 58 Fälle. Warrington: 1882 – 199 Fälle, 1883 – 69 Fälle, 1884 – 149 Fälle, 1885 – 84 Fälle, 1887 – 22 Fälle.

Zu fragen bleibt, ob es lokale Abweichungen gab, die zugleich etwas über die Verteilung der Klagetätigkeit auf Industriezweige aussagen. Was den *Employers and Workmen Act* angeht, kann diese Frage aufgrund der Reform der Statistik nur für den Zeitraum bis 1892 beantwortet werden. Auch ist zu berücksichtigen, daß die Polizeidistrikte in vielen Fällen zu groß waren, als daß eine exakte Zurechnung der Klagen zu bestimmten Industriezweigen möglich wäre. Dennoch erlauben die Zahlen für einige ausgewählte Regionen und Orte gewisse Rückschlüsse auf lokale und branchenspezifische Schwerpunkte der Nutzung (Grafiken 2.4 und 2.5). Es zeigen sich erhebliche regionale Divergenzen. In der agrarischen Grafschaft Berkshire, in der teils ländlichen, teils von Heimindustrie geprägten Grafschaft Northamptonshire, in der Messer- und Klingenstadt Sheffield sowie in Staffordshire folgte die Klageentwicklung ungefähr dem nationalen Trend.

Grafik 2.4: Friedensgerichte England und Wales 1858–1892: Klagen unter den M&S-Gesetzen in Lancashire[a], West Yorkshire[b], County Durham[c] und Staffordshire[d]

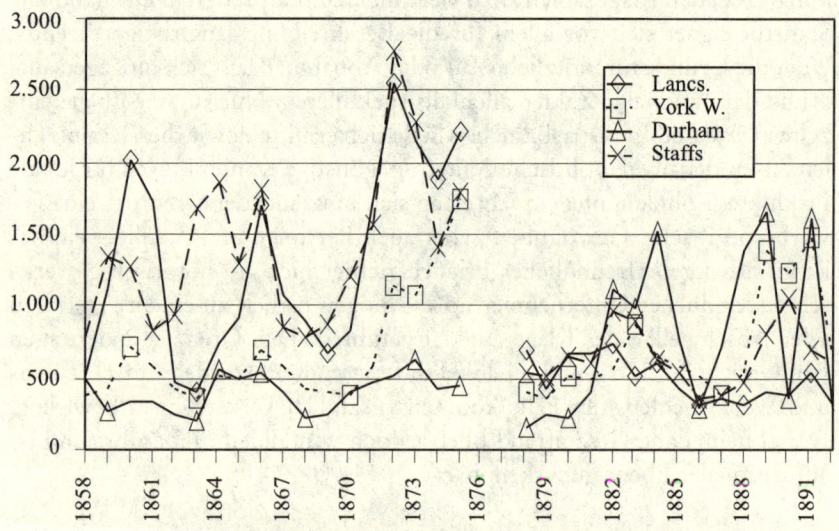

[a] Lancashire: einschließlich Ashton-under-Lyme Borough, Blackburn B., Bolton B., Manchester City, Oldham B., Preston B., Rochdale B., Staleybridge B., Warrington B., Wigan B.; ab 1882 auch Accrington B.; ab 1887 auch Bacup B. u. Burnley B.
[b] West Yorkshire: ohne einliegende Boroughs
[c] Durham County: ohne einliegende Boroughs
[d] Staffordshire: einschließlich Wolverhampton B. und Walsall B.

Quelle: Criminal Statistics, Tab. 7

Grafik 2.5: Friedensgerichte England und Wales 1858–1892: Klagen unter den M&S-Ge-setzen in Berkshire[a], Northamptonshire[b], Sheffield und London[c]

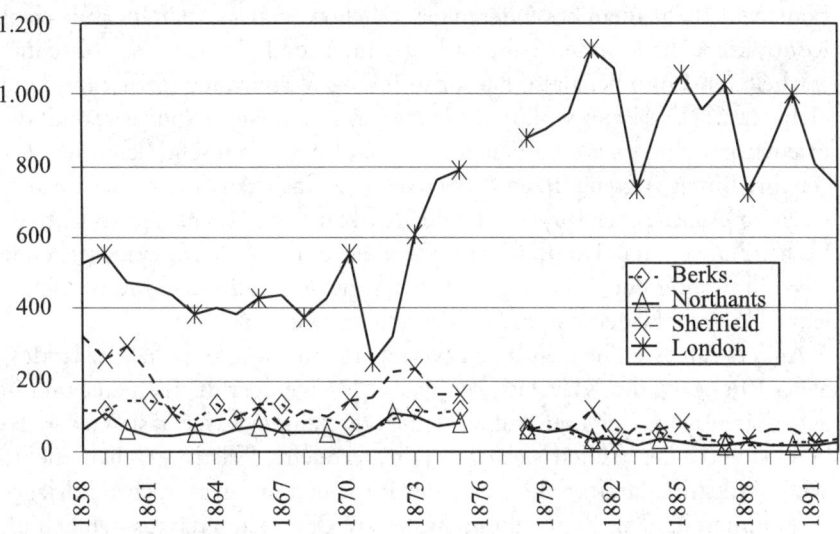

[a] Berkshire: ohne einliegende Boroughs
[b] Northamptonshire: einschließlich Northampton Borough und Daventry Borough
[c] Metropolitan Police District

Quelle: Criminal Statistics, Tab. 7

Dagegen ergab sich ein überproportionaler Einbruch in den Baumwoll-bezirken von Lancashire. Dort war es in den fünfziger und sechziger Jahren im Zusammenhang mit lokalen Konflikten um Löhne und Arbeitsbedin-gungen zu regelrechten Prozeßlawinen gekommen, die sich bis in die natio-nale Statistik hinein bemerkbar machten. Nach 1875 verstetigte sich die Klagetätigkeit in Lancashire auf vergleichsweise niedrigem Niveau mit sin-kender Tendenz. Diese Entwicklung dürfte vor allem auf ein nachlassendes Interesse der Arbeitgeber an den Friedensgerichten zurückzuführen sein. Für die *Cotton Lords* mit ihren in Fabriken zentrierten, meist weiblichen Arbeitskräften lohnte es nach dem Wegfall der Strafbestimmungen offenbar kaum noch der Mühe, die Friedensrichter anzurufen.[93] Nennenswerte

---

[93] Darauf könnte auch die Tatsache hindeuten, daß in der Statistik zwischen 1878 und 1880 für Lancashire extrem hohe Werte für Klagen unter dem *Conspiracy and Protection of Property Act* angegeben wurden, während bis 1880 überhaupt keine Zahlen für Klagen unter dem *Employers and Workmen Act* erschienen. Zwar dürfte diese Unregelmäßigkeit vor allem auf die Irritation der örtlichen Polizeibehörden und der *clerks* zurückzuführen sein, die offen-

Schadensersatzsummen waren von den Beschäftigten in der Baumwollindustrie kaum einzutreiben. Außerdem unterlagen die Löhne der Kinder und Frauen ab 1875 einem besonderen gesetzlichen Schutz: Auch im Falle eines Kontraktbruchs konnten Fabrikarbeiterinnen und Kinder ihren bis dahin erarbeiteten Lohn behalten; die sonst übliche Verwirkung (*forfeiture*) fand nicht statt.[94] Die Baumwollunternehmer von Lancashire konnten somit die Friedensgerichte im wesentlichen nur noch für symbolische Lektionen gegen ihre Beschäftigten nutzen. Neben dem verringerten Nutzen des Rechtswegs für Arbeitgeber sorgte auch der Ausbau des Systems der kollektiven Verhandlungs- und Konfliktlösungsformen und die damit einhergehende Disziplinierung der Arbeiterschaft in Lancashire dafür, daß die typischen Kontraktbruchklagen hier nach 1875 seltener wurden.[95]

Anders sah es im benachbarten West Yorkshire aus. Dort fiel der landesweite Rückgang der Klagetätigkeit nach 1875 weniger deutlich aus, und in den späten achtziger und frühen neunziger Jahren waren fast wieder die Höchstwerte der frühen siebziger Jahre erreicht. Relativ gesehen rückte West Yorkshire damit in die Reihe der Regionen mit dem höchsten Klageaufkommen in ganz England und Wales auf. Man kann daraus den Schluß ziehen, daß der *Employers and Workmen Act* für die dortigen Woll- und Kammgarnfabrikanten nützlich war. Gegen die zum größeren Teil männlichen, häufig in einer Art von Pseudo-Selbständigkeit gehaltenen Beschäftigten dieser Branche waren Schadensersatzklagen erfolgversprechender als gegen die überwiegend weiblichen und jugendlichen Arbeitskräfte in den Baumwollfabriken. Zudem waren auch die Firmengrößen in West Yorkshire erheblich kleiner, die Unternehmer weniger finanzkräftig und zum Teil selbst in hohem Maße abhängig von der schwankenden Nachfrage der Textilkaufleute. Auch die Arbeiter hatten somit in West Yorkshire mehr Gründe für Klagen. Schließlich war das System der industriellen Beziehungen hier bei weitem nicht so hoch entwickelt wie in Lancashire. Die kollektiven Konflikte waren lokal begrenzter, spontaner und auf beiden Seiten aggressiver und weniger diszipliniert.[96] Auffällig ist jedenfalls, daß die beiden

---

sichtlich an vielen Orten nicht recht wußten, wie sie die Fälle unter den neuen Gesetzen rückmelden sollten. Aber es wäre auch denkbar, daß viele Unternehmer in Lancashire tatsächlich zunächst versuchten, die verbliebenen strafrechtlichen Möglichkeiten des *Conspiracy and Protection of Property Act* auszuloten, bevor sie sich damit abfanden, daß die neue Rechtslage bei Kontraktbruch nur noch in Ausnahmefällen Strafen erlaubte.

94 38 & 39 Vict., c. 90 (1875), s. 11.

95 Zur Stabilisierung der Konfliktmuster in Lancashire in diesem Zeitraum: Joyce, Work, Society and Politics, S. 64–73.

96 Vgl. ebd., S. 73–79. Ausführlicher zur Konfliktgeladenheit der Arbeitsbeziehungen in der Woll- und Kammgarnindustrie um Bradford im letzten Viertel des 19. Jahrhunderts: Itt-

großen, ähnlich strukturierten nordenglischen Textilregionen eine gegenläufige Entwicklung durchliefen: Während die Baumwollarbeiter und -fa-
brikanten von Lancashire dazu übergingen, ihre Konflikte auf andere Weise
zu lösen, behielt der neue *Employers and Workmen Act* trotz des Wegfalls
der Strafbestimmungen für Unternehmer und Arbeiter in West Yorkshire
seine Bedeutung.

Generell machten die Arbeitgeber von der Möglichkeit der Zivilklage gegen einzelne Arbeiter offenbar am bereitwilligsten dort Gebrauch, wo sie es
mit einer männlichen, fachlich qualifizierten, in kleineren Betrieben oder in
scheinselbständigen Formen tätigen Arbeiterschaft zu tun hatten. Umgekehrt waren diese Arbeiter auch eher in der Lage, ihrerseits vorenthaltenen
Lohn oder Schadensersatz gerichtlich einzuklagen. Daß die Klagezahlen für
London im Gegensatz zum übrigen Land nach 1875 weiter anstiegen und
dann auf höherem Niveau stagnierten, ist zum Teil auf diese Weise zu erklären; in der hauptstädtischen Industrie dominierten kleine, handwerkliche
Betriebe mit einem hohen Anteil qualifizierter Arbeiter.[97] Zu berücksichtigen ist hierbei natürlich auch die allgemein zunehmende Beschäftigtenzahl
in London. Allerdings gehörten die expandierenden Außenbezirke nicht
zum *Metropolitan Police District*, und das wachsende Heer der im Dienstleistungssektor Angestellten fiel nicht unter den *Employers and Workmen
Act*. Deshalb genügt der Verweis auf das allgemeine Beschäftigungsniveau
nicht, um die relativ hohen Klagezahlen für London nach 1875 zu erklären.

Eine andere Erklärung wurde bereits angedeutet. Diese würde weniger
von der Nachfrageseite als vielmehr vom Angebot an juristischen Dienstleistungen her argumentieren. In London war dieses Angebot, was die Friedensgerichte angeht, zweifellos attraktiver als in der Provinz. Die Professionalität und Unparteilichkeit der Polizeirichter und die später noch zu be-
handelnden Einrichtungen der Rechtsberatung dürften viel dazu beigetragen haben, daß die Friedensgerichte in London keinen so einschneidenden
Rückgang bei den Arbeitsstreitigkeiten erlebten wie andernorts.[98]

Außer für London, Lancashire und West Yorkshire zeigen die Grafiken
vor allem für die von Kohleabbau geprägte Grafschaft Durham eine atypi-

---

mann, Work, Gender and Family, S. 46 f. u. 57–72. Die relative Zunahme der Klagen in West
Yorkshire könnte auch auf ein geändertes Klageverhalten der dortigen Kohlengrubenbesit-
zer zurückzuführen sein.

[97] Zur Wirtschafts- und Beschäftigungsstruktur Londons: P.G. Hall, The Industries of London
since 1861, London 1962; Geoffrey Crossick, An Artisan Elite in Victorian Society. Kentish
London 1840–1880, London u. Totowa N.J. 1978; Paul Johnson, Economic Development
and Industrial Dynamism in Victorian London, in: London Journal 21 (1996), S. 27–37.

[98] Zu den Rechtsberatungseinrichtungen unten Kap. III.2.

sche Entwicklung. Bis zum Ende der siebziger Jahre des 19. Jahrhunderts wurden hier die *Master and Servant*-Gesetze zwar regelmäßig, aber für ein so ausgedehntes Bergbaurevier nicht eben häufig genutzt, wenn man zum Beispiel die Zahlen für das *Black Country* (Staffordshire) dagegenhält. Zu Beginn der achtziger Jahre stieg hingegen die Klagetätigkeit in Durham sprunghaft an, und in der Folge kam es zu extremen periodischen Schwankungen, die – ähnlich wie früher im Falle Lancashires – zu Verzerrungen der nationalen Statistik führten. Bedeutende gesetzliche oder institutionelle Veränderungen gab es in diesem Zeitraum nicht, und die Konjunkturzyklen allein reichen als Erklärung für die erratischen Ausschläge in Durham nicht aus. Der Schlüssel dürfte vielmehr bei der oben erwähnten Praxis der Massenklagen im Rahmen kollektiver Auseinandersetzungen liegen. Nimmt man die journalistische Berichterstattung als Indiz, scheint diese Taktik des Arbeitskampfes mit juristischen Mitteln gerade in der Grafschaft Durham besonders verbreitet gewesen zu sein.[99] Warum sie dort ausgerechnet seit den frühen achtziger Jahren des 19. Jahrhunderts vermehrt angewendet wurde, könnte nur durch eine Lokalstudie geklärt werden.[100] Einige allgemeine Bedingungen, die eine Nutzung des *Employers and Workmen Act* begünstigten, waren in Durham gegeben. Die Bergarbeiterschaft im englischen Nordosten war vergleichsweise hoch bezahlt; das machte es für die Arbeitgeber sinnvoll, den Weg der kollektiven Schadensersatzklage zu ge-

---

[99] Im August 1882 zum Beispiel standen vor dem Durham County Police Court 500 Vorladungen gegen die Bergarbeiter der Brancepeth Colliery zur Diskussion. In diesem Fall wurden die Vorladungen zurückgezogen – die Männer hatten versprochen, zur Arbeit zurückzukehren und ihre ‚Repräsentanten‘ hatten die Gerichtskosten bezahlt (Colliery Guardian, 18. Aug. 1882, S. 267). Es ist gut möglich, daß diese 500 Vorladungen für die extreme Steigerung der Klagezahlen zwischen 1881 (397 Fälle) und 1882 (1117 Fälle) in Durham verantwortlich sind, möglicherweise erschienen diese zurückgezogenen Vorladungen aber auch nicht in der Statistik. Fälle dieser Art, wenngleich nicht immer mit so vielen Beteiligten kamen in County Durham 1882 alle paar Wochen einmal vor. Nur wenige Wochen später wurden z. B. in Bishop Auckland (County Durham) 80 Bergleute zu je 5 Shilling Schadensersatz und Kosten verurteilt (Colliery Guardian, 1. Sept. 1882, S. 339).

[100] Die Geschichte der *Durham Miners' Association* und ihrer Beziehungen zu den Arbeitgebern in diesen Jahren gibt einige Hinweise auf Gründe, die zu den extremen Schwankungen der Klageaktivität geführt haben könnten. Danach waren die Jahre erhöhter Klagetätigkeit vor allem solche, in denen die zwischen 1877 und 1889 geltende gleitende Lohnskala den veränderten Konjunkturbedingungen angepaßt werden mußte bzw. in die Krise geriet, was auf lokaler Ebene zu zahlreichen Disputen führte; die großen Streikjahre 1879 und 1892 waren dagegen von geringerer Klagetätigkeit vor den Gerichten gekennzeichnet. Vgl. zu den Konflikten um die Skala und den Streiks: Sidney Webb, The Story of the Durham Miners (1662–1921), London 1921, S. 63 f. u. 72 ff. Weitere Einzelheiten zu der gleitenden Lohnskala und den darum geführten Verhandlungen bei: Emil Auerbach, Die Ordnung des Arbeitsverhältnisses in den Kohlengruben von Northumberland und Durham, in: Brentano (Hg.), Arbeitseinstellungen, S. 1–268.

hen. Außerdem waren die Durhamer Bergleute gewerkschaftlich gut organisiert, sie waren stolz auf die zum Teil von ihnen selbst mitbestimmte Arbeitsorganisation unter Tage und sie besaßen schon damals ein hohes Tradi-
tionsbewußtsein; das bestärkte sie in ihrer Widerstandshaltung gegen alle
unternehmerischen Angriffe auf ihr Lohnniveau und ihre ‚Gewohnheiten'.[101] Eine dieser umkämpften Gewohnheiten, die des öfteren Massenklagen der Arbeitgeber hervorrief, war zum Beispiel die Praxis, daß bei
Grubenunglücken mit Todesfällen die gesamte Zechenbelegschaft solange
die Arbeit niederlegte, bis der Tote geborgen und begraben war.[102]

Die vorstehenden Erläuterungen verdeutlichen vor allem eines: Weder
für den nationalen Trend noch für davon abweichende lokale Entwicklungen gibt es eine allgemeingültige Erklärung. Lediglich die Gesetzgebung
von 1875 war ein Faktor, der überall zu Buche schlug. Vor allem in der Koh-
lenbranche wirkte sich die Reform offenbar in der Weise aus, daß die Arbeitgeber seltener gegen einzelne oder einige wenige Arbeiter vorgingen,
statt dessen aber in größeren zeitlichen Abständen sehr viele Arbeiter auf
einmal verklagten. Was die Verteilung auf Industriezweige angeht, so erlauben die Justizstatistiken zumindest die Feststellung, daß die Streitfreudig-
keit in den nordenglischen Textilbezirken, in den Regionen mit Metallverarbeitung und in den Bergbaurevieren besonders ausgeprägt war. In der
Baumwollindustrie war sie rückläufig, im Bergbau hingegen blieb sie bis
zum Ende des Untersuchungszeitraums ungebrochen. Wie nirgends sonst
in England behielten die Friedensrichter in den Städten und Siedlungen
rund um die Kohlenschächte ihre Funktion als Anlaufstelle bei Arbeitsstreitigkeiten.

Das bestätigt auch ein Blick auf die Nutzung der allgemeinen und branchenspezifischen Arbeiterschutzgesetze, die unter die summarische Jurisdiktion der Friedensrichter fielen, also der Gesetzgebung zu Truck, Bergwerken, Fabriken, Werkstätten und Läden (Grafik 2.6). Die *Mines Acts* gaben noch während des Ersten Weltkriegs und darüber hinaus Anlaß zu etwa
1000 Klagen pro Jahr, und das trug zur fortdauernden Präsenz der *magistrates* in den Streitigkeiten zwischen Bergarbeitern und Grubenbesitzern

---

[101] Vgl. Norman Emery, The Coalminers of Durham, Stroud 1992; Dave Douglass, The Durham pitman, in: Raphael Samuel (Hg.), Miners, Quarrymen and Saltworkers, London 1977,
S. 205–295.
[102] Vgl. Colliery Guardian, 14. Juli 1882, S. 64 (Vorarbeiter von 150 Bergleuten in Rowley); Labour Gazette, April 1894, S. 119 (520 Bergleute in Castle Eden); Labour Gazette, Nov. 1897,
S. 346; April 1898, S. 105 (72 Bergleute in Doncaster, West Yorkshire, die zu ihrer Rechtfertigung auf die „custom" in den benachbarten Grafschaften Durham und Nottinghamshire
verwiesen und hier Recht erhielten).

Grafik 2.6: Friedensgerichte England und Wales 1858–1923: Klagen unter verschiedenen Arbeiterschutzgesetzen (Factory Acts; Mines Acts, Shops Acts, Children Acts, Hosiery Acts und Truck Acts)

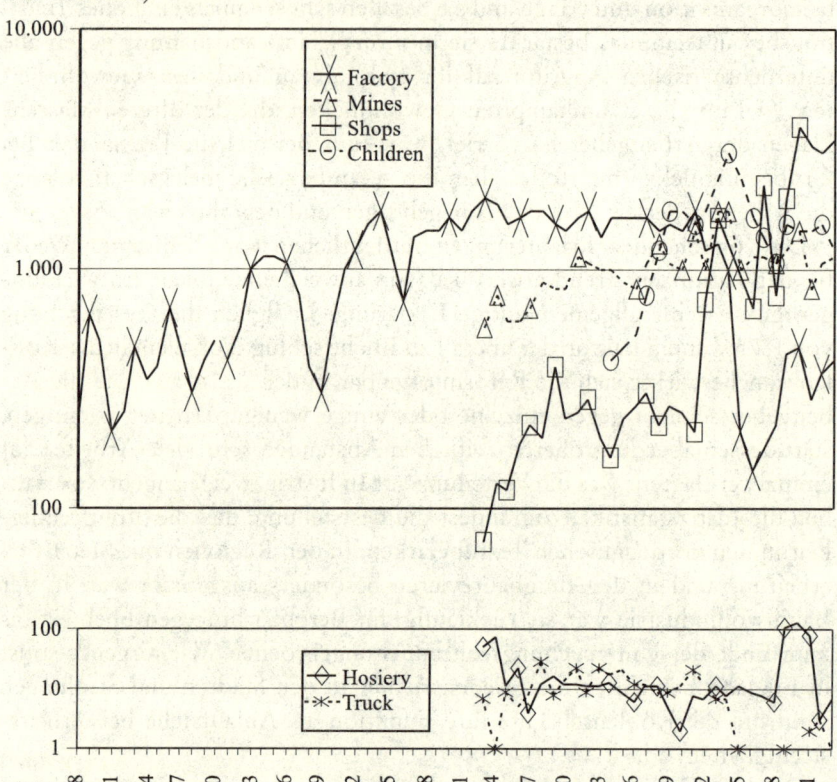

Quellen: Criminal Statistics, Tab. 7 (für 1858–1892); Tab. XI (für 1893–1898), Criminal Statistics 1918, PP 1920 L (Cmd. 684) Comp. Tab. C (für 1899–1918), Criminal Statistics 1923, PP 1924–25 XXVIII (Cmd. 2385) Comp. Tab. C (für 1919–1923)

bei. Der klassische ,Arbeiterschutz' im deutschen Wortsinn war nur ein Teilaspekt der *Mines Acts*, daneben dienten sie immer auch der Disziplinierung. Aus den vom *Home Office* bereitgestellten Zahlen geht hervor, daß noch um die Jahrhundertwende stets weit mehr als drei Viertel aller Strafverfolgungen unter den *Mines Acts* gegen Arbeiter gerichtet waren. Die Summe der gegen sie verhängten Bußgelder lag weitaus höher als die von den Arbeitgebern zu zahlende Summe.[103] Kläger waren in diesen Fällen oft

---

[103] Vgl. Tenth Abstract of Labour Statistics of the United Kingdom, 1902–1904 (Cd. 2491),

die Unternehmer selbst, nicht Inspektoren oder Lokalbehörden. Die Bergwerksgesetze riefen somit sehr häufig direkte Konfrontationen zwischen Arbeitgebern und Arbeitern hervor, während bei den übrigen Arbeiterschutzgesetzen die Front zwischen den behördlichen Organen und den Arbeitgebern verlief.

Anders der Trend bei den Fabrikgesetzen. Gegenüber den erbitterten Auseinandersetzungen in der frühen, ‚heroischen' Phase der Fabrikgesetzgebung scheint hier im frühen 20. Jahrhundert eine gewisse Entspannung eingetreten zu sein. Mit dem Beginn des Ersten Weltkriegs sank die Zahl der Klagen unter den *Factory and Workshop Acts* auf wenige hundert pro Jahr, und sie blieb auch in den ersten Jahren nach dem Krieg weit unter dem Vorkriegsniveau (Grafik 2.6). Bedenkt man, daß von den *Factory and Workshop Acts* im 20. Jahrhundert nicht mehr nur die Textilbranche, sondern eine Vielzahl anderer Betriebe betroffen waren, die sich noch dazu über das ganze Land verteilten, wird offensichtlich, daß die Rechtsprechung unter diesen Gesetzen auf lokaler Ebene kaum noch ins Gewicht fiel.

Der Niedergang der Klagetätigkeit unter den Fabrik- und Werkstättengesetzen – von den *Truck Acts* gar nicht zu reden – könnte darauf hindeuten, daß die Probleme, um derentwillen diese Gesetze erlassen worden waren, inzwischen nicht mehr existierten. Im Falle des *Truck Act*, wo die Klagen schon im späten 19. Jahrhundert gegen Null tendierten, ist diese Interpretation naheliegend. Es war nicht mehr die Zahlung des Lohns in Waren, sondern das zu niedrige Lohnniveau und die Praxis der Lohnabzüge, die zu Konflikten führten. Deartige Lohnkonflikte wurden jedoch nunmehr meist auf anderem Wege, durch Verhandlungen, *Trade Boards*, Schlichtungsinstanzen oder Arbeitskämpfe, gelöst. Bei den Fabrik- und Werkstättengesetzen ist hingegen nicht davon auszugehen, daß die Arbeitgeber, nachdem sie jahrzehntelang versucht hatten, die Gesetze zu umgehen, nun auf einmal lammfromm geworden waren und alle Vorschriften einhielten, so daß die Inspektoren niemanden mehr fanden, den sie hätten verklagen können. Die nach oben weisende Tendenz bei den Zahlen unter den *Shops Acts* und den Kinderschutzgesetzen spricht dafür, daß es bei englischen Arbeitgebern keinen fundamentalen Sinneswandel im Hinblick auf störende staatliche Eingriffe in betriebsinterne Angelegenheiten gegeben hatte. Der Grund für die rückläufige Beschäftigung der Friedensrichter mit den Fabrik- und Werkstättengesetzen dürfte eher darin liegen, daß die Inspektoren inzwischen über ein erheblich größeres Spektrum an informellen und administrativen

---

S. 229, Prosecutions under Mines and Quarries Acts during 1903 (mit Vergleichszahlen für 1900–1902).

Maßregelungen verfügten. Der Gang zum *magistrate* blieb als allerletzte Option bei ganz und gar uneinsichtigen Arbeitgebern, in den meisten Fällen genügte jedoch die Androhung eines Gerichtsverfahrens, um diese zum Einlenken zu bewegen.

ERFOLGSQUOTEN

Aus den Justizstatistiken läßt sich über die Erfolge von Arbeitnehmern und Arbeitgebern vor den Friedensgerichten nichts ablesen. Es wurden lediglich pauschale Angaben zur Zahl der Verurteilungen unter den *Master and Servant*-Gesetzen gegeben. Hierbei zeigen sich im Untersuchungszeitraum zwar starke Schwankungen, aber kein dauerhaft nach oben oder unten weisender Trend. Die Kläger erreichten im Durchschnitt in etwa 60 Prozent aller Fälle ihr Ziel, das heißt eine Verurteilung oder eine gerichtliche Anordnung. Die tatsächliche Erfolgsquote muß jedoch höher veranschlagt werden, denn in vielen Fällen konnte auch ein ‚Rückzieher‘ den Sieg des Klägers bedeuten, nämlich dann, wenn der Beklagte noch vor Abschluß des Verfahrens nachgab oder wenn eine gütliche Einigung zugunsten des Klägers stattfand.

Für eine sozialgeschichtliche Interpretation der Zahlen müßte man wissen, ob und wie sich im Laufe der Zeit das Verhältnis von Arbeitnehmer- zu Arbeitgeberklagen änderte. Mangels offizieller Angaben ist man dafür auf Hochrechnungen, ausgehend von relativ kleinen Fall-Samples, angewiesen. Meine eigene Zählung, basierend auf den von mir gesammelten Zeitungsberichten aus einem breiten Spektrum von Presseorganen für ganz England ergibt für den Zeitraum zwischen 1858 und 1875 ein Verhältnis von 83 Prozent Arbeitgeberklagen zu 17 Prozent Arbeitnehmerklagen.[104] Eine auf Zeitungsberichten basierende Studie zu der nordwestlich von Birmingham gelegenen Industriestadt Walsall kommt zu einem ähnlichen Resultat. Dort wurden in den Jahren zwischen 1858 und 1875 etwa 87 Prozent aller Klagen von Arbeitgebern und nur 13 Prozent von Arbeitnehmern angestrengt.[105] Mehr als einen ungefähren Anhaltspunkt bieten diese Zählungen nicht, denn es ist wahrscheinlich, daß die Journalisten den Arbeitnehmerklagen, eben weil sie seltener vorkamen, mehr Aufmerksamkeit schenkten. Auf der anderen Seite ist zu bedenken, daß sich die Zeitungen auch die sensationel-

---

[104] In absoluten Zahlen: 48 Arbeitnehmerklagen zu 237 Arbeitgeberklagen. Die Erhebung stützt sich auf Fallberichte in Presseorganen für die Stichjahre 1858 und 1870. Bei Mehrfach- und Massenklagen habe ich stets jeden einzelnen Fall gezählt.

[105] Woods, Operation, S. 102.

len Kollektivklagen der Arbeitgeber in der Regel nicht entgehen ließen, was das Ergebnis in der entgegengesetzten Richtung verzerren würde. Insgesamt treffen die angegebenen Zahlenverhältnisse somit wohl doch ungefähr die Realität. Sicher ist jedenfalls, daß Arbeitgeber bis 1875 weitaus häufiger klagten als Arbeitnehmer.

Was nun die Erfolgsfrage angeht, so fand die erwähnte Lokalstudie zu Walsall Arbeitnehmererfolge in mehr als der Hälfte aller von ihnen initiierten Fälle (57,7%).[106] Das deckt sich wiederum in etwa mit dem Ergebnis meiner eigenen Zählung für die Jahre bis 1875: Hier waren Arbeitnehmer in 52 Prozent der von ihnen vorgebrachten Klagen erfolgreich. Klagende Arbeitgeber hingegen waren meinem Presse-Sample zufolge wesentlich häufiger erfolgreich, nämlich in 77 Prozent der von ihnen initiierten Fälle.[107] Die Erfolgsquote der Arbeitgeber lag also höher als diejenige der Arbeitnehmer. Dennoch bestanden für diejenigen Arbeiter, die es erst einmal geschafft hatten, ein Verfahren eröffnen zu lassen, durchaus begründete Hoffnungen auf einen Erfolg. Die Ungleichheit vor Gericht äußerte sich also, abgesehen von der gesetzlich vorgesehenen Asymmetrie der Sanktionen, primär darin, daß so wenige Arbeiter überhaupt dahin gelangten, einen Prozeß führen zu können. Darüber hinaus waren klagende Arbeitnehmer noch aus einem weiteren Grund benachteiligt: Aus ihrer Sicht zählte ein Verfahren in aller Regel nur dann als Erfolg, wenn sie tatsächlich ein vollstreckbares Urteil zu ihren Gunsten erreichten. Die Arbeitgeber hingegen konnten es sich in vielen Fällen leisten, ein Verfahren vorher abzubrechen. Für sie war der Erfolg oft schon erreicht, wenn die Strafe vom Gericht nur angedroht wurde.

Wie entwickelte sich nun das Verhältnis zwischen Arbeitnehmer- und Arbeitgeberklagen nach der Reform von 1875? Die Forschung hat sich mit diesem Thema nicht beschäftigt. Für sie steht es offenbar fest, daß Arbeitgeber nach dem Wegfall der Strafklauseln mit dem Gesetz nichts mehr anzufangen wußten. Die Hypothese, daß Arbeitnehmer ihrerseits in größerem Umfang als zuvor freiwillig die Friedensrichter aufsuchten, scheint den britischen Historikern so abwegig zu sein, daß sie sie gar nicht erst überprüft haben. Dabei wäre dieser Gedanke naheliegend, denn die Eliminierung des Strafrechts aus den individuellen Arbeitsbeziehungen hätte das Arbeitsrecht auch in England längerfristig zu dem machen können, was es in anderen

---

[106] Woods, Operation, S. 109. Die Arbeitnehmer waren hier erfolgreich in 52 von 90 Fällen.

[107] In absoluten Zahlen: Arbeitgebererfolge in 183 von 237 Fällen. Als ‚Erfolg' habe ich nicht nur Verurteilungen bzw. Zahlungsbefehle (auch Teilzahlungen), sondern auch die ‚freiwillige' Rückkehr angeklagter Arbeiter an den Arbeitsplatz und gütliche Einigungen mit Vorteilen für den Kläger gewertet. Die Zeitungsberichte sind in aller Regel genau genug, um ziemlich sicher sagen zu können, wer ‚gewonnen' hat.

Nationen schon um die Mitte des 19. Jahrhunderts war und heute überall ist: zu einem Instrument nämlich, das primär von Arbeitnehmern genutzt wird. Im Vergleich zu den industrialisierten Teilen Deutschlands war jedenfalls das Verhältnis von mehr als 80 Prozent Arbeitgeberklagen zu weniger als 20 Prozent Arbeitnehmerklagen, wie es in englischen Friedensgerichten vor 1875 bestand, extrem ungewöhnlich. Wie die Studie von Peter Schöttler zu den rheinischen Fabrikengerichten belegt, wurden dort schon in den vierziger Jahren des 19. Jahrhunderts mehr als zwei Drittel aller Klagen von Arbeitnehmern vorgebracht, und die Gewerbegerichte des wilhelminischen Kaiserreichs waren, wie zu zeigen sein wird, in noch stärkerem Maße beinahe ausschließlich auf die Bedürfnisse der Arbeitnehmer zugeschnitten.[108]

Mit den erhaltenen Protokollbüchern unter dem *Employers and Workmen Act* und den Registern der summarischen Rechtsprechung verfügen wir für einige englische Gerichtsbezirke über Quellen, die einen genaueren Einblick in die Klagetätigkeit und die Prozeßresultate erlauben. Legt man diese Überlieferung zugrunde, hat es bei der Zahl der Klagen nach 1875 eine leichte Verschiebung zugunsten der Arbeitnehmer gegeben (Tabelle 2.1). Das Verhältnis von Arbeitgeber- zu Arbeitnehmerklagen lag in allen untersuchten Gerichtsbezirken zusammen bei 70 zu 30 Prozent.[109] Die Erfolgsquote der Arbeitnehmer blieb mit 48 Prozent in etwa konstant, diejenige der Arbeitgeber hingegen sank deutlich ab und lag nun bei 56 Prozent.[110] Alles in allem also keine dramatischen Veränderungen, aber eine vorsichtige Abschwächung der extremen Unausgewogenheit, die unter dem unreformierten *Master and Servant Act* geherrscht hatte. Dieses Ergebnis ist freilich nur unter Vorbehalt als repräsentativ anzusehen, denn es wird stark bestimmt durch ein einziges Protokollbuch, dasjenige von Newcastle-on-Tyne, dem mehr als die Hälfte der Fälle aus den Gerichtsbezirken entstammen.[111] Newcastle wiederum war einer der Orte, an denen einzelne Unternehmer von Zeit zu Zeit auf das Mittel der Massenanklage zurückgriffen.[112]

---

[108] Schöttler, Die rheinischen Fabrikengerichte, S. 170 u. 179 (71% Arbeitnehmerklagen in Elberfeld 1844/45). Zu den Gewerbegerichten siehe unten Kap. II.5.

[109] In absoluten Zahlen: 1093 zu 464.

[110] Ein Unsicherheitsfaktor ist hier dadurch gegeben, daß die Prozeßresultate nicht in allen Büchern konsequent notiert wurden. Ich habe in diesen Fällen den Ausgang grundsätzlich als ‚unbekannt' gewertet, auch wenn davon auszugehen ist, daß in vielen dieser Fälle die Kläger erfolgreich waren. Insbesondere in St. Helens scheint man anfangs die Prozeßergebnisse nur dann notiert zu haben, wenn sie vom Üblichen, d.h. vom Erfolg des Klägers, abwichen.

[111] In absoluten Zahlen: 843 von insgesamt 1557 Fällen.

[112] Mehr als die Hälfte aller im Protokollbuch für Newcastle verzeichneten Fälle gingen auf nur vier Massenklagen zurück: 14. Okt. 1889, Elswick Coal Co. gegen 86 Kohlenhauer, alle verurteilt; 25. Febr. 1897, North Eastern Railway Co. gegen 69 Eisenbahnarbeiter, alle zurück-

Tabelle 2.1: Friedensgerichte England und Wales 1875–1929: Klagen unter dem Employers and Workmen Act. Verhältnis der Streitparteien und Ausgang der Prozesse in ausgewählten Gerichtsbezirken

Kläger	Prozeßausgang Erfolg		Mißerfolg		Unbekannt		Summe
AN	225	48%	166	36%	73	16%	464 30%
AG	613	56%	348	32%	132	12%	1093 70%
Summe	838		514		205		1557 100%

Quellen: Plaint and Minute Books (Employers and Workmen Act): Tyne and Wear Archives Service, MG/Nc/4 (Newcastle, 1889–1908); Lancashire Record Office, PSSH 3/1; PSBl 4/1 (St. Helens, 1891–1901; Blackburn County, 1876–1915); Cheshire Record Office, QPEd 7; QPH 3 (Eddisbury, 1875–1918; Hyde, 1876–1884); Northamptonshire Record Office, unverz., shelf 58a (Kettering and Little Bowdes, 1877–1887); Berkshire Record Office, PS/RC/9/1; PS/M/9/1 (Reading County, 1876–1898; Maidenhead, 1890–1938); Centre for Kentish Studies, PS/Gr/Sz/1; PS/Md/Sv; PS/Shz/4 (Gravesend, 1875–1881; Maidstone, 1898–1905; Sheerness, 1880–1902). Summary Jurisdiction Register: Birmingham Central Reference Library, Archives Division, Acc. Ms. 629, 91/14, PS/SU 2/1, 2/7, 2/8, 2/9, 3/2, 3/3 (Sutton Coldfield, 1877–80, 1904–08, 1910–16); Northamptonshire Record Office, unverz. (Brackley, 1880–1911)

Freilich gehörten derartige Massenklagen in vielen industriellen Gerichtsbezirken zum Alltag, so daß ihre gänzliche Eliminierung aus dem Sample ebenfalls in die Irre führen würde.

Eine Kontrolle erlauben in dieser Hinsicht die von mir gesammelten Zeitungsberichte.[113] Hier zeigt sich bei dem Verhältnis der Arbeitgeber- zu den Arbeitnehmerklagen ebenfalls nur eine ganz leichte Verschiebung gegenüber der Phase vor der Reform: 80 Prozent der Klagen stammten von Arbeitgebern, 20 Prozent von Arbeitnehmern (Tabelle 2.2). Auch hier sind die Berichte über Massenklagen für dieses Ergebnis mitverantwortlich. Bei den Erfolgen ist das aus den Zeitungen zu ziehende Bild für die Arbeitnehmer erfreulicher: Ihre Erfolgsquote stieg auf 66 Prozent, während sich für die Arbeitgeber mit einer Quote von 79 Prozent praktisch nichts änderte.

---

gezogen; 31. Mai 1902, Elswick Coal Co. gegen 100 Bergleute, alle zurückgezogen; 4./7. Okt. 1907, Walker Coal Co. gegen 201 Bergleute, alle zurückgezogen unter Zahlung von 8s. pro Mann.

113 Die Erhebung stützt sich auf ein breites Spektrum von Presseorganen, konzentriert um die Stichjahre 1882, 1896, 1912, 1917 und 1923. Bei Mehrfach- und Massenklagen habe ich – der in den Protokollbüchern feststellbaren Praxis folgend – stets jeden einzelnen Fall gezählt.

Tabelle 2.2: Friedensgerichte England und Wales 1875–1923: Klagen unter dem Employers and Workmen Act. Verhältnis der Streitparteien und Ausgang der Prozesse nach Presseberichten

Kläger	Prozeßausgang Erfolg		Mißerfolg		Unbekannt		Summe
AN	449	66%	225	33%	3	1%	677 20%
AG	2081	79%	142	5%	432	16%	2655 80%
Summe	2530		367		435		3332 100%

Quelle: Sample aus Presseberichten, 1875–1923

   Trotz aller quellenkritischen Vorbehalte zeigen die Zahlen eine bemerkenswerte Kontinuität über die Reform von 1875 hinweg. Die Entkriminalisierung des Arbeitsvertragsrechts hatte nicht zur Folge, daß aus den englischen Friedensgerichten nun Instanzen wurden, deren Praxis sich etwa derjenigen der deutschen Gewerbegerichte annäherte. Arbeitnehmer stellten weiterhin die Minderheit der Kläger. Insgesamt blieb die Rechtsprechung zum englischen Arbeitsvertragsrecht, so weit sie in die Kompetenz der Friedensrichter fiel, arbeitgeberfreundlicher als in vergleichbaren europäischen Industrieländern.
   Eine genauere Analyse einzelner Protokollbücher zeigt jedoch, daß die Nutzung des *Employers and Workmen Act* in den Gerichtsbezirken höchst unterschiedlichen Mustern folgte. Die nationalen Statistiken und Hochrechnungen spiegeln nicht unbedingt die Rechtswirklichkeit vor Ort. In St. Helens Borough (Lancashire) zum Beispiel stammte das Gros der Klagen von den lokalen Glasfabrikanten, die an das Friedensgericht appellierten, um ihre Lehrlinge zu disziplinieren. Hier wurden recht häufig sogar vierzehntägige Gefängnisstrafen verhängt, was bei Lehrlingen unter dem *Employers and Workmen Act* zulässig war. Insgesamt gab es in St. Helens im Zeitraum von 1891 bis 1901 nur siebzehn Arbeitnehmerklagen, aber 138 Arbeitgeberklagen. In der ebenfalls in Lancashire gelegenen, von Textilindustrie, Kohleabbau und Landwirtschaft geprägten Blackburn County Division war das Verhältnis hingegen nahezu ausgeglichen: 31 Arbeitnehmerklagen standen hier 32 Arbeitgeberklagen gegenüber. Außerdem läßt sich aus dem Protokollbuch für Blackburn County eine deutliche Entwicklung ablesen. Während in den frühen Jahren der Buchführung – von 1876 bis in die frühen achtziger Jahre des 19. Jahrhunderts – praktisch nur Arbeitgeber

klagten, waren es in den späteren Jahren zunehmend nur noch Arbeitneh-mer, und zwar hauptsächlich Landarbeiter, die das Friedensgericht anriefen. Nach der Jahrhundertwende hatten sie dabei meistens Erfolg, vorher hinge-gen scheiterten sie sehr oft. In manchen Gerichtsbezirken schließlich über-wogen eindeutig die Arbeitnehmerklagen, so zum Beispiel in Sutton Cold-field, einem nördlichen Vorort von Birmingham mit kleinen Werkstätten, Maschinenbau- und Metallverarbeitungsbetrieben, in der an der Themse-mündung gelegenen Hafenstadt Sheerness und in der von Handwerk, Ver-kehr und Geschäften geprägten Kleinstadt Maidstone in Kent.

Wenn die überlieferten Protokollbücher überhaupt verallgemeinernde Schlußfolgerungen zulassen, so waren in Orten mit einer gemischten Wirt-schaftsstruktur und handwerklich-kleinbetrieblicher Produktionsweise eher die Arbeitnehmer begünstigt, während überall dort, wo größere Fir-men oder ein einziger Industriezweig den Ort dominierten, die betreffen-den Arbeitgeber in den Friedensgerichten tonangebend blieben. Letzteres gilt übrigens auch für landwirtschaftliche Bezirke wie etwa die Reading County Division in Berkshire, Eddisbury in Cheshire oder Brackley in Northamptonshire. Vor allem in den ersten Jahren nach Inkrafttreten des *Employers and Workmen Act* appellierten die Farmer dort wie eh und je besonders in den Ernteperioden an die *magistrates*, um die zu dieser Jahres-zeit begehrten Arbeitskräfte durch die Drohung mit Schadensersatzfor-derungen und Lohnverlust bei der Stange zu halten. Gerade auf dem Lande scheint indessen seit Mitte der achtziger Jahre des 19. Jahrhunderts ein Attraktivitätsverlust der Friedensgerichte für Farmer eingetreten zu sein: Sie klagten nicht nur seltener, sondern gewannen auch nicht mehr ganz so regelmäßig. Der Rückzug der Farmer löste aber keinen verstärkten Zulauf von Seiten der Landarbeiter aus. Deren Vertrauen in die *magistrates* war offenbar nicht so gewachsen, daß sie nun vermehrt dort ihr Recht suchten.

Alle quantitativen Befunde weisen somit in die gleiche Richtung. Die ver-änderte Rechtslage nach 1875 und die etwas ausgewogenere Verteilung der Erfolgsaussichten genügten nicht, um die Arbeitnehmer in wesentlich größerem Umfang als zuvor zu den Friedensgerichten zu locken. Wenn nach 1875 *relativ* etwas mehr Arbeitnehmer klagten als vorher, so war dies eher auf Zurückhaltung der Arbeitgeber als auf ein neu erwachtes Interesse der Arbeiter an der gerichtlichen Auseinandersetzung zurückzuführen. Obwohl die unausgewogene Spruchpraxis in den Friedensgerichten im späten 19. Jahrhundert etwas nachließ, kam es zu keiner signifikanten Trendwende beim Klageverhalten der Arbeitnehmer. Die Herstellung ver-fahrensrechtlicher Gleichheit durch den *Employers and Workmen Act* machte aus dem Recht zwar eine neutralere Instanz, aber das war nicht ausreichend, damit die Arbeitnehmer den Rechtsweg in großem Umfang für sich entdeckten.

3. Grafschaftsgerichte

Einrichtung und Zuständigkeit

Wenn sich der Erfolg einer Reform an der Langlebigkeit der durch sie geschaffenen Institutionen bemißt, war die Einrichtung der Grafschaftsgerichte im Jahr 1846–47 eine außerordentlich erfolgreiche Maßnahme.[114] Die *county courts* bestehen bis heute, und sie bewältigen immer noch, wie schon im viktorianischen Zeitalter, die Masse aller zivilrechtlichen Streitigkeiten in England. Schon in den ersten Jahren nach ihrer Einrichtung wurden dort pro Jahr mehrere hunderttausend Klagen bearbeitet, im späten 19. und frühen 20. Jahrhundert waren es mehr als eine Million, und in den achtziger Jahren des 20. Jahrhunderts über 2,5 Millionen Klagen pro Jahr.[115] Parallel zur Anzahl der Fälle wuchs die Höhe des zulässigen Streitwerts. Lag dieser anfangs bei £ 20, wurde er schon nach kurzer Zeit, im Jahr 1850, auf £ 50 heraufgesetzt und später, im Jahr 1903, noch einmal auf £ 100 erhöht.[116] Diese Grenzwerte galten für alle normalen vertrags- und deliktsrechtlichen Streitigkeiten. Darüber hinaus wurden den Grafschaftsgerichten im Laufe der Zeit eine Reihe von besonderen Kompetenzen übertragen, bei denen die Streitwerte zum Teil höher lagen, so unter anderem die Rechtsprechung unter dem *Employers' Liability Act* (1880) und unter den *Workmen's Compensation Acts* (1897/1906). Schon deshalb müssen die Grafschaftsgerichte hier betrachtet werden. Nicht weniger wichtig, wenngleich von der Forschung bisher unbeachtet, war die Zuständigkeit dieser Gerichte für vertragliche

---

[114] Die Rechtsgrundlage war der *County Courts Act* 9 & 10 Vict., c. 95 (1846); die Umsetzung der Reform erfolgte im Laufe des Frühjahrs 1847. Im März/April 1847 wurden überall im Land die ersten Gerichtstage abgehalten.

[115] Für die Zahlen bis zum Beginn der zwanziger Jahre des 20. Jahrhunderts siehe Tabelle 3.1, S. 211. Zahlen für 1964 in Brian Abel-Smith u. Robert Stevens, Lawyers and the Courts. A Sociological Study of the English Legal System 1750–1965, London 1967, S. 275; Zahlen für 1986 in Jackson's Machinery of Justice, S. 32.

[116] *County Courts Act*, 9 & 10 Vict., c. 95 (1846), s. 58; *County Courts Extension Act*, 13 & 14 Vict., c. 61 (1850), s. 1; *County Courts (Amendment) Act*, 3 Edw. 7, c. 42 (1903), s. 3. In einem weiteren Schritt wurde die Grenze 1938 auf £ 200 heraufgesetzt, allerdings konnte der Beklagte in diesem Fall Einspruch erheben und die Verlagerung des Falls an den Obersten Gerichtshof verlangen; *Administration of Justice (Miscellaneous Provisions) Act*, 1 & 2 Geo. 6, c. 63 (1938), s. 16.

Tabelle 3.1: Grafschaftsgerichte 1848–1923: Gesamtzahl der Klagen

1848–51	415 295[a]	1890	1 020 356
1852–56	521 007[a]	1891	1 063 400
1858	738 854	1892	1 101 075
1859	714 562	1893	1 104 091
1860	782 326	1894	1 167 886
1861	903 875	1895	1 120 726
1862	847 783	1896	1 109 234
1863	799 166	1897	1 119 420
1864	738 346	1898	1 156 642
1865	782 686	1899	1 152 163
1866	872 446	1900	1 180 908
1867	941 888	1901	1 228 710
1868	990 306	1902	1 281 370
1869	946 643	1903	1 324 643
1870	924 876	1904	1 381 463
1871	932 221	1905	1 342 745
1872	901 329	1906	1 323 763
1873	865 906	1907	1 315 141
1874	879 400	1908	1 348 010
1875	894 832	1909	1 368 110
1876	965 726	1910	1 330 315
1877	1 044 458	1911	1 276 510
1878	1 052 204	1912	1 230 805
1879	1 067 126	1913	1 255 542
1880	1 119 178	1914	1 073 417
1881	1 060 027	1915	1 060 814
1882	1 046 161	1916	798 017
1883	1 023 234	1917	609 526
1884	979 141	1918	438 182
1885	983 942	1919	444 155
1886	1 004 253	1920	557 986
1887	1 037 454	1921	672 758
1888	1 070 350	1922	851 084
1889	1 062 761	1923	952 163

[a] Durchschnittswert

Quellen: Civil Judicial Statistics (für die Jahre 1848–56: PP 1898 [C. 8838] CIV, Introduction, S. 90; für die Jahre 1913–1923: PP [Cmd. 2277] 1924–25, XXVIII, Comparative Table, S. 4 f. „Proceedings commenced")

und deliktsrechtliche Streitigkeiten zwischen Arbeitnehmern und Arbeitgebern bis zur Höhe der angegebenen Streitwerte.

In der englischen Justizgeschichte des 19. Jahrhunderts war die Einrichtung der *county courts* insofern ungewöhnlich, als mit ihnen eine bedeutende Institution völlig neu geschaffen wurde. Noch dazu geschah dies nicht wie so oft bei anderen Reformen etappenweise, sondern auf einen Schlag und flächendeckend für ganz England und Wales. Diese Neuordnung der niederen Zivilgerichtsbarkeit stellte den wohl größten Erfolg der englischen Rechtsreformbewegung des frühen 19. Jahrhunderts dar. Insbesondere der Name des ehemaligen Lordkanzlers Henry Brougham ist mit der Reform verbunden.[117] Ein einheitliches System löste damit im Jahr 1847 den unübersichtlichen Wirrwarr, oder positiver ausgedrückt: den Pluralismus, der lokalen Zivilgerichte ab. In vielen Städten und *boroughs* hatten vor 1847 sogenannte *courts of requests* für die Eintreibung kleiner Schuldforderungen mehr schlecht als recht funktioniert. Diese Gerichte wurden durch die Reform von 1846–47 entweder in *county courts* umgewandelt oder im Moment der Etablierung eines *county court* im jeweiligen Bezirk beseitigt. Es bestehen keine Anzeichen dafür, daß das Publikum diesen lokalen Gerichten nachtrauerte.[118] Nur in wenigen Städten überlebten traditionsreiche Stadtgerichte neben den neuen Grafschaftsgerichten, so in Bristol, Liverpool, Norwich und Salford.[119] Von der Reform ausgenommen blieb allein die *City of London*, wo der *Sheriff's Court*, der *Mayor's Court* und die nahegelegenen Gerichtshöfe in Westminster zunächst konkurrenzlos blieben. Aber auch in der *City* machte sich die uniformisierende Wirkung der neuen Institution schon nach zwei Jahrzehnten in der Weise bemerkbar, daß der alte *Sheriff's Court* reformiert und unter dem neuen Namen *City of London*

---

[117] Zu den Reformbestrebungen für die untere Zivilgerichtsbarkeit zwischen 1820 und 1846: Arthur Lyon Cross, Old English Local Courts and the Movement for their Reform, in: Michigan Law Review 30 (1931–32), S. 369–385. Allgemein zu den Refomversuchen dieser Jahre, zu denen vor allem die gescheiterten Bemühungen um eine Kodifikation gehören: Lobban, Common Law, bes. S. 185–222.

[118] In neueren historischen Arbeiten besteht die Tendenz, die alten *courts of requests* aufzuwerten und zu betonen, daß sie wegen ihres ,informellen' Charakters den Bedürfnissen der Rechtsuchenden entgegengekommen seien. Vgl. insbesondere H. W. Arthurs, ,Without the Law': Courts of Local and Special Jurisdiction in Nineteenth-Century England, in: Journal of Legal History 5 (1984), S. 130–149; Margot Finn, Debt and Credit in Bath's court of requests, 1829–39, in: Urban History 21 (1994), S. 211–236. Ferner: David A. Kent, Small Businessmen and their Credit Transactions in Early Nineteenth-Century Britain, in: Business History 36 (1994), S. 47–64.

[119] Der Tolzey Court of Bristol, der Liverpool Court of Passage, der Norwich Guildhall Court und der Salford Hundred Court blieben bis 1971 aktiv. Vgl. Cornish u. Clarke, Law and Society, S. 30.

Court in der Praxis den Grafschaftsgerichten fast vollständig angeglichen wurde.[120]

Infolge des County Courts Act von 1846 wurde das ganze Land mit Ausnahme der City in 59 Distrikte eingeteilt. Jedem dieser Distrikte wurde ein Richter vorgestellt. In seinem Distrikt reiste der Grafschaftsrichter in einer regelmäßigen Tournee von Gerichtsort zu Gerichtsort und erledigte die dort aufgelaufenen Fälle. Auf diese Weise wurde an insgesamt etwa 500 Orten in England und Wales wenigstens einmal im Monat Recht gesprochen. Damit drang das zivile Common law erstmals in die Tiefen der Provinz vor. Der Richter wurde vom Lordkanzler ernannt, mußte ein barrister mit mindestens sieben Jahren Berufspraxis sein und erhielt ein Jahresgehalt von £ 1500.[121] Die meisten Fälle entschied er allein, ohne Geschworene. Das Gesetz gab den Prozeßparteien zwar das Recht, eine jury bestehend aus fünf Geschworenen zu beantragen, doch machten nur wenige Streitende von dieser Möglichkeit Gebrauch. Die Zahl der Grafschaftsgerichts-Verfahren mit jury blieb im Untersuchungszeitraum stets unter einem Prozent.[122] Unterstützt wurden die Grafschaftsrichter durch einen clerk, der im Jahr 1856 den Titel registrar erhielt. Der registrar mußte ein solicitor sein und war für die gesamte Aktenführung und den Schriftverkehr des Gerichts zuständig. Je nach Größe des Gerichts unterstanden ihm ein oder mehrere Untersekretäre. Im späteren 19. Jahrhundert wurden dem registrar zunehmend auch rechtsprechende Funktionen in Routineangelegenheiten übertragen.[123]

Die in den county courts anzuwendenden Rechtsgrundsätze entsprachen im Prinzip denen des Common law. Tatsächlich ging es jedoch, schon wegen der Menge der anfallenden Streitsachen, weit weniger formalistisch als in den höheren Gerichtshöfen zu. Das Gesetz von 1846 schrieb ein summarisches Anhörungsverfahren ohne das in den Common law-Gerichten übliche formelle pleading vor. Auch in späteren County Courts Acts blieb es bei

---

[120] 30 & 31 Vict., c. 142 (1867), ss. 32 u. 35. Im Jahr 1921 wurde dann auch der Mayor's Court mit dem City of London Court amalgamiert, so daß die City fortan nur noch dem Namen nach eine von den normalen Grafschaftsgerichten unterschiedene Zivilgerichtsbarkeit hatte.

[121] In den ersten vier Jahren erfolgte die Bezahlung noch aus den Gerichtsgebühren, die demzufolge recht hoch angesetzt waren. Im Jahr 1850 wurde dann die staatliche Bezahlung eingeführt, nachdem sie das Gesetz von 1846 schon als Möglichkeit vorgesehen hatte. Vgl. Cornish u. Clarke, Law and Society, S. 38.

[122] Civil Judicial Statistics, Comparative Tables CC. Zum Niedergang des Jury-Verfahrens allgemein: R.M. Jackson, The Incidence of Jury Trial during the Past Century, in: Modern Law Review 1 (1937), S. 132–144, hier bes. 143f.

[123] Vgl. P.W.J. Bartrip, County Court and Superior Court Registrars, 1820–1875: The Making of a Judicial Office, in: G.R. Rubin u. David Sugarman (Hg.), Law, Economy and Society, 1750–1914: Essays in the History of English Law, Abingdon 1984, S. 349–379; ferner: Gerland, Englische Gerichtsverfassung, S. 178–181.

dieser vagen Formulierung, die dem einzelnen Richter einen weiten Gestaltungsspielraum ließ.[124] Besonders in den frühen Jahren befanden sich unter den Grafschaftsrichtern etliche zum Teil sehr eigenwillige Persönlichkeiten, die einen idiosynkratischen Verhandlungs- und Urteilsstil an den Tag legten und sich dabei von niemandem hereinreden ließen. Viele von ihnen waren als ehemalige Vorsitzende der älteren *courts of requests* in den neuen Dienst als Grafschaftsrichter übernommen worden und setzten dort ihre gewohnte Praxis fort. Erst als in den siebziger Jahren des 19. Jahrhunderts die erste Generation der Grafschaftsrichter abzutreten begann, gewannen die Aufsichtsbemühungen und die Personalpolitik des *Lord Chancellor's Office* an Durchschlagskraft.[125] Je ausgedehnter im späten 19. Jahrhundert die Kompetenzen wurden, je mehr Fälle mit hohem Streitwert vor die Grafschaftsgerichte gelangten, je mehr Anwälte, Versicherungsagenten und medizinische Experten sich einschalteten, desto stärker drangen nun auch die Normen des *Common law* in den Alltag der Gerichtspraxis ein. Vor allem die Fälle unter dem *Employers' Liability Act* und den *Workmen's Compensation Acts* trugen zur Juridifizierung im Sinne des *Common law* bei, denn diese Gesetze produzierten eine Flut höchstrichterlicher Entscheidungen, die von den Grafschaftsrichtern in der Folge *nolens volens* beachtet werden mußten. Hatten sich somit die frühen Grafschaftsrichter, ähnlich wie die Friedensrichter, sehr oft an ihren eigenen Normvorstellungen und an denen der lokalen Öffentlichkeit orientiert, paßten sie sich im späten 19. und frühen 20. Jahrhundert zunehmend den streng juristischen Maßstäben des *Common law* an. Das galt vor allem für die komplizierteren Fälle, zu denen auch die Streitigkeiten um Arbeitsunfälle und Kündigungen gehörten.

Bei den Hunderttausenden von Schuldsachen mit geringem Streitwert, darunter auch einfachen Lohnklagen, konnten die Grafschaftsrichter aber auch in späteren Jahren noch relativ unbehelligt von Präzedenzfällen und

---

[124] 9 & 10 Vict., c. 95 (1846), ss. 58 u. 74; 51 & 52 Vict., c. 43 (1888), s. 79.

[125] Ein farbiges, amüsant zu lesendes Porträt der frühen Grafschaftsrichter zeichnet Patrick Polden, Judicial Selkirks: The County Court Judges and the Press, 1847–80, in: Christopher Brooks u. Michael Lobban (Hg.), Communities and Courts in Britain 1150–1900, London u. Rio Grande 1997, S. 245–262. Zur Überwachung durch das Amt des Lordkanzlers vgl. ders., Judicial Independence and Executive Responsibilities. The Lord Chancellor's Department and the County Court Judges, 1846–1971, in: Anglo-American Law Review 25 (1996), S. 1–38 u. 133–162; ders., Oiling the Machinery: The Lord Chancellor's Office and the County Court Bench, 1927–44, in: Journal of Legal History 19 (1998), S. 224–244. Vgl vom gleichen Autor jetzt auch die Monographie zu allen Aspekten der institutionellen Geschichte der *county courts*: ders., A History of the County Court, 1846–1971, Cambridge 1999. Diese Arbeit stand mir erst nach Fertigstellung des Manuskripts zur Verfügung und konnte nicht mehr eingearbeitet werden.

umständlichen rechtlichen Erörterungen entscheiden. Denn die Revisions- und Berufungsmöglichkeiten von den *county courts* waren, ähnlich wie bei den Friedensrichtern, stark beschränkt. Das Gesetz von 1846 kannte nur den Weg der Verlagerung des Verfahrens an ein *Common law*-Gericht mittels *writ*. Bei einem Streitwert von unter fünf Pfund schloß das Gesetz diese Möglichkeit ganz aus, und in den anderen Fällen mußte die betreffende Prozeßpartei von einem *Common law*-Richter erst eine Erlaubnis einholen und Sicherheit für die Kosten beibringen, bevor ein entsprechender *writ* ergehen durfte.[126] Ein Recht auf Berufung in Fragen der Rechtsauslegung wurde 1850 eingeräumt, jedoch galt dies erst für Fälle mit einem Streitwert von über £ 20.[127] Bei dieser Grenze blieb es auch nach dem Konsolidierungsgesetz von 1888. Die Hemmschwelle wurde dadurch erhöht, daß diejenige Prozeßpartei, die Berufung einzulegen wünschte oder ahnte, daß eine Berufung nötig werden könnte, den Richter auffordern mußte, alle in der Verhandlung erwähnten juristischen Punkte und die dazugehörigen Tatsachenbeweise schriftlich festzuhalten, eine Pflicht, der sich die Richter wegen ihres angespannten Zeitbudgets nur höchst ungern unterzogen.[128] Die Reinschrift und weitere Abschriften dieser Notizen mußten überdies von den Prozeßparteien bezahlt werden.[129] Individualkläger ohne finanziellen Rückhalt besaßen unter diesen Umständen kaum Chancen, ihren Fall von einem höheren Gericht noch einmal aufrollen zu lassen. Es kam hinzu, daß höhere Gerichte grundsätzlich nur das Verfahren und die juristische Argumentation der Untergerichte überprüften; in sogenannten Tatsachenfragen wurde hingegen das, was die Grafschaftsrichter als ‚Fakt‘ gefunden hatten, nicht in Frage gestellt.[130] Weil aber bei Arbeitsstreitigkeiten fast immer alles

---

[126] 9 & 10 Vict., c. 95 (1846), s. 90.

[127] 13 & 14 Vict., c. 61 (1850), ss. 14–16.

[128] Vgl. den Artikel „Appeals From County Courts", in: County Courts Chronicle, 1. Juni 1896, S. 481 f.: „Judges there have been known to dislike, possibly even to resent, the time and labour that is involved in recording what passes. Advocates naturally hesitate before even so much as hinting at the possibility of an appeal." Wenn schon die Anwälte sich scheuten, den Richter um Notizen zu bitten, um wieviel schwieriger mußte es für Kläger oder Beklagte ohne Rechtsbeistand sein, dasselbe zu tun?

[129] 51 & 52 Vict., c. 43 (1888), ss. 120 u. 121.

[130] Die Formulierung des *County Courts Act* von 1888 (s. 122) scheint eine ‚Uminterpretation‘ der vom Grafschaftsrichter gefundenen Fakten zuzulassen: „On the hearing of an appeal the High Court shall have power to draw any inference of fact, and may either order a new trial on such terms as the court shall think just, or may order judgment to be entered for any party, as the case may be, or may make a final or other order on such terms as the High Court may think proper to ensure the determination on the merits of the real questions in controversy between the parties." Vgl. aber die Kritik an der Faktenblindheit der Berufungsinstanzen bei: Barrister, Justice in England, S. 107 f.

von den sogenannten Tatsachen abhing (zum Beispiel: was ist die ‚ortsübliche Gewohnheit' in diesem oder jenem Gewerbe?), war der *appeal* für einen mit dem Urteil unzufriedenen Arbeitnehmer oder Arbeitgeber in vielen Fällen nutzlos.

Ein hohes Maß an Autonomie kennzeichnete somit die Spruchpraxis der Grafschaftsrichter, und bei ihnen entfiel sogar noch die soziale Kontrolle durch ein Kollegium, die bei den Friedensrichtern zumindest gegeben war. Gleichwohl vermittelte die Ziviljustiz in den *county courts* von Anfang an ein viel einheitlicheres Erscheinungsbild als die Strafjustiz der *magistrates*. Das lag natürlich zum einen an der ewigen Wiederkehr gleichartiger Fälle, im wesentlichen: unbeglichene Rechnungen und Schulden bei Textilhändlern, Kohlelieferanten, Bäckern, Metzgern, Klempnern, Geldverleihern, Ärzten, städtischen Gasanstalten usw. Das einheitliche Erscheinungsbild rührte aber zum anderen auch daher, daß die Grafschaftsrichter als *barristers* die gleiche Ausbildung genossen hatten, daß sie zusammen in der Welt der Londoner *Inns of Court* und der *circuit messes* in den *assize*-Städten sozialisiert worden waren und daß sie sich einem gemeinsamen Berufsethos verpflichtet fühlten, in dem Werte wie Prinzipientreue, strikte Regelanwendung und Neutralität gegen jedermann hoch im Kurs standen.[131] Damit soll keineswegs gesagt sein, daß nicht auch die Justiz der Grafschaftsrichter im Einzelfall als inkonsistent und ungerecht empfunden wurde, doch als Gruppe standen die Grafschaftsrichter viel weniger im Kreuzfeuer der Kritik als die Laienfriedensrichter. Selbst Autoren, die sonst am englischen Rechtssystem kaum ein gutes Haar ließen und mit dem Vorwurf der Klassenjustiz nicht sparten, gaben den Grafschaftsrichtern persönlich gute Noten: „Im ganzen", so das Urteil eines der Kritiker, „machen sie ihre Sache gut".[132]

Auch bei den Gewerkschaften waren einzelne Grafschaftsrichter hoch angesehen, so zum Beispiel Sir Rupert Kettle, Richter in Wolverhampton und Dudley, der schon auf einem der frühesten *Trades Union Congresses* anwesend war und dort unter allgemeiner Zustimmung über seine Erfahrungen bei der Schlichtung von Arbeitsstreitigkeiten berichtete.[133] Oder

---

[131] Zu Herkunft, Ausbildung, Arbeitsalltag und Wertvorstellungen der viktorianischen *barristers*: Raymond Cocks, Foundations of the Modern Bar, London 1983.

[132] Barrister, Justice in England, S. 110: „On the whole, the County Court judges do the work well …".

[133] Sir Rupert Kettle (1817–1894). Siehe: Report of Proceedings at the Third Annual Trades Union Congress, London 1871, unpag., Diskussion am 9. März 1871 (Microfilm edition). Vgl. auch Rupert Kettle, On Boards of Conciliation and Arbitration between Employers and Employed, and what is required to give them further success, in: Sessional Proceedings

der den christlichen Sozialisten nahestehende Thomas Hughes, Autor des Erziehungsromans „Tom Brown's Schooldays" (1857) und in seinen späteren Lebensjahren Richter in Ashton-under-Lyme, der häufig als Schlichter bei Tarifkonflikten in Erscheinung trat.[134] Oder der in Manchester, Süd-London und Kent als Grafschaftsrichter tätige Edward Abbott Parry, der sich in Büchern und Artikeln kritisch mit dem Justizsystem, vor allem dem unzureichenden Armenrecht, auseinandersetzte und in seiner Praxis unter anderem durch unkonventionelle und deutlich arbeitnehmerfreundliche Urteilssprüche in *Workmen's Compensation*-Fällen auffiel.[135] Oder, um ein letztes Beispiel zu nennen, der am *Bow County Court* im Londoner *East End* tätige Richter Daniel French, über den anläßlich seines Todes (1902) in der Zeitung von Ben Tillett's Dockarbeiter-Gewerkschaft folgende herzerwärmende Worte zu lesen standen:

We believe him to have done more than any other Judge to command a belief in and respect for the law among the toilers, who have too often great grounds for believing that class prejudice taint even what should be honest and unimpeccable judgments. While the law has lost a great exponent, the poor, and justice itself, have lost a great friend.[136]

DIE GRAFSCHAFTSGERICHTE IM URTEIL DER ARBEITNEHMER, JURISTEN UND UNTERNEHMER

Wie das Zitat aus der Dockarbeiter-Zeitung belegt, schloß die Hochachtung vor einzelnen Richtern die Kritik an dem System, in dem sie agierten, nicht aus. Die Kritik am System der *county courts* unterschied sich je nach sozialem Standort. Die Arbeiter und Armen, die in den Schuldfällen die Masse der Beklagten stellten, litten vor allem unter der permanent über ihnen

---

of the National Association for the Promotion of Social Science for the Year 1870–1, Bd. 4, London 1871, S. 167–188.

[134] Thomas Hughes (1822–1896). Vgl. die positive Äußerung des Gewerkschaftlers Henry Broadhurst über Thomas Hughes und andere Grafschaftsrichter: Fifteenth Annual Trades' Union Congress, Manchester 1882, S. 24 (Microfilm edition). Als Schiedsrichter war Hughes in den siebziger Jahren des 19. Jahrhunderts z.B. in der nordenglischen eisenverarbeitenden Industrie und in der Baumwollspinnerei von Yorkshire tätig, vgl. J.H. Porter, Wage Bargaining under Conciliation Agreements, 1860–1914, in: Economic History Review 23 (1970), S. 460–475, S. 463f.

[135] Edward Abbott Parry (1863–1943). Vgl. ders., The Law and the Poor, London 1914, ND New York u. London 1980, bes. S. 76–105 zu seinen eigenen Erfahrungen in *Workmen's Compensation*-Fällen. Vgl. für ein weiteres Beispiel auch die – in anderer Hinsicht nicht unkritische – Charakterisierung von Richter Francis Greenwell, in: Muir, Justice in a depressed area, S. 104ff.

[136] Dockers' Record, No. 7, Aug. 1902, S. 2. Daniel O'Connell French, K.C. (1843–1902), Grafschaftsrichter von 1892 bis 1902.

schwebenden Drohung des Schuldgefängnisses. Zwar wurde die Praxis des *imprisonment for debt* im Jahr 1869 per Gesetz abgeschafft, doch ließ das gleiche Gesetz die Schuldhaft durch die Hintertür fortbestehen, indem bei „Zahlungsunwilligkeit" nach wie vor eine Beugehaft bis zu sechs Wochen verhängt und bei Bedarf wiederholt werden konnte, ohne daß die Schuld damit aufgehoben war.[137] Unter dieser Gesetzeslage hing das Wohl und Wehe der Arbeiterfamilien allein vom Verständnis des einzelnen Richters für deren konjunkturbedingte Konsumgewohnheiten und Anschreibeprak-tiken ab, und nicht alle Grafschaftsrichter kannten diese Lebensumstände so genau wie Richter French im Londoner *East End*.[138] Die Schuld- oder Beugehaft für die Armen wurde besonders deshalb als unfair wahrgenom-men, weil den reicheren Geschäftsleuten, wenn sie ihre Schulden nicht mehr bezahlen konnten, die Möglichkeit des Bankrotts offenstand. Die Reichen, so hieß es, würden, wenn auch unter öffentlicher Ächtung, von ihrer Schul-denlast befreit, während die Armen in vergleichbarer Situation ins Gefäng-nis wanderten und ihre Schulden trotzdem behielten.[139] Tatsächlich wurden noch im Jahr 1906 aus diesem Grund 11 986 Personen inhaftiert, danach nahm die Zahl der Inhaftierten deutlich ab und betrug im Jahr 1922 nur noch 1003.[140] Die Kritik an diesem Aspekt der Rechtsprechung ging jedoch nicht zu Lasten der Personen oder der Institution, sondern betraf die Ge-setzgebung.

Was die Institution selbst angeht, so besaßen die Grafschaftsgerichte bei der englischen Arbeiterschaft unter allen Einrichtungen der ordentlichen Justiz, neben den Londoner *police courts*, noch am meisten Ansehen. Das kam nicht zuletzt in der Forderung des *Trades Union Congress* zum Aus-

---

[137] *Debtors Act*, 32 & 33 Vict., c. 62 (1869), s. 5. Eine Übersicht über die Rechtslage und die Pra-xis der Schuldhaft mit Zahlenmaterial bis zum Ende des 19. Jahrhunderts findet sich in den Civil Judicial Statistics 1896, PP 1898 (C. 8838) CIV, Introduction, S. 83–91. Vgl. außerdem: G. R. Rubin, Law, Poverty and Imprisonment for Debt, 1869–1914, in: Rubin u. Sugarman (Hg.), Law, Economy and Society, S. 241–299.

[138] Zu den Lebensumständen der Armen im Londoner *East End*: Gareth Stedman Jones, Out-cast London. A Study in the Relationship between Classes in Victorian Society, 2. Aufl. Harmondsworth 1984. Allgemein zu den Konsumgewohnheiten der Arbeiter: Paul John-son, Saving and Spending: the working-class economy in Britain, 1870–1939, Oxford 1985.

[139] Vgl. V. Markham Lester, Bankruptcy, Imprisonment for Debt, and Company Winding-Up in Nineteenth-Century England, Oxford 1995, S. 116–120; Paul Johnson, Creditors, Deb-tors and the Law in Victorian and Edwardian England, in: Willibald Steinmetz (Hg.), Private Law and Social Inequality in the Industrial Age. Comparing Legal Cultures in Britain, France, Germany and the United States, Oxford 2000, S. 485–504. Ab 1883 stand die Mög-lichkeit des Bankrotts theoretisch auch kleinen Schuldnern offen, jedoch war es in das Belie-ben der Grafschaftsrichter gestellt, ob sie entsprechende Anordnungen trafen: *Bankruptcy Act*, 46 & 47 Vict., c. 52 (1883), ss. 103 (5) u. 122 (1).

[140] Civil Judicial Statistics 1922, PP 1923 (Cmd. 2001) XXIV, Table XX. (12).

druck, die erstinstanzliche Rechtsprechung bei Streitigkeiten zwischen Arbeitgebern und Beschäftigten den *county courts* überall dort zu übertragen, wo es keine *stipendiary magistrates* gab.[141] Aus dieser Forderung sprach natürlich in erster Linie das Mißtrauen gegen die Laienfriedensrichter, weniger eine besondere Sympathie für die Grafschaftsgerichte als solche. Der Gesetzgeber trug diesem Ansinnen partiell Rechnung, indem er mit dem *Employers and Workmen Act* von 1875 ausdrücklich eine konkurrierende Rechtsprechung zwischen Friedensrichtern und Grafschaftsrichtern etablierte – eine Maßnahme, deren Konsequenzen bisher noch nicht untersucht worden sind. Daß diese Veränderung in den Augen des Gesetzgebers keine Nebensache war, zeigt der vollständige Titel des Gesetzes, welcher lautet: „An Act to enlarge the powers of County Courts in respect of disputes between Employers and Workmen, and to give other Courts a limited civil jurisdiction in respect of such disputes."[142] Die Prioritätsverlagerung ist damit klar ausgesprochen. Um so merkwürdiger ist es, daß noch nie danach gefragt worden ist, inwieweit diese Intention des Gesetzgebers realisiert wurde.

Bevor dieser Frage nachgegangen wird, seien die Einstellungen der beiden anderen an den Grafschaftsgerichten interessierten Gruppen charakterisiert. Das waren zum einen die Juristen in ihren Eigenschaften als Richter, Rechtsreformer und freiberufliche Anwälte, zum anderen die Geschäftsleute in ihren Eigenschaften als Gläubiger und Arbeitgeber. Der *County Courts Act* von 1846 war gegen starke Widerstände aus den Reihen der Rechtsanwälte durchgesetzt worden. Die an den Londoner hohen Gerichtshöfen praktizierenden *barristers* und die ihnen zuarbeitenden *solicitors* fürchteten nicht ganz zu Unrecht die Konkurrenz der neuen Grafschaftsgerichte und wehrten sich jahrzehntelang hartnäckig gegen alle Bestrebungen, deren Kompetenzen zu erweitern. Sie verhinderten damit die von vielen, auch vielen Juristen und Politikern, gewünschte Weiterentwicklung der *county courts* zu einer vollwertigen Repräsentation des Obersten Gerichtshofs in der Provinz – eine Reform, die den kostspieligen Gang nach London

---

[141] Report of Proceedings at the Third Annual Trades Union Congress, London 1871, unpag., Diskussion am 8. März 1871 (Microfilm edition). Es gab jedoch auch Gegenstimmen, so z. B. auf dem sechsten Trades Union Congress, wo eine Resolution für die Ausdehnung der *stipendiary magistrates* auf das ganze Land verabschiedet wurde und ein Delegierter aus Darlington erklärte: „... the less they trusted to county court legislation the better for them. At least his experience taught him this." Sixth Annual Trades' Union Congress, Sheffield 1874, S. 20 (Microfim edition).
[142] 38 & 39 Vict., c. 90 (1875).

für Kläger und Beklagte aus der Provinz in erster Instanz erübrigt hätte.[143]
Es blieb also dabei, daß die *Common law*-Gerichte in Westminster direkt
angerufen werden konnten.[144] Der Widerstand der hauptstädtischen Anwaltschaft reichte jedoch nicht aus, um den allgemeinen Bedeutungszu-
wachs der *county courts* zu stoppen. Für die *solicitors* und die zweitrangigen
barristers in der Provinz eröffnete sich hier ein, wenn nicht lukratives, so
doch auskömmliches Betätigungsfeld, und die Rechtsuchenden selbst bewiesen durch ihren steten Zulauf, daß die Grafschaftsgerichte einen Bedarf
erfüllten, den die teure, langsame und formalistische Rechtsprechung des
High court und seiner provinziellen Ableger, der *courts of assize*, nicht erfüllen konnte.

Nachdem es feststand, daß die *county courts* auch in der Provinz neben
dem *High court* in einer untergeordneten Position bleiben würden, verlagerte sich die innerjuristische Kritik vor allem auf die ungleichmäßige Ar-
beitsbelastung und die unzureichende Ausstattung der besonders frequentierten *county courts*. Während die Grafschaftsrichte in manchen entlegenen
Gebieten nur wenig zu tun hatten, stöhnten die Richter und *registrars* in
den bevölkerungsreichen Zentren über die Geschäftsüberhäufung. Gerichtstage mit mehr als 200 oder gar mehr als 300 zu erledigenden Fällen waren zum Beispiel in London, aber auch in kleineren Industriestädten wie
Walsall oder West Bromwich keine Seltenheit.[145] Darauf aufbauende Forde-

---

[143] Den Höhepunkt dieser Bestrebungen bildete der zweite Bericht der Judicature Commission, Second Report, Bd. 1, PP 1872 (C. 631) XX; Bd. 2, PP 1872 (C. 631.–I.) XX. Zu den
wiederholten und stets nur teilweise erfolgreichen Versuchen einer Reform der Grafschaftsgerichte nach 1846 vgl. Abel-Smith u. Stevens, Lawyers and the Courts, S. 48, 80–84, 90–96.

[144] Allerdings gab es seit 1867 eine Abschreckungsklausel, die kleine Streitigkeiten von den höheren Gerichten fernhalten sollte: Wer als Kläger ein Verfahren vor ein höheres Gericht
brachte, welches ebensogut vor einem Grafschaftsgericht hätte verhandelt werden können,
und vor dem höheren Gericht lediglich eine Summe von unter £ 20 (bei Deliktssachen unter
£ 10) erstritt, hatte kein Recht auf Erstattung seiner Kosten durch den Beklagten, außer
wenn der Richter bestätigte, daß ein besonderer Grund für den Gang zum höheren Gericht
vorlag. 30 & 31 Vict., c. 142 (1867), s. 5.

[145] Am 8. April 1892 standen im Bow County Court 209 *ordinary summonses*, 8 *defendend
default summonses*, 6 von früheren Gerichtsterminen vertagte Fälle und 4 Anträge auf der
Liste (London Metropolitan Archives, CCT/AK15/8). Immerhin 100 dieser Fälle führten
zu einer Anhörung. Allein 165 Klagen stammten von einem einzigen Kläger, der Midland
Boot Factory, Limehouse; weitere 34 Klagen von M. Abbott and Co., Coal Merchants.
Beide Kläger waren in der entsprechenden Rubrik des Protokollbuchs jeweils durch Stempel
eingetragen – ein Zeichen, daß sie nicht das erste Mal vor diesem Gericht erschienen. In Wal-
sall waren am 24 Nov. 1909 sogar 309 *ordinary summonses*, 16 *default summonses*, 4 vertagte
Fälle, 4 Anträge und 4 *Workmen's Compensation*-Angelegenheiten zu behandeln (Walsall
Local History Centre, AK 28.1). Auch hier gab es mehrere Massenklagen von Textil- und
Kohlenhändlern. Ähnlich war es in West Bromwich, wo zwischen Januar und Mai 1909 bei

rungen nach Grenzkorrekturen, Vermehrung der Richter und Gehaltserhöhungen führten jedoch kaum zu greifbaren Resultaten. Es gab zu keiner Zeit mehr als sechzig Grafschaftsrichter für ganz England und Wales, das war eine im internationalen Vergleich extrem niedrige Zahl.[146] In der Zwischenkriegszeit wurde die Qualität der Kandidaten für das Grafschaftsrichteramt immer skeptischer beurteilt. Man führte dies vor allem auf das seit der Mitte des 19. Jahrhunderts trotz Nachkriegsinflation unverändert bei £ 1500 liegende Gehalt zurück. Der Posten sei, so meinte man, nur noch für zweitklassige *barristers* attraktiv, die ein sicheres Auskommen erstrebten; auch politische Gesichtspunkte spielten angeblich bei der Ernennung zunehmend eine Rolle.[147] Erst 1934/37 fanden die Klagen Gehör; das Gehalt wurde auf £ 2000 heraufgesetzt, eine Summe, die schon 1878 von einer parlamentarischen Untersuchungskommission als angemessen bezeichnet worden war.[148]

Als einen Rückschritt empfanden die Befürworter einer Kompetenzerweiterung der *county courts* nach dem Ersten Weltkrieg die fortdauernde Begrenzung des Streitwerts auf £ 100. Die Inflation sorgte dafür, daß etliche Fälle, darunter zum Beispiel die Klagen höherer Angestellter wegen *wrongful dismissal*, nun wieder sofort vor den *High court* gebracht werden mußten, nachdem vergleichbare Fälle vor dem Krieg zu allseitiger Zufriedenheit von den *county courts* gelöst worden waren. Der Rückgang der Klagen vor den *county courts* nach dem Weltkrieg und der scheinbare Wiederaufstieg des *High court* und der *courts of assize* in der Gunst des Publikums sind zu einem guten Teil so zu erklären.[149] Die Londoner *barristers* und die großen *solicitor*-Firmen profitierten davon. Ihr Standardargument, mit dem sie sich schon in der zweiten Hälfte des 19. Jahrhunderts und jetzt wieder gegen eine Erhöhung des Streitwerts wandten, hob darauf ab, daß die Grafschafts-

---

den meisten Gerichtsterminen mehr als 200 Fälle anstanden (Sandwell Community History and Archives Service, Smethwick, AK 34.19). Diese Beispiele ließen sich beliebig vermehren.

[146] Vgl. Gerland, Englische Gerichtsverfassung, S. 268 f., der sich an dieser Stelle gegen deutsche Autoren, namentlich Franz Adickes, wendet, die unter Verweis auf die englischen Verhältnisse die Zahl der deutschen Richter an Amts- und Landgerichten für zu hoch hielten. Die niedrige Richterzahl in England sei, so Gerland, „keineswegs die Folge eines Idealzustands weiser Verwaltungsökonomie, sondern vielmehr von unangebrachter Sparsamkeit." Vgl. Franz Adickes, Grundlinien durchgreifender Justizreform. Betrachtungen und Vorschläge unter Verwertung englisch-schottischer Rechtsgedanken, Berlin 1906, bes. S. 36 u. S. 60. Nach Adickes betrug die Zahl der Richter an deutschen Amts-, Land- und Oberlandesgerichten im Jahr 1905 insgesamt 8703. Dagegen hielt er die Zahl von nur 253 Berufsrichtern in England (Richter am *High court*, Grafschaftsricher, *recorder* und Polizeirichter).

[147] Barrister, Justice in England, S. 41.

[148] Vgl. Abel-Smith u. Stevens, Lawyers and the Courts, S. 108.

[149] Vgl. ebd., S. 100 f. Zu den Zahlen für Klagen in den *county courts* siehe Tabelle 3.1, S. 211.

gerichte ursprünglich für ‚arme‘ Kläger (damit meinten sie die kleinen Ladenbesitzer und Handwerker, nicht die wirklich Armen) geschaffen worden
seien; durch eine Erhöhung des Streitwerts und die damit einhergehende
Vermehrung komplizierter Fälle drohten diese Kläger an den Rand gedrängt zu werden.[150] Auch wenn es sich bei diesem Argument offensichtlich um einen Vorwand handelte, hinter dem die handfesten Interessen-
kämpfe zwischen Provinzanwälten und Londoner Juristen um die lukrative
Kundschaft verschleiert wurden, entbehrte es nicht einer gewissen Grundlage. Denn es läßt sich beobachten, daß etwa seit der Jahrhundertwende immer weniger ‚kleine Leute‘ vor den Grafschaftsgerichten persönlich als Kläger in Erscheinung traten. Das lag aber nicht, wie die Londoner Juristen unterstellten, an der Erhöhung der Streitwerte, sondern unter anderem daran,
daß zunehmend Schuldenaufkäufer, sogenannte *debt collection agents*, gegen eine gewisse Gebühr die lästige und zeitraubende Aufgabe der gerichtlichen Eintreibung von Zahlungsrückständen für die kleinen Geschäftsleute
übernahmen.[151] Es zeigte sich also in den Grafschaftsgerichten das Phänomen, daß wenige große Massenkläger für das Gros der Fälle verantwortlich
waren, aber dahinter verbargen sich bisweilen weiterhin kleine Schuldforderungen kleiner Geschäftsleute. Die wirklich Armen freilich, und dazu gehörten in der Regel die um ihren Lohn klagenden Arbeitnehmer, wurden
durch diese Entwicklung in den Grafschaftsgerichten tatsächlich marginalisiert, insofern traf die Kritik von seiten der Londoner Anwaltschaft eine
wunden Punkt; allerdings war es nicht der Punkt, den sie gemeint hatten.

Mit den vorstehenden Bemerkungen ist bereits die Hauptfunktion ange-
sprochen, die den Grafschaftsgerichten in den Augen der Geschäftsleute
zukam. Es ist die Funktion einer Maschinerie zur Schuldeneintreibung, und
es ist diese Funktion, mit der sich die historische Forschung bisher fast aus-

---

[150] Abel-Smith u. Stevens, Lawyers and the Courts, S. 95.
[151] Die Praxis begann offenbar in den siebziger Jahren des 19. Jahrhunderts. Zu dieser Zeit rief
sie noch Diskussionen unter Richtern und Anwälten hervor; vgl. County Courts Chronicle,
1. März 1875, S. 69 f., „County Courts Agents" (Leserbrief); ebd., 1. April 1875, S. 90,
„Chester County Court. Application against the debt collectors for contempt"; 2. Okt.
1876, S. 461, „Agents in County Courts". Gegen Ende des Jahrhunderts war das Auftauchen
solcher Personen in Grafschaftsgerichten üblich geworden, was sich daran zeigt, daß man im
Gericht bereits Stempel für sie parat hatte, um sie mit ihren vielen Klagen rasch in die Protokollbücher eintragen zu können. Vgl. etwa Dudley Public Libraries. Archives and Local
History Service, Acc. 8729, AK 64.05, Plaint and Minute Book B, 1890–91, Eintrag für
23. Jan. 1891: ein Richard Walton, Schuldenaufkäufer, trat hier für 7 lokale Händler in insgesamt 68 Fällen auf; ähnliche Einträge von diesem und anderen Schuldenaufkäufern in diesem
Buch am 24. März 1891, 28. April 1891, 4. Mai 1891, 8. Mai 1891. Auch 1919–21 war das
Muster noch unverändert, vgl. ebd., AK 64.08, Plaint and Minute Book B, 1919–20, Einträge
vom 15. Aug. 1919, 9. Okt. 1919, 8. Juni 1920, 1. Febr. 1921.

schließlich beschäftigt hat. Der *County Courts Act* von 1846 war Teil der legislativen Bestrebungen der mittleren Jahrzehnte des 19. Jahrhunderts, kommerzielle Transaktionen zu erleichtern und durch ein erhöhtes Maß an Rechtssicherheit kalkulierbarer zu machen.[152] Nutznießer des Gesetzes sollten in erster Linie die selbständigen Anbieter von Waren und Dienstleistungen sein, und in der viktorianischen Ära waren es tatsächlich kleinere und mittlere Geschäftsleute, Handwerksmeister und Angehörige der Professionen, die das Gros der Kläger stellten. Dadurch, daß die kleinen Schulden der kleinen Leute in den neuen Gerichten nun schneller und wirksamer eingeklagt werden konnten, verringerte sich für diese Gruppen das Risiko bei der Gewährung kurzfristiger Kredite, bei Vorleistungen ohne sofortige Bezahlung und bei der Praxis des Anschreibens. Das ermöglichte Geschäfte, die sonst nicht getätigt worden wären, und insofern trugen die *county courts* zweifellos zum Wachstum der britischen Wirtschaft in der zweiten Hälfte des 19. Jahrhunderts bei. Der Titel des Gesetzes sprach aus, daß Schuldeneintreibung die Hauptintention des Gesetzgebers war: „An Act for the more easy recovery of debts and demands in England". Nach Zahl und Art der in den *county courts* erledigten Fälle zu urteilen, wurde dieser Zweck des Gesetzes erfüllt. Zahlungsunwillige Konsumenten von Gütern und Dienstleistungen wurden Jahr für Jahr zu Hunderttausenden verklagt und regelmäßig in weit über 90 Prozent aller Fälle zur Zahlung verurteilt, sofern sie nicht schon vor Beginn des eigentlichen Verfahrens ‚freiwillig' gezahlt hatten. Wenn sich trotz der Erfolgsbilanz gelegentlich kritische Stimmen aus der Geschäftswelt gegen den schuldeneintreibenden Aspekt der *county court*-Justiz vernehmen ließen, so zielten sie darauf, den Prozeß aus der Sicht der Kläger noch effizienter zu gestalten, also die Gerichtsgebühren zu senken und die Prozedur bei Anträgen auf Inhaftierung zahlungsunwilliger Verurteilter zu beschleunigen.[153] Von einer allgemeinen

---

[152] In diesem Zusammenhang gehören auch die um die Jahrhundertmitte verabschiedeten Gesetze zum Insolvenz- und Gesellschaftsrecht. Die liberalisierende Gesetzgebung zu *companies* schuf freilich auch neue Gelegenheiten für großangelegten Betrug an Aktionären und Konsumenten; hierzu George Robb, White-Collar Crime in Modern England. Financial fraud and business morality, 1845–1929, Cambridge 1992; Michael Lobban, Nineteenth Century Frauds in Company Formation: *Derry v. Peek* in Context, in: Law Quarterly Review 112 (1996), S. 261–334.

[153] Beispiele für kritische Stimmen: County Courts Chronicle, 1. Nov. 1848, S. 366, „Correspondence" (Leserbrief eines C.J.G. Eilvart an die Law Times über die hohen Kosten und die Verzögerungen des Verfahrens); ebd., 1. Dez. 1848, S. 389, „Recovery of Debts in the County Courts" (Leitartikel zu den Problemen klagender Geschäftsleute); Clerkenwell News, 6. März 1858, S. 2, „County Court Law" (Leserbrief): „We pay 10s. for hearing, and can only get five minutes say! ... Tradesmen are disgusted with these courts, for they are the dearest in England."

Unzufriedenheit mit der Leistung der Grafschaftsgerichte in dieser Hinsicht kann aber keinesfalls die Rede sein.

Als weniger geeignet empfanden hingegen die Geschäftsleute die Grafschaftsgerichte für die Lösung ihrer Konflikte untereinander. Das ganze 19. Jahrhundert hindurch wollten die Rufe nach geeigneten Tribunalen für eine nach Möglichkeit einvernehmliche Beilegung kommerzieller Streitigkeiten nicht verstummen. Die Kritiker aus dem Umkreis der Handelskammern und Industriellenverbände konnten sich jedoch zu keiner Zeit einigen, ob man das System der ordentlichen Gerichte – und das hieß in erster Linie die Grafschaftsgerichte – entsprechend adaptieren könne, oder ob man von vornherein auf spezielle Schiedsgerichte außerhalb der ordentlichen Justiz setzen sollte.[154] Im Hinblick auf die *county courts* blieben all diese Debatten letztlich fruchtlos; die *county courts* änderten ihren Charakter als ordentliche Gerichte kaum. Das lag zum Teil sicherlich an der interessegeleiteten Opposition der Berufsjuristen gegen jede Aufweichung ihres Monopols. Wichtiger aber scheint mir, daß es mit dem in viktorianischer Zeit allseits und gerade auch von den Geschäftsleuten selbst hochgehaltenen Grundsatz der Gleichbehandlung unvereinbar war, prozedurale und institutionelle Sonderkonditionen innerhalb der normalen Justiz nur für eine spezielle Kategorie von Fällen zu fordern. Warum sollten nur die Geschäftsleute für ihre Streitigkeiten untereinander Laien-Beisitzer in den *county courts* haben dürfen, andere Gruppen aber nicht? Warum sollten nur für sie höhere Streitwerte zugelassen sein? Warum sollten nur sie ausnahmsweise in den Genuß eines weniger streitigen, weniger öffentlichen und weniger strikt nach juristischen Maßstäben durchgeführten Verfahrens kommen? Alle Vorschläge, innerhalb der Grafschaftsgerichte so etwas wie handelsgerichtliche Abteilungen mit eigenen Verfahrensregeln einzurichten, blieben Makulatur.[155] Dieses Scheitern verdeutlicht exemplarisch, daß es im viktorianischen England so gut wie unmöglich war, eine Sondergerichtsbarkeit zu verlangen und durchzusetzen, die gleichwohl an die Institutionen der ordentlichen Justiz angebunden blieb, wie es etwa in Deutschland bei den

---

[154] Vgl. W.T.S. Daniel, Is it desirable to establish Tribunals of Commerce, and if so, with what powers?, in: Transactions of the National Association for the Promotion of Social Sciences 1870, London 1871, S. 191–203; W.S. Daglish, On the Same, ebd., S. 203–208, und die anschließende Diskussion, ebd., S. 208–211. Ferner: Arthurs, ,Without the Law', S. 56–88; G. R. Searle, Entrepreneurial Politics in Mid-Victorian Britain, Oxford 1993, S. 130 f. u. 178–181.

[155] Einen gewissen Ersatz bedeutete hier die Einführung der Prozedur des *default summons*, jedoch war dieses Verfahren nur nützlich bei unkomplizierten Fällen, in denen die Schuld im Prinzip unbestritten war. Näheres zum *default summons* unten, S. 239.

Handelsgerichten, Gewerbegerichten und Verwaltungsgerichten der Fall war. In England gab es hier nur ein Entweder-Oder: Entweder man unterwarf sich den im Prinzip für alle geltenden Regeln der ordentlichen Justiz, oder man regelte seine Konflikte außergerichtlich und nahm die Nachteile in Kauf, die das für die Vollstreckbarkeit der Urteile und für die Rechtssicherheit mit sich brachte.

Vor einem ähnlichen Dilemma wie die Geschäftsleute standen im viktorianischen England auch die Arbeitnehmer. Keines der etablierten ordentlichen Gerichte kam ihrem Bedürfnis nach einem Tribunal, vor dem sie als Kläger ohne hohe Kosten und mit Aussicht auf Erfolg auftreten konnten, auch nur annähernd entgegen. Wie die Geschäftsleute richteten auch die Arbeitnehmer zeitweise ihre Hoffnung auf die *county courts* als den noch am ehesten geeigneten Kandidaten für eine Reform. Es ist jedoch nie bis zu vergleichbaren Plänen gekommen, so etwas wie arbeitsgerichtliche Abteilungen an den *county courts* einzurichten. Bei allen Fragen, welche die institutionelle Seite der Justiz betrafen, verhielt sich die englische Arbeiterbewegung, sehr im Gegensatz zu den deutschen Gewerkschaften und Sozialdemokraten, erstaunlich passiv; sie überließ dieses Diskussionsfeld weitgehend den Reformern aus dem Umkreis der Mittelklassen und den Politikern. Diese hatten verständlicherweise wenig Interesse daran, über verbesserte Klagemöglichkeiten für Arbeitnehmer nachzudenken.

Als Individuen machten Arbeitnehmer dennoch von Anfang an, wie zu zeigen sein wird, in nicht unerheblichem Umfang von den Grafschaftsgerichten Gebrauch. Schon das genügte, um bei den Unternehmern, Geschäftsleuten und manchen Richtern Irritationen hervorzurufen. Hatte es sich anfänglich nur um Klagen wegen ausstehenden Lohns oder ungerechtfertigter Entlassung gehandelt, kamen ab 1880 die Klagen unter dem Arbeitgeberhaftungsgesetz und ab 1897 die Verfahren unter dem *Workmen's Compensation Act* hinzu. Die *county courts* wurden damit für die Geschäftsleute, sofern sie Handarbeiter beschäftigten, erstmals zu einer Bedrohung – ein für sie ganz ungewohntes Gefühl. Die Summen, die auf dem Spiel standen, waren insbesondere in Prozessen unter dem *Employers' Liability Act* erheblich. Für Kleinunternehmer konnten sie durchaus den Ruin bedeuten. Entsprechend ängstlich, ja hysterisch, war zeitweise die unternehmerische Reaktion auf diesen Funktionszuwachs der *county courts*. Bei allem Respekt, den man den einzelnen Richtern verbal entgegenbrachte, traute man ihnen doch nicht zu, diese Art von Fällen ‚richtig‘, das heißt mit der gebotenen Berücksichtigung des Mitverschuldens der Arbeitnehmer an ihrem eigenen Unglück, zu entscheiden. Mehr noch als den Richtern mißtraute man den *juries*, die in Arbeitgeberhaftungsfällen häufiger als sonst hinzugezogen wurden. Das Mitleid mit den Verletzten und Verstümmelten, den Witwen und Waisen getöteter Arbeiter, würde, so fürchtete man, eine sachliche Beurteilung der Fälle durch die Geschworen stören.[156] Erst als sich herausstellte, daß die meisten Grafschaftsrichter, nicht zuletzt aufgrund der häufig erfolgenden Berufungen gegen arbeitnehmerfreundliche Urteile, zu einer sehr engen Auslegung des Arbeitgeberhaftungsgesetzes gelangten, ebbte die Unruhe unter den betroffenen Unternehmern ab.[157]

Sie lebte aber schon bald wieder auf, als die *Workmen's Compensation Acts* von 1897 und 1906 die Beweislasten bei Arbeitsunfällen entscheidend zugunsten der Arbeitnehmer verschoben. Zwar versicherten sich die meisten Unternehmer, wie es der Intention des Gesetzgebers entsprach, gegen das Risiko der Entschädigungszahlung, doch änderte das nichts daran, daß sie den *county court* zunehmend als Ort erlebten, an dem sie die undankbare Rolle des Beklagten übernehmen mußten. Wie bereits im ersten Kapitel erläutert, sollte das Grafschaftsgericht in Fällen unter dem *Workmen's Compensation Act* in erster Linie als eine Instanz fungieren, bei der außergerichtlich getroffene Einigungen oder Schiedssprüche zu hinterlegen waren, um ihnen damit Rechtskraft zu verleihen. Nur wenn eine Einigung auf diese Weise nicht zustandekam, sollte der Grafschaftsrichter selbst in Aktion treten, allerdings nicht in dem üblichen, streitigen Verfahren, sondern als Schiedsrichter.[158] Hier durchbrach der britische Gesetzgeber also ausnahmsweise den Primat des ‚gewöhnlichen' Rechts innerhalb der ordentlichen Justiz. Für die *Workmen's Compensation*-Fälle entstand eine Art Sondergerichtsbarkeit im Rahmen der normalen Rechtsprechung. Daß hier zugunsten der Arbeitnehmer ein Verfahren erlaubt wurde, um das sich die Geschäftsleute so oder ähnlich für ihre eigenen kommerziellen Streitigkeiten vergeblich bemüht hatten, erhöhte nicht gerade deren Bereitschaft, sich darauf einzulassen. Ob das Gefühl der Benachteiligung auf seiten der Arbeitgeber dazu beigetragen hat, daß sich die vor den *county court* als Schiedsgericht gelangenden *Workmen's Compensation*-Fälle in der Praxis sehr stark dem Modell des normalen, streitigen Gerichtsverfahrens annäherten, läßt

---

[156] Vgl. den ersten Jahresbericht des Vorsitzenden der Builders' Accident Insurance (Limited), abgedruckt in: The Builder, 29. Jul. 1882, S. 156 f.: „We find that in all cases that are contested the sympathies of judges and juries go very strongly with the plaintiff. There is a very great deal of judge-made law on the subject, and we find that the construction put upon the Employers' Liability Act by the judges is very different indeed from that which we were assured would be its scope when it was before Parliament."

[157] Vgl. die Kritik an den übertriebenen Befürchtungen des Anfangs in: County Courts Chronicle, 1. Mai 1882, S. 309, „Lay Opinions on Legal Questions. The Employers' Liability Act and its Results."

[158] Siehe oben Kap. I.2.

sich schwer feststellen. Entscheidender für diese Entwicklung dürfte das Bestreben der Versicherungsgesellschaften gewesen sein, jeden aus ihrer Sicht auch nur halbwegs aussichtsreichen Fall bis zur Berufungsinstanz, dem *Court of Appeal* oder sogar dem *House of Lords*, durchzufechten.[159] Da sich auch die Gewerkschaften berufen fühlten, ihre Mitglieder in solchen Verfahren notfalls bis zur letzten Instanz zu unterstützen, wurde die ursprüngliche Intention des Gesetzgebers, das *Common law* aus den *Workmen's Compensation*-Fällen möglichst herauszuhalten, in ihr Gegenteil verkehrt. Die *Workmen's Compensation*-Fälle entwickelten sich, wie Charles Muir, ein Kenner der Gerichtspraxis in den nordostenglischen Kohlerevieren, im Jahr 1936 feststellte, „zu den formalistischsten, kostspieligsten, aber auch," so fügte er der Fairness halber hinzu, „zu den am sorgfältigsten behandelten Fällen in den *county courts*."[160] Trotz seiner Kritik an der „Über-Subtilität", mit der Grafschaftsrichter und Berufungsinstanzen viele Entschädigungsanträge bearbeiteten, trat Muir für eine Beibehaltung des normalen Rechtswegs ein, sehr im Unterschied zu den meisten Arbeitnehmerorganisationen, die in den zwanziger und dreißiger Jahren des 20. Jahrhunderts aufgrund der inzwischen gesammelten Erfahrungen immer häufiger für eine administrative Konfliktlösung außerhalb der ordentlichen Justiz plädierten.[161]

Wenn man die öffentliche Diskussion um die Funktion und Arbeitsweise der Grafschaftsgerichte zusammenfassen soll, so ergibt sich für alle drei Interessengruppen ein zwiespältiges Bild. Bei den Juristen verhinderten die Interessenkonflikte zwischen Londoner Anwälten und Provinzjuristen sowie – nicht unbedingt deckungsgleich mit dieser Front – der Gegensatz zwischen Justizreformern und Verteidigern des Supremats des *Common law* eine eindeutige Haltung. Ein Ausbau der Grafschaftsgerichte zur einzigen erstinstanzlichen Zivilgerichtsbarkeit für ganz England wurde dadurch blockiert. Von den Geschäftsleuten wurde die mit den *county courts* geschaffene Möglichkeit der effektiven Eintreibung kleiner Schulden dankbar

---

[159] Vgl. dazu: Wilson u. Levy, Workmen's Compensation. Bd. 1, S. 141–156. Dort werden Stellungnahmen der verschiedenen Interessengruppen zu diesem Problem in dem 1919 berufenen Holman Gregory Committee wiedergegeben und kommentiert. Das Holman Gregory Committee sollte u. a. die Frage prüfen, ob ein staatliches Versicherungssystem an die Stelle der Privatversicherungen treten sollte. Für Beispielfälle siehe unten, Kap. III.1.

[160] Muir, Justice in a Depressed Area, S. 72; ebd., S. 71: „As has been said, there is no effective appeal from the County Court to a higher Court except in Workmen's Compensation cases, and whether that fact is the explanation or not, it is certainly true that Workmen's Compensation cases are tried in a much more judicial way than any other cases in the County Court."

[161] Ebd., S. 148–162.

angenommen, doch profitierten davon vor allem die handeltreibenden und dienstleistenden Branchen; für die Industriellen hingegen boten die *county courts* wenig: Bei ihren Vertragsstreitigkeiten ging es um größere Summen, und ihre Schuldforderungen betrafen meist andere Geschäftsleute, mit denen sie aber in der Regel weiter im Geschäft bleiben wollten, weshalb das streitige und öffentliche Verfahren in den *county courts* ungeeignet war. Überdies waren es auch die Industrieunternehmer, die als Arbeitgeber in erster Linie von den bedrohlichen Schadensersatzforderungen verunglückter Arbeiter betroffen waren. Die Arbeitnehmer schließlich begrüßten es, daß sie für ihre Streitigkeiten mit den Arbeitgebern in den Grafschaftsgerichten eine Alternative zu den ungeliebten Laien-Friedensrichtern vorfanden, doch erschien dieser Vorzug dadurch getrübt, daß die Arbeiter als Konsumenten unter der rigorosen Verfolgung durch Gläubiger und Schuldeneintreiber zu leiden hatten und daß ihre eigenen, arbeitsrechtlichen Anliegen im Gerichtsalltag der Grafschaftsgerichte eben wegen der Priorität der Schuldsachen allzu oft zu kurz kamen.

KONKURRIERENDE ZUSTÄNDIGKEIT VON GRAFSCHAFTSGERICHTEN UND FRIEDENSRICHTERN

Sofort nach Inkrafttreten des *County Courts Act* von 1846 entstand bei vielen Friedensrichtern, ihren *clerks* und auch bei manchen Grafschaftsrichtern eine erhebliche Konfusion über die Frage, ob sich das neue Gesetz in irgendeiner Weise auf die Jurisdiktion der Friedensrichter bei Fällen unter dem *Master and Servant Act* auswirkte. Es handelte sich dabei keineswegs um ein theoretisches, abgehobenes Thema für gelehrte Erörterungen, sondern um ein praktisches Problem, das sich im Alltag beider Gerichte immer neu stellte und dort so oder so entschieden werden mußte. Daß dieses Problem virulent wurde, dafür sorgten die klagenden oder beklagten Arbeitnehmer und Arbeitgeber selbst, die sich von Anfang an die Existenz der neuen *county courts* für ihre Zwecke zunutze zu machen suchten. Landarbeiter und gewerbliche Arbeiter, die bis dahin nur vor den *magistrates* ausstehende Löhne hatten einklagen können, versuchten nun ihr Glück vor den Grafschaftsrichtern, von denen sie sich ein unparteiischeres Urteil erhoffen mochten.[162] Diese mußten sich entscheiden, ob sie die Klage zulas-

---

[162] Vgl. etwa County Courts Chronicle, 1. Jan. 1848, S. 154 (*Annon v. Oates and another*). Hier versuchte ein irischer Gleisbauarbeiter, vor dem Grafschaftsgericht in Halifax zu klagen, nachdem er von den Friedensrichtern mit der gleichen Klage bereits abgewiesen worden war; vgl. den Bericht über den vorausgegangenen Fall im Halifax Guardian, 13. Nov. 1847,

sen oder die Arbeiter an die *magistrates* zurückverweisen wollten. Umgekehrt versuchten auch Arbeitgeber, die vor den *magistrates* wegen ausste-
hender Löhne verklagt wurden und eine Verurteilung befürchten mußten,
unter Hinweis auf die neuen Grafschaftsgerichte die Zuständigkeit der Friedensrichter in Zweifel zu ziehen.[163] So sahen sich die *magistrates* genötigt,
ihre vorher unbestrittene Kompetenz gegen die neue Konkurrenz zu behaupten. Die Streitparteien suchten also ihren Vorteil, wo sie konnten, indem sie beide Lokalgerichte gegeneinander ausspielten.

Die Richter und *clerks* beider Gerichte reagierten verwirrt, weil weder
das Gesetz noch höchstrichterliche Urteile eine klare Richtlinie an die Hand
gaben, mit der man die Situation bewältigen konnte. Präzedenzfälle, auf die
man sich hätte berufen können, waren zu dieser Frage der Kompetenzab-
grenzung in den ersten Jahren nach 1846 naturgemäß nicht verfügbar und
wegen der niedrigen Streitwerte auch später dünn gesät.[164] Überdies betrafen diese Entscheidungen, wie bei Präzedenzfällen üblich, immer nur den
konkreten Fall und seine ganz besonderen Umstände, so daß eine direkte
Anwendbarkeit selten gegeben war. Der Gesetzestext selber bot zur Entscheidung der Zuständigkeitsfrage ebenfalls keine Hilfestellung. Das Gesetz von 1846 enthielt nur eine enigmatische Klausel, aus der indirekt hervorging, daß die *county courts* auch in Angelegenheiten zuständig sein
könnten, die nach bisherigem Verständnis in die Kompetenz der *magistrates*
fielen. Diese Klausel lautete:

And be it enacted, That it shall be lawful for any Person under the Age of Twenty-
one Years to prosecute any Suit in any Court holden under this Act for any Sum of
Money not greater than Twenty Pounds which may be due to him for Wages or
Piecework, or for Work as a Servant, in the same Manner as if he were of full Age.[165]

Im Klartext: Minderjährige sollten bei Lohnklagen vor den *county courts*
die gleichen Rechte besitzen wie Volljährige.[166] Damit war implizit gesagt,

---

S. 7. Ähnlich: County Courts Chronicle, 1. Dez. 1847, S. 125 (*Diegmore* v. *Wallace*); Justice
    of the Peace, 6. Nov. 1847, S. 799, „Servants – Recovery of wages after justices' adjudica-
    tion".
[163] Justice of the Peace, 23 Jan. 1847, S. 63: Anfrage eines Abonnenten, vermutlich eines *magis-
    trates' clerk*, zu einem Fall, in dem der Arbeitgeberanwalt behauptete, die Friedensrichter
    hätten seit Etablierung der Grafschaftsgerichte keine Kompetenz mehr, Lohnklagen zu
    entscheiden. Vgl. ähnliche Anfragen ebd., 20. Febr. 1847, S. 126; 22. Mai 1847, S. 378.
[164] Ich habe nur zwei einschlägige Fälle ermitteln können: *Routledge* v. *Hislop* (1860), 2 E. & E.
    549, E.R. 121, S. 206–209; *Hindley* v. *Haslam* (1878) 3 Q.B.D., S. 481–484.
[165] 9 & 10 Vict., c. 95 (1846), s. 64.
[166] Diese merkwürdige Klausel ist wahrscheinlich deshalb in das Gesetz gekommen, weil es vor
    den *courts of requests* offenbar nicht unüblich gewesen war, daß Eltern für ihre minderjähri-
    gen Kinder Löhne einklagten. Vgl. Finn, Debt and Credit, S. 217.

daß Lohnklagen zulässig waren. Im ganzen Gesetz sucht man aber vergeblich nach näheren Ausführungen zu der Art und Weise, wie mit Lohnklagen von Volljährigen umgegangen werden sollte. Man konnte daraus nur schließen, daß Lohnforderungen in den Grafschaftsgerichten genauso wie alle anderen Arten von Schuldforderungen zu behandeln waren.[167] Das ließ aber die Frage offen, ob auch diejenigen Arbeiter (volljährig oder nicht), die unter den *Master and Servant Act* fielen, nun berechtigt sein sollten, wahlweise zum Friedensrichter oder zum Grafschaftsrichter zu gehen. Im Kern ging der Streit um diese Wahlmöglichkeit, an der die betreffenden Arbeiter überall dort ein Interesse haben mußten, wo sie es mit einer in ihren Augen parteiischen Friedensrichterbank zu tun hatten. Der Gesetzgeber hatte dieses Problem schlicht und einfach ignoriert und überließ es den Lokalgerichten, im Einzelfall eine Lösung zu finden.

Wie nicht anders zu erwarten, sahen die Lösungen überall unterschiedlich aus, und es konnte sogar zu dem Fall kommen, daß beide Lokalgerichte sich für unzuständig erklärten, was für den klagenden Arbeiter *de facto* einer Verweigerung des Rechtswegs gleichkam.[168] Aber auch wenn ein klagender Arbeiter nur von dem einen Gericht an das andere verwiesen wurde, wie es in späteren Jahrzehnten noch häufig genug vorkam, hatte er zum mindesten bereits einen finanziellen Verlust durch die Gebühren erlitten, die der erste, erfolglose Anlauf gekostet hatte.[169] Ob er dann noch einen zweiten Versuch unternahm, war fraglich. Nicht ganz klar war anfangs offenbar auch, ob ein Arbeiter durch eine Lohnklage vor dem *county court* eine von einem *magistrate* schon ausgesprochene Verwirkung des Lohns nachträglich korrigieren konnte oder ob er mit einem schon zu seinen Gunsten ergangenen

---

[167] Es gab Leute, die selbst das bezweifelten, so ein Arbeitgeberanwalt in einem Fall vor dem Oldbury County Court, County Courts Chronicle, 2. Mai 1870, S. 119 (*Skerton* v. *Jenkins*): „Wages did not constitute a debt, and therefore were not recoverable in the County Court, but before the magistrates."

[168] Vgl. den Fall *Davies* v. *Meire*, County Courts Chronicle, 2. Aug. 1858, S. 181. Der Grafschaftsrichter erklärte hier, er habe bei Lohnklagen von Landarbeitern keine Jurisdiktion – eine eigenwillige Auffassung, die durch das Gesetz oder Präzedenzfälle in keiner Weise gedeckt war. Auf den Einwand des Anwalts des Klägers, die örtlichen Friedensrichter würden bei Lohnklagen von Landarbeitern diese stets an das Grafschaftsgericht verweisen, bemerkte er, daß die Friedensrichter sich offenbar „falsche Begriffe" von ihrer Kompetenz machten. Da also in diesem Bezirk (Shrewsbury) offenbar beide Lokalrichter ein selbstgemachtes Recht anwendeten, hatten klagende Landarbeiter hier überhaupt keine Chance.

[169] Beispielfälle für Verweise vom einen Gericht ans andere: Colliery Guardian, 9. Jan. 1858, S. 23, „Northumberland" (*Sanderson* v. *Blackett*); Darlington and Stockton Times, 19. März 1870, S. 3, „Non-Payment of Wages" (*Pallister* v. *Fry, Ianson, and Co.*); Colliery Guardian, 21. Jan. 1870, S. 67, „The Mining Customs of Monmouthshire" (*Parfitt* v. *Morgan*); Justice of the Peace, 9. Okt. 1875, S. 655 (Leseranfrage); Thomas Holmes, Pictures and Problems from London Police Courts, London 1900, S. 110.

county court-Urteil in der Hand einer Bestrafung durch den Friedensrichter zuvorkommen konnte. Besonders in ländlichen Gebieten scheint es bei vorzeitigen Beendigungen des Arbeitsverhältnisses vielerorts zu einer Art Wettlauf zwischen Landarbeitern und Farmern zu den Gerichten gekommen zu sein: Während die Arbeiter vor das Grafschaftsgericht zogen, um dort ihren Lohn als zivile Schuld einzuklagen, bemühten sich ihre ,Herren' vor dem Friedensrichter um den Nachweis, daß ein Fehlverhalten des Arbeiters vorgelegen hatte, was in jedem Fall die Verwirkung des Lohns, eventuell sogar eine Bestrafung nach sich ziehen konnte.[170] Nach dem *Master and Servant Act* von 1823 war das Urteil eines *magistrate* endgültig – „final and conclusive", wie es im Gesetzestext hieß.[171] Sofern also aus Sicht des Arbeitgebers ein Kontraktbruch oder ein halbwegs plausibler Grund für die vorzeitige Entlassung vorlag, hatte er ein Interesse daran, so schnell wie möglich zum örtlichen Friedensrichter zu gehen, um dadurch eine Lohnklage seines Arbeiters vor dem Grafschaftsgericht unmöglich zu machen.

Im Resultat trug also die Etablierung der *county courts* eine gewisse Rechtsunsicherheit in die Beziehungen zwischen Landarbeitern, gewerblichen Arbeitern und ihren Arbeitgebern hinein. Es bestehen keine Anzeichen dafür, daß diese Unsicherheiten vor 1875 behoben wurden. Man darf annehmen, daß die *magistrates* in der Praxis oft die für den Arbeiter jeweils ungünstigere Interpretation wählten; jedenfalls ist dies der Eindruck, den Zeitungsberichte und die Ratschläge in der Rubrik „Practical Points" der Fachzeitschrift „The Justice of the Peace" vermitteln.[172] Die Grafschaftsgerichte wurden dagegen von den Arbeitern offenbar als weniger unangenehm wahrgenommen. Der Gang zum Grafschaftsrichter bot für sie die Chance, den ungeliebten Laien-Friedensrichtern zu entkommen.

---

[170] Vgl. County Courts Chronicle, 1. Sept. 1847, S. 65 (*Granger* v. *Wade* u. *Dickins* v. *Buswell*); Northampton Mercury, 17. Dez. 1870, S. 3, „Daventry" (*Cave* v. *Smith*).

[171] 4 Geo. 4, c. 34 (1823), s. 5.

[172] Vgl. Justice of the Peace, 10. Juli 1847, S. 510, „Small Debts Act – Jurisdiction of county courts over servants in husbandry" (Leseranfrage mit Fallschilderung): Der Ratgeber vertrat hier die nach dem Gesetzestext völlig unhaltbare Auffassung, daß Grafschaftsgerichte keine Lohnklagen von Volljährigen anhören dürften. Nach 1867 wurde die Unsicherheit sogar noch gesteigert, indem nun einige *magistrates* die abstruse Auffassung vertraten, daß das Gesetz von 1867 ihnen die Kompetenz für die Entscheidung von Lohnklagen genommen hätte. Zwei Urteile der *Queen's Bench* auf *cases stated* rückten dies zurecht, aber man muß wohl davon ausgehen, daß dies nur die Spitze des Eisbergs war und daß möglicherweise an vielen Orten besonders in Nordengland das ,Mißverständnis' der *magistrates* unkorrigiert blieb und die Arbeiter sogar ihrer einzigen ohnehin schon beschränkten Klagemöglichkeit faktisch beraubte; Vgl. *Millett* v. *Coleman* und *Dawson* v. *Coleman*, Justice of the Peace, 18. Dez. 1875, S. 805–808; *Shaw* v. *Alderson*, Justice of the Peace, 11. Sep. 1875, S. 582.

Die bis hierher geschilderten Kompetenzkonflikte betrafen, das sei noch einmal betont, nur diejenigen Arbeitnehmer, die unter den *Master and Servant Act* fielen. Für alle anderen, also das Hauspersonal, höhere Angestellte, Ladengehilfen und generell alle nicht-handarbeitenden Beschäftigten war die alleinige Zuständigkeit der Grafschaftsgerichte unbestritten. Abgrenzungsprobleme gab es freilich auch hier, aber dabei handelte es sich im wesentlichen darum zu definieren, ob die klagende oder beklagte Person ein *servant* im Sinne des *Master and Servant Act* war oder nicht. Danach entschied sich dann, ob eine konkurrierende Zuständigkeit der Friedensgerichte bestand oder nicht. Grauzonen gab es insbesondere bei zwei Gruppen. Das war einmal das ländliche Gesinde, dessen Status aufgrund der meist mündlichen Absprachen oft nicht klar zu bestimmen war: Zählte zum Beispiel eine Milchmagd, die sich zugleich auch sonst auf dem Hofe nützlich machen sollte und in einem Verschlag neben dem Haupthaus lebte, zum Hauspersonal oder galt sie als Landarbeiterin? Zum anderen waren es die Heimgewerbetreibenden und Stücklohnarbeiter. Bei deren juristischer Statusdefinition kam es vor allem darauf an, ob sie ihre ganze Arbeitsleistung nur einem Arbeitgeber zur Verfügung stellten oder ob sie aufgrund ihres Arbeitsvertrags (zumindest theoretisch) auch für andere arbeiten konnten. Diese Definitionskämpfe und ihre Implikationen für den Erfolg vor Gericht und das Selbstverständnis der Beteiligten werden Gegenstand eines späteren Kapitels sein.[173] Hier ist zunächst nur festzuhalten, daß auch in diesem Feld gewisse Unsicherheiten bei der Zuordnung bestanden, die im Einzelfall dazu führten, daß die betreffenden Personen vom einen zum anderen Gericht verwiesen wurden.

An dieser zuletzt genannten Unsicherheit änderte sich durch den *Employers and Workmen Act* von 1875 nichts; nach wie vor mußte jeweils entschieden werden, wer ein *workman* im Sinne des Gesetzes war und wer nicht. Eindeutig gelöst war aber jetzt die Frage der Zuständigkeit: Bis zu Streitwerten von £ 10 konnten die unter das Gesetz fallenden *workmen* und ihre Arbeitgeber wählen, vor welchem Gericht sie klagen wollten; jenseits dieser Summe mußten sie vor das Grafschaftsgericht gehen. Für alle anderen Beschäftigten blieb es dabei, daß nur die Grafschaftsgerichte oder der Oberste Gerichtshof in Frage kamen. Theoretisch war es nun gleichgültig geworden, welches der beiden Lokalgerichte bemüht wurde, denn das Gesetz schrieb (außer bei widerspenstigen Lehrlingen) für Grafschafts- und Friedensgerichte das gleiche Verfahren und die gleichen Sanktionen vor.

---

[173] Siehe unten Kap. V.2.

Praktisch konnten die Kläger, sofern sie die Wahl hatten, nun abwägen, ob sie sich der billigeren, aber möglicherweise parteiischen Justiz der Friedensrichter anvertrauen wollten oder ob sie lieber die teurere, dafür aber vielleicht neutralere und professionellere Justiz der Grafschaftsrichter in Anspruch nahmen.

EIN GERICHTSTAG IM JAHR 1847

Am 8. April 1847 wurde der *Bow County Court* im Londoner *East End* eröffnet. Auf der Agendaliste, die an diesem ersten Gerichtstag von Richter Henry Storks, Esq., Serjeant at Law, abgearbeitet werden sollte, standen insgesamt 52 Klagen.[174] Als Nummer sieben auf der Liste wurde der Fall von Elizabeth Clare, einer Minderjährigen, gegen einen gewissen George Blumingback aufgerufen. Laut Eintrag im *Minute book* ging es dabei um £ 1 1s. 8d. unbezahlten Lohn. Die übrigen Spalten des *Minute book*, in denen über das Erscheinen der Streitparteien und den Prozeßausgang Buch zu führen war, blieben bei diesem Fall unausgefüllt. Offenbar waren weder die Klägerin noch der Beklagte erschienen. Über die Gründe kann man nur spekulieren. Möglicherweise hatten sich die beiden geeinigt, und die junge Elizabeth, vermutlich ein Hausmädchen, hatte einen Teil ihres Lohns erhalten. Vielleicht hatte sie aber auch inzwischen eine neue Stelle gefunden, womöglich in einem besseren Viertel im Londoner Westen, und sie verzichtete nun darauf, extra ins ferne *East End* zu reisen, um ihren Streit mit George Blumingback noch zu Ende zu führen. Denkbar wäre auch, daß sich Blumingback, nachdem er die Vorladung erhalten hatte, aus dem Staube gemacht hatte, und daß Elizabeth, die davon erfahren hatte, es nun als zwecklos ansah, die Sache noch weiter zu verfolgen. Es geschah nicht selten, daß Lohnstreitigkeiten auf diese Weise endeten. Die entsprechenden Spalten der *Minute books* weisen dann entweder Leerstellen auf oder es erscheint der Vermerk ‚gestrichen' (*struck out*). An diesem ersten Gerichtstag des *Bow County Court* gab es noch eine weitere ergebnislose Lohnklage; es war die Nummer 51 auf der Liste, die Klage eines gewissen Robert Allen gegen Richard Batley, bei der es um Lohn und verkaufte Waren im Gesamtwert von £ 2 19s. ging. Auch hier enthält das *Minute book* keine weiteren Eintragungen. Das Gericht stellte in solchen Fällen von sich aus keine Nachforschungen an. Die Gebühren für das Einschreiben der Klage und die Ausstellung der Vorladung mußten vom Kläger im voraus entrichtet werden,

---

174 Vgl. zu den folgenden Fallgeschichten: London Metropolitan Archives, CCT/AK15/1, Minute Book, 1847, Nrn. 1–52.

insofern bestand für das Gericht keine Veranlassung mehr, der Sache nach-
zugehen.

Es gab an diesem Tag noch vier weitere Lohnklagen. Hier waren die Kläger erschienen, so daß das Gericht in Aktion trat. Kläger Nummer 31 auf
der Liste war James King. Er hatte eine Vorladung gegen einen gewissen
George Matterson erwirkt, von dem er 4s. Lohn forderte. Matterson war
jedoch nicht erschienen, weil, wie der Eintrag im *Minute book* ausweist, die
Vorladung nicht zugestellt werden konnte. Da James King offenbar auf seinem Recht beharrte, entschloß sich das Gericht, eine neue Vorladung auszustellen, und zwar kostenlos. Diese zweite Vorladung scheint den beklagten
Matterson erreicht zu haben, denn gut zwei Wochen später, am nächsten
Gerichtstag, dem 26. April 1847, tauchte der gleiche Fall im *Minute book*
unter der laufenden Nummer 94 auf. James King erhielt nun seine 4s. sowie
3s. 4d. Kosten zugesprochen. Diese Summe war laut *Minute book* am Gerichtstag selbst, also in letzter Minute, vom beklagten Matterson im Gericht
eingezahlt worden. Auf diese Weise entging Matterson der lästigen Befragung in der Öffentlichkeit des Gerichtssaals, und er sparte Zeit und zusätzliche Kosten, die eine Anhörung allemal mit sich brachte. Sieben Schilling
und vier Pence waren es ihm offenbar nicht wert, seine Sicht des Falles darzustellen. James King konnte das Geld mitnehmen, und er brauchte seinem
ehemaligen Arbeitgeber nicht einmal mehr ins Gesicht zu blicken. Auch
dies war ein typischer Prozeßausgang; die Verfahrensordnung des *county
court* ermöglichte es, daß Schuldsachen schnell und ohne direkte Konfrontation vor Gericht gelöst wurden, indem der Beklagte die geforderte Summe
und die bis dahin angefallenen Gerichtskosten vor Verhandlungsbeginn im
Gericht einzahlte. Drei der sechs Lohnklagen dieses Tages wurden also ‚ab-
gehakt', ohne daß eine reguläre Verhandlung stattfinden mußte. Das war
eine durchaus normale Quote, auch bei anderen Streitgegenständen, und
das erklärt, warum die *county courts* bis zu 200 oder in Extremfällen sogar
300 Fälle pro Tag bewältigen konnten.

Bei den übrigen drei Lohnklagen waren beide Parteien erschienen, so daß
der Streit vor Gericht ausgefochten wurde. Eliza Saul, Nummer 36 auf der
Liste, forderte von Henry Vincent Garman einen Gesamtbetrag von £ 1 9s.
3d. für unbezahlten Lohn und eine Summe Geldes, die sie an die Frau des
Beklagten verliehen hatte. Garman hatte schon vor Verfahrensbeginn, wie
es das Gesetz verlangte, dem *clerk* mitgeteilt, daß er eine sogenannte *special
defence* vorzubringen gedenke, nämlich eine Gegenforderung (*set off*).[175]

---

[175] 9 & 10 Vict., c. 95 (1846), s. 76: „And be it enacted, That no Defendant in any Court holden
      under this Act shall be allowed to set off any Debt or Demand claimed …, unless such No-

Einen Teil des von Eliza Saul geforderten Geldes hatte Garman im Gericht eingezahlt, die Restsumme aber bestritt er unter Verweis auf seine Gegenforderung. Wenn die klagende Eliza Saul ein Dienstmädchen war, was wahrscheinlich ist, könnte es sich um eine Ausgleichsforderung wegen zerbrochenen Geschirrs oder anderer angerichteter Schäden handeln; das war bei Konflikten zwischen Hausangestellten und ihren Herren ein häufiger Grund für einen *set off*. Das Gericht folgte offenbar der Argumentation des Beklagten, denn die Klägerin bekam am Ende lediglich 5s. und 6s. 4d. Kosten zugesprochen: erheblich weniger als sie verlangt hatte und sogar weniger als Garman von sich aus bereits im Gericht eingezahlt hatte. Die nächste Lohnklage auf der Liste war Nummer 47, eine gewisse Louisa Brown, die von einer Sarah Woods 16s. forderte. Hier scheiterte die Klägerin vollständig; es erging ein Urteilsspruch zugunsten der beklagten Sarah Woods, der 2s. 3d. Kosten für ihr Erscheinen zugesprochen wurden. Außerdem mußte Louisa Brown natürlich auch die Gebühr für die Anhörung des Falles (1s. 4d.) an die Gerichtskasse entrichten. Einschließlich der Gebühren für die Ausstellung und Zustellung der Vorladung (11d.), die sie bereits hatte bezahlen müssen, verlor sie also insgesamt 4s. 6d., mehr als ein Viertel ihrer Forderung.[176]

Als Nummer 50 auf der Liste, kurz vor Ende des Gerichtstags, wurde schließlich noch William Eldridge aufgerufen, der von einem gewissen John Wolmore £ 2 8s. 7d. für Lohn und geleistete Arbeit forderte; die genaue Formulierung im *Minute book* lautete: „for wages and work and labour". Der Fall scheint komplizierter gewesen zu sein. Die ungewöhnliche Häufung scheinbar gleichartiger Klagegründe deutet darauf hin, daß Eldridge Schwierigkeiten hatte, die Art seiner Arbeitsleistung und sein Verhältnis zum Beklagten, John Wolmore, genau zu definieren. Jedenfalls entschloß sich das Gericht, den Fall auf die nächste Sitzung zu vertagen und die Frage der Kosten ebenfalls erst dann zu entscheiden. Die Entscheidung am nächsten Gerichtstag, dem 26. April 1847, wurde dadurch erleichtert, daß der Beklagte zu diesem zweiten Gerichtstermin trotz ordnungsgemäß zuge-

---

tice thereof as shall be directed by the Rules made for regulating the Practice of the Court shall have been given to the Clerk of the Court …". Andere ‚spezielle Verteidigungen', die eigens angemeldet werden mußten, waren zum Beispiel Minderjährigkeit, der Status als nicht schuld- und vertragsfähige Ehefrau (*Coverture*) und Bankrott.

[176] Vgl. die Gebührentabelle im Anhang von 9 & 10 Vict., c. 95 (1846), Schedule D. Hier wird noch zwischen den Gebühren des Richters, des *clerk* und des Gerichtsdieners, der für die Zustellung der Vorladungen und das Aufrufen der Fälle zuständig war, unterschieden. Im Jahr 1850 trat eine vereinfachte Gebührenregelung in Kraft, bei der die Gebühren nur noch pauschal, nach Streitwert differenziert, berechnet wurden.

stellter Vorladung nicht mehr erschien; dies ermöglichte es dem Gericht, ihn in Abwesenheit zu der vollen geforderten Summe und 18s. 2d. Kosten zu verurteilen. Eldridge war somit der einzige von sechs um ihren Lohn klagenden Arbeitnehmern, der seinen Fall in vollem Umfang gewonnen hatte.

Der erste Gerichtstag des *Bow County Court* war insofern untypisch, als er einen vergleichsweise hohen Anteil an Lohnklagen aufwies. In den folgenden Jahren und Jahrzehnten hatten in *Bow* nur noch etwa eine bis zwei von hundert Klagen mit Lohnforderungen und Schadensersatz wegen ungerechtfertigter Entlassung zu tun; an vielen anderen Gerichten waren es noch weniger.[177] Durchaus typisch war hingegen die Art und Weise, mit der die Fälle erledigt wurden. Ähnlich wie geschildert ging es in *Bow* und andernorts auch im späteren 19. und frühen 20. Jahrhundert noch zu.[178] Immer blieb ein gewisser Prozentsatz von Fällen unentschieden, weil entweder der Kläger oder der Beklagte oder beide nicht zum Gerichtstermin erschienen. Immer gab es Fälle, die dadurch gelöst wurden, daß der Beklagte die geforderte Summe noch vor Verhandlungsbeginn im Gericht einzahlte. Auch eine Teilzahlung war möglich und konnte den Fall abschließen, wenn der Kläger sich damit zufriedengab. Eine weitere Variante der Beendigung ohne Verhandlung war die Zurücknahme der Klage; im *Minute book* erschien dann der Vermerk *withdrawn*. Das konnte verschiedene Gründe haben, über die wir aus den Protokollbüchern nichts erfahren: eine außergerichtliche Einigung oder ein Verzicht oder die Einsicht, daß die Sache zwecklos war. So kam es schließlich immer nur bei einem Teil der Fälle zur direkten Konfrontation vor Gericht, die bei Lohnklagen häufiger als bei Schuldforderungen anderer Art für den Kläger negativ ausging.[179]

NUTZUNG DER GRAFSCHAFTSGERICHTE FÜR ARBEITSSTREITIGKEITEN

Erhaltene Protokollbücher wie das, auf dessen Basis ich den Verlauf des ersten Gerichtstags in *Bow* geschildert habe, bilden die einzige verläßliche Quelle für quantifizierende Aussagen zur Nutzung der Grafschaftsgerichte für bestimmte Zwecke. Die offiziellen Justizstatistiken sind für sich genommen wenig hilfreich, denn anders als bei den Friedensgerichten läßt sich daraus nicht ablesen, mit welchen Streitgegenständen sich die *county courts*

---

[177] Zu den Zahlen siehe Tabelle 3.2, S. 243 f.

[178] Vgl. die anschauliche Schilderung durch Grafschaftsrichter Kettle in: in: Judicature Commission, Second Report, Bd. 2, Part II, Minutes of Evidence taken before the Commissioners as to County Courts and Local Courts, PP 1872 (C. 631.–I.) XX, S. 319 f.

[179] Zu den Erfolgsquoten unten S. 252 ff.

beschäftigten.[180] Es wurden nur pauschale Angaben zum Klageaufkommen, zur Art der Erledigung der Fälle und zu den eingetriebenen Summen und Gebühren gemacht. Betrachtet man jedoch die nationale Statistik zusammen mit den lokal überlieferten *Plaint and Minute books*, ermöglicht dies Schätzungen für die Klagetätigkeit bei Lohn- und Kündigungsstreitigkeiten in England und Wales. Was die Prozeßergebnisse angeht, können die Berechnungen auf der Basis der *Plaint and Minute books* zusätzlich durch meine Sammlung von Zeitungsberichten abgestützt werden. Insgesamt lassen sich auf diese Weise die langfristigen Trends grob bestimmen.

Obwohl seit längerem bekannt ist, daß eine nicht unerhebliche Anzahl von Protokollbüchern erhalten geblieben ist, sind diese bisher noch nie systematisch unter einer bestimmten Fragestellung ausgewertet worden.[181] Noch jüngst hat einer der besten Kenner der *county courts* behauptet, die wenigen erhaltenen Protokollbücher seien vom *Public Record Office* an die Grafschaftsgerichte selbst zurückgegeben worden.[182] Tatsächlich sind die Grafschaftsgerichts-Bestände des *Public Record Office* an die jeweiligen Lokalarchive abgegeben worden, wo sich überdies, wie meine Nachforschungen ergeben haben, mancherorts noch weitere Akten von Grafschaftsgerichten befinden. Zwar konnte ich längst nicht alle mir bekannten Überlieferungen einsehen, doch beruhen die folgenden Ausführungen auf einem hinreichend großen Sample von *Plaint and Minute books* aus verschiedenen englischen Regionen, so daß die Befunde als repräsentativ gelten können.

Im Vergleich zu den Friedensgerichten zeichnete sich die Aktenführung bei den Grafschaftsgerichten von vornherein durch ein höheres Maß an Gleichförmigkeit und Regelmäßigkeit aus. Gewisse Probleme bei der Auswertung entstehen jedoch daraus, daß über verschiedene Aspekte der gerichtlichen Tätigkeit getrennt Buch geführt wurde. Bis zur Mitte der siebziger Jahre existierte an den meisten Grafschaftsgerichten eine Art doppelter Buchführung. Es wurde unterschieden zwischen *Plaint books* und *Minute books*. Beide Arten von Büchern enthielten vorgedruckte Spalten, in die Da-

---

[180] Die Statistik sollte vor allem dem Nachweis dienen, daß die Grafschaftsgerichte effizient und kostengünstig arbeiteten. Welcher Art die Klagen waren, erschien gegenüber der Kosten-Nutzen-Rechnung zweitrangig. Anders als bei der summarischen Jurisdiktion der Friedensrichter sind die Zahlen zu den Grafschaftsgerichten von Anfang an als relativ zuverlässig anzusehen.

[181] Lediglich Margot Finn, Women, Consumption and Coverture in England, c. 1760–1860, in: Historical Journal 39 (1996), S. 703–722, S. 717 ff. und Paul Johnson, Small debts and economic distress in England and Wales, 1857–1913, in: Economic History Review 46,1 (1993), S. 65–87, S. 68, haben bisher einige wenige Bücher eingesehen.

[182] Gerry R. Rubin, Debtors, Creditors and the County Courts, 1846–1914: Some Source Material, in: Legal History 17 (1996), S. 73–81, S. 77.

ten, Namen, Zahlen und Fakten handschriftlich eingetragen wurden. Die *Plaint books* dokumentierten das Stadium bis zum Gerichtstermin, die *Minute books* hielten den Verlauf und das Ergebnis der eigentlichen Gerichtsverhandlung fest. Laut Gesetz mußte der Gerichtsschreiber jede Klage in ein Buch eintragen, mit einer Nummer versehen und dazu die Namen beider Parteien, ihre Wohnorte und den Gegenstand des Streits festhalten.[183] Letzteres geschah meist nur mit einem oder zwei Wörtern: *goods sold, medical attendance, rent, money lent, nursing of child, breach of contract, commission, work done, wages* usw. Auf der Basis des Eintrags im *Plaint book* erging dann die Vorladung. Die von mir eingesehenen *Plaint books* enthalten zusätzlich auch oft Berufsangaben. Über die Prozeßausgänge erfährt man hingegen aus den mir bekannten *Plaint books* nichts, es sei denn, es kam bereits vor dem Verhandlungstermin zu einer Lösung durch Einzahlung der Summe ins Gericht oder durch Verzicht des Klägers. Für den eigentlichen Prozeßverlauf vor Gericht bis hin zum Urteil wurden bis zur Mitte der siebziger Jahre des 19. Jahrhunderts gesonderte *Minute books* geführt. Auch dies erfolgte auf gesetzlicher Grundlage.[184] Die Numerierung in den *Minute books* korrespondierte mit den *Plaint books*, die Namen der Prozeßparteien und der Streitgegenstand wurden wiederholt, nicht aber die Angaben zu Wohnorten und Berufen. Über die soziale Zusammensetzung der vor Gericht erschienenen Arbeitnehmer und Arbeitgeber kann man also auf der Basis der *Minute books* allein nichts Genaues sagen. Das Urteil wurde in der Regel nur durch ein Kürzel festgehalten: *plt* (für den Kläger, dazu in Zahlen die Angabe der Summe und Kosten), *deft* (für den Beklagten), *nonsuit* (Abweisung der Klage). Eine Parallelüberlieferung von *Plaint books* und *Minute books* gibt es nur in seltenen Fällen, so daß wesentliche Informationen oft fehlen.

Etwa seit den späten siebziger Jahren des 19. Jahrhunderts – der genaue Zeitpunkt läßt sich aufgrund der Lückenhaftigkeit der Überlieferung nicht bestimmen – ging man in den meisten Grafschaftsgerichten zu einer integrierten Form der Dokumentation über. Es wurden nunmehr fast überall *Plaint and Minute books* verwendet, die den gesamten Verlauf des Verfahrens vom Einschreiben der Klage bis zum Endurteil in einem Buch festhielten. Die vorher getrennt gebotenen Informationen erschienen nun zusammen. Dafür unterschied man aber jetzt zwischen *Plaint and Minute books* A, B und C. Die mit B bezeichneten Bücher waren für ‚gewöhnliche Vorladungen' (*ordinary summonses*), die mit C bezeichneten nur für sogenannte

---

[183] 9 & 10 Vict., c. 95 (1846), s. 59; 51 & 52 Vict., c. 43 (1888), s. 73.
[184] 9 & 10 Vict., c. 95 (1846), s. 111; 51 & 52 Vict., c. 43 (1888), s. 28.

default summonses gedacht. In den mit *A* bezeichneten Büchern wurden beide Typen von *summonses* zusammen verzeichnet. Die *default summonses* waren eine Form der Vorladung, die den Klägern seit 1875 zur Verfügung stand und bei der ein automatisches Urteil zugunsten des Klägers erfolgte, wenn der Beklagte nicht innerhalb von sechzehn Tagen nach Zustellung der Zahlungsaufforderung schriftlich erklärte, daß er den Fall zu verteidigen gedenke. Bei Streitwerten unter fünf Pfund war dieses Verfahren allerdings nicht zulässig, außer wenn es um verkaufte und gelieferte Waren ging.[185] Es blieb den Gerichten überlassen, ob sie ein *Plaint and Minute book A* führten oder ob sie eine nach *ordinary summonses* (Buch *B*) und *default summonses* (Buch *C*) getrennte Buchführung wählten. Die meisten Gerichte entschieden sich für die getrennte Lösung. Da es kaum Parallelüberlieferungen von Büchern *B* und *C* gibt, kann in diesen Fällen bei der Auswertung als Bezugsgröße zu den Arbeitsstreitigkeiten jeweils nur die Zahl der *ordinary summonses* (zuzüglich der verteidigten *default summonses*) oder der *default summonses*, nicht die Gesamtzahl aller Klagen vor dem betreffenden Gericht angegeben werden.

Bei allen soeben beschriebenen Protokollbüchern handelt es sich um standardisierte Ergebnisprotokolle, die nur die allernotwendigsten Informationen zu den Gerichtsfällen bieten. Diese Form der laufenden Aktenführung war dem Schnellverfahren in den Grafschaftsgerichten angepaßt. Andere Aufzeichnungen, aus denen sich wenigstens annäherungsweise die Argumentation der Beteiligten oder gar der Wortlaut des vor Gericht Gesprochenen rekonstruieren ließen, sind nur in Ausnahmefällen überliefert.[186] Presseberichte sind für diese Fragen wesentlich ergiebiger. Die Kargheit der Gerichtsakten hat zur Folge, daß manche Streitigkeiten, hinter denen sich tatsächlich Arbeitskonflikte verborgen haben mögen, nicht als solche identifiziert werden können. Absolut sicher identifizierbar sind allein die Fälle, bei denen in der Spalte zum Streitgegenstand Wörter wie *wages*, *wages in lieu of notice* oder *salary* auftauchen. Gelegentlich finden sich ausführlichere Beschreibungen des Streitgegenstands, die auf Arbeitskonflikte

---

[185] 38 & 39 Vict., c. 50 (1875), s. 1. Für verkaufte und gelieferte Waren war dieses Verfahren schon 1867 ermöglicht worden. Die Berufsangaben in den *Plaint and Minute books C* deuten darauf hin, daß *default summonses* vor allem von Geschäftsleuten für ihre Streitigkeiten untereinander verwendet wurden. Die typischen Kläger waren Großhändler und Industrielle, die typischen Beklagten Kleinhändler und Handwerksmeister.

[186] Notizbücher des Richters mit stichpunktartigen Mitschriften der Aussagen sind zum Beispiel überliefert für Dorking County Court, 1847–58 u. 1911–19 (Surrey County Record Office, Kingston, 615/- unverzeichnet, 3 Bde.). Ihr Aussagewert für meine Zwecke ist aber gering, da längst nicht alle Fälle notiert wurden.

hindeuten, zum Beispiel die folgenden Einträge aus Maidstone (Kent), Bow (Ost-London) und Kettering (Northamptonshire):

2–3 Dec. 1850 / Ann Gibbons (by attorney) v. Christopher Morgan (def. service proved) / [Claim:] Work done as a schoolmistress and materials provided, board & lodging provided and money paid, £ 20 2s. 8d. / [Judgment or Order of Court:] Plt. £ 20 2s. 8d., £ 5 18s. 4d. costs, by instalments of one pound per month, attorney allowed.[187]

2 Dec. 1872 / Cornelius Daley (person, attorney Mr. Wilson) v. Charles Ross (person, attorney Mr. Wood) / [Claim:] Damages for that the deft. by his foreman employed plt for a job & in consequence of deft. not supplying a barge the plt. has sustained loss, 6s. 3d. / [Judgment or Order of Court:] Deft., 2s. costs, on 16th instant, hearing fee 2s.[188]

21 Dec. 1882 / George Evans Abbott and Thomas Bird, Kettering, Shoemanufacturers (person) v. Palmer Timpson, 13 Wellington Place, Northampton, Traveller (person) / [Claim:] Money had and received for Plaintiff's use £ 5 9s. 3d. / [Judgment or Order of Court:] Plt, £ 5 9s. 3d. sol. costs etc. £ 1 16s., total costs £ 2 15s., Pay.t in a month.[189]

Hätten hier die Einträge in der Rubrik *claim* lediglich auf *work done, damages* und *money had and received* gelautet – alles Einträge, die häufig vorkamen –, wäre eine Identifikation als Arbeitsstreitigkeit nicht möglich. In Verbindung mit Berufsangaben lassen aber auch Kurzbeschreibungen eine Arbeitsstreitigkeit erkennen, so zum Beispiel bei dem folgenden Eintrag aus Dudley:

13 Jun. 1911 / Eliza Tinsley & Co., Old Hill, Chain Manufacturers v. Ezra Smith, 21 Hollybush St, Cradley Heath, Chainmaker (wife) / [Claim:] Value of iron, and money advanced 11s. 7d. / [Judgment or Order of Court:] Plt 11s. 7d., 2s. costs, 1s./6d. every 28 days, by consent, fee 1s.[190]

Hier hatte offensichtlich eine Kettenherstellerin einem auf Werkvertragsbasis arbeitenden Kettenmacher Materialien und Geld vorgestreckt, ohne daß die erwartete Gegenleistung erbracht wurde. Die vom Gericht angeordnete, sehr niedrige Ratenzahlung von nur einem Shilling und Sixpence alle 28 Tage deutet auf die extreme Armut des beklagten Kettenmachers hin, der

---

[187] Centre for Kentish Studies, Maidstone County Court, Minute Book, Okt. 1849 – März 1851 (unverzeichnet). Meine Zitierweise weicht der besseren Lesbarkeit halber von der Reihenfolge der Spalten in den Büchern etwas ab.
[188] London Metropolitan Archives, CCT/AK15/6, Bow County Court, Minute Book, 1872–73.
[189] Northamptonshire Record Office, Kettering County Court, Plaint and Minute Book A (unverzeichnet), Nr. K 1049.
[190] Dudley Archives and Local History Centre, AK 64.07, Dudley County Court, Plaint and Minute Book B, Ordinary Summonses Aug. 1910 – Jul. 1911.

sich vor Gericht durch seine Ehefrau vertreten ließ. Ein weiteres Beispiel sei zitiert, bei dem Kläger und Beklagter eher der gehobenen Mittelschicht zuzurechnen sind:

15 Oct. 1919 / William Ford, Maidstone, Dentist v. Sydney Walter Waldby, dentists Mechanic / [Claim:] Damages and Injunction, £ 50 / Withdrawn.[191]

Hier handelte es sich um eine Konkurrenzklausel-Klage eines Arbeitgebers, in diesem Falle eines Zahnarztes, gegen seinen ehemaligen Assistenten, der sich verpflichtet hatte, nach Beendigung seines Dienstverhältnisses nicht am gleichen Ort in dem betreffenden Gewerbe tätig zu werden. Wie die Beispiele zeigen, kann sich theoretisch hinter allen möglichen Kurzformeln eine Arbeitsstreitigkeit verbergen. Bei meinen Zählungen habe ich jedoch nur Lohn- und Gehaltsklagen, *wages in lieu of notice*-Fälle sowie sicher identifizierbare Fälle wie die soeben zitierten aufgenommen.

Ein besonderes Problem bereiten Einträge wie *work done* oder *work and labour*, die in den Protokollbüchern recht häufig vorkommen. Mit derartigen Formulierungen konnte sowohl die einmalige Arbeitsleistung eines Selbständigen gemeint sein, zum Beispiel die Reparatur eines gebrochenen Rohres durch einen Klempner oder das Anfertigen eines Mantels nach Maß, als auch das Herstellen von Werkstücken oder spezifische Dienste für einen bestimmten Arbeitgeber auf mehr oder weniger regelmäßiger Basis, also etwa das Zurechtschneiden von Textilien in Heimarbeit oder das Abernten von Getreidefeldern in einer vorgeschriebenen Zeit oder die kurzfristige Beschäftigung eines Gelegenheitsarbeiters im Hafen oder auf dem Bau. Ohne begleitende Berufsangaben ist nicht feststellbar, in welchem Grad von Abhängigkeit sich die arbeitende Person zu ihrem Arbeitgeber befand, und auch mit Berufsangaben läßt sich die Statusfrage nicht immer sicher entscheiden. Während die Wörter *wages* und *salary* eindeutig ein Dienstverhältnis umschreiben, bei dem die ganze persönliche Arbeitskraft einem Arbeitgeber zur Verfügung gestellt wurde, also das, was man in deutscher Terminologie einen Dienstvertrag nennen würde, deuten die Formulierungen *work done* und *work and labour* eher auf ein Beschäftigungsverhältnis, das man im Deutschen als Werkvertrag bezeichnen müßte. In der Realität der Arbeitswelt waren die Übergänge zwischen echter Selbständigkeit, Scheinselbständigkeit und völliger Abhängigkeit fließend. Wenn ein Bergarbeiter in Gateshead von einem Bergwerksbesitzer £ 1 für *work and labour* forderte oder ein Arbeiter einen Steinbruchbetreiber auf £ 11 für *work and*

---

[191] Centre for Kentish Studies, Maidstone County Court, Plaint and Minute Book, Ordinary Summonses, Aug. 1918 – Feb. 1920 (unverzeichnet).

Tabelle 3.2: Grafschaftsgerichte 1847–1925: Anteil der Arbeitsstreitigkeiten[a] an ausgewählten Gerichtsorten

County Court	Zeitraum	Arbeits-streitigkeiten	Alle Klagen	Prozent
Bow (London)	1847	16	1331	1,20%
	1861–62	65	4381	1,48%
	1872–73	59	4107	1,43%
	1881–82	72	4698[c]	1,53%
	1892	50	4490[c]	1,11%
	1912	49	3725[c]	1,31%
	1922	30	3552[c]	0,84%
West London	1847–48	52	2571	2,02%
	1886	93	2501[c]	3,72%
	1913	30	755[b]	3,97%
Croydon	1884	22	1029	2,14%
Kingston-upon-Thames	1912–17	40	2501[d]	1,60%
Guildford/Godalming	1898–99	15	966[c]	1,55%
	1911–12	7	965[c]	0,72%
	1916–21	3	924[d]	0,32%
	1923–24	15	828[c]	1,81%
Dorking	1852–56	14	541	2,59%
	1896–99	15	1125	1,33%
	1913–22	7	1010	0,69%
Maidstone	1849–51	13	1361	0,96%
	1868–69	13	1338	0,97%
	1877–78	10	1251	0,80%
	1896–98	1	1020[d]	0,09%
	1898–99	6	1727	0,38%
	1905–07	2	951[d]	0,21%
	1910	5	1740[c]	0,28%
	1918–20	22	1319[c]	1,67%
	1919–22	0	890[d]	0,00%
Kettering	1856	4	310	1,29%
	1881–82	7	1170	0,60%
	1891–92	16	1127	1,42%
	1901–02	10	1263	0,79%
	1908–12	1	1290[d]	0,08%
	1921–26	0	1056[d]	0,00%
Brackley	1883–90	33	1604	2,06%
	1891–95	7	921	0,76%
(West) Hartlepool	1857–58	17	1452	1,17%
	1875–76	8	1541	0,52%
	1879–86	3	1417[d]	0,21%
	1896–1900	0	1765[d]	0,00%
	1907–12	2	1687[d]	0,12%
	1910	5	1553[b]	0,32%
	1918–24	1	1489[d]	0,07%
	1919–20	1	1641[b]	0,06%
Gateshead	1862–63	21	2752	0,76%

Tabelle 3.2: Grafschaftsgerichte 1847–1925: Anteil der Arbeitsstreitigkeiten[a] an ausgewählten Gerichtsorten (Forts.)

County Court	Zeitraum	Arbeits-streitigkeiten	Alle Klagen	Prozent
	1868–70	40	4928	0,81%
	1897	10	1532[c]	0,65%
	1907	3	1512[c]	0,20%
Walsall	1909–10	6	2336[b]	0,25%
	1909–10	3	2172[d]	0,14%
Dudley	1847–48	45	3169	1,42%
	1853–54	47	3083	1,52%
	1857	15	2104	0,71%
	1868–69	46	6045	0,76%
	1869–70	38	2353	1,61%
	1872–73	20	2351	0,85%
	1881	16	2481[c]	0,64%
	1890–91	18	2735[c]	0,66%
	1910–11	13	4023[c]	0,32%
	1919–21	24	2009[c]	1,19%
	1921–25	2	4280[d]	0,05%
Oldbury/West Bromwich	1859	19	1904	1,00%
	1877–80	5	1692[d]	0,29%
	1887–89	1	1607[d]	0,06%
	1906–08	4	1668[d]	0,24%
	1909	2	4046[c]	0,05%
	1917–21	1	1737[d]	0,05%
	1919–20	7	2037[c]	0,34%
Clitheroe	1847	4	458	0,87%
	1858	4	523	0,76%
Blackburn	1907	16	1970[c]	0,81%
	1917–18	17	2046[c]	0,83%
Chorley	1917–19	16	640[b]	2,50%
Summe		1304	145076	0,90%

[a] Ohne Employers' Liability und Workmen's Compensation-Fälle
[b] Ordinary summonses
[c] Ordinary summonses u. defended default summonses
[d] Default summonses

Quellen: Protokollbücher: LMA CCT/AK15/1,5–8,10–11 (Bow); LMA CCT/AK43/1,10,20 (West London); Surrey County RO 3543/3 (Croydon); Surrey County RO 3545/6 (Kingston-upon-Thames); Surrey County RO 3544/1–3,7 (Guildford/Godalming); Surrey County RO 615/- unverz. (Dorking); Centre for Kentish Studies, unverz. (Maidstone); Northamptonshire RO shelf 59k, unverz. (Kettering); Northamptonshire RO shelf 58p, unverz. (Brackley); Cleveland County Archives AK19/1,3–5,7,9–11 (West Hartlepool); Tyne and Wear Archives Service Acc 2160/1/1–2 u. Acc 2160/2/1,4–5 (Gateshead); Walsall Local History Centre AK28/1–2 (Walsall); Dudley Archives and Local History Service Acc. 8729 AK64/03,05,07–08,13–16, 20–21,24,31,34–35,40,42–43 (Dudley); Sandwell Community History and Archives Service Acc. 8932 AK34/6,10,13,18–21 (West Bromwich); Lancashire RO CYC 1/29,34 (Clitheroe); Lancashire RO CYBN 8/1/1–2 (Blackburn); Lancashire RO CYCh 3/1 (Chorley)

labour verklagte, so kann man mit einiger Sicherheit von einem Abhängigkeitsverhältnis ausgehen.[192] Englischen Rechtstheoretikern war zwar der
römisch-rechtliche Unterschied zwischen Dienstverträgen und Werkverträgen bekannt,[193] aber bei den Notizen in den *Plaint and Minute books* der
Grafschaftsgerichte ist nicht davon auszugehen, daß von den *clerks* immer
scharfe rechtliche Unterscheidungskriterien angewandt wurden. Die Gerichtsschreiber waren bei der Aufnahme des Falles auf die Aussagen der Beteiligten, in erster Linie diejenigen des Klägers, angewiesen, und die meisten
Anbieter und Käufer der Ware 'Arbeit' dürften sich frühestens in dem Moment Gedanken um die Statusfrage gemacht haben, wenn sie vom *clerk* aufgefordert wurden, den Grund ihrer Klage zu benennen. Ob ihre Klage dann
auf *wages* oder auf *work done* lautete, hing von ihrem eigenen Verständnis
der Wörter, eventuell auch von den Ratschlägen eines Anwalts und von den
Gepflogenheiten des *clerk* ab.[194] Dennoch war es juristisch nicht unerheblich, wie die Schuldforderung und damit indirekt der Status der arbeitenden
Person definiert wurden; es sind Fälle bekannt, die wegen falscher Benen-
nung des Klagegegenstands zurückgewiesen wurden.[195]

Für die quantifizierende Auswertung der Protokollbücher mußte eine
Grenze gezogen werden, und ich habe mich entschlossen, Einträge mit Formulierungen wie *work done*, *work and labour* und ähnlichem grundsätzlich
nicht mitzuzählen, außer wenn begleitende Berufsangaben und andere Indizien ein Abhängigkeitsverhältnis klar erkennen lassen. Insgesamt wurden
somit nur sicher identifizierbare Fälle gezählt. Deshalb sind meine Zahlenangaben zu Arbeitsstreitigkeiten in ausgewählten Grafschaftsgerichten
(ohne *Employers' Liability*- und *Workmen's Compensation*-Fälle) als Min-
destzahlen anzusehen (Tabelle 3.2).

Aus den Klagezahlen für die einzelnen Gerichtsorte geht zweierlei hervor. Erstens: Lohn- und Kündigungsstreitigkeiten nahmen im Alltag der
Grafschaftsgerichte generell nur eine Randposition ein. Nirgends machten
sie mehr als vier Prozent aller Streitsachen aus, an vielen Gerichtsorten sogar weniger als ein Prozent. Zweitens: ihre Bedeutung relativ zu allen anderen Streitsachen nahm zum Ersten Weltkrieg hin fast überall ab. Nur in
London blieben die Zahlen in etwa konstant. Der in der unmittelbaren

---

[192] Tyne and Wear Archives Service, Newcastle, 2160/1/2, Gateshead County Court, Plaint
Book, 1869–70, Nrn. W 1038 u. X 476.
[193] Zur Rezeption des römischen Vertragsrechts in England: Simpson, Innovation.
[194] Die Tatsache, daß auch ein Eintrag wie „Wages for work done" möglich war, läßt darauf
schließen, daß die Begriffe auch bei den *clerks* nicht festgefügt waren. London Metropolitan
Archives, CCT/AK15/7, Bow County Court, Minute Book, 1881–82, No. K 2047.
[195] Vgl. etwa Northampton Mercury, 15. Okt. 1870, S. 8 (*Hilyard v. Waite*).

Nachkriegszeit an einzelnen Orten (Guildford, Maidstone, Dudley) beobachtbare relative Wiederanstieg ist hauptsächlich darauf zurückzuführen,
daß in dieser Zeit die Klagetätigkeit insgesamt wesentlich niedriger lag als
vor 1914.

Eine grobe Einteilung in drei Zeitabschnitte (1847–1876, 1877–1900,
1901–1925) ergibt, bezogen auf alle Klagen in den ausgewählten Gerichtsorten, einen stabilen Anteil von etwas über einem Prozent Lohn- und Kündigungsstreitigkeiten bis zur Jahrhundertwende und einen niedrigeren Wert
von etwas über einem halben Prozent für das erste Viertel des 20. Jahrhunderts (Tabelle 3.3).

*Tabelle 3.3: Grafschaftsgerichte 1847–1925: Anteil der Arbeitsstreitigkeiten[a] an allen aus-
gewählten Gerichtsorten nach Zeitabschnitten*

Zeitraum	Alle Klagen	Arbeitsstreitigkeiten	Prozent
1847–1876	48 603	560	1,15%
1877–1900	36 858	400	1,09%
1901–1925	59 615	344	0,58%
Gesamt	145 076	1304	0,90%

[a] Ohne Employers' Liability und Workmen's Compensation-Fälle
Quellen: Protokollbücher (wie Tabelle 3.2)

Obwohl die absoluten Fallzahlen in den einzelnen Gerichten klein waren, haben wir es national gesehen keineswegs mit einem vernachlässigens-
werten Phänomen zu tun. Dies zeigt sich, wenn man die für die drei Zeitabschnitte ermittelten Prozentwerte zu den Zahlen der offiziellen Justizstatistik für die Gesamtzahl der Klagen in allen englischen Grafschaftsgerichten
in Beziehung setzt. Da in den *county courts* zwischen den späten siebziger
Jahren des 19. Jahrhunderts und 1914 jährlich im Durchschnitt weit über
eine Million Klagen erledigt wurden, ergeben selbst Werte von etwas über
einem Prozent für das letzte Viertel des 19. Jahrhunderts stets mehr als
10 000 Arbeitsstreitigkeiten pro Jahr. Das sind deutlich mehr Fälle als in den
Friedensgerichten nach 1875 unter dem *Employers and Workmen Act* bearbeitet wurden. In den größeren Grafschaftsgerichten, wo Arbeitslasten von
150 oder 200 Fällen pro Gerichtstag üblich waren, kann man demnach um
1890 mit etwa ein bis zwei Lohn- und Kündigungsfällen in jeder Sitzung
rechnen. Legt man den aus den Protokollbüchern für das erste Viertel des
20. Jahrhunderts ermittelten Wert von etwas über einem halben Prozent zu-

grunde, müßte man für die Jahre vor dem Ersten Weltkrieg immer noch mit über 7000 Lohn- und Kündigungsklagen pro Jahr und – nach dem kriegsbedingten Einbruch – mit einem langsamen Wiederanstieg auf etwa 5500 Klagen im Jahr 1923 rechnen.[196]

Diese Schätzungen können selbstverständlich nicht mehr als einen groben Anhaltspunkt für die Größenordnungen bieten, mit denen wir es zu tun haben. Immerhin lassen sie in Verbindung mit den Zahlen für die einzelnen Gerichtsorte erkennen, daß etwa um die Jahrhundertwende – an manchen Orten früher, an anderen später – ein Rückgang der Lohn- und Kündigungsklagen vor den Grafschaftsgerichten einsetzte. Auch hier gab es also eine Abkehr der Arbeitnehmer und Arbeitgeber von der Justiz, doch machte sie sich erst später als in den Friedensgerichten bemerkbar.

Die nachlassende Attraktivität der Grafschaftsgerichte für Streitigkeiten aus dem Arbeitsvertrag fällt noch deutlicher ins Auge, wenn man die geschätzten Klagezahlen in Relation zur Gesamtzahl der Beschäftigten, also der potentiellen Kläger oder Beklagten, setzt. In den sechziger, siebziger und achtziger Jahren des 19. Jahrhunderts kamen auf 100000 Beschäftigte pro Jahr etwa 100 Klagen, kurz vor dem Ersten Weltkrieg waren es nur noch 50, und bis zum Beginn der zwanziger Jahre halbierte sich die Zahl noch einmal (Grafik 3.1). Die Wahrscheinlichkeit für einen einzelnen Arbeitnehmer oder Arbeitgeber, in eine Arbeitsstreitigkeit vor einem Grafschaftsgericht verwickelt zu werden, lag demnach bis zu den späten achtziger Jahren des 19. Jahrhunderts bei etwa 1000 zu 1, kurz vor dem Ersten Weltkrieg bei 2150 zu 1, und in der Nachkriegszeit nur noch bei 4200 zu 1.

Wenn soeben von einer um die Jahrhundertwende einsetzenden Abkehr von den Grafschaftsgerichten die Rede war, so ist zu berücksichtigen, daß im gleichen Zeitraum die Verfahren unter dem *Workmen's Compensation Act* zunahmen. Dadurch blieben die Grafschaftsgerichte im Alltag der Arbeitnehmer und Arbeitgeber präsent. In den meisten englischen Regionen, vielleicht mit Ausnahme der Bergbaureviere, waren die Grafschaftsgerichte damit ab 1900 für Individualarbeitskonflikte wichtiger geworden als die Friedensgerichte.

Mögliche Gründe für die nachlassende Klagefreudigkeit der Arbeitnehmer und Arbeitgeber in den Grafschaftsgerichten sind ebenso schwer zu benennen wie im Falle der Friedensgerichte. Legislative Veränderungen scheiden als Erklärung aus, denn abgesehen von der Unfallgesetzgebung kam es nach 1875 weder im materiellen Arbeitsvertragsrecht noch im Bereich des

---

[196] Vgl. Grafik 3.1.

Grafik 3.1: Grafschaftsgerichte 1848–1923: Arbeitsstreitigkeiten[a] pro 100 000 Beschäftigte

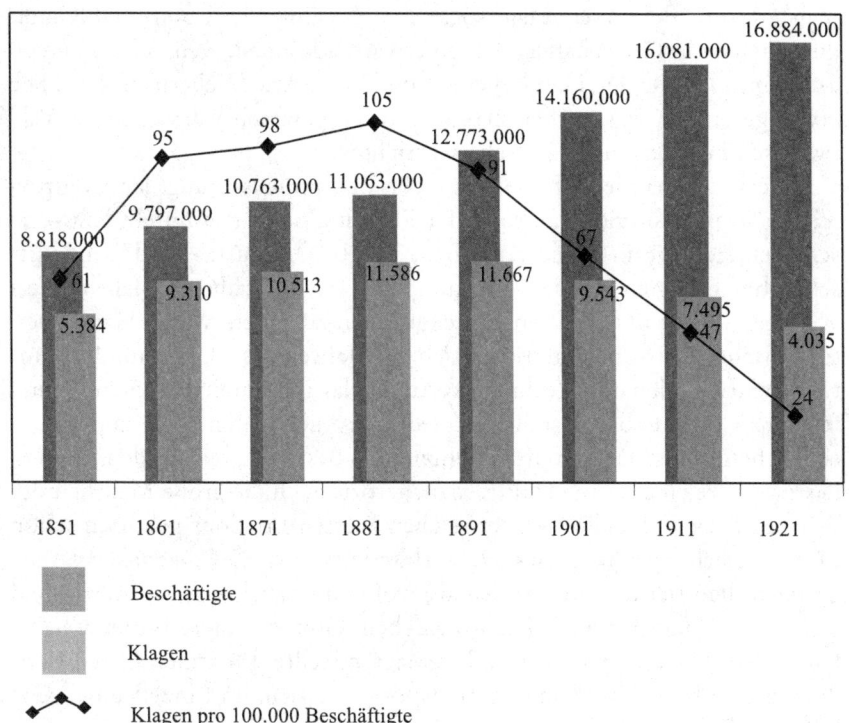

1851	1861	1871	1881	1891	1901	1911	1921

■ Beschäftigte

■ Klagen

◆ Klagen pro 100.000 Beschäftigte

[a] Ohne Employers' Liability und Workmen's Compensation-Fälle

Erläuterung: 1. Die Zahlen für ‚Klagen' wurden ermittelt, indem die in Tabelle 3.2 für die drei Zeitabschnitte ausgewiesenen Prozentanteile für Arbeitsstreitigkeiten mit den Zahlen für sämtliche Klagen vor den Grafschaftsgerichten aus den Justizstatistiken multipliziert wurden. Hierbei wurden (wie bei Grafik 2.3) Fünfjahresdurchschnitte, zentriert auf die Zensusjahre, gebildet. Die Zahl für 1851 beruht auf einem Neunjahresdurchschnitt für 1848–56.
2. Die Zahl der ‚Beschäftigten' wurde ermittelt, indem jeweils von der im Zensus angegebenen Gesamtbevölkerungszahl (bzw. ab 1891 vom „Total aged 10 years and upwards") die Zahlen für die Kategorien „Defence"/„Armed Forces", „Domestic Offices"/„Persons supported by the Community"/„Scholars, children, unproductive"/„Indefinite and non-productive"/„Retired or unoccupied" (= Kinder, Hausfrauen, sonstige im Haus lebende Verwandte, Rentner, Schüler usw.) subtrahiert wurden.

Quellen: Protokollbücher (wie Tabelle 3.2); Civil Judicial Statistics (für 1848–56; PP 1898 [C. 8838] CIV, Introduction, S. 90; für 1913–1923: PP 1924–25 [Cmd. 2277] XXVIII, Comp. Tab., S. 4 f. „Proceedings commenced"); Census of Great Britain, 1851; Census of England and Wales 1861, 1871, 1881, 1891, 1901, 1911 u. 1921

Zivilprozeßrechts zu einschneidenden Neuerungen. Wenn überhaupt, hätte man aufgrund der Gesetzeslage sogar eine Zunahme der Lohn- und Kündigungsklagen in Grafschaftsgerichten erwarten können, weil der *Employers and Workmen Act* den Handarbeitern und ihren Arbeitgebern ausdrücklich etwas gestattete, was vorher stets umstritten gewesen war: die freie Wahl zwischen Friedens- und Grafschaftsgerichten.

Untersucht man jedoch die berufliche Zusammensetzung der Streitparteien – so weit sie sich aufgrund der Protokollbücher ermitteln läßt –, so scheinen sich die in Handwerk, Bau, Bergbau, Industrie und Landwirtschaft beschäftigten Handarbeiter im späten 19. und frühen 20. Jahrhundert von den Grafschaftsgerichten zurückgezogen zu haben. Waren Handarbeiter zwischen 1847 und den frühen siebziger Jahren des 19. Jahrhunderts unter den Streitenden noch recht gut vertreten, lag ihr Anteil im späten 19. und frühen 20. Jahrhundert fast überall niedriger. Auch in den nord- und mittelenglischen Industrierevieren stellten nun die Beschäftigten aus dem Dienstleistungsbereich etwa die Hälfte, mancherorts auch die große Mehrheit der Prozeßparteien (Tabelle 3.4). Im reichen Westen Londons gehörten schon Mitte der achtziger Jahre des 19. Jahrhunderts über 80 Prozent der Streitparteien dienstleistenden Berufen an, wobei hier allein das – überwiegend weibliche – Hauspersonal (Dienstmädchen, Gouvernanten, Butler, Chauffeure) die Hälfte aller Kläger und Beklagten stellte. Im armen Osten Londons waren Beschäftigte in den Transportgewerben, im Einzelhandel, Gehilfen in Gaststätten, Pubs und Coffee shops sowie im privaten Dienstleistungssektor (Wäscherinnen, Friseure, Krankenschwestern) stärker vertreten. Neben diesen Gruppen traten in den Industrieregionen Nord- und Mittelenglands die Handlungsreisenden, Büroangestellten und höheren technischen Angestellten sowie Theaterleute und Artisten als profilierte Gruppen in Erscheinung. Der berühmteste Kläger unter der letztgenannten Gruppe war Charlie Chaplin, der im April 1909, gerade zwanzig Jahre alt geworden, im Grafschaftsgericht von West Hartlepool den Schatzmeister einer Seemannsmission auf £ 14 10s. für „Wages & hire of cinematograph & films" verklagte.[197] Tatsächlich befand sich Ted Karnos Vaudeville-Theater-

---

[197] Cleveland County Archives, AK 19/7, Plaint and Minute Book C, 1907–12, Nr. N 117. Der volle Eintrag lautet: „28. Apr. 1909; Charles Chaplin, 61 Scarborough St, West Hpool, Layhelper v. Stuart C. Knox, The Secretary and Treasurer, and Sir Thomas Fowell Buxton, Chairman of Committee of the Missions to seamen sued on their own behalf & on behalf of all other members of the Committee of the said Missions to Seamen, 11 Buckingham Street, Strand, London, Missioners; Claim: Wages & hire of cinematograph & films £ 14 10s., sol. costs charged on the Summons 18s. 2d., fee on entering plaint 15s., fees Schedule B 4s. Date fixed for hearing 11 Jun. 1909, defence filed 13 Mai 1909 by S.C. Knox, 21 Mai 1909 by Solcrs to Sir T.F. Buxton." Leider konnte ich nicht ermitteln, wie der Fall ausgegangen ist.

Tabelle 3.4: Grafschaftsgerichte 1847–1925: Klagende und beklagte Arbeitnehmer[a] nach Berufsgruppen; Prozentanteile für Handarbeiter und Dienstleistungsberufe

	Bow (Ost London)		West London		Dorking		Guildford		Maidstone		Gateshead u. W Hartlepool		Dudley, W Bromwich, Walsall		Blackburn	
	1892	1912	1886	1913	1852–56	1896–99/ 1913–22	1898–1912	1916–24	1897–1910	1918–19	1868–70	1897–1920	1847–69	1897–1920	1847–69	1890–1925
I Handarbeiter																
Ind	8	10	1	–	1	–	1	–	–	3	6	1	25	9	8	2
Bau	4	1	3	–	2	–	2	–	–	–	6	–	11	2	–	–
Berg	–	–	–	–	–	–	–	–	–	–	7	2	50	24	–	1
Handw	2	1	4	1	–	1	1	1	1	–	1	1	4	1	1	2
Farm	–	–	–	–	5	3	3	2	–	4	1	–	6	1	–	–
lab	1	–	–	–	–	–	–	–	–	1	1	–	3	–	–	1
II Dienstleistungsberufe																
Haus	9	4	46	12	3	5	4	6	6	2	–	7	18	12	–	–
Gast	4	9	5	6	1	1	1	3	1	1	–	5	1	1	1	2
Trans	7	5	5	2	–	3	1	2	2	5	–	–	6	2	–	4
Hand	10	13	11	2	1	7	3	1	1	3	1	2	3	13	1	–
Büro	1	1	4	2	–	–	2	1	1	–	–	4	3	9	1	1
divD	3	3	7	2	1	2	–	2	2	3	1	–	–	5	4	4
unbek	2	2	7	3	–	–	4	–	–	–	17	–	23	2	–	–
Summe	50	49	93	30	14	22	22	18	14	22	40	22	153	80	16	17
I Handarbeiter	30%	24,5%	8,6%	3,3%	57,1%	18,2%	31,8%	16,7%	7,1%	36,4%	52,5%	18,2%	64,7%	45%	56,3%	35,3%
II Dienstleistungsberufe	70%	71,4%	83,9%	86,7%	42,9%	81,8%	50%	83,3%	92,9%	63,6%	5%	81,8%	20,3%	52,5%	43,7%	64,7%
unbek	0	4,1%	7,5%	10%	0	0	18,2%	0	0	0	42,5%	0	15%	2,5%	0	0

[a] Ohne Employers' Liability und Workmen's Compensation-Fälle

Erläuterung: Die Berufsangaben in den Protokollbüchern wurden folgenden Kategorien zugeordnet: Ind = Industriearbeiter, Bau = Bauarbeiter, Berg = Bergarbeiter, Handw = Arbeiter in Handwerksbetrieben, Farm = Landarbeiter, lab = unspezifizierte Hilfsarbeiter; Haus = Hauspersonal, Gast = Gaststätten, Amüsierbetriebe und Theater, Trans = öffentliche Dienste, Transport und Verkehr, Hand = Einzelhandel, Büro = Büroangestellte, Handlungsreisende und höhere techn. Angestellte, divD = diverse Dienstleistungen (Friseure, Zahnarztgehilfen u.ä.).

Quellen: Protokollbücher (wie Tabelle 3.2)

gruppe, bei der Chaplin damals engagiert war, im April 1909 in Hartlepool und Umgebung auf Tournee.[198] Wie sich der Klage entnehmen läßt, hat Chaplin in seinen freien Stunden offenbar schon damals begonnen, sich seiner späteren Lebensaufgabe, dem Film, zuzuwenden.

Bei aller Vorsicht, die man angesichts der kleinen Fallzahlen walten lassen muß, läßt sich aus Tabelle 3.4 die nachlassende Nutzung der Grafschaftsgerichte durch Handarbeiter und die – relativ – zunehmende Frequentierung durch Beschäftigte im Dienstleistungssektor erkennen. Lediglich Maidstone bildet eine Ausnahme. In den Jahrzehnten vor 1914 stellten dort die dienstleistenden Berufe bereits über 90 Prozent der Streitparteien, am Ende des Krieges waren es nur noch gut 60 Prozent. Wegen der niedrigen Fallzahlen sollte man diesem Gegenbeispiel nicht zuviel Gewicht beimessen. Auch war Maidstone einer der Orte, an denen die Klagetätigkeit am Ende des Ersten Weltkriegs höher lag als vor dem Krieg. Die Tatsache, daß der bekannt arbeitnehmerfreundliche Richter Parry in Maidstone 1918–19 zu Gericht saß, mag dazu geführt haben, daß Landarbeiter und die Arbeiter der ansässigen Munitionsfabriken und Maschinenbaubetriebe sich an diesem Ort wieder vertrauensvoller an das Grafschaftsgericht wandten.

Über die Gründe für die Abkehr der in Handwerk, Landwirtschaft und Industrie tätigen Handarbeiter von den Grafschaftsgerichten kann man nur spekulieren. Außergerichtliche Konfliktlösungen, vor allem die Einrichtung betriebsinterner und branchenspezifischer Verhandlungs-, Schieds- und Einigungsinstanzen mögen insbesondere für die gewerkschaftlich organisierten Industriearbeiter eine Alternative zum Gerichtsverfahren geboten haben.[199] Daneben kann auch die Angleichung der Verfahren zwischen Friedens- und Grafschaftsgerichten eine Rolle gespielt haben. Vor 1875 hatte sich das zivile Verfahren der Grafschaftsgerichte positiv vom Strafverfahren in den Friedensgerichten abgehoben. Nach 1875 näherte sich hingegen die Praxis beider Gerichte – wenigstens dem Gesetz zufolge – einander an. Sofern sich die Friedensrichter an den Geist des Gesetzes hielten, war es für Handarbeiter nun nicht mehr unmittelbar einleuchtend, warum sie den *county courts* den Vorzug geben sollten. So ist wohl der Befund zu erklären, daß die Grafschaftsgerichts-Klagen in reinen Industriestädten wie Gates-

---

[198] Vgl. Northern Daily Mail (Hartlepool), 6. April 1909, S. 2, „Local Amusements. ... Palace Theatre": „Ted Karno and Co., in their pantomime absurdity, made things very lively, their knockabout business being screamingly funny." Vgl. auch ebd., 10. April 1909, S. 1 (Anzeige).
[199] Hierzu unten Kap. II.4.

head, Hartlepool, West Bromwich oder Walsall stärker zurückgingen als in der Dienstleistungsmetropole London oder in südenglischen Kleinstädten mit mittelständischer Erwerbsstruktur wie Maidstone (Tabelle 3.2).

Was die Streitigkeiten aus dem Arbeitsvertrag, in der Hauptsache Lohn- und Kündigungsklagen, angeht, entwickelten sich somit die *county courts* im späten 19. und frühen 20. Jahrhundert – pointiert gesagt – zu den Ersatz-Arbeitsgerichten für den tertiären Sektor, und hier waren wiederum besonders Berufe mit geringem gewerkschaftlichen Organisationsgrad und hohem Individualisierungsgrad des Beschäftigungsverhältnisses stark vertreten. Damit erklärt sich auch der im Vergleich zu den Friedensgerichten sehr hohe Anteil von Frauen unter den klagenden Arbeitnehmern in den Grafschaftsgerichten: Der Frauenanteil lag hier seit dem Ende der siebziger Jahre des 19. Jahrhunderts stets bei weit über 30 Prozent (Tabelle 3.5), während klagende oder beklagte Arbeitnehmerinnen in den Friedensgerichten eine Ausnahmeerscheinung blieben.[200]

Tabelle 3.5: Grafschaftsgerichte 1847–1925: Verteilung klagender Arbeitnehmer nach Geschlechtern

Zeitraum	AN-Klagen gesamt	Männer	Frauen	unbekannt
1847–1876	518	368 = 71,04%	150 = 28,96%	
1877–1900	373	212 = 60,40%	139 = 39,60%	22[a]
1901–1925	308	197 = 63,96%	111 = 36,04%	

[a] Diese Zahl entstammt dem Protokoll von Croydon County Court, 1884, bei dem ich nur eine pauschale Zählung der Arbeitsstreitigkeiten vorgenommen habe, ohne die Einzelfälle detailliert zu notieren. Bei der Berechnung der Geschlechteranteile in Prozent bleiben diese 22 Fälle unberücksichtigt.

Quelle: Protokollbücher (wie Tabelle 3.2)

---

[200] Meine Zählung aufgrund der Protokollbücher von den Friedensgerichten aus dem Zeitraum 1875–1924 ergab, daß Frauen nur in 45 von 1557 Fällen (2,9%) als Klägerinnen und in 47 Fällen (3%) als Beklagte auftraten. Fast alle Fälle mit Frauenbeteiligung fanden in nur zwei Gerichtsbezirken statt, beide in Cheshire: Eddisbury, wo landwirtschaftliche Arbeiterinnen klagten oder verklagt wurden (hier waren Frauen in knapp 30% aller Fälle beteiligt), und Hyde, wo Textilarbeiterinnen – hauptsächlich als Beklagte – vor Gericht standen (hier waren Frauen sogar in 52% aller Fälle beteiligt). Für die Quellenangaben siehe Tabelle 2.1, S. 207.

Die berufs- und geschlechtsspezifischen Differenzierungen vermögen die regionalen Unterschiede des Klageverhaltens zu erklären, helfen aber wenig bei der Beantwortung der Frage, warum die Grafschaftsgerichte insgesamt – wenn man von den Unfallangelegenheiten absieht – für klagende Arbeitnehmer und Arbeitgeber unattraktiver wurden. Zwei möglichen Gründen für den Abwärtstrend soll im folgenden nachgegangen werden. Zunächst ist zu prüfen, ob sich aus der Verteilung der Klagetätigkeit auf Arbeitnehmer und Arbeitgeber und aus den jeweiligen Erfolgsquoten weitere Aufschlüsse gewinnen lassen. Gab es in der Urteilspraxis der Grafschaftsrichter Einseitigkeiten, und kam es hier womöglich in den Jahrzehnten vor dem Ersten Weltkrieg zu Verhärtungen, welche die eine oder andere Seite veranlaßt haben könnten, den *county courts* fernzubleiben? Anschließend wird untersucht, ob sich in der alltäglichen Praxis des Gerichtsalltags Veränderungen ergeben haben, die für die Abkehr der Arbeitnehmer und Arbeitgeber von den *county courts* verantwortlich gewesen sein könnten. Zeigen sich, mit anderen Worten, Anhaltspunkte, die für eine institutionelle Erklärung der nachlassenden Klagetätigkeit sprechen?

ERFOLGSQUOTEN

Die *county courts* waren, da es sich um reine Zivilgerichte handelte, im Prinzip arbeitnehmerfreundlich. Für einen Arbeitgeber war eine Klage dort nur dann sinnvoll, wenn es bei dem betreffenden Arbeitnehmer ‚etwas zu holen gab‘. Diese Voraussetzung war bei der Masse der Beschäftigten im viktorianischen England kaum gegeben. Nachdem ein Gesetz von 1883 die persönliche Bekleidung, die Betten sowie Werkzeuge bis zu einem Gesamtwert von £ 20 vor dem Zugriff der Zwangsvollstreckung schützte, blieb in den meisten Fällen nicht allzu viel zu pfänden übrig.[201] Auch die Lohnpfändung unterlag seit 1870 starken Beschränkungen.[202] Es blieb der symbolische Wert einer Verurteilung und die Drohung mit dem Schuldgefängnis bei sogenannter Zahlungsunwilligkeit. Für moralische Belehrungen und symbolische Drohgebärden eignete sich jedoch, soweit es sich um Handarbeiter handelte, die Justiz der Friedensrichter erheblich besser. In den Friedensgerichten waren denn auch, wie im vorigen Kapitel gezeigt wurde, die Arbeit-

---

[201] *Bankruptcy Act*, 46 & 47 Vict., c. 52 (1883), ss. 44 (2) u. 122 (4).

[202] *Wages Attachment Abolition Act*, 33 & 34 Vict., c. 30 (1870). Faktisch griffen Arbeitgeber häufig zur Selbsthilfe, indem sie ausstehenden Lohn einfach einbehielten, auf die Klage des Arbeitnehmers warteten und dann einen *set-off* als *special defence* oder *counterclaim* einreichten.

geber als Kläger in der Überzahl, und sie blieben dort auch nach der Entkriminalisierung des Kontraktbruchs prominent, wenngleich sich das Muster veränderte: Statt einzelne Arbeiter herauszugreifen, gingen die Arbeitgeber nach 1875 zur Taktik der Massenanklage über. Etwas Vergleichbares ereignete sich in den *county courts* nicht, obwohl der *Employers and Workmen Act* dies theoretisch zugelassen hätte. Wohl gab es auch dort häufig Massenklagen gegen hunderte von Personen, doch gingen diese von Händlern und Geldverleihern, sowie gelegentlich von Ärzten oder Wasserwerken aus. Diese Klagen richteten sich gegen Konsumenten, die zwar sehr oft Arbeiter waren, diese aber nicht in ihrer Rolle als Arbeitnehmer betrafen.

Wenn also Arbeitgeber vor den Grafschaftsgerichten gegen Arbeitnehmer klagten, gingen sie fast immer nur gegen Einzelne, höchstens einmal gegen eine kleine Gruppe vor. Im wesentlichen handelte es sich dabei um Schadensersatzklagen wegen versäumter Kündigung (*in lieu of notice*) und um die Rückforderung vorgestreckter Geldsummen oder Materialien (*money had and received, goods sold, iron*). Bei dem an zweiter Stelle genannten Typ von Fällen ist jedoch aus den Protokollbüchern in aller Regel nicht zu ersehen, ob eine Arbeitsstreitigkeit vorlag, weshalb ihr wahres Ausmaß im Dunklen bleibt. Das gilt auch für die Fälle, bei denen im Protokollbuch als Grund der Klage lediglich ein nicht näher erläuterter ,Vertragsbruch' oder ebenso unspezifizierte ,Schädigungen' (*damages*) angegeben waren. Bei meiner Auswertung blieben solche unsicheren Fälle grundsätzlich unberücksichtigt.

Trotz der Ungewißheiten steht fest, daß in den Grafschaftsgerichten weitaus mehr Arbeitnehmer als Arbeitgeber klagten. Im gesamten Untersuchungszeitraum gingen stets um die 90 Prozent der Klagen von Arbeitnehmern aus. Erst seit den späten neunziger Jahren des 19. Jahrhunderts zeigt sich eine geringfügige Verschiebung des Verhältnisses zugunsten der Arbeitgeber (Tabelle 3.6). Auch die zur Kontrolle ausgewertete Sammlung von Zeitungsberichten vermittelt ein der Tendenz nach ähnliches Bild, was zugleich ein Beleg dafür ist, daß die Dunkelziffern der aus den Akten nicht erkennbaren Arbeitgeberklagen nicht allzu hoch sein können (Tabelle 3.7). Lediglich die Konkurrenzklausel-Fälle, über die in den Gewerbeblättern und juristischen Fachzeitschriften seit dem Ende des 19. Jahrhunderts ausgiebig berichtet wurde, führen zu einer etwas deutlicheren Ausprägung des Trends zugunsten der Arbeitgeber. An dem Gesamtbild einer überwiegend den Klagebedürfnissen der Arbeitnehmer entgegenkommenden Institution ändert sich jedoch dadurch nichts, und dieser Eindruck würde sich natürlich noch verstärken, wenn man die hier nicht berücksichtigten Schadensersatzklagen infolge von Arbeitsunfällen mit in Rechnung stellte.

Tabelle 3.6: Grafschaftsgerichte 1847–1925: Verhältnis Arbeitnehmerklagen zu Arbeitgeberklagen an ausgewählten Gerichtsorten[a]

	AN v. AG	AG v. AN	unbekannt	Gesamt
1847–1876	518 = 92,50%	31 = 5,54%	11 = 1,96%	560
1877–1900	373 = 93,25%	17 = 4,25%	10 = 2,50%	400
1901–1924	308 = 89,54%	30 = 8,72%	6 = 1,74%	344

[a] ohne Employers' Liability- und Workmen's Compensation-Fälle
Quelle: Protokollbücher (wie Tabelle 3.2)

Tabelle 3.7: Grafschaftsgerichte 1847–1925: Verhältnis Arbeitnehmerklagen zu Arbeitgeberklagen nach Presseberichten[a]

	AN v. AG	AG v. AN	unbekannt	Gesamt
1847–1876	129 = 93,48%	9 = 6,52%	–	138
1877–1900	152 = 93,83%	10 = 6,17%	–	162
1901–1924	87 = 86,14%	14 = 13,86%	–	101

[a] ohne Employers' Liability- und Workmen's Compensation-Fälle
Quelle: Sample aus Presseberichten

Im Hinblick auf die Erfolgsfrage ist zu berücksichtigen, daß längst nicht alle begonnenen Verfahren mit einem Urteil endeten und daß viele Urteile eingetragen wurden, ohne daß eine Anhörung vor Gericht stattfand. Zählt man nur diejenigen Arbeitnehmerklagen, die zu einem Urteil führten (unabhängig davon, ob es zu einer Anhörung kam oder nicht), sowie diejenigen, bei denen die geforderte Summe vor Verhandlungsbeginn im Gericht eingezahlt wurde, so ergibt sich für klagende Arbeitnehmer eine Erfolgsrate, die um einen Mittelwert von 56 Prozent pendelte.[203] Das entsprach ungefähr dem Wert in den Friedensgerichten, jedoch mit dem entscheidenden Unterschied, daß die *county courts* viel mehr Arbeitnehmerklagen bearbeiteten (Tabelle 3.8). Die Analyse der Zeitungsberichte unter dem Gesichtspunkt des Klageerfolgs zeigt auch hier im wesentlichen das gleiche Resultat wie es aus den Protokollbüchern zu ermitteln ist. Arbeitnehmer waren den Presseberichten zufolge im Durchschnitt in 61 Prozent der von ihnen angestrengten Klagen erfolgreich (Tabelle 3.9).

---

[203] Auch Teilzahlungen habe ich als ‚Erfolg' gewertet, wenn sie vom Kläger akzeptiert wurden. *Employers' Liability-* und *Workmen's Compensation*-Fälle wurden nicht berücksichtigt.

Tabelle 3.8: Grafschaftsgerichte 1847–1925: Klageerfolge der Arbeitnehmer an ausgewählten Gerichtsorten

Zeitraum	AN-Klagen insgesamt	Ausgang unbekannt	Ausgang bekannt	AN-Erfolg	AN-Mißerfolg	„withdrawn"/ „struck out"
1847–1876	518	128	390	223 = 57,18%	86 = 22,05%	81 = 20,77%
1877–1900	373	88	285	179 = 62,81%	40 = 14,03%	66 = 23,16%
1901–1924	308	56	252	120 = 47,62%	38 = 15,08%	94 = 37,30%

Quelle: Protokollbücher (wie Tabelle 3.2)

Tabelle 3.9: Grafschaftsgerichte 1847–1925: Klageerfolge der Arbeitnehmer nach Presseberichten

Zeitraum	AN-Klagen insgesamt	Ausgang unbekannt	Ausgang bekannt	AN-Erfolg	AN-Mißerfolg
1847–1876	129	13	116	58 = 50,00%	58 = 50,00%
1877–1900	152	1	151	107 = 70,86%	44 = 29,14%
1901–1924	87	0	87	51 = 58,62%	36 = 41,38%

Quelle: Sample aus Presseberichten

Klagende Arbeitnehmer waren damit allerdings weniger erfolgreich als die Gesamtheit *aller* Kläger in den *county courts*. Diese erreichten den Justizstatistiken zufolge stets in mehr als 95 Prozent der entschiedenen Fälle ein für sie günstiges Urteil, und daran änderte sich im gesamten Untersuchungszeitraum nichts. Blieben somit die Erfolgsaussichten für die Gesamtheit *aller* Kläger konstant hoch, waren sie für klagende Arbeitnehmer gewissen Schwankungen unterworfen. Im letzten Viertel des 19. Jahrhunderts lagen die Erfolgschancen der Arbeitnehmer deutlich über den Durchschnittswerten von 56 beziehungsweise 61 Prozent, im ersten Viertel des 20. Jahrhunderts darunter. Nimmt man hinzu, daß nach 1900 auch die Arbeitgeber etwas häufiger als zuvor als Kläger in Erscheinung traten, läßt sich daraus auf eine gewisse Verhärtung der Rechtsprechung in den Grafschaftsgerichten gegenüber Arbeitnehmern schließen. Ob freilich diese *ex post* erkennbare leichte Verschlechterung der Erfolgschancen von den zeitgenössischen Arbeitnehmern überhaupt wahrgenommen werden konnte, erscheint höchst fraglich. Dafür war der Trend denn doch nicht drastisch genug. Als Erklärung für die allmähliche Abkehr von den *county courts* reicht der Faktor Klageerfolg jedenfalls nicht aus.

Einen Hinweis auf mögliche Gründe liefert jedoch die genauere Analyse des Anteils der ohne Urteil endenden Arbeitnehmerklagen. Dieser Anteil stieg im Laufe des Untersuchungszeitraums kontinuierlich an, sehr im Unterschied zum Trend bei der Gesamtheit *aller* Klagen in den *county courts*. Während in den *county courts* insgesamt immer mehr Fälle durch Urteil abgeschlossen wurden, endeten bei den Arbeitsstreitigkeiten mehr und mehr Fälle damit, daß eine vorzeitige Einzahlung ins Gericht stattfand oder daß die Klage ausgestrichen oder zurückgezogen wurde. Arbeitnehmer und Arbeitgeber schreckten offenbar immer öfter davor zurück, einen Streit bis zum bitteren Ende auszufechten (Tabelle 3.10).

Tabelle 3.10: Grafschaftsgerichte 1847–1925: Verhältnis der durch Urteil entschiedenen Fälle zu den auf andere Weise („paid", „struck out", „withdrawn", „not served") erledigten Fälle

Zeitraum	Klagen insgesamt	Ausgang unbekannt	Ausgang bekannt	durch Urteil entschieden	anders erledigt
1847–1876	560	135	425	267 (62,82%)	158 (37,18%)
1877–1900	400	93	307	144 (46,91%)	163 (53,09%)
1901–1924	344	54	290	106 (36,55%)	184 (63,45%)

Quelle: Protokollbücher (wie Tabelle 3.2)

Die Zahlen lassen darauf schließen, daß Arbeitnehmer und Arbeitgeber das streitige Verfahren vor einem ordentlichen Gericht zunehmend als ungeeignet zur Lösung ihrer Konflikte empfanden. Sie suchten nach anderen Lösungswegen, aber sie bekamen nur das geboten, was die reguläre Justiz ihnen vorsetzte: ein im Verhältnis zur Streitsumme kostspieliges, oft langwieriges und in jedem Fall für beide Seiten ärgerliches Verfahren, dessen Ausgang ungewiß war und von dem am Ende oft nur die Anwälte profitierten. In den Protokollbüchern der späteren Jahrzehnte finden sich unter den tatsächlich vor Gericht ausgetragenen Verfahren etliche, die wieder und wieder vertagt wurden, sei es aus Zeitmangel, sei es, weil die hinzugezogenen Anwälte komplizierte Fragen aufwarfen, die nicht sogleich entschieden werden konnten. Arbeitgeber wichen dem aus, indem sie lieber gleich bezahlten oder ihre Beschäftigten durch welche Methoden auch immer dazu bewogen, die Klage zurückzuziehen. Zu gewinnen hatten Arbeitgeber in Lohn- oder Kündigungsfällen ohnehin nicht viel, außer vielleicht, wie es ein Rechtsratgeber für Laien formulierte, „die zweifelhafte Ehre, eine bisher ungeklärte Rechtsfrage durch den County Court geklärt zu sehen."[204] Für

---

[204] Anon. [A Barrister-at-Law], The Home Counsellor, London o.J. [nach 1938], S. 233.

die Arbeitnehmer wiederum war es allemal attraktiver, ein vielleicht nur halb befriedigendes Angebot des Arbeitgebers anzunehmen als das Risiko eines Prozesses mit hohen Kosten und ungewissem Ausgang einzugehen. Bei vielen Arbeitnehmern mag im übrigen genau dies der Hauptzweck der Klage gewesen sein: Sie wollten Druck auf den Arbeitgeber ausüben, ein solches Kompromißangebot zu machen. Erfolgte es, war es gut, erfolgte es nicht, verzichtete man lieber auf weitere Schritte, um nicht noch mehr zu verlieren.

Nicht das Mißtrauen gegen die Richter als Personen, nicht die Annahme einer wie immer gearteten einseitigen Urteilspraxis in den Grafschaftsgerichten, nicht real oder in der Einbildung sinkende Erfolgsaussichten führten zu dieser Entwicklung. Ausschlaggebend, zumindest mitentscheidend für die zunehmende Abkehr vom streitigen Verfahren waren vielmehr Gründe, für die man niemanden persönlich verantwortlich machen konnte. Es waren Gründe, die mit dem schleichenden Funktionswandel der *county courts* und den daraus resultierenden Veränderungen der alltäglichen Gerichtspraxis zu tun hatten, Gründe mit anderen Worten, die eher in den institutionellen Rahmenbedingungen als in der Entscheidungsgewalt einzelner Personen lagen. Einige Faktoren, die das Erscheinungsbild der Grafschaftsgerichts-Justiz im Untersuchungszeitraum veränderten und die Abkehr vom streitigen Verfahren mitverursacht haben könnten, werden im folgenden benannt.

FUNKTIONSWANDEL DER GRAFSCHAFTSGERICHTE: MARGINALISIERUNG DER INDIVIDUALKLÄGER

Eine Maschinerie zur Schuldeneintreibung waren die *county courts* von Anfang an. Notorische Kläger waren die schottischen *tallymen*: ambulante Textil- und Kurzwarenhändler, die an der Haustür Waren gegen Ratenzahlung verkauften, dann oft nicht pünktlich bezahlt wurden und daher in einer Art symbiotischer Beziehung mit den *county courts* lebten.[205] Viele Richter in englischen Industrierevieren betrachteten die *tallymen* als eine Landplage und scheuten sich nicht, ihnen besonders hohe Beweispflichten aufzuerlegen, wenn sie serienweise Arbeiter und arme Leute wegen angeblicher Zahlungsunwilligkeit ins Gefängnis bringen lassen wollten, um sie zur Zahlung zu zwingen. Tatsächlich standen in diesen Fällen meist die

---

[205] Hierzu: G. R. Rubin, The County Courts and the Tally Trade, 1846–1914, in: ders. u. David Sugarman (Hg.), Law, Economy and Society, S. 321–348.

Frauen als die eigentlichen Käufer und stellvertretend für ihre Männer vor Gericht.

Aber es waren schon bald nicht mehr nur ambulante Textilhändler, sondern zunehmend auch andere Großhändler, Firmen, Schuldenaufkäufer und halböffentliche Einrichtungen wie Gas- und Wasserwerke, die durch ihre Massenklagen, manchmal bis zu 150 am Tag, die Zeit der Grafschaftsrichter und ihrer *registrars* fast vollständig in Anspruch nahmen. Ähnlich wie die Verkehrsdelikte die Friedensgerichte überschwemmten, beherrschten diese Massenklagen den Alltag der Grafschaftsgerichte. Auch die Rationalisierung der Protokollführung durch Stempel für häufig wiederkehrende Kläger und für ihren normalen Streitgegenstand (*goods sold*) konnte die Verstopfung der Gerichte mit derartigen Fällen nicht beseitigen.[206] Schon am äußeren Erscheinungsbild der *Plaint and Minute books* läßt sich ablesen, wie die Massenkläger etwa seit den neunziger Jahren des 19. Jahrhunderts im Gerichtsalltag immer mehr in den Vordergrund drängten. Die Leidtragenden waren die Einzelkläger, darunter Arbeitnehmer, deren Fälle aus Zeitmangel vertagt und oft Wochen später gebündelt an einem bestimmten Tag behandelt werden mußten, damit sie nicht ganz untergingen. Daß viele Einzelkläger unter diesen Umständen auf die Fortführung der Angelegenheit oder überhaupt auf eine Klage verzichteten, ist leicht einzusehen.

Ein zweiter Faktor, der sich ähnlich negativ für Einzelkläger auswirkte, war die Kompetenzerweiterung der Grafschaftsgerichte für eine Reihe spezieller und meist komplizierter Rechtsmaterien. Diese Entwicklung machte sich etwa von der Jahrhundertwende an immer stärker bemerkbar. Für *Workmen's Compensation*-Fälle mit ihren langwierigen Anhörungen technischer Experten und medizinischer Gutachter und ihren wiederkehrenden Anträgen von Arbeitgeber- oder Arbeitnehmerseite auf Überprüfung der wöchentlichen Entschädigungszahlung mußten in den größeren städtischen *county courts* nun oft ein bis zwei Tage pro Woche reserviert werden. Die Zahl der durch den Grafschaftsrichter als Schiedsrichter zu entscheidenden *Workmen's Compensation*-Fälle stieg in den Jahren bis zum Ersten Weltkrieg steil an von 1500 im Jahr 1900 auf 8100 im Jahr 1911; danach begann sie wieder zu sinken bis auf 5000 im Jahr 1923. Im gleichen Zeitraum stieg die Zahl der zu registrierenden Memoranden über außergerichtliche Einigungen unter dem Gesetz von 1200 im Jahr 1900 auf 23 100 im Jahr 1911, um dann bis 1923 langsam auf 17 000 zurückzugehen.[207] Daneben hatten die

---

[206] Für Beispiele siehe oben, Fn. 145 u. 151.
[207] Vgl. die Tabellen für die Jahre bis 1913 bei Bartrip, Workmen's Compensation, S. 20, 22 u.

größeren Grafschaftsgerichte auch *Equity*-Angelegenheiten und Bankrotte zu bearbeiten, beides Aktivitäten, für die ebenso wie für *Workmen's Compensation*-Sachen spezielle Register geführt wurden. Die Notgesetzgebung während des Ersten Weltkriegs, die es den Gerichten erlaubte, Schulden, Mietzahlungen und Vertragserfüllungen für die Dauer des Krieges zurückzustellen, erzeugte vor allem in den ersten Nachkriegsjahren zusätzliche Prozesse, als die Gläubiger ihre Foderungen erneut vorzubringen versuchten.[208] Prozesse um die Liquidation von Altschulden verstorbener Personen und nicht mehr weitergeführter Betriebe stellten ein weiteres kompliziertes Problem dar. Sehr zeitraubend waren schließlich die im und nach dem Ersten Weltkrieg stark zunehmenden Klagen von Vermietern, Maklern und Kreditanstalten auf Wiederinbesitznahme (*possession*) von Grundstükken, Häusern und Wohnungen, deren Hypotheken oder Mieten von den Besitzern nicht mehr bezahlt werden konnten. In der Nachkriegszeit mußten auch für diesen Klagetyp vielerorts spezielle Gerichtage reserviert werden.

Infolge dieser Entwicklungen ließ der Zeitdruck im Gerichtsalltag in den frühen zwanziger Jahren des 20. Jahrhunderts nicht nach, obwohl die Anzahl der ‚normalen‘ Klagen weitaus niedriger als in der Vorkriegszeit lag. So kam es vor, daß selbst geringfügige Lohnklagen, bei denen (ausnahmsweise) einmal beide Parteien persönlich erschienen waren, mehrmals verschoben wurden, anstatt am gleichen Tage erledigt zu werden, wie es in viktorianischer Zeit die Regel gewesen war. Neben der Vielzahl spezieller Materien, für die eigene Sitzungen anberaumt werden mußten, war also für das, was urprünglich das ‚normale‘ Geschäft der Grafschaftsgerichte bilden sollte – die kleinen Klagen kleiner Leute –, kaum noch Platz. Die *county courts* nahmen seit dem späten 19. Jahrhundert den Charakter einer Agentur an, in deren unübersichtlichen Verfahren sich nur noch die notorischen Vielkläger und die Anwälte zurechtfanden. Privatkläger brauchten viel Geld und Geduld, wenn sie in diesem System zum Ziel kommen wollten. Beides waren Güter, die Arbeitnehmern kaum zur Verfügung standen, es sei denn, sie konnten die Rechtsberatung und -hilfe einer Gewerkschaft in Anspruch nehmen. Die typischen Arbeitnehmerkläger – Dienstmädchen, Verkäuferinnen, Lieferanten, Music-Hall Artisten, Vertreter usw. – konnten dies in

---

68 f. Die Zahlen für 1923 in den Civil Judicial Statistics, PP 1924–25, XXVIII (Cmd. 2277), Table XX (9.), S. 34.

208 Vgl. *Courts Emergency Powers Act*, 4 & 5 Geo. 5, c. 78 (1914) sowie ergänzende und ausdehnende Gesetze von 1916, 1917, 1919 und 1920. Die normale Gerichtspraxis wurde ab September 1923 durch den *Expiring Laws Continuance Act*, 13 & 14 Geo. 5, c. 37 wiederhergestellt.

der Regel nicht, und so erklärt sich der Rückgang der Arbeitsstreitigkeiten (mit Ausnahme der *Workmen's Compensation*-Fälle) zum Teil aus den genannten institutionellen Veränderungen. Glaubt man den Justizkritikern und Verbraucherschützern der Gegenwart, hat sich an diesen Mißständen des Systems der *county courts* seit dem Ersten Weltkrieg nichts geändert; ein Zeitungsbericht von 1993 beschreibt das System als einen „Trümmerhaufen".[209]

Der Anspruch der *Common law*-Juristen, daß das ‚gewöhnliche Recht' und die ordentliche Justiz in einer komplexen Industriegesellschaft wie der englischen des 20. Jahrhunderts zur Regelung aller Rechtsprobleme ausreichen müßten, führte also auf der Ebene der niederen Zivilgerichtsbarkeit zu einer Überlastung mit einer Vielfalt von Aufgaben, die, wie zum Beispiel im Fall des *Workmen's Compensation Act*, oft eher administrativer als juridischer Natur waren. Die personelle und sachliche Ausstattung der Grafschaftsgerichte blieb demgegenüber fast unverändert. Das hatte zur Folge, daß die gewöhnlichen vertrags- und deliktsrechtlichen Streitigkeiten, für welche die *county courts* ursprünglich eingerichtet worden waren, zur Nebensache wurden. Die Abkehr der Arbeitnehmer und Arbeitgeber von den Grafschaftsgerichten läßt sich so zum Teil aus aus dem Funktionswandel der Institution erklären.

4. Schieds- und Einigungsstellen

Ein funktionales Äquivalent für Arbeitsgerichte?

Bis in die siebziger Jahre des 20. Jahrhunderts galt es in Großbritannien als selbstverständlich, daß das Recht und die Gerichte mit der Beilegung von Arbeitsstreitigkeiten möglichst nichts zu tun haben sollten. Je weniger die Juristen sich einmischten, desto besser – so lautete die übereinstimmende Meinung fast aller Beteiligten.[210] Dem Hinweis auf die Arbeitsgerichtsbarkeit anderer Länder begegnete man mit dem Argument, daß britische Arbeitnehmer kaum dazu zu bewegen seien, eine mit rechtlichen Zwangsmitteln ausgestattete Institution zu akzeptieren. Zur Begründung der abweh-

---

[209] Vgl. Danny Lee, Courts short, in: Time Out, 3.–10. Nov. 1993, S. 13: „Plaintiffs are increasingly finding themselves victims of negligence and maladministration in the shambolic county courts system."

[210] Vgl. die einleitenden Sätze in Wedderburn, Worker, S. 13: „Most workers want nothing more of the law than that it should leave them alone. In this they can be said to display an instinct that is fundamental to British industrial relations."

renden Haltung verwies man auf die Geschichte, genauer auf jene Meistererzählung von der Selbstbefreiung der Arbeiterbewegung aus Klassengesetzgebung und Klassenjustiz, die uns aus dem ersten Kapitel bekannt ist.
In dieser Erzählung geht es freilich nicht nur um die Verdrängung der
Justiz aus dem Arbeitsleben. Die Erzählung hat vielmehr auch eine positive
Seite. Sie handelt von dem einzigartigen Auf- und Ausbau eines immer per-
fekteren und umfassenderen Systems der Streitschlichtung und des kollektiven Verhandelns im Laufe des späten 19. und frühen 20. Jahrhunderts. Die
Genese dieses Systems ist untrennbar mit dem Aufstieg der britischen Gewerkschaften verbunden. Entsprechend positiv wird das kollektive Verhandeln als typisch britische Methode der Konfliktlösung von den meisten Historikern der Arbeiterbewegung und auch von den Arbeitsrechtlern bewertet. Viele Autoren scheinen davon auszugehen, ohne es immer eigens zu begründen, daß das System des kollektiven Verhandelns eine Art Ersatz für
die bis 1964/71 nicht vorhandene Arbeitsgerichtsbarkeit in Großbritannien
darstellte.[211] Es ist jedoch bisher unklar, ob der ausdifferenzierte Einigungs-
und Schlichtungsapparat im Rahmen des kollektiven Verhandelns tatsächlich jene Aufgaben mitübernahm, die von der ordentlichen Justiz in England offensichtlich nicht (mehr) erfüllt wurden. Kann man wirklich ohne
weiteres annehmen, daß die Einigungsausschüsse und Schiedsverfahren, die
paritätischen Kommissionen und die informellen Verhandlungs- und Ein-
spruchsprozeduren in den Betrieben den Gang zum Gericht erübrigten?
Waren es diese Einrichtungen, die für englische Arbeitnehmer und Arbeitgeber den Rekurs auf den Rechtsweg überflüssig gemacht haben? Mit dieser, in der Forschung eher stillschweigend vorausgesetzten als ernsthaft
überprüften Annahme befassen sich die folgenden Überlegungen.

Träfe diese Annahme zu, so wäre eine zusätzliche Erklärung für die beschriebene Abkehr von den Friedens- und Grafschaftsgerichten gewonnen.
Die seit den siebziger Jahren des 19. Jahrhunderts sich ausbreitenden
Schieds- und Einigungsstellen (*arbitration and conciliation boards*) hätten
dann dafür gesorgt, daß die ordentliche Justiz immer seltener und schließlich nur noch in Ausnahmefällen bemüht werden mußte. Damit wären die
freiwilligen britischen Einrichtungen auch als funktionales Äquivalent für
die Arbeitsgerichtsbarkeit in anderen Ländern, etwa in Deutschland, zu

---

[211] Am klarsten formuliert wird diese These von Ralf Rogowski u. Adam Tooze, Individuelle
Arbeitskonfliktlösung und liberaler Korporatismus. Gewerbe- und Arbeitsgerichte in
Frankreich, Großbritannien und Deutschland im historischen Vergleich, in: Vorträge zur
Justizforschung, Bd. 1, hrsg. v. Heinz Mohnhaupt u. Dieter Simon, Frankfurt/Main 1992,
S. 317–386, S. 333 u. 377.

verstehen. So sah es jedenfalls im Jahr 1906 ein deutscher Beobachter, Waldemar Zimmermann, der wie viele andere Deutsche um die Jahrhundertwende nach Großbritannien gereist war, um dort die Methoden der friedlichen Beilegung von Arbeitskonflikten zu studieren und seinen Landsleuten zur Nachahmung zu empfehlen.[212] Zimmermann betrachtete die von unten herauf gewachsenen britischen Schieds- und Einigungsstellen als Äquivalente zu der von oben herab verordneten deutschen Gewerbegerichtsbarkeit:

> Aus der freiwilligen Übereinkunft der beteiligten beiden Lager sind gemeinsame Ausschüsse erwachsen, die die Rechtsstreitigkeiten und Auslegungsschwierigkeiten aus dem Arbeitsvertrage schlichten oder entscheiden, während in Deutschland das die Gewerbegerichte besorgen.[213]

Die Ausführungen des deutschen Autors lassen erkennen, daß er bei seinem Vergleich primär an die Funktion der Gewerbegerichte als Einigungsämter dachte, nicht so sehr an ihre im engeren Sinne gerichtliche Tätigkeit bei individuellen Konflikten, die ja, wie wir noch sehen werden, im Alltag der Gewerbegerichte den weitaus größten Raum einnahmen. Was Zimmermann an den freiwilligen Einigungs- und Schlichtungsstellen in Großbritannien so faszinierte und was sie in seinen Augen vorteilhaft von dem „künstlich von oben geschaffenen Mechanismus" der deutschen Gewerbegerichte (als Einigungsämter) abhob, war die streikverhindernde und erzieherische Wirkung der britischen Einrichtungen.[214] Das Wunschbild einer befriedeten Arbeitswelt ohne kollektive Arbeitskämpfe durchzieht den gesamten Text und führte bei Zimmermann des öfteren zur Idealisierung der britischen Zustände. Wenn er an der soeben zitierten Stelle von „Rechtsstreitigkeiten und Auslegungsschwierigkeiten aus dem Arbeitsvertrage" sprach, so hatte er dabei nicht in erster Linie Einzelarbeitsverträge vor Augen, sondern das, was andere deutsche Autoren, zum Beispiel Philipp Lotmar, zu diesem Zeitpunkt bereits üblicherweise als Tarifverträge bezeichneten.[215] Gewiß

---

[212] Waldemar Zimmermann, Gewerbliches Einigungswesen in England und Schottland (Schriften der Gesellschaft für Soziale Reform, Heft 22), Jena 1906. Der Autor berichtete über eine Studienreise nach Großbritannien, an der unter anderem auch Vertreter der Hirsch-Dunckerschen und der christlichen Gewerkschaften, darunter Heinrich Imbusch und Adam Stegerwald, teilgenommen hatten. Auch deutsche Arbeitgeber entsandten gelegentlich Beobachter nach England, doch waren diese weniger enthusiastisch. Vgl. z. B.: Berichte der von industriellen und wirthschaftlichen Vereinen nach England entsendeten Kommission zur Untersuchung der dortigen Arbeiterverhältnisse, hrsg. von den betreffenden Vereinsvorständen, Berlin 1890.

[213] Zimmermann, Einigungswesen, S. 13.

[214] Ebd., S. 14.

[215] Die Begriffe ‚Arbeitsvertrag' und ‚Tarifvertrag' hatten sich um 1906 in der deutschen Dis-

traten unterschiedliche Interpretationen von Tarifverträgen häufig an Einzelfällen zutage, insofern hatten es die britischen Schieds- und Einigungsstellen auch mit derlei „Bagatellkonflikten", wie Zimmermann sie an anderer Stelle abfällig nennt, zu tun.[216] Aber Zimmermann interessierte sich in seinem Bericht nicht weiter für die Frage, in welcher Weise Tarifverträge zu rechtwirksamen Bestandteilen von Individualarbeitsverträgen werden konnten und wie die englische Praxis in diesem Punkt aussah. Im Gegensatz zur deutschen Rechtswissenschaft, die sich um die Jahrhundertwende intensiv mit diesem Problem zu befassen begann,[217] war Zimmermann an scharfen Unterscheidungen zwischen Rechtskonflikten einerseits, rein wirtschaftlichen Interessenkonflikten andererseits gar nicht gelegen. Ebensowenig differenzierte er sorgfältig zwischen individuellen und kollektiven Streitigkeiten.[218] Vielmehr wollte er gerade zeigen, daß ein Streitschlichtungssystem auch ohne juristische Distinktionen und ohne detaillierte gesetzliche Vorschriften auskam, ja daß ein flexibles System wie das britische besser funktionierte als die überregulierten, an die Gewerbegerichte angegliederten deutschen Einigungsämter.

DER BEGRIFF DES ‚DISPUTS' UND SEINE FOLGEN FÜR DIE WAHRNEHMUNG INDIVIDUELLER ARBEITSSTREITIGKEITEN

Die Flexibilität der Prozeduren und die Unschärfe der Definitionen werden in britischen Darstellungen jüngeren Datums als positives Merkmal der industriellen Beziehungen in Großbritannien hervorgehoben. Eine zu starke

---

kussion noch nicht endgültig verfestigt. Vgl. zur Begriffsgeschichte von ‚Arbeitsvertrag': Rückert, „Frei" und „sozial", hier S. 229–243. Hinweise zum Begriff ‚Tarifvertrag' um 1900 bei: Philipp Lotmar, Die Tarifverträge zwischen Arbeitgebern und Arbeitnehmern, in: Archiv für soziale Gesetzgebung und Statistik 15 (1900), S. 1–122. Sinzheimer sprach in seinem Hauptwerk noch vom „korporativen Arbeitsnormenvertrag": Hugo Sinzheimer, Der korporative Arbeitsnormenvertrag. Eine privatrechtliche Untersuchung. 2 Teile. Unveränderter Nachdruck der 1. Auflage von 1907/08, Darmstadt 1977. Vgl außerdem: Waldemar Zimmermann, Art. Tarifvertrag, in: Handwörterbuch der Staatswissenschaften, 4. Aufl., Bd. 8, Jena 1928, S. 1–33, hier S. 2 f.; ferner: Peter Ullmann, Tarifverträge und Tarifpolitik in Deutschland bis 1914. Entstehung und Entwicklung, interessenpolitische Bedingungen und Bedeutung des Tarifvertragswesens für die sozialistischen Gewerkschaften, Frankfurt/Main 1977, hier bes. S. 14–19 u. 106 ff.

[216] Zimmermann, Einigungswesen, S. 69 u. 95.

[217] Hierzu im Überblick: Gerd Bender, Strukturen des kollektiven Arbeitsrechts vor 1914, in: Harald Steindl (Hg.), Wege zur Arbeitsrechtsgeschichte, Frankfurt/Main 1984, S. 251–293.

[218] Vgl. Zimmermann, Einigungswesen, S. 36. Dort kommt er auf die *joint committees* im Kohlenbergbau von Northumberland und Durham zu sprechen, die „nur individuelle Streitfragen der einzelnen Gruben, ja einzelner Örter behandeln" würden. Was er hier „individuelle Streitfragen" nennt, waren natürlich oft kollektive Konflikte.

Formalisierung oder gar Verrechtlichung der Methoden des Streitschlichtens gilt allgemein als abträglich für den Erfolg. Autoren wie Allan Flanders, Otto Kahn-Freund und K.W. Wedderburn sehen es keineswegs als Nachteil an, daß man im britischen Arbeitsleben auf präzise Unterscheidungen zwischen individuellen und kollektiven Konflikten, zwischen Streitigkeiten aus bestehenden Verträgen und Streitigkeiten um zukünftig zu schließende Verträge immer verzichtet habe.[219] Eine Ausnahme bildeten einmal mehr Sidney und Beatrice Webb, die in ihrem Hauptwerk „Industrial Democracy" großen Wert auf genaue Definitionen legten und dafür eintraten, Konflikte um neue Vereinbarungen und Konflikte um die Interpretation bestehender Verträge sorgfältig auseinanderzuhalten.[220] Auch standen die Webbs der Verrechtlichung als gewerkschaftlicher Strategie generell aufgeschlossen gegenüber. Für bestimmte Konfliktfelder, namentlich Fragen der Sicherheit am Arbeitsplatz und der Länge des Arbeitstags, erschien ihnen die Methode des „legal enactment" angemessener als freiwillige Schiedsverfahren oder freies Verhandeln.[221] Ausgiebig kritisierten die Webbs die unpräzisen Begriffe ihrer Zeitgenossen und das planlose Experimentieren mit verschiedenen Formen des Verhandelns und Streitschlichtens. In der Praxis kümmerte man sich aber wenig um die Mahnungen der Webbs. Gewerkschaftssekretäre, Arbeitgeber, Ministerialbeamte und auch der Gesetzgeber sprachen stets nur von ‚gewerblichen Disputen', ohne danach zu fragen, ob es sich um Rechts- oder Interessenkonflikte handelte, und ohne einen prinzipiellen Unterschied zu sehen, wenn einmal mehrere tausend, dann wieder nur ganz wenige Arbeitnehmer in den ‚Disput' verwickelt waren. Typisch für die allgemeine begriffliche Unschärfe war die Definition des *Trade Disputes Act* von 1906:

In this Act … the expression ‚trade dispute' means any dispute between employers and workmen, or between workmen and workmen, which is connected with the employment or non-employment, or the terms of the employment, or with the conditions of labour, of any person, … .[222]

---

[219] Allan Flanders, Collective Bargaining, in: ders. u. H.A. Clegg (Hg.), The System of Industrial Relations in Great Britain. Its History, Law and Institutions, Oxford 1954, S. 252–322, S. 254 f.; Kahn-Freund, Legal Framework, S. 97 f.; Wedderburn u. Davies, Employment Grievances, S. 57 f. u. 66.

[220] Webb, Industrial Democracy, hier bes. S. 182 ff., 191, 205, 225 f. Vgl. auch E.P. Hennock, Lessons from England: Lujo Brentano on British Trade Unionism, in: German History 11 (1993), S. 140–160, S. 151.

[221] Webb, Industrial Democracy, S. 255 ff., 796–806 (Abwägung zwischen den Vor- und Nachteilen von *collective bargaining* und *legal enactment*).

[222] 6 Edw. 7, c. 47 (1906), s. 5 (3).

Die Formulierung läßt offen, ob mit den hier angesprochenen „terms" und „conditions" vertraglich bereits festgelegte oder noch festzulegende Arbeitsbedingungen gemeint waren; ebenso unterscheidet sie auch nicht zwischen Individual- und Kollektivstreitigkeiten. Ähnlich dehnbare Formulierungen finden sich in den Statuten der *boards of conciliation, boards of arbitration* und *joint committees*, die seit den siebziger Jahren des 19. Jahrhunderts in immer mehr Industrien etabliert wurden. Sofern sich diese Gremien schriftliche Regeln gaben, beschränkten sich diese meist darauf, bestimmte Prozeduren bezüglich Zusammensetzung und Beschlußfassung festzulegen. Über die sachliche Zuständigkeit wurde dagegen in der Regel kaum etwas gesagt.[223] Immerhin läßt sich aus den Namen mancher Gremien ablesen, daß sie ausschließlich mit einem bestimmten Typ von ‚Disput' zu tun hatten. So befaßte sich etwa das *Tyne Shipwrights', Joiners' and Employers' Standing Committee for Demarcation of Work* nur mit Konflikten um die Abgrenzung zwischen bestimmten *jobs* auf den Schiffswerften an der Tynemündung.[224] Bei den meisten Einigungsausschüssen auf nationaler, regionaler oder lokaler Ebene überwogen aber weitgefaßte Aufgabenbestimmungen. Die 1905 für das britische Baugewerbe verabschiedeten Richtlinien umschrieben den Zweck der zu errichtenden *conciliation boards* folgendermaßen:

The object of the Conciliation Boards shall be to adjust all questions or disputes relating to hours of labour, rates of wages, working rules and demarcation of work that may from time to time arise and be referred to them either by Employers or

---

[223] Eine Sammlung und Kommentierung der Statuten von 194 *boards* in: PP 1908 (Cd. 3788) XCVIII: Report on Rules of Voluntary Conciliation and Arbitration Boards and Joint Committees, London 1907. Die Statuten neugegründeter *boards* sowie Auszüge aus den Tätigkeitsberichten der bestehenden Einrichtungen finden sich regelmäßig in den ab 1889 vom Handelsministerium herausgegebenen und in den *Parliamentary Papers* publizierten Berichten über Streiks und Aussperrungen. Die folgenden Beispiele entstammen dem Report on Strikes and Lock-Outs and on Conciliation and Arbitration Boards in the United Kingdom in 1905, PP 1906 [Cd. 3065] CXII. Berichte über einzelne Fälle vor den Schieds- und Einigungsstellen finden sich außerdem regelmäßig in der *Labour Gazette* unter der Rubrik „Recent Conciliation & Arbitration Cases and Collective Agreements". Nach diesen Mitteilungen zu urteilen, hätten es die *boards* nahezu ausschließlich mit kollektiven Auseinandersetzungen um zukünftige Arbeitsbedingungen zu tun gehabt, aber dies spiegelt mehr die Interessen der Berichterstatter als die Realität wider.

[224] Report on Strikes and Lock-Outs, 1905, S. 112. Im Jahr 1905 behandelte dieses Komitee lediglich zwei Fälle: „One case was a question as to whether joiners or shipwrights should fit insulation round engine and boiler casings of a certain ship. It was decided that this was a special case and that joiners and shipwrights should do one half each. The other case was a question of stowage ... and this was left in the hands of the manager of the yard affected."

Operatives with a view to an amicable settlement of the same without resorting to strikes or lock-outs.[225]

Das war noch relativ ausführlich. In anderen Statuten hieß es lapidar, daß der betreffende *board* sich mit „allen Fragen", welche die Interessen der Beschäftigten und Arbeitgeber berührten, oder einfach mit „allen Fragen", die mit dem betreffenden Gewerbe zusammenhingen, befassen sollte.[226]

Aufgrund der ungenauen Aufgabenbeschreibung in vielen Statuten ist es nicht leicht, die oben gestellte Frage nach den quasi-gerichtlichen Funktionen der Einigungs- und Schiedsstellen zu beantworten. Nur Einzelstudien können klären, ob die betreffenden *boards* und *committees* jeweils auch bei individuellen Streitigkeiten, zum Beispiel bei Kündigungen, in Aktion traten und was sie in solchen Fällen für den einzelnen Beschwerdeführenden leisteten. Weder zeitgenössische Beobachter noch die Forschung haben sich für dieses Problem in nennenswertem Umfang interessiert.[227] Das erklärt sich zum Teil aus der Entstehungsgeschichte der Schieds- und Einigungsstellen.[228] Auf Seiten der Arbeitgeber war die primäre Motivation beim Aufbau dieser Einrichtungen überall die Verhinderung großer Streiks und Aussperrungen. Das Ziel der Domestizierung von Arbeitskämpfen bestimmte auch die Versuche des Staates, das Einigungs- und Schlichtungswesen durch legislative Eingriffe zu fördern.[229] Bei den Gewerkschaften ging es zunächst um die Anerkennung als gleichberechtigte Verhandlungspartner durch Arbeitgeber und staatliche Behörden. War dies einmal erreicht, stand die Sicherung größtmöglicher Vorteile für die eigene Mitgliedschaft im Vordergrund. Ins Bewußtsein einer weiteren Öffentlichkeit rückten die Einigungs- und Schlichtungsstellen nur anläßlich größerer Lohnkämpfe und damit verbundener tatsächlicher oder angedrohter Arbeitskampfmaßnahmen. Bei allen unmittelbar oder mittelbar Beteiligten standen also die kollektiven Konflikte im Mittelpunkt der Aufmerksamkeit. Die historische Forschung schließlich hat die verschiedenen Verfahren und Institutionen

---

225 Ebd., S. 127 (Rules for the Establishment and Governance of Conciliation Boards in the Building Trade).

226 Ebd., S. 129 (Board of Conciliation for the Cumberland Iron Ore Trade) u. 130 (Standing Committee for the Louis XV. Heel Trade).

227 Einzige Ausnahme, allerdings nur bezogen auf die Realität der sechziger Jahre des 20. Jahrhunderts, ist die Studie von Wedderburn u. Davies, Employment Grievances.

228 Siehe dazu: V. L. Allen, The Origins of Industrial Conciliation and Arbitration, International Review of Social History 9 (1964), S. 237–254.

229 Hierzu bes. Roger Davidson, The Board of Trade and Industrial Relations 1896–1914, in: Historical Journal 21 (1978), S. 571–591. Ferner auch: Christoph Cornelißen, Das „Innere Kabinett". Die höhere Beamtenschaft und der Aufbau des Wohlfahrtsstaates in Großbritannien 1893–1919, Husum 1996, S. 338–348.

vor allem daraufhin untersucht, ob sie die Schlagkraft der Gewerkschaften förderten oder hemmten und ob die Arbeiternehmer von den jeweiligen Verhandlungsergebnissen materiell profitierten oder nicht.[230] Unter beiden Gesichtspunkten fällt das Ergebnis für die frühen, bis etwa 1890 vorherrschenden Formen der Konfliktlösung – Schiedssprüche von Unparteiischen, Vereinbarung gleitender Lohnskalen – eher negativ aus. Demgegenüber wird dann die Herausbildung des freien kollektiven Verhandelns in den folgenden Jahrzehnten bis 1914 als Fortschritt gewertet. Die Forschungen laufen, kurz gesagt, darauf hinaus, daß Gewerkschaften und Arbeitnehmer im Schnitt um so bessere Ergebnisse für sich erzielten, je mehr sie die Interventionen von dritter Seite abschütteln konnten, das heißt also sich nicht mehr auf unparteiische Schiedsrichter, anonyme Preisbewegungen oder den Staat verließen, sondern statt dessen ganz auf die eigene Stärke setzten.

Die hier nur summarisch skizzierte Interessenlage der Beteiligten und der Forschung bringt es mit sich, daß individuelle Arbeitsstreitigkeiten nur selten ins Blickfeld derer gerieten, die über das Schieds- und Einigungswesen berichteten. Noch mit am ergiebigsten sind in dieser Hinsicht die älteren deutschen Studien von Schulze-Gaevernitz, Brentano, Auerbach, Lotz und Zimmermann sowie die Beobachtungen der Webbs.[231] Aus der Sicht der britischen Gewerkschaftsfunktionäre, Verbandssekretäre und Ministerialbeamten waren Individualfälle ‚Bagatellsachen‘, die nur dann Interesse verdienten, wenn sie Anlaß zu größeren, kollektiven ‚Disputen‘ gegeben hatten oder zu geben drohten. Der seit 1889 jährlich erscheinende *Report on Strikes and Lock-outs* enthielt ab 1894 auch statistische Angaben und Fallberichte zur Tätigkeit der dem Ministerium bekannten *conciliation and arbitration boards*. In der Statistik der von den *boards* bearbeiteten und gelösten Fälle wurden hier individuelle Dispute mit wenigen Beteiligten genauso wie größere Arbeitskämpfe mitgezählt; das Interesse der Berichterstatter galt jedoch fast nur den Erfolgen bei der Beilegung von Streiks.

---

230 Vgl. vor allem: Porter, Wage Bargaining; Jonathan Zeitlin, From Labour History to the History of Industrial Relations, in: Economic History Review 40 (1987), S. 159–184; John G. Treble, Sliding Scales and Conciliation Boards: Risk-Sharing in the late 19th Century British Coal Industry, in: Oxford Economic Papers 39 (1987), S. 679–698.

231 Gerhart von Schulze-Gaevernitz, Zum socialen Frieden. Eine Darstellung der socialpolitischen Erziehung des englischen Volkes im neunzehnten Jahrhundert, 2 Bde., Leipzig 1890, bes. Bd. 2, S. 280–432; Brentano, Einleitung, in: ders. (Hg.), Arbeitseinstellungen; Auerbach, Ordnung des Arbeitsverhältnisses, in: ebd., S. 1–268; Walther Lotz, Das Schieds- und Einigungsverfahren in der Walzeisen- und Stahlindustrie Nordenglands, in: ebd., S. 269–328; Zimmermann, Einigungswesen; Webb, Industrial Democracy, S. 185–206, 231–237, 311–314.

Typische Individualkonflikte, die gelegentlich Beachtung fanden, weil sie schnell zu Weiterungen führten, waren schikanöse Entlassungen von Gewerkschaftmitgliedern und Streitigkeiten um die richtigen Maße und Gewichte bei der Lohnzahlung in der Textilindustrie oder im Kohlenbergbau.[232] Vor allem die letztgenannten Lohnstreitigkeiten hätten theoretisch auch vor Friedens- oder Grafschaftsgerichten verhandelt werden können; Beispiele dafür gibt es in genügender Zahl.[233] Insofern kann man eine gewisse Konkurrenz zwischen freiwilligen Einigungs- und Schiedsinstanzen und ordentlichen Gerichten voraussetzen. Gerade bei den sogenannten Testfällen dürfte es jedoch oft statt eines Konkurrenzverhältnisses eher eine zeitliche Abfolge der beiden Verfahren gegeben haben. Wenn man noch einmal die Analogie zu den deutschen Gewerbegerichten bemühen will, so könnte man die Verhandlungen vor den außergerichtlichen Gremien in Großbritannien dem Sühneversuch gleichsetzen, der im deutschen Gewerbegerichtsverfahren in jedem Fall zuerst unternommen werden mußte, während der Gang zum Friedens- oder Grafschaftsgericht dem zweiten, streitigen Stadium des deutschen Verfahrens entsprechen würde, das in der Regel mit einem Urteil zugunsten der einen oder anderen Seite endete.[234]

Trotz der durch unscharfe Begriffe und zeitgenössische Wahrnehmungsdefizite hervorgerufenen Probleme sind auf der Basis des publizierten Materials einige vorläufige Schlußfolgerungen zur Wirksamkeit der Schieds- und Einigungsstellen möglich. Diese seien zunächst kurz zusammengefaßt, bevor sie im Anschluß anhand von Beispielen – der Chronologie folgend – näher erläutert werden. An erster Stelle ist daran zu erinnern, daß die Praxis der Schieds- und Einigungsstellen im Umgang mit individuellen Streitigkeiten von Branche zu Branche und von Ort zu Ort variierte. Generalisierende Aussagen stehen daher stets unter dem Vorbehalt, daß es auch Ausnahmen gab. Unbeschadet dessen lassen sich, zweitens, keine Indizien für eine Zunahme des Anteils individueller Rechtskonflikte vor den *boards of arbitration and conciliation* im Untersuchungszeitraum erkennen. Wenn es also

---

[232] Vgl. etwa Labour Gazette, Sept. 1908, S. 271 (dismissal of fellow workman); Labour Gazette, Nov. 1908, S. 335 (price to be paid for getting coal). Dazu auch die Übersicht über Ursachen und Gegenstände von „Trade Disputes" in: Report on the Strikes and Lock-Outs of 1896, PP 1897 (C. 8643) LXXXIV, S. XVI. Von den 1021 gemeldeten ‚Disputen' (Arbeitsniederlegungen) des Jahres 1896 betrafen 570 Lohnfragen, 164 „working arrangements", 103 Fragen der Gewerkschaftszugehörigkeit am Arbeitsplatz und immerhin 43 mit 9104 Beteiligten die Wiedereinstellung von einzelnen entlassenen Arbeitskollegen.

[233] Vgl. etwa Labour Gazette, April 1895, S. 121 (Streit um Korrektheit eines Webmusters); April 1896, S. 119; Mai 1896, S. 151; Juni 1896, S. 181 f. (Streitigkeiten um das Wiegen von Kohle).

[234] Näheres zum Gewerbegerichtsverfahren unten, Kap. II.5.

wegen der Konkurrenz dieser Einrichtungen in den Jahrzehnten vor dem Ersten Weltkrieg zu einer Flucht aus der ordentlichen Justiz gekommen sein soll, so müßte man dies hauptsächlich darauf zurückführen, daß die Zahl der Schieds- und Einigungsstellen selber zugenommen hat.[235] Gegen die Konkurrenz-These spricht aber, drittens, daß wir es bei der Anzahl der insgesamt vor diesen *boards* und *committees* verhandelten Fälle, ganz gleich welcher Art, mit relativ geringen Größenordnungen zu tun haben.[236] Demzufolge müßte man die Bedeutung der Schieds- und Einigungsstellen als direkte Konkurrenten der Friedens- und Grafschaftsgerichte eher gering veranschlagen. Nicht zu unterschätzen ist jedoch, viertens, die Rückwirkung der Schieds- und Einigungsinstanzen sowie der ihnen vorgelagerten informellen Verhandlungen auf das Konfliktverhalten und das Rechtsbewußtsein der Arbeitnehmer selbst. Der informelle und formelle Einigungs- und Schlichtungsapparat wirkte wie ein Filter, der vom einzelnen Beschwerdeführenden erst durchlaufen werden mußte, bevor der Rechtsweg überhaupt in Erwägung gezogen wurde. Mehr noch, der extrem weitgefaßte Begriff des ‚Disputs‘ sorgte dafür, daß potentielle Rechtskonflikte von den Beteiligten zunächst gar nicht als solche wahrgenommen und behandelt wurden, sondern einfach als irgendwie zu lösende Fälle. Die vielleicht wichtigste Leistung des britischen Schieds- und Einigungssystems bestand demnach darin, das Denken in juristischen Kategorien und verletzten Rechtsansprüchen von den alltäglichen Konflikten am Arbeitsplatz fernzuhalten. Es kam hinzu, fünftens, daß das gewerkschaftliche Hilfsangebot für einzelne Beschwerdeführende in aller Regel an die Bedingung geknüpft war, daß der Betroffene seinen Fall nicht selbst weiter verfolgte, sondern die Entscheidung über die weitere Art der Behandlung den zuständigen Gremien seiner Trade Union überließ. Die Gewerkschaften, in erster Instanz der lokale oder betriebliche Gewerkschaftssekretär, hatten es also in der Hand, ob sie die Angelegenheit als Interessenkonflikt oder als Rechtskonflikt oder überhaupt nicht weiterführen wollten. Wie verschiedene Trade Unions mit diesem Problem umgingen, wird später, im Zusammenhang mit den Schwellen vor dem Gang zum Gericht, erörtert werden.[237]

---

[235] Die Zahl der dem *Board of Trade* bekannten ständigen Schieds- und Einigungsstellen (das waren natürlich nicht alle Einrichtungen dieser Art) wuchs von 105 im Jahr 1896 über 164 im Jahr 1905, 296 im Jahr 1910 auf 343 im Jahr 1913. Vgl. Report on the Strikes and Lock-Outs of 1896, PP 1897 (C. 8643) LXXXIV, S. XLI f.; Report on Strikes and Lock-Outs and on Conciliation and Arbitration Boards in the United Kingdom in 1913, PP 1914–16 (Cd. 7658) XXXVI, S. XXXV.
[236] Für Zahlen siehe Grafik 4.1, S. 280.
[237] Siehe unten, Kap. III.3.

Mit den vorstehenden Thesen ist das bereits voll ausgebildete System beschrieben, wie es sich zwischen Jahrhundertwende und Erstem Weltkrieg darstellte und dann nach dem Intermezzo der kriegsbedingten Zwangswirtschaft auf der Basis der Freiwilligkeit weiterentwickelte. Es soll nun zunächst auf die Voraussetzungen und treibenden Kräfte eingegangen werden, die seit der Mitte des 19. Jahrhunderts zur Entstehung dieses spezifischen Schieds- und Einigungswesens geführt haben. Anschließend wird anhand von Beispielen aus einzelnen Branchen die weitere Entwicklung bis zum Ende des Ersten Weltkriegs verfolgt. Dabei wird besonders auf die Bedeutung der Individualfälle und auf das mögliche Konkurrenzverhältnis zur ordentlichen Gerichtsbarkeit geachtet. War die mangelnde Attraktivität des *Common law* und der Friedens- und Grafschaftsgerichte ein Motiv für die Suche nach alternativen Formen der Streitschlichtung?

DIE ANFÄNGE DES FREIWILLIGEN SCHIEDS- UND EINIGUNGSWESENS

In einzelnen, hochorganisierten Gewerben existierte bereits zu Beginn des 19. Jahrhunderts eine Maschinerie zur Vereinbarung von Tarifen und zur Schlichtung von Auslegungsdifferenzen. Am bekanntesten ist der Fall der Londoner Schriftsetzer, bei denen es schon 1785 zur Vereinbarung einer ersten Preisliste zwischen *Compositors* und *Master Printers* kam, der später so genannten *London Scale of Prices*.[238] Wie weit dabei von einer Kontinuität noch älterer, zünftlerischer Traditionen der gewerblichen Streitschlichtung auszugehen ist, braucht hier nicht zu interessieren.[239] Bei den Schieds- und Einigungsstellen des späteren 19. Jahrhunderts, von denen in diesem Abschnitt die Rede ist, handelt es sich durchweg um Neugründungen, die nach

---

[238] Vgl. Ellic Howe u. Harold E. Waite, The London Society of Compositors (re-established 1848). A Centenary History, London etc. 1948, S. 41–46; Ellic Howe (Hg.), The London Compositor. Documents relating to Wages, Working Conditions and Customs of the London Printing Trade 1785–1900, London 1947, S. 69–94 (Texte der frühen Tarifskalen u. Dokumente zum Entstehungskontext).

[239] Zur Regulierung der Arbeitsbeziehungen im Londoner Druckgewerbe bis zum Ende des 18. Jahrhunderts (mit Dokumenten) ebd., S. 10–32; ferner: J.C. Cannon, The Roots of Organization among Journeymen Printers, in Journal of the Printing History Society 4 (1968), S. 91–107. Zur Bedeutung der *Stationers' Company*, der Zunft des Druck- und Buchgewerbes: Karl Tilman Winkler, Handwerk und Markt. Druckerhandwerk, Vertriebswesen und Tagesschrifttum in London 1695–1750, Stuttgart 1993, S. 45 f. u. 50–56. Die Arbeitsbeziehungen zwischen Meistern und Gesellen werden in diesem umfangreichen Werk kaum thematisiert. Allgemein zur Bedeutung der Zunfttradition für die gewerkschaftliche Entwicklung im englisch-deutschen Vergleich: Christiane Eisenberg, Deutsche und englische Gewerkschaften. Entstehung und Entwicklung bis 1878 im Vergleich, Göttingen 1986, S. 26 ff., 51–54 u. 130 ff.

einer mehr oder weniger langen Phase des harten Kampfes zwischen Arbeitgebern und Gewerkschaften ins Leben gerufen wurden und bei denen die Erinnerung an etwaige Zunfttraditionen keine praktische Bedeutung mehr besaß. Grundlegend für die neu geschaffenen Gremien war stets der Gedanke der gegenseitigen Anerkennung und paritätischen Vertretung, mit oder ohne präsidierendem Unparteiischen. So war es auch im Fall der *London Society of Compositors*, die sich im Februar 1848 als Abspaltung von der *National Typographical Association* neu konstituierte. Nach einer längeren Periode ständiger Auseinandersetzungen um die *London Scale* gelang es der *Society* im Jahr 1856, mit der *Master Printers' Association* eine Vereinbarung über ein paritätisches Schiedsgremium zu treffen, das aus je drei Arbeitnehmer- und Arbeitgebervertretern bestand und unter dem Vorsitz eines *barrister* strittige Fragen lösen sollte. Die Regel Nummer eins des neuen *Arbitration Committee* lautete kurz und bündig: „The Object of the Arbitration Committee: To avoid referring Trade Disputes to Courts of Law."[240]

Die Vermeidung von kostspieligen Gerichtsprozessen war also auf beiden Seiten ein erklärtes Motiv für die Einrichtung des Schiedsgremiums der *Compositors*, aber das Gegenteil trat ein. Schon nach kurzer Zeit, im April 1857, weigerte sich die *Society*, einen aus ihrer Sicht „unvernünftigen" Schiedsspruch des vorsitzenden *barrister*, eines gewissen Mr. Sweet, zu akzeptieren, und verlangte von den Arbeitgebern eine Wiederaufnahme des Falles.[241] Konkret ging es um die Bezahlung für wiederkehrende Anzeigen in Buchumschlägen und Zeitschriften. Die Befürchtung der *Compositors* war, daß der „unvernünftige" Schiedsspruch von Mr. Sweet in dem einen Fall nun auf andere umstrittene Fälle dieser Art angewendet werden würde. Genau das war die Interpretation der Arbeitgeber, und sie handelten entsprechend. Diese Präzedenzfall-Wirkung des Schiedsspruchs, durch die eine langjährige Gewohnheit durchbrochen zu werden drohte, war der ei-

---

[240] Ein Exemplar der Regeln des *Arbitration Committee* in MRC Mss. 28/CO/4/2/1. Bevor ein Fall dem Schiedsgericht zur „final adjudication" vorgelegt werden durfte, mußte er erst in internen Komitees der Gewerkschaft und der *Master Printers' Association* vorberaten werden. Die Prozedur war also recht umständlich und zeitraubend. Ein Beispiel für einen gelösten Fall vom August 1856 in MRC Mss. 28/CO/4/1/3/13. Vgl. zur Gründung auch Howe u. Waite, Compositors, S. 167 ff. Schon 1847 war ein solches *Arbitration Committee* von den *Compositors* angeregt worden, kam aber nicht zustande, ebd., S. 121. Auch die Arbeitgeber wollten schon im April 1848 ein sogenanntes *Committee of Reference* eingerichtet sehen, das aber ausschließlich aus *Master Printers* bestehen sollte, von denen die Hälfte von den Arbeitgebern, die andere Hälfte von den *Compositors* gewählt werden sollten; dieser Vorschlag fand natürlich keine Zustimmung bei der Gewerkschaft, vgl. dazu MRC Mss. 28/CO/4/2/1.

[241] Hierzu und zu den folgenden Einzelheiten die *Quarterly Reports* der Gewerkschaft mit eingeklebten Schriftstücken: MRC Mss. 28/CO/1/8/5 (Jan. 1857 – Jan. 1859). Vgl. auch Howe, London Compositor, S. 266 ff.

gentliche Kern des Streits. Die *Master Printers* lehnten es jedoch indigniert ab, den Fall wiederaufzunehmen, weil die Entscheidung von Mr. Sweet „in strikter Konformität" zu den Regeln des vereinbarten Schiedsverfahrens erfolgt sei.[242] Daraufhin entschlossen sich die *Compositors* nach eingehender Beratung durch einen Anwalt, die Angelegenheit vor ein höheres Gericht zu bringen, um dort zunächst klären zu lassen, ob sie die Arbeitgeber trotz des vereinbarten Schiedsverfahrens zu einer Wiederaufnahme des Falles zwingen könnten. Diesem Begehren wurde von Chief Baron Pollock im *Court of Exchequer* am 3. Juli 1857 stattgegeben; auch erging bereits ein vorläufiges Urteil über die Summe von 3s. 1d. zugunsten des nominellen Klägers, Cornelius Hill, dessen Fall von der Gewerkschaft ausgewählt worden war, um den Streit über die Präzedenzfall-Wirkung des Schiedsspruchs klären zu lassen. Das wesentliche Ergebnis dieser Vorverhandlung war aber zunächst, daß die Arbeitgeber nun gerichtlich gezwungen wurden, einen sogenannten *special case* durch einen gemeinsam bestellten *barrister*, einen Mr. Barstow, vorbereiten zu lassen, der dann dem *Court of Exchequer* zur endgültigen Entscheidung vorzulegen war. Diese endgültige Verhandlung fand am 12. und 25. Februar 1858 statt.[243] Sowohl in dem konkreten Fall (*Hill* v. *Levy & Co.*) als auch in der entscheidenden Frage nach der Präzedenzfallwirkung des Schiedsspruchs für ähnliche Streitigkeiten um wiederkehrende Anzeigen gab der Richter, Baron Watson, der Gewerkschaft recht. Ausdrücklich stellte Baron Watson fest, daß der Schiedsspruch von Mr. Sweet nur in dem einen Streitfall bindend war, der ihm vorgelegen hatte, nicht aber für alle ähnlichen Fälle, also auch nicht für Hill. Unabhängig davon, so erklärte Baron Watson, könne der Schiedsspruch das Gericht nicht daran hindern, sich in der Sache selbst, nämlich der Interpretation der *Scale*, sein eigenes Urteil zu bilden:

The opinion of the barrister [Mr. Sweet, W.S.] is entitled to very great weight and consideration, but it does not operate by way of estoppel as being a final and conclusive construction in law. ... We are clearly of opinion that it is competent for the Court to entertain the question of construction of the rules [d. h. der *Scale*, W.S.], and that we are not conclusively bound by the opinion of the barrister.[244]

---

[242] MRC Mss. 28/CO/1/8/5, 36th and 37th Quarterly Reports, April 1857; dazu auch die Darstellung des Falls aus Sicht der *Master Printers* in einem Bericht des Arbeitgeberkomitees für eine Sitzung der *Masters* am 6. August 1857: MRC Mss. 28/CO/1/10/1B.

[243] Siehe den gedruckten Bericht über das Urteil im Fall *Hill* v. *Levey* in den L.S.C. Trade Reports, 1848–1858, MRC Mss. 28/CO/4/1/3/18. Vgl. außerdem die Berichte im County Courts Chronicle, 1. Apr. 1858, S. 79f. und in den Law Journal Reports, Court of Exchequer, N.S. 27, 1858, S. 259–262.

[244] Ebd., S. 261.

Nach diesem Urteil versuchte die Arbeitgeberseite noch, durch einen *writ of error* eine Revision zu erreichen.[245] Im Mai 1858 kam es zu einer weiteren Verhandlung vor sieben Richtern des *Court of Queen's Bench* und des *Court of Common Pleas*, doch blieb dieser letzte Vorstoß der *Master Printers* ohne Erfolg. Der Sieg in diesem über ein Jahr sich hinziehenden Prozeß, bei dem es nominell nur um die lächerliche Summe von 3s. 1d. gegangen war, kam die Gewerkschaft teuer zu stehen. Obwohl die Arbeitgeber verloren hatten und somit das Gros der Kosten tragen mußten, blieb die *Society* auf £ 129 13s. 9d. eigenen Anwaltskosten sitzen, die vom *taxing master*, also dem gerichtlichen Kostenschätzer, nicht anerkannt worden waren.

Ein weiteres, für unseren Zusammenhang wichtigeres Resultat des Falles war, daß die Londoner *Master Printers* sich von nun an auf Jahrzehnte hinaus weigerten, eine Schiedsinstanz für Streitigkeiten zu akzeptieren. Die Arbeitgeber betrachteten den Gang der *Compositors* zum ordentlichen Gericht als Vertrauensbruch, der die Grundlage für eine weitere Nutzung des Schiedsverfahrens als Mittel der Konfliktlösung zerstört hätte.[246] Rechtsstreitigkeiten vor den Friedens- und Grafschaftsgerichten gehörten seitdem wieder zum Alltag im Londoner Druckgewerbe.[247] Das erst 1856 etablierte *Arbitration Committee* war nach nur einjährigem Bestehen zusammengebrochen.

Diese Episode verdeutlicht exemplarisch, daß die bindende Kraft und Vollstreckbarkeit von Schiedssprüchen in Großbritannien letztlich allein vom guten Willen der Beteiligten abhing. Es war fast unmöglich, jedenfalls erforderte es erheblichen juristischen Sachverstand, die Regeln eines freiwilligen Schiedsgerichts so zu konstruieren, daß der Rekurs auf das *Common law* abgeschnitten wurde. Eine bloße gegenseitige Erklärung, sich dem Schiedsspruch unterwerfen zu wollen, genügte nicht, sobald komplizierte Fragen auftauchten, wie eben die, ob ein bestimmter Spruch auf andere Fälle anwendbar sei. Ähnlich schwer durch Regeln zu lösen war auch die Frage der Geltung von Schiedssprüchen, wenn Mitglieder der jeweiligen Organisationen kurzerhand austraten. Gelangte aber ein unklarer Fall erst einmal vor ein höheres Gericht, gaben ihn die *Common Law*-Richter so leicht nicht wieder aus der Hand. Den Primat des *Common law* zu behaupten war für die Richter gleichbedeutend mit der Aufrechterhaltung des *rule of law* schlechthin; diese Überzeugung pflegten sie gegenüber freiwilligen

---

[245] Zum folgenden wieder die *Quarterly Reports* (April u. Juli 1858), MRC Mss. 28/CO/1/8/5.
[246] Vgl. die Erklärung in MRC Mss. 28/CO/1/10/1B.
[247] Für Beispiele siehe unten, Kap. III.3.

Schiedsgerichten ebenso durchzusetzen wie gegenüber den in ihren Augen noch schwächer legitimierten administrativen Spruchinstanzen.[248]

Es waren aber nicht nur die rechtstechnischen Konstruktionsprobleme, die dafür sorgten, daß freiwillige Schieds- und Einigungsinstanzen oft nur eine kurze Existenz hatten oder trotz intensiver Bemühungen einer der beiden Seiten gar nicht erst zustandekamen. Oft fehlte es an der entscheidenden Voraussetzung, nämlich der dauerhaften und verläßlichen Organisation von Arbeitnehmern *und* Arbeitgebern. So war es etwa in den hochspezialisierten Metallverarbeitungsgewerben Sheffields, wo mehrere Initiativen für *conciliation boards* von seiten der Gewerkschaften daran scheiterten, daß ihnen keine stabilen Arbeitgebervereinigungen gegenüberstanden.[249] Andernorts verhinderte lange Zeit der Unwille der Arbeitgeber, mit den Gewerkschaften auf gleichem Fuße zu reden, die Errichtung von Einigungs- und Schlichtungsgremien. Bekannt ist die Vorgeschichte des *Conciliation Board* für die *Hosiery*-Industrie von Nottingham. Dessen Hauptinitiator, der Industrielle A.J. Mundella, rühmte sich später immer wieder, wie er 1860 seine Kollegen mühsam dazu überredet habe, sich zu ,erniedrigen', um mit den Arbeitern zu sprechen.[250] Mundellas vielgelobter *board* in Nottingham scheiterte 1884 daran, daß es im Zeichen verschärfter Konkurrenz infolge technischer Neuerungen nicht mehr gelang, alle Arbeitgeber an die Beschlüsse des Gremiums zu binden. Das war kein Einzelfall. Viele *boards* hielten einer ernsthaften Belastungsprobe in Krisenzeiten nicht stand.[251] Widerwillen, Mißtrauen und mangelnde Bereitschaft, sich den Beschlüssen der *boards* zu fügen, gab es aber auch auf seiten der Arbeitnehmer. Dabei unterschieden diese deutlich zwischen *conciliation* und *arbitration*. Wäh-

---

248 Vgl. hierzu allgemein Arthurs, ,Without the Law', bes. S. 67–79. Die Ausführungen von Arthurs beziehen sich vor allem auf die Schiedsgerichte der Geschäftsleute, treffen aber – was die abwehrende Haltung der *Common lawyers* angeht – auch auf die Schieds- und Einigungsstellen der Arbeitnehmer und Arbeitgeber zu.

249 Vgl. Sidney Pollard, A History of Labour in Sheffield, Liverpool 1959, S. 134. Erst im frühen 20. Jahrhundert kam es in Sheffield zur Bildung von festen Verhandlungs- und Schiedsinstanzen, doch blieben auch diese instabil, ebd. S. 238 f.

250 Vgl. Schulze-Gaevernitz, Zum socialen Frieden, Bd. 2, S. 291 f. Die Regeln des *Hosiery and Glove Board of Arbitration and Conciliation, Nottingham* sowie ein allgemein gehaltener Tätigkeitsbericht in: Eleventh and Final Report of the Royal Commissioners appointed to inquire into the Organization and Rules of Trades Unions and Other Associations, PP 1868–69 (4123) XXXI, Bd. 2, Appendix, S. 332f.

251 Roy Church, Technological Change and the Hosiery Board of Conciliation and Arbitration, 1860–1884, in: Yorkshire Bulletin of Economic and Social Research 15 (1963), S. 52–60. Vgl. Porter, Wage Bargaining, S. 471 für eine ganze Reihe ähnlicher Zusammenbrüche von *boards*. Siehe auch Royal Commission on Labour, Fifth and Final Report, Part II, PP 1894 (C. 7421.-I.) XXXV, S. 269–272 zu den Erfahrungen mit *arbitration* und *conciliation* in verschiedenen Textilgewerben.

rend die Arbeitnehmer paritätische Gremien zur bloßen Verhandlung über Lohnraten und andere Fragen, also reine *conciliation boards*, generell befürworteten, verhielten sie sich extrem zurückhaltend gegenüber jeder Art von Verpflichtung, sich im Falle des Scheiterns von Einigungsbemühungen einem verbindlichen Schiedsspruch zu unterwerfen. Aus freien Stücken akzeptierten Gewerkschaften das Prinzip der *arbitration*, also Schiedsklauseln, normalerweise nur aus einer Position relativer Stärke. Bei der *London Society of Compositors* war dies der Fall gewesen. In vielen anderen Branchen hingegen, besonders im Baugewerbe, ließen sich die Arbeitervertreter nur in Notlagen, nach den verlorenen Streiks der sechziger und frühen siebziger Jahre des 19. Jahrhunderts, dazu überreden, Schiedsklauseln in Verbindung mit Stillhalteabkommen als Bestandteile tariflicher Abmachungen hinzunehmen. Bei den einfachen Mitgliedern der Baugewerkschaften bestand eine ausgeprägte Abneigung gegen *arbitration*, weil die Einführung dieses Prinzips zusammenfiel mit der Durchsetzung der von den Arbeitgebern gewünschten stundenweisen Bezahlung. In Manchester kam es 1869 zu einer Riesendemonstration, auf der die Bauarbeiter Spruchbänder mit der Aufschrift „No Hours. No Arbitration" umhertrugen.[252] Während der großen Depression führten die Schiedssprüche der Unparteiischen dann häufig zu Lohnsenkungen, was das Verfahren in den Augen der Arbeitnehmer weiter in Verruf brachte.[253] Es ist daher verständlich, daß die Gewerkschaften mit dem Anziehen der Konjunktur in den neunziger Jahren des 19. Jahrhunderts das ungeliebte Prinzip der *arbitration* nach Möglichkeit in den Hintergrund zu drängen suchten.

Die Vorbehalte der Arbeitnehmer gegen *arbitration* bezogen sich im wesentlichen auf Tarifverhandlungen, also den Streit um zukünftige Arbeitsbedingungen. Über größere Proteste gegen die Anwendung des Verfahrens bei Streitigkeiten aus schon bestehenden Verträgen, seien es Tarifverträge oder Einzelarbeitsverträge, ist hingegen nichts bekannt. Weil nun aber zwischen diesen beiden Typen von Disputen in der Regel nicht sorgfältig unterschieden wurde, wirkte sich die Skepsis gegenüber dem Schiedsprinzip auch auf den quasi-gerichtlichen Tätigkeitsbereich der *boards* aus. Juristisch gesehen gab es bei Streitigkeiten aus bestehenden Verträgen an sich nicht viel zu verhandeln; im wesentlichen waren Fakten und Rechte festzustellen. In der Praxis vieler *boards* wurden aber auch Rechtsfragen zunächst einmal als Verhandlungssache betrachtet. Für die sogenannten kleineren Dispute bil-

---

[252] Vgl. Richard Price, Masters, unions and men. Work control in building and the rise of labour 1830–1914, Cambridge 1980, S. 111, 116 ff., 309.
[253] Porter, Wage Bargaining, S. 465.

deten sich im Laufe der Zeit bei vielen lokalen und regionalen *boards* ständige Unterausschüsse heraus, meist zusammengesetzt aus einem oder zwei Vertretern von jeder Seite und teils mit, teils ohne unparteiischem Vorsitzenden. Wenn man nach einem britischen Äquivalent für die deutschen Gewerbegerichte in ihrer Funktion als Rechtsprechungsorgan sucht, so kommen vor allem diese ständigen Unterausschüsse in Frage.

Anders als bei den deutschen Gewerbegerichten war das Verfahren vor diesen Unterausschüssen nur selten detailliert und dauerhaft festgelegt. In der Regel ähnelte es vom Charakter her mehr einer informellen Verhandlung als einem Gerichtsprozeß. Die Praxis sah meist so aus, daß der Gewerkschaftssekretär und der Sekretär der lokalen Arbeitgebervereinigung gemeinsam den strittigen Sachverhalt prüften, Zeugen vernahmen und entweder eine friedliche Lösung herbeiführten oder den so voruntersuchten Fall zur Entscheidung an den *board* weiterleiteten. Manchmal gab es mehrfach gestufte Verfahren, so bei Mundellas *Hosiery board* in Nottingham, wo Individualfälle zunächst von den beiden Sekretären geprüft, dann vor einem engeren Ausschuß bestehend aus zwei Arbeitern und zwei Arbeitgebern verhandelt und entschieden wurden. Bei Uneinigkeit oder Unzufriedenheit einer Seite war anfangs Berufung an den großen *conciliation board* von Nottingham möglich, später ging man hier dazu über, die Individualfälle ganz im engeren Ausschuß zu belassen und nötigenfalls einem *ad hoc* ernannten Schiedsrichter zur Entscheidung zu übergeben.[254]

Sogar bei der vom Grafschaftsrichter Rupert Kettle initiierten Schieds- und Einigungsstelle für das Baugewerbe in Wolverhampton, deren Verfahren von allen britischen Einrichtungen dieser Art am stärksten dem ordentlichen Zivilprozeß angenähert war, entschied man sich schon nach kurzer Zeit, die Individualfälle durch einen kleinen Ausschuß, bestehend aus je einem Vertreter beider Parteien, auf dem Wege friedlicher Einigung lösen zu lassen.[255] Die gerichtsförmige Prozedur wurde also auch hier als ungeeignet für Individualfälle angesehen, und das obwohl Kettle ansonsten in seinen öffentlichen Vorträgen zum Thema immer wieder betonte, wie wichtig es für das gute Funktionieren von Schieds- und Einigungsstellen sei, daß ihre Sprüche rechtlich bindende Kraft besaßen und zur Not durch die ordentliche Justiz vollstreckbar sein müßten.[256] Dementsprechend sorgte Kettle

---

254 Schulze-Gaevernitz, Zum Socialen Frieden, Bd. 2, S. 294; Lujo Brentano, Das Arbeitsverhältnis gemäß dem heutigen Recht, Leipzig 1877, S. 273 ff.; ders., Die Arbeitergilden der Gegenwart, 2 Bde., Leipzig 1871/72, Bd. 2, S. 273 ff.
255 Vgl. Henry Crompton, Arbitration and Conciliation, in: Fortnightly Review 5 (1869), S. 622–628, S. 623; Zimmermann, Einigungswesen, S. 21 f.
256 Vgl. etwa seine Bemerkungen auf dem Trades Union Congress von 1871: Report of Procee-

dafür, daß die Verfahrensordnung seines *arbitration board* im Baugewerbe von Wolverhampton zum Bestandteil der individuellen Arbeitsverträge gemacht wurde. Das geschah, indem man die Statuten des *board* in den Betriebshöfen und auf den Baustellen aushängte und sie außerdem jedem Arbeiter bei Vertragsschluß persönlich bekanntgab.[257] Freilich räumte Kettle ein, daß kein noch so klug konstruiertes freiwilliges Schiedssystem gegen die Übergriffe des *Common law* gefeit sei. Er dachte dabei vor allem an den anfechtbaren Rechtsstatus der kollektiven Vereinigungen, auf deren Mitwirkung die Schieds- und Einigungstellen nun einmal angewiesen waren.[258] Um das System auf eine solidere Grundlage zu stellen, forderte Kettle deshalb ein Gesetz, welches die Trade Unions und Arbeitgebervereinigungen zu Körperschaften gemacht hätte, die verbindliche Verträge schließen und dafür auch haftbar gemacht werden konnten.

Mit diesen Überlegungen zur rechtlichen Einhegung des kollektiven Verhandelns ging Kettle weit über das hinaus, was andere Verfechter der Schieds- und Einigungsstellen mitzutragen bereit waren. Allen gemeinsam war jedoch die Auffassung, daß die Schieds- und Einigungsstellen primär für Tarifabschlüsse, Streikvermeidung und die Regulierung der allgemeinen Arbeitsbedingungen von Nutzen seien, hingegen nur nebenbei auch zur Beilegung von alltäglichen Reibereien zwischen Arbeitnehmern und Vorgesetzten dienen könnten. Dieses Prioritätsverständnis äußerte sich darin, daß Konflikte des einzelnen Falles vielerorts aus der dauernden Zuständigkeit der *boards* ausgegliedert und an die Sekretäre oder kleinere Ausschüsse delegiert wurden. So geschah es beispielsweise in der Schuhindustrie[259], in der Stahl- und Walzeisenindustrie[260] oder bei den Dampfkesselherstellern.[261] Die *arbitration and conciliation boards* leisteten also gewissermaßen

---

dings at the Third Annual Trades Union Congress, London 1871, unpag., Diskussion am 9. März 1871 (Microfilm edition).

[257] Zimmermann, Einigungswesen, S. 22.

[258] Rupert Kettle, Boards of Conciliation and Arbitration, S. 184: „… I believe that the Common law is so intricate that an arbitration system cannot work freely under it without some danger of illegality."

[259] Vgl. Webb, Industrial Democracy, S. 185–192 u. 235 f.; Alan Fox, A History of the National Union of Boot and Shoe Operatives 1874–1957, Oxford 1958, S. 71 f., 158, 222, 295 f.; Elisabeth Brunner, The Origins of Industrial Peace: The Case of the British Boot and Shoe Industry, in: Oxford Economic Papers 1 (1949), S. 247–259.

[260] Vgl. Zimmermann, Einigungswesen, S. 78 ff.; Berichte der nach England entsendeten Kommission, S. 19; Lotz, Schieds- und Einigungsverfahren, S. 285 f., 293–302 mit Fallbeispielen; danach waren die Hauptgegenstände von Beschwerden (ebd., S. 301): „angebliche Benachteiligung einer Partei durch technische Umwälzungen, Einführung eines anderen Löhnungssystems, endlich ungerecht erscheinende Fabrikstrafen".

[261] Berichte der nach England entsendeten Kommission, S. 25.

Geburtshilfe für ein darunter liegendes System der Beilegung individueller Streitigkeiten, während sie sich in ihrer eigentlichen Tätigkeit vor allem auf die kollektiven Tarifauseinandersetzungen konzentrierten.

Am stärksten durchgebildet war diese Trennung der Funktionen in den nordostenglischen Kohlerevieren von Northumberland und Durham. In beiden Grafschaften wurden, nachdem es Anfang der siebziger Jahre des 19. Jahrhunderts zu ersten Tarifabsprachen gekommen war, alsbald sogenannte *joint committees* eingerichtet. Das waren ständige Ausschüsse, die alle in den einzelnen Gruben vorkommenden Streitfragen um die konkrete Anwendung der Tarife und ‚Gewohnheiten‘ besprechen und ab 1877/79 auch verbindlich entscheiden sollten.[262] Die Kosten der *joint committees* wurden zu gleichen Teilen von den Gewerkschaften und den Arbeitgebervereinigungen getragen. Sie tagten etwa ein- bis zweimal pro Monat, also in ähnlich häufigen Abständen wie die lokalen Grafschaftsgerichte. Bei Streitfällen hatte jede Seite für die eigenen Kosten aufzukommen. Von der Zuständigkeit der *joint committees* ausgenommen waren die sogenannten Grafschaftsfragen, worunter man die Festsetzung der durchschnittlichen Lohnraten per geförderter Tonne Kohle sowie Anträge auf Abänderung von ‚Gewohnheiten‘ verstand. Für diese Fragen existierten in beiden Grafschaften *boards of conciliation*, die ihrer Funktion entsprechend jeweils nur wenige Male pro Jahr zu tagen brauchten. Dieses zweigleisige System der Konfliktlösung und -vorbeugung hielt sich im nordostenglischen Kohlenbergbau bis über den Ersten Weltkrieg hinaus.

Die Bandbreite der von den *joint committees* in Durham und Northumberland bearbeiteten Einzelfälle war weitgestreut. Den größten Raum nahmen Klagen und Beschwerden über die Lohnzahlung bei besonders schwierigen Arbeitsbedingungen unter Tage ein. War zum Beispiel die Kohle sehr hart oder das Flöz extrem niedrig, pflegten die Häuer unter Verweis auf die ‚Gewohnheit‘ einen über der Durchschnittsrate liegenden Lohn zu verlangen. Umgekehrt fühlten sich auch die Arbeitgeber berechtigt, eine Herabsetzung des Lohns per geförderter Tonne zu fordern, wenn die Kohle weich war oder mit Sprengungen gearbeitet werden konnte. Hierbei handelte es sich um Fragen, die eine genaue Kenntnis der Verhältnisse unter Tage voraussetzten. Grundlagen der Entscheidung waren einmal die Fakten, wie sie

---

[262] Hierzu und zum folgenden ausführlich, Royal Commission on Labour, Fifth and Final Report, Part II, PP 1894 (C. 7421.-I.) XXXV, S. 66–71; Schulze-Gaevernitz, Zum socialen Frieden, Bd. 2, S. 333–347, dort auf S. 348–350 eine deutsche Übersetzung der Statuten des ständigen Ausschusses von Northumberland. Vgl. außerdem: Auerbach, Ordnung des Arbeitsverhältnisses, S. 34–37, dort auf S. 37–40 eine deutsche Übersetzung der Statuten des ständigen Ausschusses von Durham; Webb, Industrial Democracy, S. 192–195, 311 f.

von den Vertretern beider Seiten vor Ort ermittelt wurden, sodann die ,Gewohnheiten‘, die sich teils aus dem Herkommen, teils aus früheren Entscheidungen der *joint committees* ergaben, schließlich die Durchschnittslohnrate als Berechnungsbasis für die festzulegende Abweichung. Es ist unschwer zu erkennen, daß ein normaler Friedens- oder Grafschaftsrichter mit derartigen Streitfragen überfordert war und daß sich das *law of master and servant* zu ihrer Lösung nicht eignete. Ähnliches gilt für die ebenfalls recht häufigen Konflikte um die Einschätzung der Sicherheit an bestimmten Örtern, um die Anrechenbarkeit bestimmter Tätigkeiten auf die effektive Arbeitszeit, um die Aufteilung des Lohns unter die in Doppelschichten zusammenarbeitenden Häuer. Hingegen scheinen sich die *joint committees* kaum mit Kontraktbrüchen oder Entlassungen einzelner Arbeiter wegen angeblicher Disziplinlosigkeit, mangelnder Leistung oder Krankheit beschäftigt zu haben. Für diese vertraglichen Streitigkeiten sowie für die Klärung von Ansprüchen bei Unfällen zog man weiterhin vor die Gerichte. Die ordentliche Justiz wurde also durch die *joint committees* nur teilweise ersetzt, nämlich in den Bereichen, in denen es primär darauf ankam, die ,Gewohnheiten‘ und Tarifabsprachen mit den ,Fakten‘ vor Ort in Einklang zu bringen.

Von allen Schieds- und Einigungsstellen, die dem britischen Handelsministerium bekannt wurden, waren die *joint committees* von Durham und Northumberland die bei weitem aktivsten und konstantesten Gremien. Der offiziellen Statistik zufolge behandelten sie zwischen 1895 und 1910 stets mehr als die Hälfte, oft sogar mehr als zwei Drittel sämtlicher Fälle aus ganz Großbritannien, die überhaupt an das Ministerium gemeldet wurden (Grafik 4.1). Selbst in den Streikjahren 1892 und 1911–12 kam die Tätigkeit der beiden *joint committees* nicht zum Erliegen. Bedeutende Fallzahlen wurden sonst nur von den auf verschiedene Orte verteilten Schiedsstellen in der Schuhfabrikation und ab 1911 vom *Arbitration Board* der südwalisischen Weißblech-Industrie erreicht. Wie im nordostenglischen Kohlenbergbau gelangten auch in diesen beiden Industrien überwiegend Dispute zwischen einzelnen Arbeitnehmern und ihren Arbeitgebern vor die Schiedsstellen, wobei es häufig um die Fertigungsqualität der abgelieferten Produkte ging. Gerade für derartige Fragen eigneten sich die mit Fachleuten beider Seiten besetzten Schiedsstellen besser als die ordentliche Justiz. Die Schiedsgerichte in der Schuhindustrie erwiesen sich jedoch als weniger stabil als die *joint committees* von Durham und Northumberland (Grafik 4.1).

Die bemerkenswerte Aktivität der *joint committees* von Durham und Northumberland hatte offenbar nicht zur Folge, daß dort die Zahl der Arbeitsstreitigkeiten vor den ordentlichen Gerichten abnahm. Im Gegenteil,

Grafik 4.1: Schieds- und Einigungsstellen in Großbritannien 1881–1913: bearbeitete Fälle

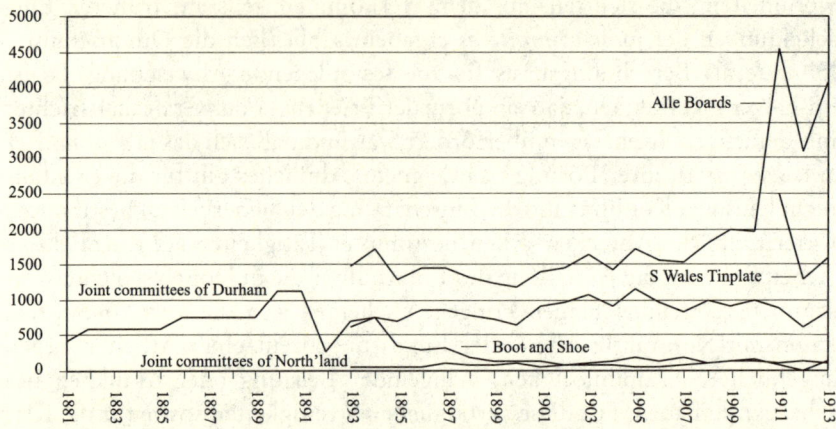

Quellen: Für Durham 1881: Schulze-Gaevernitz, Bd. 2, S. 335; für Durham 1882–1893: Report on Strikes and Lock-Outs of 1893, PP 1894 [C. 7566] LXXXI, Pt. I, S. 225 f.; für die übrigen Zahlen: jährliche Reports on Strikes and Lock-Outs 1893–1911 in den Parliamentary Papers (1894–1914/16).

es sieht geradezu so aus, als hätte die Einrichtung der *joint committees* zumindest bis zum Anfang der neunziger Jahre sogar zu einer vermehrten Klagetätigkeit von Arbeitgebern und Arbeitnehmern vor den örtlichen Friedensgerichten geführt. Seit den frühen siebziger Jahren, also etwa zeitgleich mit der beginnenden Tätigkeit der *joint committees*, nahmen in Durham die Klagen unter den *Master and Servant*-Gesetzen zu, und entgegen dem nationalen Trend blieben die Zahlen dort – bei teilweise erratischen Ausschlägen nach oben – auch nach 1875 weiterhin hoch.[263] Ein ursächlicher Zusammenhang zwischen der Existenz der *joint committees* und den verhältnismäßig hohen Klagezahlen vor den Friedensgerichten in Durham wird sich kaum nachweisen lassen; denkbar wäre immerhin, daß die Arbeit der freiwilligen Einigungsstellen neue Streitpunkte produzierte, die in der Folge dann auch die Gerichte beschäftigten. Sicher ist jedenfalls, daß die Konkurrenz der *joint committees* in den nordostenglischen Kohlerevieren zunächst keine Flucht aus der ordentlichen Gerichtsbarkeit auslöste. Vielmehr scheint die Konkurrenz das Geschäft für die Friedensgerichte in Durham und Northumberland belebt zu haben.

---

[263] Vgl. Grafik 2.4, S. 196.

Auch in den mittelenglischen Zentren der Strumpfwirkerei und Schuhindustrie ist in den Zeiten, in denen dort *arbitration boards* besonders aktiv waren, also in den sechziger und siebziger Jahren in Nottinghamshire und in den frühen neunziger Jahren in Northamptonshire, kein auffälliger Rückgang der Klagen vor den Friedensgerichten zu verzeichnen. Die Existenz freiwilliger Einigungsstellen führte somit keineswegs automatisch zu einer Verminderung der Konflikte, sondern ließ anscheinend manche individuellen Streitigkeiten nur um so schärfer hervortreten. Angesichts dieser Befunde fällt es schwer, in der Tätigkeit der Schieds- und Einigungsstellen den Hauptgrund für die Abkehr der Arbeitnehmer und Arbeitgeber von der ordentlichen Justiz zu sehen. Zumindest bis zu den neunziger Jahren des 19. Jahrhunderts finden sich dafür wenig Anhaltspunkte.

Der Staat als helfender Beobachter: die weitere Entwicklung bis zum Ersten Weltkrieg

Bis 1896 hatte sich das Schieds- und Einigungswesen weitgehend ohne Mithilfe des Staates entwickelt. Zwar verabschiedete das Parlament in den Jahren 1824, 1867 und 1872 Gesetze, deren Zweck die friedliche Beilegung von Arbeitskonflikten durch behördlich lizenzierte Schieds- und Einigungsverfahren sein sollte, doch blieben diese Versuche, wie zeitgenössische Beobachter übereinstimmend feststellten, allesamt folgenlos.[264] Weder Arbeitgeber noch Arbeitnehmer machten von den durch die Gesetzgebung gebotenen Möglichkeiten Gebrauch. Die Gründe dafür waren im einzelnen verschieden, der gemeinsame Mangel der fehlgeschlagenen Gesetze bestand aber in den Augen der potentiellen Nutznießer darin, daß sie zu detaillierte Vorschriften enthielten und so den Gestaltungsspielraum für Verhandlungen zu sehr einengten.[265] Erst mit dem *Conciliation Act* von 1896 fand der Gesetzgeber eine Formel, die dem Bedürfnis von Gewerkschaften und Arbeitgebervereinigungen nach zwangloser und autonomer Regulierung ihrer Konflikte so weit entgegenkam, daß etliche schon bestehende und neugegründete *conciliation and arbitration boards* an das Handelsministerium

---

[264] *Masters and Workmen Arbitration Act*, 5 Geo. 4, c. 96 (1824); *An Act to establish Equitable Councils of Conciliation to adjust Differences between Masters and Workmen*, 30 & 31 Vict c. 105 (1867); *Arbitration (Masters and Workmen) Act*, 35 & 36 Vict. c. 46 (1872). Einen Überblick über wesentliche Inhalte dieser älteren Gesetzgebungsversuche und zeitgenössische Stimmen dazu vermittelt: Royal Commission on Labour, Fifth and Final Report, Part I, PP 1894 (C. 7421) XXXV, S. 163 f., Memorandum by Sir Frederick Pollock on the Statute Law as to Arbitration in Trade Disputes.

[265] Vgl. etwa die Kritik von Kettle, Boards of Conciliation and Arbitration, S. 178 ff.

über ihre Aktivitäten berichteten und bei einzelnen, besonders heftigen oder langwierigen Konflikten sogar um die Hilfe des Ministeriums bei der Schlichtung nachsuchten.[266] Dies konnte laut Gesetz jeweils nur bei beiderseitiger Zustimmung geschehen. Im Hinblick auf innere Organisation und Entscheidungsabläufe behielten die *boards* ihre Satzungsautonomie. Das Ministerium sollte vermitteln und helfen, es konnte aus eigener Initiative eine Untersuchung einleiten, aber es durfte nichts erzwingen. So lag die Bedeutung des Gesetzes von 1896 nicht so sehr in vermehrten Eingriffsbefugnissen des Staates, sondern vor allem in einem verbesserten Informationsfluß. Die Regierung gewann erstmals einen genaueren und regelmäßigen Einblick in einen signifikanten Ausschnitt des freiwilligen Schieds- und Einigungswesens in der gewerblichen Wirtschaft. Durch die *Labour Gazette* und die in den *Parliamentary Papers* publizierten Berichte und Statistiken wurden diese Informationen einer breiten Öffentlichkeit zugänglich gemacht und sollten, so die Hoffnung der Ministerialbeamten, zur Nachahmung anregen. Dieses Programm war in Maßen erfolgreich, wie sowohl die Zunahme der dem Ministerium bekannten *boards* und *joint committees* als auch die Zahl der von diesen Einrichtungen insgesamt behandelten Dispute belegt.[267] Gemessen an den Erwartungen blieb der Erfolg aber doch begrenzt, denn einmal gab es in manchen wichtigen Industrien Arrangements der Streitbeilegung, die nicht als feste *boards* institutionalisiert wurden, und zum anderen offenbarten die jährlichen Berichte, daß unter den gemeldeten Disputen viele waren, die aus behördlicher Sicht als Bagatellsachen einzustufen waren.

Das freiwillige Streitschlichtungswesen blieb somit weiterhin partiell dem kontrollierenden Blick des Staates verborgen, und es erschien zudem in seinen Zielsetzungen und Auswirkungen disparat. Die Beamten und Statistiker im Ministerium beurteilten das System vor allem danach, wie weit es größere Arbeitsniederlegungen beenden oder vermeiden half. Entsprechend waren die Fragenkataloge angelegt, die an die bekannten *boards* und *joint committees* versandt wurden.[268] Was als Rückmeldung kam, paßte sich die-

---

[266] *Conciliation (Trade Disputes) Act*, 59 & 60 Vict., c. 30 (1896). Vgl. zu den Inhalten und Hintergründen dieses Gesetzes Cornelißen, Das „Innere Kabinett", S. 340 ff.; dort auf S. 342 auch eine tabellarische Übersicht über die Zahl der durch ministerielle Unterstützung geschlichteten ‚Dispute' zwischen 1897 und 1913. Ergänzend dazu mit Angaben von 1896 bis 1920 die Tabelle in: Report on Conciliation and Arbitration, 1920 (185), S. 7.

[267] Siehe oben Fn. 235 für die Zahl der *boards* und Grafik 4.1, S. 280, für die insgesamt gemeldeten ‚Dispute'.

[268] Vgl. Report on Strikes and Lock-Outs in the United Kingdom in 1903, and on Conciliation and Arbitration Boards, London 1904, PP 1904 (Cd. 2112) LXXXIX, S. 131 (Form of Inquiry sent to Secretaries of Conciliation and Arbitration Boards).

sem behördlichen Frageinteresse an mit der Folge, daß die offiziellen *Reports* möglicherweise nur ein ungenaues Bild von der tatsächlichen Wirkungsweise der einzelnen Einrichtungen vermitteln. Für uns entsteht daraus das Problem, daß gerade der hier interessierende Bereich des Umgangs mit Individualfällen im Dunklen bleibt.

Geht man davon aus, daß sich die Tätigkeit der *boards* und *committees* auf die gemeldeten Dispute beschränkte, kann der Geschäftsrückgang bei den ordentlichen Gerichten allenfalls zum Teil auf das Wirken der freiwilligen Einrichtungen zurückgeführt werden. Bis 1913 bewältigten die dem Staat bekannten Schieds- und Einigungsstellen nie mehr als 5000 Fälle pro Jahr, und das Gros dieser Fälle entfiel auf wenige, zudem regional begrenzte Industrien.[269] Auch wenn man die nicht fest institutionalisierten Streitbeilegungsorgane in die Betrachtung einbezieht, ergibt sich kein wesentlich anderes Bild: Im Jahr 1905 zum Beispiel befaßten sich die überregionalen Einigungsgremien der Maschinenbauer und der Baumwollweber mit 16 und 12 Fällen, die lokalen Sekretäre und *committees* der Baumwollspinner von Lancashire und Manchester mit 427 Fällen.[270] In den unruhigen Jahren von 1911 bis 1913 erreichte die Tätigkeit der *committees* der Baumwollspinner einen Höhepunkt mit 2045 bearbeiteten Fällen, also etwa 680 pro Jahr.[271] Die Streitschlichtungsmechanismen im Maschinenbau und in der Baumwollspinnerei wurden von Zeitgenossen des öfteren als vorbildlich und besonders effizient herausgehoben.[272] Daher wird man für andere behördlich nicht erfaßte Einrichtungen mit ähnlichen Größenordnungen zwischen einem Dutzend Fällen für überregionale Gremien und maximal einigen hundert Fällen für Einigungsausschüsse und informelle Gespräche auf regionaler Ebene rechnen können. Alles in allem waren also die Fallzahlen – verglichen mit dem Klageaufkommen vor den Friedens- und Grafschaftsgerichten – nicht eben hoch. Berücksichtigt man ferner, daß viele dieser Fälle wirtschaftliche Interessenkonflikte waren, die sich ohnehin einer justizförmigen Lösung entzogen, reduziert sich der Bereich, in dem die Schieds- und Einigungsstellen direkt mit der ordentlichen Justiz konkurrierten, noch weiter.

Die Wirkung des britischen Schieds- und Einigungswesens wird freilich nur unzureichend beschrieben, wenn lediglich Fälle gezählt werden. „Gute

---

[269] Siehe Grafik 4.1, S. 280.

[270] Report on Strikes and Lock-Outs 1905, S. 45. Ähnliche Zahlen für 1907: Labour Gazette, Okt. 1908, S. 303.

[271] Siehe Porter, Wage Bargaining, S. 472; ders., Industrial Peace in the Cotton Trade, 1875–1913, in Yorkshire Bulletin of Economic and Social Research 19 (1967), S. 49–61.

[272] Vgl. Zimmermann, Einigungswesen, S. 37 f.; dort auch weitere Zahlenangaben, die sich in ähnlichen Größenordnungen bewegen. Siehe auch Webb, Industrial Democracy, S. 195–203.

Einigungsämter haben die Tendenz, sich selbst in gewissem Sinne überflüssig zu machen."[273] So schrieb der eingangs zitierte deutsche Beobachter, Waldemar Zimmermann, und er meinte damit, daß die Praxis der Verständigung und die tarifliche Normierung der Arbeitsverträge auf Dauer das Konfliktpotential selber verringern würden. Zum Beweis führte er unter anderem das Einigungsamt der nordenglischen Stahl- und Walzeisenindustrie an, das in den Jahren vor 1905 kaum noch habe in Aktion treten müssen, weil „die Streitfälle jetzt fast regelmäßig unter vier Augen im Werk selbst geschlichtet" würden.[274] Eine wesentliche Funktion der ständigen gemeinsamen Ausschüsse und Einigungskammern bestand somit für Zimmermann darin, daß die vielen kleinen Konflikte gar nicht erst bis in jenes kritische Stadium vordrangen, das die Einschaltung der förmlichen Verhandlungsprozeduren notwendig machte.

Die Schlüsselrolle fiel dabei den lokalen Organisationen der Arbeitgeber und Arbeitnehmer zu. Hier waren es insbesondere die jeweiligen Ortssekretäre, die in den Betrieben schon im Vorfeld vermittelnd eingreifen sollten. Den Sekretären und den internen Komitees der beiden Organisationen oblag es, die wichtigen, das heißt über den Einzelfall hinausweisenden Fälle von denjenigen zu trennen, die nur einzelne Personen betrafen und deshalb als weniger wichtig galten. Die Sekretäre mußten entscheiden, ob es sich lohnte, wegen einer individuellen Beschwerde den umständlichen Schieds- und Einigungsapparat in Gang zu setzen. Für den einzelnen Arbeitnehmer bedeutete dies, daß sein Fall zunächst vor allem daraufhin geprüft wurde, ob er ein hinreichend allgemeines Problem berührte, das sich bei Nicht-Beachtung zu einem größeren Konflikt auswachsen könnte. Nicht der mögliche Rechtsanspruch des Einzelnen, sondern die potentielle Konflikthaltigkeit der Situation bildete also das Kriterium, nach dem die Streitigkeiten am Arbeitsplatz in erster Linie beurteilt wurden. Die Konflikte wurden damit schon auf der untersten Ebene der Betriebe gewissermaßen entindividualisiert und antizipierend in die Sphäre der kollektiven Auseinandersetzungen gehoben. Dem einzelnen Arbeitnehmer blieb kaum etwas anderes übrig, als sich dieser Vorprüfung seines Falles zu unterziehen, wollte er nicht riskieren, im Falle eines Scheiterns der Bemühungen sein Anrecht auf Unterstützungszahlungen seitens der Gewerkschaft (sogenanntes *victim's pay*) zu verlieren. Ähnliches galt, wenn auch weniger ausgeprägt, für den einzelnen Arbeitgeber. Die kollektiven Vereinbarungen und die Regeln der Schieds- und Einigungsstellen enthielten detaillierte Vorschriften über das bei indivi-

---

[273] Zimmermann, Einigungswesen, S. 39.
[274] Ebd., S. 80.

duellen Beschwerden einzuhaltende Verfahren. Durch ihre Mitgliedschaft in den jeweiligen Organisationen waren Arbeitnehmer und Arbeitgeber im Konfliktfall an diese Verfahrensregeln gebunden. So legte zum Beispiel das berühmte *Brooklands Agreement*, der 1893 geschlossene Tarifvertrag in der Baumwollspinnerei, in einem Zusatzartikel fest:

> Klagt der Arbeiter über Mängel im Faden oder an der Mule und erhält dafür vom Unternehmer keinen Entgelt, so ist der Fall binnen drei Tagen von den beiderseitigen Ortssekretären zu prüfen und durch eine Vereinbarung zu erledigen. Gelingt das nicht, ist eine gemeinsame Sitzung des Ortsausschusses binnen 3 Tagen zu berufen ....[275]

Der hier ausgemalte typische Konflikt – vorenthaltener Lohn wegen mangelhafter Arbeit auf der einen Seite, Klage wegen fehlerhaften Materials auf der anderen Seite – konnte seiner Natur nach durchaus ein Gegenstand von Gerichtsverhandlungen werden. Juristisch gesehen handelte es sich um eine Entscheidung über gegenseitige Ansprüche: Konnte der Arbeitgeber beweisen, daß der Arbeiter nachlässig oder fahrlässig gehandelt hatte, stand ihm Schadensersatz zu; konnte der Arbeitnehmer beweisen, daß der Fehler auf schlechtes Material zurückzuführen war, behielt er seinen Lohnanspruch. In dem Moment jedoch, wo eine kollektive Vereinbarung wie das *Brooklands Agreement* für derartige Fälle eine mehrfach gestufte Verhandlungsprozedur vorschrieb, wurde aus der potentiellen Rechtsfrage zunächst eine Angelegenheit des gütlichen Ausgleichs. Die harte Alternativfrage, wer im Recht war und wer im Unrecht, wurde in einer solchen Situation tunlichst eliminiert, zumindest in den Anfangsstadien des Einigungsversuchs. Der Konflikt wurde seiner juristischen Dimensionen entkleidet, er wurde gewissermaßen entrechtlicht, um eine vorschnelle Eskalation zu vermeiden.

FAZIT UND AUSBLICK AUF DIE ZWISCHENKRIEGSZEIT

Entindividualisierung und Entrechtlichung – mit diesen beiden Stichworten läßt sich die Rückwirkung des Schieds- und Einigungswesens auf das Konfliktverhalten am Arbeitsplatz beschreiben. Ein einzelner Arbeiter oder Arbeitgeber, der in dieses System des Streitschlichtens hineinwuchs, hatte im Prinzip keine Veranlassung, es in Frage zu stellen. Der wenig anziehende Charakter der ordentlichen Rechtsprechung in den Friedens- und Grafschaftsgerichten mag dazu beigetragen haben, eine relative Zufriedenheit mit den Resultaten der außergerichtlichen Einigungsverfahren zu fördern.

---

[275] Brooklands Agreement vom 24. 3. 1893, Zusatzartikel vom 22.12. 1900, zit. nach der deutschen Übersetzung bei Zimmermann, Einigungswesen, S. 97.

Für die ordentliche Justiz hatte das zur Folge, daß sie seltener, als es theoretisch möglich gewesen wäre – wieviel seltener, läßt sich nicht feststellen – mit Arbeitsstreitigkeiten konfrontiert wurde. Vielleicht ist das ein Grund dafür, daß das materielle Arbeitsvertragsrecht in Großbritannien so lange ein Stiefkind des *Common law* blieb. Für die Streitenden selbst mögen die Resultate in vielen Fällen günstiger gewesen sein als das, was nach einem Rechtsstreit zu erwarten gewesen wäre. Im Einzelfall konnte es jedoch auch dazu kommen, daß die Beschwerdeführenden auf ihr ‚gutes Recht' im juristischen Sinne verzichten mußten, damit die als vorrangig geltenden kollektiven Verhandlungsprozeduren nicht gestört oder gar aufs Spiel gesetzt wurden.

Wie man das Schieds- und Einigungssystem insgesamt bewerten will, hängt vom Standpunkt ab und ist nicht Gegenstand dieser Untersuchung. Wer sich als Historiker die Perspektive eines Funktionsträgers in der organisierten Arbeiterbewegung zu eigen macht, wird die Konzentration auf das kollektiv Verhandelbare und die damit einhergehende Machtsteigerung der Gewerkschaften begrüßen. Wer sich hingegen in die Lage eines in seinen Rechten geschädigten Individuums versetzt, wird eher die beschwichtigenden und entmündigenden Aspekte des Systems hervorkehren. Ungeachtet aller Bewertungsfragen ist festzuhalten, daß der Ausbau des freiwilligen Schieds- und Einigungswesens in Großbritannien zur Entrechtlichung der britischen Arbeitsbeziehungen beigetragen hat. Das geschah allerdings, wie die niedrigen Fallzahlen belegen, weniger durch eine direkt mit der Justiz konkurrierende quasi-gerichtliche Tätigkeit der *arbitration and conciliation boards*, sondern vielmehr in der Weise, daß Konflikte am Ort ihrer Entstehung von allen Beteiligten primär als Verhandlungssache und nicht als Rechtsstreit begriffen und sehr oft auch auf dem Verhandlungswege endgültig gelöst wurden. Das institutionelle Arrangement der Schieds- und Einigungsstellen beförderte diese unjuristische Sichtweise, indem es den lokalen und betrieblichen Arbeitnehmer- und Arbeitgebervertretern die Definitionsmacht über ‚wichtige' und ‚unwichtige' Konflikte zuspielte.

Der Erste Weltkrieg und die legislativen Maßnahmen der unmittelbaren Nachkriegszeit änderten an den Grundzügen des britischen Schieds- und Einigungswesens, wie es hier geschildert wurde, nur wenig. Die weitere Entwicklung braucht daher nur noch kurz skizziert zu werden. Die Erfahrungen mit der Zwangsschlichtung in den Jahren 1915 bis 1919 wurden von den Beteiligten überwiegend negativ beurteilt.[276] Nach dem Krieg war man

---

[276] Die Zwangsschlichtung von Arbeitsstreitigkeiten durch einen vom Ministerium gestellten Unparteiischen wurde (unter bestimmten Bedingungen und begrenzt auf kriegswichtige In-

überall bestrebt, schnell zu den Vorkriegsinstitutionen und -praktiken zu-
rückzufinden. Das System differenzierte sich weiter aus, es erfaßte neben
der Industrie zunehmend auch den Dienstleistungsbereich, und der Staat
griff dort, wo die Selbstorganisation der Beteiligten zu schwach war, unterstützend ein. Neue Strukturen des Verhandelns und Streitschlichtens kamen
hinzu, sie reichten von den *shop stewards* und *works committees* auf betrieb-
licher Ebene[277] bis hinauf zum *Industrial Court* an der Spitze als gleichsam
letzter Instanz des Schieds- und Einigungswesens.[278] Leitendes Prinzip bei
alldem blieb aber stets die Freiwilligkeit.[279] Die ordentliche Justiz wurde
nicht in das System einbezogen. Der *Industrial Court* konnte nur bei Zustimmung beider Parteien und nur nachdem alle in dem betreffenden Gewerbe etablierten freiwilligen Schlichtungsprozeduren ausgeschöpft waren,
angerufen werden. Das Urteil war ein Schiedsspruch ohne zwingende Wirkung; es war juristisch nicht vollstreckbar, galt nur für den einzelnen Fall
und schuf keine allgemeine Regel. Weder von seiner Stellung im Rechtssystem noch vom seinem (bescheidenen) Geschäftsumfang her war der britische *Industrial Court* mit dem 1926 geschaffenen deutschen Reichsarbeitsgericht vergleichbar.[280] Auch das von den Whitley-Komitees der Jahre
1917–18 empfohlene Instrument der staatlich geförderten *joint industrial
councils* sollte von der Intention her den voluntaristischen Charakter des

---

dustrien, die sogenannten *controlled establishments*) ermöglicht durch den *Munitions of War
Act*, 5 & 6 Geo. 5, c. 78 (1915), s. 1. Wieder abgeschafft wurde die Zwangsschlichtung durch
den *Wages (Temporary Regulation) Act*, 8 & 9 Geo. 5 (1918), s. 6. Der *Industrial Courts Act*,
9 & 10 Geo. 5, c. 69 (1919) etablierte eine neue, freiwillige Schlichtungsprozedur. Während
des Krieges stieg die Zahl der durch staatliche Intervention beigelegten Arbeitskonflikte steil
an, von 81 Fällen (1914) auf 3583 Fälle (1918), um dann schnell wieder zu sinken auf 920
(1920). Siehe Report on Conciliation and Arbitration, 1920, S. 7.

[277] Hierzu, auch zu den Anfängen der *shop steward*-Bewegung vor dem Ersten Weltkrieg ausführlich: Joachim Rückert u. Wolfgang Friedrich, Betriebliche Arbeiterausschüsse in
Deutschland, Großbritannien und Frankreich im späten 19. und frühen 20. Jahrhundert.
Eine vergleichende Studie zur Entwicklung des kollektiven Arbeitsrechts, Frankfurt/Main
1979, bes. S. 32–62.

[278] Im Überblick zu den Reformversuchen der Nachkriegszeit: Fox, History and Heritage,
S. 290–308; Brodie, Evolution of British Labour Law.

[279] Vgl. Report on Conciliation and Arbitration, 1919 (221), S. III. Dort wird als Maxime der
Regierungspolitik formuliert „... that trades should be encouraged to discuss and settle their
wages and other questions without the intervention of the State, but that the Government
should provide means for conciliation and arbitration if the ordinary negotiations between
employers and employed have broken down and the parties desire assistance, or the case is
one in which, in the general interest, some action by the Government is desirable."

[280] Zum *Industrial Court* siehe Wolf Dittler, Die amtliche Schlichtung und die staatliche Lohnfestsetzung in England. Zugleich ein Beitrag zur Rechtsvergleichung im Arbeitsrecht, Stuttgart 1931, S. 50–55; M. Turner-Samuels, Industrial Negotiation and Arbitration, London
1951, S. 266–279.

britischen Systems nicht ändern, sondern stärken.[281] Ebenso auch die *Trade boards*, die nun in größerer Zahl nach ähnlichen Grundsätzen wie unter dem *Trade Boards Act* von 1909 in Niedriglohngewerben ins Leben gerufen wurden.[282]

Auf allen Ebenen dieses komplexen Streitschlichtungssystems trafen die Akteure weiterhin keine strenge Unterscheidung zwischen Rechts- und Interessenkonflikten sowie zwischen Individual- und Kollektivstreitigkeiten. Anders als in Deutschland beurteilte man den einzelnen Disput nicht nach juristischen Kriterien, sondern primär unter dem Gesichtspunkt des ihm innewohnenden Gefahrenpotentials für die zukünftigen Beziehungen zwischen den Arbeitnehmern und Arbeitgebern eines Betriebs oder einer ganzen Branche. Danach entschied sich, wie mit den Fällen verfahren wurde, wobei den Ortssekretären und innerbetrieblichen Verhandlungspartnern die Schlüsselrolle zufiel. Insgesamt verstärkten sich in den Nachkriegsjahren die schon vorher beobachtbaren Tendenzen der Entindividualisierung und Entrechtlichung bei der Beilegung von Arbeitsstreitigkeiten. Damit nahm die britische Entwicklung einen anderen Weg als die deutsche, die sich im gleichen Zeitraum durch eine zunehmend scharfe rechtsdogmatische und institutionelle Trennung zwischen individuellem und kollektivem Arbeitsrecht auszeichnete und die sich insgesamt als Prozeß der Verrechtlichung darstellen läßt. Die Gewerbegerichte besaßen dabei, wie im folgenden zu zeigen sein wird, eine Scharnierfunktion. Sie trugen die Maßstäbe und Begriffe der ordentlichen Justiz in die Arbeitsbeziehungen hinein, sie stellten aber auch ein Angebot dar, das es den Arbeitnehmern und Arbeitgebern ermöglichte, ihre Vorstellungen von materieller Gerechtigkeit und angemessenem Verfahren in die Rechtsprechung und bald auch in die Rechtswissenschaft einzuschleusen.

---

[281] Ebd., S. 10 ff.; Bernd-Jürgen Wendt, Whitleyism. Versuch einer Institutionalisierung des Sozialkonfliktes in England am Ausgang des Ersten Weltkrieges, in: Dirk Stegmann u. a. (Hg.), Industrielle Gesellschaft und politisches System. Beiträge zur politischen Sozialgeschichte. Festschrift für Fritz Fischer zum 70. Geburtstag, Bonn 1978, S. 337–353.
[282] Zur Praxis unter dem *Trade Boards Act* von 1909 siehe oben, Kap. I.4.

5. Vergleich mit den deutschen Gewerbe- und Kaufmannsgerichten

Das Gewerbegerichtsgesetz von 1890 – „Verrechtlichungs-beginn ohne Berufsjuristen"[283]

Im Juni 1894 erschien in der *Labour Gazette*, dem Organ der Abteilung für Arbeiterfragen im britischen Handelsministerium, eine Notiz über „Industrial Courts" in Deutschland.[284] Der Artikel informierte über die wichtigsten Bestimmungen des deutschen Gewerbegerichtsgesetzes vom 29. Juli 1890 und gab einige Zahlen zur Nutzung der neu geschaffenen Einrichtung. Erwähnenswert schien dem Redakteur unter anderem, daß nur wenige Klagen von Arbeitgebern, die meisten hingegen von Arbeitnehmern ausgingen und daß überwiegend geringfügige Summen im Spiel waren. Kommentare oder Wertungen enthielt der Artikel nicht. Den Titel des Gesetzes „betreffend die Gewerbegerichte" übersetzte der Redakteur recht frei mit „Arbitration and Conciliation Law". Damit ist angedeutet, in welchem Kontext die Rezeption der neuen deutschen Institution stattfand. Die Gewerbegerichte wurden als Versuch interpretiert, in Deutschland etwas einzuführen, was in Großbritannien schon lange, allerdings auf freiwilliger Basis existierte, nämlich Schiedsgerichte und Einigungsstellen. In britischen Regierungskreisen und bei Sozialreformern dachte man zu dieser Zeit verstärkt darüber nach, wie der industrielle Frieden staatlicherseits gefördert werden könne. Ein Resultat des Nachdenkens war der *Conciliation Act* von 1896. Im Rahmen der dahin führenden Diskussionen bestand ein gewisses Interesse an vergleichbaren Bestrebungen im Ausland. Nicht nur die deutschen Gewerbegerichte, auch die französischen *Conseils de prud'hommes* und die Experimente mit staatlicher Zwangsschlichtung in Neuseeland und Australien wurden unter diesem Gesichtspunkt beobachtet.[285] Das ohnehin nur

---

[283] Reichold, Der „Neue Kurs", S. 25.

[284] Industrial Courts, in: Labour Gazette, Juni 1894, S. 190. Als Quelle wurden die Blätter für Soziale Praxis vom 24. Mai 1894 angegeben. Eine weitere Kurzmeldung über Gewerbegerichte in der Labour Gazette, Okt. 1894, S. 318.

[285] Vgl. David F. Schloss, State Promotion of Industrial Peace, in: Economic Journal 3 (1893), S. 218–225. Seine Kenntnisse über die Gewerbegerichte bezog der Autor, damals außerplanmäßiger Mitarbeiter im *Board of Trade*, aus einem Bericht des *Foreign Office*. Zu Schloss vgl. Cornelißen, Das „Innere Kabinett", S. 56 ff. Vgl. ferner den auf deutsche Quellen gestützten Bericht über die Gewerbegerichtsgesetzgebung und ihre ersten Auswirkungen in: Royal Commission on Labour, Foreign Reports, Bd. V: Germany, PP 1893–94 (C. 7063 – VII.) XXXIX, Part II, hier S. 35–38. Schon die Überschrift des entsprechenden Abschnitts („Prevention and Settlement of Strikes") deutet auf das Hauptinteresse der britischen Beobachter. Aus dem Bericht selbst spricht eine gewisse Enttäuschung über die geringe Nutzung der Ge-

verhaltene Interesse an den deutschen Gewerbegerichten schwand jedoch rasch, als sich herausstellte, daß diese Gerichte auch nach mehrjährigem Bestehen fast ausschließlich mit kleinen Streitigkeiten aus Individualarbeitsverträgen beschäftigt blieben, während die Wirksamkeit als Einigungsamt zu vernachlässigen war.[286] Nur 44 Anrufungen im Jahr 1896, und das bei schon 284 bestehenden Gewerbegerichten: diese Bilanz erschien den britischen Beobachtern im Handelsministerium denn doch zu dürftig, um sich noch länger mit dieser deutschen Einrichtung zu befassen. Daß im gleichen Jahr, 1896, bereits 68 798 Individualklagen vor die Gewerbegerichte gebracht wurden, davon 63 462 von Arbeitnehmern, war der *Labour Gazette* nur eine unscheinbare Meldung wert.[287] Nach 1897 wurde über diesen zentralen Aspekt der Gewerbegerichtsbarkeit nicht mehr berichtet, die Funktion als Einigungsamt wurde in den folgenden zehn Jahren nur noch wenige Male erwähnt.[288]

Für das schwache und zudem nur selektive britische Interesse an den Gewerbegerichten lassen sich verschiedene Gründe nennen. Generell hatten Sozialpolitiker und Gewerkschaftler in Großbritannien um 1890 das Gefühl, in allen Dingen, die mit industriellen Beziehungen und Arbeiterschutz zu tun hatten, den kontinentaleuropäischen Nationen weit voraus zu sein. Der Gedanke, daß man im Bereich des Arbeitsrechts ausgerechnet vom Deutschen Kaiserreich etwas lernen oder gar übernehmen könne,

---

werbegerichte und ihrer Vorläufer für die kollektive Streitschlichtung. Kritisch zur fehlenden Würdigung des politischen Kampfes der deutschen Arbeiterbewegung durch den britischen Berichterstatter: Eduard Bernstein, Der Bericht der englischen Arbeitskommission über die Arbeiterfrage in Deutschland, in: Die Neue Zeit 12 (1894), S. 493–499.

[286] Vgl. die Artikel: Conciliation and Arbitration in Germany in 1896, in: Labour Gazette, Okt. 1897, S. 293; Settlement of Labour Disputes by Industrial Courts in Germany, in: ebd., Aug. 1898, S. 230 f.; Work of the Berlin Industrial Court as an agency for averting and settling Strikes and Lock-outs, in: ebd., Jan. 1899, S. 11.

[287] Labour Gazette, Juni 1897, S. 169.

[288] Labour Gazette, Aug. 1901, S. 234; ebd., Sept. 1906, S. 260. Auch sonst finden sich kaum Spuren einer nennenswerten Rezeption. Die Webbs zeigten sich gegen ihre sonstige Gewohnheit bemerkenswert uninformiert: Webb, Industrial Democracy, S. 226, Fn. 1. Sogar William Harbutt Dawson, der als Mitarbeiter in verschiedenen Ministerien eifrig bemüht war, deutsche Einrichtungen bekannt zu machen, würdigte die rechtsprechende Funktion der Gewerbegerichte nur in vagen Worten. Siehe: William H. Dawson, The German Workman: A Study in National Efficiency, London 1906, S. VIII; ders., Industrial Germany, London u. Glasgow 1912, S. 224. Vgl. zu Dawson allgemein: Jörg Filthaut, Dawson und Deutschland. Das deutsche Vorbild und die Reformen im Bildungswesen, in der Stadtverwaltung und in der Sozialversicherung Großbritanniens, 1880–1914, Frankfurt/Main 1994. Auch bei Günter Hollenberg, Englisches Interesse am Kaiserreich. Die Attraktivität Preußen-Deutschlands für konservative und liberale Kreise in Großbritannien 1860–1914, Wiesbaden 1974, finden sich außer einem Hinweis auf Dawson (S. 234) keine Belege für eine Rezeption.

mußte einem britischen Arbeiter oder fortschrittlichen Sozialreformer damals in der Tat abwegig erscheinen. Warum sollte man nach vorbildlichen Gesetzen in einem Land suchen, in dem es noch Gesindeordnungen gab, die Gefängnis- und Prügelstrafen für widerspenstige Knechte und Hausbedienstete vorsahen?[289] Was war von einem Staat zu erwarten, der es immer noch zuließ, daß streikende Arbeiter und Gewerkschaftsmitglieder wegen harmloser Unmutsbekundungen gegenüber Arbeitswilligen, ja sogar wegen der bloßen Ankündigung eines Streiks zu Haftstrafen verurteilt wurden, obwohl die Koalitionsfreiheit gesetzlich seit 1869 verbrieft war?[290] Nationale Stereotypen über ‚englische Freiheit' und kontinentale ‚Despotie' mögen bisweilen zu einer Übertreibung der Unterschiede geführt haben, doch ist es tatsächlich schwer vorstellbar, daß eine englische Regierung um die Jahrhundertwende noch gewagt hätte, einen Gesetzentwurf wie die deutsche Zuchthausvorlage von 1899 einzubringen, die eine Verschärfung der Strafen

---

[289] Thomas Vormbaum, Politik und Gesinderecht im 19. Jahrhundert (vornehmlich in Preußen 1810–1918), Berlin 1980, hier S. 86–92 zur körperlichen Züchtigung. Das Züchtigungsrecht wurde im Jahr 1900 durch Art. 95 des Einführungsgesetzes zum BGB abgeschafft, aber für einen Dienstboten, der geschlagen wurde, gab es dennoch weiterhin keine Möglichkeit, seinen Dienstherrn straf- oder zivilrechtlich zur Rechenschaft zu ziehen. Vgl. zur „Bizarrerie des gesinderechtlichen Zustandes" um 1900: Hermann Jastrow, Das Gesinderecht nach dem Bürgerlichen Gesetzbuch, in: Soziale Praxis 6 (1897), Sp. 1254–1257 (das Zitat Sp. 1257). Die Rückständigkeit der einzelstaatlichen deutschen Gesinderechte war in England zwar kein Thema, aber doch vage bewußt; vgl. etwa die Notiz „Law relating to Breach of Contract by Agricultural Labourers" in: Labour Gazette, Juli 1900, S. 201, über ein Kontraktbruchgesetz vom gleichen Jahr aus dem Herzogtum Anhalt.

[290] Die richterliche Bekämpfung der Gewerkschaften und ihrer Aktivitäten war in Deutschland eine Angelegenheit der Strafjustiz, die sich dazu unter anderem des preußischen Vereinsgesetzes, verschiedener Paragraphen des Strafgesetzbuchs (Beleidigung, Nötigung, Erpressung) und des § 153 der Gewerbordnung (Ausübung des Koalitionszwangs) bediente. Die Zivilsenate des Reichsgerichts kritisierten des öfteren sogar öffentlich die Rechtsprechung ihrer Kollegen von den Strafsenaten. Siehe Rainer Schröder, Die strafrechtliche Bewältigung der Streiks durch Obergerichtliche Rechtsprechung zwischen 1870 und 1914, in: Archiv für Sozialgeschichte 31 (1991), S. 85–102. Vgl. außerdem: Klaus Saul, Zwischen Repression und Integration. Staat, Gewerkschaften und Arbeitskampf im kaiserlichen Deutschland 1884–1914, in: Klaus Tenfelde u. Heinrich Volkmann (Hg.), Streik. Zur Geschichte des Arbeitskampfes während der Industrialisierung, München 1981, S. 209–236; ders., Gewerkschaften zwischen Repression und Integration. Staat und Arbeitskampf im Kaiserreich 1884–1914, in: Wolfgang J. Mommsen u. Hans-Gerhard Husung (Hg.), Auf dem Wege zur Massengewerkschaft. Die Entwicklung der Gewerkschaften in Deutschland und Großbritannien 1880–1914, Stuttgart 1984, S. 433–453; Gerd Bender, Die industrielle Ordnung und das Reichsgericht, in: Rechtshistorisches Journal 8 (1989), S. 109–119; ders., Strukturen des kollektiven Arbeitsrechts; Hans-Joachim Bieber, Die Rolle von Gewerkschaften und Wirtschaftsverbänden bei der Entstehung des Arbeitsrechts, in: Hans G. Nutzinger (Hg.), Die Entstehung des Arbeitsrechts in Deutschland. Eine aktuelle Problematik in historischer Perspektive, Marburg 1998, S. 15–69, hier S. 32–37.

unter anderem für das Aufstellen von Streikposten vorsah.[291] Bei der Bismarckschen Sozialversicherung schließlich, dem einzigen sozialpolitischen Experiment, dem in Großbritannien größere Aufmerksamkeit zuteil wurde, waren die Zwangselemente und die gegen die Selbstorganisation der Arbeiter gerichtete Zielsetzung zu offensichtlich, um den Wunsch nach einer Nachahmung aufkommen zu lassen.[292] Es war bekannt, daß die deutschen Arbeiter selbst aus diesen Gründen der Sozialversicherung anfangs skeptisch bis ablehnend gegenüberstanden. Im übrigen konnten sich die britischen Beamten und Gewerkschaftsführer in ihrem Überlegenheitsgefühl durch die deutschen Sozialreformer, Kathedersozialisten und auch viele Sozialdemokraten bestätigt fühlen, die (mit verschiedener Akzentuierung) immer wieder betonten, wie fortschrittlich und vorbildlich das auf Selbsthilfe, Verhandlungen und Autonomie gegründete britische Tarif- und Einigungswesen sei. Daß unter diesen Umständen das Zukunftsweisende an den deutschen Gewerbegerichten, ihre kreative Rechtsprechung zum Individualarbeitsverhältnis, in Großbritannien nicht erkannt wurde, kann kaum verwundern.

Ein weiterer Grund für das britische Desinteresse lag darin, daß eine Konstruktion wie die Gewerbegerichte mit der gewachsenen englischen Gerichtsverfassung und der Ideologie des *Common law* unvereinbar war. Spezielle Gerichte mit eigenen Verfahrensregeln nur für bestimmte Personenkreise widersprachen der britischen Vorstellung von Gleichheit vor dem Gesetz. Problematisch erschienen Sondergerichtsbarkeiten insbesondere dann, wenn ihnen gestattet sein sollte, rechtsgültige Urteile ohne Berufungsmöglichkeit an die ordentliche Justiz zu fällen. Genau das aber sah das Gewerbegerichtsgesetz von 1890 vor, und es bestimmte außerdem, daß Rechtsanwälte vom Verfahren ausgeschlossen bleiben mußten.[293] So sympathisch und anziehend gerade diese Bestimmungen die Gewerbegerichte für deutsche Arbeitnehmer machten, so wenig paßten sie zu den Erfahrungen englischer Arbeitnehmer mit ihrer eigenen Justiz. Zwar waren professionelle Juristen und Berufungen an höhere Instanzen bei englischen Ar-

---

[291] Zu Inhalt und Kontext der Zuchthausvorlage: Ernst Rudolf Huber, Deutsche Verfassungsgeschichte seit 1789, Bd. 4: Struktur und Krisen des Kaiserreichs, 2. Aufl., Stuttgart 1969, S. 1235 f. Die Position der SPD und der anderen Parteien mit Debattenauszügen in: Max Schippel, Sozialdemokratisches Reichstags-Handbuch. Ein Führer durch die Zeit- und Streitfragen der Reichsgesetzgebung, Berlin o.J. [1902], S. 154–163 u. 746–752.

[292] Vgl. Hennock, British Social Reform. Siehe auch oben, Kap. I.2., zur Rezeption der Unfallversicherungsgesetzgebung.

[293] Gewerbegerichtsgesetz 1890, §§ 29, 44, RGBl. Jg. 1890, S. 147 u. 154.

beitnehmern nicht gerade beliebt, andererseits bestand ohne sie oft überhaupt keine Chance, berechtigte Ansprüche durchzusetzen.

All dies macht es verständlich, daß die Gewerbegerichte des Kaiserreichs und ihr späterer Ausbau zur Arbeitsgerichtsbarkeit der Weimarer Republik in Großbritannien nahezu unbemerkt blieben. Wenn man sich darüber wundert, sollte man bedenken, daß um 1890 auch in Deutschland niemand ahnen konnte, in welche Richtung und mit welcher Geschwindigkeit sich die Gewerbegerichte entwickeln würden. Aus der Rückschau erscheint es geradezu unwahrscheinlich, daß noch unter der Amtszeit Bismarcks, also vor dem Beginn des sogenannten ‚Neuen Kurses‘, in den Bundesratsausschüssen und im Handelsministerium an einem Gesetzentwurf gearbeitet wurde, der die ordentlichen Gerichte und die professionellen Juristen von einem so wichtigen Feld wie dem Individualarbeitsrecht weitgehend ausschalten sollte und der dazu die Wahl von Beisitzern aus dem Kreis der Arbeitgeber und Arbeitnehmer auf paritätischer Basis vorsah.[294] Wenn sich auch an den Einzelheiten des Planes im Laufe des Gesetzgebungsverfahrens manches änderte, herrschte doch über die Wünschbarkeit und die Grundzüge der neuen Institution ein bemerkenswerter Konsens, der im Reichstag mindestens von den Nationalliberalen bis zu den Sozialdemokraten reichte. Zwar verweigerten letztere dem Gesetz am Ende die Zustimmung, doch geschah dies nicht, weil die SPD Gewerbegerichte an sich ablehnte, sondern weil ihre weitergehenden Forderungen vor allem im Hinblick auf das aktive Wahlrecht und die Wählbarkeit für das Beisitzeramt nicht erfüllt wurden. Die Sozialdemokraten kritisierten außerdem, daß bestimmte Arbeitergruppen, insbesondere die Land- und Forstarbeiter, das kaufmännische Hilfspersonal sowie die in staatlichen Betrieben beschäftigten Arbeiter, nicht unter den Wirkungsbereich der Gewerbegerichte fallen sollten.[295] Immerhin gelang es, die pseudo-selbständigen Heimgewerbetreibenden durch eine geschickte Formulierung des freisinnigen Abgeordneten Eberty in die Jurisdiktion der Gewerbegerichte einzubeziehen.[296] Das Prinzip einer geson-

---

[294] Ein Resümee der Ereignisse, die zum Gesetzentwurf führten, bei Günter Graf, Das Arbeitsgerichtsgesetz von 1926. Weimarer Verfassungsvollzug auf justizpolitischen Irrwegen des Kaiserreichs?, Goldbach 1993, S. 32–38. Vgl. außerdem zu den Intentionen führender Akteure: Hans Jörg von Berlepsch, „Neuer Kurs" im Kaiserreich? Die Arbeiterpolitik des Freiherrn von Berlepsch 1890–1896, Bonn 1987, S. 15–53 u. 84–101.

[295] Zu den Debatten im Reichstag vgl. Graf, Arbeitsgerichtsgesetz, S. 38–43; Berlepsch, „Neuer Kurs", S. 101–111. Weitere Aufschlüsse zu den Beratungen im Plenum und im Ausschuß des Reichstags verdanke ich einem unveröffentlichten Diskussionspapier von Gyu-Jung Park, Das Gewerbegerichtsgesetz und die Sozialdemokratie, Bochum 1998, (30 S).

[296] Gewerbegerichtsgesetz 1890, § 4, RGBl. Jg. 1890, S. 142f. Park, Gewerbegerichtsgesetz, S. 10 u. 17f. Nicht ganz korrekt in diesem Punkt: Johannes Bähr, Entstehung und Folgen des

derten, von der allgemeinen Justiz abgetrennten Gerichtsbarkeit für die Streitigkeiten von Arbeitern wurde zu diesem Zeitpunkt aber auch von der SPD und den Freisinnigen anerkannt. Die Vorstellung, daß es ein ‚einheitliches Arbeitsrecht' für alle Arbeitnehmer geben solle, begann erst um die Jahrhundertwende in die politische Debatte einzudringen und ist bereits als Resultat des Erfolgs der Gewerbegerichte zu sehen.

Die unmittelbare Vorgeschichte des Gesetzes von 1890 und die Positionen der Parteien sind bekannt und müssen hier nicht wiederholt werden.[297] Wichtiger als die unterschiedlichen Forderungen im Detail erscheint die Übereinstimmung im Grundsätzlichen. Das gilt zumal aus vergleichender Perspektive. Wesentliche Punkte des Entwurfs der verbündeten Regierungen passierten den Reichstag ohne nennenswerten Widerstand und aufgeregte Debatten. Dazu gehörten die kommunale Trägerschaft der Gewerbegerichte und ihre zunächst fakultative Einführung überall dort, wo eine entsprechende Einigung auf lokaler Ebene erzielt werden konnte. Mit der Wahl der Gemeinde als Gerichtsbezirk wurde zugleich branchenspezifischen Lösungen, wie sie für England typisch waren, eine Absage erteilt. Größere Diskussionen über diesen Punkt gab es nicht. Den Besonderheiten der örtlichen Gewerbestruktur konnte durch ein Ortsstatut Rechnung getragen werden, in dem zum Beispiel die Bildung von Fachkammern oder die Wahl von Beisitzern aus den am Ort stark vertretenen Industrien vorgesehen sein konnte.[298]

Keine unüberwindlichen Meinungsverschiedenheiten gab es auch hinsichtlich der Zusammensetzung. Das Gewerbegericht sollte bestehen aus einem vom Magistrat oder der Gemeindevertretung zu bestellenden Vorsitzenden, der weder Arbeitnehmer noch Arbeitgeber sein durfte, und Beisitzern, die in je gleicher Zahl und geheim durch alle unter die Rechtsprechung des Gerichts fallenden Arbeitnehmer und Arbeitgeber zu wählen waren. Umstritten waren lediglich das Wahlrecht für die Beisitzer und das behördliche Bestätigungsrecht des Vorsitzenden, das der Staat sich vorbehielt, von

---

Arbeitsgerichtsgesetzes von 1926. Zum Verhältnis von Arbeiterschaft, Arbeiterbewegung und Justiz zwischen Kaiserreich und Nationalsozialismus, in: Klaus Tenfelde (Hg.), Arbeiter im 20. Jahrhundert, Stuttgart 1991, S. 507–532, S. 511 u. 519.

[297] Vgl. neben der bereits genannten Literatur: Adelheid v. Saldern, Gewerbegerichte im wilhelminischen Deutschland, in: Karl-Heinz Manegold (Hg.), Wissenschaft, Wirtschaft und Technik. Studien zur Geschichte. Wilhelm Treue zum 60. Geburtstag, München 1969, S. 190–203; Jochen Weiß, Arbeitsgerichtsbarkeit und Arbeitsgerichtsverband im Kaiserreich und in der Weimarer Republik, Frankfurt/Main 1994, S. 13–16.

[298] Von der Möglichkeit, durch Ortsstatut besondere Strukturen und Verfahren einzuführen, wurde wenig Gebrauch gemacht. In Preußen folgten die meisten Ortsstatuten einem vom Ministerium ausgegebenen Musterstatut: vgl. v. Saldern, Gewerbegerichte, S. 193.

dem er aber später in der Praxis nie Gebrauch machte.[299] Diese Differenzen verblassen jedoch zunächst hinter der Tatsache, daß der deutsche Gesetzgeber mit großer Mehrheit gewählten Arbeitnehmervertretern ein Mitspracherecht in einer Institution einräumte, die staatliche Hoheitsaufgaben erfüllte.[300] Damit wurde den Gewerkschaften nach den Selbstverwaltungsgremien der Sozialversicherung ein zweites gesetzlich legitimiertes Betätigungsfeld eröffnet.[301]

Breite Zustimmung fand auch die neuartige Verknüpfung von gerichtlicher und schlichtender Tätigkeit in einer Institution. Die vor 1890 im Deutschen Reich bestehenden gewerblichen Schiedsgerichte waren mit wenigen Ausnahmen nur für Streitigkeiten aus Individualarbeitsverträgen zuständig gewesen. Hier folgte das Gewerbegerichtsgesetz einer Tradition, die teils auf deutschen Erfahrungen beruhte, teils auf die im Rheinland übernommenen und später umgeformten französischen *Conseils de prud'hommes* zurückging.[302] Im Jahr 1890 kam nun die Funktion als Einigungsamt bei kollektiven Konflikten um zukünftige Arbeitsbedingungen hinzu. Für diese Teilfunktion spielte bei der Vorbereitung des Gesetzes das englische Vorbild der con-

---

299 Vgl. v. Saldern, Gewerbegerichte, S. 194; Ignaz Jastrow, Die Erfahrungen in den deutschen Gewerbegerichten, in: Jahrbücher für Nationalökonomie und Statistik 69 (1897), S. 321–395, S. 334 f.

300 Zum Problem des staatlichen Charakters der Gewerbegerichtsbarkeit trotz kommunaler Trägerschaft: Reichold, Der „Neue Kurs", S. 19; Graf, Arbeitsgerichtsgesetz, S. 43.

301 Vgl. Klaus Tenfelde, Arbeitersekretäre. Karrieren in der deutschen Arbeiterbewegung vor 1914, Heidelberg 1996, S. 19–23.

302 Zu den ,Vorläufer'-Institutionen der Gewerbegerichte gibt es eine inzwischen recht umfangreiche Literatur, die hier nicht im einzelnen kommentiert werden kann. Als verfehlt müssen alle Versuche gelten, die Wurzel der Arbeitsgerichtsbarkeit des späten Kaiserreichs lediglich in einer bestimmten Traditionslinie, etwa den französischen *Conseils de prud'hommes*, zu suchen. Auf diese Linie konzentriert sich die Darstellung von Klaus Globig, Gerichtsbarkeit als Mittel sozialer Befriedung, dargestellt am Beispiel der Entstehung der Arbeitsgerichtsbarkeit in Deutschland, Frankfurt/Main 1985. Dagegen ist zu Recht darauf hingewiesen worden, daß es schon vor der napoleonischen Ära gewerbliche Schiedsgerichte in verschiedenen Regionen Deutschlands gab, darunter auch im rheinischen Raum (Solingen), die ihre Einrichtung vor allem dem Bedürfnis von Unternehmern und Verlegern nach Fertigungskontrolle verdankten. Hierzu: Jürgen Brand, Untersuchungen zur Entstehung der Arbeitsgerichtsbarkeit in Deutschland. Erster Teilband: Zwischen genossenschaftlicher Standesgerichtsbarkeit und kapitalistischer Fertigungskontrolle, Pfaffenweiler 1990. Freilich geht auch Brand zu weit, wenn er behauptet, daß „der Warenkontrolle und der Schaffung gleichartiger Konkurrenzbedingungen für die Verleger/Unternehmer die *entscheidende* Rolle bei der Herausbildung einer eigenständigen Arbeitsgerichtsbarkeit" zukam (S. 11 f., Hervorhebung von mir). Vielmehr ist von einer vielfältigen und in manchen Regionen, besonders im Rheinland, mehrfach überformten Tradition auszugehen. Grundlegend zur Arbeitsweise der rheinischen Fabrikengerichte sind die Publikationen von Peter Schöttler. Das Gewerbegerichtsgesetz von 1890 bediente sich relativ frei aus einem Vorrat erprobter Struktur- und Verfahrenselemente, fügte aber auch Neues hinzu.

ciliation boards eine gewisse Rolle.[303] Voraussetzung dafür war ein bis ins liberale Lager reichender Konsens, daß ein, wie Gustav Schmoller sich ausdrückte, „Mitreden der Arbeiter in Form der englischen Gewerkvereine" notwendig sei, wenn man der sonst sicher „kommenden socialen Revolution" entgehen wolle.[304] Auch die Februarerlasse Kaiser Wilhelms II. enthielten mit der Erwähnung von „Formen…, in denen die Arbeiter durch Vertreter, welche ihr Vertrauen besitzen, an der Regelung gemeinsamer Angelegenheiten beteiligt und zur Wahrnehmung ihrer Interessen bei Verhandlungen mit den Arbeitgebern und den Organen meiner Regierung befähigt werden", ein in diese Richtung weisendes, freilich sehr vage formuliertes Versprechen.[305] Als Einigungsamt konnte das Gewerbegericht nur auf Initiative beider Parteien in Aktion treten. Um rechtswirksam zu werden, mußten die erzielten Vereinbarungen oder Schiedssprüche von beiden Seiten binnen einer bestimmten Frist angenommen werden. Freiwillige Mitwirkung war also hier – ähnlich wie in England – erforderlich, während das Gewerbegericht bei Individualfällen wie ein normales Gericht rechtsverbindliche Urteile fällte. Sowohl die Zulassung gewählter Beisitzer als auch das staatliche Angebot eines Einigungsamts bedeuteten *de facto* eine Stärkung des gewerkschaftlichen Einflusses in der deutschen Arbeiterschaft. Diese nicht nur symbolische Anerkennung durch die Legislative war bedeutsam angesichts der Tatsache, daß Strafjustiz, Polizei und der private Betriebsschutz der Unternehmer fortfuhren, das praktische Wirken der Gewerkschaften vor allem in der Schwerindustrie nach Kräften zu behindern.[306]

---

[303] Vgl. die Hinweise bei Reichold, Der „Neue Kurs", S. 19; Graf, Arbeitsgerichtsgesetz, S. 35.

[304] Gustav Schmoller, Über Wesen und Verfassung der großen Unternehmungen (1889), in: ders., Zur Social- und Gewerbepolitik der Gegenwart, Leipzig 1890, S. 372–440, S. 436. Zur Diskussion um Streikbekämpfung und Einigungswesen unter deutschen bürgerlichen Sozialreformern: Rüdiger vom Bruch, Streiks und Konfliktregelung im Urteil bürgerlicher Sozialreformer 1872–1914, in: Klaus Tenfelde u. Heinrich Volkmann, Streik. Zur Geschichte des Arbeitskampfes in Deutschland während der Industrialisierung, München 1981, S. 253–270.

[305] Der Text der Februarerlasse bei Ernst Rudolf Huber, Dokumente zur Deutschen Verfassungsgeschichte, Bd. 2: 1851–1918, Stuttgart 1964, S. 413f., hier S. 414. Ausführlich zur Entstehungsgeschichte des Textes und seiner Wirkung: Karl Heinrich Kaufhold, Die Diskussion um die Neugestaltung des Arbeitsrechts im Deutschen Reich 1890 und die Novelle zur Reichsgewerbeordnung 1891, in: Zeitschrift für Arbeitsrecht 22 (1991), S. 277–322, S. 292–300. In der öffentlichen Diskussion um 1890 wurde vielfach nicht klar unterschieden zwischen Arbeiterausschüssen, Einigungsämtern, gewerblichen Schiedsgerichten und Arbeiterkammern; vgl. Heinrich Herkner, Zur Kritik und Reform der deutschen Arbeiterschutzgesetzgebung, in: Archiv für Soziale Gesetzgebung und Statistik 3 (1890), S. 209–261, S. 248ff. u. 257–260.

[306] Zur Streikbekämpfung durch unternehmerische Privatpolizei: Ralph Jessen, Unternehmerherrschaft und staatliches Gewaltmonopol. Hüttenpolizisten und Zechenwehren im Ruhr-

Ein weiteres, um 1890 ebenfalls kaum umstrittenes Merkmal des Gewerbegerichtsgesetzes verdient aus vergleichender Perspektive Beachtung. Es
ist das in England in dieser Form undenkbare Prinzip der Sondergerichtsbarkeit, das mit den Gewerbegerichten seine bis dahin deutlichste Ausprägung erfuhr. Schon vor 1890 gab es in Deutschland besondere Gerichte und
Spruchkammern, deren Zuständigkeit sachlich und personell begrenzt war
und die für ihren Zweck die Zuständigkeit der ordentlichen Gerichte aus-
schlossen. Zu nennen sind die Kammern für Handelssachen bei den Landgerichten und die Verwaltungsgerichte.[307] Die konkurrierende Rechtsprechung der ordentlichen Gerichte wurde auch durch das Gewerbegerichtsgesetz beseitigt. Darüber hinaus wurde hier nun auch die Berufung eingeschränkt auf diejenigen Verfahren, bei denen der Streitwert über 100 Mark
lag. Des weiteren wurden professionelle Juristen weitgehend aus den Gewerbegerichten verbannt: Rechtsanwälte waren nicht zugelassen, und der
Vorsitzende mußte keine juristische Ausbildung genossen haben, wenn er
auch in der Praxis meist ein Verwaltungsjurist war. Das Gewerbegericht war
somit mehr als andere Sondergerichte in Deutschland von der ordentlichen
Justiz und ihren Maßstäben abgekoppelt, ohne daß die Rechtskräftigkeit
und Vollstreckbarkeit der Urteile deswegen in Frage gestellt wurde. Der
Gewerberichter und seine Beisitzer waren mithin in ihrer Spruchtätigkeit
mindestens ebenso autonom wie die englischen Friedensrichter, jedoch mit
dem Unterschied, daß sie durch indirekte beziehungsweise direkte Wahl
viel näher mit den Erwartungen der Rechtssuchenden in Berührung standen
als die undemokratisch ,von oben' ernannten Friedensrichter. Die englischen *magistrates* waren zudem in erster Linie Vollstrecker des allgemeinen
Strafgesetzes, die deutschen Gewerberichter konnten hingegen in stärkerem
Maße selbst rechtsschöpferisch tätig werden.

Zu den weithin akzeptierten Punkten des Gesetzes von 1890 gehörten
schließlich auch die verfahrensrechtlichen Bestimmungen. Neben dem Ausschluß der Anwälte war hier vor allem der obligatorische Sühneversuch von

---

gebiet (1870–1914), in: Alf Lüdtke (Hg.), „Sicherheit“ und „Wohlfahrt“. Polizei, Gesellschaft und Herrschaft im 19. und 20. Jahrhundert, Frankfurt/Main 1992, S. 161–186.
[307] Gerichtsverfassungsgesetz 1877, RGBl. Jg. 1877, S. 41–76, S. 60 ff. (Kammern für Handelssachen). Vgl. Wilhelm Silberschmidt, Die deutsche Sondergerichtsbarkeit in Handels- und
Gewerbesachen, insbesondere seit der französischen Revolution. Ein Beitrag zur Geschichte
der Laiengerichte, Stuttgart 1904 (Zeitschrift für Handelsrecht, Beilagenheft 55), bes.
S. 189 ff.; Werner Schubert, Die deutsche Gerichtsverfassung (1869–1877). Entstehung und
Quellen, Frankfurt/Main 1981, S. 181–200. Zur Verwaltungsgerichtsbarkeit: Wolfgang Rüfner, Die Entwicklung der Verwaltungsgerichtsbarkeit, in: Deutsche Verwaltungsgeschichte,
hrsg. v. Kurt G.A. Jeserich u. a., Bd. 3: Das Deutsche Reich bis zum Ende der Monarchie,
Stuttgart 1984, S. 909–930.

Bedeutung. Der Gewerberichter war gehalten, „thunlichst auf eine gütliche Erledigung des Rechtsstreits hinzuwirken".[308] Erst wenn ein Vergleich nicht zustandekam, sollte eine kontradiktorische Verhandlung unter Hinzuziehung der Beisitzer anberaumt werden. Die Gebührenfreiheit für den Fall, daß sich die Streitenden tatsächlich auf einen Vergleich verständigten, unterstützte den auf Befriedung statt Konfrontation zielenden Charakter des Gewerbegerichtsverfahrens. Der prozeßrechtliche Vorrang des Vergleichs, die niedrigen Gebühren, Vorschußfreiheit für die Kläger, Ausschluß der Anwälte, beschränkte Berufungsmöglichkeit, paritätische Laienbeteiligung und lokale Verankerung: all diese Elemente waren geeignet, eine, wie es in der Begründung des Gesetzentwurfs hieß, „in besonderem Maße des Vertrauens der Betheiligten versicherte und besonders schleunige Rechtspflege" zu gewährleisten.[309] Zugleich trugen diese Elemente der Tatsache Rechnung, daß die Arbeitnehmer als schwächere Vertragspartner auf eine schnelle, unkomplizierte und finanziell risikoarme Justiz angewiesen waren, um ihre Ansprüche überhaupt durchsetzen zu können. Anders als der englische Gesetzgeber und das *Common law* gingen Regierung und Reichstagsmehrheit nicht von einer fiktiven Gleichheit der vor Gericht erscheinenden Parteien aus. Das Verfahren vor dem Gewerbegericht kalkulierte vielmehr ein, daß die Arbeitgeber als finanziell stärkere und durchhaltefähigere Partei durch längere und teurere Verfahren begünstigt worden wären. Indem das Gewerbegerichtsgesetz diesen Vorteil mithilfe prozeßrechtlicher Vorschriften kompensierte, war es auch ein Stück Arbeiterschutz. Der nationalliberale Abgeordnete Johannes von Miquel, Frankfurter Oberbürgermeister und als solcher vertraut mit den Erfordernissen eines gewerblichen Schiedsgerichts wie es in Frankfurt schon vor 1890 existierte, brachte diesen Gedanken zum Ausdruck, wenn er erklärte, es sei „für den Arbeiter weit wichtiger, eine schnelle Entscheidung zu haben, als eine übermäßig gründliche und skrupulöse Behandlung der Sache. Denn er kann nicht auf das Resultat einer günstigen Entscheidung in vielen Fällen warten."[310] In der Plenardebatte des Reichstags war es lediglich der Industrielle Freiherr v. Stumm, der für eine Berufung an die ordentliche Justiz eintrat und dies damit begründete, daß „ein gerechtes Urteil für den Arbeiter noch wichtiger als ein billiges" sei.[311] Auch wenn die Motive v. Stumms allzu durchsichtig

---

[308] Gewerbegerichtsgesetz 1890, § 39, RGBl. Jg. 1890, S. 150.

[309] Amtliche Begründung zum Gewerbegerichtsgesetz 1890, in: RT-Protokolle Bd. 121, Drucksache 5/1890, S. 38, zit. nach Reichold, Der „Neue Kurs", S. 18 f.

[310] Sten. Ber. RT 8. LP 1. Sess., Bd. 1, S. 463; zit. nach Park, Gewerbegerichtsgesetz, S. 24.

[311] Sten. Ber. RT 8. LP 1. Sess., Bd. 1, S. 493; zit. nach Park, Gewerbegerichtsgesetz, S. 25. Dort weitere Stimmen zu dieser Frage. Der sozialdemokratische Rechtsexperte Arthur Stadtha-

waren, um zu überzeugen, begab sogar er sich mit diesem Argument auf die Ebene derer, die den Arbeiterschutz als einen wesentlichen Zweck der Gewerbegerichtsbarkeit anerkannten.

Daß der Ausschluß der Anwälte und die Beschränkung der Rechtsmittel so reibungslos den Reichstag passierten und auch von der Regierung akzeptiert wurden, hing freilich nicht nur mit der Einsicht in die Schutzbedürftigkeit der Arbeitnehmer zusammen. Vielmehr lag dem auch die damals verbreitete Auffassung zugrunde, daß die gewerblichen Streitigkeiten kaum juristische Fragen berührten und daher leicht zu lösen seien. Allein die Konkurrenzklauseln hielt man schon 1890 für schwierig genug, um sie von der Zuständigkeit der Gewerbegerichte auszunehmen.[312] Andeutungsweise kam 1890 noch ein weiteres Motiv für den Ausschluß der Anwälte zur Sprache; es war die Sorge vor einer Spezialisierung professioneller Juristen auf Arbeitsstreitigkeiten mit der unerwünschten Nebenfolge, daß dadurch juristisches Anspruchsdenken und unnötige Streitsucht in die Arbeitswelt Einzug halten könnten. So ist wohl der Ausspruch des freisinnigen Abgeordneten Gustav Kauffmann zu verstehen, der vor der Zulassung der Anwälte mit der Bemerkung warnte, man würde damit „geradezu den juristischen Hecht in den gewerblichen Karpfenteich" hineinsetzen.[313] Eine Verrechtlichung der alltäglichen Beziehungen zwischen Arbeitnehmern und Arbeitgebern lag somit 1890 keineswegs in der Intention des deutschen Gesetzgebers. Berufsjuristen sollten draußen bleiben. Die Gewerbegerichte sollten dazu dienen, Arbeitskonflikte so weit wie möglich mit den unjuristischen Mitteln des Vergleichs und der gütlichen Einigung beizulegen.

Diese Hoffnung sollte sich in den folgenden Jahren nur teilweise erfüllen. Zwar zeigten die ersten Statistiken, daß annähernd die Hälfte der Verfahren durch Vergleich und weniger als ein Drittel durch streitiges Urteil abgeschlossen wurden, wichtiger jedoch und für viele überraschend war zunächst einmal der sprunghafte Anstieg der Klagen überhaupt, vor allem von seiten der Arbeiter.[314] Dieser Anstieg war natürlich zum Teil darauf zurück-

---

gen regte bereits in dieser Debatte einen eigenen Instanzenzug der Gewerbegerichtsbarkeit an, doch wurde sein dahingehender Antrag von Regierungsseite mit dem Kostenargument zurückgewiesen.

312 Gewerbegerichtsgesetz 1890, § 3, RGBl. Jg. 1890, S. 142.

313 Sten. Ber. RT 8. LP 1. Sess, Bd. 1, S. 442 B; zit. nach Graf, Arbeitsgerichtsgesetz, S. 41.

314 Im Jahr 1896 wurden 45,6 Prozent der Fälle durch Vergleich, 23,8 Prozent durch Zurücknahme, 7,7 Prozent durch Versäumnisurteil, 21,6 Prozent durch Endurteil und der Rest auf andere Weise erledigt. 92,2 Prozent der Klagen kamen von Arbeitern gegen ihre Arbeitgeber, 7,5 Prozent von Arbeitgebern gegen Arbeiter; der Rest waren Klagen von Arbeitern untereinander. Vgl. Das Gewerbegericht, 2. Jg. (1897), S. 95. Für die Klagezahlen siehe Grafik 5.1, S. 320.

zuführen, daß in immer mehr Städten Gewerbegerichte entstanden, aber auch das konnte wiederum als Zeichen für eine bedenklich zunehmende Streitlust der Arbeiter gedeutet werden. So sahen es jedenfalls viele Arbeitgeber, deren anfängliche Zustimmung bald in Ablehnung umschlug und die sich mancherorts gegen die Errichtung von Gewerbegerichten zu wehren versuchten. Dabei konnten sie sich hinter dem Kostenargument verschanzen, das auch in den Kommunalverwaltungen Anklang fand. Die Befürworter der Gewerbegerichte – Gewerkschaftler, arbeiterfreundliche Kommunalbeamte, bürgerliche Sozialreformer und vor allem die mitwirkenden Richter und Besitzer selbst – werteten dagegen die Zahlen anders. Für diese Gruppen, die sich schon bald in einem Verband zusammenschlossen und mit der Zeitschrift „Das Gewerbegericht" ein eigenes Presseorgan schufen, stellte die neue Institution die längst überfällige Antwort auf einen offensichtlichen Bedarf dar, der sich in den Klagezahlen manifestierte.[315] Wer in diesem Streit recht hatte, läßt sich kaum entscheiden. Gewiß wären ohne die Gewerbegerichte viele berechtigte Klagen aus Angst vor den Kosten unterdrückt, viele unzulässige Praktiken in den Betrieben niemals aufgedeckt worden, insofern traf die Bedarfstheorie zweifellos zu. Andererseits kann nicht ausgeschlossen werden, daß durch die neue und risikoarme Klagemöglichkeit in manchen Fällen erst die Streitlust geweckt wurde, wo es vorher vielleicht bei einer diffusen Unmutsäußerung geblieben wäre. So oder so bewirkte erst das ‚Angebot' der neuen Institution, daß ein etwa vorhandener ‚Bedarf' artikuliert und aktiviert werden konnte.

Tatsache ist also, und dies ist für den deutsch-englischen Vergleich hervorzuheben, daß die Gewerbegerichte das Konfliktverhalten deutscher Arbeitnehmer und Arbeitgeber entscheidend veränderten. Das relativ attraktive Verfahren lud dazu ein, Streitigkeiten am Arbeitsplatz zunächst unter dem Blickwinkel einer möglichen Klage zu betrachten. Das Modell der Gerichtsverhandlung, nicht wie in England das Modell des kollektiven Verhandelns stand den Beteiligten vor Augen, wenn sie sich eine Lösung ‚ihres' Falles vorzustellen versuchten. Dies führte dazu, daß in Deutschland viele Dispute von vornherein als individuelle Rechtsstreitigkeiten begriffen und behandelt wurden, die in England als Gegenstand eines potentiellen kollektiven Konflikts gegolten hätten. Insofern kam es also in Deutschland, trotz (oder gerade wegen) des unjuristischen Charakters der Gewerbegerichte, zu

---

[315] Zum Verband deutscher Gewerbegerichte und seiner Zeitschrift: Weiß, Arbeitsgerichtsbarkeit und Arbeitsgerichtsverband. Vgl. auch die Beiträge in der Festschrift zum 100jährigen Bestehen des Verbands: Die Arbeitsgerichtsbarkeit. Festschrift zum 100jährigen Bestehen des Deutschen Arbeitsgerichtsverbandes, Neuwied u. Berlin 1994.

einer Verrechtlichung der Arbeitsbeziehungen. Darüber hinaus kam es auch zu einer Individualisierung der Konflikte, während sich die englische Entwicklung, wie wir im Abschnitt über die Schieds- und Einigungsstellen gesehen haben, mit den Stichworten Entindividualisierung und Entrechtlichung beschreiben läßt.

DIE ENTWICKLUNG BIS ZUM ARBEITSGERICHTSGESETZ VON 1926: ANNÄHERUNG AN DIE ORDENTLICHE JUSTIZ

Als das Gewerbegerichtsgesetz 1890 verabschiedet wurde, konnte niemand ahnen, daß die neuen Gerichte bei den Arbeitern binnen kurzer Zeit populär werden würden. Auch waren sich Politiker und Juristen nicht darüber im klaren, wie sehr die Rechtsprechung zum Arbeitsvertrag an Umfang und Komplexität zunehmen würde, wenn erst eine Institution bestand, vor der die Konflikte am Arbeitsplatz tatsächlich zur Verhandlung gelangten anstatt wie vorher unterdrückt oder auf andere Weise erledigt zu werden. Vollends unvoraussehbar war schließlich, daß die Gewerbegerichte einmal die Grundlage und das Vorbild für eine fast alle Arbeitnehmergruppen erfassende eigenständige Gerichtsbarkeit abgeben würden. Nur so ist zu erklären, daß eine aus heutiger Sicht höchst folgenreiche Veränderung der Gerichtsverfassung damals so relativ unbemerkt und ohne großen Streit zwischen Parteien und Interessengruppen vonstatten ging. Vor allem das Desinteresse der Berufsjuristen und der Rechtswissenschaft war eine wesentliche Voraussetzung für das Zustandekommen der Reform. Soweit sich deutsche Juristen um 1890 überhaupt mit dem Arbeitsverhältnis beschäftigten, subsumierten sie dessen rechtliche Aspekte unter die Normen des allgemeinen Vertragsrechts.[316] Im übrigen hielten sie die Regulierung des Arbeitslebens für ein polizeiliches Problem, mit dem die Gerichte allenfalls als Berufungsinstanz bei Strafsachen in Berührung kamen. Die anfallenden Rechtsfragen galten insgesamt als so einfach, daß von juristischer Seite 1890 praktisch kein Einspruch gegen die Abkopplung der Gewerbegerichte von der ordentlichen Justiz erhoben wurde.

---

[316] Sowohl der romanistische als auch der germanistische Zweig der akademischen Jurisprudenz des 19. Jahrhunderts zeigten sich am Arbeitsverhältnis wenig interessiert. Vgl. Alfred Söllner, Der industrielle Arbeitsvertrag in der deutschen Rechtswissenschaft des 19. Jahrhunderts, in: Walter Wilhelm (Hg.), Studien zur Europäischen Rechtsgeschichte, Frankfurt/ Main 1972, S. 288–303; Becker, Arbeitsvertrag und Arbeitsverhältnis, S. 115–141, 316f. Eine hervorhebenswerte Ausnahme unter den Juristen vor 1890 war der schweizer Staats- und Zivilrechtler Johann Caspar Bluntschli, siehe ebd., S. 130–134.

Schon zehn Jahre später hatte sich dies gründlich geändert. Anläßlich der Gewerbegerichtsnovelle von 1901, durch die die Errichtung von Gewerbegerichten in allen Gemeinden mit mehr als 20 000 Einwohnern obligatorisch wurde[317], und dann verstärkt im Zusammenhang mit Plänen für eine Ausdehnung des Gewerbegerichtsverfahrens auf weitere Arbeitnehmergruppen, insbesondere die kaufmännischen Angestellten, kam es unter Juristen, Politikern und Interessenvertretern zu heftigen und anhaltenden Grundsatzdiskussionen. Diese betrafen das Prinzip der Sondergerichtsbarkeit als solches und kreisten um die Frage, ob man es ausweiten solle oder ob nicht vielmehr eine stärkere Rückbindung der schon bestehenden Gewerbegerichte an die ordentliche Justiz vonnöten sei.[318] Damit stand zugleich die Stellung des nunmehr immer häufiger so genannten ‚Arbeitsrechts‘ in der Rechtsordnung zur Debatte. Es bahnte sich die Streitfrage an, ob man es zulassen solle, daß das Arbeitsrecht zum Sonderrecht aller Arbeitnehmer mutierte, oder ob die Rechtsprobleme des Arbeitsverhältnisses nicht besser in einem (entsprechend zu reformierenden) allgemeinen Privatrecht aufgehoben blieben.[319] Beunruhigt durch den Aufschwung der populären Gewerbegerichte und sensibilisiert durch die Kritik am ‚unsozialen‘ Charakter des 1900 in Kraft getretenen Bürgerlichen Gesetzbuchs schalteten sich nun immer mehr Richter, Anwälte und Rechtswissenschaftler in die Diskussion über die Zukunft des Arbeitsrechts und seiner Institutionen ein.[320] Das Arbeitsrecht war aus seinem Dornröschenschlaf erwacht und entwickelte sich

---

[317] Gewerbegerichtsgesetz 1901 § 1a, RGBl. Jg. 1901, S. 249. In der ab 1. Januar 1902 geltenden Fassung: Gewerbegerichtsgesetz 1901 § 2, RGBl. Jg. 1901, S. 353–375, S. 354.

[318] So äußerte sich z.B. ein Amtsrichter aus Langenberg, der die Gewerbegerichte als „Mißbildungen" bezeichnete und meinte, „daß keine Veranlassung zur Neuschaffung von kaufmännischen Schiedsgerichten vorliegt, daß vielmehr eine Rückübertragung der den Gewerbegerichten überwiesenen Rechtsstreitigkeiten an die ordentlichen Gerichte, wohin sie gehören, eher am Platze ist, als die Einrichtung neuer Sondergerichte nach Art der Gewerbegerichte." Metzges, Gewerbegerichte und kaufmännische Schiedsgerichte in ihrer Berechtigung als Sondergerichte, in: Deutsche Juristen-Zeitung 2 (1897), S. 353–355, S. 355.

[319] Letzteres war die Position Philipp Lotmars, dessen Pionierrolle unter Arbeitsrechtlern lange nicht gebührend gewürdigt worden ist; vgl. Rückert, „Frei" und „sozial", bes. 245 f. Kritisch zu Rückerts polarisierender Typologie, in der nahezu alle privatrechtskritischen Positionen als „antiliberal" verdammt und teilweise sogar in eine Kontinuitätslinie zum Nationalsozialismus eingeordnet werden: Becker, Arbeitsvertrag und Arbeitsverhältnis, S. 326.

[320] Zur Kritik an den Bestimmungen zum Dienstvertrag im BGB: Becker, Arbeitsvertrag und Arbeitsverhältnis, S. 219–239; Martin Martiny, Integration oder Konfrontation? Studien zur Geschichte der sozialdemokratischen Rechts- und Verfassungspolitik, Bonn-Bad Godesberg 1976, S. 56–71; Hans-Peter Benöhr, Fast vier Tropfen sozialen Öls – Zum Arbeitsrecht im BGB, in: Wirkungen europäischer Rechtskultur. Festschrift für Karl Kroeschell zum 70. Geburtstag, hrsg. v. Gerhard Köbler u. Hermann Nehlsen, München 1997, S. 17–38.

– viel früher als in England – zur ernst genommenen juristischen Disziplin.[321]

Die Verabschiedung des Gesetzes „betreffend die Kaufmannsgerichte" vom 6. Juli 1904, das für Streitigkeiten zwischen Handlungsgehilfen und ihren Prinzipalen eine an das Vorbild der Gewerbegerichte angelehnte Jurisdiktion schuf, war unter diesen Umständen alles andere als selbstverständlich.[322] Trug das Gewerbegerichtsgesetz von 1890 noch den Charakter eines von allen Seiten freundlich aufgenommenen Experiments, hatten sich die Positionen zehn Jahre später aufgrund der inzwischen gesammelten Erfahrungen verhärtet. Dem Kaufmannsgerichtsgesetz von 1904 ging ein jahrelanges Tauziehen zwischen den Regierungen im Bundesrat, den Ministerien, den Parteien, Sozialpolitikern, Arbeitgebern, verschiedenen Juristen-Fraktionen und den betroffenen Berufsverbänden voraus. Das Resultat war ein von taktischen Rücksichten geprägter Kompromiß, der fast niemanden zufriedenstellte. Zu den wenigen Zufriedenen zählte der Deutschnationale Handlungsgehilfenverband (DNHV), der schon seit 1901 für eigenständige kaufmännische Schiedsgerichte nach dem Modell der Gewerbegerichte eingetreten war.[323] Dies geschah wohl auch in der nicht uneigennützigen Hoffnung, bei den Beisitzerwahlen die Mehrheit der Arbeitnehmervertreter erringen zu können. Voraussetzung dafür war einmal, daß die zu schaffende Sondergerichtsbarkeit allein auf das kaufmännische Hilfspersonal beschränkt blieb, nicht aber auf andere, politisch ‚unzuverlässigere' Klassen von Angestellten ausgedehnt wurde.[324] Zum anderen mußte sichergestellt werden, daß die Kaufmannsgerichte, was ihre Zusammensetzung anging,

---

[321] Vgl. Heinz Potthoff, Probleme des Arbeitsrechts. Rechtspolitische Betrachtungen eines Volkswirts, Jena 1912, S. 247: „Erst durch die Gewerbegerichte wurde man aufmerksam auf die bedeutsamen Probleme und begann die wissenschaftliche Erörterung einzelner Fragen. Das große Werk von Professor Lotmar, dessen erster Band 1902 herauskam, wirkte wie eine Offenbarung. Gegenwärtig findet eine umfassende Bearbeitung vieler Fragen durch eine Reihe von Juristen statt, die wohl den Weg zu einem einheitlichen Arbeitsrecht bahnen wird." Die erste arbeitsrechtliche Professur wurde 1920 an der Universität Frankfurt für Hugo Sinzheimer eingerichtet.

[322] Kaufmannsgerichtsgesetz 1904, RGBl. Jg. 1904, S. 266–272.

[323] Vgl. Graf, Arbeitsgerichtsgesetz, S. 63 f.; ausführlich: Hermann Schuon, Der Deutschnationale Handlungsgehilfen-Verband zu Hamburg. Sein Werdegang und seine Arbeit (Abhandlungen des staatswissenschaftlichen Seminars zu Jena, Bd. 13, 3. Heft) Jena 1914, S. 149–160; der DNHV unterhielt auch eine eigene Rechtsschutzabteilung, vgl. mit statistischen Angaben ebd., S. 209 ff. Im Jahr 1911 wurden 16 514 Rechtsauskünfte erteilt, in 1076 Fällen half der DNHV bei einer gütlichen Einigung und in 191 Fällen führte er Prozesse für Mitglieder.

[324] Einen rechtlich klar definierten Begriff des ‚Angestellten' gab es zu dieser Zeit noch nicht. Er bürgerte sich erst im Anschluß an das Versicherungsgesetz für Angestellte von 1911 ein. Vgl. Jürgen Kocka, Angestellter, in: Geschichtliche Grundbegriffe, Bd. 1, Stuttgart 1972, S. 110–128.

unabhängig von den Gewerbegerichten mit ihren von den sozialistischen Freien Gewerkschaften dominierten Beisitzern blieben. Die verfahrensrechtlichen Vorschriften der Gewerbegerichte konnten und sollten hingegen nach dem Wunsch des DNHV im ganzen unverändert übernommen werden.

Das Gesetz von 1904 entsprach im wesentlichen den Vorstellungen des Handlungsgehilfenverbands, obwohl regierungsintern zunächst an einem völlig anderen Plan gearbeitet worden war. Das vor allem von Posadowsky, Staatssekretär im Reichsamt des Innern, und Justizminister Schönstedt favorisierte Modell griff die Bedenken der Justizverwaltungen mehrerer Länder gegen das Prinzip der Sondergerichtsbarkeit auf und wollte die Zuständigkeit für Streitigkeiten zwischen Angestellten und ihren Vorgesetzten ganz bei den ordentlichen Gerichten belassen.[325] Allerdings sollten großzügige Verfahrenserleichterungen in den Amtsgerichten eintreten, mit denen man den Wünschen der Kaufmannsgehilfen und anderer Angestellter nach einem schnellen und billigen Klageweg entgegenzukommen gedachte. Geplant waren unter anderem der Ausschluß von Rechtsanwälten, Verkürzung von Fristen, Berufungsmöglichkeit nur bei Streitwerten über 100 Mark, Gebührenermäßigung, Verzicht auf Vorschuß der Gerichtskosten durch den Kläger sowie vollständige Gebührenfreiheit bei einem Vergleich – alles Elemente, die dem Gewerbergerichtsverfahren entlehnt waren und die nun in der untersten Ebene der ordentlichen Justiz, in den Amtsgerichten, Anwendung finden sollten. Um möglichen Forderungen nach weiteren Sondergerichten für andere Beschäftigtengruppen von vornherein die Spitze abzubrechen, sollten diese Verfahrenserleichterungen nach dem Willen Posadowskys nicht nur den Handlungsgehilfen, sondern sofort allen abhängig Beschäftigten (sogar den Landarbeitern und dem Gesinde) zugute kommen; die gewerblichen Arbeiter sollten aber weiterhin der Gewerbegerichtsbarkeit unterstehen. Ein wesentliches Element, das die Gewerbegerichte populär gemacht hatte, sparte Posadowsky freilich wohlweislich aus seinen Überlegungen zur Reform des Amtsgerichtsverfahrens aus: die Beteiligung gewählter Laien. Beisitzer wie im Gewerbegericht sollte es in den Amtsgerichten nicht geben.[326] Das hatte in erster Linie politische Gründe;

---

[325] Hierzu und zum folgenden die auf den Akten basierende Darstellung von Graf, Arbeitsgerichtsgesetz, S. 65–73. Graf bewertet die Pläne Posadowskys als „zukunftsweisend" in dem Sinne, daß damit der spätere ‚Irrweg' einer gesonderten Arbeitsgerichtsbarkeit möglicherweise vermeidbar gewesen wäre.

[326] Lediglich den als politisch ‚zuverlässig' geltenden Handlungsgehilfen wollte Posadowsky zugestehen, für ihre Streitsachen Laienbeisitzer hinzuzuziehen, die jedoch nicht direkt, son-

Posadowsky und seine Regierungskollegen fürchteten nichts so sehr wie einen weiteren Einflußgewinn der SPD und sozialistischer Gewerkschaften. Die Nicht-Zulassung von Laien-Beisitzern deckte sich aber auch mit dem Interesse der Richter und Justizverwaltungen, die sich gegen weitere Aufweichungen des Monopols der Berufsjuristen wandten.

Posadowskys Vorhaben scheiterte regierungsintern am Einspruch des preußischen und anderer Finanzministerien, die glaubten, den Gebührenausfall an den Gerichten nicht verkraften zu können, und die darüber hinaus befürchteten, daß andere bisher benachteiligte Klägergruppen (zum Beispiel Mieter) für ihre Streitigkeiten ähnliche Forderungen nach Prozeßkostenreduktion oder -befreiung erheben würden. Das Veto der Finanzminister machte es Posadowsky und Schönstedt unmöglich, ihre Ideen weiterzuverfolgen, und so machten sie sich nun – als zweitbeste Lösung – den Plan einer allein auf die Kaufmannsgehilfen beschränkten berufsständischen Sondergerichtsbarkeit zu eigen. Ein entsprechender Bundesratsentwurf wurde nach heftigen Auseinandersetzungen im Reichstag, insbesondere über das von einer Ausschußmehrheit zunächst geforderte Frauenwahlrecht, und nach mehreren Abänderungen, die auf eine institutionelle Annäherung an die Gewerbegerichte hinausliefen, am 6. Juli 1904 Gesetz. Eindeutiger Gewinner der Debatte waren die Handlungsgehilfen, die in den Genuß einer allein ihnen vorbehaltenen und von ihnen mitgestalteten Sondergerichtsbarkeit kamen. Verlierer der Debatte war zunächst die SPD, deren Maximalziel, die vollständige Eingliederung der kaufmännischen Arbeitsstreitigkeiten in die Kompetenz der Gewerbegerichte, zu keiner Zeit mehrheitsfähig war. Ein Rückschlag war das Gesetz von 1904 auch für die wenigen Theoretiker und Sozialreformer, die zu diesem Zeitpunkt bereits eine möglichst weitgehende Vereinheitlichung des Arbeitsrechts als Sonderrecht *aller* Arbeitnehmer zu konzipieren begannen. Gescheitert waren vorerst aber auch alle Bestrebungen der Richter, Anwälte und Justizpolitiker, die aus standespolitischen oder prinzipiellen Gründen den Primat der ordentlichen Gerichte und des allgemeinen Privatrechts aufrechterhalten wollten. Schließlich blieben auch die Arbeitgeber ohne Erfolg, die aus ganz anderen Gründen, nämlich um die Schwellen vor dem Gang zum Gericht für die Arbeitnehmer möglichst hoch zu halten, für eine Alleinzuständigkeit der ordentlichen Justiz eingetreten waren.

Kurzfristig stärkte das Kaufmannsgerichtsgesetz die Tendenz zur berufsständischen Segmentierung der Arbeitsgerichtsbarkeit im Deutschen Kai-

---

dern nach Art des Schöffenwahlrechts gewählt werden sollten; vgl. Graf, Arbeitsgerichtsgesetz, S. 68.

serreich, eine Tendenz, die zuvor schon durch die Gewerbeordnungsnovelle von 1897 gefördert worden war, mit der die Innungsschiedsgerichte der Handwerker eine Kompetenzerweiterung erfahren hatten.[327] Auf lange Sicht folgenreicher war jedoch die Tatsache, daß mit den Handlungsgehilfen eine politisch zum Teil weit rechts stehende Gruppierung die Vorzüge einer von der ordentlichen Justiz abgekoppelten Arbeitsgerichtsbarkeit kennenlernte. Damit erweiterte sich der Kreis der Befürworter von gesonderten Arbeitsgerichten. Die Gewerbegerichte erlebten durch die enge institutionelle und teilweise personelle Verflechtung mit den Kaufmannsgerichten – Personalunion der Vorsitzenden war zulässig – einen Prestigezuwachs und traten politisch aus dem sozialistisch-gewerkschaftsnahen Umkreis heraus, in dem sie bis dahin jedenfalls in den Augen ihrer Gegner angesiedelt waren. Die Arbeitsgerichtsbarkeit war nun politisch und sozial breiter verankert. Das verbesserte die Chancen derer, die für ihre Ausdehnung auf weitere Beschäftigtengruppen und langfristig für ihre Vereinheitlichung eintraten.

Das vaterländische Hilfsdienstgesetz vom 5. Dezember 1916 bedeutete einen Schritt in diese Richtung, auch wenn es mit den staatlichen Schlichtungsausschüssen eine vorübergehend mit den Gewerbe- und Kaufmannsgerichten konkurrierende Institution schuf.[328] Die Schlichtungsausschüsse setzten sich zusammen aus einem Beauftragten des Kriegsamts als Vorsitzendem und einer je gleichen Zahl von Arbeitnehmer- und Arbeitgebervertretern, welche aus Vorschlagslisten der Arbeitgeberverbände und Gewerkschaften zu berufen waren. Die Ausschüsse erfüllten eine zweifache Funktion. Zum einen operierten sie konkurrierend zu den Gewerbe- und Kaufmannsgerichten als Einigungsamt bei kollektiven Streitigkeiten um Löhne und Arbeitsbedingungen, wobei die Schiedssprüche der Schlichtungsaus-

---

[327] Gesetz, betreffend die Abänderung der Gewerbeordnung 1897, RGBl. Jg. 1897, S. 663–706. Das Gesetz ermöglichte die Einführung von Zwangsinnungen und brachte so viele Handwerksgesellen und ihre Arbeitgeber unfreiwillig in den Zuständigkeitsbereich der Innungsschiedsgerichte. Außerdem gelangten nun auch Streitigkeiten der Innungsmitglieder mit ihren ungelernten Arbeitern vor die Innungsschiedsgerichte. Zur Kritik der entspechenden Bestimmungen: Paul Voigt, Die neue deutsche Handwerker-Gesetzgebung, in: Archiv für Soziale Gesetzgebung und Statistik 11 (1897), S. 39–87, S. 63–65; hier auch Angaben zur Anzahl und (vom Autor gering eingeschätzten) Bedeutung der damals bestehenden Innungsschiedsgerichte.

[328] Gesetz über den vaterländischen Hilfsdienst 1916, §§ 9, 10, 13, RGBl. Jg. 1916, S. 1333–1339. Allgemein zu den Hintergründen des Gesetzes und seiner Auswirkung auf die kollektiven Arbeitsbeziehungen: Gerald D. Feldman, Army, Industry and Labor in Germany, 1914–1918, Princeton 1966, ND Providence u. Oxford 1992, S. 197–249, 303–321, 409–420; Hans-Joachim Bieber, Gewerkschaften in Krieg und Revolution: Arbeiterbewegung, Industrie, Staat und Militär in Deutschland 1914–1920, 2 Bde., Hamburg 1981, Bd. 1, S. 296 ff.

schüsse einen *de facto* zwingenden Charakter erhielten.[329] Zum anderen konnten die Schlichtungsausschüsse von einzelnen hilfsdienstpflichtigen Arbeitnehmern angerufen werden. Dies war speziell für den Fall vorgesehen, daß ein Arbeitgeber sich weigerte, die für einen Arbeitsplatzwechsel erforderliche Entlassungsbescheinigung auszuhändigen. In diesen Fällen konnte der Ausschuß selbst die Bescheinigung ausstellen, wenn er zur Auffassung gelangte, daß für den Arbeitnehmer ein „wichtiger Grund" für seinen Wunsch nach Veränderung vorlag; als ein solcher „wichtiger Grund" sollte insbesondere die „angemessene Verbesserung der Arbeitsbedingungen" gelten.[330] Die Schlichtungsausschüsse erfüllten also in Deutschland eine ähnliche arbeitskräftelenkende Aufgabe wie die britischen *Munitions Tribunals* unter dem *Munitions of War Act* von 1915, jedoch mit dem Unterschied, daß die Rechtsgrundlage und die Spruchpraxis der britischen Tribunale zu den *leaving certificates* entschieden arbeitnehmerfeindlicher ausfiel als diejenige der deutschen Schlichtungsausschüsse zu den Entlassungsbescheinigungen.[331] Da nun die Schlichtungsausschüsse flächendeckend im ganzen Deutschen Reich eingeführt wurden und zudem für nahezu alle im weitesten Sinne kriegswichtig beschäftigten Personen entscheidungsbefugt waren, war hier für einen Teilaspekt des Individualarbeitsverhältnisses (Kündigung und Entlassung) die erstrebte einheitliche Arbeitsgerichtsbarkeit schon im Ersten Weltkrieg vorweggenommen.[332] Das Hilfsdienstgesetz

---

[329] Dieser kam dadurch zustande, daß bei Nicht-Unterwerfung des Arbeitgebers die Arbeitnehmer kündigungsberechtigt waren, während im umgekehrten Fall den nicht unterwürfigen Arbeitnehmern die Entlassungsbescheinigung vorenthalten werden mußte.

[330] Arbeiter scheinen sich diese Bestimmungen vor allem in der Anfangsphase bis Mitte 1917 in größerem Umfang bei Stellenwechseln zunutze gemacht zu haben; indirekt entstand dadurch auch zusätzlicher Druck auf die Betriebe, ihre Arbeitsbedingungen entsprechend zu verbessern: Hans-Joachim Bieber, Die Entwicklung der Arbeitsbeziehungen auf den Hamburger Großwerften zwischen Hilfsdienstgesetz und Betriebsrätegesetz (1916–1920), in: Gunther Mai (Hg.), Arbeiterschaft in Deutschland 1914–1918. Studien zu Arbeitskampf und Arbeitsmarkt im Ersten Weltkrieg, Düsseldorf 1985, S. 77–153, bes. S. 96–102; Dirk H. Müller, Gewerkschaften, Arbeiterausschüsse und Arbeiterräte in der Berliner Kriegsindustrie 1914–1918, in: ebd., S. 155–178, bes. S. 167. In der chemischen Industrie scheint die Praxis weniger arbeitnehmerfreundlich gewesen zu sein: Gottfried Plumpe, Chemische Industrie und Hilfsdienstgesetz am Beispiel der Farbenfabriken, vorm. Bayer & Co., in: ebd., S. 179–209, S. 197–201.

[331] Vgl. zur britischen Praxis die Studie von Rubin, War, Law and Labour. Zum Vergleich der Handlungsspielräume der beiden Arbeiterbewegungen im Ersten Weltkrieg siehe auch den Literaturbericht von Hans-Gerd Husung, Arbeiterschaft und Arbeiterbewegung im Ersten Weltkrieg: Neue Forschungen über Deutschland und England, in: Klaus Tenfelde (Hg.), Arbeiter und Arbeiterbewegung im Vergleich. Berichte zur internationalen historischen Forschung (= Historische Zeitschrift, Sonderhefte, Bd. 15), München 1986, S. 611–664.

[332] Allerdings blieb der weibliche Arbeitsmarkt von den Bestimmungen des Hilfsdienstgesetzes

bescherte somit nicht nur, worauf schon des öfteren hingewiesen worden ist, den deutschen Gewerkschaften auch in der Schwerindustrie endlich die ersehnte Anerkennung,[333] sondern es trug darüber hinaus zur Vereinheitlichung individualarbeitsrechtlicher Normen und Verfahren bei, und das in einer Weise, die durchaus als arbeitnehmerfreundlich bezeichnet werden kann.

Die Schlichtungsausschüsse verdankten ihre Existenz der Ausnahmesituation des Krieges. Anders als die analogen Institutionen in Großbritannien wurden sie aber nach Kriegsende nicht sofort wieder suspendiert. Vielmehr blieben sie nach dem Krieg bis 1923 für bestimmte Einzelstreitigkeiten zwischen Arbeitnehmern und Arbeitgebern zuständig, ja sie erhielten in dieser Zeit durch verschiedene Demobilmachungsverordnungen von 1919 und das Betriebsrätegesetz von 1920 sogar noch zusätzliche Entscheidungsbefugnisse bei Wiedereinstellungen von Kriegsteilnehmern und Entlassungen.[334] Ein Grund dafür war die weitgehende Zufriedenheit der Arbeiterschaft mit der Jurisdiktion dieser Ausschüsse, ein anderer Grund war die Tatsache, daß die Gewerbe- und Kaufmannsgerichte, die man sonst mit dieser Rechtsprechung hätte betrauen können, nicht überall existierten und nicht für die gesamte Arbeiter- und Angestelltenschaft zuständig waren. Je länger dieser Zustand andauerte, desto offenkundiger wurde der Anachronismus einer berufständisch segmentierten und nicht flächendeckenden Arbeitsgerichtsbarkeit. Die Schlichtungsverordnung vom 30. Oktober 1923

---

ausgenommen. Vgl Ute Daniel, Arbeiterfrauen in der Kriegsgesellschaft. Beruf, Familie und Politik im Ersten Weltkrieg, Göttingen 1986, S. 88–99.

[333] Gerd Bender, Vom Hilfsdienstgesetz zum Betriebsrätegesetz. Zur rechtlichen Regulierung des industriellen Verhandlungssystems zwischen Reform und Revolution (1916–1920), in: Heinz Mohnhaupt (Hg.), Revolution, Reform, Restauration. Formen der Veränderung von Recht und Gesellschaft, Frankfurt/Main 1988, S. 191–210, S. 199 ff.

[334] Vgl. Johannes Bähr, Staatliche Schlichtung in der Weimarer Republik. Tarifpolitik, Korporatismus und industrieller Konflikt zwischen Inflation und Deflation 1919–1932, Berlin 1989, S. 24 f. Allgemein zu den Demobilmachungsverordnungen des Jahres 1919 betreffend Entlassungen: Richard Bessel, Germany After the First World War, Oxford 1993, S. 133 ff. Über die Rechtslage nach den Verordnungen bestand zeitweise erhebliche Unklarheit, so daß sogar der Reichswirtschaftsminister Wissell sich genötigt sah, die Bestimmungen zu erläutern; vgl.: Justus Wilhelm Hedemann, Zur Frage der Entlassung von Arbeitern und Angestellten, in: Recht und Wirtschaft 8 (1919), S. 188–193, und die Antwort von Rudolf Wissell, Zur Frage der schiedsgerichtlichen Beilegung von Arbeitsstreitigkeiten, in: Recht und Wirtschaft 9 (1920), S. 36–39. Zu den besonderen Bestimmungen für Schwerbeschädigte: Christopher R. Jackson, Infirmative Action: The Law of the Severely Disabled in Germany, in: Central European History 26 (1993), S. 417–455, S. 429 ff. Zur Bedeutung des Betriebsrätegesetzes für das kollektive Verhandlungssystem: Bender, Vom Hilfsdienstgesetz zum Betriebsrätegesetz, S. 208 ff. Das Einspruchsrecht der Betriebsräte bei Entlassungen regelten die §§ 84–87 des Betriebsrätegesetzes, RGBl. Jg. 1920, S. 147–174, S. 167 ff.

beendete die unbefriedigende Situation, indem sie im Vorgriff auf künftige Gesetzgebung die Gewerbe- und Kaufmannsgerichte zu vorläufigen Arbeitsgerichten erklärte und ihnen alle rechtsprechenden Funktionen der alten Schlichtungsausschüsse übertrug.[335] Die Schlichtungsausschüsse sollten nur dort noch provisorisch als Arbeitsgerichte weiter fungieren, wo kein Gewerbe- oder Kaufmannsgericht bestand. Ansonsten wurde ihre Funktion auf die Hilfe beim Abschluß von Tarifverträgen reduziert.

Spätestens ab 1923 war somit vorgezeichnet, welche Richtung die kommende Reform der Arbeitsgerichtsbarkeit nehmen würde. Mit der Schlichtungsverordnung zog man institutionell eine klare Trennlinie zwischen individuellen Rechtsstreitigkeiten einerseits und kollektiven Verhandlungsangelegenheiten andererseits. Für erstere sollten in Zukunft die Arbeitsgerichte, für letztere bei Versagen freiwilliger Gremien die staatlichen Schlichtungsausschüsse zuständig sein. Ein System wie das englische, das individuelle Dispute und kollektive Arbeitskämpfe unterschiedslos durch Verhandlungen und freiwillige Schiedsverfahren lösen wollte, hatte nach 1923 in Deutschland keine Chance auf Realisierung mehr. Es wurde auch vorher schon von niemandem mehr ernsthaft propagiert. Die industriellen Beziehungen Englands waren nur noch ein Thema für wissenschaftliche Abhandlungen, als nachahmenswertes Vorbild spielten sie in der Weimarer Republik anders als im Kaiserreich praktisch keine Rolle mehr. Deutsche Gewerkschaftler, Arbeitgeber, Politiker und Juristen hatten sich in jahrzehntelanger Übung daran gewöhnt, daß Streitigkeiten aus individuellen Arbeitsverträgen am besten durch besondere gerichtsförmige Verfahren beizulegen waren. Als ebenso selbstverständlich galten mittlerweile die öffentliche Trägerschaft und die branchenübergreifende Organisation der für diesen Zweck zu bildenden Gerichte. Die Tätigkeit der gewerkschaftlichen Arbeitersekretariate war auf diese Struktur zugeschnitten. All diese Organisationsprinzipien hätten unter britischen Gewerkschaftern, Politikern und Arbeitgebern großen Streit ausgelöst, wenn sie überhaupt jemals in Erwägung gezogen worden wären. Tatsächlich blieb aber die deutsche Arbeitsgerichtsbarkeit in England völlig unbeachtet. Im Umgang mit individuellen Arbeitsstreitigkeiten hatten sich also die in den beiden Ländern angewandten Methoden nach dem Ersten Weltkrieg so weit auseinanderentwickelt, daß eine gegenseitige Befruchtung oder gar ein Transfer von Ideen und Praktiken nicht mehr möglich schien.

---

[335] Verordnung über das Schlichtungswesen 1923, RGBl. Jg. 1923, S. 1043–1045 u. 1191–1192 (Ausführungsverordnung). Vgl. Bähr, Staatliche Schlichtung, S. 78.

Ähnlich unrealistisch wie eine Übernahme britischer Methoden war in der Weimarer Republik auch eine bloße Restauration der berufsständisch begrenzten Arbeitsgerichtsbarkeiten des Kaiserreichs. Der Krieg, die Sofortmaßnahmen der Novemberrevolution und die Nachkriegsgesetzgebung hatten Erwartungen geschaffen, die eine Reform der personellen Zuständigkeit der Gewerbe- und Kaufmannsgerichte unausweichlich machten. Zu den ersten Taten des Rats der Volksbeauftragten gehörte 1918 die Beseitigung der einzelstaatlichen Gesindeordnungen.[336] Damit wurde das letzte Überbleibsel einer paternalistischen Herr-Diener-Beziehung aus dem deutschen Arbeitsrecht getilgt, wenn man das Beamtenverhältnis einmal außer Betracht läßt. Für die Streitigkeiten der Landarbeiter mit ihren ehemaligen ‚Herren‘ waren nun bis auf weiteres die ordentlichen Gerichte zuständig.[337] Diese prozeßrechtliche Benachteiligung wurde als ebenso unhaltbar empfunden wie der Ausschluß der nicht ‚kaufmännischen‘ Angestellten von den Vorzügen des arbeitsgerichtlichen Verfahrens. Überdies machten es die komplizierter gewordenen betrieblichen Strukturen in vielen Fällen auch für spitzfindige Juristen schwierig zu entscheiden, wer ein ‚Arbeiter‘ im Sinne des Gewerbegerichtsgesetzes, wer ein ‚Handlungsgehilfe‘ im Sinne des Kaufmannsgerichtsgesetzes war und wer nicht.[338] Die gesetzlichen

---

[336] Aufruf des Rats der Volksbeauftragten an das deutsche Volk vom 12. November 1918, RGBl. Jg. 1918, S. 1303–1304, Abs. 8: „Die Gesindeordnungen werden außer Kraft gesetzt, ebenso die Ausnahmegesetze gegen die Landarbeiter.“

[337] Grundlage der Rechtsprechung war neben dem BGB die vorläufige Landarbeitsordnung vom 24. Januar 1919, RGBl. Jg. 1919, S. 111–114. Vgl. dazu den Kommentar des Vorsitzenden des Deutschen Landarbeiterverbandes mit der Forderung, Schlichtungsausschüsse und Gewerbegerichte auch in der Landwirtschaft einzuführen, eventuell in Gestalt besonderer „Landarbeitsgerichte“: Georg Schmidt, Neues Landarbeiterrecht, in: Recht und Wirtschaft 8 (1919), S. 75–78, S. 78.

[338] Die Schwierigkeiten bei der Abgrenzung der personellen Zuständigkeit begannen von Anfang an. Zahlreiche, zum Teil kuriose Beispiele aus der Praxis bei: Jastrow, Erfahrungen in den deutschen Gewerbegerichten, S. 337–346 u. 391–393. Schon nach wenigen Jahren kam eine stattliche Liste von Berufen zusammen, bei denen die Kompetenz umstritten war und zum Teil widersprüchliche Entscheidungen ergingen: Bilderverkäufer, kaufmännische Angestellte in Fabrikbetrieben, Kalimamsells, Hausdiener u. Köchinnen bei Restaurateuren, Gehilfen in Gärtnereien, Gehilfen im Zeichenbüro eines Architekten, Schauspieler, Tierbändiger, Musiker, Kunstgymnastiker, Artisten, Clowns, Büglerinnen und Bügellehrerinnen, Pferdebahnschaffner, Arbeiter in Gasanstalten, Arbeiter für Reparatur- und Reinigungszwecke in Eisenbahnbetrieben, Bauarbeiter, Kolonnenführer einer Baukolonne, Maurerpoliere, Ober-Maschinenmeister in Druckereien, Gehilfen und Lehrlinge von Meistern, die Mitglieder einer Innung mit Innungsschiedsgericht waren, usw. Die unendlichen Kompetenzstreitigkeiten bildeten den Hauptkritikpunkt derer, die schon vor dem Ersten Weltkrieg für eine Vereinheitlichung des Arbeitsrechts eintraten. Vgl. mit weiteren Beispielen: Hugo Sinzheimer, Über den Grundgedanken und die Möglichkeit eines einheitlichen Arbeitsrechts für Deutschland (1914), in: ders., Arbeitsrecht und Rechtssoziologie. Gesammelte

Definitionen erschienen zunehmend willkürlich und waren juristisch kaum mehr zu handhaben. Wenig populär und nur noch als Übergangslösung toleriert wurden auch die besonderen Berggewerbegerichte. Sie wurden 1926 ebenso beseitigt wie die Innungsschiedsgerichte der Handwerker, für deren Fortexistenz sich allerdings die Mittelstandpolitiker verschiedener Parteien nachdrücklich, wenngleich vergeblich einsetzten.[339] Des ausdrücklichen Verfassungsversprechens der Weimarer Reichsverfassung (Art. 157: „Das Reich schafft ein einheitliches Arbeitsrecht.") hätte es unter diesen Umständen gar nicht bedurft, um zumindest eine Reform der arbeitsgerichtlichen Institutionen anzustoßen.[340] Zu mehr ist es dann aber in der Weimarer Republik auch nicht gekommen. Das materielle Arbeitsrecht blieb unkodifiziert. Es setzt sich bis heute nur aus Teilgesetzen und einzelnen Paragraphen anderer Kodifikationen zusammen, und es ist wie kaum ein anderes Rechtsgebiet in Deutschland weiterhin Gegenstand der freien Rechtsschöpfung durch die Arbeitsgerichte.

Warum die arbeitsrechtlichen Kodifizierungspläne schon bald nach 1919 im Sande verliefen und auf welch verschlungenen Wegen es nach langem Hin und Her im Jahr 1926 wenigstens gelang, ein Arbeitsgerichtsgesetz zu verabschieden, ist in letzter Zeit mehrmals dargestellt worden.[341] Hier genügt es daher, die Positionen der Debatte und die wesentlichen Bestimmungen des Gesetzes mit Blick auf den deutsch-englischen Vergleich zusammenzufassen. Im Zentrum der Auseinandersetzung stand das Verhältnis der Arbeitsgerichte zur ordentlichen Justiz; untergeordnete Streitpunkte waren die Frage der Zulassung von Rechtsanwälten in der untersten Instanz und die genaue Verortung des Instanzenzugs in der Gerichtsverfassung. In der

---

Aufsätze und Reden, hrsg. v. Otto Kahn-Freund u. Thilo Ramm, 2 Bde. Frankfurt u. Köln 1976, Bd. 1, S. 35–61, S. 37–43.

[339] Vgl. Graf, Arbeitsgerichtsgesetz, S. 293 u. 299 f.

[340] Zur Problematik der arbeitsrechtlichen Verfassungsaufträge in der Weimarer Republik: Knut Wolfgang Nörr, Arbeitsrecht und Verfassung. Das Beispiel der Weimarer Reichsverfassung von 1919, in: Zeitschrift für Arbeitsrecht 23 (1992), S. 361–377; Joachim Rückert, Soziale Grundrechte und Arbeitsbeziehungen in der Weimarer Reichsverfassung, in: Mitteilungsblatt des Instituts zur Erforschung der europäischen Arbeiterbewegung 18 (1997), S. 23–35.

[341] Vgl. Thomas Bohle, Einheitliches Arbeitsrecht in der Weimarer Republik. Bemühungen um ein deutsches Arbeitsgesetzbuch, Tübingen 1990; Bertram Michel, Der Kampf der Gewerkschaften um die einheitliche Arbeitsgerichtsbarkeit (1926), in: Klaus Feser u.a., Arbeitsgerichtsprotokolle, Neuwied u. Darmstadt 1978, S. 28–53; Jochen Weiss, Von den Gewerbegerichten zu den Arbeitsgerichten, in: Die Arbeitsgerichtsbarkeit. Festschrift zum 100jährigen Bestehen des Deutschen Arbeitsgerichtsverbands, Neuwied u. Berlin 1994, S. 75–87; sowie die bereits erwähnten Studien von Graf, Arbeitsgerichtsbarkeit; Bähr, Entstehung und Folgen des Arbeitsgerichtsgesetzes; Martiny, Integration oder Konfrontation.

Hauptfrage gab es zwei Extrempositionen. Große Teile der SPD, die Freien Gewerkschaften, mit Abstrichen auch die nicht-sozialistischen Gewerkschaften, der Verband der Gewerbe- und Kaufmannsgerichte sowie eine kleine Zahl von Arbeitsrechtlern plädierten für die Ausdehnung des aus ihrer Sicht bewährten Modells der Gewerbe- und Kaufmannsgerichte auf alle Arbeitnehmer. Demgegenüber traten die Mehrheit der Arbeitgeber, nahezu die gesamte Richterschaft, die meisten anderen Juristen, die Kommunen, die Justizverwaltungen der Länder und auch einige sozialdemokratische Rechtswissenschaftler und Politiker, vor allem Gustav Radbruch, für eine mehr oder weniger weitgehende Angliederung an die ordentliche Justiz ein.

Bei Befürwortern wie bei Gegnern der eigenständigen Arbeitsgerichtsbarkeit spielten leicht zu durchschauende verbandspolitische und wirtschaftliche Interessen eine erhebliche Rolle. Die Intentionen der für eine Angliederung an die ordentliche Justiz eintretenden Koalition lagen dabei jedoch weiter auseinander, zum Teil widersprachen sie einander sogar. Während etwa die Arbeitgeber vor allem an einer Verminderung der gegen sie gerichteten Prozeßflut interessiert waren und für diesen Zweck die ordentliche Justiz, so wie sie war, als geeignetes abschreckendes Mittel ansahen, kritisierten Kommunen und Rechtsanwälte lediglich partielle Aspekte der bisherigen Arbeitsgerichtsbarkeit. Die Städte und Gemeinden waren in erster Linie aus Kostengründen gegen die einfache Fortschreibung des Modells der Gewerbe- und Kaufmannsgerichte. Sobald nur die Trägerschaft auf die Länder und das Reich abgewälzt wurde, wie es schließlich geschah, hatten sie gegen eine Sondergerichtsbarkeit keine prinzipiellen Einwände mehr. Ebenso hätten sich wohl viele Rechtsanwälte mit einer eigenständigen Arbeitsgerichtsbarkeit abgefunden, wenn die Befürworter nur bereit gewesen wären, ihnen die Vertretungsbefugnis auch in der untersten Instanz einzuräumen.

Daß die Freien Gewerkschaften in der Anwaltsfrage hart blieben und damit eine große bürgerliche Berufsgruppe geschlossen ins gegnerische Lager trieben, ist ihnen von Historikern als kurzsichtig-egoistische Interessenpolitik angekreidet worden.[342] Die Gewerkschaften der Weimarer Republik hätten, so heißt es, die Beisitzerwahlen, die Arbeitersekretariate und die Gewerbegerichte wie einen Besitzstand verteidigt. Sie hätten diese Institutionen lediglich unter dem Gesichtspunkt der Mitglieder- und Organisationsstabilisierung betrachtet und so die Möglichkeit verspielt, die verknöcherte und rückwärtsgewandte Weimarer Justiz im ganzen zu reformieren.[343]

---

[342] Martiny, Integration oder Konfrontation, S. 115–125.
[343] Martiny, Integration oder Konfrontation, S. 109 ff.

Diese Kritik befindet sich im Einklang mit der Position Radbruchs, der sich
von einem Eindringen der ‚sozialen' Arbeitsrechtssprechung in die ordentlichen Gerichte eine Änderung des Geistes der Richterschaft insgesamt er-
hoffte.[344] Abgesehen davon, daß diese Kritik den Handlungsspielraum und
die damaligen Einflußmöglichkeiten sozialdemokratischer Rechtspolitik
auf die Justiz überschätzt, scheint sie mir auch aus einem anderen Grund
verfehlt: Sie geht mit einer gewissen Arroganz über die vielen hundertau-
send Einzelschicksale klagender oder beklagter Arbeitnehmer hinweg, für
die eine Rückführung des Arbeitsgerichtsverfahrens in die ordentliche Justiz zweifellos eine Verschlechterung ihrer Klage- und Erfolgschancen bedeutet hätte. Den gewerkschaftlichen Arbeitersekretären und den Mitwirkenden in den Gewerbegerichten stand diese Problematik lebhafter vor Augen als Politikern wie Radbruch. Ihr Handeln orientierte sich an dem konkreten Ziel, Einzelfallgerechtigkeit herzustellen, deshalb ist es verfehlt, ihr
Eintreten für eigenständige, ‚unjuristische' Arbeitsgerichte bloß als defensive Interessenpolitik zu werten. Die Position der Gewerkschaftsfunktionäre mag aus der Sicht eines Historikers, der das Scheitern der Weimarer
Republik unter anderem auf die mangelnde Republiktreue der Justiz zu-
rückführt, kurzsichtig und naiv gewesen sein, eine legitime und auf den
Zweck der Arbeitsgerichte bezogen sachlich angemessene Haltung war es
gewiß. Man konnte allerdings mit Blick auf die erstrebte Einzelfallgerechtigkeit durchaus auch *für* die Zulassung von Rechtsanwälten eintreten, wie
es etwa die gewerkschaftsfreundlichen Juristen Hugo Sinzheimer, Alwin
Sänger und Georg Flatow taten, letzterer mit dem Argument, daß auf Arbeitgeberseite mit einer dauernden Präsenz professioneller juristischer Beratung (durch Firmenanwälte, Justiziare, Rechtsabteilungen) ohnehin zu
rechnen sei, weshalb man dem einzelnen Arbeitnehmer oder der Gewerkschaft die entsprechende Möglichkeit nicht leichtfertig versagen solle.[345]
Auch die zunehmende Komplexität des Arbeitsrechts und die sich abzeich-
nende Vermehrung der Berufungsfälle nach der Reform ließen sich als Argument für die Anwaltszulassung schon in der ersten Instanz geltend machen.

Zu warnen ist im übrigen vor einer historischen Schwarz-Weiß-Malerei,
die im Kampf der Weimarer Juristenschaft für den Primat der ordentlichen
Justiz ausschließlich enge standespolitische und arbeitgeberfreundliche

---

[344] Bähr, Entstehung und Folgen des Arbeitsgerichtsgesetzes, S. 515.
[345] Bähr, Entstehung und Folgen des Arbeitsgerichtsgesetzes, S. 515. Zur Tätigkeit von Anwälten für Firmen: Hannes Siegrist, Advokat, Bürger und Staat. Sozialgeschichte der Rechtsanwälte in Deutschland, Italien und der Schweiz, Frankfurt/Main 1996, S. 571–582.

oder anti-sozialistische Motive ans Licht treten sieht. Solche Motive gab es zweifellos, aber ähnlich wie bei den englischen *Common law*-Juristen war es auch bei den deutschen Juristen nicht nur eine hohle Phrase, wenn sie auf einer einheitlichen Rechtsordnung als notwendiger Bedingung für Gleichheit vor dem Gesetz und Voraussehbarkeit von Entscheidungen insistierten. Eine Sondergerichtsbarkeit wie die bisherigen Gewerbe- und Kaufmannsgerichte, die relativ autonom, einzelfallbezogen und frei Recht schöpften, ohne daß zumindest in einer höheren Instanz auf Konsistenz der Urteile geachtet wurde, war mit der Vorstellung von Rechtssicherheit und gleicher Rechtsanwendung im ganzen Land, also einem Grundprinzip der Rechtsstaatlichkeit, tatsächlich nicht leicht zu vereinbaren. Daher erklärt es sich, daß in der Schlußphase der politischen Auseinandersetzung um das Arbeitsgerichtsgesetz die Organisation des Instanzenzugs immer stärker in den Vordergrund rückte. Als es im Zuge der Beratungen klar wurde, daß die untere Instanz aufgrund der Hartnäckigkeit der Gewerkschaften dem Modell der bisherigen Gewerbegerichte verpflichtet bleiben würde, konzentrierten sich die Berufsverbände der Juristen auf das Ziel, wenigstens die höheren Instanzen so eng wie möglich an die ordentliche Justiz zu binden. In diesem Bestreben waren sie weitgehend erfolgreich.

Das Arbeitsgerichtsgesetz vom 23. Dezember 1926 war ein Kompromiß zwischen Gewerkschaften und Justizjuristen.[346] Für die untere Instanz folgte das Gesetz in allen entscheidenden verfahrensrechtlichen Fragen dem Vorbild der Gewerbe- und Kaufmannsgerichte. Bei der Wahl der Beisitzer wurde aber das für die Gewerkschaften als Organisation günstigere Modell der Schlichtungsausschüsse übernommen. Es gab somit keine Direktwahl durch die im Gerichtsbezirk ansässigen Arbeitnehmer und Arbeitgeber mehr, sondern Vorschlagslisten der jeweiligen „wirtschaftlichen Vereinigungen", aus denen die höhere Verwaltungsbehörde die Beisitzer auswählte. Von der Zusammensetzung her waren die neuen Arbeitsgerichte der Weimarer Republik damit weniger demokratisch als die Gewerbegerichte des Kaiserreichs: Den unorganisierten Arbeitnehmern wurde ihr bisheriges Mitspracherecht genommen. In den höheren Instanzen, den Landesarbeitsgerichten und dem Reichsarbeitsgericht, dominierten klar die Berufsjuristen. Die Vorsitzenden mußten aus dem Kreis der am jeweiligen Landgericht oder dem Reichsgericht tätigen Richter genommen werden. Berufung an die Landesarbeitsgerichte war möglich bei Streitwerten über 300 Reichsmark oder wenn das Arbeitsgericht auf einen Fall von „grundsätzlicher Be-

---

[346] Arbeitsgerichtsgesetz 1926, RGBl. Jg. 1926, Bd. 1, S. 507–524.

deutung" erkannte; für die Revision vor dem Reichsarbeitsgericht galten die gleichen Streitwertgrenzen wie für normale zivilrechtliche Verfahren. Vor beiden höheren Instanzen bestand Anwaltszwang, in der ersten Instanz blieben hingegen die Anwälte ausgeschlossen.

Durch die Rückkopplung der höheren arbeitsgerichtlichen Instanzen an die ordentliche Justiz veränderte sich auch die Rechtsprechung in den lokalen Arbeitsgerichten. Sie waren fortan in ihrer Entscheidungsfindung an die ,von oben' kommenden Präzedenzfälle gebunden. Ihre rechtsschöpferische Tätigkeit engte sich auf die Fälle ein, zu denen keine höchstrichterlichen Urteile vorlagen. Die Arbeitsrichter und Beisitzer in der untersten Instanz wandelten sich zwangsläufig mehr und mehr zu bloßen Normanwendern. Ihr Bild näherte sich also zunehmend dem des normalen Richters an. Als Gegengewicht gegen diese Tendenz blieben die hohen Berufungsgrenzen und das weiterhin obligatorisch vor die streitige Verhandlung einzuschaltende Güteverfahren. Hier behielten die Arbeitsgerichte einen Rest von Autonomie, der sich gerade bei der Lösung der kleinen Streitigkeiten bemerkbar machte. Über die tatsächlichen Vorgänge in den Arbeitsgerichten der späten Weimarer Republik wissen wir allerdings erstaunlich wenig, erheblich weniger als über den Gerichtsalltag in den Gewerbegerichten des Kaiserreichs. Die Aufmerksamkeit der Zeitgenossen und der rechtshistorischen Forschung konzentrierte sich verständlicherweise auf die Entscheidungen des neuen Reichsarbeitsgerichts und hier vor allem auf diejenigen, die den kollektiven Arbeitskampf betrafen. Während die lokalen Arbeitsgerichte überwiegend nur noch Rechtsanwendung betrieben, fiel nun die rechtsschöpferische Rolle in erster Linie dem Reichsarbeitsgericht zu.[347] Besonders das von den Reichsarbeitsrichtern vertretene Ideal der ,Betriebsgemeinschaft' geriet schnell ins Kreuzfeuer der Kritik und trug dem Gericht den Vorwurf ein, sich einem „faschistischen Sozialideal" anzunähern.[348] Ob

---

[347] Das betont Thilo Ramm, Die Arbeitsverfassung der Weimarer Republik, in: Franz Gamillscheg u. a. (Hg.), In Memoriam Sir Otto Kahn-Freund, München 1980, S. 225–246, S. 240.

[348] Hierzu zuletzt: Gabriele Metzler, Justiz im Schatten der Weltwirtschaftskrise. Das Konzept der Arbeitsbeziehungen und der innerbetrieblichen Ordnung nach der Rechtsprechung des Reichsarbeitsgerichts (1927–1932), in: Vorträge zur Justizforschung Bd. 2, hrsg. von Heinz Mohnhaupt u. Dieter Simon, Frankfurt/Main 1993, S. 471–497. Der Faschismus-Vorwurf wurde von Otto Kahn-Freund erhoben: Otto Kahn-Freund, Das soziale Ideal des Reichsarbeitsgerichts. Eine kritische Untersuchung zur Rechtsprechung des Reichsarbeitsgerichts (1931), wieder in: Thilo Ramm, Arbeitsrecht und Politik. Quellentexte 1918–1933, Neuwied u. Berlin 1966, S. 149–210. Unter „Faschismus" verstand Kahn-Freund hier nicht die tatsächlichen Zustände im Italien Mussolinis, sondern ein Ideal, das vom Liberalismus die „ablehnende Haltung gegenüber staatlicher Wirtschaft", vom Konservatismus „den Gedanken der staatlichen Fürsorge und des nationalen Interesses" und vom Kollektivismus „die

sich freilich die im Ideal der ,Betriebsgemeinschaft' implizierte arbeitgeberfreundliche Tendenz auch in den erstinstanzlichen Gerichten auswirkte, ist
keineswegs sicher. Sogar das Reichsarbeitsgericht selbst entschied „in Einzelfällen häufig zugunsten der Arbeitnehmer."[349] Von einem Vertrauensein-
bruch seitens der Arbeitnehmer in die Arbeitsgerichte kann jedenfalls nicht
die Rede sein. Schon in den beiden ersten Jahren ihrer Tätigkeit stieg die
Zahl der bearbeiteten Fälle sprunghaft an, von 379 689 im Jahr 1928 auf
427 614 im Jahr 1929, und es blieb dabei, daß weitaus die meisten dieser
Fälle auf Arbeitnehmerklagen zurückgingen.

Hält man sich die aus englischer Sicht geradezu unglaubliche Steigerung
der Klagezahlen vor deutschen Arbeitsgerichten seit 1890 vor Augen, wird
deutlich, wie sehr das Konfliktverhalten auf institutionelle Angebote reagierte. Es kann nicht allein die Kampfkraft der britischen Gewerkschaften,
es können nicht allein die relativ effizienten innerbetrieblichen, lokalen und
brancheninternen Verhandlungsmechanismen gewesen sein, die britische
Arbeitnehmer davon abhielten, den Klageweg zu beschreiten. Betriebsräte,
regelmäßige Gesprächsrunden, und Versuche, Konflikte durch Verhandlung oder wenn nötig durch Streik zu lösen, gab es schließlich auch in
Deutschland, ohne daß dies die Arbeitsgerichte überflüssig gemacht
hätte.[350] Man kann es auch anders herum wenden: Die Arbeitsgerichte stellten eine Institution bereit, die es den deutschen Gewerkschaften und Arbeitgebern möglich machte, kleine alltägliche Reibereien und Konflikte am
Arbeitsplatz aus den großen, kollektiven Konflikten herauszuhalten. Dies
mag dazu beigetragen haben, daß Arbeitskämpfe in der Weimarer Republik
oft sofort ins Grundsätzlich-Politische gingen und eine verbal schärfere
Note annahmen als in Großbritannien. Auf der anderen Seite mag die größere Häufigkeit und längere Dauer der Streiks im Großbritannien der Zwi-

---

Idee der Verbandsbildung und der Verbände als Träger der sozialen Aktionen" übernahm
(S. 153).

[349] Metzler, Justiz im Schatten der Weltwirtschaftskrise, S. 480. Vgl. jedoch auch die kritischere
Einschätzung von Martiny, Integration oder Konfrontation?, S. 145–148.

[350] Nach 1900 wuchs die Zahl der Tarifverträge in Deutschland in beeindruckendem Tempo,
obwohl die Schwerindustriellen bis zum Ende des Ersten Weltkriegs nicht mitmachten. Vgl.
Ullmann, Tarifverträge, S. 97–100. Siehe auch Martiny, Integration oder Konfrontation,
S. 74. Wenn die deutschen Gewerkschaften in der späten Weimarer Republik vor Arbeitskampfmaßnahmen häufiger zurückschreckten als die britischen, so war dies eher eine Folge
der tiefer einschneidenden Wirtschaftskrise als eines prinzipiell harmoniesüchtigeren Kurses
gegenüber Arbeitgebern; allerdings machte die starke Staatsorientierung die deutschen Gewerkschaften im Moment der NS-Machtergreifung unfähig zum politischen Kampf. Vgl.
Sidney Pollard, German Trade Union Policy 1929–1933 in the Light of the British Experience, in: J. Baron von Kruedener (Hg.), Economic Crisis and Political Collapse. The Weimar
Republic 1924–1933, New York 1990, S. 21–44.

schenkriegszeit, kulminierend im Generalstreik von 1926, damit zusammenhängen, daß dort auch kleine Konflikte (Entlassung eines Gewerkschaftsmitglieds, Verletzung von Job-Demarkationen) mangels eines gerichtlichen Lösungsweges schnell zu unüberbrückbaren Gegensätzen eskalierten. Die beiden unteren Instanzen der englischen Gerichtsbarkeit, die Friedens- und Grafschaftsgerichte, konnten wegen ihrer primär strafenden und schuldeneintreibenden Funktionen, wegen ihrer Überlastung und ihrer zum Teil wenig vertrauenerweckenden Zusammensetzung nicht die befriedende Rolle bei Einzelfällen spielen, die in Deutschland von den Arbeitsgerichten wahrgenommen wurde.

Die unterschiedliche Struktur der Institutionen führte aber nicht nur zu einem divergierenden Konfliktverhalten der Arbeitnehmer und Arbeitgeber beider Länder; sie hinterließ auch im Bewußtsein der Streitparteien und in den Begriffen der Jurisprudenz ihre Spuren. Es war der stets mögliche Gang zum Arbeitsgericht, der das Beharren auf individuellen Rechtsansprüchen und den Ruf nach entsprechenden gesetzlichen Regelungen in der deutschen Arbeitnehmerschaft lebendig hielt. Und es war die Spruchpraxis der Gewerbe- und späteren Arbeitsgerichte, die in Deutschland das Individualarbeitsrecht gleichsam von unten herauf entstehen ließ und die Rechtswissenschaft zu relativ frühen Systematisierungsanstrengungen herausforderte. Eine vergleichbare Herausforderung von den unteren Rängen der Justiz hat es in England bis zur Errichtung der *industrial tribunals* 1964/71 nicht gegeben, und das ist ein Grund dafür, warum das Individualarbeitsrecht dort erst spät von den Juristen entdeckt wurde und ein Fremdkörper im *Common law* geblieben ist. Dem Fehlen eines geeigneten Tribunals für Arbeitsstreitigkeiten ist es auch zuzuschreiben, daß britische Arbeitnehmer und Arbeitgeber dem Recht als Konfliktlöser lange Zeit wenig zutrauten und gesetzlichen Regulierungen, seien sie britischen oder europäischen Ursprungs, bis heute verhältnismäßig gleichgültig gegenüberstehen.

Gerichtsflucht in England, Prozessflut in Deutschland: ein Versuch, Unterschiede zu erklären

Es ist nicht ganz unproblematisch, statistische Angaben miteinander zu vergleichen, wenn die institutionellen Kontexte und zugrundeliegenden Begriffe so verschieden sind wie im Fall der deutschen Arbeitsgerichtsbarkeit einerseits, der englischen Friedens- und Grafschaftsgerichte andererseits.[351]

---

[351] Grundsätzliches zur Vergleichbarkeit von Klageaufkommen und Zivilprozeßstatistiken bei: Erhard Blankenburg, Prozeßflut und Prozeßebbe. Über die Fähigkeit der Gerichte, mit

Was zunächst die personelle Zuständigkeit angeht, so entsprach die Definition von ‚Arbeitern‘ im Sinne des Gewerbegerichtsgesetzes nicht exakt derjenigen von *servants* oder *workmen* im Sinne der *Master and Servant*-Gesetze. ‚Arbeiter‘ waren nach der deutschen gesetzlichen Definition auch Betriebsbeamte, Werkmeister und höhere technische Angestellte – Beschäftigte, die in England nicht als *workmen* galten und folglich wegen ihrer Arbeitsstreitigkeiten nicht vor die Friedensgerichte zitiert werden konnten. Die Landarbeiter durften (oder mußten) dort jedoch erscheinen, während sie von den deutschen Gewerbegerichten ausgeschlossen waren. Der soziale Einzugsbereich der Gewerbegerichte war also ein anderer als bei den englischen Friedensgerichten. Auf der anderen Seite kannten die englischen Grafschaftsgerichte keinerlei personelle Zuständigkeitsbegrenzung; ihre Jurisdiktion ging erheblich über diejenige aller berufständischen Arbeitsgerichte des Kaiserreichs hinaus. Auch die sachlichen Zuständigkeiten stimmten nicht genau überein: Anders als die Friedensgerichte besaßen die deutschen Gewerbe- und Kaufmannsgerichte keine Strafgewalt und sie hatten auch mit der Durchsetzung von Arbeiterschutzbestimmungen nichts zu tun. Haftpflicht- und Entschädigungsfragen bei Arbeitsunfällen wurden in Deutschland durch die berufsgenossenschaftlichen Spruchkammern abgewickelt, in England war dies hingegen ein wichtiges Betätigungsfeld der Grafschaftsgerichte. In räumlicher Hinsicht bestand vor allem in den Jahren bis 1901, als die Gewerbegerichte noch fakultativ waren, eine erhebliche Differenz: Die Gewerbegerichtsbezirke waren nicht flächendeckend; im Jahr 1896 zum Beispiel deckten die Bezirke erst 31 Prozent der Reichsbevölkerung ab.[352] Friedens- und Grafschaftsgerichte konnten hingegen selbst in der entlegensten englischen Provinz angerufen werden. Einen Unterschied gab es schließlich auch bei den Streitwerten: Sie waren bei den Friedens- und Grafschaftsgerichten in der Höhe begrenzt, bei den Gewerbe- und Kaufmannsgerichten dagegen unbegrenzt. Kurzum, eine Gegenüberstellung der absoluten Klagezahlen vor den genannten deutschen und englischen Gerichten besitzt aufgrund des unterschiedlichen Zuschnitts der Institutionen nur eine grobe Indikatorfunktion.

Dennoch ist nicht zu erkennen, was man sonst sinnvoll vergleichen könnte, um überhaupt einen quantitativen Anhaltspunkt für die relative Be-

---

Rechtsstreitigkeiten fertig zu werden, in: ders. (Hg.), Prozeßflut?, S. 9–20; Christian Wollschläger, Die Arbeit der europäischen Zivilgerichte im historischen und internationalen Vergleich, in: ebd., S. 21–114, hier bes. S. 28–37.

[352] Vgl. Willi Cuno, Die Rechtsprechung der deutschen Gewerbegerichte. Statistische Ergebnisse, in: Das Gewerbegericht 2 (1897), Außerordentliche Beilage, Sp. 81–96, Sp. 83.

deutung des Rechts im Bereich der Arbeitsstreitigkeiten in den beiden Ländern zu gewinnen. Auch sind, läßt man einmal die Arbeiterschutz- und Unfallsachen in England beiseite, die Differenzen bei der sachlichen Zuständigkeit nicht allzu groß. Sowohl in den Friedens- und Grafschaftsgerichten als auch in den Gewerbe- und Kaufmannsgerichten betraf das Gros der Arbeitnehmer- und Arbeitgeberklagen zum einen den Lohn und sonstige gegenseitige Ansprüche, zum anderen den Beginn und das Ende des Arbeitsverhältnisses, also Versagungen der Anstellung, Kontraktbrüche, Kündigungen, Zeugnisse und dergleichen.[353] Quantitativ wenig ins Gewicht fällt auch der Unterschied bei den Streitwerten. Die Masse der Klagen vor den Gewerbe- und Kaufmannsgerichten betraf nur geringfügige Summen, die weit unter den zulässigen Grenzwerten bei den Grafschaftsgerichten (£ 50 und £ 100 ab 1903) lagen.[354] Was also bei der Interpretation der Zahlenreihen zu beachten bleibt, ist vor allem die räumlich und personell beschränktere Zuständigkeit der deutschen Gewerbe- und Kaufmannsgerichte bis in die frühen Weimarer Jahre. Gerade das aber läßt den entscheidenden Befund, die viel größere und zudem schnell steigende Klagetätigkeit in Deutschland, nur um so stärker hervortreten. Denn zusätzlich zu den Fällen vor den Gewerbe- und Kaufmannsgerichten müßte man in Deutschland noch eine zwar unbestimmte, aber gewiß nicht unbedeutende Zahl von gerichtsförmigen Verfahren vor örtlichen Polizeibehörden (Gesinde und Hauspersonal bis 1918), vor Innungsschiedsgerichten (Handwerker bis 1926), vor Gemeindevorstehern (gewerbliche Arbeiter in Regionen ohne Gewerbegerichte bis 1916/23), vor Schlichtungsausschüssen (Arbeiter und Angestellte 1916 bis 1923) und vor Amts- und Landgerichten (alle übrigen Arbeitnehmer bis 1926) in die Rechnung einbeziehen. Die Divergenz zwischen den beiden nationalen Streitkulturen ist also in Wirklichkeit noch viel größer als sie im Vergleich der grafischen Darstellungen erscheint (Grafik 5.1, zu vergleichen mit Grafiken 2.1, 2.3 und 3.1).

Die gegenläufige Entwicklung ist eklatant. Zur gleichen Zeit, als in England die Flucht der Arbeitnehmer und Arbeitgeber aus den Gerichten ein-

---

[353] Im Gewerbegericht Frankfurt waren im Geschäftsjahr 1894/95 insgesamt 1859 Rechtsstreitigkeiten anhängig. Davon entfielen auf Zahlung rückständigen Lohns 1160 (62,4%) und auf Schadensersatz wegen einseitiger Lösung des Arbeitsverhältnisses 451 (24,3%); siehe Frankfurter Zeitung und Handelsblatt, 26. Nov. 1895, Rubrik „Frankfurter Angelegenheiten".

[354] Vor den Gewerbegerichten betrug der Anteil der Klagen mit Streitwerten über 100 Mark 4,5% im Jahr 1896, 3,8% im Jahr 1913 und 44,5% im Jahr 1919. Vor den Kaufmannsgerichten betrug der Anteil der Klagen mit Streitwerten über 300 Mark 16,9% im Jahr 1905, 19,6% im Jahr 1913 und 44,5% im Jahr 1919. 100 Pfund entsprachen 1913 etwa 2080 Reichsmark und 1919 etwa 22700 Reichsmark; vgl. B. R. Mitchell, British Historical Statistics, Cambridge 1988, S. 703.

Grafik 5.1: Gewerbe-, Kaufmanns- und Arbeitsgerichte im Deutschen Reich 1892–1929: Zahl der Klagen

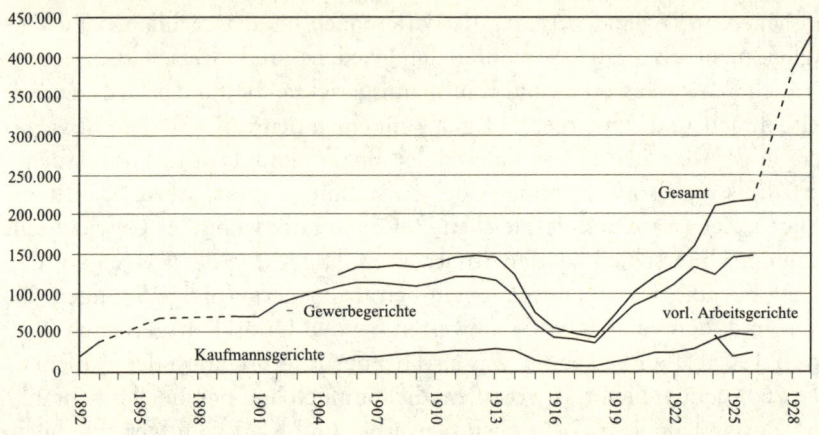

Quellen: Für 1892 und 1893: Labour Gazette, Okt. 1894, S. 318 (unter Berufung auf eine Meldung in Blätter für Sociale Praxis); für 1896: Das Gewerbegericht, 2. Jg. (1897), S. 83–96; für 1900–1913: Reichs-Arbeitsblatt ab 1. Jg. (1903–04); für 1914–18: Reichs-Arbeitsblatt 18. Jg. (1920), Sonderbeilage Nr. 1, Jan. 1920; für 1919–1929: Statistisches Jahrbuch für das Deutsche Reich ab 41. Jg. (1920), Sonderbeilage Nr. 1, Jan. 1920; für 1919–1929: Statistisches Jahrbuch für das Deutsche Reich ab 41. Jg. (1920) – hier werden nur die Zahlen für „anhängige Sachen" gegeben, ohne daß die vom Vorjahr übriggebliebenen Fälle subtrahiert werden, daher müssen die tatsächlichen Zahlen um bis zu 10% niedriger angesetzt werden; vgl. Hubert Rottleuthner, Aspekte der Rechtsentwicklung in Deutschland – Ein soziologischer Vergleich deutscher Rechtskulturen, in: Zeitschrift für Rechtssoziologie 6 (1985), S. 206–254, S. 240.

setzte, also im frühen 20. Jahrhundert, kam es in Deutschland zu einer wahren Prozeßflut. Diese wurde durch den Ersten Weltkrieg zwar kurzzeitig eingedämmt, aber nicht gebrochen. Die Klagezahlen stiegen in den frühen zwanziger Jahren schnell wieder an und hatten schon 1923 den Vorkriegs-Höchststand überschritten, während sie in England auf niedrigstem Niveau stagnierten. Die historisch wohl einmalige Prozeßexplosion vor den deutschen Arbeitsgerichten in den späten zwanziger Jahren, die sich bis zum Höhepunkt der Weltwirtschaftskrise fortsetzte und auch im Bereich der normalen Zivilgerichtsbarkeit ihre Parallele fand, ist sicher zum Teil auf die in Deutschland stärker als in anderen Ländern einschneidende Arbeitslosigkeit zurückzuführen: Die Entlassungen sorgten für zahlreiche Kündigungsstreitigkeiten, und der plötzliche Absturz vieler in die Arbeitslosigkeit zog anschließend massenhaft zivile Mahnverfahren und Schuldsachen nach sich.[355] Selbst wenn man diesen Effekt abstreicht, bleibt aber der Unterschied zur englischen Entwicklung bestehen. Auch in England gab es in den zwanziger und frühen dreißiger Jahren stark erhöhte Arbeitslosigkeit. Anders als in Deutschland stagnierte dort jedoch die Zahl der Zivilprozesse insgesamt und nahm – relativ zur Bevölkerungszahl – sogar ab.[356] Was die Arbeitsstreitigkeiten bis 1923 angeht, so waren es nicht das Konfliktniveau (Entlassungen) und der davon ausgehende ‚Bedarf' an gerichtlichen Problemlösungen, sondern primär die unterschiedlichen Institutionen, die in Deutschland zum Anstieg, in England zu Rückgang und Stagnation der Klagetätigkeit führten.

Setzt man die Klagezahlen für Deutschland in Beziehung zur Zahl der potentiellen Kläger und Beklagten, so kamen auf 100000 gewerblich Beschäftigte am Ende des 19. Jahrhunderts etwa 750 Fälle, um 1907 annähernd 900 Fälle und Mitte der zwanziger Jahre über 1150 Fälle vor den Gewerbegerichten und vorläufigen Arbeitsgerichten (Grafik 5.2, zu vergleichen mit Grafik 2.3). Die Wahrscheinlichkeit für einen einzelnen gewerblichen Arbeiter oder Arbeitgeber, in einen Streitfall vor einem Gewerbegericht oder vorläufigen Arbeitsgericht verwickelt zu werden, lag damit Ende des 19. Jahrhunderts bei 132 zu 1, um 1907 bei 112 zu 1 und Mitte der zwanziger Jahre bei 87 zu 1. Diese Wahrscheinlichkeit war also gegen Ende des 19. Jahrhunderts etwa zehn mal so hoch und in den zwanziger Jahren sogar fast fünfzig mal so hoch wie die Wahrscheinlichkeit für englische Arbeiter und Arbeitgeber, wegen einer Streitigkeit aus dem Arbeitsvertrag vor die Friedensrichter zitiert zu werden. Noch drastischer fällt der Unterschied aus, wenn man die Kaufmannsgerichte und Grafschaftsgerichte in den Vergleich der Klageraten pro 100000 Beschäftigte einbezieht. Vor den Kaufmannsgerichten kamen bereits 1907 auf 100000 kaufmännisch Beschäftigte annähernd 1500 Klagen, und Mitte der zwanziger Jahre waren es mehr als 2000. Um 1925 mußte jeder fünfzigste kaufmännische Angestellte oder Arbeitgeber in Deutschland damit rechnen, im Laufe eines Jahres in einen Prozeß vor dem Kaufmannsgericht verwickelt zu werden. Vor den englischen Grafschaftsgerichten war es Anfang der zwanziger Jahre nur jeder viertausendzweihundertste Arbeitnehmer oder Arbeitgeber (Grafik 5.2, zu vergleichen mit Grafik 3.1). Mit unterschiedlichen Konjunkturverläufen und

[355] Vgl. Hubert Rottleuthner, Aspekte der Rechtsentwicklung in Deutschland – Ein soziologischer Vergleich der deutschen Rechtskulturen, in: Zeitschrift für Rechtssoziologie 6 (1985), S. 206–254, S. 237–241; vgl. auch Wollschläger, Arbeit der europäischen Zivilgerichte, S. 60 ff.
[356] Vgl. das Schaubild und die Erläuterungen ebd., S. 64 ff.

Grafik 5.2: Gewerbe-, Kaufmanns- und Arbeitsgerichte im Deutschen Reich 1892–1925:
Klagen pro 100 000 ‚gewerblich‘ bzw. ‚kaufmännisch‘ Beschäftigte

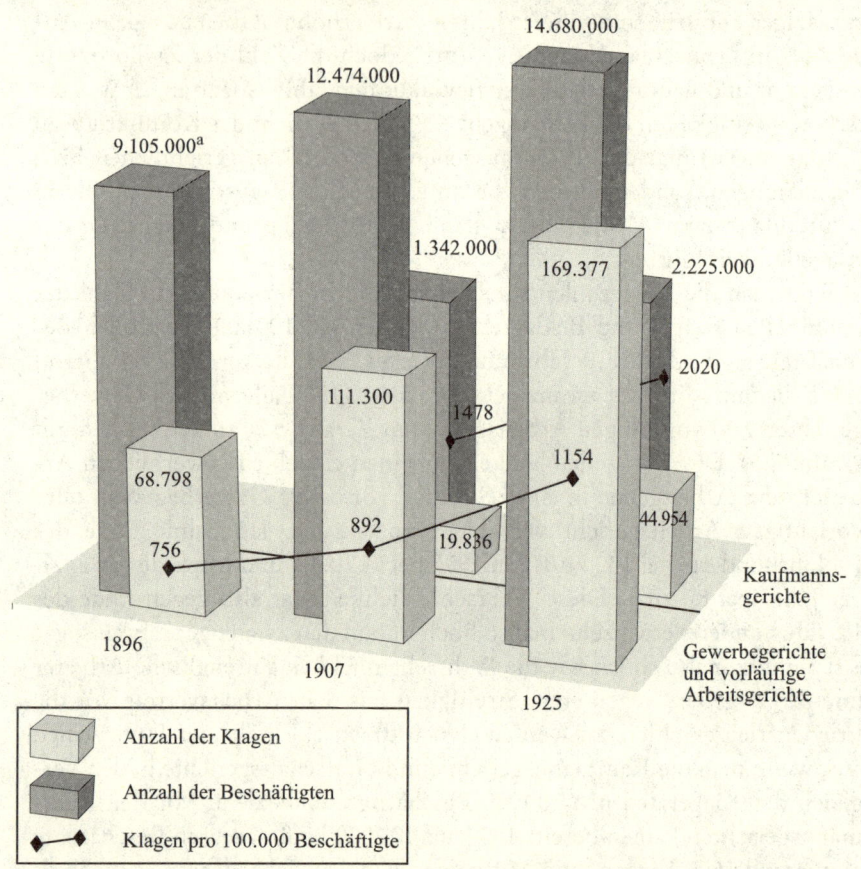

[a] Berufszählung 1895

Erläuterung: 1. Die Zahlen für „Klagen" 1907 sind Fünfjahresdurchschnitte, zentriert auf das
Jahr der Berufszählung. Die Zahlen für Klagen 1925 sind Dreijahresdurchschnitte, zentriert auf
das Jahr der Berufszählung.
2. Für die Zahl der ‚gewerblich‘ Beschäftigten wurden aus den Berufsstatistiken die Zahlen für
„Erwerbstätige überhaupt" in Industrie, Bergbau und Handwerk und für „Gehilfen" bzw. „Arbeiter" in Handel und Verkehr addiert. Damit trifft man ungefähr die Gruppe derer, die unter
die Jurisdiktion der Gewerbegerichte und vorläufigen Arbeitsgerichte fielen. Für die Zahl der
‚kaufmännisch‘ Beschäftigten wurde die Zahl für „Angestellte" in Handel und Verkehr genommen. Tatsächlich waren hierunter auch manche, die nicht unter die Jurisdiktion der Kaufmannsgerichte fielen, auf der anderen Seite muß man sich einen Teil der Selbständigen als Arbeitgeber
und somit potentielle Kläger oder Beklagte hinzudenken.
Quellen: Für die Klagezahlen wie Grafik 5.1; für die Zahl der ‚gewerblich‘ bzw. ‚kaufmännisch‘
Beschäftigten: Statistisches Jahrbuch für das Deutsche Reich, Jg. 18 (1897), S. 7; Jg. 30 (1909),
S. 10 f.; Jg. 46 (1927), S. 25: Ergebnisse der Berufszählungen von 1895, 1907 u. 1925.

anderen wirtschaftlichen Daten können diese enormen Diskrepanzen nicht erklärt werden.

Wie ist die Prozeßflut in Deutschland zu erklären? Was sind die Gründe für die Streitlust der deutschen Arbeitnehmer – denn sie waren es, die durchweg zu mehr als 90 Prozent für die Prozesse verantwortlich waren?[357] Will man sich nicht mit der zweifelhaften Zuschreibung angeblicher Nationalcharaktere begnügen – der ‚rechthaberische‘ Deutsche und der ‚geduldige‘ Engländer –, kommt als Erklärung vor allem eine institutionenbezogene Angebotstheorie des Streitverhaltens in Frage. Die Justizeinrichtungen konnten zum Rechtsstreit ermutigen, indem sie ihn unkompliziert und risikoarm gestalteten, wie es bei den Gewerbegerichten offensichtlich der Fall war; die Institutionen konnten aber auch, wie im Fall der englischen Friedens- und Grafschaftsgerichte, durch hohe Kosten, abschreckende Verfahren und ungewisse Erfolgsaussichten entmutigend wirken. Wenig plausibel ist hingegen eine Erklärung von der Nachfrageseite her. Die Konflikte an deutschen und englischen Arbeitsplätzen waren im Prinzip gleichartig. Hier wie dort gab es Entlassungen, die als unfair empfunden wurden; hier wie dort gab es mangelhafte Leistung, unentschuldigtes Fehlen, Arbeitsverweigerung, Kontraktbrüche, unbezahlte oder nicht tarifgemäße Löhne. Es gibt keinen Grund, anzunehmen, daß derartige Streitfälle in England grundsätzlich seltener vorkamen als in Deutschland. Sie wurden aber viel seltener auf dem Rechtsweg gelöst, und das lag, so wird hier argumentiert, primär an der mangelnden Attraktivität der dafür in Frage kommenden Gerichte und ihrer Prozeduren, also am institutionellen Angebot.

Denkbar wäre allerdings auch eine Erklärung, die auf Unterschiede im materiellen Arbeitsrecht selber abhebt. Wenn man zum Beispiel nachweisen könnte, daß die Rechtsbestimmungen zum Kündigungsschutz, zur Entschädigung bei ungerechtfertigter Entlassung, zu Strafgeldern oder Lohneinbehaltungen im wilhelminischen Deutschland wesentlich arbeitnehmerfreundlicher ausfielen als im viktorianischen England, würde dies die vergleichsweise große Prozeßfreudigkeit der deutschen Arbeitnehmer wenigstens zum Teil erklären. Tatsächlich enthielten die deutschen Kodifikationen – die Gewerbeordnung, das Handelsgesetzbuch und auch das BGB – insbesondere in den Bereichen Kündigung und Entlassung eine Reihe von Vorschriften und Klauseln, die den deutschen Arbeitnehmer tendenziell besser stellten als sein englisches Gegenüber. Die günstigere Rechtslage be-

---

[357] Die deutsche Statistik unterschied von Anfang an zwischen Arbeitnehmer- und Arbeitgeberklagen und erspart dem Historiker somit aufwendige Forschungen, wie ich sie für England durchgeführt habe.

stand aber vor allem darin, daß es überhaupt präzise und zwingende Normen zu diesem Konfliktfeld gab. Das machte es im Einzelfall möglich, einen Prozeß mit einiger Sicherheit über den Ausgang zu beginnen und durchzufechten. Zu nennen sind etwa Vorschriften wie die, daß Kündigungsfristen auf beiden Seiten gleich lang sein mußten[358], oder daß eine bestimmte Kündigungsfrist (zum Beispiel sechs Wochen bei Handlungsgehilfen) automatisch als vereinbart galt, falls die Vertragsparteien nicht ausdrücklich etwas anderes festgelegt hatten[359], oder daß ein Arbeitnehmer bei Vorliegen eines ‚wichtigen Grundes‘ (zum Beispiel Nicht-Beachtung von Arbeiterschutzbestimmungen durch den Arbeitgeber) das Recht hatte, seinen Arbeitsplatz ohne vorherige Kündigung zu verlassen.[360] Für derartige gesetzliche Bestimmungen fand sich in England keine Parallele. Fragen dieser Art waren in England nur durch *Common law* und *custom* geregelt. Das führte im konkreten Fall, wie noch zu zeigen sein wird, sehr oft zu einer völligen Unvorhersehbarkeit, ja Beliebigkeit des Prozeßausgangs.[361] Blickt man nur auf die Substanz der höchstrichterlichen Entscheidungen, ergibt sich zwar auch in England ein halbwegs konsistent erscheinender Komplex von Normen zu Kündigung und Entlassung; auch unterscheidet sich dieser Normkomplex, wenn man genau hinsieht, nicht einmal so sehr von den zeitgleich in Deutschland geltenden gesetzlichen Vorschriften. Jedoch war es für einen durchschnittlichen englischen Anwalt, von einem Laien gar nicht zu reden, viel schwerer zu erkennen, was das geltende Recht in einer konkreten Frage

---

[358] Gewerbeordnung 1891, § 122, RGBl. Jg. 1891, S. 261–290, S. 272: „Das Arbeitsverhältniß zwischen den Gesellen oder Gehülfen und ihren Arbeitgebern kann, wenn nicht ein Anderes verabredet ist, durch eine jedem Theile freistehende, vierzehn Tage vorher erklärte Aufkündigung gelöst werden. Werden andere Aufkündigungsfristen vereinbart, so müssen sie für beide Theile gleich sein. Vereinbarungen, welche dieser Bestimmung zuwiderlaufen, sind nichtig."

[359] Das Handelsgesetzbuch von 1897 legte außerdem eine gesetzliche Mindestkündigungsfrist von einem Monat fest. HGB 1897, §§ 66- 67, RGBl. Jg. 1897, S. 219–436, S. 233: „§ 66. Das Dienstverhältniß zwischen dem Prinzipal und dem Handlungsgehülfen kann, wenn es für unbestimmte Zeit eingegangen ist, von jedem Theile für den Schluß eines Kalendervierteljahrs unter Einhaltung einer Kündigungsfrist von sechs Wochen gekündigt werden. § 67. Wird durch Vertrag eine kürzere oder längere Kündigungsfrist bedungen, so muß sie für beide Theile gleich sein; sie darf nicht weniger als einen Monat betragen. … Eine Vereinbarung, die diesen Vorschriften zuwiderläuft, ist nichtig." Zu den weiteren Einzelheiten des Kündigungsrechts für Handlungsgehilfen: Wolfgang Heine, Die Sozialpolitik des Handelsstandes und das deutsche Handelsgesetzbuch, in: Archiv für Soziale Gesetzgebung und Statistik 11 (1897), S. 279–322, S. 303–309.

[360] Vgl. zu den je nach „Arbeiterkategorieen" unterschiedlichen Bestimmungen in dieser Frage: Hermann Jastrow, Der Arbeiterschutz nach dem Bürgerlichen Gesetzbuch, in: Soziale Praxis 6 (1897), Sp. 1030–1034.

[361] Siehe unten Kap. V.3.

jeweils war. Folglich war jeder Prozeß, der in England vor einer unteren Instanz über eine Kündigung oder Entlassung begonnen wurde, mit einem
viel höheren Risiko behaftet als in Deutschland, wo es einem gewerkschaftlichen Arbeitersekretär mithilfe des Gesetzbuchs und eines gelehrten Kom-
mentars in der Regel möglich war, den Ausgang vorherzusagen und seinem
Klienten dementsprechend zu- oder abzuraten.[362] Es war mithin weniger
die Substanz des Individualarbeitsrechts als vielmehr seine besondere Form
– Kodifikation und Kommentar hier, *Common law* und *custom* dort –, die
es im deutschen Fall für Arbeitnehmer leichter und risikoloser machte, einen Prozeß zu beginnen. Die deutschen Rechtsnormen selbst waren zwar
ebenfalls in dem einen oder anderen Punkt arbeitnehmerfreundlicher als in
England, besonders nach 1918, aufs Ganze gesehen waren die Unterschiede
hier aber nicht allzu groß.

Die beste und klarste Kodifikation nützt freilich einem armen Kläger wenig, wenn auf der untersten Ebene der Rechtspflege hohe Schwellen *vor*
dem Gericht und hohe prozeßrechtliche Hürden *im* Gericht aufgebaut werden. Damit sind wir erneut bei der institutionellen Erklärung angelangt.
Das in Teilbereichen arbeitnehmerfreundlichere deutsche Arbeitsvertragsrecht mag als sekundäre Erklärung für die Prozeßflut in Frage kommen, an
erster Stelle stand jedoch das günstige institutionelle Angebot der Gewerbe-
und Kaufmannsgerichte, das in jedem Fall eine Klage lohnender erscheinen
ließ als vor den ordentlichen Gerichten in England.

Die Untersuchung der Erfolgsquoten von 1850 bis in die zwanziger Jahre
hat im Fall der englischen Friedens- und Grafschaftsgerichte keine starken
Ausschläge und keinen anhaltenden Trend zugunsten der einen oder anderen Seite gezeigt. Diesem Faktor konnte daher bei der Erklärung der Flucht
aus den Gerichten in England keine große Bedeutung beigemessen werden.
Wie stand es mit den Erfolgen klagender Arbeitnehmer vor den Gewerbe-
und Kaufmannsgerichten? Liegt hier ein weiterer Schlüssel für die Flut ar-
beitsrechtlicher Prozesse in Deutschland? Glaubt man vereinzelten Stimmen aus Arbeitgeberkreisen und der ihnen nahestehenden Presse, zeichnete
sich die Rechtsprechung der Gewerbegerichte von Anfang an durch eine gewisse Parteinahme zugunsten der Arbeiter aus. Manche Kommentare zu
einzelnen Urteilen lesen sich beinahe so, als hätten die Gewerberichter und
ihre Beisitzer eine Klassenjustiz in umgekehrter Richtung betrieben. So berichtete das *Baugewerks-Blatt* im Jahr 1895 mit offenkundiger Empörung
über einen Fall aus Berlin, bei dem „die Mehrheit des Gerichts" unter Beru-

---

[362] Eine Ausnahme bildeten hierbei allerdings die unaufhörlichen personellen Kompetenzstreitigkeiten; siehe oben Fn. 338.

fung auf ein allgemeines „Gerechtigkeitsgefühl" einen Arbeitgeber verurteilte, weil er einen vom örtlichen Arbeitsnachweis zu ihm geschickten Bauarbeiter nicht eingestellt hatte.[363] Und das *Central-Blatt für die Deutsche Papier-Fabrikation* sah anläßlich eines Falls aus Gleiwitz die Gewerbegerichtsbarkeit in Gefahr, „zu einer Parteijustiz zu entarten", und forderte die „Einführung der Berufung für alle Streitsachen"; hier hatte sich ein Schlosser, der sich von einem Konkurrenzbetrieb hatte anwerben lassen, geweigert, in der ihm im alten Betrieb verbleibenden vierzehntägigen Frist in einem anderen Fabrikationszweig (ohne Lohnschmälerung) zu arbeiten. Er verließ den Betrieb. Das Gericht gab dennoch seiner Klage auf Entschädigung von 4 M. pro Tag statt. Das Arbeitgeberblatt machte dagegen die „natürlichen Rechtsanschauungen" geltend, nach denen es einem Brotherrn freistehen müsse, seine Arbeiter innerhalb des Berufsgebiets nach Ermessen zu beschäftigen, und wonach es kein „Recht auf eine ganz bestimmte Art von Thätigkeit" geben könne.[364]

Verteidiger der Gewerbegerichte, allen voran Karl Flesch, Mitbegründer des Verbandes deutscher Gewerbegerichte, und Ignaz Jastrow, Sozialreformer, Publizist und erster Herausgeber der Zeitschrift „Das Gewerbegericht", beeilten sich, den Vorwurf der Parteilichkeit durch konkrete Zahlen und Beispiele aus der Spruchpraxis zu widerlegen.[365] Jastrow meinte, daß viele Unternehmer den Tit. 7 der Gewerbeordnung vor Einführung der Gewerbegerichte einfach nie zur Kenntnis genommen hätten und nun, da die Arbeiter erstmals eine realistische Klagechance erhalten hätten, überrascht festellen müßten, welche Bestimmungen das Gesetz enthalte.[366] Den Angaben von Flesch zufolge waren Berliner Arbeitnehmer 1895/96 in den Fällen, die durch streitiges Urteil entschieden wurden, nur zu knapp 20 Prozent erfolgreich,

---

[363] Deutsches Baugewerks-Blatt 14 (1895), 1. Aug. 1895, Sp. 348 f.; vgl. auch den scharf mit den sozialdemokratischen Beisitzern ins Gericht gehenden Artikel in der folgenden Nummer vom 10. Aug. 1895, Sp. 362–65, „Zur Reform der Gewerbegerichte". Gefordert wurden hier u. a. eine Berufungsmöglichkeit gegen alle Urteile und eine Änderung des Wahlmodus der Beisitzer: Diese sollten künftig aus einer Vorschlagsliste von der Behörde ausgewählt werden.

[364] Centralblatt für die Deutsche Papier-Fabrikation 47 (1896), 16. Dez. 1896, S. 603

[365] Karl Flesch, Der Jahresbericht des Gewerbegerichts Berlin, in: Das Gewerbegericht 2 (1897), Sp. 53–56, Sp. 54; Jastrow, Erfahrungen in den deutschen Gewerbegerichten, S. 361–374; ders., Sozialpolitik und Verwaltungswissenschaft, Bd. 1: Arbeitsmarkt und Arbeitsnachweis. Gewerbegerichte und Einigungsämter, Berlin 1902, S. 466–481. Zu Karl Flesch vgl.: Hugo Sinzheimer, Der Sozialpolitiker Karl Flesch und seine literarisch-wissenschaftliche Tätigkeit (1915), in: ders., Arbeitsrecht und Rechtssoziologie. Gesammelte Aufsätze und Reden, hrsg. v. Otto Kahn-Freund u. Thilo Ramm, 2 Bde. Frankfurt u. Köln 1976, Bd. 1, S. 387–387.

[366] Jastrow, Sozialpolitik, S. 468.

während Arbeitgeber bei den durch Endurteil entschiedenen Fällen viel häufiger, nämlich zu etwa 50 Prozent Erfolg hatten. Der Jahresbericht des Gewerbegerichts Frankfurt für 1894/95 wies ausdrücklich auf die Zahl der abweisenden oder teilweise abweisenden Urteile hin (215 von 373, also Mißerfolge in 58% der durch Endurteil entschiedenen Fälle) und knüpfte daran den Wunsch „daß angesichts der Thatsachen endlich einmal die vage Behauptung, der Arbeiter bekäme ‚doch immer Recht', verstummen möchte."[367] Spätere Erhebungen kamen zu ähnlichen Resultaten.[368] Nach diesen Zahlen lag die Erfolgsquote deutscher Arbeiter vor den Gewerbegerichten noch unter derjenigen englischer Arbeiter vor den Friedensgerichten. Selbst vor den als extrem parteiisch verschrieenen *magistrates* waren englische Arbeiter meinen Berechnungen zufolge seit der Mitte des 19. Jahrhunderts durchweg in etwa der Hälfte ihrer Fälle erfolgreich. Bei den Grafschaftsgerichten wurde die 50 Prozent-Marke im späten 19. Jahrhundert sogar deutlich überschritten. An den ‚objektiv' meßbaren Erfolgsraten kann es demnach kaum gelegen haben, daß deutsche Arbeitnehmer so viel bereitwilliger als ihre englischen Kollegen vor Gericht zogen.

Nun beziehen sich allerdings die eben zitierten Angaben von Flesch und anderen zu den Klageerfolgen in Deutschland allein auf streitige Urteile. Durch Endurteil wurde aber vor den Arbeitsgerichten lediglich ein kleinerer Teil der Streitigkeiten entschieden. Der entsprechende Anteil sank bei den Gewerbegerichten zwischen 1896 und 1918 von 21,2 auf 11,8 Prozent, um dann bis 1926 wieder auf 17,8 Prozent zu steigen; bei den Kaufmannsgerichten ging der Anteil der Endurteile von 18,5 Prozent im Jahr 1905 auf 12,2 Prozent im Jahr 1918 zurück und stieg bis 1926 wieder auf 14,9 Prozent an. Der größte Teil der Fälle wurde also anderweitig, das heißt durch Vergleich, Zurücknahme, Ausbleiben der Parteien, Verzicht, Anerkenntnis und Versäumnisurteil erledigt; unter diesen Prozeßausgängen nahmen die Vergleiche stets den ersten Platz ein. Ihr Anteil sank bei den Gewerbegerichten zwischen 1896 und 1926 von 45,6 auf 32,8 Prozent, bei den Kaufmannsgerichten zwischen 1905 und 1926 von 44,0 auf 33,8 Prozent. Wie die Praxis hier aussah, ob es vor allem bei den Vergleichen zu einer spürbaren Begünstigung der Arbeitnehmer kam, könnte nur durch eine breit angelegte Analyse von Einzelfällen auf der Basis von Gerichtsakten und Presseartikeln

---

[367] Frankfurter Zeitung und Handelsblatt, 26. Nov. 1895, Rubrik „Frankfurter Angelegenheiten".

[368] Vgl. die Angaben bei Bähr, Entstehung und Folgen des Arbeitsgerichtsgesetzes, S. 510: „In Berlin gewannen die Arbeitgeber im Durchschnitt der Jahre 1895–1904 60% der von ihnen beim Gewerbegericht angestrengten Verfahren, die Arbeitnehmer dagegen nur 40%."

geklärt werden, wie sie hier für die englischen Friedens- und Grafschaftsgerichte vorgelegt wird. Für ein solches Vorhaben fehlt bisher in Deutschland jede empirische Grundlage. Es wäre ein aufwendiges Quellenerschließungsprojekt erforderlich, das insbesondere auch die Kommunalarchive sowie die Lokal- und Gewerbepresse einbeziehen müßte.[369] Dies kann von einem einzelnen Forscher in vertretbarer Zeit nicht für zwei Länder gleichzeitig bewältigt werden. Die Frage nach Erfolg und Mißerfolg bei Vergleichen und anderweitig erledigten Fällen muß also vorerst offen bleiben. Ohnehin läßt sich außer bei Urteilen aus Aktennotizen nachträglich selten mit Gewißheit feststellen, ob das Ergebnis von den Beteiligten als Erfolg oder Mißerfolg bewertet wurde. Wir haben es hier mit einem subjektiven Bereich zu tun, der sich einer historisch-quantifizierenden Analyse entzieht.

Folgt man jedoch rechtssoziologischen Untersuchungen zur Arbeitsgerichtsbarkeit der Gegenwart, so ist für die meisten Arbeitnehmer die begründete Aussicht, durch einen gerichtlich herbeigeführten Vergleich zumindest an eine Teilsumme zu gelangen, völlig ausreichend für eine Klage.[370] Es spricht nichts gegen die Annahme, daß rechtsuchende Arbeitnehmer im Kaiserreich ein ähnliches Kalkül anstellten. Ihnen war bewußt, daß die Gewerberichter versuchen mußten, beide Parteien zu einem Vergleich zu überreden. Wer also von vornherein die Absicht hegte, sich mit einem Teilerfolg zu begnügen, war mit dem Gewerbegerichtsverfahren bestens bedient. Für ihn bot das Gericht kostenlose argumentative Schützenhilfe. Vorausgesetzt, das Arbeitsverhältnis selbst war bereits zerbrochen, konnte ein Arbeitnehmer unter diesen Vorgaben eigentlich nur gewinnen. Dies dürfte ein Grund für den großen Zulauf zu den Gewerbegerichten gewesen sein. Sehr plastisch zeigt dies die folgende von Jastrow mitgeteilte Begebenheit:

Ein erfahrener Gewerbegerichts-Vorsitzender erzählte, daß er in der ersten Zeit seiner Praxis die hohen Vergleichziffern für den bedeutendsten Erfolg seiner Thätigkeit hielt, bis er eines Tages einem Gespräch zweier halbwüchsiger Burschen zu-

---

[369] Die Bestände zu Gewerbe- und Kaufmannsgerichten in staatlichen deutschen und polnischen Archiven sind minimal, etwas besser sieht es für die Arbeitsgerichte seit 1927 aus. Vgl. Barbara Dölemeyer (Hg.), Repertorium ungedruckter Quellen zur Rechtsprechung. Deutschland 1800–1945, 2 Halbbände, Frankfurt/Main 1995. Kleine Bestände (vor allem Generalia, seltener Einzelfallakten) befinden sich demnach in den Staatsarchiven von Poznan (Posen), Torun (Thorn), Coburg, München, Ludwigsburg, Karlsruhe, Hamburg, Bremen und im Landesarchiv Schleswig-Holstein.

[370] Vgl. Siegfried Schönholz, Bedingungen und Merkmale der Erledigungsweise im Arbeitsgerichtsverfahren, insbesondere des Abschlusses von Prozeßvergleichen und der Thematik in der Verhandlung, in: Hubert Rottleuthner (Hg.), Rechtssoziologische Studien zur Arbeitsgerichtsbarkeit, Baden-Baden 1984, S. 263–290, S. 266; Klaus Feser u. a., Arbeitsgerichtsprotokolle, Neuwied u. Darmstadt 1978, S. 90 ff.

hörte, von denen der eine behauptete, irgend einen Anspruch an seinen Arbeitgeber zu haben. Der andere, ohne erst lange die Gründe für den Anspruch anzuhören, gab ihm den Rat: ‚Geh nur ans Gewerbegericht, *Etwas* kriegst Du sicher!' Dies machte ihn stutzig. Wenn die Folge seiner Sühnethätigkeit war, daß sein Gericht in den Ruf kam, ‚Etwas' sicher zu beschaffen, so mußte das ein Fingerzeig sein, nicht allzu sehr auf Vergleiche hinzuwirken.[371]

Erneut erweist sich hier die besondere institutionelle Struktur, in diesem Fall der prozeßrechtliche Vorrang des Vergleichs, als ausschlaggebender Faktor für die Prozeßflut.

Was die Arbeitgeber angeht, so läßt sich aus publizistischen Kommentaren und Erfahrungsberichten einzelner Beteiligter ablesen, daß es für sie gar nicht so sehr die Prozeßresultate waren, die als unfair wahrgenommen wurden. Vielmehr richtete sich die Kritik meist gegen die Art und Weise, in der die Verhandlungen geführt wurden. Arbeitgeber empfanden es als lästig oder auch empörend, daß man sie nötigte, persönlich vor den Gewerberichtern zu erscheinen.[372] Es störte sie, daß sie sich nicht durch Anwälte oder einen Justiziar vertreten lassen durften. Sie beschwerten sich darüber, daß man ihnen keine Zeit zur Beschaffung von Beweisen einräumte, daß man sie für ihren Zeitverlust und Verdienstausfall aufgrund der Warterei und Lauferei nicht angemessen entschädigte. Kurzum, viele Arbeitgeber ärgerten sich, daß man sie vor dem Gewerbegericht auf eine Stufe mit ihren Arbeitern herabwürdigte. Stein des Anstoßes war also die für einen ‚Herrn im Hause' ungewohnte Erfahrung der Gleichbehandlung vor Gericht, weniger ein ungünstiges Urteil im einen oder anderen Fall. Es ist nicht auszuschließen, daß es Arbeitern hin und wieder Genugtuung verschaffte, ihren Arbeitgeber auf diese Weise zu etwas zu nötigen, was ihm unangenehm sein mußte. Manchem klagenden Arbeiter mag diese Form der Rache sogar soviel wert gewesen sein, daß ihm der Prozeßausgang gleichgültig war. Sehr viel verlieren konnte er ja in aller Regel nicht. Genau auf dieses Motiv des Klagens um der bloßen Belästigung des Gegners willen, also auf das, was man im Englischen *nuisance litigation* nennt, zielte die Kritik der Arbeitgeberseite am Gewerbegerichtsverfahren. Die zu niedrigen Schwellen, nicht etwaige Sympathien der Richter, verlockten dieser Auffassung zufolge die Arbeiter zu einer an-

---

371 Jastrow, Erfahrungen in den deutschen Gewerbegerichten, S. 354.
372 Vgl. Flesch, Jahresbericht des Gewerbegerichts Berlin, Sp. 53 f.: „Wer diese Angriffe verfolgt, weiß, daß sie fast immer sich nicht gegen ergangene Urtheile richten, sondern dem Aerger darüber Ausdruck geben, daß der Prinzipal ‚wegen der geringsten Kleinigkeit' von dem Arbeiter mehrfach aufs Gericht citirt werden könne, und schließlich, schon um der Lauferei zu entgehen, einen Vergleich machen müsse." Flesch fordert daher an dieser Stelle dazu auf, „die Parteien, die Urtheil haben wollen, nicht zum Vergleich zu drängen."

maßenden und überzogenen Strategie des Konflikts mit juristischen Mitteln.

Ein letzter Punkt sollte in die vergleichende Betrachtung des Klageverhaltens einbezogen werden; es ist das *Image* der jeweiligen Gerichte in den Augen der potentiellen Nutzer. Dieses *Image* resultierte natürlich in erster Linie aus konkret erfahrenen und meßbaren Faktoren: Gerichtsgebühren und Anwaltskosten, Verfahrensdauer, Zusammensetzung der Richterbänke und Erfolgsraten. Darüber hinaus prägten aber auch kollektive Erinnerungen und Erzählungen über vergangene Zustände das Bild der betreffenden Institutionen. Das war in besonderem Maße bei den englischen Laien-Friedensrichtern der Fall, denen der Ruf, arbeiterfeindlich und strafversessen zu sein, auch im späten 19. und frühen 20. Jahrhundert noch nachhing, als die Praxis längst nicht mehr so einseitig wie in früh- und mittelviktorianischer Zeit war. Die ‚Meistererzählung‘ der englischen Arbeiterbewegung wurde selbst zum Faktor der Abwendung von der Justiz. Damit verglichen hatten die deutschen Gewerbegerichte als institutionelle Neuschöpfung einen Vorteil. Zwar gab es in vielen deutschen Städten schon vor 1890 gewerbliche Schiedsgerichte, deren Wurzeln im Rheinland bis in die napoleonische Ära und mancherorts sogar weiter zurück reichten.[373] Die Gewerbegerichte wurden aber als etwas Neues wahrgenommen, und tatsächlich bestand zwischen ihnen und den älteren Schiedsgerichten bis auf wenige Ausnahmen im Rheinland, in Elsaß-Lothringen, Sachsen und den Hansestädten keine direkte institutionelle Kontinuität.[374] Eine Übertragung des *Image* der alten auf die neue Institution fand daher allenfalls vereinzelt auf lokaler Ebene statt. Außerdem gab es in Deutschland um 1890 bezogen auf die alten gewerblichen Schiedsgerichte nichts, was auch nur annähernd mit den suggestiven Klassenjustiz-Erzählungen über die englischen Friedensrichter vergleichbar war. Außerhalb des unmittelbaren Einzugsbereichs wußte man allgemein nur wenig über diese Vorläufer der Gewerbegerichte, und was sich aus den wenigen Publikationen über diese Einrichtungen entnehmen ließ, war aus Arbeitnehmersicht keineswegs so negativ, daß es Anlaß zu Mißtrauen gegen die neuen Gerichte gab. Denn sowohl aus den damals publizierten Zahlen als auch aus neueren historischen Forschungen geht her-

---

[373] Vgl. Wilhelm Stieda, Das Gewerbegericht, Leipzig 1890, mit statistischen Angaben im Anhang. Danach wurden neben den älteren Gerichten im Rheinland, in Berlin, in den Hansestädten und anderen größeren Städten zwischen 1869 und 1889 insgesamt 78 weitere gewerbliche Schiedsgerichte eingerichtet (S. 192 ff.).

[374] Vgl. die Angaben bei Jastrow, Erfahrungen in den deutschen Gewerbegerichten, S. 325 f. Die fortbestehenden älteren Schiedsgerichte wurden durch Landesgesetze in Zusammensetzung und Verfahren den neuen Gewerbegerichten nahezu vollständig angeglichen.

vor, daß die Vorläufer-Gerichte mehrheitlich von Arbeitnehmern angerufen wurden und daß die Fälle in ähnlicher Weise wie später bei den Gewerbegerichten erledigt wurden, also überwiegend durch Vergleich und nur zum geringen Teil durch streitiges Urteil.[375] Die absoluten Klagezahlen lagen zwar, wie sich etwa an den Beispielen Elberfelds und Berlins zeigen läßt, erheblich niedriger als in den Gewerbegerichten nach 1890; verglichen mit englischen Friedensgerichten in vergleichbar bedeutenden Industriezentren war der Zulauf zu diesen Institutionen aber schon vor 1890 recht hoch.[376]

Die Kritik an den alten gewerblichen Schiedsgerichten ging hauptsächlich von den Sozialdemokraten und bürgerlichen Sozialreformern aus. Sie setzte nicht so sehr an ihrer konkreten Tätigkeit in den einzelnen Städten an, sondern richtete sich bei der SPD in erster Linie gegen die Zusammensetzung, bei den bürgerlichen Reformern vor allem gegen die mangelnde Einheitlichkeit in Prozedur und Zuständigkeit auf nationaler Ebene. Der Wunsch nach innerer Einheit des Rechtssystems und des Gerichtswesens im neuen deutschen Kaiserreich, der die großen Kodifikationen hervorbrachte, trieb auch die Reform der Gewerbegerichtsbarkeit voran. Ohne dieses Motiv der nationalen Rechtseinheit, über das ein breiter Konsens herrschte, wäre ein so weitreichendes Reformexperiment wie die Einrichtung der Gewerbegerichte nicht zustandegekommen. Einen vergleichbaren Impetus, das vorgefundene Rechts- und Justizsystem auf den Prüfstand zu stellen und nach neuen Lösungen zu suchen, hat es in England nie gegeben.[377]

---

[375] Vgl. vor allem: Schöttler, Die rheinischen Fabrikengerichte; ders., Mikrogeschichte der Arbeitsgerichtsbarkeit; ders., Aufstieg und Fall eines Fabrikengerichtspräsidenten: Die Karriere des Johann Caspar van der Beeck 1803–1861, in: Archiv für Sozialgeschichte 31, 1991, S. 27–60. Vgl. außerdem die statistischen Angaben zu den Gerichten in Posen, Elbing, Bremen, Hamburg, Stuttgart, Nürnberg, Erfurt, Apolda, Leipzig, Dresden und Kempten bei Stieda, Gewerbegericht, S. 131–142; ferner: Eugen Stahlhacke, Die Entwicklung der Gerichtsbarkeit in Arbeitssachen bis 1890, in: Die Arbeitsgerichtsbarkeit, S. 59–73.

[376] In Elberfeld wurden in den Jahren von 1858 bis 1867 im Durchschnitt 781 Fälle pro Jahr verhandelt, in der Mitte der neunziger Jahre waren es dann mit 1321 (1896) und 1469 (1897) annähernd doppelt so viele (zum Vergleich Sheffield: im Durchschnitt 166 Fälle pro Jahr zwischen 1858 und 1867); die Zahlen für Elberfeld nach Stahlhacke, Entwicklung, S. 67, und G. Pabst, Gewerbegerichte, in: Statistisches Jahrbuch Deutscher Städte, 7. Jg. (1898), S. 130–138; für Sheffield vgl. Grafik 2.5, S. 197. In Berlin stieg das Klageaufkommen vor der städtischen Gewerbe-Deputation – bei starken Schwankungen – von 964 Fällen im Jahr 1871 auf 7410 Fälle im Jahr 1885, im Durchschnitt dieser 15 Jahre waren es 4356 Fälle pro Jahr (zum Vergleich London: im Durchschnitt 692 Fälle pro Jahr zwischen 1871 und 1885). In den acht Jahren zwischen 1906 und 1913 lagen dann die Zahlen für Berlin bei über 10 000, für London nur bei 800 pro Jahr; die Angaben für Berlin aus: Statistisches Jahrbuch der Stadt Berlin, 6. Jg. (1880) – 13. Jg. (1888) und Reichs-Arbeitsblatt, 5. Jg. (1907) – 12. Jg. (1914); die genauen Zahlen für London in: London Statistics, hrsg. v. London County Council, Bd. 18 (1907–08) – Bd. 25 (1914–15).

[377] Allgemein zum Motiv der nationalen Vereinheitlichung für die Kodifikationsbewegung und

So entstand in Deutschland eine Institution, die sich von den Vorläufer-Einrichtungen weit entfernte und deren Auswirkungen und Folgen um 1890 niemand voraussehen konnte. Daß sich die Gewerbegerichte zu einer berufsständeübergreifenden Arbeitsgerichtsbarkeit weiterentwickeln würden, lag keineswegs in einer vermeintlichen Logik der Geschichte. Einer der engagiertesten Verteidiger der neuen Institution, der bereits erwähnte Ignaz Jastrow, plädierte zum Beispiel 1897 dafür, aus den Gewerbegerichten die unterste Stufe der Zivilrechtsprechung schlechthin zu machen. Gerade weil sich diese Gerichte bei Lohnstreitigkeiten so glänzend bewährt hätten, solle man sie zur ersten Instanz für zivile Bagatellstreitigkeiten aller Art ausbauen. Die Nebenfunktion als Einigungsamt könne dann verselbständigt werden.[378] Ähnliche Überlegungen spielten, wie gesehen, auch in den Diskussionen, die zum Kaufmannsgerichtsgesetz führten, eine Rolle. Wären um 1900 die Vorstellungen Posadowskys und anderer Justizpolitiker realisiert worden (und das lag durchaus im Bereich des Möglichen), hätte sich das deutsche System der Beilegung von Arbeitsstreitigkeiten dem englischen System wieder angenähert. Man hätte die ‚juristischen' Streitigkeiten aus dem Arbeitsvertrag in die ordentliche Justiz zurückgeholt und alle sonstigen Dispute in die vorjuristische Sphäre freiwilliger, staatlich geförderter Schieds- und Einigungsinstanzen abgedrängt. Knapp zwanzig Jahre später hatte sich dann aber die Praxis der Gewerbe- und Kaufmannsgerichte so sehr verfestigt, daß eine eigenständige Streitkultur im Bereich des Arbeitslebens und ein eigenes Rechtsgebiet entstanden waren. Spätestens seit der Novemberrevolution konnten Theorie und Praxis des Arbeitsrechts vom allgemeinen bürgerlichen Recht und seinen Institutionen weder vollständig eingefangen noch konsequent ausgegrenzt werden. Recht und industrielle Beziehungen bilden seitdem in Deutschland nicht – wie in England bis in die siebziger Jahre des 20. Jahrhunderts – zwei schroff voneinander abgegrenzte Systeme, sondern haben sich in der Arbeitsgerichtsbarkeit eine Institution geschaffen, die beiden Systemen angehört und eine gegenseitige Wahrnehmung ermöglicht.

---

die Reform der Gerichtsverfassung im Kaiserreich: Michael John, Politics and the Law in Late Nineteenth-Century Germany. The Origins of the Civil Code, Oxford 1989.
[378] Jastrow, Erfahrungen in den deutschen Gewerbegerichten, S. 393 ff.

III. SCHWELLEN VOR DEM GANG
ZUM GERICHT

1. PROZESSKOSTEN UND ANDERE RISIKEN

NATIONALSPEZIFISCHE ODER SITUATIONSBEDINGTE RISIKEN?

„Das Recht ist teuer in England und sollte doch überall billig sein wie das tägliche Brot."[1] Als Theodor Fontane dies während seines ersten längeren Englandaufenthalts 1852 niederschrieb, hatte er noch nicht zu jener heitergelassenen Anglophilie gefunden, die seine späteren landeskundlichen Beobachtungen auszeichnet.[2] Man könnte mithin Fontanes Klage über die teure englische Justiz als vereinzelte Äußerung eines gescheiterten Exilanten abtun, gäbe es nicht eine Fülle anderer Zeitstimmen, nicht nur aus dem Ausland, sondern auch aus England selbst, die sich über die unverhältnismäßige Kostspieligkeit des Prozessierens vor englischen Gerichten verbreiteten.[3] Zwei Generationen nach Fontane machte auch Max Weber die hohen Gerichtsgebühren und Anwaltskosten in England zum Gegenstand der Kritik. Sie waren in seinen Augen wesentlich dafür verantwortlich, daß das englische Rechtssystem „der Sache nach einer Justizverweigerung für die Unbemittelten sehr nahe kam."[4] Sogar der englische Erzindividualist Herbert Spencer regte sich so sehr über die mit einem Gang zum Gericht verbundenen Kosten auf, daß er ganz gegen seine Gewohnheit für massive staatliche Eingriffe eintrat und eine mindestens in der ersten Instanz völlig gebührenfreie Justiz in Straf- und Zivilsachen forderte. Die Zivilrechtspre-

---

1   Theodor Fontane, Ein Sommer in London (1854), 2. Aufl., Berlin 1998, S. 52. Noch drastischer formuliert Hegel: „Das Recht ist in England am schlechtesten bestellt und nur für die Reichen, nicht für die Armen da." G.W.F. Hegel, Vorlesungen über die Philosophie der Weltgeschichte, zit. nach: Domenico Losurdo, Zwischen Hegel und Bismarck. Die achtundvierziger Revolution und die Krise der deutschen Kultur, Berlin 1993, S. 86.
2   Zu Fontanes Ernüchterung über England im Sommer 1852 vgl. Rudolf Muhs, Nachwort, in: Fontane, Sommer in London, S. 202–210. Muhs versteht Fontanes Englandreise von 1852 als „abgebrochene Auswanderung" (S. 204) und liest das Buch als „Produkt eines Kulturschocks" (S. 206).
3   Vgl. etwa: J.P. Godfrey, Legal expenses from the client's point of view, in: The Law Society of the United Kingdom, Proceedings and Resolutions of the [Eighth] Annual Provincial Meeting of the Members of the Society, held at Brighton on the 11th and 12th October, 1881, London 1881, S. 172–180; Francis H. Candy, County Courts and Cheap Law, in: The Law Society of the United Kingdom, Proceedings and Resolutions of the Tenth Annual Provincial Meeting of the Members of the Society, held at Bath on the 16th and 17th October, 1883, London 1883, S. 165–170.
4   Weber, Wirtschaft und Gesellschaft, S. 511. Vgl. auch ebd. S. 471 u. 564.

chung sollte dabei nach Spencers Vorstellung den Charakter einer Schieds-
gerichtsbarkeit annehmen. Dem Einwand, daß dies zu einer Vermehrung
der Prozesse führen würde, begegnete Spencer mit dem Argument, daß andernfalls zahlreiche Bürger weiterhin Rechtsverletzungen stillschweigend
ertragen oder den finanziellen Ruin riskieren müßten, um ihr gutes Recht
zu erhalten.[5]

Die Klagen über eine zu teure und zu langsame Rechtsprechung setzten
in England verstärkt in der zweiten Hälfte des 18. Jahrhunderts ein. Sie be-
zogen sich zunächst vor allem auf die höheren Gerichtshöfe. Christopher
Brooks hat nachgewiesen, daß sich die Kosten für Zivilprozesse vor den
Zentralgerichten in London zwischen 1680 und 1750 verdoppelten.[6] Den
im gleichen Zeitraum zu beobachtenden Rückgang der Klagezahlen führt er
unter anderem auf diese Kostensteigerung zurück. Eine parlamentarische
Kommission kam schon 1830, ähnlich wie später Max Weber, zu dem
Schluß, daß die exzessiven Kosten und der schleppende Geschäftsgang im
Effekt für viele eine ,Rechtsverweigerung' bedeuteten.[7] Im frühen 19. Jahrhundert war es zum Gemeinplatz geworden, daß es sich vor allem für kleine
Gläubiger kaum noch lohnte, die höheren Gerichte zu bemühen. Die Einrichtung der Grafschaftsgerichte im Jahr 1847 war eine erste, lange verzö-
gerte Antwort auf die immer lautere Justizkritik, bei der die Kosten stets an
vorderster Stelle genannt wurden.

Auch die Grafschaftsgerichte waren jedoch weit davon entfernt, ein billiges Tribunal zu sein. In den ersten Jahren ihrer Existenz, bis 1850, waren sie
sogar verhältnismäßig teuer, weil die Richter, Schreiber und Gerichtsdiener
direkt aus den eingenommenen Gebühren bezahlt werden mußten und für
jeden einzelnen Verfahrensschritt eine besondere Gebühr fällig wurde.

---

5   Herbert Spencer, The Principles of Ethics, 2 Bde., London u. Edinburgh 1892–93, Bd. 2,
    S. 211: „… the objection implies, that multitudinous citizens should be left to bear their civil
    wrongs in silence or risk ruin in trying to get them rectified". Vgl. auch Spencers Briefwechsel
    mit Wordsworth Donisthorpe im Jahr 1894, abgedruckt in: Personal Rights: A Monthly
    Journal of Freedom and Justice, 15. Jan. 1895, S. 1–3. Bei dieser Zeitschrift handelte es sich
    um das Organ der *Vigilance Association for the Defence of Personal Rights*, einer Organisa-
    tion, die im Kampf gegen die *Contagious Diseases Acts* entstanden war und sich einem radi-
    kalen Individualismus und Anti-Interventionismus verschrieben hatte, dabei aber zugleich
    für die Gleichheit aller Bürger, besonders auch der Frauen, vor dem Gesetz eintrat. In diesem
    Zusammenhang ließ die Zeitschrift in den neunziger Jahren des 19. Jahrhunderts mehrfach
    Befürworter einer kostengünstigeren oder kostenfreien Justiz zu Worte kommen.
6   Christopher W. Brooks, Interpersonal conflict and social tension: civil litigation in England,
    1640–1830, in: A.L. Beier, David Cannadine u. James M. Rosenheim (Hg.), The First Modern
    Society. Essays in English History in Honour of Lawrence Stone, Cambridge 1989,
    S. 357–399, bes. S. 381f.
7   Vgl. ebd., S. 383f.

Selbst wenn etwa der Kläger nur wissen wollte, ob ein bereits zur Zahlung Verurteilter eine auferlegte Rate tatsächlich im Gericht eingezahlt hatte, mußte er für die Nachforschung eine Gebühr von 6d. entrichten. Es wurden Berechnungen angestellt, nach denen schon bei einfachen Fällen, in denen keine Verteidigung stattfand und keine Anwälte hinzugezogen wurden, bis zur Hälfte des Streitwerts an Kosten aufgewendet werden mußte, bevor die erste Rate einer Schuld eingetrieben werden konnte.[8] Der *County Courts Act* von 1850 brachte insofern eine Erleichterung, als die Richter nunmehr ein Gehalt vom Staat bezogen und die Gebührenordnung vereinfacht wurde. Bei Streitwerten bis zu £ 20 waren nun pro Pfund ein Shilling für das Einschreiben der Klage und weitere zwei Shilling für die Anhörung des Falles zu entrichten.[9] Gab der Beklagte die Schuld zu, ohne daß eine längere Verhandlung nötig wurde, reduzierte sich die Anhörungsgebühr auf einen Shilling pro zu erstreitendem Pfund. Bei diesen Gebührensätzen blieb es im gesamten Untersuchungszeitraum. Günstigstenfalls betrugen also bei kleinen Streitwerten allein die im *county court*-Verfahren vorzustreckenden Gerichtsgebühren zehn Prozent des Streitwerts, bei einer Verhandlung bereits fünfzehn Prozent, und wenn Zeugen oder Geschworene geladen wurden, waren schnell mehr als zwanzig Prozent erreicht.

Die tatsächlichen Kosten lagen natürlich in der Regel weitaus höher und sie stiegen offenbar im Laufe des Untersuchungszeitraums an. Eine Statistik aus dem Jahr 1898 weist aus, daß in den Jahren 1858 bis 1862 auf einhundert erstrittene Pfund £ 29,4 an Gebühren und Kosten kamen; in den Jahren 1892 bis 1896 waren die Kosten und Gebühren dann auf £ 36,5 pro erstrittenen einhundert Pfund angewachsen.[10] Diese Zahlenangaben beziehen sich wohlgemerkt nur auf die Kosten, die den unterlegenen Parteien von Gerichts wegen auferlegt wurden. Die tatsächlichen Unkosten der erfolgreichen Kläger konnten aber aus den ihnen zugesprochenen Summen oft nicht bestritten werden. Nach der Schätzung von Muir entstanden in den dreißiger Jahren des 20. Jahrhunderts jeder Seite im Durchschnitt etwa genausoviel an tatsächlichen Kosten wie der Streitwert betrug.[11] Die Differenz zwi-

---

8 Vgl. den Leserbrief von C.J.G. Eilvart in: County Courts Chronicle, 1. Nov. 1848, S. 366.

9 Bei Streitwerten über £ 20 stiegen die Gebühren für das Einschreiben der Klage nicht weiter an; es wurden £ 1 1s. berechnet, ganz gleich ob der Streitwert £ 30 oder £ 50 betrug. Vgl. E.J. Trustram, County Court Fees, in: Incorporated Law Society, Proceedings and Resolutions of the Twenty-Second Annual Provincial Meeting of the Members of the Society, held at Liverpool on the 9th and 10th October, 1895, London 1895, S. 235–246. Die finanzielle Schwelle lag also bei höheren Streitwerten relativ niedriger.

10 Civil Judicial Statistics 1896, PP 1898 (C. 8838) CIV, S. 62. Vgl. auch Paul Johnson, Small debts, S. 70.

11 Muir, Justice in a depressed Area, S. 130.

schen dem, was eine Prozeßpartei tatsächlich ausgeben mußte, und dem, was vom Verlierer zurückgeholt werden konnten, war also beträchtlich, und diese Differenz scheint – glaubt man den Angaben von Muir – im frühen 20. Jahrhundert eher noch größer als im 19. Jahrhundert gewesen zu sein. Als Unsicherheitsfaktor kam hinzu, daß die Grafschaftsrichter, wie übrigens auch die Richter an allen anderen englischen Gerichten, bei der Kostenbewilligung einen weiten Ermessensspielraum besaßen. Für Anwaltshonorare, Zeugengeld, Expertenaussagen und Zeitverluste der erfolgreichen Partei gewährten die Grafschaftsrichter, wenn überhaupt, im Normalfall nur Pauschalsummen nach feststehenden Skalen. Diese Pauschalen waren so niedrig bemessen, daß sie selten kostendeckend waren. Auslagen für Schriftverkehr, Fahrtkosten, Beschaffung von Beweisen und andere Verluste bei der Vorbereitung eines Falles blieben dabei weitgehend unberücksichtigt. Es bestand somit ein erhebliches Risiko, auch bei einem siegreichen Abschluß nicht alle wirklichen Kosten eines *county court*-Verfahrens ersetzt zu bekommen, und dieses Risiko wog natürlich um so schwerer je niedriger der Streitwert war.

Angesichts dieses Risikos und der Höhe der bei einem *county court*-Verfahren vorzustreckenden Gebühren blieb für klagewillige Arbeitnehmer oft nur der Gang zum billigeren *magistrates' court*. Hier kosteten die Vorladung des Gegners und die Anhörung des Falles bei Streitwerten bis zu £ 1 lediglich 1s. und bei Streitwerten zwischen £ 1 und £ 10 lediglich 2s.[12] Solange keine Anwälte eingeschaltet wurden, blieb also das Prozeßkostenrisiko hier so niedrig, daß es zumindest für Arbeiter mit regelmäßigem Verdienst tragbar war. Für gelegentlich Beschäftigte und Ungelernte waren jedoch in viktorianischer Zeit auch 2s. schon eine beträchtliche Summe. Ein gelernter Maler in der Provinz mußte für 2s. knapp drei Stunden, ein ungelernter Dockarbeiter im Londoner Hafen vier bis fünf Stunden, ein Botenjunge eines Einzelhändlers einen ganzen Tag lang arbeiten.[13] Edward Ab-

---

12 Zum Gebührenunterschied zwischen Friedensgerichten und Grafschaftsgerichten: Gamon, London Police Court, S. 55: „The workman has his remedy also in the county court. But if he is claiming say £ 9, he can have his case tried for 2s. in the police court, whereas in the county court it would cost him 28s." Vgl. außerdem zu den Gebühren bei Klagen unter dem *Employers' and Workmen Act*: W.A. Holdsworth, Master and Servant, S. 152; Howell, Handy Book, 3. Aufl. 1895, S. 19. Die Vorladung eines Zeugen kostete 1s. Erfolgte nach Anhörung des Falles eine Anordnung des Gerichts, waren von der unterlegenen Partei für die Ausstellung dieser Anordnung weitere 2s. zu zahlen.

13 Maler: Liverpool Master Builders' Association. Painters' working rules for Liverpool and District (1898), Liverpool City Library, 331 TRA 4/6: „Wages shall be paid by the hour, all the year round, at the rate of 8½d. per hour." Dockarbeiter: MRC Mss. 126/DWR/4/1/1, Dock, Wharf, Riverside and General Labourers' Union, First Annual Report 1890, London

bott Parry, Grafschaftsrichter und radikaler Justizkritiker, plädierte denn auch in seinem Buch „The Law and the Poor" (1914) für die völlige Abschaffung der Gerichtsgebühren in den *magistrates' courts*. Er bezeichnete diese Gebühren als eine „hassenswerte Steuer auf die Armen" und sah darin einen „Antrieb, aus dem Gericht ein Geschäft zu machen".[14] Tatsächlich gibt es Belege, daß die *clerks* an den Friedensgerichten nach Möglichkeiten suchten, sich alle Dienstleistungen, die nicht ausdrücklich in den Gebührenordnungen vorgesehen waren, zum Beispiel das Anfertigen von schriftlichen Klagebegründungen oder das Kopieren der Vorladungen, extra bezahlen zu lassen.[15] Die einzelnen Friedensgerichte besaßen bei der Festlegung von Gebühren für solche außerordentlichen, aber im normalen Verfahren gleichwohl häufig anfallenden Vorgänge einen Freiraum, so daß davon auszugehen ist, daß des Schreibens unkundige Kläger, die unvorbereitet zum Friedensgericht kamen, oftmals sofort mit zusätzlichen Gebührenforderungen konfrontiert wurden.

Kosten sind in allen modernen Rechtskulturen ein Hindernis für potentielle Kläger. Die verfügbaren Zahlen zu den tatsächlichen Ausgaben englischer Prozeßparteien[16] und die nicht abreißende Kritik an den hohen Anwalts- und Gerichtskosten, insbesondere vor den höheren Gerichten und den Grafschaftsgerichten, lassen aber darauf schließen, daß es sich hierbei um ein in England besonders ausgeprägtes, nationalspezifisches Problem handelte. Darauf deutet auch der Vergleich mit Deutschland. Bei einfachen Arbeitsstreitigkeiten wie Lohn- und Kündigungsklagen waren die finanziellen Schwellen vor den deutschen Gewerbe- und Kaufmannsgerichten erheblich niedriger. Gerichtsgebühren fielen hier überhaupt erst nach der

---

1891, S. 129: „Under the ‚sub-contract' system the wages were 6d. per hour in the docks of the London and St. Katherine's Company, and 5d. in the Docks of the East and West India Company." Wegen der unregelmäßigen Beschäftigung betrug der Wochenlohn eines Dockarbeiters vor dem großen Dock Strike von 1889 oft nur 6s. oder 7s. Nach dem Streik von 1889 war die reguläre Stundenrate 6d. Botenjunge: Siehe den Beispielfall unten, S. 344.

14 Parry, The Law and the Poor, London 1914, ND New York u. London 1980, S. 222.

15 Vgl. etwa die Anfrage eines *clerk* in der Frage-und-Antwort Kolumne der Zeitschrift „Justice of the Peace" vom 11. Sept. 1875, S. 590: „In nine cases out of 10, the parties will not be prepared with their particulars; may the justices' clerk make any charge (irrespective of the court fees) for making out and copying the particulars? The charge of 1s. for entry of plaint, summons, and copy is simply preposterous. Is the clerk bound to make a copy of the summons for that fee? Is the clerk entitled to charge for administering oaths to the witnesses or taking down their evidence? What charge can be made for certificate of discharges on money being paid?" Die Antwort der Redaktion klärte den Fragenden auf, daß ein *clerk* für die Ausfertigung der Klagebegründung („particulars") keine Gebühr erheben könne, wohl aber für Kopien und andere in der amtlichen Gebührenordnung nicht vorgesehene Leistungen. Hierfür sei dann die örtliche Gebührentabelle maßgebend.

16 Für Beispiele siehe unten Kap. III.3.

Anhörung eines Falles an und entfielen bei einer gütlichen Einigung ganz. Der Ausschluß der Anwälte und die Beschränkung der Rechtsmittel sorgten dafür, daß das Prozeßkostenrisiko in Deutschland sogar im Vergleich zu den englischen *magistrates' courts* gering blieb. Verglichen mit einem *county court*-Verfahren war der Gang zu einem deutschen Gewerbe- oder Kaufmannsgericht traumhaft billig und risikolos. Die generell schwache Klagebereitschaft englischer Arbeitnehmer erklärt sich so mit Sicherheit zu einem guten Teil aus den abschreckend hohen Prozeßkosten, und der Rückgang der Klagezahlen seit dem späten 19. Jahrhundert mag damit zusammenhängen, daß es vermehrt zu negativen Erfahrungen mit absolut ruinösen Gerichtsprozessen kam.

Gelegenheit, solche negativen Erfahrungen zu sammeln, ergab sich insbesondere nach Arbeitsunfällen. Es handelte sich hier um eine Kategorie von Gerichtsverfahren, für die es in Deutschland nach Einführung der Unfallversicherung 1884 kein Äquivalent mehr gab, jedenfalls soweit Handarbeiter betroffen waren. Demgegenüber stieg die Zahl dieser Fälle in England nach dem *Employers' Liability Act* (1880) und den *Workmen's Compensation Acts* (1897/1906) deutlich an.[17] Die Texte beider Gesetze waren unscharf formuliert und eigneten sich für spitzfindige juristische Distinktionen. Mit der Möglichkeit eines Berufungsverfahrens mußte in vielen Fällen von vornherein gerechnet werden. Das und die Tatsache, daß es bei diesen Verfahren um bedeutende Summen ging, machten es praktisch unmöglich, ohne Anwälte auszukommen. Da außerdem oft Gutachten beschafft und viele Zeugen und medizinische oder technische Experten hinzugezogen werden mußten, war schon vor Verhandlungsbeginn ein finanzieller und organisatorischer Aufwand erforderlich, der von einzelnen Arbeitnehmern, aber auch manchen kleineren Arbeitgebern kaum zu bewältigen war. Für die Arbeitnehmer kam hinzu, daß sie durch den Unfall traumatisiert waren und mit Arzt- und Krankenhausrechnungen konfrontiert wurden, während der Prozeß um die Entschädigung andauerte. Dennoch wurde prozessiert, weil den verunglückten Arbeitnehmern und ihren Familien oder Hinterbliebenen keine andere Möglichkeit blieb, um den zukünftigen Lebensunterhalt zu sichern. Das Prozeßkostenrisiko entwickelte sich dann für viele zu einer existenziellen Bedrohung. Wer ein solches Verfahren im Familien- oder näheren Bekanntenkreis miterlebt hatte, war vermutlich wenig geneigt, bei anderen Gelegenheiten, auch wenn es nur um kleinere Rechtsverletzungen ging, die Justiz anzurufen. Mehr als bei anderen Arbeitsstreitig-

---

17   Siehe oben Kap. II.3, S. 258.

keiten hingen bei Unfällen die Möglichkeit zur Klageerhebung und die Erfolgsaussichten von den finanziellen Ressourcen der Prozeßparteien ab. Prozesse um Unfälle sollen daher im Mittelpunkt stehen, wenn weiter unten anhand von Fallbeispielen der Einfluß des Kostenfaktors auf das Handeln der Beteiligten genauer untersucht wird.

Zuvor ist aber noch auf einige andere Schwellen hinzuweisen, die vor dem Gang zum Gericht überwunden werden mußten und möglicherweise abschreckend wirkten. Zu erwähnen sind auf Arbeitnehmerseite vor allem das Risiko der Entlassung oder Schikanierung im Zusammenhang mit Klagen und Zeugenaussagen gegen den Arbeitgeber, sodann für beide Prozeßparteien gleichermaßen das Problem der Zeitverluste und zeitlicher Verzögerungen bis zur endgültigen Entscheidung, schließlich die Sorge, durch die Publizität der Verhandlungen Nachteile beruflicher, persönlicher oder geschäftlicher Art zu erleiden. In Fallberichten und anderen Zeugnissen, auch autobiographischen Texten, finden sich genügend Belege, aus denen hervorgeht, daß sich Kläger und Beklagte im Einzelfall von diesen Befürchtungen leiten ließen oder sie gezielt instrumentalisierten, um die Gegenseite zur Aufgabe zu bewegen. Indes gibt es nur wenig Anhaltspunkte dafür, daß wir es hier mit Phänomenen zu tun haben, die in gleicher Weise wie das Kostenrisiko charakteristisch für die englische Rechtskultur waren und zu besonderen, nationalspezifischen Entwicklungen Anlaß gaben. Vielmehr handelt es sich hier entweder, wie im Fall der Angst vor Entlassung, um Klagehindernisse, die in der ungleichen Machtbalance von Arbeitsbeziehungen strukturell angelegt sind und somit überall auftreten können, oder um psychologische Hemmschwellen, die mit der Situation ‚vor Gericht' zusammenhängen und ebenfalls orts- und zeitunabhängig wirksam werden. Zur Erklärung der besonderen englischen Entwicklung, die sich als Entrechtlichung der Arbeitsbeziehungen und Flucht aus den Gerichten beschreiben läßt, tragen die genannten Faktoren somit weniger bei. Lediglich dem Faktor Publizität kommt hier einige Bedeutung zu; davon wird an späterer Stelle die Rede sein.[18] Wie sich die anderen beiden Faktoren, Angst vor Entlassung und Zeitverzögerungen, auf das Streitverhalten auswirkten, wird in den folgenden Abschnitten beschrieben.

---

[18] Siehe unten, Kap. IV.4.

ANGST VOR ENTLASSUNG UND SCHIKANE

Englische Arbeitnehmer zogen in der Regel erst dann gegen ihren Arbeitgeber vor Gericht, wenn das Arbeitsverhältnis auf die eine oder andere Weise beendet worden war oder gar nicht erst zustande kam. Eine gewisse Ausnahme bildeten die Schiedsverfahren unter dem *Workmen's Compensation Act*. Hier kam es öfter vor, daß bei bloß vorübergehender Arbeitsunfähigkeit beide Seiten von einer Wiederaufnahme der Beschäftigung nach der Genesung ausgingen. Von allen anderen Arbeitnehmerklagen geschah aber nur ein kleinerer Teil aus einem noch laufenden Beschäftigungsverhältnis heraus. Die große Mehrheit der Klagen richtete sich gegen ehemalige oder präsumtive Arbeitgeber.[19] Bei den Klagen wegen ungerechtfertigter (fristloser) Entlassung und Verweigerung einer zugesagten Anstellung ergibt sich dies schon aus der Natur der Sache. Das englische Recht sah in diesen Fällen als Rechtsbehelf für den Arbeitnehmer nur Schadensersatz, nicht Wieder- oder Neueinstellung vor. Es stützte damit eine Auffassung, die im Akt der Arbeitnehmerklage einen Bruch der vertrauensvollen Beziehung sah. Für einen Arbeitnehmer, dem schon gekündigt worden war, der aber noch in Diensten stand, war es wenig ratsam und aus juristischer Sicht fast immer unsinnig, gegen die Kündigung zu klagen. Der Versuch, auf gerichtlichem Wege eine vom Arbeitgeber ausgesprochene Kündigung aufzuschieben oder gar für unwirksam erklären zu lassen, wurde nur selten unternommen. Es waren hauptsächlich Lehrer an konfessionellen Schulen, die dies unter Verweis auf die seit 1902 gesetzlich vorgeschriebene Mitwirkungspflicht der lokalen Behörden bei Entlassungen erreichen wollten. In den meisten Fällen scheiterten sie.[20] Daß eine solche Klage überhaupt möglich wurde, lag daran, daß die Einstellung und Entlassung von Lehrern in Teilaspekten den gesetzlichen Bestimmungen des *Education Act* unterlag. Nach dem *Common law*, das sonst für nahezu alle Berufsgruppen die einzige Rechtsgrundlage im Hinblick auf Einstellung, Kündigung und Entlassung bildete, war dagegen eine derartige Klage ‚unerhört‘. Von Sonderfällen wie dem der Lehrer abgesehen war es ein aussichtsloses Unterfangen, gegen eine laufende

---

19   Vgl. Bartrip, Wounded Soldiers, S. 28. Auch in Deutschland finden bis heute die meisten Arbeitsgerichtsprozesse erst nach dem Ende des Arbeitsverhältnisses statt, vgl. Josef Falke u. a., Forschungsbericht: Kündigungspraxis und Kündigungsschutz in der Bundesrepublik Deutschland, Bonn 1981, Bd. 2, S. 848–856; Hubert Rottleuthner, Alternativen in Arbeitskonflikten, in: Erhard Blankenburg u. a. (Hg.), Alternative Rechtsformen und Alternativen zum Recht (Jahrbuch für Rechtssoziologie und Rechtstheorie, Bd. 6), Opladen 1980, S. 263–278, S. 270 f.

20   Siehe unten die auf S. 437, Fn. 297 aufgelisteten Fälle.

Kündigung gerichtlich vorzugehen.[21] Als Arbeitnehmer mußte man abwarten, bis die Entlassung tatsächlich und unmißverständlich vollzogen war, erst dann konnte man Klage wegen *wrongful dismissal* erheben.

Hatten somit Arbeitnehmer kaum eine Möglichkeit, sich gegen eine Kündigung zu wehren, war die Drohung mit der Kündigung das wirksamste Druckmittel in den Händen der Arbeitgeber, um unzufriedene Untergebene von einer Klage abzuhalten. So nahmen Arbeitnehmer Unregelmäßigkeiten bei der Lohnzahlung oder rechtlich zweifelhafte Lohnkürzungen wegen angeblicher Verfehlungen oft wochen- oder monatelang hin, um den rückständigen Lohn erst dann einzuklagen, wenn das Arbeitsverhältnis beendet war. Vom Richter oder dem gegnerischen Anwalt befragt, warum sie sich nicht früher beschwert hätten, kam immer wieder die Antwort, daß sie die Entlassung oder sonstigen Ärger gefürchtet hätten: „He had had money stopped, and had not complained, because it would cause trouble."[22] Die verspätete Klageerhebung wirkte sich oft negativ auf den Erfolg aus, weil es in den meisten Betrieben eine ungeschriebene oder geschriebene Regel war, daß mit der Annahme einer wöchentlichen Lohnzahlung zugleich deren Korrektheit bestätigt wurde. Der unzufriedene Arbeiter wurde also genötigt, die Annahme zu verweigern und sofort zu klagen, was natürlich die Entlassung bei nächster Gelegenheit nach sich zog. Zugleich stellten Arbeitgeber damit sicher, daß sie wegen tatsächlich unkorrekter Zahlungsmethoden höchstens für die jeweils letzte Zahlungsperiode – bei Arbeitern meist nur eine Woche – zur Nachzahlung verurteilt werden konnten.[23] Im übrigen nutzten Arbeitgeber, wenn es zu Konflikten wegen schlechter Leistung oder häufiger Krankheit kam, vielfach das Mittel der Lohneinbehaltung, um

---

21 Vgl. Freedland, Contract of Employment, S. 278–292.
22 Boot and Shoe Trades Journal, 6. Dez. 1912, S. 527, „Accuracy of a Time Register Questioned". Hier handelte es sich um den Fall eines Kulturtaschenmachers namens Briscoe, der vor dem Tower Bridge Police Court seine Lohnabrechnung anzufechten versuchte, die aufgrund einer von den Arbeitern selbst nicht kontrollierbaren und inkorrekt gehaltenen Stechuhr erfolgte. Obwohl im Laufe der Befragung herauskam, daß die Uhr offenbar tatsächlich nicht ganz korrekt funktionierte und die Seitenteile provisorisch überklebt worden waren, damit die Arbeiter nicht in das Gerät hineinsehen konnten, entschied der Polizeirichter auf der Basis einer Vorschrift in der Arbeitsordnung des Betriebs („Wages will only be paid on the time registered by the ‚Dey' time register"), daß Briscoe mit seinem Arbeitsvertrag zugleich die Arbeitsordnung und damit auch die Lohnabrechnung durch diese Stechuhr anerkannt habe. Allerdings hielt es der Polizeirichter für ‚unglücklich', daß es die Firma nicht erlaube, daß die Arbeiter das Resultat der Zeitregistrierung durch die Stechuhr sofort überprüfen könnten.
23 Für Fälle dieser Art vgl. County Courts Chronicle, 1. Nov. 1858, S. 248 (*Walters* v. *Gregory*); Colliery Guardian, 14. April 1870, S. 387 (*Clark* v. *Gold*); Labour Gazette, März 1902, S. 76 (*Stoddart* v. *William Mitchell, Ltd.*); ebd., April 1907, S. 121 (*Parkin* v. *South Hetton Coal Co., Ltd.*).

dem Arbeitnehmer das Klagerisiko zuzuschieben. Ging der Arbeitnehmer auf die Herausforderung ein und zog vor Gericht, folgte die Entlassung, klagte er nicht, erklärte er sich durch sein Stillhalten mit dem Lohnabzug einverstanden, und der Arbeitgeber hatte eine Entschädigung gewonnen, für die er sonst selbst hätte klagen müssen.[24]

Auch nach der Einführung gesetzlicher Mindestlöhne in verschiedenen Industriebranchen war es für Arbeiter mit erheblichen Risiken verbunden, ihren vollen Lohnanspruch geltend zu machen. B.L. Coombes, ein Bergmann aus Süd-Wales, erinnerte sich, daß es nach Einführung des Mindestlohngesetzes im Bergbau (1912) in Süd-Wales üblich gewesen sei, alle Bergleute, die aufgrund ihrer Förderleistung unter dem Mindestlohn blieben, zunächst zum Manager zu bestellen und dort einer Befragung über die Gründe für die fehlende Fördermenge auszusetzen.[25] Die Antworten habe man „sehr demütig" geben müssen, und selbst das habe oft nicht zum Erfolg geführt: „The method was to promise to give it next week, then the week after, and on in that way until they would argue that it was so long ago that they could not recall the exact happenings." Manche hätten sich damit aus Angst vor „victimisation" abgefunden, andere hätten genau über die aufgelaufenen Schulden Buch geführt, gelegentlich sei es auch vorgekommen, daß jemand auf der Auszahlung des Mindestlohns bestanden habe, notfalls gerichtlich. „The usual method then was to pay on this case before it was judged and leave the others still unsettled." Wer seinen Anspruch auf diese Weise duchsetzte, sei gut beraten gewesen, so Coombes, sich einen neuen Job zu suchen, und zwar möglichst weit weg, denn in dem betreffenden Gebiet sei er „gebrandmarkt" gewesen.

Arbeitgeber nutzten also nicht nur die Praxis der Lohneinbehaltung in mitunter systematischer Weise, wie hier im Bergbau von Süd-Wales, sondern sie besaßen auch über die akute schikanöse Entlassung hinaus Mittel

---

[24] Vgl. etwa den Fall *Gross v. Gotliffe* vor dem Salford Hundred Court, berichtet in: Drapers' Record, 15. Feb. 1896, S. 338, „Claim for Wrongful Dismissal". Dem Prozeß war eine Lohnklage des angestellten Schneiders Gross gegen seinen Arbeitgeber Gotliffe, einen Hersteller wetterfester Kleidung, vor dem County Court vorausgegangen. Der Konflikt hatte sich daran entzündet, daß Gross drei Wochen krank gewesen war und sich zu einer Kur in Buxton aufgehalten hatte, nach seiner Rückkehr dann den ausstehenden Lohn für die drei Wochen verlangte, was vom Arbeitgeber verweigert wurde mit dem Hinweis, Gross könne ja versuchen, das Geld durch eine Klage beim County Court zu erstreiten. Als Gross dies – mit Erfolg – tat, wurde er entlassen. In diesem Fall entschied die im Salford Hundred Court hinzugezogene Jury für den Kläger.

[25] Vgl. den Auszug aus B.L. Coombes' Autobiographie „These Poor Hands. The Autobiography of a Miner working in South Wales" (1939) in: John Burnett (Hg.), Useful Toil. Autobiographies of Working People from the 1820s to the 1920s (1974), ND London u. New York 1994, S. 96–105, hier S. 101. Dort auch die folgenden Zitate.

und Wege, in das zukünftige Erwerbsleben von Arbeitnehmern negativ einzugreifen. Sie führten ‚schwarze Listen‘, vereinbarten untereinander Codewörter in Zeugnissen für zuverlässige und unzuverlässige Arbeiter, oder sie machten von ihrer Freiheit Gebrauch, überhaupt kein Zeugnis auszustellen, was zum Beispiel im Falle des häuslichen Dienstpersonals das berufliche Ende bedeutete. Wer hier keinen *character* in Form von Zeugnissen und Referenzen seines letzten Arbeitgebers vorweisen konnte, hatte als Dienstbote bei ‚guten Herren‘ keine Chance mehr.[26] Auch in Zeiten, in denen die Arbeitsmarktlage für Arbeitnehmer günstig war, konnte die Angst vor diesen karriereschädigenden Folgen immer noch manchen von einer Klage abhalten, der sich von der bloßen Entlassungsdrohung nicht einschüchtern ließ.

Vielleicht noch stärker als bei potentiellen Klägern wirkte sich die Angst vor Entlassung oder Schikane bei Arbeitnehmern aus, die als Zeugen benötigt wurden. Bei den gerichtlichen Untersuchungen der Todesursachen verunglückter Arbeiter stießen die damit beauftragten Beamten, die sogenannten *coroners*, und die mit der Urteilsfindung betrauten Geschworenen oft auf eine Mauer des Schweigens. Manchmal wurden die wahrheitsverdunkelnden sozialen Machtverhältnisse bei solchen Gelegenheiten offen thematisiert, so bei einer Untersuchung nach einem Grubenunglück in Wigan, Lancashire, als einer der Geschworenen, ein Mr. Swift, Anstoß daran nahm, daß einer der „masters“ zugegen war, während die Zeugen vernommen werden sollten.[27] Obwohl der *coroner* diesen Einwand als eine Art Beleidigung der Zeugen darzustellen und so beiseitezuwischen versuchte und obwohl der betreffende Herr, ein Mr. Hewlett, seine Anwesenheit während der Befragung damit begründete, daß er für technische Auskünfte benötigt werde und die Bergleute oft die an sie gerichteten Fragen gar nicht verstünden, insistierten in diesem Fall die Geschworenen: „Several of the jury said they knew there had been a delicacy on the part of witnesses to speak the truth in their masters’ presence.“[28] Mr. Hewlett mußte den Saal verlassen. Das Ergebnis der Befragung war dennoch, daß der Verunglückte an seinem Tod ‚selber schuld‘ war, und das Verdikt der *jury* lautete am Ende, wie so oft in ähnlichen Fällen, auf „accidental death“. Da die Verhandlungen öffentlich

---

26 Näheres zu Zeugnissen unten, Kap. V.4.
27 Siehe die Fallschilderung in: Colliery Guardian, 29. Mai 1858, S. 344 f., „From our Correspondent at Wigan“. Vgl. auch folgenden Wortwechsel bei einer ähnlichen Untersuchung zu einem weiteren Unglück in dem gleichen Bergwerk wenige Wochen später: Colliery Guardian, 26. Juni 1858, S. 408: „A Juryman: When you make no complaints how are the masters to know anything is wrong? – Witness: Why, men, you see, dare scarcely speak for sake of their situations. – A Juryman: Oh, but you dare. – Witness: But many does not do.“
28 Colliery Guardian, 29. Mai 1858, S. 345.

waren, änderte auch die Entfernung des Arbeitgebers aus dem Saal nichts an dem Gewissenskonflikt, in dem sich jeder Arbeitnehmer befand, der belastende Aussagen gegen die Firmenleitung machen konnte.[29]

Probleme ergaben sich auch, wenn Informanten und Inspektoren Verstöße gegen die Fabrikgesetze, Truckgesetze oder Ladengesetze vor die Gerichte bringen wollten und dafür auf aussagewillige Zeugen angewiesen waren. Die unzulässig beschäftigten Frauen und Jugendlichen konnten oft nur unter gerichtlicher Strafandrohung zur Aussage gezwungen werden. Auch das bewahrte sie keineswegs vor der Entlassung, wie etwa im Fall eines fünfzehnjährigen Botenjungen, der von einem Lebensmittelhändler in Kilburn länger als die erlaubten 74 Stunden pro Woche zu einem Lohn von nur 10s. beschäftigt worden war und sofort entlassen wurde, nachdem er zur Aussage zwangsverpflichtet wurde. Als der Lebensmittelhändler sich auch noch damit herauszureden versuchte, daß er den Jungen für neunzehn Jahre alt gehalten habe, riß dem Polizeirichter offenbar der Geduldsfaden: Er bemerkte, daß 10s. wohl kaum ein angemessener Wochenlohn für einen Neunzehnjährigen seien, bezeichnete die ganze Angelegenheit als einen „exceedingly bad case" und verurteilte den Händler zu der vergleichsweisen hohen Strafe von 30s. und Kosten.[30] Es wird nicht berichtet, ist aber durchaus wahrscheinlich, daß in diesem Fall aus Mitleid ein Teil des Strafgelds zur Entschädigung des Jungen verwandt wurde – einen Anspruch darauf hatte er aber nicht. Gelegentlich finden sich ähnliche Fallberichte, die belegen, daß Richter und Geschworene allergisch reagierten, wenn vor Gericht bekannt wurde, daß Arbeitgeber aussagebereite Zeugen tatsächlich entlassen hatten.[31] Auf einen Fall, der in dieser Weise öffentlich wurde, kamen freilich viele andere, bei denen potentielle Arbeitnehmer-Zeugen durch die Entlassungsdrohung erfolgreich zum Schweigen gebracht wurden. Wo die Nötigung nicht funktionierte, waren Arbeitgeber normalerweise geschickt ge-

---

[29] Zu den Beschwerden der Bergleute über die Parteilichkeit von Zeugen und Geschworenen bei den *coroners' inquests* vgl. auch Karl Marx, Das Kapital, MEW 23, S. 523 (MEGA² II.5., S. 407).

[30] The Grocer and Oil Trade Review, 24. Feb. 1912, S. 577.

[31] Vgl. The Labour Chronicle (Liverpool), 1. Juli 1895, S. 51. Hier handelte es sich um eine Klage unter dem *Employers' Liability Act*. Ein ungelernter sechzehnjähriger Junge war von seinem Arbeitgeber, einem Wäschereibesitzer, an einen Zentrifugal-Trockner beordert worden. Bei der Arbeit an der Maschine wurde sein Arm zerquetscht und mußte amputiert werden. Nach der ersten Zeugenvernehmung entließ der Wäschereibesitzer den Bruder und die Schwester des Klägers, die ebenfalls bei ihm beschäftigt waren und gegen ihn ausgesagt hatten. An ihrer Stelle stellte er einen Jugendlichen ein, der für ihn ausgesagt hatte. Wie der Bericht vermerkt, griff der Grafschaftsrichter dieses „empörende Verhalten" scharf an, und die Jury sprach dem Kläger die volle geforderte Summe, £ 101 8s., zu.

nug, mit dem Racheakt der Entlassung wenigstens bis zum Abschluß der Verhandlung zu warten.

Die Entlassungsdrohung erwies sich bei Verstößen gegen die verschiedenen Arbeiterschutzgesetze vor allem deshalb als ein so wirksames Druckmittel, weil die Arbeitnehmer hier das Risiko tragen mußten, ohne ihrerseits die Aussicht auf eine Entschädigung zu haben, wenn der Verstoß festgestellt und geahndet wurde. Die Strafgelder fielen an die Staats- und Gemeindekassen, nicht an die eigentlich Leidtragenden.[32] Sofern diese gewerkschaftlich organisiert waren, bestand für sie im Falle der Entlassung zumindest eine Auffangposition. Die meisten Gewerkschaften zahlten in solchen Situationen Arbeitslosen- oder Übergangsgeld. Allerdings war der gewerkschaftliche Organisationsgrad vielfach gerade dort besonders schwach, wo die gröbsten Verstöße gegen die Schutzbestimmungen vorkamen: im Einzelhandel, in Wäschereien, in Gastronomiebetrieben, in den als Wohnungen getarnten Werkstätten der ‚Schwitzgewerbe'.

Seit der Jahrhundertwende gab es zumindest eine gewerkschaftsunabhängige Organisation, die es sich zur Aufgabe machte, in solchen Fällen helfend einzugreifen, indem sie die Opfer schikanöser Entlassungen finanziell unterstützte. Es handelt sich um das 1898 von bürgerlichen Frauen, darunter Mrs. May Abraham Tennant und Miss Gertrude Tuckwell, gegründete *Industrial Law Committee*.[33] Während des Ersten Weltkriegs mußte das Komitee seine Tätigkeit einstellen, im Jahr 1920 wurde es als Organisation aufgelöst, die Tätigkeit wurde aber in etwas veränderter Form vom YWCA weitergeführt.[34] Die praktische Arbeit dieses Komitees ist bisher nicht untersucht worden, ebenso wissen wir nicht, ob es sich um eine einmalige Einrichtung handelte oder ob es andernorts ähnliche Organisationen gab. Neben anderen Aktivitäten, auf die später noch eingegangen wird, unterhielt das *Industrial Law Committee* einen aus freiwilligen Spenden gespeisten sogenannten Indemnitäts-Fonds. Aus diesem Fonds wurden Unterstützungszahlungen an Arbeitnehmer, hauptsächlich Frauen, geleistet, die aufgrund ihrer Zeugenaussagen gegen Arbeitgeber entlassen worden waren.

---

[32] Nur bei Verstößen gegen den *Truck Act* konnten Arbeitnehmer auch selbst klagen und hatten Anspruch auf einen Teil der Strafgelder.

[33] Mrs. Tennant war 1896 zur ersten Fabrikinspektorin Englands ernannt worden. Miss Tuckwell leitete die *Women's Trade Union League*. Für ein Gruppenporträt der Philanthropinnen und Fabrikinspektorinnen, in deren Umkreis das *Industrial Law Committee* Unterstützung fand, vgl. Mary Drake McFeely, Lady Inspectors. The Campaign for a Better Workplace, 1893–1921, Athens (Ga.) u. London 1988.

[34] Die Akten des *Industrial Law Committee* befinden sich im Modern Records Centre, Warwick, unter den Akten des YWCA, Mss. 243.

Die Protokollnotizen des Komitees und des Indemnitäts-Fonds vermitteln einen anschaulichen Einblick in die Schwierigkeiten bei der Verfolgung von Verstößen gegen Schutzgesetze. Auch die Überzeugungsarbeit der bürgerlichen Wohltäterinnen und die Lockung mit Zahlungen aus dem Fonds konnten nur wenige Arbeiterinnen dazu bewegen, ihre Angst vor Entlassung und Schikane zu überwinden und auszusagen. Es konnte Monate dauern, bis ein geeigneter Fall für eine Gerichtsverhandlung gefunden und präpariert war, und wenn es endlich so weit war, verließ die zuvor aussagebereite Zeugin oft der Mut. Eine gewisse Miss Quicke, ein *shop girl*, tauchte zum erstenmal am 24. November 1898 im Sitzungsprotokoll des Komitees auf. Man hielt ihren Fall (einen Fall unter dem *Truck Act*) zunächst für nicht sicher genug, beschloß aber dann am 3. Februar 1899, nachdem Erkundigungen über die möglichen Kosten eingezogen worden waren, zur Not auch eine Berufung zu riskieren. Am 17. Februar hieß es dann im Protokoll: „Mrs. Tennant said that Miss Quicke was waiting to take proceedings till she next had a good case, but did not like the idea of being dismissed."[35] Danach war von Miss Quicke im Protokoll nicht mehr die Rede, offenbar hatte die Angst vor Entlassung bei ihr die Überhand gewonnen, so daß aus der Sache nichts geworden war.

Mißerfolge gehörten zum Alltag des *Industrial Law Committee* auch in späteren Jahren, als die Arbeit des Komitees und des Indemnitäts-Fonds weitere Kreise gezogen hatte und insgesamt professioneller geworden war. So beriet das Komitee am 27. Juni 1912 zum erstenmal über die von Mr. Lascelles vom Oxford House, einer anderen Wohltätigkeitsorganisation, gemeldete Lohnabzugs-Praxis im Cliffe Inn Restaurant, London W.C. 2.[36] Die Kellnerinnen dort mußten für jeden einzelnen von ihnen zerbrochenen Artikel bezahlen. Außerdem wurde pauschal 1d. pro Woche für andere „breakages" von ihrem Lohn abgehalten. Das Komitee beschloß, Erkundigungen über die Rechtslage einzuholen. Für diesen Zweck arbeitete es inzwischen eng mit anderen freien Rechtsberatungsstellen und deren Anwälten zusammen. Außerdem wurde auch ein Mr. Young, Sekretär der Kellner-Gewerkschaft, zu Rate gezogen, dessen Organisation, wie sich herausstellte, bereits schon einmal selber einen ähnlichen Fall vor Gericht gebracht und verloren hatte. Fast vier Monate später, am 24. Oktober 1912, tauchte der Fall der Lohnabzüge im Cliffe Inn Restaurant zum letztenmal im Protokoll auf. Obwohl die Rechtslage eine Strafverfolgung als erfolgversprechend erscheinen ließ und obwohl die Kellner-Gewerkschaft bei der Vor-

---

35 MRC Mss. 243/144/1.
36 Zum folgenden MRC Mss. 243/144/9.

bereitung eines geeigneten Falles helfen wollte, scheiterte die Angelegenheit an der fehlenden Mitwirkungsbereitschaft der Kellnerinnen. Der Grund dafür war, wie Mrs. Tennant den anderen Komitee-Mitgliedern erläuterte, die Angst der Kellnerinnen vor „victimisation". Laut Mr. Young von der Gewerkschaft gebe es eine Vermittlungs-Agentur, über die nahezu sämtliche Kellner-Einstellungen in London abgewickelt würden, und wer einmal unter den „Bann" dieser Agentur gefallen sei, habe keinerlei Beschäftigungschance mehr. Mr. Young habe zwar noch gehofft, eine Kellnerin „benutzen" zu können, der eine Anstellung in New York versprochen worden war, doch habe man seitdem nichts mehr von der Sache gehört. Wieder konnte ein gesetzesbrüchiger Arbeitgeber mangels Zeugen nicht belangt werden. Neben ‚schwarzen Listen' und verweigerten Zeugnissen war auch – wie hier – der von Arbeitgebern einer Branche getragene oder kontrollierte Arbeitsnachweis ein Mittel, die Klage- oder Aussagebereitschaft der Arbeitnehmer zu dämpfen.

Trotz wiederholter Mißerfolge war die Arbeit des *Industrial Law Committee* keineswegs sinnlos. Insgesamt befaßte es sich seit seiner Gründung 1898 bis zum vorläufigen Ende der Tätigkeit im November 1914 mit 1112 ihm zu Ohren gekommenen Beschwerden zu Verstößen gegen Arbeiterschutzgesetze. Dem Indemnitäts-Fonds lagen im gleichen Zeitraum immerhin 368 Fälle zur Prüfung vor, von denen allerdings nicht alle einer Unterstützung für würdig gehalten wurden.[37] Gemessen an den Gesamtzahlen für Strafverfolgungen unter den Arbeiterschutzgesetzen erscheinen diese Zahlen eher niedrig.[38] Bedenkt man jedoch, daß sich der Aktionsradius des Komitees im wesentlichen auf London und dort vor allem auf bestimmte Gewerbe mit hohem Frauenanteil unter den Beschäftigten beschränkte, ist die örtliche Wirksamkeit des Komitees nicht gering zu veranschlagen. Etliche Mißstände in Betrieben konnten zudem durch Intervention des Komitees beseitigt werden, ohne daß Arbeitnehmer in die Verlegenheit kamen, als Zeugen vor Gericht aussagen zu müssen. Dies geschah durch Hinweise an Inspektoren, Schriftwechsel mit Behörden und Arbeitgebervereinigungen, direkte Vorsprache bei den betreffenden Arbeitgebern und Drohbriefe von seiten des Komitees oder von eingeschalteten Anwälten.

Freilich geht aus den Protokollen des *Industrial Law Committee* auch hervor, wie wenig eine karitative, finanziell und organisatorisch schwache Organisation trotz des hohen persönlichen Engagements der Mitglieder auf

---

[37] Diese Angaben beruhen auf meiner eigenen Zählung auf der Basis der Akten des ILC und des Indemnitätsfonds, MRC Mss. 243/144/1–10, 243/142/1–2 u. 243/141/1–4.
[38] Vgl. Grafik 2.6, S. 202.

nationaler Ebene ausrichten konnte. Auch ohne den Ausbruch des Ersten Weltkriegs wäre die Arbeit des Komitees aufgrund eines im Juli 1914 deutlich werdenden Finanzdefizits in die Krise geraten.[39] Das für freiwillige Wohlfahrtsorganisationen im viktorianischen England typische *charity*-Konzept mit seiner Unterscheidung zwischen den Armen, die Hilfe ,verdienten' und solchen, die sie nicht verdienten, behinderte einen effektiven Einsatz der Ressourcen mehr als daß es ihn förderte.[40] So auch im Fall des *Industrial Law Committee*. Bei jedem einzelnen Indemnitäts-Fall wurde nicht nur die Rechtslage, sondern auch die Persönlichkeit des Applikanten daraufhin geprüft, ob sie der Unterstützung des Fonds würdig war. Komiteemitglieder besuchten die Betroffenen persönlich oder forderten sie brieflich auf, ihren Fall zu schildern.[41] Außerdem wurden Erkundigungen bei früheren Arbeitgebern, Eltern, Vermietern, Bekannten oder dem Gemeindepfarrer eingezogen.[42] Es ist daher kein Wunder, daß die Verwaltungskosten für den Indemnitäts-Fonds erheblich über der Summe der Unterstützungszahlungen an entlassene Arbeiterinnen lagen. So wurden etwa in den Geschäftsjahren 1907–8 lediglich £ 84 19s. an Unterstützung gezahlt, während für die Verwaltung £ 138 16s. 6d. aufgewendet wurden.[43] Bürgerlich-

---

[39]   MRC Mss. 243/144/10, Protokoll vom 16. Juli 1914. Sowohl der Haushalt des Komitees als auch derjenige des Indemnitäts-Fonds wiesen jeweils Defizite von über £ 100 aus, was im Fall des Fonds mehr als die Hälfte und im Fall des Komitees etwa ein Viertel der Ausgaben ausmachte.

[40]   Hierzu allgemein: Bernd Weisbrod, Philanthropie und bürgerliche Kultur. Zur Sozialgeschichte des viktorianischen Bürgertums, in: Hartmut Berghoff u. Dieter Ziegler (Hg.), Pionier und Nachzügler? Vergleichende Studien zur Geschichte Großbritanniens und Deutschlands im Zeitalter der Industrialisierung. Festschrift für Sidney Pollard zum 70. Geburtstag, Bochum 1995, S. 205–220.

[41]   Die folgenden Protokollnotizen geben einen Eindruck vom umständlichen Vorgehen des Komitees. MRC Mss. 243/144/2, 5. Juli 1899: „Mrs. Tennant reported that she had received from Miss Anderson a newspaper cutting as to the dismissal of a girl from the Sudbury silk mills in consequence of a prosecution. She had written to Dr. Whitelegge in order to obtain the girl's name & address." 19. Juli 1899: „Mrs. Tennant reported that she had received a reply to her letter to Dr. Whitelegge as to the girl who had been dismissed from the Sudbury Silk Mills, & the case seemed likely to require help. It was agreed that the girl should be written to asking how long she had been out of work." 24. Juli 1899: „Mr. Balfour reported that he had received a letter from Emma Murrell who had been dismissed from the Sudbury silk mills. Emma Murrell's letter did not contain a definite reply so it was agreed that Mr. Balfour shd write for further information & shd be empowered to grant indemnity." 27. Juli 1899: „Mr. Balfour reported that he had received no answer to any of his letters to the people who had been reported to the committee as possible indemnity cases."

[42]   Vgl. etwa MRC Mss. 243/144/1, Protokolleintrag vom 15. März 1899: „Indemnity Case. Mr. Balfour reported that he had paid the girl who was dismissed ... an equivalent of her wages at 5/10 for good. Mrs. Tennant had received satisfactory references from the girl, & Mrs Welch undertook to pay the money weekly & visit the clergyman of the parish."

[43]   MRC Mss. 243/144/7, Eintrag vom 25. März 1909.

philanthropische Initiativen wie das *Industrial Law Committee* konnten somit höchstens in einzelnen Fällen helfen, die finanziellen und arbeitsmarktbedingten Hemmschwellen vor Gericht zu überwinden. Die meisten gewerkschaftlich nicht-organisierten Beschäftigten mußten dagegen allein sehen, wie sie mit dem Prozeßkostenrisiko und der Angst vor Entlassung und Schikane fertig wurden. Und sie wurden vom *Industrial Law Committee* vor allem in den Konflikten allein gelassen, in denen sie vielleicht mehr als bei Verstößen gegen die Schutzgesetzgebung Hilfe benötigt hätten: bei ‚normalen‘ ungerechtfertigten Entlassungen, bei ‚normalen‘ Unregelmäßigkeiten der Lohnzahlung und bei Arbeitsunfällen. Ein umfassendes Rechtshilfe-Angebot, das alle Arten von Arbeitsstreitigkeiten erfaßte, hätte natürlich den finanziellen Rahmen einer freiwilligen Organisation vollends gesprengt. Insofern war die Selbstbeschränkung des Komitees vernünftig. Sie entsprach aber auch einem damals in England vorherrschenden engen Verständnis von ‚Arbeitsrecht‘, das unter dem Begriff *Industrial law* primär die staatliche Schutzgesetzgebung und allenfalls am Rande das dem *Common law* unterliegende individuelle Arbeitsvertragsrecht ins Auge faßte.

VERZÖGERUNGEN, ZEITVERLUSTE, VERTAGUNGEN

Während die Angst vor Entlassung und Schikane nur Arbeitnehmer betraf, konnten Verzögerungen und Zeitverluste für beide Prozeßparteien zum Klage- oder Erfolgshindernis werden. Allerdings stellte sich das Problem für Arbeitnehmer gravierender dar als für Arbeitgeber. Von Ausnahmefällen abgesehen konnten letztere im allgemeinen Wartezeiten leichter überbrücken, für Arbeitnehmer hingegen war mangels finanzieller Ressourcen eine schnelle Entscheidung oft wichtiger als ein voller Erfolg. Betrachtet man nun die englische Justiz unter diesem Gesichtspunkt, fällt das Urteil je nach Gerichtstyp verschieden aus. Generell zogen sich die Wartezeiten bis zum ersten Verhandlungstermin und die Verfahrensdauer um so länger hin, je höher die Instanz und je komplizierter die Fälle waren. Kleine Lohn- und Kündigungsstreitigkeiten wurden von den Lokalgerichten relativ schnell erledigt; Friedensrichter und Grafschaftsgerichte arbeiteten im großen und ganzen nicht wesentlich langsamer als deutsche Gewerbe- und Kaufmannsgerichte. Die undurchsichtigen englischen Verfahrensgewohnheiten (eine kodifizierte Prozeßordnung gab es nicht) boten jedoch zahlreiche Verzögerungsmöglichkeiten. Diese konnten sich auch in den unteren Instanzen negativ bemerkbar machen, sobald schwierige juristische Fragen auftauchten, Anwälte hinzugezogen wurden oder gar die Möglichkeit einer Berufung am Horizont auftauchte. Wirklich virulent wurden sie aber in den höheren Gerichten, mit denen Arbeitnehmer vor allem als Opfer von Unfällen oder als Inhaber höher qualifizierter Positionen in Berührung kamen. Im folgenden werden zunächst die institutionell und verfahrenstechnisch bedingten Verzögerungen auf den verschiedenen Ebenen des Justizsystems dargestellt, anschließend geht es anhand von Beispielen um die taktische Nutzung und die Auswirkungen des Faktors Zeit in Streitigkeiten zwischen Arbeitgebern und Arbeitnehmern.

Friedensrichter und Registraturen der Grafschaftsgerichte waren überall schnell erreichbar, so daß hier bei einfachen Fällen ohne große Zeitverluste Klage erhoben werden konnte. Auch brauchte man dafür nicht unbedingt einen Anwalt. Allerdings mußte man eine schriftliche Notiz (in mehrfacher Ausfertigung) zum Gegenstand der Forderung oder Klage mitbringen, so daß Schreibunkundige auf Hilfe von Dritten angewiesen waren oder mit einer Gebühr für die zusätzliche Schreibarbeit des *clerk* belastet wurden.[44] Die Wartezeiten bis zum ersten Verhandlungstermin stellten dann zumindest bei den Friedensgerichten kein Problem dar. Die *stipendiary magistrates* in den größeren Städten tagten beinahe täglich, andernorts wurden *petty sessions* nach Bedarf abgehalten, in ländlichen Gebieten meist einmal pro Woche oder vierzehntägig. Ein Kläger mußte selten länger als zwei Wochen warten, bevor er seinen Fall vor einem Friedensrichter vortragen konnte. In großstädtischen *police courts* war es mitunter sogar möglich, am Verhandlungstage direkt zu erscheinen, wenn es gelang, Zeugen und Beklagte mitzubringen und in dem allgemeinen Lärm und Gedränge um den Gerichtssaal herum so lange auszuharren, bis man an die Reihe kam. Einfache Fälle, meist Lohn- oder Vertragsbruchsklagen unter den *Master and Servant*-Gesetzen, konnten so unter Umständen innerhalb eines Tages oder weniger Tage erledigt werden.

Etwas länger mußten sich die Kläger bei den *county courts* gedulden. Die Grafschaftsrichter hatten außer in den Großstädten relativ weiträumige Gerichtsbezirke, in denen sie von Ort zu Ort reisten, so daß je nach Dichte wöchentlich, alle vierzehn Tage oder monatlich, in ländlichen Räumen manchmal auch nur alle zwei oder drei Monate eine Sitzung stattfand. Hier konnte es also schon zu gewissen Verzögerungen kommen, die sich bis zur Unerträglichkeit steigerten, wenn wegen Zeitmangels oder anderer Schwierigkeiten eine Vertagung des Falles nötig wurde. Die von mir eingesehenen Protokollbücher zeigen, daß dies bei Arbeitsstreitigkeiten im späten 19. und frühen 20. Jahrhundert häufiger vorkam und bei Unfallangelegenheiten so

---

44 Vgl. W.A. Holdsworth, Master and Servant, S. 137 u. 148.

gut wie immer der Fall war. Insgesamt waren aber die Wartezeiten bis zur ersten Verhandlung außer in ländlich-abgelegenen Räumen vor den beiden Lokalgerichten nirgends so lang, daß sie einen ernsthaft in seinen Rechten geschädigten Arbeitnehmer oder Arbeitgeber von der Klage abhalten konnten.

Anders sah es bei den höheren Gerichtshöfen aus. Zwar besaßen auch sie seit der Justizreform von 1873/75 für die Klageerhebung Registraturen in der Provinz, doch waren diese weniger dicht gestreut als die Registraturen der *county courts*.[45] Die Einleitung eines Verfahrens war hier also, außer für Londoner, schon wegen der räumlichen Entfernungen zeitaufwendiger. Dies und die Komplexität der Prozeduren machte es praktisch unmöglich, ohne einen Anwalt auszukommen. Für Kläger in der Provinz waren es oft gleich mehrere, denn lokale *solicitors* korrespondierten ihrerseits mit Londoner Anwaltsbüros oder Agenten, die sich um die in London zu erledigenden vorprozessualen Schritte zu kümmern hatten. Kam es auf Antrag einer Seite zu Vorverhandlungen um Verfahrensfragen, einstweilige Verfügungen und dergleichen, wurden hierfür bereits vielfach *barristers* engagiert. Das trieb die Kosten in die Höhe, führte zu Terminschwierigkeiten und verlängerte erneut die Wartezeit bis zur Hauptverhandlung. Bis es schließlich zur eigentlichen Verhandlung in London oder vor dem zuständigen *court of assize* in der nächstgelegenen *assize town* kam, vergingen meist viele Monate. Der Rückstau der bei den höheren Gerichten zur Verhandlung anstehenden beziehungsweise noch unerledigten Fälle führte im gesamten 19. und frühen 20. Jahrhundert immer wieder zu Beschwerden. Besonders kraß waren die Mißstände in den Jahrzehnten vor der großen Justizreform von 1873–75. Danach verbesserten sie sich kurzfristig, um gegen Ende des Jahrhunderts erneut Reformforderungen hervorzurufen.[46]

Ob die mündliche Hauptverhandlung in London oder vor dem regional zuständigen *court of assize* stattfand, hing teils von den Wünschen der Beteiligten (in erster Linie des Klägers), teils von der Frage ab, wo die umstrittenen Sachverhalte vorgefallen waren und daher am einfachsten geklärt werden konnten. Waren Kläger und Beklagter gleichermaßen an einer schnellen Entscheidung interessiert und spielten die Kosten nur eine untergeordnete Rolle, einigten sie sich in der Regel auf das Tribunal, vor dem die Verhandlung möglichst bald stattfinden konnte. Je nach Terminplan der reisenden Richter konnte dies der *court of assize* oder der *High court* in London sein.

---

45 *Supreme Court of Judicature Act*, 36 & 37 Vict. c. 66 (1873), ss. 60–66; vgl. auch Bartrip, Registrars, S. 378.
46 Vgl. Abel-Smith u. Stevens, Lawyers and the Courts, S. 88 f., 97 f. u. 116.

Meldeten die Beteiligten keine besonderen Wünsche an und hatten sie ihre Wohn- oder Geschäftssitze in dem Gerichtsbezirk, in dem auch der Konflikt seinen Ursprung hatte, gab es ebenfalls selten Probleme. Man wartete dann in der Provinz auf den nächsten Gerichtstag des *court of assize*, was bis zu vier Monaten dauern konnte, während man sich in London um einen Gerichtstermin am *High court* bemühte. Konflikte ergaben sich hingegen bei unterschiedlichen Wohn- oder Geschäftssitzen und mehr noch, wenn der einen Seite an Beschleunigung, der anderen Seite an Verzögerung gelegen war. In solchen Fällen fanden gerichtliche Vorverhandlungen statt, deren Ergebnis schwer vorhersehbar war. Da klagende Arbeitnehmer meist auf eine schnelle Entscheidung erpicht waren, konnten beklagte Arbeitgeber diese Schwäche ausnutzen, indem sie auf eine Verlagerung des Verfahrens auf den jeweils späteren Termin und Ort antrugen.

Wie nervenaufreibend ein solches Hin und Her um eine scheinbar nebensächliche Frage werden konnte, läßt sich am Fall *Cartwright* v. *Frost* zeigen.[47] Cartwright, Assistent eines Sachverständigen für Gebäude und Grundstücke, hatte in London Klage gegen seinen ehemaligen Arbeitgeber wegen £ 100 unbezahlten Gehalts angestrengt. Der Beklagte, Frost, versuchte daraufhin von einem Richter in nicht-öffentlicher Sitzung eine Verlagerung des Verfahrens an die (später stattfindenden) Staffordshire *Assizes* zu erwirken. Frost machte durch seinen Anwalt und eidliche Erklärung geltend, daß der Streit seinen Ursprung in Staffordshire habe und die Wahrheit am besten durch Zeugenvernehmung vor Ort herauszufinden sei. Dagegen brachte der Kläger, Cartwright, durch seinen Anwalt und eidliche Erklärung vor, daß die Prozeßparteien die einzigen Zeugen seien, der Fall somit ebensogut in London geklärt werden könne und es außerdem für ihn „von großer Wichtigkeit" sei, daß die Verhandlung nicht auf die *assizes* verschoben würde, „weil er das geschuldete Geld dringend benötigte". Der Richter, Watson, folgte der Argumentation des Beklagten und ordnete die Verlagerung der Verhandlung nach Staffordshire an. Cartwright gab sich damit nicht zufrieden und focht diese Anordnung an. In der darauf erfolgenden öffentlichen Sitzung vor dem *Court of Exchequer* trugen beide Parteien die gleichen Argumente vor, nunmehr vertreten durch *barristers*. Die drei Richter (Martin, Bramwell und Channell) weigerten sich, die „Faktenentscheidung" ihres Richter-Kollegen Watson aufzuheben. Cartwright mußte sich also bis zu den nächsten Staffordshire *Assizes* gedulden und hatte umsonst

---

47 *Cartwright* v. *Frost and Another*, Law Journal Reports, N.S., Bd. 27, 1858, S. 352.

Zeit, Mühe und viel Geld aufgewendet, um eine schnellere Entscheidung in London zu erreichen.

Wer den Hindernislauf bis zur Hauptverhandlung bewältigt hatte, mußte sich auf weitere erhebliche Zeitverluste am anberaumten Verhandlungstag selbst gefaßt machen. In allen Gerichtstypen, vom Friedensgericht angefangen bis hinauf zum Obersten Gerichtshof, mußten Kläger, Beklagte, Zeugen, Experten und Anwälte an dem betreffenden Tag sozusagen auf Abruf bereitstehen, wenn der Fall aufgerufen wurde. Die mündliche Verhandlungsführung in englischen Gerichten erforderte die persönliche Beeidigung und Beglaubigung vorgelegter Schriftstücke und Beweismaterialien; Aussagen von Zeugen und Experten mußten ebenfalls mündlich gegeben werden, schriftliche Stellungnahmen genügten nicht. Wer nicht anwesend war oder angeblich wichtige Zeugen nicht mitbrachte, riskierte, daß gegen ihn entschieden wurde. Es lag im Ermessen des Richters, ob er Unterbrechungen oder Vertagungen gewährte. Die Tageslisten wurden kurzfristig vorbereitet und bekanntgegeben. Sogar am *High court* wurde manchmal der genaue Termin erst am Vortag bekannt, so daß Prozeßparteien aus der Provinz tagelang auf gepackten Koffern sitzen und ihre sonstigen Termine entsprechend disponieren mußten, um rechtzeitig erscheinen zu können.[48] Noch größer waren die Zeitverluste bei den *courts of assize*. Wohl standen hier die Termine längere Zeit vorher fest, doch drehte sich der feierliche, von Ritualen eingeleitete Ablauf an den zwei oder drei Gerichtstagen in der Provinzstadt ganz und gar um die zentrale Figur des Richters, dessen persönlichem Zeitplan und Bequemlichkeit alle anderen Fragen untergeordnet wurden.[49] In der Praxis hieß dies für die Prozeßbeteiligten, daß sie die vollen zwei oder drei Tage anwesend sein mußten.

Bei den Friedens- und Grafschaftsgerichten entfielen zwar die Unbequemlichkeiten der weiten Anreise und tagelangen Wartens weitgehend, doch ging auch hier für die Beteiligten mindestens ein ganzer Tag verloren. Üblicherweise wurden nämlich alle Prozeßparteien eines Tages vormittags zur gleichen Uhrzeit einbestellt, und es bestand keine Garantie, daß die Fälle in der Reihenfolge abgehandelt wurden, in der sie auf der Liste erschienen.[50] Um sicher zu gehen, mußte man also tatsächlich zum Beginn der

---

48 Vgl. die anschauliche Schilderung bei Muir, Justice in a depressed Area, S. 136f.
49 Vgl. die beredten Klagen in dem zuerst in der Times erschienenen Leserbrief von „B.", abgedruckt in: County Courts Chronicle, 2. Okt. 1876, S. 461, unter der Überschrift „Superior Courts and County Courts".
50 Vgl. die anschauliche Schilderung eines typischen Prozeßtages im Bow County Court durch Richter Dasent, in: Judicature Commission, Second Report, Bd. 2, Part I, Answers to Ques-

Sitzung da sein und unter Umständen bis fünf oder sechs Uhr abends aus-
harren, um dann möglicherweise zu erfahren, daß für den eigenen Fall keine
Zeit mehr blieb. Was dies für Arbeitnehmer und ihre Familien, insbesondere Arbeiterinnen, die Kinder zu versorgen hatten, bedeutete, kann man
sich leicht ausmalen.[51] Die Aussicht auf den Verlust eines vollen Arbeits-
tages und, wenn es zur Vertagung kam, weiterer Tage war mit Sicherheit für
viele Grund genug, von einer Klage Abstand zu nehmen oder zum Termin
nicht mehr zu erscheinen. Die zahlreichen ‚ausgestrichenen‘ oder ‚zurückgezogenen‘ Lohnklagen in den Protokollbüchern der Friedens- und Grafschaftsgerichte sind dafür ein Indiz, wenn sich auch die genauen Motive aus
den Akten nicht ermitteln lassen. Vielen Arbeitern mochte es, nachdem sie
darüber nachgedacht hatten, ökonomischer erscheinen, den Gerichtstag für
die Suche nach einer neuen Arbeitsstelle zu nutzen anstatt mit ungewissem
Erfolg einen entgangenen Tages- oder Wochenlohn einzuklagen. Andere
hatten vielleicht schon eine neue Arbeit gefunden und wollten ihren neuen
Arbeitgeber nicht durch ganztägige Abwesenheit verärgern.

Ein besonderes Problem für beide Prozeßparteien, vor allem aber für Arbeitnehmer, stellte die Unsicherheit bei Vertagungen dar. Wer auf entgangene Lohnzahlungen zum Überleben angewiesen war, konnte einen Auf-
schub um eine Woche oder vierzehn Tage schlecht verkraften. Bei den Lai-
en-Friedensgerichten bestand zudem die Gefahr, daß die Richterbank beim
nächsten Termin ganz anders zusammengesetzt sein würde, mit der Folge,
daß der gesamte Fall von vorn aufgerollt werden mußte. Aus den mittleren
Jahrzehnten des 19. Jahrhunderts gibt es zahlreiche Beispiele dafür, daß
magistrates in dieser Ermessensfrage wenig Rücksicht auf die Bedürfnisse
der Arbeitnehmer nahmen. So gaben die Friedensrichter in Stourbridge anläßlich einer *Truck Act*-Klage von siebzehn alten Männern, deren Anhörung
schon einmal vertagt worden war, erneut einem Antrag des Arbeitgebers auf
Vertagung statt, damit ein *barrister* die Verteidigung übernehmen konnte.[52]
Und die Friedensrichter in Barnsley weigerten sich unter Verweis auf die
„vorgerückte Stunde“, einen Kontraktbruchfall gegen vier Bergarbeiter
noch anzuhören, obwohl Mr. Roberts, der berühmte *Miners' attorney*, auf
die hohen Kosten einer Vertagung für die armen Bergleute hinwies.[53] Gele-

---

tions issued by the Commissioners as to County Courts, Local Courts, and Quarter Sessions, PP 1872 (C. 631.-I.) XX, S. 53 f.
[51]   Vgl. Muir, Justice in a depressed Area, S. 135 f.
[52]   Colliery Guardian, 5. Juni 1858, S. 361. Das arbeitgeberfreundliche Blatt berichtete darüber
mit deutlicher Mißbilligung.
[53]   Colliery Guardian, 26. Juni 1858, S. 408. Möglicherweise war es ein Hintergedanke der Friedensrichter von Barnsley, daß sie auf diese Weise beim nächsten Gerichtstermin Mr. Roberts

gentlich zeigten *magistrates* aber auch Verständnis, so anläßlich einer Klage von 30 Eisenbahn-Bauarbeitern in Halifax, als einer der Richter bemerkte, er würde „lieber die ganze Nacht hindurch zu Gericht sitzen als einer Vertagung zuzustimmen".[54] In diesem Fall zielte der Vertagungsantrag des Arbeitgebers offensichtlich darauf, die mittellosen Arbeiter bis zum nächsten Gerichtstermin finanziell auszubluten, so daß sie dann ohne Anwalt vor einer anders zusammengesetzten Richterbank dastehen würden oder aufgeben müßten.[55] Im späteren 19. Jahrhundert gab es gelegentlich sogar Richter, die deutlich Partei gegen Arbeitgeber ergriffen und auch deren sachlich begründete Bitten um Vertagung abschlugen.[56]

Die unberechenbare Praxis bei Vertagungen und die Zeitverluste am Verhandlungstag waren auch für Arbeitgeber ein Ärgernis, vor allem für diejenigen unter ihnen, die persönlich aussagen mußten. Das waren in erster Linie Kleinunternehmer, Ladenbesitzer und Handwerksmeister sowie Privatleute, die Hauspersonal beschäftigten. Bei Bagatellsummen mußten diese Arbeitgeber sich fragen, ob es überhaupt den Aufwand lohnte, einen Fall zu verteidigen oder gar selbst anzustrengen. Vielfach zahlten sie lieber, als vor Gericht zu erscheinen.[57] Der häufige und seit dem späten 19. Jahrhundert zunehmende Vermerk „paid" bei Lohnfällen in den Protokollbüchern der

---

loswerden könnten. Bei den vorhergehenden Sitzungen war es nämlich zu Auseinandersetzungen zwischen Roberts und der Richterbank gekommen, in deren Folge sogar der „Colliery Guardian" für Roberts Partei ergriff und die *magistrates* heftig wegen ihrer Parteilichkeit kritisierte. Vgl. Colliery Guardian, 12. Juni 1858, S. 376 u. 19. Juni 1858, S. 387 f., „Hear the other Side". Die neue Verhandlung fand vierzehn Tage später – mit Roberts als Verteidiger – statt und endete mit Schuldsprüchen gegen die Arbeiter: Colliery Guardian, 10. Juli 1858, S. 24.

54 Halifax Guardian, 13. Nov. 1847, S. 7.
55 So jedenfalls die Interpretation des Anwalts der klagenden Arbeiter, ebd.: „If the cases were adjourned till next Tuesday or Saturday the worthy Chairman and the magistrates on his left might not be upon the bench, and the poor shirtless men he represented would then have to commence the case *de novo* without advocate, and perhaps have to go to the wall, although they had had two cases decided in their favour that morning."
56 Vgl. den Fall *Wells* v. *Home and Colonial Stores*, Yorkshire Factory Times, 15. Feb. 1895, S. 8. Bei diesem Streit um Lohnabzüge vor Grafschaftsrichter French in Shoreditch, Ost-London, beantragte der Anwalt des beklagten Arbeitgebers lediglich eine kurze Unterbrechung, um einen Zeugen herbeizuholen. „Mr. Pollock: Will your Honour not adjourn it for an hour. We can get the man here in that time. Judge French: I would not give you an adjournment for ten minutes. – (Laughter.) You should come here prepared with legal proofs if you want to justify these fines."
57 Vgl. den Fall *Coles* v. *Wait*, Northampton Mercury, 12. März 1870, S. 6, „Towcester County Court". Es handelte sich um die Lohnklage eines Dienstmädchens, das von der Ehefrau des Beklagten (Wait) eingestellt und entlassen worden war. Der Richter hielt die Anwesenheit der Ehefrau als Zeugin für nötig und bot eine Vertagung an, andernfalls müsse er gegen den Beklagten entscheiden. „Mr. Wait said he would rather pay ten times over than be troubled to come again."

Grafschaftsgerichte zeigt dies an. Auch für größere Unternehmer, die in der Regel nicht selbst erscheinen mußten, weil sie mit der Einstellung und Entlassung von Personal nichts zu tun hatten, war es mit finanziellen Einbußen verbunden, wenn sie ihren Vorarbeiter oder Manager einen ganzen Tag lang entbehren mußten. Dennoch sahen sich Industrielle, Inhaber großer Firmen, Handelshäuser, Versicherungen und öffentliche Arbeitgeber nicht in gleicher Weise durch Verzögerungen und Zeitverluste bedroht wie kleinere Arbeitgeber und Arbeitnehmer. Lange Wartezeiten und Vertagungen waren für größere Arbeitgeber in der Regel nicht mehr als eine lästige Begleiterscheinung des Prozessierens neben vielen anderen, die es insgesamt gegen den möglichen Gewinn aufzurechnen galt.

Gewinne, die für Arbeitgeber den Zeit- und Kostenaufwand rechtfertigten, konnten ideeller oder materieller Natur sein. Bis zur Beseitigung der Strafklauseln des *Master and Servant Act* war es für Arbeitgeber oft ein ausreichendes Klagemotiv, ,Exempel‘ an kontraktbrüchigen Arbeitern statuieren zu lassen. Auch in späteren Jahrzehnten nach 1875 finden sich Beispiele für dieses Verhalten.[58] Manchen Arbeitgebern genügte es schon, wenn das ihnen ,normal‘ erscheinende Unterordnungsverhältnis von *master* und *servant* vom Richter einmal mehr bestätigt wurde. Geschah dies, verzichteten sie großzügig auf den Vollzug der Strafe oder verlangten zumindest für sich keine Kosten.[59] Der Gewinn bestand bei solchen symbolischen Aktionen in der öffentlichen Anerkennung durch den Richter und in der Verbreitung der als rechtmäßig erkannten ,Prinzipien‘ durch die Presse. Ein größerer, auch pekuniär faßbarer Gewinn konnte sich ergeben, wenn es gelang, einen neuen Präzedenzfall zu schaffen, durch den eine betriebliche Praxis recht-

---

[58] Vgl. den Fall *Lander v. Brown*, Drapers' Record, 28. März 1896, S. 808, „Warning to Work Hands": Klage eines Hemdenherstellers vor dem City of London Court gegen eine junge Arbeiterin, die in der besten Saison ohne Kündigung zu einem anderen Arbeitgeber übergewechselt war. „Mr. Lander said he had brought that action in order to show work girls that they could not behave as they liked, and leave him without notice." Ähnlich: *Coombes and Co. v. Birchall*, Shoe Trades Journal, 25. Mai 1917, S. 221, „Leaving without Notice".

[59] Vgl. den Fall *Grist v. Nankivell*, County Courts Chronicle, 1. Nov. 1858, S. 247f. Ein wegen Ungehorsams fristlos entlassener Kutscher klagte hier um seinen bis zur Entlassung erarbeiteten Lohn. Der Beklagte, Dr. Nankivell, verteidigte den Fall unter Verweis auf die Regel des *Common law*, nach der bei berechtigter Entlassung der erarbeitete Lohn verfiel. Der Richter gab Nankivell Recht und lobte sein Verhalten als vorbildlich: „It was much to Dr. Nankivell's credit that he came forward on this occasion to resist the imposition that was intended to be practised upon him. Few persons had the courage or nerve to so. They did not like the trouble and bother of appearing before a court of justice, and would submit to the claim rather than do it; while some were in the habit of paying their servants up to the time at which they turned them out of their house, and so letting them go off with their misconduct unpunished." Nankivell verlangte keine Kosten, obwohl ein Anwalt den Fall geführt hatte.

lich sanktioniert wurde und damit für eine Zeitlang leichter durchzusetzen war. So konnte es sich lohnen vor Gericht zu ziehen, wenn dies dazu führte, daß eine umstrittene Klausel der Arbeitsordnung, eine immer wieder für Unruhe sorgende Lohnabzugsmethode oder eine andauernd verletzte Kündigungsfrist als rechtens bestätigt wurde und die Arbeiter die Zwecklosigkeit ihres Widerstands dagegen einsahen. Der einmalige Zeit- und Kostenaufwand sicherte dann Vorteile, die weit über den Einzelfall hinausreichten. Kleine und mittlere Unternehmer waren gleichwohl zurückhaltend, diesen Weg zu beschreiten. Erst fühlbare Verluste, zum Beispiel mehrere durch Unachtsamkeit eines Arbeiters hervorgerufene Betriebsstörungen kurz hintereinander, führten bei ihnen zur Überwindung der instinktiven Abneigung gegen den Aufwand eines Gerichtsverfahrens.[60]

Für große Firmen und Versicherungen lagen die Hemmschwellen niedriger. Je größer die Einheiten waren, desto häufiger konnte es hier zu gleichartigen Arbeitnehmerklagen oder potentiell justiziablen Vorfällen kommen. Daher ,rentierte' sich ein voller Einsatz auch bei kleinen Streitsummen, sofern dadurch nur genügend andere voraussehbare Fälle gleichsam im voraus mitentschieden wurden. Bei der Nutzung von Gerichten gab es also so etwas wie „economies of scale".[61] Große Firmen und vor allem die Arbeitgeber-Versicherungen gegen Arbeitsunfälle machten von diesem Vorteil systematisch Gebrauch. Zeitverluste und Verzögerungen im Einzelfall spielten dabei für sie keine Rolle. Sie beschäftigten in der Regel ohnehin *solicitors* zu Fixpreisen oder unterhielten eigene Rechtsabteilungen, die ausgelastet werden mußten. Insofern verursachte ihnen die lange Dauer eines Verfahrens relativ gesehen weniger Kosten als einem Einzelkläger. Der Faktor Zeit wurde von diesen mächtigen Parteien taktisch je nach Bedarf eingesetzt. Wer es als einzelner Arbeitnehmer ohne Rückendeckung durch eine Gewerkschaft mit einem solchen Gegner aufnahm, tat gut daran, sich auf ein kompliziertes, durch alle möglichen technischen Tricks künstlich in die Länge gezogenes Verfahren einzustellen. Außergerichtliche Lockangebote an verängstigte Arbeitnehmer und Angehörige, hinhaltende Versprechungen bis entscheidende Fristen abgelaufen waren, langwierige Vorverhandlungen, Anträge auf Verlagerung des Verfahrens, plötzliches Hervorzaubern neuer Expertengutachten und Zeugenaussagen, Einsprüche gegen alles

---

60 Vgl. etwa *Guest* v. *Deepfields Sheet-Iron Company*, County Courts Chronicle, 1. März 1876, S. 303.
61 Zur Definition des Konzepts der „economies of scale": Alfred D. Chandler, Jr., Scale and Scope. The Dynamics of Industrial Capitalism, Cambridge Mass. u. London 1990, S. 17. Vgl. auch Marc Galanter, Why the ,Haves' come out ahead – Speculations on the limits of legal change, in: Law and Society Review 9 (1974), S. 95–160.

und jedes, schließlich Berufungen bis zur letzten Instanz: das waren die Mittel, mit denen größere Firmen und Versicherungen versuchten, ihre Durchhaltefähigkeit gegen finanzschwache Kläger auszuspielen.

Vergleichbares gab (und gibt) es auch in anderen Ländern. Kein Rechtssystem ist so perfekt, daß es die Ausnutzung ökonomischer Macht im Vorfeld von Gerichtsprozessen und während des Verfahrens ausschalten kann. Das englische Rechtssystem mit seinen richterlichen Ermessensspielräumen, seinen undurchsichtigen Verfahrensvorschriften und seinen hohen Kosten machte es jedoch den finanziell Stärkeren relativ leicht, ihren ,natürlichen' Vorteil vor Gericht zur Geltung zu bringen. Ein einmal auf diese Weise errungener Sieg konnte zudem wegen des großen Gewichts von Präzedenzfällen in der englischen Rechtsprechung langfristige Folgen haben. In den Worten eines anonymen Justizkritikers von 1938: „The power of the purse is sometimes curiously assisted by the case-law system."[62] Wie sich die „Macht des Geldbeutels" in Arbeitsstreitigkeiten auswirkte und was die moralische Auflehnung Einzelner dagegen auszurichten vermochte, soll nun anhand von Beispielen, vor allem aus dem Bereich der Arbeitsunfälle, erläutert werden.

DIE ,MACHT DES GELDBEUTELS', DAS RECHT UND DIE MORAL

Der *Employers' Liability Act* von 1880 wurde offenbar von vielen Arbeitgebern als ein Schock empfunden. Liest man Presseberichte aus Unternehmerkreisen zu den ersten Erfahrungen mit dem Gesetz, so scheint es, als seien nicht die verunglückten Arbeiter und ihre Familien, sondern die Arbeitgeber die Opfer gewesen. Mit einem Unterton der Entrüstung nahm das Verbandsblatt „Capital and Labour" zur Kenntnis, daß nun die Streitsucht der Arbeiter sogar den Obersten Gerichtshof erreicht habe.[63] Der Autor des Artikels fand dies beunruhigend, weil es für ihn feststand, daß die Arbeiter nicht die Mittel besäßen, „um sich dem kostpieligen Luxus von Klagen in den höheren Gerichten hinzugeben." Er bedauerte die schwer gebeutelten Unternehmer, die solchen Klagen ausgesetzt seien und damit rechnen müßten, ihre Kosten niemals ersetzt zu bekommen, weil ja bei den Gegnern nichts zu holen sei. Daß es Versicherungen gab, die dem Arbeitgeber das Risiko der Entschädigungszahlung samt möglicher Gerichtskosten abnahmen, erwähnte der Autor ebensowenig wie die Tatsache, daß es gerade diese Versicherungen waren, die an vorderster Stelle dafür sorgten, daß sich der

---

62 Barrister, Justice in England, S. 144.
63 Capital and Labour, 29. Nov. 1882, S. 495.

High court seit der Einführung des neuen Gesetzes zunehmend mit Arbeitsunfällen beschäftigen mußte. Der Autor sah hingegen die Ursache für die vielen Prozesse ganz woanders. Als Schuldige machte er eine bestimmte Klasse von dubiosen Anwälten aus. Diese würden den Arbeitern zunächst falsche Hoffnungen machen, indem sie auf der Basis „No success, no pay" zu arbeiten versprächen, um dann bei einem Gewinn für sich ein tüchtiges Stück aus der eigentlich für den Arbeiter bestimmten Entschädigung herauszuschneiden. Von ähnlichen Erfahrungen berichtete der Vorsitzende der *Builders' Accident Insurance (Ltd.)*, einer der aufgrund des neuen Gesetzes ins Leben gerufenen Arbeitgeber-Versicherungen.[64] In seinem ersten Jahresbericht erklärte der Vorsitzende, daß seine Gesellschaft in einigen Fällen „sehr große Härten erlitten" habe, weil der gegnerische *solicitor* die fälligen Gerichtsgebühren nicht habe vorstrecken wollen und der Grafschaftsrichter daraufhin die Anhörung verweigert habe.[65] Die Gesellschaft, die mit zwei Anwälten (einem *solicitor* und einem *barrister*) sowie Zeugen im Gerichtssaal aufmarschiert sei, habe also vergeblich viel Geld ausgegeben – eine „Härte", so fügte er als guter Werbestratege hinzu, die einen nicht bei seiner Gesellschaft versicherten Unternehmer natürlich sehr viel mehr getroffen hätte.

Aus Stimmen wie diesen sprach die Auffassung, daß ein geschädigter Arbeiter, der zahlungsunfähig war, besser nicht klagen sollte, schon gar nicht vor den höheren Gerichten, sondern mit dem zufrieden sein sollte, was der Arbeitgeber freiwillig zu geben bereit war. Diese Auffassung wurde auch von manchen *Common law*-Richtern geteilt. Arbeiter, die eine sachlich durchaus gerechtfertigte Berufung einlegen wollten, wurden aufgefordert, erst Bürgschaften für die Kosten beizubringen, bevor die Berufung erlaubt wurde.[66] Wenn im Laufe eines Verfahrens herauskam, daß der Kläger mit-

---

64 Vgl. Bartrip, Wounded Soldiers, S. 165 ff. Die bekannteste dieser Versicherungen war die *Employers' Liability Assurance Corporation Ltd.* Daneben gab es auch branchenspezifische, den jeweiligen Arbeitgeberverbänden nahestehende Gesellschaften wie zum Beispiel diejenige der Bauunternehmer. Zu diesen verbandsnahen Versicherungen auch Arthur J. McIvor, Organised Capital. Employers' associations and industrial relations in northern England, 1880–1939, Cambridge 1996, S. 79 f.

65 The Builder, 29. Juli 1882, S. 156.

66 Vgl. den Fall *Heaven* v. *Pender*, Capital and Labour, 14. Juni 1882, S. 248. Der klagende Arbeiter war durch ein einstürzendes Gerüst verletzt worden, weil ein tragendes Seil angesengt war. Vor dem Bow County Court hatte er gewonnen und £ 20 Schadensersatz zugesprochen bekommen, bei dem vom Arbeitgeber angestrengten Berufungsverfahren vor der *Queen's Bench* wurde gegen den Arbeiter entschieden, und nun versuchte sein Anwalt, eine Berufung an den *Court of Appeal* zu erreichen: „The Court said the difficulty in allowing an appeal in such small cases was as to the costs. Could the plaintiff give security for costs? The

tellos war und den Fall nur mit Hilfe eines auf Gewinn spekulierenden Anwalts vor Gericht hatte bringen können, konnte es geschehen, daß dieses
Klageverhalten geradezu als moralische Verfehlung ausgelegt wurde. So erging es einem jugendlichen Arbeiter in einer Londoner Schuhfabrik, William Strong, dessen Arm beim Reinigen einer noch laufenden Maschine
abgerissen worden war.[67] Der gegnerische Anwalt und Lord Chief Justice
Coleridge befragten im Kreuzverhör den Kläger und seine Mutter, Mrs.
Strong, ausgiebig nach den Vorgängen, die zur Klage geführt hatten. Mrs.
Strong mußte zugeben, daß sie durch einen „Freund", dessen Namen sie
nicht nennen wollte, mit einem Mr. Frith bekannt gemacht worden sei. Der
wiederum habe sie mit der *solicitor*-Firma Noon and Clarke in Verbindung
gebracht, mit der dann die Übernahme des Falles „arrangiert" worden sei.
Weiter gab die Mutter zu, „daß sie keinen *penny* für die Gerichtskosten
besitze" und auch keine Ahnung habe, ob Messrs. Noon and Clarke schon
bezahlt worden seien oder später bezahlt werden würden. Damit war klar
(oder es wurde jedenfalls suggeriert), daß Mrs. Strong sich von dubiosen
Leuten zur Klage hatte überreden lassen. Dafür sprach ebenfalls die Tatsache, daß die Mutter nach dem Unfall offenbar zunächst eine gütliche Einigung mit dem Arbeitgeber, Mr. Flatau, angestrebt hatte, dann aber auf einmal in Begleitung einer Person vor dem Arbeitgeber erschienen war, um,
wie der gegnerische Anwalt insinuierte, vor diesem Zeugen dem Arbeitgeber bindende Versprechen abzunötigen. Lord Chief Justice Coleridge beendete sein über einstündiges, höchst parteiisches Resümee des Falles für die
jury, indem er feststellte, daß der Junge und die Mutter gar nicht die „wirklichen Kläger" in dem Fall seien. Im letzten Satz seines Plädoyers – eine
sachliche Zusammenfassung des Falles kann man es nicht nennen – machte
Coleridge der Mutter Vorhaltungen wegen ihres Verhaltens: „The boy's
mother thinking to advance her son's cause, had gone with a witness to
Messrs. Flatau's to endeavour to induce them to incur a legal obligation; this
any man would be justified in refusing to do, though he might be willing to
give every assistance voluntarily to a person who had become disabled in his
employ."[68] Mit den juristischen Sachverhalten hatten diese abschließenden

---

Court said that would be sufficient, and as there was some diversity in the cases, the plaintiff
would be allowed to appeal."

67 Vgl. den Fallbericht im Boot and Shoe Trades Journal, 11. März 1882, S. 112 f., „The Liabili-
    ties of Employers. Strong v. Flatau." Dort auch die folgenden Zitate. Es handelte sich hier
    um eine *negligence*-Klage nach dem *Common law*, nicht eine Klage unter dem *Employers'
    Liability Act*.

68 Ebd., S. 113. In seinem Resümee hatte Coleridge, ohne es ausdrücklich zu sagen, deutlich ge-
    macht, daß er die Kläger für Lügner hielt. Dagegen schenkte er den Aussagen des Vorarbei-

Bemerkungen nicht das Geringste zu tun. Dem Lord Chief Justice kam es offensichtlich darauf an, die Kläger vor den Geschworenen in schlechtes Licht zu rücken. Letztlich warf Coleridge der Mutter vor, daß sie arm war und sich nicht dementsprechend, nämlich demütig, verhalten hatte. Die Geschworenen ließen sich beeindrucken und gaben ein Verdikt für den beklagten Arbeitgeber.

Die Unterstellung, daß Arme leichtfertig ungerechtfertigte Schadensersatzforderungen stellten, und der Wunsch, daß man den spekulierenden Anwälten, die sie dazu überredeten, das Handwerk legen möge, zog sich als Topos durch die Arbeitgeberpresse und Kommentare der seriösen Juristenschaft. Auch der Gesetzgeber war darum bemüht, arme Kläger vom Obersten Gerichtshof fernzuhalten. Der *County Courts Act* von 1888 sah vor, daß Kläger, die im *High court* bei einer Vertragsstreitigkeit weniger als £ 20 und bei einer Deliktssache weniger als £ 10 erstritten, überhaupt keine Kosten erhalten sollten, und weiter, daß den Klägern, die bei Vertragsstreitigkeiten bis zu £ 50 und bei einer Deliktssache bis zu £ 20 erstritten, lediglich pauschale Kosten nach den Skalen der *county courts* zustanden.[69] Faktisch schloß man damit arme Kläger vom *High court* aus, außer wenn ihnen von den Lokalgerichten eine Berufung zugestanden wurde. Das gleiche Gesetz enthielt wie zum Hohn eine Bestimmung, die es reichen Beklagten erleichterte, eine Prozeßverlagerung vom *county court* an den *High court* zu erwirken.[70] Die Bedingung war, daß vor dem *registrar* des Grafschaftsgerichts Sicherheiten über die geforderte Summe und die zu erwartenden Kosten eines *High court*-Verfahrens gegeben werden mußten – etwas, was für große Arbeitgeber oder Versicherungen, die einen armen Kläger durch Prozeßverlagerung zur Aufgabe nötigen wollten, ein Leichtes war.[71]

Von seiten der etablierten Trade Unions kam gegen die offenkundige Benachteiligung armer Kläger allenfalls verhaltene, meist moralisch argumentierende Kritik. Die führenden Gewerkschaftler des *Trades Union Congress*

---

ters Glauben, obwohl dieser in dem Fall um seine eigene Reputation kämpfen mußte, denn er war es, dem die Nachlässigkeit zur Last gelegt wurde, die zu dem Unfall geführt hatte. Außerdem bezichtigte Coleridge einen Fabrikinspektor, Mr. Lakeman, der in dem Prozeß als Zeuge gegen die Firma und den Vorarbeiter ausgesagt hatte, ein falsches Amtsverständnis zu haben und in diesem Fall Beweise „zurechtgemacht" zu haben.

[69] *County Courts Act* 1888, 51 & 52 Vict. c. 43, s. 116.
[70] Ebd., s. 62.
[71] Schon vorher hatten Versicherungen zum Teil mit Erfolg versucht, Fälle durch *certiorari* an den *High Court* zu ziehen. Vgl. die Berichte über den Fall *Owens v. Maudsley and Sons* in: County Courts Chronicle, 1. Nov. 1881, S. 210; 1. Dez. 1881, S. 234 f.; 1. März 1882, S. 275 (Leitartikel) u. 280 f.; der Fall erregte auch die Aufmerksamkeit der *Amalgamated Society of Engineers*, siehe MRC Mss. 259/4/14/11, Monthly Report, März 1882, S. 31 f.

verfolgten zwar die Entwicklung der Rechtsprechung zum *Employers' Liability Act* genau und bemühten sich auf politischem Wege um eine Reform
des Gesetzes.[72] Aber eine tiefergehende Auseinandersetzung mit den Problemen armer Kläger und mit den Elementen des englischen Rechtssystems,
die ihre ohnehin schwache Position vor Gericht noch schwächer machten,
fand lange Zeit nicht statt.[73] Die Einzelgewerkschaften unterstützten zwar
ihre Mitglieder bei Prozessen um Arbeitsunfälle, soweit es ihre Mittel erlaubten, und sie entwickelten dabei ein praktisches Wissen für das, was juristisch möglich war und was nicht, aber auch sie nahmen die Benachteiligung
armer Kläger (zu denen ihre Mitglieder nicht unbedingt gehörten) als gegeben hin.[74] Manche führenden Funktionäre hatten sich wohl auch selbst
schon so weit von der unmittelbaren Anschauung der Notlagen verunglückter Arbeiter entfernt, daß sie in die Rhetorik der Arbeitgeber und
Juristen einstimmten. In seinem populären „Handy-Book of the Labour
Laws" (1895) kritisierte George Howell sogar die Trade Unions selbst, die
„alle möglichen frivolen Klagen vorbrächten, nur um die Arbeitgeber zu
belästigen".[75] Auch riet er den einzelnen Arbeitern, keine „exorbitanten
Forderungen" einzureichen – damit andeutend, daß er manche Forderungen selber für überzogen hielt.[76] Über die schäbigen Methoden, mit denen
manche Arbeitgeber und Versicherungen versuchten, Unfallopfer unter
Druck zu setzen und mit viel zu geringen freiwilligen Zahlungen abzuspei-
sen, äußerte sich Howell nur vorsichtig. Lediglich vor einem Trick warnte
er seine Leser eindringlich: Das war die offenbar gängige Praxis, Verunglückte und ihre Angehörigen in den ersten Wochen durch Versprechungen,
scheinbar großzügige Hilfeleistungen, Zahlung von Arztrechnungen und
dergleichen ruhigzustellen, um dann später vor Gericht sagen zu können,
die im Gesetz vorgesehene sechswöchige Frist für die schriftliche Meldung
der Verletzung und der Klageabsicht an den Arbeitgeber sei nicht eingehal-

---

[72] Fourteenth Annual Trades' Union Congress, London 1881, S. 6, 9f., 15; Fifteenth Annual
      Trades' Union Congress, Manchester 1882, S. 11, 15, Sixteenth Annual Trades Union Con-
      gress, Nottingham 1883, S. 13 (mit einer Tabelle, wonach in den ersten beiden Jahren nach
      Inkrafttreten des Gesetzes nur 17% bzw. 23% der Kläger Schadensersatz erwirken konn-
      ten). Vgl. auch: Digest of Cases decided under „The Employers' Liability Act, 1880",
      hrsg. vom Trades' Union Congress Parliamentary Committee, London 1887 (Microfilm
      edition).
[73] Vgl. Bartrip, Wounded Soldiers, S. 167.
[74] Zur Rechtshilfegewährung durch Gewerkschaften siehe unten, Kap. III.3.
[75] Howell, Handy-Book, 3. Aufl. 1895, S. 162.
[76] Ebd., S. 165.

ten worden.[77] Tatsächlich scheiterten des öfteren Arbeitnehmerklagen an diesem und anderen formalen Punkten.[78]

Vieles von dem, was Arbeitgeber und Versicherungen unternahmen, um Klagen unter dem *Employers' Liability Act* abzuwenden, blieb der Öffentlichkeit verborgen. Über die Masse der Fälle, die durch freiwillige Zahlungen der Versicherungen oder anderweitig erledigt wurden, ohne daß die Gerichte eingeschaltet wurden, wußte (und weiß) man nur so viel, wie sich aus gelegentlichen Andeutungen in Fallberichten ermitteln läßt.[79] Bemerkt und kritisiert wurden zunächst vor allem die taktischen Manöver, mit denen finanzschwache Kläger im Gericht an die Wand gespielt wurden.[80] Was im Vorfeld und außerhalb der Gerichtssäle geschah, blieb weitgehend im Dunkeln.

Ganz unbeeindruckt von der kritischen Beobachtung ihrer Prozeßführungsmethoden waren die Arbeitgeber und Versicherungen aber offenbar nicht. Nachdem deutlich wurde, daß der *Employers' Liability Act* längst nicht die schlimmen Konsequenzen hatte, die anfangs befürchtet worden

---

[77] Ebd., S. 163.

[78] Vgl. etwa Labour Gazette, Dez. 1897, S. 361; April 1898, S. 105, „Notice of Injury": hier wies der Richter des City of London Court die Klage einer Witwe eines vom Gerüst gestürzten Malers wegen nicht eingehaltener Frist zurück; in der Berufung wurde dies jedoch in diesem Fall als „entschuldbar" gewertet. Für die Klägerin war geltend gemacht worden, daß der Bauunternehmer der Witwe regelmäßig Geldsummen gezahlt habe, so daß sie den Eindruck erhielt, es würde für sie gesorgt. Beispiele für Scheitern von Klagen wegen nicht eingehaltener Frist und anderen Formalien: Capital and Labour, 19. April 1882, S. 166; ebd., 24. Mai 1882, S. 216; ebd., 21. Juni 1882, S. 258; ebd., 28. Juni 1882, S. 269. Zahlreiche weitere Fälle dieser Art berichtet in: Digest of Cases, hrsg. vom TUC Parliamentary Committee, S. 5 f.

[79] Es ist anzunehmen, aber ohne weitere Studien nicht beweisbar, daß viele Unfallopfer sich angesichts der Risiken eines Gerichtsprozesses mit Almosen abfanden. Die Tatsache, daß die Versicherungen ihre Prämien schon bald senken konnten, deutet hier auf eine im Sinne der Arbeitgeber ‚effektive' Praxis. Laut Bartrip, Wounded Soldiers, S. 166 f., resultierten von den 1515 Forderungen gegen die *Employers' Liability Assurance Corporation* in den ersten fünf Jahren nach dem Gesetz von 1880 lediglich 136, also weniger als zehn Prozent, in Gerichtsverfahren. Aus der Sicht der klagenden Arbeiter heißt dies, daß ein nicht unbeträchtlicher Anteil der insgesamt stattfindenden Gerichtsverfahren unter dem *Employers' Liability Act* tatsächlich gegen diese Versicherung und nicht gegen die nominell beklagten Arbeitgeber geführt werden mußten. Bedenkt man, daß es neben dieser Gesellschaft noch andere, branchenspezifische Gesellschaften gab, wird man schließen dürfen, daß wohl in über der Hälfte aller Fälle Versicherungen und nicht Arbeitgeber die wahren Prozeßgegner der Arbeiter waren.

[80] Vgl. etwa den zuerst in der Morning Post Ende 1882 und dann im County Courts Chronicle, 1. Jan. 1883, S. 18 f., abgedruckten Leserbrief von Hicklin and Washington, bei denen es sich um eine Anwalts-Sozietät handelte, die am Southwark County Court mit *Employers' Liability*-Fällen befaßt war. Kritisiert wurde hier die Praxis der Prozeßverlagerung an den *High court* durch *certiorari* und darüber hinaus die Existenz der Versicherungen schlechthin.

waren, zeigten sich Arbeitgeber in der Kostenfrage mitunter konzilianter. In den neunziger Jahren des 19. Jahrhunderts konnte es schon einmal vorkommen, daß ein Arbeitgeber, der Berufung einlegen wollte, von sich aus anbot, sämtliche entstehenden Kosten, auch die des Klägers, in jedem Fall zu übernehmen.[81] Damit entging er dem Verdacht, einen armen Arbeiter oder seine Witwe zusätzlich zum erlittenen Unglück zu ruinieren. Wenn es jedoch um große Streitsummen ging, wie zum Beispiel nach Grubenunglücken, wurde weiterhin mit allen Mitteln gekämpft. So im Fall *Carter and others* v. *Rigby and Co.* (1896), in dem 50 Witwen von Bergleuten, um Kosten zu sparen, eine Sammelklage eingereicht hatten, was die Bergbau-Gesellschaft durch mehrmalige Anträge und Berufungen an den *High court* schließlich zu verhindern wußte.[82] Der Streitwert in dem Fall betrug immerhin £ 9.600. Das Ergebnis monatelanger Auseinandersetzungen war, daß die Witwen nicht zusammen klagen durften. Die Anwälte der Bergbau-Gesellschaft gaben in diesem Fall offen zu erkennen, worum es der Firma abgesehen von der Kostenerhöhung für die Klägerinnen außerdem noch ging: Die Gesellschaft wollte erreichen, daß die Klägerinnen aufgrund ihrer falsch angefangenen Sammelklage nun überhaupt nicht mehr würden klagen können, weil inzwischen die Frist abgelaufen war, innerhalb derer Einzelklagen hätten angestrengt werden müssen.[83]

Etwa um die gleiche Zeit als durch die *Workmen's Compensation Acts* von 1897 und 1906 die Beweislasten bei Unfallstreitigkeiten entscheidend zugunsten der Arbeitnehmer verschoben wurden, zeichnete sich auch bei der Wahrnehmung des Problems der Armut vor Gericht eine allmähliche Trendwende ab. In den neunziger Jahren des 19. Jahrhunderts nahmen vor allem in London, später auch in den Industriestädten des Nordens sogenannte *Poor Man's Lawyers* ihre Arbeit auf, das waren von verschiedenen bürgerlichen Gruppen getragene Rechtsberatungsstellen, die sich vorzugsweise in den sozialen Problemvierteln ansiedelten.[84] Durch ihre Tätigkeit und durch Organisationen wie das bereits erwähnte *Industrial Law Committee* wurde einer breiteren, auch universitären Öffentlichkeit bewußt, wie schwer es Arbeitern und Armen im englischen Justizsystem gemacht wurde, Recht zu bekommen. Von diesen Einrichtungen gingen etwa seit der

---

81 Vgl. den Fall *Hooper* v. *Holme and King*, berichtet in: The Builder, 25. Juli 1896, S. 84f.
82 Colliery Guardian, 6. März 1896, S. 462; 5. Juni 1896, S. 1073; 19. Juni 1896, S. 1166.
83 Colliery Guardian, 6. März 1896, S. 462: „The defendants desired to raise the question whether the county court rules entitled the plaintiffs so to join. That was an important point, because if it were decided in favour of the defendants, it was now too late for the plaintiffs to commence fresh actions."
84 Siehe unten, Kap. III.2.

Jahrhundertwende auch vermehrt Impulse an die staatliche und kommunale Sozialpolitik aus. Das geschah teils auf publizistischem Wege, teils in Gestalt einzelner Personen, zum Beispiel William Beveridge, die als junge Studenten freiwillig Dienst in den Sozialarbeitszentren geleistet hatten und dann nach und nach in führende Ministerialbeamten- und Regierungspositionen aufstiegen.[85] Unabhängig davon begannen Minderheitengruppen innerhalb der juristischen Profession, eine öffentliche Diskussion über die veraltete und völlig unzureichende Armenrechtsprozedur (*in forma pauperis*) und die damit zusammenhängenden Härten in Gang zu setzen.[86] Daraus erwuchs vorerst kaum konkrete legislative oder administrative Maßnahmen, aber wenigstens die Einsicht in die Reformbedürftigkeit des Systems nahm zu.

Schließlich war es vor allem die wachsende Zahl der Grafschaftsgerichts-Verfahren und Berufungen unter dem *Workmen's Compensation Act*, die eine allgemeine Sensibilisierung für das Problem des unfairen Gebrauchs ökonomischer Macht vor Gericht herbeiführte. Die Gewerkschaften der hauptsächlich von Unfällen betroffenen Berufe konnten es nicht mehr, wie vielfach bisher, bei sporadischer Rechtsberatung und der Inszenierung von Testfällen bewenden lassen, sondern mußten ihr Hilfsangebot für die Mitglieder systematisch ausbauen.[87] Sie wurden damit zu ernstzunehmenden Gegenspielern für die Versicherungen und großen Arbeitgeber, was zwar die organisierten Arbeiter besser schützte, zugleich aber die Kosten für alle Beteiligten in die Höhe trieb. Unorganisierte Arbeitnehmer waren weiterhin, nur jetzt viel häufiger als früher, den gleichen Pressionen ausgesetzt, die schon unter dem *Employers' Liability Act* üblich gewesen waren. Nach wie vor wurden sie vor allem durch die hohen Kosten daran gehindert, ihre Rechte wahrzunehmen. Ähnlich hart traf es kleine Arbeitgeber, die es versäumt hatten, sich zu versichern, oder die einer nicht leistungswilligen oder -fähigen Gesellschaft aufgesessen waren. Es kam nun auch häufiger zu Prozessen, in denen kleine Arbeitgeber ihrer eigenen Versicherung gegenüberstanden und erfuhren, was es hieß, sich mit einem finanziell überlegenen und juristisch versierten Gegner anzulegen.[88]

---

85 Vgl. Cornelißen, Das „Innere Kabinett", S. 172–200; Jose Harris, William Beveridge. A Biography, Oxford 1977, S. 44–63.

86 Siehe unten, Kap. III.2.

87 Näheres unten, Kap. III.3.

88 Vgl. etwa den Fall *Bradley* v. *Essex and Suffolk Accident Indemnity Society, Ltd.*, berichtet und kommentiert im Master Builder & Associations Journal, 7. Feb. 1912, S. 23. Der Kläger wird hier beschrieben als ein „small man", der nur eine Person (seinen Sohn) beschäftigte und es versäumt hatte, ein Lohnbuch zu führen, wie es die Versicherungspolice verlangte.

Eine der wichtigsten Neuerungen des *Workmen's Compensation Act* war die Bestimmung, daß die Grafschaftsrichter in den Verfahren unter dem Gesetz nicht als Richter wie in einem normalen Zivilprozeß, sondern als Schiedsrichter zu agieren hatten. Das gab ihnen die Möglichkeit, die Tatbestände des Unfallhergangs, der Abhängigkeitsverhältnisse am Arbeitsplatz und der Vorgänge, die dem Verfahren vorausgegangen waren, auch nach anderen als rein juristischen Gesichtspunkten zu bewerten. Manche Grafschaftsrichter nahmen sich dabei sehr weitgehende Freiheiten heraus, indem sie gegen den sonst im englischen Recht üblichen Rekurs auf Präzedenzfälle immer wieder die Besonderheiten des konkreten Falles hervorkehrten. Niemand ging hier weiter als Judge Edward Parry, der als Autor des Buchs „The Law and the Poor" (1914) auch publizistisch Furore machte. Parry pflegte Versicherungs- und Arbeitgeberanwälte kurz abzufertigen, wenn sie ihre Verteidigung bloß auf technische Formalitäten gründeten und dafür mit Präzedenzfällen argumentierten. Einen Anwalt, der aus dem Fehlen einer schriftlichen Meldung des Unfalls abzuleiten versuchte, daß dadurch der Arbeitgeber in seiner Verteidigung beeinträchtigt worden sei, belehrte Parry, daß zehn oder zwölf scheinbar ähnliche Fälle, die der Anwalt zitiert hatte, nichts über den ihm jetzt als Schiedsrichter vorliegenden Fall aussagten.[89] Es sei eine reine Faktenfrage, ob jemand beeinträchtigt sei oder nicht, und was andere in anderen Fällen aufgrund anderer Fakten festgestellt hätten, sei irrelevant. Als Kriterien für seine Faktenbeurteilung ließ Parry allein den Text des Gesetzes und den allgemeinen Menschenverstand gelten. Nach diesen Kriterien fand er im vorliegenden Fall, *Love* v. *White and Sons, Ltd.* (1915), keine Beeinträchtigung, und er schloß den Fall ab mit einem für ihn typischen Angriff auf die Prozeßführungsmethoden von Arbeitgebern und Versicherungen: „It is lamentable in a case like this that a man should be kept out of his rights and have to employ solicitors and counsel at serious expense to himself to contravert a technical point that is wholly without merits and is altogether false in facts."[90] Eine so deutliche Sprache war neu und außergewöhnlich in englischen Gerichten.

Als er nach einem Arbeitsunfall seines Sohnes Versicherungsleistungen beantragte, weigerte sich die Versicherung unter Hinweis auf das Versäumnis. Der Fall wurde erst vor dem *High court* und anschließend vor dem *Court of Appeal* verhandelt und endete dort für den Arbeitgeber, allerdings bei einem Minderheitsvotum eines Richters für die Versicherung. Für ein anderes Beispiel siehe Labour Gazette, Juni 1907, S. 183 (*Holdsworth* v. *Lancashire and Yorkshire Insurance Co.*).

[89] *Love* v. *White and Sons, Ltd.*, Law Journal County Courts Reporter, 15. Jan. 1916, S. 3.
[90] Ebd.

Judge Parry war indes nicht der einzige Grafschaftsrichter, der sein Amt als Schiedsrichter unter dem *Workmen's Compensation Act* nutzte, um gegen die ‚Macht des Geldbeutels' eine Art ausgleichender Gerechtigkeit geltend zu machen. Die bevorzugte Gelegenheit dafür waren Fälle, bei denen es um die vom Gesetz verlangte Registrierung von Pauschalabfindungen an Unfallopfer, sogenante *lump sum agreements*, durch das Gericht ging. Bei diesen Gelegenheiten machten Grafschaftsrichter keinen Hehl aus ihrer Abneigung gegen die Methoden, mit denen die Opfer genötigt wurden, solchen Abmachungen zuzustimmen. Für manche Richter, etwa Judge Mulligan in Norwich, war es offenbar bereits Anlaß genug zum Mißtrauen, wenn nicht der nominell als Antragsteller oder Beklagter fungierende Arbeitgeber, sondern eine Versicherung im Hintergrund die Fäden zog.[91] Schon die Tatsache, daß Mulligan diese Drahtzieher im Hintergrund in seinen Urteilsbegründungen namentlich erwähnte, war ungewöhnlich und geeignet, die Versicherungen in ein ungünstiges Licht zu rücken. Besonders mißtrauisch reagierten Richter, wenn Minderjährige nicht nur durch Versicherungsagenten und Arbeitgeber, sondern auch durch ihre Eltern unter Druck gesetzt wurden, eine einmalige Abfindung statt der wöchentlichen Zahlung anzunehmen. Der Grafschaftsrichter fand sich dann manchmal in der Rolle eines Vormunds wieder, der das Kindeswohl gegen alle im Saal anwesenden Parteien verteidigte, wie im Fall *Pettipher* v. *Metzler* (1923), in dem Judge Cluer vom Shoreditch County Court seinem Mißfallen gegen die übertriebene Eile der Versicherungen bei solchen Fällen deutlich Ausdruck verlieh:

Judge Cluer: ... What is the object of hurrying the matter?
Mr. Samuels: It is not so much a matter of hurrying the matter but your Honour knows that insurance companies like to get these small matters off their books.
Judge Cluer: But what on earth is that to do with me? That is not for the benefit of the boy, surely, and it is not a small matter for the lad.[92]

---

91 Vgl. den Fall *Edwards* v. *The Representatives of E.L. Semmence*, berichtet in: Illustrated Carpenter and Builder, 24. Mai 1912, S. 610. Hier war einem illiteraten, 68jährigen Landarbeiter, der durch einen Sturz völlig arbeitsunfähig geworden war, eine Abfindung von £ 10 aufgenötigt worden, nachdem man ihm vorher monatelang die ihm zustehende wöchentliche Entschädigungszahlung vorenthalten hatte und ihm androhte, dies fortzusetzen, wenn er nicht unterzeichne. Judge Mulligan entsprach dem Antrag von Edwards, diese ‚Einigung' aus dem Register zu entfernen und damit ungültig zu machen. Die Versicherung, die hier die Fäden gezogen hatte, war die *Employers' Liability Assurance Corporation*. Vgl. auch den Fall *Representatives of Herbert Hammond* v. *Page*, Law Journal County Courts Reporter, 9. Mai 1914, S. 45. Der wahre Kläger im Hintergrund war hier die *Royal Insurance Company*, die einen Antrag auf Beendigung der wöchentlichen Zahlung gestellt hatte.
92 *Pettipher* v. *Metzler*, Shoe Trades Journal, 6. April 1923, S. 14, „‚Wait and See'. Judge's Ruling in Compensation Case".

Gegen die moralisch inspirierte oder wie manche meinten „sentimentale" Spruchpraxis von Grafschaftsrichtern wie Parry, Mulligan oder Cluer stand Arbeitgebern und Versicherungen natürlich der Berufungsweg offen.[93] Kein Gesetz in der neueren englischen Rechtsgeschichte verursachte innerhalb weniger Jahrzehnte so viele Berufungen wie der *Workmen's Compensation Act*.[94] Die Rechtsprechung des *Court of Appeal*, der in diesen Fällen unter Übergehung des *High court* direkt zuständig war, galt als notorisch arbeitnehmerfeindlich und formalistisch, und oft genug war es das *House of Lords*, welches den ursprünglichen Schiedsspruch des Grafschaftsrichters wiederherstellte und damit die Intention des Gesetzes gegen den *Court of Appeal* klarstellte.[95] Auf einen Fall, der bis zur höchsten Instanz gelangte, kamen freilich viele andere, in denen die auf Einzelfallgerechtigkeit zielenden Sprüche der Grafschaftsrichter durch die wortklauberische Gesetzes- und Präzedenzfallauslegung des *Court of Appeal* endgültig ‚korrigiert' wurden. Gerade Judge Parry wurde des öfteren auf diese Weise in die Schranken gewiesen. Bei der Bewertung von *lump sum agreements* zum Beispiel war der *Court of Appeal* viel weniger geneigt, ja er lehnte es im Grunde ab, die konkrete Zwangssituation, in der einfache Arbeiter sich nach dem Unfall, monatelanger Krankheit und aufreibendem Kampf mit Versicherungsagenten befanden, in Erwägung zu ziehen. Die Berufungsrichter legten die strengen Maßstäbe des *law of contract* an, das die Tatbestände der Nötigung und des Betrugs äußerst eng definierte und prinzipiell die Willensfreiheit bei Erwachsenen als gegeben annahm.

Ein Fall, bei dem die divergierenden Urteilsmaßstäbe eklatant zum Ausdruck kamen, war *Hudson v. Camberwell Borough Council* (1917).[96] Judge Parry hatte in einem seiner typischen Schiedssprüche minutiös, unter Nennung von Namen und Adressen, geschildert, wie die Agenten der *Local Government Guarantee Society* einen illiteraten und völlig hilflosen Transportarbeiter (Hudson) erst monatelang ohne jede Entschädigung ließen, ihm dann lächerliche £ 3 gaben und zugleich ein Schriftstück zur Unterzeichnung vorlegten, von dem Hudson annahm, es handele sich lediglich

---

[93] Der Vorwurf, „sentimentale" Urteile zu fällen, wurde zum Beispiel auf dem Jahrestreffen 1912 der *Employers' Liability Assurance Corporation* gegen einige Grafschaftsrichter erhoben, vgl. Colliery Guardian, 26. April 1912, S. 849. Hier wurde festgestellt, daß es in manchen *county court*-Distrikten wegen eines bestimmten Richters „hoffnungslos" sei, zu gewinnen.

[94] Vgl. die monatliche Rubrik „Legal Cases affecting Labour" in der „Labour Gazette" und die Berichtsserie Butterworths' Workmen's Compensation Cases, 41 Bde., London 1909–1950.

[95] Vgl. Cornish u. Clark, Law and Society, S. 533 f.

[96] Law Journal County Courts Reporter, 10. Feb. 1917, S. 11 ff. (County Court) und 17. März 1917, S. 20 (Court of Appeal).

um die Quittung über die £ 3. In Wirklichkeit unterzeichnete Hudson damit ein *lump sum agreement* über die angesichts der langandauernden Arbeitsunfähigkeit erbärmliche Summe von £ 33. Von diesen £ 33 waren zudem noch £ 8 als Gebühr an einen sogenannten „claims assessor" abzuführen, der diese Abmachung für die Versicherung zustandegebracht hatte. Auf irgendeinem Wege, wie genau geht aus Parrys Urteil nicht hervor, gelangte der Fall schließlich doch an einen Anwalt, einen Mr. Vandamm.[97] Dieser unterrichtete zum erstenmal den Arbeitgeber von Hudson, den Stadtrat von Camberwell (ein *Borough* in Süd-London), über die genauen Umstände des Falles und stellte, nachdem weitere Wochen verstrichen waren, einen Antrag auf Schiedspruch an das Grafschaftsgericht. Erst als so ein gerichtliches Schiedsverfahren anstand, bequemte sich die Versicherung, ein neues Angebot diesmal über £ 75 zu machen. Zugleich drohten die Versicherungsagenten jedoch, bei Nicht-Annahme dieses Angebots die alte, bereits unterzeichnete Abmachung in Kraft zu lassen. Hudsons Anwalt riet unter diesen Umständen zur Unterzeichnung, was der Arbeiter, der bis dahin außer den £ 3 immer noch keinen *penny* Entschädigung gesehen hatte, bereitwillig tat. Judge Parry erkannte aufgrund dieser Tatsachen im Fall der ersten Abmachung über £ 33 auf Betrug und betrachtete wegen der Drohung auch die zweite Abmachung über £ 75 als „behaftet mit diesem ersten Betrug". Er verweigerte die Registrierung der Abmachung. Parrys Sprache in diesem Urteil ließ wie immer an Deutlichkeit nichts zu wünschen übrig. Das Angebot der Versicherung bezeichnete er als ein „Linsengericht", für das in diesem Fall ein „verhungernder, unwissender Mann" sein „Geburtsrecht" habe hergeben müssen, und die Drohung, die erste Abmachung in Kraft zu lassen, nannte er „pure bluff". Der *Court of Appeal* dagegen fand in diesem Fall „keine Beweise für Betrug" und wies Parry streng zurecht, weil im Verfahren der Antragsteller Hudson den Vorwurf des Betrugs ja gar nicht erhoben habe und die des Betrugs Bezichtigten keine Gelegenheit zur Verteidigung gehabt hätten. Im übrigen sei Parry nicht kompetent gewesen, die Registrierung zu verweigern, weil jede „genuine" Abmachung laut Gesetz registriert werden müsse. Die Zustimmung Hudsons, unter welchen Umständen auch immer gegeben, genügte den Berufungsrichtern, um diese Abmachung als genuin zustandegekommen zu betrachten.

Die Argumentation des *Court of Appeal* in diesem und ähnlichen Fällen war nach den Maßstäben des *Common law* durchaus vertretbar. Es ent-

---

[97] Die Firma George Vandamm and Co. übernahm regelmäßig Fälle, die von der Rechtsberatungsstelle in Toynbee Hall im Londoner East End als ‚förderungswürdig' anerkannt worden waren. Vgl. Toynbee Record 25, No. 7, April 1913, S. 106.

sprach aber keineswegs der Intention des Gesetzes, daß über *Workmen's Compensation*-Angelegenheiten nach diesen Maßstäben entschieden werden sollte. Durch die Spruchpraxis des *Court of Appeal* wurde jedoch ein strikt verstandenes *Common law* vielerorts in die erstinstanzlichen Schiedsverfahren zurückimportiert. Denn längst nicht alle Grafschaftrichter begriffen ihr Amt als Schiedsrichter in der gleichen Weise wie Judge Parry. Viele hatten ganz andere, nämlich arbeitgeberfreundliche Vorstellungen von Moral, Willensfreiheit und Ordnung am Arbeitsplatz. Und für diese Richter war die Rechtsprechung des *Court of Appeal* mit ihrer am strikten Vertragsrecht orientierten Logik eine stets willkommene Argumentationshilfe. Sie nutzten die Präzedenzfälle ‚von oben‘, wann immer es sich anbot. Manchmal ließ allerdings der Text des Gesetzes keine andere Wahl als einem verletzten Arbeiter eine Entschädigung zuzuerkennen. In solchen Fällen hatten es arbeitgeberfreundliche Grafschaftrichter mit dem Mittel der Kostenbewilligung immer noch in der Hand, den Arbeitern faktisch mehr zu nehmen als sie durch die Entschädigung erhielten. War zum Beispiel ein Richter der Ansicht, daß ein Arbeiter an seinem Unfall mitschuldig war, weil er die Arbeitsordnung mißachtet hatte, konnte der Richter ihn durch Nicht-Gewährung von Kosten tatsächlich hart bestrafen, auch wenn der Arbeiter nach dem Gesetz anspruchsberechtigt war.[98] Ihre kaum anfechtbare Willkür bei der Kostenbewilligung gab den Richtern somit die Möglichkeit, Moralvorstellungen durchzusetzen, die durch das Gesetz nicht gedeckt waren. Das galt im übrigen nicht nur für Verfahren unter dem *Workmen's Compensation Act*, sondern allgemein. Auch Arbeitgeber waren davon gelegentlich betroffen.[99] Schließlich gab es bei Vertrags- und Deliktsstreitigkeiten unter dem *Common law* für die Richter noch eine andere Möglichkeit, wie sie ein juristisch unvermeidliches Urteil faktisch in sein

---

[98] So im Fall *Hinds* v. *Wingfield Manor Colliery Company*, berichtet in: Colliery Guardian, 19. Jan. 1912, S. 130.

[99] Vgl. etwa den Fall *Payne* v. *Crew*, Dudley Herald and Wednesbury News, 19. Feb. 1870, S. 8 u. 26. März 1870, S. 3. In diesem Fall waren Bergleute, die für den Vortrieb unerlaubterweise Sprengladungen benutzt hatten, fristlos entlassen worden und hatten daraufhin geklagt. Der Richter, Judge Rupert Kettle, urteilte in der Hauptfrage für den Arbeitgeber, verurteilte die unterlegenen Arbeiter aber nicht zur Zahlung von dessen Kosten, weil in der Grube eine große „laxity" und „uncertainty" bei der Regeldurchsetzung geherrscht habe. Ein weiteres Beispiel ist der Fall *Clancy* v. *Smith*, Law Journal County Courts Reporter, 9. Mai 1914, S. 44 f. Hier hatte ein Maurer seinen ehemaligen Arbeitgeber wegen Zurückbehaltung der Versicherungskarte auf Schadensersatz verklagt, weil er ohne die Karte nicht in der Lage war, eine neue Arbeitsstelle zu finden. Der Grafschaftrichter gab zu erkennen, daß er sich nur durch einen Präzedenzfall des *House of Lords* daran gehindert fühlte, für den Arbeiter zu entscheiden. Um sein Mißfallen gegenüber der Handlungsweise des Arbeitgebers auszudrücken, gewährte er ihm keinerlei Kosten.

Gegenteil verkehren konnten. Diese Möglichkeit bestand darin, statt der geforderten eine bloß nominelle Entschädigungssumme festzusetzen. Das konnte im Extremfall die kleinste Scheidemünze des Königreichs (ein *farthing*) sein, so daß der Kläger zwar laut Protokoll ‚Recht' erhielt, dafür aber teuer bezahlen mußte und vor den Augen der Öffentlichkeit ins Unrecht gesetzt wurde.[100]

Der Freiraum, den die Grafschaftsrichter als Schiedsrichter unter dem *Workmen's Compensation Act* und generell alle Richter bei der Kostengewährung und Schadensersatzfestsetzung besaßen, konnte sich sowohl zugunsten des Arbeitgebers als auch des Arbeitnehmers auswirken. Auf lokaler Ebene war das Verhalten des Richters in diesen Fragen einigermaßen voraussehbar. Regional und national ergab sich jedoch eine höchst unterschiedliche Praxis. Wurden in dem einen Grafschaftsgericht die ungleiche Verhandlungsmacht und die Notlage der Schwächeren bei der Urteilsfindung gewürdigt, so hatten vielleicht schon im benachbarten Gericht die gleichen Faktoren keinerlei Gewicht. Wer als Arbeiter zufällig unter die Jurisdiktion von Judge Parry geriet, mochte von seinem Verständnis für das Problem der Armut vor Gericht profitieren, eine Lösung war jedoch durch das Handeln einzelner Richter oder durch philanthropische Organisationen wie das *Industrial Law Committee* nicht zu erreichen. Hierfür wären umfassende, staatlich oder anders bereitgestellte Angebote der Rechtsberatung und Prozeßkostenhilfe nötig gewesen. Seit dem letzten Jahrzehnt des 19. Jahrhunderts wuchs die Einsicht, daß hier gehandelt werden mußte. Tatsächlich geschah jedoch wenig. Von den vorhandenen Hilfsangeboten zur Überwindung der Schwellen vor Gericht und den Gründen für ihre Unzulänglichkeit wird im folgenden Teil die Rede sein.

2. STAATLICHE UND PRIVATE HILFSANGEBOTE

NICHT MEHR ALS FASSADE: DIE ARMENRECHTSPROZEDUR

Gesetzliche Vorkehrungen, die auch bei völliger Mittellosigkeit den Gang zum Gericht ermöglichen sollten, gab es in England seit der Regierungszeit

---

[100] Vgl. zu dieser Praxis: Bankers' Journal, 22. Mai 1912, „One Farthing Damages". Im Geschworenenverfahren war es die *jury*, welche die Höhe der Entschädigung festlegte. Sie konnte jedoch vom Richter entsprechend ‚angewiesen' werden, und mit der Kostengewährung hatte der Richter ein Mittel, ein aus seiner Sicht zu ‚mitleidiges' *jury*-Verdikt zu korrigieren.

Heinrichs VII.[101] Ein Gesetz von 1495 schrieb vor, daß der Lordkanzler armen Personen, die Grund zur Klage hatten, kostenlos *writs* auszustellen hatte.[102] Auch sollten den so zur Klage zugelassenen Armen vom Gericht Anwälte zugeteilt werden, die ebenfalls kostenlos arbeiten mußten. Diese später *in forma pauperis* genannte Prozedur sollte in allen königlichen Gerichtshöfen und anderen *courts of record* angewandt werden. Ergänzend wurde in der Regierungszeit Heinrichs VIII. verfügt, daß der so klagende Arme auch bei Erfolgslosigkeit von den Kosten befreit werden sollte, statt dessen jedoch in anderer geeigneter Weise zu „bestrafen" sei.[103] Die Bestimmungen der Tudorkönige blieben im Kern bis 1914 unverändert und wirkten sich in mancher Hinsicht auf die nachfolgenden Reformen bis 1949 aus.

Es ist nur wenig darüber bekannt, wie sich die Prozedur in den Jahrhunderten nach ihrer Einführung bewährte, aber sicher ist, daß sich unter Juristen schon bald Unbehagen über angebliche Mißbräuche breitmachte. Der noch im 20. Jahrhundert übliche Topos von den lästigen, leichtfertigen und nur zwecks Verärgerung der Gegner angestrengten Klagen der Armen findet sich schon unter den frühen Stuart-Königen, so etwa bei Francis Bacon.[104] Seit dem späten 17. Jahrhundert begannen die *Common law*-Richter, die Gesetze der Tudorkönige auszuhöhlen. Sie nutzten dabei ihre fast unbeschränkte Kompetenz zur Schaffung neuer Verfahrensregeln. Um die Mitte des 18. Jahrhunderts – die genauen Daten sind unklar – wurden zwei Tests eingeführt, die es den meisten armen Klägern so gut wie unmöglich machten, *in forma pauperis* zu prozessieren. Zum einen legte man willkürlich eine Armutsgrenze fest. Jeder, der mehr als £ 5 an Sach- und Geldwerten besaß, wurde fortan nicht mehr als Armer zugelassen. Dabei blieb es bis 1883, als die Grenze auf £ 25 erhöht wurde.[105] Zum anderen benötigte ein

---

101 Vgl. zur Frühgeschichte der Armenrechtsprozedur: John MacArthur Maguire, Poverty and Civil Litigation, in: Harvard Law Review 36 (1923), S. 361–404. Für die Entwicklung im späten 19. und frühen 20. Jahrhundert außerdem: F.C.G. Gurney-Champion, Justice and the Poor in England, London 1926; Robert Egerton, Legal Aid, London 1945; ders., Historical Aspects of Legal Aid, in: Law Quarterly Review 61 (1945), S. 87–94; Abel-Smith u. Stevens, Lawyers and the Courts, S. 135–164; Richard I. Morgan, The Introduction of Civil Legal Aid in England and Wales, 1914–1949, in: Twentieth Century British History 5 (1994), S. 38–76.

102 11 Hen. 7, c. 12 (1495).

103 23 Hen. 8, c. 15 (1531).

104 Vgl. Maguire, Poverty, S. 374 f.

105 Vgl. Egerton, Legal Aid, S. 8. Die Gesetze der Tudorkönige wurden in diesem Jahr durch den *Statute Law Revision and Civil Procedure Act*, 46 & 47 Vict., c. 49 (1883), s. 3, außer Kraft gesetzt. Die Armenrechtsprozedur beruhte seitdem bis 1949 nicht mehr auf gesetzlicher Grundlage, sondern nur noch auf den von den Richtern erlassenen Regeln. Diese er-

armer Kläger seit der Mitte des 18. Jahrhunderts die schriftliche Bestätigung eines *barrister*, daß es sich um eine sachlich und juristisch berechtigte Klage handelte.[106] Diese Erklärung mußte von einem *solicitor* schriftlich beeidet werden, und beide Dokumente zusammen waren an die Petition anzuhängen, welche an den Lordkanzler zu richten war. Wie ein Armer zwei Anwälte dazu bewegen sollte, die erforderlichen Dokumente auszustellen, noch dazu ohne Bezahlung, blieb unklar. Zu alledem scheint sich im Laufe des 18. Jahrhunderts die Praxis eingebürgert zu haben, den anerkannten Armen trotz des anderslautenden Gesetzestexts noch gewisse Gebühren abzuverlangen.[107]

Insgesamt waren die Hürden so hochgeschraubt worden, daß die Prozedur wertlos wurde. In der viktorianischen Zeit stand sie nur noch auf dem Papier. Zwischen 1858 und 1882 erfolgten im Durchschnitt nicht mehr als fünf Anträge pro Jahr, und auch nach der Erhöhung der Besitzgrenze auf £ 25 blieb die Zahl der Anträge mit durchschnittlich 22 pro Jahr bedeutungslos.[108] Der Grund dafür lag nicht nur in den Hindernissen, die zu überwinden waren. Ein wohl noch schwerwiegenderer Mangel war die Tatsache, daß eine Klage *in forma pauperis* nur vor den höheren Gerichten möglich war. Bei der Einführung der *county courts* hatte offenbar niemand daran gedacht, die Prozedur ausdrücklich auch auf diese neuen Lokalgerichte auszudehnen, wo seit der Mitte des 19. Jahrhunderts die meisten Zivilprozesse der Armen anfingen und aufhörten. Die Perversion des Gesetzes Heinrichs VII. war damit komplett, wie ein anonymer Korrespondent des „County Courts Chronicle" bemerkte.[109]

Allerdings stand nirgends geschrieben, daß es verboten war, eine Klage *in forma pauperis* für den *county court* zu beantragen. Im Gegenteil, laut Gesetz waren die Grafschaftsgerichte *courts of record* und hätten somit theoretisch unter das Gesetz Heinrichs VII. fallen müssen. Nur wußte niemand, wie man mit einem Antrag praktisch verfahren sollte, und lange Zeit fiel es offenbar niemandem ein, entsprechende Fragen zu stellen. Das deutet darauf hin, daß die Armen selber von der Existenz der *in forma pauperis*-Prozedur nichts mehr wußten. Die Anwälte wiederum hatten kein Interesse, sie

---

laubten ab 1883 auch die Anwendung der Prozedur auf beklagte Arme. Vorher stand sie nur Klagenden zur Verfügung.

[106] Cornish u. Clark, Law and Society, S. 103, datieren die Einführung dieses Erfordernisses auf 1774, bei Maguire, Poverty, S. 377, wird hingegen ein Beleg von 1745 angeführt.

[107] Vgl. Maguire, Poverty, S. 377; Egerton, Historical Aspects, S. 89.

[108] Die Zahlenangaben bei Bartrip, Wounded Soldiers, S. 26 f.

[109] County Courts Chronicle, 1. Mai 1848, S. 249, „Suing in Forma Pauperis" (Art. gezeichnet W.P.).

darauf aufmerksam zu machen. Vereinzelt scheint es vorgekommen zu sein, daß Grafschaftsrichter von sich aus anordneten, einem armen Kläger die Anwaltskosten und Gerichtsgebühren zu erlassen.[110] Derartige Ausnahmen fielen jedoch mehr unter den allgemeinen Ermessensspielraum der Grafschaftsrichter und hatten mit einer korrekten Anwendung der gesetzlichen Armenrechtsprozedur nichts zu tun. Die Unsicherheiten darüber, ob die Prozedur in *county courts* anwendbar war, bestanden bis 1922 fort. Aus einer Umfrage, die der Redakteur der offiziellen Justizstatistik Ende der neunziger Jahre des 19. Jahrhunderts bei einigen Richtern gemacht hatte, ging hervor, daß in den betreffenden *county courts* etwa alle zwei bis drei Jahre einmal Anfragen gekommen waren. Von erfolgreichen Anträgen wußte keiner der gefragten Grafschaftsrichter zu berichten.[111] Während der Statistiker trotz dieses Befunds daran festhielt, daß die Armenrechtsprozedur zumindest theoretisch auch in *county courts* zur Verfügung stehe, gingen andere Kenner der Materie zur gleichen Zeit davon aus, daß dies nicht der Fall sei.[112] Erst 1922 kam es zu einem Urteil des *Court of Appeal*, das klarstellte, daß dieses Verfahren in *county courts* nicht anwendbar war.[113]

Vor den Lokalgerichten waren daher mittellose Kläger und Beklagte auf private Wohltäter, mitleidige Richter oder spekulierende Anwälte angewiesen. Gelegentlich konnte es vorkommen, daß auch seriöse Anwälte einen Fall aus Menschenfreundlichkeit gratis übernahmen.[114] In manchen Friedensgerichten, vor allem an den Londoner *police courts*, gab es aus Spenden

---

[110] Vgl. den Fall *Curt* v. *Pope and Pearson*, berichtet in: Colliery Guardian, 14. Aug. 1858, S. 103, „From our Correspondent at Wakefield". Hier ordnete der Grafschaftsrichter nach Abschluß des Falles an, daß dem Kläger, einem Bergmann, erlaubt werden solle, *in forma pauperis* zu prozessieren, so daß er die Gebühren zurückerhielt und seinen Anwalt nicht zu bezahlen brauchte. Formal korrekt war diese Anordnung nicht, aber anscheinend widersprach in diesem Fall niemand. Vgl. auch LMA CCT/AK15/5, Bow County Court, Minute Book 1861–62, Nr. 7122: ein Dienstmädchen klagte hier „by leave of the Court in forma pauperis" gegen einen Mr. Ruffell um 11s. Lohn.

[111] Civil Judicial Statistics 1896, PP 1898, CIV, S. 92: „In an answer which the judge of the Bow County Court has kindly made to queries on the subject, he says, ‚There were two inquiries in the office, but they were stopped by the necessity of having counsel's opinion.'"

[112] Vgl. den Artikel „Judicial Assistance in England and France", in: Personal Rights, 15. Juni 1896, S. 43 f. Sir Roland K. Wilson schrieb hierzu: „These rules do not, like the French assistance judiciaire, apply to all Courts, high or low, but only to the different divisions of the High Court. No indulgence is shown to paupers in the English County Courts, …". Vgl. auch Abel-Smith u. Stevens, Lawyers and the Courts, S. 138.

[113] Egerton, Historical Aspects, S. 91; ders., Legal Aid, S. 23.

[114] Vgl. den Fall *Russell* v. *Savage* vor dem Northampton County Court, berichtet in Northampton Mercury, 15. Mai 1858: „Mr. Becke kindly conducted the case for the plaintiff gratuitously, the question which it involved affecting a large number of working men." Es ging um die Löhne von Streckenarbeitern an der Northampton and Harborough Railway.

finanzierte Armenkassen, sogenannte *poor boxes*, aus denen gelegentlich Kosten und Gebühren erstattet wurden. Die Friedensrichter konnten frei entscheiden, wie und an wen sie die Gelder aus ihren *poor boxes* vergeben wollten. In Notzeiten verhielten sich manche dabei recht unorthodox, so etwa Montagu Williams, als er von Dezember 1886 bis Mitte 1888 Polizeirichter in Greenwich und Woolwich war.[115] Sein Dienstantritt dort fiel mit einer Periode außergewöhnlich hoher Arbeitslosigkeit zusammen, und jeden Morgen fanden sich 50 bis 100 Bittsteller mit allen möglichen Nöten und Problemen in seinem Gericht ein. Williams versuchte, so gut es ging aus den Mitteln der *poor box* zu helfen, stieß jedoch damit bald an Grenzen. Kurzerhand entschloß sich der Polizeirichter, einen Spendenappell in der Times zu veröffentlichen mit dem Ergebnis, daß innerhalb eines Monats über £ 1500 zusammenkamen. Diese Mittel verteilte er an Arme, die es in seinen Augen ‚verdienten‘, wobei er £ 325 für Kohle, £ 66 für Suppe und £ 1150 als Hilfe für einzelne Applikanten ausgab. Mit dem normalerweise der *poor box* zugedachten Zweck hatte diese Form der Wohltätigkeit nur noch wenig zu tun. Ein Leserbrief in der Times kritisierte Williams für sein Verhalten und wies auf den eigentlichen Zweck der *poor box* hin: „The poor-box at the Police Courts was intended to enable the magistrate to give help in cases which came before him as a magistrate. To make the Police Court a relief agency is to violate the sound rule that one public department shall not take upon itself the work expressly assigned to another."[116] Noch zwanzig Jahre nach diesen Vorgängen gab es am Old Street Police Court, an den Williams nach seiner Zeit in Greenwich und Woolwich versetzt wurde, neben der normalen *poor box* einen Montagu Williams Fonds, aus dessen Mitteln hauptsächlich Opfer und indirekt Leidtragende von Straftaten Zuwendungen erhielten.[117] Von Ausnahmen wie diesen abgesehen wurden aus den *poor boxes* an den einzelnen Londoner *police courts* im Durchschnitt etwa £ 300 pro Jahr an Arme, die vor Gericht erschienen, vergeben.[118] Gemessen an den Etats philanthropischer Einrichtungen wie dem Indemnitäts-Fonds des *Industrial Law Committee* oder den Ausgaben kleiner Gewerkschaften für Rechtshilfe waren £ 300 keine unbeträchtliche Summe, jedoch handelte es sich bei den Leistungen aus der *poor box* um unspezifische

---

[115] Zum folgenden die Erinnerungen von Montagu Williams, Later Leaves, being the further Reminiscences of Montagu Williams, Q.C., London 1891, S. 243–252.
[116] Ebd., S. 246 f.
[117] Vgl. Gamon, London Police Court, S. 170.
[118] Ebd., S. 168 f.

Hilfe nach dem Zufallsprinzip, von der klagende oder beklagte Arbeitnehmer nur in Einzelfällen profitiert haben dürften.

In den Jahrzehnten vor dem Ersten Weltkrieg wurde es immer offenkundiger, daß mittellose Prozeßparteien im englischen Justizsystem verglichen mit anderen Ländern extrem schlecht dastanden. Die Justizstatistik für 1896 stellte die erbärmlich niedrige Zahl der englischen *in forma pauperis*-Anträge (45) den beeindruckenden Zahlen für Frankreich (71 128 Anträge auf *assistance judiciaire* im Jahr 1894) und Italien (57 285 Anträge auf *gratuito patrocinio* im Jahr 1894) gegenüber.[119] Zu der englischen Zahl ist zu bemerken, daß von den 45 *in forma pauperis*-Anträgen allein 36 an der für Ehescheidungen zuständigen Abteilung des *High court* eingereicht worden waren. Nur in diesem speziellen Rechtsgebiet hatte also die Prozedur überhaupt eine nennenswerte Bedeutung, was wiederum damit zusammenhing, daß Grafschaftsgerichte keine Kompetenz für Ehescheidungen besaßen. Auch die Ärmsten mußten also für diesen Zweck den Obersten Gerichtshof in Anspruch nehmen. Internationale Vergleiche, wachsende Kritik von seiten sozialpolitisch engagierter Kreise und eine verstärkte Nachfrage im Zusammenhang mit Ehescheidungsfällen führten schließlich im Jahr 1914 zur Änderung der Verfahrensregeln durch das *rule committee* des Obersten Gerichtshofs.[120]

Das neue, nunmehr *poor persons procedure* genannte Verfahren setzte die Besitzgrenze auf £ 50 herauf, in Ausnahmefällen, zum Beispiel bei kinderreichen Familien, auf £ 100. Im Jahr 1920 wurde, um angebliche Mißbräuche zu verhindern, zusätzlich ein Einkommenstest eingeführt: Das wöchentliche Einkommen durfte nun im Normalfall £ 2, in Ausnahmefällen £ 4 nicht übersteigen. Damit kam die Prozedur für regelmäßig beschäftigte gelernte Arbeiter von vornherein nicht in Betracht, zumal durch die Kriegs- und Nachkriegsinflation auch die Besitzgrenzen schneller übersprungen wurden.[121] Trotz mancher weitergehender Vorschläge im Vorfeld der Reform blieb die neue Prozedur auf den Obersten Gerichtshof beschränkt. Für das House of Lords galt weiterhin das alte *in forma pauperis*-Verfahren, und die *county courts* waren nun klar ausgeschlossen. Bei einfachen Lohn-

---

[119] Civil Judicial Statistics 1896, PP 1898, CIV, S. 92.

[120] Ausführlich hierzu und zum folgenden: Maguire, Poverty, S. 391–398; Abel-Smith u. Stevens, Lawyers and the Courts, S. 138–148; Morgan, Civil Legal Aid.

[121] Ein Beispiel für Facharbeiter: Die Distriktrate für Maschinenschlosser in Manchester betrug 1914 £ 1 19s. pro Woche, lag also noch knapp unter der £ 2-Grenze; 1920 dagegen lag die Rate bei £ 4 8s. 4d., also auch für Kinderreiche über der Maximalgrenze. Die Lohnangaben nach James B. Jefferys, The Story of the Engineers, 1800–1945, London 1946, S. 135.

klagen, Kündigungsstreitigkeiten und Unfällen wurde die Prozedur somit erst im Falle einer Berufung interessant.

Anträge waren mit unterstützenden Dokumenten an das *Poor Persons Department* des Obersten Gerichtshofs zu richten, in der Provinz an die Distrikts-Registraturen. Von dort wurden die Anträge an *barristers* und *solicitors*, die sich für diesen Zweck freiwillig auf eine Liste hatten eintragen lassen, zur Vorprüfung überwiesen. Dabei ging es primär um die juristische Tragfähigkeit des Falles, aber auch um die ‚Würdigkeit‘ des Antragstellers und seines Anliegens. Diese Vorprüfung war keineswegs eine reine Formsache, denn etwa die Hälfte aller Anträge fielen ihr bereits zum Opfer.[122] Nach der Vorprüfung wurden die zugelassenen Fälle weitergeleitet an andere *solicitors* und *barristers*, die sich bereit erklärt hatten, Armenrechtsfälle vor Gericht zu vertreten. Auch diese Anwälte prüften natürlich den Fall und konnten ihn ebenfalls noch zurückweisen. Die ganze Prozedur war also sehr langwierig. Sie wurde zusätzlich dadurch verzögert, daß vor allem während des Krieges, aber auch später, nicht genügend Anwälte zur Verfügung standen. Da sie kostenlos arbeiten mußten, waren Armenrechts-Fälle für sie unattraktiv. Andererseits wehrten sich die Anwaltskorporationen die ganze Zwischenkriegszeit hindurch gegen jede Form staatlicher Bezahlung in diesen Fällen, weil sie befürchteten, daß dies den freiberuflichen Charakter ihrer Tätigkeit ändern und langfristig zu einer Senkung der Honorare führen würde.[123] Von staatlicher Seite bestand ohnehin wenig Neigung, für diesen Zweck Geld auszugeben, so daß über andere Wege nachgedacht wurde, die Belastung der freiwilligen Anwälte nicht zu sehr anwachsen zu lassen. Ein Resultat dieser Überlegungen war der erwähnte Einkommenstest, ein anderes die ebenfalls 1920 eingeführte Regelung, daß erfolgreiche Antragsteller eine Summe von £ 5 beim Gericht hinterlegen mußten, aus der wenigstens die kleinen Ausgaben der *solicitors* für Papier, Telefonate und ähnliches bestritten werden sollten. Gemessen an dem, was Anwälte üblicherweise in einem Prozeß vor dem *High court* auszugeben hatten und wieder hereinholen mußten, war dies wenig. Für den Armen, der zugelassen worden war, bedeuteten £ 5 jedoch im Normalfall mehr als zwei Wochenlöhne. Wie jemand, der kaum etwas besaß und nur £ 2 pro Woche verdienen durfte, diese Summe auftreiben sollte, schien den Kommissionsmitgliedern, die diese Regelung vorgeschlagen hatten, keine Überlegung wert zu sein.

Wegen des Ausschlusses der Grafschaftsgerichte und der langen Bearbeitungszeiten war die *poor persons procedure* für die meisten Arbeitsstreitig-

---

[122] Vgl. Maguire, Poverty, S. 393.
[123] David Sugarman, A Brief History of the Law Society, London 1995, S. 39 ff.

keiten ungeeignet. Die Prozedur war vor allem im Hinblick auf Ehescheidungen reformiert worden, und hierbei kam es in der Regel auf ein paar
Wochen mehr oder weniger nicht an (auch wenn die Beteiligten dies anders
sehen mochten). Tatsächlich betrafen in den ersten Jahren nach 1914 mehr
als 85 Prozent aller Anträge Ehescheidungen, und auch nachdem die kriegs-
und heimkehrbedingte Scheidungswelle abgeebbt war, änderte sich daran
nicht viel. Bis einschließlich 1921 gab es insgesamt 26 835 Anträge, davon
fast 23 000 für Scheidungen. Hier lag auch die Quote der genehmigten Anträge mit 53 Prozent deutlich höher als bei Fällen aus anderen Rechtsgebieten, wo sie sich um 20 Prozent bewegte.[124] Anscheinend legten die Vorprü-
fer bei Schuldsachen, Arbeitskonflikten, Unfällen oder Mietstreitigkeiten
strengere Maßstäbe an. Verschiedene Berichte von Untersuchungskommis-
sionen um die Mitte der zwanziger Jahre führten zu kleinen Verbesserungen, aber im wesentlichen ließ man das System unangetastet. Kritiker betrachteten es als Maßnahme zur Gewissensberuhigung der Mittelklassen, als
„gute Fassade", hinter der sich in Wirklichkeit nur wenig praktischer Nutzen für die Armen verberge.[125] An den entscheidenden Schritt, die Ausdehnung der Prozedur auf *county courts*, traute man sich nicht heran. Man
fürchtete die dann sicher folgende Prozeßflut: „we believe any scheme
which might tend to make people more litigious should be deprecated."[126]
Erst 1949 erfolgte eine Reform, welche die Grafschaftsgerichte einbezog
und den für die Antragsteller erniedrigenden Wohltätigkeitscharakter des
alten Systems beseitigte, indem die Armenanwälte nun staatlich bezahlt
wurden.

Die Überwindung der Unwissenheit: Rechtsberatungsstellen und andere Informationsquellen

Am Anfang jedes Versuchs, sich gegen erlittenes Unrecht zu wehren, steht
der Wunsch nach mehr Wissen – Wissen darüber, an wen man sich wenden
muß, wo man eine Klage oder Beschwerde einreichen kann, wie dies von-

---

[124] Vgl. die Zahlenangaben bei Maguire, Poverty, S. 398, und Morgan, Civil Legal Aid, S. 44f.
Mitte der dreißiger Jahre war das Muster im wesentlichen gleich; vgl. die Zahlen für 1934 in:
Barrister, Justice in England, S. 177f.: Im Jahr 1934 kam es zu 2134 Armenrechtsverfahren
vor dem High Court, von diesen waren 1848 erfolgreich, davon 1710 im Divorce Court.
1971 Anträge waren abgelehnt worden.

[125] Barrister, Justice in England, S. 158f. u. 210.

[126] Committee on Legal Aid for the Poor, Final Report, PP 1928 (Cmd. 3016) XI, S. 7. Zwei der
zwölf Mitglieder des nach seinem Vorsitzenden Finlay benannten Komitees sprachen sich in
einem Minderheitsbericht für Prozeßkostenhilfe bei den Grafschaftsgerichten aus: ebd.,
S. 12f.

statten geht, was es kostet und welche Erfolgsaussichten bestehen. Ein gewerkschaftlich organisierter Arbeitnehmer konnte sein Informationsbedürfnis leicht befriedigen: Er ging zum lokalen Gewerkschaftssekretär. Dieser nahm die Sache in die Hand und unterrichtete ihn über alle weiteren Schritte. Für besser verdienende Arbeitnehmer oder solche mit einigen Ersparnissen, wie sie zum Beispiel langgediente Hausangestellte oft besaßen, konnte es sich lohnen, bei schwerwiegenden Angelegenheiten sofort einen *solicitor* zu Rate zu ziehen. Ein Beratungsgespräch, eventuell daran anschließend ein mit juristischen Fachtermini und Briefkopf versehenes Schreiben an den Arbeitgeber kosteten nicht die Welt und mochten in vielen Fällen das Problem lösen. Wenn der Brief nichts half, wurde man vom *solicitor* doch immerhin über die Rechtslage belehrt und konnte sich überlegen, ob man das Risiko einer Klage eingehen wollte. Wie aus den Protokollbüchern hervorgeht, erschienen klagende Hausangestellte überraschend oft mit Rechtsbeistand vor den Grafschaftsgerichten – in kleinen Provinzstädten, wo die Anwälte auch auf triviale Fälle angewiesen waren, öfter als in London. Höhere Angestellte, Manager, Handlungsreisende, Schauspielerinnen ließen sich fast immer durch Anwälte vertreten, und bei Unfallstreitigkeiten war der Gang zum Anwalt unvermeidlich.

Informationen über die Rechtslage konnte man sich aber auch auf andere Weise verschaffen. Wer ausreichend gebildet war und sich durch juristische Fachsprache nicht abschrecken ließ, hatte die Möglichkeit, sich zunächst selbst anhand einschlägiger Ratgeber-Literatur ein Bild über Rechte und Pflichten im Arbeitsverhältnis zu machen. Für wenige Shilling gab es eine ganze Reihe von Publikationen mit vielversprechenden Titeln zu kaufen, die über die Rechtsprobleme des Alltags umfassend zu informieren versprachen. Das wohl bekannteste Handbuch dieser Art war „Every Man's Own Lawyer". Im Jahr 1895 kostete es 6s. 8d. und erschien bereits in der 32. aktualisierten Auflage.[127] Auf dem Buchdeckel des über 700 Seiten starken Werks steht in goldenen Lettern geschrieben: „NO MORE LAWYERS' BILLS! SIX-AND-EIGHTPENCE SAVED at every Consultation!" Der Zweck des Buchs war damit deutlich umschrieben, es sollte den Besuch beim Anwalt ersparen. Betrachtet man unter diesem Gesichtspunkt das Kapitel über „Masters, Servants, and Workmen", fällt die Bilanz eher enttäuschend aus, vor allem wenn man sich einen Arbeitnehmer als Leser vorstellt.[128] Die Ausführungen sind sprachlich eng angelehnt an Gesetzestexte und die Ter-

---

[127] Every Man's Own Lawyer: A Handy Book of the Principles of Law and Equity, by A Barrister, 32. Aufl., London 1895.
[128] Ebd., S. 335–366.

minologie des *Common law*. Eine Übersetzungsleistung für den Laien wird kaum geboten, lediglich ein Glossar am Ende des Buchs mochte dem Leser helfen, Unverständliches ein wenig aufzuklären. Die den Rechtsverhältnissen der Handarbeiter und den Trade Unions gewidmeten Abschnitte enthalten lediglich Kurzfassungen wichtiger Gesetze ohne jede Erläuterung dazu, wie man vorgehen mußte, um seine Rechte durchzusetzen oder andere zur Einhaltung ihrer Pflichten zu zwingen. Nur im Abschnitt über „Domestic Servants" ist die Darstellung halbwegs problemorientiert, wobei klar die Perspektive des Dienstherrn eingenommen wird. Er wird über Vorsichtsmaßnahmen bei Vertragsabschluß, über Möglichkeiten, Bedienstete vorzeitig zu entlassen, über Zeugnisvergabe und Sorgfaltspflichten informiert, während ein Dienstmädchen oder ein Butler, die den Band vielleicht heimlich aus der Bibliothek des Hausherrn nahmen, darin kaum etwas finden konnten, was ihnen im Konfliktfall hätte nützen können. Der einzige direkt an Bedienstete gerichtete Ratschlag im Abschnitt über „Wrongful Dismissal" war völlig weltfremd und nach den Gepflogenheiten der Rechtsprechung in den Grafschaftsgerichten sogar regelrecht irreführend. Der Autor empfahl darin allen Ernstes, daß ein ungerechtfertigt entlassener Bediensteter mit der Klage solange warten sollte, bis die Periode, für die er zu dienen versprochen hatte, abgelaufen war, also im Falle einer jährlichen Beschäftigung bis zum Ende des Jahres, denn dann könne er den vollen Jahreslohn erstreiten. Allerdings dürfe er in diesem Fall keine andere Beschäftigung annehmen, sonst bekäme er nur den Lohn bis zum Antritt dieser neuen Beschäftigung zugesprochen. Zur Erläuterung verwies der Autor auf zwei zum Zeitpunkt der Publikation bereits fünfzig und mehr Jahre zurückliegende *Common law*-Fälle.[129] Über das normale Verfahren bei *wrongful dismissal* in den Grafschaftsgerichten erfuhren das heimlich lesende Dienstmädchen und der Butler nichts.

Nicht alle Rechtsratgeber waren so weit von den konkreten Lebenslagen von Arbeitnehmern entfernt wie „Every Man's Own Lawyer". Und nicht alle Autoren derartiger Werke zeigten sich so unfähig, vom Laienstandpunkt her und für Laien verständlich zu schreiben, wie der anonyme *barrister*, der für dieses Buch verantwortlich zeichnete. Andere Rechtsratgeber, zum Beispiel der „Home Counsellor" aus den dreißiger Jahren des 20. Jahrhunderts, gaben den Lesern wenigstens ein paar brauchbare Tips, wie man gerichtliche Auseinandersetzungen vermeiden konnte und wie man sich

---

[129] Ebd., S. 342. Die Fälle *Hochster* v. *De la Tour* (1853), 2 E. & B., 678, E.R. 118, S. 922–928, u. *Avery* v. *Bowden* (1855), 5 E & B, 728, E.R. 119, S. 647–653.

verhalten mußte, wenn es dennoch zu einer Gerichtsverhandlung kam.[130] Die Adressaten waren auch im Fall des „Home Counsellor" Mittelklassenhaushalte, doch nahm der Autor in den Abschnitten zur Arbeitgeberhaftpflicht, Unfallentschädigung und Sozialversicherung klar den Standpunkt eines Arbeitnehmers ein. Lediglich die Passagen zum häuslichen Dienstpersonal waren aus der Arbeitgeberperspektive abgefaßt, wie übrigens bei den meisten speziell diesem Thema gewidmeten Publikationen.[131]

Für industriell und handwerklich beschäftigte Arbeiter boten indes auch die besseren unter den allgemeinen Rechtsratgebern allenfalls einen groben Überblick. Zuverlässigere Informationen fanden sie in Handbüchern und Broschüren, die von gewerkschaftlicher Seite oder sozialpolitisch engagierten Bürgerlichen herausgebracht wurden. Solche Werke erschienen teils separat, wie das schon erwähnte „Handy-Book of the Labour Laws" von George Howell, teils wurden sie zunächst als Artikelserie in verschiedenen Presseorganen veröffentlicht, um dann noch einmal in preiswerter Form gebunden zu erscheinen, so zum Beispiel die vom *Industrial Law Committee* herausgegebenen Büchlein „Industrial Work & Industrial Laws" und „Our Industrial Laws".[132] Oft blieb es auch bei der seriellen Erscheinungsweise in Gewerkschaftsblättern.[133] Von der Diktion und Veröffentlichungsform

---

[130] Anon. [A Barrister-at-Law], The Home Counsellor, S. 306 ff. Auch die Darstellung der Rechtsprobleme ist hier – vom Laienstandpunkt aus betrachtet – wesentlich besser gelungen.

[131] Ebd., S. 248–269. Vgl. etwa: Domestic Servants, as they are & as they ought to be. A few hints to employers. With some revelations of kitchen life and tricks of trade. By a practical mistress of a household, Brighton 1859; Anon. [A Barrister], Servants and Masters. The Law of Disputes, Rights, and Remedies, in Plain Language, London 1892; John Rayner, Employers and their female domestics. Their respective rights and responsibilities, Exmouth 1895; J.D. Casswell, The Law of Domestic Servants. With a Chapter on the National Insurance Act, London 1913.

[132] In den Protokollen des *Industrial Law Committee* (MRC Mss. 243/144/1–10) läßt sich die Publikationsgeschichte verfolgen. „Industrial Work & Industrial Laws" ging auf eine im „School Guardian" publizierte Artikelserie zurück und erschien im Januar 1902 in einer Auflage von 400 Stück, die im Dezember 1902 vergriffen war. Eine revidierte Neuauflage erschien 1903, wahrscheinlich mit höherer Stückzahl und getrennt für England und Schottland (man plante 2500 und 1000). „Our Industrial Laws" erschien 1903. Restauflagen beider Bücher wurden 1909 eingestampft, da sich die Gesetzgebung inzwischen so weit verändert hatte, daß die Informationen nicht mehr aktuell waren.

[133] Vgl. etwa Docker's Record 2, No. 5, Aug. 1916, S. 4 f. Dort beginnt eine in den nächsten fünf Jahren regelmäßig fortgeführte Artikelserie „by the solicitor of the union" über „various points that have arisen in connection with legal cases". In den Artikeln wird den Dockarbeitern wiederholt ans Herz gelegt, bei Unfällen und etwaigen Konflikten am Arbeitsplatz sofort die lokalen Gewerkschaftssekretäre aufzusuchen. Auch branchenspezifische Blätter mit einer gemischten Leserschaft, die sowohl Selbständige wie abhängig Arbeitende umfaßte, publizierten solche Artikelserien. Vgl. etwa Illustrated Carpenter and Builder, 5. Jan. 1912, S. 42. Dort beginnt eine in gemeinverständlicher Sprache geschriebene Serie über das

her zielten derartige Publikationen allerdings weniger auf die Arbeiter und
Arbeiterinnen selbst, sondern eher auf Gewerkschaftssekretäre, Lehrpersonal in Abendschulen, freiwillige Helfer in Sozialeinrichtungen und andere
Multiplikatoren, die das Wissen mündlich weitergeben konnten.[134] Direkt
an Fabrikarbeiterinnen und jugendliche Arbeiter gerichtet waren die zahlreichen Vorträge zu arbeitsrechtlichen Themen, die von den Damen des
Industrial Law Committee in London und auf ausgedehnten Reisen durch
die Industriebezirke gehalten wurden. Die Überwindung der Unwissenheit
war neben der Überwindung der Angst vor Entlassung das erklärte Ziel des
Komitees:

> The Industrial Law Committee helps factory workers to help themselves by enabling them to call to their aid the industrial laws enacted by Parliament for their benefit. Women and children often fail, sometimes through ignorance, sometimes through fear, to secure the protection provided for them in these laws. ... The Industrial Law Committee, working through Factory Girls' Clubs, Settlements, District Visitors, District Nurses and other Social Workers, forms a link between those who need help of the law and those who administer it.[135]

Das im Zitat angesprochene Netzwerk von Girls' Clubs, Universitäts-Niederlassungen und anderen sozialen Einrichtungen, das vom *Industrial Law
Committee* für die Informationstätigkeit genutzt wurde, verdankte sich teils
der freien Initiative christlicher, philanthropischer und dem akademischen
Milieu entstammender Gruppen, teils staatlicher oder kommunaler Verwaltungstätigkeit. Frauen spielten darin eine wichtige Rolle. Seit den neunziger
Jahren des 19. Jahrhunderts verdichtete sich dieses Netzwerk, so daß es hier
und dort bereits zu Konkurrenz und Abgrenzungsproblemen kam. Das
Industrial Law Committee mußte sich als relativ späte Gründung seine Nische im Markt der Wohltätigkeit erst suchen. Überlappungen gab es mit der
Women's Trade Union League, der *Christian Social Union*, dem *Women's
Industrial Council*, der *National Union of Women Workers* und dem
YWCA, um nur einige verwandte Organisationen zu nennen.[136] Auch diese
Organisationen führten Rechtsberatung durch, veranstalteten Vortragsrei-

---

Rechtsverhältnis zwischen Lehrlingen und Meistern. Diese Zeitschrift unterhielt auch eine
regelmäßige Kolumne, in der chiffrierte Leseranfragen zu Rechtsproblemen beantwortet
wurden. Ähnliche regelmäßige Rubriken für „Legal Advice" finden sich auch in anderen
Organen, z.B. in der an Schauspieler gerichteten Zeitschrift The Stage.

134 Vgl. MRC Mss. 243/144/1, Einträge vom 15. Nov., 24. Nov. und 6. Dez. 1898, 19. Apr. 1899;
MRC Mss. 243/144/3, Eintrag vom 27. Jan. 1902.

135 Gedruckte Selbstbeschreibung des Komitees in Form eines Flugblatts (1912), in MRC Mss.
243/144/9, nach dem Protokolleintrag für 3. April 1912.

136 Vgl. die Angaben zu den genannten Organisationen in: The Englishwoman's Year Book and
Directory 1914, hrsg. v. G.E. Mitton, 33. Ausgabe, London 1914.

hen und Abendkurse für Arbeiterinnen und gaben Publikationen zu arbeitsrechtlichen Fragen heraus. Die lokalen *Trades Councils*, größere Branchengewerkschaften und Bildungsanstalten wie die *Workers' Educational Association* boten ein ähnliches Programm für eine überwiegend männliche Arbeiterklientel.[137] Etwa seit der Jahrhundertwende war somit nicht mehr so sehr der Mangel an Informationsmöglichkeiten das Problem, sondern eher der unspezifische Charakter der Information selbst. Eine verständliche Überblicksdarstellung oder ein guter Vortrag konnten dem Arbeiter die ehrfürchtige Scheu vor dem Recht nehmen, sie konnten ihn lehren, daß auch er Rechte besaß und daß es Ansprechpartner gab, die ihm bei ihrer Durchsetzung helfen konnten. Wenn aber tatsächlich die Entlassung drohte oder ein Unfall geschehen war, stellte sich das Problem, die allgemeinen Grundsätze auf den konkreten Fall anzuwenden. Die im Selbststudium oder in Vortragsveranstaltungen erworbenen rudimentären Kenntnisse genügten dafür nicht. Nur persönliche Rechtsberatung konnte dann weiterhelfen.

Bis zum Ende der achtziger Jahre des 19. Jahrhunderts waren Gewerkschaftssekretäre und *solicitors* die einzigen Anlaufstellen, die für mündliche Beratung zur Verfügung standen. Unorganisierte und mittellose Arbeiter blieben auf sich gestellt oder mußten sich einem spekulierenden Anwalt anvertrauen. Kleine Lohn- und Kündigungsfälle waren jedoch auch für diese Spezies von Anwälten uninteressant. Wer in London lebte, hatte in diesen Fällen wenigstens noch die Möglichkeit, sich von den Polizeirichtern an den für Anträge reservierten Vormittagen selbst Rat zu holen. Dies setzte jedoch Geduld, ein gewisses rhetorisches Talent und die Bereitschaft voraus, sich öffentlich zu exponieren. Mit mehr als fünf oder acht Minuten Beratung durfte man in den Londoner *police courts* auf keinen Fall rechnen. Für die Erörterung persönlicher Lebensumstände fehlte die Zeit. Hilfreich war der Gang zum Polizeirichter also im Grunde nur für den, der schon fest zur

---

[137] Die Einrichtung einer Zweigstelle des *Industrial Law Committee* in Manchester scheiterte am Widerstand des dortigen *Trades Council* und anderer konkurrierender Institutionen, vgl. MRC 243/144/7, Eintrag vom 25. März 1909. Zur *Workers' Educational Association* vgl. die Zeitschrift der Organisation: The Highway, A Monthly Journal of Education for the People. Published for the Workers' Educational Association 1, No. 1, Okt. 1908. Das erste Heft des Journals beginnt mit einem „Course of Study on Labour and the Law", der in den folgenden Heften fortgesetzt wird. Ferner: Muir, Justice in a depressed Area, S. 36 f. Der Autor, ein *barrister*, berichtet hier von seinen Erfahrungen als Kursleiter der WEA über rechtliche Themen. Etwa die Hälfte der jeweiligen Sitzungszeit war demnach der Diskussion gewidmet; bei den Teilnehmern handelte es sich laut Muir hauptsächlich um „branch secretaries of trade unions who are constantly having to assist members on matters which fall within the general laws and the social legislation".

Klage entschlossen war und etwas über die Erfolgsaussichten erfahren wollte. Zauderer wurden gleich wieder nach Hause geschickt. Außerhalb Londons entfiel auch diese minimale Form der ‚Beratung' durch *magistrates*.

Eine Verbesserung begann sich erst im letzten Jahrzehnt des 19. Jahrhunderts durch die Tätigkeit der bereits erwähnten *Poor Man's Lawyers* abzuzeichnen.[138] Auch dieses Angebot kostenloser Rechtsberatung blieb aber zunächst auf London beschränkt. Die größeren Industriestädte folgten erst nach der Jahrhundertwende, kleine Städte und das Land blieben unversorgt. Einer der ersten und bekanntesten *Poor Man's Lawyers* eröffnete um 1898 in Toynbee Hall im Londoner East End. Rechtsberatung war nur eine der vielfältigen Aktivitäten von Toynbee Hall.[139] Seit 1884 lebten ständig etwa ein bis zwei Dutzend Studenten hauptsächlich aus Oxford und Cambridge in Toynbee Hall, um dort freiwillig sozialen Dienst zu leisten und die Probleme städtischer Unterschichten in einem der schlimmsten Londoner Elendsviertel (Whitechapel) aus unmittelbarer Anschauung zu studieren. Der Schwerpunkt des Programms von Toynbee Hall lag auf der politischen Weiterbildung und moralischen Erziehung der Armen, unter denen sich in Whitechapel zahlreiche eingewanderte Polen, Russen, Deutsche und Juden aus dem ostmitteleuropäischen Raum befanden.[140] Daneben stand die praktische Sozialarbeit: Besuchsdienste, Weitervermittlung an andere Wohlfahrtseinrichtungen sowie die Rechtsberatung. Nach dem Vorbild von Toynbee Hall entstanden in anderen Problemzonen der Metropole bald weitere Universitäts-Niederlassungen, darunter Cambridge House in Camberwell und Mansfield House in Barking. Auch diese unterhielten Rechtsberatungsstellen ebenso wie verschiedene religiöse Missionen, politische Organisationen wie der *Women's Industrial Council*[141] und seit den zwanziger Jahren einige Londoner Lokalverwaltungen. Kurz vor dem Ersten Weltkrieg gab es in London etwa 23 *Poor Man's Lawyers* in verschiedener

---

138 Einen Überblick, der jedoch die Effektivität dieser Einrichtungen überschätzt, bietet: Diana Leat, The Rise and Role of the Poor Man's Lawyer, in: British Journal of Law and Society, 2 (1975), S. 166–181; vgl. auch Morgan, Civil Legal Aid.

139 Vgl. neben Leat, Poor Man's Lawyer, auch: Cornelißen, Das „Innere Kabinett", S. 184–200.

140 Einen anschaulichen, auf reicher Quellenkenntnis beruhenden Einblick in die Lebensverhältnisse in Whitechapel zur Gründungszeit von Toynbee Hall vermittelt: William J. Fishman, East End 1888. A year in a London borough among the labouring poor, London 1988.

141 Vgl. die Ankündigung für einen „Poor Woman's Lawyer" im Organ dieser Frauenorganisation: Women's Industrial News, Dez. 1896, S. 1. Für die Zusammenarbeit wurde die *solicitor*-Firma Shaen, Roscoe and Co. gewonnen, die seit langem für verschiedene Gewerkschaften tätig war.

Trägerschaft, dazu einige in größeren Provinzstädten, an denen zum Teil auch die örtlichen *solicitor*-Vereinigungen mitwirkten.[142] Bis zum Beginn des Zweiten Weltkriegs wuchs die Zahl der Rechtsberatungsstellen in ganz England und Wales auf etwa 125 an, davon befanden sich allein 55 in London.[143]

In der Arbeitsweise unterschieden sich die *Poor Man's Lawyers* nicht sehr vom gemeinsamen Vorbild Toynbee Hall, wenngleich das Publikumsaufkommen und der Umfang der Hilfeleistungen vielerorts geringer waren.[144] Jeden Dienstagabend saßen in Toynbee Hall bis zu fünf Berater hinter notdürftig abgeschirmten Tischen, um die Hilfesuchenden – das konnten zwischen zwanzig und sechzig Personen pro Abend sein – zu empfangen. Die Berater waren überwiegend junge, unerfahrene *barristers* und *solicitors* oder Studenten. Sie wechselten einander ab, so daß ein Ratsuchender, der zum zweitenmal kam, seinen Fall oft erneut schildern mußte. Um derartige Zeitverluste zu vermeiden, wurde im Laufe der Zeit die Fallaufnahme in Toynbee Hall und anderen größeren Beratungszentren durch Karteien und Formulare rationalisiert. In den meisten Sitzungen beschränkte sich die Dienstleistung auf Beratung und gelegentliche Hilfe beim Verfassen von Briefen an Vermieter, Arbeitgeber, Versicherungen oder Behörden. Die *Poor Man's Lawyers* legten es im allgemeinen nicht darauf an, Ratsuchende bei rechtlich zweifelhaften Anliegen zum Prozessieren zu ermuntern. Sie sahen ihre Aufgabe mehr in der Befriedung als in der maximalen Ausschöpfung aller rechtlichen Möglichkeiten für ihre Klientel. Die Tätigkeit der Beratungsstellen wurde von den professionellen Juristen argwöhnisch beäugt, zum Teil auch, wie etwa in Manchester, gefördert und damit indirekt kontrolliert.[145] Bei allem persönlichen Engagement mußten sich die *Poor Man's Lawyers* stets vor dem Vorwurf hüten, daß sie ,nichtswürdigen' Klagen und unseriösen Elementen in der Anwaltschaft Vorschub leisteten. Manche Berater waren

---

[142] „The Poor Man's Lawyer", in: Toynbee Record, 25, No. 7, April 1913, S. 103–107, S. 104.

[143] Vgl. Mervyn J. Jones, Free Legal Advice in England and Wales. A Report on the Organisation, Methods and Future of Poor Man's Lawyers, prepared for the Executive Committee of Cambridge University Settlement, Camberwell, Oxford o.J. [1940], S. 13.

[144] Vgl. zum folgenden PRO LCO 2/983, Finlay Committee on Legal Aid for the Poor, Minutes of Evidence (1925–26), besonders die Aussagen von Bernard Francis Mendel für den London Council of Social Service, Dr. Alfred Edward Western für Toynbee Hall, wo er seit 1901 als Poor Man's Lawyer agierte, und K.T.S. Dockray für die Manchester and Salford Poor Man's Lawyer Association. Eine anschauliche Schilderung der Arbeitsweise von *Poor Man's Lawyers* auch in: A Barrister, Justice in England, S. 162ff.

[145] Vgl. PRO LCO 2/983, Aussage von K.T.S. Dockray.

wohl auch selbst nicht frei von dem Vorurteil, daß die Armen sehr oft bloß eingebildete oder übertriebene Beschwerden vorbrächten.[146]

Gleichwohl gab es natürlich zahlreiche Fälle, in denen ein unzweifelhafter Rechtsanspruch bestand. Die kleineren Beratungsstellen verfügten hier oft nicht über die Mittel, um über die Beratung hinaus Hilfe zu leisten. Einige größere, zum Beispiel Cambridge House in Süd-London, besaßen dagegen eigene Fonds, aus denen Anwälte bezahlt und in gewissem Umfang auch Prozeßkosten übernommen wurden.[147] Sofern die Fälle in den Augen der Ratgeber einfach genug waren, begnügten sie sich überall mit Hinweisen auf das richtige Verhalten vor Gericht. Kleine Lohnklagen vor den *police courts* und kleine Schuldsachen vor den *county courts* gehörten zu den Fällen, die von den Ratgebern in Toynbee Hall als unproblematisch eingeschätzt wurden, so daß man die Betroffenen in der Verhandlung damit alleinlassen zu können glaubte.[148] Nur etwa fünf Prozent aller Beratungsfälle wurden einem eng mit Toynbee Hall verbundenen *solicitor* vorgelegt, dem man die Kosten für die weitere Bearbeitung vorstreckte und im Falle einer Niederlage beließ, während er sich im Falle eines Sieges mit dem zufriedengab, was er von der Gegenpartei an Kosten erstreiten konnte. In den letzten Jahren vor dem Ersten Weltkrieg wurden in Toynbee Hall etwa 110 Fälle pro Jahr an den *solicitor* (Messrs. Vandamm) überwiesen, Mitte der zwanziger Jahre waren es im Durchschnitt nur noch etwa 60 Fälle pro Jahr. Von diesen wiederum resultierte nur jeweils etwa die Hälfte in einem Gerichtsverfahren, meist vor dem Grafschaftsgericht, bei den übrigen kam es entweder durch die Intervention des *solicitor* zu einer befriedigenden Lösung oder zu einem Rückzieher des Ratsuchenden.[149] Die Praxis in anderen Rechtsberatungsstellen unterschied sich nicht grundlegend, doch lag hier die Rate der an einen *solicitor* überwiesenen Fälle zum Teil höher, so in Manchester in den letzten Jahren vor dem Krieg bei etwa zwanzig Prozent (das waren knapp 500 Fälle pro Jahr) und in Birmingham 1938 bei neun Prozent (das waren immerhin 390 Fälle). Allerdings mußten in Manchester und Birmingham die Klienten wenigstens zum Teil die Kosten für ihre Anwälte mittragen.[150]

---

[146] Aufschlußreich dazu mit verschiedenen Stimmen aus den Leserbriefspalten der Times: „The Poor Man's Lawyer", in: Toynbee Record, 25, No. 7, April 1913, S. 103–107.

[147] Jones, Free Legal Advice, S. 19.

[148] Vgl. PRO LCO 2/983, Aussage von Dr. Alfred Edward Western, S. 3.

[149] Vgl. die Angaben in „The Poor Man's Lawyer", in: Toynbee Record, 25, No. 7, April 1913, S. 107, und PRO LCO 2/983, Aussage von Dr. Alfred Edward Western, S. 4 f. u. 11.

[150] Vgl. PRO LCO 2/983, statistische Angaben von K.T.S. Dockray (für Manchester) und Jones, Free Legal Advice, S. 25 (für Birmingham).

Für die großstädtischen Unterschichten brachten die *Poor Man's Lawyers* gegenüber der viktorianischen Zeit einen erheblichen Fortschritt. Minderbemittelte hatten nun bessere Chancen, sich über die Rechtslage bezogen auf ihren konkreten Fall zu informieren und juristisch begründbare Ansprüche auch durchzusetzen. Gemessen am Klageaufkommen vor den Friedens- und Grafschaftsgerichten und mehr noch im internationalen Vergleich war die Bilanz dennoch bescheiden. So war im wilhelminischen Deutschland das Netz der kirchlichen und kommunalen Rechtsauskunftsstellen sowie der gewerkschaftlichen Arbeitersekretariate viel dichter geknüpft und die Zahl der Beratungen lag weitaus höher.[151] Und in der dänischen Hauptstadt Kopenhagen bestand schon seit Mitte der achtziger Jahre eine freie Rechtshilfe-Organisation (*Retshjaelp*), die im Jahr 1890 bereits über 15 800 Anfragen bearbeitete, und das, wie die „Law Quarterly Review" mit Erstaunen feststellte, in einer Stadt von nur 350 000 Einwohnern.[152] In der Metropole London hingegen bewältigten um 1925 die unter dem Dach des *London Council of Social Service* zusammengefaßten bedeutenderen *Poor Man's Lawyers* nur ganze 7000 Anfragen.[153] Von diesen betrafen 60 Prozent Konflikte zwischen Mietern und Vermietern, 8 Prozent Familien- und Eheangelegenheiten, 7 Prozent *Workmen's Compensation*-Fälle, 6 Prozent Sozialversicherungsfragen und 4 Prozent Streitigkeiten zwischen „Employer and Employed".[154] Mit Arbeitsstreitigkeiten im engeren Sinne (ohne Sozialversicherung) befaßten sich also 11 Prozent der Rechtsauskünfte. Der enorm hohe Anteil der Mietkonflikte in den frühen

---

[151] Vgl. die im Reichs-Arbeitsblatt ab Jg. 1 (1903–04) regelmäßig veröffentlichten Übersichten zur Tätigkeit der Arbeitersekretariate, evangelischen und katholischen Volksbureaus und gemeinnützigen Auskunftsstellen. Besonders ausführlich mit vergleichenden Angaben für die Vorjahre und andere europäische Länder die Erhebung im Reichs-Arbeitsblatt Jg. 12, 1914, Sonderbeilage zu Nr. 7, Juli 1914, „Die Rechtsberatung der minderbemittelten Volkskreise im Jahr 1913". Im Jahr 1913 gab es danach insgesamt 1143 Rechtsberatungsstellen in verschiedener Trägerschaft, davon 361 der freien Gewerkschaften und Gewerkschaftskartelle. Es wurden insgesamt 1 982 605 Auskünfte erteilt und 521 322 Schriftsätze angefertigt. Die Tätigkeit der Arbeitersekretariate wurde auch in England wahrgenommen, allerdings ohne daraus Schlußfolgerungen zu ziehen, siehe Labour Gazette, Okt. 1905, S. 295 f., „Workmen's Legal Advice Agencies in Germany"; ebd., Juli 1907, S. 198 „Workmen's Secretariates' in Germany" mit statistischen Angaben zum Jahr 1906, wonach etwa 16% der rund 400 000 Auskünfte mit Arbeitsstreitigkeiten (ohne Sozialversicherung) zu tun hatten.
[152] Albert H. Jessel, ‚A Poor Man's Lawyer' in Denmark, in: Law Quarterly Review 7 (1891), S. 176–183, S. 181. Unter den 15 850 Anfragen waren laut einer abgedruckten Statistik über 5500 kompliziertere Fälle, von denen gut 13 Prozent Streitigkeiten zwischen Arbeitnehmern und Arbeitgebern betrafen. Die meisten Fragen betrafen familienrechtliche Angelegenheiten.
[153] PRO LCO 2/983, Aussage von Bernard Francis Mendel, S. 7 f.
[154] Ebd., S. 15.

zwanziger Jahren war eine Folge der Mietpreisbindungen während des
Weltkriegs und ihrer nur teilweisen Lockerung nach dem Krieg, die viele
Vermieter nach Mitteln und Wegen suchen ließ, zahlungsschwache Mieter
loszuwerden.[155] Vor dem Ersten Weltkrieg scheinen Mietkonflikte seltener,
Arbeitsstreitigkeiten dagegen häufiger Gegenstand von Anfragen gewesen
zu sein; in Manchester lag der Anteil der Mietkonflikte in den Jahren
1910–12 lediglich bei etwa 6 Prozent, derjenige der Arbeitsstreitigkeiten
hingegen bei 22 Prozent.[156] Und unter den 112 Fällen, die von den *Poor
Man's Lawyers* der Toynbee Hall im Jahr 1912 an Mr. Vandamm, den haus-
eigenen *solicitor*, überwiesen wurden, hatten nur 13 mit Mietkonflikten zu
tun, während auf Arbeitsunfälle 34, also ein knappes Drittel, und auf Lohn-
und Kündigungsstreitigkeiten weitere 6 Fälle entfielen.[157]

Eine abschließende Bewertung der staatlichen und freien Rechtshilfe-An-
gebote für die arbeitenden Klassen wird trotz der unbezweifelbaren Fortschritte seit dem Ende des 19. Jahrhunderts vor allem die Mängel betonen
müssen. Sowohl die offizielle Armenrechtsprozedur als auch die *Poor
Man's Lawyers* waren unzureichend ausgestattet. Die Hilfe trug überall den
für die Klienten erniedrigenden Charakter des Almosens und war verbunden mit unangenehmen und zeitraubenden Bedürftigkeits- und Persönlich-
keitsprüfungen. Wegen der Knappheit der Mittel, aber auch aus ideologischen Gründen wurde nach den verschiedensten Kriterien selektiert. Generell bestand bei den Hilfseinrichtungen die Tendenz, nur juristisch absolut
sicher scheinende Fälle bis ins Stadium einer Gerichtsverhandlung vordrin-
gen zu lassen. Die Vielzahl der Anlaufstellen und das persönliche Engagement der freiwilligen Mitarbeiter täuschten über die Tatsache hinweg, daß
das Angebot regional höchst unterschiedlich und selten für alle relevanten
Rechtsgebiete gleich gut ausfiel. Schließlich war die Armutsgrenze überall
so niedrig angesetzt, daß große Teile der Arbeitnehmerschaft, die sich ihrem
Selbstverständnis nach zu den Minderbemittelten zählten und angesichts
der hohen Kosten gerichtlicher Verfahren tatsächlich als arm gelten mußten,
von vornherein von jeder Hilfeleistung ausgeschlossen blieben. Wer in den

---

[155] Zur Mietgesetzgebung im Vergleich: Karl Christian Führer, Die Rechte von Hausbesitzern
und Mietern im Ersten Weltkrieg und in der Zwischenkriegszeit. Frankreich, Großbritannien und Deutschland im Vergleich, in: Hannes Siegrist u. David Sugarman (Hg.), Eigentum
im internationalen Vergleich (18.–20. Jahrhundert), Göttingen 1999, S. 225–241.

[156] PRO LCO 2/983, statistische Angaben von K.T.S. Dockray.

[157] „The Poor Man's Lawyer", in: Toynbee Record, 25, No. 7, April 1913, S. 107. Daß die Lösung von Mietstreitigkeiten von Anfang an die Zielsetzung der *Poor Man's Lawyers* in
Toynbee Hall bestimmte, zeigt der offizielle Name, unter dem die Beratenden seit 1899
agierten: Sie nannten sich *East London Tenants' and General Legal Protection Committee*
(ebd., S. 103).

Elendsvierteln Londons oder Manchesters lebte, konnte eher mit Unterstützung rechnen als durchschnittlich verdienende Arbeiter in den urbanisierten Industrieregionen oder das Heer der Ladengehilfen, Handwerksgesellen, Angestellten und Pseudo-Selbständigen in den kleineren und mittelgroßen Städten, von den Landarbeitern ganz zu schweigen. Für diese breiten Schichten blieben somit auch im 20. Jahrhundert die durch Prozeßkosten und fehlendes Wissen gegebenen Schwellen vor Gericht unvermindert hoch. Im Konfliktfall konnten sie wählen, ob sie verzichten oder das volle Risiko eines Verfahrens mit Rechtsbeistand eingehen wollten. Einen Ausweg aus diesem Dilemma bot nur der frühzeitige Eintritt in eine Gewerkschaft, die willens und in der Lage war, ihren Mitgliedern Rechtsschutz zu gewähren.

3. RECHTSSCHUTZ DURCH DIE TRADE UNIONS

NORMALITÄT ODER AUSNAHME?

In den Überblickswerken zur britischen Gewerkschaftsgeschichte und den bekannten Darstellungen zu größeren Einzelgewerkschaften wird die Rechtshilfe für Mitglieder allenfalls am Rande erwähnt. Aus den versteckten Hinweisen in der Literatur läßt sich kaum erkennen, ob Hilfe bei Rechtsstreitigkeiten zu den regelmäßigen Leistungen der Trade Unions gehörte oder nur ausnahmsweise gewährt wurde.[158] Daß sich bisher noch niemand für diese Frage interessiert zu haben scheint, weist auf den geringen Stellenwert hin, den das Individualarbeitsrecht und die Justiz im Denken führender Funktionäre und Historiker der englischen Arbeiterbewegung eingenommen haben. Dieses Desinteresse ist zugleich Symptom und Faktor im Prozeß der Entrechtlichung, der die britischen Arbeitsbeziehungen seit dem Ende des 19. Jahrhunderts kennzeichnet. Es wäre jedoch voreilig, daraus sogleich auf die Bedeutungslosigkeit gewerkschaftlicher Rechtsschutzbemühungen in England oder gar auf ein mangelndes Interesse bei den einfachen Mitgliedern zu schließen. Nähme man das Schweigen der Historiker

---

[158] Einige allgemeine Hinweise bei M. Turner-Samuels, British Trade Unions, London 1949, S. 130–135. Dort heißt es, die Rechtshilfe der Gewerkschaften sei „in den letzten Jahren beträchtlich gewachsen". Die einzige mir bekannte Fallstudie zu dem Komplex befaßt sich mit der Rechtshilfe einiger Bergarbeiter-Gewerkschaften bei Arbeitsunfällen: John Benson u. Richard Sykes, Trade-Unionism and the Use of the Law: English Coalminers' Unions and Legal Redress for Industrial Accidents, 1860–1897, in: Historical Studies in Industrial Relations, 3 (März 1997), S. 27–48.

als das letzte Wort in dieser Sache, schriebe man nur ungeprüft jene Meistererzählung fort, die im ersten Kapitel skizziert wurde.

Bei näherem Hinsehen scheint es höchst unwahrscheinlich, daß sich die
englischen Gewerkschaften *nicht* mit Rechtsschutz befaßt haben sollten.
Vor allem in der viktorianischen Zeit hatten sie gute Gründe, in diesem Feld
tätig zu werden. Dafür spricht schon die Tatsache, daß sich die englischen
Trade Unions anders als die deutschen oder französischen Gewerkschaften
in der Regel nicht als politische Kampf- und Weltanschauungsverbände verstanden, sondern in erster Linie als Schutz- und Selbsthilfegemeinschaften
für die typischen Krisensituationen, die im Laufe eines Arbeiterlebens auftreten konnten: Arbeitslosigkeit, Wanderung, Krankheit, Unfall, Alter, Tod,
Begräbnis und eben auch: Entlassung, Lohnkonflikt, Vertragsbruch und
Arbeitskampf. Die Entscheidung, einer Gewerkschaft beizutreten, hing im
viktorianischen England, als noch keines der großen Lebensrisiken durch
Zwangsversicherungen abgefangen wurde, in hohem Maße davon ab, wel-
che Leistungen die Gewerkschaft in den genannten Krisenfällen an einzelne
Mitglieder vergeben konnte. Beratung und Hilfe vor Gericht war dabei viel-
leicht nicht die erste Sorge eines Arbeitnehmers, doch war das Risiko eines
Rechtsstreits mit dem Arbeitgeber auch nicht so weit entfernt, daß es als
Motiv für einen Beitritt ausschied. Ein guter Rechtsschutz konnte ein wirksames Mittel zur Mitgliederwerbung sein. Die Trade Unions hatten also ein
Interesse, hier etwas anzubieten, und die Gesetzgebung zur Arbeitgeberhaftpflicht und Unfallentschädigung ließ dieses Interesse im späten 19. und
frühen 20. Jahrhundert eher noch wachsen als geringer werden.

Gegen die Annahme der Untätigkeit in diesem Feld spricht auch, daß
spontane Solidarität und gegenseitige Hilfe bei Gerichtsprozessen oft am
Anfang der Gewerkschaftsbildung standen. Es ist nicht leicht einzusehen,
warum eine ehrenwerte Tradition nach der Konsolidierung der englischen
Trade Unions so ohne weiteres abgebrochen worden sein sollte. Die *societies* der gelernten Handarbeiter hatten schon im 18. Jahrhundert den gerichtlichen Kampf um ihre ,Gewohnheiten' und Autonomie bei der Gestaltung der Arbeitsbedingungen als eine ihrer zentralen Aufgaben begriffen
und für diesen Zweck Handlungsmuster ausgebildet.[159] Der Angriff der
Arbeitgeber auf die ,Gewohnheiten' setzte sich das ganze 19. Jahrhundert
hindurch fort, weshalb vieles dafür spricht, daß neben dem Streik auch die

---

[159] Vgl. Webb, Trade Unionism, 1920, S. 21–60; Margrit Schulte Beerbühl, Vom Gesellenverein
zur Gewerkschaft. Entwicklung, Struktur und Politik der Londoner Gesellenorganisationen 1550–1825, Göttingen 1991, S. 128 f., 138–145, 262–270; Eisenberg, Gewerkschaften,
S. 87–96, bes. S. 93 f.

gerichtliche Auseinandersetzung als gewerkschaftliche Strategie weiterentwickelt wurde. Die *London Society of Compositors* ist dafür ein gutes Beispiel.[160] Um die Mitte des 19. Jahrhunderts waren es dann die empörenden Verurteilungen zu langen Haftstrafen und die schmähliche Behandlung von Unfallopfern, Witwen und Waisen vor Gericht, die vor allem bei den englischen Bergarbeitern immer wieder zu Geldsammlungen führten.[161] Damit sollten die besten Anwälte bezahlt und Berufungen finanziert werden. Aus dieser zunächst auf Einzelereignisse beschränkten Praxis erwuchs vielfach der Anstoß zur Einrichtung von Solidaritätsfonds, um die herum sich die Organisationen der Bergleute verfestigten. So hatten etwa die Bergarbeiter von Durham und Northumberland bei ihren Organisationsversuchen in den fünfziger Jahren des 19. Jahrhunderts neben dem Fernziel eines Tarifvertrags stets auch das Nahziel eines Rechtsschutz-Fonds im Auge. Dieser sollte dazu dienen, die Arbeitgeber auf juristischem Wege zur Einhaltung vertraglicher Abmachungen zu zwingen.[162] Auch im deutschen Bergbau an Ruhr und Saar bildeten Rechtsschutzvereine in den achtziger Jahren des 19. Jahrhunderts einen wichtigen Ausgangspunkt für die Selbstorganisation der Arbeiter.[163] Ein ausreichendes Fundament für den Zusammenhalt der frühen Gewerkschaften war die gegenseitige Hilfe vor Gericht beziehungs-

---

160 Siehe oben S. 271 ff. zum Fall *Hill* v. *Levy* und unten, S. 414 ff.

161 In Zeitungsberichten finden sich gelegentlich Hinweise auf Geldsammlungen von Bergleuten im Zusammenhang mit Gerichtsfällen. Vgl. etwa Colliery Guardian, 18. Sept. 1858, S. 185, „From our Correspondent at Wigan." Die Bergleute von Wigan (Lancashire) sammelten hier £ 100, um die Kosten eines verlorenen Falles eines verunglückten Kollegen zu tragen. Außerdem beschlossen sie, weitere Sammlungen für einen Fonds zu veranstalten, damit eine Berufung stattfinden konnte. Eine große Sammlung fand auch 1882 anläßlich des bekannten Falls *Griffiths* v. *The Earl of Dudley* in den Kohlenbezirken von Staffordshire und Worcestershire statt. In Distriktsversammlungen beschlossen die Bergleute, pro Mann 6d. zu geben, um der Witwe Griffiths eine Berufung gegen das Urteil des Obersten Gerichtshofs zu ermöglichen, durch welches das *contracting out* aus dem *Employers' Liability Act* legalisiert wurde. Vgl. Colliery Guardian, 7. Juli 1882, S. 12. Siehe auch Benson u. Sykes, Trade Unionism, S. 43 f.

162 Vgl. den Bericht über einen dieser Anläufe, die Bergarbeiter-Union von Durham und Northumberland wiederzubeleben in: Colliery Guardian, 25. Sept. 1858, S. 195. Hier lautete die Forderung „to procure a legal contract from the masters; to form a law fund to ensure full justice from such contract". Hauptredner auf der Versammlung war der berühmte Bergarbeiteranwalt W.P. Roberts. Das den Bergwerksbesitzern nahestehende Blatt knüpfte an diesen Bericht die Warnung an die Arbeitgeber, streng nach Recht und Gesetz zu handeln, um den Bergleuten keinen Vorwand für weitere Schaukämpfe vor Gericht mit entsprechendem Solidarisierungseffekt zu liefern. Vgl. auch: Webb, Durham Miners, S. 40 f., zu einem früheren Gründungsanlauf 1843/44, der ebenfalls um einen „Law Fund" herum stattfand, sowie Benson u. Sykes, Trade Unionism.

163 Vgl. Klaus Tenfelde, Sozialgeschichte der Bergarbeiterschaft an der Ruhr im 19. Jahrhundert, 2. Aufl. Bonn 1981, bes. S. 550–559; Klaus Michael Mallmann, Die Anfänge der Bergarbeiterbewegung an der Saar (1848–1904), Saarbrücken 1981.

weise in Deutschland auch gegen die Knappschafts- und Sozialversicherungsorgane allerdings weder in England noch in Deutschland. Erst die Erprobung der gemeinsamen Stärke im Streik, die Ausweitung der Unterstützung auf andere Krisen im Arbeiterleben, schließlich die Anerkennung
durch das Gesetz und die Arbeitgeber verhalfen den Gewerkschaften in beiden Ländern auf Dauer zu stabilen Strukturen. Das wiederholte Scheitern
der frühen, um den Rechtsschutz herum aufgebauten Gründungen sollte
aber nicht dazu verleiten, die individuelle Rechtshilfe in ihrer Bedeutung zu
unterschätzen und lediglich einer Frühphase der Organisationsbildung zuzuordnen. Die spätere Fixierung der Gewerkschaftshistoriographie auf die
großen Streiks und Tarifabschlüsse als Ziel und Höhepunkt der Bewegung
hat in der Forschung zu einer Vernachlässigung des gewerkschaftlichen Unterstützungswesens im allgemeinen und der Rechtshilfe im besonderen geführt. Das gilt vor allem für die britische Geschichtsschreibung, weniger für
die deutsche.[164] Implizit folgen viele britische Darstellungen der These, daß
der individuelle Klageweg in dem Maße überflüssig wurde, wie sich die kollektive Kampfkraft und Verhandlungsstärke entfalteten. Dem liegt jedoch
eine Fehlperzeption zugrunde, wie der Blick auf die Verhältnisse im wilhelminischen Deutschland zu zeigen vermag. Hier wurde mit den Arbeitersekretariaten eine Lösung gefunden, die den individuellen Rechtsschutz aus
der Zuständigkeit der Einzelgewerkschaften herauslöste, dadurch auf eine
solidere finanzielle und institutionelle Basis stellte und vor allem aus der
Unterordnung unter die kollektiven Kampfziele der einzelnen Gewerkschaften befreite. In dieser Konstellation stellte sich heraus, daß neben dem
Wunsch nach allgemeinen Tarifen sehr wohl ein großer Bedarf für Unterstützung bei Individualstreitigkeiten bestand.[165]

---

[164] Vgl. für Deutschland besonders Florian Tennstedt, Vom Proleten zum Industriearbeiter. Arbeiterbewegung und Sozialpolitik in Deutschland 1800 bis 1914, Köln 1983. Für England:
Eisenberg, Gewerkschaften, dort auf S. 242 auch ein Hinweis auf den „Rechtsschutz", den
englische Gewerkschaften gewährten, hier allerdings nur im Zusammenhang der Erörterung
strafrechtlicher Verfolgung unter den alten *Master and Servant*-Gesetzen und den Streikgesetzen.

[165] Zur Entstehung und Funktionsweise der Arbeitersekretariate: Tenfelde, Arbeitersekretäre.
Vgl. neben der dort kommentierten älteren und neueren Literatur auch: Udo Reifner, Gewerkschaftlicher Rechtsschutz. Geschichte des freigewerkschaftlichen Rechtsschutzes und
der Rechtsberatung der Deutschen Arbeitsfront von 1894–1945, Wissenschaftszentrum Berlin, Discussion Papers, Berlin 1979 (181 S.); ders. u. Irmela Gorges, Alternativen der Rechtsberatung: Dienstleistung, Fürsorge und kollektive Selbsthilfe, in: Erhard Blankenburg u. a.
(Hg.), Alternative Rechtsformen und Alternativen zum Recht (Jahrbuch für Rechtssoziologie und Rechtstheorie, Bd. 6), Opladen 1980, S. 233–262. Reifner und Gorges bewerten die
Tätigkeit der deutschen Arbeitersekretariate vor allem danach, wie weit die individuelle
Rechtsberatung für den allgemeinen gewerkschaftlichen Kampf und die Agitation wirksam

Etwas den deutschen Arbeitersekretariaten Vergleichbares gab es in England nicht. Rechtsberatung und Rechtshilfe blieben dort eine Angelegenheit der Einzelgewerkschaften. Das machte diesen Zweig gewerkschaftlicher Tätigkeit abhängig von der jeweiligen Mitgliederstärke, von Konjunkturen und kurzfristigen Prioritätsverschiebungen. Wenn mithin der Rechtsschutz in der Wahrnehmung britischer Gewerkschaftler und späterer Beobachter nur eine untergeordnete Rolle spielte, so lag dies – so wird hier argumentiert – nicht daran, daß alle etwaigen Rechtsprobleme einzelner Mitglieder durch Verhandlungen, Schiedssprüche oder Arbeitskämpfe befriedigend gelöst oder eliminiert worden wären. Vielmehr war es die begrenzte finanzielle und organisatorische Kapazität, die es insbesondere den kleineren Trade Unions oft nicht gestattete, ein wirklich effizientes Rechtshilfeangebot aufrechtzuerhalten. Die vergleichsweise hohen Gerichtskosten in England taten ein Übriges, um diese Aufgabe zu einer oft nicht mehr tragbaren Belastung für die Gewerkschaftskassen zu machen.

Interesse und Bedarf waren durchaus vorhanden, wie die folgenden Beispiele zeigen werden. Aber die Zersplitterung der englischen Gewerkschaftsbewegung in kleine und kleinste Einheiten brachte es mit sich, daß die angebotene Hilfe sehr unterschiedliche Formen annahm und häufig nicht ausreichte. Mehr noch als in den klassischen Industriebranchen machte sich diese Schwäche bemerkbar für die Dienstleistenden bei Handel und Versicherungen, für die öffentlich und halböffentlich Beschäftigten sowie für diejenigen Berufe, deren Charakter sich im Laufe des späteren 19. Jahrhunderts von einer oftmals prekären Selbständigkeit hin zum Angestelltendasein veränderte.[166] Die Arbeitsverhältnisse dieser Beschäftigten

---

wurde. Unter diesem Gesichtspunkt fällen sie über die Tätigkeit der Arbeitersekretariate ein eher negatives Urteil. Die Bemessung des Erfolgs an eingeklagten Summen bezeichnen sie als „fragwürdig", und die „widerstandslose Hingabe der Arbeitersekretariate an die wachsenden Anforderungen individueller Rechtsberatung" und die „Verselbständigung der Rechtsberatung" (ebd., S. 246) wird von ihnen als Vorbedingung für die leichte Integration in die Rechtsberatungsstellen der Deutschen Arbeitsfront gesehen. Mir scheint in dieser Bewertung ein gehöriges Maß an Verachtung für die Probleme der Millionen von Ratsuchenden zu liegen, die seit 1891 zu den Arbeitersekretariaten strömten und deren akute Probleme eben nicht durch Agitation, Streik und Aufklärung, sondern nur durch Hilfe im Rahmen des damals geltenden Rechts zu lösen waren, auch wenn man das Recht selbst kritisch sehen mochte. Unbeschadet dessen enthält vor allem das nur als ‚graue Literatur' verfügbare Papier von Reifner sehr viele nützliche Informationen. In dem Aufsatz von Reifner u. Gorges findet sich zudem auch ein (allerdings nur auf die Zeit von etwa 1960 bis 1980 bezogener) Vergleich mit der gewerkschaftlichen Beratungs- und Unterstützungspraxis in Großbritannien. Zutreffend bemerken die Autoren, daß die Tätigkeit der *shop stewards* nicht in erster Linie auf rechtliche Lösungen, sondern auf Interessendurchsetzung konzentriert ist.

[166] Vgl. zu diesen Berufsgruppen und ihren gewerkschaftlichen Organisationsversuchen: Peter

waren in der Regel viel zu unterschiedlich, um Streiks und Tarifverhandlungen erfolgreich anzuwenden. Daher bot sich die individuelle Rechtshilfe gerade für die Vereinigungen dieser Berufsgruppen als sinnvolles Betätigungsfeld an, ja sie war vielfach für die Mitglieder das Hauptmotiv, weshalb sie eintraten. Andererseits blieben die meisten *white collar unions* bis zur großen Fusionswelle nach dem Ersten Weltkrieg personell und organisatorisch schwach.[167] Manche Vereinigungen konnten sich auch jahrzehntelang nicht recht entscheiden, ob sie sich als Trade Union begreifen wollten oder für sich und ihre Mitglieder den Status einer staatlich anerkannten Profession, vergleichbar den Medizinern, anstreben sollten. Auch dies konnte eine effektive Rechtshilfe behindern. Schließlich ging es bei den Kündigungs-, Vertragsbruchs- und Konkurrenzklauselstreitigkeiten dieser Berufsgruppen meist um höhere Streitwerte, die den Gang zum *High court* erzwangen. Die damit verbundenen Anwalts- und Gerichtskosten drückten also hier stärker auf die Etats als bei den größeren und finanziell besser gerüsteten Gewerkschaften des industriellen Sektors.

Die vorstehenden Bemerkungen dürften deutlich gemacht haben, daß eine genauere Untersuchung des gewerkschaftlichen Rechtsschutzes dazu beitragen kann, den Vorgang der Entrechtlichung der Arbeitsbeziehungen in England zu erklären. Darüber hinaus könnte eine solche Untersuchung manche Einseitigkeiten in der allgemeinen britischen Gewerkschaftsgeschichte zurechtrücken. Mehr als eine exemplarische Analyse ist freilich wegen der fehlenden Vorarbeiten nicht möglich und für die Thesenbildung im Rahmen dieser Arbeit auch nicht nötig. Die folgenden Abschnitte skizzieren daher zunächst die Arbeitsweise und Effizienz des gewerkschaftlichen Rechtsschutzes in einigen Industriezweigen, wobei an Beispielen sowohl die etablierten Trade Unions der Facharbeiter als auch die neuen Unions der Gelegenheitsarbeiter berücksichtigt werden. Im Anschluß werden die Probleme und Erfolge entsprechender Bemühungen am Beispiel dreier höher qualifizierter Berufsgruppen behandelt: der Schriftsetzer (*London Society of Compositors*), der Lehrer (*National Union of Teachers*) und der Handlungsreisenden (*United Kingdom Commercial Travellers' Association*). Abschließend wird ausgehend von zeitgenössischen Stimmen versucht, die Wirksamkeit der gewerkschaftlichen Rechtshilfe im Hinblick auf die Überwindung der Schwellen vor Gericht einzuschätzen.

Behringer, Soziologie und Sozialgeschichte der Privatangestellten in Großbritannien, Frankfurt/Main etc. 1985.

[167] Vgl. neben Behringer, Sozialgeschichte der Privatangestellten, auch George Sayers Bain, The Growth of White-Collar Unionism, Oxford 1970.

DER RECHTSCHUTZ BEI DEN INDUSTRIEARBEITERN: ARBEITSWEISE UND EFFIZIENZ

Im Zuge der Diskussionen um eine Reform der Armenrechtsprozedur fanden Mitte der zwanziger Jahre vor einem der dazu berufenen Untersuchungskomitees längere Expertenbefragungen statt. Hierzu war auch ein Gewerkschaftsanwalt, Wilfrid Ariel Evill, geladen.[168] Evill erklärte, daß seine Anwaltssozietät in der Londoner City seit langem als *solicitors* für die *Amalgamated Engineering Union* (AEU) agierte. Die AEU war damals die größte britische Einzelgewerkschaft und repräsentierte, wie Evill stolz vermerkte, etwa den hundertsten Teil der Gesamtbevölkerung.[169] Außerdem vertrat Evills Kanzlei regelmäßig eine Vereinigung technischer Zeichner (*Association of Engineering & Shipbuilding Draughtsmen*[170]) sowie gelegentlich verschiedene kleinere, nicht namentlich genannte „craft Unions". Evills Angaben verschafften dem Komitee also Einblick in das rechtliche Unterstützungswesen bei einem breiten Spektrum von Gewerkschaften in mehreren Industrien.

Alle Gewerkschaften, über die Evill bescheid wußte, halfen ihren Mitgliedern in irgendeiner Form bei Rechtsstreitigkeiten, doch waren die Leistungen, wie kaum anders zu erwarten, höchst unterschiedlich. Die kleinen „craft Unions" gewährten regelmäßige und volle, das heißt finanzielle Unterstützung lediglich bei Arbeitsunfällen. Ansonsten griffen sie nur ein, wenn Rechtsfragen auftauchten, die „den Status des Gewerbes" berührten. Ähnlich, ja eher noch ungünstiger, verhielt es sich bei den technischen Zeichnern. Bei ihnen beschränkte sich das Angebot im wesentlichen auf Beratung. Jedes Mitglied konnte mit einem Rechtsproblem an den Vorstand

---

[168] Zum folgenden PRO LCO 2/983, Precis of evidence of Wilfrid Ariel Evill, Solicitor, a member of the firm of Mills, Lockyer, Church & Evill of 5, Finsbury Square, London E.C. 2."

[169] Die *Amalgamated Engineering Union* (AEU) ging aus der 1851 gegründeten *Amalgamated Society of Engineers* (ASE) hervor, die von den Webbs als das Musterbeispiel einer straff geführten industriellen Berufsgruppengewerkschaft (*new model union*) angesehen wurde. Den Kern der Mitgliedschaft bildeten Schlosser und Dreher in Maschinenbaubetrieben und Schiffswerften. 1921 fusionierte die ASE mit mehreren anderen Metallgewerkschaften zur AEU. Die Mitgliederzahl belief sich 1921 auf 425714 (britische Bevölkerung: 42.7 Mio.), sank jedoch im Laufe der zwanziger Jahre deutlich ab. Vgl. zur Geschichte der ASE/AEU: Keith Burgess, The Origins of Industrial Relations. The Nineteenth Century Experience, London 1975, S. 1–85; ders., Die Amalgamated Society of Engineers vor 1914 – Eine *old* oder *New Union*?, in: Wolfgang J. Mommsen u. Hans-Gerhard Husung (Hg.), Auf dem Wege zur Massengewerkschaft. Die Entwicklung der Gewerkschaften in Deutschland und Großbritannien 1880–1914, Stuttgart 1984, S. 215–236; Jefferys, Engineers, dort auf S. 291 ff. die Mitgliederzahlen; auf S. 213 auch ein versteckter Hinweis auf „legal assistance" im Zusammenhang mit Arbeitsunfällen.

[170] Zu dieser Gewerkschaft: Behringer, Sozialgeschichte der Privatangestellten, S. 430–439.

herantreten, der dann auf Kosten der Vereinigung die Meinung eines Juristen einholte. Prozeßkosten wurden dagegen nur bei „Prinzipienfragen" übernommen. Im übrigen, so Evill, hing die Gewährung der Hilfe bei den technischen Zeichnern sehr stark vom jeweiligen Kassenstand und von der Meinung des Vorstands zur „Würdigkeit" des Einzelfalls ab.

Im Gegensatz dazu konnte die mächtige AEU ihren Mitgliedern umfassende Hilfe anbieten. Beratung und Kostenübernahme fanden laut Evill grundsätzlich statt bei Arbeitsunfällen, Lohnkonflikten, Streitigkeiten um Arbeitsbedingungen, Unfällen auf dem Weg vom und zum Arbeitsplatz sowie überhaupt bei jeder Art von Streitigkeit, die mit dem Arbeitsleben des Mitglieds zusammenhing. Auch wenn Mitglieder einer Straftat beschuldigt wurden, half die Union, sofern ein ordnungsgemäßer Antrag gestellt wurde. Zuständig für die Genehmigung der Rechtshilfe war der Exekutivrat, Anträge mußten durch die Ortssekretäre an ihn gerichtet werden.[171] Darüber hinaus hatten Mitglieder die Möglichkeit, sich auch bei ihren privaten Rechtsstreitigkeiten vom *solicitor* der Union zu günstigen Konditionen beraten zu lassen. Bedingung für jede finanzielle Unterstützung durch die AEU war jedoch, daß Mitglieder nichts auf eigene Faust unternahmen. Der Weg mußte stets durch die Instanzen der Gewerkschaft und ihre *solicitors*, also im Normalfall über Evills Kanzlei, verlaufen. Ohne daß Evill es ausdrücklich bemerkte, war klar, daß die Pflicht zur Einhaltung des ‚Dienstwegs' für die Betroffenen gewisse Verzögerungen mit sich brachte. *Workmen's Compensation*-Fälle, bei denen Fristen einzuhalten waren, durften allerdings von lokal ansässigen *solicitors* geführt werden, wenn diese zuvor von der AEU anerkannt worden waren.

Zu den gewerkschaftsinternen Abläufen, zur Frage etwa, wie lange durchschnittliche Anträge unterwegs waren und welche Vorleistungen erwartet wurden, machte Evill keine Angaben. Auch geht aus seiner Aussage nicht eindeutig hervor, seit wann es bei der AEU ein derart weitreichendes Rechtshilfe-Angebot gegeben hatte. Die Geschäftsverbindung und die Arrangements zur Mitgliederberatung zwischen der Maschinenbauergewerkschaft und der Anwaltssozietät bestanden laut Evill aber immerhin schon seit fünfzig Jahren. Demnach könnte die *Amalgamated Society of Engineers* (ASE) mindestens seit 1875 bereits Rechtshilfe in gewissem Umfang gewährt haben. Zwar finden sich in den Statuten der ASE vor 1896 keine Hin-

---

[171] Dies geht aus der Aussage von Evill so nicht hervor, wurde aber in den ‚Regeln' der ASE seit 1896 so bestimmt; vgl.: ASE Rules revised at Liverpool, May 25th, 1896, London 1896, S. 151 (MRC Mss. 259/4/5/4); AEU Rules as adopted at the Conference of Representatives held at York, April 1920, London 1920, S. 131.

weise darauf, während die Anspruchsvoraussetzungen für Arbeitslosengeld, Streikgeld, Krankengeld, Invaliditätsgeld, Ruhestandsgeld und Begräbnisgeld von Anfang an genau erläutert wurden.[172] Das Fehlen entsprechender Regeln für Rechtshilfe besagt aber nicht, daß die Mitglieder keinen
Schutz erhielten. Tatsächlich wissen wir aus den frühen Monatsberichten
der ASE, daß Mitglieder in einzelnen Fällen vor Gericht unterstützt wurden, so zuerst 1851 in einem Fall, bei dem es um die ‚Einschüchterung' Ar-
beitswilliger ging.[173] Eine regelmäßige Praxis war dies jedoch noch nicht.
Der Exekutivrat der ASE gewährte Rechtshilfe zunächst nur bei Verstößen
gegen die Streikgesetzgebung. Mitglieder, die aus anderen Gründen verklagt
wurden, erhielten keine Unterstützung.[174] Aus den Bilanzen der Ortsvereine geht hervor, daß diese etwa seit den achtziger Jahren die Kosten für
Vorladungen übernahmen.[175] Anläßlich eines größeren Falles, bei dem 24
Maschinenschlosser auf Lohn klagten, der ihnen wegen der Weigerung,
Überstunden zu arbeiten, vorenthalten worden war, kam es dann 1888 zur
Bildung eines „Legal Defence Fund", für den in der Folgezeit bei Bedarf
Umlagen veranstaltet wurden.[176] Es war aber erst das Unfallproblem, das
1896 zu einer Formalisierung des Rechtshilfeverfahrens und zur Aufnahme
entsprechender Regeln in die Statuten der ASE führte.

---

172 Geprüft wurden die ASE-Statuten (Rules) von 1864, 1874, 1889, 1896, 1901, 1907, 1915 und
1920. Der Text der ‚Regeln' von 1864 in: Eleventh and Final Report of the Royal Commissioners appointed to inquire into the Organization and Rules of Trades Unions and Other
Associations, PP 1868–69 XXXI, Bd. 2, App., S. 246–259; die Kopie eines Exemplars von
1874 in MRC Mss. 259/4/- (unverzeichnet); ein Exemplar der Regeln von 1889 in den Akten
des Liverpool Trades Council, Liverpool City Library RO 331 TRA 4/4; das Exemplar von
1896 in MRC Mss. 259/4/5/4, die Exemplare von 1901 und 1907 in MRC Mss. 259/4/- (unverzeichnet) das Exemplar von 1915 in MRC Mss. 259/4/5/8; ein Exemplar von 1920 in der
Bibliothek des Ruhrgebiets, Bochum. An den Regeln läßt sich ablesen, daß die formalisierte
Rechtshilfe 1896 zunächst für Fälle unter dem *Employers' Liability Act* eingerichtet wurde,
dann spätestens ab 1901 auf *Workmen's Compensation*-Fälle, und spätestens 1907 auf Lohn-,
Kündigungs- und sonstige Arbeitsstreitigkeiten ausgedehnt wurde.
173 MRC Mss. 259/4/14/1, ASE Monthly Reports, 1851–1860, reprinted for purposes of reference, London 1870, Monthly Report for Oct. 1851, S. 74 u. 82. In diesem Fall wurde auch
der bekannte Arbeiteranwalt W.P. Roberts bemüht.
174 Vgl. MRC Mss. 259/1/1/4, ASE Executive Council Mins., 11. Apr. 1856.
175 MRC Mss. 259/2/1/30, Annual Branch Balance Sheets, 1882.
176 MRC Mss. 259/4/5/2, Abstract Report of the Council's Proceedings, 1888–90, S. 62–65; Abstract Report of the General and Local Council's Proceedings, 1891, S. 115. Vgl. auch MRC
Mss. 259/4/14/27, Monthly Journal and Report, Jan. 1913 (Wiederabdruck einer Jubiläums-
schrift zum 50-jährigen Bestehen der ASE), S. 73: „The Legal Defence Fund was started this
year, in consequence of litigation in respect to wages stopped by a firm at Newcastle, and
this fund has been maintained ever since, and used in all cases where the law can be invoked
on behalf of the members." Die Monatsberichte 1913 zeigen die Rechtshilfe in ihrer voll entwickelten Form, vgl. ebd., S. 61–63; Febr. 1913, S. 22 f. u. 26–30.

Dieser allmähliche Übergang von einer zunächst informellen, ad hoc gewährten Hilfe zu einer zunehmend professionell betriebenen Unterstützungspraxis war für viele Gewerkschaften typisch. Auch bei anderen Trade Unions war es vor dem Ende des 19. Jahrhunderts unüblich, daß die Rechtshilfe in den Statuten erwähnt wurde.[177] Man muß darin vor allem eine Vorsichtsmaßnahme gegenüber den eigenen Mitgliedern sehen. Eine Aufnahme in die Statuten hätte den Rechtsschutz in die Nähe der übrigen Unterstützungszahlungen gerückt. Für die Gewerkschaftsführungen mußte es aber gerade bei der Rechtshilfe darauf ankommen, jede Festlegung zu vermeiden. Die meisten anderen Leistungen (außer Streik- und Arbeitslosengeld) waren in der Höhe kalkulierbar, Anwalts- und Gerichtskosten hingegen konnten schnell in astronomische Höhen steigen. Deshalb mußten die Vorstände sich hier die Freiheit bewahren, auch bei begründeten Fällen nein sagen zu können.[178] Einen Automatismus, gar einen einklagbaren Anspruch durfte es nicht geben. Abgesehen davon war es auch schwierig, objektivierbare Kriterien für die Entscheidung über Rechtshilfe-Gesuche zu definieren. So ist es erklärlich, daß die meisten Trade Union-Statuten in den mittleren Jahrzehnten des 19. Jahrhunderts keine Bestimmungen oder allenfalls vage Kann-Bestimmungen zur Rechtshilfe enthielten, obwohl in der Praxis vielleicht schon regelmäßig Unterstützung gewährt wurde. Erst gegen Ende des 19. Jahrhunderts tauchten häufiger Regeln auf, die den Rechtsschutz ausdrücklich in den Statuten verankerten, meist im Zusammenhang mit der Unterstützung bei Unfällen.[179]

Zurückhaltend mit Informationen über den Rechtsschutz zeigten sich die Gewerkschaften lange Zeit auch in ihren öffentlich zugänglichen Mitteilungen. Bei der ASE ließ sich aus den gedruckten Monatsberichten immerhin entnehmen, daß die Gewerkschaft in Einzelfällen für Mitglieder vor Gericht eintrat. Dabei war die ASE von allen englischen Gewerkschaften damals am meisten vom Nutzen der Publizität für die Mitgliederwerbung überzeugt und betrieb eine relativ offene Informationspolitik.[180] Andere

---

[177] Überprüft wurden die Statuten (bzw. Resümees und Berichte darüber) in folgenden Sammelpublikationen: Trades' Societies and Strikes. Report of the Committee on Trades' Societies, appointed by the National Association for the Promotion of Social Science, London 1860; Eleventh and Final Report of the Royal Commissioners appointed to inquire into the Organization and Rules of Trades Unions and Other Associations, PP 1868–69 (4123) XXXI, Bd. 2, App.

[178] In der ASE behielt sich der Exekutivrat auch bei der Bewilligung von Streikunterstützung das letzte Wort vor; vgl. Webb, Trade Unionism, 1920, S. 221 f.

[179] Siehe Royal Commission on Labour, Rules of Associations of Employers and of Employed, 1892 (C. 6795.-XII).

[180] Webb, Trade Unionism, 1920, S. 222 f.

Trade Unions verhielten sich wesentlich restriktiver, bisweilen den Frei-maurer-Logen ähnlicher als modernen Verbänden. So wurden etwa die vier-zehntägig oder monatlich gedruckten Rundschreiben der *Operative Stone-masons' Society* (OSM) und der *Operative Bricklayers Society* (OBS) in den Ortsgruppen streng geheim gehalten. Bei den Zeugenbefragungen anläßlich der Königlichen Untersuchungskommission zu den Trade Unions 1867–68 beklagten sich die Arbeitgeber der Baubranche, daß sie keine Kopien dieser Rundschreiben erhalten konnten, und vor den Webbs scheint kaum ein Nicht-Mitglied diese Unterlagen je zu Gesicht bekommen zu haben.[181] Aus den Rundschreiben der OSM und OBS geht klar hervor, daß Rechtsschutz zum Alltag dieser beiden großen Bauarbeiter-Gewerkschaften gehörte, wenn auch nicht als Leistung, auf welche die Mitglieder einen festen An-spruch hatten.[182] An die Öffentlichkeit sollte davon jedoch nichts oder je-denfalls nichts Genaues dringen. Das Wenige, was Außenstehende damals wissen konnten, war nur aus den Regeln und jährlichen Rückmeldungen mit Bilanzen zu erfahren, die seit der Gewerkschaftsgesetzgebung von 1871 an die staatliche Registratur für *Friendly Societies* gesandt werden mußten und daher bedingt zugänglich waren.[183] Aus den Bilanzen ließ sich erraten, daß zum Beispiel die Bauarbeiter-Gewerkschaften Vorladungen und Zeu-gengelder bezahlten und generell des öfteren in Gerichtsfälle verwickelt wa-ren. Wieviele Fälle es waren und um was es sich dabei handelte, blieb aber im Dunkeln. Bei der *Operative Bricklayers Society* lauteten die entspre-chenden Posten in den Jahresbilanzen „Law charges", „Law expenses", „Summons' cases", „Witnesses' expenses". Seit den neunziger Jahren des 19. Jahrhunderts tauchte dann auch regelmäßig die Anwaltsfirma Shaen & Co. mit größeren Posten in den Jahresbilanzen der OBS auf.[184]

Welche Gründe gab es für die weitgehende Geheimhaltung der Rechts-schutz-Praxis? Eine Vorsichtsmaßnahme lag auch hier vor, nur diesmal nicht gegenüber den eigenen Mitgliedern, sondern gegenüber den gegneri-schen Prozeßparteien und den Juristen. Zu viel Publizität, besonders die Nennung von Namen, eine zu triumphierende Beschreibung der Metho-den, mit denen man Gerichtsfälle vorbereitet und gewonnen hatte, oder die Feststellung, daß Kosten und Geldstrafen für die Mitglieder übernommen wurden: all dies konnte vor Gericht kontraproduktiv wirken. Unter den

---

181 Ebd., S. 223. Die Rundschreiben der OSM und OBS in MRC Mss. 78/OS/4/1/1–98, 1834–1910 (*Stonemasons*), und MRC Mss. 78/OB/4/1/1–35, 1861–1921 (*Bricklayers*).

182 Näheres am Beispiel der OBS unten, S. 403 ff.

183 *Trade Union Act*, 34 & 35 Vict., c. 31 (1871), s. 16.

184 MRC Mss. 78/OB/4/2/1–21, Annual Reports (1862–1920). Getestet wurden die Jahrgänge 1870, 1882, 1896, 1906, 1912 und 1917.

Bedingungen des alten *Master and Servant Act* konnte es zum Beispiel geschehen, daß Arbeitgeber schon bei kleinen Vergehen eine Gefängnisstrafe forderten mit der Begründung, daß eine Geldbuße für den Arbeiter keine wirkliche Strafe sei, weil ja das Geld von der Gewerkschaft bezahlt würde.[185] Manchmal verhängten Richter mit eben dieser Begründung von sich aus Haftstrafen statt Geldbußen.[186] Nicht selten kam es auch vor, daß Friedensrichter oder Grafschaftsrichter Arbeitern, die allzu ostentativ mit Gewerkschaftsunterstützung geklagt und gesiegt hatten, keine oder nur minimale Kosten gewährten.[187] Ferner mußten sich die Gewerkschaften immer vor dem Vorwurf hüten, Arbeiter zu ,sinnlosen‘ Klagen anzureizen, die in Wirklichkeit ganz andere Zwecke verfolgten.[188]

Eine gewisse Geheimhaltung der Rechtshilfe-Praktiken war also aus taktischen Gründen geboten. Bis zur Reformgesetzgebung der siebziger Jahre des 19. Jahrhunderts war sie überdies auch aus rechtlichen Gründen ratsam. Solange die Gewerkschaften noch unter die dehnbaren Tatbestände der ,Verschwörung‘ und des ,ungesetzlichen Zusammenschlusses‘ fielen, also bis 1871, mußten alle Aktivitäten, die als eine Störung des ordnungsgemä-

---

[185] Vgl. Colliery Guardian, 5. Juni 1858, S. 360. Fall eines Bergmanns, der unter dem *Mines Act* wegen einer Verletzung von Sicherheitsbestimmungen angeklagt war. Der Anwalt des Arbeitgebers forderte Gefängnis „as the fine would be no punishment, for, under the present state of things the miners could easily raise the money through their societies."

[186] Vgl. den Fall *Harris v. Hall, Nash and Clamps* vor dem *Central Criminal Court*, berichtet in Boot and Shoe Trades Journal, 14. Jan. 1882, S. 20: „The Recorder said he would not inflict a fine as someone else would pay it, but should pass a sentence of three days' imprisonment."

[187] Vgl. Weekly Times, 28. Nov. 1858, S. 6 (*Longstaff and Banks v. Blower*, ein offenbar von der *Amalgamated Society of Carpenters and Joiners* unterstützter Fall vor dem Marylebone County Court); Print. A Journal for printing-House Employés of all Grades and departments, 15. Jun. 1896, S. 3, „A Machine Manager wins his Case"; Justice of the Peace, 4. Mai 1912, S. 209, „Dock Labourers' Contract of Service".

[188] Ein extremer Fall dieser Art: People's Paper, 24. Juli 1858, „A Wages Case at Derby" (*Dale v. Bridgett and Co.*). Hier klagte ein Seidenweber um Lohn, der ihm wegen angeblich schlechter Arbeit abgezogen worden war. In seiner Ansprache an die *jury* verwendete der Arbeitgeberanwalt die Tatsache, daß der Weber mit Hilfe seiner Trade Union klagte, als Argument: „The fact is, this is not the plaintiff's case at all, but it is brought by the Trades' Union. It is time these Trades' Unions were put a stop to, for they do not benefit the workman, but are means by which workmen seek to bind masters down, and make good and bad workmen all alike. ... This action, as I remarked before, is not brought by the plaintiff, but by a Union for the sake of persecuting a very good master, who I am sure, has always sought to pay his men the wages they have fairly earned." Der Richter des Derby Court of Record ging auf dieses ,Argument‘ ein, indem er die Klage abwies mit den Worten: „I don't like these actions. What is the result of them but to put money into the pocket of the attorney? They benefit no mechanic." Der Arbeiter solle sich an die Friedensrichter wenden; diese seien zuständig. Vgl. auch den Fall *Busby v. Powell*, County Courts Chronicle, 1. Feb. 1882, S. 265ff. Die Lohnklage eines Gießereiarbeiters wurde hier vom Richter als ein „afterthought" bezeichnet, den der Kläger erst nach dem Besuch beim Sekretär seiner „society" gehabt habe.

ßen Ganges der Justiz interpretierbar waren, so unauffällig wie möglich bleiben. Gewerkschaften konnten bis 1871 noch nicht einmal in eigener Sache als Kläger auftreten, etwa wenn es galt, betrügerische Sekretäre zu verfolgen, die sich mit der Kasse davongemacht hatten.[189] Schließlich durften auch die Korporationen der *solicitors* und *barristers* nicht allzu deutlich darauf aufmerksam gemacht werden, daß die Beratungs- und Hilfstätigkeit der Gewerkschaften ihnen in dem einen oder anderen Fall potentielle Kundschaft entzog. Zwar handelte es sich dabei um Kundschaft, die ohne die gewerkschaftliche Hilfe in den meisten Fällen überhaupt nicht hätte klagen können, doch genügte schon die Beschuldigung, das Vertretungsmonopol der Anwälte vor den Gerichten untergraben zu wollen, um den gewerkschaftlichen Rechtsschutz in den Augen der Juristen an den Rand der Legalität zu drängen.

In dem Maße jedoch wie die Gewerkschaftsbewegung gesetzliche und öffentliche Anerkennung gewann und in dem Maße wie erkennbar wurde, daß immer öfter auch Arbeitgebervereinigungen und Versicherungen hinter den nominell prozeßführenden Arbeitgebern standen, lockerte sich die zurückhaltende Informationspolitik der Gewerkschaften. Etwa seit den achtziger Jahren des 19. Jahrhunderts wurde kein so großes Geheimnis mehr um den Rechtschutz gemacht. In gedruckten Berichten, Pressemitteilungen und Bilanzen mehrten sich nun die Hinweise auf den Umfang und die Erfolge der Hilfeleistungen. Seit 1887 wurden in den *Parliamentary Papers* statistische Daten und Auszüge aus den Jahresberichten von größeren Trade Unions veröffentlicht, aus denen hervorging, daß zum Beispiel die *Amalgamated Society of Railway Servants* bereits seit 1874 einen „Legal Defence Fund" unterhielt und andere Gewerkschaften ebenfalls in diesem Bereich tätig waren.[190] In den Jahresberichten von Ben Tillet's Dockarbeiter-Union erschienen ab 1892 regelmäßig lange Namenslisten von Mitgliedern, für die dank der Intervention der gewerkschaftseigenen Rechtschutzabteilung Unfallentschädigungen und ausstehende Löhne erwirkt worden waren.[191]

---

[189] Ausführlich hierzu mit zahlreichen Beispielen: John McIlroy, Financial Malpractice in British Trade Unions, 1800–1930: The Background to, and Consequences of, *Hornby v. Close*, in: Historical Studies in Industrial Relations, No. 6 (Autumn 1998), S. 1–64.

[190] Überprüft wurden: Statistical Tables and Report on Trade Unions. First Report PP 1887 (C. 5104) LXXXIX, S. 56 f. (*Railway Servants*); Second Report PP 1888 (C. 5505) CVII; Third Report PP 1889 (C. 5808) LXXXIV.

[191] Dock, Wharf, Riverside and General Workers' Union, Annual Reports, 1890–1919, MRC Mss. 126/DWR/4/1/1–4. Die Liste für das Jahr 1896 umfaßte 33 Namen (bzw. Lohndispute mit mehreren Beteiligten). Im Jahr 1912 waren es dann 1021 Namen (bzw. Fälle). Ab 1917 wurden die Namenslisten in den Jahresberichten nicht mehr mit abgedruckt, weil sie zu viel

Die Gesamtsummen der auf diese Weise für die Mitglieder erkämpften Beträge wurden von Jahr zu Jahr hochaddiert, so daß im Juli 1921, kurz vor dem Zusammenschluß der Dockarbeiter mit anderen Gewerkschaften zur *Tansport and General Workers' Union* (TGWU), die stolze Summe von £ 296 017 als Leistungsbilanz der Rechtsschutzabteilung seit der Gründung vorgestellt werden konnte.[192] Auch die engen Verbindungen einzelner Gewerkschaften mit bestimmten Anwälten wurden im späten 19. Jahrhundert offener thematisiert, ohne daß dies dem Renommee der betreffenden *solicitors* und *barristers* schadete. Bei den *barristers* hatte schon immer der professionelle Ehrenkodex dafür gesorgt, daß man ihnen die Übernahme eines Falles grundsätzlich nicht als Parteinahme für politische oder sonstige Ziele der Klienten auslegte.[193] Im Vergleich zu den fünfziger oder sechziger Jahren des 19. Jahrhunderts war es aber dennoch ungewöhnlich, wenn nun zum Beispiel das Gutachten eines bekannten *barrister* (Mr. Atherley-Jones) publiziert wurde, in dem er den streikwilligen Bergleuten von Durham auseinanderlegte, wie sie ihre Massenkündigung möglichst unaufwendig und dennoch rechtswirksam einreichen konnten.[194] Derlei vertrauliche Schriftwechsel zwischen Anwälten und Trade Unions hätte man vor den Reformgesetzen der siebziger Jahre geheimhalten müssen.

Für die meisten Handarbeiter-Gewerkschaften, auch die größeren unter ihnen, wuchs sich der Rechtsschutz früher oder später zu einer ernsthaften Belastung der Organisationsstrukturen aus. Besonders in den unfallträchtigen Gewerben mußten nach den Haftpflicht- und Entschädigungsgesetzen von 1880, 1897 und 1906 Wege gefunden werden, wie der Arbeits- und Ko-

---

Platz einnahmen. In der Gewerkschaftszeitung „Dockers' Record" erschienen aber weiterhin monatliche Listen.

[192] Dockers' Record, Juni-Juli 1921, S. 37 f.

[193] Vgl. Daniel Duman, The English and Colonial Bars in the Nineteenth Century, London 1983, S. 49.

[194] Minutes, Circulars, Reports, Sliding Scales, Accountants [sic !] Certificates, &c., of the Durham County Mining Federation Association, From 1878 to 1890, Durham 1891, S. 184 f., „Counsel's Opinion of giving Notices" (1889). Atherley-Jones war Spezialist für die Bergwerksgesetzgebung und wurde schon Ende der siebziger Jahre von den Durham Miners als *barrister* engagiert. Vgl. den Fall *Toplin* v. *Elwen*, berichtet in: Miners' Watchman and Labour Sentinel, 26. Jan. 1878, S. 7. Ein Wiegekontrolleur klagte hier vor dem Durham County Court gegen den Manager eines Bergwerks, der ihn angeblich bei der Ausübung seiner Pflichten behindert hatte. Der Zeitungsbericht des Arbeiterblatts vermerkte, daß Mr. Atherley Jones vom *solicitor* der Bergarbeitervereinigung „speziell herangezogen" worden sei. In der gleichen Zeitungsnummer erschien ein Artikel von Atherley Jones über „The Law relating to Checkweighmen". Auch als Mitglied des Parlaments in den neunziger Jahren des 19. Jahrhunderts übernahm Atherley Jones noch Fälle für Bergleute. Vgl. etwa den Fall *Marklow* v. *The Hardwick Colliery Company*, berichtet in: Colliery Guardian, 12. Juni 1896, S. 1121.

3. Rechtsschutz durch die Trade Unions

stenaufwand bewältigt werden konnte. Am Beispiel der größten Maurerge-
werkschaft, der *Operative Bricklayers Society*, lassen sich die auftretenden
Probleme gut verfolgen.[195]

Noch um 1870 waren es fast ausschließlich Lohndispute, wegen derer es
zu Rechtshilfe-Ersuchen an die OBS kam.[196] Da die Streitwerte überwiegend gering und die Kasssen angesichts der günstigen Konjunkturlage besser als in späteren Krisenzeiten gefüllt waren, halfen die lokalen ‚Logen'
der OBS ihren Mitgliedern oft aus eigener Initiative. Der Exekutivrat
wurde auf dem laufenden gehalten, aber nur in Ausnahmefällen vorab um
Genehmigung gebeten. Die lokalen Logen streckten die Gebühren an den
police courts oder *county courts* vor und sorgten dafür, daß Kläger instruiert und geeignete Zeugen gefunden wurden. Manchmal genügte schon die
Vorladung, um den Arbeitgeber zur Zahlung des ausstehenden Betrags ins
Gericht zu veranlassen.[197] In der Zeit zwischen Vorladung und Gerichtstermin fanden oft außergerichtliche Verhandlungen zwischen dem Kläger,
vertreten durch den lokalen Sekretär der OBS, und dem Arbeitgeber statt.
Diese Verhandlungen konnten zu einem gütlichen Angebot des Arbeitgebers führen, das jedoch nicht immer angenommen wurde.[198] Die Gewerkschaft beharrte stets darauf, daß die in ihren ‚Regeln' fixierten Lohnraten
durch die Annahme eines solchen Angebots nicht unterlaufen wurden.
Wenn mehrere Leute an dem Disput beteiligt waren, wurden Gerichtster-
mine mitunter auch verschoben, um mit der örtlichen Arbeitgeber-Vereinigung in Verhandlungen oder ad hoc vereinbarten Schiedsverfahren zu

---

[195] Allgemein zur Geschichte der industriellen Beziehungen im Baugewerbe mit zahlreichen
Hinweisen auf die OBS: Raymond W. Postgate, The Builders' History, London 1923; Bur-
gess, Origins, S. 86–150; Price, Masters, unions and men. Zum Streikverhalten auch die ver-
gleichende Studie von Friedhelm Boll, Arbeitskämpfe und Gewerkschaften in Deutschland,
England und Frankreich. Ihre Entwicklung vom 19. zum 20. Jahrhundert, Bonn 1992, bes.
S. 513–531.

[196] Abgesehen davon gab es im Jahr 1870 auch einen Antrag auf Rechtshilfe wegen eines Unfalls. Dem betreffenden Arbeiter aus Worcester, der sich durch seine ‚Loge' an den Exekutivrat gewandt hatte, wurde mitgeteilt, daß er auf eigene Rechnung klagen müsse. MRC Mss.
78/OB/4/1/4, No. 114, Nov. 1870, S. 1014; No. 115, Dez. 1870, S. 1022.

[197] MRC Mss. 78/OB/4/1/4, No. 109, Juni 1870, S. 972, Fall *Leggett* v. *Brass*; ebd., No. 114,
Nov. 1870, S. 1013 Fälle *Bradman* v. *Down* u. *Cooper* v. *Macey*.

[198] Ebd., No. 109, Juni 1870, S. 972f. u. No. 110, Juli 1870, S. 980, Fall *Simon* v. *Deller*: „Windsor Lodge reported that Joseph Simon had done some work for Mr. Deller, who declined to
pay him. Resolved, ‚That J. Shipton do take out a summons for his claim.' ... J. Shipton,
Windsor Lodge, reported that Mr. Deller, through Mr. Edgington, offered to pay £ 4 in full
discharge of account, which offer was declined. There is no necessity to employ a solicitor in
the case; all that is required is some practical man to corroborate J. Shipton's statement of
facts."

einer Lösung zu gelangen. Ein Disput konnte sich so oft über Monate hinziehen.[199]

Wer als einzelnes Mitglied seinen Fall an die Gewerkschaft abgetreten hatte, brauchte sich um nichts mehr allein zu kümmern, hatte aber damit auch die Möglichkeit verloren, Verhandlungen selbst zu führen oder Angebote anzunehmen. Kam es wegen der Klage zur Entlassung, gewährte die OBS den betroffenen Arbeitern solange Streikgeld, bis sie eine neue Anstellung fanden.[200] Für die Gewerkschaft waren bei der Verhandlungsführung ihre eigenen Ziele maßgeblich, das war in der Hauptsache die Aufrechterhaltung der kollektiv vereinbarten oder einseitig geforderten Tarife. Die Mittel der Klage vor Gericht, des informellen Verhandelns, des förmlichen Schiedsverfahrens und im Extremfall der Streikdrohung wurden dabei als im Prinzip gleichwertige Strategien flexibel eingesetzt. In der günstigen Konjunktur der frühen siebziger Jahre ließen sich die meisten kleineren Dispute durch die Androhung gerichtlicher Schritte in Verbindung mit informellen Verhandlungen erledigen.

Der Rechtsschutz diente also der OBS zusammen mit anderen Kampfmethoden der Verteidigung kollektiver Rechte. Die persönlichen Belange des einzelnen Mitglieds hatten dahinter zurückzutreten. Diese Priorität zeigte sich, wenn einzelne Mitglieder ausscherten und, ohne vorher zu fragen, vor Gericht zogen. Ein gewisser Morgan Edwin aus Lambeth, dessen Arbeitgeber ihm über £ 12 Lohn schuldete, hatte im September 1870 aus eigener Initiative geklagt, um möglichst schnell an sein Geld zu kommen. Erst als der Gerichtstermin bevorstand, wandte er sich an den Exekutivrat der OBS, weil er die Anhörungsgebühren nicht bezahlen konnte. Sie wurden ihm vorgestreckt, jedoch mit der Auflage, sie später zurückzuzahlen. Darüber hinaus erhielt Morgan Edwin anscheinend keine Hilfe. Er verlor seinen Fall und bat um weitere Finanzhilfe für eine Berufung. Diese wurde ihm nicht

---

[199] Ebd., No. 104, Jan. 1870, S. 932; No. 105, Feb. 1870, S. 940, No. 108, Mai 1870, S. 965f.: Ein Fall von fünf Arbeitern der Burslem Lodge, deren Überstunden nicht nach Tarif bezahlt worden waren. Im Dezember 1869 wurde Klage im Magistrates Court erhoben, deren Anhörung auf Bitten des Arbeitgeberanwalts vertagt wurde. Die dann stattfinden Verhandlungen zwischen Delegationen der Gewerkschaft und der örtlichen Arbeitgebervereinigung führten zu keinem Ergebnis, so daß im März 1870 beschlossen wurde, die Klage wieder aufzunehmen. Im letzten Moment zahlte der Vertreter der Arbeitgebervereinigung die nach den „working rules" fälligen Überstundenraten sowie die Kosten der Gewerkschaft für die Vorladungen.

[200] Ebd., No. 105, Feb. 1870, S. 940: „The Burslem Lodge reported that Mr. Woolridge, at Hanley, had discharged the men who took part in sueing him for wages for overtime as per working rules. All the men had obtained work elsewhere except Br. Whittaker. *Resolved*, ‚That he be placed on strike pay.'"

gewährt, doch wurden ihm gnädig die von der OBS vorgestreckten £ 1 7s. Gerichtsgebühren erlassen, die er hätte zurückzahlen müssen.[201]

In der ungünstigen Konjunktur der achtziger Jahre und in den neunziger Jahren ließ die Großzügigkeit der OBS nach.[202] Einzelnen Ausreißern wie Edwin wurde nun nicht mehr geholfen. Irgendwann vor 1896 – das genaue Datum ließ sich nicht ermitteln – wurden die Statuten der OBS um eine Klausel ergänzt, nach der Rechtshilfe bei Lohnforderungen nur noch gewährt wurde, wenn innerhalb von sechzehn Tagen ein Antrag an den Exekutivrat gestellt wurde.[203] Schon vor dieser Formalisierung des Verfahrens verhielt sich der Exekutivrat zunehmend selektiv gegenüber Anträgen auf Rechtshilfe bei Lohnangelegenheiten. Zurückweisungen waren Anfang der achtziger Jahre häufiger als um 1870. Rechtsbeistand wurde jetzt nur noch gewährt, wenn die Fakten erkennen ließen, daß der Fall leicht zu gewinnen war oder wenn es um die Behauptung der ‚Regeln' gegenüber den Arbeitgebern ging.[204] An die Stelle der gerichtlichen Schritte, die um 1870 in solchen Fällen häufig unternommen worden waren, trat in den achtziger und neunziger Jahren öfter die sofortige Arbeitsniederlegung als bevorzugtes Kampfmittel. Dies geschah auch bei lokalen Lohndisputen mit wenigen Beteiligten. Die Gewerkschaft zahlte nun lieber Streikgeld als von Fall zu Fall vor Gericht zu klagen.

Wie kam es zu diesem Strategiewandel? Signifikante Veränderungen der Rechtslage, der Erfolgsaussichten oder der Gerichtspraxis, die ihn erklären könnten, hat es zwischen 1870 und den neunziger Jahren bekanntlich nicht gegeben. Wenn überhaupt, so war es in diesem Zeitraum, wie in den ersten beiden Kapiteln gezeigt wurde, zu gewissen Verbesserungen für klagende Arbeitnehmer gekommen. Der Anstieg der durchschnittlichen Prozeßkosten vor den Grafschaftsgerichten seit den sechziger Jahren dürfte eine starke Gewerkschaft wie die OBS ebenfalls nicht vor unüberwindliche Probleme gestellt haben. Zwar waren die Finanzen der Gewerkschaft wegen der schlechten Konjunktur angespannter als um 1870, doch lag dies eher an den vermehrten Zahlungen für Arbeitslose und Streikende. Verglichen damit fielen die Prozeßkosten vor Friedens- und Grafschaftsgerichten bei Lohnklagen nicht sonderlich ins Gewicht. An Veränderungen des Rechts-

---

[201] Ebd., No. 113, Okt. 1870, S. 1005; No. 115, Dez. 1870, S. 1021; No. 116, Dez. 1870, S. 1028.

[202] Getestet wurden die Jahrgänge 1882 und 1896, MRC Mss. 78/OB/4/1/6 und 78/OB/4/1/13. Zur schlechten Kassenlage und ungünstigen Mitgliederentwicklung bei den Baugewerkschaften ab etwa 1878: Boll, Arbeitskämpfe, S. 146 f.

[203] Die Klausel (Rule 33, clause 16) wird im Monatsbericht für Januar 1896 erwähnt: MRC Mss. 78/OB/4/1/13, No. 415, Jan. 1896, S. 15.

[204] Vgl. MRC Mss. 78/OB/4/1/6, Monthly Reports 1879–84.

systems lag es also nicht, wenn die OBS ihre Rechtshilfe-Praxis bei Lohndisputen änderte.

Die Ursache ist eher im Wandel der Beziehungen zwischen Arbeitnehmern und Arbeitgebern im Baugewerbe zu suchen. Die widerwillige Anerkennung der Bauarbeiter-Gewerkschaften durch die Vereinigungen der *Master Builders* hatte seit den siebziger Jahren an immer mehr Orten zu Tarifvereinbarungen geführt.[205] Dispute, die an einem Einzelfall aufbrachen, betrafen daher tendenziell immer gleich größere Gruppen. Das allein hätte allerdings noch nicht zu einem Bedeutungsverlust der gerichtlichen Strategie führen müssen. Bei gut funktionierenden Verhandlungsmechanismen hätte man die Gerichte weiterhin als letzte Schiedsinstanz zur Entscheidung von Testfällen benutzen können, wie es zum Beispiel im Bergbau von Durham und Northumberland oft geschah. Im englischen Baugewerbe ging aber die Zunahme der Tarifvereinbarungen keineswegs mit einer Versachlichung des Gesprächsklimas einher, sondern erzeugte im Gegenteil wachsende Spannungen. Die Arbeitgeber im Baugewerbe waren besser organisiert als in den meisten anderen Industriezweigen und zeigten sich auf ihre Weise ebenso militant wie die einfachen Mitglieder der Baugewerkschaften.[206] Deren Ungeduld und Kampfbereitschaft nahm in den achtziger und neunziger Jahren zu. Die Basis in den Ortsgruppen konnte von den Funktionären und zentralen Exekutiväten kaum im Zaum gehalten werden. Der Lokalismus des Baugewerbes gab den Ortsgruppen eine stärkere Stellung als in den meisten anderen Industrien.[207] Zudem warben sich die miteinander konkurrierenden Baugewerkschaften gegenseitig die Mitglieder ab und befanden sich in dauernden Konflikten untereinander über die Abgrenzung zwischen den Berufssparten. Der für die gesamte englische Gewerkschaftsbewegung typische berufliche Sektionalismus war im Baugewerbe besonders ausgeprägt.[208] Das erlaubte es den geschlossener agierenden *Master Builders*, Tarifvereinbarungen oft und kurzfristig zu kündigen oder zu unterlaufen.

Gerichtsprozesse waren ein wenig taugliches Mittel, um dagegen anzugehen. Tarifvereinbarungen wurden von englischen Gerichten nicht als bin-

---

205 Vgl. Price, Masters, unions and men, bes. S. 118, 164 u. 181 ff.

206 Burgess, Origins, S. 112 ff. u. 129 f.; McIvor, Organised capital, S. 60: Von 1487 dem Ministerium im Jahr 1914 bekannten Arbeitgebervereinigungen gehörten 468 dem Baugewerbe an – dies ist zugleich auch ein Zeichen für den Lokalismus des Gewerbes; vgl. auch A.H. Yarmie, Employers' Organizations in Mid-Victorian England, in: International Review of Social History 25 (1980), S. 209–235.

207 Ausführlich zur schwer zu kontrollierenden Militanz der einfachen Mitglieder in den lokalen Vereinigungen der Baugewerkschaften: Price, Masters, unions and men.

208 Burgess, Origins, S. 121.

dende Verträge betrachtet. Um vor Gericht einklagbar zu sein, mußten sie entweder am betreffenden Ort so allgemein anerkannt sein, daß sie als ,Gewohnheit' durchgehen konnten, oder sie mußten von beiden Seiten unmißverständlich als Bestandteil individueller Arbeitsverträge vereinbart worden sein. Kompromißlose Arbeitgeber konnten dem leicht entgehen, indem sie erklärten, daß sie selbst die vermeintliche ,Gewohnheit' nie anerkannt hätten, wodurch ihr allgemeingültiger Charakter bereits widerlegt war, oder indem sie kurzerhand aus der lokalen Vereinigung der *Master Builders* austraten.[209] Die Militanz beider Seiten, der gewerkschaftliche Lokalismus und Sektionalismus im Baugewerbe und die geringe Bindungswirkung tariflicher Vereinbarungen im englischen Recht wirkten also zusammen, um die noch um 1870 erfolgreich angewandte Strategie der gerichtlichen Auseinandersetzung für die OBS und andere Baugewerkschaften zunehmend weniger attraktiv erscheinen zu lassen.

Eine andere Entwicklung kam hinzu. Nach dem *Employers' Liability Act* von 1880, vor allem aber nach den *Workmen's Compensation Acts* von 1897 und 1906 stieg der Bedarf nach Rechtsberatung und -hilfe in der Bauindustrie wie auch in anderen unfallträchtigen Gewerben stark an.[210] Das neue Feld absorbierte schnell die ganze Kraft und Zeit derjenigen, die sich innerhalb der Gewerkschaften um die praktische Unterstützungsarbeit in Einzelfällen kümmerten. Zudem handelte es sich hier um ein Betätigungsfeld, in dem Streiks und kollektive Verhandlungen keine Alternative zur individuellen Rechtshilfe darstellten. Die hohen Summen, um die es für die Mitglieder ging, die Aussicht, den Unfallopfern endlich wirksam helfen zu können, ließen einzelne Fälle unbezahlten Lohns oder ungerechtfertigter Entlassung dagegen vergleichsweise unwichtig erscheinen, jedenfalls solange keine Prinzipienfragen berührt wurden. Dies führte bei allen von Unfällen stark betroffenen Industriearbeiter-Gewerkschaften, so auch bei der OBS, zu einer fast ausschließlichen Konzentration der Rechtshilfe auf diesen einen Bereich. Je verbissener Arbeitgeber und Versicherungen um juristische Terraingewinne bei der Auslegung der Haftpflicht- und Unfallgesetzge-

---

[209] Vgl. MRC Mss. 78/OB/4/1/13, No. 415, Jan. 1896, S. 18, Fall *Hooper* v. *Turtle and Appleton*. Hier bestritt der Arbeitgeber, die fragliche ,Gewohnheit' je anerkannt zu haben, was die klagende OBS den Sieg kostete. Ein Beispiel für den Austritt aus der Arbeitgebervereinigung: Master Builder and Associations Journal, 7. Feb. 1912, S. 21, Fall *Stribling* v. *Burgess & Son*. Auch hier unterlag die OBS, wenn auch nur nach einer knappen Abstimmung auf der Friedensrichterbank.

[210] Der *Workmen's Compensation Act* von 1897 fand auf die Bauindustrie nur Anwendung, wenn der Unfall beim Bau oder dem Abriß eines Gebäudes von über 30 *Feet* Höhe geschah und wenn dabei Gerüste oder Maschinen Verwendung fanden. Ab 1906 waren dann alle Bauarbeiten durch das Gesetz erfaßt.

bung kämpften, desto stärker fühlten sich die Gewerkschaften herausgefordert, dem etwas entgegenzusetzen. Rechtshilfe wurde in ihren Augen nahezu gleichbedeutend mit Hilfe bei *Employers' Liability-* und *Workmen's Compensation*-Fällen. Die Marginalisierung des individuellen Arbeitsvertragsrechts in der Gedankenwelt der Rechtsexperten innerhalb der englischen Arbeiterbewegung hing unmittelbar mit der Verengung des praktischen Rechtsschutzes auf Unfälle zusammen.

Die neue Aufgabe stellte alle Industriearbeiter-Gewerkschaften vor ähnliche Probleme. Nicht alle zeigten sich diesen in gleicher Weise gewachsen. Im wesentlichen waren drei Schwierigkeiten zu bewältigen. Die Komplexität der Haftpflicht- und Unfallgesetze erforderte – erstens – ein hohes Maß an juristischer Fachkompetenz; diese mußte, schon um den Versicherungen Paroli bieten zu können, am besten zentral beim Sitz der Gewerkschaft angesiedelt werden. Die individuelle Betreuung der Fälle ließ sich aber – zweitens – nur vor Ort bewerkstelligen; langwierige Verhandlungen um Entschädigungssummen, um Arbeitsunfähigkeit oder Wiederaufnahme einer leichteren Beschäftigung konnten nicht in allen einzelnen Schritten von der Zentrale aus gelenkt werden, sollte es nicht zu einer Lähmung der Arbeit kommen. Weil aber falsche Schritte vor Ort die Gewerkschaft unter Umständen teuer zu stehen kommen konnten, mußte die Zentrale doch irgendwie die Kontrolle behalten. Alle größeren Gewerkschaften standen somit vor dem Problem, in diesem Bereich für eine effektive Abstimmung zwischen zentralen und lokalen Instanzen der Rechtshilfe zu sorgen. Drittens stellte sich besonders für die kleineren *craft unions* das Kostenproblem. Auch die neuen Gewerkschaften der Ungelernten mit ihren niedrigen Mitgliedsbeiträgen konnten davon betroffen sein, während die gefestigten Trade Unions der Facharbeiter außer in Krisensituationen ausreichende Etats besaßen, um zur Not auch Berufungen bis an das House of Lords durchstehen zu können.

Die OBS löste das Problem der Fachkompetenz, indem sie sich zunehmend auf den Rat ihrer *solicitors*, Messrs. Shaen and Co., verließ. Der Exekutivrat, der formal weiterhin für die Genehmigung der Anträge auf Hilfe bei drohenden Gerichtsverfahren zuständig war, ließ sich regelmäßig von der Anwaltsfirma über die laufenden *Workmen's Compensation*-Fälle berichten und folgte in aller Regel den Empfehlungen. Messrs. Shaen and Co. nahmen so in den Sitzungen des Exekutivrats einen immer prominenteren Platz ein, was sich in den Monatsberichten deutlich widerspiegelt.[211] An-

---

[211] Das Verfahren für Rechtshilfe bei Unfällen wurde in den Statuten der OBS durch Regel Nr. 37 („Accident Benefit") bestimmt; vgl. MRC Mss. 78/OB/4/3/1, OBS Rules, as revised

dere Gewerkschaften, zum Beispiel die Dockarbeiter, richteten eigene Rechtsabteilungen mit berichterstattenden *solicitors* für die laufend anfallenden Entscheidungen ein, so daß der Vorstand von dieser Aufgabe entlastet wurde und nur bei besonders schwerwiegenden (potentiell kostspieligen) Fällen eingeschaltet wurde. Ab 1919 gab es in der Dockarbeiter-Gewerkschaft zusätzlich ein wöchentlich tagendes *Emergency Committee*, das hauptsächlich über *Workmen's Compensation*-Fälle beriet und weitgehende Entscheidungsbefugnisse besaß.[212]

Die Betreuung der individuellen Fälle oblag bei der OBS zunächst den lokalen Gewerkschaftssekretären. Diese konnten ohne Rücksprache mit der Zentrale solange agieren, wie keine Verhandlungen vor dem *county court* nötig wurden. In diesem Zusammenhang muß daran erinnert werden, daß es bei aller Streitlust der Versicherungen doch weit mehr unstrittige als strittige *Workmen's Compensation*-Fälle gab. Die Hilfe der erfahrenen Gewerkschaftssekretäre war für die Mitglieder unschätzbar. Organisierte Arbeiter konnten sich den Gang zu einem spekulierenden Anwalt ersparen, waren nicht den Pressionen windiger „claims assessors" der Versicherungen ausgesetzt und konnten sicher sein, daß keine Fristen versäumt und alle Formalien richtig erfüllt wurden. Problematisch wurde es jedoch bei der OBS dann, wenn Versicherungen oder Arbeitgeber nicht zahlungswillig waren oder die wöchentliche Zahlung einseitig einstellten. Spätestens an diesem Punkt mußte die Zentrale eingeschaltet werden, und das konnte vor allem für Mitglieder außerhalb Londons erhebliche Verzögerungen mit sich bringen. Der Generalsekretär hatte es nämlich in der Hand, ob er den Fall sofort an den Exekutivrat (und damit an Messrs. Shaen and Co.) weiterleitete oder ob er zunächst selbst von London aus auf schriftlichem Wege die Verhandlungen mit der Versicherung oder dem Arbeitgeber fortsetzte. Wie dies konkret aussah, zeigt der Protestbrief eines Gewerkschaftssekretärs aus Leeds vom Jahr 1912. In dem mit dem sinnigen Pseudonym (?) W.T. Newlove unterzeichneten Brief forderte der Schreiber eine Entlastung des

---

1913, S. 24 f.: „Any insured member entitled to full benefit and approved through this society, or any member who is exempt from the provisions of the National Insurance Act, meeting with an accident, or contracting any disease scheduled under the Workmen's Compensation Act, his case shall be immediately referred to and dealt with by the executive council, who shall engage legal assistance, if necessary, to recover damages or compensation in any case, as they may determine. The executive council shall not be responsible for legal proceedings taken without their consent."

212 Vgl. MRC Mss. 126/DWR/1/3–7 (1919–22). Der Vergleich mit den für 1921 erhaltenen Protokollen des vierteljährlich tagenden Exekutivrats (MRC Mss. 126/DWR/1/1–2) zeigt, daß dort nur ein kleiner Teil der Fälle vom *solicitor* der Dockarbeiter, Mr. H.R. Giles, im Schnelldurchgang erläutert und nach dessen Ratschlägen ‚abgesegnet' wurde.

Vorstands von allen organisatorischen Aufgaben der Gewerkschaft und insbesondere einen geschäftsmäßigeren Umgang mit den Unfallangelegenheiten. Zur Erläuterung erzählte er einen Fall, der hier einmal vollständig zitiert werden soll, weil er die nur bedingt effizient zu nennende Arbeitsweise der OBS (und vermutlich mancher anderer Gewerkschaft) bei *Workmen's Compensation*-Fällen veranschaulicht:

On July 13, 1911, Bro. J.E. Andrews met with an accident. He is a member of the O.B.S. of 25 years' standing. We notified the builder re claim for compensation. I went with Andrews on October 6th to the builder's office. They paid £ 12 7s., or 13 weeks' compensation at 19s. per week. They paid no more. The insurance company's agent met Andrews and myself at builder's office on November 21st and still refused to continue payment. I wrote General Office that night to get on with this case, and we hear no more about it until February 2nd, 1912, when a letter is read out at branch meeting stating the General Secretary has written the insurance company. They reply they have sent for the papers, and in a day or two if they do not act he will place this case before the E.C. with a view to it being placed in Shaen and Co's hands, and I may say this 25 years' member of ours is starving and nothing done in this case yet, April 14th, 1912. My point is that all this work and waste can be reorganised to the benefit of the whole of the O.B.S.[213]

Die hier beschriebenen Zeit- und Reibungsverluste waren vor allem für größere, national agierende Gewerkschaften ein Problem. Bei regional beschränkten Gewerkschaften, wie zum Beispiel der kleineren Schwester der OBS, der *Manchester Unity Operative Bricklayers' Society*, konnte der Exekutivrat die Fäden noch selbst in der Hand halten. Laut den Regeln der *Society* waren alle Unfälle von den lokalen Sekretären direkt an den Exekutivrat in Manchester zu melden, der alle weiteren Verhandlungen übernahm und wenn nötig *solicitors* einschaltete.[214] Die Rechtshilfe der kleinen Maurer-Gewerkschaft von Manchester und Umgebung verlief also nur über zwei gewerkschaftsinterne Instanzen und war damit weniger schwerfällig als bei der OBS.[215] Dafür blieb aber das Rechtsschutz-Angebot der *Man-*

---

[213] MRC Mss. 78/OB/4/1/28, No. 611, Mai 1912, S. 18 f.

[214] Vgl. MRC Mss. 78/MB/4/3/1 (Rule of the Sick Fund, 1892), S. 9 f., Nr. 15: „Should any member of this Society (in benefit) meet with an accident whilst at work, he shall report the case at once to his Lodge Secretary, who shall make all enquiries and report all information to the E.C. If the E.C. are satisfied from information received that it is through the employer's neglect that the member met with his accident, they shall have power to consult a Solicitor, and, if necessary, sue the said employer for compensation for the said member. All legal expenses to be paid from the General Fund." Diese Regel wurde später auch auf Fälle unter dem *Workmen's Compensation Act* angewandt; vgl. MRC Mss./78/MB/4/3/2 (Rules, 1901) S. 8, Nr. 10; MRC Mss. 78/MB/4/3/3 (Rules 1908) S. 11 f., Nr. 13; MRC Mss. 78/MB/4/2/16 (Monthly Trade Report 1917), No. 181, Feb. 1917, „Standing Orders", No. 6.

[215] Vgl. MRC Mss. 78/MB/4/2/4 (Trade Report 1905), No. 44, Sept. 1905, S. 11 u. 15, No. 45, Okt. 1905, S. 6 u. 9, No. 46, Nov. 1905, S. 5, 7 u. 17 f. (Fall *Pearce v. Pattinson & Sons*).

chester Bricklayers' Society allein auf Unfälle und seltene Testfälle zu anderen Konfliktfeldern beschränkt.[216] Außerdem bestand die Gefahr, daß bei Berufungen die Finanzen der kleinen Gewerkschaft schnell überfordert wurden. Dann blieb nur der Spendenappell an größere Schwester- und Nachbargewerkschaften – eine Praxis, die für die winzigen *craft unions* der hochspezialisierten Gewerbe vor allem in London schon immer der einzige Weg gewesen war, um einen über die *police courts* oder *county courts* hinausgehenden Gerichtsfall durchzufechten.[217]

Die Kosten der Rechtshilfe-Arbeit brachten um 1908–9 auch Ben Tillet's Dockarbeiter-Gewerkschaft in Bedrängnis. Seit dem ersten regulären Geschäftsjahr 1890 bewegten sich die Aufwendungen der Union für „Legal expenses" bis 1907 bei Werten zwischen 7,9 und 2,3 Prozent der Gesamtausgaben.[218] Im Jahr 1908 wurde dann mit 9,1 Prozent (£ 835) ein Spitzenwert erreicht, was Ben Tillett in seinem nächsten Jahresbericht zur Forderung nach einer Beitragserhöhung (bis dahin 3d. pro Woche) veranlaßte: „I would urge the consideration of a larger contribution, as both our legal and dispute and funeral benefits are a considerable responsibility to us all; the legal benefits, conferring as they do thousands of pounds, are, after all, a serious liability to the organization."[219] Die Finanzprobleme der Union lösten sich allerdings in den folgenden beiden Jahren durch den Zusammenschluß mit anderen Unions in der *National Transport Workers' Federation* und vor allem den starken Mitgliederzuwachs im Zusammenhang mit dem erfolgreichen Streik von 1911.[220] Die Ausgaben für Rechtsschutz gingen in

---

[216] Vgl. MRC Mss. 78/MB/4/2/5 (Trade Report 1906), No. 49, Feb. 1906, No. 51, April 1906 u. No. 52, Mai 1906 mit weiteren Beispielen für die Arbeitsweise der Gewerkschaft, darunter einem ‚Testfall'.

[217] Beispiele für solche Spendenappelle in: London Trades Council Minutes (Microfilm edition), Bd. 1, Council Meeting, 4. Juni 1861, S. 31 f. (*Silk Weavers Association*); ebd., Council Meeting 6. Mai 1862, S. 81 (*Nottingham Framework Knitters*); ebd., Council Meeting, 21. Juni 1864, S. 149, u. 4. Okt. 1864, S. 156 f. (*West End Boot Closers*); ebd., Bd. 2, Council Meeting 11. Dez. 1868, S. 14, u. Bd. 3, 14. März 1869, S. 18 (*Women's Shoemakers of the City of London*). Die übliche Praxis war, daß die Trades Councils die Bitten um Unterstützung an die reichen, größeren Gewerkschaften weiterleiteten. Vgl. auch ein Beispiel in den Akten der *London Society of Compositors*, MRC Mss. 28/CO/1/B/14/3, Febr. 1871, „Important Trial for Libel on the Wire Drawers' Society." Der Fall wurde unterstützt durch den Manchester and Salford Trades Council.

[218] Errechnet aus den Bilanzen in den Annual Reports der Dock, Wharf, Riverside and General Workers' Union seit 1890, MRC Mss. 126/DWR/4/1/1–2.

[219] Twentieth Annual Report, 1909, Hull 1910, S. 5, MRC Mss. 126/DWR/4/1/2.

[220] Ken Coates u. Tony Topham, The History of the Transport and General Workers' Union, Bd. 1: The making of the labour movement. The formation of the Transport and General Workers' Union 1870–1922, Oxford 1991, S. 328 ff., 368–378 u. 384; John Lovell, Stevedores

den Jahren von 1911 bis 1919 bei einem erheblich höheren Gesamtetat mit großen Rücklagen auf Werte zwischen 3,7 und 1,1 Prozent zurück.[221]

Nach den Protokollen des *Emergency Committee* und des Exekutivrats zu urteilen, war der von der Dockarbeiter-Gewerkschaft gebotene Rechtsschutz in den letzten Jahren vor der Bildung der TGWU (1921) für die Mitglieder effektiv und umfassend.[222] Die Hilfe betraf alle potentiellen und tatsächlichen Rechtskonflikte, die aus dem Arbeitsverhältnis resultierten. Kosten stellten dabei offenbar kein Problem mehr dar, jedenfalls wurde die Gewährung der Hilfe davon nicht abhängig gemacht. Alles, von der ersten Beratung über die Beschaffung von Beweisen und medizinischen Gutachten, das Verfassen von Droh- und Mahnbriefen an Arbeitgeber und Versicherungen, die Führung außergerichtlicher Verhandlungen, bis hin zur Vertretung vor Gericht lag in den Händen der Gewerkschaft, und hier besonders des Londoner *solicitor* der Union, Mr. Giles. In den Hafenstädten der Provinz agierten andere *solicitors* für die Union. Mr. Giles dominierte die Komiteesitzungen, berichtete dem Exekutivrat über die schwierigen Fälle, führte die Woche für Woche gefaßten Beschlüsse aus und fand nebenbei noch die Zeit, aus seinem reichen Erfahrungsschatz über Jahre hinweg gemeinverständliche rechtskundliche Artikel für das Gewerkschaftsblatt „Dockers' Record" zu schreiben.[223] Selbstverständlich behielt sich die Gewerkschaft vor, einzelne Fälle nicht bis vor Gericht zu bringen. Das Kriterium hierfür war, soweit es sich den Protokollen entnehmen läßt, in erster Linie die juristische Beurteilung der Erfolgschancen.[224] Nur gelegentlich, etwa wenn sich eine Witwe eines Unfallopfers zunächst mit einer durch die Union erwirkten Entschädigungssumme unter dem *Workmen's Compensation Act* zufrieden gegeben hatte und dann doch auf Schadensersatz unter dem *Common law* klagen wollte, spielten andere Überlegungen hinein.[225] In den meisten Fällen verhielt sich die Gewerkschaft ihren hilfesuchenden

---

and Dockers. A Study of Trade Unionism in the Port of London, 1870–1914, London 1969, S. 155–179.

[221] Errechnet aus den Bilanzen in den Jahresberichten, MRC Mss. 126/DWR/4/1/3–4.

[222] Protokolle des *Emergency Committee*: MRC Mss. 126/DWR/1/3–7 (1919–22); Protokolle des Exekutivrats (1921): MRC Mss. 126/DWR/1/1–2.

[223] Die Artikelserie begann in Dockers' Record 2, No. 5, Aug. 1916, S. 4f., und wurde bis zur letzten Nummer (Dockers' Record 7, No. 1, Juni-Juli 1921, S. 12–15) mit wenigen Unterbrechungen fortgeführt. Hauptthema waren Ratschläge zum *Workmen's Compensation Act*.

[224] Vgl. etwa die Fälle *Thomas* & *Llanelly Light Co.* (Llanelly), MRC Mss. 126/DWR/1/3/8, Minutes of Emergency Committee, 27. Jan. 1921; *Ralph* & *McDougall* (Hull), MRC Mss. 126/DWR/1/1/7, Minutes of Executive Council Meeting, 16. Aug. 1921.

[225] Vgl. den Fall *Pulleybank* & *Harris* (Plymouth), MRC Mss. 126/DWR/1/1/7, Minutes of Executive Council Meeting, 16. Aug. 1921.

Mitgliedern gegenüber aber nicht sehr viel anders als es ein professioneller Anwalt gegenüber seinen Klienten tun würde.

Wenn die am Beispiel der Dockarbeiter, Bauarbeiter und Maschinenbauer beschriebenen Rechtshilfe-Praktiken repräsentativ sind, waren die Schwellen vor Gericht und die mit Gerichtsprozessen verbundenen Risiken für gewerkschaftlich organisierte Industriearbeiter im England des frühen 20. Jahrhunderts kein so großes Problem mehr, jedenfalls für diejenigen nicht, die sich einer starken Gewerkschaft angeschlossen hatten. Für die Annahme der Repräsentativität spricht, daß die in fast allen Berufssparten gegebene Konkurrenz zwischen den Einzelgewerkschaften es geradezu zwingend erscheinen lassen mußte, die von einer Nachbar- oder Schwestergewerkschaft angebotenen Leistungen ebenfalls zu bieten. Auch kleinere Gewerkschaften mußten zumindest bei Arbeitsunfällen Hilfe leisten, wollten sie ihre Mitglieder auf Dauer behalten. Unterschiede gab es aber bei der Effizienz und der Reichweite des Angebots sowie bei den Kriterien, nach denen die unterstützungswürdigen Fälle selektiert wurden. Manche Gewerkschaften verhielten sich großzügig, andere restriktiver. Gemeinsam scheint allen Industriearbeiter-Gewerkschaften gewesen zu sein (aber dies bedürfte noch einer genaueren Überprüfung), daß Lohndispute und Konflikte um sonstige Arbeitsbedingungen etwa seit den achtziger Jahren des 19. Jahrhunderts zunehmend als Gegenstand kollektiver Verhandlungen oder Kampfmaßnahmen begriffen wurden. Jedenfalls fällt auf, daß Lohnstreitigkeiten im individuellen Rechtsschutz der OBS etwa ab 1880 einen immer geringeren Platz einnahmen und bei der Dockarbeiter-Gewerkschaft von Anfang an nur eine geringe Rolle spielten.

Auffällig ist ferner die Tatsache, daß sich die hier untersuchten Industriearbeiter-Gewerkschaften im Rahmen der Rechtshilfe anscheinend kaum mit Fällen von fristloser Entlassung wegen irgendwelcher Verfehlungen oder mangelnder Leistung zu befassen hatten. Eine Ausnahme war nur die schikanöse Entlassung wegen gewerkschaftlicher Aktivität. In diesen Fällen wurde Streikgeld gezahlt, denn die gerichtliche Anfechtung einer solchen Entlassung war in der Regel aussichtslos. Was nun fristlose Entlassungen wegen angeblich mangelnder Leistung oder anderer Verfehlungen angeht, so konnte das Problem bei Dockarbeitern und Bauarbeitern aufgrund der meist kurzfristigen (stunden- oder tageweisen) Beschäftigung kaum auftreten. Bei gelernten Handarbeitern mit längeren Kündigungsfristen sorgte unter anderem der berufliche Ehrenkodex der Arbeiter selber dafür, daß jemand, der tatsächlich aus diesen Gründen entlassen worden war, es nicht wagen konnte, die Gewerkschaft um Hilfe zu bitten. Die Gewerkschaften der Facharbeiter verstanden sich auch als Vereine zur Aufrechterhaltung gewisser Qualitätsstandards bei der Arbeit, und dazu gehörte, daß Arbeitern, die den nötigen *skill* vermissen ließen, notorisch ihre Pflichten versäumten, betrunken waren oder sonst den Betriebsablauf störten, die Mitgliedschaft von vornherein verweigert wurde. Insofern geschah es möglicherweise tatsächlich selten, daß Gewerkschaftsmitglieder wegen dieser Dinge entlassen wurden.[226] Die ‚Regeln‘, denen sich gelernte Handarbeiter mit ihrem Beitritt zu einer Trade Union unterwarfen, verlangten eben nicht nur die Unterordnung der persönlichen Karriere unter die kollektiven Ziele, sondern auch die Fähigkeit und Bereitschaft, das überkommene Berufsbild, den eigenen *trade*, sein Ansehen, seine ‚Gewohnheiten‘, seine ‚Privilegien‘ gegen Angriffe aller Art, auch solche von unwürdigen oder minder qualifizierten Arbeitern zu verteidigen.[227]

Verteidigung der ‚Gewohnheit‘ mit rechtlichen Mitteln: die London Society of Compositors

Unter den handarbeitenden Berufen nahmen die Schriftsetzer eine herausgehobene Stellung ein. Sie waren durchweg literat, mußten handwerklich geschickt und geistig beweglich sein und arbeiteten im hohen Maße eigenverantwortlich.[228] Ihr Arbeitsplatz war weit weniger gefährlich als bei anderen Handarbeitern, sie verdienten besser und waren nicht so leicht zu ersetzen. Das verlieh ihnen eine starke Verhandlungsposition gegenüber den Besitzern von Druckhäusern und Zeitungsverlagen. Die Londoner Schriftsetzer hatten sich schon im späten achtzehnten Jahrhundert organisiert und im Jahr 1810 den *Master Printers* eine Tarifvereinbarung abgerungen, die *London Scale of Prices*. Diese blieb fast das ganze 19. Jahrhundert hindurch im wesentlichen unverändert, bis sie 1891 durch eine neue Tarifskala ersetzt wurde, die den technischen Veränderungen Rechnung trug. Bei der Wiedergründung der *London Society of Compositors* (LSC) im Jahr 1848 – die Ein-

---

226 Aufschlußreich hierfür ist ein von der *London Society of Compositors* unterstützter Fall, bei dem es sich im Laufe der Gerichtsverhandlung herausstellte, daß der klagende Arbeiter sein pöbelhaftes, auf Trunkenheit zurückzuführendes Verhalten, das zur Entlassung geführt hatte, der Gewerkschaft gegenüber verschwiegen hatte: Vgl. MRC Mss. 28/CO/1/8/14, 94th Quarterly Report, Juli 1871 (*Scott v. Letts*).

227 Vgl. Patrick Joyce, Visions of the People. Industrial England and the question of class, 1848–1914, Cambridge 1991, S. 116 f.; Boll, Arbeitskämpfe, S. 136. Zur Herkunft dieses Selbstverständnisses aus den Gesellenverbindungen des 18. und frühen 19. Jahrhunderts: Eisenberg, Gewerkschaften, S. 89 f.

228 Vgl. zur Autonomie der Schriftsetzer am Arbeitsplatz: Jonathan Zeitlin, Engineers and Compositors: A comparison, in: ders. u. Royden Harrison (Hrsg.), Divisions of Labour, Brighton 1985, S. 185–250.

zelheiten der frühen Gewerkschaftsgeschichte brauchen hier nicht zu interessieren[229] – wurde die Verteidigung der kurz zuvor von den *Master Printers* und *Compositors* bestätigten Tarifskala zur Regel Nr. 1 der neuen LSC erklärt. Außerdem sollten auch alle „zur Profession gehörigen Gewohnheiten und Gebräuche" mitgeschützt werden, die nicht ausdrücklich in der Skala festgelegt waren.[230] Daß die Schriftsetzer sich hier als „Profession" bezeichneten, deutet auf ein sich von anderen Handarbeitern distanzierendes Selbstverständnis.[231] Die Londoner Schriftsetzer hatten zu diesem frühen Zeitpunkt schon erreicht, wovon andere Gewerkschaften noch lange träumten: die Anerkennung durch die Mehrzahl der Arbeitgeber als Verhandlungspartner, die Alleinvertretung für den betreffenden Beruf am Ort sowie eine Tarifvereinbarung, die ihren Vorstellungen über den richtigen ‚Preis' der Arbeit weitgehend entsprach. Als Gewerkschaft konnte sich die LSC daher lange darauf beschränken, diese Errungenschaften zu bewahren. Die LSC hatte es bis ins 20. Jahrhundert hinein nicht nötig, ein umfangreiches Wohlfahrtswesen für die Krisenfälle des Lebens aufzubauen, um die Mitglieder zu halten.[232] Darin unterschied sie sich von den sogenannten *new model unions* der industriellen Facharbeiter, deren Prototyp die ASE bildete. Mehr als die ASE oder die OBS konzentrierte sich die LSC auf die gewerblichen Interessen der Mitglieder. Die LSC verstand sich anfangs nur als *trade society*, nicht wie die meisten anderen Facharbeiter-Gewerkschaften als *trade and benefit society.*[233]

---

[229] Vgl. Howe u. Waite, Compositors, S. 1–145; A.E. Musson, The Typographical Association. Origins and History up to 1949, Oxford etc. 1954, S. 1–85; James A. Jaffe, Authority and Job Regulation: Rule-Making by the London Compositors during the Early Nineteenth Century, in: Historical Studies in Industrial Relations, 3 (März 1997), S. 1–26.

[230] MRC Mss. 28/CO/4/1/3, L.S.C. Trade Reports, Jan. 1848 – Okt. 1858, darin vorn eingeheftet: Zeitungsausschnitt mit den auf einem Treffen am 29. Feb. 1848 verabschiedeten Regeln der LSC. Spätere Exemplare der *Rules*: MRC Mss. 28/CO/4/1/3/16 (1857), MRC Mss. 28/CO/4/1/6/8 (1871) und MRC Mss. 28/CO/4/1/10/4 (1881). Die erste Regel blieb im Kern unverändert.

[231] Zur „Profession" als Berufsideal: Behringer, Sozialgeschichte der Privatangestellten, S. 42 f.

[232] Von Anfang an gezahlt wurde nur Streikgeld, Arbeitslosengeld und Umzugsgeld. Begräbnisgeld wurde 1868, Ruhestandsgeld 1877 eingeführt. Dabei blieb es bis nach dem zweiten Weltkrieg. Vgl. die Tabelle zu den „benefits" bei Howe u. Waite, Compositors, S. 338 f., und die vergleichende Übersicht bei Eisenberg, Gewerkschaften S. 196. Auch in der Höhe waren die „benefits" der LSC vergleichsweise bescheiden, vgl. die Tabelle bei Boll, Arbeitskämpfe, S. 132.

[233] Vgl. die gegen eine Ausweitung der Wohlfahrtskassen gerichtete Stellungnahme des LSC Trade Committee (1869–70): MRC Mss. 28/CO/4/1/5/14. Später, nach der Einführung von Begräbnisgeld und Altersruhegeld hieß es dann, die LSC sei jetzt mehr als früher zur „benefit society" geworden und existiere nicht mehr ausschließlich zum Zweck des Schutzes der „trade interests", MRC Mss. 28/CO/4/1/10/1, Report of the Special Committee on the financial Condition of the London Society of Compositors, London 1881, S. 2.

Die ‚Regeln' der LSC verpflichteten die Mitglieder, auf keinen Fall unter den Preisen der Tarifskala zu arbeiten und nach Möglichkeit auch nicht zuzulassen, daß in ihrem Betrieb andere, vor allem Jugendliche und Frauen, aber auch aus der Provinz eingeschleuste männliche Schriftsetzer oder bloß angelernte Kräfte die gleiche Arbeit billiger verrichteten. Verstöße gegen die Skala und die ‚Gewohnheiten' mußten von der *Chapel* – so hießen die LSC-Gruppen in den Betrieben – sofort an das Komitee der LSC gemeldet werden. Ging der betreffende Arbeitgeber auf die Vorstellungen der LSC nicht ein, konnte das Komitee die Mitglieder zur Kündigung auffordern und den Betrieb als ‚unfair' und für Mitglieder ‚geschlossen' erklären. Wer einer solchen Aufforderung nicht Folge leistete, gefährdete seine Mitgliedschaft. Wer umgekehrt für die Verteidigung der Skala und der Regeln seinen Arbeitsplatz aufgab, erhielt volle finanzielle Unterstützung durch die *Society*. Regel Nr. 14 besagte darüber hinaus, daß ungerechtfertigt entlassene Mitglieder und jeder, der sonst „Opfer" für die LSC erbracht hatte, vom Komitee nach dessen Beschluß entschädigt werden sollte.[234] Diese Kann-Bestimmung bildete die Grundlage für die Rechtshilfe der LSC, deren Entwicklung nun skizziert werden soll.

Schon bald nach der Gründung wandten sich immer wieder Mitglieder an das Komitee, die nicht den vollen Lohn erhalten hatten oder ohne die übliche vierzehntägige Kündigungsfrist entlassen worden waren. Das Komitee gewöhnte sich an, diesen Hilfesuchenden die Gerichtsgebühren vorzustrecken und in schwierigen Fällen den *solicitor* der Gewerkschaft, die Firma Blakeley and Beswick, mit dem Fall zu befassen.[235] Geklagt wurde in der Regel vor dem *county court* – wie es scheint mit einigem Erfolg, denn von verlorenen Fällen dieser Art wurde nur selten berichtet. Kam es doch zur Niederlage, übernahm die LSC die Kosten. Unabhängig vom Prozeßausgang wurden Mitglieder in der Regel auch für ihren Zeitverlust als Kläger oder Zeugen von der Gewerkschaft entschädigt.[236] Diese einfache Form der Rechtshilfe wurde schnell zur Routine. In den vierteljährlichen, aus Geheimhaltungsgründen ungedruckten Berichten des Komitees tauchten

---

[234] MRC Mss. 28/CO/4/1/3.

[235] Im Jahr 1852 ist zum erstenmal von „the Society's solicitor" die Rede, MRC Mss. 28/CO/1/8/3, 7th Quarterly Report, April 1852, Fall *Weller* v. *Clark*. Im Zusammenhang mit dem Fall *Hill* v. *Levy* werden Messrs. Blakeley and Beswick namentlich genannt; vgl. auch MRC Mss. 28/CO/1/8/11, 84th Quarterly Report, 30. April 1868. In den sechziger Jahren wurde es üblich, eine Jahresrechnung des solicitor unter der Rubrik „Law and Defence of Scale" in den Jahresbilanzen aufzuführen. Im Jahr 1882 taucht dann der Name Messrs. Shaen & Co. auf, MRC Mss. 28/CO/1/8/24, 136th Quarterly Report, Feb. 1882. Diese Anwaltsfirma vertrat auch die *Operative Society of Bricklayers*.

[236] Vgl. z. B. MRC Mss. 28/CO/1/8/3, 16th Quarterly Report, Jan. 1852 (*Bone* v. *Cox*).

solche Fälle bald nur noch unter dem Punkt ‚kleinere Angelegenheiten‘ auf.

Von dieser routinemäßigen Unterstützung bei Lohn- und Kündigungsklagen zu unterscheiden sind Fälle, bei denen es zwar auch um Ansprüche einzelner Mitglieder, in der Hauptsache aber um die Interpretation der Tarifskala und der ‚Gewohnheit‘ ging. Hier besonders fühlte sich die Gewerkschaft zur Intervention mit allen Mitteln herausgefordert. Der Gang zum Gericht bildete dabei gewöhnlich die vorletzte Stufe der Eskalation. Bevor es dazu kam, wurden alle mündlichen und schriftlichen Verhandlungsmöglichkeiten ausgeschöpft. Wenn dann auch die Klage erfolglos blieb oder wenn der Arbeitgeber sich den sachlichen Auswirkungen eines gegen ihn ergangenen Urteils entzog, indem er die LSC-Mitglieder kurzerhand entließ, folgte als letzter Schritt die ‚Schließung‘ des Hauses für Mitglieder, der *strike* im ursprünglichen englischen Sinn des Wortes. Der Rechtsweg wurde also in vielen Fällen als weichere Option dem Mittel der gezielten Arbeitsniederlegung vorgezogen. Während eine Klage immer noch die Chance bot, den Arbeitgeber zur weiteren Beachtung der Skala und der ‚Gewohnheiten‘ zu bewegen, bedeutete der Rückzug aus dem Betrieb den bis auf weiteres endgültigen Verlust des betreffenden Hauses für die LSC. Vor allem bei großen Betrieben war die LSC bestrebt, diesen letzten Schritt solange es ging zu vermeiden. Gegen kleine Betriebe oder solche, bei denen ohnehin nur wenige Mitglieder beschäftigt waren, folgte auf gescheiterte Verhandlungen häufiger sofort die ‚Schließung‘. Dieses Konfliktmuster spielte sich in den ersten beiden Jahrzehnten nach der Gründung ein und wiederholte sich dann in verschiedenen Variationen bis in die späten achtziger Jahre.

Gern ging freilich auch die LSC nicht vor Gericht. Nachdem die *Society* in den Jahren 1852 und 1854 zwei wichtige Fälle verloren hatte, zeigte sich das Komitee für eine Weile zögerlich, weitere Dispute um die ‚Gewohnheit‘ und umstrittene Punkte der Skala auf den Rechtsweg zu bringen. Die Erfahrung aus den beiden Fällen war, daß vor Gericht die „kleinste Spitzfindigkeit genügte, um ein Urteil zugunsten der Arbeitgeber herbeizuführen".[237] Im Fall von 1852 hatte der gegnerische Anwalt den Richter auf eine auslegbare Stelle im „Kleingedruckten" der Skala hingewiesen, die ein Urteil für den Arbeitgeber ermöglichte.[238] Und 1854 war es trotz günstiger Zeugen-

---

[237] MRC Mss. 28/CO/1/8/4, 30th Quarterly Report, Juli 1855: „The reason of your Committee not adopting legal means for the recovery of the debts arises from their belief, that in a Court of law, the slightest quibble is sufficient to obtain a verdict in favour of the employers."
[238] MRC Mss. 28/CO/1/8/3, 16th Quarterly Report, 14. Jan. 1852, Fall *Bone* v. *Cox*, verhandelt vor dem Westminster County Court.

aussagen erneut ein „technischer Einwand", der vom Richter aufgegriffen
wurde und zur Urteilsbegründung gegen die LSC herhalten mußte. Aus der
Anwesenheit zahlreicher Arbeitgeber bei dieser Verhandlung schloß das
Komitee, daß die Verteidigung von der „Masters' Association" gesteuert
worden war.[239] Auch die Arbeitgeber waren sich also der strategischen Bedeutung von Richtersprüchen im Kampf um die ungeklärten Grauzonen
der Skala bewußt.

Die LSC nahm die verlorenen Fälle von 1852 und 1854 zum Anlaß, die
Gruppen in den Betrieben zum energischen Einschreiten auch bei geringsten Verstößen gegen die Skala zu mahnen.[240] Manche *Chapels* waren in
diesen Jahren bereit, in strittigen Punkten den Arbeitgebern entgegenzukommen. Das Komitee beharrte dagegen auf einer strikten „conservative
policy" im Hinblick auf die Skala. Ließe man erst einmal einen Einbruch zu,
so das Komitee, wäre ein Ende nicht abzusehen: „A breach once made, are
there not many points that would be successively attacked by the employers?" Erst wenn man in der Position sei, dem gesamten Gewerbe die eigenen
Bedingungen diktieren zu können, dürfe man über Veränderungen der
Skala mit sich reden lassen, so wurden die kompromißwilligen Mitglieder
belehrt.[241]

Die andere Folgerung, welche die LSC aus den verlorenen Gerichtsprozessen zog, war das verstärkte Bemühen um die Einrichtung eines Schiedsverfahrens. Die 1855 eingeleiteten Gespräche führten, wie im Kapitel II.4
erläutert, schnell zum Erfolg. Es wurde ein paritätisches Schiedsgericht mit
unparteiischem Vorsitzenden eingerichtet. Daß dieses Experiment den ersten ernsthaften Streit nicht überdauerte, ist bekannt. Die horrenden Kosten, die der Fall *Hill* v. *Levy* (1857) trotz siegreichen Abschlusses verursachte, dämpften in den folgenden Jahren die Bereitschaft zur juristischen
Auseinandersetzung. War die umstrittene ‚Gewohnheit' nicht zweifelsfrei

---

[239] MRC Mss. 28/CO/1/8/4, 25th Quarterly Report, 5. April 1854, Disput bei Messrs. Stewart
and Massey. „From the number of employers present it was quite evident that the matter had
been under the notice of the Masters' Association. Indeed that it had conducted the Defence." Hier handelte es sich bereits um ein zweites Verfahren vor demselben Richter am
Sheriff's Court in der Londoner City. Es war der LSC aufgrund der Mißachtung von Beweisen im ersten Verfahren gelungen, eine zweite Verhandlung zu erwirken. Weil zwei zwei
Schriftsetzer sich nicht als Kläger zur Verfügung stellen wollten, was die Verlagerung an ein
anderes Gericht möglich gemacht hätte, mußte die zweite Verhandlung vor demselben Richter stattfinden.
[240] MRC Mss. 28/CO/1/8/3, 16th Quarterly Report, 14. Jan. 1852, Fall Bone v. Cox; MRC
Mss. 28/CO/1/8/4, 25th Quarterly Report, 5. April 1854, Disput bei Messrs Stewart and
Massey.
[241] MRC Mss. 28/CO/1/8/4, 24th Quarterly Report, 11. Jan. 1854.

nachweisbar oder sprach die Skala nicht eindeutig zugunsten der Schriftsetzer, ließ man die Sache lieber auf sich beruhen und zahlte Streikgeld.[242] Die Skepsis richtete sich aber ebenso auch gegen den Streik als Waffe. In seinem abschließenden Fazit aus dem Fall *Hill* v. *Levy* nannte das Komitee beide Strategien in einem Atemzug als die letzten aller Optionen:

We hope that for the future, whilst we shall be firm in resisting any invasion of our undoubted rights, we shall never resort to the Law or to the Strike system until after we have exhausted all honourable means for an amicable settlement of the differences which may arise between us and our Employers.[243]

Diese Vorsätze konnten jedoch nicht verhindern, daß das Konfliktmuster nach dem Zusammenbruch des Schiedsgerichts so weitergeführt wurde, wie es in den frühen fünfziger Jahren eingeübt worden war. Streiks, das heißt Rückzüge aus einzelnen Häusern, standen dabei oft am Ende längerer Dispute, die zunächst mit rechtlichen Mitteln ausgefochten wurden. Die Streitigkeiten kreisten dabei immer wieder um die gleichen Gegenstände: die Bezahlung für feststehende Kolumnen, Überschriften, Randnoten und dergleichen; die Pflicht des Arbeitgebers, gekündigten Schriftsetzern, die auf Stücklohnbasis arbeiteten, etwas zu tun zu geben; die Zulässigkeit von Lohnabzügen für unsauber gesetzte Seiten; die gewohnheitsmäßige Bezahlung von Sonn- und Feiertagen sowie Teepausen. Bis zum Ende der achtziger Jahre blieben diese Fragen ungelöst. Weder Richtersprüche noch Streiks konnten die Unklarheiten der Skala und der sie umlagernden ‚Gewohnheiten' beseitigen.

Der Fall *Williams* v. *Gilbert and Rivington*, der sich von Februar 1869 bis Ende 1870 hinzog, mag als Beispiel für den typischen Ablauf dienen. Der Konflikt entzündete sich wieder einmal an der Bezahlung für feststehende Teile von zu setzenden Buchseiten, sogenannte *standing matter*. Nach ergebnislosen Verhandlungen beschloß die LSC, die Frage gerichtlich klären zu lassen, und reichte Klage vor dem Clerkenwell County Court ein. Das Komitee übte erheblichen moralischen Druck auf Mitglieder aus, damit sie sich als Zeugen meldeten und die umstrittene Bezahlung für *standing matter* als ‚Gewohnheit' erwiesen.[244] Die Arbeitgeber erklärten den Fall ebenfalls zur Prinzipienfrage, die das gesamte Gewerbe berührte, zumal bei einer für sie negativen Entscheidung auch der Nutzen einer neuen Drucktechnik,

---

242 Vgl. MRC Mss. 28/CO/1/8/5, 43rd Quarterly Report, Okt. 1858, Disput im Hause Pardon, 44th Quarterly Report, Jan. 1859, Lohndisput, der wegen „varied custom" auf Anraten des *solicitor* nicht vor Gericht gebracht wird.
243 MRC Mss. 28/CO/1/8/5, 42nd Quarterly Report, July 1858.
244 MRC Mss. 28/CO/1/8/12, 85th Quarterly Report, 29. April 1869.

des „stereotype printing", in Frage gestellt war. Mit dieser Begründung gelang es ihnen, einen *writ of certiorari* zu erwirken, wodurch der Fall, bei
dem es nominell nur um einen Streitwert von 4s. 1½d. ging, an den *Court of
Common Pleas* gezogen wurde.[245] Wie bei einem Pokerspiel wurden durch
die Verlagerung an ein höheres Gericht natürlich auch die Einsätze gewaltig
in die Höhe getrieben, was sicher eine Nebenabsicht der Arbeitgebervereinigung, die hinter Messrs. Rivington stand, war. Die LSC stand vor der
Frage, ob sie die Herausforderung annehmen und die in jedem Fall, auch bei
einem Sieg, zu gewärtigenden Kosten tragen wollte. Anders als beim Fall
Hill v. *Levy*, bei dem die LSC überrascht wurde, daß sie am Ende trotz des
Sieges auf hohen Restkosten sitzenblieb, wußte diesmal das Komitee von
vornherein, worauf es sich einließ. Es nahm die Herausforderung an, und
die Verhandlung fand am 17. Dezember 1869 vor Justice Brett und einer
Jury statt. Beide Seiten boten bekannte Anwälte auf und ließen zahlreiche
Zeugen aufmarschieren. Die Zeugen der LSC sprachen für die Existenz der
‚Gewohnheit', diejenigen der Arbeitgeber bestritten, je davon gehört zu haben oder jemals der behaupteten ‚Gewohnheit' entsprechend bezahlt zu haben. In diesem Fall hatte die LSC ihre Zeugen offenbar besser instruiert als
die Arbeitgeber, denn deren Zeugen sagten uneinheitlich aus und gaben in
einem Fall laut LSC-Bericht sogar ein ganz und gar lächerliches Bild ab.[246]
Aufgrund der Zeugenaussagen kamen die Geschworenen zu einem Verdikt
für den klagenden Schriftsetzer. Wie ein Kommentator in der arbeitgebernahen Zeitung „Printers' Register" bemerkte, verwandelte sich damit die
fragliche Gewohnheit „aus einem ungeschriebenen in ein geschriebenes Gesetz des Druckgewerbes".[247] Der Sieg der LSC schien vollständig zu sein
und den finanziellen Verlust zu rechtfertigen; nur knapp die Hälfte der tatsächlichen Prozeßkosten wurden der LSC vom Gericht gewährt.[248]

---

[245] Ebd. u. MRC Mss. 28/CO/1/8/12, 88th Quarterly Report, 27. Jan. 1870.

[246] Ebd.: „Mr. Ogden was also put in the box, but made so extraordinary an exhibition of himself that the whole court was convulsed with laughter, the Judge being compelled to call the
public to order, and he retired without adding anything to the strength of defendants' case."

[247] Printers' Register, 6. Jan. 1870, S. 17, „Standing Matter": „The jury found for the plaintiff,
thus affirming the custom, which has now passed from the *lex non scripta* to the *lex scripta* of
the printing trade." Der Kommentar enthielt auch eine Kritik der forensischen Strategie der
Arbeitgeber. Die Arbeitgeber hätten, so meinte der Schreiber, die behauptete ‚Gewohnheit'
nicht einfach leugnen sollen, sondern sie als ‚unvernünftig' darstellen sollen, was den Richter
möglicherweise bewogen hätte, diesen Punkt für eine Gerichtssitzung vor einem Richter-
kollegium (ohne Jury) zu reservieren. Vgl. auch den knapperen Fallbericht ebd., S. 7.

[248] Die LSC erhielt £ 88 11s. 8d. zugesprochen, hatte aber £ 177 13s. 4d. ausgeben müssen, um
den Fall zu gewinnen. Vgl. MRC Mss. 28/CO/1/8/13, 92nd Quarterly Report, 25. Jan. 1871.
Dort wird auch über einen weiteren siegreich beendeten Prinzipienfall berichtet, bei dem

Obwohl also die ‚Gewohnheit' im Fall *Williams* v. *Gilbert and Rivington* gerichtlich bestätigt wurde, war das Ergebnis für die LSC doch ein Pyrrhussieg; nicht wegen der Kosten, mit denen hatte man gerechnet, sondern weil die Firma Rivington in den Wochen nach ihrer Niederlage zwanzig LSC-Mitglieder entließ, dafür fünfzehn Nicht-Mitglieder einstellte und außerdem erklärte, sich in Zukunft nicht länger an die Londoner Tarifskala und an die soeben bestätigte ‚Gewohnheit' gebunden zu fühlen. Die Firma zog sich damit – juristisch unanfechtbar – auf den Standpunkt der individuellen Vertragsfreiheit zurück. Der LSC blieb nach ihren Regeln nur noch die Möglichkeit, ihre 25 verbleibenden Mitglieder aus dem Betrieb abzuziehen und das Haus von Messrs. Rivington für ‚geschlossen' zu erklären.[249] Das belastete die Streikkasse, aber noch gravierender war, daß so die auf dem Papier fortbestehende ‚Gewohnheit' faktisch von einem großen Druckhaus ausgehöhlt wurde. Die erfolgreiche Verteidigung der ‚Gewohnheit' vor Gericht beschleunigte also ihre Durchlöcherung in der Praxis.

Wenn das im Fall *Williams* v. *Gilbert and Rivington* durchgespielte Konfliktverhalten bei den Arbeitgebern Schule machte, und genau das geschah in den siebziger und achtziger Jahren des 19. Jahrhunderts, mußte die gerichtliche Strategie der LSC früher oder später ins Leere laufen. Siegte die LSC vor Gericht, scherten die betroffenen Arbeitgeber kurzerhand aus dem Tarif aus und die LSC verlor ein weiteres Haus. Scheiterte die LSC aber vor Gericht, und auch das kam besonders in den achtziger Jahren häufiger vor, war ein weiteres kleines Stück aus der Skala oder ‚Gewohnheit' herausgebrochen. So oder so verloren die Schriftsetzer.

Eine Reihe äußerer Faktoren erleichterte es einzelnen Arbeitgebern, unter denen sich vor allem die Firmen Waterlow and Sons und Waterlow Bros. and Layton hervortaten, den gerichtlichen und außergerichtlichen Konfrontationskurs gegen die LSC durchzuhalten. Zunächst bröckelte die Solidarität unter den Arbeitgebern selbst. Diese war eine wichtige Voraussetzung für die Einhaltung der Tarifvereinbarung gewesen. Im Jahr 1872 löste sich die Londoner *Master Printers' Association* im Zusammenhang mit einem großen Streik der Schriftsetzer auf.[250] Große Firmen waren nun eher

---

der Grafschaftsrichter lediglich £ 5 7s. 2d. gewährte, während die tatsächlichen Kosten £ 40 betragen hatten.

[249] Vgl. MRC Mss. 28/CO/4/1/6/2, „To the Members of the Provincial and Other Typographical Associations", März 1870. In diesem Flugblatt wurden die Mitglieder der Druckergewerkschaften in der Provinz aufgerufen, den Kampf der Londoner Schriftsetzer um ihre Skala nicht dadurch zunichte zu machen, daß sie sich bei Rivingtons oder anderen ‚unfairen' Londoner Arbeitgebern unter Tarif verdingten.

[250] Vgl. Howe u. Waite, Compositors, S. 180 f. In diesem erfolgreichen Streik ging es um den

geneigt, Alleingänge zu wagen, und nahmen weniger Rücksicht auf kleine Mitkonkurrenten, die den Pressionen der LSC stärker ausgesetzt waren. Sodann verschärfte sich im Zeichen der einsetzenden Depression der Druck auf den Arbeitsmarkt auch der Schriftsetzer. Die Aufrufe an die Kollegen aus der Provinz, zuhause zu bleiben, und die gegen Frauen- und Lehrlingsarbeit gerichteten Initiativen der LSC konnten nicht verhindern, daß diese unerwünschten Konkurrenten die von den LSC-Mitgliedern geräumten Arbeitsplätze schnell wieder besetzten.[251] Kamen nicht genug billige Kräfte nach London, behalfen sich die Arbeitgeber mit der Auslagerung einfacher Arbeiten in die Provinz.

Technische Neuerungen und Ausweitungen der Produktpalette waren weitere Faktoren, welche die Erosion der Skala vorantrieben. Neue Setztechniken und neue Druckerzeugnisse ließen herkömmliche Verfahren, deren Bezahlung in der Skala genau geregelt war, obsolet werden, während die Bezahlung für die neuen Verfahren und Produkte nur durch Analogieschluß zu regeln war. Dabei kam es dann leicht zu variierenden Praktiken in den Betrieben. Vor Gericht war eine auf Analogieschlüssen aufbauende Argumentation wenig erfolgversprechend. Die in der damaligen englischen Rechtsprechung vorherrschende Neigung, schriftliche Abmachungen eng am Wortlaut zu interpretieren, machte es Arbeitgeberanwälten und Richtern leicht, auf Differenzen zwischen dem Text der Skala und der in Frage stehenden Arbeitspraxis zu verweisen. Ließ sich der Streit aufgrund der Skala nicht entscheiden, hing alles von der Feststellung der ‚Gewohnheit' ab, und hier genügten voneinander abweichende Praktiken in den Betrieben, um eine auf den Begriff der *custom* gestützte Klage zu Fall zu bringen.

Schließlich fanden Arbeitgeber in ihrem Kampf gegen die ‚Gewohnheiten' Verbündete in der Londoner Richterschaft. Vor allem der Richter am *City of London Court*, Commissioner Kerr, sorgte mit einer Reihe recht eigenwilliger Urteile zu Anfang der achtziger Jahre dafür, daß mit bestimm-

---

Neun-Stunden-Tag, vgl. MRC Mss. 28/CO/4/1/6. Ergebnis war eine neue „London Scale of Prices and Addenda as amended in 1872".

[251] Vgl. MRC Mss. 28/CO/1/8/25, 140th Quarterly Report, Feb. 1883: Bericht über das erfolglose Streikpostenstehen vor der Firma Head & Mark's, die im Anschluß an eine Serie von Rechtsstreitigkeiten ‚geschlossen' worden war: „… but finding the supply of men willing to work for 6 per 1000 practically inexhaustible we withdrew the pickets…". Der Druck auf den Arbeitsmarkt der Schriftsetzer hielt auch in den neunziger Jahren weiter an. Ein „special committee" der LSC zur Frage der Arbeitslosigkeit nannte 1895 zwölf Gründe: „1. Overtime. 2. Boy labour. 3. High-pressure production. 4. Influx of labour to London. 5. Efflux of work from London. 6. Too long a working day. 7. Machine labour. 8. Female labour. 9. The ‚grass' system. 10. Faulty call-book. 11. Inefficient training. 12. Demoralized residuum." Zit. nach Howe u. Waite, Compositors, S. 206.

ten ‚Gewohnheiten' aufgeräumt wurde. Den mit der ‚Gewohnheit' begründeten Anspruch der LSC auf Bezahlung von Feiertagen wischte Kerr einmal mit dem Argument beiseite, daß der betreffende Arbeiter, „indem er es versäumt habe, an dem fraglichen Tag seine Dienste vor verschlossenen Türen anzubieten", sein Einverständnis zu erkennen gegeben habe.[252] Und in einem anderen, ähnlichen Fall erklärte er schlicht und einfach, „daß Arbeiter kein Recht darauf hätten, für Arbeit bezahlt zu werden, die gar nicht geleistet worden sei."[253] Auch bei der ewigen Streitfrage um die Bezahlung für feststehende Blöcke oder Seiten in Buchtiteln und -umschlägen hatte die LSC vor Commissioner Kerr kein Glück. Die Zeugenaussagen zugunsten der ‚Gewohnheit' überging Kerr mit dem Argument, daß der Schriftsetzer mit dem fertigen Block ja keine Arbeit habe und folglich auch nicht bezahlt werden müsse.[254] Die LSC reagierte auf diese abweisenden Urteile Kerrs, indem sie versuchte, vor anderen Londoner Grafschaftsgerichten neue Testfälle zu den gleichen Gegenständen anzustrengen. Sie hatte damit jedoch nur wenig Erfolg.[255] Urteile von anderen *county courts* waren zwar keine absolut bindenden Präzedenzfälle, doch wichen Grafschaftsrichter in der Praxis nur ungern von einem bekannt gewordenen Urteil eines Kollegen ab.

Trotz zunehmend negativer Erfahrungen vor Gericht hielt die LSC bis in die Mitte der achtziger Jahre starr an ihrer Strategie der „Aufrechterhaltung des *status quo*" mit rechtlichen Mitteln fest.[256] Die Arbeitgeber reagierten

---

252 MRC Mss. 28/CO/1/8/25, 137th Quarterly Report, 3. Mai 1882. Vgl. auch den Fallbericht in: Printers' Register, 6. Juni 1882, S. 236, „Payment of Wages on Bank Holidays". Laut LSC-Bericht vertrat Kerr in diesem Fall außerdem die beleidigende Ansicht, „daß der Britische Arbeiter zu viele Feiertage hätte, die er nur im Wirtshaus verbringe". Der klagende Arbeiter in diesem Fall war jedoch, wie es weiter hieß, ein „teetotaller". Es gibt keinen Grund, an der Korrektheit des Berichts zu zweifeln. Kerr pflegte generell einen idiosynkratischen Urteilsstil.

253 MRC Mss. 28/CO/1/8/25, 139th Quarterly Report, 1. Nov. 1882. Vgl. auch den Fallbericht in: Printers' Register, 6. Nov. 1882, S. 89, „Payment for Holidays".

254 MRC Mss. 28/CO/1/8/24, 136th Quarterly Report, 1. Feb. 1882.

255 MRC Mss. 28/CO/1/8/25, 138th Quarterly Report, Aug. 1882, verlorene Fälle im Bloomsbury County Court und im Lambeth County Court, aber immerhin eine gewonnener Fall zur Frage der Bezahlung von Feiertagen im Clerkenwell County Court.

256 Vgl. die Rechtfertigung dieser Politik in MRC Mss. 28/CO/4/1/13, LSC Trade Reports (Feb. 1885 – Nov. 1886), 37th Annual Report, S. 12–35, S. 18. Die LSC bezeichnete sich hier als Verteidiger der gemeinsamen Interessen von Arbeitnehmern und Arbeitgebern. Sie hätte diese Aufgabe nach dem Zusammenbruch der Arbeitgeber-Vereinigung 1872 allein übernehmen müssen. Eine Wiederbelebung der „Employers' Association" sei zu wünschen, bis es aber dazu komme, sei es weiter die Pflicht der LSC, allein für Arbeitnehmer und Arbeitgeber die Regeln der seinerzeit gemeinsam akzeptierten Skala auszulegen (im Text steht hier der Ausdruck „to legislate"). Wenn die LSC so ihre Mittel für die „Erhaltung des status quo" im Interesse des Gewerbes aufwende, könne sie zumindest Neutralität von den Arbeitgebern erwarten.

dagegen flexibler. Bei guten Erfolgsaussichten ließen sie es auf einen Rechtsstreit ankommen, rechneten sie sich keine Chancen aus, zahlten sie die im
Einzelfall geforderte triviale Summe ins Gericht ein, wodurch der von der
LSC mühsam vorbereitete Testfall zerplatzte und die eigentlich umstrittene
Frage ungeklärt blieb. Auf Klagen und verlorene Fälle antworteten die Arbeitgeber mal mit Entlassungen, mal lockten sie aber auch schwache Mitglieder mit Angeboten aus der LSC heraus. In den frühen achtziger Jahren
häuften sich die Rechtsstreitigkeiten und die daraus hervorgehenden Ent-
lassungswellen und ‚Schließungen' von Häusern derart, daß Rufe nach anderen Konfliktlösungen laut wurden.[257] Die *Chapel* beim „Evening Standard" schlug 1883 vor, einen *Board of Arbitration* einzurichten, was vom
Komitee jedoch mit dem Hinweis auf den gescheiterten Versuch von
1856–57 und die fehlende Vereinigung der Arbeitgeber abgewiesen
wurde.[258] Die Konflikte mit ‚unfairen' Häusern verschärften sich daher
weiter, und die LSC sah sich Mitte der achtziger Jahre erstmals in der unangenehmen Lage, Mitglieder vor den Londoner Polizeigerichten und dem
Central Criminal Court gegen Arbeitgeberklagen wegen Kontraktbruchs
und Nötigung verteidigen zu müssen.[259]

Die geschilderten Entwicklungen entzogen der auf dem Begriff der *custom* und dem Text der Skala aufgebauten Defensiv-Strategie der LSC allmählich den Boden. Im Laufe der achtziger Jahre nahm der Nutzeffekt der
eigenen Klagen immer mehr ab. Der Rechtsweg mußte versagen, wenn die
Urteile anschließend durch den jedesmal folgenden Arbeitskampf sofort
wieder zunichte gemacht wurden. Die altehrwürdige Tarifskala selbst war
an allen Ecken und Enden zerfressen. Die Teile der Skala, die sich auf die
stückweise Bezahlung einzelner Setzarbeiten bezogen, waren im Begriff,
„eines natürlichen Todes zu sterben", wie der LSC-Generalsekretär Charles
J. Drummond im Jahr 1887 einräumen mußte.[260] Auch das Komitee begann

---

[257] Printers' Register, 6. Dez. 1882, S. 95, „Town Talk on Trade Topics": „We cannot but regret
that disputes between masters and men are not differently settled, and that some modus
vivendi cannot be arranged between the Society and those who will not conform to all its
rules."
[258] MRC Mss. 28/CO/1/10/5B, Special Reports (1877–1885), „Special General Meeting",
3. April 1883.
[259] Vgl. MRC Mss. 28/CO/4/1/13/2, „Central Criminal Court". Gedrucktes Protokoll des
Falls von Edward John Moodie, 3. Feb. 1885; MRC Mss. 28/CO/4/1/13/13, „Mansion
House Police Court", Kontraktbruchklagen gegen mehrere Mitglieder, Dez. 1885; MRC
Mss. 28/CO/4/1/15/9, „Westminster Police Court", Kontraktbruchklagen gegen mehrere
Mitglieder, Nov.-Dez. 1888.
[260] Zitiert nach Howe u. Waite, Compositors, S. 198.

nun einzusehen, daß die Verteidigung der Skala mit gerichtlichen Mitteln sinnlos geworden war.

Seit Mitte der achtziger Jahre bahnte sich ein Strategiewandel an. Die LSC wurde selbstkritischer und suchte Kontakt mit den Gewerkschaften der weniger qualifizierten Arbeiter im Druckgewerbe.[261] Die Schriftsetzer rückten vorsichtig von ihrem alten Exklusivitäts-Standpunkt ab. Sogar die Zulassung von Frauen – bis dahin ein absolutes Tabu – wurde nun für möglich gehalten.[262] Während die LSC nach neuen Bündnisgenossen in der Welt der Trade Unions Ausschau hielt, verhielt sie sich auch gegenüber entgegenkommenden Arbeitgebern ‚politischer'. Statt bei diesen weiter auf die peinliche Einhaltung sämtlicher Einzelheiten der Skala zu drängen, konzentrierte sich die Gewerkschaft nun mehr und mehr darauf, die ‚fairen' Häuser zu halten, neue hinzuzugewinnen und dort ausschließlich LSC-Mitglieder arbeiten zu lassen. Bei der LSC hieß dies „missionary work".[263] Als Gegenleistung für Zugeständnisse der ‚fairen' Arbeitgeber bemühte sich die LSC, diese Firmen für ihr Verhalten öffentlich zu loben und für sie lukrative Druckaufträge des Londoner *School Board*, der Regierung und des 1889 gebildeten *London County Council* einzuwerben.[264] Diese Kampagne für „fair wages" zeigte ab 1889 erste Erfolge und fand in der Öffentlichkeit positive Resonanz. Parallel bot die LSC den Arbeitgebern Verhandlungen über eine Neufassung der Skala an. Die neue Skala sollte, wie es hieß, „die Regeln und Gewohnheiten des Gewerbes kodifizieren", um den Streitigkeiten die Spitze abzubrechen.[265] Das Gesprächsangebot führte auf Arbeitgeberseite zu Bewegung. Am 29. Oktober 1890 wurde die *Printing and Allied*

---

261 Im November 1885 begannen Bestrebungen, eine „Federation of the Printing and Paper Trades in the Metropolis" zu gründen, vgl. Howe u. Waite, Compositors, S. 195 f. Ein Zeichen für die Annäherung an andere Trade Unions war auch der Beitritt zum London Trades Council 1885, vgl. MRC Mss. 28/CO/4/1/13/4.

262 Vgl. MRC Mss. 28/CO/4/1/13/27, Report of Proceedings of the Meeting of Delegates from the Typographical Societies of the United Kingdom and the Continent, London, Okt. 1886. Folgende Resolution zur ‚Frauenfrage' wurde angenommen: „That while strongly of opinion that women are not physically capable of performing the duties of a compositor, this Conference recommends their admission to membership of the various Typographical Unions upon the same condition as journeymen, provided always the females are paid strictly in accordance with scale."

263 Vgl. MRC Mss. 28/CO/4/1/13, LSC Trade Reports (Feb. 1885 – Nov. 1886), 37th Annual Report (1884), S. 12–35, S. 19. Seit den achtziger Jahren tauchte dafür regelmäßig ein Posten unter der Rubrik „Law and Defence of Scale" in den Jahresbilanzen auf.

264 Die Kampagne begann bereits 1884, vgl. ebd., S. 26 f.; vgl. auch Howe u. Waite, Compositors, S. 197; Webb, Trade Unionism, 1920, S. 398 f.; Susan D. Pennybaker, A Vision for London 1889–1914: labour, everyday life and the LCC experiment, London u. New York 1995, S. 12 u. 110.

265 Zitiert nach Howe u. Waite, Compositors, S. 199.

Trades Association gegründet, und relativ schnell, am 18. Februar 1891, gelangte die LSC mit dieser neuen Arbeitgebervereinigung, der 130 Firmen angehörten, zu einer Vereinbarung über eine neue *London Scale of Prices*.[266]

Diese neue Tarifvereinbarung markierte den Wendepunkt in der Nutzung des Rechts durch die LSC. Nach 1891 kehrte die Rechtshilfe der LSC wieder zu dem Muster zurück, das ganz am Anfang der Praxis gestanden hatte. Einzelne Mitglieder wurden in unproblematischen Fällen unterstützt, wenn sie ihren Lohn nicht erhielten oder ungerechtfertigt entlassen worden waren. Diese „gewöhnliche Rechtshilfe der *Society*" wie sie in den Vierteljahresberichten genannt wurde, fiel im Rahmen der sonstigen Gewerkschaftsarbeit kaum noch ins Gewicht.[267] Darüber hinaus vermied man den Rechtsweg. Die früher so allgegenwärtige *custom of the trade* tauchte in den sporadischen Berichten über Einzelfälle praktisch nicht mehr auf. Was in den siebziger und achtziger Jahren des 19. Jahrhunderts zu erbitterten gerichtlichen Auseinandersetzungen geführt hatte, zum Beispiel die Bezahlung von Feiertagen, wurde nun vorzugsweise außergerichtlich beigelegt, ohne daß man daraus eine Prinzipienfrage machte.[268] Für schwierigere Probleme, zum Beispiel die Klärung der mit der Einführung der Setzmaschinen verbundenen Fragen, bevorzugte man den kollektiven Verhandlungsweg.[269] Zeigte sich also die LSC gegenüber ‚fairen' Arbeitgebern flexibler als früher, legte sie im Umgang mit ‚unfairen' Firmen eine härtere Gangart an den Tag. Wenn Verhandlungen nichts nützten, griff man hier sofort zum Mittel der Schließung des Hauses und verzichtete auf den früher als Zwischenschritt eingeschobenen Rechtsstreit. Das Konfliktverhalten der LSC näherte sich somit seit dem späten 19. Jahrhundert mehr und mehr den Handlungsweisen anderer Handarbeiter-Gewerkschaften an. Im Unterschied zu diesen entfiel aber bei der LSC das Problem der Arbeitsunfälle, das zur gleichen Zeit in den unfallträchtigen Branchen einen Professionali-

---

[266] Ebd. u. MRC Mss. 28/CO/4/1/16/1–3.

[267] Vgl. etwa MRC Mss. 28/CO/1/8/37, 191st Quarterly Report, 6. Nov. 1895. Dort hieß es, das „ordinary legal work of the Society" habe in den letzten anderthalb Jahren lediglich £ 20 gekostet.

[268] Vgl. etwa MRC Mss. 28/CO/1/8/44, 234th Quarterly Report, Sept. 1906: „As already reported in the Journal, members have requested the assistance of the Committee in enforcing payment for holidays when such holidays occur during the progress of a fortnight's notice. In each case liability was at first denied. But eventually one firm paid the claim for the two days the member was shut out, another gave an additional fortnight's work, while the third case was settled out of court after a summons had been issued." Es war exakt diese Frage, die 1882 zu den oben beschriebenen Niederlagen vor Commissioner Kerr geführt hatte.

[269] Im Juli 1896 kam es zur Vereinbarung einer „London Scale of Prices for Machine Composition"; vgl. MRC Mss. 28/CO/4/1/20/7.

sierungsschub der gewerkschaftlichen Rechtshilfe auslöste. Bei der LSC wurde der Rechtsschutz zur Nebensache, während er bei den Industriearbeitern zumindest im Teilgebiet der Unfallentschädigung weiterhin wichtig war.

Nach 1891 gab es lediglich eine Kategorie von Rechtsstreitigkeiten, die von der LSC ernstgenommen wurde. Das waren Prozesse, bei denen es um die Handlungsfähigkeit der Gewerkschaft als ganzes oder um die Legalität einzelner Streikaktionen ging. Als Kläger traten in diesen Fällen fast ausschließlich Arbeitgeber in Erscheinung. Firmen wie Waterlow Bros. and Layton, die von der LSC öffentlich als unfair gebrandmarkt worden waren, versuchten – nicht immer erfolglos – gegen die LSC mit einstweiligen Verfügungen und Schadensersatzklagen wegen Verleumdung oder Kundenabwerbung vorzugehen.[270] Ziel solcher Klagen war auch die materielle Schwächung der Gewerkschaft. Einer dieser Fälle gelangte im Jahr 1912 sogar bis vor das House of Lords und wurde dort als wichtiger Testfall zum *Trade Disputes Act* zugunsten der LSC entschieden.[271] Neben diesen Fällen, die wegen der hohen Schadensersatzforderungen die materielle Existenz der Gewerkschaft gefährdeten, gab es die weniger bedrohlichen Zivil- und Strafsachen gegen kontraktbrüchige Mitglieder oder solche, die gegen die Streikgesetzgebung verstoßen hatten.[272] Insgesamt erlebte die LSC Begegnungen vor Gericht überwiegend nur noch passiv in der Rolle des Beklagten. Aktiv nutzte die Gewerkschaft das Recht nur noch in Ausnahmefällen, so etwa wenn es darauf ankam, die Regel durchzusetzen, nach der Mitglieder nicht in Firmenabteilungen versetzt werden durften, wo Nicht-Mitglieder arbeiteten.[273] Verglichen mit den früheren Dauerkonflikten um die

---

[270] Vgl. etwa MRC Mss. 28/CO/4/1/28, 59th Annual Report (1906), S. 3 f.; MRC Mss. 28/CO/1/8/48, 255th Quarterly Report, Nov. 1911.

[271] Vgl. MRC Mss. 28/CO/4/1/33, LSC Trade Reports (Feb. 1912 – Feb. 1913), 65th Annual Report (1912), S. 88 f.; MRC Mss. 28/CO/1/8/49, 257th Quarterly Report, Mai 1912, 259th Quarterly Report, Nov. 1912, 260th Quarterly Report, Feb. 1913.

[272] Siehe z. B. MRC Mss. 28/CO/1/8/37, 191st Quarterly Report, Nov. 1895 („Barker Case"); MRC Mss. 28/CO/1/8/38, 193rd Quarterly Report, Mai 1896, S. 17–20; MRC Mss. 28/CO/1/8/44, 234th Quarterly Report, Sept. 1906 (Kontraktbruchklage gegen einen *overseer*, der auf Geheiß der LSC mit anderen entlassenen Arbeitern das Haus ohne Kündigung verlassen hatte); MRC Mss. 28/CO/4/1/32, LSC Trade Reports (Dez. 1910 – März 1912), 64th Annual Report (1911), S. 46 (verschiedene Fälle vor den Londoner *police courts* im Zusammenhang mit dem großen Streik des Jahres 1911).

[273] Vgl. den Bericht zum Fall *Gilbert and Others* v. *Kemshead Ltd.*, MRC Mss. 28/CO/4/1/25/2, Southwark County Court, 20. Juni 1901. Der Fall ist insofern bemerkenswert, als es hier der LSC tatsächlich gelang, vom Richter die Anerkennung ihrer Regel als Bestandteil der individuellen Arbeitsverträge der betreffenden Firma zu erwirken, ein Erfolg, der Trade Unions nur selten vergönnt war.

Skala und die ‚Gewohnheit‘ hatten solche Einzelfälle im Alltag der LSC aber keine große Bedeutung.

Obwohl die Entwicklung der Rechtshilfe bei den Schriftsetzern in mancher Hinsicht untypisch für handarbeitende Berufe war, ergibt sich eine bemerkenswerte Parallelität in der Chronologie. Wie bei den Bauarbeitern, wenn auch zum Teil aus anderen Gründen, erwiesen sich bei der LSC die achtziger und frühen neunziger Jahre des 19. Jahrhunderts als eine Zeit der Abkehr von der Justiz und der Hinwendung zu alternativen Konfliktlösungen. Sowohl bei der LSC als auch bei der OBS war in diesen Jahren ein Strategiewandel festzustellen. Dieser betraf alle Fragen, die juristisch in den Bereich des Vertragsrechts fielen, also in erster Linie Lohndispute, Kündigungsstreitigkeiten und das Problem der Anwendbarkeit von Tarifabsprachen und ‚Gewohnheiten‘ auf den Einzelarbeitsvertrag. Bis in die achtziger Jahre hinein zogen sowohl die LSC als auch die OBS bei diesen Streitfragen häufig vor die Friedens- und Grafschaftsgerichte. Der Rechtsweg hatte seinen festen Platz im Repertoire der Kampfmethoden. Etwa seit der Mitte der achtziger Jahre wandten sich dann beide Gewerkschaften bei Streitigkeiten aus dem individuellen Arbeitsvertrag immer seltener an die Gerichte, außer in juristisch unproblematischen Fällen. Die Dockarbeiter-Gewerkschaft schließlich, die erst 1889 gegründet wurde, beschäftigte ihre Rechtsabteilung von vornherein fast ausschließlich mit Unfällen, das allerdings in einer recht professionellen Weise.

Wenn man den hier am Beispiel dreier recht verschiedener Berufssparten gewonnenen Befund verallgemeinern darf, dann könnte der Wandel in der gewerkschaftlichen Rechtshilfe-Praxis zum Teil erklären, warum die Handarbeiter, wie im zweiten Kapitel quantitativ belegt, im späten 19. Jahrhundert zunehmend den Lokalgerichten fernblieben (von den Unfallsachen einmal abgesehen). Ohne fremde Hilfe zu klagen, war für einzelne Arbeiter höchst risikoreich, auch bei vermeintlich einfachen Fällen und niedrigen Streitwerten; das haben die Ausführungen zu den Hemmschwellen und Prozeßkosten zu Genüge gezeigt. Wenn nun die Gewerkschaft nicht mehr half oder sich der Sache auf andere Weise annahm, wie es bei den Bauarbeitern und Schriftsetzern der Fall war, fielen große Gruppen derjenigen, die früher als Kläger erscheinen konnten, weg. Damit hätte man eine weitere Teilerklärung für die Abkehr von den Gerichten und – allgemeiner – für die seit dem Ende des 19. Jahrhunderts zu beobachtende ‚Entrechtlichung‘ der Arbeitsbeziehungen in England gewonnen.

Bevor man freilich diese Schlußfolgerung zieht, müßten weitere Einzelgewerkschaften auf ihren Rechtsschutz hin untersucht werden. Zur Verstärkung der These würde es zunächst genügen, aus bestimmten Produktionszweigen mit typischen Konflikten jeweils eine Gewerkschaft herauszugreifen. Aufschlußreich wäre insbesondere die genauere Untersuchung des Rechtsschutzes bei den Bergleuten und bei zwei oder drei Gewerkschaften aus dem Bereich der Herstellung von Massengütern des täglichen Bedarfs (Textilien, Schuhe, Metallwaren). Manche der Faktoren, die bei der LSC und der OBS zu einem Strategiewandel bei der Rechtshilfe führten, waren in ähnlicher Weise und ungefähr zur gleichen Zeit auch im Bergbau und in der Massengüterproduktion wirksam; abgesehen vom Rechtssystem, das für alle weitgehend gleich war, galt das vor allem für technische Neuerungen und die zunehmende Organisation der Arbeitgeber. Insofern ist es nicht unwahrscheinlich, daß andere Handarbeiter-Gewerkschaften im späten 19. Jahrhundert vor ähnlichen Problemen standen, wenn sie vor Gericht mit alten ,Gewohnheiten' argumentierten, und daß auch sie in der Folge ihren Rechtsschutz dort, wo es nötig war, auf Unfälle konzentrierten und sonst nach alternativen Konfliktlösungen suchten.

So wünschenswert eine genauere Klärung dieser Fragen ist, im Rahmen dieser Arbeit, die einen über die *working class* der klassischen Arbeitergeschichte hinausreichenden Arbeitnehmer-Begriff zugrundelegt, scheint es sinnvoller, sich mit dem Rechtsschutz bei den noch wenig erforschten Gewerkschaften des Dienstleistungssektors zu befassen. Das bietet sich auch aus dem Grunde an, weil die Analyse des beruflichen Spektrums der in den Grafschaftsgerichten klagenden Arbeitnehmer ergeben hat, daß Beschäftigte des Dienstleistungssektors dort sehr stark vertreten waren. Zudem hat sich gezeigt, daß diese Beschäftigten die Grafschaftsgerichte auch im frühen 20. Jahrhundert noch frequentierten, als die Handarbeiter ihnen längst den Rücken zugekehrt hatten. Es stellt sich daher die Frage, ob es auch hier die Gewerkschaften waren, die viele Individualklagen erst möglich machten. Dies soll im folgenden am Beispiel der Gewerkschaft der Elementarschullehrer und der Vereinigung der Handlungsreisenden geklärt werden.

DIE RECHTSHILFE DER NATIONAL UNION OF TEACHERS: EIN VORBILD FÜR ANDERE ,PROFESSIONEN'

Es gab im viktorianischen England kaum eine Berufsgruppe, bei der zwischen Selbstverständnis und tatsächlichen Lebens- und Arbeitsumständen eine größere Lücke klaffte als bei den Elementarschullehrern.[274] In sozialer

---

274 Allgemein zum Status der Elementarlehrer: Asher Tropp, The School Teachers. The Growth of the Teaching Profession in England and Wales from 1800 to the present day, London 1957; W.J. Reader, Professional Men. The Rise of the Professional Classes in Nineteenth-

wie rechtlicher Hinsicht war ihr Status von Unsicherheit geprägt. Die Elementarschullehrer bewegten sich in verschiedenen Sphären, ohne je einer von ihnen ganz anzugehören. Durch ihre soziale Herkunft waren sie den gehobenen Arbeitern und kleinen Handwerkern verbunden, doch fühlten sie sich diesem Milieu aufgrund ihrer Ausbildung und Tätigkeit entwachsen. Die erstrebte Anerkennung als gebildete ‚Profession‘ blieb den Elementarlehrern aber versagt. In der Öffentlichkeit war ihr Ansehen gering, ihr Einkommen lag lange kaum über dem eines Facharbeiters[275], und die Lehrer an den höheren Privatschulen für die Mittel- und Oberschichten waren darauf bedacht, jede Assimilation mit ihnen zu vermeiden. Die Elementarlehrer galten als soziale Aufsteiger, aber ihre berufliche Karriere endete spätestens beim Amt des Schulrektors. Von Ausnahmen abgesehen fanden sie weder Eingang in das höhere Schulwesen noch in die staatliche Schulaufsicht.[276]

Die Elementarschulen bildeten im englischen Erziehungswesen der zweiten Hälfte des 19. Jahrhunderts eine Welt für sich. Das Lehrpersonal rekrutierte sich aus den Schülern selbst. Die künftigen Elementarlehrer wurden im Alter von dreizehn Jahren unter den Klassenbesten ausgewählt, damit sie als sogenannte *pupil-teachers* in fünfjähriger Lehrzeit das Unterrichten lernten. Am Ende stand ein Wettbewerb, dessen beste Absolventen ein staatliches Stipendium für den Besuch eines Ausbildungskollegs erhielten. Wer nach der zweijährigen Zeit im Ausbildungskolleg (oder als Externer) die Prüfung bestand, erhielt ein staatliches Zertifikat. Dieses Rekrutierungssystem wurde 1846 durch informelle Beschlüsse des *Committee of Council on Education* eingeführt und hielt sich im wesentlichen unverändert bis ins erste Jahrzehnt des 20. Jahrhunderts.[277]

Century England, London 1966; Gillian Sutherland, Education, in: F.M.L. Thompson (Hg.), The Cambridge Social History of Britain 1750–1950, 3 Bde., Cambridge 1990, Pb 1993, Bd. 3, S. 119–169; Susan B. Carter, The „Teaching Profession“? Another look at teacher tenure, 1845–1925, in: Explorations in Economic History 29 (1992), S. 410–416.

275 Vgl. die Angaben zur Bezahlung der 44 415 Elementarlehrer mit Zertifikat Anfang der neunziger Jahre des 19. Jahrhunderts: NUT Twenty-Second Annual Report, 1891–92, London 1892, S. XXXI; außerdem die Tabelle und das Schaubild bei Tropp, Teachers, S. 273 u. 277. Elementarlehrer ohne Zertifikat wurden noch schlechter bezahlt.

276 Vgl. Tropp, Teachers, S. 118 ff.

277 Zur Entstehung und Entwicklung des Systems der *pupil-teachers*: Tropp, Teachers, S. 13–23 u. 184–189. Das *Committee of the Privy Council on Education* nahm von 1839 bis 1899 die Funktion des Erziehungsministeriums wahr. Zur Politik dieses Gremiums: Gillian Sutherland, Policy-Making in Elementary Education 1870–1895, Oxford 1973; Andy Green, Education and State Formation. The Rise of Education Systems in England, France and the USA, 2. Aufl., Basingstoke u. London 1992, S. 279–305.

Der Anspruch der Schulmeister, eine ‚Profession' zu sein, gründete sich vor allem auf das staatliche Zertifikat. Es gelang jedoch den Berufsvereinigungen der Elementarschullehrer, allen voran der 1870 gegründeten *National Union of Teachers* (NUT)[278], zu keiner Zeit, den Besitz eines solchen Zertifikats zur Voraussetzung für den Berufseintritt werden zu lassen. Neben den staatlich geprüften Lehrern unterrichteten immer auch Hilfslehrer ohne Zertifikat, darunter viele Frauen, an den Elementarschulen.[279] Der Staat ließ sich nicht dazu bewegen, den Zustrom dieser billigeren Lehrkräfte durch Gesetz oder auf administrativem Wege abzustellen oder gar, wie es die NUT in ihren frühen Jahren verlangte, die Kontrolle über die Vergabe des Zertifikats an ein unabhängiges, mit Vertretern aus dem Bildungswesen besetztes Gremium abzutreten.[280] Damit verfehlten die Elementarlehrer ein Ziel, das erfolgreiche Professionen – Ärzte, Juristen, Apotheker, Rechnungsprüfer – im Laufe des 19. Jahrhunderts erreichten: die Steuerung des eigenen Arbeitsmarkts und die Sicherung des Einkommensniveaus durch Kontrolle des Berufseinstiegs. In dem Maße wie erkennbar wurde, daß der Status einer privilegierten Profession unerreichbar war, verlegte sich die NUT auf die alternative Forderung an den Staat, den Lehrern die gleichen Vorteile wie den Staatsdienern zu gewähren. Auf der Jahreskonferenz von 1892 in Leeds formulierte der Vorsitzende noch einmal die Alternative ‚Profession' oder ‚Staatsdiener', machte aber bereits deutlich, in welche Richtung die politische Kampagne der NUT in Zukunft zielen würde:

And I say that it should be on the conscience of the department, and on the conscience of the nation, either to make us Civil servants entirely, or to leave us entirely free to regulate our own affairs. We are not permitted to regulate our own affairs, or

---

278 Die Gewerkschaft hieß zunächst *National Union of Elementary Teachers* (NUET). Auf der Konferenz von 1889 wurde beschlossen, das Wort „Elementary" auszulassen, vgl. NUT Nineteenth Annual Report, 1888–89, London 1889, S. XCVIII. Im Text verwende ich durchgehend das Kürzel NUT, in den Fußnoten wird zwischen NUET und NUT unterschieden. Ausführlich zur Vorgeschichte der NUT, zu Konkurrenzgewerkschaften und Abspaltungen: Tropp, Teachers.

279 Vgl. die Zahlenangaben für 1870 und 1895 bei Tropp, Teachers, S. 114. Während sich 1870 die Geschlechter noch ungefähr gleich auf die verschiedenen Lehrergruppen verteilten, kamen 1895 auf 5047 männliche „Assistant Teachers" 22914 weibliche und auf 7246 männliche „Pupil Teachers" 26757 weibliche. Hinzu kamen 1895 noch 11678 weibliche „Additional Teachers". Auch bei den Lehrern mit Zertifikat lag der Frauenanteil 1895 erheblich über dem der Männer. Im Jahr 1919 gab es knapp zehnmal soviele weibliche „uncertificated teachers" (33587) wie männliche (3630), während es bei den „certificated teachers" lediglich etwas mehr als doppelt soviele Frauen (78484) wie Männer (35606) gab, vgl. NUT Report for 1920, S. LIII. Einen anschaulichen Einblick in das alltägliche Berufsleben und die Lebensumstände der Lehrerinnen gibt: Dina Copelman, London's Women Teachers: Gender, class and feminism 1870–1930, London 1996.

280 Hierzu Tropp, Teachers, S. 114–118.

we might deal with overcrowding as the managers of the professions of law and medicine have lately done. ... We say to the Department, either give us the chance to lessen our overcrowding in a similar way, or give us certainty of work, certainty of pay and certainty of pension.[281]

Bis 1918, als zumindest die Alterspension für Lehrer gesetzlich gesichert wurde, erzielte die NUT nur geringe Fortschritte bei der Statussicherung. Vor allem mußten die staatlich examinierten Lehrer weiter mit der ungeprüften Konkurrenz leben. Nach dem Ersten Weltkrieg fand sich die NUT vorerst damit ab, was darin zum Ausdruck kam, daß sie sich ab 1919 auch den Lehrern ohne Zertifikat öffnete.[282]

Die soziale Statusunsicherheit der Elementarschullehrer rührte nicht zuletzt aus ihrer anomalen rechtlichen Position. Sie waren gewissermaßen Diener zweier Herren, der lokalen Arbeitgeber und des Staats. Unmittelbare Arbeitgeber der Schulmeister waren die privaten, meist der anglikanischen Kirche nahestehenden Schulträger am Ort; weisungsbefugt war hier in der Hauptsache der ‚Manager' der Schule. An Orten ohne ausreichendes privates Schulangebot wurden nach dem *Education Act* von 1870 *school boards* gebildet, die als Arbeitgeber der Lehrer fungierten.[283] Die *school boards* waren von den lokalen Steuerzahlern nach einem komplizierten Wahlmodus gewählte Gremien, in denen sehr oft parteiliche, persönliche und konfessionelle Fehden ausgetragen wurden. Auch Frauen besaßen das aktive und passive Wahlrecht, Lehrer durften aber nicht gewählt werden. Insbesondere an kleinen Orten und in ländlichen Gegenden waren die isolierten Lehrer der Willkür ihrer lokalen Arbeitgeber ausgeliefert. Die Manager beziehungsweise *school boards* konnten den Schulmeistern jederzeit ohne Angabe von Gründen kündigen, legten ihre Bezahlung fest und hatten es darüber hinaus in der Hand, ihnen per Arbeitsvertrag oder durch Kündigungsdrohung unterrichtsfremde Pflichten wie das Orgelspiel in der Kirche, das Abhalten der Sonntagsschule oder die Pflege eines Schulgartens

---

[281] NUT Twenty-Second Annual Report, 1891–92, London 1892, S. XXXII.
[282] Tropp, Teachers, S. 215.
[283] *Elementary Education Act*, 33 & 34 Vict., c. 75 (1870), s. 35: „A school board may appoint a clerk and a treasurer and other necessary officers, including the teachers required for any school provided by such board, to hold office during the pleasure of the board, and may assign them such salaries or remuneration (if any) as they think fit, and may from time to time remove any of such officers; ... . Such officers shall perform such duties as may be assigned to them by the board or boards who appoint them." Dieses war der einzige Paragraph in dem 100 Paragraphen umfassenden Gesetzeswerk, der die Lehrer erwähnte – nach dem Sekretär und dem Kassenwart des *school board*. Schon das empfanden die Lehrer als demütigend, und natürlich mehr noch die absolute Willkür, die hier den *school boards* ihnen gegenüber eingeräumt wurde.

aufzuerlegen.[284] Gelegentlich kam es sogar vor, daß Lehrer genötigt wurden, im Geschäft eines Mitglieds des *School Board* zu kaufen oder private Dienste zu leisten. Gegen derlei Schikanen konnte sich der einzelne Lehrer nur gerichtlich zur Wehr setzen. Staatliche Stellen griffen in das privatrechtliche Dienstverhältnis nicht ein, obwohl der Staat die Elementarschulen zu einem guten Teil finanzierte.

Handelte es sich also bei den Lehrern rechtlich gesehen um ‚Diener' ihrer lokalen Arbeitgeber, hing der Inhalt ihrer Arbeit, ihr berufliches Fortkommen und ihre materielle Existenz in hohem Maße von staatlichen Entscheidungen ab. Mittelbar war auch der Staat Arbeitgeber, doch hatten einzelne Lehrer keine Möglichkeit, selbst an die staatlichen Stellen heranzutreten oder gar mit ihnen zu verhandeln, geschweige denn sie gerichtlich zu belangen. Die Hauptmittel staatlicher Einwirkung auf das Arbeitsverhältnis der Elementarlehrer waren die schon erwähnte Prüfung am Ende der Ausbildungszeit, die Schulinspektion und die jährliche Vergabe des Zuschusses an die Schulen. Im Zuge der auf Kostenersparnis und künstliche Aufrechterhaltung der sozialen Klassenschranken zielenden liberalen Schulpolitik um die Mitte des 19. Jahrhunderts wurde die staatliche Bezuschussung der Elementarschulen ab 1862 auf ein ‚leistungsbezogenes' System umgestellt, das sogenannte *payment by results*.[285] Die jährliche Mittelzuweisung an die Elementarschulen richtete sich nun in erster Linie nach den Erfolgen der Schüler in den ‚drei R's' – Lesen, Schreiben, Rechnen (*reading, [w]riting, [a]rithmetic*). Darüber hinausgehende Lernerfolge waren – jedenfalls in den sechziger Jahren – politischerseits nicht erwünscht und wurden von den Schulinspektoren kaum in die Bewertung der Schule einbezogen.

Neben den Schülern, die nun zunehmend mechanisch gedrillt wurden, waren die Lehrer die Leidtragenden des ‚leistungsbezogenen' Mittelzuweisungs-Systems.[286] Die meisten von ihnen erhielten ein Gehalt, das sich aus einem kleineren, lokal finanzierten Fixum und einem mehr oder weniger großen Anteil des staatlichen Zuschusses zusammensetzte. Mißerfolge der Schüler im Sinne der staatlichen Leistungsvorgaben führten zur Verringe-

---

[284] Zahlreiche Details dazu, darunter eine quantitative Auswertung von Stellenausschreibungen, Ergebnisse einer Umfrage und Berichte über einzelne Fälle in: NUT Twenty-Second Annual Report, 1891–2, London 1892, S. CLXXI–CC.

[285] Vgl. Tropp, Teachers, S. 78–92. Zu den zeitgenössischen Kontroversen um dieses System außerdem: Searle, Entrepreneurial Politics, S. 249–261; zu den ökonomischen Überlegungen auch: Sidney Pollard, Britain's Prime and Britain's Decline. The British Economy 1870–1914, London 1989, S. 166 f.

[286] Sutherland, Education, S. 142: „In effect, payment by results was a piece-rate system, putting teachers in the position of factory hands."

rung des Zuschusses und damit zu Gehaltseinbußen im folgenden Jahr. Wer sich im Unterricht nicht auf die ‚drei R's' konzentrierte, wurde also bestraft. Die Lehrer mußten sich den Vorgaben anpassen, auch wenn es ihrem pädagogischen Ethos widersprach. Ihr durch die eigene Herkunft oder politische Überzeugung begründeter Anspruch, zur Höherbildung der arbeitenden Klassen beizutragen, wurde dadurch verletzt. Erniedrigender aber war für viele Lehrer das Jahr für Jahr sich wiederholende Zittern vor dem Besuch des Inspektors. Denn vom Ausgang dieses Besuchs hing nicht nur das Gehalt im nächsten Jahr, sondern unter Umständen die gesamte berufliche Existenz ab. Eine negative Beurteilung durch den Inspektor, ein paar flüchtig hingeworfene Bemerkungen gegenüber dem Dorfpfarrer, dem Schul-Manager oder einem Mitglied des *School Board* konnten die Kündigung wegen mangelnder Leistung zur Folge haben. Noch schwerwiegendere Vorwürfe gegen einen Lehrer, zum Beispiel Examensschwindel, Trunkenheit, unmoralischer Lebenswandel, übertriebene Prügelstrafen oder sittliche Vergehen an Schülern, konnten dazu führen, daß sein Zertifikat vom Erziehungsministerium annuliert oder suspendiert wurde.[287] Für einen Lehrer war dies gleichbedeutend mit dem beruflichen Aus.

Gegen das unbegründete Urteil oder die üble Nachrede eines voreingenommenen Inspektors oder den aus Sicht des Lehrers ungerechtfertigten Entzug des Zertifikats gab es keinerlei Beschwerdemöglichkeit. Der einzelne Lehrer hatte nicht einmal die Chance, zu den gegen ihn erhobenen Vorwürfen Stellung zu nehmen. Anders als bei offenkundigen Vertragsverletzungen und Nötigungen durch die Manager oder die *school boards* stand gegen die Inspektoren und die Beamten im Erziehungsministerium auch der Klageweg nicht zur Verfügung. Staatliche Amtsträger waren durch das Privileg der Krone vor zivilen Schadensersatzklagen weitgehend geschützt.[288] Auch als das System der ‚leistungsbezogenen' Bezahlung Anfang der neunziger Jahre abgeschafft wurde, änderte sich im Prinzip nichts daran, daß die einzelnen Schullehrer gegen die Entscheidungen der staatlichen Stellen wehrlos waren. Die NUT forderte daher seit ihrer Gründung

---

[287] Im Jahr 1877 ging das Erziehungsministerium dazu über, eine ‚schwarze Liste' dieser Lehrer zu publizieren, vgl. Tropp, Teachers, S. 121.

[288] Das ‚Schutzschild' der Krone erstreckte sich noch zu Beginn des 20. Jahrhunderts auf sämtliche Ministerien, Abteilungen und Bediensteten der Zentralregierung, nicht aber auf lokale Verwaltungseinrichtungen: W. Harrison Moore, Liability for Acts of Public Servants, in: Law Quarterly Review 23 (1907), S. 12–27. Trotz mancher Diskussionen in der Zwischenkriegszeit, die bis zu einem Gesetzesentwurf führten (*Crown Proceedings Bill*), hatte sich daran auch Mitte der dreißiger Jahre des 20. Jahrhunderts noch nichts geändert: C.T. Carr, Administrative Law, in: Law Quarterly Review 51 (1935), S. 58–75, hier S. 62 f.

immer wieder ein die staatlichen Entscheidungen überprüfendes, förmliches und unabhängiges Berufungsverfahren, das sich an den ordentlichen Gerichtsprozeß anlehnen sollte.[289] Sie blieb damit jedoch erfolglos. Was die NUT im Laufe der Zeit erreichte, war die informelle Anhörung ihrer Spitzenvertreter im Ministerium als Fürsprecher für einzelne Lehrer. Diese Verbesserung beruhte jedoch allein auf dem guten Willen führender Personen im *Board of Education*. Deren Bereitschaft, die Vertreter der NUT zu empfangen, wechselte je nach persönlichen und politischen Einstellungen.[290] Durch die informellen Gespräche wurden zwar in zahlreichen Einzelfällen ungerechtfertigte Behandlungen korrigiert, aber die Gespräche stellten doch nur einen unvollkommenen Ersatz für die fehlende rechtsstaatliche Beschwerdeprozedur dar.

Der *Education Act* von 1902 ersetzte die zahlreichen kleinen *school boards* durch etwa 300 größere lokale Erziehungsbehörden auf Grafschaftsebene. Für die Lehrer an den ehemaligen *board schools* entfielen damit weitgehend die kleinlichen Schikanen und Abhängigkeiten von einzelnen Honoratioren am Ort. Rechtlich standen diese Lehrer zwar weiterhin in einem privaten Dienstverhältnis, ihre Arbeitsverträge wurden aber nun auf Grafschaftsebene zunehmend standardisiert. De facto waren diese Lehrer nach 1902 Angestellte einer großen Lokalbehörde. Für die NUT hatte dies zur Folge, daß sie nun erstmals mit den klassischen gewerkschaftlichen Kampfmethoden bis hin zur kollektiven Arbeitsniederlegung erfolgreich operieren konnte. Schon vor dem Ersten Weltkrieg und verstärkt dann durch die Teuerung in den letzten Kriegsjahren rückte die Erhöhung des allgemeinen Einkommensniveaus der Lehrer in den Mittelpunkt der NUT-Strategie.[291] Dabei kam es zu scharfen Konflikten innerhalb der NUT um die Frage der gleichen Bezahlung für weibliche Lehrkräfte. Erst 1919 billigte eine Mehrheit der NUT-Mitglieder in einer Urabstimmung das Prinzip der gleichen

---

[289] Vgl. NUET Tenth Annual Report, 1879–80, London 1880, S. LV–LIX („Means of Appeal") u. LXXVII (Resolutionen der Konferenz von 1879): „33. That in the opinion of this Conference the Education Code should be so amended that before the certificate of any teacher be lowered, suspended, or cancelled, and before the name of any such teacher be published in the Education Blue Book as an offender, he should be informed fully of the nature and terms of the charges made against him, and should be allowed to appear in person, or by a representative to answer such charges. 34. That before any decision of the Education Department to suspend or cancel a teacher's certificate be made absolute, such teacher be allowed a right of appeal to an independent legal tribunal, and that this right of appeal should be extended to every teacher charged with any offence affecting his professional status." Ähnliche Resolutionen wurden fast jedes Jahr wiederholt.

[290] Vgl. Tropp, Teachers, S. 123, 137 ff., 198 f.

[291] Vgl. Tropp, Teachers, S. 203–207 u. 210 ff.

Bezahlung.[292] Nach lokalen Lehrerstreiks 1917–19 wurde im Jahr 1919 unter dem Vorsitz von Lord Burnham eine erste nationale Mindestlohnskala, noch differenziert nach Männern und Frauen, zwischen Vertretern der NUT und den lokalen Erziehungsbehörden ausgehandelt. Es gelang der NUT, diese nationale Skala und nachfolgende Tarifabsprachen gegen den 1921 einsetzenden Sparkurs der Regierung zu verteidigen, so daß sich die früher stark differierenden Bezahlungsweisen der von den lokalen Erziehungsbehörden angestellten Lehrer in den zwanziger Jahren allmählich einebneten.

Ungünstiger war die Lage für die Elementarlehrer an den circa 14 000 Schulen in kirchlicher Trägerschaft.[293] Zwar profitierten auch sie von der allgemeinen Lohnbewegung und den Tarifabsprachen, aber im Arbeitsalltag blieben sie an die Weisungen ihrer Schul-Manager gebunden. Für diese Lehrer gestaltete sich das Arbeitsverhältnis nach 1902 sogar komplizierter als vorher, weil nun auch die lokale Erziehungsbehörde gewisse Kontroll- und Mitspracherechte bei der Einstellung und Kündigung dieser Lehrer erhielt. Insbesondere mußte die lokale Erziehungsbehörde der Entlassung eines Lehrers zustimmen, es sei denn, die Entlassung erfolgte aus „Gründen, die mit der religiösen Unterweisung zu tun hatten".[294] Diese Formel bedeutete einen gewissen Schutz gegen willkürliche Entlassungen seitens der Manager und wurde von der NUT als wichtiger Schritt in Richtung auf den schon seit langem geforderten allgemeinen Kündigungsschutz für Elementarlehrer interpretiert.[295] Tatsächlich richteten die meisten lokalen Erziehungsbehörden eine mehr oder weniger förmliche Überprüfungsprozedur bei Lehrerentlassungen ein, an der Vertreter der NUT oder von ihr gestellte Anwälte für den Lehrer – oft mit Erfolg – sprechen durften.[296] Damit hatte die NUT für ihre Mitglieder einen zwar nicht gesetzlich verbrieften, aber faktisch halbwegs befriedigenden Schutz gegen Kündigungen aus sachlich

---

[292] Ebd., S. 157 f.

[293] Die Zahlenangabe (bezogen auf die Zeit um 1902) bei Tropp, Teachers, S. 161.

[294] *Education Act*, 2 Edw. 7, c. 42 (1902), s. 7 (1) (c): „The consent of the local education authority shall be required to the appointment of teachers, but that consent shall not be withheld except on educational grounds; and the consent of the authority shall also be required to the dismissal of a teacher, unless the dismissal be on grounds connected with the giving of religious instruction in the school".

[295] Vgl. NUT 33rd Annual Report, 1903, London 1903, S. LV f. Die Formel des Gesetzes ging auf einen Änderungsantrag eines NUT-Mitglieds im Parlament zurück, vgl. Tropp, Teachers, S. 181.

[296] Vgl. die Beschreibungen dieser Prozeduren mit Berichten über „typische" Einzelfälle in: NUT 35th Annual Report, 1905, London 1905, S. LV ff.; NUT Report for 1909, S. LIV–LVII.

nicht gerechtfertigten Gründen erlangt. Allerdings verursachte die erwähnte Gesetzesformel nach 1902 zahlreiche Gerichtsprozesse vor dem Obersten Gerichtshof, die meist um die sehr auslegungsfähigen Fragen kreisten, wann eine ‚Zustimmung' als gegeben angesehen werden konnte und was unter ‚religiösen Gründen' zu verstehen war.[297] In diesen von der NUT und anderen Lehrergewerkschaften geführten Prozessen stellte sich heraus, daß die Lehrer an den kirchlichen Elementarschulen nach 1902 trotz des Mitspracherechts der lokalen Behörde immer noch nicht sicher vor willkürlichen Entlassungen waren. In der Zeit der Demobilisierung nach dem Ersten Weltkrieg waren davon vor allem verheiratete Frauen betroffen, die während des Krieges freiwerdende Stellen eingenommen hatten und nun unter allen möglichen Vorwänden wieder entlassen werden sollten. Die Berufung auf die erwähnte Klausel im Gesetz hatte für diese Frauen in der Regel nur aufschiebende Wirkung.[298] Denn für alle Elementarlehrer, auch die der lokalen Erziehungsbehörde unterstehenden, galt nach wie vor, daß es gegen fristgerechte Kündigungen der Arbeitgeber, aus welchen Gründen auch immer, keine wirksame rechtliche Handhabe gab. Von ihrem seit etwa 1890 verfolgten Ziel, für alle Elementarlehrer im Hinblick auf die Beschäf-

---

[297] Vgl. u. a. die folgenden Fälle: *Young v. Cuthbert* (1906) 1 Ch. S. 451–463; *Smith v. Macnally* (1912) 1 Ch. S. 816–828, aufschlußreicher zu diesem Fall die Berichte und Kommentare in: The Schoolmaster, 30. März 1912, S. 573, 575 u. 590 f. (dort der Hinweis, daß die Klägerin vom Anwalt der NUT vertreten wurde); The School Government Chronicle, 30. März 1912, S. 268 f., The School Guardian, 30. März 1912, S. 295 f.; *Meyers v. Hennell and Others* (1912) 2 Ch. S. 256–268, aufschlußreicher hierzu die Berichte in: The School Government Chronicle, 18. Mai 1912, S. 421 f., 8. Juni 1912, S. 477 f. u. 29. Juni 1912, S. 569 ff. (dort S. 569 der Hinweis, daß der Kläger, Rektor einer anglikanischen Schule, vom Anwalt der NUT vertreten wurde); *Blanchard v. Dunlop* (1917) 1 Ch. S. 165–174 (auch hier wurde die Klägerin von Anwalt der NUT, Mr. Lynn, vertreten); *Harries v. Crawfurd* (1918) 2 Ch. S. 158–179 u. (1919) A.C. S. 717–743 (Kläger wiederum vertreten durch Anwalt der NUT, A.A. Thomas); *Martin v. Eccles Corporation* (1919) 1 Ch. 387–406, hierzu auch NUT Report for 1919, S. L. Vgl. auch Kurzberichte über entsprechende Fälle in: NUT Report for 1907, S. LIII u. CI ff.; NUT Report for 1913, S. LVI f.; NUT Report for 1917, S. LII; NUT Report for 1920, S. L.

[298] Vgl. besonders den Fall *Price v. Rhondda Urban District Council* (1923) 2 Ch. S. 372–393; aufschlußreicher für die extrem frauenfeindlichen Äußerungen des Richters die Berichte in: The Times, 25. April 1923, S. 5; 26. April 1923, S. 5; 28. April 1923, S. 4; 2. Mai 1923, S. 5; 3. Mai 1923, S. 5; 4. Mai 1923, S. 5. Zu den Hintergründen dieses Falles, der nicht von der NUT, sondern der *National Union of Women Teachers* geführt (und verloren) wurde die Berichte, Kommentare und Leserinnenbriefe in: The Schoolmaster, 4. Mai 1923, S. 780; 11. Mai 1923, S. 836 f. u. 853; 18. Mai 1923, S. 890; 25. Mai 1923, S. 917; 1. Juni 1923, S. 975. Siehe auch: The Schoolmaster, 10. Aug. 1923, S. 183, „Teachers' Chancery Actions" sowie zahlreiche Meldungen zu diesem Thema während des ganzen Jahres 1923 in der Rubrik „News for Women Teachers". Zum Kampf der Lehrerinnen um Gleichberechtigung und zum Geschlechterstreit in der NUT: Alison Oram, Women Teachers and Feminist Politics, 1900–39, Manchester 1996; Copelman, London's Women Teachers, S. 202–205, 210–219 u. 227–242.

tigungssicherheit einen beamtenähnlichen Status zu erreichen, war die NUT auch in den zwanziger Jahren noch weit entfernt.

Die Ausführungen zum sozialen Status und zur komplizierten Rechtsstellung der Elementarlehrer haben deutlich gemacht, daß in ihrem Berufsalltag zahlreiche Konflikte auftreten konnten, denen mit klassischen gewerkschaftlichen Methoden schlecht beizukommen war. Das galt besonders für die Zeit bis 1902, in der die Arbeitsverhältnisse der Elementarlehrer stark individualisiert waren. Was die Lehrer daher von einer Berufsvereinigung vor allem erwarteten, war, abgesehen von politischer Lobbyarbeit, eine auf individuelle Konfliktfälle zugeschnittene Hilfe. Rechtsfragen spielten dabei fast immer mit hinein, auch wenn für manche Probleme der Gang zu den ordentlichen Gerichten aussichtslos war. Die NUT reagierte auf den Bedarf, indem sie innerhalb weniger Jahre ein Rechtsschutzsystem aufbaute, das in seiner Effizienz und seinen Leistungen weit über das hinausging, was die Trade Unions der handarbeitenden Berufe ihren Mitgliedern anboten.

Das Bedürfnis nach einem wirksamen Schutz bei willkürlicher Entlassung, ungerechtfertigtem Entzug des Zertifikats und anderen Streitigkeiten, auch vor Gericht, artikulierte sich bereits auf der Gründungskonferenz der NUT im September 1870.[299] Noch bevor erste förmliche Beschlüsse über ein Rechtshilfe-Verfahren gefaßt wurden, mußten sich die lokalen Assoziationen und der Exekutivrat der NUT bereits mit zahlreichen Einzelfällen befassen. Im Jahr 1872 trat die Union mit einem *solicitor* (C.H. Lovell) in eine feste Geschäftsverbindung ein und stellte ein Mitglied des Exekutivrats speziell für die Bearbeitung von „Legal cases" ab.[300] In den folgenden Jahren versuchten die Gremien der NUT, der wachsenden Flut von Fällen durch verschiedene Regulierungsmaßnahmen Herr zu werden. Zunächst wurde beschlossen, daß Fälle nur über die lokalen Assoziationen an den Exekutivrat geleitet werden durften.[301] Bald darauf richtete der Exekutivrat einen festen Rechtsausschuß ein und arbeitete eine „Klassifizierung" von Fällen mit zugehörigen Verfahrensregeln aus.[302] Man unterschied zwischen

---

[299] Tropp, Teachers, S. 112.

[300] Vgl. die Chronik über die ersten zehn Jahre im Jahresbericht fur 1879–80: NUET Tenth Annual Report, 1879–80, London 1880, S. XXIV. Nach dem Tod von Lovell war von 1885–1921 Perceval A. Nairne *solicitor* der Union, sein Nachfolger wurde Eric G. Floyd, vgl. NUT Report for 1922, S. XLVIII.

[301] NUET Fourth Annual Report, 1873–74, London 1874, S. 21.

[302] NUET Tenth Annual Report, 1879–80, London 1880, S. XXXIV. Hier wird das Jahr 1876 als Datum für diese „Klassifizierung" angegeben. Es war aber wohl bereits 1874, vgl. ebd., S. XXV. Das Legal Committee nahm seine Arbeit im Oktober 1873 auf und tagte ab Juni

folgenden Fällen: a) einfache Bitte um Rechtsauskunft an den Sekretär der Union (direkte Antwort an das Mitglied, kostenlos); b) Bitte um Rechtsauskunft an den *solicitor* der Union (direkte Antwort an das Mitglied, Pauschalgebühr 5s.); c) Empfehlung der lokalen Assoziation an den Exekutivrat, einen Fall zu prüfen (Antwort an die lokale Assoziation, kostenlos); d) nach Vorprüfung erneut dem Exekutivrat vorgelegter Fall mit der Bitte, tätig zu werden (Beratung und Überweisung an den *solicitor*, kostenlos); e) von der NUT übernommener Fall, in dem gerichtliche Schritte beschlossen wurden (nur bei Prinzipienfragen, Übergabe an den *solicitor*, Regelung der Kostenübernahme von Fall zu Fall). Nachdem man anfangs wegen des Kostenrisikos zurückhaltend gewesen war, Fälle vor Gericht zu bringen, mehrten sich in der zweiten Hälfte der siebziger Jahre die gerichtlichen Auseinandersetzungen. Dabei ging es vor allem um ungerechtfertigte Entlassungen, Verleumdungen, unbezahlte Anteile des Regierungszuschusses und Klagen gegen Lehrer wegen exzessiver körperlicher Züchtigung.[303]

Bis April 1880 hatte sich der monatlich tagende Rechtsausschuß bereits mit insgesamt 750 „schwierigen" Fällen befaßt (bei einem Mitgliederstand von etwa 8000 im Jahr 1875 und 11 000 im Jahr 1879); hinzu kam eine noch größere Zahl von Rechtsauskünften durch den Sekretär und den *solicitor*.[304] Schon 1876 beklagte sich der Sekretär, daß diese Korrespondenztätigkeit den größten Teil seiner Zeit wegnahm, und empfahl eine Rationalisierung des Verfahrens.[305] Als deutlich wurde, daß viele Lehrer erst in die NUT eintraten, wenn sie einen Rechtsstreit vorhersahen, wurde auf der Konferenz von 1880 beschlossen, daß die Union nur dann für ein Mitglied vor Gericht ziehen sollte, wenn dieses bereits Mitglied war, als der Konflikt begann.[306] Außerdem kündigte der Exekutivrat an, daß man Fälle nur noch dann übernehmen werde, wenn sich das Mitglied verpflichtete, wenigstens die Hälfte der anfallenden Kosten zu tragen.[307] Diese Regel wurde im folgenden Jahr dahingehend korrigiert, daß nun je ein Drittel der Kosten auf den Exekutivrat, die lokale Assoziation und das Mitglied entfallen sollte.[308]

Trotz strenger Anwendung dieser Regeln zeigte sich bald, daß man mit

---

1874 regelmäßig mindestens einmal im Monat außer während der Sommerferien: vgl. MRC Mss. 179 (unverzeichnet) Legal Committee, Minute Book, 1873–76.
[303] Vgl. die Beschreibung typischer Fälle in: NUET Tenth Annual Report, 1879–80, London 1880, S. XXXIIIf.
[304] Ebd., S. XI u. XXIX.
[305] NUET Sixth Annual Report, 1875–76, London 1876, S. 20.
[306] NUET Tenth Annual Report, 1879–80, London 1880, S. LXXV.
[307] Ebd., S. XXXIV.
[308] NUET Eleventh Annual Report, 1880–81, London 1881, S. Lf.

dem bestehenden Instrumentarium der wachsenden Nachfrage nach
Rechtshilfe nicht gerecht werden konnte. Insbesondere die fehlenden Finanzmittel hinderten die NUT, berechtigte Klagen bis zum Ende durchzufechten. Auf der Konferenz von 1883 empfahl der Exekutivrat daher eine
kräftige Erhöhung des Mitgliedsbeitrags, um damit einen „Legal Defence
Fund" aufzubauen, aus dem künftig alle im Zusammenhang mit rechtlichen
Streitigkeiten entstehenden Kosten genommen werden sollten.[309] Die Konferenz folgte dem Antrag, und ein Jahr später wurden die Regeln des neuen
Rechtshilfe-Fonds verabschiedet.[310] Die entscheidende Neuerung und das,
was den Rechtshilfe-Fonds der Elementarlehrer zu einer bis dahin wohl
einmaligen Einrichtung in der englischen Trade Union-Welt machte, war
die Tatsache, daß NUT-Mitglieder fortan einen garantierten Anspruch auf
finanzielle Rechtshilfe besaßen, sofern bestimmte Voraussetzungen erfüllt
waren. In dem Schreiben, mit dem der Exekutivrat bei den lokalen Assoziationen für die Annahme des neuen Systems warb, wurde dieser Punkt besonders hervorgehoben:

It should be borne in mind that, in the past, legal defence of members has been a
privilege, not a right. Under the proposed scheme it would become, subject to the
judgment of the Executive on the merits of each case, a right which every member
should expect to have recognised.[311]

Die NUT hatte somit 1883–84 eine echte Rechtsschutzversicherung für berufliche Streitigkeiten ins Leben gerufen, vergleichbar den Wohlfahrtskassen anderer Gewerkschaften. Die Leistungen umfaßten neben der Übernahme sämtlicher Gerichts- und Anwaltskosten auch Zahlungen an Mitglieder, die infolge eines Gerichtsverfahrens oder einer anderen Auseinandersetzung um „professionelle Rechte" entlassen oder sonst geschädigt
wurden.[312]

Bei der Planung des neuen Fonds im Jahr 1883 wurde großzügig kalku-
liert.[313] Man rechnete pro Jahr mit 100 zu verteidigenden Fällen wegen körperlicher Züchtigung und etwa 20 Fällen von tätlichen Angriffen auf Lehrer
– beides Fälle, die hauptsächlich vor den Friedensrichtern auszutragen waren. Des weiteren schätzte man, daß pro Jahr 20 Klagen vor den Grafschaftsgerichten und 10 Klagen vor den höheren Gerichten auf die NUT

---

[309] NUET Thirteenth Annual Report, 1882–83, London 1883, S. XXVII.
[310] NUET Fourteenth Annual Report, 1883–84, London 1884, S. LXXXIII f.
[311] Ebd., S. LXXXVII. Dieses Schreiben enthält auch eine Beschreibung typischer Fälle, mit
       denen sich die NUT in den letzten Jahren auseinanderzusetzen hatte.
[312] Ebd., S. LXXXIV.
[313] Vgl. die Projektion mit Hochrechnung der entsprechenden Kosten, ebd., S. LXXXIII.

zukommen würden. Insgesamt hielt man also etwa 150 Gerichtsfälle für wahrscheinlich (bei einem Mitgliederstand von etwa 12500 in den Jahren 1883–84). Die Kostenhochrechnung ergab, daß eine Erhöhung des Mitgliedsbeitrags um 2s. nötig sein würde, um den Fonds arbeitsfähig zu halten. Die projektierten Fallzahlen wurden in den folgenden Jahren bald überschritten, allerdings mußte man wesentlich seltener als erwartet vor den Obersten Gerichtshof ziehen, so daß sich schnell eine beachtliche Reserve im Fonds ansammelte. Bis 1912 geriet der Rechtshilfe-Fonds kein einziges Mal ins Defizit, sondern konnte im Gegenteil in vielen Jahren beträchtliche Summen an den Reservefonds der Gewerkschaft abführen. Auch nach 1912 wurden wieder Überschüsse erzielt, und erst 1923, als im Zuge der Sparpolitik zahlreiche von Entlassung bedrohte Lehrer unterstützt werden mußten, wurde der Fonds erneut voll beansprucht.

Die Gesamtzahl der Rechtsauskünfte und Rechtshilfe-Gesuche wuchs in etwa parallel zur Mitgliederzahl. Pro Jahr wandten sich etwa zwei bis vier Prozent der Mitglieder an den Rechtsausschuß. Im Jahr 1890 (bei einem Mitgliederstand von 16000) befaßte sich der Rechtsausschuß mit insgesamt 414 Fällen; die meisten davon waren lediglich Bitten um Rechtsauskunft. In immerhin 166 Fällen wurden aber gerichtliche Schritte angedroht oder eingeleitet, wobei Lohnklagen und Kündigungsstreitigkeiten mit je 19, Verleumdungsklagen mit 42 und tätliche Angriffe (von Eltern oder anderen auf Lehrer) mit 20 Fällen stark vertreten waren. In 39 Fällen verteidigte die Union Mitglieder wegen körperlicher Züchtigung an Schülern.[314] Auch in den folgenden Jahrzehnten mußte sich der Rechtsausschuß im wesentlichen mit den gleichen Falltypen beschäftigen.[315] Hinzu kamen nach der Jahrhundertwende eine wachsende Zahl von Haftpflicht- und Aufsichtspflichtfragen bei Unfällen in Schulen, verwaltungsrechtliche Streitigkeiten und seit den frühen zwanziger Jahren auch Regelungen von Pensionsansprüchen.[316]

Was die Inanspruchnahme der ordentlichen Gerichte durch die NUT angeht, so scheint diese zur Jahrhundertwende hin relativ zur Zahl der Hilfegesuche abgenommen zu haben.[317] Im Jahr 1896 gelangten bei einer Mit-

---

314 Vgl. die Angaben mit Fallbeispielen in: NUT Twenty-First Annual Report, 1890–91, London 1891, S. XLIV f.

315 In den Jahresberichten nach 1890 wurden nur noch pauschale Angaben zu den pro Jahr (später pro Ausschußsitzung) behandelten Fällen und der Art ihrer Erledigung gemacht, jedoch läßt sich aus den häufig beigefügten Beschreibungen einzelner als ‚typisch‘ bezeichneter Fälle entnehmen, daß es im wesentlichen immer wieder um die gleichen Arten von Fällen ging.

316 Vgl. etwa NUT Report for 1912, S.liv u. NUT Report for 1923, S. LIII f.

317 Die Zahlenangaben in den NUT-Jahresberichten sind vielfach etwas vage, so daß man mit Schlußfolgerungen vorsichtig sein muß. Ab 1899 bürgerte sich in den Jahresberichten eine –

gliederzahl von etwa 35000 insgesamt 1119 Fälle an den Rechtsausschuß, davon waren 261 „strikt rechtlicher Natur", doch nur ein Drittel davon habe, so der Jahresbericht, vor Gericht ausgetragen werden müssen.[318] Und im Jahr 1897 hieß es, daß auf einen Gerichtsfall zwanzig andere kämen, die ohne Rechtsstreit erledigt werden könnten. Im Bericht wurde der rückläufige Trend damit erklärt, daß die Schulträger den Einwendungen der NUT inzwischen mit mehr Respekt begegneten und im Wissen um die Stärke des Rechtshilfe-Fonds lieber nachgäben als die Angelegenheit auf die Spitze zu treiben.[319]

Nach dem Inkrafttreten des *Education Act* von 1902 scheint die NUT dann für eine Zeitlang wieder häufiger vor Gericht gezogen zu sein. Im Jahr 1906 (bei einem Mitgliederstand von knapp 61000) befaßte sich der Rechtsausschuß Monat für Monat mit etwa 90 laufenden Verfahren, und es wurde von 321 erfolgreich abgeschlossenen Gerichtsfällen berichtet.[320] Auch war in den ersten Jahrzehnten des 20. Jahrhunderts häufiger als früher von Verfahren vor dem *High court*, dem *Court of Appeal* und dem *House of Lords* die Rede. Ein in letzter Instanz vor den Lords verlorener Fall von 1916, bei dem es um die Frage ging, ob ein Lehrer durch üble Nachrede einen materiell faßbaren Schaden erlitten hatte, kostete die NUT allein 1750 Pfund, das entsprach einem Drittel der in diesem Jahr angefallenen Prozeßkosten und etwa zehn durchschnittlichen Jahresgehältern eines männlichen Elementarlehrers.[321] Im Bericht für 1911 wurde die seit 1902 ansteigende Rechtshilfe-Tätigkeit insgesamt darauf zurückgeführt, daß die zuvor „vergleichsweise einfache Verwaltung der *school boards* und Schul-Manager nunmehr in ein komplexes Gefüge der Komunalverwaltung eingebunden worden" sei. Das

---

aus Sicht des Historikers – unsinnige Form der tabellarischen Darstellung ein, in der die monatlich bearbeiteten Fälle von Beratung, eingehender Prüfung und rechtlicher Auseinandersetzung gezählt wurden, ohne daß man Mehrfachzählungen bei sich länger hinziehenden Fällen ausschließen kann. Eine sichere Statistik könnte man nur aus den im MRC, Warwick, auf Mikrofilm aufbewahrten Akten des NUT *Law Committee* gewinnen (MRC Mss. 179, Law Committee, 1886–89, 2 Bde. u. 1890–1944, 8 Bde.). Die damit verbundene Arbeit stünde jedoch in keinem Verhältnis zum Ertrag.

[318] NUT 27th Annual Report, 1896–97, London 1897, S. LXX.

[319] NUT 28th Annual Report, 1897–98, London 1898, S. LII. Vgl. auch NUT 31st Annual Report, 1901, London 1901, S. XLIV: „The Executive note with satisfaction this tendency to a decrease in actual litigation, regarding it as a sign of greater readiness on the part of school authorities to enter into negotiations with the Union, …".

[320] NUT Report for 1907, S. LII (Die Jahreszählung auf dem Titelblatt ist seit 1899 dem Berichtsjahr immer um ein Jahr voraus). Die Erfolgsquote vor Gericht wurde im Bericht mit 94 Prozent angegeben (ebd., S. LIII), demnach müßte die NUT im Jahr 1906 etwa 341 Gerichtsprozesse geführt haben.

[321] NUT Report for 1917, S. LXLVI u. LXXIX; vgl. die Gehaltstabelle in Tropp, Teachers, S. 273.

lokale Verwaltungsrecht finde nun auch auf die Lehrer Anwendung und verursache zahlreiche schwierige Rechtsfragen.[322] Zu diesem Zeitpunkt ging jedoch die Zahl der Gerichtsverfahren relativ gesehen schon wieder zurück. Bei einer inzwischen auf 72 400 gestiegenen Mitgliederzahl befaßte sich der Rechtsausschuß 1911 monatlich nur noch mit etwa 50 laufenden Rechtsstreitigkeiten, und 1919 waren es bei einer Mitgliederzahl von 113 000 Lehrern etwa 75 pro Monat.[323]

Kann man somit im gesamten Zeitraum seit Gründung des Rechtshilfe-Fonds eine im Verhältnis zur Mitgliederzahl tendenziell rückläufige Nutzung der Gerichte durch die NUT beobachten, ist auf der anderen Seite festzuhalten, daß für die Elementarlehrer dank dieses Fonds die Schwellen vor Gericht so niedrig wie für kaum eine andere Berufsgruppe waren. Infolge der großzügigen Ausstattung des Fonds konnte es sich die NUT leisten, auch juristisch nahezu aussichtslose Fälle durchzufechten, und sie tat dies auch, vor allem wenn es darauf ankam, die Ehre eines Mitglieds, seinen *character*, wiederherzustellen. So gestattete es die NUT zum Beispiel einem Schulmeister, der von einem Mitglied des lokalen *school board* aufgrund von Gerüchten einer groben Unsittlichkeit bezichtigt worden war, seinen Fall vor Gericht zu bringen, obwohl von vornherein klar war, daß der Beklagte sich hinter das Privileg des Amtsinhabers würde zurückziehen können. Der Prozeß ging wie erwartet verloren, aber der Lehrer hatte seinen „character" reingewaschen, weil der Richter in der Öffentlichkeit des Gerichtssaals seine Unschuld feststellte. Diesen moralischen Sieg ließ sich die NUT £ 180 kosten, das waren damals (1893) etwa anderthalb Jahresgehälter eines Lehrers.[324] Gegen die auf dem Fuße folgende fristgerechte Kündigung dieses Lehrers durch den betreffenden *school board* konnte aber auch mit einem noch so starken Rechtsschutz im Rücken gerichtlich nichts mehr unternommen werden.[325] In einem solchen Fall, und deren gab es viele, half nur noch der direkte Appell an die Öffentlichkeit und die politische Auseinandersetzung am jeweiligen Ort und auf nationaler Ebene.

In den neunziger Jahren des 19. Jahrhunderts entwickelte die NUT ein breites Spektrum von Kampfmethoden, mit denen sie am Beispiel skandalöser Fälle von willkürlicher Kündigung auf die unbefriedigende Rechtslage aufmerksam machte und zugleich den betroffenen Lehrern Hilfe leistete. So

---

[322] NUT Report for 1912, S. LIV.
[323] Ebd., S. LV u. NUT Report for 1920, S. LI.
[324] NUT Twenty-Fourth Annual Report, 1893–94, London 1894, S. LI; vgl. die Gehaltstabelle bei Tropp, Teachers, S. 273.
[325] Vgl. NUT 25th Annual Report, 1894–95, London 1895, S. LXVIII.

wurde ein Register über Schulen angelegt, in denen Lehrer schlecht behandelt worden waren. Diese schwarze Liste stand allen NUT-Mitgliedern bei Bewerbungen zur Verfügung.[326] Bei schwerwiegenden Mißständen ging die NUT dazu über, ihre Mitglieder öffentlich davor zu warnen, an der betreffenden Schule eine Stelle anzutreten.[327] Dies kam der gewerkschaftlichen Taktik der Schließung und Verrufserklärung von Häusern nahe, wie sie etwa von der Schriftsetzer-Gewerkschaft angewendet wurde. An manchen Orten gelang es der NUT, durch massive lokale Wahlkampagnen den alten *school board* zu stürzen und so auf politischem Wege eine Wiederanstellung des entlassenen Lehrers durch den neugewählten *school board* zu veranlassen.[328] Der gut gefüllte Fonds ermöglichte es der NUT mitunter auch, entlassene Lehrer dort, wo Teile der Elternschaft mit ihnen solidarisch waren, beim Aufbau einer Konkurrenzschule zu unterstützen, so daß der etablierten Schule die ‚Kundschaft‘ fortlief.[329] Über all diese Aktivitäten wurde in der gewerkschaftseigenen Zeitung „The Schoolmaster" ausgiebig berichtet.[330] Anderen Presseorganen wurden laufend Informationen zugespielt, und besonders krasse Fälle wurden zum Gegenstand von Anfragen im House of Commons gemacht.[331] Schließlich stellte man in den späten neunziger Jahren Überlegungen an, ob der Fonds auch dafür genutzt werden sollte, Lehrer aktiv von bestimmten Schulen abzuziehen, mit anderen Worten: diese Schulen zu bestreiken.[332] Zu diesem letzten Schritt, der den Übergang zu den Prinzipien des *Trade Unionism* öffentlich markiert hätte, konnte sich die NUT jedoch noch nicht durchringen. Das Ideal der Profession, aber auch die langfristigen Beschäftigungsinteressen der Mitglieder standen dem noch im Wege. Regelrechte Lehrerstreiks fanden erst im Zu-

---

[326] NUT Twenty-Third Annual Report, 1892–93, London 1893, S. XXXIX.

[327] Vgl. NUT 26th Annual Report, 1895–96, London 1896, S. LVIII: „During the past year many notices of dismissal have been withdrawn owing to the fear of local authorities, both Board and Voluntary, that publicity would follow on the enforcement of these notices. .... The Action of the Union in issuing ‚Warning Advertisements‘ has also created an influence which is dreaded more and more every week; ..."; diese Warnungen erschienen in der gewerkschaftseigenen Zeitung „The Schoolmaster".

[328] Vgl. Twenty-Fourth Annual Report, 1893–94, London 1894, S. LII f; vgl. Tropp, Teachers, S. 146 f.

[329] Vgl. 25th Annual Report, 1894–95, London 1895, S. XLVIII f.

[330] Vgl. die Sammlung von Zeitungsausschnitten in den Akten der NUT, MRC Mss. 179, Box 7, Tenure: Schoolmaster Cuttings 1898–1908 relating to various cases.

[331] Vgl. etwa NUT 25th Annual Report, 1894–95, London 1895, S. LXVIII.

[332] NUT 28th Annual Report, 1897–98, London 1898, S. LXX–LXXXVII, bes. S. LXXXIII: „The question of using part of the Funds for taking and maintaining out of school certain teachers now paid at the lowest rates of salary is in itself one which involves the most careful calculation."

sammenhang mit der Gehaltserhöhungs-Kampagne vor und nach dem Ersten Weltkrieg statt.

Die genannten lokalpolitischen und gewerkschaftsähnlichen Kampfmethoden wurden bis 1897 vom Rechtsausschuß der NUT koordiniert und aus dem Rechtshilfe-Fonds finanziert. Im Jahr 1898 richtete die NUT dann ein „Tenure Committee" mit eigenem Fonds ein, daß sich fortan mit allen Kündigungs- und Entlassungsfällen befaßte, in denen im strikten Sinne rechtliche Schritte zwecklos waren.[333] Schon wenige Jahre später, infolge des *Education Act* von 1902, wurden jedoch zahlreiche Kündigungs- und Entlassungsfälle wieder in die Zuständigkeit des Rechtsausschusses zurückverlagert. Das waren all die Fälle, bei denen es möglich wurde, eine Kündigung im Beisein von NUT-Vertretern oder Anwälten überprüfen zu lassen, weil die lokale Erziehungsbehörde ein entsprechendes förmliches Anhörungsverfahren eingerichtet hatte. In diesen Fällen hatte also, wie es in einem Bericht über die Kassenlage 1912 hieß, eine „Verrechtlichung" der Kündigungsfragen stattgefunden.[334] Um eine Verrechtlichung im Sinne der Eingliederung in die Kompetenz der ordentlichen Justiz handelte es sich hierbei freilich nicht. Denn die mehr oder weniger formalisierten Einspruchs- und Überprüfungsverfahren beruhten letztlich auf freiwilligen Zugeständnissen der lokalen Erziehungsbehörden. Nicht überall waren die Erziehungsbehörden dazu bereit. Mit den gesetzlich gesicherten verwaltungsgerichtlichen und disziplinarrechtlichen Verfahren, wie sie in Deutschland und anderen Ländern existierten, waren diese freiwilligen Prozeduren trotz ihres zeitweise guten Funktionierens nicht zu vergleichen. Die Lehrer ebenso wie das wachsende Heer der Angestellten bei den Munizipalbehörden blieben auf kollektive Kampfmaßnahmen angewiesen. Der individuelle Rechtsschutz der NUT, so effektiv er organisiert war, mußte an seine Grenzen stoßen, wenn weder ein ordentliches Gericht noch ein spezielles Tribunal zur Verfügung standen, vor denen über Ansprüche und Pflichten von Lehrern nach rechtsstaatlichen Prinzipien entschieden wurde. Die Ideologie des *Common law*, die Weigerung der englischen Juristenschaft, das Konzept eigenständiger Verwaltungs- oder Spezialgerichtsbar-

---

[333] NUT 29th Annual Report, 1899, S. XXXVIII u. LIII. Einen Einblick in die Aktivitäten des Komitees vermittelt die oben (Fn. 330) erwähnte Zeitungsausschnittssammlung.

[334] NUT Report for 1913, S. LXXXIV: „As a result of this legalising of the tenure work, tenure cases at a very early stage are transferred to the Law Committee and the costs are defrayed from the Legal Assistance Fund." Das Defizit des Rechtshilfe-Fonds 1912 war zum Teil auf die Kosten zurückzuführen, die der NUT im Rahmen der verwaltungsinternen Einspruchsverfahren entstanden. Diese Kosten machten 1912 mehr als die Hälfte aller „legal charges" aus, vgl. ebd. u. S. XCIII.

keiten auch nur zu denken, wirkte sich hier direkt auf das Konfliktverhalten einer großen Berufsgruppe und ihrer Organisation aus. Wie für die Lehrer galt dies auch für die sich formierenden Gewerkschaften der anderen öffentlich und halböffentlich Beschäftigten.

Das hohe Maß an Publizität, das die NUT ihrem Rechtsschutz zum Zwecke der Mitgliederwerbung und der politischen Agitation angedeihen ließ, führte zu Nachahmungsversuchen. Attraktiv war das Modell der NUT insbesondere für die Lokalangestellten, daneben auch für diejenigen Berufsgruppen, denen ähnlich wie den Elementarlehrern die Anerkennung als ‚Profession‘ versagt blieb. So beobachteten etwa die Journalisten und Orchester-Musiker neidvoll die Erfolge des Rechtshilfe-Fonds der NUT.[335] Andere Berufsgruppen auf der Grenze zwischen Selbständigkeit und Angestelltenexistenz, zum Beispiel die Handlungsreisenden, beriefen sich zwar nicht direkt auf das Vorbild der NUT, versuchten aber, ähnliche Wege zu gehen.[336] Mehr noch als die Elementarlehrer standen die Angehörigen halbfreier Berufe und höhere kaufmännische und technische Angestellte vor dem Problem, daß ihre Arbeitsverhältnisse individuell sehr verschieden ausfielen, so daß kollektives Handeln nur schwer zu realisieren war.[337] Das ließ den individuellen Rechtsschutz zum idealen Betätigungsfeld der Zusam-

---

335 Vgl. den Bericht über Diskussionen um einen „Defence Fund" der im *Institute of Journalists* zusammengeschlossenen Journalisten in: The Journalist and Newspaper Proprietor, 18. Juli 1896, S. 234. Das *Institute of Journalists* verfocht das Ideal der ‚Profession‘ und vereinigte sowohl Arbeitgeber als auch Arbeitnehmer, was jede Bemühung um effektive Rechtshilfe im Bereich des Arbeitsrechts unmöglich machte. Als reine Arbeitnehmer-Organisation wurde 1907 die *National Union of Journalists* gegründet. Schon auf deren erster Delegiertenkonferenz wurde provisorisch im Vorgriff auf einen künftigen „legal defence fund" die Rechtshilfe in den Regeln verankert, vgl. NUJ National Executive Committee Minutes, 1907–10, MRC Mss. 86/1/NEC/1; wie aus den Protokollen hervorgeht, war die Gewerkschaft noch kaum richtig gegründet, da rollten schon die ersten kostspieligen Fälle auf sie zu. Parallele Vorgänge lassen sich für die Musiker beobachten. Auch hier bestand mit der *Orchestral Association* eine Berufsvereinigung, die das Ideal der ‚Profession‘ verfocht und die Aktivitäten der NUT, darunter den Rechtsschutz genau beobachtete, aber keine vergleichbare Organisation zu bilden imstande war. Daneben bildete sich die *Amalgamated Musicians' Union*, die einen Gewerkschaftsstandpunkt vertrat. Vgl. The Orchestral Association Gazette, Febr. 1896, S. 19f., März 1896, S. 36f., April 1896, S. 52ff., Juni 1896, S. 87f.

336 Die *United Kingdom Commercial Travellers' Association* beobachtete die Aktivitäten der NUT genau, was sich etwa darin äußerte, daß sie plante, ein schon bestehendes Mitteilungsblatt für Handlungsreisende nach dem Muster von „The Schoolmaster" umzugestalten. Vgl. UKCTA Executive Council/Annual Conference Minutes 1909–1924, MRC Mss. 79/CT/1/1, 26th Annual Conference, Northampton, 31. Mai – 2. Juni 1909, S. 83.

337 In London war es allerdings für Schauspieler, Artisten und Musiker aufgrund der hohen Konzentration möglich, kollektiv zu agieren, vgl.: Andrew Crowhurst, London's ‚Music Hall War‘: Trade Unionism in an Edwardian Service Industry, in: London Journal 21 (1996), S. 149–163.

menschlüsse dieser Berufsgruppen werden. Im Unterschied zu den Lehrern fehlte jedoch den Vereinigungen der Schauspieler, Journalisten oder Handlungsreisenden die numerische Stärke und Geschlossenheit, auf denen die Erfolge der NUT beruhten. Auch waren die Vereinigungen der halbfreien Berufe und höheren Angestellten wenigstens bis zum Ersten Weltkrieg noch eifriger als die Elementarlehrer darauf bedacht, Distanz zum *Trade Unionism* der Handarbeiter zu wahren. Manche dieser Vereinigungen, etwa diejenigen der Journalisten und Handlungsreisenden, hatten nicht nur Arbeitnehmer, sondern auch Arbeitgeber in ihren Reihen, was dem Aufbau eines effizienten und aggressiven Rechtsschutzes im Wege stand. Dennoch zeigten sich auch diese Vereinigungen in der Lage, ihren Mitgliedern in gewissem Umfang Rechtshilfe zu gewähren. Welche Probleme dabei auftauchten, soll zum Abschluß dieses Kapitels am Beispiel der Handlungsreisenden, einer in den Gerichten recht häufig als Kläger auftretenden Berufsgruppe, erläutert werden.

GRENZEN DES RECHTSSCHUTZES: DIE UNITED KINGDOM COMMERCIAL
TRAVELLERS' ASSOCIATION

Die *United Kingdom Commercial Travellers' Association* (UKCTA) entstand als Zusammenschluß lokaler Vereinigungen von Handlungsreisenden in den achtziger Jahren des 19. Jahrhunderts.[338] Den Anstoß zur Gründung gaben Bestrebungen, für Handlungsreisende verbilligte Fahrpreise bei den Eisenbahnen herauszuhandeln. Der alltägliche Ärger mit den Eisenbahngesellschaften, Streitereien um Gepäckverluste und überhöhte Preise gehörten zu den dauernden Gesprächsthemen, wenn Handlungsreisende sich in Hotelhallen, Restaurants und Lokalen zu geselligen Runden trafen. Mit diesem Thema beschäftigte sich auch das 1883 erstmals erschienene, speziell an Handlungsreisende gerichtete Monatsblatt „On the Road". Das ansonsten eher erbauliche Journal – Kritiker meinten, es sei ein wenig zu „goodygoody" für den derben Humor der Handlungsreisenden – begann als Vereinsblatt der *Commercial Travellers' Christian Association* (CTCA), einer

---

[338] Die Vereinigung wurde unter dem Namen *United Kingdom Commercial Travellers' Association* gegründet und nannte sich ab 1923 *United Commercial Travellers' Association*. Die UKCTA ist bisher meines Wissens noch nie untersucht worden. Einen knappen Überblick über Stationen ihrer Geschichte gibt eine Festschrift zum siebzigjährigen Bestehen: „Seventy Years." History of the United Commercial Travellers Association, London 1953 (95 S.). Ein fotokopiertes Exemplar dieser Schrift im MRC, Warwick, Mss. 79/CT/4/3. Dort befinden sich auch die Akten der UKCTA, auf denen die folgende Darstellung beruht.

Vereinigung, die schon seit 1872 existierte und dem YMCA nahestand.[339] Neben unterhaltsamen Geschichten, Kommentaren zur Fahrpreis-Frage und Mitteilungen der CTCA enthielt das Blatt in unregelmäßigen Abständen auch Informationen über Rechtsprobleme und Gerichtsfälle, die für Handlungsreisende von Bedeutung waren.[340] Auch über die ersten Schritte der neu gegründeten UKCTA wurde in „On the Road" wohlwollend berichtet.[341]

Nach den Berichten in „On the Road" zu urteilen – andere Quellen gibt es für die frühe Zeit nicht – waren die Anfänge der UKCTA äußerst bescheiden. Die eigentlichen Exekutivorgane der Vereinigung bildeten die lokalen Zweigvereine, während die drei- bis viermal im Jahr tagende ehrenamtliche *Central Board* und die jährliche Delegiertenkonferenz im wesentlichen nur koordinierende Aufgaben wahrnahmen. Rechtshilfe war von Anfang an eines der Versprechen, mit denen die UKCTA auf Mitgliederfang ging. In den Regeln hieß es:

That the objects of this Association shall be: ... b. To secure to its members all railway concessions, free legal assistance, and all other advantages which, by united action, can be more readily obtained, the question of the legal defence of any member being first approved at a special meeting of the Central Board or Local Committee.[342]

Für die Umsetzung dieses Versprechens waren zunächst die Ortsvereine zuständig. In Manchester zum Beispiel warb man im Frühjahr 1886 damit, daß der ehrenamtliche *solicitor* die Mitglieder beraten und erfolgversprechende Fälle „frei" führen würde – man dachte dabei vor allem an Streitigkeiten mit den Eisenbahngesellschaften.[343] Schon wenige Monate später sah sich der Verein jedoch genötigt zu präzisieren, daß lediglich die Beratung grundsätzlich kostenlos sei und daß zuvor auch eine Genehmigung des örtlichen Exekutiv-Ausschusses eingeholt werden müsse. Im Falle der Abweisung einer Klage oder eines Sieges ohne Zuerkennung von Kosten hafte das Mitglied für die eigenen Anwaltskosten. In keinem Fall übernehme die Ver-

---

[339] Vgl. „Seventy Years", S. 4 (Kommentar der London Evening News), und die Entgegnung des Blattes auf den Vorwurf: On the Road, Juni 1883, S. 15.

[340] On the Road, Juni 1883, S. 20 u. 24; Sept. 1883, S. 58 f.; Sept. 1884, S. 53; Dez. 1884, S. 80. Das Journal befindet sich – mit einigen Lücken – im Aktenbestand der UKCTA in Warwick, MRC Mss. 79/CT/4/1. Ab April 1886 trug es den Untertitel „The Commercial Travellers' Journal".

[341] Vgl. On the Road, Jan. 1884, S. 106, Feb. 1884; S. 119 u. S. 126 f.; März 1886; März 1884, S. 133 u. 135.

[342] On the Road, März, 1884, S. 135.

[343] On the Road, April 1886, S. 139.

einigung eine Garantie für alle Kosten.[344] Offenbar hatte das mißverständliche Angebot eine unerwartete Nachfrage ausgelöst, die sich nicht nur auf Streitigkeiten mit Bahngesellschaften und Hotels, sondern auch auf Konflikte mit Arbeitgebern erstreckte. Daß hier Bedarf bestand, geht unter anderem aus einer regelmäßigen Kolumne in dem Blatt „On the Road" hervor, in der Leserfragen zu Rechtsproblemen beantwortet wurden. Ein großer Teil der Anfragen betraf Streitigkeiten mit Arbeitgebern über Vertragsinhalte, Kündigungsfristen, Provisionen, unbezahlte Auslagen und ähnliches. In den ersten Jahren nach der Gründung war die UKCTA allerdings viel zu schwach, um Mitglieder vor Gericht finanziell unterstützen zu können. Mitte der achtziger Jahre bestand die Vereinigung nur aus den Ortsgruppen Edinburgh, Hull und Manchester, und die Gesamteinnahmen des *Central Board* beliefen sich 1885 auf ganze £ 20.[345] Die Mitgliederzahl wurde im Januar 1888 mit 470 angegeben.[346]

Im folgenden Jahrzehnt wuchs die UKCTA dann aber sehr schnell, bis sie 1898 einen erst zu Beginn der zwanziger Jahre des 20. Jahrhunderts wieder annähernd erreichten Höchststand von 16500 Mitgliedern in etwa 50 Ortsvereinen erreichte. Für die kleine Berufsgruppe der Handlungsreisenden war damit ein beachtlicher Organisationsgrad erreicht, zumal wenn man berücksichtigt, daß die UKCTA ein elitäres Selbstverständnis an den Tag legte und nur solche Reisende in ihren Reihen zuließ, die für Industriebetriebe und große Handelshäuser tätig waren.[347] Auch Prinzipale, das heißt Handlungsreisende, die im Rahmen eines eigenen Geschäfts reisend tätig waren und Mitarbeiter beschäftigten, waren zugelassen. Als ihr deutsches Gegenüber betrachtete die UKCTA den Verband Reisender Kaufleute Deutschlands, der im Jahr 1912 laut Aussage des Vorsitzenden Ullmann 15245 Mitglieder hatte, also eine ähnliche Größenordnung erreichte.[348] Die

---

[344] On the Road, Aug. 1886, S. 46.

[345] UKCTA Central Board Meetings 1888, MRC Mss. 79/CT/1/1, darin lose eingelegt „Cash statement for 1885". Vgl. auch On the Road, Sept. 1886, S. 53.

[346] UKCTA Central Board Meetings 1888, MRC Mss. 79/CT/1/1, Minutes of Annual Meeting, Manchester, 7. Jan. 1888.

[347] Vgl. die Definition des Reisenden in den Statuten der Ortsgruppe Birmingham, MRC Mss. 79/CT/6/4/2/2, Birmingham Branch, Minute Book, 1897–1904, eingeheftet vor dem Eintrag vom 16. Dez. 1899: „That this Association shall be strictly confined to Commercial Gentlemen, as defined by Rule No. *4 of the General Constitution,* viz.: *A Commercial Traveller* shall mean a gentleman engaged in representing any manufacturer, merchant, or wholesale house, for the purpose of securing orders and promoting business – such definition shall include principals doing their own travelling, and who travel at least six months in the year."

[348] UKCTA Executive Council/Annual Conference Minutes 1909–1924, MRC Mss. 79/CT/1/1, 29th Annual Conference, Plymouth, 27.–29. Mai 1912, „Herr Ullmann's Speech", S. 14.

Einzelhandelsvertreter, die sich gegen Ende des 19. Jahrhunderts ebenfalls zu organisieren begannen, blieben aus der UKCTA ausgeschlossen.[349] Von den kümmerlichen Existenzen am unteren Rand der Profession, den von Tür zu Tür gehenden Verkäufern, redete man erst gar nicht. Die in der UKCTA organisierten Reisenden trugen ihre Warenmuster nicht selbst, sondern beschäftigten dafür Gehilfen und Träger.[350] Auch unter Einkommensgesichtspunkten erfaßte die UKCTA, wie es ein Delegierter auf der Jahreskonferenz von 1913 formulierte, nur „die Creme der Geschäftsleute".[351]

Das Mitgliederwachstum in der zweiten Hälfte der neunziger Jahre war unter anderem darauf zurückzuführen, daß es der UKCTA gelungen war, eines ihrer ursprünglichen Versprechen einzulösen: Mitglieder erhielten nun günstige Wochenend-Konzessionen bei den Eisenbahnen. Das genügte aber anscheinend nicht, um alle Neuzugänge zu halten. Denn nach 1898 sank die Mitgliederzahl wieder ab und stagnierte dann von 1901 bis 1918 bei Werten zwischen 12 800 und 10 300. Der Mitgliederschwund um 1900 hatte zum Teil kurzfristige Ursachen. Nach längeren internen Auseinandersetzungen ließ sich die UKCTA im Jahr 1902 als Gesellschaft ohne Gewinnabsichten unter dem *Companies Act* von 1867 inkorporieren.[352] Im Vorfeld dieser Entscheidung kam es zur Sezession mehrerer Ortsvereine, die befürchteten, daß nun die zentralen Gremien leichter auf die lokalen Finanzmittel würden zugreifen können.[353] Auf der anderen Seite drückte die UKCTA mit ihrem Entschluß, sich als Firma registrieren zu lassen, auch ihre Ablehnung gegen jede Form von *Trade Unionism* aus, was diejenigen enttäuschte, die sich eine energischere Wahrnehmung von Arbeitnehmer-Interessen erhofften.

Konnte man sich den kurzfristigen Einbruch um 1900 auf diese Weise erklären, hatte die anschließend einsetzende Stagnation der UKCTA in einer Zeit, in der andere Angestellten-Gewerkschaften wuchsen, tieferliegende Gründe. Vor allem litt die Vereinigung daran, daß ihr elitäres Selbstver-

---

[349] Vgl. die Diskussion über die Zulassung von Mitgliedern von „Kelly's Association of Travellers", einer Organisation von Einzelhandelsvertretern, auf der Jahreskonferenz von 1897: UKCTA, Central Board/Annual Conference Minutes 1893–1908, MRC Mss. 79/CT/1/1, 14th Annual Conference, Birmingham, 7.–9. Juni 1897, S. 56–59.

[350] Vgl. die Diskussion über die Notwendigkeit, für diese Träger wegen des *Workmen's Compensation Act* Versicherungen abzuschließen: MRC Mss. 79/CT/1/1, 24th Annual Conference, York, 20.–22. Mai 1907, S. 68 ff.

[351] MRC Mss. 79/CT/1/1, 30th Annual Conference, Newcastle, 12.–14. Mai 1913, S. 47.

[352] Vgl. MRC Mss. 79/CT/1/1, Notiz vor dem Bericht über das Central Board Meeting vom 11. Okt. 1902. Vgl. *Companies Act*, 30 & 31 Vict., c. 131 (1867), s. 23.

[353] Vgl. „Seventy Years", S. 36 ff.

ständnis zunehmend in Widerspruch zum Arbeitsalltag der Handlungsreisenden geriet. Im Zeichen wachsender Konkurrenz wurde es für die Handlungsreisenden immer schwieriger, dem Berufsbild zu entsprechen, das in den Statuten und den Festansprachen der UKCTA beschworen wurde. Nur wenige Reisende konnten Anfang des 20. Jahrhunderts noch hauptsächlich von den Provisionen leben, die sie auf früher getätigte Geschäfte mit sicheren Kunden erhielten. Noch kleiner war die Zahl derjenigen, die den Sprung in den Status des unabhängigen Agenten für mehrere Häuser oder in die Selbständigkeit schafften. Statt dessen waren mehr und mehr Reisende von Gehaltszahlungen abhängig, was sie juristisch zu *servants* und im Verständnis der Arbeitgeber zu bloßen Befehlsempfängern degradierte, die man nach Belieben versetzen oder entlassen konnte, nachdem sie einen Kundenstamm aufgebaut hatten. Immer wieder mußten sich die Ortsvereine und der *Central Board* der UKCTA mit Einzelfällen befassen, in denen Reisende ohne Einhaltung der als Standard angesehenen dreimonatigen Kündigungsfrist entlassen wurden. Ähnlich häufig war davon die Rede, daß Arbeitgeber sich weigerten, den entlassenen oder versetzten Handlungsreisenden Provisionen aus fortlaufenden Geschäften mit von ihnen angeworbenen Kunden zu zahlen. Je mehr die Handlungsreisenden auf Gehaltszahlungen angewiesen waren, desto leichter konnte man sie auch nötigen, Konkurrenzklauseln zu unterschreiben, die ihnen untersagten, nach Beschäftigungsende für sich selbst oder für Andere mit dem gewonnenen Kundenstamm weiter Geschäfte zu betreiben. Das wiederum erhöhte ihre Abhängigkeit vom aktuellen Arbeitgeber.

Demütigende Behandlung durch die Arbeitgeber, zu kurze Kündigungsfristen, verweigerte Provisionszahlungen und Knebelung durch Konkurrenzklauseln – das waren die Hauptklagen der Handlungsreisenden. Seit dem späten 19. Jahrhundert mehrten sich entsprechende Fallberichte in den Sitzungsprotokollen der UKCTA, aber auch in Branchenblättern und in den *Law Reports*. Das kann als Indiz für die zunehmende Statusunsicherheit der Handlungsreisenden in dieser Periode gewertet werden. Die beschlußfassenden Gremien der UKCTA zeigten sich über Jahre hinweg außerstande, eine klare Strategie als Antwort auf diese Probleme zu entwikkeln. Klassische gewerkschaftliche Methoden, zum Beispiel die Schließung unfairer Häuser oder gar der Streik, kamen für die in der UKCTA organisierten Reisenden schon aus ideologischen Gründen nicht in Frage und waren wegen der Vereinzelung im Arbeitsverhältnis auch schwer zu realisieren. Zudem fehlte eine entscheidende Voraussetzung für die erfolgreiche Anwendung dieser Methoden, nämlich eine besondere Qualifikation, welche die Handlungsreisenden für Arbeitgeber kurzfristig unentbehrlich machte. Im Prinzip konnte jede kommunikativ begabte Person diese Tätigkeit ausüben. Größere Vorkenntnisse waren lediglich für den Verkauf technisch komplizierter Produkte erforderlich. Ob jemand bei der Kundenwerbung geschickt war, zeigte allein die Praxis. Aus eben diesem Grund war es auch wenig sinnvoll, sich auf politischem Wege um den Status einer privilegierten Profession nach dem Vorbild der Juristen, Mediziner oder Rechnungsprüfer zu bemühen. Sogar innerhalb der UKCTA hatte eine starke Minderheit für eine entsprechende Resolution auf der Konferenz von 1909 nur Hohn und Spott übrig. Das Bestreben, sich als Handlungsreisender durch drei Buchstaben hinter dem Namen distinguieren zu wollen, erschien einem Delegierten so lächerlich wie das Etikett „specially selected" auf bestimmten, aus Dänemark importierten Butterverpackungen.[354]

So bot sich für die UKCTA in erster Linie der individuelle Rechtsschutz als Antwort auf die kontinuierliche Verschlechterung der Arbeitsbedingungen für Handlungsreisende an. Das Interesse daran war groß, das zeigten die Einzelanträge mit Bitten um Unterstützung ebenso wie die Jahr für Jahr auf den Delegiertentreffen sich wiederholenden Diskussionen um Form und Ausmaß der zu gewährenden Rechtshilfe. Seit den späten neunziger Jahren wurde dieses Thema zum Zankapfel zwischen denen, die jede auch nur halbwegs aussichtsreiche Klage eines Mitglieds finanziell unterstützt sehen wollten, und denen, für die Rechtshilfe nur in besonderen Fällen stattfinden sollte. In dieser Debatte setzten sich schließlich die Verfechter einer restriktiven Linie durch. Sie fürchteten vor allem die Kostenlawine, die ein konsequenter Rechtsschutz verursachen würde und die nur durch eine starke Erhöhung der Beiträge aufgefangen werden könnte. Dieses Argument erwies sich bei entscheidenden Abstimmungen in den zentralen Gremien stets als zugkräftig. Tatsächlich konnte das Kostenrisiko für die UKCTA auch bei juristisch einfachen Fällen sehr hoch sein, denn anders als bei den Gerichtsfällen der Handarbeiter lagen die Streitwerte bei den Handlungsreisenden oft über den Grenzen, die noch einen Gang zum Grafschaftsgericht ermöglichten. Insofern war die Sorge vor einer finanziellen Überlastung der Vereinskassen beziehungsweise der beitragszahlenden Mitglieder berechtigt. Erste verlorene Fälle, deren Kosten aufgrund leichtfertiger Zusagen aus den Mitteln des *Central Board* bestritten werden mußten, brachten die Vereinigung an den Rand des Ruins.[355] Sogar noch im Jahr

---

[354] Vgl. MRC Mss. 79/CT/1/1, 26th Annual Conference, Northampton, 31. Mai – 2. Juni 1909, S. 95–99.

[355] MRC Mss. 79/CT/1/1, Central Board Meeting, Newcastle-on-Tyne, 19. Dez. 1896, S. 11, u. ebd., 14th Annual Conference, Birmingham, 7.–9. Juni 1897, S. 68 f. Der Fall *Storer v. Pel-*

1919, als sich die Rechtshilfe-Praxis konsolidiert hatte, verschlang ein einziger verlorener Fall annähernd zwanzig Prozent des Gesamtetats.[356] Neben dem Kostenrisiko spielte als Motiv für eine restriktive Handhabung der Rechtshilfe das zunehmend illusorische Bild eines harmonischen Verhältnisses zwischen dem Arbeitgeber und ‚seinem' Handlungsreisenden eine Rolle. Auch lange nachdem auf Drängen der progressiveren Kräfte in der UKCTA ein zentrales *Legal Committee* eingerichtet worden war (1902), sprach aus den Berichten dieses Komitees immer noch ein deutlicher Widerwillen gegen dessen Tätigkeit. Noch 1913 endete ein Bericht mit der „ernsten Hoffnung", daß Rechtsstreitigkeiten zwischen Arbeitgebern und ihren Reisenden schon bald der Vergangenheit angehören möchten, so daß sich die Rechtshilfe auf Beratung beschränken könnte.[357] Schließlich erwies sich auch die dezentrale Struktur der UKCTA bis in die ersten Jahre des 20. Jahrhunderts als Hindernis für eine effektive Rechtshilfe durch die zentralen Gremien. Die Statuten mehrerer lokaler Zweigvereine (Huddersfield, Leeds, schottische Grafschaften) verboten ausdrücklich eine Unterstützung von Mitgliedern bei Streitigkeiten mit Arbeitgebern.[358] Die Delegierten dieser Ortsgruppen sahen sich daher gezwungen, gegen die Übernahme finanzieller Rechtshilfe-Verpflichtungen durch die Vereinigung zu stimmen. Der Zweigverein der schottischen *border counties* schied 1903 aus der UKCTA aus, weil er die Arbeit des zentralen *Legal Committee* und insbesondere dessen Tätigkeit bei Disputen mit Arbeitgebern nicht mittragen wollte.[359]

Gegen diese Widerstände konnten die angriffslustigeren Kräfte in der UKCTA nur halbherzige Maßnahmen durchsetzen. Nennenswerte Rechtshilfe gab es zunächst nur in einigen größeren Zweigvereinen, unter denen besonders Birmingham und Manchester durch gute Erfolge hervorstachen.[360] Die etwa 1400 Mitglieder umfassende Ortsgruppe Birmingham be-

---

ling, Stanley, and Co. kostete den *Central Board* £ 160 bei einem Gesamtetat, der 1896 bei £ 372 lag. Noch teurer war der Fall *Fanshawe v. Phillips,* der £ 347 kostete, die zu zahlen waren, als sich der Haushalt des *Central Board* ohnehin im Defizit befand; vgl. Central Board Meeting, Southport, 26. Sept. 1903, S. 11 ff. u. 16; Central Board Meeting, Nottingham, 13. Feb. 1904, S. 9–13; Agenda Annual Conference, 1904 (Balance sheet); 21st Annual Conference, London, 23.–25. Mai 1904, S. 51–55.

356 MRC Mss. 79/CT/1/1, 37th Annual Conference, Cambridge, 2.–4. Aug. 1920, S. 14 u. Agenda Annual Conference, S. 37 u. 46 (Bilanzen). Der Fall *Munn v. Miller* kostete den Exekutivrat £ 411 bei Gesamtausgaben im Jahr 1919 von £ 2.127.

357 MRC Mss. 79/CT/1/1, 30th Annual Conference, Newcastle, 12.–14. Mai 1913, S. 34.

358 Vgl. MRC Mss. 79/CT/1/1, 14th Annual Conference, Birmingham, 7.–9. Juni 1897, S. 68 f.

359 Vgl. MRC Mss. 79/CT/1/1, 18th Annual Conference, Liverpool, 27.–29. Mai 1901, S. 103 f.; ebd., [20th] Annual Conference, Bristol, 1.–3. Juni 1903, S. 14.

360 Vgl. MRC Mss. 79/CT/1/1, Annual Conference, Kingston-upon-Hull, 3.–5. Juni 1895, S. 15; 18th Annual Conference, Liverpool, 27.–29. Mai 1901, S. 35 f.

faßte sich zum Beispiel in den vier Jahren von 1898 bis 1901 mit 113 Fällen, in denen Mitglieder Unterstützung gegen Eisenbahnen, Hotels und Arbeitgeber suchten.[361] Solange die Anliegen nach Prüfung durch den ehrenamtlichen *solictor* juristisch begründet schienen, pflegte das örtliche Komitee ohne Bedenken seine Zustimmung zur Weiterführung des Falles durch den Ortsverein zu erteilen. Das schloß auch die Übernahme der Anwalts- und Gerichtskosten im Falle einer Niederlage ein.[362] Problematisch wurde es jedoch, wenn absehbar war, daß ein Fall nicht durch außergerichtliche Verhandlungen oder durch eine Klage vor dem Grafschaftsgericht erledigt werden konnte. Das war besonders bei Konflikten mit Arbeitgebern der Fall, denn hier erreichten die Streitwerte bisweilen mehrere hundert Pfund, in einem Fall sogar £ 1700. In solchen Fällen verlangte man in Birmingham vom Mitglied Sicherheiten für die Kosten oder man wandte sich mit der Bitte um Unterstützung an den *Central Board*.[363] Birmingham und Manchester waren die ersten Zweigvereine, die in den Jahren 1895–96 Unterstützungsge-

---

[361] Vgl. MRC Mss. 79/CT/1/1, 19th Annual Conference, Leeds, 19.–21. Mai 1902, S. 17; dazu die laufenden Eintragungen in: Birmingham Branch, Minute Book, 1897–1904, MRC Mss. 79/CT/6/4/2/2. Im Januar 1900 sah sich der Zweigverein genötigt, eine Beschränkung der Rechtshilfe bei Konflikten mit Arbeitgebern einzuführen, vgl. „Rules of the Birmingham Branch", No. 22, eingeheftet ebd., vor Protokolleintrag für 16. Dez. 1899. Danach durften Streitigkeiten aus Verträgen nur noch dann vor das örtliche Komitee gebracht werden, wenn ein schriftlicher Vertrag vorlag, der vor Abschluß vom ehrenamtlichen *solicitor* des Ortsvereins geprüft worden war,

[362] Bei einem Sieg erwartete man von dem Mitglied – als Ehrensache – die Beteiligung an etwaigen ungedeckten Restkosten.

[363] Vgl. Birmingham Branch, Minute Book, 1897–1904, MRC Mss. 79/CT/6/4/2/2, Eintrag vom 12. Okt. 1901, Fall *Holmes* v. *McCarthy Beech & Co.*, ein Streit um noch ausstehende Provision und entgangene Provision in Höhe von insgesamt £ 419: „The Committee considered the question as to how far in such a case was the Branch warranted to proceed & recognizing that failure & sometimes even success in such an expensive case might spell Ruin to the Branch it was Resolved: – (1) That Mr. Holmes be asked if he will guarantee a proportion of the expenses (2) That Mr. Holmes be requested to ascertain the financial position of the Firm (3) That in the event of receiving satisfactory answers to the above Mr. Matthews write to the Hon. Gen. Sec. for permission to submit the case for Hon. Counsels opinion." Ebd., Eintrag vom 9. Nov. 1901, Fall von Mr. Grime. Hier ging es ebenfalls um entgangene Provision, diesmal in Höhe von £ 1.700. Es wurde beschlossen, den Fall sofort vor den *Central Board* zu bringen. Dies geschah mit dem Ergebnis, daß die Sache ohne jede finanzielle Unterstützungszusage an den Birmingham *branch* zurückverwiesen wurde, vgl. MRC Mss. 79/CT/1/1, Central Board Meeting, Leicester, 1. Feb. 1902, S. 14–18. Daraufhin verweigerte auch die Ortsgruppe Birmingham Mr. Grime weitere Unterstützung und ließ ihn seinen Fall selbst führen. Er verlor diesen Fall, war aber offenbar in dem Glauben, daß der *Central Board* eine gewisse Unterstützung zugesagt hatte. Sein Versuch, vom *Central Board* diese Hilfe zu erwirken, schlug jedoch fehl, vgl. Central Board Meeting, Nottingham, 13. Feb. 1904, S. 21–24.

suche an den *Central Board* richteten.[364] Kleinere Ortsgruppen, die nur über geringe Eigenmittel verfügten, folgten diesem Beispiel.[365]

Im Zuge der Diskussionen über diese Einzelanträge wurde offenkundig, daß die zentralen Gremien der UKCTA finanziell völlig überfordert waren. Zudem gingen sie höchst dilettantisch mit dem Problem um. Jahrelang konnte man sich nicht einmal auf Verfahrensregeln verständigen, die klar festlegten, welche Vorleistungen eine Ortsgruppe erbringen mußte, bevor sie an den *Central Board* appellieren durfte, und nach welchen Kriterien dieser über die Hilfsgesuche entscheiden sollte. Statt dessen wurden ad hoc Entscheidungen getroffen, ohne auf Konsistenz in der Praxis zu achten. Mal wurde verlangt, daß ein Zweigverein in eigener Regie erst alles in seiner Macht Stehende unternehmen sollte, einschließlich eines Ganges bis zum Obersten Gerichtshof, bevor er in letzter Not den *Central Board* anrufen durfte.[366] Ein anderes Mal äußerte man die Ansicht, daß der *Central Board* erst informiert und konsultiert werden müsse, bevor wichtige Schritte eingeleitet würden.[367] Dann wieder verband man eine Rückverweisung an den Ortsverein mit vagen Unterstützungszusagen im Falle einer Niederlage.[368] Und wenn man sich nicht einigen konnte, wurde die Sache kurzerhand fallengelassen oder auf die nächste Sitzung vertagt.[369] Ebenso inkonsistent war die Praxis der Mittelbewilligung, wenn es zu Niederlagen kam. In einem Fall bewilligte man ehrenhalber sämtliche Kosten, in nächsten Fall ließ man den Ortsverein allein, obwohl der Fall ebenfalls vom *Central Board* für würdig befunden worden war, in einem dritten Fall wiederum empfahl man dem hilfesuchenden Ortsverein, sich mit einem Appell an andere Ortsvereine zu wenden.[370] Die einzig erkennbare Linie in alldem war der Wille einer Mehrheit des *Central Board*, sich auf keinen Fall bindende Verpflichtungen aufzuerlegen. Daran änderte zunächst auch die Existenz des 1902 eingerichteten zentralen *Legal Committee* nichts. Es sollte lediglich der schnelleren Bearbeitung von Anträgen zwischen den Sitzungen dienen,

---

364 MRC Mss. 79/CT/1/1, Central Board Meeting, Preston, 26. Jan. 1895, S. 5; Central Board Meeting, Huddersfield, 24. Aug. 1895, S. 9 ff.; Central Board Meeting, Keighley, 14. Dez. 1895, S. 7 f.; Central Board Meeting, Newcastle-on-Tyne, 19. Dez. 1896, S. 11 ff.

365 MRC Mss. 79/CT/1/1, Central Board Meeting, Northampton, 20. März 1897, S. 9; Central Board Meeting, Glasgow, 31. Aug. 1901, S. 22–27.

366 MRC Mss. 79/CT/1/1, Central Board Meeting, Northampton, 20. März 1897, S. 9; Central Board Meeting, Chester, 11. Okt. 1902, S. 21 f.

367 MRC Mss. 79/CT/1/1, Central Board Meeting, Newcastle-on-Tyne, 12. Dez. 1896, S. 11; Central Board Meeting, Southport, 26. Sep. 1903, S. 17.

368 MRC Mss. 79/CT/1/1, Central Board Meeting, Leicester, 1. Feb. 1902, S. 14–18.

369 MRC Mss. 79/CT/1/1, Central Board Meeting, Glasgow, 31. Aug. 1901, S. 25 u. 27.

370 MRC Mss. 79/CT/1/1, Central Board Meeting, Southport, 26. Sept. 1903, S. 11–15 u. 18–20.

durfte aber der Entscheidung des *Central Board* in keiner Weise vorgreifen.[371]

Im Jahr 1904 wurden endlich nach längeren Debatten Regeln verabschiedet, nach denen der *Central Board* künftig nur noch dann für Gerichts- und Anwaltskosten haftete, wenn er dem selbst vorher zugestimmt hatte. Außerdem wurde bestimmt, daß der *Central Board* „gewöhnlich" nur Fälle übernehmen sollte, die „Fragen von prinzipieller Bedeutung für Handlungsreisende allgemein" aufwarfen. Dessen ungeachtet behielten die Zweigvereine die Freiheit, in eigener Regie Fälle zu führen; sie konnten dann nachträglich Bittgesuche um begrenzte Unterstützung an den *Central Board* richten, die dieser völlig frei gewähren oder verweigern konnte.[372] Mit diesen Regeln wurde die Position des zentralen Gremiums gegenüber den Zweigvereinen gestärkt, eine der Aufgabe entsprechende finanzielle Ausstattung wurde dem *Central Board* aber vorenthalten. Die Folge war, daß die ohnehin nicht sehr zahlreichen Anträge überwiegend abschlägig beschieden wurden, während die Hauptlast der Rechtshilfe weiter bei den Ortsgruppen lag.[373]

Erst eine erneute Änderung der Regeln im Jahr 1908 im Zusammenhang mit einer umfassenderen Strukturreform der UKCTA verlagerte die Rechtshilfe endgültig an die Zentrale und stellte sie auf eine solidere finanzielle Grundlage. Die Spitze der UKCTA bestand nun aus einem bezahlten Sekretär und einem Exekutivrat, an den pro Mitglied 3s. abzuführen waren. Die entscheidende neue Regel besagte, daß alle Rechtsstreitigkeiten, für die der Exekutivrat finanziell in die Pflicht genommen werden sollte, von Anfang an von diesem selbst (beziehungsweise in seinem Auftrag vom *Legal Committee*) zu führen waren.[374] Diese Reform beendete die jahrelangen Streitereien über die Abgrenzung der Zuständigkeiten und das Procedere

---

[371] Vgl. MRC Mss. 79/CT/1/1, 19th Annual Conference, Leeds, 19.–21. Mai 1902, S. 99–101 u. 107; Central Board Meeting, Chester, 11. Okt. 1902, S. 17f.

[372] Vgl. die Regeln in der schließlich verabschiedeten Form: MRC Mss. 79/CT/1/1, Central Board Meeting, Plymouth, 17. Sept. 1904, S. 28f.; das Protokoll über die abschließende Diskussion ebd., S. 29–33.

[373] Im Jahr 1907 brachten die Ortsvereine der UKCTA 22 Fälle vor Gericht, die insgesamt £ 290 kosteten. Davon entfielen £ 273 auf einen Fall von Birmingham (*Matthews v. Free Wall Paper Co.*), bei einem Gesamtetat der Ortsgruppe von £ 559. Vgl. MRC Mss. 79/CT/1/1, 25th Annual Conference, Cardiff, 8.–10. Juni 1908, S. 21; dazu auch Birmingham Branch, Minute Book, 1904–1912, MRC Mss. 79/CT/6/4/2/3, Einträge vom 18. Aug. 1905 bis 21. Juni 1907 u. Bilanz für 1907, eingeheftet vor den Einträgen für März 1908.

[374] MRC Mss. 79/CT/1/1, 25th Annual Conference, Cardiff, 8.–10. Juni 1908, S. 99. Im Jahr 1911 wurde die Regel dahingehend ergänzt, daß Anträge über die lokalen Vereine und mit deren Zustimmung an den Exekutivrat zu stellen waren; vgl. Agenda for Annual Conference, S. 106 u. [28th] Annual Conference, Edinburgh, 5.–7. Juni 1911, S. 106ff.

bei Hilfsgesuchen. Alle schwierigeren Rechtsstreitigkeiten gelangten nun direkt an die zentralen Gremien, die Zweigvereine befaßten sich nur noch mit kleinen Angelegenheiten.

Die Rechtshilfe der UKCTA nahm nach 1908 allmählich professionellere Züge an, was sich in den regelmäßigen Kurzberichten des *Legal Committee* über bearbeitete Fälle spiegelte. Diese Berichte ähnelten jetzt in Form und Stil denjenigen anderer Gewerkschaften mit einer gut funktionierenden Rechtsabteilung. Die Zahl der Fälle blieb jedoch mit durchschnittlich etwa 12 pro Jahr im Zeitraum zwischen 1909 und 1929 vergleichsweise gering, und längst nicht alle davon endeten mit einem Gerichtsverfahren.[375] Vor allem in den ersten Jahren nach der Reform hielten sich das *Legal Committee* und der Exekutivrat bei der Genehmigung gerichtlicher Schritte extrem zurück. Mit einiger Energie wurden lediglich die Fälle betrieben, die eine für Handlungsreisende günstige Grundsatzentscheidung über strittige Punkte zu erbringen versprachen; dazu gehörten Klagen um angemessene Kündigungsfristen, um die Zumutbarkeit von Konkurrenzklauseln, um vertraglich gesicherte Ansprüche auf Provision nach Beschäftigungsende und um die Position des angestellten Reisenden unter dem *Workmens' Compensation Act.* Wann immer ein Fall keine Prinzipienfrage berührte oder wenn unsichere Vertragsformulierungen oder Faktenfragen den Ausgang zweifelhaft erscheinen ließen, drängte das *Legal Committee* die betroffenen Mitglieder zu gütlichen Einigungen. Verliefen die Verhandlungen mit der gegnerischen Firma unbefriedigend, war es keineswegs sicher, daß die Angelegenheit vor Gericht gebracht wurde. Etliche Fälle wurden in diesem Stadium unter Verweis auf die Unsicherheit des Rechts abgebrochen. Manchmal lehnte das *Legal Committee* Unterstützungsgesuche sogar gegen das Votum der Anwälte von Zweigvereinen und des eigenen ehrenamtlichen *barrister* ab.[376]

Proteste gegen die zaghafte Politik des *Legal Committee* blieben nicht aus. Ein Delegierter aus Birmingham nannte das Komitee auf der Konferenz von 1913 „die Essenz der Kleinmütigkeit".[377] Diese Äußerung bezog sich auf einen Fall (*Biddle v. Griffiths, Browett & Co.*), bei dem das *Legal*

---

[375] Für die Zeit von April 1914 bis Mai 1929 können die Zahlen aus den Legal Committee Minutes, 1914–1929, MRC Mss. 79/CT/1/4, genau ermittelt werden. In diesem Zeitraum wurden 171 Fälle bearbeitet. Vor 1914 ist man auf die – was Zahlen angeht – weniger genauen Berichte und Bilanzen in den Protokollen des *Executive Council* und der *Annual Conference* angewiesen. Die Zahlen bewegten sich aber ungefähr in ähnlichen Größenordnungen.

[376] Vgl. etwa MRC Mss. 79/CT/1/1, 26th Annual Conference, Northampton, 31. Mai – 2. Juni 1909, S. 21 f. u. 89–92 („Swansea Case").

[377] MRC Mss. 79/CT/1/1, 30th Annual Conference, Newcastle, 12.–14. Mai 1913, S. 40.

Committee aus Angst vor den Kosten klein beigegeben hatte. Der Fall, bei dem es um vertragswidrige Entlassung ging, war in einem ersten Verfahren vor den Birmingham *Assizes* mit Hilfe der UKCTA für das Mitglied (Mr. Biddle) gewonnen worden.[378] Die gegnerische Firma hatte jedoch dagegen wegen eines Verfahrensfehlers Berufung eingelegt und eine Wiederholung des Verfahrens erwirkt.[379] Die UKCTA stand damit vor der Situation, auf jeden Fall die Kosten für die verlorene Berufung tragen zu müssen – diese lagen schon weit höher als die gewonnene Summe im ersten Verfahren – und dazu das Risiko eines neuen Verfahrens mit ungewissem Ausgang vor Augen zu haben. Selbst bei einem positiven Ausgang mußte mit einem finanziellen Verlust für die UKCTA gerechnet werden. Angesichts dieser Lage entschied das Komitee, es nicht auf das zweite Verfahren ankommen zu lassen, sondern lieber durch Verhandlungen mit der Firma den Schaden für die Vereinskasse zu begrenzen. Im Endeffekt belief sich die Rechnung für die UKCTA auf knapp £ 290.[380] Das Mitglied, das sich aufgrund des Ausgangs des ersten Verfahrens im Recht glaubte, ging leer aus. Es waren Fälle wie dieser, die dem Komitee und Exekutivrat den Vorwurf eintrugen, „zu wenig mit Rechtsfällen zu spielen", wie es ein Delegierter auf der Konferenz von 1913 ausdrückte:

His complaint was that they as an Executive and as an Association played too little with legal cases. Let them stand up and fight every time, and let every man feel that if he had a master who was taking an undue advantage of him, he had an Association behind him to fight his case.[381]

Der Vorwurf zielte letztlich darauf, daß eine Rechtsschutz-Organisation nur dann ihren Zweck erfüllen konnte, wenn sie durch demonstrative Kampfbereitschaft und ihr finanzielles Gewicht die Gegner schon im Vorfeld gerichtlicher Verfahren abschreckte. Andere Gewerkschaften, zum Beispiel die NUT, wußten sich dieses Hebels zu bedienen, indem sie bei ent-

---

[378] Vgl. Council Minutes, Bd. 1, 1910–14, MRC Mss. 79/CT/1/2/1, Eintrag vom 13. April 1912, S. 103 f.; dazu den Bericht in: The Ironmonger, 23. März. 1912. Dem Verfahren war der Versuch des *Legal Committee* vorausgegangen, Mr. Biddle zu einer gütlichen Einigung zu überreden: Er sollte sich mit einer Zahlung von £ 20 zufriedengeben; vgl. Council Minutes, Bd. 1, 1910–14, MRC Mss. 79/CT/1/2/1, Eintrag vom 11. Nov. 1911, S. 67. Vom Gericht erhielt Biddle dann seine volle Forderung (£ 124) zugesprochen. Allein dies zeigt, daß der Vorwurf der Zaghaftigkeit nicht unberechtigt war.

[379] MRC Mss. 79/CT/1/1, Executive Council, Okt. 1912, S. 3.

[380] Council Minutes, Bd. 1, 1910–14, MRC Mss. 79/CT/1/2/1, Eintrag vom 18. Jan. 1913, S. 164; MRC Mss. 79/CT/1/1, 30th Annual Conference, Newcastle, 12.–14. Mai 1913, S. 32 u. 62.

[381] MRC Mss. 79/CT/1/1, 30th Annual Conference, Newcastle, 12.–14. Mai 1913, S. 48 (Mr. Cole).

scheidenden Fällen den Einsatz von sich aus in die Höhe trieben. Der Exekutivrat der UKCTA hingegen litt in den Augen der kritischen Delegierten an übertriebener Furchtsamkeit, machte die Vereinigung damit zum Gespött der Geschäftswelt und verprellte potentielle Mitglieder.[382]

Es war nicht nur die vordergründige Angst vor leeren Kassen, die den Exekutivrat zu seiner restriktiven Rechtshilfe-Politik trieb. Dahinter stand ein Dilemma, das mit der Mitgliederstruktur der UKCTA zusammenhing. Weil sie vor allem die gut verdienende Elite der Handlungsreisenden organisierte, entstanden zwangsläufig hohe Kosten, wenn es zu Streitigkeiten vor Gericht kam. Die Verteidiger der vorsichtigen Linie des *Legal Committee* hatten recht, wenn sie feststellten, daß ein voller Rechtschutz bei so hohen Streitwerten nicht für 7s. 6d. oder 10s. 6d. pro Jahr zu haben war.[383] Da Beitragserhöhungen kaum durchsetzbar waren, wäre die passende Antwort darauf eine Expansionsstrategie gewesen, die auch die weniger angesehenen Mitglieder der Profession in die UKCTA gezogen hätte. Mit einer zahlenmäßig und finanziell verbreiterten Basis wäre es leichter gewesen, alle aussichtsreichen Fälle durchzufechten, wie es immer wieder gefordert wurde.[384] Das aber hätte von der UKCTA verlangt, in allen Rechts- und Statusfragen einen klaren und aggressiven Arbeitnehmerstandpunkt zu beziehen. Dagegen sprach wiederum die Tatsache, daß sich unter den Delegierten und in den Spitzen der Ortsvereine nicht wenige Arbeitgeber befanden, die sich in eigener Sache kräftig zu Wort meldeten.[385] Eine Öffnung der UKCTA für die unteren Ränge der Profession war nur um den Preis zu haben, die in beruflicher Hinsicht von vielen als Vorbild gesehenen *master travellers* und reisenden Kaufleute zu vertreiben und eine echte Gewerkschaft zu werden. Die Trades Union-Frage blieb aber in der UKCTA tabu,

---

382 Vgl. ebd., S. 38 (Mr. Watson), u. 29th Annual Conference, Plymouth, 27.–29. Mai 1912, S. 35–37 (kritische Äußerungen von Mr. May, Nottingham, und Mr. Watson, Birmingham).

383 MRC Mss. 79/CT/1/1, 29th Annual Conference, Plymouth, 27.–29. Mai 1912, S. 42 (Mr. Lowrie): „It ought not to be permissible for any man to pay 7s. 6d. a year and come along with a legal case." Ebd., S. 43 (Mr. Parkin): „He did not think a man who joined the Association for 10s. 6d. could imagine he was insuring himself against all legal risks. He did not think they should try and win members on the basis that they were going to fight every case."

384 Vgl. die dahin zielenden Bemerkungen von Mr. Cole, MRC Mss. 79/CT/1/1, 30th Annual Conference, Newcastle, 12.–14. Mai 1913, S. 48 f.

385 Vgl. etwa MRC Mss. 79/CT/1/1, 30th Annual Conference, Newcastle, 12.–14. Mai 1913, S. 121 f. (Mr. Thompson, Mr. Ogden, anläßlich einer Diskussion über die Abschaffung von Konkurrenzklauseln per Gesetz). Vgl. auch aus entgegengesetzter Sicht ebd., S. 38 f. (Mr. Watson): „There were in that Conference master travelles; and he was told that they were increasing in numbers. He had every respect for the master traveller, but they must go for the majority, and the majority of them were not masters but servants."

sie war „their *bête noir*", wie es der Sekretär Fred Coysh 1907 formulierte.[386] Darin unterschied sich die UKCTA von anderen Zusammenschlüssen von Angestellten, die sich um diese Zeit der Gewerkschaftsbewegung anzunähern begannen und expandierten.

Unter den gegebenen Umständen entsprang die „strikt defensive und un-
aggressive Linie" der Rechtshilfe, wie sie vom *Legal Committee* der
UKCTA über den Ersten Weltkrieg hinaus weiter praktiziert wurde, auch
dem Bemühen, Selbständige und Arbeitnehmer in einer Profession und Organisation zusammenzuhalten.[387] Ganz wirkungslos blieb indes die in den
letzten Jahren vor dem Ersten Weltkrieg verstärkt geäußerte Kritik nicht.
Seit 1914 verschwanden aus den Berichten des *Legal Committee* zumindest
die bis dahin üblichen Formeln, welche die Rechtshilfe nur als eine lästige
Angelegenheit dargestellt hatten, die man am liebsten losgeworden wäre.
Man betonte nun auch „die Möglichkeiten, die Rechtsstreitigkeiten stets innewohnten" und wies darauf hin, daß es in der Hauptsache darum gehe, die
Rechtsstellung der Mitglieder, so oft es möglich und nötig war, vor Gericht
zu „testen".[388] Auch Mißerfolge wollte man nun primär unter diesem Gesichtspunkt betrachten.

Daß die von der UKCTA unterstützten Fälle tatsächlich häufig ungünstig ausgingen, hing freilich nur zum kleineren Teil mit der vorsichtigen
Arbeitsweise und der Finanzschwäche des *Legal Committee* zusammen.
Wichtiger hierfür war die Unsicherheit und Unerkennbarkeit der Rechtsnormen selbst. Diese entstammten bei den typischen Streitigkeiten der
Handlungsreisenden fast ausschließlich dem *Common law*. Was die Richter als ‚angemessene' Kündigungsfrist, als ‚zumutbare' Konkurrenzklausel,
als ‚implizit' von beiden Seiten angenommene Vertragsbedingung ansehen
würden, war schlechterdings kaum vorauszusehen. Auch erfahrene Anwälte lagen mit ihren Prognosen oft falsch. Sehr viel hing hier von der
Plausibilität der Aussagen im Gerichtssaal selbst und von den Unwägbarkeiten der Kommunikationssituation ab. „They all knew that the law was
about as uncertain as it could be."[389] Diese Antwort eines Mitglieds des
Exekutivrats auf einen Kritiker der Rechtshilfe-Arbeit der UKCTA entbehrte nicht der Berechtigung. Sie galt in gleicher Weise auch für viele
andere Berufsgruppen des privaten Dienstleistungssektors, deren Arbeitsverhältnisse in erster Linie den flüssigen Normen des *Common law* unter-

---

[386] MRC Mss. 79/CT/1/1, Central Board Meeting, Worcester, 23. Feb. 1907, S. 13.
[387] MRC Mss. 79/CT/1/1, Agenda 34th Annual Conference, Liverpool, 28.–29. Mai 1917, S. 24.
[388] MRC Mss. 79/CT/1/1, 31st Annual Conference, Birmingham, 1.–3. Juni 1914, S. 26.
[389] MRC Mss. 79/CT/1/1, 30th Annual Conference, Newcastle, 12.–14. Mai 1913, S. 45

lagen. Eine ausreichende Rechtfertigung für die aufgezeigten spezifischen Schwächen des Rechtsschutzes bei der UKCTA war die Unsicherheit des Rechts aber nicht. Diese spezifischen Schwächen rührten vielmehr daher, daß sich die UKCTA nicht entscheiden konnte, ob sie eine echte Arbeitnehmer-Organisation werden sollte oder eine exklusive professionelle Vereinigung bleiben wollte.

FAZIT

Die Untersuchung eines breiten Spektrums von Gewerkschaften und Berufsvereinigungen hat ergeben, daß die Schwellen vor Gericht für deren Mitglieder leichter zu überwinden waren als für unorganisierte Arbeitnehmer. Der eingangs zitierte Anwalt der *Amalgamated Engineering Union*, Wilfrid Ariel Evill, meinte sogar, daß Gewerkschaftsmitgliedern mehr Ressourcen für Beratung und finanzielle Hilfe zur Verfügung standen, als normale Bürger mit Einkommen über £ 1000 pro Jahr mobilisieren konnten.[390] Auch wenn dies übertrieben scheint, lassen die vorgestellten Befunde den Schluß zu, daß ein großer Teil der Individualklagen englischer Arbeitnehmer vor den Gerichten überhaupt nur stattfinden konnte, weil eine Gewerkschaft oder Berufsvereinigung unterstützend eingegriffen hatte. Das galt insbesondere für Klagen vor dem Obersten Gerichtshof. Aus den in diesem Kapitel erwähnten Kostenbeispielen geht hervor, daß nicht unterstützte Arbeitnehmer kaum eine Chance hatten, dort zu klagen. Selbst für Gewerkschaften mit solider Kassenführung war der Gang zum *High court* immer eine riskante Angelegenheit. Was die Lokalgerichte angeht, so dürfte es nach den untersuchten Stichproben zu urteilen kaum eine englische Gewerkschaft gegeben haben, die hier nicht wenigstens in rudimentärer Form Beratung und Hilfe bei Arbeitsstreitigkeiten anbot. Viele Trade Unions boten ihren Mitgliedern weit mehr als das.

Größere und reichere Gewerkschaften waren darüber hinaus in der Lage, das Recht aktiv als ein Kampfmittel neben anderen einzusetzen. Dabei kam ihnen die Präzedenzfall-Struktur des englischen Rechts mitunter zugute, dies nicht nur auf nationaler, sondern auch auf lokaler Ebene. Die Interessen des einzelnen Mitglieds hatten in diesen Fällen hinter den je nach Berufsgruppe und Situation verschiedenen kollektiven Zielen zurückzustehen. Gewerkschafts-Klagen konnten dazu dienen, ‚Gewohnheiten' zu verteidigen; sie konnten darauf abzielen, ein neues Gesetz durch inszenierte Test-

---

[390] PRO LCO 2/983, Precis of evidence of Wilfrid Ariel Evill, Solicitor.

fälle arbeitnehmerfreundlich auslegen zu lassen; sie konnten, wie bei der *National Union of Teachers*, den Zweck verfolgen, eine politische Kampagne zu unterstützen; oder sie konnten das *Common law* selbst durch wiederholte Herausforderung zu ändern oder eindeutiger zu machen versuchen. Gewerkschaften verhielten sich dabei im Prinzip nicht anders als Versicherungen, Arbeitgeber-Vereinigungen und sonstige Interessenverbände. Einheitliche Ziele und Muster der Nutzung gab es hier nicht. Festzuhalten ist jedenfalls, daß die von den Meistererzählungen bis in die modernen Lehr- und Handbücher tradierte Vorstellung, nach der die britischen Gewerkschaften vor Gericht nur als Opfer und ihre Mitglieder nur als Märtyrer aufgetreten seien, verabschiedet werden muß. Meine Untersuchung hat gezeigt, daß Gewerkschaften mindestens ebenso häufig als Kläger auftraten, wie sie sich oder ihre Mitglieder verteidigen mußten. Demzufolge bedarf auch die Fixierung der britischen Gewerkschaftsgeschichte auf das Strafrecht und Streikrecht der Korrektur. Das zivile Vertrags- und Deliktsrecht, insbesondere Lohn- und Kündigungsfragen sowie Haftpflicht- und Entschädigungssachen bei Unfällen, nahmen einen weitaus größeren Raum in der alltäglichen Gewerkschaftsarbeit ein als die immer wieder herbeizitierten Strafprozesse und Schadensersatzklagen im Zusammenhang von Streiks.

Schließlich ist vor allem für die mittelviktorianische Periode zwischen 1850 und 1880 die definitorische Abgrenzung zwischen dem Streik und anderen Formen des Arbeitskampfes einschließlich der juristischen Auseinandersetzung zu überdenken. Wie das Beispiel der *London Society of Compositors* zeigt, waren insbesondere bei den Facharbeitergewerkschaften die Übergänge zwischen den Konfliktformen fließend. Es verhielt sich keineswegs nur so, daß Gerichtsprozesse lediglich das juristische Nachspiel zu Streiks bildeten, eher war es umgekehrt: Die punktuelle Schließung von Häusern und ihr Gegenstück, die Aussperrung, und, wenn nichts anderes mehr half, flächendeckende Streiks entstanden oft genug aus einem unbefriedigenden Verlauf von zivilen juristischen Auseinandersetzungen. Bei der *London Society of Compositors* spiegelte sich die volle Integration des Rechts in das Arsenal der Kampfmethoden auch in den Bilanzen. Mindestens bis 1888 wurden alle Ausgaben für Arbeitskampfmaßnahmen unter dem Sammelposten „Law and Defence of Scale" addiert, wobei der Anteil der Ausgaben für Rechtsstreitigkeiten in vielen Jahren denjenigen für „strike hands" übertraf. Erst später erschien in den Bilanzen anstelle von „Law and Defence of Scale" der Posten „Strike", der dann in den Darstellungen zur Geschichte der Gewerkschaft rückwirkend und die Realität verzerrend auch für die früheren Jahrzehnte eingesetzt wurde.[391] Die Marginalisierung des (zivilen) Arbeitsrechts seit dem späten 19. Jahrhundert, erst in der Praxis und dann in der Erinnerung der englischen Arbeiterbewegung, fand in solchen Details ihren Ausdruck.

Wenn die englischen Gewerkschaften also, wie es den Anschein hat, durchaus bereit waren, das Recht strategisch zu nutzen, wie kam es dann zur Entrechtlichung der Arbeitsbeziehungen? Warum setzte im späten 19. Jahrhundert eine Flucht aus den Friedens- und Grafschaftsgerichten ein, obwohl doch die Zahl der gewerkschaftlich organisierten Arbeitnehmer absolut und relativ zur Beschäftigtenzahl zunahm? Eine einfache Erklärung gibt es dafür nicht. Zwei Faktoren spielten in jedem Fall eine Rolle: einmal die Kosten, zum anderen die Unkalkulierbarkeit der Prozeßausgänge. Damit diese im Prinzip schon vorher wirksamen Faktoren fühlbarer wurden, mußten freilich eine Reihe spezifischer Gründe hinzukommen. Zu unterscheiden ist zunächst zwischen Handarbeitern und Angestellten im Dienstleistungssektor. Es waren vor allem erstere, deren Trade Unions sich seit den achtziger Jahren des 19. Jahrhunderts von den Lokalgerichten abwandten. Zum einen hing dies damit zusammen, daß die für Rechtshilfe verfügbaren finanziellen und personellen Ressourcen der meisten Handarbeiter-Gewerkschaften nun zunehmend für die Unterstützung von Schadensersatzforderungen nach Arbeitsunfällen aufgewendet werden mußten. Neben dieser Routineaufgabe blieb wenig Spielraum für eine einfallsreiche juristische Strategie, wie sie sich zum Beispiel die NUT noch leisten konnte, für die das Unfallproblem unbedeutend war.

Zum anderen gibt es Anzeichen dafür, daß gerichtliche Auseinandersetzungen zwischen Gewerkschaften und Arbeitgebern etwa seit den achtziger Jahren einen prinzipielleren Charakter anzunehmen begannen und erbitterter und unter höherem Einsatz auf beiden Seiten ausgefochten wurden. Dafür lassen sich wiederum mehrere Gründe nennen, die je nach Gewerbe verschiedenes Gewicht besaßen. Generell hatte die Zunahme der Tarifverträge und die Ausdehnung ihres Geltungsbereichs zur Folge, daß Einzeldispute um Lohnskalen, Kündigungsfristen, Feiertage und sonstige Arbeitsbedingungen immer größere Gruppen betrafen. Eine einzige, für die Gewerkschaft günstige Entscheidung eines Friedens- oder Grafschaftsrichters konnte die Arbeitgeber teuer zu stehen kommen – wenn sie denn die Entscheidung als Präzedenzfall akzeptierten und sich entsprechend verhielten. Eben das aber taten sie oft nicht, und sie hatten genügend Mit-

---

[391] Vgl. die Überblickstabelle über die Ausgaben der LSC von 1848 bis 1888 in MRC Mss. 28/CO/4/1/14, LSC Trade Reports 1887–1889, 41st Annual Report (1888), S. 14, mit der Tabelle für 1848 bis 1947 in Howe u. Waite, Compositors, S. 338f.

tel, um sich zu wehren. Ein Mittel, das gegen schwache Gewerkschaften leicht zum Erfolg führte, war die Verlagerung des Verfahrens an ein höheres Gericht oder die Berufung. Das trieb die Kosten in die Höhe und ließ den Prozeßausgang wegen der Unwägbarkeiten eines Verfahrens vor den *Common law*-Gerichten unsicherer werden. Damit Arbeitgeber diese Strategie anwenden konnten, mußten sie freilich selber finanziell stark und gut organisiert sein, was zum Beispiel im Baugewerbe und in der Textilbranche der Fall war.[392] Waren sie es nicht, wie etwa im Londoner Druckgewerbe in den achtziger Jahren des 19. Jahrhunderts, konnten sie die Folgen einer für sie ungünstigen Gerichtsentscheidung dadurch von sich fernhalten, daß sie die Gewerkschaftsmitglieder entließen oder selber aus der Tarifvereinbarung ausscherten. Damit setzten sie dann eine Eskalation der Kampfmaßnahmen in Bewegung, die den Effekt der gerichtlichen Strategie zunichte machte. Es ist leicht einzusehen, daß die Trade Unions der Handarbeiter unter diesen Umständen immer mehr dazu neigten, auf den kostspieligen und letztlich zu nichts führenden Umweg über die Gerichte ganz zu verzichten.

Anders verlief die Entwicklung bei den Angestellten-Gewerkschaften und denjenigen Zusammenschlüssen, die (pseudo-)selbständige und angestellte Mitglieder einer Profession vereinigten. Ihre Rechtshilfe-Bemühungen setzten erst zu einem Zeitpunkt ein, als die organisierten Handarbeiter sich bereits von den Lokalgerichten abzuwenden begannen. Die Lehrer, die Lokalbeamten, die Schauspieler, die höheren kaufmännischen und technischen Angestellten hatten es zu einem guten Teil ihren Berufsvereinigungen zu verdanken, daß sie ihre Klagen bis über den Ersten Weltkrieg hinaus vor den Grafschaftsgerichten und gelegentlich vor dem *High court* vorbringen konnten (die Friedensgerichte kamen für nicht-handarbeitende Beschäftigte nicht in Frage). Problematisch war der Rechtsweg freilich auch für diese Berufsgruppen, weshalb auch sie auf alternative Konfliktlösungsformen auswichen, wann immer sich dafür die Gelegenheit bot. Prozeßkosten stellten für diese Berufsgruppen wegen der Streitwerte im allgemeinen ein höheres Risiko als für die Handarbeiter dar, und dieses Risiko nahm mit der Kriegs- und Nachkriegsinflation rapide zu, weil die Streitwertgrenze bei den Grafschaftsgerichten (£ 100) nicht entsprechend heraufgesetzt wurde. Starke Angestellten-Gewerkschaften wie die NUT konnten dies verkraften, schwache Organisationen wie die UKCTA mußten ihr Rechtsschutz-Programm aus Kostengründen reduzieren.

---

[392] Hierzu McIvor, Organised Capital, bes. S. 79–82.

Ein anderes Problem, das starke und schwache Vereinigungen gleichermaßen betraf, war die mangelnde Voraussehbarkeit der Prozeßausgänge. Diese hatte verschiedene Ursachen, je nachdem ob es sich um öffentlich Bedienstete oder um Privatangestellte handelte. Bei den öffentlich und halböffentlich Beschäftigten waren es vor allem die gesetzlich geschaffenen Kompetenzüberlagerungen und Vorschriften, die das Arbeitsverhältnis seit dem Ende des 19. Jahrhunderts juristisch immer undurchsichtiger machten und zum Teil sogar ganz aus der Rechtsordnung herausfallen ließen. Bei den Privatangestellten und Pseudoselbständigen hingegen war es gerade die Erstarrung des *Common law* und hier insbesondere des allgemeinen Vertragsrechts bei ganz wenigen Grundsätzen, die dazu führte, daß dem Richter ein weiter Ermessensspielraum blieb, den er mit seinen eigenen Ansichten über das was ‚vernünftig‘, ‚zumutbar‘, ‚angemessen‘, ‚üblich‘ oder ‚gerecht‘ war, füllen konnte. Überkomplexität des *Statute law* auf der einen Seite, Atrophie des *Common law* auf der anderen Seite hatten für die klagenden Angestellten und ihre Gewerkschaften das gleiche Ergebnis: Rechtsunsicherheit. Auch eine effiziente und gut ausgestattete gewerkschaftliche Rechtsschutzabteilung war diesem Phänomen gegenüber machtlos. So wundert es nicht, daß sich die größeren Angestellten-Gewerkschaften seit den letzten Jahren vor dem Ersten Weltkrieg den Kampfmethoden der Trade Unions annäherten.

Die Entrechtlichung der Arbeitsbeziehungen hatte also aus gewerkschaftlicher Sicht im einzelnen verschiedene Ursachen und Verlaufsformen. Alle Gewerkschaften hatten aber bei ihren Rechtsschutz-Bemühungen mit dem Kostenfaktor und mit der Unvoraussehbarkeit der Prozeßausgänge zu kämpfen. Arbeitgeber-Vereinigungen, deren Rechts- und Selbsthilfe zu untersuchen eine lohnende, aber wegen fehlender Quellenerschließung zur Zeit kaum lösbare Aufgabe ist, standen im Prinzip vor ähnlichen Problemen. Bei ihnen kam erschwerend die geringere Festigkeit der Organisationsstrukturen hinzu. Kosten waren allerdings zumindest für große Unternehmer kein Hindernis, solange die Streitigkeiten vor den Lokalgerichten ausgetragen wurden. Bei Unfällen nahmen ihnen die Versicherungen das Risiko weitgehend ab. Größere Arbeitgeber waren daher auf finanzielle Solidarität nur ausnahmsweise angewiesen, etwa wenn Berufungsverhandlungen gegen eine starke Gewerkschaft anstanden. Die Hilfe konnte sich in diesen Fällen auf einmalige Sammlungen oder Umlagen beschränken.[393] Klei-

---

[393] Eine solche Sammlung wurde zum Beispiel unter den Londoner *Master Printers* im Zusammenhang mit dem Fall *Hill* v. *Levy* (1857) abgehalten. Hinweise darauf, daß es in einigen Branchen auch stärker formalisierte Verfahren der gegenseitigen Hilfe bei Rechtsstreitigkei-

nere Arbeitgeber, zum Beispiel Einzelhändler, standen dagegen als Individuen vor Gericht nicht viel besser da als Lohnempfänger. Sie konnten es
sich aus Geld- und vor allem aus Zeitgründen kaum leisten, die Lohnklagen
von Ladengehilfen und Gesellen abzuwehren oder diese ihrerseits wegen
Kontraktbruchs oder kleiner Diebstähle zu verklagen. Nur mit Hilfe einer
Rechtsschutzorganisation, wie sie etwa die Londoner Bäckermeister besaßen, konnten kleine Arbeitgeber die Schwellen vor Gericht überwinden.[394]
Ob Selbsthilfe-Organisationen wie die *London Master Bakers' Protection
Society* eine Ausnahme oder etwas Normales waren, läßt sich aufgrund des
gegenwärtigen Forschungsstandes nicht entscheiden. Sicher ist, daß auch
die Arbeitgeber, vor allem die kleinen und mittleren unter ihnen, ihren Anteil an der Flucht aus den Gerichten und am Prozeß der Entrechtlichung der
Arbeitsbeziehungen in England hatten.

---

ten gegen Arbeitnehmer gab, finden sich gelegentlich in der Fach- und Verbandspresse. Vgl.
etwa: Master Builder and Associations Journal, 6. Nov. 1912, S. 36 f. Hier wird unter der Rubrik „Association News" über einen Fall berichtet (*Padbury* v. *Holliday & Greenwood*) dessen Kosten auf Antrag der Londoner Federation aus dem nationalen Reserve-Fonds der
Builders Associations bestritten werden sollten. Die Federation der nördlichen Grafschaften
stimmte dagegen.

[394] Für die *London Master Bakers' Protection Society* trat im Jahr 1912 regelmäßig der Anwalt
Mr. Eves in den Londoner Polizei- und Grafschaftsgerichten auf. Vgl. für einen Beispielfall
Kap. IV.3, S. 501 ff.

IV. DIE GERICHTSVERHANDLUNG ALS KOMMUNIKATIONSEREIGNIS

1. Zur Theorie des Gerichtsverfahrens

Die Gerichtsverhandlung scheint ein Handlungsschema zu sein, das sich unbeschadet der Verschiedenheit der Rechtssysteme realisiert. Bildliche Darstellungen, literarische Verarbeitungen, theatralische und filmische Umsetzungen von Gerichtsszenen sind über Kultur- und Epochengrenzen hinweg als solche identifizierbar. Stellen wir uns einen Beobachter vor, der die jeweilige Sprache nicht beherrscht, so wird er doch in aller Regel verstehen, daß er einer Gerichtsverhandlung beiwohnt. Die Plazierung der Personen im Raum, die Gesten und Mimik der Beteiligten werden ihm verraten, wer die klagende, wer die beklagte Partei ist, wer zu Gericht sitzt und wer gewinnt und verliert. Rituale wie das Aufstehen beim Zusammentreten des Gerichts und die Eidesleistung mögen dem fremden Zuschauer zusätzliche Hinweise auf die Rolle der Anwesenden geben. Schließlich stößt das Auge des Betrachters vielleicht auf bestimmte Symbole und Objekte – eine *Justitia* mit verbundenen Augen, Waage und Schwert, Robe und Amtsstab des Richters, seine herausgehobene Sitzposition, die Schranken im Gerichtssaal, ein aufgeschlagenes Buch, eine Fahne oder andere Herrschaftszeichen im Hintergrund. Zumindest innerhalb des europäischen Kulturkreises wären einem Beobachter Sinn und Zweck der meisten dieser Symbole und Objekte verständlich.[1] Sie verweisen auf Vorstellungen von der Funktion und Arbeitsweise der Justiz, die spätestens seit dem 18. Jahrhundert überall in Europa ähnlich sind. Diesen Vorstellungen zufolge soll die Justiz Übeltäter bestrafen und Streitigkeiten zwischen privaten Personen, Gruppen und Organisationen durch Urteilssprüche beenden. Sie hat dabei ohne Ansehen der Person nach bekannten Regeln zu verfahren und darf ihre Entscheidungen nur auf das – von göttlicher oder weltlicher Autorität abgeleitete oder aus der Tradition oder Vernunft hergeleitete – Gesetz gründen. Zur Durchset-

---

[1] Vgl. den allerdings bei einer vagen Klassifikation nach Epochen und Rechtsgebieten stehenbleibenden Bildband von: Gernot Kocher, Zeichen und Symbole des Rechts. Eine historische Ikonographie, München 1992. Zur spezifischen Symbolik und Ikonographie des *Common law*: Peter Goodrich, The Enchanted Past: A Semiotics of Common Law, in: ders., Languages of Law. From Logics of Memory to Nomadic Masks, London 1990, S. 209–259, Hier, S. 209–230.

zung verfügt die Justiz über ein breites Spektrum von Sanktionen, das bis zur Todesstrafe reichen kann.

Aus dieser Aufgabenstellung ergibt sich für die Gerichtsverhandlung ein Kommunikationsmodell mit fester Rollenverteilung und vorgegebenen Redeformen. Einer anklagenden Partei steht eine beklagte Partei gegenüber. Beide vertreten sich und ihre Standpunkte vor einer dritten, richtenden Instanz, deren Autorität und abschließendem Urteil sie sich im vorhinein unterwerfen. Selbstverständlich muß mit der Hinnahme des Richterspruchs nicht notwendigerweise ein Einverständnis verbunden sein.[2] Anklage und Verteidigung – antagonistische Parteireden – und der den Streit beendende, mehr oder weniger ausführlich begründete Urteilspruch: diese drei Bestandteile bilden die Grundkonstellation jedes Gerichtsverfahrens. Die Redemuster hierfür sind bereits in den antiken Rhetoriklehrbüchern vorgezeichnet.[3]

In der Realität des 19. und 20. Jahrhunderts pflegen sich die Sprecherrollen weiter auszudifferenzieren. Anwälte treten als Fürsprecher für die Parteien auf, während diese selbst oft nur wenig sagen. Die Entscheidungsfindung kann auf Geschworene und einen oder mehrere Richter verteilt werden, die sich zuvor irgendwie einigen müssen. Außerdem kommen weitere Kommunikationsteilnehmer hinzu, die im Geschehen eine Rolle spielen, auch wenn sie zum Teil während der Verhandlung schweigen: Zeugen, Beisitzer, Sachverständige, Gerichtsschreiber, Publikum und Berichterstatter. Entsprechend vermehren sich die mündlichen, schriftlichen und symbolischen Kommunikationsformen. So gehören zu unserem Bild einer typischen Gerichtsszene insbesondere die Frage- und Antwortspiele der Vernehmung von Zeugen und Streitparteien, sodann umfangreiche Schriftsätze, Gutachten und Kommentare, aus denen zitiert wird, und schließlich Publikums- und Medienreaktionen, die das Geschehen durch Unruhe, Murren, verzerrte oder gelangweilte Gesichtsausdrücke, Lachen, ermunternde Zurufe, Applaus, Zeichnungen, neuerdings auch Kameraschwenks, sowie Interviews und Kommentare vor und nach der Verhandlung begleiten und da-

---

2   Zum Problem der Akzeptanz von Gerichtsentscheidungen und den Mechanismen, mit denen sich das Rechtssystem gegen enttäuschte Erwartungen immunisiert: Niklas Luhmann, Legitimation durch Verfahren, 3. Aufl. 1978, ND Frankfurt/Main 1997, S. 87 ff., 109 ff., 117–120, siehe auch ders., Konflikt und Recht, in: ders., Ausdifferenzierung des Rechts. Beiträge zur Rechtssoziologie und Rechtstheorie, Frankfurt/Main 1981, ND 1999, S. 92–112, S. 109: Einen wesentlichen Existenzgrund des Gerichtsverfahrens sieht Luhmann hier darin, daß „man den Grund für eigene Konzessionen dem Dritten zurechnen" kann.

3   Vgl. H. Hohmann, Art. Gerichtsrede, in: Historisches Wörterbuch der Rhetorik, hrsg. v. Gert Ueding, Bd. 3, Tübingen 1996, Sp. 770–815; ders., Art. Juristische Rhetorik, in: ebd., Bd. 4, Tübingen 1998, Sp. 779–832.

mit den unmittelbar Beteiligten Anhaltspunkte für ihre Selbsteinschätzung und ihr weiteres Verhalten liefern. Bei allen Variationen zwischen den Rechtssystemen, zwischen Strafverfahren und Zivilprozessen, zwischen den einzelnen Fällen bleibt aber, so scheint es, das Grundmuster einer kontradiktorischen, auf ein abschließendes Urteil eines Dritten zielenden Kommunikation immer erhalten. Dies jedenfalls ist das Bild des Ereignisses ‚Gerichtsverhandlung‘, wie es sich dem Alltagsbewußtsein des 19. und 20. Jahrhunderts durch Kriminalgeschichten, Zeitungsberichte, Theaterstücke und Filme, vor allem englischer und amerikanischer Herkunft, sowie Fernsehserien wie etwa „Königlich Bayerisches Amtsgericht" tief eingeprägt hat. Es ist ein Bild, das sich in erster Linie am spektakulären Strafprozeß orientiert. Man könnte es der Kürze halber – nach dem im Volksmund bekannten Namen des zentralen Londoner Strafgerichts – das Modell *Old Bailey* nennen.

Dieses Bild traf und trifft jedoch, wie Juristen und prozeßerfahrene Laien schon immer wußten und wie die neuere Rechtssoziologie durch empirische Studien vielfach belegt hat, nur die Oberfläche des kommunikativen Geschehens vor Gericht.[4] Und bei einer großen Zahl von Zivilprozessen, zu denen auch die meisten Arbeitsstreitigkeiten gehören, traf und trifft es nicht einmal die Oberfläche. Denn sehr viele Zivilverfahren enden bereits, bevor die streitige Verhandlung mit Plädoyers und Zeugenvernehmungen überhaupt beginnt.[5] Bei vielen Zivilverfahren finden die wichtigsten Aktionen außerhalb des Gerichtssaals statt; man denke nur an die im vorigen Kapitel geschilderten Auseinandersetzungen um Entschädigungen zwischen Versicherungsagenten, Unfallopfern, Anwälten, Arbeitgebervertretern und Gewerkschaftssekretären. Das Anrufen der richterlichen Entscheidung, die Annahme der Herausforderung durch den Gegner sind in solchen Fällen oft nur Spielzüge in einem Verhandlungspoker, der während des kontradiktorischen Verfahrens noch weitergehen und zu einer vorzeitigen Erledigung führen kann. Das gilt und galt nicht nur für Prozesse um Unfälle, sondern auch für die anderen Arbeitsstreitigkeiten, mit denen wir es hier zu tun haben. Der hohe und zunehmende Anteil der Lohn-, Kündigungs- und Vertragsbruchsklagen vor den Friedens- und Grafschaftsgerichten, bei denen eine Partei oder beide nicht zum Gerichtstermin erschienen oder die durch Rücknahme, Verzicht, Versäumnis oder Einzahlung der geforderten

---

4 Einen guten Überblick über neuere empirische Forschungen zum deutschen Zivilprozeß bietet: Thomas Raiser, Das lebende Recht. Rechtssoziologie in Deutschland, 2. Aufl., Baden-Baden 1995, S. 402–427.

5 Hierzu mit statistischen Angaben für deutsche Zivil- und Arbeitsgerichte der Gegenwart: Raiser, das lebende Recht, S. 418 ff.; Blankenburg, Mobilisierung des Rechts, S. 63–75; Schönholz, Bedingungen und Merkmale der Erledigungsweise im Arbeitsgerichtsverfahren.

Summe im letzten Moment endeten, ist dafür ein Indikator. In Deutschland weist die hohe Zahl der Vergleiche vor den Gewerbe- und Kaufmannsgerichten auf den gleichen Sachverhalt hin.

Auch dort, wo es, wie in England, keine Prozeßordnung gab, die dem Richter vorschrieb, auf einen gütlichen Ausgleich während des Verfahrens hinzuwirken, war die streitige Verhandlung oft nur eine von allen Seiten durchschaute und mitgespielte Fiktion, hinter der die Aushandlungsprozesse fortgesetzt wurden. In unserem Kontext ist dabei an erster Stelle an die sogenannten Testfälle zu erinnern. Hier wurde das Einverständnis der Parteien vor Gericht, wozu meist auch die vorweggenommene Einigung über die Kosten gehörte, in der Regel offen thematisiert.[6] Auch uneingeweihte Beobachter konnten die Fiktion bemerken. Bei normalen Individualprozessen waren hingegen die auf Kompromiß- oder Hinnahmebereitschaft deutenden Signale der Anwälte eher versteckt, vielleicht nur in vielsagenden Blicken und Redepausen enthalten, so daß anwesende Reporter getäuscht werden konnten. Sie mochten glauben, einer bitterernsten Auseinandersetzung zuzusehen, während die Streitenden bereits auf den Ausgleich zusteuerten. Für einen Historiker, der sich lediglich auf einen Fallbericht ohne ergänzende Quellen zum Hintergrund stützen kann, sind diese verborgenen Kommunikationen nur selten rekonstruierbar. Plötzliche Wendungen des Verfahrens oder überraschende Prozeßausgänge, die mit dem vorhergehenden, scheinbar ernsten Schlagabtausch nicht zusammenpassen wollen, können allerdings auf solche von vornherein gehegten Einigungsabsichten hindeuten.[7] Denkbar sind schließlich Fälle, bei denen Anwälte sogar ohne Einverständnis ihrer rechtsunkundigen Mandanten und unter augenzwinkernder Mithilfe des Richters auf einen Ausgleich hinarbeiten. In diesen Fällen sind die Streitparteien selber Zuschauer eines Theaterspiels, das die Juristen allein aufführen. Glaubt man kritischen Rechtssoziologen, folgt ein nicht unbeträchtlicher Anteil der Zivilprozesse in Deutschland heute diesem Kommunikationsmodell. Man könnte es das Modell ‚Intrigenspiel‘

---

6 Vgl. etwa *Powell* v. *Horden Colliery Co. Ltd.*, berichtet in: Stone Trades Journal, Feb. 1912, S. 1045 u. Colliery Guardian, 2. Feb. 1912, S. 231; *Etherington* v. *Lister-Kay*, berichtet in: The Schoolmaster, 25. Juli 1896, S. 146: Hier stellte der den Fall eröffnende Anwalt des Klägers, eines Schulrektors, gleich zu Beginn fest, daß es in diesem Fall „not the slightest ill-feeling" zwischen den Prozeßparteien gebe, sondern daß es allein um die Klärung einer strittigen Vertragsfrage für Lehrer insgesamt gehe.

7 Ein Beispiel für eine plötzliche Wendung, die offensichtlich durch Verhandlungen während des Verfahrens zustandekam: *Darley* v. *Waterlow*, berichtet in: London Society of Compositors. Dispute at Messrs. Waterlow Bros. & Layton's. Report of Legal Proceedings, London 1886, S. 47–54, MRC Mss. 28/CO/4/1/13/13.

nennen.[8] Dem äußeren Anschein nach entsprechen derartige Theateraufführungen im Gerichtssaal dem Modell *Old Bailey*, in Wirklichkeit handeln die Beteiligten jedoch nach einem ganz anderen Skript. Kurzum, nicht alles, was an der Oberfläche wie eine adversatorische, auf das Endurteil eines Dritten zielende Kommunikation aussieht, muß es der Intention der Beteiligten nach tatsächlich gewesen sein. Dies ist bei der Interpretation von Gerichtsberichten im Auge zu behalten.

Mit Blick auf die hier vor allem interessierenden Streitfälle vor den englischen Friedens- und Grafschaftsgerichten gilt es nun freilich zu bedenken, daß die dort Prozessierenden nur in den seltensten Fällen über das sprachliche Geschick und die nötige Erfahrung verfügten, um nach einmal aufgenommener streitiger Verhandlung aus den Sprecherrollen des Klägers und des Beklagten wieder auszubrechen. Das in viktorianischer Zeit durch sensationelle Presseberichte und populäre Literatur verbreitete Bild des dramatischen Strafprozesses[9] war in den Vorstellungen derer präsent, die sich selbst auf ein Verfahren einließen. Dieses Bild bestimmte die Erwartungen und lenkte das Sprachverhalten. Auch ist davon auszugehen, daß die meisten Laien wenn überhaupt, dann nur äußerst nebulöse Ideen über die Unterschiede zwischen Strafrecht und Zivilrecht besaßen.[10] Vor Gericht, zumal vor dem sonst in erster Linie mit Strafsachen befaßten Friedensgericht zu erscheinen, hieß für die meisten Arbeitnehmer und wohl auch manche Arbeitgeber, daß es um Sieg oder Niederlage, um Freispruch oder Strafe ging. Nur wenn sie sich durch Anwälte vertreten ließen oder wenn sie zufällig an einen Richter gerieten, der es sich zur Aufgabe gemacht hatte, Konflikte durch aktives Eingreifen zu schlichten statt zu entscheiden, konnten innerhalb des von den Streitparteien erwarteten antagonistischen Kommunikationsschemas genügend Freiräume für kompromißfördernde Sprach-

---

8 Vgl. Theo Rasehorn, Die Justiz als Theater. Alternativen im Recht durch Paradigmawechsel, in: Blankenburg u. a. (Hg.), Alternative Rechtsformen, S. 328–343, hier S. 336–339 („Der Zivilprozeß als Intrigenspiel").

9 Vgl. Richard D. Altick, Evil Encounters. Two Victorian Sensations, London 1987 (zu zwei *causes célèbres* aus dem Jahr 1861 und ihren publizistischen und literarischen Nachwirkungen); Rohan McWilliam, Radicalism and popular culture: the Tichborne case and the politics of ‚fair play', 1867–1886, in: Biagini u. Reid (Hg.), Currents of radicalism, S. 44–64; James A. Epstein, Narrating Liberty's Defense: T.J. Wooler and the Law, in: ders., Radical Expression. Political Language, Ritual, and Symbol in England, 1790–1850, New York u. Oxford 1994, S. 29–69.

10 Das zeigte sich etwa, wenn ein Arbeiter in einem Prozeß unter dem *Employers and Workmen Act*, also in einem Zivilverfahren, auf ‚nicht schuldig' plädierte; so geschehen im Jahr 1909 in Castle Eden (County Durham): Vgl. Northern Daily Mail, 13. Juni 1909, S. 6, „Trimdon Putters summoned. Damages for leaving work without notice."

handlungen entstehen.[11] Trafen die Streitenden hingegen im Gerichtssaal direkt aufeinander und verhielt sich der Richter passiv, wuchs die Wahrscheinlichkeit, daß eine einmal begonnene mündliche Verhandlung mit einem Urteil endete. Die Tatsache, daß sich der englische Zivilprozeß, wenn es denn zur Verhandlung kam, in seinem Ablauf nicht wesentlich vom Strafprozeß unterschied, verminderte auch in den nur mit Zivilsachen befaßten Grafschaftsgerichten die Chancen für Vergleiche in letzter Minute.[12] Namentlich das im Straf- wie Zivilverfahren übliche Kreuzverhör war eine Dialogform, die eher zur Eskalation als zur Beruhigung der Auseinandersetzung beitrug.

Unter diesen Umständen und angesichts des Fehlens einer detaillierten Prozeßordnung hing es in England mehr als in den deutschen Gewerbe- oder Amtsgerichten von der einzelnen Richterpersönlichkeit ab, ob das adversatorische Modell der gerichtlichen Kommunikation aufgelockert werden konnte. Wer es auf einen ernsthaften Streit nicht ankommen lassen wollte, weil er vielleicht noch auf eine Fortsetzung der Sozialbeziehung hoffte, mußte sich vor Beginn der mündlichen Verhandlung um eine Einigung bemühen oder nachgeben. Hatte das mündliche Verfahren aber einmal begonnen, ähnelte es im 19. und frühen 20. Jahrhundert tatsächlich weitaus häufiger als es heute der Fall ist dem Modell *Old Bailey*. Das Bild einer ‚normalen‘ Gerichtsverhandlung, wie es uns aus Romanen, Filmen und Fernsehserien vertraut ist, kommt also dem vergangenen kommunikativen Geschehen, das hier untersucht werden soll, durchaus nahe, viel näher jedenfalls als dem Geschehen in heutigen Zivil- oder Arbeitsgerichten.

Die Mündlichkeit des Verfahrens und tradierte Sprachhandlungsmuster wie das Kreuzverhör, die Eröffnungsreden und die Schlußplädoyers der Anwälte waren Elemente, die den Antagonismus der Parteien steigerten. In die gleiche Richtung wirkte ein weiterer Faktor, der die englische Gerichtsverhandlung vor allem im viktorianischen Zeitalter in besonderer Weise kennzeichnete: die Präsenz der Öffentlichkeit. Nicht nur waren die Räumlichkeiten, in denen die Friedens- und Grafschaftsrichter tagten, meist zu eng und überfüllt mit wartenden Klägern, Beklagten, Anwälten, Zeugen, Angehörigen, Geschworenen sowie Zuschauern; wichtiger noch war, daß

---

[11] Beispiele für Einigungen, die durch das Eingreifen des Richters zustandekamen: *Topping* v. *Hirwain Coal and Iron Company*, berichtet in: Colliery Guardian, 14. April 1870, S. 391; *Lancaster* v. *Harmsworth*, berichtet in: Journalist and Newspaper Proprietor, 19. Dez. 1896, S. 409; *Everett's Stores Ltd.* v. *Vincent*, berichtet in: Bakers' Record, 27. Dez. 1912, S. 5.

[12] Zum englischen Zivil- und Strafprozeßrecht bis zur Reform von 1873/75: Holdsworth, History of English Law, Bd. 15, S. 102–167; zum Zivilprozeß nach der Justizreform vgl. Ernst Schuster, Die bürgerliche Rechtspflege in England, Berlin 1887.

auch in den kleinsten Provinznestern regelmäßig Journalisten zugegen waren, die in der Lokalpresse über das Geschehen mit einer heute kaum vorstellbaren Ausführlichkeit und mit nur geringem zeitlichen Abstand berichteten. Sogar Bagatellfälle fanden ihr Interesse, und Arbeitsstreitigkeiten gehörten zu den interessanteren Stoffen, zumal wenn größere Gruppen, lokal prominente Arbeitgeber, königliche Inspektoren oder allen bekannte Ladenbesitzer, Handwerker oder Wirtsleute in sie verwickelt waren. Aus der Lokalpresse, manchmal auch durch eigene Korrespondentenberichte, gelangten Informationen über solche Fälle in die Fachblätter der betreffenden Branchen oder in die nationale Presse und erreichten so ein noch breiteres Publikum.

Im Vergleich zum wilhelminischen Deutschland oder gar zu den nahezu *privatissime* stattfindenden erstinstanzlichen Zivilverfahren der Gegenwart war somit die Präsenz der Öffentlichkeit in den englischen Lokalgerichten ungewöhnlich stark. Niemand konnte sicher sein, daß sein Verhalten und seine Worte vor Gericht nicht am nächsten Tag zum allgemeinen Ortsgespräch werden würden. Das erhöhte den Druck auf alle Beteiligten, bei der einmal eingenommenen Position zu bleiben, zu den eigenen Aussagen zu stehen, nicht ‚aus der Rolle‘ zu fallen. Ein Kläger, der plötzlich verzichtete, machte sich lächerlich; ein Beklagter, der sich nicht verteidigte, gab ein jämmerliches Bild ab. Auch verhinderte die Präsenz des Publikums, daß Anwälte jenes ‚Intrigenspiel‘ aufführen konnten, das für den modernen deutschen Zivilprozeß angeblich typisch ist und das häufig eher der Selbstdarstellung der Juristen als den Interessen der Mandanten dient. Selbstverständlich war auch viktorianischen Anwälten und Richtern an der Anerkennung durch Mitglieder ihrer Profession gelegen, aber die Friedens- und Grafschaftsgerichte waren – schon wegen des Zeitdrucks der Verhandlungen – nicht der geeignete Ort für subtile juristische Argumentationen. Ein zustimmendes Raunen des anwesenden Publikums und positive Kommentare in der örtlichen Presse waren für den durchschnittlichen Provinzanwalt allemal geschäftsfördernder als eine namentliche Erwähnung im „County Courts Chronicle“ oder im „Solicitor's Journal“. Ähnlich war es bei den Richtern. Die Grafschaftsrichter befanden sich meist am Ende ihrer Karriere und hatten wenig Chancen, in die höhere Richterschaft aufzusteigen; juristische Glanzleistungen wurden von ihnen nicht unbedingt erwartet, wohl aber ein ‚gerechtes‘ Urteil, was immer das sein mochte. In noch höherem Maße war für die Laienfriedensrichter ihr Ansehen unter den *gentlemen* und den respektablen Leuten vor Ort Grundlage ihrer Autorität. Was die Elite der juristischen Profession über sie dachte, war demgegenüber zweitrangig.

Sorgte mithin die stets zu gewärtigende öffentliche Resonanz innerhalb des Verfahrens für rollenkonformes Verhalten, ermöglichte sie es den Beteiligten auch, sich an ein größeres Publikum ‚draußen' zu wenden. Selbst in der Provinz, dort vielleicht sogar mehr als in Großstädten, eröffneten Gerichtsverhandlungen die Chance für strategische Sprachhandlungen, die mit dem unmittelbaren Prozeßausgang nicht unbedingt etwas zu tun haben mußten. Dieser Aspekt der gerichtlichen Kommunikation ist im heutigen erstinstanzlichen Zivil- oder Arbeitsgerichtsverfahren mangels Medienpräsenz praktisch verschwunden. Entsprechend befaßt sich die moderne Rechtssoziologie mit dem Thema ‚Öffentlichkeit' hauptsächlich im Zusammenhang mit spektakulären Strafprozessen, und hier wiederum interessieren in erster Linie die Rückwirkungen der Medienberichterstattung in das Verfahren hinein; Stichworte wie Vorverurteilung, Befangenheit, Schutz der Intimsphäre sind dafür einschlägig.[13] Im viktorianischen England hingegen wurde die Presseberichterstattung auch bei vermeintlich unbedeutenden Zivilstreitigkeiten von den Prozeßteilnehmern genutzt, um Botschaften an das größere Publikum zu übermitteln. Die Presse fungierte hier nicht nur als Kritiker und Zensor, sondern wurde ihrerseits instrumentalisiert. Dieser Aspekt muß daher Bestandteil einer Analyse von kommunikativem Handeln vor Gericht im England des 19. und frühen 20. Jahrhunderts sein.

Bei den nach außen gerichteten Sprachhandlungen ging es vornehmlich um Ehre, Moral, Rechtssicherheit und Politik. Öffentlichkeit war beispielsweise nötig, wenn jemand den eigenen ‚Charakter', das heißt seine persönliche Ehre und sein Image als Träger einer Rolle oder Mitglied eines Berufes, wiederherstellen wollte. Ebenso brauchte man die Öffentlichkeit, um den *character* eines Gegners oder Zeugen in den Schmutz zu ziehen. Gerade bei Arbeitskonflikten geschah (und geschieht) es häufig, daß ein Verfahren nur deshalb angestrengt wurde, um es dem Gegner und seinesgleichen ‚endlich einmal zu zeigen', um ihnen eine Lektion zu erteilen, die sie so schnell nicht vergaßen.[14] Auch dabei war die Berichterstattung hilfreich. Friedens- und

---

13   Hierzu Luhmann, Legitimation durch Verfahren, S. 126 ff. Ansonsten sieht Luhmann die Funktion der Öffentlichkeit im heutigen Gerichtsverfahren im wesentlichen darin, für alle sichtbar zu symbolisieren, daß es gerecht zugeht (ebd., S. 123–126). Aus der Sicht eines Bürokraten oder Richters, der eine öffentliche Kritik an seinen Entscheidungen scheut, mag dies eine sinnvolle Funktionsbeschreibung sein. Für die privaten Streitparteien in einem Zivil- oder Strafprozeß und das Publikum selbst sind hingegen – auch heutzutage – ganz andere ‚Funktionen' maßgeblich, zum Beispiel Kontrolle. Dazu: Uwe Wesel, Aufklärungen über Recht. Zehn Beiträge zur Entmythologisierung, Frankfurt/Main 1981, S. 87–100. Erst recht gilt dies für frühere Epochen.

14   Dieses Motiv ist z. B. deutlich faßbar in dem um 1895 verfaßten Erinnerungsbericht von Emanuel Lovekin, teilweise gedruckt in: Burnett (Hg.), Useful Toil, S. 295–303, hier S. 298.

Grafschaftsrichter nutzten die Presse als Sprachrohr, um ihre Moralvorstellungen und Rechtsauffassungen publik zu machen: als Warnung für ein andermal oder um in Zukunft von ähnlichen ‚lästigen' Klagen verschont zu bleiben. Ebenso kam es vor, daß Arbeitgeber oder Gewerkschaften (selten einzelne Arbeitnehmer) einen Prozeß in aller Form ausfochten, damit öffentlich ausgesprochen wurde, was ‚das Recht' zu einem bestimmten Konflikt sagte. Ziel des Prozesses war dann oft nur die Publikation, die ‚Feststellung' des Rechts im doppelten Sinn des Wortes, nicht die Rechtsdurchsetzung im konkreten Fall. Schließlich gab es Fälle, die von vornherein mit Blick auf eine andere – politische – Arena inszeniert wurden, so vor allem wenn die Reformbedürftigkeit eines Gesetzes oder eines Rechtssatzes des *Common law* herausgestellt werden sollte. Auch ein negativer Prozeßausgang, ja gerade ein mit großem Eklat verlorener Fall konnte dann ein erwünschtes Resultat sein. Die Gewerkschaftskampagne gegen den alten *Master and Servant Act* oder die Arbeitgeberkampagne gegen die Fabrik-, Haftpflicht- und Unfallentschädigungsgesetze bieten hierfür Beispiele.

Formal hielten sich all diese primär an das Publikum ‚draußen' adressierten Sprachhandlungen an die klassischen Modelle der forensischen Rhetorik. Sie mußten sich zumindest so anhören oder lesen lassen, als dienten sie dazu, den Richter und die Geschworenen zu überzeugen beziehungsweise den Urteilsspruch zu begründen. Der Sinn (oder Hintersinn) der Aussagen vor Gericht war es aber oft genug, sich in eine allgemeine oder gruppenspezifische Diskussion über soziale Hierarchien, Normen, Werte und Rechte einzuschalten. Die Sprechsituation in viktorianischen Gerichten ähnelte damit der „trialogischen Kommunikation" in modernen Parlamenten, jedoch mit dem Unterschied, daß die Überzeugung der unmittelbar Anwesenden in der großen Mehrzahl der Fälle Priorität besaß.[15]

Lovekin war in den fünfziger Jahren des 19. Jahrhunderts als sogenannter *butty*, d.h. auf eigene Rechnung mit einer kleinen Gruppe Untergebener arbeitender Bergmann, in einen ausgedehnten Rechtsstreit mit den Grubenbesitzern verwickelt: „They dismissed me, and I could not get my money from them to pay the men, and I had to put them in the county court for it, Which put them about very much. I gained my case. Then they put me in court and said I owed them Something. But they could not prove it, I afterward put them in the court of Exchequer in defence and got judgment therfor over £ 100 under the truck Act, And afterward they confessed themselves well beaten, I forgave them all but the expenses which would be very great." In der Gegenwart läßt sich das Motiv durch Umfragen belegen: Vgl. Raiser, Das lebende Recht, S. 415 (Tabelle): 51% der Kündigungsschutzklagen vor deutschen Arbeitsgerichten werden demnach angestrengt, um dem Arbeitgeber eine Lehre zu erteilen.

15 Zum Begriff der „trialogischen Kommunikation": Walther Dieckmann, Probleme der linguistischen Analyse institutioneller Kommunikation, in: ders., Politische Sprache, politische Kommunikation: Vorträge, Aufsätze, Entwürfe, Heidelberg 1981, S. 208–245. Kritisch zur

Bevor im folgenden Kapitel über „Definitionskämpfe im Gericht" ausführlicher den Bedingungen für Erfolg und Mißerfolg von Argumenten und
dem Wechselspiel zwischen juristischer Fachsprache und Laiensprache vor
Gericht nachgegangen wird, sind in diesem Kapitel die bisher nur im groben
Umriß skizzierten besonderen Kommunikationsbedingungen in den englischen Friedens- und Grafschaftsgerichten näher zu beleuchten. Was man
dort sagen konnte und was nicht, wer wann für wen und worüber sprechen
durfte, welche Argumente und Schlußfolgerungen zulässig, welche erfolgreich waren, hing größtenteils von ungeschriebenen Konventionen ab.
Diese variierten naturgemäß von Ort zu Ort und im Laufe der Zeit. Einige
Gemeinsamkeiten und Trends lassen sich aber doch benennen. Drei Bereiche werden hier herausgegriffen. Zunächst wird untersucht, wie die Richter
und das intervenierende Publikum die Redeordnung im Gerichtssaal und
damit die Grenzen des Sagbaren bestimmten. Anschließend wird der Frage
nachgegangen, in welcher Weise sich Defizite der sprachlichen Ausdrucksfähigkeit und Verständnisprobleme von Zeugen, Klägern und Beklagten auf
den Prozeßverlauf auswirkten. Im Mittelpunkt stehen dabei die Techniken
des Kreuzverhörs und der Erschütterung der Glaubwürdigkeit von Aussagen. Schließlich folgt ein dritter Abschnitt, der sich mit den Funktionen und
Folgen der Berichterstattung über das Geschehen in den Lokalgerichten befaßt. Dieser Abschnitt enthält auch quellenkritische Überlegungen, welche
die hauptsächlich auf Presseberichte gestützten Untersuchungen zu den
Definitionskämpfen im Gericht vorbereiten sollen.

2. Ordnung im Gerichtssaal

Grenzen des Sagbaren und Kontrolle der Emotionen

Die Schlüsselrolle bei der Aufrechterhaltung der Redeordnung im Gerichtssaal fiel den Richtern zu. Ihre Verwarnungen setzten Grenzen, deren
Überschreitung schwere Strafen nach sich ziehen konnte. Pöbelhaftes Benehmen, unflätige Ausdrücke, Beleidigungen anwesender Personen, unauf-
gefordertes Reden, Richterschelte während der Verhandlung und vor allem:
wiederholte Weigerungen, den Anordnungen des Richters Folge zu leisten,

---

Anwendbarkeit dieses Konzepts auf den englischen und deutschen Parlamentarismus des
19. Jahrhunderts: Steinmetz, Das Sagbare und das Machbare, S. 29 f.; ders., „Sprechen ist
eine Tat bei euch." Die Wörter und das Handeln in der Revolution von 1848, in: Dieter
Dowe, Heinz-Gerhard Haupt u. Dieter Langewiesche (Hg.), Europa 1848. Revolution und
Reform, Bonn 1998, S. 1089–1138, S. 1130 f.

konnten als Mißachtung des Gerichts (*contempt of court*) gedeutet werden. Alle englischen Gerichte hatten das Recht, bei hartnäckigem Trotz und Widerstand im laufenden Verfahren mit sofortiger Wirkung Strafen auszusprechen. Das waren in der Regel Geldbußen, doch reichte die Strafgewalt des Richters – theoretisch – bis zur Gefangensetzung. Zu diesem letzten Mittel mußte allerdings selten gegriffen werden, und in der Praxis der höheren Gerichte waren Gefängnisstrafen bei *contempt of court* im späten 19. Jahrhundert obsolet geworden.[16] In den gut eintausend Fallberichten, die das Quellenmaterial dieser Untersuchung bilden, findet sich kein einziges Beispiel für die Verhängung einer Gefängnisstrafe wegen Mißachtung des Gerichts und nur ein Beispiel für die Androhung einer Geldstrafe, die jedoch nicht vollstreckt wurde.[17]

Förmliche Rügen wegen bestimmter Äußerungen oder ungebührlichen Verhaltens von Anwälten und Prozeßteilnehmern erteilten die Richter hingegen recht häufig. Es lag im eigenen Interesse der Streitparteien, darauf demütig zu reagieren und den Bogen nicht zu überspannen. Wer mit seinen Verbalattacken fortfuhr, verscherzte sich jeden Rest von Sympathie und konnte nicht mehr damit rechnen, daß ihm in einer Ermessensfrage stattgegeben wurde. Da es in jedem englischen Gerichtsverfahren zahlreiche Ermessensfragen gab, angefangen von der Faktenbeurteilung bis hin zu der für den realen Gewinn und Verlust oft entscheidenden Kostenzumessung, genügte in aller Regel eine Verwarnung, damit die Prozeßteilnehmer sich selbst disziplinierten. *Solicitors* und *barristers* mußten überdies befürchten, daß sie bei unprofessionellem Benehmen von ihren Berufskorporationen gemaßregelt und im Extremfall von der Liste gestrichen wurden.[18]

Wo lagen die Toleranzschwellen der Richter? Wann schritten sie ein? Am empfindlichsten reagierten sie, wenn ihr eigenes Urteil oder ihre Urteilsfä-

---

16 Vgl. Abel-Smith u. Stevens, Lawyers and the Courts, S. 126. Bei Richterschelte in der Presse verhärtete sich allerdings nach 1900 die Haltung des Obersten Gerichtshofes wieder, so daß englische Richter um die Mitte des 20. Jahrhunderts als außerhalb jeder Kritik stehend angesehen wurden (ebd. u. S. 289); vgl. auch Goodrich, Enchanted Past, S. 229 f.

17 Vgl. Essex Herald, 17. Mai 1870, S. 3, „Colchester (Borough), May 9. A Scene in Court"; ausführlicher zu diesem Fall unten, S. 481 ff.

18 Bis zum *Solicitors Act* 1888 konnte ein *solicitor* nur durch Gerichtsbeschluß von der Liste gestrichen werden. Nach dem Gesetz von 1888 gingen Fälle von „professional misconduct" zuerst an einen internen Disziplinarausschuß der Law Society; dieser erhielt durch ein Gesetz von 1919 noch weitergehende disziplinarische Gewalt. Vgl. Ernst Schuster, Die Disziplinargerichtsbarkeit über Anwälte nach englischem Rechte, in: Juristische Wochenschrift 42, Nr. 15 (1913), S. 798 f.; Abel-Smith u. Stevens, Lawyers and the Courts, S. 188 ff.; Sugarman, Brief History of the Law Society, S. 29 ff. Zur informelleren Selbstdisziplinierung der *barristers*: Cocks, Foundations of the Modern Bar, S. 128 u. 215; Duman, English and Colonial Bars, S. 34–40.

higkeit angezweifelt wurden. Wer mit einer Entscheidung unzufrieden war, konnte im Rahmen der rechtlichen Möglichkeiten und mit der gebührenden Höflichkeit Rechtsmittel beantragen oder ankündigen, aber es wurde grundsätzlich nicht geduldet, daß die unterlegene Partei nach verkündetem Urteil noch eine Diskussion über dessen Berechtigung anzuzetteln versuchte. Nach dem Richterspruch durfte außer über Berufungsmöglichkeiten nur noch über die Kostenverteilung, über Zahlungsaufschübe und bei Strafsachen eventuell über eine Umwandlung in eine mildere Strafe gesprochen werden. Solange dabei lediglich auf die schwierige wirtschaftliche oder familiäre Lage des Verlierers oder seinen guten ‚Charakter' Bezug genommen wurde, ließen Friedens- und Grafschaftsrichter durchaus mit sich handeln.[19] Mitleid mit reumütigen Angeklagten zu zeigen, Verständnis für die Probleme zahlungsunfähiger Schuldner zu haben, stellte die eigene Autorität nicht in Frage, sondern unterstrich sie sogar. Hatte die unterlegene Partei hingegen vorher schon mit Rechtsmitteln gedroht oder deutete sie in irgendeiner Form an, daß sie die Entscheidung selbst nicht akzeptierte, hörte die Gesprächsbereitschaft sofort auf. Schon eine nach dem Urteil privat dem Richter gegenüber geäußerte Meinung, daß die Zeugen der Gegenseite nicht glaubwürdig gewesen seien, konnte als Mißachtung des Gerichts ausgelegt werden.[20]

Je niedriger das Gericht, desto geringer war allerdings der Respekt vor den richterlichen Entscheidungen. Insbesondere die Laienfriedensrichter hatten bisweilen größte Mühe, ihre Autorität zu wahren. Sie konnten es nicht immer verhindern, daß noch nach der Urteilsverkündung massive Vorwürfe gegen die Beweisaufnahme erhoben wurden oder kritische Rückfragen zur Rechtsgrundlage des Urteils kamen. Geschickte Anwälte konnten die Laien auf der Friedensrichterbank leicht in Verlegenheit bringen und deren mangelnde Kompetenz *coram publico* bloßstellen. So geschah es zum Beispiel im Fall des John Goldthorpe, eines Bergmannes, der wegen fahrlässigen Bedienens eines Förderkorbes zu einem Monat Gefängnis verurteilt worden war. Hier kündigte der verteidigende Anwalt, ein Mr. Ferns, zunächst Berufung an, was nur dank der Einmischung des aufmerksamen

---

19 Vgl. etwa Weekly Times, 5. Sept. 1858, S. 8, „Robbery of an Employer"; Reynolds's Newspaper, 21. März 1858, S. 4, „Middlesex Sessions. ... Embezzlement."

20 Vgl. den Fall *Grey* v. *Grossmith*, berichtet in: The Stage, 29. März 1923, S. 24. Hier hatte die in einem Kündigungsstreit mit einem Schauspieler unterlegene Managerin einer Theatertruppe den Fehler begangen, nach der Verhandlung einen privaten Brief an den Richter (Sir Alfred Tobin vom Westminster County Court) zu schreiben, in dem sie ihre Ansicht über den Fall darlegte. Der Richter wertete dies als *contempt of court* und verweigerte der Managerin aus diesem Grund den erbetenen Zahlungsaufschub.

magistrates' clerk als im vorliegenden Fall unzulässig abgewendet werden konnte. Dann forderte Mr. Ferns eine Herabsetzung der Strafe, weil die Beweise nicht ausreichten, und er wiederholte in diesem Zusammenhang seinen schon im Verfahren geäußerten Vorwurf, daß die Verurteilung sich nur auf ein dem Bergmann durch „Betrug" abgepreßtes Geständnis stütze. Daraufhin kam es zu einem erregten Wortwechsel mit dem Anwalt der Gegenseite, und erst jetzt fand der Vorsitzende den Mut, die Diskussion abzuwürgen, doch fiel ihm dazu nicht mehr ein als ein kruder Machtspruch, der die ganze Hilflosigkeit des Gerichts offenbarte: „Wir wollen nichts mehr davon hören und wir sehen keinen Grund, unsere Entscheidung zu ändern."[21] Das dreiste Aufbegehren des Anwalts änderte zwar in diesem Fall nichts an der Strafe für seinen Mandanten, Goldthorpe, aber zumindest hatte Mr. Ferns erreicht, daß die Zweifel an der Rechtmäßigkeit der Verurteilung in der Lokalzeitung („Wakefield Journal") und im führenden Branchenblatt, dem „Colliery Guardian", publik wurden.

Zu großer Meisterschaft bei der Erschütterung der Autorität von Laienfriedensrichtern brachte es in den fünfziger und sechziger Jahren des 19. Jahrhunderts der in ganz Nord- und Mittelengland agierende Arbeiteranwalt W.P. Roberts.[22] Geschützt durch seine immense Popularität – Prozesse, in denen er auftrat, zogen regelmäßig hunderte von Zuschauern und zahlreiche Journalisten an – konnte er Dinge sagen, die sich normale Anwälte oder gar einfache Arbeiter nie und nimmer hätten erlauben dürfen. Bei einem Verfahren gegen vier Bergarbeiter in Barnsley, die wegen Nichtbeachtung der vierzehntägigen Kündigungsfrist angeklagt worden waren, griff er in seiner zweistündigen Antwort auf den Klagevertreter zunächst die Grubenbesitzer und dann die Friedensrichter selber an.[23] Die klagende Firma, so Roberts, sei dieselbe, die vor einiger Zeit einen meineidigen Zeugen präsentiert habe, um unschuldige Arbeiter hinter Gitter bringen zu können[24], und nun komme sie mit einem angeblichen Kontraktbruch der Arbeiter daher, der in Wahrheit ein Wortbruch ebendieser Firma sei, die

---

21 Colliery Guardian, 22. Mai 1858, S. 329, „From the ‚Wakefield Journal'. Important Colliery Case: A Miner killed".

22 Vgl. Raymond Challinor, A Radical Lawyer in Victorian England. W.P. Roberts and the struggle for workers' rights, London 1990, hier bs. S. 205–226. Challinors Biographie konzentriert sich auf die spektakulären politischen Prozesse von Roberts; seine rastlose Tätigkeit als Vertreter kontraktbrüchiger, gekündigter oder um ihren Lohn geprellter Arbeiter wird nur gestreift.

23 Vgl. zum folgenden Colliery Guardian, 10. Juli 1858, S. 24, „Yorkshire. From our Correspondent at Barnsley".

24 Ebd. Roberts bezog sich hier auf einen Fall, der vierzehn Tage vorher ebenfalls in Barnsley stattgefunden hatte, vgl. Colliery Guardian, 26. Juni 1858, S. 408.

eine nach einem Streik getroffene Lohnvereinbarung nicht eingehalten
hätte. Anschließend protestierte Roberts dagegen, daß die Friedensrichter
sich zu „Werkzeugen" der betreffenden Grubenbesitzer machen ließen, und
äußerte vorsorglich die Befürchtung, daß seine Mandanten von den zu Gericht sitzenden Herren wohl kaum Fairness erwarten könnten, „wenn man
sehe, daß einer der *gentlemen* tausende von Händen beschäftige und ein Interesse daran habe, Bewegungen wie die jetzige zu unterdrücken".[25] Nachdem die Richterbank, scheinbar ungerührt, den ersten Angeklagten zu einem Monat Gefängnis mit „harter Arbeit" verurteilt hatte, goß Roberts
noch einmal Hohn und Spott über die Richter aus, die mit Rücksicht auf
ihre „manufacturing interests" offenbar nicht anders könnten, und erinnerte sie daran, daß die Welt draußen ihr Verhalten schon richtig einschät-
zen werde. Damit bezog er sich auf frühere Fälle vor den gleichen Friedensrichtern in Barnsley, bei denen ihm als Verteidiger das Wort abgeschnitten
worden war, was sogar im arbeitgeberfreundlichen „Colliery Guardian" zu
bitter-ironischen Kommentaren geführt hatte.[26] Zwar verurteilte die Bank
im Anschluß auch die anderen drei Arbeiter zu Haftstrafen, doch zeigte sich
zumindest einer der Friedensrichter, der schon angesprochene Großunternehmer, ein Mr. Beaumont, der zugleich Mitglied des Unterhauses war,
beunruhigt: Er wollte Roberts einen sogenannten *case stated* gestatten, das
heißt eine schriftliche Urteilsbegründung zur Vorlage bei einem höheren
Gericht, während die anderen Richter dies ablehnten.[27] Wenn es Roberts
somit auch nicht gelang, seine Mandanten vor dem Gefängnis zu bewahren,
trieb er wenigstens in einer Verfahrensfrage einen Keil zwischen die bishe-
rige Einheitsfront der Richter in Barnsley und ließ sie ein weiteres Mal als
gnadenlos und parteiisch erscheinen. Es waren Fälle wie dieser, die Teile der
Unternehmerschaft und der politischen Elite peinlich berührten und so der
Gewerkschaftskampagne gegen den alten *Master and Servant Act* Schub-
kraft verliehen.

Konnten sich die Laienfriedensrichter gegenüber versierten Arbeiteran-
wälten wie Ferns oder Roberts nur mühsam behaupten, ließen sie sich von
lokalen Arbeitgebern und deren Anwälten mitunter das Heft vollkommen
aus der Hand nehmen. Eine besonders aggressive Verhandlungstaktik legten Arbeitgebervertreter bei angeblichen Verstößen gegen die Fabrik- und
Bergwerksgesetze an den Tag. Ihr Hauptinteresse ging dahin, in der Ver-

---

25 Colliery Guardian, 10. Juli 1858, S. 24.
26 Vgl. Colliery Guardian, 12. Juni 1858, S. 376; 19. Juni 1858, S. 387f. („Hear the other side.");
    26. Juni 1858, S. 408.
27 Colliery Guardian, 10. Juli 1858, S. 24.

handlung möglichst wenig Details, am besten überhaupt keine, über die Vorgänge verlauten zu lassen, die zur Anklage seitens des Inspektors geführt hatten. Was hinter den Fabrikmauern und in den Gruben unter Tage vor sich ging, sollte nicht vor die Öffentlichkeit des Gerichts gezerrt werden. Um dieses Ziel zu erreichen, waren viele Arbeitgeber bereit, in einem weniger substanziellen Punkt der Anklage auf ‚schuldig‘ zu plädieren und eine symbolische Strafe entgegenzunehmen, um das Stillschweigen des Inspektors vor Gericht zu erkaufen.[28] Trafen sie aber auf einen Inspektor, der sich auf diesen Kuhhandel nicht einließ, versuchten die Arbeitgeberanwälte, dessen Stand in der Gerichtsverhandlung mit allen Mitteln zu erschweren. Dabei kam ihnen vor allem in den Anfangsjahren der Fabrikgesetzgebung die mangelnde Vertrautheit der Laienrichter mit den neuen Gesetzen zu Hilfe. Wenn gesetzesbrüchige Arbeitgeber in den mittleren Jahrzehnten des 19. Jahrhunderts zur Empörung der Arbeiter vielfach ungeschoren oder mit nur nominellen Strafen davonkamen, so lag dies oft daran, daß Friedensrichter sich aus Unkenntnis oder mit Absicht – das ließ sich im einzelnen schwer auseinanderhalten – auf eine extrem passive Verhandlungsführung beschränkten.

Ein Fall dieser Art ereignete sich beispielsweise am 9. Mai 1870 vor dem Bürgermeister und sechs weiteren Friedensrichtern in Colchester.[29] Vor einem mit Zuschauern überfüllten Gericht verstand es der Anwalt des angeklagten Unternehmers, eines Druckereibesitzers, sowohl den klagenden Inspektor als auch den Bürgermeister und seine Kollegen völlig an die Wand zu spielen. Nicht die Richter bestimmten in diesem Verfahren über die Redeordnung; vielmehr ließen sie den Arbeitgeberanwalt und den Inspektor (J.B. Lakeman) unter sich ausfechten, wer im Prozeß das Sagen haben sollte und wie die Rollen verteilt wurden. Sieger in diesem Rededuell war eindeutig der Arbeitgeberanwalt, ein Mr. Jones. Er wußte es zunächst zu verhindern, daß der Forderung des Inspektors nach Herausgabe des Firmenbuchs stattgegeben wurde, wobei ihm der *magistrates' clerk* durch eine spitzfindige Gesetzesauslegung assistierte, nach der die Friedensrichterbank zwar

---

[28] Für Fälle dieser Art vgl. People's Paper, 24. April 1858, „Breaches of the Factory Act at Boulton"; ebd., 1. Mai 1858, „Factory Act Convictions at Blackburn"; ebd., 5. Juni 1858, „Convictions under the Factory Act at Oldham"; ebd., 19. Juni 1858, „Violation of the Factory Act at Saddleworth"; Colliery Guardian, 13. Nov. 1858, S. 309 f., „Charges against the Proprietor and Manager of Cyfing Colliery"; ebd., 14. Jan. 1870, S. 46, „Important Colliery Prosecutions"; Tobacco Trade Review, 11. März 1871, S. 33 „Infringement of the Factory Act".

[29] Vgl. den Bericht in: Essex Herald, 17. Mai 1870, S. 3, „Colchester (Borough), May 9. A Scene in Court"; dort auch die folgenden Zitate.

eine Geldstrafe wegen Nicht-Herausgabe des Buchs verhängen könne, aber keine Macht habe, die Herausgabe des Buchs selbst zu erzwingen. So um sein wichtigstes Beweisstück gebracht, mußte Inspektor Lakeman, um mit seinem Fall überhaupt fortfahren zu können, selbst in den Zeugenstand treten. Damit verlor er seine privilegierte Sprecherrolle als Anklagender und Fragesteller, die nun an den Arbeitgeberanwalt Jones überging. Jones unterzog den Inspektor einem peinlichen Kreuzverhör und konterkarierte alle Ausbruchsversuche Lakemans aus der undankbaren Rolle des Befragten durch den Hinweis auf dessen augenblicklichen Status als Zeuge. Die Friedensrichter beschränkten sich auf Einwürfe und Zwischenfragen, hinderten aber Jones nicht daran, daß er – sehr zur Belustigung des Publikums – den königlichen Inspektor regelrecht vorführte. Formal bewegten sich die Richter in Colchester mit dieser Art der Verhandlungsführung im Rahmen des Zulässigen; sie waren nach den Gepflogenheiten des englischen Strafverfahrens nicht verpflichtet, selbst aktiv die Wahrheit herauszufinden, sondern durften sich darauf beschränken, die Aussagen der Parteien und Zeugen zu gewichten. Umgekehrt konnte aber niemand einen Friedensrichter daran hindern, selbst fragend in ein Kreuzverhör einzugreifen, um Wahrheiten ans Licht zu fördern, die einer Partei unangenehm sein mußten. Im vorliegenden Fall beendete der Bürgermeister die Farce, indem er als vorläufiges Resümee festhielt, daß die vorgebrachten Beweise (also die Aussagen von Inspektor Lakeman) im ersten Punkt der Anklage wohl nicht für eine Verurteilung ausreichen würden. Der Inspektor wurde aufgefordert, zum zweiten Punkt seiner Anklage überzugehen. Wieviel Mühe die Richterbank hatte, sich gegen den forschen Arbeitgeberanwalt wenigstens ihre ureigene Kompetenz, den abschließenden Urteilsspruch, vorzubehalten, zeigt der auf diese Aufforderung des Bürgermeisters folgende Wortwechsel:

Mr. Lakeman was about to reply, when Mr. Jones interposed and said: You must not reply upon the judgment of the bench – that is novel. [Laughter.] – Mr. Lakeman (nodding significantly): Thank you, Mr. Jones. Having sworn myself that the boy was at work –
The Mayor: Let this case stand for the present.
Mr. Jones: The magistrate says this case fails, as I understood him, and you must proceed with another.
Mr. Tabor [einer der Friedensrichter, W.S.]: The Mayor did not say ‚fail,‘ but, let it stand.[30]

Daß sich hier der Anwalt des Unternehmers beinahe die Richterrolle anmaßen konnte, während der klagende Inspektor sich in der Rolle eines Vorge-

---

30 Ebd.

führten wiederfand, dem das Wort abgeschnitten wurde, weist einerseits auf den großen Spielraum hin, den die Richter bei der Verhandlungsführung besaßen, andererseits war es auch eine Folge der unglücklichen Doppelrolle als Kläger und Zeuge, die der Inspektor in diesem konkreten Fall spielen mußte. Bei anderen vergleichbaren Fällen instruierten die Inspektoren einen Anwalt, der die Klage erläuterte und Fragen für die Anklage stellen konnte, auch wenn der Inspektor selbst in den Zeugenstand trat.[31] Dadurch war sichergestellt, daß die Arbeitgeberseite im Prozeß zu keiner Zeit die Initiative völlig an sich reißen konnte.

Die vorstehenden Beispiele aus Barnsley und Colchester zeigen die äußersten Grenzen dessen, was sich Anwälte um die Mitte des 19. Jahrhunderts gegenüber Laienrichtern an verbaler Freizügigkeit herausnehmen durften. Längst nicht alle Anwälte besaßen jedoch den Mut oder die Dreistigkeit eines W.P. Roberts oder eines Mr. Jones. Normalerweise verhielten sich Anwälte wesentlich respektvoller. Waren keine professionellen Juristen zugegen, konnten auch Laienfriedensrichter vor verbalen Attacken halbwegs sicher sein. Sie waren dann auch eher bereit, Arbeitgeber oder deren Agenten in die Schranken zu weisen, wenn diese protestierten oder über Rechtsfragen zu argumentieren begannen.[32] Im Unterschied zu den Laienrichtern dominierten die juristisch ausgebildeten Grafschaftsrichter und Berufsfriedensrichter den Verhandlungsablauf in der Regel unangefochten; jedenfalls finden sich in den dieser Studie zugrundeliegenden Fallberichten keine Beispiele für Szenen, bei denen Grafschaftsrichter oder *stipendiary magistrates* ähnlich hilflos wirkten wie die Friedensrichter in Barnsley oder der Bürgermeister von Colchester.

Reagierten die Richter aller Gerichte – mit den genannten Abstufungen – grundsätzlich sensibel, wenn ihre eigene Rolle und Autorität in Frage gestellt wurde, zeigten sie sich wesentlich toleranter, solange die Streitparteien untereinander diskutierten. Meineidsvorwürfe aus dem Munde eines Anwalts gegen gegnerische Zeugen wurden gerügt[33], aber gegenseitige Be-

---

31 Vgl. etwa Colliery Guardian, 14. Jan. 1870, S. 46, „Important Colliery Prosecutions".

32 Vgl. etwa Halifax Guardian, 13. Nov. 1847: Ein Arbeitgeber wird wegen abfälliger Bemerkungen gegen den eigenen Anwalt und das Gericht so scharf verwarnt, daß er entnervt den Gerichtssaal verläßt. Colliery Guardian, 11. Feb. 1870, S. 149, „Puddlers' Hirings": Der Manager eines Eisenwerks wird sofort unterbrochen, als er die Urteilsgründe der *magistrates* anzuzweifeln versucht.

33 Vgl. Colliery Guardian, 2. Okt. 1858, S. 217, „East Worcestershire. From Our Correspondent at Dudley." Dies war ein weiterer Fall unter Beteiligung von W.P. Roberts: „In the midst of his address there was a somewhat sharp personal encounter between him and Mr. Caldicott; and subsequently Mr. Roberts accused one of the witnesses for the plaintiff of being a ‚perjured man.' This and his previous language in the altercation with Mr. Caldicott,

schimpfungen und geballte Fäuste[34], Widerworte und ein grober, umgangs-
sprachlicher Ton[35] wurden in den Gerichtssälen durchaus geduldet. Auch
wüste Beschimpfungen des Gesetzgebers waren vor Laien-Friedensrichtern
erlaubt, ja man darf annehmen, daß die Schimpfenden den Richtern manchmal aus dem Herzen sprachen.[36] Allerdings kam es nicht selten vor, daß
Richter das aggressive Sprachverhalten von Prozeßteilnehmern im Gericht
als Indiz für ihr Verhalten im fraglichen Streitfall werteten und in die Urteilsbegründung einbezogen.[37] Wer seinen Fall ruhig und in wohlgesetzten
Worten vortrug, hatte daher bessere Chancen, die Sympathie des Richters
zu finden, als jemand, der seinen Gefühlen freien Lauf ließ und aufgeregt
herumfuchtelte. Rüdes Auftreten und freche Ausdrücke allein genügten
aber im allgemeinen nicht, damit der Betreffende zur Ordnung gerufen
wurde, es sei denn, er griff das Gericht direkt an.

Die Kommunikation in viktorianischen Lokalgerichten unterschied sich
in diesem Punkt deutlich von der in anderen britischen Institutionen des
19. Jahrhunderts. Vor allem im Parlament, aber auch im Obersten Gerichtshof wurde auf den Umgangston und die Würde der Auseinandersetzung
größter Wert gelegt. Im Obersten Gerichtshof, wo die Berufsjuristen oft

---

caused the chairman to state that he had been in the commission of the peace for 20 years,
but had never before heard such language used by an advocate. Mr. Roberts maintained his
right to use it, but refrained from repeating the term ‚perjured,‘ out of deference to the
magistrates.“

[34] Colliery Guardian, 26. Juni 1858, S. 408 f., „From a Correspondent at Madeley.“ Hier handelte es sich um einen Lohnstreit zwischen einem „groben“ Bergmann, der laut Bericht im
Volksmund als „Ben the Sinker“ bekannt war, und einem deutschen „gentleman“ und Ingenieur namens Dr. Reider, auch bekannt als „Donster Swivel Redivivus“. Über die Konfrontation dieser beiden merkwürdigen Gestalten im Gerichtssaal vermerkt der Bericht: „A
good deal of amusement was afforded the Court by the cross-question put by plaintiff, who
had to stand on the opposite side of the table, to prevent violence.“ Das Gericht entschied
für den beklagten Dr. Reider und führte als Grund das „unverschämte Benehmen des Klägers“ an.

[35] Vgl. etwa Weekly Times, 29. Aug. 1858, S. 8, „Saturday’s Law and Police. Master and Servant
– Incivility justifies Dismissal.“ Fall eines Ladengehilfen, der seinen ehemaligen Herren auf
ausstehenden Lohn verklagte. Beide beschimpften sich in ihren Stellungnahmen gegenseitig,
der Kläger beging aber darüberhinaus den Fehler, dem Richter zu widersprechen. Dieser leitete sein Urteil für den beklagten Herren mit einem Hinweis auf das Benehmen im Gericht
ein: „I am not surprised at your master complaining of your demeanour, which even here is
by no means prepossessing.“

[36] Siehe etwa Colliery Guardian, 4. Dez. 1858, S. 359 f., „Signalling in Coal Mines“. Hier ließ
der Anwalt des Arbeitgebers seinem Haß auf die Bergwerksgesetze und Inspektoren freien
Lauf, ohne von den Richtern gebremst zu werden: „This act of Parliament had been got up
like many others from what he called a maudlin sentimentality or morbis feeling of humani-
ty-mongers. who wished to see a lot of inspectors running about the country, contralising
[sic!] everything and harassing employers so that trade could scarcely be carried on.“

[37] Siehe die in Fn. 34 u. 35 genannten Fälle.

unter sich waren und Laien höchstens auf Fragen antworteten, war es zum Beispiel schon anstößig, wenn im Verfahren jemand darauf hinwies, daß ein Fall außerhalb des Gerichts „große Aufregung" verursacht habe. Ein Anwalt, der wegen dieses Ausdrucks vom Richter zurechtgewiesen wurde, korrigierte seinen Fehler, indem er nun sagte, der Fall habe „beträchtliches Interesse" hervorgerufen.[38] Ein ‚Interesse' konnte auch rein fachlicher Natur sein; wer von ‚Interesse' sprach, verließ damit nicht die innerjuristische Kommunikation, während ‚Aufregung' auf die außerjuristische Bedeutung eines Falles verwies. Was außerhalb des Gerichts über einen Fall gesagt wurde, hatte aber für die Richter im Obersten Gerichtshof als belanglos zu gelten und sollte – jedenfalls theoretisch – ihre Entscheidung in keiner Weise beeinflussen; deshalb wurde schon ein Wort wie ‚Aufregung' moniert.

Vor den Lokalgerichten wurde auf solche Feinheiten des Ausdrucks nicht geachtet. Hier hatten es die Streitenden weitgehend in der Hand, wie sie sich darstellten, worauf sie Bezug nahmen und wie sie verbal miteinander umgingen; die Bewertung ihrer Darbietung durch den Richter erfolgte meist erst zum Schluß, nachdem die Parteien ihre Argumente ausgetauscht hatten. Hatte sich der Richter eine Meinung gebildet, reagierte auch er mitunter höchst emotional. So geschah es etwa im Fall eines älteren Herren, der seiner von ihm geschwängerten und dann krank gewordenen Haushälterin ohne Lohn gekündigt hatte, weil sie einen Topf mit Wasser nicht rechtzeitig vom Herd genommen hatte. Als der Herr nach der Urteilsverkündung auch noch um Zahlungsaufschub bat, riß dem Richter der Geduldsfaden und er wies ihn aus dem Gericht mit den Worten: „You disgraceful old man, get out of court with you, get out."[39]

Nimmt man an, daß die Presseberichterstattung das Geschehen in den Lokalgerichten halbwegs detailgetreu widerspiegelt, so scheinen emotionale Ausbrüche bei Arbeitsstreitigkeiten vor Gericht im späten 19. und frühen 20. Jahrhundert nicht mehr so häufig vorgekommen zu sein wie in den vor-

---

[38] *Plant v. Cheadle Valley Coal and Iron Company,* verhandelt vor der *Queen's Bench Division,* berichtet in: Staffordshire Knot, 2. Dez. 1882, S. 5 u. 16. Dez. 1882, S. 6. Es ging um einen Antrag auf Berufung in einem Kündigungsstreit zwischen einem Manager und seiner Firma. „Mr. Justice Field: From what I hear it was a very important case, and this application should have been made at the time of the hearing, and not afterwards. – Mr. Green: It is a case that has created much excitement since. – I do not like to hear you come here, Mr. Green, and talk about excitement. You ought not to speak like that here. – Mr. Green: Well, my Lord, I will say, then, that it is a case that has excited considerable interest. – Their lordships refused the application."

[39] *Higgs v. Hopkins,* berichtet in: County Courts Chronicle, 1. Dez. 1858, S. 279, „County Court Curiosities".

hergehenden Jahrzehnten. Daß in den Gerichtsspalten der Lokal- und Fachpresse nur noch selten emotionsgeladene Szenen geschildert wurden, kann aber ebensogut auch mit einem nachlassenden Interesse der Zeitungsmacher und ihrer Leser für derlei vermischte und kuriose Nachrichten zusammenhängen. Für diese Erklärung spricht, daß die Berichterstattung aus den Lokalgerichten, von spektakulären Strafsachen abgesehen, seit dem späten 19. Jahrhundert generell dünner und farbloser wurde und sich zunehmend auf die juristisch erheblichen Punkte des Falles konzentrierte. Auseinandersetzungen wurden nun nicht mehr so häufig in wörtlicher Rede, sondern oft nur noch indirekt resümierend wiedergegeben. Tauchten aber in den späteren Fallberichten doch einmal Passagen wörtlicher Rede auf, erschienen die Laien – Arbeitnehmer wie Arbeitgeber – weiterhin nicht weniger impulsiv als in der viktorianischen Zeit. Was sich aber offenbar verändert hatte, waren die Toleranzschwellen der Richter. Soweit sich den Beispielen entnehmen läßt, intervenierten sie nun öfter und schneller als vorher und ließen es nicht mehr zu, daß Streitparteien ihrer Wut freien Lauf ließen.[40] Emotionalität wurde also zurückgedrängt, sowohl von den Richtern, die sie aus den Gerichtssälen verbannten, als auch von den Journalisten, die seltener und dann meist nur in indirekter Form darüber berichteten.

PUBLIKUMSREAKTIONEN: PROTESTE, APPLAUS, GELÄCHTER

Wie sich am Beispiel der Kontrolle von Emotionen zeigt, bestimmten die Richter nie allein über die Ordnung im Gerichtssaal. Auch die publizistische Resonanz und die Reaktionen des anwesenden Publikums machten den Beteiligten, einschließlich der Richter, klar, wo Grenzen des Sagbaren und des akzeptablen Verhaltens lagen. Ruhe im Gerichtssaal zu wahren, gehörte zu den schwierigsten Aufgaben des vorsitzenden Richters. Wenn er ‚Ruhe!' brüllte oder notfalls die Zuschauergalerien räumen ließ, war es im Grunde immer schon zu spät: Das lärmende, murrende, lachende Publikum oder einzelne Zwischenrufer hatten für einen Moment lang die Hoheit im Saal innegehabt. Eine Zurechtweisung oder ein Hinauswurf stellten die Autorität des Richters wieder her, aber die Störer hatten ihren Standpunkt

---

[40] Vgl. etwa die Fallberichte in: Labour Chronicle, 1. April 1895, S. 32, „Employer and Workman. Important Lawsuit" (Liverpool County Court); Bakers' Record, 26. Jan. 1912, S. 10, „A Scene in Court" (Hull Police Court); Bakers' Record, 8. März 1912, S. 7, „The Factory Act" (Leeds stipendiary magistrate). In allen drei Fällen wurden wütende Arbeitgeber vom Richter in die Schranken gewiesen.

deutlich gemacht, und dies machten sie sozusagen noch einmal, und wirksamer, wenn der Zwischenfall in der Presse vermerkt wurde.

Es scheint indes ein breiter Konsens unter Berichterstattern geherrscht zu haben, daß über laute Mißfallensbekundungen der Anwesenden nur zurückhaltend und mit neutralen Formulierungen zu berichten sei. So war das Äußerste, was man über negative Reaktionen in den Zeitungen lesen konnte, daß verurteilte Männer das Gericht „Beschwerden murmelnd" und begleitet von „deutlichen Gefühlsäußerungen" der Zuschauer verlassen hätten[41], daß es Szenen „beträchtlicher Unruhe" gegeben habe[42], daß eine Entscheidung „dem Publikum alles andere als befriedigend" erschienen sei[43], oder daß die anwesenden Arbeiter „lebhaftes Interesse" während der Verhandlung und „offenkundige Unzufriedenheit" angesichts des Urteilsspruchs gezeigt hätten.[44] In welchem Moment genau Lärm und Proteste losgingen, gegen wen oder was sie sich richteten und welche Rufe im einzelnen laut wurden, blieb unbestimmt. Auch radikale Presseorgane wie zum Beispiel das Chartistenblatt „The People's Paper" wahrten hier Distanz. Man muß darin vor allem eine Vorsichtsmaßnahme der Journalisten und Zeitungsinhaber sehen, denn die genaue Wiedergabe von irgendwelchen Protesten während oder kurz nach der Verhandlung konnte ebenso wie der Protest selbst als Mißachtung des Gerichts bestraft werden. Auffällig ist zudem, daß selbst so zurückhaltend formulierte Bemerkungen über Mißfallenskundgebungen wie die soeben zitierten zum Ende des 19. Jahrhunderts hin aus der Berichterstattung verschwanden.

Weniger Beschränkungen erlegte sich die Presse bei Berichten über Vorfälle außerhalb des Gerichtssaals auf. So berichtete das Arbeitgeberblatt „Colliery Guardian" über eine Demonstration von mehreren hundert Bergleuten in der Nähe von Barnsley, die anläßlich der Entlassung von vier wegen Kontraktbruchs verurteilten Arbeitern aus dem Gefängnis stattfand.[45] Die Entlassenen wurden mit einer Musikkapelle und unter „enthusiastischen" Hochrufen zunächst zu einem Gasthof geleitet, wo ein Mann namens Shelton eine kurze Rede hielt, in der er die Einigkeit der Bergleute im Kampf gegen ihre „Feinde" und bei der Verteidigung ihrer „Menschenrechte mit allen legalen Mitteln" beschwor. Anschließend formierte sich die

---

[41] Colliery Guardian, 9. Okt. 1858, S. 232, „From our Correspondent at Bilston".

[42] Colliery Guardian, 5. Juni 1858, S. 361, „Staffordshire. From our correspondent at Birmingham", Bericht zu Fällen unter dem Truck Act in Wolverhampton.

[43] People's Paper, 17. April 1858, „Rochdale. Offence against the Factory Act".

[44] Weekly Times, 28. Nov. 1858, S. 6, „Law Intelligence. … The Working Classes and Employers."

[45] Colliery Guardian, 14. Aug. 1858, S. 103.

Prozession neu und eskortierte die Männer nach Hause, wobei die Musikkapelle das Lied „Home, sweet home" intonierte. Einige Tage zuvor war es,
dem gleichen Korrespondentenbericht zufolge, in dem gleichen Grubenbe-
zirk bereits zu einem anderen „Tumult" gekommen, als ein Streikbrecher
sich vor einer aufgebrachten Menge von 2000 oder 3000 Bergleuten in die
Polizeistation geflüchtet hatte und unter Polizeischutz zur Grube zurück-
kehrte, um fünf der Angreifer verhaften zu lassen, denen nun, wenige Tage
nach der triumphalen Heimführung der vier Kontraktbrüchigen, ein neuer
Prozeß gemacht wurde. Berichte wie diese ließen die Emotionen deutlich
werden, die im Gerichtssaal selbst und in der Berichterstattung über die
Verhandlungen unterdrückt wurden.

Wie bei den Protesten, so wurden zum Ende des 19. Jahrhunderts hin
auch Meldungen über positive Publikumsreaktionen seltener. Um die Mitte
des 19. Jahrhunderts fanden sich in der Presse noch recht viele Hinweise auf
„Applaus" oder „offensichtliche Zufriedenheit" nach dem Urteilsspruch,
später hingegen kaum noch.[46] Eine Sorge der Zeitungsredakteure vor An-
klagen wegen *contempt of court* kann hierfür nicht der Grund gewesen sein;
auch ein Nachlassen der Beifallsbekundungen selbst ist eher unwahrscheinlich. Vielmehr dürfte die Eliminierung von Hinweisen auf Publikumsreaktionen, positiver wie negativer Art, Teil des Trends zu einer unemotio-
nalen, weniger farbigen, auf das juristisch Relevante konzentrierten Berichterstattung sein, wie sie sich im späten 19. und frühen 20. Jahrhundert
abzeichnete.

Was den Applaus angeht, kam diese Tendenz in der Berichterstattung den
Wünschen der Richter nach Kontrolle der Emotionen entgegen. Obwohl
vermutet werden darf, daß laute Zustimmung im Saal manchem Richter in-
nerlich Befriedigung verschaffte, durfte der Betreffende unter keinen Umständen den Eindruck erwecken, als habe er um der Popularität willen so
und nicht anders entschieden. Ein Richter, der sich im Applaus des Publikums gefiel, machte sich unter seinen Kollegen unmöglich. Schon deshalb
wurden Beifallskundgebungen grundsätzlich unterdrückt. Sieht man sich
weiter an, welche Urteile das Publikum mit Beifall bedachte beziehungsweise wann die Presse dies für mitteilenswert hielt, so waren es durchweg

---

[46]   Beispiele: County Courts Chronicle, 2. Aug. 1858, S. 182, „Caldwell v. Bale"; Weekly Times,
18. Juli 1858, S. 6, „The distressed Needlewoman. Sheriff's Court. – Horniman v. Skinner";
People' Paper, 5. Juni 1858, „Saturday's Law and Police" (*Read* v. *Stimpson*); Northampton
Mercury, 12. Juni 1858, „Northampton County Court." (*Russell* v. *Savage*); Colliery Guardian, 13. Feb. 1858, S. 105, „South Staffordshire" (*Graney* v. *Lloyd*); Northampton Mercury,
9. Juli 1870, S. 6, „Northampton Borough Petty Sessions"; Women's Industrial News, Aug.
1896, S. 4, „Notes".

Entscheidungen, die zugunsten der tatsächlich oder vermeintlich schwächeren Streitpartei, hier also der Arbeitnehmer, darunter oft Frauen, ausfielen. Der Applaus zeigte in diesen Fällen an, daß der Richter in den Augen des Publikums eine Erwartung durchbrochen hatte, die Erwartung nämlich, daß Richter im allgemeinen einer wirtschaftlich schwächeren Partei keine mildernden Umstände zubilligten. Nach den Dogmen des englischen Vertragsrechts durfte die ökonomische Macht von Streitparteien bei der Bewertung ihres Verhaltens aber keine Rolle spielen, und so mußten die Richter nicht nur der Ordnung im Gerichtssaal wegen, sondern auch um der Aufrechterhaltung der zentralen Gleichbehandlungsnorm willen dafür sorgen, daß Applaus unterbunden wurde.

Außer durch Beifall und Proteste machte sich das Publikum noch in einer anderen Weise bemerkbar: durch Gelächter oder ‚Heiterkeit'. Legt man wieder die Presseberichte zugrunde und betrachtet dazu den bis heute anhaltenden, offenbar unwiderstehlichen Drang englischer Juristen, mit humoristischen Anekdoten gespickte Memoiren zu publizieren[47], so wurde (und wird) in englischen Gerichten gern und viel gelacht. Im Unterschied zu Beifall und Protesten wurde das Gelächter im Gericht normalerweise nicht unterdrückt, weder am Ort des Geschehens noch in der Berichterstattung. Nicht selten waren es sogar die Richter selbst, die das Gelächter durch ihre Einwürfe und Kommentare provozierten, womit wir bei der durchaus ernstzunehmenden Frage nach den Funktionen des Lachens im Gericht wären.

Grundsätzlich zu unterscheiden ist einerseits das je nach Situation spöttische, gehässige, höhnische, schadenfrohe, ironische oder auch mitleidigherablassende Lachen über andere, das Lachen auf Kosten derer, die sich lächerlich gemacht hatten oder lächerlich gemacht wurden; andererseits das eher harmlose, befreiende, (fast) alle Anwesenden verbindende Lachen über eine spaßhafte Bemerkung oder eine komische Situation. Obwohl es unter anderen Gesichtspunkten verlockend wäre, braucht über Letzteres hier nicht viel gesagt zu werden. Das Lachen über einen komischen Zwischenfall

---

[47] Vgl. u.a. die z.T. autobiographischen Texte von Parry, The Law and the Poor; Williams, Later Leaves; Alfred Chichele Plowden, Grain or Chaff? The Autobiography of a Police Magistrate, London 1903; Cecil Chapman, The Poor Man's Court of Justice: Twenty-five Years as a Metropolitan Magistrate, London 1926. Ferner die Sammlung: The Lawyer, in History, Literature, and Humour, hg. v. William Andrews, London 1896. In diesen Zusammenhang gehören auch die zahlreichen, nur leicht fiktionalisierten Fallgeschichten des Strafverteidigers John Mortimer, in dessen Kunstfigur Horace Rumpole sich die Erfahrungen des Autors selbst spiegeln. Das jüngste Beispiel des Genres ist: Geoffrey Robertson, The Justice Game, London 1998.

oder den Wortwitz eines Beteiligten bedeutete lediglich eine Unterbrechung der Gerichtsverhandlung. Es war eine Auszeit, die für einen Moment lang die Spannung löste, ohne die vorgegebene adversatorische Kommunikationssituation durchbrechen zu können.[48] Nicht zufällig geschah es gerade bei Prozessen im Schauspielermilieu häufig, daß die Beteiligten darin wetteiferten, das ganze Gericht zum Lachen zu bringen; der Ernst kehrte jedoch spätestens bei der Urteilsverkündung zurück.[49] Generell ist es wenig wahrscheinlich, daß Kläger und Beklagte, wenn ihnen überhaupt zum Lachen zumute war, vor Gericht je gleichzeitig über dasselbe lachten, und wenn, dann blieb die darin kurzzeitig sich ausdrückende Gemeinsamkeit für den weiteren Verlauf folgenlos. In den dieser Studie zugrundeliegenden Berichten findet sich jedenfalls kein Beispiel dafür, daß allseitige Heiterkeit im Gerichtssaal einen Abbruch des Streits oder eine Versöhnung nach sich zog. So etwas mochte es in Komödien, vielleicht auch in den Königlich bayerischen Amtsgerichten der ‚guten alten Zeit‘ geben, aber es entsprach nicht der Realität in englischen Gerichtsverhandlungen des 19. und frühen 20. Jahrhunderts und schon gar nicht der Realität in den oft erbitterten Arbeitsstreitigkeiten, von denen hier die Rede ist.

Bedeutsamer und folgenreicher für die Prozeßverläufe war das zuerst beschriebene Lachen, das Lachen auf Kosten anderer. Dieses Gelächter konnte zur Waffe in der Gerichtsverhandlung werden. Wer als Streitender oder Anwalt die Lacher auf seine Seite zog und dort zu halten vermochte, erlangte einen Vorteil über den Gegner. Ein spöttisch oder schadenfroh lachendes Publikum isolierte denjenigen, über den gelacht wurde. Besonders unbehaglich wurde es für ihn, wenn auch der Richter in das Gelächter einstimmte oder durch sarkastische Bemerkungen und ironische Zwischenfra-

---

[48] Vgl. etwa: *Bycroft* v. *Asche*, berichtet in: The Stage, 8. Feb. 1923, S. 16: Ein Schauspieler, der sich auf der Bühne bei einem „Kampf" zwischen schwarzen Sklaven das Bein verletzt hatte, schilderte die Szene so lebhaft, daß das Publikum lachte, was die Anwälte zu weiteren, damals offenbar amüsanten rassistischen und sexistischen Bemerkungen anreizte. *McKinnon* v. *Gray and Co.*, berichtet in: Northern Daily Mail, 11. Juni 1909, „Accident which caused ‚double vision'": Ein Arbeiter, der seit einem Unfall unter Sehstörungen litt, suchte dies im Gericht dadurch zu demonstrieren, daß er sich schielend vor den Richter stellte und behauptete, er könne ihn jetzt doppelt sehen, woraufhin sich eine spaßhafte Diskussion zwischen dem Richter, den medizinischen Experten und den Anwälten über die mögliche kommerzielle Verwertbarkeit des Schielens als „Hobby" entspann. *Jordan* v. *Court*, berichtet in: Weekly Times, 9. Jan. 1858, „Servantgalism – The Man in the Coalhole": Fall eines Dienstmädchens, das den Geliebten – einen „big ill-made Irishman" - im Kohlenkeller verstecken wollte, als die Herrin nach Hause kam, und daraufhin entlassen wurde.

[49] Vgl. etwa die Fälle *Gotto* v. *St. Leger*, berichtet in: Weekly Times, 26. Sept. 1858, S. 8, „The Manager in distress – Comedy and Tragedy"; *Cesarini* v. *Ronzani*, ebd., 15. Aug. 1858, S. 8, „The Prima Donna and the Manager".

gen die ausgelassene Stimmung im Saal anheizte.[50] Dem Betroffenen wurde so zu erkennen gegeben, daß er sich auf der Verliererstraße befand. In dem oben geschilderten Fall unter dem *Factory Act* in Colchester kam es phasenweise so weit, daß der Arbeitgeberanwalt, Mr. Jones, und der vorsitzende Bürgermeister einander die Stichworte zuwarfen, mit denen sie den königlichen Inspektor als ortsfremden Außenseiter einer weiteren Lachsalve des heimischen Publikums auslieferten.[51] Der Inspektor wahrte in dieser Situation allerdings die Fassung und nötigte damit alle Beteiligten, die Ernsthaftigkeit des Verfahrens wiederherzustellen. Dabei half ihm die Tatsache, daß er sich auf seine Rolle als persönlich uninteressierter Amtsträger zurückziehen konnte. Auch Anwälte und offizielle Vertreter einer Körperschaft konnten sich auf ihre Amtspflichten berufen und so ihre Person aus der Schußlinie nehmen.[52] Für private Kläger, Beklagte oder Zeugen, die in ähnlicher Weise der Lächerlichkeit preisgegeben wurden, gab es hingegen keine Rolle, die sich als schützendes Gehäuse um ihre Person legte. Verunsichert und persönlich getroffen durch das Gelächter, mußten sie den Zeugenstand räumen, ohne ihrer Sache gedient zu haben.[53] Wurde über das Gelächter in der Zeitung berichtet, konnte der Gesichtsverlust dem Einzelnen über die

---

[50] Vgl. etwa den Fall *Wells* v. *Home and Colonial Stores* vor Judge French vom Shoreditch County Court, berichtet in: Yorkshire Factory Times, 15. Feb. 1895, S. 8, „Concerning Fines. A sensible Judge. A Point for Textile Workers."

[51] Essex Herald, 17. Mai 1870, S. 3.

[52] Vgl. etwa den Fall *Parker* v. *Carden and Others* vor der *Queen's Bench*, berichtet in: Weekly Times, 27. Juni 1858, S. 6, „Law Intelligence. The Schoolmaster, the Lord Mayor, and Aldermen. ‚Suspending' at Newgate." In diesem Fall ging es um die Entlassung des Schulmeisters der Gefängnisschule von Newgate durch die City of London. Der Anwalt des klagenden Schulmeisters und der Richter (Lord Campbell) überboten sich in witzigen Anspielungen, die das harte Verhalten der Londoner Stadtregierung und des unmittelbaren Vorgesetzten gegen den Schulmeister ins Lächerliche zogen. Unter anderem wurde dazu die Doppeldeutigkeit des Worts „suspending" (vom Dienst suspendieren und aufknüpfen) genutzt. Der *Common Serjeant* als Offizialverteidiger der City konnte jedoch die Rechtsposition der City-Autoritäten unbehelligt von dem Gelächter vortragen. Der Richter bestätigte ihm, daß er seine Pflicht getan habe, und entlastete ihn damit vor aller Öffentlichkeit von jeder Verantwortung für den (aus der Sicht der Stadt London) negativen Ausgang des Verfahrens.

[53] Vgl. *Griffiths* v. *Gidlow*, einen Prozeß um Schadensersatz wegen eines Arbeitsunfalls vor den Liverpool Assizes, in: Colliery Guardian, 4. Sept. 1858, S. 151: „Amongst the witnesses called in support of the plaintiff's case, was a man named John Wright; but the learned counsel was unable to elicit any answer from him to the different questions he asked, with the exception that he was ‚a sinker.' ... The witness seemed unable to comprehend the plainest interrogatories, and appeared quite bewildered. His simplicity of manner caused much amusement in Court, and his lordship ironically remarked to the learned counsel that the witness was one of the ‚experts.' The witness retired from the box amidst roars of laughter without having given a word of information on the case." Vgl. für einen ähnlichen Vorfall den Bericht über den Fall *Williams* v. *Gilbert and Rivington* in: LSC 88th Quarterly Report, 27. Jan. 1870, MRC Mss. 28/CO/1/8/12 (Zeugenaussage eines Mr. Ogden).

akute Situation hinaus schaden. Vor allem kleine Geschäftsleute mit lokalem Kundenstamm, aber auch höhere Angestellte, die eine neue Stellung suchten, mußten diese Form negativer Publizität fürchten.[54] Einfache Arbeiter, die sich nur aufgrund ihrer Unbeholfenheit lächerlich gemacht hatten, konnten dagegen eher auf das Mitgefühl des Publikums bauen.[55]

Die Anwesenheit von Zuschauern verlieh dem Geschehen in englischen Lokalgerichten etwas Theatralisches. Anders als auf der Bühne bestimmte jedoch nicht in erster Linie die Publikumsresonanz über Erfolg und Mißerfolg der Vorstellung. Und im Unterschied zum Theater gab es auch keine genaue Regieanweisung, die den Beteiligten vorschrieb, wie sie zu reden und sich zu bewegen hatten. Zwar standen Ablauf und Rollenverteilung vorher fest, aber was die Sprecher daraus machten, blieb weitgehend ihnen überlassen. Wo die Toleranzschwellen des Richters im konkreten Fall lagen, wann er oder das Publikum allergisch oder zustimmend reagieren würden, war kaum vorhersehbar und konnte von den Beteiligten nur tastend herausgefunden werden. Kurzum, die Kommunikationssituation vor englischen Lokalgerichten war in hohem Maße offen, und sie blieb es im gesamten Untersuchungszeitraum. Die einzig erkennbare Veränderung bestand in der Zurückdrängung von Emotionalität und Spontaneität, wobei nicht sicher ist, ob sich in diesem Punkt lediglich die Berichterstattung oder auch die Praxis selbst änderte. So oder so blieb es dabei, daß die Wirkungen des Redens und Verhaltens vor Gericht nur schwer kalkulierbar waren.[56] Auf prozeßunerfahrene Laien, ob Arbeitnehmer oder Arbeitgeber, mußte dies abschreckend wirken. Begünstigt waren hingegen diejenigen, die über eigene Erfahrungen verfügten oder sich einen mit den Eigentümlichkeiten des jeweiligen Gerichts vertrauten Anwalt leisten konnten. Die Offenheit der Kommunikationssituation verstärkte somit die ohnehin vorhandenen ungleichen Ausgangschancen von Armen und Reichen, Ungebildeten und

---

[54] Vgl. etwa den Fall *Finch* v. *Hains*, berichtet in: Shoe Trades Journal, 19. Okt. 1923, S. 26, „Shoe Manufacturer sued by his Manager": Der klagende Manager offenbarte durch seine Aussage, wie naiv er sich im geschäftlichen Umgang mit seinem – offenbar zahlungsunfähig gewordenen – Chef verhalten hatte; der Richter bescheinigte dem Kläger in seinem Urteilsspruch, daß er „in einer außerordentlich hirnlosen Weise" gehandelt habe, als er dem Chef Geld vorstreckte.

[55] Vgl. etwa den Fall *Wrighton* v. *Kirby*, berichtet in: Northampton Mercury, 17. April 1858: „A good deal of amusement was occasioned in court by the manner of the plaintiff, who gave his evidence in a sententious and superabundant manner, becoming sometimes apparently puzzled and scratching his head and looking upward, as if to invite back something that had clean gone off." Der Kläger war Gehilfe eines lokalen Gemüsehändlers.

[56] Glaubt man dem neuesten Bestseller aus der Feder eines prominenten Kenners, ist dies auch heute noch ein Charakteristikum des englischen Gerichtsverfahrens: Robertson, Justice Game.

Gebildeten, Außenseitern und Integrierten vor Gericht. Dies ist indes keineswegs spezifisch für die englische Rechtskultur und kann daher nur im Zusammenhang mit anderen Faktoren die vergleichsweise schwache Nutzung der Justiz durch Arbeitgeber und Arbeitnehmer erklären.

3. Sprachbarrieren und Kreuzverhöre

> Nam ubi non est intellectus, ibi non est sententia:
> oportet ergo quod pars intelliget quid iudex loquitur.[57]

Die problematische Verständigung zwischen Laien und Juristen

Außer durch Ordnungsrufe des Richters und Reaktionen des Publikums wurden dem einzelnen Prozeßteilnehmer auch durch seine subjektive Sprachgewandtheit und Verständnisfähigkeit Grenzen gesetzt. Kein noch so fairer Richter, keine Prozeßordnung konnte verhindern, daß ein einfacher Arbeiter, der sich nicht situationsgerecht ausdrücken konnte oder der erst gar nicht verstand, was von ihm verlangt wurde, vor Gericht benachteiligt war. Auch war es, wie im 19. Jahrhundert so heute, bis zu einem gewissen Grade unvermeidlich, daß im Durchschnitt die Ärmeren, die Illiteraten, die Dialektsprecher, die Ausländer häufiger mit Sprachbarrieren zu kämpfen hatten als die Reichen und Gebildeten.[58] Derlei sprachlich bedingte Chancenungleichheiten wird man in allen Rechtssystemen in ähnlicher Form vorfinden.

Weniger klar ist jedoch, in welcher Weise und wie genau sich die kommunikativen Arrangements in bestimmten Rechtssystemen und Gerichten, hier also in den englischen Friedens- und Grafschaftsgerichten, auf die Chancen ungleich befähigter Sprecher auswirkten. Manche Elemente des englischen Gerichtsverfahrens kamen, so scheint es, dem sprachlich und juristisch weniger geschulten Prozeßteilnehmer entgegen. Dazu gehörten die

---

[57] Baldus, Praelectiones in septimum Codicis librum, Lugduni (Lyon) 1556, zit. nach: Hans Kiefner, Ubi non est intellectus ibi non est sententia. Baldus' Kommentierung der Lex Iudices (C.7,45,12): Über die Gerichtssprache, in: Tijdschrift voor Rechtsgeschiedenis 60 (1992), 261–287. Der Satz bezieht sich auf die Frage, ob vor Gericht Griechisch oder Lateinisch oder die Gemeinsprache gebraucht werden soll.

[58] Allgemein zu diesem Thema u.a.: Hermann Bausinger, Sprachschranken vor Gericht, in: Konrad Köstlin u. Kai Detlev Sievers (Hg.), Das Recht der kleinen Leute: Beiträge zur rechtlichen Volkskunde, Festschrift für Karl-Sigismund Kramer zum 60. Geburtstag, Berlin 1976, S. 12–27; John Gibbons (Hg.), Language and the Law, London u. New York 1994 (darin bes. die Aufsätze von Sandra Harris, Mark Brennan, Diana Eades u. John Carroll).

im Vergleich zum deutschen Zivilprozeß ausgeprägte Mündlichkeit, die einzelfallorientierte Denkweise und die Tatsache, daß in vielen Fällen Laien maßgeblich an der Entscheidung beteiligt waren, sei es als Richter oder als Geschworene. Andere Elemente erhöhten eher die Barrieren für die Unwissenden und Ungeschickten. Hier wäre zu denken an die Obskurität großer Teile des *Common law*, an die starke Präsenz von Anwälten (vor allem im Vergleich zur deutschen Arbeitsgerichtsbarkeit) und an die Schwierigkeit, dem Gegner und seinen Zeugen nur Fragen stellen zu dürfen beziehungsweise sich selbst einem Verhör unterwerfen zu müssen, in dem man nur auf Fragen antworten, nicht aber seine eigene Geschichte erzählen durfte. In jedem Fall wird man wegen des großen Ermessensspielraums, den die englischen Richter in allen Verfahrensangelegenheiten besaßen, mit einer von Gericht zu Gericht sehr unterschiedlichen Hilfsbereitschaft gegenüber den weniger artikulationsfähigen Prozeßteilnehmern rechnen müssen.

Eine historische Analyse von Frage- und Antworttechniken, von subjektiven Artikulationsschwächen und ihren Folgen in Gerichtsprozessen kann nicht auf die Quellen zurückgreifen, die der modernen Rechtssoziologie und Soziolinguistik zur Verfügung stehen.[59] Verbalprotokolle wurden in englischen Friedens- und Grafschaftsgerichten normalerweise nicht angefertigt[60], und die oft um wörtliche Wiedergabe des Gesprochenen bemüh-

---

[59]   Vgl. neben den oben (Fn. 58) genannten Publikationen bes.: Peter Goodrich, Modalities of Legal Annunciation: A Linguistics of Courtroom Speech, in: ders., Languages of Law, S. 179–208; J. Maxwell Atkinson u. Paul Drew, Order in Court. The Organisation of Verbal Interaction in Judicial Settings, London 1979; Sally Engle Merry, Getting Justice and Getting Even: Legal Consciousness among Working-Class Americans, Chicago u. London 1990; John M. Conley u. William M. O'Barr, Rules versus Relationships: The Ethnography of Legal Discourse, Chicago u. London 1990; dies., Just Words. Law, Language, and Power, Chicago u. London 1998; ferner auch den Forschungsbericht von: Elizabeth Mertz, Language, Law, and Social Meanings: Linguistic/Anthropological Contributions to the Study of Law, in: Law and Society Review 26 (1992), S. 413–445.

[60]   Bei Strafsachen wurden allerdings in manchen Friedensgerichten die Zeugenaussagen in Form sogenannter *depositions* festgehalten. Die Praxis variierte jedoch hier sehr stark, und die Texte waren in jedem Fall redigierte und stark verkürzte Wiedergaben, die insbesondere alle nicht strikt auf die Sachverhalte bezogenen Äußerungen wegließen. Vgl. die Empfehlungen zur Textgestaltung in: Stone's Practice for Justices of the Peace, Justices' Clerks, and Solicitors at Petty and Special Sessions, 9. Aufl., hrsg. v. Walter Henry Macnamara, London 1882, S. 114f. Eine Überprüfung der erhaltenen *depositions* in den Quarter Sessions Records für London für Jan.-Sept. 1858 (LMA MJ/SR 5040–5061) und für die Londoner City für das Jahr 1882 (CLRO SJA box 14) ergab, daß *depositions* hier nur bei normalen Strafsachen (Diebstahl, Unterschlagung, tätliche Angriffe usw.) angefertigt wurden, nicht jedoch bei den formal dem Strafrecht zuzurechnenden Verstößen gegen den *Master and Servant Act* oder die Fabrikgesetze. In den Grafschaftsgerichten fehlte auch diese Form der Schriftlichkeit. Seit den späten neunziger Jahren des 19. Jahrhunderts begannen einige größere Zivilgerichte, zuerst der *City of London Court* und der *Vice Chancellor's Court* im Herzogtum Lancaster,

ten Berichte in den Zeitungen und Fachblättern erreichten selbstverständlich nicht die Qualität von stenographischen Mitschriften oder Tonbandaufzeichnungen. Es handelt sich immer um geglättete, verkürzte und für journalistische Zwecke zurechtgemachte Texte, die nur hin und wieder auf sprachliche Eigentümlichkeiten und non-verbale Elemente der Kommunikation eingehen. Von Ausnahmen abgesehen fehlen Hinweise auf die irritierten Blicke und Verlegenheitsgesten wie das Hüsteln oder Kratzen am Kopf, auf die Pausen und das Verstummen, auf all die ‚ähs‘ und ‚ähems‘, die Füllwörter und Unsicherheit anzeigenden Floskeln wie ‚well‘, ‚I think‘, ‚I believe‘, ‚sort of‘, ‚kind of‘, die dialektale Färbung oder den fremdländischen Akzent, die grammatischen Fehler, die Wiederholungen und Tautologien, kurz auf all das, was nach den Erkenntnissen der neueren Forschung den ‚machtlosen Sprachstil‘ vor Gericht kennzeichnet.[61] In den Grundzügen dürfte dieser in den viktorianischen Lokalgerichten kaum anders ausgesehen haben als in den erstinstanzlichen Gerichten heutzutage, sieht man einmal von den damals die Unsicherheit noch steigernden Publikumsreaktionen ab. Die Quellen erlauben indes nicht viel mehr als diese allgemeine Feststellung. Wir müssen daher darauf verzichten, bestimmte, für soziale Gruppen, Berufe und Geschlechter typische Sprechweisen identifizieren zu wollen, um dann zu zeigen, wie den betreffenden Sprechern aufgrund ihrer Unbeholfenheit im Prozeßverlauf Nachteile entstanden. Ein allzu großer Verlust ist diese quellenbedingte Fehlanzeige aber nicht, denn es gehört nicht viel Phantasie dazu sich vorzustellen, daß der ‚machtlose Sprachstil‘ auch im 19. Jahrhundert in erster Linie bei den weniger Qualifizierten, den sozial Schwächeren, den Ortsfremden, zum Teil auch bei Frauen[62] anzutreffen war, und daß er damals ähnliche Folgen hatte wie heute.

---

die Verhandlungen durch Stenographen aufzeichnen zu lassen. Von diesen stenographischen Mitschriften konnten auf Antrag Transskriptionen angefertigt werden, was für Berufungen von Bedeutung war. Die Transkription erfolgte allerdings auf Kosten derer, die Berufung einlegten; vgl. County Courts Chronicle, 1. Juni 1896, S. 481; Journalist and Nespaper Proprietor, 7. Nov. 1896, S. 363; The Typist's Gazette, 12. Nov. 1896, S. 278.

61 Dazu: Conley u. O'Barr, Rules versus Relationships, S. 67 u. 80f.; dies., Just Words, S. 63–66; John M. Conley, William M. O'Barr u. E. Allan Lind, The Power of Language: Presentational Style in the Courtroom, in: Duke Law Journal 78 (1978), S. 1375–1399.

62 In den Presseberichten aus viktorianischer Zeit wurden vor Gericht klagende Frauen, vor allem Dienstmädchen, häufig als sehr selbstsicher, mitunter geradezu frech geschildert; vgl. etwa Weekly Times, 2. Jan. 1859, S. 6, „Servantgalism" (*Hearne* v. *Greenwood*). Dies dürfte jedoch eher auf ein besonderes Interesse der Journalisten und Leserschaft an diesem, vom Idealbild des gefügigen Hausmädchens abweichenden Frauentyp zurückzuführen sein. Ein ganz anderes, viel stärker auf Unsicherheit und Angst deutendes Bild vermitteln die Akten des *Industrial Law Committee*, dazu oben Kap. III.1., S. 345 ff.

Es gibt aber zwei andere Aspekte, deren Untersuchung auf der Basis der vorhandenen Quellen möglich und zudem im Hinblick auf das Verhältnis zwischen alltäglichem und forensischem Sprachgebrauch lohnender ist. Hierbei handelt es sich zum einen um die Beschreibung der Schwierigkeiten, in die Arbeitnehmer, aber auch einzelne Arbeitgeber gerieten, wenn sie ihren Streit und ihre Interessen in ein juristisch verhandelbares Problem ‚übersetzen' mußten. Zum anderen geht es um die Analyse der Fragetechniken und Tricks, mit denen unbedarfte Kläger, Beklagte und Zeugen, die ohne Rechtsbeistand auftraten, von Anwälten, Richtern und prozeßerfahrenen Laien in die Enge getrieben wurden.

Die zuerst genannte Schwierigkeit, die „Zuschneidung des Falles auf das rechtlich Verhandelbare"[63], tauchte spätestens bei der Eröffnung des mündlichen Verfahrens auf, wenn die klagende Partei aufgefordert wurde, ihren Fall zu begründen. Eine wichtige Hürde war jedoch schon vorher zu nehmen: Die Klage mußte, um in das Register des Gerichts und die Vorladungsformulare eingetragen werden zu können, auf die juristisch relevanten Punkte reduziert werden. Schon bei der Klageerhebung begann also für einen unerfahrenen Kläger, der keinen Rechtsberater oder Anwalt hatte, das Problem. Es bestand darin, daß der ungeduldig auf seine Agendaliste schauende Friedensrichter oder der vielbeschäftigte Schreiber des Grafschaftsgerichts sich nicht im geringsten für die Vorgeschichte und all die Einzelheiten des Konflikts interessierten. Ihnen kam es einzig und allein auf die Informationen an, die es gestatteten, den tatsächlich vorgefallenen Streit am Arbeitsplatz in einen Rechtsstreit umzuformulieren. Dazu mußte man die richtigen, das heißt juristischen, Kategorien und Vokabeln kennen.[64] War es zum Beispiel eine Geldschuld, die eingetrieben werden sollte? Und wenn ja, wofür? Hier mußte man zwischen verschiedenen Formeln wählen – mit erheblichen Konsequenzen, wenn man die falsche wählte. Forderte man Lohn aus einem Dienstverhältnis, hatte die Klage auf *wages* zu lauten; ging es um vereinbartes Entgelt aus einem bestimmten Werkauftrag, mußte es *work done* heißen; handelte es sich aber um Geld, das zum Beispiel ein Vorarbeiter erhalten hatte, damit er es an seine Männer, darunter den Kläger, als Lohn

---

[63] Blankenburg, Mobilisierung des Rechts, S. 121. Zur Beschreibung solcher Transformationsprozesse im amerikanischen Rechtssystem der Gegenwart: Conley u. O'Barr, Just Words, S. 78–97.

[64] Bei den Grafschaftsgerichten war dazu vom Kläger eine schriftliche Notiz einzureichen, lediglich bei illiteraten Personen mußte der Gerichtsschreiber eine Ausnahme machen; vgl. Henry Stephen u. Reginald Arthur Stephen, Stephen's County Court Acts, Orders, and Practice, London 1889, S. 74. In den Friedensgerichten konnten Kläger in der für Anträge reservierten Zeit persönlich um die Vorladung ihrer Gegner nachsuchen.

weitergeben sollte, wurde es komplizierter: Die zu verwendende Formel war dann *money had and received*. Vielleicht forderte der Kläger auch Schadensersatz, dann kam wieder die Frage, wofür? Mögliche Gründe waren unter anderem Vertragsbruch, kündigungslose Entlassung ohne ausreichenden Grund, Verletzungen nach einem Unfall oder Verluste durch fahrlässige Beschädigung von Maschinen, Werkzeugen und Material; die entsprechenden Kurzformeln lauteten *breach of contract, wrongful dismissal* oder *wages in lieu of notice, personal injuries* und *damages*. Die genannten Formeln geben nur eine Auswahl der möglichen Streitgegenstände zwischen Arbeitnehmern und Arbeitgebern. Worauf es ankam, und was die Klageerhebung für Laien so schwierig machte, war die richtige, den Sachverhalt genau treffende Formel zu finden und dabei von allem abstrahieren zu müssen, was nach dem Laienverständnis den Kern des Streits bildete. Oder anders, mit Luhmann gesprochen, es war das aus juristischer Sicht stets geforderte „Zerlegen der Streitpunkte in Teilfragen, die auf die eine oder andere Weise entschieden werden können."[65]

Hatte man den Klagegrund glücklich definiert, war noch die Höhe der Forderung präzise zu benennen, und auch das konnte einen unvorbereiteten Kläger in arge Verlegenheit bringen. Woher sollte er zum Beispiel wissen, wieviel Schadensersatz er bei ungerechtfertigter Entlassung fordern durfte, wenn es doch gerade die Länge der Kündigungsfrist war, die zum Streit geführt hatte? Hier mußte man doch weiter ausholen und all die Umstände erzählen dürfen, die zum Streit geführt hatten. Genau dafür aber war keine Zeit in den wenigen Minuten, die dem Einzelnen in den Friedens- und Grafschaftsgerichten für mündlich vorgebrachte Beschwerden und Anträge auf Ausstellung von Vorladungen zur Verfügung standen. Genauer gesagt, und das ist entscheidend: Alles hing in diesem Stadium davon ab, ob der Friedensrichter oder der Schreiber sich die Mühe machten, die nötigen Informationen aus den verworrenen Aussagen der Beschwerdeführer herauszufiltern, bis endlich der rechtlich relevante Tatbestand klar hervortrat. Bei Klägern, die es sich leisten konnten, besorgte diese Übersetzungsleistung der Anwalt, bei gewerkschaftlich organisierten Arbeitern der lokale Sekretär. Ein armer Kläger, der die juristischen Unterscheidungen und Formeln nicht kannte, war hingegen auf die Mithilfe des Gerichts angewiesen. Bei ihm war die Gefahr groß, daß schon bei der Klageerhebung die Weichen falsch gestellt wurden.[66] Zufällige Faktoren – die Arbeitsüberlastung eines

---

65 Luhmann, Konflikt und Recht, S. 111. Vgl. auch mit Beispielen aus Nachbarschafts- und Mietkonflikten in amerikanischen Arbeitervierteln: Merry, Getting Justice, S. 108 f.

66 Um das zu vermeiden, genügte es natürlich nicht, nur die genannten Tatbestandsdefinitio-

clerk, die Laune eines Richters – bestimmten darüber, ob dies geschah oder nicht.

Eine juristisch fehlerhafte Definition des Klagegrunds mußte nicht notwendig zu einer Niederlage führen. Solange die Gegenseite keinen Einspruch erhob und solange die Aussagen des Klägers im mündlichen Verfahren nicht offenkundig im Widerspruch zu den Einträgen im Register und in den Vorladungen standen, konnte ein Fehler unbemerkt bleiben oder stillschweigend übergangen werden. Die Richter in den Lokalgerichten waren in erster Linie an einer schnellen Erledigung und nicht an Quisquilien interessiert. Gewannen sie in den Anfangsminuten den Eindruck, daß der Kläger eine berechtigte Forderung hatte, forschten sie von sich aus nicht unbedingt nach, ob zum Beispiel der schuldige Lohn aus einem Dienstverhältnis oder aus einem Werkvertrag resultierte. Wies der gegnerische Anwalt aber auf einen Fehler hin oder hatte der Kläger das Pech, an einen pingeligen Richter zu geraten, konnten unvollständige Angaben oder ein falsch definierter Klagegrund den Abbruch des Verfahrens bedeuten.[67] Änderungen und Ergänzungen des Inhalts der Klage während der Verhandlung waren zwar vor allen Gerichten im Prinzip möglich; der Beklagte durfte dadurch allerdings in seiner Verteidigung nicht beeinträchtigt werden. Die Entscheidung darüber lag, wie so oft, im Ermessen des Richters.[68]

---

nen zu kennen. Vorher mußte ein Kläger erst einmal wissen, vor welchem Gericht er überhaupt klagen konnte, was wiederum von seinem beruflichen Status, der Art des Arbeitsverhältnisses und vielen anderen Umständen abhing.

67 Vgl. etwa Northampton Mercury, 15. Okt. 1870, S. 8: „Hilyard v. Waite. – Claim 5s. 4d. for wages. – In this case … the plaintiff had been employed by the defendant, who acted as foreman for his brother, and plaintiff said the defendant had received the money from his brother. – His Honour said in that case the summons had been taken out in the wrong form. Instead of for wages, it should have been for money had and received. – Nonsuited." Ein Beispiel für einen fehlgeschlagenen Versuch eines Anwalts, eine Klage wegen falsch formulierten Klagegrunds abweisen zu lassen: Northampton Mercury, 18. Dez. 1858 (Lutterworth County Court, *Bailey* v. *Spencer*). Ein extrem pedantischer Richter war Judge Dasent vom Bow County Court, der in den frühen achtziger Jahren des 19. Jahrhunderts etliche Klagen unter dem *Employers' Liability Act* wegen unvollständiger oder ungenauer Angaben in den Klageschriften zurückwies; vgl. die Fallberichte in Capital and Labour, 24. Mai 1882, S. 216; 21. Juni 1882, S. 258; 28. Juni 1882, S. 269.

68 Für das summarische Verfahren vor den Friedensgerichten: *Summary Jurisdiction Act*, 11 & 12 Vict., c. 43 (1848), s. 1. Für die Grafschaftsgerichte galt zunächst eine strikte Regelung: *County Courts Act*, 9 & 10 Vict., c. 95 (1846), s. 75. Diese wurde 1888 durch eine weitgehende richterliche Ermessensfreiheit abgelöst: 51 & 52 Vict., c. 43, s. 80, 87. Die Formulierung des *County Courts Act* von 1888 übernahm die in den höheren Gerichten bereits seit 1852 geltende Regelung: *Common Law Procedure Act*, 15 & 16 Vict., c. 76 (1852), s. 222. Vgl. auch Holdsworth, History of English Law, Bd. 15, S. 106 f. Ein Beispiel für die Abänderung einer Klage während der Verhandlung: *Parker* v. *Carden and Others*, berichtet in: Weekly Times, 27. Juni 1858, S. 6. Ein Beispiel für die Verweigerung einer Abänderung: Colliery

Die ersten Minuten des Verfahrens, die sogenannte Eröffnung, waren oft entscheidend für den Erfolg oder Mißerfolg des Klägers. Anders als man es aus englischen Filmen über Strafprozesse kennt, waren kunstvolle Reden bei den kleinen Lohn- und Vertragsstreitigkeiten vor den Friedens- und Grafschaftsgerichten nicht gefragt. Wer hier aufgerufen wurde, seinen Fall zu begründen, tat gut daran, sich auf die Hauptpunkte zu konzentrieren. Wesentlich war der Nachweis, daß ein Arbeitsverhältnis existiert hatte, daß eine Vereinbarung über eine Zahlung oder bestimmte Pflichten getroffen worden war, und daß die Gegenseite diese Vereinbarung verletzt hatte. Alles andere, aus juristischer Sicht Nebensächliche (etwa: wie gemein und unfair man behandelt worden war) ließ man besser weg. War der Kläger durch einen Anwalt vertreten, wurde diesem normalerweise gestattet, eine kurze Eröffnungsrede zu halten. Vertrat der Kläger sich selbst, nahm in den Friedens- und Grafschaftsgerichten auch die Eröffnung meist die Form eines Frage- und Antwortspiels zwischen Richter und Kläger an. Für einen rhetorisch ungeübten Kläger war dies einerseits eine Hilfe, andererseits eine Gefahr. Es war gewiß leichter, auf Fragen zu antworten, als in ungewohnter Umgebung selbständig eine kleine Rede halten zu müssen; aber kaum ein Richter verzichtete darauf, wenigstens eine oder zwei Fangfragen einzubauen, die dazu dienten, die Berechtigung der Forderung zu überprüfen. Auch wenn die Gegenseite gar nicht zum Gerichtstermin erschien, mußte der Kläger nachweisen, daß ihm Geld oder Schadensersatz zustanden. Der Richter übernahm dann mit seinen Fragen auch die Rolle des gegnerischen Anwalts. Wer in dieser Situation ohne Zögern und ohne Abschweifungen die ‚richtigen‘ Antworten gab, konnte innerhalb von zwei Minuten das gewünschte Urteil erlangen.

Ein Beispiel für ein solches Zwei-Minuten-Verfahren vor einem Grafschaftsgericht sei hier zitiert. Es handelt sich um den Fall eines angestellten Journalisten, der von seinem Arbeitgeber, einem Zeitungsverleger, eine Einlage (*deposit*) von £ 50 zurückforderte. Der Zeitungsverleger hatte den Druck der Zeitung kurzfristig eingestellt, so daß der Journalist ohne eigenes Verschulden in die Arbeitslosigkeit entlassen worden war. Nun forderte er seine Einlage zurück. Der Beklagte war zum Gerichtstermin nicht erschienen. Das folgende Frage- und Antwortspiel zwischen Richter und Kläger

---

Guardian, 30. Jan. 1858, S. 75, „From our Correspondent at Coventry"; Capital and Labour, 21. Juni 1882, S. 258 (*Russell* v. *Vane*): ein Fall unter dem *Employers' Liability Act* vor Richter Dasent. Im Laufe des Verfahrens spitzte sich der Streit zwischen den Anwälten auf die vom Gesetz verlangte detaillierte Bestimmung des Klageinhalts, die sogenannten *particulars*, zu. Richter Dasent lehnte eine Änderung ab: „I cannot allow it; people must comply with all the rules who come here."

zeigt einerseits, daß komplizierte juristische Ausführungen nicht nötig waren, um einen Fall zu gewinnen.[69] Andererseits wird deutlich, wie aufmerksam ein Kläger sein mußte, um sich nicht durch leicht verständliche, scheinbar ganz harmlose Fragen zu kontraproduktiven Aussagen verleiten zu lassen.

The Judge: Where is the defendant?
The Registrar (Mr. Melvill Green) made a communication to His Honour.
The Judge: How comes he to owe the £ 50?
Plaintiff: I paid it to him as a security for my honesty in business.
The Judge: Oh, you deposited £ 50 with him as security for your honesty?
Plaintiff: Yes, sir.
The Judge: For no other purpose?
Plaintiff: No other purpose.
The Judge: Have you left his service?
Plaintiff: I was compelled to leave his service.
The Judge: Why?
Plaintiff: Because he failed to bring out his paper.
The Judge: Oh, you say that, having deposited your £ 50, you can't go on because he discontinued the paper?
Plaintiff: Yes, sir; he failed to publish it.
The Judge: So you want your £ 50, the security for your honesty – you want it back.
Plaintiff: That's it, sir.
The Judge: Judgment for plaintiff for £ 50, with costs.[70]

Der klagende Journalist wußte offensichtlich, worauf es vor Gericht ankam.

---

[69] Für sich selbst vertretende Kläger oder Beklagte konnte es kontraproduktiv sein, sich mit einem Richter auf juristische Diskussionen einzulassen. Vgl. den Fall *Oliphant* v. *Malbury*, berichtet in: Weekly Times, 10. Jan. 1858, S. 8, „Saturdays's Law and Police. Cabby and his Master." Es war der Fall eines Mietdroschkenfahrers, der seinem Arbeitgeber, dem Besitzer der Droschke, mehrere Tagesmieten für das Fahrzeug schuldete. Der Fahrer versuchte zunächst, dem Richter klar zu machen, daß er in dem vorliegenden Fall laut Gesetz nicht entscheidungsbefugt sei. Als dies nichts fruchtete, versuchte er, durch verfahrenstechnische Argumente einer Verurteilung zu entgehen, obwohl er bereits ein Schuldanerkenntnis unterzeichnet hatte. Auch sein letzter Versuch, auf ,Irrtum' zu plädieren, fand beim Richter kein Gehör, Der Richter reagierte sarkastisch: „It is preposterous to raise quibbles where the debt is admitted. (Applause.) – Defendant: Ah, but I signed it in error. – His Honour: You don't do yourself justice. (Laughter.) The case is clear, and I am surprised so good a lawyer should have committed himself by writing an admission. It was clear that defendant owed the money, and no quibble could help him out of it. He must pay the debt, and costs."

[70] The Journalist and Newspaper Proprietor, 10. Okt. 1896, S. 336. Die Praxis, von Angestellten *deposits* als Garantie für ihre Ehrlichkeit zu verlangen, scheint in den neunziger Jahren des 19. Jahrhunderts um sich gegriffen zu haben. Mißbräuche von Arbeitgebern, die das Geld nicht zurücklegten, sondern anderweitig verwendeten, scheinen häufiger vorgekommen zu sein. Arbeitnehmer mußten gelegentlich auch strafrechtlich vorgehen, weil auf zivilem Wege zwar – wie hier – ein Urteil erwirkt werden konnte, aber die Zahlungsfähigkeit fraglich war; vgl. einen entsprechenden Fallbericht mit Kommentar in: Boot and Shoe Trades Journal, 11. April 1896, S. 447.

Zunächst widerstand er der Versuchung, sich über den schlechten Charakter seines ehemaligen Arbeitgebers und seine eigene Ehrenhaftigkeit zu äußern, obwohl ihm der Richter mehrmals dazu Gelegenheit gab. Statt dessen beschränkte er sich darauf, die Tatsache der Geldschuld und den sachlichen Grund der Zahlung zu nennen. Die entscheidende Hürde überwand der Journalist, als er dann auch die Fragen nach dem Grund für die Beendigung des Beschäftigungsverhältnisses im juristischen Sinne ‚richtig‘ beantwortete. Während die Frage des Richters auf mögliches Fehlverhalten des Journalisten zielte, sprach dieser mit keinem Wort über seine eigenen Beweggründe, sondern nur über das Verhalten des Arbeitgebers, das die Fortsetzung des Beschäftigungsverhältnisses unmöglich gemacht hatte. Indem der Kläger auch dabei alles Persönliche herausließ, gab er dem Richter keine Anhaltspunkte, nach möglichen anderen Gründen für den Konflikt zu forschen. So vermied er es, sich selbst rechtfertigen zu müssen.

Die Antworten des Journalisten waren ein Beispiel für „regelorientierten Diskurs“. So nennen John Conley und William O'Barr, denen ich hier folge, eine Redeweise, die sich nur auf solche Kausalzusammenhänge und Fakten konzentriert, die nach den juristischen Kategorien, hier des Vertrags- und Schuldrechts, zentral sind. Diese Art zu reden paßt sich der juristischen Logik an und führt deshalb vor Gericht eher zum Ziel als das Gegenstück, der „beziehungsorientierte Diskurs“. Damit bezeichnen Conley und O'Barr eine Redeweise, die vor allem auf persönliche Statusfragen und soziale Beziehungen im Zusammenhang mit dem betreffenden Konflikt abhebt.[71] In den dieser Studie zugrundeliegenden Fallberichten finden sich zahlreiche Beispiele für die beziehungsorientierte Art zu reden, sowohl bei Arbeitnehmern als auch, wenngleich weniger oft, bei Arbeitgebern. Sehr häufig gerieten die betreffenden Sprecher vor Gericht in Schwierigkeiten und Beweisnöte. Wer im Modus des beziehungsorientierten Diskurses sprach, trug aus richterlicher Sicht wenig zur Entscheidungsfindung bei. Er rief bestenfalls Ungeduld hervor, schlimmerenfalls bot er dem Richter und dem Prozeßgegner Angriffsflächen für Rückfragen und Nachfragen, die ihn schnell in die Defensive treiben konnten.

So erging es beispielsweise einem Bäckergesellen, William James Howell, der vor dem Stratford Police Court (Ost-London) ausstehenden Lohn für drei Tage sowie einen Wochenlohn „in lieu of notice“ forderte.[72] Der be-

---

71 Conley u. O'Barr, Rules v. Relationships, hier bes. S. 58–61 u. 78 ff.; dies., Just Words, S. 67–74.
72 Vgl. zum folgenden den Bericht in: Bakers' Record, 23. Feb. 1912, S. 8, „A Wages Dispute“; dort auch die folgenden Zitate.

klagte Bäckermeister wurde vertreten durch einen Mr. Eves, der in den Jahren vor dem Ersten Weltkrieg als fester Anwalt für die *London Master Bakers' Protection Society* agierte. Noch bevor der klagende Geselle das Wort erhielt, um seinen Fall vorzutragen, schaltete sich Mr. Eves mit einem technischen Punkt ein. Er kündigte an, daß sein Mandant seine zuvor eingereichte Gegenforderung wegen schlecht gebackener, verbrannter Brote um einen gewissen Betrag zu reduzieren wünsche; die Forderung des Gesellen werde aber weiterhin bestritten. Durch diese Intervention verunsichert, fing der Kläger, Howell, die Darstellung seines Falles so ungeschickt an, daß er sich sofort in der Defensive wiederfand. Statt zuerst seine eigene Lohnforderung zu begründen, begann Howell mit einer umständlichen Erzählung über die besonderen Bedingungen in der betreffenden Bäckerei, insbesondere die Größe und die schwer kontrollierbare Hitzeentwicklung des Backofens. Er bezeichnete sich als einen „practical workman", und seine Brote am betreffenden Morgen seien „gelungen" gewesen, lediglich der letzte Schub sei ein wenig oben und unten angebrannt, aber keineswegs so, daß das Brot unverkäuflich gewesen wäre. Man hätte, so meinte Howell, die dunkle Kruste abreiben können. Er selbst habe etwas von dem Brot nach Hause nehmen dürfen, und „sie", also Howells Familie, „hätten es essen können." An dieser Stelle griff der vorsitzende Friedensrichter ein und stellte fest, daß der Kläger wohl kaum ein „competent workman" sein könne, wenn er den Backofen zu heiß hätte werden lassen.

Der Fall war im Grunde zu diesem Zeitpunkt bereits verloren, obwohl noch ein langes Frage- und Antwortspiel folgte, in dem sich Howell in immer neue Widersprüche verstrickte. Dadurch daß Howell selbst den Streit nicht als eine normale schuldrechtliche Angelegenheit, sondern als eine Auseinandersetzung um seine Ehre als „fähiger Arbeiter" und um den fehlenden guten Willen seines Meisters dargestellt hatte, war ihm, ohne daß er es bemerkte, bereits der juristisch tragfähige Grund herausgerutscht, der den Bäckermeister in den Augen des Gerichts zur fristlosen Entlassung berechtigte: Unfähigkeit. Auf Nachfrage des Vorsitzenden war Howell so leichtfertig, auch noch zuzugeben, daß sein Meister ihn mit ebendieser Begründung, er sei „incapable", entlassen habe. Howells Argumentation bis zu diesem Zeitpunkt war ein typisches Beispiel für beziehungsorientierten Diskurs. Ihm ging es um seinen Status und um die persönlichen Beziehungen am Arbeitsplatz, und er zeigte sich außerstande, diese Streitfragen vor Gericht in rechtlich verhandelbare Fragen umzuformulieren.

Sein Versuch, nach dieser fehlgeschlagenen Eröffnung doch noch so etwas wie ein regelorientiertes Argument in die Diskussion zu bringen, scheiterte kläglich. Er argumentierte, daß er, auch wenn er „unfähig" gewesen wäre, nur zum Ende der Woche hätte entlassen werden dürfen. Scheinbar interessiert fragte der Vorsitzende nach, ob das die „custom of the trade" sei, was Howell bejahte. Damit hatte er sich in einem weiteren Punkt ein Bein gestellt, denn wenn, wie Mr. Eves sich sogleich festzustellen beeilte, eine kündigungslose Entlassung am Ende der Woche möglich gewesen wäre, fiel ein Hauptpunkt der Klage, die Forderung nach einem Wochenlohn „in lieu of notice" in sich zusammen. Howell sah sich nach einigem Hin und Her gezwungen, dies einzuräumen, und ließ diesen Punkt der Klage fallen. Durch das scheinbar ernsthafte Eingehen des Vorsitzenden auf sein juristisch klingendes Argument, vielleicht auch geblendet durch den Zauber des Begriffs „custom of the trade"[73], hatte er sich verleiten lassen, einen weiteren Fehler zu begehen.

Nach diesem mißlungenen Versuch, regelorientiert zu argumentieren, fiel Howell, nun vollends verwirrt, wieder in den beziehungsorientierten Diskurs zurück. Auf bohrende Fragen von Mr. Eves und dem Richter nach dem Ende seines vorherigen Arbeitsverhältnisses kam er auf die besonders schlechten Arbeitsbedingungen bei seinem vormaligen Arbeitgeber, einem Mr. Schauloffel, zu sprechen; außerdem brachte er seine Rolle als Ernährer einer großen Familie ins Spiel und beharrte nochmals darauf, daß er ein „competent workman" sei. Für Howell hatte sich der Prozeß, den er angestrengt hatte, längst in einen Kampf um die Verteidigung seiner Identität als fähiger Bäckergeselle und Familienvater transformiert. Es gelang ihm nicht mehr, wenigstens seinen Anspruch auf Bezahlung für die bereits geleistete dreitägige Arbeit durchzusetzen, einen Anspruch, der vielleicht mit einer geschickten regelorientierten Argumentation noch durchsetzbar gewesen wäre. Der Vorsitzende beendete den Fall, indem er nicht nur die Klage des Gesellen in beiden Punkten abwies, sondern auch der Gegenforderung des Meisters stattgab.

FRAGE- UND ANTWORTSPIELE

Schon relativ unkomplizierte Fälle konnten, wie das letzte Beispiel zeigt, einen unvorbereiteten Arbeiter ohne Rechtsbeistand in heillose Argumentationsnöte stürzen. Die Richter mußten dafür nicht einmal besonders voreingenommen sein. Ungleiche kommunikative Kompetenz wirkte sich bereits aus, wenn in strikter Neutralität von beiden Streitparteien verlangt wurde, ihre jeweiligen Standpunkte in rechtliche Teilfragen zu übersetzen. Ging das

---

[73] Hierzu unten, Kap. V.3.

Verfahren dann ins Stadium des Kreuzverhörs über, war eine Partei ohne Anwalt in jedem Fall benachteiligt, ganz gleich um wen es sich dabei handelte. Nicht nur Arbeiter, auch Amtsträger, erinnert sei an Inspektor Lakeman, und Arbeitgeber, wie beispielsweise der Londoner Druckereiinhaber Walter Jameson Waterlow, mußten erfahren, was es hieß, im Zeugenstand befragt zu werden, ohne daß jemand von außen schützend durch Einsprüche und Warnungen, auch Blicke und Zeichen, eingreifen konnte.[74]

Einsprüche und Zwischenbemerkungen des eigenen Anwalts halfen dagegen einem befragten Zeugen, die Fassung wiederzugewinnen, sich zu besinnen, ungeschickte Antworten zurechtzurücken. Selbst wenn die Einsprüche regelwidrig waren, erfüllten sie diese Funktion. Entscheidend war, daß die atemlose, stakkatoartige Folge von Suggestivfragen überhaupt unterbrochen wurde, und sei es auch nur für einen Moment. Schon das konnte einem wankenden Zeugen das Rückgrat zurückgeben. Dafür ein Beispiel. Es stammt aus einem Prozeß der *London Society of Compositors* gegen die *Army and Navy Stores*, eine Londoner Großhandelsgesellschaft. Im Zeugenstand befand sich der Manager der Firma. Der Anwalt der Schriftsetzer-Gewerkschaft, Mr. Besley, wollte aus dem Manager herauskitzeln, daß die ‚Regeln‘ der Gewerkschaft Teil der ungeschriebenen Arbeitsordnung im Betrieb und damit auch Teil der individuellen Arbeitsverträge gewesen seien. Die Überrumpelungstaktik Mr. Besleys hatte schon fast ihr Ziel erreicht, als ein Einwurf Mr. Fultons, des Anwalts der Firma, den Erfolg wieder zunichte machte:

[Mr. BESLEY:] You say you were under no obligation with regard to the rules of the Society of Compositors? – Under no obligation at all.

But you admit they were within your knowledge? – They were within my knowledge, certainly.

Now, with regard to the London scale of prices for compositors' work. Was it part of Stannard's agreement that he should be subject to that scale of prices? – Yes, we paid according to the London scale. (…)

Mr. BESLEY: You agreed to conform to the prices and the rules of the Compositors' Society? – Yes. To the prices and the usages of the trade.

---

74 Vgl. London Society of Compositors. Dispute at Messrs. Waterlow Bros. & Layton's, Report of Legal Proceedings, London 1886 (MRC Mss. 28/CO/4/1/13/13), S. 1–11. Walter Jameson Waterlow führte als Manager der Firma mehrere Klagen im Mansion House Police Court gegen kontraktbrüchige Schriftsetzer. Er war selbst *barrister*, wurde aber vom Anwalt der LSC doch in die Enge getrieben und ließ sich in einigen weiteren Prozessen durch einen Anwalt vertreten. Die LSC beschrieb Waterlow als einen „non-practical man" und „one of the most bitter opponents of the rights of Labour with whom it has been our misfortune to deal for many years past"; LSC Special Reports, 1877–1885, MRC Mss. 28/CO/1/10/5B, „Notice of Special General Meeting", 17. Okt. 1885.

Mr. FULTON: Did you? Don't take for granted everything my friend says. Pray don't adopt all he chooses to put in your mouth.

Mr. BESLEY: You need not put up the danger signal, Mr. Fulton. (Laughter.) You are always putting up the red light.

WITNESS: I don't recognise that book (Society Rules) except as to the scale of prices.

Mr. BESLEY: Then when you used the expression a few minutes ago, ‚the general usages of the trade,‘ what did you mean? – As to prices, and a fortnight's notice on either side. That's all.[75]

Zwar hatte Mr. Besley hier die Lacher auf seiner Seite, doch er verlor den schon sicher geglaubten Punkt. Der Zeuge hatte die Gefahr dank Mr. Fultons Intervention im letzten Moment bemerkt und gewann seine Argumentationslinie zurück, was sich darin zeigte, daß er, noch während die Zuschauer lachten und bevor Mr. Besley die nächste Frage stellte, eine Aussage machte. Ohne seinen Anwalt wäre der Manager an dieser Stelle überfahren worden. Auch mit anwaltlicher Hilfe war aber der Ausgang eines Kreuzverhörs unberechenbar. Der Sekretär der *United Commercial Travellers' Association* stellte 1924 fest, daß in den von der Assoziation unterstützten Fällen fünf von sechs Handlungsreisenden – also gewiß keine auf den Mund gefallenen Personen – ihren Fall verloren, weil sie dem "Streß" im Zeugenstand nicht gewachsen waren.[76]

War es schon kein Leichtes, als Befragter im Kreuzverhör standzuhalten und widerspruchsfrei zu antworten, so war es noch schwieriger, als Laie selbst Fragen an den Gegner und seine Zeugen zu richten. Spätestens damit waren Nicht-Juristen fast immer überfordert. Nach den englischen Verfahrenskonventionen war man in diesem Punkt besonders als Beklagter benachteiligt. Denn der Beklagte mußte erst die Beschuldigungen des Klägers und seiner Zeugen über sich ergehen lassen, bevor ihm zum erstenmal das Wort erteilt wurde. Er durfte dann aber zunächst nicht, wie es einem natürlichen Bedürfnis entsprochen hätte, auf die Vorwürfe antworten und seine eigene Sicht der Dinge darstellen. Vielmehr war von ihm nun erst gefordert, die gegnerische Version durch Fragen zu erschüttern. Zeitgenössische Beobachter der Lokalgerichtsbarkeit berichten übereinstimmend, daß Beklagte sich oft außerstande zeigten, ihren Standpunkt in Fragen zu kleiden und auf diese Weise den Gegner anzugreifen.[77] Erst wenn der Fall des Klä-

---

[75] *London Society of Compositors* v. *Army and Navy Stores*, London 1889 (MRC Mss. 28/CO/4/1/15/9), S. 2.

[76] UCTA Executive Council/Annual Conference Minutes 1909–1924, MRC Mss. 79/CT/1/1, 41st Annual Conference, London, 9.–11. Juni 1924, S. 34.

[77] So schildert etwa Plowden, Grain or Chaff?, S. 245, seine Erfahrungen als Londoner Polizeirichter: „The word ‚Question‘ seems to throw them [die Beklagten, W.S.] off their balance. They take it as a signal to talk to the witness, as and how they please. He has had his say, why

gers abgeschlossen war, durfte der Beklagte endlich vom Fragemodus in den Aussagemodus wechseln und seine Geschichte erzählen.

Erfolg konnte nur haben, wer sich auf diese ungewohnte Form des Dialogs im Gericht vorbereitete. Unerläßlich war dafür zunächst eine klare Vorstellung von den relevanten Punkten, die man für die eigene Sache ins Feld führen wollte. Sodann mußte man es regelrecht üben, die positiven Aussagen in Sequenzen von Fragen zu zerlegen, so daß der Gegner wider Willen Schritt für Schritt zur Anerkennung der Punkte genötigt wurde. Ebenso mußte man natürlich auch Antworten auf denkbare gegnerische Fragen parat haben. Am besten war es, wenn für dieses ‚Coaching‘ ein Anwalt bereitstand, aber auch Gewerkschaftssekretäre, prozeßerfahrene Kollegen, Freunde oder Familienangehörige konnten die Trainerrolle übernehmen. Auch das Zuschauen bei ähnlich gelagerten Prozessen konnte zur Schulung beitragen, ja es gab Fälle, in denen sogar der Richter unverteidigten Arbeitern anbot, ihren Fall zu vertagen, damit sie zunächst aus den Argumenten lernen könnten, die in anderen, vergleichbaren Fällen mit Anwaltsbeteiligung vorgebracht würden.[78]

In den fünfziger und sechziger Jahren des 19. Jahrhunderts, als in den Kohle- und Eisenrevieren Nord- und Mittelenglands nahezu täglich Kontraktbruchklagen vor die Lokalgerichte kamen, entwickelten auch sich selbst vertretende Arbeiter bisweilen eine erstaunliche Fertigkeit in der Kunst des Kreuzverhörs. Die politische Kampagne gegen den *Master and Servant Act* und die Auftritte von Anwälten wie W.P. Roberts machten sie mit den Verfahrensabläufen und brauchbaren Argumenten bekannt. Obwohl ihre Erfolgschancen und die Rechtslage vor 1875 objektiv schlecht waren, wirkten Arbeiter vor Gericht in den Jahrzehnten vor der Reform keineswegs immer hilflos.

---

should not they have theirs? And when the magistrate interposes, and tries to explain, they usually regard it as meaning that they are to address him and not the witness, and they begin afresh with a voluble description of their wrongs. The result of all this is, that the magistrate has to take the witness in hand himself, and put the questions which the prisoner is unable to put for himself." Ähnlich auch Gamon, London Police Court, S 90 f.

[78] Vgl. Darlington and Stockton Times, 16. Apr. 1870, S. 3, „Dispute amongst Ironworkers at Darlington". Hier handelte es sich um eine Kontraktbruchklage eines Puddeleisenwerks gegen etliche Arbeiter, von denen einige unverteidigt, andere hingegen mit einem Anwalt (Mr. Robinson) vor Gericht erschienen: „The Mayor here said he thought that perhaps as some of the cases were to be adjourned for a fortnight, these men, who were undefended, might wish to have the cases adjourned until the seven men were tried for whom Mr. Robinson appeared, so that they might have the benefit of any argument which was then adduced in their favour."

Von einer sorgfältig geplanten Strategie zeugte zum Beispiel die Selbstverteidigung von elf Bergarbeitern in Dudley, die wegen Verlassens der Arbeitsstelle ohne Kündigung angeklagt waren. Einer der elf, ein Mann namens Wadeley, der vom Arbeitgeberblatt „Colliery Guardian" als ihr „spokesman" bezeichnet wurde, führte den Fall für die Verteidigung mit bemerkenswertem Geschick.[79] Er begann mit einem technischen Antrag auf Vertagung des Verfahrens, damit die Elfergruppe ihre Verteidigung besser vorbereiten könne. Als dies von der Richterbank abgelehnt wurde und die Schuldfrage an die Angeklagten gerichtet wurde (es handelte sich ja hier um einen Strafprozeß, in dem das Urteil auf bis zu drei Monaten Gefängnis lauten konnte), ließen sich die elf nicht auf die Alternative ‚schuldig' oder ‚nicht schuldig' ein, sondern erklärten, daß sie zwar den Arbeitsplatz ohne Kündigung verlassen hätten, aber ihrer Meinung nach nicht zur Kündigung verpflichtet gewesen seien. Eine derart elaborierte Antwort zeigte, daß die Arbeiter sich vorbereitet hatten. Mit ihr deuteten die Arbeiter die Hauptlinie ihrer Verteidigung an. Diese suchte dann ihr Sprecher Wadeley im Kreuzverhör gegen die Zeugen der Anklage in Form von Fragen zur Geltung zu bringen. Kern ihres Arguments war der Grundsatz der Gegenseitigkeit: Wenn sie selbst vierzehn Tage vorher kündigen sollten, mußte es auch der Arbeitgeber tun, wenn er zum Beispiel eine Lohnsenkung durchführen wollte. Genau das war aber nicht geschehen. Daneben stand das Argument der unregelmäßigen, nicht klar bekanntgegebenen und daher juristisch nicht als Vertragsbestandteil zu wertenden Praxis im Hinblick auf Kündigungen in dem Bergwerk. Wadeleys Fragen an die Zeugen, einen Vorarbeiter namens Jones und den Manager Mr. Griffiths, zielten präzise auf diese Punkte. Bei dem Vorarbeiter, der die vierzehntägige Kündigung als Regel behauptet hatte, traf Wadeley gleich mit seiner ersten Frage ins Schwarze:

Wadeley: Did you ever know an instance of a man receiving fourteen days' notice since the pit started? No. – Did the men have any notice when the wages were reduced the last time? No. – Did we not work a day in hand before we knew we were going to be reduced? I believe so. –

Der Punkt fehlender Gegenseitigkeit war damit bereits gemacht, doch griff an dieser Stelle einer der Friedensrichter dem bedrängten Zeugen helfend unter die Arme. Durch Suggestivfragen suchte der Richter aus Jones herauszuholen, daß es in dem Betrieb üblich sei, bei einvernehmlichem Wunsch nach Beendigung des Arbeitsverhältnisses keine Kündigungsfrist einzuhal-

---

[79] Vgl. den Fallbericht in: Colliery Guardian, 18. Sept. 1858, S. 184 f.; dort auch alle folgenden Zitate.

ten. Was Wadeley und die anderen elf als einseitige Entlassung erlebt hatten und definierten, wollte der Richter so als freiwilliges Ausscheiden aus dem Betrieb umgedeutet wissen. Zwischen dem Arbeiter Wadeley und dem Friedensrichter, Mr. Swindell, kam es zu einem ungleichen Wettkampf um die Aussage des Zeugen:

Mr. Swindell: ... Supposing a good workman were to leave without giving notice, would you let him go? Yes, if he asked me. – By mutual consent, you mean? – Yes. – Wadeley: Were not two men discharged last week without notice? – No; the pit had stopped on the Saturday. –
Mr. Swindell: And they were willing to go? – Yes.

Trotz seines Geschicks wußte Wadeley nach diesem eindeutigen „Ja" keine Rückfrage an Jones mehr zu stellen. Es war nicht nur die höhere Autorität des Richters, sondern auch die Zwangsform des Kreuzverhörs selbst, die ihn hier an Grenzen stoßen ließ. Wenn es um die unterschiedliche Interpretation und juristische Wertung von Sachverhalten und Erfahrungen ging (was heißt ‚freiwillig', wann kann man von ‚Entlassung' sprechen?), waren Fragen an einen nicht kooperierenden Zeugen das denkbar ungeeignetste Instrument, um der eigenen Rechtsauffassung Gehör zu verschaffen. Etwas Positives sagen durfte Wadeley aber als Angeklagter an dieser Stelle nicht; er konnte nur mit dem zweiten Zeugen das Fragespiel fortsetzen.

Daß er dies versuchte, zeigte Mut und Selbstbewußtsein, doch bahnte sich ein Rückzug an, indem Wadeley seine Fragerichtung nun auf das andere, schwächere Argument der Verteidigung verlagerte: Das war die nicht ausreichende Bekanntmachung der vierzehntägigen Kündigungsregel im Betrieb. Schwächer war dieses Argument, weil es die Existenz und die Substanz der vermeintlichen Regel nicht mehr bestritt, obwohl doch gerade die – zumindest für die Arbeiter – erwiesene fehlende Gegenseitigkeit den Regelcharakter in Frage stellte. Schwächer war das Argument weiterhin, weil es extrem unglaubwürdig klang, daß gerade ein so intelligenter Kopf wie Wadeley von der Regel nichts gewußt haben wollte, während er eben noch so eloquent für ihre gegenseitige Anwendung plädiert hatte. Bei Mr. Griffiths, dem Manager des Bergwerks, hatte Wadeley denn auch mit seinen diesbezüglichen Fragen kein Glück:

Wadeley. Did I not express some surprise on being told such was the rule? – Yes, you did; but I told you, you must be almost the only man in the collicry who was not aware of it. –
That was as late as the Monday before we left off. – Yes: and you said the rule was a very good one both for masters and men.

In seiner abschließenden Stellungnahme – erst ganz zum Schluß wurde ein Angeklagter im Strafprozeß gefragt, was er zu seiner Verteidigung zu *sagen*

hatte – wiederholte Wadeley für sich und die anderen zehn Arbeiter noch
einmal das Hauptargument: die fehlende Gegenseitigkeit bei der Anwendung der Kündigungsregel. Diesmal allerdings trennte Wadeley in seiner
Formulierung deutlich zwischen dem Rechtsbewußtsein der Arbeiter, in
dem Gegenseitigkeit als Wert einen Platz hatte, und dem Recht, das offenbar ganz andere Maßstäbe setzte, die ihm und seinen Kollegen unbekannt
waren. Wadeley gab zu erkennen, daß er die Niederlage voraussah und hinnehmen würde: „Wenn sie Unrecht getan hätten" – so schloß er sein Plädoyer – „dann hätten sie es aus Unkenntnis getan."

Mit dieser Demutsgeste vor der Macht des ‚Rechts‘, verkörpert in dem
Friedensrichter, war die klug ausgedachte Verteidigungsstrategie zusam-
mengebrochen. Aus dem anfänglich ‚regelorientierten‘ Argument der Ge-
genseitigkeit war ein nur noch subjektiv-wertbezogenes Argument ge-
worden. Der Friedensrichter erkannte, daß die Demutsgeste ihm als der
Verkörperung des Rechts galt, und er bot den Arbeitern an, Gnade vor
Recht ergehen zu lassen, wenn sie zu ihren „Herren" zurückkehrten. Die
Arbeiter weigerten sich jedoch, dies zu tun, und wurden zu je einem Monat
Gefängnis mit ‚harter Arbeit‘ verurteilt.

Der Fall wurde so ausführlich geschildert, nicht um ein weiteres Beispiel
von Klassenjustiz vorzuführen – das war es gewiß auch –, sondern weil sich
an ihm deutlich machen läßt, daß selbst außerordentlich redegewandte und
gut vorbereitete Laien mit einem aktiv durchzuführenden Kreuzverhör
überfordert waren. Diese spezifische, durch Konvention vorgegebene Dialogform machte es einem Nicht-Juristen so gut wie unmöglich, eine bestimmte Rechtsauffassung und eine bestimmte Version des umstrittenen
Geschehens konsistent darzustellen. Das lag vor allem an dem Zwang, alles
was man eigentlich *sagen* wollte, in viele kleine *Fragen* umzuformulieren,
noch dazu in Fragen, auf die idealiter nur eine, nämlich die erwünschte Antwort möglich war. Das ständige Hin-und-Her-Springen zwischen Frage
und Antwort ließ eine erfolgreiche Verständigung über Normen und Sachverhalte, ja selbst die Formulierung eines klaren Dissenses, kaum zu. Für
den Beklagten kam erschwerend ein vorgeschriebener Ablauf hinzu, der ihn
strukturell benachteiligte. Für alle Beteiligten schließlich stellten die unberechenbaren, mal helfenden, mal störenden Interventionen der Richter einen zusätzlichen Unsicherheitsfaktor dar. Auch wenn es die Beteiligten
meist anders sahen, bestand das Problem hierbei nicht in erster Linie in der
Voreingenommenheit der einzelnen Richter als Personen, sondern in den
konventionell vorgegebenen Formen der Kommunikation selbst, die dem
Richter mehr Frage- und Aussagemöglichkeiten zubilligten als allen anderen Prozeßteilnehmern.

Wer sich der riskanten und unangenehmen Dialogform des Kreuzverhörs nicht aussetzen wollte und es sich leisten konnte, nahm einen Anwalt. Kam jedoch nur auf einer Seite ein Anwalt ins Spiel, wurde die Kommunikation vollends asymmetrisch. Die Partei ohne Rechtsbeistand hatte in diesem Fall praktisch keine Chance, die Phase des Kreuzverhörs unbeschadet zu überstehen, es sei denn der Richter griff einseitig helfend zugunsten der benachteiligten Partei ein. In den Fallberichten aus dem späten 19. und frühen 20. Jahrhundert finden sich vereinzelt Beispiele für Friedens- und Grafschaftsrichter, die um der Symmetrie und der prozessualen Gerechtigkeit willen für die unrepräsentierte Partei, meist den Arbeitnehmer, in die Rolle des Anwalts schlüpften.[80] Ob dies geschah oder nicht, blieb jedoch vollkommen dem Zufall überlassen. Trotzdem bauten bis zum Ende des 19. Jahrhunderts manche Gewerkschaftsführer darauf, daß die Benachteiligungen der Arbeiter und Armen durch den individuellen Gerechtigkeitssinn der Richter ausgeglichen werden könnten. So vertrat der ehemalige Sekretär des TUC, George Howell, im Jahr 1895 die Ansicht, daß „jetzt", gemeint ist die Zeit nach den Reformen von 1875, „der arme Mann in den meisten gewöhnlichen Fällen um Löhne, Vertragsbrüche und dergleichen sich selbst vertreten" könne; die Gerichte würden „Gerechtigkeit nicht verweigern, bloß weil ein Armer seinen Fall selbst führe".[81]

Die oben analysierten Fallbeispiele sprechen eine andere Sprache. Sie zeigen, daß die schwierigsten Probleme für arme und unbeholfene Kläger nicht aus individuellen Voreingenommenheiten der Richter, sondern aus den vorgegebenen forensischen Kommunikationsformen herrührten. Die Fixierung auf die – zweifellos auch vorhandene – Klassenjustiz in einzelnen Fällen verhinderte bei den Sprechern der englischen Trade Unions und bei politisch der Arbeiterbewegung zuneigenden Beobachtern jede tiefergehende Kritik an diesen Kommunikationsformen. Sie wurden vielmehr als selbstverständliche Vorgabe akzeptiert, mehr noch, sie wurden lange Zeit als im internationalen Vergleich besonders fair und freiheitsfördernd gepriesen.[82]

---

[80] Vgl. Bakers' Record, 14. Juni 1912, S. 5, „A Claim Dismissed"; Bakers' Record, 6. Dez. 1912, S. 5, „Claim and Counter-Claim"; Women's Industrial News, Aug. 1896, S. 4, „Notes"; zu den beiden zuletzt genannten Fällen: Willibald Steinmetz, Was there a Dejuridification of Individual Employment Relations in Britain?, in: ders. (Hg.), Private Law and Social Inequality.

[81] Howell, Handy-Book, 3. Aufl. 1895, Preface, S. X.

[82] Vgl. Epstein, Narrating Liberty's Defense; McWilliam, Tichborne case. Was speziell den Strafprozeß angeht, wird man wohl kaum bestreiten können, daß die englischen Verfahrensnormen im späteren 19. Jahrhundert für Angeklagte ausreichenden Schutz gegen richterliche und staatliche Willkür boten, jedenfalls dann, wenn die Angeklagten Rechtsbeistand hatten.

Erst in den Jahrzehnten nach dem Ersten Weltkrieg begannen politisch links stehende Justizkritiker auch die Redeordnung im englischen Gerichtsverfahren stärker ins Visier zu nehmen.[83] Bis dahin hatte sich freilich die Juristendominanz und damit einhergehend die adversatorische Streitkultur in den englischen Lokalgerichten weiter verfestigt. Denn im Gegensatz zu der zitierten Auffassung von George Howell lassen sowohl die Fallberichte in der Presse als auch die von mir ausgewerteten Gewerkschaftsakten und Protokollbücher der Lokalgerichte für das späte 19. und frühe 20. Jahrhundert eine zunehmende Angewiesenheit der Laien auf professionelle juristische Unterstützung erkennen. In den Fällen, die überhaupt ins Stadium der mündlichen Verhandlung gelangten, spielten Anwälte eine immer größere Rolle, während die privaten Prozeßparteien zunehmend entmündigt und zu bloßen Antwortgebern degradiert wurden. In die gleiche Richtung weist der Befund, daß Streitparteien ohne Rechtsbeistand immer häufiger nicht zum Gerichtstermin erschienen, verzichteten oder im letzten Moment zahlten. Dies deutet darauf hin, daß sie ihre Chancen, in der mündlichen Gerichtsverhandlung zu bestehen, schlecht einschätzten. Mit der Marginalisierung der Laien im Verfahren juridifizierte sich zugleich die Sprache in den Gerichtssälen, was wiederum die Schwierigkeiten für die Laien, die es dennoch riskierten, selbst zu erscheinen, erhöhte. Man kann daher sagen, auf die Ausgangsfrage dieser Arbeit bezogen: Die Verrechtlichung der Kommunikation im Verfahren beschleunigte die Entrechtlichung der Streitigkeiten zwischen Arbeitnehmern und Arbeitgebern.

4. Die Öffentlichkeit als teilnehmende Beobachterin

Entwicklung der Berichterstattung

Daß Gerichtsverhandlungen öffentlich zu sein hatten, galt in England seit der Mitte des 17. Jahrhunderts als einer der unumstößlichen Grundsätze, durch die sich die eigene Rechtskultur vorteilhaft von den unfreien Systemen auf dem europäischen Kontinent abhob. Geheime Tribunale erinnerten an Despotismus, an die *Star Chamber* unter König Karl I., an willkürliche Verhaftungen, kurz an Zustände, die man mit den Revolutionen des 17. Jahrhunderts überwunden zu haben glaubte und die sich niemand zurückwünschte. Zusammen mit *Magna Charta*, *habeas corpus*, *Bill of Rights* und *trial by jury* gehörte Öffentlichkeit des Gerichtsverfahrens im 19. Jahr-

---

83 Barrister, Justice in England, S. 75 ff. u. 90–130; Solicitor, English Justice, S. 31–81, 170–184.

hundert zu den Symbolen der englischen Freiheit.[84] So sahen es nicht nur die Engländer selbst, sondern auch aufklärerische und liberale Kritiker auf dem europäischen Kontinent, die in diesem Punkt die englische Rechtspflege als vorbildlich priesen.[85] Genügte schon der Charakter als Nationalsymbol, um das Öffentlichkeitsprinzip in England nahezu unantastbar zu machen, ließ es sich zusätzlich durch rationale Argumente rechtfertigen: Aus der Sicht der Angeklagten bot Öffentlichkeit einen gewissen Schutz vor willkürlicher und ungleicher Rechtsanwendung[86]; aus der Sicht der Kläger und der Allgemeinheit verstärkte sie die Strafe für diejenigen, die Unrecht getan hatten; und aus der Sicht des Staates und derer, die Recht sprachen, garantierte sie, daß alle sehen und miterleben konnten, daß allein nach Recht und Gesetz und nicht nach irgendwelchen anderen Maßstäben entschieden wurde.

Gegen das tief im englischen Rechtsbewußtsein verankerte Öffentlichkeitsprinzip waren kaum Einwände möglich. In jedem Fall war derjenige begründungspflichtig, der das Publikum aus den Gerichten ausschließen wollte. Dabei blieb es auch, als das Verhältnis zwischen Justiz und Öffentlichkeit im Laufe des 19. Jahrhunderts durch die Expansion der Presseberichterstattung eine andere Qualität gewann.[87] Öffentlichkeit, das meinte zunächst die anwesenden Zuschauer und im weiteren Sinn die lokale Gemeinschaft, die durch Erzählungen und Gespräche am Geschehen unmittelbar teilhatte. Diese lokal begrenzte Öffentlichkeit genügte, um die eben ge-

---

84   Epstein, Narrating Liberty's Defense, S. 31, 33 ff.

85   Vgl. Paul Johann Anselm von Feuerbach, Betrachtungen über die Öffentlichkeit und Mündlichkeit der Gerechtigkeitspflege, 2 Bde., Gießen 1821/25, ND Aalen 1969, Bd. 1, S. 15 u. 55, Bd. 2, S. III; Carl Theodor Welcker, Art. Öffentlichkeit, in: Carl von Rotteck u. Carl Welcker, Staats-Lexikon oder Encyklopädie der Staatswissenschaften, Bd. 12, Altona 1841, S. 252–309, S. 308 f.; ders., Art. Jury, in: ebd., Bd. 9, Altona 1840, S. 28–160. Bei Feuerbach und Welcker wie auch bei anderen Autoren im Vormärz fungierten allerdings hauptsächlich das revolutionäre Frankreich und das linksrheinische Deutschland als Referenzpunkt, wo durch den *Code Napoléon* die Öffentlichkeit der Strafverfahren gesetzlich gesichert worden war. Vgl. Lucian Hölscher, Art. Öffentlichkeit, in: Geschichtliche Grundbegriffe, Bd. 4, Stuttgart 1978, S. 413–467, S. 447 f.; ders., Öffentlichkeit und Geheimnis. Eine begriffsgeschichtliche Untersuchung zur Entstehung der Öffentlichkeit in der frühen Neuzeit, Stuttgart 1979, S. 162 ff.; Marie Theres Fögen, Der Kampf um die Gerichtsöffentlichkeit, Berlin 1974.

86   Diesen Aspekt, die Kontrolle über den Richter, betont besonders Jeremy Bentham, Draught of a Code for the Organization of the Judicial Establishment in France (1790), in: ders., Works, hrsg. v. John Bowring, Bd. 4, ND New York 1962, S. 316: „Publicity is the very soul of justice. It is the keenest spur to exertion, and the surest of all guards against improbity. It keeps the judge himself, while trying, under trial."

87   Eine zusammenhängende historische Darstellung des Problems der Öffentlichkeit und der Medienpräsenz in englischen Gerichten fehlt. Die folgenden Ausführungen geben daher nur einen groben, hauptsächlich auf eigenem Quellenstudium beruhenden Umriß.

nannten drei Funktionen – Schutz des Angeklagten, Verstärkung der Strafe und Darstellung der Rechtmäßigkeit des Entscheidens – zu erfüllen. Darüber hinaus umfaßte die Öffentlichkeit im englischen Rechtswesen aber auch schon früh ein unbestimmt bleibendes, lesendes Publikum außerhalb der unmittelbaren Umgebung der Gerichte. Schon in der zweiten Hälfte des 18. Jahrhunderts, also lange vor dem Aufkommen einer billigen Massenpresse, hatte sich die Anwesenheit von mitschreibenden, professionellen Reportern in den Gerichtssälen als Gewohnheit durchgesetzt.

Die Reporter bedienten anfangs vornehmlich ein innerjuristisches Interesse. Das englische, auf Präzedenzfällen aufbauende Recht erforderte eine sorgfältige, auch Namen und Sachverhalte einschließende Berichterstattung.[88] Viel mehr als in der auf Kodifikationen und dem römischen Recht beruhenden Rechtsprechung des Kontinents waren die Richter in England zur Entscheidungsfindung auf zuverlässige und ausführliche Fallberichte angewiesen. Namensangaben waren nötig, um die Fälle auseinanderhalten zu können, und möglichst genaue Beschreibungen aller Umstände und Argumente bildeten die Voraussetzung für die von den englischen Richtern zur Perfektion entwickelte Technik des Unterscheidens, die gerechte Urteile im einzelnen Fall erst ermöglichte.[89]

Die auf den innerjuristischen Gebrauch zugeschnittene Berichterstattung konzentrierte sich naturgemäß vor allem auf die Entscheidungen der höheren Gerichtshöfe, doch sprach im Prinzip nichts dagegen, sie in einzelnen Fällen, zum Beispiel bei Voruntersuchungen schwerer Straftaten, auch auf niedere Gerichte auszudehnen. Was in den *Common law*-Gerichten zulässig war, konnte in der niederen Gerichtsbarkeit, soweit sie staatlich war, nicht verboten werden. Friedensrichter und Richter lokaler Zivilgerichte hatten daher keine rechtliche Handhabe, um Reporter auszuschließen.[90] Eine besondere richterliche Erlaubnis, Fallberichte zu publizieren, war seit der Mitte des 18. Jahrhunderts nicht mehr erforderlich.[91] Auch über Ort und Form der Publikation gab es keine Vorschriften, doch waren Autoren und Herausgeber selbstverständlich für den Inhalt verantwortlich und ris-

---

88 Einen konzisen Überblick über die Geschichte des juristischen *Law Reporting* mit nützlichen bibliographischen Angaben und Hinweisen zur Benutzung gibt: Kent Lerch, England, in: Filippo Ranieri (Hg.), Gedruckte Quellen der Rechtsprechung in Europa (1800–1945), Frankfurt/Main 1992, 327–403.

89 Hierzu mit vergleichenden Betrachtungen: Zweigert u. Kötz, Einführung in die Rechtsvergleichung, S. 250–265.

90 Wie die Praxis in diesem Punkt im 18. und 19. Jahrhundert aussah, ist allerdings noch unerforscht.

91 Vgl. Holdsworth, History of English Law, Bd. 12, London 1938, ND 1966, S. 112 f.

kierten Strafverfahren wegen *contempt of court*, wenn der Bericht die Argumente verfälschend wiedergab, Unwahrheiten oder Urteilsschelte enthielt oder in anderer Weise gegen die Grenzen des Schicklichen verstieß. Festzuhalten ist also zunächst, daß nicht eine besonders ausgeprägte Liberalität, sondern die systembedingte Notwendigkeit einer detaillierten Berichterstattung die Gewohnheit entstehen ließ, Reporter im Gericht zu dulden.

Für ein größeres, auch Nicht-Juristen einschließendes Publikum zugänglich wurde diese Berichterstattung vor allem deshalb, weil sie privatwirtschaftlich organisiert war. Bei den Reportern des späten 18. und frühen 19. Jahrhunderts handelte es sich zwar fast immer um professionelle Juristen, doch schrieben sie, anders als die Protokollführer in kontinentaleuropäischen Gerichten, für das Geschäft auf dem Markt, nicht für den Geschäftverkehr im Amt. Bis zur Einrichtung des *Incorporated Council of Law Reporting* im Jahr 1865 gab es stets eine große Zahl miteinander konkurrierender Verlagshäuser und Buchhändler, die in fortlaufenden Serien oder in gewissen Abständen eigene Entscheidungssammlungen herausbrachten.[92] Auch als die halboffiziellen *Law Reports* ab 1865 für den innergerichtlichen Gebrauch zur wichtigsten, bevorzugt zu zitierenden Quelle für Präzedenzfälle aufstiegen, behielten parallel dazu die privat publizierten Serien wie zum Beispiel die „Law Journal Reports", die „Law Times Reports" oder der „Weekly Reporter" in der alltäglichen Praxis der Juristen ihre Bedeutung.[93] Über Entscheidungen von Friedens- und Grafschaftsgerichten wurde seit der Mitte des 19. Jahrhunderts ebenfalls in eigenen Periodika berichtet; am bedeutendsten waren hier die regelmäßigen Berichte in den Zeitschriften „Justice of the Peace" (seit 1837) und „County Courts

---

[92] Hierzu neben Lerch, England, auch Holdsworth, History of English Law, Bd. 12, S. 101–162 (zum 18. Jahrhundert); ders., History of English Law, Bd. 13, London 1952, ND 1966, S. 424–444 (zum frühen 19. Jahrhundert); M. W. Maxwell, The Development of Law Publishing 1799–1974, in: Then and Now, 1799–1974: Commemorating 175 years of Law Bookselling and Publishing, London 1974, S. 121–148. Die Rechtshistoriker haben die älteren Sammlungen, aber auch die neueren *Law Reports*, bisher im wesentlichen nur im Hinblick auf ihre Zuverlässigkeit als autoritative Rechtsquelle betrachtet. Zu Fragen der Selektion, Redaktion und Rezeption gibt es nur verstreute Hinweise. Für den Allgemeinhistoriker ist dies natürlich eine völlig unzureichende Betrachtungsweise. Eine historischen Ansprüchen genügende quellenkritische Analyse der englischen Gerichtsberichterstattung ist ein Desiderat, kann hier aber unmöglich auch nur in Ansätzen geleistet werden. Erste Schritte in dieser Richtung unternimmt ein Sammelband mit Fallstudien, die sich allerdings überwiegend auf die vormoderne Periode beziehen: Chantal Stebbings (Hg.), Law Reporting in England, London u. Rio Grande 1995.

[93] Zur Gründung des *Incorporated Council of Law Reporting* und der fortdauernden Bedeutung anderer Reports in der zweiten Hälfte des 19. Jahrhunderts: Holdsworth, History of English Law, Bd. 15, S. 248–265.

Chronicle" (seit 1847).[94] Abnehmer all dieser Sammlungen und Serien waren in erster Linie Juristen – Anwälte, Richter, Friedensrichter, *clerks* – aber auch Bibliotheken und Privatleute. Im Prinzip konnte somit jeder interessierte lesefähige Bürger diese Fallberichte studieren, ja er mußte es theoretisch sogar tun, um das geltende Recht zu kennen. Eine dem Laienpublikum frei zugängliche Gerichtsberichterstattung – Öffentlichkeit im weiteren Sinne also – war für ein auf Präzedenzfällen beruhendes System geradezu konstitutiv, wenn die Regel, daß niemand aufgrund eines ihm unbekannten Gesetzes oder Rechtssatzes verurteilt werden durfte, gelten sollte.

Die Interessen der Bürger, die Fallberichte lasen, mußten freilich nicht identisch mit den Interessen der Juristen sein. Ein Informationsbedürfnis über das geltende Recht mag zwar auch Laien dazu veranlaßt haben, zu den *Law Reports* oder einer der anderen juristisch zitierfähigen Serien zu greifen. Wichtiger und aufregender waren aber für Nicht-Juristen oft andere Aspekte der Berichterstattung, vor allem Namen und Sachverhalte. Für Geschäftsleute konnte es zum Beispiel entscheidend sein, rechtzeitig zu erfahren, daß ein Geschäftspartner in einen kostspieligen Schadensersatzprozeß verwickelt war, der seine Kreditwürdigkeit gefährdete. Aus Gerichtsberichten ließ sich auch vieles Wissenswerte über die betriebsinternen Praktiken von Konkurrenten entnehmen.[95] Die Sachverhaltsdarstellungen zeigten, wie andere Leute das Recht zu umgehen versucht hatten, und wer den Bericht gelesen hatte, konnte versuchen, es selbst geschickter anzustellen. Arbeitgeber fanden in Fallberichten die Namen von kontraktbrüchigen, widerspenstigen, gewerkschaftlich organisierten Arbeitern und konnten so ihre ‚schwarzen Listen‘ aktualisieren. Umgekehrt konnten Arbeitnehmer, sofern sie lesen konnten, aus den Gerichtsberichten lernen, welche Arbeitgeber besonders schwierig, rachsüchtig oder auch zahlungsunfähig und daher zu meiden waren. Bei allen Bürgern schließlich waren schlichte Neugier und Voyeurismus kräftige Motive, die Gerichtsberichte zu einer attraktiven Lektüre machten, vor allem wenn es dabei um Kriminalität, Bankrotte oder

---

94 Einen Überblick über wichtige Titel und Inhalte juristischer Fachblätter gibt: Richard A. Cosgrove, Law, in: J. Don Vann u. Rosemary T. VanArsdel, Victorian Periodicals and Victorian Society, Toronto u. Buffalo 1994, S. 11–21. Die Angabe dort, S. 15, zu den Publikationsdaten des „County Courts Chronicle" ist falsch. Das Blatt erschien bis zum Ersten Weltkrieg.

95 Vgl. etwa Tobacco, 1. Aug. 1896, S. 278, einen Kommentar zum Fall *Tomlins* v. *Salmon and Gluckstein* (berichtet ebd., S. 300), bei dem im Zuge eines Prozesses um vorenthaltene Provision „interessante" Angaben zum Profit einer großen Zigarettenfirma, zu Gewichtsverlusten von Zigaretten durch Verdunstung und zu Beschäftigungsbedingungen gemacht wurden.

etwa um Ehescheidungsprozesse ging, in denen allerhand intime Details ausgebreitet wurden.[96]

Derartige, aus juristischer Sicht sachfremde Lesebedürfnisse ließen sich nur zum Teil durch die Fallberichte in den auf die innerjuristische Öffentlichkeit zielenden Publikationen befriedigen. Verglichen mit den deutschen Entscheidungssammlungen, in denen nur die Kernsätze des Urteils und allenfalls eine summarische Beschreibung des Sachverhalts gegeben wurden, waren zwar selbst die halbamtlichen englischen *Law Reports* für den an Namen und Fakten interessierten (gebildeten) Laien spannend zu lesen.[97] Die *Law Reports* wie auch die übrigen für den Juristengebrauch publizierten Serien hatten jedoch den Nachteil, daß sie kostspielig und umständlich zu beschaffen waren, mit erheblicher Verzögerung erschienen, und in der Regel nur solche Fälle aufnahmen, die einen unter rechtlichen Gesichtspunkten neuen oder wichtigen Punkt aufwiesen. Juristen klagten wohl des öfteren, daß wegen der Konkurrenz zwischen den Reportern und wegen fehlender Richtlinien zu viele ‚belanglose' Fälle berichtet würden[98], aber aus der Sicht der an geschäftlich oder anderweitig verwertbaren Nachrichten interessierten Bürger waren es natürlich längst nicht genug. Dem Laienpublikum war an einer schnellen und umfassenden Berichterstattung gerade auch über die für Juristen langweiligen Fälle vor den Lokalgerichten gelegen, und dieses Bedürfnis erfüllte seit den ersten Jahrzehnten des 19. Jahrhunderts in zunehmendem Maße die Presse.

---

[96]   Zu den vergeblichen Versuchen viktorianischer Moralisten und Politiker (einschließlich Königin Viktoria selbst), die zum Teil als ‚pornographisch' angesehene Berichterstattung einzudämmen: Gail Savage, Erotic Stories and Public Decency: Newspaper Reporting of Divorce Proceedings in England, in: Historical Journal 41,2 (1998), S. 511–528. Erst 1926 kam es zu gewissen gesetzlichen Einschränkungen – dies jedoch nicht, wie man meinen sollte, um die Privatsphäre der betreffenden Personen gegen neugierige Blicke in Schutz zu nehmen, sondern um das lesende Publikum vor seinen eigenen Phantasien bei der Lektüre dieser Fallberichte zu schützen.

[97]   Die Formen der innerjuristischen Urteilsdokumentation beeinflußten (und beeinflussen) auch die Themenwahl und Methodik der Rechtsgeschichte. Die relativ große Aufgeschlossenheit britischer Rechtshistoriker für sozialgeschichtliche Fragen ist nicht zuletzt eine Folge der faktengesättigteren Berichterstattung. Drastischer noch als im Vergleich zu Deutschland zeigt sich dies im britisch-französischen Vergleich. Die extrem reduzierten, der Fakten völlig entkleideten französischen Entscheidungssammlungen lassen die Beantwortung vieler Fragen schlichtweg nicht zu. Vgl.: Willibald Steinmetz, Introduction: Towards a Comparative History of Legal Cultures, 1750–1950, in: ders. (Hg.), Private Law and Social Inequality, S. 28.

[98]   Eine Zusammenfassung aller gängigen Vorwürfe bei: John Mews, The Present System of Law Reporting, in: Law Quarterly Review 9 (1893), S. 179–187. Der Artikel ist ein Plädoyer für die Eliminierung alles dessen, was die englischen *Law Reports* für Laien (und Historiker) interessant macht.

Die Zeitungsberichterstattung aus englischen Gerichtssälen entwickelte sich relativ ungehindert, ohne besondere Erlaubnis, und steigerte sich in der viktorianischen Zeit zu einer später nie wieder erreichten und in anderen europäischen Ländern unbekannten Ausführlichkeit. Dies lag wiederum nicht bloß an der in England grundsätzlich viel früher gesicherten Freiheit, in diesem Falle der Presse. Ausschlaggebend für die freie Entfaltung war vielmehr auch hier die Tatsache, daß allgemein zugängliche Fallberichte für das Funktionieren des englischen Rechtssystems notwendig waren und daß sich die Berichterstattung seit dem späten 18. Jahrhundert als normaler Geschäftszweig etabliert hatte. Wenn ein auf Rechtsliteratur spezialisiertes Verlagshaus einen *barrister* anstellen durfte, damit dieser publikationsfähige Gerichtsberichte lieferte, konnte niemand einer allgemeinen Zeitung wie etwa der „Times" verbieten, dasselbe zu tun. Zeigte der Verkaufserfolg, daß diese Berichte in Zeitungen eine Leserschaft fanden, sorgte schon die Konkurrenz dafür, daß andere Presseorgane nachzogen. Die Presseberichterstattung entstand auf diese Weise gleichsam beiläufig, als ein zusätzliches Angebot neben den schon bestehenden Formen der Berichterstattung. Sie unterlag von Anfang an den Gesetzen des Marktes und war nur beschränkt durch das stets gegebene, aber nicht genau definierbare Risiko einer Anklage wegen ‚Mißachtung des Gerichts'. Um nicht in Konflikt mit den Richtern zu geraten, mußten sich daher die Journalisten anfangs in Stil und Inhalt an die für die Juristen bestimmten Fallberichte anpassen. Bei der „Times" und anderen seriösen Blättern ist dies bis heute so geblieben. Im Maße wie sich die Richter an die Präsenz und Berichterstattung von Zeitungsreportern gewöhnten, konnten sich aber allmählich verschiedene Muster der Falldarstellung herausbilden, die auf die Interessen und den Geschmack der jeweiligen Leserschaft zugeschnitten waren. Ebenso differenzierten sich auch die Kriterien weiter aus, nach denen die berichtenswerten Fälle ausgewählt wurden.

Bei den halboffiziellen *Law Reports* ist die Frage nach den Regeln der Auswahl leicht zu beantworten. Laut ihrem Chefherausgeber im frühen 20. Jahrhundert, Sir Frederick Pollock, gab es keine. Der einzige Test war der „Nutzen für die Profession", und was für diese nützlich war, entschied der einzelne Reporter allein, unterstützt durch die „freundliche Konkurrenz anderer Publikationen".[99] Damit meinte Pollock wohlgemerkt nur die vor Gericht zitierfähigen Publikationen, zu denen auch die „Times" ge-

---

[99]   Frederick Pollock, English Law Reporting, in: Law Quarterly Review 19 (1903), S. 451–460, S. 455 f.

hörte.[100] Im äußeren Erscheinungsbild fügten sich die Berichte in diesen Publikationen mehr oder weniger dem Muster der *Law Reports*. Auf die Angaben zur Identifikation des Falles (Namen der Streitparteien, Datum, erkennendes Gericht, Namen der Richter) folgte zunächst eine Liste mit Stichworten, die auf die juristisch bedeutsamen Kernpunkte des Streits verwiesen. Nehmen wir als Beispiel die Klage zweier entlassener Schulrektoren; dort lauteten die Schlagzeilen: „Education – Non-provided Public Elementary School – Direction to managers to dismiss Teachers – Dismissal of Teachers by Local Education Authority – Dismissal on ‚educational grounds' – Mixed Grounds, partly educational and partly economic – Invalidity of Notice of Dismissal – Education Act, 1921 (11 & 12 Geo. 5, c. 51), s. 29, sub-ss. 2 (a), 6."[101] An dieses Telegramm schlossen sich eine Kurzdarstellung des Sachverhalts und der Tenor des Urteils an, das sogenannte *holding*. Im vorliegenden Fall:

Held, that the notices of dismissal were not based on educational grounds, as required by s. 29, sub-s. 2 (b), of the Education Act, 1921, and were, therefore, invalid and inoperative; the case being covered by the decision in *Hanson* v. *Radcliffe Urban Council* [1922] 2 Ch. 490. *Held*, further, that, even if the grounds were mixed grounds, compounded in part of financial and in part of educational grounds, they were not educational grounds within the meaning of that sub-section: see *Reg.* v. *St. Pancras Vestry* (1890) 24 Q.B.D. 317.[102]

Dann erst folgte der eigentliche Fallbericht, beginnend mit einer je nach Umständen kürzeren oder längeren Erzählung der Vorgeschichte des Falles. Dies war der einzige Teil des Berichts, in dem Ansichten und Einschätzungen der Streitparteien überhaupt Erwähnung fanden, allerdings nur in referierender, um größtmögliche Distanz bemühter Form und nur dann, wenn sie als Fakten für die Entscheidungsfindung wichtig waren. Darauf folgte – extrem gerafft – eine Wiedergabe der Argumente der Anwälte mit Verweisen auf Präzedenzfälle und Fundorte in den Fußnoten.[103] Zeugenbefragun-

---

[100] Als zitierfähig galten unabhängig vom Publikationsort generell alle Berichte, die von einem *barrister* angefertigt wurden; vgl. Holdsworth, History of English Law, Bd. 15, S. 248. Die Reporter der „Times" waren zum Teil auch Mitglieder des Teams bei den *Law Reports*, vgl.: Frank Evans, Law Reporting: A Reporter's View, in: Law Quarterly Review 20 (1904), S. 88–93, S. 92.

[101] *Sadler* v. *Sheffield Corporation* u. *Dyson* v. *Sheffield Corporation* (1924) 1 Ch., S. 483–505, S. 483.

[102] Ebd., S. 484.

[103] Die Reporter waren hier oft auf die Hilfsbereitschaft der Anwälte angewiesen, vgl. Evans, Law Reporting, S. 90.

gen, Einwände, Zwischenrufe, überhaupt Dialoge tauchten in den *Law Reports* grundsätzlich nicht auf.[104]

Den Abschluß und das Hauptstück jedes Berichts bildete dann das Urteil. Dieses wurde im Unterschied zu allen anderen berichteten Äußerungen in direkter Rede und so vollständig wie möglich wiedergegeben. Da englische Richter nicht verpflichtet waren, ihre Urteile schriftlich zu verfassen, mußten die Reporter bei der Urteilsverkündung mit höchster Anspannung mitschreiben, um jedes Wort aufzuschnappen. Der Hörfehler eines Reporters konnte fatale Folgen für die englische Rechtsentwicklung haben.[105] Die für die halboffiziellen *Law Reports* arbeitenden Reporter besaßen hier das Privileg, daß ihre Berichte den Richtern vor der Drucklegung zur Korrektur vorgelegt wurden. Zusätzlich wurden die Berichte redaktionell bearbeitet und nochmals korrigiert.[106] Dadurch wurde einerseits sichergestellt, daß die juristische Argumentation genau dem entsprach, was die Richter hatten ausdrücken wollen oder was sie glaubten, gesagt zu haben[107]; andererseits war das Ergebnis natürlich ein Text, der nur noch dem wesentlichen Inhalt nach, nicht aber im Wortlaut das mündlich verkündete Urteil wiedergab. Insbesondere Nebenbemerkungen, Erläuterungen und Ermahnungen an die Streitparteien fielen dem Redaktionsprozeß zum Opfer, und umgangssprachliche Wendungen wurden systematisch getilgt.

Die *Law Reports* und die ihrem Muster folgenden Berichte waren also Texte mit vielen Autoren. Zusammen erzeugten sie eine artifizielle Sprache des Rechts, die um einen idealisierten richterlichen Diskurs zentriert war. Der Diskurs der streitenden Laien wurde dagegen fast völlig eliminiert, die kontradiktorischen Elemente der Gerichtsverhandlung erschienen zu starren Textblöcken gefroren, das kommunikative Geschehen im Gerichtssaal ließ sich allenfalls erahnen. Laien konnten mit diesen Texten wenig anfangen, außer wenn sie sich informieren wollten. Nutzbar waren die *Law*

---

104 Das gilt für die halboffiziellen *Law Reports*. Einige der privat publizierten Serien gaben die Argumentation der Anwälte ausführlicher wieder und brachten hier auch Zwischenfragen oder -bemerkungen der Richter.

105 Beispiele dafür bei Evans, Law Reporting, S. 90 f.

106 Die einzelnen Schritte vom Manuskript des Reporters bis zur Publikation in den Bänden der *Law Reports* beschreibt ausführlich Pollock, English Law Reporting, S. 458 ff.

107 Zum Stilwandel der Urteile wie sie in den *Law Reports* erschienen: Steve Hedley, Words, Words, Words: Making Sense of Legal Judgments, 1875–1940, in: Stebbings (Hg.), Law Reporting, S. 169–186. Die Inhaltsanalyse des Autors ergibt, daß die Urteilswiedergaben im Laufe seines Untersuchungszeitraums länger und länger, das Repertoire der Argumente hingegen enger und enger wurde. Grund war die zunehmende Selbstbindung der (höheren) Gerichte durch Präzedenzfälle, was zu umfangreichen Erörterungen führte. Der viktorianische Urteilsstil war dagegen brüsk und durch Prinzipien geleitet, die sich oft an dem orientierten, was Richter für *common sense* hielten.

Reports im wesentlichen für die juristische Argumentation in der Form des Zitats. In ihrer Gesamtheit glichen die Bände der *Law Reports* einem sich geheimnisvoll fortschreibenden Palimpsest. Sie bildeten gleichsam einen Erinnerungsort, der das englische Recht nicht nur aufbewahrte und darstellte, sondern in gewisser Weise selbst war.

Die vielfältigen Darstellungsformen in der Presse können hier nicht im einzelnen beschrieben werden. Sie reichten von zweizeiligen Notizen bis zu mehrspaltigen Wiedergaben der Verhöre und Wortwechsel, von sachlich-distanzierten Berichten im Stil der *Law Reports* bis hin zu impressionistischen Schilderungen, die nur als Aufhänger für politische oder moralisierende Kommentare dienten. Die meisten größeren Zeitungen und sehr viele branchenspezifische Fachblätter hatten für die Berichterstattung feste Rubriken oder Seiten, überschrieben mit Titeln wie „Law Intelligence", „Cases in Court", „Law and Police", „Legal Reports" und dergleichen. Daneben wurden auch Einzelfälle unter gesonderten Überschriften oder in Kolumnen für regionale gewerbliche Nachrichten oder in vermischten Klatschspalten berichtet. Die Lokalzeitungen pflegten nach Gerichten geordnet Resümees von sämtlichen Gerichtstagen zu bringen, die in ihrem Einzugsbereich stattfanden, wobei in der Regel zwischen drei und einem dutzend Fälle als die jeweils interessantesten herausgegriffen wurden. Für redaktionelle Eingriffe hatten die Journalisten der Tages-, Wochen- und Lokalpresse wenig Zeit; sie mußten sich an das halten, was sie mitgeschrieben hatten oder woran sie sich erinnerten. Schon deswegen folgten ihre Berichte meist dem Verlauf der Auseinandersetzung vor Gericht. Aus dem gleichen Grund floß auch mehr von der tatsächlich gesprochenen Sprache in sie ein als in die vielfach redigierten *Law Reports*. Den Redakteuren der berufs- und branchenbezogenen Fachorgane blieb zwar theoretisch mehr Zeit für die Überarbeitung, doch waren sie auf lokale Korrespondenten angewiesen, deren Arbeitsweise sich nicht wesentlich von der anderer Lokalreporter unterschied. Nicht selten übernahmen die Fachblätter auch einfach Gerichtsberichte aus anderen Zeitungen.[108] Insgesamt waren somit die Presseberichte dichter am kommunikativen Geschehen in den Gerichtssälen als die *Law Reports*. Anders als bei diesen nahm in der Presse nicht der richterliche Dis-

---

[108] Vgl. etwa The Builder, 31. Okt. 1896, S. 365; Master Builders Associations Journal, 1. Nov. 1896, S. 20; und Illustrated Carpenter and Builder, 6. Nov. 1896, S. 348: in allen drei Fachblättern ein fast Wort für Wort gleichlautender Bericht über einen Streit zwischen vier Zimmermännern und einem Bauunternehmer über sogenanntes „grinding money", eine umstrittene gewohnheitsmäßige Zahlung für die Zeit, die zur Reinigung der Werkzeuge benötigt wurde. Entweder bezogen alle drei Blätter Gerichtsberichte von demselben Korrespondenten oder sie schrieben voneinander ab.

kurs, sondern die Darstellung von Sachverhalten und persönlichen Verhältnissen der Streitparteien den meisten Raum ein. Die Darstellung erfolgte
teils referierend, teils im Anschluß an die Aussagen der Beteiligten, dann
meist in indirekter Rede. Längere juristische Argumentationen fand man
dagegen in den Presseberichten selten. Auch der Richterspruch wurde oft
nur als bloßes Faktum mitgeteilt, allenfalls ergänzt um zwei oder drei be-
gründende Sätze. Sofern es sich um Berichte aus den Lokalgerichten handelte, mußte dies nicht unbedingt eine Verfälschung der tatsächlichen Vorgänge darstellen: Lange Ausführungen von Anwälten, insbesondere Verweise auf Präzedenzfälle, waren bei den meisten Friedens- und Grafschaftsrichtern unbeliebt, und viele Lokalrichter pflegten einen kurz angebunde-
nen, apodiktischen, geradezu selbstherrlichen Urteilsstil.[109]

Die Auswahlkriterien der Journalisten variierten. Bei den Lokalreportern
und populären Massenblättern wie „Reynold's Newspaper"[110] waren sie
überwiegend personenbezogen. Den meisten Anklang fanden bei ihnen
Fälle mit spaßigen Szenen, skandalösen Auftritten, sexuellen Anspielungen,
komischen Figuren, Kindern, lokaler oder nationaler Prominenz und natürlich Kriminellen jeder Art.[111] Streitigkeiten zwischen Dienstboten, insbe-

---

[109] Ein Beispiel für den Unwillen eines Grafschaftsrichters, sich auf eine Argumentation mit
Präzedenzfällen einzulassen: Yorkshire Factory Times, 15. Feb. 1895, S. 8, „Concerning
Fines. A sensible Judge. A Point for Textile Workers." In diesem Fall vor dem Shoreditch
County Court (Ost-London) um Lohnabzüge stellte der arbeiterfreundliche Richter (Judge
French) dem Anwalt der Firma die Fangfrage, ob nicht Lohnabzüge gesetzlich unzulässig
seien (sie waren es nur unter bestimmten Umständen). Es kam zu folgendem Wortwechsel:
„Judge French: Is not this deduction illegal under the Masters and Labourers Act? Mr. Pollock: No, Plaintiff is not a labourer. I have a case here on the point. Judge French (sarcastic-
ally): You think it is legal, do you? – (Laughter.) Well, in that case, you must prove that the
fines have been correctly deducted." Der Fall endete mit einem Urteil für den klagenden Arbeiter wegen fehlender Beweise für dessen Zustimmung zu Praxis der Lohnabzüge. Nach
dem *Truck Act* von 1887, 50 & 51 Vict., c. 46, und der dieses Gesetz interpretierenden Rechtsprechung konnten Lohnabzüge vertraglich vereinbart werden (vgl. Colliery Guardian,
24. April 1896, S. 779). Eine ausdrückliche Zustimmung, wie hier von Judge French verlangt, war dafür nicht unbedingt nötig. Dieses ist eines der selteneren Beispiele für Parteilichkeit von Richtern für Arbeiter. Zu Judge French vgl. auch oben, Kap. II.3, S. 217.
[110] Zum populistischen, anti-staatlichen und moralisierend-kapitalismusfeindlichen Charakter
von „Reynolds's Newspaper" und ähnlichen Organen wie „Weekly Times" siehe Joyce, Visions of the People, S. 68; zur Abgrenzung zwischen den ‚populistischen' Blättern und der
chartistischen Presse: Margot C. Finn, Class and nation in English radical politics,
1848–1874, Cambridge 1993, S. 107–118. Für eine Übersicht über neuere Forschungen zur
populären und Arbeiter-Presse vgl.: Jonathan Rose, Workers' Journals, in: Don Vann u.
VanArsdel, Victorian Periodicals, S. 301–310. Auch Karl Marx las „Reynolds's Newspaper"
und bezog daraus Informationen über Gerichtsfälle; siehe: Das Kapital, MEW 23, S. 268
(MEGA² II.5., S. 197).
[111] Vgl. die Beobachtungen von Gamon, London Police Court, S. 70f.; Plowden, Grain or
Chaff?, S. 115, 305ff.

sondere Dienstmädchen und ihren Herrschaften, zwischen Arbeitern und Arbeitgebern hatten gute Chancen, aufgenommen zu werden, und zwar um so mehr, je heftiger der Konflikt ausfiel und je größer die soziale Distanz zwischen den Streitparteien war.[112] Unterhaltung und das Hervorrufen von Mitleid, Abscheu oder moralischer Entrüstung waren die Hauptzwecke dieser Berichterstattung für die anonyme Leserschaft der Lokal- und Massenpresse.

Bei den Korrespondenten der gewerblichen und berufsbezogenen Presse verstand sich das Interesse an Arbeitsstreitigkeiten von selbst.[113] Die Auswahl erfolgte hier stärker nach Sachthemen, politischen Absichten und Aktualität, was sich an den jeweiligen Überschriften ablesen ließ. Mit größtem Interesse verfolgten arbeitgeber- und gewerkschaftsnahe Blätter Gerichtsfälle im Umfeld von kollektiven Arbeitskonflikten. Dabei ging es oft weniger um Information als vielmehr um Denunziation des Gegners und Werbung für die eigene Position. So griffen Arbeitgeberzeitungen neben Streitigkeiten um Nötigung und Einmischung in betriebliche Angelegenheiten[114] auch gern Fälle auf, in denen sich Gewerkschaftsmitglieder als unmündige, willenlose Jammerlappen in der Hand der im Hintergrund wir-

---

112 Beispiele für Streitigkeiten zwischen prominenten Lokalgrößen und ihren Beschäftigten: Northampton Mercury, 22. Mai 1858, „Cattell v. Arthur" (Wildhüter gegen Grundbesitzer); Northampton Mercury, 18. Dez. 1858, „James Lang v. Colonel Arthur" (Stalljunge irischer Abstammung gegen den gleichen Grundbesitzer); Northampton Mercury, 15. Okt. 1870, S. 7, „Wright Hill v. William Rabbits" (Arbeiter gegen ‚den bekannten' Schuhfabrikanten); Darlington and Stockton Times, 30. April 1870, S. 3, „Darlington County Court" (Kündigungsklage eines Stallburschen gegen „Miss Allan, of Wilton House"; unter den insgesamt 390 (!) an diesem Gerichtstag anstehenden Fällen wurde dieser und ein weiterer als die ‚einzig interessanten' herausgegriffen). Beispiele für Streit unter Beteiligung nationaler Berühmtheiten: The Times, 5. Feb. 1923, „Actress sued by Chauffeur. Judge's Criticism." Die Beklagte war Mrs. Gould, bekannt unter dem Künstlernamen Edith Kelly, früher verheiratet mit dem amerikanischen Millionär Frank Jay Gould. Der Richter kritisierte mit scharfen Worten, daß die Beklagte abwesend war und sich nicht um die Bezahlung ihrer Dienstboten kümmerte; The Stage, 22. Feb. 1923, S. 14: „Share and Others v. Lewis – Alleged Breach of Contract." Der Beklagte war „Kid Lewis", ein Preisboxer.

113 Die überaus reiche Branchen- und Gewerbepresse ist bisher als Quelle kaum genutzt worden. Auch fehlen bibliographische Hilfsmittel, die über die Titel und Erscheinungsdaten hinaus konkretere Angaben zu Inhalten, Besitzstrukturen, politischer Ausrichtung usw. bieten. Dem Forscher bleibt vorerst nichts anderes übrig als selbst in den Beständen der Newspaper Library in Colindale die Zeitschriftenbände durchzublättern. Einige Hinweise bei: David J. Moss u. Chris Hosgood, The Financial and Trade Press, in: Don Vann u. VanArsdel, Victorian Periodicals, S. 199–218; vgl. auch: Boot and Shoe Trades Journal, 21. Okt. 1882, S. 212f., „Trade Journalism: Its Uses and Abuses".

114 Zum Beispiel: The Builder, 9. Mai 1896, S. 397 (Kommentar) u. 410f., „Trollope's Black List: Important Action in the Queen's Bench Division." (Fallbericht). Es ging um die Klage der großen Londoner Baufirma Trollope & Sons gegen die *London Building Trades' Federation* wegen deren Publikation einer ‚schwarzen Liste' von Streikbrechern.

kenden Funktionäre entlarven ließen.[115] Die Botschaft lautete in diesen Fällen, daß wahre englische Männer sich eine solche Unfreiheit nicht gefallen lassen dürften. Politisch radikale Blätter und Gewerkschaftspublikationen stellten dagegen besonders Fälle heraus, in denen Arbeitgeber Gesetze mißachteten oder aus Rachsucht Gewerkschaftsmitglieder schikanierten.[116] Eine wichtige Funktion der Berichte in den Gewerkschaftsorganen war außerdem auch die Werbung für den gewerkschaftlichen Rechtsschutz.[117] Hier war die Botschaft, daß nur Solidarität dem einzelnen Arbeiter eine Wahrnehmung seiner Rechte ermöglichte. Ähnliche beiderseitige Politisierungen der Berichterstattung gab es im Hinblick auf das Unfallproblem.[118] Stets aufmerksam registriert, mitunter auch kommentiert wurden erste lokale Entscheidungen unter neuen Gesetzen; ebenso Konflikte, bei denen eine Seite versuchte, eine gewerbliche Gewohnheit neu zu definieren. In solchen Fällen erfüllte ein Bericht in der Fach- und Verbandspresse für die jeweilige lokale Umgebung eine ähnliche Funktion wie die *Law Reports* für die ganze Nation: Der Bericht dokumentierte einen Präzedenzfall, auf den

---

115 Vgl. etwa: Colliery Guardian, 3. Juni 1870, S. 574 f., „Trades' Union Terrorism and Magisterial Action"; ebd., 16. Feb. 1912, S. 341, „Trade Union Methods. Jones v. Gray and Co"; Boot and Shoe Trades Journal, 16. Febr. 1912, S. 356, „Tied by his Union. A Judge's View of Trade Unionism."

116 Vgl. etwa People's Paper, 29. Mai 1858, „Factory Oppression"; ebd., 5. Juni 1858, „The Evils of the Factory system"; The Pioneer, 28. Okt. 1911, S. 6, „Warning to Employers. Heavy Fine for unguarded Machinery"; Trades and Labour Gazette, Mai 1912, S. 5, „A Free Labour Dispute"; Staffordshire Knot, 2. Dez. 1882, S. 5 (Fall eines Arbeiters, der nach der Beendigung eines Streiks entlassen wurde, weil – wie er meinte – er der *Miners' Union* angehört und als Sprecher der Männer agiert hatte). War die Schikane allzu offensichtlich, konnte es sogar in neutralen Branchenblättern zu kritischen Bemerkungen gegen diesen Mißbrauch des Rechts durch Arbeitgeber kommen; vgl. etwa Boot and Shoe Trades Journal, 6. Mai 1882, S. 212, „Leeds. [From our own Correspondent.]": Bericht über eine Klage wegen Nötigung gegen den lokalen Sekretär der *National Union of Operative Shoe Rivetters and Finishers.*

117 Das gilt für zahlreiche Fallberichte in der NUT-Zeitung „The Schoolmaster", z.B. in der Nr. vom 27. April 1912, S. 826. Vgl. auch: The Insurance Guild Journal 4, Nr. 3, März 1923, S. 40 f.: „Damages for Insurance Official Assisted by Guild! Judge's scathing Comments"; The Postal Advocate, 18. Aug. 1911, S. 3 u. 9 f.; ebd., 18. Jan. 1912, S. 4 ff. u 9, „Items of Interest. A Thousand Pounds obtained for the dependants of a late Comrade. Non-Members please note."

118 Im Bergbaubereich gab die ununterbrochene Folge von Grubenunglücken Anlaß für zahllose Fallberichte im „Colliery Guardian" und anderen Arbeitgeberblättern, die im wesentlichen das Vorurteil bestätigen sollten, daß der Leichtsinn der Arbeiter und nicht die fehlenden Sicherheitsvorkehrungen für die Unglücke verantwortlich waren; vgl. etwa: Colliery Guardian, 3. Febr. 1882, S. 182 (How Explosions are caused"); ebd., 7. Juli 1882, S. 16 („Breaches of Colliery Rules"); ebd., 8. Sept. 1882, S. 373 („A reckless Miner"); Capital and Labour, 13. Dez. 1882, S. 523 („Legal Cases. Smoking in a Mine").

man sich berufen konnte.[119] Allerdings besaßen die Entscheidungen von Lokalgerichten keine bindende Wirkung, so daß der mögliche Nutzen der betreffenden Fallberichte nicht so sehr in ihrer Wiederverwendbarkeit als Zitat vor anderen Gerichten, sondern eher in der Verhaltensorientierung zum Zweck der Vermeidung ähnlicher Prozesse vor dem gleichen Gericht lag. Häufig schloß sich an die Darstellung von Streitigkeiten um ‚Gewohnheiten' der dringende (aber offenbar vergebliche) Aufruf an, potentiellen Streitstoff durch schriftliche Arbeitsverträge von vornherein aus dem Weg zu räumen.[120] Politische Agitation und praktische Hinweise für ein im jeweiligen Interesse geschicktes Verhalten waren somit die Hauptzwecke der Berichterstattung in der gewerblichen und berufsbezogenen Fachpresse.

DIE INSTRUMENTALISIERUNG DER PUBLIZITÄT

Die Presse beobachtete nicht nur die Kommunikation im Gericht und zog daraus Lehren für ein nach-lesendes Publikum, vielmehr war sie durch ihre bloße Anwesenheit in Gestalt der mitschreibenden Reporter und durch die ständigen Seitenblicke der Prozeßteilnehmer auf diese Anwesenden auch ein umworbener Mitspieler im jeweils *laufenden* Verfahren. Es gibt etliche Beispiele dafür, daß Prozesse in wesentlichen Teilen und vereinzelt sogar bis hin zur Urteilsfindung so und nicht anders abliefen, weil die Beteiligten einschließlich der Richter sich darauf einstellten, daß die Presse darüber berichten würde.

Deutlich zeigt sich dies bei Fällen, in denen Richter ihre Urteilsverkündung oder ihre Begründung für die Verweigerung einer Entscheidung als politisches Agitationsstück oder als Erziehungsmaßnahme inszenierten. So berichteten arbeitgebernahe Blätter wie „Capital and Labour" mit Vorliebe über Fälle, in denen sich Richter im Rahmen ihrer Urteile oder nebenbei kritisch über den Sinn oder vielmehr Unsinn neuer, bei Arbeitgebern unbeliebter Gesetze äußerten. Das betraf unter anderem Fälle unter dem *Employers' Liability Act*, dem *Truck Act* und dem *Workmen's Compensation*

---

[119] Vgl. Boot and Shoe Trades Journal, 23. Dez. 1882, S. 322, „Gossip": Streit um Kündigungsfrist im Schuhgewerbe von Leicester. Zum Urteil bemerkt das Blatt: „... as it will probably be cited as a precedent hereafter, manufacturers and workmen will do well to make a note of it."

[120] Vgl. etwa: Drapers' Record, 15. Feb. 1896, S. 329 f., „Travellers and their Agreements", ein Kommentar im Anschluß an einen in der Vornummer, 8. Feb. 1896, S. 285, berichteten Fall eines Handlungsreisenden.

Act.[121] Wer hier wen für seine politischen Ziele einspannte, ob die Richter die anwesenden Reporter oder umgekehrt, läßt sich nicht eindeutig sagen. Tatsache ist, daß die Richterkritik am angeblich unfähigen Gesetzgeber allein dadurch, daß sie in einer Arbeitgeberzeitung abgedruckt wurde, als öffentliche Unterstützung der Arbeitgeber-Lobbyisten lesbar wurde. Auch eine rechtstechnisch gemeinte Kritik wurde so, ob der Richter es intendierte oder nicht, zur politischen Aussage. Bei manchen Fällen kann man sich des Eindrucks nicht erwehren, daß ein stillschweigendes Einverständnis existierte zwischen dem scheinbar innerjuristisch agumentierenden Richter und dem Reporter der arbeitgebernahen Presse, der die Richterworte anschließend in eine politische Aussage transformierte. Im strengen Sinne beweisen lassen sich solche Doppelspiele nicht, aber jeder Richter wußte, daß Zeitungsjournalisten, anders als die halbamtlichen Reporter der *Law Reports*, begierig auf politische oder andere *obiter dicta* warteten und gerade diese in den Mittelpunkt ihrer Berichte rückten.

Direkt nachweisbar sind Instrumentalisierungen der Presse in Fällen, bei denen Richter die örtlichen Unternehmer und die Arbeiterschaft über das ‚Recht' (beziehungsweise das, was sie zu ‚Recht' erklärten) belehren wollten. Sie taten dies zum Teil im eigenen Interesse, so etwa wenn Grafschaftsrichter Kettle in Dudley anläßlich eines Streits um eine zeitlich schon lange zurückliegende Lohnabrechnung erklärte, dies sei zwar „ein kleiner Fall", aber „es kämen so viele Fälle dieser Art vor ihn, daß er die Presse darum bitten müsse, ihn publik zu machen, damit den Bergleuten und Grubenbesitzern Ärger und Kosten erspart würden."[122] Daß es Kettle nicht nur um den

---

121 Beispiele: Capital and Labour, 31. Mai 1882, S. 228, „Legal Cases. The Employers' Liability Act" (Der Richter und andere „legal gentlemen" im Gericht stimmen darin überein, daß das Gesetz „very defective" sei; der Richter weigert sich hier, das Gesetz zu interpretieren); Capital and Labour, 21. Juni 1882, S. 258, „Legal Cases. The Employers' Liability Act"; Colliery Guardian, 26. Mai 1882, S. 821, „The Employers' Liability Act"; Personal Rights: A Monthly Journal of Freedom and Justice, 15. Feb. 1896, S. 9 f., „Picketing" (Kritik eines Friedensrichters am Gesetz zum Streikpostenstehen: „afforded no protection at all to the employer"); Colliery Guardian, 24. Dez. 1896, S. 1217, *Ekin and Williams* v. *Yorkshire and Derbyshire Coal and Iron Co.* (Kritik am *Truck Act* von 1887); Colliery Guardian, 15. März 1912, S. 533, „A hardship to Employers. *Myatt* v. *A.B. Jones and Sons*" (Kritik von Judge Ruegg, einer Autorität auf dem Gebiet, an einem bestimmten Aspekt des *Workmen's Compensation Act*).
122 Colliery Guardian, 14. April 1870, S. 387, „Important Mining Cases at Dudley" (*Clark* v. *Gold*); ähnlich der Fall *Payne* v. *Crew*, berichtet in: Dudley Herald, 19. Feb. 1870, S. 8, u. 26. März 1870, S. 3, in dem Richter Kettle ein schriftliches Urteil mit der Begründung anfertigte, daß der Fall für „masters and men in this immediate neighbourhood" von größter Bedeutung sei.

Ärger der Streitparteien, sondern auch um die Abwendung derartiger Klagen von seinem Gericht ging, zeigt seine abschließende Bemerkung: „In conclusion, he trusted the men would take notice of his remarks."[123] Noch drastischer war in dieser Hinsicht eine Lektion, die der Grafschaftsrichter von Barnsley den örtlichen Arbeitern erteilte. Zwei Arbeiter hatten dort eine Firma um Lohn verklagt, obwohl sie von einem bei der Firma angestellten Mann beschäftigt und bezahlt worden waren, der sich aber offenbar davongemacht hatte. Während der Richter im ersten Fall seine Rechtsbelehrung (daß die Arbeiter gefälligst die richtige Partei verklagen sollten) noch mit einer Aufforderung an die Firma verband, das Geld ins Gericht einzuzahlen und dort zu lassen bis der Verschwundene gefunden sei, setzte er im darauffolgenden Fall die eben gegebene Rechtsbelehrung sofort in die Tat um und sprach ein Urteil für die beklagte Firma.[124] Es sei wichtig, so die Begründung, daß die Männer ihre Position in diesem Punkt verstünden, und nicht Zeit und Geld und die Zeit des Gerichts unnütz in Anspruch nähmen.

Auch Arbeitgeber waren die Adressaten ähnlicher exemplarischer Urteilsverkündungen, die als Rechtsbelehrung für das Publikum angelegt wurden. Ein neuralgischer Punkt, der häufig richterliche Zurechtweisungen hervorrief, war die Ausstellung von Zeugnissen für Arbeitnehmer, sogenannten *characters*. Wer als Arbeitgeber eine Entlassung damit zu rechtfertigen suchte, daß der Arbeitnehmer unfähig oder ungehorsam gewesen war, gleichzeitig aber diesem Arbeitnehmer ein günstiges Abgangszeugnis ausgestellt hatte, stieß vor Gericht auf taube Ohren. Richter pflegten in solchen Fällen für den klagenden Arbeitnehmer zu entscheiden. Sie stützten sich dabei jedoch nie auf den Text des Zeugnisses, das dem Arbeitnehmer einen guten ‚Charakter‘ attestierte, sondern unterstellten stets, daß der Arbeitgeber aus Mitleid ein ‚falsches‘, das heißt zu günstiges Zeugnis ausgestellt hatte. Worauf es den Richtern in solchen Fällen allein ankam, war die öffentliche Verurteilung eines Arbeitgebers, der andere Arbeitgeber in die Irre geführt hatte.[125] Dem klagenden Arbeitnehmer nützte ein solches Urteil wenig. Er erhielt zwar seinen Lohn oder Schadensersatz, aber sein ‚Charakter‘ wurde trotzdem in aller Öffentlichkeit desavouiert. Ähnlich verhielten sich Rich-

---

123 Ebd.
124 Colliery Guardian, 3. Feb. 1882, S. 172.
125 Vgl. Capital and Labour, 1. Feb. 1882, S. 49, „Characters to Servants": Hier charakterisierte der Richter ein solches ‚falsches‘ Zeugnis als „jesuitisch"; County Courts Chronicle, 1. März 1858, S. 65: Hier nannte der Richter die Ausstellung eines falschen Zeugnisses „eine der größten Verletzungen der sozialen Sicherheit, die überhaupt begangen werden könnten".

ter, wenn Arbeitgeber ein bestimmtes Fehlverhalten ihrer Arbeiter, zum
Beispiel Unpünktlichkeit, nachweislich längere Zeit geduldet hatten, dann
aber vor Gericht dieses Fehlverhalten als Rechtfertigung für Entlassungen
anführten.[126] Die von arbeitgebernahen Blättern gern aufgenommene richterliche Botschaft war in diesen Fällen, daß Arbeitgeber ihren Glaubwür-
digkeitsbonus vor Gericht nur behalten könnten, wenn sie sich untereinander solidarisch und gegenüber ihren Arbeitnehmern konsequent verhielten.

Wie die Beispiele zeigen, stellte die Anwesenheit der Presse für einen
selbstbewußten und unabhängigen Richter keine Beunruhigung dar. Eher
war sie nützlich, weil sie die eigene Autorität in den öffentlichen Raum hinein verlängerte. Lästig konnte die Presse nur für diejenigen Richter werden,
denen häufig Fehler unterliefen oder die sich, aus welchen Gründen auch
immer, zur Rücksichtnahme auf mächtige lokale Interessen gezwungen sahen. Das betraf vor allem Laienfriedensrichter, die als Unternehmer, Bürgermeister, Grundbesitzer oder Pastoren auch in anderen Rollen öffentlich
angreifbar waren.

Wesentlich problematischer war die dauernde Präsenz der Presse für die
Streitparteien, und hier insbesondere für die Beklagten. Um in den Augen
des Publikums Recht zu bekommen, genügte es für sie nicht, daß sie im
Strafverfahren mangels Beweisen freigesprochen wurden oder daß sie sich
im Zivilverfahren durch eine rechtstechnische Argumentation aus der Af-
färe ziehen konnten. Vor der Öffentlichkeit galten andere Beweislastregeln
als im Recht, und weil dies so war, hatten die juristischen Beweislastregeln
in viktorianischen Gerichten aus der Sicht des Beklagten oft keine Geltung.
Blieben Zweifel an der Unschuld des Beklagten zurück, halfen ihm die juristische Unschuldsvermutung und ein entsprechendes Urteil wenig. Sein Ruf
war dahin, und nicht selten hatten es Kläger gerade darauf abgesehen. Ein
Beklagter mußte also die gegen ihn erhobenen Vorwürfe positiv widerlegen,
besser noch, es mußte ihm aus dem Munde des Richters und darüber hinaus
in der Zeitung ausdrücklich bestätigt werden, daß kein Makel an seinem

---

[126] Vgl. Tobacco Trade Review, 10. März 1883, S. 32, „A Bad Habit" (*Knight* v. *Koppenhagen*):
Hier wies Richter Kerr vom City of London Court einen Arbeitgeber zurecht, der einem
Arbeiter (gegen Lohnabzug) erlaubt hatte, gelegentlich später zu kommen, um seine tod-
kranke Frau zu pflegen. Kerr bezeichnete dieses menschliche Verhalten als „schlechte Gewohnheit" und fuhr fort: „If masters expect the law to help them in their relations with their
servants they must help themselves as well. When a man is bound to be at his work, say at
nine o'clock, and does not come till later on, dismiss him at once without any wages."

‚Charakter' haftete.[127] Die Alternative bestand darin, sich mit einem Vergleichsvorschlag abzufinden, um die eigene Reputation zu schützen.[128]

Negative Publizität in der Presse war das moderne Äquivalent für den mittelalterlichen Schandpfahl oder die bis ins 19. Jahrhundert auf dem Lande noch gebräuchliche Katzenmusik.[129] Über die Bloßstellung hinaus konnten Berichte über nicht zweifelsfrei widerlegte Anschuldigungen gravierende wirtschaftliche Nachteile mit sich bringen: Arbeitnehmer verloren in der näheren Umgebung oder, wenn der Fall in den führenden Branchenblättern berichtet wurde, sogar in ihrem Beruf die Chance auf Neuanstellung; Arbeitgeber verloren ihre Respektabilität und – bei schwerwiegenden Vorwürfen – ihre Kreditwürdigkeit. Nicht nur Beklagte, auch Kläger und Zeugen, ja sogar unbeteiligte Dritte, konnten in die gleiche Lage geraten, wenn im Laufe des Verfahrens ehrenrührige Beschuldigungen gegen sie erhoben wurden. Erinnert sei nur an den oben geschilderten Fall des Bäckergesellen Howell, der sich durch die Gegenforderung seines Meisters in seiner Berufsehre verletzt sah.[130] Das taktisch ungeschickte Sprachverhalten

---

[127] Vgl. Cigar and Tobacco World, May 1896, S. 279, „Beware of the Factory Act": Klage des Fabrikinspektors gegen die Buchhalterin in einer Zigarrenfabrik wegen falscher Einträge. Der vorsitzende Friedensrichter erklärte zum Abschluß des Falles, er sei „extremely sorry", daß in diesem Fall nur über die Beklagte, eine Miss Ashton, verhandelt worden sei. Grund für die fehlerhafte Buchführung sei die Praxis in dem Betrieb und seiner Ansicht nach müsse eigentlich der Arbeitgeber die Geldstrafe zahlen. Das kam einer öffentlichen Rehabilitierung der Beklagten gleich. Ähnlich entlastend verhielt sich der Richter im Fall einer wegen angeblicher ‚Inkompetenz' und ‚Unehrlichkeit' entlassenen Kassiererin, vgl. Drapers' Record, 14. März 1896, S. 561, „A Richmond Draper and his Cashier" (*Amies* v. *Kempthorne*).

[128] So geschehen zum Beispiel im Fall des wegen Kontraktbruchs verklagten Preisboxers „Kid Lewis", The Stage, 22. Feb. 1923, S. 14. Nachdem der Richter in diesem Verfahren angedeutet hatte, daß er der Argumentation des Anwalts des Beklagten nicht folgen werde, unterbreiteten Lewis und sein Anwalt dem Kläger in einer Verhandlungspause ein Angebot. Die ‚Belohnung' dafür war die den Fall (bzw. den Bericht darüber) abschließende Ehrenerklärung des Richters für den Boxer: „The judge said the decision arrived at was entirely to the credit of Lewis, and there could be no sort of imputation on his conduct in the matter." Ein weiteres Beispiel: Colliery Guardian, 14. April 1870, S. 391: Klage eines Ingenieurs gegen eine Kohle- und Stahlfirma. Hier leitete ein Vorschlag des Richters, die Sache gütlich zu regeln, eine Einigung ein, im Laufe derer alle gegenseitigen Beschuldigungen und Behauptungen im Hinblick auf ‚Charakter', ‚berufliche Fähigkeit', ‚Prosperität des Bergwerks' usw. zurückgenommen wurden. Etwa ein Drittel des Fallberichts ist diesen gegenseitigen Ehrenerklärungen gewidmet.

[129] Vgl. Carolyn Conley, The Unwritten Law. Criminal Justice in Victorian Kent, New York u. Oxford 1991, S. 22–28; E. P. Thompson, Rough Music, in: ders., Customs in Common (1991), Harmondsworth 1993, S. 467–538, mit zahlreichen Beispielen, auch aus dem 19. Jahrhundert. Hauptopfer von Katzenmusiken waren Ehebrecher, sexuell Deviante, Männer, die ihre Frauen schlugen, daneben auch unpopuläre Amtsträger, Steuereintreiber usw. Im Zusammenhang von Arbeitskonflikten waren insbesondere Streikbrecher, sogenannte *blacklegs*, Opfer dieses Bestrafungsrituals, siehe Thompson, Rough Music, S. 519ff.

[130] Siehe oben, S. 501ff.

des klagenden Bäckergesellen rührte in diesem Fall nicht bloß aus seiner
Unbeholfenheit und der ungewohnten Situation des Kreuzverhörs, sondern
auch aus dem Rechtfertigungszwang, der sich aus der Präsenz des Reporters
des Branchenblatts „Baker's Record" ergab, das in seinem Anzeigenteil zugleich als Stellenmarkt fungierte. Aus eben diesem Grund sah sich Mr. Eves
als Anwalt der *London Master Bakers' Protection Society* veranlaßt, die
durch Howells Äußerungen angegriffene Berufsehre seines vormaligen Arbeitgebers, Mr. Schaumloffel, in Schutz zu nehmen.[131]

Die Dauerbeobachtung durch die Lokal- und Branchenpresse bewirkte
also, daß auch bei juristisch unbedeutenden Arbeitsstreitigkeiten vor viktorianischen Gerichten *immer* der ‚Charakter' der Streitenden als ‚fähiger'
Arbeiter, als ‚ehrliches' Dienstmädchen, als ‚gewissenhafter' Buchhalter
oder als ‚respektabler', geschäftlich ‚sauber' agierender Arbeitgeber auf dem
Spiel stand. Alle Beteiligten waren sich dessen bewußt, und so erklären sich
zahlreiche, aus juristischer Sicht unnötige Bemerkungen von Richtern und
Anwälten, die einzig dem Zweck dienten, die Ehre einer der Streitparteien
(oder beider) wiederherzustellen. Hierbei kam auf richterlicher Seite besonders in den mittleren Jahrzehnten des 19. Jahrhunderts ein deutliches Klas-
senvorurteil zum Vorschein, indem Arbeitgebern häufiger Ehrenhaftigkeit,
Fairness und grundsätzlicher Wille zur Einhaltung von Gesetzen beschei-
nigt wurden, während die Berufsehre und persönliche Integrität von Handarbeitern fast nie eines Wortes gewürdigt wurden.[132] Bei höher qualifizierten Beschäftigten, zum Beispiel Lehrern oder Managern, war dies anders.[133]
Bei einfachen Handarbeitern sorgten, wenn die Richter schwiegen, zumindest die Anwälte dafür, daß Beschuldigungen gegen ihre Mandanten ins

---

[131] Bakers' Record, 23. Feb. 1912, S. 8: „Mr Eves said Mr. Shaumloffel [sic] was in court, and
desired to deny that any of his men worked fifteen hours on a Saturday."
[132] Vgl. etwa Printers' Register, 6. Jan. 1870, S. 6 u. 8; Tobacco Trade Review, 12. Febr. 1870,
S. 27 f., 36; ebd., 12. März 1870, S. 48 f.; ebd., 9. Apr. 1870, S. 65.
[133] Vgl. etwa den Fall *Gaunt and Wife* v. *Bradford School Board*, County Courts Chronicle,
1. Mai 1876, S. 348–351. Der Richter äußerte hier mehrmals Verständnis dafür, daß die zukünftigen beruflichen Interessen des klagenden Lehrerehepaars durch Anschuldigungen der
Schulbehörde beeinträchtigt seien und suchte das Paar durch sein Urteil ostentativ zu reha-
bilitieren. Siehe auch den Fall *Body* v. *W. and E. Turner*, berichtet in: Boot and Shoe Trades
Journal, 26. Juli 1912, S. 151. In diesem Fall vor den Glamorganshire Assizes intervenierte
der Richter, Justice Lush, persönlich, um eine gegenseitige Rücknahme der ehrenrührigen
Beschuldigungen zu erreichen. Er leitete diesen Versuch ein mit der Feststellung, daß der
Kläger, ein Manager eines Schuhgeschäfts, aus dem Verfahren als unbescholtener Mann her-
ausgehe: „The plaintiff, he pointed out, had had his character vindicated in open court, and
had proved himself to be an absolutely honest man."

rechte Licht gerückt wurden.[134] Es kam auch vor, daß Angestellte selbst einen Fall in der erklärten Absicht vor Gericht brachten, um ihren ‚Charakter' zu reinigen.[135]

Fand sich im Verfahren niemand, der öffentlich für den ‚Charakter' einer Streitpartei einstand, oder gelangten entlastende Äußerungen aus dem mündlichen Verfahren nicht in den Pressebericht, griffen die Betroffenen mitunter auf einfallsreiche Weise zur Selbsthilfe. Dafür ein Beispiel: Im Streit eines Tabakgroßhändlers, Mr. Katz, gegen seinen Chefverkäufer in England, einen Mr. Clarke, wurden im Laufe des Verfahrens laut Bericht in der „Tobacco Trade Review" schwere Vorwürfe gegen den Verkäufer (Clarke) erhoben. Durch die Mißwirtschaft des Verkäufers, so der Anwalt von Katz, stehe der Kläger vor dem Ruin, so daß nun ein Konkursverwalter als Manager einzusetzen sei. Das Gericht entsprach dieser Forderung, doch wurde die Verhandlung über die Hauptsache vertagt.[136] In der folgenden Nummer des Fachblatts erschien eine kurze Notiz über die Fortsetzung des Falles, aus der lediglich hervorging, daß die Streitenden sich geeinigt hätten und daß Clarke nun unter dem Konkursverwalter als Manager das Geschäft fortführe.[137] Dazu hatte Clarke in der gleichen Nummer eine in großen Lettern gesetzte, halbseitige Anzeige geschaltet, mit der er seinen ‚Charakter' in

---

134 Vgl. Miners' Watchman and Labour Sentinel, 9. Feb. 1878, S. 12, „Charge against a Power-Loom Weaver. Serious Accusation against a Mill-Owner's Son": Kontraktbruchklage eines Textilfabrikanten gegen eine Weberin, eine Miss Emma Bray. Der Anwalt von Miss Bray nahm den Fabrikanten ins Kreuzverhör, und es stellte sich heraus, daß eine Auseinandersetzung zwischen seinem Sohn und Miss Bray stattgefunden hatte, in der der Sohn offenbar beleidigende, nicht näher spezifizierte Worte gegen die Weberin gebraucht hatte. Obwohl der vorsitzende Friedensrichter und der Anwalt von Miss Bray hier den Kläger aufforderten, die Sache außerhalb des Gerichts zu regeln (offenbar, um es dem Vater zu ersparen, daß peinliche Details über seinen Sohn vor Gericht ausgesprochen würden), beharrte der Fabrikant auf der Fortsetzung des Falles. Durch die abgedruckte Verteidigungsrede des Anwalts und die Zeugenaussagen erschien es zumindest in dem Zeitungsbericht so, daß Miss Bray im Recht und der Unternehmer und sein Sohn im Unrecht waren, wenn auch das Gericht gegen die Beklagte entschied.

135 Vgl. County Courts Chronicle, 1. Okt. 1858, S. 226 (*Smith* v. *Loxley*): Fall einer jungen Dorfschullehrerin, die von der Hausmeisterin angeblich abends nach neun Uhr mit einem jungen Mann gesehen worden war und wegen des Dorfgeschwätzes um diesen (eingebildeten?) Vorfall entlassen worden war. Boot and Shoe Trades Journal, 4. Jan. 1896, S. 20, „Findings." Der Anwalt des Klägers, eines Handlungsreisenden für eine Schuhfirma, schloß hier nach erfolgtem Urteil für seinen Mandanten den Fall ab mit der Bemerkung: „Mr. Darnell stated that plaintiff, who was travelling for good firms, felt himself bound to bring the case in order to clear his character." Für einen mißlungenen Versuch dieser Art vgl. den Fall *Wickham* v. *Harding*, Law Journal Reports N.S. 28 (1858–59), S. 215–217. Hier hinderte eine Schiedsgerichtsklausel im Arbeitsvertrag einen des Mißmanagements beschuldigten Manager daran, seinen „character" vor Gericht zu reinigen.

136 Tobacco Trade Review, 8. April 1882, S. 45 f., „A Tobacco Agency Business".

137 Tobacco Trade Review, 13. Mai 1882, S. 61, „A Tobacco Agency Business".

den Augen der Geschäftspartner wieder ins rechte Licht rücken wollte.[138]

HIGH COURT OF JUSTICE.
Chancery Division.

Katz v. Clarke.

My partner (the Plaintiff in this action) having made satisfactory terms with me, and withdrawn all imputations upon my character, I have consented to the proceedings being withdrawn, and have paid him out of the business. The business will now be carried on solely by myself.

WALTER T. CLARKE,
Tobacco Broker,
56, LEADENHALL STREET, E.C.

Wie empfindlich Prozeßteilnehmer auf die Darstellung ihres Falles in der Branchenpresse reagierten, zeigte nicht nur diese – gewiß ungewöhnliche – Anzeige, sondern auch die in der nächsten Nummer der „Tobacco Trade Review" veröffentlichte Gegendarstellung des Klägers, Mr. Katz. In seinem Auftrag hatten seine Anwälte einen Leserbrief in das Blatt setzen lassen, in dem sie unter anderem dem Eindruck entgegentraten, als sei die Zurücknahme der Beschuldigungen nur einseitig erfolgt und als habe Clarke gegenüber seinem ehemaligen Arbeitgeber (nicht wie in der Anzeige behauptet: „Partner") keine Verbindlichkeiten mehr zu erfüllen.[139]

FAZIT

Zusammenfassend läßt sich festhalten, daß die Kommunikation in viktorianischen Gerichten in einem so hohen Maße der öffentlichen Beobachtung ausgesetzt war, daß es für die Streitparteien oft einem Akt des Exhibitionismus gleichkam, dort persönlich zu erscheinen. Einen Schutz der Privatsphäre gab es nicht. Namen, Adressen, körperliche Merkmale, Familienverhältnisse, finanzielle Lebensumstände – nichts blieb geheim. Das Sprachver-

---

[138] Ebd., S. III. Für eine ähnliche Anzeige im Zusammenhang mit einem Gerichtsfall vgl. Jeweller and Metalworker, 1. April 1896, S. 194 f., „An important case to Employers. Borgzinner v. Brown and Benjamin" (Fallbericht), und 15. Mai 1896, S. 357 (ganzseitige Anzeige, in der die Firma, ein Schmuckkästchenhersteller, darauf aufmerksam macht, daß zwei ehemalige Angestellte durch gerichtliches Verbot auf immer daran gehindert seien, mit den Kunden der Firma Geschäfte zu machen).

[139] Tobacco Trade Review, 10. Juni 1882, S. 82.

halten von Klägern und Beklagten hatte sich dem anzupassen. Die Aussicht, daß alles, was vor Gericht gesagt wurde, in der Presse erscheinen konnte, machte es für die beteiligten Laien vielfach unmöglich, ‚regelorientiert' zu argumentieren, selbst wenn sie es von ihrem Vorwissen und ihrer Ausdrucksfähigkeit her gekonnt hätten. Sie mußten oft in den ‚beziehungsorientierten Diskurs' wechseln, weil nicht nur Richter, sondern auch das lokale, berufsspezifische oder sogar nationale Publikum über sie zu Gericht saßen. Die Öffentlichkeit des Verfahrens, vor allem die bis ins späte 19. Jahrhundert hinein zunehmende Bedeutung eines unsichtbaren, unberechenbaren Lesepublikums verlangte von den Klägern und Beklagten ein sprachliches Doppelspiel, das nur wenige beherrschten. Die Laien mußten ihre Worte so wählen, daß sie zugleich im juristischen Sinne erfolgversprechend waren und der Wahrung des eigenen Charakterbildes in der jeweils relevanten Teilöffentlichkeit dienten. Beides konnte sich widersprechen. Die Präsenz der Öffentlichkeit erschwerte oft ein im juristischen Sinne zweckorientiertes Sprachverhalten.

Im Hinblick auf die übergreifende Frage nach den Gründen für die Entrechtlichung der Arbeitsbeziehungen in England spricht somit manches dafür, daß die – im internationalen wie im diachronen Vergleich – spezifische Kommunikationssituation in den viktorianischen Lokalgerichten ein Faktor war, der Arbeitnehmer und Arbeitgeber bevorzugt nach Lösungsmöglichkeiten außerhalb des Rechts und der ordentlichen Justiz suchen ließ. Zwar stellte die Publizität der Verhandlungen in dem einen oder anderen Fall auch einen Anreiz zur Klage dar, doch erforderte der Gang zum Gericht in jedem Fall eine Bereitschaft, sich öffentlich zu exponieren, die auf die große Mehrzahl der Rechtsuchenden abschreckend wirken mußte. Gegen diese Interpretation scheint allerdings der Befund zu sprechen, daß die Berichterstattung über Arbeitsstreitigkeiten in den Lokalgerichten im Laufe des frühen 20. Jahrhunderts an Intensität und Farbigkeit nachließ. Wäre das Risiko des öffentlichen Gesichtsverlusts der einzige Faktor, der uns hier zur Erklärung der Flucht aus den Gerichten diente, so müßte man dieses Argument ernstnehmen. Als jedoch die Presseberichterstattung ihren Charakter veränderte, war der Entrechtlichungsprozeß bereits im vollen Gange. Das nachlassende Interesse der Presse für kleine Arbeitsstreitigkeiten ist in erster Linie als Reflex dieses umfassenden Vorgangs zu werten, auch wenn sich dadurch langfristig die Kommunikationssituation in den Lokalgerichten in Richtung auf zunehmende Privatheit veränderte.[140] Diese geringfü-

---

[140] Soweit es um Ehe- und Familiensachen, Sexualdelikte und Jugendliche ging, kam es beginnend mit dem Jahr 1926 auch zu gesetzlichen Regelungen, welche die Berichterstattung un-

gige Veränderung genügte aber nicht, um die Arbeitnehmer und Arbeitgeber, die den Gerichten bereits den Rücken zugekehrt hatten, wieder zu einer
vermehrten Nutzung des Rechtswegs zu veranlassen. Wichtiger als die tatsächliche Dichte und Qualität der Berichterstattung war im übrigen für die
potentiellen Kläger und Beklagten das Fortbestehen der *Möglichkeit* negativer Publizität. Diese blieb auch im frühen 20. Jahrhundert uneingeschränkt erhalten, denn Öffentlichkeit der Gerichtsverhandlung galt weiterhin, wie es Claude Schuster, der permanente Sekretär im *Lord Chancellor's Office*, im Jahre 1922 formulierte, als ein „fundamentales Prinzip der
englischen Rechtspflege".[141] So wertvoll dieses Prinzip als Schutz vor Will-
kürjustiz und als Kontrollinstanz gegen die Mächtigen war, so sehr trug es
in Verbindung mit den anderen hier behandelten Besonderheiten der gerichtlichen Kommunikation in England dazu bei, daß englische Arbeitnehmer und Arbeitgeber von der Justiz vergleichsweise wenig Gebrauch machten.

---

ter bestimmten Bedingungen einschränkten; hierzu: Jackson's Machinery of Justice, S. 22 ff.
Für Arbeitsstreitigkeiten hatten diese Einschränkungen aber keine Bedeutung.

[141] Claude Schuster in einem Brief vom 19. Juli 1922 an Lord Stamfordham, den Privatsekretär
des Königs Georg V., zit. nach Savage, Erotic Stories, S. 519.

V. DEFINITIONSKÄMPFE IM GERICHT

1. HERAUSFORDERUNGEN DER ARBEITSWELT – ANTWORTEN DES RECHTS

„Recht ist, um Recht zu sein, auf seine wiederholte Anwendung angewiesen."[1] Eine Rechtsprechung, die bei gleichartigen Fällen einmal so und einmal anders entschiede, hätte ihre Aufgabe verfehlt. Sie würde als ungerecht empfunden, und es wäre kaum der Mühe wert, sie in Anspruch zu nehmen. Ebensogut könnte man das Los entscheiden lassen. Noch kürzer kann man also mit Luhmann sagen: „Gerechtigkeit ist Redundanz."[2] Richter und Gesetzgeber sehen sich daher der Forderung gegenüber, die „Konsistenz von Entscheidungen" gewährleisten zu müssen.[3] Ein gewisses Maß an Vorhersehbarkeit ist nötig, wenn Richtersprüche etwas anderes sein sollen als Machtsprüche oder Orakelsprüche. Noch einmal anders, in den Begriffen der Systemtheorie formuliert: Ohne wiederholt anwendbare Regeln, substanzieller wie prozeduraler Art, gibt es kein ausdifferenziertes Rechtssystem.

Damit das Recht als gerecht empfunden wird, genügt es freilich nicht, daß nach dauerhaften und bekannten Regeln verfahren und entschieden wird. Wiederholbarkeit ist eine notwendige, aber nicht hinreichende Bedingung für Gerechtigkeit. Bestünde das Problem nur darin, könnten sich Richter und Gesetzgeber der Schwierigkeit entziehen, indem sie sich auf ganz wenige, stark generalisierte Regeln, etwa: was man versprochen hat, muß man auch halten, beschränkten und so für sich die Vielfalt der Sachverhalte und Fallumstände auf einige wenige, einfache Wenn-Dann Beziehungen reduzierten. Also: Wenn jemand etwas versprochen hat, egal was, egal wem, egal wann und ganz gleich unter welchen Umständen, so muß er es halten, und hat er es nicht getan, so ist er zu verurteilen. Eine Rechtsprechung, die stets nach dieser Regel verführe, wäre gewiß konsistent und vorhersehbar, aber wäre sie auch gerecht? Selbst wenn man diese Frage als grundsätzlich unentscheidbar, weil subjektiven Wertvorstellungen unterliegend, zurückwiese, wird man feststellen können, daß die Anwendung einer derart schlichten Wenn-Dann Regel von vielen Rechtssuchenden als unangemessen empfun-

---

1 Reinhart Koselleck, Geschichte, Recht und Gerechtigkeit, in: Akten des 26. Deutschen Rechtshistorikertages, hrsg. v. Dieter Simon, Frankfurt/Main 1987, S. 129–149, S. 143.
2 Luhmann, Recht der Gesellschaft, S. 356.
3 Ebd.

den würde. Ein Rechtssystem muß also, will es sich nicht selbst überflüssig machen, ein gewisses Maß an Verschiedenartigkeit der Falltypen zulassen und anerkennen. Dann erst kann es die so voneinander unterschiedenen Falltypen jeweils nach den gleichen, festen Regeln behandeln. Luhman spricht hier von „Varietät" als der – neben Wiederholbarkeit – zweiten Bedingung für den Erhalt und die Fortentwicklung (in seiner Terminologie: „Autopoiesis") des Rechtssystems.[4] Entsprechend besteht Gerechtigkeit für ihn nicht nur in der „Konsistenz des Entscheidens", sondern auch in der *„adäquaten Komplexität* des konsistenten Entscheidens".[5]

Zwischen den beiden Anforderungen der Redundanz (oder Wiederholbarkeit) und der Varietät (oder Zulassung von Verschiedenartigkeit) kann es nun zu Spannungen kommen. Je mehr Sachverhalte und Umstände als Unterscheidungsmerkmale für Falltypen berücksichtigt werden müssen, desto unübersichtlicher wird das Recht, desto eher kann es zu Fehlern, das heißt zu inkonsistenten Entscheidungen kommen. Das Bedürfnis der einzelnen Streitenden, ihren speziellen Fall in allen seinen Besonderheiten durch den Richter gewürdigt zu sehen, kann in Konflikt geraten mit dem allgemeinen Bedürfnis der Rechtsgemeinschaft nach Vorhersehbarkeit des Entscheidens. Je komplexer die Gesellschaft, je vielgestaltiger die Verhältnisse, in denen die Menschen agieren und miteinander in Streit geraten können, desto höher ist die Wahrscheinlichkeit, daß dieser Konflikt aufbricht. Und je schneller die sozialen Verhältnisse sich wandeln, desto häufiger werden Richter und Gesetzgeber sich zu entscheiden haben, ob sie der Forderung nach Wiederholbarkeit gehorchen, das heißt die bekannten Regeln unverändert lassen, oder ob sie neue und zusätzliche Regeln erfinden, um den komplexer gewordenen Verhältnissen gerecht zu werden. Das Resultat wird von den rechtssuchenden Laien im ersten Fall als ein sachlich zunehmend unangemessenes Entscheiden, im zweiten Fall als eine zeitliche oder – so oft bei der modernen Sozialgesetzgebung – generationelle Ungerechtigkeit erfahren werden.[6] Wie sich die Spannung zwischen den Erfordernissen der Redundanz und der Varietät in konkreten Rechtssystemen entwickelt und auswirkt, hängt von einer Vielzahl von Variablen ab und ist folglich nicht mehr

---

[4]   Ebd., S. 358.
[5]   Ebd., S. 227 u. 225 (im Original kursiv).
[6]   Sehr instruktiv zum letztgenannten Aspekt: Christoph Conrad, Gewinner und Verlierer im Wohlfahrtsstaat. Deutsche und internationale Tendenzen im 20. Jahrhundert, in: Archiv für Sozialgeschichte 30 (1990), S. 297–326. Vgl. auch: Birgit Geissler, Netz oder Sieb? Generationenkonflikt und Geschlechterkonflikt in der aktuellen Krise des Sozialstaats, in: Kritische Justiz 30 (1997), S. 1–14.

Gegenstand einer allgemeinen Rechtstheorie. Hier beginnt die Aufgabe des Rechtshistorikers.

Bezogen auf unser Thema, das Verhältnis zwischen Arbeitswelt und Rechtssystem im England des Industriezeitalters, sind zunächst auf der Basis der bisher dargelegten Befunde einige allgemeine Hypothesen möglich. Diese sollen hier durch eine Analyse der Argumentation vor Gericht erhärtet und weitergeführt werden. Eine erste Hypothese ergibt sich aus dem im Anfangskapitel über die Meistererzählungen beschriebenen Dualismus zwischen *Common law* und *Statute law*. Anders als in der Gegenwart und im Unterschied zur damaligen Praxis in den Staaten des europäischen Kontinents kamen im England des 19. und frühen 20. Jahrhunderts die Impulse zur Variation des Rechts nur zum kleineren Teil von der Politik.[7] Dies galt im besonderen Maße für das individuelle Vertragsrecht, darunter das Recht der Arbeitsverträge. Das *law of contract* wurde von den *Common law*-Juristen als ihre Domäne betrachtet und mit Erfolg gegen jede gesetzgeberische ‚Einmischung' immunisiert.[8] Auch im Hinblick auf andere legislative Eingriffe verstanden sich die *Common law*-Juristen als bremsende Kraft, indem sie *Statutes* stets so restriktiv wie möglich auslegten, also nur die Gegenstände und Verhältnisse durch sie geregelt sahen, die explizit in dem betreffenden Einzelgesetz aufgeführt waren.[9] In allen statutarischer Regelung unzugänglichen Bereichen konnten Herausforderungen (Irritationen) nur in der Weise in das Rechtsystem eingeschleust werden, daß die Leute mit ihren Streitigkeiten vor die Gerichte zogen. Nur wenn bestimmte, schwer lösbare Konflikte die Richter wiederholt und unübersehbar vor Konsistenzprobleme stellten, entstand für sie die Notwendigkeit, über eine Modifikation der bekannten Regeln nachzudenken.

Variationsanlässe stiegen also in England, bildlich gesprochen, von unten, das heißt von den Lokalgerichten, herauf, nicht von oben, das heißt vom Gesetzgeber, herab. Damit es zur Aufnahme neuer Regeln in das national geltende Recht kam, mußten die Konflikte erst einmal die höchsten Gerichte des Landes beschäftigt haben, was angesichts der Prozeßkosten und

---

[7] Dagegen betrachtet Luhmann, Recht der Gesellschaft, S. 278, heutzutage das „Rauschen der Politik" als den „vorherrschenden Variationsanlaß". Es seien, so meint er, „nicht mehr nur aufgetretene Konflikte, die das Recht variieren und gegebenenfalls Anlaß geben, neue Regeln zu bevorzugen: sondern die Politik verfolgt eigene Ziele und schafft dadurch erst die Differenzen, die gegebenenfalls zum Konflikt werden können."

[8] Siehe oben, Kap. I.3.

[9] Siehe Atiyah, Common Law and Statute Law. Vgl. auch Karl Korsch, Beiträge zur Kenntnis und zum Verständnis des englischen Rechtes, in: ders., Recht, Geist und Kultur: Schriften 1908–1918 (Karl Korsch Gesamtausgabe, Bd. 1), hrsg. v. Michael Buckmiller, Frankfurt/Main 1980, S. 387–412.

Risiken gerade bei typischen Arbeitnehmerbeschwerden unter Umständen lange dauern konnte. Endlich im Obersten Gerichtshof angekommen, trafen die Streitenden dann auf eine Rechtsprechung, die sich im späten 19. und frühen 20. Jahrhundert, wie sich an den *Law Reports* ablesen läßt, zunehmend durch Rücksichten auf eigene vergangene Entscheidungen band, also Konsistenz mit den Präzedenzfällen zur höchsten Maxime erhob.[10] Aus alldem folgt als Hypothese, daß die Veränderungsgeschwindigkeit des englischen *Common law*, darunter auch des individuellen Arbeitsvertragsrechts, im 19. und frühen 20. Jahrhundert erheblich langsamer war als die Geschwindigkeit, mit der sich die Arbeitsverhältnisse und die daraus resultierenden Konflikte veränderten.[11] Die wachsende Vielfalt der Formen, in denen Arbeit im industriellen England und in den neuen Dienstleistungsberufen organisiert wurde, die Ausfächerung der Über- und Unterordnungsverhältnisse am Arbeitsplatz ließ sich in den Rechtsbegriffen des *Common law* und des *law of master and servant* immer schlechter einfangen.[12] Die Sprache des Rechts hielt mit den Innovationen in der Arbeitswelt nicht Schritt. Für die juristische Argumentation, vor allem vor den höheren Gerichten, bedeutete dies, daß sie sich einer zunehmend realitätsfernen Sprache bedienen mußte.

Dieser Nachteil wurde auch nicht dadurch aufgewogen, daß wenigstens die angewandten Regeln leicht durchschaubar und vorhersehbar gewesen wären. Denn immer mußten englische Richter, bevor sie einem alten Präzedenzfall einfach folgen konnten, entscheiden, ob sich der vorliegende Fall vom vorhergehenden unterschied. Ob dies aber so war, ergab sich „nicht aus der Entscheidungsregel, sondern aus einem Vergleich der Sachlagen", und wie dieser Vergleich ausging, ließ sich kaum vorhersehen.[13] Die Rechtsprechung der *Common law*-Gerichte erschien mithin, so könnte man vorläufig zusammenfassen, aus Arbeitnehmer- und Arbeitgebersicht weder be-

---

10 So die auf einer quantifizierenden Inhaltsanalyse der *Law Reports* beruhende These von Hedley, Words, Words, Words.

11 Koselleck, Geschichte, Recht und Gerechtigkeit, S. 148 f., vermutet, daß die Geschichte des Rechts aufgrund des Erfordernisses der Wiederholbarkeit generell eine andere, und zwar langsamere Wandlungsgeschwindigkeit habe als zumindest die politische Ereignisgeschichte. Er gesteht daher den Juristen ein quasi beruflich bedingtes Recht auf Konservatismus zu. Man könnte auch die gegenteilige Forderung aufstellen.

12 Karen Orren spricht mit Blick auf die amerikanischen Verhältnisse von einem „verspäteten Feudalismus"', der durch die „Erbschaft" des englischen *Common law* in das amerikanische Rechtsleben Eingang gefunden und dort bis ins 20. Jahrhundert hinein Spuren hinterlassen habe. Vgl. Karen Orren, Belated Feudalism. Labor, the Law, and Liberal Development in the United States, Cambridge 1991, bes. S. 55 ff. u. 68–117.

13 Luhmann, Recht der Gesellschaft, S. 365.

sonders konsistent noch von adäquater Komplexität im Hinblick auf die umstrittenen Sachfragen.

Die Praxis in den Lokalgerichten unterschied sich, wie wir wissen, in mancher Hinsicht deutlich von derjenigen in den höheren Gerichten. Es entfiel hier weitgehend der Rekurs auf Präzedenzfälle des *Common law*, au-ßer wenn eine oder beide Seiten von vornherein mit einer Berufung rechne-ten. Selbstbindung an eigene vergangene Entscheidungen spielte schon we-gen der mangelnden schriftlichen Dokumentation eine geringere Rolle. Wenn Rechtsfragen auftauchten, so betrafen sie häufiger die Auslegung von Gesetzen, vor allem in den Friedensgerichten, deren Jurisdiktion in Arbeits-angelegenheiten überhaupt nur durch *Statutes* begründet und dementspre-chend begrenzt war. Ob die Lokalrichter mit hinreichendem Differenzie-rungsvermögen auf die vor sie gebrachten Sachfragen reagieren konnten, hing somit außer vom guten Willen in erster Linie vom Wortlaut der *Stat-utes* und der Art und Weise ihrer Auslegung ab. Und hier machten sich nun, wie noch zu zeigen sein wird, ähnliche Defizite bemerkbar wie vor den höheren Gerichten. Auch die statutarischen Bestimmungen boten keine adäquate Antwort auf die Vielfalt der Arbeitsverhältnisse und denkbaren Konflikte am Arbeitsplatz. Die Sozialbezeichnungen und Definitionen von Tatbeständen in den Gesetzen waren zu grob, um mit den verwickelten Konflikten im Arbeitsleben und den fein abgestuften Hierarchievorstellun-gen in den Köpfen der Arbeitenden und ihrer Arbeitgeber zu korrespondie-ren. Es kam hinzu, daß zur Interpretation der *Statutes* immer auch die Nor-men des *Common law* herangezogen werden mußten, so daß dessen Rechtsbegriffe auf dem Umweg über die Technik der Gesetzesauslegung in die Spruchpraxis der Lokalgerichte Eingang fanden. Auch vor den Frie-dens- und Grafschaftsgerichten standen somit die Streitenden vor der Schwierigkeit, ihre Probleme in einer Sprache artikulieren zu müssen und beurteilt zu finden, die ihre Sicht der umstrittenen Fragen nur unvollkom-men reflektierte.

War mithin auch in den Lokalgerichten die Wahrscheinlichkeit groß, daß die Entscheidungen der Richter von den Laien als wenig sach- und situa-tionsgerecht empfunden wurden, stand diesem Nachteil nicht der Vorteil einer konsistenten Spruchpraxis gegenüber. Die mangelnde Varietät wurde auch hier nicht durch eine höhere Redundanz ausgeglichen. Daß die Ent-scheidungen in den Lokalgerichten bei gleichartigen Fällen oft so unter-schiedlich ausfielen, lag jedoch weniger an den komplizierten Fallunter-scheidungen, die im *Common law* vor jeder Regelanwendung stattfinden mußten. Vielmehr waren es die in den vorigen Kapiteln beschriebenen, hochgradig kontingenten äußeren Umstände der Entscheidungsfindung, die Inkonsistenz erzeugten: der Zeitdruck der Verhandlungen, die Kommunikationsformen im mündlichen Verfahren, die Anwesenheit oder Abwesenheit von Anwälten, die ungleichen finanziellen und sonstigen Ressourcen der Prozeßteilnehmer, die Voreingenommenheiten und Idiosynkrasien einzelner Richter. Eine weite Kluft trennte in dieser Hinsicht die kunstvolle und regelmäßige Rechtsprechung in den höheren Gerichten von der grobschlächtigen Praxis in den unteren Gerichten. Unvorhersehbarkeit des Ausgangs bei ähnlich gelagerten Fällen war aber hier wie dort das Ergebnis. Fassen wir die Hypothesen zusammen, so ergibt sich: Das englische Recht war auf der einen Seite zu komplex, um konsistent angewendet werden zu können, auf der anderen Seite war es nicht komplex genug, um auf die Herausforderungen der Arbeitswelt adäquate Antworten zu geben.

Wenn nun in diesem Kapitel über Definitionskämpfe im Gericht gehandelt wird, so wird zum einen danach gefragt, was man sagen mußte und wie man es sagen mußte, um im konkret anstehenden Prozeß Erfolg zu haben. Bei dieser Fragerichtung interessiert also vor allem der Gebrauchswert der Wörter in der Situation vor Gericht. Es entsteht so etwas wie eine historische Topologie nützlicher und schädlicher Argumente in Gerichtsverfahren zwischen Arbeitnehmern und Arbeitgebern. Zum anderen wird gefragt, wie die Gerichtssprache in die öffentliche Diskussion über Rechte und Normen, über Werte und soziale Hierarchien hineinwirkte, und umgekehrt, wie sich laienhafte Begriffe von Recht und Gerechtigkeit, von Fairness am Arbeitsplatz, vom Wert der Arbeit im Gericht durchsetzen ließen. Bei dieser Frage geht es also um die Wechselwirkung zwischen forensischem und außergerichtlichem Sprachgebrauch, zwischen juristischer Fachsprache und Laiensprache. Welche Folgen hatte es, anders gefragt, daß vor Gericht nur so und nicht anders argumentiert werden durfte? Und wie weit war es möglich, in Gerichtsverhandlungen auf alltagssprachliche Bedeutungen von Begriffen wie *servant*, *custom*, *labour* oder *reason* zurückzugreifen? Kam es im Untersuchungszeitraum zur Konvergenz oder Divergenz zwischen juristischem und laienhaftem Begriffsverständnis? Diese Fragen zielen also, wenn die terminologische Anleihe bei Marx gestattet ist, auf den Tauschwert der Wörter. Es geht um die Möglichkeiten und Grenzen des Austauschs zwischen der Sprache des Rechts und der Sprache der Arbeitswelt. Das Ergebnis ist, um es vorwegzunehmen, daß sich die beiden Sprachen im späten 19. und frühen 20. Jahrhundert auseinanderentwickelten. Indem so die wachsende Distanz zwischen den beiden Sprachen ausgemessen wird, werden die bisher gegebenen rechtshistorischen, sozialhistorischen und kommunikationsgeschichtlichen Erklärungen für die Entrechtlichung der Arbeitsbeziehungen in England um eine diskursgeschichtliche Dimension erweitert.

Wie sich dieses Spannungsverhältnis zwischen Rechtssprache und Laiensprache in den Auseinandersetzungen vor Gericht auswirkte, soll an drei semantischen Feldern beispielhaft untersucht werden: an den umstrittenen Bezeichnungen für Statusgruppen und Hierarchien am Arbeitsplatz, an der schwankenden Abgrenzung zwischen ‚Gewohnheiten‘ und Verträgen, schließlich an den Begriffen von Arbeit als Ware und als immaterieller Wert. In allen drei Feldern zeigte sich die juristische Sprache wenig empfänglich für die Vorstellungen der Laien. Das Recht war einerseits nicht differenziert genug, um die Komplexität der Arbeitsverhältnisse abbilden und ausdrükken zu können, andererseits führte es eigene Unterscheidungen ein, die aus der Sicht der rechtssuchenden Arbeitnehmer und Arbeitgeber künstlich und willkürlich wirkten. Gleichwohl mußten die juristischen Definitionen beachtet werden, wenn man Niederlagen vor Gericht und andere Unannehmlichkeiten, zum Beispiel Androhungen von Klagen, vermeiden wollte. Auch wenn die Rechtsbegriffe als inadäquat empfunden wurden, orientierten sie – konkurrierend mit anderen Diskursen – das Verhalten. Das galt zunächst für die taktische Wortwahl in den Gerichtsverhandlungen selbst, darüber hinaus aber auch für das sprachliche und nicht-sprachliche Handeln im Arbeitsalltag, so etwa beim Abschluß von Arbeitsverträgen oder bei der Organisation von Befehlsstrukturen am Arbeitsplatz. Wie das Recht Statusgruppen definierte, wie es ‚Fakten‘ konstruierte, gehörte zum Handlungswissen der Arbeitenden und war somit *nolens volens* Teil ihrer Wirklichkeit.[14] Wenn englische Arbeitnehmer und – mit weniger Nachdruck – Arbeitgeber sich seit dem späten 19. Jahrhundert von der Justiz abwandten und verstärkt außerrechtliche (kollektive) Verhandlungslösungen anstrebten, so gaben sie damit zu erkennen, daß sie diese vom Recht mitgeschaffene Wirklichkeit nicht akzeptierten. Völlig entkommen konnten sie ihr aber nicht, denn wann immer sie sich als Individuen im Streit begegneten, kamen sie nicht umhin, ihr Verhalten im Lichte der vorgefundenen Rechtsbegriffe zu interpretieren und sich danach zu richten.

---

14 Siehe Tomlins, Subordination, Authority, Law, S. 64: „Thus conceived, law may be regarded as a knowledge that records the play of social relations, but which also dynamically reproduces them in the institutions and ideologies to which it gives effect. Exploration of its history is hence an exploration of how law reproduces the details of people's lives by furnishing those lives with their ‚facts‘.“

2. STATUS UND HIERARCHIE AM ARBEITSPLATZ

> Those who are servants, in name, as well as in effect,
> do not like to be told of their situation, their duty, and
> their obligations.[15]

‚MASTER‘ UND ‚SERVANT‘ IM COMMON LAW: KONTROLLE UND (SCHEIN)SELBSTÄNDIGKEIT

Das zentrale Begriffspaar, durch das Arbeitsverhältnisse im anglo-amerikanischen Rechtskreis vom Ende des Mittelalters bis ins 20. Jahrhundert begrifflich gefaßt wurden, war *master and servant*.[16] Noch in der zweiten Hälfte des 18. Jahrhunderts sahen Theoretiker wie Adam Smith und William Blackstone das Verhältnis zwischen *master* und *servant* als Herrschaftsbeziehung innerhalb der erweiterten Familie und behandelten es auf einer Ebene mit den Beziehungen zwischen Ehemann und Ehefrau, Vater und Kindern, Vormund und Mündel.[17] Ob sie damit die damals noch vorherrschende Realität abhängiger Beschäftigung trafen oder ob diese Einordnung um 1765 bereits ein Anachronismus war, braucht hier nicht erörtert zu werden.[18] Tatsache ist, daß in der Theorie wie in der Praxis des *Common law* des späten 18. und frühen 19. Jahrhunderts nicht der Vertrag zwischen Freien und Gleichen, sondern die Autorität und unbeschränkte Verfügungsgewalt des ‚Herren‘ über die Zeit und Arbeitskraft des ‚Dieners’ als wesentliches Merkmal der Beziehung zwischen *master* und *servant* gedeutet wurde. Wie es Lord Ellenborough im Fall *Spain* v. *Arnott* im Jahr 1817

---

15 Edmund Burke, Reflections on the Revolution in France (1790), hg. v. Conor Cruise O'Brien, Harmondsworth 1968, ND 1981, S. 114.

16 Vgl. dazu vor allem bezogen auf die amerikanische Entwicklung: Orren, Belated Feudalism, u. Steinfeld, Invention of Free Labor; mit stärkerem Akzent auf der britischen Entwicklung, jedoch eher ‚juristischem‘ Zugriff: Marc Linder, The Employment Relationship in Anglo-American Law. A Historical Perspective, New York 1989. Dazu auch den Forschungsbericht von Christopher Tomlins, How who rides whom. Recent ‚new‘ histories of American labour law and what they may signify, in: Social History 20 (1995), S. 1–21.

17 Vgl. Adam Smith, Lectures on Jurisprudence (1762–63/1766), hrsg. v. R.L. Meek, D.D. Raphael u. P.G. Stein, Oxford 1978, ND Indianapolis 1982, S. 438. Unter der Überschrift „Domestic Law" heißt es hier: „We come now to consider man as a member of a family, and in doing this we must consider the threefold relation which subsists in a family. These, to witt, between Husband and Wife, Parent and Child, Master and Servant." Ähnlich ordnet Blackstone die Master and Servant-Beziehung in das Personenstandsrecht ein; William Blackstone, Commentaries on the Laws of England, 4 Bde., Oxford 1765–69, ND New York u. London 1966, Bd. 1, S. 410.

18 Vgl. die gegensätzlichen Standpunkte von Kahn-Freund, Blackstone's Neglected Child, u. Cairns, Blackstone, Kahn-Freund and the Contract of Employment.

formulierte: „The question really comes to this whether the master or the servant is to have the superior authority."[19] Erst später, in den mittleren Jahrzehnten des 19. Jahrhunderts, rückte die Existenz eines Vertrags, der schriftlich oder mündlich, ausdrücklich oder stillschweigend sein konnte, ins Zentrum der Definition. Die Aufsicht und Befehlsgewalt des ‚Herren' blieb jedoch weiter das Kriterium, mit dem die Beziehung zwischen *master* und *servant* von anderen vertraglichen Vereinbarungen über die Leistung von Arbeit abgegrenzt wurde.

Zum entscheidenden Test avancierte im Laufe der zweiten Hälfte des 19. Jahrhunderts die Frage der ‚Kontrolle' über den Arbeitsprozeß. Eine *master and servant*-Beziehung lag nun nach dem *Common law* vor, wenn es einen gültigen Vertrag gab und wenn der ‚Diener' den Anweisungen des ‚Herren' unterlag, und zwar nicht nur im Hinblick auf das Arbeitsprodukt, sondern auch im Hinblick auf die Art und Weise seiner Herstellung. Das implizierte die Gehorsamspflicht des *servant*.[20] Wer dagegen selbständig bestimmte, wann und wie er seine Arbeit verrichtete, galt nicht als *servant*, sondern je nach Tätigkeit und Umständen als *independent contractor* oder als *agent*.[21] Diese um den ‚Kontrolltest' herum aufgebaute Definition gilt im Prinzip noch heute, auch wenn die archaischen Begriffe *master* und *servant* inzwischen sogar im *Common law* – mit langer Verspätung gegenüber dem *Statute law* – durch die neutralen Vokabeln *employer* und *employee* ersetzt worden sind.[22]

Eine auch nur vage Bekanntschaft mit typischen Beschäftigungsformen in englischen Industriebranchen und Dienstleistungsberufen des 19. Jahrhunderts genügt, um zu erkennen, daß der aus der alten herrschaftlichen Verfügungsgewalt hervorgegangene Kontrolltest des *Common law* schon zum Zeitpunkt seiner Herausbildung unzureichend war. Die Richter mußten daher zu immer neuen, haarspalterischen Fallunterscheidungen Zu-

---

19 *Spain* v. *Arnott* (1817) 2 Stark. 256, S. 258, zit. nach Lord Wedderburn, Companies and Employees: Common Law or Social Dimension?, in: ders., Labour Law and Freedom. Further Essays in Labour Law, London 1995, S. 81–131, S. 108.

20 Diamond, Master and Servant, 1932, S. 1 f.: „The relation of master and servant exists between two persons where by agreement between them, express or implied, the one (called ‚the servant') is under the control of the other (called ‚the master'). A person is under the control of another if he is bound to obey the orders of that other not only as to the work which he shall execute, but also as to the details of the work and the manner of its execution."

21 Ebd., S. 13–20.

22 Siehe die kritischen Betrachtungen von Wedderburn, Companies and Employees, hier S. 101–111, u. ders., Labour Law – From here to Autonomy? A Franco-British Comparison, in: ders., Employment Rights in Britain and Europe. Selected Papers in Labour Law, London 1991, S. 106–137, hier S. 109 ff.

flucht nehmen. Lehrbuchautoren hatten größte Mühe, diese als konsistent darzustellen.[23] Kontrolle mochte ein brauchbares Kriterium sein, um die einfachen Beziehungen zwischen einem Hausherrn und seinem Dienstpersonal, einem Handwerker und seinen Gesellen, einem Landwirt und seinem Gesinde, ja noch einem persönlich haftenden und den Betrieb führenden Fabrikherrn und seinen Arbeitern zu kennzeichnen.[24]

Die Ergebnisse des Kontrolltests wurden jedoch schon zweifelhaft bei qualifizierten Beschäftigten wie Ingenieuren, Kraftfahrern, Lehrern, Werksärzten, oder auch Fußballspielern. Bei ihnen war der Arbeitgeber mangels Fachkenntnis darauf angewiesen, daß sie ihre Arbeit ohne seine Anleitung taten. Schullehrer, auch die im normalen Sprachgebrauch *headmaster* genannten Direktoren, galten als *servants* der Schulmanager, wenngleich es ein Richter im Fall einer *headmistress* für nötig hielt, ausdrücklich zu betonen, daß er den Ausdruck „service" in keiner Weise abfällig meine.[25] Die Direktorin selbst hatte dagegen geklagt, daß sie mit normaler dreimonatiger Kündigungsfrist aus ihrem „Amt", wie sie es ausdrückte, entfernt werden sollte, und unterlag. Bei Medizinern wurden andere Maßstäbe angelegt. In subtilster Weise wurde beispielsweise unterschieden zwischen einer Krankenschwester, die in Ausübung ihrer Routinepflichten als *servant* der Krankenhausverwaltung galt, während sie in ihrer Eigenschaft als Helferin bei einer Operation zum *servant* der operierenden Ärzte erklärt wurde, die wiederum selbst aufgrund ihres Status als „professional men" keine *servants* des Hospitals sein sollten, obwohl sie zum Teil fest beim Krankenhaus angestellt waren.[26] Eine und dieselbe Person, in diesem Fall die Krankenschwester, konnte so zur ‚Dienerin' zweier Herren gemacht werden, je nachdem, welche Handreichung in dem betreffenden Fall gerade zur Debatte stand.

Ähnliche Abgrenzungsprobleme tauchten auf, wenn der Arbeitgeber wegen räumlicher Entfernung den Arbeitsablauf gar nicht kontrollieren konnte, so etwa bei Schiffsbesatzungen oder Handlungsreisenden. Seeleute galten nach dem *Common law* als *servants* des Schiffseigners. In allen prak-

---

23 Vgl. Frederick Pollock, Liability for the Torts of Agents and Servants, in Law Quarterly Review 1 (1885), S. 207–224, sowie die zahlreichen als „Illustrations" zitierten Fälle bei Diamond, Master and Servant, S. 2–37.

24 Hepple u. O'Higgins, Employment Law, S. 16.

25 *Pottle* v. *Sharpe*, berichtet in: School Guardian, 19. Sept. 1896, S. 724f.

26 *Hillyer* v. *Governors of St. Bartholomew's Hospital* (1909) C.A., 2 K.B. 820–831 (das Zitat auf S. 825). Kläger war ein Patient, der während der Operation so schlecht gelagert war, daß danach seine beiden Arme paralysiert waren. Der *Court of Appeal* folgte der Argumentation des beklagten Hospitals, daß weder die Ärzte noch die Krankenschwestern und Krankenträger während der Operation ihre *servants* gewesen seien.

tischen Belangen waren sie aber der Disziplinargewalt des Kapitäns unterworfen, der im Englischen *master of the ship* genannt wurde. Dennoch wurden der Kapitän und seine gesamte Crew rechtlich als *fellow-servants* angesehen.[27] Ihre Heuer wiederum erhielten die Seeleute meist von einem Agenten ausgezahlt, der sie in der Regel auch einstellte. Hier, wie generell bei
abwesenden oder vollkommen unsichtbaren ‚Herren', behalfen sich die
Richter mit dem Argument, daß es allein auf die *Befugnis* zur Kontrolle ankomme, nicht darauf, daß sie tatsächlich und ständig ausgeübt werde.[28] Bei
Handlungsreisenden hing der Status hauptsächlich davon ab, ob sie nur auf
Provisionsbasis oder zusätzlich mit einem Gehaltsfixum beschäftigt waren.
Letzteres wurde in der Regel als Indiz für eine *master and servant*-Bezie-
hung gewertet.[29] Außerdem spielte auch die Exklusivität des Verhältnisses
eine Rolle: Wer für mehrere Firmen Aufträge einwarb, war normalerweise
kein *servant*.

Konnten sich die Richter in den bisher genannten Fällen noch mit allerlei
Zusatzkriterien und -argumenten behelfen, versagte der Kontrolltest vollständig gegenüber weithin üblichen Praktiken wie dem Subunternehmertum, der Leiharbeit, der kurzfristigen Beschäftigung durch wechselnde Arbeitgeber und den vielfältigen Formen der Scheinselbständigkeit. Das Subunternehmertum war vor allem in der Baubranche verbreitet. Wenige große
Bauunternehmer (*general contractors*) vergaben Teilaufträge an kleinere
Unternehmer (*subcontractors*), die teils in eigener Regie und mit eigenem
Material arbeiteten, teils aber nur die Arbeitskräfte stellten.[30] Bei diesen sogenannten *labour-only* Unterverträgen waren die Arbeiter meist Vorarbei-
tern unterstellt, deren Beziehung zum Großunternehmer „geheimnisvoll
verschleiert" blieb.[31] Spezielle Arbeiten wie Gerüstbauten, Dachstuhlkon-
struktionen, Ausschachtungen, Maurer- und Malerarbeiten wurden zudem
oft an noch kleinere, zum Teil selbst mitarbeitende Handwerksmeister oder
an Firmen mit teils festangestellten, teils angeheuerten Hilfskräften vergeben. Die Arrangements zur Überwachung und Organisation der Baustellen
waren mithin auch für die Arbeitenden selbst oft undurchschaubar und bei-

---

[27] *Hedley* v. *Pinkney & Sons Steamship Company* (1894) A.C. 222–229. Hier klagte die hinterbliebene Witwe eines über Bord gegangenen Seemanns gegen den Schiffseigner mit dem Argument, daß die Doktrin der ‚gemeinsamen Beschäftigung' (dazu oben, Kap. I.2.) nicht auf
einen „master and his crew" anwendbar sei (S. 223). Das House of Lords als letzte Instanz
gab der Berufung nicht statt.

[28] Pollock, Liability, S. 212.

[29] Vgl. den Bericht über ein entsprechendes Urteil in: Boot and Shoe Trades Journal, 5. Dez.
1896, S. 661.

[30] Vgl. Price, Masters, unions and men, S. 22–26, 29 f., 173–176.

[31] Ebd., S. 175 („shrouded in mystery").

nahe unbegrenzt flexibel – sehr zum Nutzen der Großunternehmer, aber ein Alptraum für jeden Juristen, der mit Hilfe eines so kruden Tests wie ,Kontrolle' und dem simplen Begriffspaar *master and servant* Lohnansprüche und Haftungsfragen zu klären hatte; ein Alptraum aber mehr noch für verunglückte oder um ihren Lohn geprellte Arbeiter, die denjenigen ,Herren' ausfindig machen mußten, den sie im konkreten Fall mit Aussicht auf Erfolg gerichtlich belangen konnten. Im Arbeitsalltag der Bauarbeiter, Vorarbeiter, kleinen Meister und Subunternehmer war die einfache Gegenüberstellung von *master* und *servant*, später *employer* und *workman*, zur Bezeichnung der Über- und Unterordnungsverhältnisse nicht mehr ausreichend.[32] Ging es aber vor Gericht, mußten diese Bezeichnungen wieder hervorgeholt und definiert werden. Sie behielten so für bestimmte Konfliktsituationen ihre Aktualität.

Auch im Bergbau gab es ähnlich komplizierte Über- und Unterordnungsverhältnisse. Bergleute waren im Prinzip *servants* des Grubenbesitzers, auch wenn sie unter Tage die Arbeitsabläufe vielfach selbst bestimmten und sich aufgrund dessen stolz als „independent colliers" fühlen mochten.[33] In manchen Kohlerevieren, so etwa im *Black Country* östlich von Birmingham, waren einige Bergleute aber auch im rechtlichen Sinne unabhängig, weil sie auf eigene Rechnung an einem bestimmten Ort oder Streckenabschnitt mit einer kleinen Gruppe untergebener Arbeiter und deren Hilfskräften Kohle förderten.[34] Rechtlich hatten diese *butty colliers* oder *chartermasters* genannten Bergarbeiter den Status von *independent contractors*, und die von ihnen bezahlten, eingestellten und überwachten Arbeiter waren demnach ihre *servants*, nicht die des Grubenbesitzers. Vielfach waren *butty colliers* jedoch selbst an die Weisungen des Bergwerksmanagers gebunden,

---

[32] Ebd., S. 25, 175. Vgl. auch den eigene Erfahrungen verarbeitenden, um 1906 im Bauarbeitermilieu spielenden Roman von Robert Tressell, The Ragged Trousered Philanthropists (1914), London 1993; zum Autor und zur zeitgenössischen Rezeption des Romans: Bill Coxall u. Clive Griggs, ,Fiction with a solid background of genuine autobiography': The critical reception of The Ragged Trousered Philanthropists in 1914, in: Labour History Review 61 (1996), S. 195–211.

[33] Einen Überblick über die Forschungen zur Realität und Vorstellung des „independent collier" in den verschiedenen britischen Kohlerevieren gibt: Fred Reid, The „Independent Collier" Re-Visited. A review of recent historical writing on the social history of nineteenth-century British coal miners, in: Gustav Schmidt (Hg.), Bergbau in Großbritannien und im Ruhrgebiet. Studien zur vergleichenden Geschichte des Bergbaus 1850–1930, Bochum 1985, S. 36–54.

[34] Vgl. Trainor, Black Country Élites, S. 139–145; allgemein zu Arbeitsverträgen und Arbeitsorganisation im britischen Bergbau auch: Church, History of the British Coal Industry, Bd. 3, hier bes. S. 259 ff. u. 409–422; Barry Supple, The History of the British Coal Industry, Bd. 4, 1913–1946: The Political Economy of Decline, Oxford 1987, S. 426–424.

und so gab es Gerichtsentscheidungen, in denen sowohl sie selbst als auch ihre Untergebenen zu *servants* des Grubenbesitzers erklärt wurden.[35] Auch war es längst nicht immer der Fall, daß der *butty collier* seine Leute tatsächlich selbst eingestellt hatte oder sich ihnen gegenüber überhaupt als unabhängige Autoritätsperson zu erkennen gab.[36] Die Folge: wer für einen *butty collier* arbeitete und verunglückte oder seinen Lohn nicht oder gesetzeswidrig in Waren ausbezahlt erhielt, konnte nie sicher sein, wen er verklagen mußte und wie am Ende entschieden werden würde, auch wenn zweifelsfrei feststand, daß irgendjemand haftbar war oder ihm etwas schuldete.[37] Die Rechtsunsicherheit betraf ebenso den *butty collier* selbst, wenn er zum Beispiel einen Unfall erlitt: Fand das Gericht, daß er im Sinne des *Common law* als *servant* des Grubenbesitzers zu gelten hatte und war der Unfall durch einen anderen *servant* des Bergwerks verursacht worden, so konnte er nach dem *Common law* keinen Schadensersatz vom Grubenbesitzer erwirken.[38] Hier griff dann die *Common law*-Regel der ‚gemeinsamen Beschäftigung‘, nach der ein *servant* mit seinem Arbeitsantritt das Risiko, durch Unachtsamkeit eines *fellow-servant* geschädigt zu werden, in Kauf nahm. War der *butty* hingegen in den Augen des Gerichts ein echter *independent contrac-*

---

[35] Vgl. Rigby L.J. in *Marrow v. Flimby and Broughton Moor Coal and Fire Brick Co., Ltd.* (1898) C.A., 2 Q.B. 588–608, S. 605: „We cannot take judicial notice of what a butty-man is, and I dare say the position may be very different in different collieries." Der Richter bezog sich hier auf einen Fall von 1885 (*Brown v. Butterly Coal Co.*, 53 Law Times Reports, S. 964), in dem ein *butty* zum *servant* des Grubenbesitzers erkärt worden war. Im vorliegenden Fall gab der Court of Appeal der darauf gestützten Argumentation der Anklage nicht statt.

[36] Vgl. den Bericht über einen Fall vor dem Old Hill Police Court in: Colliery Guardian, 21. Jan. 1870, S. 70. Hier entging ein gewisser Mr. Bassano, Manager eines Bergwerks, einer Verurteilung unter dem *Mines Act*, weil der Zeuge der Anklage, ein einfacher Bergarbeiter, nicht klarmachen konnte, welchen Status die verschiedenen Personen hatten, mit denen er es als Vorgesetzten zu tun hatte. Vgl. auch Colliery Guardian, 28. Jan. 1870, S. 99.

[37] Vgl. die Kritik am „butty system" im Colliery Guardian, 25. Sept. 1858, S. 195, „Butty Colliers and the Truck System": „Why should employers who wish that justice should be done, and that their workmen should receive the due reward of their labour, interpose for the purpose of screening these middle-men, and maintaining a system productive of so many evils, and which entails upon themselves so large a measure of odium. The coal masters of other districts can manage their business without employing intermediate agents analogous in position and function to ‚butty colliers,‘ and the fair presumption is, that the South Staffordshire coal masters could do so likewise, if they would seriously set about it." Der Zweck der Beschäftigung von Zwischenunternehmern ist hier – in einem Arbeitgeberblatt – unmißverständlich ausgesprochen: Umgehung des Gesetzes. Diese Ansicht äußerte auch unumwunden der *stipendiary magistrate* von Wolverhampton: „It seemed to him as if the masters felt quite satisfied in knowing that the butties and other workmen were sold up and sent to jail."

[38] Er hatte dann aber vielleicht eine Chance unter dem *Employers’ Liability Act* oder dem *Workmen’s Compensation Act*, sofern er ein *workman* im Sinne dieser Gesetze war, das heißt vorwiegend handarbeitend tätig war.

tor, so haftete im Prinzip der Bergwerksbesitzer für Schäden, die seine *servants* dem *butty* als einem Dritten zugefügt hatten. Wie das Gericht entscheiden würde, war nicht vorhersehbar, denn der Kontrolltest war für sich genommen zu grob, um den Rechtsstatus des *butty* im konkreten Fall zu bestimmen.

Vor ähnliche Probleme waren Richter und potentielle Kläger gestellt, wenn Arbeiter für bestimmte Aufgaben kurzfristig verliehen wurden. Im Bergbau geschah dies zum Beispiel bei technisch schwierigen Aufgaben, besonders dem Abteufen von Schächten. Grubenbesitzer schlossen dafür häufig Verträge mit darauf spezialisierten Unternehmern, denen sie dann oft ihre eigenen Arbeitskräfte leihweise zur Verfügung stellten. Diese entliehenen Männer blieben an sich *servants* des Bergwerksbesitzers, wurden auch weiter von ihm bezahlt und mußten ihm selbstverständlich gehorchen, standen aber, so sah es die *Common law*-Rechtsprechung, während der Abteufarbeiten unter der Kontrolle des Spezialunternehmers und wurden dadurch temporär und für diesen umgrenzten Zweck zu dessen *servants*.[39] Damit aber waren dann die entliehenen Arbeiter zugleich auch *fellow-servants* der Untergebenen des Spezialunternehmers, was wiederum diesen bei einem durch die Leiharbeiter verschuldeten Unfall die Möglichkeit nahm, den Grubenbesitzer in die Pflicht zu nehmen.

Als regelmäßige Praxis gab es Leiharbeit in den Häfen. Im Londoner Hafen wurde das Be- und Entladen von Schiffen durch (schein)selbständige Schauerleute (*master stevedores*) besorgt, die andere Schauerleute beschäftigten und zusätzlich Hilfsarbeiter täglich an den Toren der Docks anheuerten.[40] Die Schiffskapitäne schlossen mit den *master stevedores* Verträge und stellten ihnen häufig einen Teil ihrer Crew als Hilfskräfte zur Verfügung. Ob diese entliehenen Hilfskräfte nun rechtlich *servants* des Schiffseigners blieben oder für die Zeit der Ladearbeiten *servants* des *master stevedore* wurden, hing vom Inhalt der Absprache und anderen Fakten ab, wie etwa der Frage, wer die Hilfskräfte bezahlte.[41] Die Kontrolle über den ganzen Arbeitsvorgang lag sowohl beim Kapitän, der die Reihenfolge des Be- und

---

[39] *Rourke* v. *White Moss Colliery Co.* (1877) C.A., 2 C.P.D. 205–212. Vgl. auch Pollock, Liability, S. 212.

[40] Zu den Arbeitsformen in den englischen Häfen und den Abstufungen unter den Hafenarbeitern im einzelnen siehe Lovell, Stevedores and Dockers, S. 30–58, zu den Londoner Besonderheiten S. 43–50. Vgl. ferner, mit Schwerpunkt auf dem Problem der latenten Dauerarbeitslosigkeit: Gordon Phillips u. Noel Whiteside, Casual Labour. The Unemployment Question in the Port Transport Industry 1880–1970, Oxford 1985, hier bes. S. 16–40.

[41] *Murray* v. *Currie* (1870) 6 C.P. 24–28; *Manning* v. *Adams Bros.* (1883) 32 Weekly Reporter, S. 430; *Cameron* v. *Nystrom* (1893) A.C. 308–313; *The Louise* (1901), 18 Times Law Reports, S. 19–20.

Entladens festlegte, als auch beim *master stevedore*, der den einzelnen Männern ihre Aufgaben zuwies. Die Leiharbeiter hatten also in jedem Fall mindestens zwei *masters*, aber wenn es bei einem Unfall darum ging, den ausfindig zu machen, der haftete, tappten sie im Dunkeln, denn was die Absprachen über ihre Bezahlung gewesen waren, blieb ihnen in der Regel verborgen.

Nicht nur in der Baubranche, im Bergbau und in den Häfen, in fast allen englischen Wirtschaftszweigen waren die Hierarchien komplexer als das Recht vorsah.[42] Immer seltener gab es lediglich einen Vorgesetzten, der all die Funktionen in seiner Person vereinigte, die das Recht dem *master* zuschrieb. Der *master* war oft nicht mehr als eine juristische Fiktion. Mehr noch als in den höchsten Gerichten des Landes machte sich diese Spannung zwischen den starren Grundsätzen des *Common law* und der viel flexibleren Arbeitswirklichkeit vor den Grafschaftsgerichten bemerkbar. Hier wurden klagende Arbeitnehmer direkt mit der Herausforderung konfrontiert, ihren *master* zu benennen, und hier offenbarte sich ihre Ratlosigkeit, wenn sie ihre Arbeitserfahrung mit den Begriffen des Rechts in Einklang bringen sollten.

Noch vergleichsweise einfach gelagert war der Fall eines Streckenarbeiters beim Eisenbahnbau namens Russell.[43] Die Klage richtete sich gegen einen Unternehmer namens Savage, der mit dem Bau der *Northampton and Harborough Railway* beauftragt war. Der Streit ging um unbezahlten Lohn und war entstanden, weil der unmittelbare Vorgesetzte von Russell an der Baustelle, ein Mann namens Webb, sich mit dem vierzehntägigen Lohn seiner Leute davongemacht hatte – ein durchaus normales Vorkommnis.[44] Umstritten war nun vor allem der Status des verschwundenen Webb. In der Befragung durch den eigenen Anwalt, der den Fall kostenlos führte, behauptete der klagende Arbeiter Russell, daß er ursprünglich direkt von Savage für Straßenbauarbeiten eingestellt und erst später dem Eisenbahnbau

---

[42] Siehe als zeitgenössischen Überblick: David F. Schloss, Methods of Industrial Remuneration, 3. Aufl., London 1898. Hiervon existiert eine deutsche, allerdings stark verkürzende Bearbeitung: Ludwig Bernhard, Handbuch der Löhnungsmethoden, Leipzig 1906.

[43] Northampton Mercury, 15. Mai 1858 u. 12. Jun. 1858, „Northampton County Court" (*Russell* v. *Savage*).

[44] Vgl. einen ähnlichen Fall in: Halifax Guardian, 13. Nov. 1847, S. 7, „An Attempt to defraud the Labourer of his Hire". Siehe auch Seventeenth Annual Trades' Union Congress, Aberdeen 1884, S. 43 (Microfilm edition). Hier berichtete ein Mr. Smith von der Praxis im Baugewerbe: „He said that in the building trade in England men were continually defrauded out of their week's earnings by ,sloping' employers, who set up to do piecework and at the end of the week vanished, and the men got no money. This was a system which prevailed largely in London and other larger towns".

unter Webb zugeteilt worden sei. Bezahlt worden sei er vom Zeitnehmer von Mr. Savage. Webb sei nur der „ganger" und, so Russell, selber nur ein „Arbeiter":

He said Mr. Savage hired him at the commencement, and he considered Savage as his master all through. The duties of a ganger were to look after other men. Webb worked like another labourer, and was paid by day work, but extra in consideration of his overlooking the men.[45]

Was in der Zeitung als zusammenhängende Aussage erschien, waren in Wirklichkeit Antworten auf einzelne Suggestivfragen, durch die der Anwalt seinen Mandanten auf die entscheidenden Punkte lenkte. In seinem Resümee der Anklage übersetzte der Anwalt, Mr. Becke, die Aussage Russells in juristische Terminologie: „Mr. Becke contended that Webb was not a principal, but a servant or overseer to Savage, and that consequently the latter was responsible to the men for the wages with which Webb had absconded."[46] Der beklagte Unternehmer, Savage, behauptete hingegen, daß Webb „sub-contractor" sei und von ihm an einen bestimmten Abschnitt „gesetzt" worden sei, um diesen für „so much per yard" zu bauen. Mit der Bezahlung der Männer hätten weder er, Savage, noch sein Zeitnehmer, ein Mr. Sulley, etwas zu tun gehabt, außer bei einer Gelegenheit, als es zu einer einwöchigen Unterbrechung der Gleisbauarbeiten gekommen sei. Allerdings mußte Savage einräumen, daß er selbst Russell ursprünglich eingestellt hatte. Grundsätzlich stelle aber Webb seine Leute selber ein. Dies wurde durch Zeugenaussagen bekräftigt und als „Gewohnheit" im Eisenbahnbau dargestellt. Nur weil Russell zufällig und gegen die übliche Praxis vom *general contractor*, Savage, eingestellt worden war, gewann er schließlich seinen Fall. Der Richter befand, daß Webb zweifellos ein „sub-contractor" sei, aber in *diesem* Fall liege kein Beweis für einen Vertrag zwischen Webb und dem Kläger vor. Ohne den helfenden Anwalt dürfte das Urteil anders ausgefallen sein. Die Aussagen beider Parteien in diesem Prozeß machten überdeutlich, daß der Subunternehmerstatus von Webb nichts weiter als ein Kunstgriff war, mit dem Savage sich lästige Pflichten wie die Lohnauszahlung und Unannehmlichkeiten wie etwa Lohnklagen oder die Verantwortung für Unfälle vom Halse halten wollte. Dennoch hielt das Recht derlei Fiktionen aufrecht, ja ermutigte sogar dazu, diese Form der Arbeitsorganisation zu wählen.

---

[45] Northampton Mercury, 15. Mai 1858, „Northampton County Court" (*Russell v. Savage*).
[46] Ebd.

Komplizierter war die Hierarchie im Streit eines Londoner Schriftsetzers namens Parkes mit einem Zeitungsbesitzer namens Stiff.[47] Hier waren zwischen den Kläger und den Beklagten zwei Vorgesetzte eingeschaltet, deren Status mit den zur Verfügung stehenden rechtlichen Kategorien kaum zu fassen war: ein Mr. Perry und ein Mr. Sully. Der Konflikt war entstanden, weil die Zeitung plötzlich eingestellt werden mußte. Strittig war, wieviel Schadensersatz Parkes (und den anderen Schriftsetzern) zustand und wer die Summe bezahlen mußte. Perry bezeichnete sich in seiner Aussage als „Printer, or Overseer". Er sei eingestellt worden von Mr. Sully und befugt gewesen, seinerseits Schriftsetzer, darunter den Kläger Parkes, für den Druck der betreffenden Zeitung („London Daily Journal") anzustellen. Er habe die „Rechnungen" der Schriftsetzer für „work done" an Mr. Sully gegeben, und dieser habe sie bezahlt. Auch Mr. Stiff sei des öfteren („frequently") am Arbeitsplatz erschienen und habe Anweisungen für das Setzen eines Teils der Zeitung erteilt. Mr. Sully habe ihm (Perry) gesagt, er (Sully) habe ihn (Perry) „für Mr. Stiff eingestellt". Dieser Aussage zufolge waren also sowohl Parkes als auch Perry und Sully im rechtlichen Sinne *servants* von Stiff. Ganz anders sah es natürlich der beklagte Stiff. Er bezeichnete Mr. Sully als einen „Master Printer" und „Tradesman", an den er seine Zeitung und die Räume und Druckerpressen gegen £ 120 pro Woche „verpachtet" habe („he farmed this paper"). Dies sei sein üblicher „Geschäftsstil" - im heute üblichen Wirtschaftsjargon müßte man diese Praxis wohl als „outsourcing" bezeichnen. Stiff bestritt, mit dem Druck und den Beschäftigten etwas zu tun gehabt zu haben. Allerdings räumte er im Kreuzverhör ein, daß er „gelegentlich" den Arbeitern Anweisungen gegeben habe. Nach dieser Aussage hörte es sich also so an, als sei Sully im rechtlichen Sinne *master* von Perry und Parkes gewesen, doch war die Kontrollbefugnis nicht klar lokalisierbar. Schließlich die Sicht von Mr. Sully: Er bezeichnete sich als „Printer" des „Daily London Journal", aber da er von Morgenzeitungen nichts verstehe, habe er Perry engagiert und mit den „üblichen" Befugnissen ausgestattet. Er (Sully) betrachte sich als „employed by Mr. Stiff". Den „Männern" gegenüber habe er nie zu verstehen gegeben, daß er ein „Tradesman" sei. Wie der Druck der Zeitung faktisch organisiert war, läßt sich den drei Aussagen ohne weiteres entnehmen; man kann sich die Abläufe und tatsächlichen Abhängigkeiten gut vorstellen. Problematisch, ja mit den verfügbaren Rechtsbegriffen geradezu unmöglich war aber die adäquate rechtliche Beurteilung dieses Sachverhalts. Das Urteil fiel in diesem Fall gegen

---

47 MRC Mss. 28/CO/1/10/1B Special Reports (1857–1860), „Westminster County Court. Saturday, July 30, 1859. *Parkes* v. *Stiff*." Dort alle folgenden Zitate.

den Kläger Parkes und für Stiff aus, aber es hätte aufgrund der Aussagen ebensogut anders lauten können. Das war Justiz nach dem Zufallsprinzip, ohne daß man dem Grafschaftsrichter dafür die Schuld geben konnte.

War die Hierarchie im Fall *Parkes* v. *Stiff* zwar kompliziert, aber für die Beteiligten immerhin noch sichtbar, gab es auch Situationen, in denen die Arbeitgeber sich während des Beschäftigungsverhältnisses gleichsam in Luft auflösten. So erging es beispielsweise einer Journalistin namens Joseph, die zwischen 1894 und 1896 allein auf sich gestellt das monatlich erscheinende Magazin „Housewife" herausbrachte.[48] Wie sie in ihrer Aussage vor dem City of London Court erklärte, war sie an den Job durch einen Mr. Fells herangekommen, der als Repräsentant der Eigentümer des Blattes aufgetreten sei – „wer immer sie sein mochten". Später wurde ihr ein Mr. Bell als „manager" vorgestellt, über den sie nach einiger Zeit erfahren habe, daß er Teileigentümer sei. Anfang 1896 sei Bell als einziger Copyright-Inhaber eingetragen worden, dann aber offenbar bald in finanzielle Schwierigkeiten geraten. In dieser Zeit seien die Gehaltsrückstände aufgelaufen, wegen derer nun die Klage erhoben werde. Miss Joseph klagte jedoch nicht gegen Bell, sondern gegen einen Mr. Griffith, weil dieser, wie sie weiter angab, inzwischen als einziger Eigentümer des Blattes registriert sei und, wie sie sich ausdrückte, „acts of ownership" an ihrer Arbeit ausgeübt habe. Daraus schloß sie, daß Griffith auch die Schulden der Voreigentümer mitübernommen habe. Dem war aber keinesfalls so, zumindest nicht aus Sicht des Anwalts des Beklagten Griffith, der erläuterte, daß Griffith lediglich £ 100 an die Voreigentümer geliehen habe und sich als Sicherheit dafür das Copyright an dem Magazin habe überschreiben lassen. Für die Schulden des Blattes sei er nicht verantwortlich. Dieser Ansicht schloß sich auch der Richter, Commissioner Kerr, an und wies die Klage kostenpflichtig ab.

Die Richter mochten bei all diesen Fällen nach gutem Wissen und Gewissen bestrebt gewesen sein, im Einklang mit den jeweils vorgefundenen Normen und Präzedenzfällen zu entscheiden. Man gewinnt jedoch bei einer seriellen Lektüre derartiger Zweifelsfälle den Eindruck, als hätten vor allem die *Common law*-Richter in der viktorianischen Ära ihre ganze Spitzfindigkeit mit Vorliebe darauf verwandt, die jeweils zahlungskräftigeren Arbeitgeber oder Arbeitgeber überhaupt gegen Forderungen von Arbeitnehmern in Schutz zu nehmen. Parteilichkeit muß dabei nicht unbedingt im Spiel gewesen sein; die akkumulierte ‚Weisheit' der vorhergehenden Urteile genügte, um die Rechtsprechung der *Common law*-Gerichte Schritt für

---

[48] Journalist and Newspaper Proprietor, 24. Okt. 1896, S. 350, „A Lady Journalist's Action."

Schritt in eine Richtung zu treiben, aus der es seit den siebziger Jahren des 19. Jahrhunderts keine anderen Auswege mehr gab als die Gesetzgebung oder – für die rechtssuchenden Arbeitnehmer – die Vermeidung der Justiz. Nachdem die wesentlichen Grundsätze des *Common law* zum Verhältnis von *master* und *servant*, darunter die zu trauriger Berühmtheit gelangte *fellow servant*-Regel, in den Jahrzehnten zwischen 1830 und 1870 fixiert worden waren, konnten sie durch die Rechtsprechung selbst nicht mehr beseitigt werden.

Es war dabei aus Arbeitnehmersicht fatal, daß diese Grundsätze ihre Entstehung zu einem guten Teil nicht echten Arbeitsstreitigkeiten, sondern Streitfällen zwischen Arbeitgebern und dritten Personen verdankten. Typische Arbeitnehmerbeschwerden gelangten aus den bekannten Gründen selten vor die höchsten Gerichte. Viel öfter ging es um Fragen der Haftung oder Schadensersatzpflicht von Arbeitgebern für Schäden, die ihre angeblichen *servants* Dritten zugefügt hatten, also unbeteiligten Passanten, Kunden, Benutzern von Verkehrsmitteln sowie anderen Arbeitgebern und ihren ‚Dienern‘. Vor allem aus Anlaß derartiger Streitigkeiten war es zu den haarfeinen Fallunterscheidungen gekommen, nach denen ein *servant* plötzlich zum *servant* eines anderen erklärt wurde, weil dieser andere kurzzeitig die Kontrolle übernommen hatte, oder nach denen ein *master* plötzlich nicht mehr *master* sein sollte, bloß weil der *servant* sich für eine Weile ‚verselbständigt‘ hatte, indem er zum Beispiel Arbeitsentgelt von jemand anderem bezog, ohne Erlaubnis zum Mittagessen gegangen war oder aus Übereifer eine Anordnung mißachtet hatte.[49] Diese Fallunterscheidungen gingen als Wenn-Dann Regeln in das *Common law* zu *master and servant* ein. Sie waren vielleicht, bezogen auf die Fälle, in denen sie zuerst angewandt worden waren, gerechte, weil adäquat komplexe Lösungen. In den achtziger Jahren des 19. Jahrhunderts gab es aber auch schon *Common law*-Juristen, die sie als zunehmend „troublesome" und „almost too fine to be acceptable" empfanden.[50] Wirklich unangenehm und oft geradezu infam wurden sie jedoch vor allem für die auf vorenthaltenen Lohn oder Schadensersatz klagenden Arbeitnehmer, wenn ihnen vor Gericht klargemacht wurde, daß diejenigen, die sie im Arbeitsalltag stets als ihre *masters* anerkennen mußten und denen sie unter allen Umständen zu gehorchen hatten, auf einmal in dieser speziellen Situation nicht *master* und damit nicht haftbar sein sollten.

---

49 Vgl. hierzu die bei Diamond, Master and Servant, S. 153 kommentierten Fälle; siehe auch Pollock, Liability, S. 211; Linder, Employment Relationship, S. 133–170, und Orren, Belated Feudalism, S. 108–111.
50 Pollock, Liability, S. 213.

Unscharfe Definitionen und versteckte Asymmetrien in den alten Master and Servant-Gesetzen

Wären die Grundsätze des *Common law* zu *master and servant* nur auf die Praxis der höchsten Gerichte des Landes beschränkt geblieben, hätten zumindest die mit Handarbeit beschäftigten Arbeitnehmer damit leben können. Die Mehrzahl ihrer Streitigkeiten fand vor den Lokalgerichten unter Berufung auf bestimmte *Statutes* statt. Bei hinreichend eindeutigen statutarischen Definitionen des Verhältnisses von *master and servant* hätte daher das *Common law* für die Streitfälle der Handarbeitenden nur eine beschränkte Bedeutung gehabt. Eindeutigkeit und klare Begriffsbestimmungen waren jedoch im allgemeinen nicht die Stärke des englischen Gesetzgebers. Das *Statute law* zu *master and servant* verminderte nicht die im *Common law* angelegte Rechtsunsicherheit, im Gegenteil, es erhöhte sie sogar. In den älteren *Statutes* bis zu den Reformen von 1875 fehlten klare Definitionen der Beschäftigten, die unter das jeweilige Gesetz fallen sollten. Ebenso unbestimmt blieben die Bezeichnungen für die verschiedenartigen Verhältnisse, die zwischen diesen Beschäftigten und ihren Arbeitgebern bestanden. Es wurde vorausgesetzt, daß die gewählten Bezeichnungen für sich sprachen. Da sie dies aber oft genug nicht taten, mußte das *Common law* als Interpretament hinzugezogen werden. Wie dieses Wechselspiel funktionierte und wie es sich in der Gerichtspraxis auswirkte, zeigt der folgende Überblick.

Das elisabethanische Statut von 1562–63 – bis zu seiner endgültigen Beseitigung im Jahr 1875 Grundlage einer langen Reihe es ergänzender, überformender und partiell revidierender Einzelgesetze – verwendete bereits eine verwirrende Vielfalt von Bezeichnungen für Arbeitsverhältnisse und die arbeitenden Personen. Das Gesetz unterschied zwischen *servants* auf der einen und *artificers*, *workmen* und *labourers* auf der anderen Seite. *Servants* im Sinne des Gesetzes waren einmal die jährlich zu mietenden Bediensteten in der Landwirtschaft, die sogenannten *servants in husbandry*.[51] Des weiteren fielen unter den Begriff *servants* auch alle „im Dienst gehaltenen, gemieteten oder in Dienst gestellten Personen" in zahlreichen einzeln aufgelisteten Gewerben, insgesamt waren es einunddreißig, von den Tuchherstellern und Wollwebern bis zu den Köchen und Müllern.[52] Zu den *servants* zählten weiterhin auch diejenigen, die aufgrund des elisabethanischen Gesetzes zum Dienst in der Landwirtschaft oder in einem der genannten

---

[51] 5 Eliz. c. 4 (1562–63).
[52] Ebd., ss. 2, 4 u. 6.

einunddreißig Gewerbe zwangsverpflichtet werden sollten.[53] Für all diese
servants galten Strafbestimmungen für den Fall, daß sie die Arbeit verweigerten oder ihren Dienst vorzeitig verließen, und all diese *servants* waren
laut Gesetz der Lohnfestsetzung durch die Friedensrichter unterworfen.[54]
Schließlich kannte das Gesetz noch weitere Arten von *servants* oder Personen „being in Service". Das waren insbesondere die in einem Haushalt oder
bei einem Gentleman als „convenient Officer or Servant" in Dienst gehaltenen Personen, also das Hauspersonal im weitesten Sinne, sowie Bergleute
„retained by the year or half the year at the least" und einige andere.[55] Ob
die erwähnten Strafbestimmungen und Lohnfestsetzungsklauseln auch für
diese *servants* gelten sollten, geht aus dem Text des Gesetzes nicht klar hervor. Spätestens seit dem 18. Jahrhundert stand es aber in der Rechtsprechung fest, daß zumindest die im Haushalt beschäftigten ‚Diener' (*domestic
servants* oder sogenannte *menial servants*) grundsätzlich nicht unter die
Straf- und Zwangsbestimmungen des elisabethanischen oder eines der späteren *Master and Servant*-Gesetze fielen.

Gemeinsames Merkmal aller im elisabethanischen Gesetz genannten Arten von *servants* war die langfristige, in der Regel einjährige Bindung an
einen ‚Herren' und, ohne daß dies ausdrücklich festgestellt wurde, der
Zwang, die gesamte Zeit und Arbeitskraft diesem ‚Herren' zur Verfügung
zu stellen. Das unterschied *servants* von den im Gesetz als *artificer*, *labourer*
oder *workman* bezeichneten Personen. Diese ungebundenen Handwerker
und Arbeiter zerfielen wiederum in zwei Gruppen oder Klassen. Zum einen
handelte es sich um Tage- und Wochenlöhner, deren tägliche Arbeitszeit
durch das Gesetz festgelegt wurde, so daß sie theoretisch in ihrer Freizeit
auch noch für sich selbst oder jemand anderen hätten arbeiten können.[56] In
diesem Sinne waren sie frei. Zum anderen waren es Handarbeiter, die für
den Bau, die Reparatur oder die Herstellung eines bestimmten Hauses,
Schiffes, Geräts, Werkstücks oder Gegenstands in Dienst gestellt worden
waren („retained") oder sich selbst dazu verpflichtet hatten („take upon him
to make or finish"). Diese Handarbeiter wurden durch das Gesetz bei Androhung von Gefängnisstrafen verpflichtet, ihre spezifische Arbeit nicht
vor der Fertigstellung zu verlassen und in dieser Zeit von niemand anderem
Arbeit anzunehmen.[57] Diese Handarbeiter konnten also – theoretisch – frei

---

[53] Ebd., ss. 3, 5 u. 6.
[54] Ebd., ss. 6, 11 u. 13.
[55] Ebd., s. 5.
[56] Ebd., s. 9.
[57] Ebd., s. 10.

bestimmen, wann und wie sie ihre Arbeit verrichteten, verloren aber für die Dauer der betreffenden Arbeit die Möglichkeit, mit anderen Arbeitgebern Verträge über die Leistung von Arbeit zu schließen.[58] Im Sinne des Gesetzes waren sie keine *servants*, aber faktisch wurden sie diesem Status angenähert, besonders wenn ihnen, wie im Falle der Heimarbeiter, der Arbeitgeber ständig neues Material anlieferte, das sie zu bearbeiten hatten.[59] Ebenso wie die *servants* unterlagen auch sie und die Tage- und Wochenlöhner der Lohnfestsetzung durch die Friedensrichter.

Wie schon im ersten Kapitel erläutert, wurde das elisabethanische Statut im Laufe des 18. Jahrhunderts in vielen Teilen durch Mißachtung obsolet und in anderen durch eine Flut von Einzelgesetzen überlagert, verändert oder ersetzt.[60] Spätestens mit dem Beginn des 19. Jahrhundert wußte daher niemand mehr zu sagen, welche Klauseln noch geltendes Recht waren und welche nicht.[61] Erhalten blieb jedoch in der Gesetzgebung wie auch in der sie interpretierenden Rechtsprechung die grundlegende, wenn auch oft fiktive Unterscheidung zwischen *servants*, die mit ihrer gesamten Zeit und Arbeitskraft einem Herren dienen mußten, und anderen Personen, die angeblich nur für begrenzte Zeiten des Tages oder spezifische Zwecke beschäftigt wurden. Um letztere einzubeziehen, pflegte der Gesetzgeber des 18. und frühen 19. Jahrhunderts vage Ausdrücke wie *persons employed, persons hired or employed, persons employed or undertaking, workmen employed, labourers employed* zu verwenden; präzisiert wurden diese Ausdrücke dann jeweils durch mehr oder weniger lange Auflistungen all der Gewerbe und Tätigkeiten, in denen diese Personen beschäftigt waren.[62] Der rechtliche Charakter ihres Arbeitsverhältnisses blieb dabei unbestimmt und sollte es sein, damit möglichst alle Beschäftigten der betreffenden Gewerbe von den Bestimmungen – meist Strafbestimmungen – erfaßt wurden. Die Mehrzahl der Arbeitsgesetze des 18. und frühen 19. Jahrhunderts, vor allem die strafenden, bedienten sich einer derartigen Definition, die im Hinblick auf die

---

[58] Vgl. Steinfeld, Invention of Free Labor, S. 38–41.

[59] Vgl. Orth, Combination and Conspiracy, S. 108.

[60] Siehe oben, Kap. I.2.

[61] Vgl. White, Digest, S. 44

[62] Vgl. etwa: 17 Geo. 3, c. 56 (1777), „An Act for amending and rendering more effectual the several Laws now in being for the more effectual preventing of Frauds and Abuses by Persons employed in the Manufacture of Hats, and in the Woollen, Linen, Fustian, Cotton, Iron, Leather, Fur, Hemp, Flax, Mohair, and Silk Manufactures, and also for making Provisions to prevent Frauds by Journeymen Dyers"; 57 Geo. 3, c. 122 (1817), „An Act to extend the Provisions of an Act … against payment of Labourers in Goods or by Truck, and to secure their Payment in the lawful Money of this Realm, to Labourers employed in the Collieries or in the working and getting of coal in the United Kingdom …".

betroffenen Gewerbe eng, im Hinblick auf den rechtlichen Status des Arbeitsverhältnisses aber weit gefaßt war.

Daneben gab es eine kleinere Anzahl von Gesetzen, die sich allein mit den Rechten und Pflichten von *servants* befaßten. Dies zeigte sich in den Gesetzestexten darin, daß im Zusammenhang mit den aufgeführten Beschäftigtengruppen von *service* oder einem *contract to serve* die Rede war. Der Begriff *servant* selbst tauchte fast nur noch in der Wortverbindung *servant in husbandry* auf; Beschäftigte in anderen Branchen wurden mit mehr oder weniger konkreten Berufsbezeichnungen aufgelistet. Im *Master and Servant Act* von 1823 lautete die Formulierung: „... if any Servant in Husbandry, or any Artificer, Calico Printer, Handicraftsman, Miner, Collier, Keelman, Pitman, Glassman, Potter, Labourer or other Person, shall contract with any Person or Persons whomsoever, to serve him, her or them for any Time or Times whatsoever, or in any other manner, and shall not enter into or commence his or her Service". Es folgen weitere Tatbestände und Verfahrens- und Strafbestimmungen.[63] Hier war es klar, zumindest war das die Interpretation der Rechtsprechung, daß mit den aufgelisteten „Handwerkern", „Bergleuten", „Töpfern" und so weiter nur diejenigen unter ihnen gemeint waren, die einen *contract to serve*, einen „Dienstvertrag", abgeschlossen hatten, also ihre ganze Zeit und Kraft einem *master* zur Verfügung stellten. Damit kamen dann auch die wenigen, mit dem Gesetz von 1823 den Arbeitern verliehenen Rechte, vor allem das Recht, vorenthaltenen Lohn vor dem Friedensrichter einzuklagen, nur denjenigen zugute, deren Arbeitsverhältnis nach den Kriterien des *Common law* in die Kategorie Dienstvertrag fiel.

Die Gesetzeslage bis zu den Reformen von 1867–75 war also in mehr als einer Hinsicht asymmetrisch. Sie war es nicht nur wegen der offensichtlichen und vielfach kommentierten Ungleichheit zwischen den Arbeitern, die bei Kontraktbruch mit Gefängnis bestraft wurden, und den Arbeitgebern, die nur zivil belangt werden konnten. Sie war es auch – und dies ist bisher kaum bemerkt worden – durch die Tatsache, daß innerhalb der Arbeiterschaft eine künstliche, juristisch definierte Trennlinie eingezogen wurde zwischen denen, die einen Dienstvertrag hatten und somit als *servants* galten, und denen, die nach den Maßstäben des Rechts in anderer Weise ‚beschäftigt' waren. So gab es unzählige Strafbestimmungen, die sämtliche ‚beschäftigten Personen' bestimmter Gewerbe trafen, aber das bescheidene Recht der Lohnklage unter dem *Master and Servant Act* blieb nur *servants*

---

[63] 4 Geo. 4, c. 34 (1823), s. 3. Ähnlich schon die Liste in 6 Geo. 3, c. 25 (1766), s. 4.

im rechtlichen Sinne vorbehalten und war zudem auch noch beschränkt auf bestimmte Industrien und Tätigkeitsbereiche.[64] Als besonders erniedrigend mußte es dabei von den Arbeitern angesehen werden, daß ausgerechnet die Unfreiheit signalisierenden Bezeichnungen *servant* und *service* positive Rechte verliehen, während die als Selbstbezeichnung bevorzugten, einen Rest von Unabhängigkeit und Stolz auf das Arbeitsprodukt anzeigenden Vokabeln wie *artisan, workman, tradesman* oder, wie in Sheffield, *little master* bei einer Klage vor dem Friedensgericht nichts galten, ja sogar kontraproduktiv wirken konnten.[65]

Wie sich die beschriebene Gesetzeslage um die Mitte des 19. Jahrhunderts in der Praxis auswirkte, zeigt ein Blick in die Spalten des Fachorgans für Friedensrichter, „Justice of the Peace". In dessen Rubrik „Practical Points" beantwortete die Redaktion Fragen von Lesern, die mit „A Subscriber", „A Magistrate", „A Clerk" oder Initialen zeichneten. Überwiegend dürfte es sich um *magistrates' clerks* gehandelt haben. Die Formulierung der Fragen läßt erkennen, daß sich die Fragesteller auf konkret vorgebrachte Fälle bezogen, also wirklich Rat suchten, um einen anstehenden oder vertagten Fall entscheiden zu können. So wollte ein „Subscriber" wissen, ob die Friedensrichter in einem Lohndisput zwischen Förderwagenführern und den Besitzern eines Erzbergwerks entscheidungsbefugt seien.[66] Die Wagenführer seien, so der Fragesteller, für acht Stunden pro Tag zur Arbeit verpflichtet und dann frei, für sich selbst oder jemand anderen zu arbeiten. Sie würden pro geförderter Tonne Erz oder Schlacke bezahlt. Der Agent der Firma habe Einspruch gegen die Jurisdiktion der Friedensrichter erhoben, weil die Männer nicht „Lohn" erhielten, sondern für „geleistete Arbeit pro Tonne" bezahlt würden. Die Friedensrichter seien aber der Ansicht, daß sie entscheidungsbefugt seien, weil die Wagenführer „bound to work eight hours per day" seien. Die Antwort:

We think the fact that these trammers are only bound to work eight hours per day, and are then at liberty to work for anyone else, ousts the jurisdiction of the justices. They are not *servants* who have contracted to *serve* in the sense put upon the statutes by the judges. In *Reg. v. Johnson*, 4 J.P. 265; 7 Dowl. 702, Williams, J., said, „It is

---

[64] Sofern es nicht spezielle Gesetze gab, die dem abhalfen, so für den Bereich der „Woollen, Worsted, Linen, Cotton, Flax, Mohair, and Silk Hosiery Manufactures": 6 & 7 Vict., c. 40 (1843), s. 17.

[65] Nach den Beobachtungen des Grafschaftsrichters Kettle insistierten die gelernten Arbeiter darauf, sich vor Gericht „tradesmen" nennen zu lassen: Kettle, Boards of Conciliation and Arbitration, S. 172. Zur Diskrepanz zwischen Bezeichnungen und Arbeitspraxis in Sheffield: Ruth Grayson u. Alan White, ‚More Myth than Reality': the Independent Artisan in Nineteenth Century Sheffield, in: Journal of Historical Sociology 9 (1996), S. 335–353.

[66] Zum folgenden: Justice of the Peace, 2. Jan. 1847, S. 14; dort auch die Zitate.

obvious, that the defendant might have been employed by others during his service under this contract." See that case, and *Lancaster* v. *Greaves*, 9 B. & C. 628; *Hardy* v. *Ryle*, 9 B. & C. 603; *Branwell* v. *Penneck*, 7 B. & C. 539.[67]

Frage und Antwort sind hier in doppelter Hinsicht aufschlußreich. Zum einen: Friedensrichter besaßen offenbar keine klaren Vorstellungen über den Geltungsbereich der von ihnen anzuwendenden Gesetze und ihre eigene Zuständigkeit; ohne den Einspruch des Agenten der Firma hätten sie diesen Fall vermutlich entschieden. Zum anderen: Auch wenn die Präzedenzfälle des *Common law* in der mündlichen Argumentation vor den Friedensgerichten kaum eine Rolle spielten, gab es Wege, auf denen sie in verkürzter Form in die Rechtsprechung Eingang fanden; die Frage-und-Antwort Rubrik der Zeitschrift „Justice of the Peace" war einer dieser Wege, Handbücher wie „Stone's Practice for Justices of the Peace" oder „Oke's Magisterial Synopsis" waren ein anderer. Drei der vier in obiger Antwort zitierten Fälle, zwei von 1829 und einer von 1839, tauchten im übrigen noch in einem Lehrbuch von 1932 als Illustration für die Unterscheidung zwischen *servant* und *independent contractor* auf, ein Beleg für die Langlebigkeit der *Common law*-Definition des Dienstvertrags.[68]

Fälle wie derjenige der Wagenführer beschäftigten den Redakteur der Frage-und-Antwort Kolumne von „Justice of the Peace" in ununterbrochener Folge. Ein Ziegelsteinbrenner erhielt als Bezahlung 5s. pro 1000 Ziegelsteine und betrachtete sich selbst, wie der Fragesteller mitteilte, durch seinen Vertrag „exklusiv" an seinen Arbeitgeber gebunden; der Ziegelbrenner beschäftige aber Hilfsarbeiter unter sich und habe auf eine Frage des Friedensrichters gesagt, daß er frei sei, einen ganzen Tag lang ins Pub zu gehen, wenn er seine Arbeit frühzeitig fertig habe. Antwort: Weil er nicht seine „gesamte Zeit" zur Verfügung stelle, handele es sich nicht um einen „contract to serve generally" und folglich könnten die Friedensrichter über seine Lohnklage nicht entscheiden.[69] Ähnlich lautete der Rat des antwortenden Redakteurs im Falle eines Arbeiters in einem Sägewerk, der „per Fuß" gesägten Holzes bezahlt wurde[70], und im Falle eines nach „Büscheln" bezahlten Hopfenpflückers, der keinen in der Dauer fixierten Vertrag mit seinem

---

67 Ebd.
68 Diamond, Master and Servant, S. 18f. Ausführlich zu diesen *Common law*-Entscheidungen, Linder, Employment relationship, S. 65–68. Linder arbeitet heraus, daß die Arbeiter als Beklagte in diesen *Common law*-Fällen ein taktisches Interesse daran hatten, sich selbst als ‚unabhängig' darzustellen, was zur Folge hatte, daß nun Präzedenzfälle vorlagen, die die Rechte der Arbeiter als Kläger beschnitten.
69 Justice of the Peace, 17. Jul. 1847, S. 525.
70 Ebd., 13. März 1847, S. 207.

Arbeitgeber geschlossen hatte.[71] Einen „Dienstvertrag" und damit Zuständigkeit der Friedensrichter glaubte der Redakteur hingegen erkennen zu können im Falle eines Baumwollspinners, der nach einem Fixpreis „per set" bezahlt wurde, aber einen festen Zweijahresvertrag hatte[72], und im Falle von Arbeitern in einem Kohle- und Eisenwerk, die nach „Tonnen" bezahlt wurden, aber vor dem Verlassen ihrer Stelle eine Kündigungsfrist einhalten mußten.[73] Weder die Art der Bezahlung (wie die meisten Fragesteller meinten), noch die tatsächliche Abhängigkeit (wie die klagenden Arbeiter selbst den Berichten zufolge glaubten) bestimmten somit über das Vorliegen eines Dienstvertrags. Ausschlaggebendes Kriterium war vielmehr die vollständige Verfügbarkeit der arbeitenden Person für den Arbeitgeber innerhalb eines fest bestimmten Zeitraums.

Schwierigkeiten bei der Interpretation des *Master and Servant Act* von 1823 bereitete nicht nur die auf Dienstverträge eingegrenzte Geltung, sondern auch die Frage, welche Tätigkeiten und Berufe unter die aufzählende Definition „Servant in Husbandry, or any Artificer, Calico Printer, Handicraftsman, Miner, Collier, Keelman, Pitman, Glassman, Potter, Labourer or other Person" fallen sollten. Die allgemeine Formulierung „Labourer or other Person" schien eine mindestens alle Handarbeiter umfassende Reichweite nahezulegen, doch der Rat des Redakteurs von „Justice of the Peace" lief in allen an ihn herangetragenen Fällen darauf hinaus, daß die Bedeutung dieser Formulierung zu zweifelhaft sei, um eine Behandlung darauf gegründeter Klagen durch die Friedensrichter zu rechtfertigen. Im Fall eines Korbflechtergesellen zitierte der Redakteur aus einem Urteil von Lord Denman, wonach unter „other persons" nur Personen der gleichen Art zu verstehen seien wie die zuvor aufgezählten; und aus weiteren Urteilen gehe hervor, daß „other persons" diejenigen seien, die (theoretisch) unter die Lohnfestsetzungsklauseln des elisabethanischen Statuts von 1562–63 fielen; ob Korbflechtergesellen darunter seien, könne er nicht sagen.[74] In diesem Punkt war offenbar auch die Rechtsprechung des *Common law* inkonsistent. Ähnlich unschlüssig war daher die Auskunft im Fall eines mit Überwachungs- und Gelegenheitsarbeiten betrauten Wochenlöhners in einer Brauerei[75], und auf eine Frage, ob Eisenbahnarbeiter und ihre Arbeitgeber

---

[71] Ebd., 16. Okt. 1847, S. 748 f. Wie der Fragesteller berichtete, waren die Friedensrichter auch in diesem Fall der Ansicht, daß sie den Fall entscheiden könnten.
[72] Ebd., 24. April 1847, S. 300.
[73] Ebd., 15. Mai 1847, S. 363 f.
[74] Ebd., 30. Jan. 1847, S. 79.
[75] Ebd., 24. April 1847, S. 302.

unter den *Master and Servant Act* von 1823 fielen, verwies der Ratgeber gar auf einen Ausspruch eines Richters, der kürzlich gesagt habe, daß die Worte „other person" und „labourer" wohl „überhaupt keine Bedeutung" besäßen.[76] Ein regelmäßiger Leser der Kolumne konnte aus diesen Antworten nur den Schluß ziehen, daß lediglich die ausdrücklich genannten Berufe in der aufzählenden Definition sicher in die Kompetenz der Friedensrichter fielen. Aber selbst hier gab es schwierige Abgrenzungsprobleme, wie sich insbesondere bei den Bediensteten in der Landwirtschaft zeigte: Ein Milchmädchen, das aufgrund seines Dienstvertrags außer zum Kühemelken nebenbei auch zu Haushaltspflichten eingespannt werden konnte[77], schien dem Ratgeber von „Justice of the Peace" ebensowenig sicher in die Kategorie zu passen wie ein Kutscher, der nebenbei auch als Hopfenpflücker beschäftigt wurde und sich während der Pflücksaison vom Dienst absentiert hatte.[78] Dinge, die im ländlichen Arbeitsalltag völlig normal waren: die Beschäftigung von *servants* mit Aufgaben sowohl in der Landwirtschaft als auch zu persönlichen und häuslichen Diensten, führten also dazu, daß die Anwendbarkeit des *Master and Servant Act* in Frage gestellt wurde. Noch unbefriedigender war aufgrund der Auslegungstechnik des *Common law* die Rechtslage für neue Berufe wie Eisenbahnarbeiter, die zum Zeitpunkt des Inkrafttretens des Gesetzes (1823) noch nicht in den Horizont des Gesetzgebers eingerückt waren.

Alle aufgeführten Beispielfälle stammten aus einem einzigen Jahrgang (1847) der Zeitschrift „Justice of the Peace". Läßt man die Reihe der keineswegs ungewöhnlichen Berufe und Beschäftigungsformen Revue passieren, in denen Zweifel laut wurden, so ergibt sich, daß es kaum einen Handarbeiter gab, der bei einer Lohnklage absolut sicher sein konnte, daß sein Fall wenigstens vor dem Friedensrichter verhandelt werden konnte – von der ohnehin gegebenen Unsicherheit des Prozeßausgangs ganz abgesehen. Ein Einspruch des Arbeitgebervertreters konnte genügen, eine Vertagung herbeizuführen, und durch Nachblättern im „Justice of the Peace" oder in den einschlägigen Handbüchern konnte ein findiger *clerk* auf genügend Hinweise stoßen, die eine Abweisung der Klage erlaubten. Das gleiche Schicksal konnte selbstverständlich auch Arbeitgeber ereilen; die Unschärfe der gesetzlichen Definitionen und die zusätzlich durch die *Common law*-Rechtsprechung hineingetragene Unsicherheit betraf im Prinzip beide Streitparteien gleichermaßen. Tatsächlich dürften klagende Arbeitgeber jedoch selte-

---

[76] Ebd., 3. April 1847, S. 252.
[77] Ebd., 30. Jan. 1847, S. 79.
[78] Ebd., 17. April 1847, S. 285.

ner mit derlei technischen Einwänden gegen die Kompetenz der Friedensrichter oder mit Zweifeln bei diesen selbst zu kämpfen gehabt haben als
umgekehrt klagende Arbeiter.[79] Außerdem war es für Arbeitgeber auch
leichter als für Arbeiter, den Verlust der Gerichtsgebühren im Fall einer
Abweisung der Klage vor dem Friedensgericht zu verkraften und, wenn der
Tatbestand es zuließ, eine Zivilklage auf Schuld oder Schadensersatz vor
dem Grafschaftsgericht einzureichen. Kurzum, die undurchschaubare und
asymmetrische Rechtslage unter den *Master and Servant*-Gesetzen in Verbindung mit den ungleichen finanziellen Ressourcen bedeutete für klagende
Arbeiter in vielen Fällen, um eine Formulierung Max Webers aufzugreifen,
„eine faktische Rechtsverweigerung".[80]

Seit die Grafschaftsgerichte existierten, also seit 1847, hatten Handarbeiter, wie alle anderen Arbeitnehmer auch, immerhin die Möglichkeit, ausstehenden Lohn unmittelbar vor diesem neuen Zivilgericht als eine normale
Geldschuld einzutreiben, ohne sich dabei auf den *Master and Servant Act*
oder ein anderes Gesetz beziehen zu müssen. In diesem Fall entfielen die
eben beschriebenen Auslegungsschwierigkeiten. Dafür entstanden aber
neue Probleme: einmal die höheren Gebühren, zum anderen die Notwendigkeit, den Streitpunkt bei der schriftlichen Klageerhebung juristisch präzise zu benennen. Bei Lohnklagen hieß das, sich für eine Klage entweder auf
wages oder auf *work done* entscheiden zu müssen. Hier aber war das Kriterium wiederum die Frage, ob ein ‚Dienstvertrag' und damit eine *master and
servant*-Beziehung vorlag oder nicht. Auf dem Umweg über diese Unterscheidung wurden also die gesamten Subtilitäten der *Common law*-Recht-
sprechung zu diesem Punkt auch in die Praxis der Grafschaftsgerichte im-
portiert. Unabhängig davon entstanden natürlich in den Grafschaftsgerichten all die aus dem ‚Kontrolltest' resultierenden Probleme der Bestimmung
des *master*, die oben bereits erläutert wurden.

Die halbherzige Reform des *Master and Servant Act* von 1867 brachte im
Hinblick auf die Auslegungsprobleme in den Friedensgerichten keinerlei
Verbesserung. Zwar war im Text des Gesetzes durchgehend und scheinbar
modern nur noch von „Employers and Employed" die Rede (während im
Titel des Gesetzes noch die alte Formulierung „Master and Servant" auf-
tauchte); auch enthielt das neue Gesetz einen Paragraphen, der vielverspre-

---

79 Nur bei zwei der erwähnten Zweifelsfälle aus „Justice of the Peace", dem des Kutschers und
dem des Brauereiarbeiters, läßt die Frage erkennen, daß Arbeitgeber die Kläger waren.
80 So auf das englische Rechtssystem und die Armen insgesamt bezogen: Weber, Wirtschaft
und Gesellschaft, S. 471; ähnlich ebd., S. 511 u. 564.

chend „Definition of Terms" genannt wurde.[81] Klarheit schufen diese Definitionen aber keineswegs. Denn das Verhältnis zwischen „Employer" und „Employed" wurde den Definitionen zufolge durch einen „Contract of Service" gestiftet. Der wurde in dem Gesetz so definiert: „The Words ‚Contract of Service' shall include any Contract, whether in Writing or by Parol, to serve for any Period of Time, or to execute any Work".[82] Damit schien der Gesetzgeber andeuten zu wollen, daß künftig für die Zwecke des Gesetzes auch Werkverträge als Dienstverträge gelten sollten. Um diese Auffassung vor Gericht durchsetzbar zu machen, hätte es freilich eines größeren Formulierungsaufwands bedurft. So knapp wie die Definition gehalten war, konnte sie nicht verhindern, daß die Kriterien des *Common law* für die Existenz eines Dienstvertrags: Kontrolle über den Arbeitsprozeß, Exklusivität des Verhältnisses, bestimmte Dauer der Beschäftigung und volle Verfügungsgewalt des Arbeitgebers über Zeit und Fähigkeiten des Arbeiters, weiterhin anwendbar blieben. Genau dies geschah in der Rechtsprechungspraxis, wie sich an Fallberichten in der Presse und an der Erörterung von Zweifelsfällen im Fachblatt „Justice of the Peace" ablesen läßt.[83]

Hielten somit unter dem neuen Gesetz die notorischen Abgrenzungsprobleme zwischen Dienstverträgen und andersartigen Arbeitsverträgen unvermindert an, bedeutete auch die Ersetzung der Worte „Master and Servant" durch „Employer and Employed" keinen Fortschritt. Denn die soziale Reichweite der neuen Bezeichnungen wurde durch eine auch dem geübten Leser erst nach mehrmaliger Lektüre verständliche Klausel an die Definitionen der jeweiligen Vertragspartner in insgesamt siebzehn älteren Gesetzen gebunden, die in einem Anhang aufgelistet waren.[84] Das erste die-

---

[81] 30 & 31 Vict., c. 141 (1867), s. 2.

[82] Ebd.

[83] Vgl. Justice of the Peace, 3. April 1875, S. 223 (Fall eines Waldarbeiters, der ohne feste Zeitbegrenzung für das Abholzen von Unterholz beschäftigt worden war); ebd., 12. Juni 1875, S. 383 (Fall von fünf Landarbeitern, die eine Wiese abmähen sollten). Daß eine andere definitorische Lösung des Problems durch den Gesetzgeber möglich gewesen wäre, zeigt zum Beispiel die umfassendere und vergleichsweise klare Definition von ‚Arbeiter' und ‚Vertrag' im *Truck Act* von 1831 (1 & 2 Will 4, c. 37, s. 25). Dennoch brachten es auch hier die Richter fertig, das Wort „performance" in der Definition von „artificer" so zu deuten, daß damit nur die *persönliche* Ausführung gemeint sei, und so diejenigen auszuschließen, die unter sich andere beschäftigten; vgl. *Sharman* v. *Sanders and Others* (1853) 13 C.B. 166, 138 E.R., S. 1161–1165. Ausführlich zu diesem und anderen Einschränkungen des *Truck Act* durch die *Common law*-Richter: Linder, Employment Relationship, S. 104–110.

[84] 30 & 31 Vict., c. 141 (1867), s. 3 in Verbindung mit Schedule 1. In einigen Fällen wurde hier lediglich auf einzelne Klauseln der betreffenden Gesetze Bezug genommen. Selbst die *Common law*-Richter hatten Mühe, sich in diesem Durcheinander zurechtzufinden, und übten entsprechende Kritik am Gesetzgeber, vgl. *Banks* v. *Crossland*, Justice of the Peace, 8. Mai 1875, S. 296; *Millett* v. *Coleman* u. *Dawson* v. *Coleman*, ebd., 18. Dez. 1875, S. 805–808.

ser Gesetze stammte aus dem Jahr 1721, das letzte aus dem Jahr 1851; unter ihnen befand sich auch der *Master and Servant Act* von 1823. Wer nun unsicher war, ob ein Arbeitnehmer oder Arbeitgeber aufgrund seiner Tätigkeit oder seines Berufs unter das neue Gesetz fiel, mußte theoretisch in siebzehn älteren Gesetzen und der dazu publizierten Fallüberlieferung nachforschen. Was das praktisch bedeutete ist klar: Erhob niemand Einspruch, entschieden die Friedensrichter nach Gutdünken; erhob jemand Einspruch, fand sich mit Sicherheit ein Präzedenzfall, mit dessen Hilfe man dem Einspruch stattgeben konnte – oder auch nicht. Hinter den neuen Bezeichnungen „Employer and Employed" verbargen sich somit letztlich keine neuen Begriffe. Das Gesetz von 1867 war, was die Terminologie betrifft, kaum mehr als ein Etikettenschwindel. Aus der Sicht eines *Common law*-Juristen blieben diejenigen, die im Gesetz *employed* hießen, *servants*. Klagten diese Beschäftigten vor Gericht um ihren Lohn, mußten sie weiterhin beweisen, daß sie einen Dienstvertrag hatten, also *servants* waren. Sie mußten es weiter ertragen, daß nur dieser entwürdigende Begriff ihnen Rechte verlieh.

NEUE DEFINITIONEN, ALTE PROBLEME: DER UNAUFFINDBARE ARBEIT-
GEBER UND DIE WIEDERBELEBUNG DES ‚DIENSTVERTRAGS'

Gegenüber der unbefriedigenden Rechtslage unter den alten *Master and Servant*-Gesetzen brachte das Reformpaket von 1875 einerseits eine längst überfällige Reduktion von Komplexität, indem zahlreiche alte Arbeitsgesetze mit ihrem Wirrwarr an aufzählenden Definitionen aufgehoben wurden[85], andererseits einen bescheidenen Zuwachs an notwendiger Komplexität, indem die Definition der Arbeitsverhältnisse, für die der *Employers and Workmen Act* gelten sollte, neu gefaßt wurde.[86] So zeichnete sich das neue Gesetz nicht nur durch den von Gewerkschaftsführern als Akt der Gleichstellung gefeierten Verzicht auf die Vokabeln *master* und *servant* aus.[87] Wichtiger für die Klagechancen von Arbeitnehmern war vielmehr, daß fortan sowohl „Dienstverträge" als auch „Verträge über die persönliche

---

[85] 38 & 39 Vict., c. 86 (1875), s. 17.
[86] 38 & 39 Vict., c. 90 (1875), s. 10: „In this Act – The expression ‚workman' does not include a domestic or menial servant, but save as aforesaid, means any person who, being a labourer, servant in husbandry, journeyman, artificer, handicraftsman, miner, or otherwise engaged in manual labour, whether under the age of twenty-one years or above that age, has entered into or works under a contract with an employer, whether the contract … be express or implied, oral or in writing, and be a contract of service or a contract personally to execute any work or labour."
[87] Vgl. Howell, Handy-Book, 2. Aufl. 1876, S. 1.

Leistung von Arbeit" ein Verhältnis zwischen *employer* und *workman* begründen sollten. Ein *workman* im Sinne des neuen Gesetzes mußte damit nicht mehr notwendigerweise ein *servant* im Sinne des *Common law* sein. Oder anders gesagt: der Text des Gesetzes war nun so formuliert, daß Richter nur noch unter grober Mißachtung des darin zum Ausdruck gebrachten Willens des Gesetzgebers allein das Vorliegen eines Dienstvertrags zum Kriterium der Anwendbarkeit des Gesetzes erheben konnten. Sie mußten nun immer auch prüfen, ob, wenn kein Dienstvertrag vorlag, dann ein „Vertrag über die persönliche Leistung von Arbeit" gegeben war.[88] Wenn ein ansonsten recht zuverlässiger Lehrbuchautor wie W. A. Holdsworth dennoch die „workmen" des Gesetzes als „a particular kind of servants" ansprach, so zeigt dies nur, welche Mühe die im *Common law* geschulten Juristen hatten, sich von ihren eingefahrenen Begriffen zu lösen.[89] Die ihnen vertrauten Kategorien waren *servant* auf der einen Seite, *independent contractor* und *agent* auf der anderen Seite. Zwischen diese Kategorien schob der Gesetzgeber nun den ,Vertrag über die persönliche Leistung von Arbeit'. Sollte diese Kategorie überhaupt etwas bedeuten, dann mußte sie eine Teilgruppe derer umfassen, die nach dem *Common law* als *independent contractors* eingestuft wurden, nämlich diejenigen, die selbst (allein oder mit anderen) Hand anlegten, also allen voran die zahlreichen Beschäftigten in den Heimindustrien und unter Umständen – das waren die Grenzfälle – auch Scheinselbständige wie die Schauerleute im Londoner Hafen, die *butty colliers* in den Gruben von Staffordshire oder die mit zupackenden *gangers* beim Eisenbahnbau. Tatsächlich interpretierte die Rechtsprechung im Laufe der Zeit die Kategorie ,Vertrag über die persönliche Leistung von Arbeit' und damit auch das Begriffspaar *employer* und *workman* in diesem Sinne.[90]

Noch in einer weiteren Hinsicht unternahm der Gesetzgeber mit dem *Employers and Workmen Act* den Versuch, mehr Erwartungssicherheit für

---

[88] Nicht gerade konsequent blieb der Geltungsbereich des ebenfalls 1875 verabschiedeten *Conspiracy and Protection of Property Act* auf ,Dienstverträge' beschränkt, was sich ausnahmsweise einmal zugunsten bestimmter Arbeitnehmer, besonders der Heimarbeiter, auswirkte, weil es hier um die verbleibenden Strafbestimmungen bei Kontraktbruch mit Schädigungen von Leib und Leben und „wertvollem Eigentum" ging. Vgl. 38 & 39 Vict., c. 86 (1875), s. 5; dazu Henry Crompton, Digest of the New Labour Acts, o.O. o.J. (1875), S. 5, Exemplar in: Eighth Annual Trades' Union Congress, Glasgow 1875 (Microfilm edition).

[89] W. A. Holdsworth, Master and Servant, S. 138. Vgl. die Kritik von Wedderburn, Companies and Employees, S. 107–111.

[90] Vgl. *Grainger* v. *Aynsley* (1880), 6 Q.B.D., S. 182–186; *Bromley* v. *Tams* (1880), 6 Q.B.D., S. 186–189 (Drucker in einem Töpfereibetrieb, der Hilfskräfte beschäftigte – *workman*); *Brown* v. *Butterly Coal Co.* (1885), 53 Law Times Reports, S. 964 ff. (*butty collier* – *workman*); *Kellard* v. *Rooke* (1888), 21 Q.B.D., S. 367–370 (Vorarbeiter eines Schauermanns – kein *workman*).

Kläger und Beklagte zu schaffen. Die soziale Reichweite der Bezeichnung *workman* wurde nun durch das abstrakte Kriterium der Handarbeit bestimmt; außerdem wurde das Hauspersonal zum erstenmal ausdrücklich ausgeschlossen. Damit entfielen weitgehend die oben beschriebenen Unwägbarkeiten der alten aufzählenden Definitionen. Die *workmen* des Gesetzes waren nun sozial ungefähr deckungsgleich mit der *working class*, wie sie damals allgemein aufgefaßt wurde. Umgekehrt trug die gesetzliche Definition durch ihre wiederholte Anwendung in alltäglichen Konfliktsituationen selber dazu bei, daß sich das Kriterium der Handarbeit als einschneidende Grenze zwischen *working class* und *middle class* im Bewußtsein der Engländer festsetzte. Die Rechtsbegriffe waren nicht nur ein Indikator, sondern wurden zu einem wesentlichen Faktor der Klassenbildung.[91] Das galt hier um so mehr als die Definition des *workman*, wie sie im *Employer and Workman Act* festgelegt worden war, bald auch in anderen Gesetzen, namentlich dem *Employers' Liability Act* von 1880 übernommen wurde.

Zweifelsfälle gab es natürlich nach wie vor an den Rändern. So wurden unter anderem ein Friseurgehilfe, ein Nachtwächter, eine Verkäuferin in einem Textilgeschäft, ein Busschaffner, ein Straßenbahnfahrer, eine Hilfskraft eines Gemüsehändlers, ein mit Bierzapfen beschäftigter Angestellter in einem Pub und ein Laborant, der eingestellt worden war, um Ideen und Erfindungen zu liefern, nicht als *workmen* anerkannt, während etwa ein Designer von Mustern für Baumwollstoffe – nicht unbedingt konsequent – als *workman* durchging.[92] In der Masse der Fälle erwies sich jedoch Handar-

---

[91] Die eminent praktische, weil durch alltägliche Wiederholung *fühlbare* Bedeutung der Rechtsbegriffe für die Formierung der englischen Klassengesellschaft ist in der gesamten, gewiß nicht theoriearmen Literatur zum Thema *class* in England bisher völlig unterbelichtet geblieben. Das verwundert insbesondere bei Autoren wie Gareth Stedman Jones und Patrick Joyce, die der Sprache ein so großes Eigengewicht beimessen. Neben der Arbeitsgesetzgebung wäre in diesem Zusammenhang vor allem das Wahlrecht von Bedeutung. So kann man die Wahlrechtsdebatte von 1831–32 als Initiationsereignis der englischen *middle class* lesen. Vgl. Willibald Steinmetz, Gemeineuropäische Tradition und nationale Besonderheiten im Begriff der ‚Mittelklasse‘. Ein Vergleich zwischen Deutschland, Frankreich und England, in: Reinhart Koselleck u. Klaus Schreiner (Hg.), Bürgerschaft. Rezeption und Innovation der Begrifflichkeit vom Hohen Mittelalter bis ins 19. Jahrhundert, Stuttgart 1994, S. 161–236, hier S. 218–223. Ähnlich könnte man die Debatte um die Wahlreform von 1867 als öffentliche Anerkennung der *labour aristocracy* durch die politische Elite des Landes sehen, während die Arbeitsgesetze von 1875 und 1880 die durch das Wahlrecht zerissene Einheit der *working class* in einem anderen wichtigen Wirklichkeitsbereich wiederherstellten.

[92] Vgl. Labour Gazette, Sept. 1895, S. 280; Okt. 1895, S. 320, sowie folgende Listen mit Präzedenzfällen: Oke's Magisterial Synopsis, 14. Aufl., 2 Bde., London 1893, Bd. 2, S. 971 f.; Yearly County Court Practice, 1899, hg. v. G. Pitt-Lewis, C. Arnold White u. Archibald Read, 2 Bde., London 1899, Bd. 1, S. 383 f. u. Bd. 2, S. 114 f.; Diamond, Master and Servant, S. 157 ff. u. 207 ff.

beit als brauchbares Kriterium, das zudem mit den an vielen Arbeitsplätzen üblichen Über- und Unterordnungsverhältnissen einigermaßen korrespondierte. Die verbleibenden Abgrenzungprobleme waren vergleichbar mit denen, die in Deutschland bei der Definition des ‚gewerblichen Arbeiters' im Sinne der Gewerbeordnung und des Gewerbegerichtsgesetzes auftraten.[93] Soweit es um einfache Lohn- und Kündigungsstreitigkeiten der Handarbeitenden ging, hatte somit das Gesetz von 1875 mehr Voraussehbarkeit geschaffen und die offensichtlichen und versteckten Asymmetrien der alten *Master and Servant*-Gesetzgebung weitgehend beseitigt; für alle Nicht-Handarbeitenden blieb auch nach 1875 alles beim Alten.

Ungelöst sowohl für handarbeitende wie für andere Arbeitnehmer blieb nach wie vor das Problem der unauffindbaren Arbeitgeber, die sich durch Einschaltung von Zwischenunternehmern gegen das Risiko von Forderungen abzuschirmen suchten. Mit welcher Unverfrorenheit große Arbeitgeber scheinselbständige Vor- oder Facharbeiter zwischen sich und die Masse der Arbeiter stellten in der kaum verhüllten Absicht, Arbeiterschutzgesetze zu umgehen, trat beispielsweise im Fall *Hooley* v. *Butterley Colliery Co.* (1915–16) zutage.[94] Die große Bergwerksgesellschaft ließ alle ihre einfachen Bergleute einen Standardvertrag unterzeichnen, der die Arbeitsordnung, Bestimmungen über Lohnabzüge und Kündigung sowie die folgende Klausel enthielt:

All persons working under or for stallmen or contractors shall be deemed to be servants of the company to the extent only that they shall be bound to obey these contract rules and the other rules and regulations of the colliery.[95]

Im Klartext hieß das: Die einfachen Arbeiter sollten *servants* sein nur insoweit sie zu gehorchen hatten, eingestellt und entlassen wurden und sich Lohnabzüge für alle möglichen Vergehen gefallen lassen mußten; ging es aber darum, den seit 1912 gesetzlich vorgeschriebenen Mindestlohn für Bergleute zu erhalten, wies die Firma unter Hinweis auf diese Klausel jede Verpflichtung von sich. Die Lohnauszahlung war, so argumentierte sie, laut Vertrag Sache der *stallmen* (Teamführer an einem bestimmten Abbauort unter Tage). Diese wurden vom Werk pro geförderter Tonne Kohle bezahlt und hatten aus dieser Summe die Arbeiter in ihrem jeweiligen Team auszuzahlen. Die gesetzliche Verpflichtung, den Mindestlohn für ihre *servants* zu

---

[93] Siehe oben, Kap. II.5.
[94] Law Journal County Courts Reporter, 4. Sept. 1915, S. 70, u. ebd., 15. April 1916, S. 28.
[95] Law Journal County Courts Reporter, 4. Sept. 1915, S. 70. Aus dem Fallbericht geht hervor, daß auch andere Bergwerksgesellschaften ähnlich lautende Musterverträge unterzeichnen ließen.

zahlen, delegierte die Firma also an eine für diesen Zweck privilegierte Schicht von Bergarbeitern, die sonst aber keine der wesentlichen Arbeitgeberfunktionen ausübte.

In diesem Fall, nicht dem ersten seiner Art,[96] kam es zu einem Gang durch vier Instanzen. Der Grafschaftsrichter und die erste Berufungsinstanz des *High court* entschieden unter Verweis auf den Begriff der ‚Kontrolle' und die Definition des ‚Arbeitgebers' im *Coal Mines (Minimum Wage) Act* von 1912 für den klagenden Arbeiter beziehungsweise die hinter ihm stehende Gewerkschaft. Der *Court of Appeal* kassierte diese Urteile unter Verweis auf Präzedenzfälle und den Wortlaut des Vertrags. Das House of Lords schließlich hob das Urteil des Appellationsgerichtshofs wieder auf und bestätigte das ursprüngliche Urteil des Grafschaftsrichters. Vier Jahre nach dem Inkrafttreten des Mindestlohngesetzes für Bergleute und nach mehreren vergeblichen Anläufen war damit durch höchstrichterliches Urteil eine Praxis abgestellt, durch die das Gesetz in tausenden von Einzelfällen umgangen worden war. Möglich wurde die vierjährige Rechtsunsicherheit durch die Dehnbarkeit der Begriffe *servant* und *employer* und das unübersichtliche Geflecht von *Common law*, *Statute law* und privater Vertragsfreiheit.

Schärfer noch als bei Lohndisputen trat das Problem der plötzlich verschwindenden Arbeitgeber bei Unfällen hervor. Es war vor allem auf die massive Lobbyarbeit von Arbeitgeberverbänden und die Angst der *Common law*-Juristen vor Einbrüchen in die Logik des Vertragsrechts zurückzuführen, daß der *Employers' Liability Act* von 1880 hier ein Schlupfloch ließ.[97] Der TUC bemerkte erst spät, daß die ungenügende Berücksichtigung des Subunternehmertums – neben der Möglichkeit des *contracting-out* – eine entscheidende Schwachstelle des Gesetzes war.[98] Voraussetzung für die Arbeitgeberhaftung nach dem Gesetz von 1880 war eine nachweisliche Fahrlässigkeit entweder des Arbeitgebers selbst oder einer mit Aufsichts- und Überwachungsfunktionen betrauten „Person in seinen Diensten", mit anderen Worten: eines höheren *servant*.[99] Ein Arbeitgeber konnte sich so-

---

[96] In dem Fallbericht, ebd., wird auf drei Präzedenzfälle um das gleiche Problem verwiesen, die bis vor die höchsten Gerichte gelangt waren; zuvor dürfte es etliche Klagen vor Friedens- und Grafschaftsgerichten gegeben haben.

[97] Zu den Einzelheiten des Gesetzgebungsvorgangs und den Positionen von Arbeitgebern, Juristen und Gewerkschaften: Bartrip u. Burman, Wounded Soldiers, S. 126–155.

[98] Mitte der achtziger Jahre mehrten sich im TUC die Erfahrungsberichte und Stimmen, die das Subunternehmer-Problem erkannten; vgl. Bartrip u. Burman, Wounded Soldiers, S. 175 u. 177.

[99] 43 & 44 Vict., c. 42 (1880), ss. 1–2.

mit am einfachsten aus der Haftpflicht unter dem Gesetz herausstehlen, indem er einen pseudo-selbständigen ‚Strohmann' als Subunternehmer einstellte oder auf andere Weise die Befehlsstrukturen am Arbeitsplatz so unübersichtlich wie nur möglich gestaltete. Angesichts der hohen Summen, die auf dem Spiel standen, spricht vieles dafür, daß das Arbeitgeberhaftpflichtgesetz von 1880 für die britische Industrie einen positiven ökonomischen Anreiz bildete, das *sub-contracting* und die Beschäftigung von scheinselbständigen Kleinstunternehmern auch dort aufrechtzuerhalten, wo sich diese Praktiken sonst als betriebswirtschaftlich ineffektiv herausstellten.[100]

Tatsache ist, daß verunglückte Arbeiter und Hinterbliebene reihenweise mit ihren Klagen genau an diesem Punkt scheiterten: Die Arbeiter hatten Befehle eines aus ihrer Sicht Vorgesetzten befolgt, brachen sich dabei die Knochen oder starben, und vor Gericht stellte sich heraus, daß dieser Vorgesetzte kein *servant*, sondern ‚selbständig' war. Resultat: der ‚eigentliche' Arbeitgeber haftete nicht, und der Arbeiter galt in so einem Fall nicht als *workman* im Sinne des Gesetzes.[101] Ähnlich war das Ergebnis, wenn der Vorarbeiter zwar Anweisungen erteilt hatte, dann aber glaubhaft gemacht werden konnte, er sei gar nicht anweisungsbefugt gewesen[102], oder wenn die defekten Bauten, Geräte oder Maschinen, die den Unfall verursacht hatten, nicht vom Unternehmer oder Subunternehmer, sondern von einer speziell damit beauftragten Firma gewartet wurden.[103] Anläßlich eines solchen Falls fand der Grafschaftsrichter von Sheffield deutliche Worte der Kritik am Gesetzgeber:

---

[100] Die Jahre von 1880 bis 1920 sahen in vielen Industriebranchen Bemühungen um ein effektiveres Management durch angestellte Aufseher und Vorarbeiter. Das Untervertragswesen war demgegenüber auf dem Rückzug; vgl. Joseph Melling, ‚Non-Commissioned Officers': British employers and their supervisory workers, 1880–1920, in: Social History 5 (1980), S. 183–221, hier bes. S. 195 ff.; Kevin Whitston, Worker Resistance and Taylorism in Britain, in: International Review of Social History 42 (1997), S. 1–24.

[101] Vgl. u. a. folgende Fallberichte: Colliery Guardian, 28. Juli 1882, S. 136 (*Priest* v. *Parkes and Bowater*); Capital and Labour, 30. Aug. 1882, S. 360 (*Batson* v. *West*); Capital and Labour, 28. Juni 1882, S. 269 u. 26. Juli 1882, S. 307 (*M'Dee* v. *London and St. Katherine's Dock Co.*); The Builder, 4. Nov. 1882, S. 607 (*O'Grady* v. *Perry and Co.*); The Stage, 20. Febr. 1896, S. 1, Rubrik „Chit Chat" (*Cooper* v. *Wyndham*).; Labour Gazette, Febr. 1896, S. 56, „Oldham County Court". Gelegentlich scheiterte auch einmal ein Unternehmer mit der Verteidigung, nicht er, sondern der Vorarbeiter oder sonst jemand sei der Arbeitgeber des Verunglückten. Siehe z. B. The Builder, 5. Aug. 1882, S. 191 (*Robinson* v. *Nunn*); The Criterion, 28. Okt. 1896, S. 877, „Legal Notes and Advice" (*Draper* v. *Great Lever Spinning Co. Ltd.*).

[102] Master Builders Associations Journal, 1. Okt. 1896, S. 21 (*Martin* v. *Ramsby*).

[103] Vgl. *Allmarch* v. *Walker* (1885), berichtet in: Digest of Cases decided under „The Employers' Liability Act, 1880", hrsg. vom Trades' Union Congress Parliamentary Committee, London 1887, S. 3 (Microfilm edition).

This was a great difficulty in the Act, for it showed that in firms where work was let out to contractors the firm would not be liable because the injured man was not their servant, and the contractor would not be liable because the ways and machinery were not under his control.[104]

Abgedruckt in einem Arbeitgeberblatt, konnten diese Worte als Aufforderung verstanden werden, die Über- und Unterordnungsverhältnisse im eigenen Betrieb so zu organisieren, daß genau dieser Effekt der Diffusion von Verantwortung eintrat. Gelesen von Arbeitern, mußten Fälle, die mit derartigen Verteidigungsargumenten geführt wurden, zynisch wirken. Unter Juristen gab es Beobachter, die auf die Gefahr des Glaubwürdigkeitsverlusts des Rechts bei der Arbeiterschaft hinwiesen.[105]

Auf den TUC-Kongressen nach 1880 konzentrierte sich jedoch die Kritik zunächst auf das Problem des *contracting-out* und die üblen Taktiken der Versicherungen. Erst 1886 kam es zu einer Empfehlung des parlamentarischen Komitees des TUC gegen die Verschleierung der Verantwortlichkeiten am Arbeitsplatz: „That a certain responsibility shall be placed upon contractors and sub-contractors in giving out contracts, in order that workmen may not suffer injustice by the process of sub-letting work."[106] Zu einer generellen Verurteilung des Untervertragswesens und verwandter Praktiken konnte sich der Gewerkschaftskongreß aber nicht durchringen. Dies dürfte damit zusammenhängen, daß viele der im TUC vertretenen Facharbeiter-Gewerkschaften Mitglieder in ihren Reihen hatten, die in der Hierarchie zwischen Arbeitgebern und ungelernten Arbeitern standen und aus diesem Grund den Status eines Zwischenmeisters oder ‚Selbständigen' erstrebenswert fanden.

---

[104] Colliery Guardian, 26. Mai 1882, S. 821 (*Bairstow* v. *Wright*).

[105] Vgl. etwa die Äußerungen der Anwälte und von Richter Kettle anläßlich des Falls *Hart* v. *J.B. Fisher and Co.*, in: Colliery Guardian, 28. Juli 1882, S. 136 u. 4. Aug. 1882, S. 180f. Siehe auch: County Courts Chronicle, 1. Febr. 1882, S. 260, anläßlich des Falls *McGinn* v. *Pilling and Co.*, bei dem ein Bauarbeiter von einem unsachgemäß gebauten Gerüst gestürzt war, aber in einem Bauabschnitt, der einem scheinselbständigen und völlig mittellosen „superintendent" unterstellt war: „It was hoped that the Act would prove a settlement of the law of master and servant for at least a considerable number of years; but it may be expected that a fresh agitation on the subject will soon begin if it turns out that the circumstances of this case are as often repeated as seems probable." Vgl. auch Pollock, Liability, S. 223: „It is noticeable that almost all the litigation upon the Act has been caused either by its minute provisions as to notice of action, or by desperate attempts to evade those parts of its language which are plain enough to common sense."

[106] Nineteenth Annual Trades' Union Congress, Hull 1886, S. 12 (Microfilm edition). Vorher gab es bereits schärfere Äußerungen einzelner Delegierter in diesem Sinne; vgl. etwa Seventeenth Annual Trades' Union Congress, Aberdeen 1884, S. 21 (Microfilm edition). Ein vom TUC 1887 vorgebrachter Gesetzentwurf enthielt eine entsprechende Klausel; siehe Bartrip u. Burman, Wounded Soldiers, S. 180.

Dennoch war der Mißstand der ‚unauffindbaren‘ Arbeitgeber bei Unfällen unübersehbar geworden, so daß der Gesetzgeber mit den *Workmen's Compensation Acts* von 1897 und 1906 einen ungewöhnlich radikalen Schritt unternahm und damit die Schadensersatzpflicht ausdrücklich dem Generalunternehmer zuschob.[107] Im Gesetz von 1897 wurde diese Person „undertaker", im Gesetz von 1906 „principal" genannt.[108] Dem verunglückten Arbeiter wurde es freigestellt, ob er seine Forderung gegen den Subunternehmer oder dessen Auftraggeber geltend machen wollte. Für ihn entfiel damit bei Unfallsachen weitgehend die Gefahr, daß er den im juristischen Sinne ‚falschen‘ Arbeitgeber erwischte. Statt dessen durften die ‚Herren‘ unter sich ausfechten, wer am Ende zahlen sollte. So weit es um Unfälle ging, war *sub-contracting* seit 1897/1906 kein geeignetes Mittel mehr, um das Gesetz zu umgehen. Zwar bereitete die Abgrenzung des neuen Begriffs *undertaker* einige Schwierigkeiten[109], doch zögerten die Richter im allgemeinen nicht mehr, demjenigen, den die Arbeiter als ihren wirklichen Arbeitgeber erkannten, auch die Schadensersatzpflicht aufzubürden. Die neue Klausel ermöglichte es den Richtern, den scheinselbständigen Aufseher, Vorarbeiter oder ‚Mittelmann‘ als das anzusprechen, was er in den Augen der Arbeiter war: ein vorgeschobener ‚Strohmann‘ oder – in den Worten von Grafschaftsrichter Parry – ein „dummy employer".[110]

Wurde somit für den Bereich der Arbeitsunfälle ein Problem eliminiert, das die Gerichte jahrzehntelang beschäftigt hatte, holten die *Workmen's Compensation Acts* ein anderes Problem auf die Tagesordnung zurück, das mit den Reformen von 1875 bereits halbwegs befriedigend gelöst schien: die Definition von *workman*. Da sich der Gesetzgeber zunächst nicht entschließen konnte, alle Wirtschaftszweige mit der neuen Entschädigungs-

---

[107] Zum erstenmal hatte 1886 ein parlamentarisches *Select Committee* eine solche Klausel vorgeschlagen; vgl. Bartrip u. Burman, Wounded Soldiers, S. 177. Seitdem war eine solche Bestimmung Bestandteil aller Reformvorschläge der Unfallhaftpflicht.

[108] 60 & 61 Vict., c. 37 (1897), ss. 4 u. 7; 6 Edw. 7, c. 58 (1906), s. 4. Auch bei Leiharbeit machte das Gesetz von 1906 den Generalunternehmer schadensersatzpflichtig, ebd., s. 13.

[109] Vgl. Bartrip, Workmen's Compensation, S. 24. Zahlreiche Grenz- und Zweifelsfälle werden berichtet in der Rubrik „Legal Cases affecting Labour" der „Labour Gazette", z.B.: Febr. 1900, S. 40; März 1900, S. 73f.; April 1900, S. 103f.; Mai 1900, S. 135; Juni 1900, S. 168; Juli 1900, S. 199; Dez. 1900, S. 360; April 1901, S. 107; Juli 1901, S. 202; Dez. 1901, S. 363 u. 364; usw.

[110] Illustrated Carpenter and Builder, 13. Sept. 1912, S. 278, „Workman or Contractor?". Obwohl das Problem der Subunternehmer aller Welt klar vor Augen stand, ließ der Gesetzgeber auch beim *National Insurance Act*, 1 & 2 Geo. 5 c. 55 (1911) wieder die Frage offen, wer für die Zahlung der Beiträge zuständig war. Vgl. Brick and Pottery Trades Journal, 1. Aug. 1912, S. 365, „An Insurance Problem"; Illustrated Carpenter and Builder, 5. Juli 1912, S. 12, „Sub-Contractor".

pflicht zu belasten, galt das Gesetz von 1897 nur für bestimmte gefährliche Industriebranchen (Eisenbahnen, Fabriken, Bergwerke, Maschinenbau, Bau). Der Begriff *workman* wurde folglich für die Zwecke des Gesetzes eingeschränkt auf die Beschäftigten dieser Branchen. Hier jedoch bezog er sich nicht nur auf die handarbeitenden, sondern auf alle Beschäftigten unbeschadet der Art ihrer Tätigkeit und der Form ihres Arbeitsvertrags.[111] Damit wurde *workman* wieder zu einem juristischen *terminus technicus*, der weder mit den Selbstbeschreibungen der Arbeitnehmer (auch gut bezahlte Manager waren nach diesem Gesetz *workmen*) noch mit den Definitionen in anderen Gesetzeswerken übereinstimmte und dessen genaue Konturen in zahlreichen Musterprozessen bestimmt werden mußten.[112]

Knapp zehn Jahre später, mit dem neuen *Workmen's Compensation Act* von 1906, wurde der Begriff erneut drastisch verändert. Nunmehr wurde er ausgedehnt auf praktisch alle Branchen und Dienstleistungsberufe, sogar das Hauspersonal; dafür aber wurden bestimmte Kategorien von Beschäftigten ausdrücklich ausgenommen, nämlich alle Nicht-Handarbeitenden, die mehr als £ 250 pro Jahr verdienten, alle Gelegenheitsarbeiter, die nicht für geschäftliche oder gewerbliche Zwecke eingesetzt wurden, des weiteren Polizisten, Heimarbeiter, im Haus des Arbeitgebers lebende Familienangehörige und – das ist entscheidend – alle, deren Arbeitsverhältnis sich nicht der Form des „contract of service" zurechnen ließ.[113] Nachdem er in den Arbeitsgesetzen seit 1875 überwunden worden war, erlebte also der gute alte Dienstvertrag des *Common law* in einem der fortgeschrittensten britischen Arbeiterschutzgesetze wieder fröhliche Auferstehung. Was den *Workmen's Compensation Act* anging, waren die *workmen* wieder *servants*, auch wenn der Begriff selbst im Gesetzestext nicht auftauchte.

Nun aber geschah etwas Merkwürdiges, das von den Zeitgenossen und von späteren Beobachtern, so weit ich sehe, nicht bemerkt worden ist. Ob-

---

[111] 60 & 61 Vict., c. 37 (1897), s. 7: „'Workman' includes every person who is engaged in an employment to which this Act applies, whether by way of manual labour or otherwise, and whether his agreement is one of service or apprenticeship or otherwise, and is expressed or implied, is oral or in writing."

[112] Vgl. Bartrip, Workmen's Compensation, S. 24 ff.

[113] 6 Edw. 7, c. 58 (1906), s. 13: „'Workman' does not include any person employed otherwise than by way of manual labour whose remuneration exceeds two hundred and fifty pounds a year, or a person whose employment is of a casual nature and who is employed otherwise than for the purposes of the employer's trade or business, or a member of a police force, or an out worker, or a member of the employer's family dwelling in his house, but, save as aforesaid, means any person who has entered into or works under a contract of service or apprenticeship with an employer, whether by way of manual labour, or otherwise, and whether the contract is expressed or implied, is oral or in writing."

wohl sich die Kriterien zur Bestimmung des Dienstvertrags im *Common law* grundsätzlich nicht gewandelt hatten, legten die Richter bei Urteilen unter dem *Workmen's Compensation Act* zu diesem Punkt stillschweigend andere, weniger strenge Maßstäbe an als in ihrer sonstigen Rechtsprechung. Selbst der *Court of Appeal*, der für eine arbeitnehmerfeindliche und extrem restriktive Auslegung des *Workmen's Compensation Act* berüchtigt war, scheint sich in diesem Punkt liberal verhalten zu haben. Versicherungsgesellschaften und Arbeitgeber versuchten wiederholt, sich die neu eröffnete Verteidigungsmöglichkeit zunutze zu machen. Im Fall eines siebzigjährigen Mannes, der von einer Lokalbehörde für Steinbrecherarbeiten entlang von Verkehrswegen nach Stückzahl bezahlt wurde, ohne dabei an feste Arbeitszeiten gebunden zu sein oder überhaupt arbeiten zu müssen, argumentierte die Versicherung, nach den geltenden Kriterien des *Common law* durchaus zu Recht, der Mann sei kein „servant" im Sinne des Gesetzes, sondern „contractor". Der Ratgeber von „Justice of the Peace", dem dieser Fall mit der Bitte um Klärung übersandt worden war, befand jedoch unter Verweis auf einen ähnlich gelagerten Präzedenzfall, daß der Mann ein „workman" sei und somit Entschädigung erhalten müsse.[114] Kein „workman", so lautete die Argumentation der Verteidigung auch im Fall eines Malers, der für einen Stellmacher einzelne Auftragsarbeiten an zu reparierenden Fahrzeugen erledigte[115], im Fall eines Maurers, der für einen Landwirt eine Mauer repariert und sich dabei verletzt hatte[116], und im Fall eines Gärtners, der für einen Antiquitätenhändler gelegentlich Gartenarbeiten durchführte.[117] Auch hier entschieden die Grafschaftsrichter in allen drei Fällen, daß es sich um *workmen* im Sinne des Gesetzes handelte, was zugleich bedeutete, daß nach ihrer Auffassung jeweils ein Dienstvertrag bestand.

Verglichen mit den weiter oben zitierten Entscheidungen und Ratschlägen zum Dienstvertrag, auch aus dem frühen 20. Jahrhundert, ist hier eine deutliche Abweichung festzustellen. Bei einfachen Handarbeitern wie Steinbrechern, Malern, Maurern oder Gärtnern tendierten die Richter dahin, die Frage, ob ein Dienstvertrag vorlag, großzügig zu interpretieren, solange feststand, daß die Arbeiten, die zur Verletzung geführt hatten, geschäftlichen oder gewerblichen Zwecken dienten. Anders sah es nur aus,

---

[114] Justice of the Peace, 7. Dez. 1912, S. 587. Der Präzedenzfall war *Boyd v. Doharty* (1908) 2 Butterworth's Compensation Cases, S. 257 ff., ein Urteil des *Court of Appeal*.
[115] Master Builder and Associations Journal, 3. April 1912, S. 22.
[116] Master Builder and Associations Journal, 6. Nov. 1912, S. 40, „In the Law Courts. County Courts. Compensation for Jobbing Bricklayer."
[117] Illustrated Carpenter and Builder, 21. Juni 1912, S. 720, „Two interesting Compensation Cases."

wenn es sich um rein private Gelegenheitsarbeiten wie etwa das Fensterput-
zen in Privatwohnungen handelte.[118] Der allgemeinsprachliche Begriff des
workman, wie er nicht zuletzt durch den *Employers and Workmen Act* und
andere Gesetze bekräftigt worden war, färbte also auf die Rechtsprechung
unter dem *Workmen's Compensation Act* ab. Offenbar widerstrebte es den
Richtern, einem genuinen Handarbeiter nur deshalb die Wohltaten des Ent-
schädigungsgesetzes vorzuenthalten, weil sein vertraglicher Status nicht
eindeutig zu bestimmen war. Die in der edwardianischen Zeit bekannterma-
ßen arbeitnehmerfreundliche Auslegung des *Workmen's Compensation Act*
durch das House of Lords mag die liberale Haltung der Untergerichte in
diesem Punkt bestärkt haben.[119] Strenger geprüft wurden allerdings Fälle
von Applikanten, die im herkömmlichen Verständnis nicht den handarbeitenden Klassen angehörten. So befand ein Londoner Grafschaftsrichter, daß
eine privat auf befristete Zeit engagierte Krankenpflegerin, die zugleich
auch freiwillig Hausarbeiten übernommen und sich dabei verletzt hatte,
keine „workwoman" im Sinne des Gesetzes sei, weil kein „contract of service", sondern nur ein „contract for services" vorliege.[120] Der Begriff *workman* (und sicher mehr noch *workwoman*) behielt also einen rechtstechnischen Charakter, sobald er nicht mehr auf diejenigen angewendet werden
sollte, die auch im alltäglichen Verständnis als *workmen* galten. Bei diesen
Arbeitnehmern wurde der Test, ob die juristischen Bedingungen für einen
Dienstvertrag gegeben waren, strenger durchgeführt.

FAZIT

Unser Überblick über das Wechselspiel der Definitionen für Statusgruppen
und Arbeitsverhältnisse im *Common law*, im *Statute law* und im allgemeinen Sprachgebrauch hat ergeben, daß es in einigen Bereichen zu Konvergenz, in anderen zu Divergenz zwischen juristischer Terminologie und Auffassungen der Rechtsuchenden gekommen ist. Von partiellen Konvergenzen profitierten vor allem die Handarbeiter. Für Angehörige der *working
class* verlor die erniedrigende Bezeichnung *servant* in Prozessen unter dem
Statute law nach 1875 allmählich an Bedeutung. Um einen Prozeß um Lohn
oder Schadensersatz führen und gewinnen zu können, mußten Handarbei-

---

[118] *Hill* v. *Begg* (1908) 2 K.B., S. 802–806. Siehe auch Bartrip, Workmen's Compensation, S. 61 f.
mit weiteren Beispielen für ähnliche Grenzfälle.

[119] Vgl. Robert B. Stevens, Law and Politics. The House of Lords as a Judicial Body, 1800–1976,
London 1979, S. 164–170.

[120] Law Journal County Courts Reporter, 25. Aug. 1917, S. 59 f. (*Bedford* v. *Marks*).

ter nach 1875 nicht mehr in jedem Fall nachweisen, daß sie *servants* im Sinne des *Common law* waren. Selbst eine rückschrittliche statutarische Definition vermochte, wie am Beispiel des *Workmen's Compensation Act* von 1906 gezeigt, diese Tendenz nicht umzukehren. Paradoxerweise waren es aber gerade die durch Gesetzgebung erreichten Verbesserungen für Handarbeiter, die für alle anderen Beschäftigten den demütigenden Charakter der *master and servant*-Terminologie und ihre negativen Folgen für die Klagechancen um so schärfer hervortreten ließen. Für Beschäftigte in öffentlichen und privaten Diensten, Krankenschwestern, Lehrer, Journalisten, Handlungsreisende, Manager, Büroangestellte, Aushilfskräfte und generell all diejenigen, die jeweils nicht unter die statutarischen Definitionen von *workman* fielen, behielten die groben Unterscheidungen des *Common law* zwischen ‚Dienstvertrag‘ und anderen Arbeitsverträgen, zwischen *servant, contractor* und *agent* ihre Aktualität. Auch wenn die nicht-handarbeitenden Gruppen ausnahmsweise in eine statutarische Definition eingeschlossen wurden, wie im Falle des *Workmen's Compensation Act* von 1906, pflegte man ihre Verhältnisse bis weit ins 20. Jahrhundert hinein strikter nach den Maßstäben des *Common law of master and servant* zu beurteilen, als es bei Handarbeitern der Fall war.

Als zweites Ergebnis läßt sich eine zunehmende Technizität der Rechtssprache feststellen. Das betrifft sowohl die statutarische Terminologie als auch die Urteilsbegründungen der Richter. Lediglich nach 1875 kam es kurzzeitig zu gewissen Vereinfachungen. Der Hang zur unzusammenhängenden Einzelgesetzgebung hatte jedoch zur Folge, daß bald wieder eine immer größere Zahl inkongruenter Definitionen von Begriffen wie *workman, employer, undertaker, contractor, casual labourer, engaged, employed, contract* berücksichtigt werden mußte. Für Laien – Arbeitnehmer wie Arbeitgeber – war diese Komplexität im Streitfall ohne juristischen Beistand kaum zu bewältigen. Wer unter dem *Employers and Workmen Act* ein *workman* war, konnte nicht sicher sein, daß er es auch unter dem *Workmen's Compensation Act* war, und unter den hier nicht behandelten Fabrikgesetzen, Sozialversicherungsgesetzen oder den Gesetzen über die bevorzugte Behandlung von Lohnansprüchen im Falle von Bankrotten galten wieder andere Definitionen.[121] Der Gesetzgeber mochte bei jedem Einzel-

---

[121] Vgl. als zeitgenössische Stimme zu diesem Problem: County Courts Chronicle, 1. Juni 1918, S. 261, „Daily Labourers". *Factory and Workshop Act*, 1 Edw. 7, c. 22 (1901), ss. 149 u. 156; *National Insurance Act*, 1 & 2 Geo. 5, c. 55 (1911), s. 1 in Verbindung mit Schedule 1 u. s. 84 in Verbindung mit Schedule 6. Die Priorität von Forderungen bei Bankrotten regelten: *Bankruptcy Act*, 46 & 47 Vict. c. 52 (1883), ss. 40 and 41; *Preferential Payments in Bank-*

gesetz darum bemüht sein, für die zu regelnden Sachverhalte ein adäquat komplexes Entscheiden zu gewährleisten; weil die Definitionen aber nicht zueinander paßten, gefährdeten die Einzelgesetze in ihrer Gesamtheit die Konsistenz des Entscheidens.

Drittens schließlich hat der Überblick gezeigt, daß den Rechtsbegriffen versteckte Asymmetrien innewohnten, die vor allem größere Arbeitgeber begünstigten. Die Unterscheidungen zwischen *servant* und *contractor*, zwischen Dienstvertrag und anderen Verträgen über die Leistung von Arbeit, ermöglichten es ihnen, statutarische Verpflichtungen durch die Einrichtung unübersichtlicher Befehlshierarchien am Arbeitsplatz zu umgehen, und, wenn es dennoch zur Klage kam, sich auf die Rolle eines unbeteiligten Dritten zurückzuziehen. Das Recht erlaubte dieses temporäre Untertauchen eines Arbeitgebers im Falle einer gegen ihn gerichteten Klage, ohne daß er dadurch die Kontrollbefugnisse und seine anderen ‚Herrschaftsinsignien‘ am Arbeitsplatz einbüßte. Die aufgeführten Beispiele belegen, daß von diesen Möglichkeiten gezielt Gebrauch gemacht wurde. Das Recht, genauer gesagt: der Wunsch der Arbeitgeber, es zu umgehen, trug so entscheidend dazu bei, daß bestimmte, für viele englische Branchen charakteristische Beschäftigungsformen, Betriebsstrukturen und Lohnzahlungsmethoden wie insbesondere das Subunternehmertum auch dann noch beibehalten wurden, als sie ökonomisch funktionslos wurden. Paradoxerweise kam das Selbstverständnis der qualifizierteren Facharbeiter, ihr Traum von Unabhängigkeit und Selbstbestimmung am Arbeitsplatz, ihr Stolz auf das mit *skill* hergestellte Produkt, ihre Selbstdefinition als *artisan* oder *tradesman* oder *independent collier*, dieser Taktik des zeitweisen Untertauchens der Arbeitgeber entgegen. Die englischen Arbeiter wollten gern ihre eigenen *masters* sein, aber sie durften es vor Gericht nicht sagen, wenn sie ihre Rechte durchsetzen wollten. Die Arbeitgeber hingegen konnten im Arbeitsalltag und als Kläger *master* bleiben, auch wenn sie als Beklagte ihren wahren Status verleugneten.

---

ruptcy Act, 51 & 52 Vict. c. 62 (1888); *Companies (Consolidation) Act*, 8 Edw. 7, c. 69 (1908), s. 209.

3. Streit um ,Gewohnheiten'

Von der ,Gewohnheit' zum Vertrag

In weiten Bereichen des Lebens regeln die Menschen ihre Verhältnisse selbst, ohne auf Recht Bezug zu nehmen. Das kann dadurch geschehen, daß sie sich massenhaft und unreflektiert gleichförmig verhalten – Max Weber spricht hier von „Sitte" -, oder dadurch, daß sie durch Billigung oder Mißbilligung soziale Normen stiften und aufrechterhalten – dies nennt Weber „Konvention".[122] Die Übergänge zwischen beidem sind fließend. Im außerwissenschaftlichen Sprachgebrauch pflegt man weniger scharf zu differenzieren und spricht in solchen Zusammenhängen auch von ,Gewohnheit' oder ,Brauch'. Englische Ausdrücke hierfür sind *custom, usage* und, soweit es um Umgangsformen geht, *manners*. All diese tatsächlichen Regelhaftigkeiten des Verhaltens beziehen ihre Geltung aus dem Hergebrachten und der Wiederholung in der Praxis. Das Recht spielt dabei zunächst keine Rolle. Wird es angerufen, ist das ein sicheres Zeichen dafür, daß Tradition und Formen der Billigung oder Mißbilligung nicht mehr ausreichen, um die Wiederholung zu gewährleisten.

Außer durch Sitte, Konvention, Gewohnheit und Brauch können die Menschen ihre Verhältnisse auch auf andere Weise ohne Zuhilfenahme des Rechts regeln. Einzelpersonen und Gruppen können untereinander Absprachen über künftiges Verhalten treffen und darauf hoffen, daß sie eingehalten werden. Auf solche Abmachungen wird vor allem dann zurückgegriffen, wenn es keine Sitte oder Gewohnheit gibt. Es ist aber auch möglich, daß Einzelne sich mittels einer Vereinbarung über eine vorgefundene Gewohnheit oder soziale Norm hinwegsetzen wollen. Ein gemeinsamer Wille der Beteiligten muß in jedem Fall, wenigstens für kurze Zeit, gegeben sein, damit eine Absprache über künftiges Verhalten überhaupt zustande kommt. Darüber hinaus ist Vertrauen nötig, wenn die Ausführung längere Zeit in Anspruch nimmt oder erst nach einer gewissen Frist beginnen soll. Abmachungen dieser Art finden sich im Alltag in großer Zahl, ohne daß die Beteiligten sie immer gleich als rechtliche Kommunikation anlegen. Ihre sofortige Einkleidung in rechtliche Formen wird vielmehr oft als Hindernis für den Aufbau einer vertrauensvollen Beziehung gesehen, so in der Ehe (der Ehevertrag als vorweggenommene Scheidung) oder auch beim Eintritt in

---

[122] Weber, Wirtschaft und Gesellschaft, S. 187. Siehe auch ebd., S. 15, wo Weber als zusätzliches Definitionskriterium für „Sitte" noch die lange „Eingelebtheit" einführt, während er eine bloß tatsächliche Übung als „Brauch" bezeichnet.

eine Arbeitsbeziehung (wer im Vorstellungsgespräch sogleich auf das Arbeitsrecht pocht, erhält den Job nicht).[123] Auch hier gilt, daß auf das Recht meist erst dann Bezug genommen wird, wenn Störungen eintreten, also eine Seite sich nicht an die Verabredung hält oder Umstände auftauchen, die eine Erfüllung unmöglich machen.

Nun ist es historisch gesehen durchaus nicht selbstverständlich, daß das Recht Gewohnheiten und private Absprachen überhaupt zur Kenntnis nimmt oder ihnen gar zur Durchsetzung verhilft. Damit aus der tatsächlichen Übung ein ‚Gewohnheitsrecht' und aus der Abmachung ein rechtskräftiger ‚Vertrag' werden, muß das Recht, müssen Richter und Gesetzgeber erst Begriffe und Kriterien entwickeln, anhand derer sie entscheiden können, welche der autonom entstandenen sozialen Normen als ‚Recht' gelten sollen und welche nicht. Was die Gewohnheiten betrifft, begann dieser Prozeß früh, ja man kann sagen, daß das Recht in den meisten Kulturen mit der Aufzeichnung und Auslegung von Gewohnheiten seinen Anfang nahm. Die „Juridifizierung des Vertrags" hingegen setzte später ein, und es dauerte lange, bis der Vertrag in Jurisprudenz und Rechtspraxis die uns heute geläufige Form erreichte. Dies gilt für England mehr noch als für die an das römische Recht anknüpfenden Systeme des Kontinents. „Erst am Anfang des 19. Jahrhunderts werden ganz auf die Zukunft gerichtete, durch keinerlei geschaffene Fakten präjudizierte, allein auf dem Willen der Vertragschließenden beruhende Verträge auch in England anerkannt."[124] Für das Rechtssystem bietet die Anerkennung von Gewohnheiten und privaten Vereinbarungen die Möglichkeit, ein großes Maß an Varietät zu integrieren.[125] Andererseits besteht die Gefahr der Inkonsistenz oder Beliebigkeit, wenn an jedem Ort die Verhältnisse anders geregelt sind und jede Abmachung für zulässig erklärt wird.

Gewohnheiten und Verträge haben gemeinsam, daß sie auch ohne rechtliche Sanktion Verbindlichkeit beanspruchen. Sie unterscheiden sich durch den Grund ihres Entstehens, den Grad ihrer Bewußtheit, den Kreis der Beteiligten und die Orientierung in der Zeit. Extrem verkürzt: Gewohnheiten entstehen von selbst, sie werden erst reflektiert, wenn sie schon vorhanden sind, sie sind als soziale Norm an ein Kollektiv gebunden, und man richtet sich nach ihnen, weil man es gestern und immer schon tat.[126] Verträge (nach

---

123 Vgl. Niklas Luhmann, Kommunikation über Recht in Interaktionssystemen (1980), wieder in: ders., Ausdifferenzierung, S. 53–72, S. 68 ff.
124 Luhmann, Recht der Gesellschaft, S. 459 u. 463.
125 Vgl. Luhmann, Recht der Gesellschaft, S. 466 (bezogen auf Verträge).
126 Vgl. Raiser, Das lebende Recht, S. 143.

dem modernen Begriffsverständnis) entstehen aus einem Willensakt, sind von vornherein bewußt, binden nur die vertragschließenden Individuen, während sie gegen alle anderen Indifferenz erzeugen[127], und zielen auf die Festlegung zukünftigen Verhaltens.

In dieser einfachen Gegenüberstellung erscheinen Gewohnheiten seit der Aufklärung als etwas zu Überwindendes, zu Bekämpfendes, Abzulegendes; man spricht verächtlich vom „blinden Mechanismus" der Gewohnheit und betrachtet sie als Hindernis für die Entfaltung der Freiheit und wirtschaftlichen Fortschritt.[128] Verträge hingegen sieht man als die zeitgemäße Form der Selbstbindung; der Vertrag ist das Prinzip, das mit der Selbstbestimmung des Individuums vereinbar ist und die heilsame Konkurrenz der Wirtschaftssubjekte in Gang hält. Nicht zufällig hat die neuzeitliche politische Theorie die Figur des Vertrags zur Symbolisierung der Gesellschaft selbst benutzt.[129]

Wer auf den alten Gewohnheiten beharrte, befand sich seit dem späten 18. Jahrhundert zunehmend in der Defensive. Das galt mehr oder minder für alle westeuropäischen Länder, und hier jeweils besonders für das Wirtschaftsleben und die Arbeitsverhältnisse. Gewohnheiten, so sahen es die Theoretiker der politischen Ökonomie, aber auch Karl Marx, wurden zum Refugium der Schwachen, zur Zuflucht derer, die dem Wettbewerb und der Maschinisierung der Produktion nicht gewachsen waren. Die ‚Gewohnheitsrechte‘ der einen waren die ‚restriktiven Praktiken‘ der anderen.[130] Was die englischen Trade Unions der Facharbeiter als Verteidigung der *customs of the trade* ausgaben: die Beschränkung der Lehrlingszahlen, lange Ausbildungszeiten, Ausschluß von Frauen und Jugendlichen, Verhinderung von Überstunden, Begrenzung von Stückzahlen, feste Arbeitszeiten, Abgrenzung von Tätigkeiten innerhalb einer Branche, bestimmte hergebrachte Bezahlungsformen und Arbeitsmethoden, all das sahen die Unternehmer als

---

127 Vgl. Luhmann, Recht der Gesellschaft, S. 459: „Verträge stabilisieren auf Zeit eine *spezifische Differenz* unter *Indifferenz* gegen alles andere, inclusive die Betroffenheit von am Vertrag nicht beteiligten Personen und Geschäften. Indifferenz um der Differenz willen – das ist der Formgewinn des Vertrages, sein spezifisches Beobachtungsverhältnis, ist der Unterschied, der einen Unterschied macht, ist die Information."

128 Karl Hermann Scheidler, Art. Emanzipation, in: Ersch/Gruber, Allgemeine Encyclopaedie der Wissenschaften und Künste, 1. Sect., Bd. 34, 1840, zit. nach Karl Martin Grass u. Reinhart Koselleck, Art. Emanzipation, in: Geschichtliche Grundbegriffe Bd. 2, Stuttgart 1975, S. 153–197, S. 171.

129 Vgl. Luhmann, Kommunikation über Recht, S. 69. Siehe auch Wolfgang Kersting u. Jörg Fisch, Art. Vertrag, Gesellschaftsvertrag, Herrschaftsvertrag, in: Geschichtliche Grundbegriffe, Bd. 6, Stuttgart 1990, S. 901–954, S. 901.

130 So treffend mit Blick auf die Trade Unions der viktorianischen Zeit: Joyce, Visions of the People, S. 149.

unzulässige Beschneidung ihrer Dispositionsfreiheit. In den Schlußsätzen seines berühmten Kapitels über die „Zukunft der arbeitenden Klassen" rückte John Stuart Mill diese Praktiken der Trade Unions sprachlich in die Nähe des *Ancien Regime*, wenn er die Gewerkschaften aufforderte, endlich von ihren „Monopolen" und „Privilegien" zu lassen und sich dem Wettbewerb zu stellen:

To be protected against competition is to be protected in idleness, in mental dulness; to be saved the necessity of being as active and as intelligent as other people; and if it is also to be protected against being underbid for employment by a less highly paid class of labourers, this is only where old custom, or local and partial monopoly, has placed some particular class of artisans in a privileged position as compared with the rest; and the time has come when the interest of universal improvement is no longer promoted by prolonging the privileges of a few.[131]

Was Mill 1848 als Anhänglichkeit der Facharbeiter an „alte Gewohnheiten", „Privilegien" und „Monopole" kritisierte, beschrieben Sidney und Beatrice Webb ein halbes Jahrhundert später ähnlich abfällig als die „Doctrine of Vested Interests".[132] Die Webbs verstanden darunter eine innovationsfeindliche, am Gewohnten klebende, auf Exklusivität bedachte Haltung, die sie in ihrer Zeit, gegen Ende des 19. Jahrhunderts, nur noch bei wenigen Trade Unionists, hauptsächlich in den alten Handwerken, gleichsam als Überrest aus der Frühphase der englischen Gewerkschaftsbewegung auszumachen glaubten. Diese Haltung sei, so die Webbs, in den Jahrzehnten zwischen 1860 und 1890 abgelöst oder wenigstens überlagert worden durch das, was sie die „Doctrine of Supply and Demand" nannten. Damit meinten sie die Anerkennung der Tatsache, daß die Lohnhöhe sich in erster Linie nach den Gesetzen des Marktes, des Arbeitsmarkts wie des Warenmarkts, zu richten habe.[133] Auch diese Haltung sahen die Webbs aber in ihrer Gegenwart bereits wieder im Rückzug begriffen. In der Arbeiterschaft sei sie weitgehend auf die Gewerkschaftsführungen beschränkt geblieben. Einfache Mitglieder und die erst neuerdings sich organisierenden Ungelernten hätten schon immer „tief im Herzen" eine dritte Haltung bevorzugt, welche die Webbs als

---

131 John Stuart Mill, Principles of Political Economy, with some of their Applications to social Philosophy (1848), hrsg. v. V.W. Bladen u. J.M. Robson (Collected Works of John Stuart Mill, Bd. 2 u. 3), London 1965, S. 795 f. (IV. vii. § 7)

132 Webb, Industrial Democracy, S. 562–572.

133 Ebd., S. 572–582. Eric Hobsbawm, Custom, Wages and Work-load in Nineteenth-century Industry, in: ders., Labouring Men. Studies in the History of Labour, London 1964, S. 344–370, folgt im wesentlichen dieser Periodisierung, wenn er feststellt, daß die britischen Arbeiter zwischen 1850 und 1890 „die Regeln des Spiels", das heißt des Marktes, gelernt hätten.

„Doctrine of a Living Wage" bezeichneten.[134] Zusammengefaßt in dem Slogan „a fair day's wage for a fair day's work" habe es sich hier um eine Vorstellung gehandelt, nach der es in erster Linie darauf ankomme, ein zum Leben notwendiges Minimum zu sichern, notfalls auch durch die Intervention des Gesetzgebers.

Auch wenn die Webbs ihrer Darstellung der drei Doktrinen eine zeitliche Abfolge im Sinne eines Fortschrittsmodells unterlegten, gaben sie doch zu, daß in den realen Arbeitskämpfen bis in ihre eigene Gegenwart alle drei Haltungen nebeneinander existierten.[135] Dies wird durch neuere Forschungen bestätigt, die vor allem für die neunziger Jahre des 19. Jahrhunderts und die Jahre vor dem Ersten Weltkrieg ein Wiederaufleben des Kampfes um bestimmte Gewohnheiten feststellen.[136] Die Lohnfrage blieb davon unberührt, vielmehr ging es um den Versuch der Arbeiter, die Kontrolle über den Arbeitsprozeß, insbesondere Arbeitszeiten und Produktivität, zurückzugewinnen, die ihnen während der großen Depression entwunden worden war. Allerdings wurden diese neuerlichen Auseinandersetzungen um die alten Steitpunkte (Überstunden, Stückzahl-Begrenzungen, Job-Demarkationen) nunmehr von Arbeitnehmerseite in einem neuen Vokabular geführt: Statt von *customs* sprachen die Gewerkschaften der Handarbeiter seit dem Ende des 19. Jahrhunderts zunehmend von *rules* oder *usages,* wobei in der Argumentation oft unklar blieb, ob es sich dabei um ihre eigenen ,Regeln' oder um gemeinsam mit den Arbeitgebern vereinbarte ,Regeln' handeln sollte.[137] Arbeitgeber und politische Gegner sahen darin wie eh und je nur die alten ,restriktiven Praktiken'. Geändert hatten sich außerdem auch die Methoden des Kampfes. Die Webbs hatten in ihrer Darstellung das Beharren auf alten Gewohnheiten mit einer auf dem Appell an das Recht beruhenden Strategie in Verbindung gebracht; für die Verteidigung der *customs* seien die Gewerkschaften vorzugsweise vor Gericht gezogen.[138] Für dieses Vorgehen lassen sich tatsächlich, wie noch zu zeigen wird, bis in späte 19. Jahrhundert Beispiele finden. Die späteren Konflikte um *rules* und *usages* gelangten dagegen nur noch selten vor Gericht und wenn, dann meist im Zusammenhang mit Prozessen um Streiks oder andere Kampfaktionen, die sich an der Verletzung von *rules* oder *usages* entzündet hatten.

---

134 Webb, Industrial Democracy, S. 582–594 (das Zitat S. 586).
135 Ebd., S. 595.
136 Vgl. bezogen auf die Baubranche: Price, Masters, unions and men, S. 150 ff.
137 Ebd., S. 151, 157 ff.
138 Webb, Industrial Democracy, S. 596. Die „Doctrine of Supply and Demand" stütze sich dagegen hauptsächlich auf die Methode des kollektiven Verhandelns im rechtsfreien Raum, während die „Doctrine of a Living Wage" den Appell an den Gesetzgeber bevorzuge.

Das nachlassende Prestige des Begriffs der ‚Gewohnheit', wie es bei John Stuart Mill, den Webbs und schließlich in der veränderten Wortwahl der Gewerkschaften selbst zum Ausdruck kam, zeigte sich auch im Recht. Genauer gesagt: es *zeigte* sich nicht nur im Recht, sondern die Rechtsentwicklung war selbst ein Faktor, der den Prestigeverlust beschleunigte. Der ‚Aufstieg der Vertragsfreiheit' in den mittleren Jahrzehnten des 19. Jahrhunderts[139] ging in England einher mit einer wachsenden Abneigung der *Common law*-Juristen gegen Gewohnheitsrechte. Ganz im Sinne Mills wurde *custom* von Juristen beschrieben als „dem gemeinen Nutzen zuwider", und der Autor eines Buchs über Gewohnheitsrechte ging 1875 sogar so weit, zwischen „wahren Rechten" (*Common law*) und „Pöbelrechten" (*customary law*) zu unterscheiden.[140] Doch was dem Nutzen des einen zuwider war, begriffen andere als Garantie ihrer Freiheit[141], und so hielten Teile der englischen Arbeiterschaft bis ins späte 19. Jahrhundert an einem positiven Begriff der *custom* fest.

Der Vertrag stieg unterdessen zur privilegierten Rechtsfigur des *Common law* auf. Wo ein Vertrag bestand, hatten gewerbliche Gewohnheiten aus juristischer Sicht allenfalls noch subsidiäre Geltung. Sie wurden nur herangezogen zu Punkten, zu denen der Vertrag schwieg oder unklar war. In der Rechtsprechung wurden sie damit reduziert auf den Status von impliziten Bedingungen von Verträgen, das heißt Bedingungen, die man bei den Vertragsschließenden als vernünftigerweise mitgedacht annehmen durfte. Selbst unter diesen ‚impliziten Bedingungen' rangierten *customs* noch deutlich hinter anderen Quellen, die den Richtern hilfsweise zur Interpretation des Willens der Vertragsparteien dienten. Hierzu gehörten vor allem die einseitig verkündeten Arbeitsordnungen der Arbeitgeber, gesetzliche Bestimmungen, aber auch die Maximen und Annahmen der Juristen selber. Im allgemeinen aber galt: Vertrag bricht Gewohnheit.[142] Verträge waren daher,

---

[139] Atiyah, Freedom of Contract.

[140] J.H. Balfour Browne, The Law of Usages and Customs, London 1875, zit. nach Arthurs, ‚Without the Law', S. 25.

[141] So die Formulierung von Arthurs, ebd.

[142] Ein Fall vor einem *magistrate* von 1846, der dies gut deutlich macht, wird berichtet von: Clive Behagg, Custom, class and change: the trade societies of Birmingham, in: Social History 4 (1979), S. 455–480, S. 467: Ein Glashersteller in Birmingham namens Gammon hatte die von seinen Männern herzustellende Stückzahl pro Arbeitsperiode („move") einseitig erhöht, nachdem sich die Männer zuvor – offenbar nichtsahnend – vertraglich verpflichtet hatten, elf „moves" pro Tag „as reckoned in the house of Mr. Gammon" zu leisten. Vor Gericht argumentierte der Anwalt der Männer, daß die willkürliche Erhöhung der Stückzahl pro „move" gegen die „usual custom of the trade" sei. Der *magistrate* hingegen wischte dieses Argument – juristisch korrekt – unter Verweis auf den Vertrag beiseite.

neben dem ‚Auskaufen' durch verbesserte Lohnangebote, das geeignete Mittel für Arbeitgeber, um die ihnen lästigen ‚Gewohnheiten' der Arbeiter loszuwerden.[143]

Bei Arbeitsstreitigkeiten vor Gericht mußte der Begriff *custom* gleichwohl häufig bemüht werden – dies nicht nur deshalb, weil manche Trade Unions bis ins späte 19. Jahrhundert beharrlich versuchten, ihre ‚Regeln' auf dem Weg der gerichtlichen Auseinandersetzung als *customs of the trade* verbindlich zu machen, sondern vor allem aus dem Grund, weil in England bis weit ins 20. Jahrhundert (im Grunde bis in die sechziger Jahre) sehr viele Einzelarbeitsverhältnisse eingegangen wurden, ohne daß über die Bezahlung hinaus explizite Bedingungen vereinbart wurden.[144] Der Grund hierfür war die Scheu der individuellen Vertragspartner auf beiden Seiten, den Beginn einer Arbeitsbeziehung sogleich mit Streitereien über mögliche zukünftige Konflikte zu belasten. Man vermied es, schon am Anfang über das Scheitern der Beziehung, also Kündigungsfristen, Entlassungsgründe, Rechtfertigungen für Lohnabzüge und ähnliches zu sprechen. Bei der Ausfüllung dieser blinden Stellen in den meist mündlichen Individualverträgen spielten neben den Arbeitsordnungen der Arbeitgeber auch *customs of the trade* beziehungsweise das, was die Prozeßparteien dafür hielten, eine wichtige Rolle.

Es ist sinnvoll, zwischen der gewerkschaftlichen und juristischen Auffassung des Begriffs *custom* zu unterscheiden. Wenn Arbeiter als Gewerkschaftsvertreter vor Gericht die *customs of the trade* verteidigten, so dachten sie zuerst an die in ihren ‚Regeln' fixierten Arbeitsbedingungen, von denen sie behaupteten, daß sie bis vor kurzem im Gewerbe allgemein anerkannt gewesen seien. Der Begriff *custom* rief bei ihnen die Vorstellung der partiellen Interesseneinheit zwischen *masters* und *men* im jeweiligen Gewerbe hervor, einer Interesseneinheit, die man in einer (mehr oder weniger weit zurückliegenden) Vergangenheit als schon einmal verwirklicht annahm und als deren Hüter sich die Trade Union sah. Dieser Begriff hatte zudem eine starke moralische Komponente.[145] Es ist dieser gewerkschaftliche Gewohnheitsbegriff, der die Historiker der Arbeiterbewegung bisher fast ausschließlich beschäftigt hat. Davon zu unterscheiden ist *custom* als Rechtsbegriff. Sein Anwendungsfeld war weiter und umfaßte auch und vor allem Streitigkeiten aus Individualarbeitsverträgen, zum Beispiel um Kündi-

---

143 Vgl. Price, Masters, unions and men, S. 131–140.
144 Eine gesetzliche Verpflichtung hierfür bestand bis 1963 nicht. Vgl. Wedderburn, Worker, S. 67 f. u. 71 ff.; ders. u. Davies, Employment Grievances, S. 21–25.
145 Vgl. Joyce, Visions of the People, S. 87 u. 90.

gungsfristen. Hier war der Rückgriff auf die *custom of the trade* lediglich ein ungeliebtes, aber notwendiges Hilfsmittel, um den Willen der individuellen Vertragsparteien erschließen zu können. In diesem Sinne tauchte der Begriff *custom* auch in Prozessen auf, an denen Gewerkschaften in keiner Weise beteiligt waren. Für die Juristen waren gewerbliche Gewohnheiten nichts weiter als ein Interpretament zur Auslegung unklarer Verträge. Arbeitnehmer hingegen, ob sie nun als Gewerkschaftsangehörige vor Gericht standen oder als Einzelpersonen, verbanden mit dem Wort einen moralischen Anspruch auf Anerkennung des Werts ihrer Arbeit.

Um Gewohnheiten im alltagssprachlichen Sinne, also soziale Normen, deren Ursprung niemand kannte, handelte es sich in beiden Fällen immer seltener. Überwiegend waren die angeblichen gewerblichen Gewohnheiten sehr jungen Datums, und seit dem späten 19. Jahrhundert bezeichnete man als ‚Gewohnheiten‘ oft auch die tatsächlichen oder vermeintlichen Ergebnisse kollektiver Abmachungen, die eine Weile Bestand gehabt hatten, dann aber von einer Seite durchbrochen worden waren. In der Argumentation vor Gericht wurden somit ‚Gewohnheiten‘ mehr und mehr zu etwas bewußt Gemachtem und näherten sich in diesem Punkt den Verträgen an. Sie standen aber rechtlich nicht auf einer Stufe mit ihnen. Der in den Gerichtsverhandlungen beobachtbare Wandel des Begriffs *custom* von einer immer schon vorhandenen Norm zu einer bewußt hergestellten Norm vollzog sich schleichend. Er indiziert zum einen den Niedergang der Traditionen der alten handwerklichen Produktion. Er weist zum anderen darauf hin, daß englische Arbeitnehmer, Arbeitgeber und Juristen Tarifvereinbarungen nicht als Verträge im Sinne des *Common law*, sondern als kodifizierte Handelsbräuche, als kodifizierte *customs of the trade* begriffen. Otto Kahn-Freund sprach noch 1954 von der kollektiven Vereinbarung als „kristallisierter Gewohnheit“.[146] Bis heute sind kollektive Tarifregeln im englischen Recht nur in der Weise einklagbar, daß sie entweder explizit zum Bestandteil der Individualverträge erklärt werden oder, wie früher die Gewohnheiten, als implizite Bedingungen der Einzelverträge gewertet werden.[147]

---

[146] Kahn-Freund, Legal Framework, S. 58f.
[147] Zur Rechtslage bis zum Beginn der neunziger Jahre des 20. Jahrhunderts: Davies u. Freedland, Labour Legislation, S. 18ff.; im europäischen Vergleich: Lord Wedderburn, Collective Bargaining at European Level: The Inderogability Problem, in: ders., Labour Law and Freedom, S. 212–236.

KRITERIEN FÜR DIE GELTUNG EINER ‚GEWOHNHEIT‘: ALTER, DAUER, SICHERHEIT, VERNÜNFTIGKEIT

Fragen wir nun danach, wie Juristen und Laien vor Gericht mit den Varianten des Begriffs ‚Gewohnheit‘ umgingen, so müssen wir zeitlich noch einmal weit in die Vergangenheit zurückgehen. Denn die wesentlichen Kriterien, nach denen das *Common law* Gewohnheiten bis ins 20. Jahrhundert beurteilte, bildeten sich schon früh heraus. Ebenso gründete sich auch die hohe Wertschätzung, die der Begriff *custom* bei Teilen der englischen Arbeiterschaft bis ins späte 19. Jahrhundert genoß, auf historisch weit zurückliegende Besonderheiten der englischen Rechtsentwicklung.

Wie überall in Europa wurde die Fortgeltung lokaler und partikularer Gewohnheiten auch in England in dem Moment zum Problem, als es im Zuge der Konsolidierung eines größeren Herrschaftsgebiets zu Bestrebungen der Rechtsvereinheitlichung kam.[148] Verstärkt war dies unter den Tudorkönigen und in der frühen Stuartzeit der Fall. In dieser Zeit verfestigte sich im *Common law* ein vierfacher Test, mit dem die Rechtskraft einer Gewohnheit festgestellt wurde. Praktischer Anlaß dazu war vor allem die erste Einhegungswelle im ländlichen England. Um vor Gericht anerkannt zu werden, mußte sich eine Gewohnheit nun auszeichnen durch *antiquity, continuity, certainty* und *reasonableness.*[149] Eine Gewohnheit mußte erstens uralt sein, konkret: sie mußte vor dem Stichjahr 1189 als bereits bestehend angenommen werden können; zweitens mußte sie kontinuierlich, ohne Unterbrechung ausgeübt worden sein; drittens mußte sie auf einen Ort oder Personenverband, eine Gemeinde, eine Grundherrschaft, eine Korporation, eine Stadt, begrenzt sein, dort aber ausnahmslos geübt werden, das war mit *certainty* gemeint; viertens schließlich mußte sie ‚vernünftig‘ sein, was immer das im konkreten Fall heißen mochte.

Etwa zur gleichen Zeit, als sich dieser vierfache Test einbürgerte, erfuhr der Begriff der ‚Gewohnheit‘ in England eine enorme Aufwertung, die im übrigen Europa nicht ihresgleichen fand. Ihren Höhepunkt erreichte sie im frühen 17. Jahrhundert, als führende Juristen wie Sir Edward Coke und Sir John Davies das *Common law* selbst im Gegensatz zum rezipierten römi-

---

[148] Vgl. Weber, Wirtschaft und Gesellschaft, S. 441; Niklas Luhmann, Die juristische Rechtsquellenlehre aus soziologischer Sicht (zuerst 1973), wieder in: ders., Ausdifferenzierung, S. 308–325, S. 309 f.; Siegfried Wiedenhofer, Art. Tradition, Traditionalismus, in: Geschichtliche Grundbegriffe Bd. 6, Stuttgart 1990, S. 607–649, S. 619.

[149] Hierzu und zum folgenden Andrea C. Loux, The Persistence of the Ancient Regime: Custom, Utility, and the Common Law in the Nineteenth Century, in: Cornell Law Review 79 (1993), S. 183–218.

schen Recht des europäischen Kontinents als Ausfluß von englischen *customs* aus unvordenklichen Zeiten darstellten.[150] Auf die politischen Implikationen dieser Vorstellung, den Kampf der *Common law*-Juristen gegen die Rechtspolitik der Stuartkönige, muß hier nicht eingegangen werden. Wichtig ist nur, daß die Auffassung des *Common law* als *customary law* auch den lokalen und partikularen Gewohnheiten einen erhöhten Bestandsschutz verlieh. Dies drückte sich darin aus, daß vor Gericht derjenige die Beweislast trug, der die Geltung einer Gewohnheit anfocht.

Bedeutsam wurde dies vor allem im Kontext der zweiten Einhegungswelle im 18. Jahrhundert. In dieser Zeit führten die englischen Großgrundbesitzer einen systematischen Kampf gegen die gewohnheitlichen Nutzungsrechte der armen Landbevölkerung, also Wegerechte, Weiderechte, das Recht, bestimmte Feldfrüchte aufzulesen, Holz zu sammeln und dergleichen.[151] Zwar gab es gegen die auf politischem Wege, durch *Acts of Parliament*, herbeigeführten Enteignungen und gegen brutale Gewalt der Grundbesitzer im Prinzip keine rechtliche Gegenwehr. Aber die hohe Dignität des Begriffs *custom* machte es Dorfbewohnern, wie E.P. Thompson gezeigt hat, in Einzelfällen möglich, ihre Gewohnheitsrechte mithilfe der *Common law*-Gerichte gegen Übergriffe zu verteidigen.[152] Das vierte Element des oben beschriebenen Tests, die Frage, ob eine *custom* ,vernünftig' sei, erwies sich jedoch als Einfallstor für richterliche Annahmen, mit deren Hilfe die Großgrundbesitzer in den meisten Fällen am Ende doch obsiegten. Erfolgreicher in der Verteidigung ihrer gewohnheitlichen Rechte waren die *copyholders*, eine Schicht ländlicher Grundbesitzer, deren Besitztitel nur auf einer Kopie in der Gerichtsrolle des grundherrschaftlichen Gerichts (*manorial court*) beruhte. Ihre Gewohnheitsrechte wurden von den *Common law*-Gerichten zunehmend wohlwollend geprüft und im 19. Jahrhun-

---

[150] Hierzu mit begriffsgeschichtlichen Analysen: J. G. A. Pocock, The Ancient Constitution and the Feudal Law. A Study of English Historical Thought in the Seventeenth Century, 2. Aufl. Cambridge 1987, S. 30–38 u. (diese Textstellen aus der ersten Auflage kommentierend) S. 261–275. Zu den politischen und theologischen Implikationen und kritisch zu einigen Bewertungen Pococks: Ronald G. Asch, Das Common Law als Sprache und Norm der politischen Kommunikation in England (ca. 1590–1640), in: Heinz Duchardt u. Gert Melville (Hg.), Im Spannungsfeld von Recht und Ritual. Soziale Kommunikation in Mittelalter und Früher Neuzeit, Köln 1997, S. 103–136.

[151] Vgl. Janet M. Neeson, Commoners: common right, enclosure and social change in England, 1700–1820, Cambridge etc. 1993; Peter King, Gleaners, farmers and the failure of legal sanctions in England 1750–1850, in: Past and Present 125 (1989), S. 116–150; ders., Customary rights and women's earnings: the importance of gleaning to the rural labouring poor, 1750–1850, in: Economic History Review 44 (1991), S. 461–476.

[152] E.P. Thompson, Customs in Common, hier bes. S. 2–10 u. 97–184.

dert meist bestätigt.[153] Der Gesetzgeber unterstützte diese Tendenz durch den *Prescription Act* von 1832, der im Hinblick auf *copyhold customs* das Erfordernis der *antiquity* in der Weise abschwächte, daß diese Gewohnheiten nun schon bei einem nachweislichen Alter von wenigen Jahrzehnten als unwiderlegbar gelten sollten.[154]

Es waren hauptsächlich Konflikte um ländliche Eigentums- und Nutzungsrechte, die zur Ausbildung der Grundsätze des *Common law* zu *custom* geführt hatten. Die Übertragung dieser Grundsätze auf Arbeitsstreitigkeiten war von der Sache her nicht ohne weiteres möglich. So kam es zu Modifikationen des vierfachen Tests in der Rechtsprechung, ohne daß allerdings darüber von irgendeiner Seite reflektiert worden wäre. Der Wandel der Kriterien, nach denen gewerbliche Gewohnheiten im Unterschied zu ländlichen Gewohnheitsrechten beurteilt wurden, ging weitgehend unbemerkt vonstatten.[155]

Als unhaltbar in der Praxis erwies sich insbesondere der *antiquity*-Test. Zwar gab es in einigen lokal begrenzten Industriezweigen zeitlich weit zurückreichende Gewohnheiten, für deren Überprüfung bis ins 19. Jahrhundert zum Teil sogar eigene Gerichtsbarkeiten bestanden; zu nennen sind hier die *Stannary Courts* für die Zinngruben von Cornwall, daneben die Gerichtsbarkeit für den Forest of Dean und der *Chamberlain's court* der City of London, der für Dispute zwischen Lehrherren und Lehrlingen zuständig war.[156] Aber der Normalfall war, daß Gewohnheiten im gewerblich-industriellen Bereich schon aus dem Grund nicht uralt sein konnten,

---

153 Ausführlich hierzu: Loux, Persistence of the Ancient Regime.

154 Ebd., S. 204 ff. Die landlosen Bewohner profitierten hingegen nicht von diesem Gesetz.

155 So weit ich die Forschung überblicke, gibt es zum Thema *customs of the trade* bisher keine Untersuchung. Rechtshistoriker sind darauf nicht gestoßen, weil sie sich meist von der zeitgenössichen Systematik der Lehrbücher und der Rechtsprechung der höchsten Gerichte leiten lassen; dort aber hatten *customs of the trade* keine eigene Systemstelle. Sozialhistoriker wiederum (mit Ausnahme von E.P. Thompson) ignorieren meist die Tatsache, daß *custom* auch, vielleicht sogar in erster Linie ein Rechtsbegriff war. Dies muß besonders bei Autoren verwundern, die mit großer Emphase von sich behaupten, den Sprachgebrauch der Zeitgenossen ernstzunehmen. So bleiben etwa die Ausführungen von Joyce, Visions of the People, S. 145–150, zu *custom* merkwürdig nebelhaft und abstrakt, weil sie nur die moralische und mythologische, nicht aber die rechtliche Dimension des Begriffs beachten. Vgl. auch ders., Introduction, in: ders. (Hg.), The historical meanings of work, Cambridge 1987, S. 1–30, S. 20 f. u. 27. Sehr konkret dagegen, auch im Hinblick auf den Sprachgebrauch, die Abschnitte zu umstrittenen ‚Gewohnheiten' im Baugewerbe des 19. Jahrhunderts bei Price, Masters, Unions and Men, S. 129–163. Hier werden auch Streitigkeiten vor Gericht kurz gestreift.

156 Hinweise dazu bei: Arthurs, ‚Without the Law', S. 22; Thompson, Customs in Common, S. 4. Zum *Chamberlain's court*: Capital and Labour, 24. Mai 1882, S. 211 f., „Apprentices and the City".

weil sich die Arbeitsformen in der Mehrzahl der Berufe seit dem späten 18. Jahrhundert rapide gewandelt hatten und alle Beteiligten dies wußten. Ein Nachweis, daß die fragliche *custom* aus unvordenklichen Zeiten stammte, beziehungsweise der Beweis des Gegenteils wurden daher bei Arbeitsstreitigkeiten nicht verlangt.[157] Die Frage nach dem Alter wurde stillschweigend fallengelassen. Eine ältere *custom* genoß bestenfalls mehr Respekt als eine jüngere, aber entscheidend war dieser Punkt nicht.

Entsprechend wurde auch der Kontinuitäts-Test modifiziert. Was nun genügte, war der Nachweis, daß die *custom* in der unmittelbaren Vergangenheit im betreffenden Gewerbe durchgehend praktiziert worden war. Dies klärte man durch Zeugenvernehmung. Am meisten zählte hier das Wort älterer, gestandener Arbeiter, Vorarbeiter oder Zwischenmeister auf der einen Seite und prominenter, eingesessener Unternehmer auf der anderen Seite.[158] Wem die Richter oder die Geschworenen glaubten, war nicht vorhersehbar. Die bloße Anzahl der aufgebotenen Zeugen war zweitrangig, wichtiger war ihre Position im Beruf. Fast alles aber hing hier, wie immer bei sogenannten Faktenfragen, von der Sprachgewandtheit, der guten Vorbereitung und dem sicheren Auftreten der Zeugen sowie der Geschicklichkeit der Anwälte ab.

Mit der geringen Bedeutung des Alters und der Dauer für die Geltung einer gewerblichen Gewohnheit hing es zusammen, daß es bei Konflikten um diese Art von *custom* keine eindeutige Beweislastverteilung mehr gab. So weit sich den Fallberichten entnehmen läßt, tendierte die Rechtsprechung in der zweiten Hälfte des 19. Jahrhunderts dahin, diejenigen beweispflichtig zu machen, die das *Bestehen* einer gewerblichen Gewohnheit behaupteten. Bei den ländlichen Gewohnheitsrechten war es umgekehrt gewesen. Aus der allmählichen, offenbar unbewußt vollzogenen Umkehr der Beweislast

---

[157] Gelegentlich kamen Prozeßparteien von sich aus auf die Herkunft einer Gewohnheit aus „unvordenklichen Zeiten" zu sprechen; siehe etwa: Colliery Guardian, 21. Jan. 1870, S. 67, „The Mining Customs of Monmouthshire". Hier war es die Gewohnheit, geförderte Kohle erst eine Weile der Luft auszusetzen, bevor sie zum Zwecke der Lohnermittlung gewogen wurde.

[158] Zwei Beispiele: In dem schon kommentierten Fall *Parkes* v. *Stiff*, MRC Mss. 28/CO/1/10/1B Special Reports (1857–1860), hob der Zeuge M'Lean hervor, daß er schon 40 Jahre im Zeitungsgewerbe tätig gewesen sei und als langjähriger Sekretär des „News Department" der Schriftsetzer-Gewerkschaft bestens über alle Dispute zur Kündigungsfrist informiert sei. Die Gewohnheit einer vierzehntägigen Kündigungsfrist sei in dieser Zeit stets aufrechterhalten worden. Im Fall *Jones* v. *Thorpe and Co.*, berichtet in: Drapers' Record, 8. Febr. 1896, S. 285, sagten drei Textilkaufleute aus Bradford, darunter der Beklagte Thorpe, aus, daß sie in ihrer jahrzehntelangen Erfahrung im Geschäft noch nie von einer dreimonatigen Kündigungsfrist für Handlungsreisende gehört hätten. Die *custom of the trade* sei ein Monat Kündigungsfrist. In beiden Fällen vertraute der Richter diesen Aussagen.

sprach die Vermutung der Richter, daß im Arbeits- und Geschäftsleben nunmehr die vertragliche, auf zukünftiges Verhalten zielende Regelung die Normalität bildete, nicht mehr die Orientierung am Herkommen.

Da die lange Dauer einer Gewohnheit nebensächlich geworden war, fiel der Kontinuitäts-Test im Grunde zusammen mit dem dritten Element des alten vierfachen Tests: der Frage nach der *certainty* der Gewohnheit. Diese Testfrage, ob die *custom* innerhalb eines umrissenen Bezirks – das konnte ein Ort, eine Region, eine Firma oder auch ein ganzes Gewerbe sein – ausnahmslos und überall eingehalten wurde, so daß sie als allgemein bekannt vorausgesetzt werden konnte, wurde in vielen Fällen entscheidend für den Prozeßausgang. Die englischen Stichworte hierfür waren: *general, universal, uniform, notorious*.[159] Auch hier handelte es sich um eine Faktenfrage, die durch Zeugenanhörung zu klären war.

Die Gerichtspraxis war in diesem Punkt alles andere als konsistent. Manchmal entschieden Richter aufgrund einer einzigen Ausnahme, daß die behauptete *custom* als nicht ‚universell‘ und damit unsicher zu verwerfen sei. So hielt Judge Stonor vom Brompton County Court die von vier Bauzimmerleuten beigebrachten Beweise für die gewohnheitliche Zahlung von „grinding money“ (eine Extrazahlung für das Reinigen der Werkzeuge) für nicht ausreichend, obwohl die Bauarbeiter auf ihrer Seite sogar den Sekretär der *Central Association of Master Builders of London*, einen Mr. Henshaw, aufbieten konnten, der die langjährige Anerkennung der *custom* bestätigte und dafür auf einen Artikel in den Regeln der Arbeitgebervereinigung verwies. Dem stand nur die Aussage des beklagten Bauunternehmers Douglas gegenüber, der behauptete, daß in seiner Firma nie „grinding money“ bezahlt worden sei.[160] Andere Richter ließen sich durch das Übergewicht der

---

[159] Vgl. Printers’ Register, 6. Jan. 1870, S. 7 (*Williams* v. *Gilbert and Rivington*). Hier formulierte der Richter die Testfrage für die Geschworenen: „whether there had been such a course of business as the plaintiff contended for, so general that everybody concerned in the trade ought to know of it“. Vgl. auch die Definition mit Hinweisen auf Gerichtsurteile bei Diamond, Master and Servant, S. 189: „In order to establish a custom … such custom must be reasonable in its terms, and must be proved by evidence to be uniform, certain, of reasonable antiquity and so notorious that persons would contract on the basis of its existence.“

[160] The Builder, 31. Okt. 1896, S. 365; vgl. auch Master Builders Associations Journal 1. Nov. 1896, S. 20. Allerdings war der beklagte Unternehmer aus der Arbeitgeberorganisation ausgetreten. Ein ähnlicher Fall in: The Operative Bricklayers Society’s Trade Circular & General Reporter, No. 415, Jan. 1896, S. 18 (MRC Mss. 78/OB/4/1/13). Der Gewerkschaftssekretär berichtete hier über einen Fall vor dem Lambeth Police Court, bei dem es um Extrabezahlung für Überstunden ging. Der beklagte Unternehmer und sein Bruder erklärten, daß sie die angebliche *custom* nicht anerkennen würden, woraufhin der Magistrate trotz positiver Zeugenaussagen zugunsten der *custom* gegen die Bauarbeiter entschied „on the ground

Aussagen leiten. Richter Kennedy vom Southwark Police Court gewährte sieben Maurern Schadensersatz für Zeitverlust, nachdem er sich durch Zeugenaussagen davon hatte überzeugen lassen, daß dies die *custom of the trade* sei.[161] Und im Mansion House Police Court gab der vorsitzende *alderman* der Klage zweier Schriftsetzer statt, die sich auf eine durch Zeugenaussagen belegte *custom of the trade* gestützt hatten, nach der sie in den ersten vierzehn Tagen jederzeit ohne Kündigung den Arbeitsplatz verlassen konnten. Die Arbeitgeber hatten dagegen vor Gericht erklärt, sie hätten Anspruch auf eine wöchentliche Kündigungsfrist.[162] „*Quot homines tot sententiae*", so lautete der resignierte Kommentar einer Fachzeitschrift für den Textilhandel zu der undurchsichtigen Justizpraxis in dieser Frage.[163] Der Rat an die Leser ging dahin, der Schwierigkeit durch den Abschluß schriftlicher Verträge aus dem Wege zu gehen. Den Richtern war in dieser Hinsicht nicht unbedingt ein Vorwurf zu machen. Sie konnten unmöglich die vielen Besonderheiten der einzelnen Gewerbe und Berufe kennen und mußten sich daher auf ihr Gespür für die Glaubwürdigkeit von Zeugenaussagen verlassen. Der Ruf nach Schieds- und Einigungsstellen, wie er in England seit den sechziger Jahren des 19. Jahrhunderts verstärkt laut wurde, entsprang nicht zuletzt dem Wunsch, Fragen der gewerblichen Gewohnheit durch sachkundige Laien statt durch unwissende Richter geklärt zu sehen. Nur in einem Beruf besaßen die Richter wirkliche Fachkenntnis, ihrem eigenen, und so hatte der Richter des Westminster County Court keine Mühe, die Klage eines Rechtsanwaltsgehilfen sofort zu entscheiden, der von seinem Arbeitgeber, einem *barrister*, unter Verweis auf eine „universal custom" die Auszahlung bestimmter *clerk's fees* forderte.[164]

Unverändert erhalten blieb das vierte Element des alten Tests für Gewohnheiten, die Frage nach der ‚Vernünftigkeit'. Im Unterschied zu den anderen Elementen war dies keine Faktenfrage, sondern ein Punkt, dessen Erörterung sich die Richter allein vorbehielten. Aussagen von Laien über den Sinn oder die Zweckmäßigkeit einer Gewohnheit waren daher vor Gericht nicht gefragt. Wie kaum anders zu erwarten, machten die Richter sehr

---

that, to be a trade custom, there must be no exception; or, to use his own words, it should be universal in the trade."

161 Women's Industrial News, Nov. 1896, S. 4.
162 Printers' Register, 5. Aug. 1882, S. 34.
163 Drapers' Record, 15. Febr. 1896, S. 329.
164 County Courts Chronicle, 1. April 1882, S. 300 (*Lyster* v. *Spearman*): „His Honour … at once gave judgment for the plaintiff for the amount claimed and costs, remarking that it was well known that fees paid to a barrister included fees to which the clerk was beyond all doubt entitled."

unterschiedlichen Gebrauch von ihrer ‚Vernunft'. Einige verhielten sich vorsichtig-abwägend und brachten dieses Kriterium erst ins Spiel, wenn die Zeugenaussagen im Hinblick auf die faktische Übung und Reichweite der *custom* widersprüchliche Ergebnisse zeigten, dabei aber glaubwürdig wirkten. In dieser Lage befand sich Grafschaftsrichter Kettle bei einem Streitfall zwischen drei Bergleuten und ihrem Arbeitgeber, einem *chartermaster*.[165] Die Bergleute waren fristlos entlassen worden, weil sie sich geweigert hatten, ein hartes Kohleflöz mit Handgerät aufzuhacken, wie es ihnen befohlen worden war. Sie hatten darauf bestanden, es sprengen zu wollen, weil sie nur so ihren normalen Arbeitslohn erreichen konnten. Zur Begründung ihrer Klage brachten sie vor und konnten durch Zeugenaussagen belegen, daß es in dem betreffenden Bergwerk eine „Gewohnheit" gewesen war, harte Flöze aufzusprengen statt aufzuhacken. Der Anwalt der Bergleute erklärte, die Männer betrachteten es als Teil ihres Vertrags, daß sie die Erlaubnis zur Sprengung hätten. Wenn die Arbeitgeber diese Gewohnheit hätten beseitigen wollen, so wäre dafür wie bei anderen Vertragsänderungen auch eine vierzehntägige Änderungskündigung nötig gewesen. Der Anwalt des Arbeitgebers bestand demgegenüber auf dem uneingeschränkten Befehlsrecht der Vorgesetzten unter Tage, das zudem durch die Arbeitsordnung abgesichert war. In seinem schriftlich abgefaßten Urteil wies Richter Kettle auf die grundsätzliche Berechtigung des Arguments der Bergleute hin, daß willkürliche Veränderungen gewohnheitlicher Praktiken faktisch Lohnsenkungen bedeuten konnten. Auch erkannte er an, daß die Sprengung in dem Bergwerk tatsächlich gewohnheitlich praktiziert wurde. Schließlich gestand er beiden Streitparteien zu, daß sie nach bestem Wissen und Gewissen ausgesagt hatten. Die kritische Frage war jedoch für ihn, ob es bei Abwägung aller Umstände als wahrscheinlich anzusehen war, daß die Ausübung einer solchen Gewohnheit unter Tage allein in das Belieben der Bergleute gestellt sein konnte. Kettle kam zu dem Schluß, daß wegen der offensichtlichen Gefahren und wegen der Verluste, die das Aufsprengen der Kohle für den Arbeitgeber mit sich brachte, eine solche Gewohnheit unmöglich bestehen konnte. Allgemeine Vernunftgründe sprachen seiner Auffassung nach dafür, daß die Benutzung von Sprengpulver im Bergwerk nur auf Anordnung erfolgen durfte und daß die behauptete Gewohnheit nur so gemeint sein konnte.

Nur wenige Richter machten sich die Mühe, so umsichtig und mit Respekt für die Standpunkte beider Parteien über den Sinn oder Unsinn einer

---

165 Für das folgende: Dudley Herald, 19. Febr. 1870, S. 8, „Dudley County Court"; ebd., 26. März 1870, S. 3, „Important to Miners and Mine Owners" (*Payne and others* v. *Crew*).

custom zu urteilen.[166] Viel häufiger finden sich Fälle, in denen Richter ohne Umschweife eine Gewohnheit als unvernünftig oder ungerechtfertigt abtaten, ohne ihr negatives Urteil eigens zu begründen. Manche waren dabei in ihrer Wortwahl nicht zimperlich. Die Klage eines Lastenträgers in einem Eisenwerk, der das gewohnheitliche „beer money" forderte, kommentierte der Richter des Newport County Court mit den Worten: „I thought I had heard the last of these cases. I shall try to break through the custom as much as I can. It is a most pernicious custom."[167] Ein Schiffskapitän, der vor dem Grafschaftsgericht in Hull sogenanntes „voyage money" einklagen wollte (eine Pauschalzahlung für kleine Ausgaben unterwegs), bekam zu hören, diese Reisegelder seien „little bribes" und die angebliche Gewohnheit sei eine „corrupt practice".[168] Der Richter weigerte sich, mehrere andere Schiffskapitäne, die der Kläger als Zeugen mitgebracht hatte, überhaupt anzuhören, und entschied, diese Zahlungen beruhten auf reiner Freiwilligkeit und seien nicht einklagbar. Sogar der Anwalt der beklagten Reederei wollte nicht so weit gehen und nannte die Zahlung eine „customary gratuity".[169] Ähnlich kurz angebunden und rüde ging Commissioner Kerr, der Richter des City of London Court, mit einer Klage zweier Schriftsetzer um, welche die im Gewerbe übliche Lohnzahlung für einen *Bank holiday* forderten: „Mr. Kerr saw no reason why servants should be paid for holidays, and decided against the plaintiffs."[170] Auch den vier Bauzimmerleuten in dem bereits erwähnten Fall um das sogenannte „grinding money" ging es nicht besser. Sie mußten sich von Richter Stonor sagen lassen, sie wollten „an hour's pay for doing nothing".[171] Eine ähnliche Erfahrung machte ein Bergarbeiter in Pontypool (Süd-Wales), dessen Strecke unter Tage wegen eines Deckensturzes kurzfristig in eine Wetterstrecke umfunktioniert worden

---

[166] Ein ähnlich sorgfältig begründetes, Respekt für andere Standpunkte zeigendes Urteil gab Richter Parry in einem Streit um die Auslegung einer einmonatigen Kündigungsfrist; siehe County Courts Chronicle, 1. Dez. 1911, S. 259 (*Weaver v. H. and F. Cornwell*). Er befand, daß eine einmonatige Kündigungsfrist vernünftigerweise nur so aussehen konnte, daß die Kündigung zu jedem Termin im Monat möglich war, nicht bloß, wie die Klägerin, eine Hutmacherin, meinte, zum Zahltag, denn dies könne faktisch auf eine acht- oder neunwöchige Kündigungsfrist hinauslaufen.

[167] Colliery Guardian, 25. März 1870, S. 312 (*Donovan v. Ebbw Vale Iron and Steel Company*).

[168] County Courts Chronicle, 1. Juni 1870, S. 144 u. 1. Juli 1870, S. 169, hier die Zitate (*Graham v. Bailey and Leetham*).

[169] Ebd.

[170] Printers' Register, 6. Nov. 1882, S. 89. Wenige Monate vorher hatte der Richter des Clerkenwell County Court in einem Fall um den gleichen Gegenstand für den klagenden Schriftsetzer und gegen die Firma entschieden: Printers' Register, 5. Aug. 1882, S. 34 f. (*Heath v. Head and Marks*).

[171] The Builder, 31. Okt. 1896, S. 365.

war. Sein Verlangen nach Bezahlung der gewohnheitlichen „airway prices"
wurde vom Richter als „grundlos" abgelehnt.[172]

Die Beispiele zeigen: Wann immer Richter ihre ,Vernunft' in einem Streit
um Gewohnheiten bemühten, richtete sie sich gegen die behauptete Gewohnheit. Und fast immer war diese richterliche Vernunft eine ökonomische Vernunft, welche Bezahlung strikt an effektive Arbeitsleistung gebunden wissen wollte. Die Sicherung eines *living wage*, Mitbestimmung am
Arbeitsplatz, Sicherheitsüberlegungen oder auch nur kleine Annehmlichkeiten, also all das, was aus Arbeitnehmersicht ,vernünftig' war, wurde nur
selten für erörternswert gehalten. Es waren vor allem Gewohnheiten, die
sich der strengen Logik von Lohn gegen Arbeitsprodukt nicht fügten, die
den richterlichen Vernunftsprüchen zum Opfer fielen. Indem sich die
Rechtsprechung so gegen ökonomisch ,sinnlose' *customs of the trade*
wandte, trug sie dazu bei, die individuelle Arbeitsbeziehung in England auf
den von Karl Marx und Friedrich Engels, aber auch von Sozialromantikern
wie Thomas Carlyle beklagten reinen „cash nexus" zu reduzieren.[173]

Wesentlich zurückhaltender mit ihrem Vernunftgebrauch waren die
Richter, wenn Arbeitgeber sich auf Gewohnheiten beriefen. Das geschah
hauptsächlich bei Streitigkeiten um Kündigungsfristen. Hier war es nicht
selten der Fall, daß die angeführte *custom* ein Arrangement decken sollte,
das in der einen oder anderen Weise Gegenseitigkeit vermissen ließ. Es fiel
den Richtern jedoch so gut wie nie ein, derartige Gewohnheiten, die zum
Beispiel ungleiche Kündigungsfristen beinhalteten oder sonst aus Arbeitnehmersicht unfair waren, dem Vernünftigkeits-Test zu unterziehen. So
setzten offenbar viele Bergwerksgesellschaften im späten 19. und frühen
20. Jahrhundert eine ,Gewohnheit' durch, nach der es ihnen erlaubt sein
sollte, Bergleute bei Zwischenfällen oder Betriebsstockungen ohne Vorwar-
nung außer Beschäftigung zu setzen oder an ungünstigere Arbeitsplätze zu
beordern, während die Arbeiter, wenn sie ihre Arbeit verlassen wollten,
selbstverständlich an mehr oder weniger lange Fristen gebunden blieben.
Wurden Richter mit Schadensersatzklagen von Arbeitern wegen solcher
fristloser Entlassungen konfrontiert, war ihnen des öfteren erkennbar un-
wohl zumute, aber sie münzten ihre moralischen Bedenken nicht in Ver-
nunftargumente gegen die *custom* um. Ein Friedensrichter im Rhondda Val-

---

[172] Colliery Guardian, 5. Juli 1912, S. 19.
[173] Thomas Carlyle, Past and Present (1843), Works of Carlyle in Thirty Volumes, Bd. 10, London 1897, S. 146 f.; Friedrich Engels, Die Lage Englands. „Past and Present" by Thomas
Carlyle, London 1843 (1844), MEW 1, S. 525–549, S. 532; Karl Marx u. Friedrich Engels,
Manifest der Kommunistischen Partei (1848), MEW 4, S. 459–493, S. 464.

ley bemerkte anläßlich eines solchen Falls im Jahr 1912, es sei eine „Härte"
für einen Mann, der mitten in einer Schicht „gestoppt" würde, weil er an
diesem Tag nirgends sonst mehr Arbeit finden werde.[174] Weiter schlug er
dem anwesenden Firmenvertreter vor, man könne sich doch gegen derlei
Vorfälle versichern. Auf das Argument, daß keine Versicherung das Risiko
von Deckeneinstürzen in Gruben tragen würde, antwortete der Richter:
„Underwriters do everything." Schließlich vertagte er diesen „wichtigen"
Fall, weil er sich erst über die komplizierte Rechtslage zwischen Individualvertrag, Gewohnheit und kollektiver Lohnvereinbarung kundig machen
müsse. Geklärt wurde der Fall aber offenbar nicht, denn einige Monate später kam es über exakt den gleichen Punkt im gleichen Bergwerk zu einem
neuen Streitfall. Wieder berief sich die Firma auf die besagte *custom*, woge-
gen für die klagenden Arbeiter mit Vertrag, Vernunft und Fairness argumentiert wurde: „For the plaintiff (whose case affected the other men) it
was contended that the employers were not entitled to graft upon the contract a custom which was unreasonable and unfair."[175] Die hier vom Anwalt
der Arbeiter suggerierte Möglichkeit, die *custom* als „unvernünftig" beiseitezuwischen, ergriff der Richter jedoch nicht. Wieder vertagte er den Fall.
Zu einem Endurteil kam es anscheinend nicht.[176] Ähnlich schwer tat sich
der Richter des Wrexham County Court bei einem gleichartigen Fall. Zwar
äußerte er den Verdacht, daß die Firma die angebliche Gewohnheit der fristlosen Beschäftigungsunterbrechungen benutzen könnte, um unliebsame
Arbeiter kostengünstig loszuwerden oder zu drangsalieren, aber er kam
nicht auf den Gedanken, den Vernünftigkeitstest auf diese Gewohnheit anzuwenden:

His Honour said he was bound by the custom of the colliery, and must therefore
enter judgment for the defendants, with costs. At the same time, he did not say that
the management were entitled to make a handle of this case for getting rid of men
who might be unsatisfactory to them, or in any way not to ‚play the game.‘[177]

Daß die Richter von Rhondda Valley und Wrexham sich mit Ausflüchten
behalfen oder es bei moralischen Appellen bewenden ließen anstatt mit dem
Gleichheitsgrundsatz gegen solche einseitigen Gewohnheiten vorzugehen,
dürfte ihr Ansehen bei den Arbeitern nicht gerade erhöht haben. Tatsächlich handelte es sich um eine Unausgewogenheit bei der Beurteilung von

---

174 Colliery Guardian, 24. Mai 1912, S. 1038, dort auch das folgende Zitat.
175 Colliery Guardian, 26. Juli 1912, S. 178, „Notes from South Wales".
176 Jedenfalls fand sich in dem in der Regel gewissenhaft berichtenden „Colliery Guardian"
     nach dem 26. Juli 1912 kein Bericht über die Fortsetzung des Falles.
177 Colliery Guardian, 12. Juli 1912, S. 87.

Gewohnheiten die das Rechtsgefühl der Arbeiter verletzte. Sie selbst mußten mit Verurteilungen rechnen, wenn sie der Arbeit tage- oder stundenweise fernblieben, den Arbeitgebern hingegen wurde eine gewohnheitliches
Recht zugestanden, Arbeiter für kürzere oder längere Zeit von einer Minute
auf die andere auf die Straße zu setzen. Für die einen die strikten Regeln des
Vertragsrechts, für die anderen die Annehmlichkeiten der Gewohnheit – so
mußte sich diese Praxis ausnehmen. Ein Arbeiter brachte dieses Unrechtsgefühl in einem Fall von 1882 auf den Punkt. Er war vor das Friedensgericht
zitiert worden, weil er sich unerlaubt ohne Einhaltung der durch Aushang
vorgeschriebenen vierzehntägigen Kündigungsfrist von der Arbeit entfernt
hatte. Er verteidigte sich mit dem Argument, daß auch die Firma gewohnheitsmäßig sogenannte „Spieltage" verkündete, und daß ihm das gleiche
Recht zustehen müsse. Wenn die Firma die „Regel" einseitig außer Kraft
setzen könne, müsse auch bei ihm eine Ausnahme erlaubt sein:

The man contended that as the company were in the habit of declaring from time to
time what they called a ‚play-day,' when the colliery was closed, any man in their
employ might equally absent himself for a day without notice, and that this would
not be within the rule.[178]

Selbstverständlich wurde der Mann von den Friedensrichtern verurteilt,
aber sie schienen doch von Zweifeln geplagt zu sein, denn sie gewährten
ihm einen *case stated* zur Vorlage beim Obersten Gerichtshof. Darin stellten
sie allerdings fest, daß ihrer Ansicht nach eindeutig ein Vertrag über eine
vierzehntägige Kündigungsfrist bestanden habe, da der betreffende Aushang dem Kläger bekannt gewesen sei, eine Sicht, der sich die Richter der
Queen's Bench anschlossen. Zweifellos war dieses Urteil für sich betrachtet
juristisch korrekt, aber aus der Sicht des Arbeiters war es nicht gerecht.

Vor Gericht standen nur zwei Argumente zur Verfügung, mit denen Arbeitnehmer sich erfolgversprechend gegen eine vom Arbeitgeber behauptete Gewohnheit wehren konnten: einmal der Nachweis, daß ihnen die Gewohnheit aufgrund Versäumnisses des Arbeitgebers nicht bekannt war,
zum anderen der Verweis auf einen ‚speziellen' Individualvertrag, der für
die betreffende Person Kündigungsfristen und Arbeitsleistungen genau regelte. In beiden Fällen legten die Richter strenge Maßstäbe an. Gab es eine
Arbeitsordnung und hing diese im Betrieb deutlich sichtbar aus, so wertete
sie das Gericht in der Regel als allgemein bekannt und betrachtete sie als
innerbetriebliche Gewohnheit, die in jedem Fall Vorrang vor den sonst im
Gewerbe üblichen Praktiken genoß. Auch fehlende Lesefähigkeit eines Ar

---

[178] Capital and Labour, 14. März 1882, S. 115 (*Waite v. The Wigan Iron and Coal Company*).

beiters wurde dann als Ausrede meist nicht akzeptiert, wenngleich die Spruchpraxis in diesem Punkt schwankte.[179] Skeptischer waren die Richter gegenüber angeblichen innerbetrieblichen Gewohnheiten, die zur offiziellen Arbeitsordnung im Widerspruch standen, die lediglich mündlich, indirekt oder unklar bei irgendeiner Gelegenheit verkündet oder nur durch kurzfristig ausgehängte Notizen bekanntgegeben worden waren, ohne daß Indizien für ausdrückliche Zustimmung der Arbeiter oder einen neuen Vertragsabschluß (etwa nach einem Streik) vorlagen.[180] Letztlich war es Ermessenssache, ob man unterstellen konnte, daß jemand bei Beginn eines Arbeitsverhältnisses von einer Gewohnheit wissen mußte und diese somit als impliziter Vertragsbestandteil anzusehen war oder nicht.[181]

Stützte sich der Arbeitnehmer vor Gericht auf seinen ‚speziellen‘ Arbeitsvertrag, um eine *custom* auszuschließen, hing wiederum alles von der richterlichen Interpretation des Vertragstexts beziehungsweise der mündlichen Absprache ab. Auch hier war das Ergebnis unvorhersehbar. Ein Handlungsreisender für einen Wollfabrikanten, dessen Arbeitsvertrag eine Bezahlung von „150£ per annum" und einen Bonus von £ 30 am Ende des Jahres bei guten Geschäftsabschlüssen vorsah, war nach der Auffassung des Gerichts dennoch der vom Arbeitgeber geltend gemachten gewohnheitlichen einmonatigen Kündigung unterworfen.[182] Die Richter verlangten im allgemeinen sehr eindeutige Formulierungen oder Indizien, ehe sie sich überzeugen ließen, daß tatsächlich auf beiden Seiten gegen die *custom* in ihrem Gewerbe eine Beschäftigung für ein volles Jahr intendiert gewesen war. Nur bei Bediensteten in der Landwirtschaft wurde die jährliche Dienstzeit noch als Regel angenommen, für die es keiner besonderen Vereinbarung be-

---

179 Fehlende Lesefähigkeit war ein Zusatzargument, genügte aber als Ausrede nicht, wenn der betreffende Arbeiter auf den Aushang aufmerksam gemacht worden war: vgl. den Fall *Carus* v. *Eastwood*, Justice of the Peace, 12. Juni 1875, S. 373; siehe auch den Kommentar zu dieser Frage, ebd., 19. Juni 1875, S. 387 f. „Notice to Leave under Master and Servant Act". Vgl. auch Hepple u. O'Higgins, Employment Law, S. 93 f.

180 Beispielfälle: Wolverhampton Chronicle, 26. Jan. 1848, S. 3 (*Binstead* v. *Andrews*); Darlington and Stockton Times, 19. März 1870, S. 3 (*Pallister* v. *Fry, Ianson, and Co.*); Colliery Guardian, 24. Juni 1870, S. 656 (*Snape* v. *Witham*); Printers' Register, 5. Aug. 1882, S. 34 f. (*Heath* v. *Head and Mark*); Morning Advertiser, 1. Jan. 1896, S. 6 (*Williams* v. *Bastow and Co., Ltd.*); Shoe Trades Journal, 30. Nov. 1923, S. 48 (*Vernon* v. *Smart & Co., Ltd.*).

181 Diese Unsicherheit galt natürlich auch für Arbeitgeber. Vgl. etwa den Fall *Meek* v. *Port of London Authority* (1918) 1 Ch. 415–422 u. 2 Ch. 96–100. Hier ging es um die Frage, ob bei der Überleitung eines alten Arbeitsvertrags mit einer einzelnen Dock Company auf die neugeschaffene Port of London Authority auch die bis dahin übliche Praxis der Zahlung möglicher Einkommensteuern durch den Arbeitgeber für den neuen Arbeitgeber verpflichtend sein sollte. Das Gericht entschied schließlich, daß es hierzu einer ausdrücklichen Vereinbarung bedurft hätte.

182 *Parker* v. *Ibbetson*, Law Journal Reports 27 (1858), S. 236–240.

durfte.[183] In einer Grauzone bewegten sich die Streitparteien auch, wenn es um die Frage ging, wie strikt eine Aufgabenbeschreibung in einem Arbeitsvertrag auszulegen war. Der Klage eines Pastetenbäckers, der sich unter Hinweis auf seine spezielle Aufgabe geweigert hatte, beim Brotbacken zu helfen, wurde stattgegeben, obwohl der Arbeitgeber die Mithilfe bei Engpässen als Gewohnheit dargestellt hatte.[184] Noch wenige Tage vorher war ein gleichartiger Fall vor dem gleichen Gericht (aber vor einem anderen Richter) zugunsten des beklagten Arbeitgebers entschieden worden.[185] Die den *master bakers* nahestehende Fachzeitung, die diesen Doppelfall kommentierte, zog daraus die Lehre, daß für das Gewerbe ein „definite agreement" anzustreben sei, um die unbefriedigenden Dispute um Gewohnheiten zu vermeiden. Darin müsse der Tatsache Rechnung getragen werden, daß man „heutzutage" (1912) von den Beschäftigten keine zeitlich und inhaltlich unbegrenzte Dienstleistung mehr erwarten könne.[186]

Wie hier in der Bäckerzeitung, so mehrten sich seit dem Ende des 19. Jahrhunderts auch in anderen berufsbezogenen Blättern Stimmen, die für eine Fixierung der ewig unsicheren und umstrittenen Gewohnheiten in kollektiv ausgehandelten Abkommen eintraten.[187] Dabei dachte man je nach Branche teils an standardisierte Einzelarbeitsverträge, teils an Tarifabschlüsse; zwischen diesen beiden möglichen Zielen einer kollektiven Vereinbarung wurde nicht immer scharf unterschieden. Die negativen Erfahrungen mit der Rechtsprechung zu den *customs of the trade* bildeten so vielfach den Anstoß für den Auf- und Ausbau des kollektiven Verhandlungswesens. Das betraf gerade auch Berufsgruppen im Dienstleistungsbereich, in denen der Organisationsgrad auf beiden Seiten erst im späten 19. Jahrhundert so weit fortgeschritten war, daß eine Lösung des Problems durch

---

[183] Ausführlich mit Beispielfällen: Diamond, Master and Servant, S. 182–187. „The presumption of a yearly hiring has, through the course of time and the changed usages of commerce, become an anachronism, a presumption rarely applicable and easily rebutted." (Ebd., S. 184).

[184] Bakers' Record, 17. Mai 1912, S. 7, „A Refusal Justified" (*Gregory* v. *Beale's Ltd.*)

[185] Bakers' Record, 10. Mai 1912, S. 10, „A Refusal and its Consequences" (*Prior* v. *Beale's Ltd.*)

[186] Bakers' Record, 17. Mai 1912, S. 6, „The Limitations of Labour".

[187] Beispiele: Boot and Shoe Trade Journal, 22. Aug. 1896, S. 195: „there ought to be no difficulty about a proper agreement or form of engagement being decided upon and a trade custom once and for all established." The Stage, 23. Juli 1896, S. 8: „If an understanding could be made officially, if, that is, professional custom in various directions could be defined by common agreement, the many loose terms and confused methods that continually disturb the good relations of actors, agents, and managers might give place to some stated forms of usage, generally accepted by regular members of the profession and easily established in courts of law." Vgl. auch: The School Guardian, 19. Sept. 1896, S. 719; The Journalist and Newspaper Proprietor, 4. Juli 1896, S. 220 f.

Kollektivvereinbarung statt individueller Auseinandersetzung vor Gericht in Betracht kam.

Fazit: die Unerkennbarkeit der ‚Gewohnheiten‘

Insgesamt kennzeichnete sich die Rechtsprechung zu gewerblichen Gewohnheiten aus der Sicht der Streitenden durch ein hohes Maß an Beliebigkeit. Nur ganz wenige *customs* waren so allgemein verbreitet und bekannt, daß sich die Streitparteien auf ihre regelmäßige Anerkennung in der Justizpraxis verlassen konnten. Wirklich sicher und lehrbuchfähig war nur die landesweite Kündigungsregel für das Hauspersonal: Hier galt eine monatliche Kündigungsfrist oder ersatzweise die Zahlung von einem Monatslohn *in lieu of notice*.[188] Diese Gewohnheit war zugleich die einzige, die dem alltäglichen Verständnis des Worts entsprechend aus einer massenhaften, unreflektierten Übung entstammte, deren Ursprung niemand anzugeben vermochte. Daß *domestic servants* auch im frühen 20. Jahrhundert fortfuhren, vor die Gerichte zu ziehen, als andere Berufsgruppen der Justiz zunehmend den Rücken kehrten, dürfte nicht zuletzt auf das höhere Maß an Erwartungssicherheit bei ihren typischen Streitfällen zurückzuführen sein.

In allen anderen Berufssparten gingen die Kündigungsregeln und andere sogenannte Gewohnheiten auf zweifelhafte mündliche Absprachen, einseitig diktierte Ordnungen oder umkämpfte kollektive Vereinbarungen zurück. Sie entsprangen damit kurzfristig wechselnden Machtbalancen. Dementsprechend widersprüchlich fiel ihre Interpretation durch die Beteiligten aus. Die Prozeßparteien benutzten den Begriff der *custom* opportunistisch. Mangels gesetzlicher Vorschriften blieb den Richtern (oder Geschworenen) in dieser Situation nichts anderes übrig, als ihre Vernunft oder ihren *common sense* zu benutzen. Was aber war beispielsweise eine ‚vernünftige‘ Kündigungsfrist für einen Vorarbeiter, einen Büroangestellten, einen Handlungsreisenden, einen Journalisten, einen Abteilungsleiter in einer Schuhfabrik? In Fällen dieser Art pflegten die Angaben der Streitparteien über die angebliche Gewohnheit meilenweit auseinanderzugehen: Die eine Seite behauptete, es seien drei Monate, die andere Seite sah lediglich eine Woche als üblich an.[189] Die Richter standen hier vor der kaum zu lösenden Aufgabe,

---

[188] Vgl. W.A. Holdsworth, Master and Servant, S. 26 f.; A Barrister, Servants and Masters. The Law of Disputes, Rights, and Remedies, in Plain Language, London 1892, S. 7 f.; County Courts Chronicle, 1. Juni 1911, S. 123 f., „Masters and Servants“.

[189] Vgl. die folgenden Fälle: Boot and Shoe Trades Journal, 9. Aug. 1912, S. 217 (*Playford* v. *Southall and Co., Ltd.*, Vorarbeiter); County Courts Chronicle, 1. Sept. 1875, S. 203 (*Jones* v. *Page*, Büroangestellter); County Courts Chronicle, 1. Nov. 1911, S. 228 f. (Moor v. Brown

mit ihren Entscheidungen Standards zu setzen, die innerhalb eines Gewerbes auf lokaler Ebene akzeptabel waren und dort zumindest für eine Weile Klarheit schufen. Manche suchten mit ihren Urteilen salomonisch eine Mitte zwischen den Extremen zu treffen, indem sie etwa bei der oben genannten Spannweite der Zeugenaussagen einen Monat gaben, andere entschieden sich aufgrund ihrer eigenen Vorstellungen über soziale Hierarchien für einen Extremwert. Rechtsunsicherheit war in jedem Fall das Resultat, und sie war nach Lage der Dinge unvermeidlich.

Eine konsistentere Spruchpraxis bei gleichzeitiger Berücksichtigung der tatsächlichen Vielfalt von Arbeitsverhältnissen hätte einmal durch detaillierte gesetzliche Vorschriften für alle Gewerbe und Berufe erreicht werden können; dies war jedoch eine Lösung, die bei dem schnellen Wandel von Beschäftigungsformen wenig sinnvoll und, zumal in England, politisch nicht durchzusetzen war. Die naheliegende Alternative dazu war die Juridifizierung kollektiver Abmachungen in Anlehnung an das Paradigma des Individualarbeitsvertrags. Auch zu dieser, in Frankreich, Deutschland und anderen kontinentaleuropäischen Ländern auf verschiedene Weise realisierten Lösung konnte sich der britische Gesetzgeber bis heute nicht durchringen.[190] Haupthindernis war und ist hier das *Common law* mit seiner streng individualistischen (privatrechtlichen) Auffassung vom Vertrag. Ihr zufolge mußten die Vertragsinhalte immer einem Willensakt der einzelnen Vertragschließenden zugerechnet werden können. Die statutarische (öffentlich-rechtliche) Definition von Vertragstypen, für kontinentaleuropäische Juristen eine selbstverständliche Vorstellung, war nach dieser Auffassung eine *contradictio in adjecto.*

Die Ergebnisse kollektiver Vereinbarungen konnten so in England nur mittels der Figur der ‚impliziten Bedingung' in das allgemeine Vertragsrecht integriert werden. Sie erlangten damit rechtlich keine andere Qualität als die Gewohnheiten und die von den Arbeitgebern ausgehängten Arbeitsordnungen. Gegenüber letzteren wurden sie aber von den Gerichten faktisch lange Zeit mißtrauischer beäugt. Genuine, schriftlich fixierte Abkommen, die aus den Verhandlungen von Schieds- und Einigungsstellen hervorgegangen waren, hatten zwar seit den sechziger Jahren des 19. Jahrhunderts zunehmend gute Chancen, wie eine gewerbliche Gewohnheit behandelt zu

---

and Co., Handlungsreisender); Law Journal County Courts Reporter, 16. Okt. 1915, S. 76 (*Brown* v. *‚Medical World' Ltd.*, Journalist); Boot and Shoe Trades Journal, 13. Dez. 1912, S. 537 (*Browett* v. *Wright's Tackless Footwear Co., Ltd.*, Abteilungsleiter).

[190] Vgl. Lord Wedderburn, Labour Law and the Individual: Convergence or Diversity?, in: ders., Labour Law and Freedom, S. 286–349, hier bes. S. 300–304.

werden.[191] Doch schon der Austritt eines Arbeitgebers im Zuge eines Konflikts genügte, um die Bindungswirkung in den Augen des Rechts zweifelhaft werden zu lassen.[192] Und dem eigentlichen Parallelfall zu den einseitig
erlassenen Arbeitsordnungen: der stillschweigenden Duldung von Gewerkschaftsregeln durch einen Arbeitgeber wurde in der Rechtsprechung zu keiner Zeit der Rang einer Gewohnheit zuerkannt. Gewerkschaften, die ihren
‚Regeln‘ auf gerichtlichem Wege den Status einer anerkannten Arbeitsordnung verschaffen wollten, erlitten regelmäßig Niederlagen. „I don't care
about your rules", so drückte es der Polizeirichter des *Thames Police Court*
gegenüber einem klagenden Bauarbeiter aus.[193] Andere Richter waren in
der Wortwahl verbindlicher, aber in der Substanz trafen sie die gleiche Entscheidung.[194] Auch nach dem Ersten Weltkrieg sah die Rechtslage für die
Gewerkschaften in diesem Punkt, trotz aller faktischen Terraingewinne in
den Jahren unmittelbar vor und nach dem Krieg, nicht wesentlich günstiger
aus.[195] Was die gewerkschaftlich organisierten Arbeitnehmer seit dem späten 19. Jahrhundert unter dem Begriff ‚Gewohnheiten‘ verstanden wissen
wollten: die den Arbeitgebern mühsam abgerungene zeitweise Anerken-

---

191 Vgl. etwa den Fall *Bennion v. Johnson*, berichtet in: The Builder, 26. Febr. 1870, S. 172.

192 Vgl. den Fall *Stribling v. Burgess and Son*, berichtet in: Master Builder and Associations
Journal, 7. Febr. 1912, S. 21. Es gab jedoch auch Entscheidungen, in denen ein aus der Master
Builders' Association ausgetretener Arbeitgeber vom Gericht an die Gewohnheit gebunden
wurde; siehe etwa Labour Gazette, März 1895, S. 89, „West London Police Court".

193 Manchester Unity Operative Bricklayers' Monthly Trade Report, No. 48, Jan. 1906, S. 16
(MRC Mss. 78/MB/4/2/5). Hier ging es wieder einmal um das sogenannte „grinding
money".

194 Vgl. Weekly Times, 28. Nov. 1858, S. 6 (*Longstaff and Banks v. Blower*), hier eine ausdrückliche Gegenüberstellung von Gewerkschaftsregeln und ‚Gewohnheiten‘: „The judge said the
law did not recognise trade societies' rules; the custom of trades, however, was generally
considered to be binding on masters and men." Vgl. auch Labour Gazette, Juli 1893, S. 63
(Fall von 174 Dockarbeitern, die „Wartegeld" nach den „Regeln" ihrer Gewerkschaft einklagen wollten): „The Deputy Stipendiary dismissed the claim, holding that there was no
proof of a contract, or that the Union rules had been adopted."

195 Vgl. The Times, 12. März 1923, S. 9: Fall von 52 Bergleuten, die eine Arbeitsniederlegung damit rechtfertigten, daß die Bergwerkseigner seit zwanzig Jahren die „custom of ‚show
cards‘", das heißt die regelmäßige Prüfung, ob alle Beschäftigten Gewerkschaftsmitglieder
waren, anerkannt hätten, nun aber davon nichts mehr wissen wollten. Es handele sich, so der
Gewerkschaftssekretär, nicht bloß um ein „war-time arrangement". Dennoch erkannten die
Friedensrichter auf Vertragsbruch und verurteilten alle 52 Männer zur Zahlung von Schadenersatz. Während des Krieges wurden unter den *Munitions of War Acts* alle ‚Regeln‘ und
‚Gewohnheiten‘, welche die Produktion behindern konnten, suspendiert. Nach dem Krieg
wurden sie durch den *Restoration of Pre-War Trade Practices Act*, 9 & 10 Geo. 5, c. 42
(1919), für ein Jahr wiederhergestellt. Danach trat die freie Aushandlung von Arbeitsbedingungen wieder in ihr Recht ein. Vgl. Rubin, War, Law, and Labour, S. 232 ff.; John N. Horne,
Labour at War. France and Britain 1914–1918, Oxford 1991, S. 80, 230, 244 f., 271 f.; Brodie,
Evolution of British Labour Law, S. 289.

nung ihrer Regeln hinsichtlich der ‚Demarkationen' von Jobs und des Ausschlusses von Nicht-Mitgliedern blieb vor Gericht nichts weiter als ein freiwilliges Zugeständnis, das die Arbeitgeber jederzeit zurücknehmen konnten.

Der erklärte Wille des Einzelnen stand so für die Richter weiterhin über
jeder Gewohnheit. Der individuelle Arbeitsvertrag, im Arbeitsalltag meist
nicht mehr als eine Fiktion, galt rechtlich als die Grundlage des Arbeitsverhältnisses, aber weil die individuellen Verträge in der Realität sehr oft völlig
inhaltsleer waren, mußte in der Rechtsprechung mit nahezu beliebig defi-
nierbaren Gewohnheiten und ‚impliziten Bedingungen' operiert werden.
Inkonsistente Entscheidungen und Rechtsunsicherheit waren die Folge.

4. Wert der Arbeit

Die rechtliche Konstruktion der Ware ‚Arbeit'

In einer vielbeachteten vergleichenden Studie vertritt der amerikanische So-
ziologe Richard Biernacki die These, daß sich im Übergang zur kapitalisti-
schen Produktionsweise in Großbritannien und Deutschland ein verschiedenes Verständnis von Arbeit als Ware herausgebildet habe.[196] Extrem verkürzt lautet Biernackis Resultat, daß deutsche Arbeiter sich als Anbieter
von Arbeits*kraft* begriffen, die sie einem Unternehmer für bestimmte Zeit
zur Verfügung stellten, während britische Arbeiter glaubten, ihre Arbeit
nehme Warengestalt erst im fertigen Arbeits*produkt* an, das dann der Unternehmer weiterverkaufe. Auch die Arbeitgeber beider Länder hätten diese
Sicht geteilt und sich entsprechend verhalten. Die empirischen Belege für
diesen unterschiedlichen Begriff von ‚Arbeit' gewinnt Biernacki aus einem
auf die Zeit von 1850 bis 1914 konzentrierten Vergleich englischer und
deutscher Wollwebereien, einer Industrie, bei der sich die technischen Gegebenheiten und kommerziellen Rahmendaten etwa zeitgleich veränderten.

Den synchronen Vergleich möglichst ähnlicher Arbeitsverhältnisse sieht
Biernacki als geeignete Methode, um dennoch verbleibende Unterschiede
als ‚kulturell' bedingt zu erweisen. Was ‚Kultur' sei, bleibt bei ihm allerdings merkwürdig unbestimmt. Fest steht eigentlich nur, daß dem Autor
eine kulturelle Erklärung immer dann plausibel scheint, wenn wirtschaftliche oder andere ‚utilitaristische' Motive für Verhalten ausscheiden. Kultur

---

[196] Richard Biernacki, The Fabrication of Labor. Germany and Britain, 1640–1914, Berkeley
1995.

besteht für ihn aus selbstverständlichen Denk- und Handlungsmustern, die sich ohne Wissen der Beteiligten in die alltägliche Praxis eingraben und dort durch ständige Wiederholung und Anschauung verfestigen. Biernacki gebraucht hierfür häufig das Bild der ‚Schablone‘.

Um seinen Beweis zu führen, untersucht Biernacki zahlreiche unscheinbare betriebliche Praktiken, angefangen von den Modalitäten der Lohnzahlung und der Einbehaltung von Strafgeldern über die Messung von Arbeitseffizienz und die Beziehungen zwischen Arbeitern und Werkmeistern bis hin zur Anlage der Fabrikgebäude und zu den symbolischen Formen des Protests. Immer zeigt sich der gleiche Befund: Briten verhielten sich stets so, als verkörpere sich die Arbeit im Produkt, Deutsche dagegen so, als ginge es um die Indienstnahme der ganzen Person, der Fähigkeiten und der Zeit des Arbeiters. Einige wenige Beispiele mögen zur Verdeutlichung genügen: In beiden Ländern wurden die Weber auf Stücklohnbasis bezahlt, doch geschah dies in Großbritannien nach der Länge und Dichte des gewebten Tuchs, also nach der Qualität des Produkts, während die Bezahlung in Deutschland nach der Anzahl der Durchschüsse des Schiffchens berechnet wurde, also nach der verausgabten Arbeitskraft.[197] Nach den gleichen Prinzipien erfolgte auch die Erhebung von Geldbußen für schlechte Arbeit: In den englischen Wollfabriken kam es vor, daß Strafgelder erst einbehalten wurden, nachdem sich der Preis des Tuchs auf dem Warenmarkt herausgestellt hatte, in deutschen Fabriken hingegen fanden Lohnabzüge stets unmittelbar bei der Produktion fehlerhaften Gewebes statt; in dem einen Fall war die Buße eine Kompensation für das schlechte Produkt, im anderen wurde die nachlässige Bedienung des Webstuhls bestraft.[198] Auch die Forderungen der Arbeiter folgten dem je verschiedenen Begriff von Arbeit als Ware: Deutsche Wollweber verlangten (und erhielten) für die Zeiten, in denen sie auf Material warten mußten, Wartegeld, weil sie nach ihrem (und ihrer Arbeitgeber) Verständnis Kraft und Zeit zur Verfügung stellen mußten. Englische Wollweber hingegen kamen nicht auf diesen Gedanken, sondern forderten einen garantierten Abnahmepreis für ihr Produkt, um Wartezeiten und absatzbedingte Betriebsstockungen überbrücken zu können.[199] Der gleiche Auffassungsunterschied wirkte sich auf die Beschäftigung verheirateter Frauen mit Kindern aus: In deutschen Textilfabriken gab es spezielle Pausen- und Arbeitszeitordnungen für diese Frauen, um ihnen die Haushaltsführung zu erleichtern. Englische Weberinnen und Spinnerin-

---

[197] Ebd., S. 43–73.
[198] Ebd., S. 74–78 u. 426 f.
[199] Ebd., S. 364–378.

nen hatten dagegen die Möglichkeit, wie ihre männlichen Kollegen auch, selbständig Ersatzleute an ihre Plätze zu setzen. Darin kam zum Ausdruck, daß sie lediglich verpflichtet waren, ein Produkt abzuliefern, während deutsche Arbeiterinnen ihre Person und Arbeitskraft bereitstellen mußten.[200] Biernacki glaubt nun zeigen zu können, daß in keinem dieser Fälle mit der einen oder anderen Praxis erkennbare wirtschaftliche oder technische Vorteile verbunden waren, weder für die Unternehmer noch für die Arbeiter. Daraus zieht er den Schluß, daß diese Formen der Betriebsorganisation und des Forderungsverhaltens ‚kulturellen‘ Ursprungs seien.

Ohne die Kritik im Detail durchführen zu können, ist festzustellen, daß Biernacki einen entscheidenden Faktor für die Erklärung der differierenden Begriffe und Verhaltensweisen nicht ausreichend berücksichtigt: das Recht. Überspitzt gesagt ließe sich ihm entgegenhalten, daß sehr viele, wenn nicht alle der angeblich kulturellen (nationalen) Unterschiede auf dem schlichten Sachverhalt beruhen, daß die Angehörigen seiner englischen Sample-Gruppe den Rechtsstatus von *independent contractors* und nicht von *servants* besaßen, während die Angehörigen der deutschen Sample-Gruppe mit Dienstverträgen im Sinne der damals geltenden bürgerlichen Gesetzbücher beschäftigt waren und zudem als gewerbliche Arbeiter den Bestimmungen der einzelstaatlichen, später reichseinheitlichen Gewerbeordnungen unterlagen.[201] Noch schärfer formuliert: Was Biernacki als nationalspezifische ‚kulturelle‘ Konstruktionen der Ware Arbeit deutet, waren in Wirklichkeit *rechtliche* Konstruktionen der Ware Arbeit, die ähnlich in beiden Nationen, und zwar nebeneinander, existierten.

Wie es in Deutschland auch Beschäftigte mit Werkverträgen gab, so in England auch Beschäftigte mit Dienstverträgen. Hätte Biernacki auf englischer Seite Arbeitergruppen in den Mittelpunkt gestellt, die rechtlich als *servants* galten, so wäre das Ergebnis anders ausgefallen. Dann hätte Biernacki auch auf englischer Seite ein Verständnis der Ware Arbeit vorgefunden, das die Aneignung von Kraft, Fähigkeit und Zeit des Arbeiters durch den Arbeitgeber zum Kern der Transaktion machte. Verallgemeinerbar für englische Arbeitnehmer schlechthin sind seine Befunde somit nicht. Eine gewisse Plausibilität besitzen sie allein für jene Bereiche der englischen Wirtschaft, in denen das *subcontracting* verbreitet war. Daß die von ihm un-

---

[200] Ebd., S. 82 u. 480 f.
[201] An einer Stelle (ebd., S. 76) deutet Biernacki zaghaft an, daß das deutsche bürgerliche Recht für eine der von ihm aufgezeigten Differenzen, die Praxis der Lohneinbehaltung, verantwortlich sein könnte. Er führt jedoch diesen Gedanken nicht weiter aus, wie generell seine verstreuten Bemerkungen zum Recht vage bleiben und nicht von Sachkenntnis zeugen.

tersuchten englischen Textilarbeiterinnen Ersatzleute stellen durften, daß englische Wollweber anders als die deutschen nicht darauf kamen, vor Gericht Schadensersatz für Zeitverluste einzuklagen, daß englische Textilunternehmer es riskieren konnten, als Kompensation für fehlerhaft abgelieferte und daher schlecht verkäufliche Produkte einen Teil des vereinbarten Preises einzubehalten, all dies ergab sich folgerichtig aus dem Rechtsstatus der betreffenden Arbeiter als *contractors*. Einer darüber hinausreichenden ‚kulturellen' Erklärung bedarf es dafür nicht.

Ähnliches ließe sich für Deutschland sagen. Hier steckte das Recht in stärkerem Maße als in England den Rahmen für mögliches Verhalten ab. Das allgemeine Vertragsrecht und mehr noch die Gewerbeordnungen enthielten eine große Zahl zwingender Bestimmungen, und die besseren Klagemöglichkeiten vor den Gewerbegerichten sorgten dafür, daß deutsche Arbeitgeber eher damit rechnen mußten, verklagt zu werden. Biernacki selbst konstatiert an einer Stelle, daß deutsche Arbeiter „legalistischer" waren, zieht daraus aber für seine Analyse keine weitergehenden Schlüsse.[202] Insbesondere machte es die Rechtslage deutschen Arbeitgebern praktisch unmöglich, innerhalb von Fabriken in großem Umfang scheinselbständige Existenzen wie in England als *contractors*, also auf Werkvertragsbasis, zu beschäftigen.[203] Zwar garantierte die Gewerbeordnung (§ 105) grundsätzlich Vertragsfreiheit, doch zeigten sich deutsche Richter anders als ihre englischen Kollegen weniger bereit, die Fiktion mitzutragen, nach der Zwischenmeister oder gelernte Fabrikarbeiter, denen Gehilfen unterstanden, auf eigene Rechnung arbeiteten und Arbeitgeber dieser Gehilfen waren.[204] Der Dienstvertrag und damit das von Biernacki als ‚deutsch' beschriebene Verständnis der Warenform von Arbeit war die Normalität in deutschen Fabriken. Es war eine Normalität, die aus rechtlichen Gegebenheiten hinreichend erklärt werden kann, ohne daß man eine – nebulös definierte – ‚Kultur' bemühen muß.

---

[202] Ebd., S. 448 f.

[203] Zum System des *contracting* in englischen Textilfabriken, Bergwerken und anderen Industrien: Pollard, Genesis of Modern Management, S. 38–47; Raphael Samuel, Mineral Workers, in: ders. (Hg.), Miners, Quarrymen and Saltworkers, London 1977, S. 1–97, S. 18 ff., 22 ff., 26–29, 33, 50; Joyce, Work, Society and Politics, S. 52, 77 f.; Linder, Employment Relationship, S. 8–11.

[204] Vgl. Philipp Lotmar, Der Arbeitsvertrag nach dem Privatrecht des Deutschen Reiches, 2 Bde., Leipzig 1902/08, Bd. 1, S. 67 f., 99–106, 312 ff., Bd. 2, S. 486 ff., 510–516; Arthur Stadthagen, Das Arbeiterrecht. Rechte und Pflichten des Arbeiters in Deutschland aus dem gewerblichen Arbeitsvertrag, der Unfall-, Kranken-, Invaliden- und Altersversicherung unter besonderer Berücksichtigung des Bürgerlichen Gesetzbuchs, 3. Aufl. Stuttgart 1900, S. 65 f., 124 f.

Nicht die in blinder Praxis reproduzierten kulturellen Selbstverständlichkeiten, sondern das Recht, konkret: die Formangebote für den Arbeitsvertrag gaben also die ‚Schablonen' ab, nach denen die Beteiligten sich verhielten. In Anbetracht der Ausführungen dieses Kapitels über die Abgrenzung zwischen *servants* und *contractors* dürfte außerdem klar sein, daß die Wahl der Vertragsform jedenfalls in England keineswegs frei von ‚utilitaristischen' Motiven geschah. Vor allem die Arbeitgeber genossen handfeste, auch geldwerte Vorteile, wenn sie ihre gelernten Beschäftigten als *contractors* engagierten. Ein Arbeitgeber, der diese Form wählte, war durch die zwischengeschalteten *contractors* vor Lohn- und Schadensersatzklagen der Gehilfen abgeschirmt, er konnte einen Teil des Betriebsrisikos auf die gelernten Kräfte abwälzen, und er entging mit Blick auf die Hilfsarbeiter etlichen Verpflichtungen, welche die Fabrikgesetze, Bergwerksgesetze, Truckgesetze und der *National Insurance Act* dem Arbeitgeber aufbürdeten.[205]

Der Dualismus zwischen *Common law* und *Statute law* sorgte zudem dafür, daß die nach dem *Common law* als *contractor* eingestuften Arbeiter zumindest bis 1875 für bestimmte Delikte dennoch ähnlich wie *servants* behandelt und bestraft werden konnten, nämlich dann, wenn sie ihre Arbeit nicht innerhalb einer gesetzten Frist beendeten oder ohne Kündigung zu arbeiten aufhörten.[206] Biernacki erwähnt indes die speziell für die Wollindustrie und verwandte Branchen erlassenen, bis 1875 gültigen *Statutes* des 18. und frühen 19. Jahrhunderts an keiner Stelle. Dabei enthielten diese Gesetze, unter anderem zum Zwecke der Verhütung von Materialdiebstahl, detaillierte Bestimmungen darüber, wie Wollfäden zu spinnen, aufzuwickeln und zu verweben seien und welche Strafen fällig waren, wenn die Zahl der Fäden sich nach Prüfung durch die eigens dafür bestellten Inspektoren als unzureichend herausstellte.[207] Diese konkreten, von Biernacki übersehenen gesetzlichen Vorschriften trugen wesentlich dazu bei, daß sich bestimmte Verhaltensweisen in der englischen Wollspinnerei und Wollweberei herausbilden und verfestigen konnten. Die Fixierung der englischen Arbeitgeber und Arbeiter auf die Länge und Dichte des Tuches für die Fertigungs-

---

[205] Für die Umgehung der Fabrikgesetze durch Abwälzung auf Arbeiter siehe Gray, Factory question, S. 169–173. Ein Beispiel für die Umgehung der Bergwerksgesetze durch die Praxis des *subcontracting*: Colliery Guardian, 20. Febr. 1858, S. 119 (Vater ‚beschäftigt' seinen Sohn, der deshalb nicht als *servant* gilt und nicht den Bestimmungen des *Mines Act* unterliegt). Für die entsprechenden Probleme aufgrund des *National Insurance Act* vgl. die Artikel in: Brick and Pottery Trades Journal, 1. Aug. 1912, S. 365, „An Insurance Problem"; Builder, 5. Juli 1912, S. 18, „The Insurance Act.-IV.".

[206] 6 & 7 Vict. c. 40 (1843), ss. 2, 3, 7, sowie zahlreiche frühere dort (s. 1) aufgelistete Gesetze für einzelne Branchen des produzierenden Gewerbes, darunter auch die Wollindustrie.

[207] Vgl. etwa 17 Geo. 3, c. 11 (1777).

kontrolle und Lohnberechnung ist so zu erklären. Wie die Vorliebe für bestimmte Vertragsformen muß man auch die Inhalte dieser Gesetze nicht unbedingt einem spezifisch englischen ‚kulturellen‘ Verständnis der Ware ‚Arbeit‘ zurechnen. Vielmehr gab es auch hier benennbare ökonomische Interessen – den Kampf gegen den fortgesetzten Materialdiebstahl, die Notwendigkeiten der Fertigungskontrolle in der dezentralisierten Verlagsproduktion –, die auf Betreiben der Unternehmer zu den entsprechenden legislativen Maßnahmen führten.

Exakt die gleichen Probleme der Fertigungskontrolle und Überwachung rechtlich selbständiger Kleinproduzenten bestanden im übrigen bis zum Beginn der fabrikmäßigen Produktion auch in den deutschen Verlagsindustrien. Auch hier fand sich bei den zuhause produzierenden Wollwebern, Baumwollspinnern, Drahtziehern, Klingenherstellern und ihren Arbeitgebern, den Verlegern, ein Verständnis des Verkaufs von Arbeit als Ware, das dem angeblich für England typischen genau entsprach. Auch hier verfielen die Arbeitgeber zum Teil auf die gleichen Lösungen, um mit Diebstählen und schlechter Arbeit fertig zu werden.[208] Anders als die englischen Unternehmer gingen jedoch die deutschen beim Übergang zur zentralisierten Produktion in Fabriken dazu über, ihre Arbeiter der früheren formalrechtlichen Selbständigkeit nach und nach völlig zu berauben. Die Gewerbeordnungen mit ihren Definitionen des Gewerbebetriebs ließen ihnen zum Teil keine andere Wahl.[209] Erst jetzt, im Laufe der mittleren Jahrzehnte des 19. Jahrhunderts, wurden die nun in Fabriken konzentrierten deutschen Textilarbeiter zu Lohnabhängigen degradiert, die aufgrund ihrer Dienstverträge verpflichtet waren, ihre Arbeits*kraft* zur Verfügung zu stellen anstatt, wie früher als Selbständige, lediglich ein einwandfreies Produkt abzuliefern.

Um seine These überzeugend zu machen, hätte Biernacki vor allem erklären müssen, warum zu diesem kritischen Zeitpunkt des Übergangs deutsche Fabrikanten ihre Arbeiter auf den Status von ‚Bedienten‘ herabdrückten, während englische Unternehmer ihren Arbeitern einen, wenn auch oft fiktiven Status als selbständige *contractors* in der Fabrik beließen. Genau dies wäre der Punkt gewesen, an dem Biernacki die Wirkung des Faktors ‚Kultur‘ in der alltäglichen Betriebspraxis hätte aufzeigen müssen, so wie er es

---

[208] Ausführlich hierzu mit zahlreichen Fallstudien und Quellenzitaten, die das Arbeitsverständnis belegen: Brand, Entstehung der Arbeitsgerichtsbarkeit in Deutschland.

[209] Vgl. Jürgen Kocka, Arbeitsverhältnisse und Arbeiterexistenzen. Grundlagen der Klassenbildung im 19. Jahrhundert, Bonn 1990, S. 225 f., 228 ff. (zu Misch- und Übergangsformen, die den laut Biernacki angeblich für England typischen Beschäftigungsformen durchaus entsprechen), 243 f. (zu den Übergängen von der Selbständigkeit zur Lohnarbeit in der Wollindustrie).

für die späteren Jahrzehnte des 19. Jahrhunderts, als die fraglichen Begriffe
und Praktiken längst etabliert waren, getan hat. Was er statt dessen zur
Erklärung anbietet, ist ein globales Ablaufmodell der zeitverschobenen
Durchsetzung freier Märkte für Waren einerseits, für Arbeit andererseits in
den beiden Ländern. In England habe sich ein freier Arbeitsmarkt erst im
späten 18. Jahrhundert durchgesetzt, gut anderthalb Jahrhunderte nach der
Entstehung eines freien Marktes für Produkte. In Deutschland hingegen sei
zu Beginn des 19. Jahrhunderts fast gleichzeitig ein freier Warenmarkt und
ein freier Arbeitsmarkt verwirklicht worden. Wesentlich aufgrund dieser
Zeitversetzung sei es in den beiden Ländern zu einer verschiedenen Definition der Warenform der Arbeit gekommen, eine Entwicklung, für die Biernacki Belege aus dem Diskurs der politischen Ökonomie, nicht aber aus der
Arbeitspraxis selbst anführt.[210] Verkürzt läuft sein Argument darauf hinaus,
daß sich in England der Begriff des Lohnarbeiters am Idealbild des unabhängigen Kleinproduzenten gebildet habe, während in Deutschland das
‚feudale‘ Dienstverhältnis auf dem Lande sowie das zünftig organisierte
Handwerk in den Städten zur ‚Schablone‘ für die Konzeptualisierung der
Fabrikarbeit geworden sei.

Abgesehen davon, daß diese Darstellung im Hinblick auf Deutschland
nicht frei von Klischees ist, bleibt Biernacki den Beweis schuldig, daß deutsche Textilfabrikanten sich tatsächlich bei ihren betriebsorganisatorischen
Entscheidungen durch diese – branchenfernen – Modelle leiten ließen.
Warum kamen sie nicht wie ihre englischen Kollegen auf den Gedanken,
den ehemals freien Handwerkern und Heimgewerbetreibenden einen
scheinselbständigen Status innnerhalb der Fabrik zu belassen? Sprachen in
Deutschland wirtschaftliche, ideologische oder – was wahrscheinlich ist –
rechtliche Gründe gegen diese Lösung? Ebenso fehlt auch eine Untersuchung der Selbstdefinitionen und möglichen Motive der Arbeiter beider
Länder zum Zeitpunkt des Übergangs zur fabrikmäßigen Produktion.
Warum ließen es sich deutsche Textilarbeiter anders als die englischen anscheinend widerstandslos gefallen, in den Status von ‚Bedienten‘ versetzt zu
werden, die ihre ganze Person und Kraft ihrem ‚Herrn‘ zur Verfügung stellen mußten? Lag es daran, was Biernackis These stützen würde, daß sich die

---

[210] Die Brillanz der Analysen Biernackis zu Adam Smith, David Ricardo, Karl Marx und insbesondere zu den wechselseitigen Rezeptionsvorgängen auf der Theorieebene soll hier nicht
bestritten werden. Vor allem die Abschnitte zu Marx und zur Wiederaneignung der frühen
englischen radikalen politischen Ökonomie durch die englischen Sozialisten des späten
19. Jahrhunderts auf dem Weg über Übersetzungen deutscher Werke sind Kabinettstücke
einer methodisch verfeinerten Ideengeschichte. Für sein zentrales Argument bringen diese
Analysen aber wenig.

Fabrikarbeiter überwiegend aus überschüssigen ländlichen Arbeitern und städtischen Handwerksgesellen rekrutierten, die das Dienstmodell von Arbeit verinnerlicht hatten? Oder hatten sie aufgrund ihrer Armut einfach keine andere Wahl?[211]

Auf der anderen Seite wäre zu fragen, warum englische Fabrikarbeiter sich einer formellen Degradierung zu *servants* so lange und konsequent widersetzten, obwohl sie faktisch kaum weniger abhängig waren als ihre deutschen Gegenüber. Auch hier würde es Biernackis These stützen, wenn man zeigen könnte, daß sich die gelernten Kräfte in den englischen Fabriken hauptsächlich aus den früher selbständig zuhause arbeitenden Handweberfamilien rekrutierten. Dann könnte man davon ausgehen, daß sie ihre in der Verlagsproduktion erlernten Vorstellungen von der Ware ‚Arbeit' und der vertraglichen Organisation von Arbeitsleistung in die neue Umwelt der Fabrik mitgenommen hätten.[212] Der Stolz auf das handwerkliche Geschick, den *skill*, und das damit verbundene Beharren auf Respekt mögen ein weiterer Grund für das Festhalten am, zunehmend fiktiven, Selbständigenstatus gewesen sein.[213] Denkbar ist auch, daß die Ablehnung des *servant*-Status durch englische Fabrikarbeiter zusätzlich ideologisch begründet war, weil diese Form der Unterwerfung dem allseits, auch von Regierungsseite, propagierten Bild des ‚freien' Engländers widersprach.[214] Schließlich wird man die rechtliche Umgebung als Faktor berücksichtigen müssen. Das ökonomisch scheinbar sinnlose Festhalten der englischen Textilarbeiter am Status des *contractor* war rechtlich bis 1875 eine vollkommen rationale Strategie. Einmal ersparte es den betreffenden Arbeitern die einseitige Strafjustiz unter dem *Master and Servant Act*, zum anderen gab es ihnen juristische und rechtspolitische Argumente an die Hand, um sich gegen die erwähnten Sonderstrafgesetze für die produzierenden Gewerbe zur Wehr zu setzen.[215]

---

[211] Tatsächlich gab es beides, Widerstände gegen den Verlust der Selbständigkeit bei den ehemals freien Handwerkern und widerstandsloses Hinnehmen der Degradierung bei den ehemaligen Landarbeitern und städtischen Unterschichten; dazu im Überblick Kocka, Arbeitsverhältnisse, S. 271f., 277–293, 453–456, 488.

[212] Vgl. Joyce, Work, Society and Politics, S. 61f. Generell zum langen Fortleben der Zwischenformen zwischen selbständiger und unselbständiger Arbeit, zum „relativen Archaismus der industriellen Organisation" und zum späten Übergang zu eindeutigen Formen der Lohnarbeit in der englischen Industrie: Patrick Joyce, Work, in: Cambridge Social History of Britain 1750–1950, hrsg. v. F.M.L. Thompson, 3 Bde., Cambridge 1990 (Pb 1993), Bd. 2, S. 131–194, bes. S. 145–158.

[213] Siehe John Rule, The property of skill in the period of manufacture, in: Patrick Joyce (Hg.), The historical meanings of work, Cambridge 1987, S. 99–118.

[214] Der *locus classicus* hierzu ist E.P. Thompson, Making of the English Working Class, S. 84–110.

[215] Auch nach 1875 nutzten englische Wollweber das Argument, sie seien als „piece-workers"

Für deutsche Fabrikarbeiter entfiel dieses Motiv, denn ihre Vertragsbrüche und Fehlleistungen unterlagen im gesamten 19. Jahrhundert dem Zivilrecht, nicht dem Strafrecht.

Es liegt jenseits der Ziele dieser Untersuchung, die von Biernacki offengelassenen Fragen zu beantworten. Die Kritik an seiner These sollte verdeutlichen, daß eine kulturgeschichtliche Analyse von Arbeitsprozessen und Arbeitsbegriffen auf eine gründliche Erörterung der Rechtsverhältnisse nicht verzichten kann. Die Rechtskultur eines Landes – und hierzu gehören sowohl das materielle Recht als auch die Institutionen und das Streitverhalten – ist zentraler, das Verhalten formender Bestandteil der Kultur. Dies wußte schon Montesquieu, wenn er die verschiedensten Lebensbereiche wie Handel, Geldwesen, Kriegführung, Familienstruktur, Sexualverhalten und Religion jeweils „in ihrer Beziehung zum Recht" darstellte.[216] Auch war ihm klar, daß es unzulässig ist, das Recht seinerseits lediglich als bloßen Ausdruck von etwas anderem, seien es materielle Interessen oder ein hypostasierter ‚Geist der Nation', zu werten. So zu verfahren hieße, die relative Autonomie des Rechts zu unterschätzen.[217] Das Recht hat seine eigene Veränderungsgeschwindigkeit. Es wandelt sich durch Herausforderungen, die von außen, sei es durch die Politik, sei es durch die Rechtssuchenden, an es herangetragen werden, aber es wandelt sich oft langsamer, manchmal auch schneller als die Verhältnisse, zu deren Regulierung es ersonnen wurde. Umgekehrt gibt das Recht unbeschadet seiner Anpassungsfähigkeit Formen möglichen Verhaltens vor, die von den Handelnden, hier den Arbeitnehmern und Arbeitgebern, nicht ohne Nachteil außer Acht gelassen werden können.

Im Fall der rechtlichen Konstruktion der Ware Arbeit wirkte nun in der deutschen juristischen Diskussion die römisch-rechtliche Figur der Dienstmiete stilbildend. Vermittelt durch die Justizpraxis bis hinab zur Gewerbe-

---

wie *contractors* zu behandeln, um die Praxis der Lohneinbehaltung, mit der Arbeitgeber ihnen das Klagerisiko aufbürdeten, als illegal zu kennzeichnen. Sie bestanden darauf, wie alle anderen Warenverkäufer behandelt zu werden, was bedeutet hätte, daß die Arbeitgeber ihnen erst den vollen ‚Preis' hätten zahlen müssen, um dann ihrerseits eventuell berechtigten Schadensersatz einzuklagen. Vgl. ein entsprechendes Zitat von 1893 bei Biernacki, Fabrication, S. 426 f. Freilich ist es verfehlt, derartige taktische Äußerungen unkritisch als Ausdruck von Bewußtseinsinhalten zu lesen, wie Biernacki es an dieser und vielen anderen Stellen tut.

216 Montesquieu, De l'esprit des lois (1748), Oeuvres complètes, hrsg. v. Roger Caillois, Bd. 2, Paris 1951, S. 225–995.

217 Bei seinen Interpretationen von Rechtsstreitigkeiten tendiert Biernacki dazu, die Eigenart rechtlicher Kommunikation unberücksichtigt zu lassen. Die Ausführungen dieses Kapitels dürften deutlich gemacht haben, daß Äußerungen in juristischen Zusammenhängen fast immer eine taktische Dimension haben, so daß ein Rückschluß auf mentale Dispositionen gut begründet werden muß.

gerichtsbarkeit in den Städten stellte diese Vertragsfigur Arbeitgebern und Arbeiternehmern ein Modell bereit, nach dem sie ihre Beziehungen organisieren konnten und – trotz Vertragsfreiheit – bis zu einem gewissen Grade organisieren mußten. Es war ein Modell, das dem Arbeitgeber als Gegenleistung für die in Anspruch genommene Arbeitskraft über die Lohnzahlung hinaus unter Umständen auch andere Pflichten, zum Beispiel die Pflicht zur Beschäftigung, auferlegte.[218] Im englischen *Common law* galt hingegen der *contract of service* nur als eine, in der Praxis der höheren Gerichte nicht eben wichtige, Anwendungsform des allgemeinen Vertrags. Für diesen gab im englischen Recht der einfache Warenkauf das Leitbild ab, nicht die Dienstleistung und die reziproken Pflichten dessen, der Arbeitskraft und Zeit in Anspruch nahm. Bei der Auslegung des Dienstvertrags bestand daher bei englischen Richtern die Tendenz, den Austausch von Arbeitsresultaten gegen ihren ,Preis‘, also den Lohn, als Kern der Beziehung zwischen Arbeitnehmer und Arbeitgeber zu begreifen. Zumindest was die Arbeitgeberseite angeht, waren englische Richter äußerst zurückhaltend, wenn es galt, über die Lohnzahlung hinaus zusätzliche Pflichten zu definieren.

Für englische Arbeitnehmer wirkte sich dieses Vertragsmodell im Konfliktfall wenig vorteilhaft aus. Nicht nur erlaubte es, wie bereits gezeigt, den Arbeitgebern, sich manche Verpflichtungen und lästige Schadensersatzklagen vom Halse zu halten; auch erschwerte es den Arbeitnehmern, vor Gericht Forderungen geltend zu machen, die sich auf immaterielle Aspekte ihrer Arbeit gründeten, also auf ihr Geschick und ihren Erfindungsreichtum, ihre Zeit und Berufserfahrung, Reputation, Qualifikationserhalt, Beschäftigungsmöglichkeiten in der Zukunft und – nicht zuletzt – persönliche Würde. Wie diese nicht-tangiblen, schwer in Geldwerte umzurechnenden Leistungen und entsprechende Schädigungen vor englischen Gerichten bewertet wurden, soll uns zum Abschluß dieses Kapitels beschäftigen.

STREITIGKEITEN UM IMMATERIELLE WERTE

Im gesamten Untersuchungszeitraum finden sich in der Presse und den *Law Reports* nur wenige Gerichtsfälle, bei denen immaterielle Aspekte des Arbeitsverhältnisses den Klagegrund bildeten. Dies lag nicht etwa daran, daß englische Arbeitnehmer und Arbeitgeber sich durchweg als kühl berechnende Ökonomen verhalten hätten, denen persönliche Fähigkeiten,

---

[218] Zur Beschäftigungspflicht im deutschen Arbeitsrecht, mit Angaben zur älteren Literatur: Alfred Hueck u. Hans Carl Nipperdey, Lehrbuch des Arbeitsrechts, Bd. 1, Mannheim 1928, S. 217–220.

Zeitverluste, Berufsehre, zukünftige Chancen, Zufriedenheit am Arbeitsplatz oder gegenseitiges Vertrauen gleichgültig gewesen wären. Vielmehr ist der Grund darin zu suchen, daß Konflikte um diese schwer in Geld auszudrückenden Werte im Recht kaum vorgesehen waren. Von Ausnahmen abgesehen gab es dafür im *Common law* keine etablierten Klageformen, und englische Richter und Gesetzgeber zeigten sich in diesem Feld, wie auch sonst, abgeneigt, neue Klagemöglichkeiten zu eröffnen. Das Recht stellte keine vorgeprägten Formeln und Sätze, keine Schablonen bereit, mit denen sich Streitigkeiten um immaterielle Werte leicht in Worte fassen ließen.

Es gehörte daher juristischer Sachverstand dazu, um einen auf die Verletzung immaterieller Güter bezogenen Anspruch überhaupt so zu formulieren, daß er vor Gericht verhandelbar wurde. Ohne Rechtsbeistand war dies einem Laien praktisch unmöglich. Selbst wenn der Übersetzungsvorgang aus der Laiensprache in die juristische Terminologie glückte, blieb das Risiko des Scheiterns hoch, die Gefahr groß, daß man viel Geld für nichts aufwendete. So ist es zu erklären, daß die bekannt gewordenen Prozesse dieser Art größtenteils von höher qualifizierten, relativ gut verdienenden Arbeitnehmern oder aber von Arbeitgebern angestrengt wurden. Handarbeiter waren unter den Klägern nur schwach vertreten; auf Arbeitnehmerseite gingen die meisten Klagen von Managern und Handlungsreisenden sowie vor allem von Schauspielern und Angehörigen verwandter Berufsgruppen aus, für die Publizität, Betätigung und sichtbare Entfaltung der eigenen Talente für nachfolgende Engagements unverzichtbar waren. Weil es bei diesen Prozessen oft um höhere Streitwerte ging, spielten die Lokalgerichte hier nur eine untergeordnete Rolle. Relativ viele Klagen landeten sogleich vor dem Obersten Gerichtshof.

Wenn es also kaum etablierte Klageformen gab, wie konnte man dann überhaupt einen auf die Verletzung immaterieller Güter gegründeten Anspruch vor Gericht zur Sprache bringen? Betrachten wir zunächst einige Spezialfälle. Besonders geschützt war das Recht der Lehrlinge auf Ausbildung, sofern ein förmlicher Lehrvertrag, die sogenannte *indenture of apprenticeship*, geschlossen worden war. Die Verpflichtung des Lehrherrn, den Lehrling in den für das Gewerbe oder Geschäft benötigten Fertigkeiten zu unterweisen, war hier der Zweck des Vertrags. Hierfür erhielt der Lehrherr in der Regel eine Prämie. Diese konnte der Lehrling beziehungsweise sein Vater oder Vormund bei Vertragsbruch, also bei vorenthaltener oder unzureichender Ausbildung, zurückfordern. Kritischer Punkt bei den Klagen wegen vorenthaltener Ausbildung war meist die Frage, ob Art und Ausmaß der Unterweisung angemessen waren. Dies war eine reine Ermessenssache. So wurde etwa die Klage einer Auszubildenden im Schönheitssalon einer gewissen Madame Elvira im vornehmen Londoner Stadtteil Belgravia zurückgewiesen, weil die Beklagte glaubhaft machen konnte, daß es in ihrem Geschäft unmöglich war, Kundinnen schon in den ersten drei Monaten durch „Novizen" behandeln zu lassen.[219] Und der Vater eines Lehrlings in einer Zigarrenfabrik im Londoner Osten, der darauf bestand, daß sein Sohn nur die Kunst, Zigarren von Hand herzustellen, lernen sollte, weil das Erlernen der maschinellen Pressung ein Kinderspiel und „Zeitverschwendung" sei, mußte sich vom Richter sagen lassen, daß die mit Maschinen produzierenden Arbeitgeber vielleicht nur „ihrer Zeit voraus" wären, da es ohne Maschinisierung bald nur noch Zigarren „made in Germany" gäbe. In diesem Fall gab der Richter der Gegenforderung des Arbeitgebers auf Schadensersatz wegen Arbeitsverweigerung des Lehrlings statt.[220] Den Inhalt der Ausbildung bestimmten somit in erster Linie die geschäftlichen und technischen Bedingungen, wie der Arbeitgeber sie definierte, außer wenn der Lehrvertrag detaillierte Festlegungen traf. Bessere Aussicht auf Erfolg hatten Klagen von Lehrlingen bei Geschäftsaufgabe, Auflösung einer Partnerschaft oder Verlagerung des Geschäfts an einen anderen Ort.[221] Hier handelte es sich um überprüfbare Fakten, die in der Regel einen Vertragsbruch durch den oder die Lehrherren darstellten. In entsprechenden Entscheidungen kam zum Ausdruck, daß die Gerichte neben dem Recht, unterwiesen zu werden, auch die persönliche Bindung an ganz bestimmte Personen und unter Umständen die räumliche Nähe zum Elternhaus als schützenswerte Güter betrachteten.

Zu den Besonderheiten des Ausbildungsverhältnisses gehörte ein erhöhter Schutz des Lehrlings gegen Entlassung. Selbst wiederholtes Fehlverhalten oder Fernbleiben, ja sogar kleine Diebstähle und Unehrlichkeiten des Lehrlings berechtigten den Lehrherrn nicht dazu, das Lehrverhältnis zu beenden.[222] Darin unterschied sich der Lehrvertrag vom normalen Dienstvertrag. Nur durch ausdrückliche schriftliche Vereinbarung konnte der Lehrherr sicherstellen, daß er einen notorisch aufsässigen Lehrling vor Ablauf der Lehrzeit loswerden konnte, und auch hier ließen die Gerichte kleine

---

[219] *Bakers' Record*, 14. Juni 1912, S. 3, „Action against Beauty Specialist" (*Cockburn* v. *Diprose*).

[220] *Tobacco*, 1. Nov. 1896, S. 415, „Master and Apprentice" (*Hoenderhooper* v. *Abrahams and Co.*), vgl. auch den Kommentar ebd., S. 398.

[221] Vgl. die Fälle *Couchman* v. *Sillar*, County Courts Chronicle, Reports of County Courts and Bankruptcy Cases 9 (1870), S. 142 ff.; *Eaton* v. *Western and Sons* (1882) 9 Q.B.D., S. 636–642, County Courts Chronicle, 1. Febr. 1882, S. 268 u. 1. Aug. 1882, S. 382.

[222] *Philps and others* v. *Clift*, Law Journal Reports, Exchequer, 28 (1858–59), S. 153 ff.

Unregelmäßigkeiten als Entlassungsgrund nicht gelten.[223] Sonst blieb dem Lehrherrn nur der Gang zum Friedensrichter, der den Lehrling ermahnen, zu einer Geldbuße verurteilen oder – sogar nach 1875 noch – gefangensetzen konnte, ohne daß damit der Vertrag aufgehoben war. Der *Employers and Workmen Act* räumte dem Friedensrichter zusätzlich die Möglichkeit ein, bei völligem Zusammenbruch der Beziehung den Vertrag unter Regulierung gegenseitiger Ansprüche endgültig aufzuheben.[224] Zu diesem letzten Mittel griffen die Richter aber meist erst nach dem zweiten oder dritten Anlauf.[225]

Der Anspruch des Lehrlings auf Qualifikations*erwerb* war damit insgesamt besser geschützt als der Anspruch normaler Arbeitnehmer auf Qualifikations*erhalt* und Qualifikations*verwertung*. Was die Verwertung der in einem Arbeitsverhältnis erworbenen Fähigkeiten und Kenntnisse angeht, so sind zunächst die teilweise gesetzlich geregelten Sonderfälle der Arbeitnehmererfindung und des geistigen Eigentums zu erwähnen. Grundsätzlich hatten Arbeitnehmer das Recht, auf ihren eigenen Namen Patente anzumelden, auch wenn sie die Erfindung während der Arbeitszeit und unter Benutzung von Hilfspersonal und Material des Arbeitgebers gemacht hatten. Waren Arbeitnehmer jedoch speziell als technische Berater oder Erfinder eingestellt worden, gehörten ihre Erfindungen dem Dienstherrn.[226] Die komplizierten Prozeduren der Patentanmeldung und die hohen Kosten stellten zudem oft ein Hindernis dar und zwangen den Arbeitnehmer-Erfinder, mit

---

[223] *Westwick v. Theodar*, Justice of the Peace, 9. Okt. 1875, S. 646.

[224] 38 & 39 Vict., c. 90 (1875), ss. 5–7. Die Haft war begrenzt auf vierzehn Tage. Diese Bestimmungen galten natürlich nur für Lehrlinge in handarbeitenden Berufen.

[225] Wie die von mir untersuchten Protokollbücher zeigen, machten Konflikte zwischen Lehrherren und Lehrlingen in einigen Gerichtsbezirken, und zwar gerade in industrialisierteren Regionen, einen nicht unbeträchtlichen Anteil der Streitigkeiten unter dem Gesetz von 1875 aus, am extremsten war hier St. Helens, wo bei 118 von 167 Streitigkeiten (72,8%) Lehrlinge involviert waren, durchweg als Beklagte; Lancashire Record Office, Preston, PSSH 3/1. In Newcastle waren Lehrlinge bei 67 von 843 Streitigkeiten (7,9%) als Beklagte oder Kläger beteiligt; Tyne and Wear Archives Service, MG/Nc/4. Diese Zahlen widersprechen der in Überblicksdarstellungen oft zu lesenden Auffassung, nach der in England förmliche Lehrverhältnisse schon im frühen 19. Jahrhundert unüblich geworden seien.

[226] Siehe Diamond, Master and Servant, S. 116. Vgl. für einen Grenzfall: Labour Gazette, Aug. 1900, S. 230 (*Whitehead v. Ramsden and Taylor*): Hier war ein Ingenieur entlassen worden, weil er ein Patent auf eigenen Namen angemeldet hatte und nicht bereit war, sich dafür bei der Firma zu entschuldigen. Die Firma vertrat den Standpunkt, daß der Kläger verpflichtet war, seine gesamte Zeit und Kraft zur Verfügung zu stellen, und daß alles, was aus seiner Arbeit resultierte, der Firma gehörte. Der Anwalt des Ingenieurs verwies demgegenüber auf das Recht eines Arbeiters, eine Erfindung in eigenem Namen anzumelden. In diesem Fall gab der Richter dieser Argumentation statt; der Kläger erhielt Schadensersatz für die ungerechtfertigte Entlassung.

seinem Arbeitgeber über die Nutzung der Erfindung und Teilung der Kosten zu verhandeln.[227] Die Anmeldung eines Patents kostete in Großbritannien nach einer 1852 erfolgten Reform des alten, aus dem 17. Jahrhundert stammenden Patentgesetzes zwar nur noch etwa £ 25, und die Erneuerungsgebühren für die maximale Laufzeit von 14 Jahren betrugen noch einmal etwa £ 150, doch waren diese Summen für Facharbeiter bei durchschnittlichen Wochenlöhnen von £ 1-£ 2 immer noch prohibitiv; auch eine weitere Gebührensenkung nach der Reform von 1883 ließ die Schwelle für gelernte Arbeiter ohne zusätzliche Geldquellen bestehen.[228] Selbst wenn es einem höher bezahlten Techniker oder Ingenieur gelungen war, eine Erfindung auf eigenen Namen patentieren zu lassen, war er nicht gegen Besitzansprüche seiner Firma an dem Patent gefeit. Vor Gericht pflegten die Firmen in solchen Fällen mit dem Grundsatz des *Common law* zu argumentieren, nach dem ein *servant* seinem Dienstherrn jederzeit ‚Treu und Glauben‘ (*good faith*) schuldete, was ihn dazu verpflichtete, die bestmögliche Leistung seinem Arbeitgeber und *nur diesem* zur Verfügung zu stellen. Aus jeder Andeutung eines Geheimhaltungsversuchs, aus jeder von der Firma bereitgestellten Hilfe, die der Arbeitnehmer unautorisiert für eigene Ziele genutzt hatte, aus jedem Hinweis, daß Wissen an die Konkurrenz weitergegeben worden sein könnte, ließ sich ein Vertrauensbruch konstruieren. Die Gerichte hatten in diesen Fällen zu entscheiden, ob die Erfindung wirklich ganz und gar die eigene des Arbeitnehmers war und ob sie ohne Vertrauensbruch zustandegekommen war. Hier handelte es sich wieder um Ermessenfragen, die je nach den Umständen des Falles und der Glaubwürdigkeit der Aussagen entschieden wurden.

Ein Mann namens Lind, der sich selbst vor Gericht als technischer Zeichner ausgab, von der klagenden Firma jedoch als „assistant engineer" bezeichnet wurde (bei einem Gehalt von zuletzt £ 4 5s. pro Woche), hatte im Zusammenhang mit einem Auftrag für Betonverschalungen von Stollen in einem Bergwerk eine neue Form verstärkter Betonblöcke entworfen, die er sich im Jahr 1914 hatte patentieren lassen.[229] Drei Jahre später, vermutlich

---

[227] Vgl. Christine Macleod, Negotiating the Rewards of Invention: The Shop-Floor Inventor in Victorian Britain, in: Business History 41 (1999), S. 17–36; dort auf S. 20 auch die folgenden Angaben zu den Kosten. Rechtliche Fragen werden in diesem Aufsatz nur am Rande gestreift.

[228] *Patent Law Amendment Act*, 15 & 16 Vict. c. 83 (1852); *Patents, Designs and Trade Marks' Act*, 46 & 47 Vict. c. 57 (1883). Für einen kurzen Abriß der englischen Patentgesetzgebung, allerdings ohne Berücksichtigung der besonderen Probleme des Arbeitnehmer-Erfinders vgl. Cornish u. Clark, Law and Society, S. 275–283.

[229] *British Reinforced Concrete Co.* v. *Lind* (1917), Illustrated Carpenter and Builder, 2. Febr. 1917, S. 94.

nach einem vorausgegangenen Konflikt, über den der Bericht schweigt, klagte die Firma vor der *Chancery Division* des Obersten Gerichtshofs auf den Besitz des Patents. Die Firma stellte die Erfindung als Auftragsarbeit dar, so daß der Beklagte Lind das Patent lediglich als „Treuhänder" halte, womit zugleich gesagt war, daß er es bei Ende des Beschäftigungsverhältnisses abzutreten hatte. Lind beharrte vor Gericht darauf, daß er im Zuge der Arbeit gleichsam zufällig auf die neue Methode gestoßen sei („it occurred to him") und daß er dabei von niemandem Hilfe erhalten hätte. In seinem Urteil attestierte der Richter dem Beklagten, daß er sich keiner unerlaubten Geheimhaltung und keines „unehrenhaften Verhaltens" schuldig gemacht habe, gab aber dennoch der Firma recht, weil es mit den Bedingungen von Linds Dienstvertrag und der daraus sich ergebenden Pflicht zu bestmöglicher Leistung „unvereinbar" sei, daß er das Patent zu seinem eigenen Nutzen behalte. Besser als dem einfachen technischen Zeichner erging es im Jahr 1912 dem hochbezahlten „managing director" einer Stahl- und Drahtfirma, der sich im Zuge seiner eigenen Klage wegen ungerechtfertigter Entlassung mit einer Gegenklage seiner ehemaligen Firma auf Besitz gewisser Patente für Drahtziehanlagen konfrontiert sah.[230] Die Firma versuchte, aus der Tatsache, daß der Direktor Pläne der im Betrieb gebrauchten Maschinen bei sich zuhause aufbewahrt hatte und von dort an die Konkurrenz weitergeleitet haben könnte, einen „Vertrauensbruch" abzuleiten, der sie zur Entlassung und zum Besitz der Patente berechtigte. Mit dieser Argumentation drang sie jedoch vor dem Richter der *Chancery Divison* nicht durch. Der Richter sah in dem Verhalten des Direktors „keine Verheimlichung" von Fakten und sah keinen Grund, ihm unlautere Absichten im Zusammenhang mit den Plänen der von ihm zum Teil selbst erfundenen Maschinen zu unterstellen. Ehrenhaftes Verhalten also hier wie in dem zuvor kommentierten Fall, aber was bei dem technischen Zeichner, einem *servant*, nicht genügt hatte, um ihm die Verwertungsrechte an seiner Erfindung zu belassen, genügte dem Gericht im Fall des Topmanagers, um den Besitzanspruch der Firma zurückzuweisen.

Die Fallberichte offenbaren nicht alle Einzelheiten, die zu den divergierenden Entscheidungen der Richter in den beiden Fällen geführt haben könnten, doch soviel ist sicher: Der Begriff von ‚Treu und Glauben' und die Unschärfe der Status-Definitionen von Beschäftigten ließen den Gerichten einen weiten Spielraum, der das Resultat von Prozessen um Arbeitnehmererfindungen unvorhersehbar machte. Ein anderes Gericht hätte möglicher-

---

[230] *Turnbull* v. *British Steel and Wire Co.*, berichtet in: The Ironmonger, 6. April 1912, S. 46 f. u. 27. April 1912, S. 59 f.

weise auch einen „managing director" als *servant* angesehen und von ihm den gleichen Einsatz verlangen können wie von dem angestellten technischen Zeichner. Tatsächlich tendierten englische Gerichte bis in die sechziger Jahre des 20. Jahrhunderts zu immer weitergehenden Einschränkungen der Arbeitnehmerrechte an ihren Erfindungen.[231]

Klarer, wenn auch nicht unbedingt vorteilhafter für Arbeitnehmer geregelt war die Frage des Copyright an Büchern, Artikeln, Kunstwerken, Musik- und Theaterproduktionen.[232] Hier bestand eine gesetzliche Grundlage. Hatten die Autoren derartige Werke innerhalb eines Arbeitsverhältnisses als *servant* hervorgebracht, so gehörte das Copyright dem *master*, außer wenn durch den Arbeitsvertrag ausdrücklich etwas anderes bestimmt war. Jedoch behielt der angestellte Autor, wenn es sich um Artikel in Zeitungen, Periodika oder ähnlichen Werken handelte, das Recht, die anderweitige Publikation durch Gerichtsbeschluß untersagen zu lassen. Diese in England im Kern bis heute geltenden Bestimmungen beruhten offenkundig auf der Unterstellung, daß wirklich bedeutende Werke stets von unabhängigen, niemals von angestellten Autoren (*servants*) stammen könnten, so daß der Gesetzgeber keine Veranlassung sah, diese Produktionen als ‚geistiges Eigentum' – ein ursprünglich der französischen Rechtstradition angehörender Begriff – zu schützen.[233]

Hatten die Kreativsten unter den Arbeitnehmern immerhin gewisse Chancen, ihr ‚Kapital' auf rechtlichem Wege zu sichern, war es um die Rechte durchschnittlicher Arbeitnehmer auf gewinnbringende Verwertung ihrer Fähigkeiten und Kenntnisse schlecht bestellt. Alles, was sie während der Dauer der Beschäftigung leisteten und hervorbrachten, gehörte selbstverständlich dem Dienstherrn. Der Grundsatz des *Common law*, daß ein *servant* sein gesamtes Wissen und Geschick zur Verfügung zu stellen hatte, schloß im Prinzip auch gesonderte Bezahlung für Überstunden und sonstige über das normale Maß hinausgehende Leistungen aus, es sei denn, der Arbeitsvertrag sah dies explizit vor oder es bestanden zu diesem Punkt ‚Gewohnheiten', Arbeitsordnungen oder kollektive Abmachungen, die sich als implizite Vertragsbedingung interpretieren ließen.[234]

---

231 Vgl. Wedderburn, Worker, S. 102f.
232 Vgl. Diamond, Master and Servant, S. 116f.
233 Siehe zur Kritik der englischen Rechtslage im internationalen Vergleich: W.R. Cornish, Authors in Law, in Modern Law Review 58 (1995), S. 1–16, hier S. 7f. Ergänzend dazu jetzt: Elmar Wadle, Entwicklungsschritte des Geistigen Eigentums in Frankreich und Deutschland, in: Hannes Siegrist und David Sugarman (Hg.), Eigentum im internationalen Vergleich (18.–20. Jahrhundert), Göttingen 1999, S. 245–263.
234 Für Klagen wegen unbezahlter Überstunden oder Wartezeit fanden sich in den von mir aus-

Für freiwillige Mehrarbeit jenseits des vertraglich Vorgesehenen auf dem Rechtsweg Bezahlung zu fordern, war ein nahezu aussichtsloses Unterfangen. Die Erwähnung von nicht gewürdigtem Arbeitseifer oder schmählich ausgenutzter Einsatzbereitschaft mochte gelegentlich für Mitleid in der Presseberichterstattung sorgen und konnte Richter im Einzelfall günstig stimmen.[235] Juristisch waren diese Dinge aber unerheblich, und so kam es es auch vor, daß ein Richter es als „hirnlos" bezeichnete, daß ein Arbeitnehmer durch freiwillige Nachtschichten und Vorschüsse aus eigener Tasche einen in die Krise geratenen Betrieb in Gang zu halten versucht hatte, ohne sich zuvor mit dem Arbeitgeber über Bezahlung zu verständigen.[236] Bekundungen von Loyalität und Vertrauen gegenüber der Firma, Einsatz für andere Mitarbeiter, Leistungswille und Freude am eigenen Können zählten vor Gericht nichts, wenn Arbeitnehmer daraus einen Anspruch ableiten wollten; allenfalls beeinflußten sie das Bild, das Richter und Geschworene sich von

---

gewerteten Presseorganen kaum Beispiele. Gelegentlich kam es zu Klagen auf Schadensersatz für ‚Zeitverlust' wegen des Wartens auf Lohnauszahlung. Hier war für den Ausgang jeweils entscheidend, ob der Richter eine ‚Gewohnheit' oder eine andere implizite Vertragsbedingung zu erkennen vermochte. Vgl. The Builder, 5. Febr. 1870, S. 111, „Masters and Men. The Hour System" (*Pierman* v. *Bradwell*); Women's Industrial News, Nov. 1896, S. 4 (*Bradford and others* v. *Chappell*); *Harper* v. *Linthorpe Dinsdale Smelting Co.*, Times Law Reports 26 (1909–10), S. 32 f.

[235] Vgl. etwa The Insurance Guild Journal 4, No. 3, März 1923, S. 40 f., „Damages for Insurance Official assisted by Guild! Judge's scathing Comments" (*Dilloway* v. *Bristol Automobile & General Insurance Co. and Bankers & General Insurance Co.*). Hier zeigte sich der Richter offensichtlich beeindruckt durch die Erzählung des Anwalts des Klägers von der „herzlosen" Art, mit der die beklagten Versicherungsfirmen ihren neuen Zweigstellenleiter in Bournemouth erst ohne jede Unterstützung hatten „stranden" lassen, um ihn dann, obwohl er „sein Bestes gegeben" hatte, fristlos zu entlassen. Ähnlich: Shoe Trades Journal, 25. Mai 1923, S. 265, „Wages or Notice" (*Blumenfeld* v. *Kreikman*). Hier betonte der Kläger, ein Arbeiter in einer Schuhfabrik im Londoner East End, daß er in manchen Wochen bis zu 18 Stunden unbezahlte Überstunden (bei £ 4 5s. Wochenlohn) geleistet hätte und man bei ihm dennoch Lohnabzüge wegen kleiner Verspätungen am Morgen vorgenommen hätte. Auf seine Beschwerde, dies sei „nicht fair", sei es zur Auseinandersetzung und fristlosen Entlassung gekommen. Der *Registrar* des Grafschaftsgerichts gab seiner Klage auf *wages in lieu of notice* und Rückerstattung der von ihm als „willkürlich" bezeichneten Lohnabzüge statt.

[236] Shoe Trades Journal, 19. Okt. 1923, S. 26, „Shoe Manufacturer sued by his Manager" (*Finch* v. *Haines*). Hier erzählte der Kläger, ein Maschinenaufseher, wie er für £ 5 Wochenlohn die Maschinen des Beklagten in Ordnung gebracht habe, dafür auf eigene Kosten Material gekauft und bis zehn Uhr nachts und auch samstags und sonntags gearbeitet habe „ohne einen penny für seine Zeit zu verlangen", und all dies habe er als „Manager der Fabrik" tun müssen, damit die Leute beschäftigt bleiben konnten. Der beklagte Fabrikant, der sich persönlich verteidigte, was darauf hindeutet, daß es mit der Firma nicht zum besten gestanden haben kann, zog sich darauf zurück, daß der Kläger vertraglich nicht autorisiert gewesen sei, die Zusatzleistungen und Extras zu erbringen, und bis zu seiner Kündigung nie eine Forderung an ihn gestellt habe. Der Richter machte sich über das übertriebene Vertrauen, das der Maschinenaufseher gezeigt hatte, lustig und erkannte lediglich einen Bruchteil seiner Forderung an.

der betreffenden Person machten. Umgekehrt waren aber Inkompetenz, fehlende Leistungsbereitschaft und Vertrauensbrüche legitime Entlassungsgründe. Der Arbeitnehmer schuldete dem Arbeitgeber neben der Ware ‚Arbeit' auch *skill* und *good faith*, der Arbeitgeber schuldete lediglich den vereinbarten Lohn.

Nach Beendigung eines Dienstverhältnisses war der Arbeitnehmer im Prinzip frei, von seinen erworbenen Kenntnissen und Fähigkeiten Gebrauch zu machen, doch blieben Handelsgeheimnisse und Namen von Kunden das Eigentum des Arbeitgebers. Dieser konnte auf Herausgabe klagen, sofern es von der Sache her möglich war, so etwa bei Plänen und Kundenkarteien.[237] War das geheime Wissen jedoch lediglich im Kopf des ehemaligen Arbeitnehmers gespeichert, blieb nur die Möglichkeit, ihm per Gerichtsbeschluß untersagen zu lassen, seine Kenntnisse zu verwenden. Um sich vor unliebsamem Wettbewerb von seiten ehemaliger Arbeitnehmer zu schützen, machten Arbeitgeber außerdem in hohem Maße von Konkurrenzklauseln Gebrauch. Seit dem späten 19. Jahrhundert zogen englische Arbeitgeber immer häufiger vor die Gerichte, um derartige Klauseln durchzusetzen. Betroffen davon waren zunächst die klassischen Professionen (Juristen, Ärzte, Zahnärzte, Apotheker), dann seit den achtziger Jahren des 19. Jahrhunderts stark zunehmend die Handlungsreisenden und kaufmännischen Angestellten, daneben aber auch Beschäftigte in Brauereien, Schneidereien, Maschinenbaubetrieben und im Einzelhandel bis hinab zu einfachen Bäckergesellen, Kohlelieferanten und – erstaunlich häufig – Milchmännern.[238]

Ob die Zunahme der Klagen auf den vermehrten Gebrauch von Konkurrenzklauseln in Verträgen, auf eine größere Empfindlichkeit der Arbeitgeber oder eine vermehrte Risikobereitschaft der Arbeitnehmer zurückzuführen ist, läßt sich nicht entscheiden. Tatsache ist, daß das Jammern über verschärften – auch internationalen – Wettbewerb in fast allen englischen Wirtschaftszweigen seit den achtziger Jahren geradezu zu einer Obsession

---

[237] Vgl. etwa Boot and Shoe Trades Journal, 5. Dez. 1896, S. 661.

[238] Vgl. Diamond, Master and Servant, Appendix B., S. 295–299. Dies ist eine nach Berufen geordnete und innerhalb der Kategorien chronologisch gegliederte Auflistung von insgesamt 110 höchstrichterlichen Entscheidungen über Konkurrenzklauseln. Natürlich handelt es sich hier nur um die Spitze des Eisbergs – viel mehr Klagen fanden vor den Grafschaftsgerichten statt –, aber die deutliche Verdichtung der Klageaktivität seit etwa 1880 und ihre Ausweitung auf immer mehr Berufsgruppen ist daran doch ablesbar, zumal die frühen, grundlegenden Präzedenzfälle in dieser Publikation stets aufgelistet zu werden pflegen. Spitzenreiter sind die Handlungsreisenden (14 Fälle), gefolgt von Ärzten und Zahnärzten (13), Solicitors (12), Milchmännern und Brauern (je 7), Schneidern (6) und Apothekern/Drogisten, Kohlenhändlern und „Manufacturers" (je 5).

wurde.[239] Die starke Inanspruchnahme der Gerichte in diesem Punkt, die Tatsache, daß viele Klagen bis vor die höchsten Gerichte drangen, führte hier in den neunziger Jahren zu einer Klärung der Rechtslage: Konkurrenzklauseln waren seitdem generell auf dem Weg der Unterlassungsklage durchsetzbar, sofern sie – und dies war in den Prozessen entscheidend – ‚vernünftig‘ waren. Vor Gericht ging der Streit daher immer um die Bedeutung des Worts *reasonable* im konkreten Fall. Daß hier die Meinungen der Streitparteien weit auseinandergingen, versteht sich von selbst, doch war der Prozeßausgang, anders als sonst bei Ermessensfragen, ziemlich sicher vorhersehbar. Denn die richterliche Vernunft entsprach in den mir bekannten Fällen fast durchweg derjenigen des Arbeitgebers, der sein Geschäft schützen wollte. Mobilität und Flexibilität wurden stets den ehemaligen Arbeitnehmern zugemutet; sie mußten sich ihre Nischen suchen. Nur ausnahmsweise ließen sich die Richter dazu bewegen, die Wirkung der Konkurrenzklausel wenigstens einzuschränken, wenn diese über das ‚vernünftig‘ Vertretbare hinausging, wie etwa in dem folgenden Arbeitsvertrag zwischen einem Milchlieferanten und einem seiner Milchmänner:

Agreement between B.D. and Sons, of Brick-lane, Spitalfields, east London (hereinafter called the employer), and L.G., of Plumer's-row, Commercial-road, east London (hereinafter called the *employé*), … (1) that he will faithfully serve the employer his successors or assigns, in the said business, as a milk carrier and general servant from the 30th April 1892, and continue until such service shall be determined; (2) that the *employé* shall not, nor will during the continuance of such service, or at any time thereafter, serve, or cause to be served for his own benefit, or for the benefit of any other person or persons, or any company, either directly or indirectly, or solicit or in any other way interfere with any of the customers who shall at any time be served by or then belonging to the employer, his successors or assigns in the said business.[240]

Hier war es die Ausdehnung der Klausel auch auf Kunden, die erst *nach* dem Ende des Dienstverhältnisses hinzukamen, die vom Gericht, allerdings erst in zweiter Instanz, als ungerechtfertigt angesehen wurde. Der Richter am Whitechapel County Court hatte die Klausel, so wie sie stand, für rechtens befunden. Eine weitere Berufungsklage des Milchmanns an den *Court of Appeal*, mit der er die Aufhebung der gesamten Klausel erreichen wollte, schlug fehl.

---

239 Einen Anstoß gab besonders die wachsende Angst vor der deutschen Konkurrenz, die auch zu Änderungen im Wettbewerbsrecht führte. Hierzu: Sidney Pollard, „Made in Germany" - die Angst vor der deutschen Konkurrenz im spätviktorianischen England, in: Technikgeschichte 54 (1987), S. 183–195. Vgl. auch die anderen Beiträge in dieser Nummer.
240 *Dubowski* v. *Goldstein*, County Courts Chronicle, 1. April 1896, S. 422.

Man ist versucht, die Justizpraxis in diesem Punkt als Beispiel für Klassenjustiz in dem einfachen Sinne zu werten, daß die Richter sich aus klassen- und sozialisationsbedingten Vorurteilen heraus eher auf den Standpunkt des Arbeitgebers als den des Arbeitnehmers zu stellen vermochten. Damit würde man aber die Eigenlogik des juristischen Räsonnements unterschätzen. Diese verlangte in Konkurrenzklauselfällen eine Abwägung zwischen dem Prinzip der Vertragsfreiheit und dem Grundsatz, daß Verträge, die die Gewerbeausübung behinderten, gegen das ‚öffentliche Interesse‘ (*public policy*) verstießen. Die *Common law*-Richter entschieden sich in diesem innerjuristischen Wertekonflikt für die Priorität der Vertragsfreiheit über die Wettbewerbsfreiheit. Wenn es hier Klassenjustiz gab, dann lag sie nicht in der Prioritätenfolge – schließlich handelte es sich bei beiden Freiheiten um Voraussetzungen des Kapitalismus –, sondern in der Ausblendung eines dritten Werts oder besser: eines dritten Bündels von Werten aus der Logik des *Common law*. Das waren diejenigen immateriellen Werte, die für Arbeitnehmer wichtig waren, also die Chance, im erlernten Beruf weiterzuarbeiten, ohne dafür Nachteile wie Umzüge, Trennung von der Familie oder Beschäftigung ‚unter Wert‘ in Kauf nehmen zu müssen. Daß es für diese Werte im *Common law* keinen Platz und keinen Schutz gab, kann man den individuellen Richtern, die im Kontinuum der Rechtsprechung zu urteilen hatten, nicht unbedingt anlasten. Der richterlichen Kreativität waren Grenzen gesetzt, die sich aus den vorgefundenen Rechtssätzen ergaben, wenn es auch manchmal so scheint, als hätten englische Richter ihrer Kreativität verschiedene Grenzen gesetzt, je nachdem, wen sie vor sich hatten. ‚Klassenjustiz‘ scheint für diese systembedingte Blindstelle des englischen *Common law* dennoch das falsche Wort, weil es subjektivistische Vorstellungen weckt. Asymmetrie der Prinzipien ist ein treffendere Bezeichnung für den Sachverhalt.

Es wurde gezeigt, daß Arbeitnehmer *nach* Beendigung eines Arbeitsverhältnisses damit rechnen mußten, an der vollen Ausnutzung ihrer Kenntnisse und Qualifikationen gehindert zu werden. Die Frage bleibt, ob sie wenigstens ihrerseits das Recht hatten, vom Arbeitgeber zu verlangen, daß er sie *während* der Dauer des Arbeitsverhältnisses angemessen beschäftigte. Tatsächliche Beschäftigung im erlernten Beruf war nicht nur eine Frage des unmittelbaren Lebensunterhalts; dafür genügte die bloße Lohnzahlung. Vielmehr ging es für den Arbeitnehmer dabei auch um die Zufriedenheit am Arbeitsplatz, um den Erhalt der Qualifikation als wichtigstes Kapital und um die Dokumentation von Berufserfahrung als Grundlage für zukünftige Bewerbungen. Eng mit dem letzten Punkt hängt die Frage nach dem Recht des Arbeitnehmers auf ein Zeugnis zusammen. Forderte also, mit anderen

Worten, das englische Recht auch vom Arbeitgeber *good faith* in dem Sinne, daß er sich bemühen mußte, das ‚Kapital' seines Arbeitnehmers nach Kräften zu wahren und zu mehren, genau wie dieser es für ihn tun mußte?

Nach den bisherigen Ausführungen läßt es sich fast erraten, daß auch hier Asymmetrien das Recht beherrschten. Tatsächlich bestand nach dem *Common law* für die Arbeitgeber grundsätzlich keine Pflicht, ihren Arbeitnehmern überhaupt etwas zu tun zu geben, solange nur der vereinbarte Lohn bezahlt wurde. Ob im Einzelfall dennoch eine solche Pflicht gegeben war, hing vom Wortlaut des Vertrags und von der Art der Beschäftigung ab. Die Wörter *to employ* oder *to engage* in Arbeitsverträgen bedeuteten dabei in der Rechtsprechung zunächst nichts anderes, als daß der Arbeitgeber die Beziehung als solche aufrechterhalten mußte.[241] Dem tat er durch die Lohnzahlung genüge. Eine Pflicht zur Beschäftigung sahen die Richter demnach nur in Ausnahmefällen.

Virulent wurde das Problem zuerst bei den Arbeitnehmern, die zum Lebensunterhalt auf tatsächliche Beschäftigung angewiesen waren: Das waren zum einen die Stücklohnarbeiter, zum anderen diejenigen, die vollständig oder zum größten Teil auf Provisionsbasis arbeiteten, konkret vor allem Handlungsreisende. Hier konnte ein Lohn nur dann erwirtschaftet werden, wenn wirklich gearbeitet wurde. Soweit es sich bei diesen Personen rechtlich um *contractors* oder *agents* handelte, entfiel jeder Anspruch auf Versorgung mit Arbeit durch den Arbeitgeber, ganz gleich wie abhängig die Betreffenden faktisch von dem einen Arbeitgeber am Ort oder dem einen großen Auftraggeber sein mochten. Im Hinblick auf Stücklohnarbeiter mit Dienstverträgen erkannten hingegen die *Common law*-Gerichte schon recht früh, zuerst 1853, daß es in diesem Fall eine Beschäftigungspflicht geben mußte, weil anders die Wörter *service* oder *employment* hier vollkommen sinnlos gewesen wären; ironischerweise war es eine Arbeitgeberklage unter dem *Master and Servant Act*, die den Anlaß dafür hergab, daß 1853 erstmals ein Anspruch von Stücklohnarbeitern auf Arbeit gerichtlich anerkannt wurde.[242] Umstritten blieb danach allein das Ausmaß der vom Ar-

---

[241] Vgl. Diamond, Master and Servant, S. 121, mit Hinweisen auf Gerichtsentscheidungen. Hierzu und zum folgenden auch Freedland, Contract of Employment, S. 23 ff. u. 86 ff.

[242] Zuerst so entschieden (gegen frühere Urteile) in *R. v. Welch and another* (1853) 2 E & B 357, E.R. 118, S. 800–803. Ursprung des Streits war die Klage eines Zinnblechfabrikanten gegen einen seiner Stücklohnarbeiter, der sich von der Arbeit entfernt hatte. Die Friedensrichter (Mr. Welch und Mr. Wills) hatten sich geweigert, diesen Fall unter dem *Master and Servant Act* zu entscheiden, da sie keinen gültigen Dienstvertrag erkennen konnten, weil der Arbeitgeber keine Verpflichtung gehabt habe, dem Stücklohnarbeiter Arbeit zu geben. Daraufhin hatte der Arbeitgeber einen *writ of mandamus* erwirkt, um so die Friedensrichter zu zwingen, den Fall zu entscheiden. Die Richter der *Queen's Bench* sorgten also hier durch ihr Ur-

beitgeber zu vergebenden Arbeit. Hierfür wurde wieder das Wörtchen *reasonable* bemüht, und die ‚Vernunft' der Richter war auch hier wieder eine, die sich in erster Linie nach den objektiven Gesetzen der politischen Ökonomie, weniger nach den subjektiven Bedürfnissen der Arbeitnehmer richtete. War die Auftragslage schlecht, mußten Stücklohnarbeiter damit leben, daß das Quantum der ihnen zugeteilten Arbeit unter das zum Leben notwendige Maß sank.[243] Ein Rechtsanspruch auf Schadensersatz kam erst dann in Frage, wenn bei noch laufendem Beschäftigungsverhältnis eine völlige Einstellung der Arbeitsvergabe erfolgte.[244]

Arbeitgeber konnten dem selbstverständlich entgehen, indem sie regulär kündigten. Bei kurzen Kündigungsfristen und großem Arbeitskräfteangebot war dies ohne weiteres möglich. Problematisch wurde es für sie bei kurzzeitigen Betriebsstockungen in einer generell günstigen Konjunkturphase. In dieser Situation hatten die Arbeitgeber ein Interesse, ihre Stücklohnarbeiter zu halten, auch wenn sie ihnen im Moment nichts zu verdienen geben konnten. Die Ideallösung sah für sie so aus, daß sie die Arbeiter jederzeit bei Betriebsunterbrechungen suspendieren konnten, ohne die vertragliche Bindung und damit die Verpflichtung der Arbeiter, sich auf Abruf bereitzuhalten, zu lösen. Ich habe bereits gezeigt, wie Bergwerksbesitzer diese Praxis dadurch rechtlich akzeptabel zu machen suchten, daß sie eine ‚Gewohnheit' erfanden, die ihnen die faktische Sofortentlassung (Suspendierung) erlaubte, während die Bergleute gebunden blieben. Ein Urteil des *Court of Appeal* von 1906 verurteilte eine ähnliche Praxis in der Zinnblechindustrie als unrechtmäßig.[245] Jedoch waren die Methoden, das Recht zu umgehen, im Detail überall so unterschiedlich, daß immer neue Zweifelsfälle dieser Art vor den Lokalgerichten auftauchten und sich von dort zum Obersten Gerichtshof hocharbeiten mußten.[246] Einzelklagen waren letzt-

---

teil dafür, daß ein Arbeiter verurteilt werden mußte (vermutlich zu einer Gefängnisstrafe); sie legten damit aber zugleich (unfreiwillig?) den Grund für zukünftige Klagemöglichkeiten von Stücklohnarbeitern, denen keine Arbeit gegeben wurde.

243 Vgl. etwa Labour Gazette, Nov. 1894, S. 345, „Wolverhampton Police Court", Fall eines Schlossers, dem statt seiner üblichen Aufträge minderwertige Aufträge angeboten wurden: „Stipendiary held that though a man doing a particular kind of work was entitled to a fair share of that work, if there was any, …; if there was no work he was not entitled to average wages. It was pointed out that a man under a fortnight's notice would be prevented by his agreement from obtaining work elsewhere. Stipendiary held that it was custom of the trade, and gave verdict for defendants with costs."

244 Vgl. Labour Gazette, Sept. 1896, S. 280, „Pieceworker's Claim for Month's Wages in lieu of Notice".

245 *Devonald* v. *Rosser & Sons* (1906) 2 K.B., S. 728–745.

246 Für Beispiele von Akkordlohnarbeit ‚auf Abruf' bei gleichzeitigem Versuch, die Arbeiter zu binden, vgl.: Boot and Shoe Trades Journal, 26. Jan. 1912, S. 155, „„At the Rate of --'. Wages

lich ein untaugliches Mittel, um den Umfang und die Grenzen der Beschäftigungspflicht des Arbeitgebers insgesamt oder auch nur für eine größere Branche befriedigend klären zu lassen.

Eine Chance boten Individualklagen aber für diejenigen, denen es gelungen war, einen besonderen Arbeitsvertrag zu schließen. Auch Stücklohnarbeiter konnten günstige Konjunkturen nutzen, um ihren neuen Arbeitgebern individuelle Zugeständnisse im Hinblick auf die Beschäftigungspflicht abzuhandeln. So hatte ein Zigarettendreher namens Benjamin Pomerany, der von London nach Liverpool wechselte, mit seinem neuen Arbeitgeber ausgemacht, daß er „constant employment" haben sollte. Als er allerdings wegen einer kleinen Aufsässigkeit entlassen worden war und vor Gericht erschien, stellte sich heraus, daß Pomerany, möglicherweise wegen seiner ausländischen Herkunft, sich unter „constant employment" etwas ganz anderes vorgestellt hatte als das Wort in den Augen des Gerichts bedeutete (im Zeitungsbericht wird vermerkt, daß Pomeranys Englisch kaum verständlich war).[247] Pomerany meinte, daß sich sein Arbeitgeber verpflichtet habe, ihn solange zu beschäftigen, wie er sich ordentlich verhielt und seine Arbeit gut verrichtete. Der Richter interpretierte hingegen in seinem Resümee für die *Jury* die Bedeutung des Ausdrucks „constant employment" anders: „His view was that it meant that the person to be employed should not be short of work at one time and busy at another; but that the work should be constant." Wenn auch Pomerany diesen Fall verlor, macht die Interpretation des Ausdrucks durch den Richter deutlich, daß eine Klage Pomeranys bei einer Weigerung des Arbeitgebers, ihm in einer flauen Saison genügend Arbeit zu geben, vor Gericht gute Erfolgsaussichten gehabt hätte.

Bei der anderen großen Gruppe, für die tatsächliche Beschäftigung notwendig war, den Geschäftsreisenden auf reiner Kommissionsbasis, waren individuell gestaltete Verträge die Regel. Selbst wenn nur eine mündliche Absprache vorlag, konnte eine Schadensersatzklage wegen verweigerter Beschäftigung erfolgreich sein. So konnte ein Handlungsreisender für eine Schuhfabrik nachweisen, daß ihm der Firmeninhaber namens Meyer bei einem Jahresvertrag eine Mindestbeschäftigung von 30 Wochen garantiert

---

Claim in Lieu of Notice" (*Goldring* v. *Weber and Son*); Yorkshire Factory Times, 22. Febr. 1895, S. 5, „Successful Claim for Wages" (*Markson* v. *Kino*); Justice of the Peace, 4. Mai 1912, S. 209, „Dock Labourers' Contracts of Service"; Liverpool Daily Post, 21. März 1895, S. 5 (*Glamorganshire Coal Co.* v. *Beavan and others*); *Hulme* v. *Ferranti, Ltd.* (1918) 2 K.B., S. 426–431.

247 Cigar and Tobacco World, Dez. 1894, S. 629, „A Cigarette Maker and his Contract" (*Pomerany* v. *Ogden*); dort auch das folgende Zitat.

hatte.[248] Meyer hatte den Reisenden jedoch vorzeitig entlassen. Er begründete dies damit, daß der Firma das Kapital ausgegangen sei, so daß er neue
Aufträge nicht mehr hätte entgegennehmen können. Nachdem ein Zeuge
das 30-Wochen-Versprechen bestätigt hatte, konnte Meyer der drohenden
Verurteilung zu Schadensersatz nur dadurch zuvorkommen, daß er von sich
aus ein Zahlungsangebot machte, das der Kläger annahm und das der Richter bei der Urteilsverkündung als „sehr moderat" einstufte, damit andeutend, daß er selbst eine höhere Summe gegeben hätte. Schon einige Jahre vor
diesem Fall, im Jahr 1891, hatte der *Court of Appeal* entschieden, daß selbst
ein Großbrand in der Firma kein ausreichender Grund war, um einen
Handlungsreisenden auf reiner Komissionsbasis mit einem zeitlich befriste-
ten Dienstvertrag außer Beschäftigung zu setzen.[249] Knapp drei Jahrzehnte
später, im Jahr 1918, wurde dann auch erstmals einem nur *teilweise* auf Ge-
winnbeteiligungsbasis beschäftigten Manager zugestanden, daß er die Gelegenheit haben müsse, diese Gewinnbeteiligung zu verdienen.[250]

Eine gerichtliche Anerkennung des immateriellen Werts der Arbeit für
Arbeitnehmer bedeuteten die bisher zitierten Fälle zur Beschäftigungspflicht noch nicht. Die einzige Berufsgruppe, der ein *Recht* auf berufliche
Betätigung an sich, unabhängig von jeder Frage des Lohnerwerbs, zugestanden wurde, waren Schauspieler, Musiker und andere Bühnenkünstler.
Nur bei dieser Berufsgruppe vermochten englische Richter nach langem
Zögern der Argumentation zu folgen, daß der Bühnenauftritt, die Entfaltung des eigenen Talents und der damit verbundene Reputationsgewinn
eine implizite Bedingung des Vertrags bildeten. Es dauerte freilich mehrere
Jahrzehnte, bis sich die Richter allmählich an diese Position herantasteten,
sie schließlich – in zwei Urteilen von 1928 und 1930 – eindeutig aussprachen
und einen Schadensersatz für vorenthaltene Auftritte und entgangene Publizität gewährten.[251] Wie bei den Stücklohnarbeitern stand auch hier am
Anfang der dahin führenden Fallserie eine Arbeitgeberklage.[252] Ein Mr.
Fechter engagierte einen Mr. Montgomery für das Lyceum Theatre für zwei
Jahre zu einem bestimmten Gehalt, wobei es Montgomery aufgrund einer
anerkannten Gewohnheit untersagt sein sollte, in anderen Theatern aufzu-
treten. Fechter zahlte das Gehalt, gab Montgomery aber monatelang keine
Chance zu spielen. Frustriert nahm Montgomery schließlich ein anderes

---

[248] Boot and Shoe Trades Journal, 1. Febr. 1896, S. 168 (*Woodham* v. *Meyer*).
[249] *Turner* v. *Goldsmith* (1891) 1 Q.B., S. 544–551.
[250] *In Re Rubel Bronze and Metal Co. and Vos* (1918) 1 K.B., S. 315–325.
[251] *Marbé* v. *George Edwardes (Daly's Theatre) Ltd.* (1928) 1 K.B., S. 269–290; *Herbert Clayton
& Jack Waller Ltd.* v. *Oliver* (1930) A.C., S. 209–221.
[252] *Fechter* v. *Montgomery* (1863) 33 Beav. 22, E.R. 55, S. 274–277.

Engagement an, woraufhin Fechter eine Unterlassungsklage anstrengte. Der Richter gab dieser Klage nicht statt, weil die Versagung von Auftritten in seinen Augen eine Verletzung des Gebots der Gegenseitigkeit darstellte: „there was a mutuality in the agreement entered into on both sides, on the one side that he [Montgomery, W.S.] should have an opportunity of displaying what his abilities and talents were before a London audience, and on the other side, that he should not act elsewhere, unless with the permission of the plaintiff."[253] Diese Weigerung des Richters im Jahr 1863, den frustrierten Montgomery zu verurteilen, setzte eine Bewegung in Gang, die schließlich im Jahr 1928 mit der Gewährung von £ 3000 Schadensersatz wegen entgangener Auftritte für die amerikanische Schauspielerin Miss Marbé endete, der zwar das vereinbarte Gehalt gezahlt wurde, aber ohne daß sie die Gelegenheit erhalten hatte, ihre Talente dem verwöhnten Londoner Publikum vorzuführen und dadurch ihr Renommee zu steigern.

Dazwischen lag eine Reihe von Fällen, von denen in unserem Zusammenhang wohl derjenige des Musikdirektors Herbert Bunning aus dem Jahr 1894 der wichtigste ist, weil er meines Wissens der erste Arbeitnehmer in England war, dem es gelang, obwohl sein Gehalt voll bezahlt wurde, einen Schadensersatz dafür zu erwirken, daß ihm Betätigung versagt wurde.[254] Den Ausschlag für diese Entscheidung gab die Tatsache, daß Bunnings Name und seine Funktion als Musikdirektor laut ausdrücklicher Vertragsbestimmung in Londoner Zeitungen annonciert werden sollten, woraus der Richter (Stirling J.) folgerte, daß ein Zustand von beiden Vertragsparteien intendiert war, der diese Annonce erst sinnvoll und sachlich zutreffend machte. Die juristische Argumentation bewegte sich hier noch innerhalb der Logik des Vertragsrechts. Ein volle rechtliche Anerkennung des immateriellen Werts der Arbeit für Arbeitnehmer, zumindest eine bestimmte Kategorie von ihnen, war dies noch immer nicht. Doch war nun das Prinzip etabliert, daß Schauspieler und Angehörige verwandter Berufe trotz Gehaltszahlung einen Anspruch auf tatsächliche Beschäftigung haben konnten. Brachte man dies in Verbindung mit der zitierten Urteilsbegründung im Fall *Fechter v. Montgomery*, so ließen sich die besonderen Bedingungen des Schauspielerberufs, vor allem die Angewiesenheit auf Publizität, dafür als Grund angeben. Das ist ein Beispiel dafür, wie sich im *Common law* durch

---

[253] Ebd., S. 276. Außerdem hatte es eine mündliche Absprache gegeben, daß Montgommery tatsächlich auftreten sollte.

[254] *Bunning* v. *Lyric Theatre*, Law Times Reports 71 (1894), S. 396 ff. Für andere Fälle siehe Diamond, Master and Servant, S. 123 f.

Verknüpfung von Aussagen neue Prinzipien ergeben konnten, die dann, einmal ausgesprochen, so leicht nicht mehr umzukehren waren.

Tatsächlich dauerte es nicht lange, bis die *Common law*-Richter mit der Frage konfrontiert wurden, ob Bühnenkünstler eine Ausnahme bleiben sollten oder ob sich hier eine neue Klagemöglichkeit für andere Arbeitnehmer eröffnen würde. Im Jahr 1901 hatte der *Court of Appeal* zu entscheiden, ob ein Handelsvertreter, der bei vollen Bezügen von jeder Betätigung ausgeschlossen worden war, einen ähnlichen Schadensersatzanspruch haben sollte.[255] In ihrer Klagebegründung zogen die Anwälte des Klägers eine Parallele zwischen Schauspielern und Handelsvertretern. In beiden Fällen hoben sie auf den immateriellen Wert der tatsächlichen Tätigkeit ab: Wie für einen Schauspieler der Auftritt vor Publikum wesentlicher Zweck des Eintritts in ein Arbeitsverhältnis war, so war es für einen Handelsvertreter „notwendig, mit dem Markt in Kontakt zu bleiben, um seine Effizienz zu bewahren".[256] Erhalt der beruflichen Qualifikation, nicht nur Geldverdienen, als Zweck der Arbeit: dieses Argument ließ sich im Prinzip auf jeden Beruf anwenden. Wären die Berufungsrichter dieser Argumentation des Anwalts gefolgt, hätten sie eine Büchse der Pandora geöffnet. Auch andere Fachkräfte bis hin zu den Millionen von Stücklohnarbeitern hätten in einer analogen Situation ähnlich argumentieren können. Eine Flut von Klagen wäre auf die Gerichte zugekommen. Die Berufungsrichter witterten die Gefahr, und sie lösten das Problem durch die Kunst der Fallunterscheidung. A. L. Smith M.R. nannte die Klage des Handelsvertreters „unique" und griff die Argumentation der Anwälte dadurch an, daß er sie verallgemeinerte: Würde man diese Verpflichtung in den Vertrag hineinlesen, so würde man den Dienstvertrag als solchen uminterpretieren; der Arbeitgeber wäre dann nicht nur verpflichtet, den *servant* durch die Lohnzahlung zu halten, sondern ihn in einer Weise zu halten, die ihn befähige, sich in seiner Arbeit zu verbessern („to become au fait at his work").[257] Der zweite Lordrichter, Vaughan Williams, schloß sich dieser Argumentation an und bemühte sich, die Unterschiede zwischen dem vorliegenden Fall und anderen, insbesondere auch dem des Musikdirektors Bunning, herauszuarbeiten. Jedoch war der Prozeßausgang knapp, denn der dritte Richter, Stirling L.J., also derselbe, der den Fall Bunning entschieden hatte, zeigte sich durch das Argument der Anwälte beeindruckt. Er sah eine gegenseitige Verpflichtung und

---

[255] *Turner* v. *Sawdon & Co.* (1901) 2 K.B., S. 653–660.
[256] Ebd., S. 655.
[257] Ebd., S. 657.

erkannte den Kontakt des Vertreters mit dem Markt als Parallele zum Kontakt des Schauspielers mit dem Publikum an:

The term ‚employ' being one with a flexible meaning, I feel the force of the argument that the plaintiff was to be employed in the capacity of salesman to serve and to solicit orders, and so there should be a correlative duty on the employers to give him the opportunity of doing this. There was evidence given at the trial that in order that a salesman may duly perform his duties he must be in constant contact with the market. In that state of things there is some approximation to the case of an actor.[258]

Lordrichter Stirling wollte sich trotz seiner Bedenken nicht dazu durchringen, ein Sondervotum abzugeben, sondern fügte sich der Mehrheit, allerdings ohne die Urteilsgründe seiner Kollegen zu würdigen.

Mit diesem Urteil von 1901 stand fest, daß Schauspieler auf absehbare Zeit eine Ausnahme bleiben würden. Außerdem schoben die Richter jeder Ausdehnung möglicher Gründe für eine Beschäftigungspflicht des Arbeitgebers einen Riegel vor. Die Einheit des Vertragsrechts sollte nicht noch weiter durchlöchert werden, als sie es durch die Präzedenzfälle zum Schauspielerberuf schon war. Auf nah verwandte Berufsgruppen, etwa Fußballspieler, wandte man diese Präzedenzfälle nicht an.[259] Auch mit Blick auf Schauspieler selbst waren die Richter in der Folge bemüht, weitergehende Ansprüche einzudämmen.[260] Das Sammeln von Berufserfahrung, der Erhalt der Qualifikation, die Selbstbestätigung in der Tätigkeit und – außer für Schauspieler – die angemessene Darstellung der eigenen Fähigkeiten nach außen sollten für Arbeitnehmer rein immaterielle Werte bleiben und keine Rechtsansprüche auf Schadensersatz begründen.

EHRE UND RUF DES ARBEITNEHMERS

„Beim Abgange können die Arbeiter ein Zeugniß über die Art und Dauer ihrer Beschäftigung fordern. Dieses Zeugniß ist auf Verlangen der Arbeiter auch auf ihre Führung und ihre Leistungen auszudehnen. Den Arbeitgebern ist untersagt, die Zeugnisse mit Merkmalen zu versehen, welche den Zweck haben, den Arbeiter in einer aus dem Wortlaut des Zeugnisses nicht

---

[258] Ebd., S. 659f.
[259] Vgl. *Kingaby* v. *Aston Villa Football Club*, berichtet in: Bakers' Record, 29. März 1912, S. 9: zurückgewiesene Klage eines Fußballspielers, der wegen zu hoher Transferforderungen seines Clubs Aston Villa dazu verdammt war, auf der Reservebank sitzen zu bleiben.
[260] Vgl. den Fall *Turpin* v. *Victoria Palace Ltd.* (1918) 2 K.B., S. 539–552, in dem es um Schadensersatz wegen zukünftig erst möglicher Publizität ging. Der Richter sah in dieser Forderung eine „gefährliche Ausweitung" (S. 552) und wies sie unter Hinweis auf die gefährdete Einheit des Vertragsrechts zurück (S. 549). Diese Entscheidung wurde 1928 allerdings kritisiert.

ersichtlichen Weise zu kennzeichnen."[261] Zu diesem Paragraphen der Gewerbeordnung des Deutschen Reiches in der Fassung von 1891 gab es in England keine Parallele, wie überhaupt das englische *Statute law* zu den immateriellen Aspekten der Arbeit außer im Bereich des Copyright schwieg. Nach dem *Common law* hatten Arbeitnehmer kein Recht auf ein Zeugnis.[262] Die Praxis sah meist so aus, daß der neue Arbeitgeber sich selbst an den alten Arbeitgeber mit der Bitte um eine Referenz wandte. In diesem Zeugnis, im Englischen *character* genannt, durften auch diffamierende Aussagen enthalten sein, sofern sie nicht in ‚böswilliger Absicht' gemacht wurden. Die Referenz für einen anderen Arbeitgeber war als nicht-öffentliche Äußerung eine sogenannte ‚privilegierte Gelegenheit', bei der die normalen Grundsätze des Beleidigungsrechts keine Anwendung fanden.

Dem Arbeitnehmer war es im Normalfall kaum möglich, in Erfahrung zu bringen, was über ihn geschrieben oder gesagt wurde. Er erfuhr es meist nur indirekt, indem ihm die in Aussicht genommene Anstellung verweigert wurde. Eine Klage dagegen war zwecklos, außer wenn der neue Arbeitgeber so leichtsinnig gewesen war, schon vor Erhalt der Referenz den Vertrag rechtskräftig zu schließen.[263] Gelangte der Inhalt des Zeugnisses zufällig doch zur Kenntnis des Arbeitnehmers, konnte er nur dann Schadensersatz erwirken, wenn er nachweisen konnte, daß der ehemalige Arbeitgeber ihn in böswilliger Absicht verunglimpft hatte. Ob die Behauptungen wahr oder falsch waren, spielte keine Rolle, solange man darin eine subjektive Meinungsäußerung sehen konnte. Die Beschuldigung gegen einen Handlungsreisenden, daß man ihn wegen „völliger Unfähigkeit, Aufträge einzuwerben", habe entlassen müssen, reichte in zweiter Instanz nicht zu einer Verurteilung des ehemaligen Arbeitgebers, obwohl der Reisende nachzuweisen suchte, daß die Preise der Firma nicht wettbewerbsfähig waren und er mit dieser Argumentation vor dem Grafschaftgericht zunächst Erfolg gehabt

---

[261] § 113 Gewerbeordnung 1891, RGBl., Jg. 1891, S. 261–290, S. 267; ähnlich schon § 113 der Gewerbeordnung des Norddeutschen Bundes von 1869, Bundes-Gesetzblatt des Norddt. Bundes, Jg. 1869, S. 245–282, S. 271; vgl. auch § 73 HGB, RGBl., Jg. 1897, S. 219–436, S. 234 f.

[262] W.A. Holdsworth, Master and Servant, S. 113–123, Diamond, Master and Servant, S. 129–132.

[263] Vgl. Northampton Mercury, 10. Juli 1858, „Northampton County Court" (*Thomas Dugard v. J. Malsbury Kirby*). Hier bestanden nach den Aussagen der Streitparteien erhebliche Zweifel, ob bereits eine Anstellung vorlag, doch der Grafschaftsrichter entschied, es sei „contrary to the ordinary dealings of mankind" anzunehmen, daß der Arbeitgeber einen Vertrag geschlossen hätte, bevor er die Referenz in den Händen hatte.

hatte.[264] Kritisch für einen Arbeitgeber wurde es im Grunde erst, wenn er strafrechtlich relevante Beschuldigungen erhob. So sah das Gericht die in einem Brief an einen Kunden mit Blick auf einen ehemaligen Angestellten gebrauchten Worte „forger and embezzler" als ausreichend für eine Verurteilung an, weil die Firma, als die behaupteten Unregelmäßigkeiten vorgefallen waren, keinen Strafantrag gestellt hatte, sondern es bei einer Zivilklage hatte bewenden lassen.[265] Der Richter erkannte zudem in diesem Fall auch ein wirtschaftliches Interesse der Firma, ihren ehemaligen Angestellten, der nun für einen Konkurrenten arbeitete, in den Augen der Kundschaft herabzusetzen. Für einen klagenden Arbeitnehmer war der Nachweis erkennbarer ökonomischer Motive für die Verunglimpfung die einzig realistische Chance, vor Gericht auf Böswilligkeit des Arbeitgebers zu plädieren.

Als böswillig galt es aber in den Augen der Gerichte normalerweise nicht, wenn ein Arbeitgeber bei begründetem Verdacht auf eine Straftat, zum Beispiel Materialdiebstahl, den Arbeitnehmer gefangennehmen ließ, Anklage erhob, und sich dann vor Gericht herausstellte, daß eine Straftat nicht nachzuweisen war. Ein älterer Mann, der damit beschäftigt war, für das Warenhaus John Lewis aus Stoffresten Schürzen und andere billige Textilartikel zu pressen, war am Ausgang des Warenhauses von einem Kontrolleur festgehalten worden, der in seiner Tasche ein paar Stoffreste im Wert von etwa 7s. fand.[266] Der Schürzenpresser erklärte, daß ihm diese Stoffreste zur Weiterverarbeitung gegeben worden seien. Trotzdem ließ ihn die Firma John Lewis (Oxford Street) vor den nahegelegenen *Police Court* in der Marlborough Street bringen, wo er drei Tage später freigesprochen wurde. Seine anschließende Klage auf Schadensersatz vor der *Queen's Bench Division* des Obersten Gerichtshofs scheiterte jedoch an den Geschworenen. Sie gaben zwar formal ein Verdikt für den Mann, sprachen ihm aber nur einen *farthing* (¼ *penny*) Schadensersatz zu. Der Richter wandelte dieses Verdikt auf Antrag des Anwalts von John Lewis in ein Urteil zugunsten der beklagten Firma um. Die berufliche Existenz des Mannes war durch die nicht erwiesene Anschuldigung vernichtet worden. Im Prozeß hatte er erklärt, er habe keine neue Anstellung finden können. Für die Geschworenen wog aber der – trotz Freispruchs des Polizeirichters – nicht ausgeräumte Verdacht auf Diebstahl im Wert von 7s. höher als das berufliche Schicksal eines Arbeiters.

---

[264] Boot and Shoe Trades Journal, 23. Mai 1896, S. 651, dort auch ein Kommentar zur Praxis der Zeugnisvergabe.

[265] Drapers' Record, 14. März 1896, S. 561 (*Townshend* v. *Balstone, Cooke and Co.*).

[266] Drapers' Record, 28. März 1896, S. 808, „Alleged false Imprisonment" (*Newhouse* v. *John Lewis and Co.*)

Nicht nur in diesem Fall, bei dem man als Leser des Fallberichts unwill-
kürlich an Klassenjustiz denkt, sondern ganz allgemein stellte vor Gericht
die Beeinträchtigung zukünftiger Beschäftigungschancen durch Handlungen eines Arbeitgebers keinen anerkannten Klagegrund dar. Die Klage des
Schürzenpressers hatte sich juristisch auf den etablierten Tatbestand der
fälschlichen Gefangennahme gestützt. Neben der nur begrenzt aussichtsreichen Beleidigungsklage wegen böswilliger Anschuldigungen war dies die
einzige Möglichkeit für einen Arbeitnehmer, Schadensersatz für die Beschädigung seines guten Rufs zu erlangen. Versuche, neue Klagemöglichkeiten
zu eröffnen, blieben erfolglos. So stellte eine Entscheidung des House of
Lords aus dem Jahre 1909 klar, daß die Art und Weise einer Entlassung, so
schmählich und schmerzhaft für den Betroffenen sie auch immer sein
mochte, und so sehr sie auch seine beruflichen Perspektiven schmälerte, für
sich genommen keinen Schadensersatzanspruch begründete.[267] Kläger war
in diesem Fall ein gut bezahlter Manager einer Zweigniederlassung eines
englischen Geschäfts in Kalkutta gewesen. Zumindest in diesem Punkt
spielte also der hohe oder niedrige Status eines Arbeitnehmers keine Rolle.
Allerdings hatte die *jury* in der ersten Instanz hier auf Schadensersatz erkannt, weshalb es überhaupt erst zur Entscheidung des House of Lords
kam. Diese hatte im übrigen in der Hauptsache rechtspolitische Motive. Es
kam den Lords vor allem darauf an, das Eindringen ,exemplarischer' oder
,strafender' Schadensersatzurteile, wie sie heute etwa im amerikanischen
Recht bei allen möglichen Anlässen üblich sind, in das englische Recht zu
verhindern.[268]

Wie das Verdikt der Geschworenen im Fall des Managers aus Kalkutta
zeigt, gab es unterhalb der höchsten Ebene des juristischen Diskurses
durchaus Verständnis für die Tatsache, daß Arbeitnehmer mehr zu verlieren
hatten als nur ihren Lohn.[269] Geschworenen und Lokalrichtern, vereinzelt
auch Richtern am Obersten Gerichtshof, war bewußt, daß das Kapital der
Arbeitnehmer nahezu ausschließlich aus immateriellen Gütern wie Ge-

---

[267] *Addis* v. *Grammophone Co. Ltd* (1909) A.C., S. 488–505. Vgl. zum Fortwirken dieser Entscheidung: Freedland, Contract of Employment, S. 247 f.

[268] *Addis* v. *Grammophone Co. Ltd* (1909) A.C., S. 496, Lord Atkinson: „In my opinion, exem-
plary damages ought not to be, and are not according to any true principle of law, recoverable in such an action as the present".

[269] Vgl. *Stewart* v. *Boulton & Paul, Ltd.*, berichtet in: The Ironmonger, 17. Febr. 1912. S. 49: Die
Geschworenen gaben hier ein Verdikt über £ 450 Schadensersatz für einen entlassenen Ma-
nager, obwohl das Fallresümee des Richters deutlich in eine andere Richtung wies. Der An-
walt des Managers hatte unter anderem damit argumentiert, daß die Geschäftskarriere des
Managers zuende sei, wenn die Vorwürfe gegen den Manager im Zusammenhang mit der
Entlassung bestehen blieben.

schick, Erfahrung und Reputation beruhte.[270] Das Verständnis fand aber spätestens vor den Berufungsgerichten seine Grenzen. Sobald *Common law*-Richter vor der Wahl standen, eine neue Klagemöglichkeit zu eröffnen oder das allgemeine Vertragsrecht so zu belassen, wie es war, entschieden sie sich in aller Regel für die konservative Lösung. Lokalrichter äußerten gelegentlich aufrichtiges Bedauern darüber, daß sie aufgrund höchstrichterlicher Urteile daran gehindert waren, Arbeitnehmern entgegenzukommen, die durch Arbeitgeberhandlungen in ihrer zukünftigen Berufs- und Lebensperspektive unzweifelhaft geschädigt worden waren.[271] Den individuellen Arbeitnehmer mochten solche Richterworte in seiner Auffassung bestätigen, daß es nur von den Personen abhing, ob ihm Gerechtigkeit widerfuhr oder nicht. Zugleich machten sie ihm aber auch klar, daß das Recht insgesamt ein anonymes, labyrinthisches System war, in das man besser keinen Fuß hineinsetzte.

FAZIT

Zusammenfassend läßt sich festhalten, daß die immateriellen Güter, die das Kapital der Arbeitnehmer ausmachten, rechtlich weitgehend ungeschützt blieben. Die wenigen Ausnahmen waren nicht auf dem Wege der direkten Anerkennung eines Rechtsanspruchs der Arbeitnehmer in das *Common law* gelangt, sondern hatten sich gleichsam auf Seitenwegen, als unbeabsichtigte Nebenfolgen von Arbeitgeberklagen, in das Recht eingeschlichen. Spätestens um die Jahrhundertwende setzte eine bewußte Eindämmungspolitik der Berufungsgerichte ein, die gegen eine Ausweitung möglicher Arbeitnehmeransprüche gerichtet war. Dies geschah nicht unbedingt aus klassenbedingten Vorurteilen heraus, wenngleich es in Einzelfällen klare Beispiele von Klassenjustiz gab, sondern vor allem in der erklärten Absicht, die Einheit des allgemeinen Vertragsrechts als Kernstück des *Common law* zu be-

---

[270] Vgl. etwa: Bakers' Record, 27. Sept. 1912, S. 7, „Detaining Insurance Cards" (*Roberts and Goff v. Leslie and Co.*): In diesem Fall befahl ein Londoner Polizeirichter einem Arbeitgeber die sofortige Herausgabe der Versicherungskarten zweier Arbeiter, weil sie ohne die Karten keine „chance of employment" hätten. Die Versicherungskarten waren der Nachweis, daß die Arbeiter eine Anstellung gehabt hatten und damit zugleich eine Art von Zeugnis.

[271] Law Journal County Courts Reporter, 9. Mai 1914, S. 44 f. (*Clancy v. Smith*): Hier hatte ein Bauarbeiter seinen ehemaligen Arbeitgeber verklagt, weil dieser seine Versicherungskarte einbehalten hatte und er dadurch seiner Beschäftigungschancen beraubt worden war. Der Grafschaftsrichter erklärte, daß er einen Schadensersatz für berechtigt hielt, aber durch ein Urteil des Obersten Gerichtshofs gebunden war, das in einem ununterscheidbar ähnlichen Fall die behauptete Schädigung als „zu weit entfernt", also bloß hypothetisch, angesehen und daher Schadensersatz verweigert hatte.

wahren. So blieben die Asymmetrien, die den Arbeitsvertrag kennzeichneten, erhalten. Das Gefühl der Arbeitnehmer für Fairness und gegenseitigen *good faith* in der Arbeitsbeziehung fand unter Lokalrichtern und Geschworenen gelegentlich Fürsprecher. In der eiskalten Logik des *Common law of contract* war dafür aber kein Platz. Diese orientierte sich allein am Paradigma des Austauschs von Lohn gegen die Ware ‚Arbeit', ganz gleich ob diese Ware nun die Form der Arbeitskraft oder des Arbeitsprodukts annahm.

Kehren wir zum Ausgangspunkt dieses Kapitels, der Frage nach Gerechtigkeit als „adäquater Komplexität konsistenten Entscheidens" (Luhmann) zurück, so hat sich gezeigt, daß in allen drei von mir untersuchten semantischen Konfliktfeldern – Status und Hierarchie, Gewohnheit und Vertrag, Arbeit als Ware und Wert – das englische Recht weder ausreichend konsistent noch ausreichend komplex war. Dies äußerte sich auf den verschiedenen Ebenen des Justizsystems in verschiedener Weise.

Auf der unteren Ebene, in den Friedens- und Grafschaftsgerichten, sahen sich die Richter mit einer Vielzahl von Herausforderungen aus der Arbeitswelt konfrontiert, auf die die einfachen Prinzipien des *Common law* keine Antwort gaben und zu denen das *Statute law* entweder schwieg oder heillose Verwirrung stiftete. Die Folge war, daß sich die Lokalrichter, um überhaupt entscheiden zu können, sehr oft auf ihre eigene ‚Vernunft' zurückzogen. Viele Prozesse mündeten so in Auseinandersetzungen um reine Ermessenssachen, etwa Streitigkeiten um Worte wie *reasonable* oder Fragen der Glaubwürdigkeit von Zeugenaussagen. Bei den Streitparteien erzeugte dies vor allem eines: Unsicherheit. Außer bei ganz einfachen, unumstrittenen Sachverhalten waren die Prozeßausgänge selten vorherzusehen. Das Recht war unerkennbar. Mehr noch als einzelne Fälle klarer Parteilichkeit war es dies, was potentielle Kläger abschreckte.

Auf der höheren Ebene des Justizsystems, im Obersten Gerichtshof, war hingegen Konsistenz in höherem Maße gegeben. Dies wurde aber erkauft durch einen Verzicht auf adäquate Komplexität des Entscheidens. Die tatsächlichen Streitpunkte der Prozessierenden verschwanden oft völlig hinter den auf Konsistenz zielenden Erörterungen der Richter. Die Sprache der Justiz kapselte sich ein in ihre eigene Logik. Dabei gab es im Laufe des Untersuchungszeitraums eine Entwicklung von einer eher prinzipiengeleiteten Spruchpraxis in der viktorianischen Ära hin zu einer immer stärkeren Rückbindung an Präzedenzfälle seit dem späten 19. Jahrhundert. Nach einer kreativen Phase in der Mitte des 19. Jahrhunderts verkrustete und verhärtete sich das *Common law*, insbesondere das Vertragsrecht, zu einem unflexiblen Gehäuse aus Dogmen und früheren Entscheidungen. Diese konn-

ten nur noch durch Urteile des House of Lords oder den Gesetzgeber überwunden werden. Weil sich dieser seit dem späten 19. Jahrhundert, was das
individuelle Arbeitsvertragsrecht angeht, in eine passive Haltung zurück-
zog, kamen von außen immer weniger Veränderungsimpulse an das *Com-*
mon law heran.

Mit Blick auf das Arbeitsverhältnis war es bedeutsam, daß die kreative
Phase des *Common law* in eine Zeit fiel, in der die politische Ökonomie als
Leitdisziplin das Räsonnement der Juristen beherrschte und die Probleme
einfacher Arbeitnehmer, schon aus Kostengründen, kaum vor die höheren
Gerichte gelangten. In dieser Zeit zwischen 1830 und 1880 verfestigten sich
im *Common law* die mehr oder weniger versteckten Asymmetrien zuun-
gunsten der Arbeitnehmer, deren Erscheinungsformen und Auswirkungen
ich in diesem Kapitel an zahlreichen Einzelfallanalysen dargestellt habe. In
der Praxis machten sich die Asymmetrien vor allem in der Weise bemerkbar,
daß den Arbeitnehmern weniger etablierte Klageformen offenstanden als
den Arbeitgebern und daß die Arbeitgeber – insbesondere wegen der Unschärfe der juristischen Statusdefinitionen – mehr Möglichkeiten hatten,
sich einer Verurteilung zu entziehen. Diese im materiellen Recht selbst angelegte Ungleichheit der Klage- und Erfolgschancen war, neben der Unvoraussehbarkeit, ein weiterer Grund für die insgesamt schwache Nutzung der
ordentlichen Gerichte für Arbeitsstreitigkeiten.

Arbeitsrecht – soweit es Zivilrecht ist – ist von der Natur der Sache
hauptsächlich Arbeitnehmerrecht. Da nun die Arbeitnehmer in England
wenig Chancen hatten, ihre Beschwerden vor Gericht so zur Sprache zu
bringen, daß sie dort mit Aussicht auf Erfolg angehört werden konnten, fiel
die Nutzung der Gerichte insgesamt, vergleicht man etwa mit Deutschland,
schwach aus.

Die spät- und nachviktorianische Phase, in der sich das *Common law* auf
sich selbst zurückzuziehen und zu verhärten begann, fiel zusammen mit einer Zeit, in der typische Beschwerden der Arbeitnehmer, nicht zuletzt wegen der verbesserten Rechtshilfe durch die Gewerkschaften, aber auch wegen erleichterter Berufungsmöglichkeiten, schneller und häufiger als früher
an die höheren Gerichte gelangen konnten. Die Jahrzehnte nach 1880 waren
zugleich auch eine Zeit, in der einzelne Grafschaftsrichter und Polizeirichter in den Großstädten mehr Verständnis für Arbeitnehmerprobleme auf-
brachten. Die Herausforderungen aus der Arbeitswelt, die nun in stärkerem
Maße von den unteren Instanzen an die *Common law*-Gerichte drangen,
trafen dort auf eine Juristenschaft, die zunehmend mit sich selbst und der
Konsistenz des juristischen Diskurses beschäftigt war. Zwischen der in den
eigenen Dogmen und Präzedenzfällen befangenen Sprache der höheren

Richterschaft und den Rechtsvorstellungen der Laien, insbesondere der Arbeitnehmer, klaffte eine immer größere Lücke. Unter diesen Umständen wurde es für einzelne *Common law*-Richter schwieriger, durch kreative Entscheidungen eine Anpassung der *Common law*-Grundsätze an ein stärker auf Gegenseitigkeit der Verpflichtungen beruhendes Modell der Arbeitsbeziehung, wie es den Vorstellungen der Arbeitnehmer entsprach, zu bewirken. Die Chance, das englische Arbeitsvertragsrecht von innen heraus zu modernisieren, eine Chance, die durch vermehrte Herausforderungen von seiten der Rechtssuchenden an sich gegeben war, konnte nicht genutzt werden.

Weil nun zur gleichen Zeit auch die Spruchpraxis der Lokalgerichte, besonders der Grafschaftsgerichte, zunehmend professionelleren, das heißt juristischen Maßstäben zu folgen begann, entfernte sich auch hier bei allen komplizierteren Fällen die Sprache des Rechts von derjenigen der Laien – manchmal gegen den Willen der Lokalrichter selbst. „Bound by authority" - gebunden durch höchstrichterliche Entscheidungen: dies wurde nun auch in den Grafschaftsgerichten immer häufiger zu einem bevorzugten Satz in den Urteilsbegründungen. Konnten in früheren Jahrzehnten zumindest einzelne Grafschaftsrichter durch exzentrische Urteile die Asymmetrien im Arbeitsrecht durchbrechen, näherten sie sich nun in Verhandlungsführung und Urteilsstil den *Common law*-Richtern an. Die Justizpraxis wurde dadurch konsistenter, aber weniger flexibel. Diese Juridifizierung der Argumentation auch in den Lokalgerichten war, zusammen mit den institutionellen Veränderungen, ein weiterer Grund für die nachlassende Attraktivität der Lokalgerichte seit dem späten 19. Jahrhundert.

SCHLUSS: DIE ENTRECHTLICHUNG DER ARBEITSBEZIEHUNGEN IN ENGLAND, 1850–1925

Vertrauensverlust durch Klassenjustiz: diese Formel faßt zusammen, was Beobachtern und Historikern der Arbeiterbewegung von Marx bis zur Gegenwart zuerst in den Sinn kam, wenn vom englischen Arbeitsrecht im Industriezeitalter die Rede war. Die Emanzipation der Gewerkschaften aus rechtlichen Beschränkungen, die instinktive Scheu der Arbeiter vor der Justiz erschienen rückblickend als logische Folge aus der kollektiven Erfahrung der Unterdrückung im 19. Jahrhundert. Der historische Erfolg der englischen Arbeiterbewegung im 20. Jahrhundert bestand darin, das Recht aus den Arbeitsbeziehungen schrittweise herausgedrängt und autonome Konfliktlösungsformen entwickelt zu haben: Auf dieses Ziel liefen seit den Webbs die meisten Geschichten des Arbeitsrechts und der industriellen Beziehungen in England hinaus.

Dem korrespondierte eine juristische Sicht, für die der Arbeitsvertrag ein Vertrag wie jeder andere war, der keine besondere Aufmerksamkeit verdiente. Wie die englischen Arbeiter sich vom Recht abwandten, so kümmerten sich auch die englischen Juristen nur am Rande um das Arbeitsverhältnis. Die allgemeine Vertragsfreiheit galt den Historikern des *Common law* seit Dicey als Norm, die durch legislative Eingriffe bedroht war. Fabrikgesetze, Arbeiterschutz und die Sonderstellung der Gewerkschaften wurden dementsprechend als Fremdkörper im Recht wahrgenommen und isoliert voneinander betrachtet. Zu einer ernst genommenen juristischen Disziplin wurde das ‚Arbeitsrecht' in England erst in den sechziger und siebziger Jahren des 20. Jahrhunderts. Seine Geschichte wurde bisher auf zweierlei Weise geschrieben: entweder als Geschichte der Selbstbefreiung der Arbeiterschaft aus Klassengesetzgebung und Klassenjustiz oder als Teil einer dogmatisch orientierten Rechtsgeschichte, die vom Aufstieg und Niedergang der Vertragsfreiheit handelte.

Diese beiden großen Erzählungen, diejenige der Arbeiterbewegung und diejenige der *Common law*-Juristen, bildeten den Ausgangspunkt der Untersuchung. Obwohl sie von entgegengesetzten politischen Intentionen ausgingen, stützten sich die beiden Erzählungen gegenseitig. Das verstärkte ihre suggestive Wirkung. Empirisch sind sie jedoch schwach begründet. Es handelt sich um Ereignisgeschichten, basierend auf den Entscheidungen der Wenigen, nicht auf der „Praxis der Vielen".[1] Die zahllosen Arbeitnehmer

---

[1] Alf Lüdtke, Stofflichkeit, Macht-Lust und Reiz der Oberflächen. Zu den Perspektiven der

und Arbeitgeber, die sich vor den Lokalgerichten begegneten, ihre Anwälte und Zeugen, die Gewerkschaftssekretäre, die beratend und vermittelnd im Vorfeld tätig wurden, die Versicherungsagenten und Experten, die Journalisten, die über das Geschehen in den Gerichtssälen berichteten, schließlich die Friedensrichter und Grafschaftsrichter selbst – sie alle blieben namenlos. Sie erschienen in den großen Erzählungen allenfalls als Kollektivsubjekte, denen Mentalitäten, Ideologien und Motive unterschoben wurden, ohne daß ihr tatsächliches Handeln und ihre Worte Beachtung fanden.

Sieht man nur auf die großen Wendepunkte der Gesetzgebung und die bekannten Präzedenzfälle des *Common law*, bestätigen sie eine Sicht, nach der sich Arbeiterschaft und höhere Justiz in England vom späten 19. Jahrhundert bis in die sechziger Jahre des 20. Jahrhunderts voneinander entfernten. Bislang ungeklärt war jedoch, ob es auch bei den alltäglichen Streitigkeiten um Löhne, Kündigungen, Unfälle, Vertragsbrüche und anderes Fehlverhalten zu einer Entfremdung zwischen Arbeitswelt und Rechtssystem gekommen ist. Die Rechtswirklichkeit im Bereich des Individualarbeitsrechts war eine *terra incognita*. Um die Geschichte des englischen Arbeitsrechts ,vom Kopf auf die Füße zu stellen', habe ich daher hier erstmals auf breiter Quellengrundlage die Justizpraxis auf lokaler Ebene, einschließlich der vor- und außergerichtlichen Konflikte und Einigungsversuche, in den Blick genommen. Das Resultat ist eine neuartige Sozial- und Kulturgeschichte des englischen Arbeitsrechts. Neu ist diese Geschichte, weil ich einen unbekannten Gegenstand mit vorher nicht genutzten Quellen und Methoden erschlossen habe; neu ist sie darüber hinaus, weil hier die Entwicklung eines wichtigen Rechtsgebiets – des Arbeitsrechts – unter konsequenter Einbeziehung der Laienperspektive nachgezeichnet wurde. Dadurch ist es gelungen, das sich wandelnde Verhältnis zwischen einer Sozialbeziehung und dem darauf bezogenen Recht besser zu erfassen, als es der herkömmlichen Rechtsgeschichte oder einer auf legislative Veränderungen fixierten politischen Sozialgeschichte möglich war.

Die Untersuchung wurde durch das Begriffspaar ,Verrechtlichung' und ,Entrechtlichung' strukturiert. Mit diesen beiden Begriffen wird die *Beziehung* zwischen Recht und einzelnen Lebensbereichen in ihrer zeitlichen Erstreckung zum Thema. Die Begriffe eignen sich daher besonders gut als Rahmen für eine Sozial- und Kulturgeschichte des Rechts, in der Juristen und Laien gleichermaßen als Akteure auftreten. Zudem erlauben diese Begriffe Vergleiche zwischen nationalen Entwicklungen, indem nach der rela-

---

Alltagsgeschichte, in: Winfried Schulze (Hg.), Sozialgeschichte, Alltagsgeschichte, Mikro-Historie, Göttingen 1994, S. 65–80, S. 72.

tiv zunehmenden oder abnehmenden Bedeutung des Rechts für einzelne Lebensbereiche in den verschiedenen Ländern gefragt werden kann. Dabei bemißt sich diese Bedeutung nicht lediglich danach, wie viele Gesetze erlassen wurden, sondern vor allem danach, in welchem Umfang die Laien das Recht tatsächlich in Anspruch nahmen.

Für einen Teilaspekt, die Nutzung der Gerichte durch Arbeitnehmer und Arbeitgeber, wurde hier vorgeführt, welche Erkenntnisgewinne sich durch eine vergleichende Geschichte der Verrechtlichung und Entrechtlichung erzielen lassen. Im Kontrast zur arbeitsrechtlichen Prozeßflut in Deutschland, die seit der Einrichtung der Gewerbegerichte im Jahr 1890 bis zum Höhepunkt der Weltwirtschaftskrise 1932 immer weiter anschwoll, wurde die nach 1875 einsetzende und bis zum Beginn der zwanziger Jahre anhaltende Flucht der Arbeitnehmer und Arbeitgeber aus den Lokalgerichten in England um so deutlicher erkennbar und erklärungsbedürftiger. Mit Hilfe des Vergleichs ließ sich die These erhärten, daß institutionelle Angebote und Verfahren das Streitverhalten potentieller Kläger in hohem Maße steuerten. Während die deutschen Gewerbe- und Kaufmannsgerichte die Arbeitnehmer dazu einluden, bei jeder sich bietenden Gelegenheit zu prozessieren, wiesen die englischen Friedens- und Grafschaftsgerichte zahlreiche Merkmale auf, die sie von einer Klage abhielten. Der Vergleich lenkte so die Aufmerksamkeit auf ein Feld, das in Rechtsgeschichten, die im nationalen Rahmen verbleiben, oft unterbelichtet bleibt, weil es von vorgegebenen Strukturen beherrscht scheint: das Feld der Institutionen und Verfahren.

Die institutionellen und prozeduralen Gegebenheiten in den englischen Friedens- und Grafschaftsgerichten trugen wesentlich zur vergleichsweise geringen – und nachlassenden – Attraktivität des Rechtswegs bei. Die Prozeßkosten lagen relativ zu den Löhnen und Streitwerten hoch und stiegen im Laufe des Untersuchungszeitraums in den Fällen, in denen Anwälte hinzugezogen wurden, unverhältnismäßig an. Beide Lokalgerichte waren in der Hauptsache für Zwecke zuständig, die mit der Lösung von Arbeitsstreitigkeiten nichts zu tun hatten: die Friedensgerichte für die schnelle Aburteilung kleiner Straftäter, Unruhestifter und Verkehrssünder, die Grafschaftsgerichte für die schnelle Eintreibung kleiner Schulden. Diese im Untersuchungszeitraum wachsenden Aufgaben absorbierten, bei gleichbleibender Richterzahl, einen immer größeren Anteil des Zeitbudgets der Richter, wodurch die oftmals komplizierten und mit langwierigen Faktenermittlungen und Zeugenvernehmungen verbundenen Arbeitsstreitigkeiten im Gerichtsalltag zusehends an den Rand gedrängt wurden. Bei den Friedensgerichten kam hinzu, daß die nach 1875 dem Zivilrecht unterliegenden Streitigkeiten aus dem Arbeitsvertrag vor dieser sonst fast nur mit Strafsachen befaßten

Instanz einen Fremdkörper bildeten. Schließlich brachten in beiden Lokalgerichten die Mündlichkeit des Verfahrens, die Techniken des Kreuzverhörs und die im Vergleich zu anderen Ländern und zur heutigen Praxis starke Präsenz der Öffentlichkeit intellektuelle und psychologische Anforderungen mit sich, denen Prozeßteilnehmer in vielen Fällen nicht gewachsen waren und denen sie, sofern sie die Wahl hatten, oft dadurch auswichen, daß sie auf die weitere Verfolgung einer bereits eingeleiteten Klage verzichteten oder eine vom Gegner geforderte Summe im Gericht einzahlten. Von dort bis zum völligen Verzicht auf den Rechtsweg war es nur noch ein kleiner Schritt.

Unter der leitenden Frage nach Erscheinungsformen und Ursachen von Verrechtlichung oder Entrechtlichung sind die englischen Arbeitsbeziehungen im Industriezeitalter ein lohnendes Untersuchungsobjekt. Am englischen Beispiel läßt sich zeigen, daß sich das Verhältnis zwischen Rechtssystem und Arbeitswelt weder geradlinig noch zwangsläufig in eine bestimmte Richtung entwickeln mußte. Modernität und Industrialisierung trieben nicht notwendig die Verrechtlichung voran, noch waren sie ihrerseits darauf angewiesen. Arbeitskonflikte ließen sich in England außerhalb des Rechts austragen, ohne daß es zu extremen Störungen des gesellschaftlichen Friedens und des wirtschaftlichen Wachstums kam. Freilich war dieses Resultat nur um den Preis zu haben, daß Arbeitnehmer, die nicht gewerkschaftlich organisiert waren, größte Schwierigkeiten hatten, ihre individuellen Rechte aus dem Arbeitsvertrag geltend zu machen oder gar die Arbeitgeber zu zwingen, ihre Pflichten aus der Arbeiterschutzgesetzgebung einzuhalten.

Wer dagegen gewerkschaftlich organisiert war, konnte sich darauf verlassen, daß er unterstützt wurde, sei es durch die Solidarität im Arbeitskampf, sei es durch individuelle Rechtshilfe, die zumindest bei einigen größeren englischen Gewerkschaften effizient funktionierte. Allerdings mußte es ein in seinen Rechten verletztes Gewerkschaftsmitglied hinnehmen, daß seine individuellen Beschwerden zunächst im Rahmen eines kollektiven Verhandlungssystems thematisiert und geprüft wurden, was im Einzelfall heißen konnte, daß Rechtsverletzungen um kollektiver Ziele willen ungeahndet blieben. Der geschädigte Arbeitnehmer erhielt statt dessen eine Kompensationszahlung aus der Gewerkschaftskasse. Für den Einzelnen und die Trade Union mochte dies bequemer und billiger sein als der Gang zum Gericht, für die Rechtsprechung entfielen damit Anlässe, das geltende Recht in Frage zu stellen.

Freiwillige Schieds- und Einigungsstellen und informelle Streitschlichtungsprozeduren dehnten sich seit den späten sechziger Jahren des 19. Jahrhunderts auf immer mehr englische Industrien aus. Der Aufbau dieses Systems war zum Teil eine direkte Reaktion auf die mangelnde Attraktivität des Rechtswegs. Umgekehrt verringerte sich durch die freiwillige Streitschlichtung der Problemdruck auf die ordentlichen Gerichte, was wiederum dazu beigetragen haben kann, daß dort mögliche Reformen unterblieben. Durch ihre Einbindung in das kollektive Verhandeln wurden potentiell justiziable Arbeitsstreitigkeiten aus der Sphäre des Rechts herausgenommen und entindividualisiert. Das Konfliktpotential selbst wurde nicht weniger, aber die Konflikte wurden umdefiniert. Individuelle Rechtsstreitigkeiten erklärte man nun zu ‚gewerblichen Disputen‘, die bevorzugt auf dem Verhandlungswege zu lösen waren. Wie bei der gewerkschaftlichen Rechtshilfe, so waren auch hier die Vor- und Nachteile für Arbeitnehmer ungleich verteilt: Die Organisierten unter ihnen profitierten von den alternativen Konfliktlösungen, die Unorganisierten blieben auf die ordentlichen Gerichte angewiesen.

Das bestätigen auch die Ergebnisse der quantitativen Analyse des Klageverhaltens in den Friedens- und Grafschaftsgerichten. Es hat sich gezeigt, daß es vor allem qualifizierte Industriearbeiter waren, also die gewerkschaftlich am besten organisierten Arbeitnehmer, die der Justiz zuerst den Rücken kehrten. Dagegen fuhren Landarbeiter, Gelegenheitsarbeiter, Hausbedienstete und Arbeitnehmer in Dienstleistungsberufen, darunter viele Frauen, länger fort, die Gerichte in Anspruch zu nehmen. Dazu paßt, daß die Klagetätigkeit vor den Friedensgerichten, in denen nur Handarbeiter klagen oder verklagt werden konnten, schon um 1875 deutlich nachließ, während der Rückgang in den Grafschaftsgerichten, die für alle Arbeitnehmer zuständig waren, erst später, etwa um die Jahrhundertwende, einsetzte.

Zudem änderte sich in den Friedensgerichten nach der Entkriminalisierung des Kontraktbruchs im Jahr 1875 auch das Klagemuster der Arbeitgeber. Diese stellten dort vor wie nach der Reform von 1875 die große Mehrheit der Kläger. Doch während Arbeitgeber vor 1875 in Einzelverfahren Strafen gegen einen oder mehrere unbotmäßige Arbeiter zu erwirken pflegten, zogen sie es nach der Reform vor, von Zeit zu Zeit sehr viele, manchmal Hunderte von Arbeitern auf einmal vor Gericht zu zitieren. Das war besonders im Kohlenbergbau der Fall. Auch die Arbeiter paßten sich diesem Muster an und klagten nun öfter in Massen. Tatsächlich verloren die Verfahren vor den Friedensgerichten damit im Leben der einzelnen Arbeiter nach 1875 mehr an Bedeutung, als es in der Statistik erscheint. Die Massenklagen verfolgten auf beiden Seiten eher symbolische Ziele; sie waren häufig nur taktische Zwischenschritte im kollektiven Verhandlungspoker. Um echte

Rechtsstreitigkeiten, bei denen es um das Wohl und Wehe des Einzelnen ging, handelte es sich dann nur noch der Form nach.

Anders in den Grafschaftsgerichten: Hier blieb es dabei, daß Individuen um ihre Rechte klagten, wobei Arbeitnehmer im gesamten Untersuchungszeitraum die große Mehrheit der Kläger stellten. Die Dramatik und die emotionale Anteilnahme der Streitparteien war daher nach 1875, nachdem in den Friedensgerichten keine Gefängnisstrafen mehr verhängt wurden, in den Grafschaftsgerichten oft bedeutend höher. Dies galt besonders für die Klagen auf Entschädigung nach Arbeitsunfällen, bei denen nicht nur die materielle Existenz der Arbeitnehmerfamilien, sondern manchmal auch diejenige kleinerer Arbeitgeber auf dem Spiel stand. Versicherungen nahmen allerdings den Arbeitgebern seit dem späten 19. Jahrhundert das Risiko zunehmend ab. Für die klagenden Arbeitnehmer oder ihre Hinterbliebenen hatte dies zur Folge, daß sie es mit einem noch mächtigeren und skrupelloseren Prozeßgegner zu tun bekamen. Die durch finanzielle Ressourcen bedingte Ungleichheit der Chancen vor Gericht machte sich in den Unfallprozessen mehr als in anderen Verfahren bemerkbar.

Für eine Rechtsgeschichte des Arbeitslebens reicht es nicht aus, nur die auf Arbeitsverhältnisse bezogenen Gesetze und Rechtssätze zu studieren. Mindestens ebenso wichtig ist die Kenntnis der Wege, auf denen das Recht umgedeutet oder umgangen werden konnte. Blickt man nur auf den Regelungswillen des Gesetzgebers, so scheint sich auch die englische Entwicklung dem „Verrechtlichungsparadigma" zu fügen.[2] Erst vor den Lokalgerichten stellte sich aber heraus, was die gesetzlichen Bestimmungen wirklich wert waren, wer sie nutzen konnte und wer nicht. Die verschiedenen Dimensionen der Ungleichheit vor Gericht spielten dabei eine wichtige Rolle. Darauf verweist schon die quantitative Analyse der Klageerfolge, aus der hervorging, daß Arbeitnehmer als Kläger insgesamt weniger erfolgreich waren als andere Kläger. Für das Verständnis der Formen, in denen Ungleichheit in den Prozessen wirksam wurde, war jedoch die qualitative Analyse der Argumentationen und Verhandlungsstrategien aufschlußreicher.

Es gab eine Reihe von Gründen, die es englischen Arbeitgebern leicht machten, sich ihren gesetzlichen und vertraglichen Verpflichtungen zu entziehen. Einige dieser Gründe lagen in der Struktur der Arbeitsbeziehung an sich begrundet und waren insofern nicht spezifisch für England; andere resultierten aus den besonderen Strukturen des englischen Rechtssystems oder den Normen selbst. Zunächst hatten Arbeitgeber einen natürlichen

---

[2] Spiros Simitis, Zur Verrechtlichung der Arbeitsbeziehungen, in: Kübler (Hg.), Verrechtlichung, S. 73–165, S. 74.

Vorteil, indem sie mit der Entlassungsdrohung über ein außerrechtliches Druckmittel verfügten, dem auf Arbeitnehmerseite kein Äquivalent gegenüberstand. Kam es tatsächlich zur Entlassung, lag das Klagerisiko, wie bei fast allen anderen typischen Streitigkeiten auch, beim Arbeitnehmer. Diese asymmetrische Verteilung des Klagerisikos ist in der Natur des Arbeitsverhältnisses angelegt und nicht spezifisch für England im Industriezeitalter. Das Klagerisiko selbst aber stellte vor den damaligen englischen Lokalgerichten eine schwer zu überwindende Schwelle dar, was wiederum im Vergleich zu den deutschen Gewerbe- und Kaufmannsgerichten deutlich wird. In England kamen hier die erwähnten Zugangsbarrieren ins Spiel: an erster Stelle die hohen Kosten, dann die Tatsache, daß Gebühren vorgestreckt werden mußten, des weiteren die (in deutschen Gewerbegerichten nicht gegebene) Möglichkeit für Arbeitgeber, durch Bestellung eines Anwalts das Kostenrisiko in die Höhe zu treiben, ferner die Zeitverluste, die für den auf Lohnarbeit angewiesenen Arbeitnehmer schlecht zu überbücken waren, und vieles andere mehr. Eine bedarfsgerechte Armenrechtsprozedur und allgemein zugängliche Rechtsberatungsstellen, die diese Nachteile zum Teil hätten ausgleichen können, standen nicht zur Verfügung. Nur wer eine starke Gewerkschaft im Rücken hatte, war von den institutionell bedingten ungleichen Startchancen weniger betroffen. Wieviele potentielle Arbeitnehmerklagen allein aus diesen Gründen unterblieben oder vorzeitig fallengelassen wurden, läßt sich nicht feststellen, doch deutet die Tatsache, daß sogar kleinere Gewerkschaften oft aus Kostengründen vor einer gerichtlichen Verfolgung zurückschreckten, darauf hin, daß es sehr viele gewesen sein müssen.

Gelang es trotz dieser Schwellen, ein Verfahren gegen einen Arbeitgeber zu eröffnen, boten sich diesem durch die besondere Struktur des englischen Rechts und die mehr oder weniger versteckten Asymmetrien in den Normen selbst weitere Möglichkeiten, einer Verurteilung zu entkommen. Das englische Recht war (und ist) gekennzeichnet durch ein Nebeneinander von zwei Normkomplexen: *Statute law* und *Common law*. Diese dualistische Struktur von Gesetzesrecht und Richterrecht begünstigte in sehr vielen Fällen die Arbeitgeber. Da die Gesetze zentrale Begriffe wie zum Beispiel *servant* oder die verschiedenen Formen des ‚Vertrags‘ oft nur vage definierten, mußten zu ihrer Interpretation die Normen des *Common law* herangezogen werden. Dieses aber ging, was das Vertragsrecht angeht, strikt von der gleichen Freiheit der Parteien beim Vertragsabschluß aus, eine Fiktion, die Arbeitnehmer vor Gericht in eine ungünstige Position brachte. Nach dieser Fiktion gab es zum Beispiel kaum Ausreden, wenn es etwa darum ging, ob eine einseitig verkündete Arbeitsordnung als impliziter Vertragsbestandteil zu gelten hatte. Die Gerichte vertraten hier im Normalfall die Auffassung, daß Nicht-Widerspruch des Arbeitnehmers Zustimmung bedeutete. Außerdem war durch die Präzedenzfälle des *Common law* der Dienstvertrag in einer Weise definiert, die es dem Arbeitgeber ermöglichte, immer wenn es darauf ankam, ihn dingfest zu machen, also etwa wenn er für Unfälle haften sollte, sich hinter subalternen Vorgesetzten oder zwischengeschobenen Scheinunternehmern zu verstecken, während er dann, wenn einer seiner Arbeitnehmer verklagt wurde, wieder als sein ‚Herr‘ hervortreten konnte. Der Arbeitgeber konnte seine Verantwortung leugnen, wenn er zahlen sollte, und behielt doch die Kontrolle, wenn er Befehle erteilte. An zahlreichen Fallbeispielen wird deutlich, wie dieses argumentative Spiel in Gerichtsverhandlungen um Lohn- und Schadensersatzforderungen funktionierte und die Arbeitnehmer benachteiligte. Vom Ausgang der Diskussionen um Begriffe wie *servant* oder *contract of service* hing es weiterhin oft ab, ob bestimmte Gesetze, darunter gerade auch Arbeiterschutzmaßnahmen, anwendbar waren oder nicht. Die grundsätzliche Regel des *Common law*, daß statutarische Bestimmungen Ausnahmen vom allgemeinen Recht des Landes, eben dem *Common law*, schufen, wirkte sich oft genug für Arbeitnehmer ungünstig aus. Schließlich war auch die Frage, welches der beiden Lokalgerichte für einen Fall zuständig war, von Streitigkeiten um unklar definierte Rechtsbegriffe abhängig. Das war ein weiterer Faktor, der Arbeitgebern nützte, weil klagende Arbeitnehmer sich einen zweiten Anlauf vor dem anderen Gericht in der Regel kaum leisten konnten. Insgesamt erhöhte der Dualismus zwischen *Statute law* und *Common law* die Unübersichtlichkeit des Rechts. Für alle Rechtssysteme aber gilt, daß ein unübersichtliches Recht finanzstärkeren Streitparteien strategische Vorteile bringt.

Die geschilderten Feinheiten der juristischen Argumentation, die Sprachspiele und Fragetechniken, mit denen in den Gerichtsverhandlungen operiert wurde, können in dieser Zusammenfassung nicht wiederholt werden. Festzuhalten ist, daß die meisten Niederlagen von Arbeitnehmern darauf zurückzuführen waren, daß die vorgefundenen Normen – die Gesetze und die aus Präzedenzfällen ableitbaren Rechtssätze – zahlreiche Schlupflöcher, Unklarheiten und versteckte Asymmetrien von der Art aufwiesen, wie ich sie eben erläutert habe.

Mit dem, was man üblicherweise, auch damals schon, als ‚Klassenjustiz‘ bezeichnete, hatte dies wenig zu tun. Sicher kam es vor, daß einzelne Richter, vor allem manche Laienfriedensrichter, regelmäßig einseitige Urteile zugunsten der Arbeitgeber fällten und den Willen des Gesetzgebers aus Ignoranz oder absichtlich falsch interpretierten. Diese grobe Form der Ungleichbehandlung und Parteilichkeit war jedoch, verglichen mit den subtiler wirkenden, im Rechtssystem und in den Normen eingebauten Asymmetrien und Chancenungleichheiten, quantitativ unbedeutend. Auch wurden ausgeprägte Fälle von Klassenjustiz nach 1875 seltener. Die wenigen extremen Fälle genügten jedoch, um das aus den anderen, schwerer zu begreifenden Niederlagen herrührende diffuse Ungerechtigkeitsgefühl in Worte zu fassen und in eine eingängige Geschichtserzählung zu übersetzen. Diese Meistererzählung der englischen Arbeiterbewegung wirkte weiter, auch nachdem die gröberen Ungleichheiten im Gesetz, besonders die Strafbestimmungen des alten *Master and Servant Act*, beseitigt waren und auch, nachdem die Friedensrichter mehrheitlich eine neutralere und nach juristischen Maßstäben korrekte Urteilspraxis an den Tag legten. Daß die Meistererzählung weiterhin glaubwürdig blieb, lag an dem Gefühl der Arbeitnehmer, daß sie vor Gericht sehr häufig ‚irgendwie‘ unfair behandelt wurden. Worin die Unfairness konkret bestand, wurde aber nicht analysiert. Die Existenz der plausiblen Meistererzählung verhinderte in der englischen Arbeiterbewegung jedes tiefergehende Nachdenken über die Rechtssätze und institutionellen Mechanismen, die zu den ‚Ungerechtigkeiten‘ führten. So wurde im späten 19. und frühen 20. Jahrhundert die erzählte Geschichte zum Faktor in der wirklichen Geschichte, indem sie in der organisierten englischen Arbeiterbewegung die prinzipiell defensive Haltung gegenüber dem Recht bestärkte.

Es gab weitere Gründe, die im England des Industriezeitalters eine Veränderung in Richtung auf ein leichter zu durchschauendes, arbeitnehmerfreundlicheres Recht und attraktivere Gerichte erschwerten. Der naheliegende Weg für Veränderungen wäre die Gesetzgebung gewesen. Impulse hierzu hätten vor allem von der organisierten Arbeiterbewegung ausgehen müssen. Die im Vergleich zur deutschen Sozialdemokratie ausgeprägte politische Abstinenz der englischen Trade Unions und ihre stets nur punktuell auf Einzelgesetze zielenden Kampagnen stellten jedoch die Struktur des englischen Rechtssystems, besonders den Dualismus zwischen *Common law* und *Statute law*, nie fundamental in Frage. Hinzu kam, daß die Trade Unions sich in ihrem jahrzehntelangen Kampf gegen die einseitigen Strafbestimmungen der *Master and Servant*-Gesetzgebung eine Rhetorik angeeignet hatten, in der der formale Gleichbehandlungsgrundsatz eine zentrale Position einnahm. Davon wieder abzurücken und im Interesse von als ‚schutzbedürftig‘ definierten Arbeitnehmern positive Sonderrechte oder eigene Gerichtsbarkeiten zu fordern, erwies sich für die meisten Gewerkschaftsführer als unmöglich, zumal sich bei ihnen mit dem Gleichbehandlungsgrundsatz auch ein spezifisches Ideal englischer Männlichkeit verband, das von populistischen Blättern und ideologisch interessierten Kreisen kräftig geschürt wurde. Staatliche Schutzmaßnahmen und die Gewährung positiver, zwingender Rechte durch Gesetz wurden daher in der englischen Arbeiterbewegung gedanklich als Ausnahmen von der allgemeinen Norm konzipiert. Solche Ausnahmen konnte man zum Beispiel für Kinder, Jugendliche, Frauen und bestimmte Berufe begründen, für erwachsene und ‚freie‘ englische Männer aber nicht. Das Festhalten am formalen Gleichbehandlungsgrundsatz und die Konzeption von zwingender Gesetzgebung als Ausnahme von der Regel entsprachen fundamentalen Prinzipien der *Common law*-Juristen, so daß die englische Arbeiterbewegung – paradoxerweise – zur Stabilisierung von Doktrinen beitrug, die sich für einzelne Arbeitnehmer im Gerichtsalltag oft negativ auswirkten.

Von den englischen Juristen gingen, sehr im Unterschied zu den Verhältnissen im deutschen Kaiserreich, ebenfalls kaum Impulse zur Veränderung des Arbeitsrechts durch Gesetzgebung aus. Das lag zum einen daran, daß es an einer wissenschaftlichen Bearbeitung des in den *Law Reports* gesammelten Einzelfallrechts fehlte. Mehr als praxisorientierte Lehr- und Handbücher gab es zu dem auch als Begriff noch nicht existierenden ‚Arbeitsrecht‘ nicht. Zum anderen sahen sich die *Common law*-Juristen im späten 19. und frühen 20. Jahrhundert zunehmend in der Defensive gegenüber einem Gesetzgeber, der in ihren Augen an allen Ecken und Enden die Einheit des ‚gewöhnlichen‘ Rechts, ihres eigenen *Common law*, mit Ausnahmebestimmungen zu durchlöchern schien. Wie die englische Arbeiterbewegung, was die Rechtspolitik angeht, in gewisser Weise zum Gefangenen ihrer eigenen Rhetorik und Geschichtsauffassung wurde, so blockierten sich auch die *Common law*-Juristen durch den Glauben an ihre, von Dicey kanonisierte, große Geschichtserzählung. Die *Common law*-Juristen kapselten sich mehr und mehr in ihr eigenes Dogmengebäude ein, was jedes kreative Nachdenken über eine Reform des Rechtssystems und des Arbeitsrechts im besonderen erstickte.

Für eine Veränderung des Arbeitsrechts auf dem Wege der Gesetzgebung fehlten somit die nötigen Impulse, die nur von einer politisierten Arbeiterbewegung oder einer selbstkritischen Juristenschaft hätten kommen können. Es bleibt zu fragen, warum sich das englische Recht nicht durch Fortbildung ‚von unten‘, also inkremental, in der Weise veränderte, daß es als Problemloser für Arbeitnehmer und Arbeitgeber (wieder) in Frage kam. Schließlich war es auch in Deutschland der Fall, daß viele arbeitsrechtliche Normen und sogar der Begriff eines einheitlichen ‚Arbeitsrechts‘ selbst aus einer systematischen Beobachtung der Spruchpraxis der Gewerbe- und Kaufmannsgerichte hervorgingen. Bis heute ist in Deutschland das Arbeitsrecht mehr als andere Rechtsbereiche Richterrecht. Insofern ist die Abwesenheit arbeits-

rechtlicher Kodifikationsbemühungen in England allein noch kein ausreichender Grund dafür, daß Innovationen ausblieben, die zu einer vermehrten
Nutzung der Gerichte für Arbeitsstreitigkeiten hätten führen können.

An dieser Stelle schließt sich nun der Kreis der Argumentation. Ich bin
davon ausgegangen, daß Recht etwas ist, was in Verhandlungen zwischen
Richtern, Prozeßteilnehmern, Anwälten, Kommentatoren, Interessenvertretern und anderen Beteiligten immer neu festgestellt wird. Der Ort, an
dem dies in jedem Rechtssystem zuerst geschieht, sind diejenigen Gerichte,
die mit den Problemen der Leute zuerst konfrontiert werden: Es sind entweder Lokalgerichte oder Sondergerichtsbarkeiten für spezielle Gruppen.
Dort entstehen die Herausforderungen an das Recht, die zu Anlässen für
Innovationen werden können. Damit Innovationen in einem relativ geschlossenen Kommunikationsraum wie dem Recht zustandekommen, müssen allerdings genügend Herausforderungen (Störungen, Irritationen) vorhanden sein. Konkret: es muß genügend Rechtssuchende geben, die sich mit
vorher ‚unerhörten‘ Klagen an die Gerichte wenden, und das immer wieder
und beharrlich, bis es dazu kommt, daß einzelne Fälle als Berufungsangelegenheiten die höheren Gerichte beschäftigen und schließlich zu kreativen,
normbildenden Urteilen führen. Auf diese Weise entwickelte sich das deutsche Arbeitsrecht – zwar nicht geradlinig, aber doch im Bereich des Individualarbeitsrechts in eine für Arbeitnehmer insgesamt günstige Richtung.
Das Resultat war die immer weitergehende Verrechtlichung der Arbeitsbeziehungen in Deutschland.

In England entstanden die Schwierigkeiten für eine ähnliche Entwicklung
bereits beim ersten Schritt: beim Gang zum lokalen Gericht. Es wurde
schon erwähnt, welche institutionell bedingten Gründe vor allem die Arbeitnehmer davon abhielten, in großer Zahl die Friedens- und Grafschaftsgerichte anzurufen. Auch ist deutlich geworden, daß gerade die stärksten
und durchhaltefähigsten Kläger unter den Arbeitnehmern, die organisierten
Industriearbeiter, aus den gleichen Gründen vermehrt nach alternativen
Formen der Konfliktregelung Ausschau hielten. Die Folge war, daß weniger
Herausforderungen in die Lokalgerichte und von dort an die höheren Gerichte gelangten. Wenn sie dennoch dorthin gelangten, trafen sie auf eine
Richterschaft, die seit dem späten 19. Jahrhundert in zunehmendem Maße
mit sich selbst und mit der Konsistenz und Immunisierung des *Common
law* nach außen befaßt war. Die Selbstbindung der *Common law*-Richter an
die eigenen vergangenen Entscheidungen war im späten 19. und in der ersten Hälfte des 20. Jahrhunderts höher als in der frühen viktorianischen Zeit
oder als heute. Das *Common law*, soweit es Arbeitsverhältnisse betraf, stagnierte.

Weil sich aber nun das *Common law* zum Arbeitsverhältnis kaum fort-
entwickelte und auch vom Gesetzgeber keine nennenswerten Veränderungsimpulse kamen, hielt das Recht für viele neuartige Konflikte in einer
rapide sich verändernden Arbeitswelt keine adäquaten Lösungen bereit.
Nirgends wird dies deutlicher als an dem langen (und für die Prozeßausgänge folgenreichen) Fortleben der antiquierten Rechtsbegriffe *master* und
servant und der dazugehörigen Definition des ‚Dienstvertrags‘. Das englische Arbeitsvertragsrecht war damit aus der Sicht der rechtssuchenden Arbeitnehmer und Arbeitgeber nicht komplex genug; es war nicht geeignet,
auf ihre spezifischen Streitfragen befriedigende Antworten zu geben. Dies
verminderte den Anreiz, den Rechtsweg zu beschreiten, weshalb das Recht
so inadäquat und unerkennbar bleiben konnte wie es war, was wiederum
den Rechtsweg noch unattraktiver machte, usw. Wenn man diesen hier sehr
abstrakt beschriebenen, sich selbst vorantreibenden Prozeß in einem Bild
fassen will, so könnte man sagen, daß das englische Arbeitsrecht im späten
19. und frühen 20. Jahrhundert an innerer Auszehrung zugrundeging. Es
entleerte sich, vor allem was seinen Kernbereich, das individuelle Arbeitsvertragsrecht, angeht. Auf diese Weise kam es zur Entrechtlichung der Arbeitsbeziehungen in England. Erst in den siebziger Jahren des 20. Jahrhunderts wurden mit der Einrichtung der *industrial tribunals* und neuen Gesetzen zum Arbeitsvertragsrecht Voraussetzungen geschaffen, die seitdem
auch in England wieder zu einer Verrechtlichung geführt haben.

Es ist nicht möglich, eine einzige Ursache zu benennen, die den Prozeß
der Entrechtlichung in Gang setzte. Die Faktoren lassen sich nur in ihrer
Wechselwirkung beschreiben. Manche Elemente, die den Prozeß in Gang
hielten, so etwa die Selbstbindungen der Arbeiterbewegung und der *Common law*-Juristen an ihre je eigene Geschichtserzählung und bestimmte
Prinzipien, entsprangen der spezifischen historischen Konstellation und
waren insofern einmalig. Andere Elemente, so die negative Dynamik von
fehlenden Herausforderungen und ausbleibenden Innovationen im Recht,
könnten sich auch in anderen Rechtskulturen und anderen historischen Situationen wiederholen. Die Verrechtlichung der Arbeitswelt – das hat diese
Arbeit gezeigt – war kein notwendiges Ingredienz von Modernisierung.
Wie im England des Industriezeitalters, so muß sich auch in Zukunft das
Verhältnis zwischen Rechtssystem und Arbeitswelt nicht geradlinig oder
gar zwangsläufig in eine bestimmte Richtung entwickeln. Vielleicht kommt
die Zukunft des Arbeitsrechts dem hier untersuchten historischen Beispiel
näher, als wir es uns im Moment aufgrund des Glaubens an die Irreversibi-
lität der Verrechtlichung vorzustellen vermögen.

ANHANG

ABKÜRZUNGSVERZEICHNIS

Die englischen Gesetze werden in der üblichen Weise durch Angabe der Regierungsjahre der Monarchen, *chapters* (c.) und Jahreszahl in Klammern sowie gegebenenfalls *section(s)* (s. bzw. ss.) zitiert. Für die *Law Reports* benutze ich die in England üblichen Abkürzungen. Aufschlüsselungen finden sich in zahlreichen Nachschlagewerken, etwa in Osborn's Concise Law Dictionary, 7. Aufl. London 1982, S. 351–388.

AEU	Amalgamated Engineering Union
AG	Arbeitgeber
AN	Arbeitnehmer
ASE	Amalgamated Society of Engineers
BGB	Bürgerliches Gesetzbuch
CLRO	Corporation of London Record Office
CTCA	Commercial Travellers' Christian Association
DNHV	Deutschnationaler Handlungsgehilfenverband
HGB	Handelsgesetzbuch
LSC	London Society of Compositors
LMA	London Metropolitan Archives
MEGA²	Marx-Engels Gesamtausgabe
MEW	Marx-Engels Werke
MRC	Modern Records Centre, Warwick
NUT	National Union of Teachers
NUET	National Union of Elementary Teachers
OBS	Operative Bricklayers Society
OSM	Operative Stonemasons' Society
PP	Parliamentary Papers
PRO	Public Record Office
RGBl	Reichsgesetzblatt
TUC	Trades Union Congress
TGWU	Transport and General Workers Union
UKCTA	United Kingdom Comercial Travellers' Association
YMCA	Young Mens' Christian Association
YWCA	Young Womens' Christian Association

Verzeichnis der Grafiken und Tabellen

Verzeichnis der englischen Gesetze

Quellen- und Literaturverzeichnis

1. Archivalien

Public Record Office, London (PRO)

LCO 2/983   Finlay Committee on Legal Aid for the Poor, Minutes of Evidence (1925–26)

Berkshire Record Office, Reading

Reading County Division Petty Sessions
PS/RC/9/1   Plaint and Minute Book, Employers and Workmen Act, 1876–1898

Maidenhead Borough Petty Sessions
PS/M/9/1   Plaint and Minute Book, Employers and Workmen Act, 1890–1938

Birmingham Central Reference Library, Archives Division

Sutton Coldfield Petty Sessional Division
PS/SU 2/1   Court Minutes, 1877–80
PS/SU 2/7   Court Minutes, 1902–05
PS/SU 2/8   Court Minutes, 1905–10
PS/SU 2/9   Court Minutes, 1910–14
PS/SU 3/2   Register of Court of Summary Jurisdiction, 1904–08
PS/SU 3/3   Register of Court of Summary Jurisdiction, 1912–16

Cheshire Record Office, Chester

Eddisbury Petty Sessions
QPEd 7   Plaint and Minute Book, Employers and Workmen Act, 1875–1918

Hyde Petty Sessions
QPH 3   Plaint and Minute Book, Employers and Workmen Act, 1876–1884

Cleveland County Archives, Middlesbrough

(West) Hartlepool County Court
AK 19/1   Plaint and Minute Book, 1857–58
AK 19/3   Plaint and Minute Book, 1875–76
AK 19/4   Plaint and Minute Book, Def. Sum., 1879–86
AK 19/5   Plaint and Minute Book C, 1896–1900

AK 19/7	Plaint and Minute Book C, 1907–12
AK 19/9	Plaint and Minute Book B, 1910
AK 19/10	Plaint and Minute Book, Def. Sum., 1918–24
AK 19/11	Plaint and Minute Book B, 1919–20

DUDLEY ARCHIVES AND LOCAL HISTORY SERVICE, COSELEY

Dudley County Court (Acc. 8729)

AK 64.13	Plaint Book, April-Juli 1847
AK 64.14	Plaint Book, Aug.-Okt. 1847
AK 64.15	Plaint Book, Nov. 1847 – Mai 1848
AK 64.20	Plaint Book, 1853
AK 64.40	Minute Book, 1853–54
AK 64.21	Plaint Book, 1857
AK 64.24	Plaint Book, 1868–69
AK 64.42	Minute Book, 1869–70
AK 64.43	Minute Book, 1872–73
AK 64.03	Plaint and Minute Book B, 1881
AK 64.05	Plaint and Minute Book B, 1890–91
AK 64.07	Plaint and Minute Book B, 1910–11
AK 64.08	Plaint and Minute Book B, 1919–21
AK 64.31	Plaint and Minute Book C, 1921–25

CENTRE FOR KENTISH STUDIES, MAIDSTONE

Maidstone County Court (unverz.)
Plaint and Minute Book, 1849–51
Plaint and Minute Book, 1868–69
Plaint and Minute Book, 1878–79
Plaint and Minute Book B, 1898–99
Plaint and Minute Book B, 1910
Plaint and Minute Book, 1918–20
Plaint and Minute Book C, 1896–98
Plaint and Minute Book C, 1905–07
Plaint and Minute Book C, 1919–22

Gravesend Division Petty Sessions
PS/Gr/Sz/1 Plaint and Minute Book, Employers and Workmen Act, 1875–1881

Maidstone Division Petty Sessions
PS/Md/Sv Plaint and Minute Book, Employers and Workmen Act, 1898–1905

Sheerness Police Court
PS/Shz/4 Plaint and Minute Book, Employers and Workmen Act, 1880–1902

LANCASHIRE RECORD OFFICE, PRESTON

Clitheroe County Court
CYC 1/29   List of Causes for Hearing, 1847
CYC 1/34   List of Causes for Hearing, 1858

Blackburn County Court
CYBN 8/1/1 Plaint and Minute Book B, 1907
CYBN 8/1/2 Plaint and Minute Book B, 1917–18

Chorley County Court
CYCh 3/1   Ordinary Summonses, 1917–21

St. Helens Borough Petty Sessions
PSSH 3/1   Plaint and Minute Book, Employers and Workmen Act, 1891–1901

Blackburn County Petty Sessions
PSBl 4/1   Plaint and Minute Book, Employers and Workmen Act, 1876–1915

LIVERPOOL CITY LIBRARY, RECORD OFFICE AND LOCAL HISTORY DEPARTMENT

Liverpool Trades Council
331 TRA 4/4 Rules of the ASE, 1889
331 TRA 4/6 Liverpool Master Builders' Association, Painters' working rules, 1898
331 TRA 9/1 Labour Chronicle, 1895

LONDON METROPOLITAN ARCHIVES (LMA)

Bow County Court
CCT/AK15/1   Minute Book, 1847
CCT/AK15/5   Minute Book, 1861–62
CCT/AK15/6   Minute Book, 1872–73
CCT/AK15/7   Minute Book, 1881–82
CCT/AK15/8   Minute Book, 1892
CCT/AK15/10 Plaint and Minute Book B, 1912
CCT/AK15/11 Plaint and Minute Book B, 1922

Brompton (West London) County Court
CCT/AK43/1   Minute Book, 1847–48
CCT/AK43/10 Plaint and Minute Book B, 1886
CCT/AK43/20 Plaint and Minute Book B, 1913

Middlesex Quarter Sessions
MJ/SR 5040–5061 Sessions Rolls 1858

CORPORATION OF LONDON RECORD OFFICE (CLRO)

London General Quarter Sessions of the Peace
SFP 653–656   Sessions files, 1882
SJA box 14   Depositions 1882

GUILDHALL LIBRARY, LONDON

London Chamber of Commerce
Ms. 16 643/1–8   General Minute Books, 1891–1925

NORTHAMPTONSHIRE RECORD OFFICE, NORTHAMPTON

Northamptonshire County Court, Kettering (unverz. shelf 59k)
Plaint Book, 1856
Plaint and Minute Book A, 1881–82
Plaint and Minute Book A, 1891–92
Plaint and Minute Book A, 1901–02
Plaint and Minute Book C, 1908–12
Plaint and Minute Book C, 1921–26

Northamptonshire County Court, Brackley (unverz., shelf 58p)
Plaint Book, 1883–91
Plaint Book, 1891–95

Northampton Petty Sessions
Box 4920   Record of Convictions, 1850–61 (unverz.)
Box X 3918   Informations and Examinations, 1858 (Acc. 1967/170)

Kettering and Little Bowdes Petty Sessional Division (unverz., shelf 58a)
Plaint and Minute Book, Employers and Workmen Act, 1877–87

Brackley and Middleton Cheney Petty Sessional Division (unverz.)
Register of Court of Summary Jurisdiction, 1880–87, 1887–97, 1897–1904, 1904–11

SANDWELL COMMUNITY HISTORY AND ARCHIVES SERVICE, SMETHWICK

Oldbury u. West Bromwich County Court (Acc. 8932)
AK 34.06   Minute Book, 1859
AK 34.10   Plaint and Minute Book C, 1877–80
AK 34.13   Plaint and Minute Book C, 1887–89
AK 34.18   Plaint and Minute Book C. 1906–08
AK 34.19   Plaint and Minute Book B, 1909
AK 34.20   Plaint and Minute Book C, 1917–21
AK 34.21   Plaint and Minute Book B, 1919–20

SURREY COUNTY RECORD OFFICE, KINGSTON

Guildford County Court
3544/1   Plaint and Minute Book B, 1898–99 (AK 47/2)
3544/2   Plaint and Minute Book B, 1911–12 (AK 47/4)
3544/3   Plaint and Minute Book B, 1923–24 (AK 47/6)
3544/7   Plaint and Minute Book C, 1916–21 (AK 47/5)

Kingston County Court
3545/6   Plaint and Minute Book C, 1912–17 (AK 62/8)

Croydon County Court
3543/3   Plaint and Minute Book A, 1884

Dorking County Court (615/ unverz.)
Plaint Books 1852–56, 1896–99, 1913–22
Judges' Minute Books, 1847–58, 1911–19, 3 Bde.

TYNE AND WEAR ARCHIVES SERVICE, NEWCASTLE

Gateshead County Court (Acc. 2160)
2160/1/1   Plaint Book, 1862–63
2160/1/2   Plaint Book, 1869–70
2160/2/1   Plaint and Minute Book B, 1868–69
2160/2/4   Plaint and Minute Book B, 1897
2160/2/5   Plaint and Minute Book B, 1907

Newcastle Magistrates Court
MG/Nc/4   Plaint and Minute Book, Employers and Workmen Act, 1889–1908

WALSALL LOCAL HISTORY CENTRE, WALSALL

Walsall County Court
AK 28.1   Plaint and Minute Book B, 1909–10
AK 28.2   Plaint and Minute Book C, 1909–10

MODERN RECORDS CENTRE, WARWICK (MRC)

London Society of Compositors
Mss. 28/CO/4/1/3–34 L.S.C. Trade Reports, 1848–1914
Mss. 28/CO/4/2/1–3 Printed Quarterly Reports, 1848–57
Mss. 28/CO/1/8/3–49 Ms. Quarterly Reports, 1848–1914
Mss. 28/CO/1/10/1B Special Reports, 1857–60
Mss. 28/CO/1/10/5B Special Reports, 1877–85

Operative Bricklayers' Society
Mss. 78/OB/4/1/4   Monthly Reports, 1870–74
Mss. 78/OB/4/1/6   Monthly Reports, 1879–84
Mss. 78/OB/4/1/13   Monthly Reports, 1896
Mss. 78/OB/4/1/22   Monthly Reports, 1906
Mss. 78/OB/4/1/28   Monthly Reports, 1912
Mss. 78/OB/4/1/33   Monthly Reports, 1917–18
Mss. 78/OB/4/2/1–21   Annual Reports, 1862–1920
Mss. 78/OB/4/3/1   Rule Book, 1913

Manchester Unity Operative Bricklayers' Society
Mss. 78/MB/4/2/4   Monthly Trade Report, 1905
Mss. 78/MB/4/2/5   Monthly Trade Report, 1906
Mss. 78/MB/4/2/16   Monthly Trade Report, 1917
Mss. 78/MB/4/3/1–3   Rule Books, 1892, 1901, 1908

Friendly Society of Operative Stonemasons
Mss. 78/OS/4/1/1–98   Fortnightly Return Sheets, 1834–1910
Mss. 78/OS/4/5/1–4   Rule Books, 1881, 1887, 1891, 1895

United Kingdom Commercial Travellers' Association
Mss. 79/CT/1/1   Central Board Meetings 1888
                      Central Board/Annual Conference Minutes 1893–1908
                      Executive Council/Annual Conference Minutes 1909–1924
Mss. 79/CT/1/2/1   Executive Council Minutes, Bd. 1, 1910–14
Mss. 79/CT/1/4   Legal Committee Minutes, 1914–1929
Mss. 79/CT/4/1   „On the Road" (Journal der UKCTA), 1883 ff. (mit Lük-
                      ken)
Mss. 79/CT/4/3   „Seventy Years." History of the United Commercial Tra-
                      vellers Association, London 1953 (95 S.)
Mss. 79/CT/6/4/2/2   Birmingham Branch, Minute Book, 1897–1904
Mss. 79/CT/6/4/2/3   Birmingham Branch, Minute Book, 1904–1912

National Union of Journalists
Mss. 86/1/NEC/1   National Executive Committee Minutes, 1907–10

Dock, Wharf, Riverside and General Workers' Union
Mss. 126/DWR/4/1/1–4 Annual Reports, 1890–1919
Mss. 126/DWR/1/1–2   Executive Council Minutes, 1921
Mss. 126/DWR/1/3–7   Emergency Committee Minutes, 1919–22
Mss. 126/DWR/4/4/1–6 Dockers' Record, 1901–1921

National Union of (Elementary) Teachers
Mss. 179/4/1/1–5   NUET Annual Reports 1872, 1873–74, 1876, 1877–78, 1879
Mss. 179/4/1/6–21   NUT Annual Reports 1890, 1893–1903, 1905, 1908, 1916,
                      1921
Mss. 179 (unverz.)   NUET Legal Committee, Minute Book, 1873–76

Mss. 179 (unverz.)   NUET Minutes of Executive Council, Bd. 5, 1880–1882
Mss. 179 (unverz.)   Law Committee, 1886–89, 2 Bde. u. 1890–1944, 8 Bde.
                     (Microfilm)
Mss. 179, Box 7   Tenure: Schoolmaster Cuttings 1898–1908 relating to various cases

Industrial Law Committee
Mss. 243/144/1–10   Industrial Law Committee, Minute Books, 1897–1920
Mss. 243/142/1–2   Industrial Law Comittee, Registers of Complaints,
                     1898–1910
Mss. 243/141/1–4   Industrial Law Indemnity Fund, Minute Books, 1900–1920

Amalgamated Society of Engineers
Mss. 259/1/1/4   Executive Council Minutes, 1856
Mss. 259/4/14/1   Monthly Reports, 1851–1860, reprinted for purposes of reference, London 1870
Mss. 259/4/14/11 Monthly Reports, 1882
Mss. 259/4/14/18 Monthly Reports, 1896
Mss. 259/4/14/27 Monthly Journal and Reports, 1913
Mss. 259/2/1/30   Annual Branch Balance Sheets, 1882
Mss. 259/4/5/2   Reports of General and Local Councils' Proceedings, 1888–91
Mss. 259/4/   Rules 1874, 1901, 1907 (unverz.)
Mss. 259/4/5/4   Rules, 1896
Mss. 259/4/5/8   Rules, 1915

2. Periodika

Bakers' Record
Bankers' Journal
Boot and Shoe Trades Journal
Brewers' Journal
Brick and Pottery Trades Journal
The Builder
Capital and Labour
Centralblatt für die Deutsche Papier-Fabrikation
Cigar and Tobacco World
Clerkenwell News
Colliery Guardian
County Courts Chronicle
The Criterion
Darlington and Stockton Times
Deutsches Baugewerks-Blatt
Dockers' Record

Drapers' Record
Dudley Herald and Wednesbury News
Essex Herald
Das Gewerbegericht
Gloucester Journal
The Grocer and Oil Trade Review
Frankfurter Zeitung und Handelsblatt
Halifax Guardian
The Highway, A Monthly Journal of Education for the People
Illustrated Carpenter and Builder
The Insurance Guild Journal
Iron and Coal Trades Review
The Ironmonger
Jeweller and Metalworker
Journal of the Vigilance Association for the Defence of Personal Rights (ab 1886
    u.d.T. Personal Rights Journal)
The Journalist and Newspaper Proprietor
Justice of the Peace
The Labour Chronicle
Labour Gazette
Law Journal County Courts Reporter
Law Quarterly Review
Liverpool Daily Post
The Magistrate. A Quarterly Bulletin of the Magistrates' Association
Master Builder & Associations Journal
Meat Trades Journal
Miners' Watchman and Labour Sentinel
Morning Advertiser
Northampton Mercury
Northern Daily Mail
On the Road
The Orchestral Association Gazette
People's Paper
The Pioneer
Print. A Journal for printing-House Employés of all Grades and departments
Printers' Register
The Postal Advocate
Reynolds's Newspaper
The School Government Chronicle
The School Guardian
The Schoolmaster
Shoe Trades Journal
Soziale Praxis
Staffordshire Knot

The Stage
Stone Trades Journal
The Times
Tobacco
Tobacco Trade Review
Toynbee Record
Trades and Labour Gazette
The Typist's Gazette
Weekly Times
Wolverhampton Chronicle
Women's Industrial News
Yorkshire Factory Times

3. GESETZESSAMMLUNGEN, LAW REPORTS

GESETZE

The Statutes of the Realm. Printed by Command of His Majesty King George III, 9 Bde. u. Indexband, London 1810–1828, ND 1963 (Berichtszeitraum 1225–1713)

The Statutes at Large of England and of Great-Britain: from Magna Charta to the Union of the Kingdoms of Great Britain and Ireland, 10 Bde., hrsg. v. Thomas Edlyne Tomlins (Bd. 1) u. John Raithby (Bde. 2–10), London 1811 (Berichtszeitraum 1225–1800)

The Statutes of the United Kingdom of Great Britain and Ireland, 29 Bde., hrsg. v. Thomas Edlyne Tomlins (Bde. 1–3), John Raithby (Bde. 4–10), N. Simons (Bde. 11–21), Charles Dacres Bevan (Bde. 22–23) u. George Kettilby Rickards (Bde. 23–29), London 1804–1869 (Berichtszeitraum 1801–1868/69)

The Law Reports. Public General Statutes, London 1866 ff.

Bundes-Gesetzblatt des Norddeutschen Bundes

Reichsgesetzblatt (RGBl.)

LAW REPORTS

The English Reports (E.R.), 178 Bde., London 1900–1932 (Berichtszeitraum 1220–1865)

The Law Reports, First Series. English and Irish Appeal Cases, 7 Bde., London 1866–1875 (H.L.)

The Law Reports, Second Series. Appeal Cases, 15 Bde., London 1875–1890 (App.Cas.)

The Law Reports, Third Series. Appeal Cases, London 1891 ff. (A.C.)

The Law Reports, First Series. Chancery Appeal Cases, 10 Bde., London 1865–1875 (Ch.)

The Law Reports, Second Series. Chancery Division, 45 Bde., London 1875–1890 (Ch.D.)

The Law Reports, Third Series. Chancery Division, London 1891 ff. (Ch.)

The Law Reports, First Series. Queen's Bench Cases, 9 Bde., London 1865–1875 (Q.B.)

The Law Reports, Second Series. Queen's Bench Division, 25 Bde., London 1875–1890 (Q.B.D.)

The Law Reports, Third Series. Queen's Bench Division/King's Bench Division, London 1891 ff. (Q.B./K.B.)

The Law Reports, First Series. Common Pleas Cases, 10 Bde., London 1865–1875 (C.P.)

The Law Reports, Second Series. Common Pleas Division, 5 Bde., London 1875–1880 (C.P.D.)

The Law Reports, First Series. Exchequer Cases, 10 Bde., London 1865–1875 (Ex.)

The Law Reports, Second Series. Exchequer Division, 5 Bde., London 1875–1880 (Ex.D.)

Cox, Edward William, Reports of Cases in Criminal Law (Cox CC), 31 Bde., London 1846–1948, Bd. 12 (1873)

Butterworths' Workmen's Compensation Cases, 41 Bde., London 1909–1950

Law Journal Reports, 416 Bde., London 1823–1949

Times Law Reports, 73 Bde., London 1884–1952

The Weekly Reporter, 54 Bde., London 1853–1906

4. Offizielle Publikationen

Parliamentary Papers u. Command Papers

Judicial Statistics, 1857–1923, PP 1857 – PP 1924–25
    Liste der Fundorte:
    P. Ford u. G. Ford, Select List of British Parliamentary Papers, 1833–1899, Shannon (Ireland) 1969, App. IV, S. 149
    P. Ford u. G. Ford, A Breviate of Parliamentary Papers, 1900–1916, Shannon (Ireland) 1969, S. 458 f. (für 1900 bis 1938)
Census of Great Britain, 1851
    Population Tables. II. Ages, Civil Condition, Occupations, and Birth-Place of the People, Bd. 1 (1691.-I.), London 1854
Census of England and Wales for the Year 1861
    Population Tables, Bd. 2, Ages, Civil Condition, Occupations, and Birth-Places of the People (3221), London 1863
Census of England and Wales, 1871
    General Report, Bd. 4 (C. 872. – I.), London 1873

Census of England and Wales, 1881
  Bd. 3, Ages, Condition as to Marriage, Occupations, and Birth-Places of the People (C. 3722.), London 1883
Census of England and Wales, 1891
  Ages, Condition as to marriage, occupations, Birth places, and infirmities, Bd. 3 (C. 7058), London 1893
Census of England and Wales, 1901
  Summary tables (Cd. 1523.), London 1903
  General report with Appendices (Cd. 2174.), London 1904
Census of England and Wales. 1911
  General Report with Appendices (Cd. 8491.), London 1917
Census of England and Wales 1921
  General Report with Appendices, London H.M.S.O. 1927
Reports on Strikes and Lock-Outs (and on Conciliation and Arbitration Boards), 1888–1913
  1888   PP 1889 (C. 5809) LXX
  1889   PP 1890 (C. 6176) LXVIII
  1890   PP 1890–91 (C. 6476) LXXVIII
  1891   PP 1893–94 (C. 6890) LXXXIII
  1892   PP 1894 (C. 7403) LXXXI
  1893   PP 1894 (C. 7566) LXXXI
  1894   PP 1895 (C. 7901) XCII
  1895   PP 1896 (C. 8231) LXXX
  1896   PP 1897 (C. 8643) LXXXIV
  1897   PP 1898 (C. 9012) LXXXVIII
  1898   PP 1899 (C. 9437) XCII
  1899   PP 1900 (Cd. 316) LXXXIII
  1900   PP 1901 (Cd. 689) LXXIII
  1901   PP 1902 (Cd. 1236) XCVII
  1902   PP 1903 (Cd. 1623) LXVI
  1903   PP 1904 (Cd. 2112) LXXXIX
  1904   PP 1905 (Cd. 2631) LXXVI
  1905   PP 1906 (Cd. 3065) CXII
  1906   PP 1907 (Cd. 3711) LXXX
  1907   PP 1908 (Cd. 4254) XCVIII
  1908   PP 1909 (Cd. 4680) XLIX
  1909   PP 1910 (Cd. 5325) LVIII
  1910   PP 1911 (Cd. 5850) XLI
  1911   PP 1912–13 (Cd. 6472) XLVII
  1912   PP 1914 (Cd. 7089) XLVIII
  1913   PP 1914–16 (Cd. 7658) XXXVI
A Bill to enlarge the Powers of Justices in determining Complaints between Masters and Servants, and between Masters, Apprentices, Artificers, and others, PP 1823, II, S. 253 ff.

Eleventh and Final Report of the Royal Commissioners appointed to inquire into the Organization and Rules of Trades Unions and other Associations, PP 1868–69 (4123) XXXI

Judicature Commission, Second Report, Bd. 1, PP 1872 (C. 631) XX

Judicature Commission, Second Report, Bd. 2, Part I, Answers to Questions issued by the Commissioners as to County Courts, Local Courts, and Quarter Sessions, PP 1872 (C. 631.-I.) XX

Judicature Commission, Second Report, Bd. 2, Part II, Minutes of Evidence taken before the Commissioners as to County Courts and Local Courts, PP 1872 (C. 631.-I.) XX

Chipping Norton Magistrates, PP 1873 (315) LIV

Statistical Tables and Report on Trade Unions

First Report	PP 1887 (C. 5104) LXXXIX
Second Report	PP 1888 (C. 5505) CVII
Third Report	PP 1889 (C. 5808) LXXXIV

Royal Commission on Labour, Rules of Associations of Employers and of Employed, 1892 (C. 6795.-XII)

Royal Commission on Labour, Foreign Reports, Bd. V: Germany, PP 1893–94 (C. 7063 – VII.) XXXIX

Royal Commission on Labour, Fifth and Final Report, Part I, PP 1894 (C. 7421) XXXV

Royal Commission on Labour, Fifth and Final Report, Part II, PP 1894 (C. 7421.-I.) XXXV

Report of the Committee Appointed to Revise the Criminal Portion of the Judicial Statistics, PP 1895, CVIII

Tenth Abstract of Labour Statistics of the United Kingdom, 1902–1904 (Cd. 2491), London 1905

Report on Rules of Voluntary Conciliation and Arbitration Boards and Joint Committees, London 1907, PP 1908 (Cd. 3788) XCVIII

Report of the Royal Commission on the Selection of Justices of the Peace (Cd. 5250), London 1910

Minutes of Evidence taken by the Royal Commission on the Selection of Justices of the Peace (Cd. 5358), London 1910

Report on Conciliation and Arbitration, 1919 (221), London 1921

Report on Conciliation and Arbitration, 1920 (185), London 1921

Eighteenth Abstract of Labour Statistics of the United Kingdom (Cmd. 2740), London 1926

Committee on Legal Aid for the Poor, Final Report, PP 1928 (Cmd. 3016) XI

Parlamentsdebatten

The Parliamentary Debates from the Year 1803 to the Present Time, published under the superintendence of T.C. Hansard,

Second Series, 25 Bde., 1820–1830, Bd. 8 (1823) u. Bd. 9 (1823)
Third Series, 356 Bde., 1830–1891, Bd. 216 (1873) u. Bd. 239 (1878)

Deutsche Publikationen

Reichs-Arbeitsblatt, 1. Jg. (1903–04) – 18. Jg. (1920)
Statistik des Deutschen Reichs, Bd. 102 (1897); Bd. 202 (1909); Bd. 402, I (1927)
Statistisches Jahrbuch für das Deutsche Reich, 41. Jg. (1920) – 48. Jg. (1929)
Statistisches Jahrbuch der Stadt Berlin, 6. Jg. (1880) – 13. Jg. (1888)

5. MIKROFILMEDITIONEN

London Trades Council Minutes and Annual Reports, Bd. 1–3, 1861–1875, Microfilm
The Trades Union Congress Annual Reports, 1869 ff., Microfilm, reproduced from the original copies in the Library of Congress House, London

6. ZEITGENÖSSISCHE LITERATUR

Anon. [A Barrister], Servants and Masters. The Law of Disputes, Rights, and Remedies, in Plain Language, London 1892
Anon. [A Barrister], Justice in England, London 1938
Anon. [A Barrister-at-Law], The Home Counsellor, London o.J. [nach 1938]
Anon., Domestic Servants, as they are & as they ought to be. A few hints to employers. With some revelations of kitchen life and tricks of trade. By a practical mistress of a household, Brighton 1859
Anon. [Solicitor], English Justice, London 1932
Adickes, Franz, Grundlinien durchgreifender Justizreform. Betrachtungen und Vorschläge unter Verwertung englisch-schottischer Rechtsgedanken, Berlin 1906
Ambrose, W.J.L., The New Judiciary, in: Law Quarterly Review 26 (1910), S. 203–214
Auerbach, Emil, Die Ordnung des Arbeitsverhältnisses in den Kohlengruben von Northumberland und Durham, in: Lujo Brentano (Hg.), Arbeitseinstellungen und Fortbildung des Arbeitsvertrags (Schriften des Vereins für Socialpolitik 45), Leipzig 1890, S. 1–268

Bagehot, Walter, William Pitt, in: ders., Collected Works, hrsg. v. Norman St John-Stevas, 15 Bde., 1965–86, Bd. 3, London 1968, S. 123–155
Baldwin, F. Spencer, Die Englischen Bergwerksgesetze. Ihre Geschichte von ihren Anfängen bis zur Gegenwart (Münchener Volkswirtschaftliche Studien 6), Stuttgart 1894

Batt, Francis Raleigh, The Law of Master and Servant, London 1929

Bentham, Jeremy, Draught of a Code for the Organization of the Judicial Establishment in France (1790), in: ders., Works, hrsg. v. John Bowring, Bd. 4, ND New York 1962

Berichte der von industriellen und wirthschaftlichen Vereinen nach England entsendeten Kommission zur Untersuchung der dortigen Arbeiterverhältnisse, hrsg. von den betreffenden Vereinsvorständen, Berlin 1890

Bernhard, Ludwig, Handbuch der Löhnungsmethoden, Leipzig 1906 (deutsche Bearb. von David F. Schloss, Methods of Industrial Remuneration, 3. Aufl. London 1898)

Bernstein, Eduard, Der Bericht der englischen Arbeitskommission über die Arbeiterfrage in Deutschland, in: Die Neue Zeit 12 (1894), S. 493–499

Blackstone, William, Commentaries on the Laws of England, 4 Bde., Oxford 1765–69, ND New York u. London 1966

Boyd, R. Nelson, Coal Mines Inspection: Its History and Results, London 1879

Boyd, R. Nelson, Coal Pits and Pitmen. A Short History of the Coal Trade and the Legislation affecting it, 2. Aufl. London 1895

Bradlaugh, Charles, Labor and Law, London 1891

Brentano, Lujo, Die Arbeitergilden der Gegenwart, 2 Bde., Leipzig 1871/72

Brentano, Lujo, Das Arbeitsverhältnis gemäß dem heutigen Recht, Leipzig 1877

Brentano, Lujo, Einleitung, in: ders. (Hg.), Arbeitseinstellungen und Fortbildung des Arbeitsvertrags (Schriften des Vereins für Socialpolitik 45), Leipzig 1890, S. IX–LXXVIII

Burke, Edmund, Reflections on the Revolution in France (1790), hg. v. Conor Cruise O'Brien, Harmondsworth 1968, ND 1981

Candy, Francis H., County Courts and Cheap Law, in: The Law Society of the United Kingdom, Proceedings and Resolutions of the Tenth Annual Provincial Meeting of the Members of the Society, held at Bath on the 16th and 17th October, 1883, London 1883, S. 165–170

Carlyle, Thomas, Past and Present (1843), Works of Carlyle in Thirty Volumes, Bd. 10, London 1897

Carr, C.T., Administrative Law, in: Law Quarterly Review 51 (1935), S. 58–75

Casswell, J.D., The Law of Domestic Servants. With a Chapter on the National Insurance Act, London 1913

Chapman, Cecil, The Poor Man's Court of Justice: Twenty-five Years as a Metropolitan Magistrate, London 1926

Crompton, Henry, Arbitration and Conciliation, in: Fortnightly Review 5 (1869), S. 622–628

Crompton, Henry, Class Legislation, in: Fortnightly Review 13 (1873), S. 205–217

Crompton, Henry, The Government and Class Legislation, in: Fortnightly Review 14 (1873), S. 25–40

Crompton, Henry, The Workmen's Victory, in: Fortnightly Review 18 (1875), S. 399–406

Crompton, Henry, The Reform of the Magistracy, in: Fortnightly Review 18 (1875), S. 688–698

Cuno, Willi, Die Rechtsprechung der deutschen Gewerbegerichte. Statistische Ergebnisse, in: Das Gewerbegericht 2 (1897), Außerordentliche Beilage, Sp. 81–96

Daniel, W.T.S., Is it desirable to establish Tribunals of Commerce, and if so, with what powers?, in: Transactions of the National Association for the Promotion of Social Sciences 1870, London 1871, S. 191–203; W.S. Daglish, On the Same, ebd., S. 203–208, und die anschließende Diskussion, ebd., S. 208–211

Davis, J.E., The Labour Laws, London 1875

Dawson, William H., The German Workman: A Study in National Efficiency, London 1906

Dawson, William H., Industrial Germany, London u. Glasgow 1912

Diamond, A.S., The Law of the Relation between Master and Servant, London 1932

Dicey, Albert V., Introduction to the Study of the Law of the Constitution (1885), 6. Aufl. London 1902

Dicey, Albert V., Lectures on the Relation between Law and Public Opinion in England during the Nineteenth Century (1905), 2. Aufl. 1914, ND London 1963

Dittler, Wolf, Die amtliche Schlichtung und die staatliche Lohnfestsetzung in England. Zugleich ein Beitrag zur Rechtsvergleichung im Arbeitsrecht, Stuttgart 1931

Engels, Friedrich, Die Lage Englands. „Past and Present" by Thomas Carlyle, London 1843 (1844), MEW Bd. 1, S. 525–549

The Englishwoman's Year Book and Directory 1914, hrsg. v. G.E. Mitton, 33. Ausgabe, London 1914

Evans, Frank, Law Reporting: A Reporter's View, in: Law Quarterly Review 20 (1904), S. 88–93

Every Man's Own Lawyer: A Handy Book of the Principles of Law and Equity, by A Barrister, 32. Aufl. London 1895

Feuerbach, Paul Johann Anselm von, Betrachtungen über die Öffentlichkeit und Mündlichkeit der Gerechtigkeitspflege, 2 Bde., Gießen 1821/25, ND Aalen 1969

Firth, Ernest C.C., The Doctrine of *Lumley* v. *Wagner*, in: Law Quarterly Review 13 (1897), S. 306–312

Flesch, Karl, Der Jahresbericht des Gewerbegerichts Berlin, in: Das Gewerbegericht 2 (1897), Sp. 53–56

Fontane, Theodor, Ein Sommer in London (1854), 2. Aufl. Berlin 1998

Gamon, Hugh R.P., The London Police Court To-day & To-morrow, London 1907

Gerland, Heinrich B., Die Englische Gerichtsverfassung. Eine systematische Darstellung, Leipzig 1910

Godfrey, J.P., Legal expenses from the client's point of view, in: The Law Society of the United Kingdom, Proceedings and Resolutions of the [Eighth] Annual Provincial Meeting of the Members of the Society, held at Brighton on the 11th and 12th October, 1881, London 1881, S. 172–180

Greenwood, John Henry, A handbook of industrial law; a practical legal guide for trade union officers and others, London 1916

Gurney-Champion, F.C.G., Justice and the Poor in England, London 1926

Gutteridge, H.C., Contract and Commercial Law, in: Law Quarterly Review 51 (1935), S. 91–141

Hammond, J. L. u. Barbara, The Village Labourer, 1760–1832: a study in the government of England before the Reform Bill, London 1911; 4. Aufl. 1927, ND (2 Bde.) London 1948

Hammond, J. L. u. Barbara, The Town Labourer, 1760–1832: the new civilization, London 1917; 2. Aufl. (1925), ND London 1966

Hammond, J. L. u. Barbara, The Skilled Labourer, 1760–1832, London 1919

Handwörterbuch der Staatswissenschaften, hrsg. v. Ludwig Elster, Adolf Weber u. Friedrich Wieser, 4. Aufl., 8 Bde. u. Erg.Bd., Jena 1923–29

Hedemann, Justus Wilhelm, Zur Frage der Entlassung von Arbeitern und Angestellten, in: Recht und Wirtschaft 8 (1919), S. 188–193

Heine, Wolfgang, Die Sozialpolitik des Handelsstandes und das deutsche Handelsgesetzbuch, in: Archiv für Soziale Gesetzgebung und Statistik 11 (1897), S. 279–322

Herkner, Heinrich, Zur Kritik und Reform der deutschen Arbeiterschutzgesetzgebung, in: Archiv für Soziale Gesetzgebung und Statistik 3 (1890), S. 209–261

Hobhouse, L.T., Liberalism, London u. New York 1911

Holdsworth, W.A., The Law of Master and Servant (1873), 2. Aufl. London 1876

Holmes, Thomas, Pictures and Problems from London Police Courts, London 1900

Howell, George, A Handy Book of the Labour Laws, 2. Aufl. London 1876, 3. Aufl. London u. New York 1895

Howell, George, Labour Legislation, Labour Movements, and Labour Leaders, London 1902

Hueck, Alfred u. Nipperdey, Hans Carl, Lehrbuch des Arbeitsrechts, Bd. 1, Mannheim etc. 1928

Hunter, W.A., Mr. Cross's Labour Bills, in: Fortnightly Review 18 (1875), S. 217–227

Hutchins, B.L. u. Harrison, A., A History of Factory Legislation; with a preface by the Rt. Hon. Sydney Webb, London 1903 (2. Aufl. 1911, 3. Aufl. 1926)

Jastrow, Hermann, Der Arbeiterschutz nach dem Bürgerlichen Gesetzbuch, in: Soziale Praxis 6 (1897), Sp. 1030–1034

Jastrow, Hermann, Das Gesinderecht nach dem Bürgerlichen Gesetzbuch, in: Soziale Praxis 6 (1897), Sp. 1254–1257

Jastrow, Ignaz, Die Erfahrungen in den deutschen Gewerbegerichten, in: Jahrbücher für Nationalökonomie und Statistik 69 (1897), S. 321–395

Jastrow, Ignaz, Sozialpolitik und Verwaltungswissenschaft, Bd. 1: Arbeitsmarkt und Arbeitsnachweis. Gewerbegerichte und Einigungsämter, Berlin 1902

Jessel, Albert H., ‚A Poor Man's Lawyer' in Denmark, in: Law Quarterly Review 7 (1891), S. 176–183

Jones, Mervyn J., Free Legal Advice in England and Wales. A Report on the Organisation, Methods and Future of Poor Man's Lawyers, prepared for the Executive Committee of Cambridge University Settlement, Camberwell, Oxford o.J. [1940]

Kahn-Freund, Otto, Das soziale Ideal des Reichsarbeitsgerichts. Eine kritische Untersuchung zur Rechtsprechung des Reichsarbeitsgerichts (1931), wieder in: Thilo Ramm, Arbeitsrecht und Politik. Quellentexte 1918–1933, Neuwied u. Berlin 1966, S. 149–210

Kettle, Rupert, On Boards of Conciliation and Arbitration between Employers and Employed, and what is required to give them further success, in: Sessional Proceedings of the National Association for the Promotion of Social Science for the Year 1870–1, Bd. 4, London 1871, S. 167–188

Keynes, John Maynard, The End of Laissez-Faire, London 1926

Knight, W.S.M., Public Policy in English Law, in: Law Quarterly Review 38 (1922), S. 207–219

Koellreutter, Otto, Verwaltungsrecht und Verwaltungsrechtsprechung im modernen England. Eine rechtsvergleichende Studie, Tübingen 1912

Korsch, Karl, Beiträge zur Kenntnis und zum Verständnis des englischen Rechtes, in: ders., Recht, Geist und Kultur: Schriften 1908–1918 (Karl Korsch Gesamtausgabe, Bd. 1), hg. v. Michael Buckmiller, Frankfurt/Main 1980, S. 387–412

The Lawyer, in History, Literature, and Humour, hg. v. William Andrews, London 1896

London Statistics, hrsg. v. London County Council, Bd. 18 (1907–08) – Bd. 25 (1914–15)

Lotmar, Philipp, Die Tarifverträge zwischen Arbeitgebern und Arbeitnehmern, in: Archiv für soziale Gesetzgebung und Statistik 15 (1900), S. 1–122

Lotmar, Philipp, Der Arbeitsvertrag nach dem Privatrecht des Deutschen Reiches, 2 Bde., Leipzig 1902/08

Lotz, Walther, Das Schieds- und Einigungsverfahren in der Walzeisen- und Stahlindustrie Nordenglands, in: Lujo Brentano (Hg.), Arbeitseinstellungen und Fortbildung des Arbeitsvertrags (Schriften des Vereins für Socialpolitik 45), Leipzig 1890, S. 269–328

Loveless, George, The Victims of Whiggery; being a statement of the persecutions experienced by the Dorchester Labourers, London [1837], 8. Aufl. 1838

Maguire, John MacArthur, Poverty and Civil Litigation, in: Harvard Law Review 36 (1923), S. 361–404

Maine, Henry Sumner, Ancient Law: Its Connection with the Early History of Society, and its Relation to Modern Ideas, London 1861

Marshall, Alfred, Principles of Economics. An introductory volume (1890), 8. Aufl., London 1920

Marx, Karl u. Engels, Friedrich, Manifest der Kommunistischen Partei, MEW Bd. 4, S. 459–493

Marx, Karl, Das Kapital. Kritik der politischen Ökonomie, Bd. 1 (MEW, Bd. 23), Berlin 1962

Marx, Karl, Das Kapital. Kritik der politischen Ökonomie, Bd. 1 (MEGA², Bd. II.5.), Berlin 1983

Metzges, Gewerbegerichte und kaufmännische Schiedsgerichte in ihrer Berechtigung als Sondergerichte, in: Deutsche Juristen-Zeitung 2 (1897), S. 353–355

Mews, John, The Present System of Law Reporting, in: Law Quarterly Review 9 (1893), S. 179–187

Mill, John Stuart, Principles of Political Economy, with some of their Applications to social Philosophy (1848), hrsg. v. V.W. Bladen u. J.M. Robson (Collected Works of John Stuart Mill, Bd. 2 u. 3), London 1965

Minton-Senhouse, R.M., Work and labour. A compendium of the law affecting the conditions under which the manual work of the working classes is performed in England, London 1904

Minutes, Circulars, Reports, Sliding Scales, Accountants [sic !] Certificates, &c., of the Durham County Mining Federation Association, From 1878 to 1890, Durham 1891

Montesquieu, De l'esprit des lois (1748), Oeuvres complètes, hrsg. v. Roger Caillois, Bd. 2, Paris 1951, S. 225–995

Moore, W. Harrison, Liability for Acts of Public Servants, in: Law Quarterly Review 23 (1907), S. 12–27

[Morley, John], The Five Gas-Stokers, in: Fortnightly Review 13 (1873), S. 138–141

Muir, Charles, Justice in a Depressed Area. A Critical Study, London 1936

National Union of Elementary Teachers, Annual Reports, London: Jg. 4, 1873–74; Jg. 6, 1875–76, Jg. 10, 1879–80 bis Jg. 18, 1887–88 (LSE L.18)

National Union of Teachers, Annual Reports, London: Jg. 19, 1888–89 bis Jg. 36, 1906 (LSE L.18)

National Union of Teachers, Reports, London: Jg. 1907 bis Jg. 1924 (LSE L.18)

Oke, George C., The Magisterial Formulist: Being A Complete Collection of Forms and Precedents for Practical Use, London 1850, 2. Aufl. London 1856

Oke's Magisterial Synopsis, 14. Aufl., 2 Bde., London 1893

Pabst, G., Gewerbegerichte, in: Statistisches Jahrbuch Deutscher Städte, 7. Jg. (1898), S. 130–138

Parry, Edward Abbott, The Law and the Poor, London 1914, ND New York u. London 1980

Plowden, Alfred Chichele, Grain or Chaff? The Autobiography of a Police Magistrate, London 1903

Pollock, Frederick, Liability for the Torts of Agents and Servants, in Law Quarterly Review 1 (1885), S. 207–224

Pollock, Frederick, English Law Reporting, in: Law Quarterly Review 19 (1903), S. 451–460

Postgate, Raymond W., The Builders' History, London 1923

Potthoff, Heinz, Probleme des Arbeitsrechts. Rechtspolitische Betrachtungen eines Volkswirts, Jena 1912

Rayner, John, Employers and their female domestics. Their respective rights and responsibilities, Exmouth 1895

Renner, Karl [pseud. Josef Karner], Die soziale Funktion der Rechtsinstitute, in: Max Adler u. Rudolf Hilferding (Hg.), Marx-Studien. Blätter zur Theorie und Politik des wissenschaftlichen Sozialismus, Bd. 1 (Wien 1904), ND Glashütten 1971, S. 65–192

Robson, William A., Industrial Law, in: Law Quarterly Review 51 (1935), S. 195–210

Samuels, Harry, The law relating to industry, London 1931

Sayre, Francis Bowes, A selection of cases and other authorities on labor law, Harvard 1922

Schippel, Max, Sozialdemokratisches Reichstags-Handbuch. Ein Führer durch die Zeit- und Streitfragen der Reichsgesetzgebung, Berlin o.J. [1902]

Schloss, David F., State Promotion of Industrial Peace, in: Economic Journal 3 (1893), S. 218–225

Schloss, David F., Methods of Industrial Remuneration, 3. Aufl. London 1898

Schmidt, Georg, Neues Landarbeiterrecht, in: Recht und Wirtschaft 8 (1919), S. 75–78

Schmoller, Gustav, Über Wesen und Verfassung der großen Unternehmungen (1889), in: ders., Zur Social- und Gewerbepolitik der Gegenwart, Leipzig 1890, S. 372–440

Schulze-Gaevernitz, Gerhart von, Zum socialen Frieden. Eine Darstellung der socialpolitischen Erziehung des englischen Volkes im neunzehnten Jahrhundert, 2 Bde., Leipzig 1890

Schuon, Hermann, Der Deutschnationale Handlungsgehilfen-Verband zu Hamburg. Sein Werdegang und seine Arbeit (Abhandlungen des staatswissenschaftlichen Seminars zu Jena, Bd. 13, 3. Heft) Jena 1914

Schuster, Ernst, Die bürgerliche Rechtspflege in England, Berlin 1887

Schuster, Ernst, Die Disziplinargerichtsbarkeit über Anwälte nach englischem Rechte, in: Juristische Wochenschrift 42, Nr. 15 (1913), S. 798 f.

Silberschmidt, Wilhelm, Die deutsche Sondergerichtsbarkeit in Handels- und Gewerbesachen, insbesondere seit der französischen Revolution. Ein Beitrag zur Geschichte der Laiengerichte, Stuttgart 1904 (Zeitschrift für Handelsrecht, Beilagenheft 55)

Sinzheimer, Hugo, Der korporative Arbeitsnormenvertrag. Eine privatrechtliche

Untersuchung. 2 Teile. Unveränderter Nachdruck der 1. Auflage von 1907/08, Darmstadt 1977

Sinzheimer, Hugo, Über den Grundgedanken und die Möglichkeit eines einheitlichen Arbeitsrechts für Deutschland (1914), in: ders., Arbeitsrecht und Rechtssoziologie. Gesammelte Aufsätze und Reden, hg. v. Otto Kahn-Freund u. Thilo Ramm, 2 Bde. Frankfurt/Main u. Köln 1976, Bd. 1, S. 35–61

Sinzheimer, Hugo, Der Sozialpolitiker Karl Flesch und seine literarisch-wissenschaftliche Tätigkeit (1915), in: ders., Arbeitsrecht und Rechtssoziologie. Gesammelte Aufsätze und Reden, hg. v. Otto Kahn-Freund u. Thilo Ramm, 2 Bde. Frankfurt/Main u. Köln 1976, Bd. 1, S. 387–387

Slesser, Henry u. Henderson, Arthur, Industrial Law, London 1924

Smith, Adam, Lectures on Jurisprudence (1762–63/1766), hg. v. R.L. Meek, D.D. Raphael u. P.G. Stein, Oxford 1978, ND Indianapolis 1982

Spencer, Herbert, The Principles of Ethics, 2 Bde., London u. Edinburgh 1892–93

Stadthagen, Arthur, Das Arbeiterrecht. Rechte und Pflichten des Arbeiters in Deutschland aus dem gewerblichen Arbeitsvertrag, der Unfall-, Kranken-, Invaliden- und Altersversicherung unter besonderer Berücksichtigung des Bürgerlichen Gesetzbuchs, 3. Aufl. Stuttgart 1900

Stephen, Henry u. Stephen, Reginald Arthur, Stephen's County Court Acts, Orders, and Practice, London 1889

Stieda, Wilhelm, Das Gewerbegericht, Leipzig 1890

Stone's Practice for Justices of the Peace, Justices' Clerks, and Solicitors at Petty and Special Sessions, 9. Aufl., hg. v. Walter Henry Macnamara, London 1882

Tillyard, Frank, Industrial Law, London 1916

Tillyard, Frank, The Worker and the State, London 1923

Trades' Societies and Strikes. Report of the Committee on Trades' Societies, appointed by the National Association for the Promotion of Social Science, London 1860

Tressell, Robert, The Ragged Trousered Philanthropists (1914), London 1993

Trotter, William Finlayson, The Law of Contract during and after War, 3. Aufl. London u. Edinburgh 1919

Trustram, E.J., County Court Fees, in: Incorporated Law Society, Proceedings and Resolutions of the Twenty-Second Annual Provincial Meeting of the Members of the Society, held at Liverpool on the 9th and 10th October, 1895, London 1895, S. 235–246

Voigt, Paul, Die neue deutsche Handwerker-Gesetzgebung, in: Archiv für Soziale Gesetzgebung und Statistik 11 (1897), S. 39–87

Wallas, Graham, The Life of Francis Place, 1771–1854, 2. Aufl. London 1918

Webb, Sidney u. Beatrice, The History of Trade Unionism, London u. New York 1894

Webb, Beatrice, Women and the Factory Acts, Fabian Tract No. 67, London 1896; dies., The Case for the Factory Acts, London 1902

Webb, Sidney u. Beatrice, The History of Trade Unionism, Revised edition, London 1920

Webb, Sidney u. Beatrice, Industrial Democracy, London 1902, ND 1913

Webb, Sidney, The Story of the Durham Miners (1662–1921), London 1921

Welcker, Carl Theodor, Art. Jury, in: Carl von Rotteck u. Carl Welcker, Staats-Lexikon oder Encyklopädie der Staatswissenschaften, Bd. 9, Altona 1840, S. 28–160

Welcker, Carl Theodor, Art. Öffentlichkeit, in: Carl von Rotteck u. Carl Welcker, Staats-Lexikon oder Encyklopädie der Staatswissenschaften, Bd. 12, Altona 1841, S. 252–309

White, George, A Digest of all the Laws at present in Existence respecting Masters and Work People: with Observations thereon, London 1824

Williams, Montagu, Later Leaves, being the further Reminiscences of Montagu Williams, Q.C., London 1891

Wissell, Rudolf, Zur Frage der schiedsgerichtlichen Beilegung von Arbeitsstreitigkeiten, in: Recht und Wirtschaft 9 (1920), S. 36–39

Yearly County Court Practice, 1899, hg. v. G. Pitt-Lewis, C. Arnold White u. Archibald Read, 2 Bde., London 1899

Zimmermann, Waldemar, Gewerbliches Einigungswesen in England und Schottland (Schriften der Gesellschaft für Soziale Reform, Heft 22), Jena 1906

7. LITERATUR

Abel-Smith, Brian u. Stevens, Robert, Lawyers and the Courts. A Sociological Study of the English Legal System 1750–1965, London 1967

Alderman, Geoffrey, Opposition in der Arbeiterschaft gegen den *New Unionism*: Die National Free Labour Association, in: Wolfgang J. Mommsen u. Hans-Gerhard Husung (Hg.), Auf dem Wege zur Massengewerkschaft. Die Entwicklung der Gewerkschaften in Deutschland und Großbritannien 1880–1914, Stuttgart 1984, S. 375–386

Allen, V. L., The Origins of Industrial Conciliation and Arbitration, International Review of Social History 9 (1964), S. 237–254

Allison, John W.F., A Continental Distinction in the Common Law: A Historical and Comparative Perspective on English Public Law, Oxford 1996

Allison, John W.F., Cultural Difference, the Separation of Powers and the Public-Private Divide, in: Revue Européenne de Droit Public/European Review of Public Law/Europäische Zeitschrift des öffentlichen Rechts 9 (1997), S. 305–333

Altick, Richard D., Evil Encounters. Two Victorian Sensations, London 1987

Anderson, Perry, Arguments Within English Marxism, London 1980

Die Arbeitsgerichtsbarkeit. Festschrift zum 100jährigen Bestehen des Deutschen Arbeitsgerichtsverbandes, Neuwied u. Berlin 1994

Arthurs, H.W., Special Courts, Special Law: Legal Pluralism in Nineteenth-Century England, in: G.R. Rubin u. David Sugarman (Hg.), Law, Economy and Society, 1750–1914: Essays in the History of English Law, Abingdon 1984, S. 380–411

Arthurs, H. W., ,Without the Law': Courts of Local and Special Jurisdiction in Nineteenth-Century England, in: Journal of Legal History 5 (1984), S. 130–149

Arthurs, H.W., ,Without the Law'. Administrative Justice and Legal Pluralism in Nineteenth-Century England, Toronto and Buffalo 1985

Asch, Ronald G., Das Common Law als Sprache und Norm der politischen Kommunikation in England (ca. 1590–1640), in: Heinz Duchardt u. Gert Melville (Hg.), Im Spannungsfeld von Recht und Ritual. Soziale Kommunikation in Mittelalter und Früher Neuzeit, Köln etc. 1997, S. 103–136

Aspinall, Arthur (Hg.), The Early English Trade Unions. Documents from the Home Office Papers in the Public Record Office, London 1949

Atiyah, P.S., Common Law and Statute Law, in: Modern Law Review 48 (1985), S. 1–28

Atiyah, P.S. u. Summers, Robert S., Form and Substance in Anglo-American Law. A Comparative Study of Legal Reasoning, Legal Theory, and Legal Institutions, Oxford 1987, Reprint 1991

Atiyah, Patrick S., The Rise and Fall of Freedom of Contract, Oxford 1979, ND 1988

Atkinson, J. Maxwell u. Drew, Paul, Order in Court. The Organisation of Verbal Interaction in Judicial Settings, London 1979

Bähr, Johannes, Staatliche Schlichtung in der Weimarer Republik. Tarifpolitik, Korporatismus und industrieller Konflikt zwischen Inflation und Deflation 1919–1932, Berlin 1989

Bähr, Johannes, Entstehung und Folgen des Arbeitsgerichtsgesetzes von 1926. Zum Verhältnis von Arbeiterschaft, Arbeiterbewegung und Justiz zwischen Kaiserreich und Nationalsozialismus, in: Klaus Tenfelde (Hg.), Arbeiter im 20. Jahrhundert, Stuttgart 1991, S. 507–532

Bain, George Sayers, The Growth of White-Collar Unionism, Oxford 1970

Baker, John H., An Introduction to English Legal History, 3. Aufl., London 1990

Bartrip. Peter J. u. Burman, Sandra B., The Wounded Soldiers of Industry. Industrial Compensation Policy 1833–1897, Oxford 1983

Bartrip, P.W.J., County Court and Superior Court Registrars, 1820–1875: The Making of a Judicial Office, in: G.R. Rubin u. David Sugarman (Hg.), Law, Economy and Society, 1750–1914: Essays in the History of English Law, Abingdon 1984, S. 349–379

Bartrip, Peter, Success or Failure? The Prosecution of the early Factory Acts, in: Economic History Review 38 (1985), S. 423–427

Bartrip, P.W.J., Workmen's Compensation in Twentieth Century Britain. Law, History and Social Policy, Aldershot 1987

Bausinger, Hermann, Sprachschranken vor Gericht, in: Konrad Köstlin u. Kai Detlev Sievers (Hg.), Das Recht der kleinen Leute: Beiträge zur rechtlichen Volkskunde, Festschrift für Karl-Sigismund Kramer zum 60. Geburtstag, Berlin 1976, S. 12–27

Beattie, John M., Crime and the Courts in England 1660–1800, Oxford 1986

Becker, Martin, Arbeitsvertrag und Arbeitsverhältnis in Deutschland. Vom Beginn der Industrialisierung bis zum Ende des Kaiserreichs, Frankfurt/Main 1995

Behagg, Clive, Custom, Class and Change: the Trade Societies of Birmingham, in: Social History 4 (1979), S. 455–480

Behringer, Peter, Soziologie und Sozialgeschichte der Privatangestellten in Großbritannien, Frankfurt/Main 1985

Bell, John, Policy Arguments in Judicial Decisions, Oxford 1983

Bender, Gerd, Strukturen des kollektiven Arbeitsrechts vor 1914, in: Harald Steindl (Hg.), Wege zur Arbeitsrechtsgeschichte, Frankfurt/Main 1984, S. 251–293

Bender, Gerd, Vom Hilfsdienstgesetz zum Betriebsrätegesetz. Zur rechtlichen Regulierung des industriellen Verhandlungssystems zwischen Reform und Revolution (1916–1920), in: Heinz Mohnhaupt (Hg.), Revolution, Reform, Restauration. Formen der Veränderung von Recht und Gesellschaft, Frankfurt/Main 1988, S. 191–210

Bender, Gerd, Die industrielle Ordnung und das Reichsgericht, in: Rechtshistorisches Journal 8 (1989), S. 109–119

Benöhr, Hans-Peter, Fast vier Tropfen sozialen Öls – Zum Arbeitsrecht im BGB, in: Wirkungen europäischer Rechtskultur. Festschrift für Karl Kroeschell zum 70. Geburtstag, hg. v. Gerhard Köbler u. Hermann Nehlsen, München 1997, S. 17–38

Benson, John u. Sykes, Richard, Trade Unionism and the Use of the Law: English Coalminers' Unions and Legal Redress for Industrial Accidents, 1860–1897, in: Historical Studies in Industrial Relations, No. 3 (1997), S. 27–48

Berghoff, Hartmut, Englische Unternehmer 1870–1914. Eine Kollektivbiographie führender Wirtschaftsbürger in Birmingham, Bristol und Manchester, Göttingen 1991

Berghoff, Hartmut, Aristokratisierung des Bürgertums? Zur Sozialgeschichte der Nobilitierung von Unternehmern in Preußen und Großbritannien 1870 bis 1918, in: Vierteljahrschrift für Sozial- und Wirtschaftsgeschichte 81 (1994), S. 178–204

Berghoff, Hartmut, Adel und Bürgertum in England 1770–1850. Ergebnisse der neueren Elitenforschung, in: Elisabeth Fehrenbach (Hg.), Adel und Bürgertum in Deutschland 1770–1848, München 1994, S. 95–127

Berlepsch, Hans Jörg von, „Neuer Kurs" im Kaiserreich? Die Arbeiterpolitik des Freiherrn von Berlepsch 1890–1896, Bonn 1987

Bessel, Richard, Germany After the First World War, Oxford 1993

Bieber, Hans-Joachim, Gewerkschaften in Krieg und Revolution: Arbeiterbewegung, Industrie, Staat und Militär in Deutschland 1914–1920, 2 Bde., Hamburg 1981

Bieber, Hans-Joachim, Die Entwicklung der Arbeitsbeziehungen auf den Hamburger Großwerften zwischen Hilfsdienstgesetz und Betriebsrätegesetz (1916–1920), in: Gunther Mai (Hg.), Arbeiterschaft in Deutschland 1914–1918. Studien zu Arbeitskampf und Arbeitsmarkt im Ersten Weltkrieg, Düsseldorf 1985, S. 77–153

Bieber, Hans-Joachim, Die Rolle von Gewerkschaften und Wirtschaftsverbänden bei der Entstehung des Arbeitsrechts, in: Hans G. Nutzinger (Hg.), Die Entstehung des Arbeitsrechts in Deutschland. Eine aktuelle Problematik in historischer Perspektive, Marburg 1998, S. 15–69

Biernacki, Richard, The Fabrication of Labor. Germany and Britain, 1640–1914, Berkeley 1995

Birke, Adolf M., Pluralismus und Gewerkschaftsautonomie in England. Entstehungsgeschichte einer politischen Theorie, Stuttgart 1978

Blankenburg, Erhard; Schönholz, Siegfried u. Rogowski, Ralf, Zur Soziologie des Arbeitsgerichtsverfahrens. Die Verrechtlichung von Arbeitskonflikten, Neuwied u. Darmstadt 1979

Blankenburg, Erhard u. a. (Hg.), Alternative Rechtsformen und Alternativen zum Recht (Jahrbuch für Rechtssoziologie und Rechtstheorie, Bd. 6), Opladen 1980

Blankenburg, Erhard (Hg.), Prozeßflut? Studien zur Prozeßtätigkeit europäischer Gerichte in historischen Zeitreihen und im Rechtsvergleich, Köln 1989

Blankenburg, Erhard, Mobilisierung des Rechts. Eine Einführung in die Rechtssoziologie, Berlin 1995

Bohle, Thomas, Einheitliches Arbeitsrecht in der Weimarer Republik. Bemühungen um ein deutsches Arbeitsgesetzbuch, Tübingen 1990

Boll, Friedhelm, Arbeitskämpfe und Gewerkschaften in Deutschland, England und Frankreich. Ihre Entwicklung vom 19. zum 20. Jahrhundert, Bonn 1992

Brand, Jürgen, Untersuchungen zur Entstehung der Arbeitsgerichtsbarkeit in Deutschland. Erster Teilband: Zwischen genossenschaftlicher Standesgerichtsbarkeit und kapitalistischer Fertigungskontrolle, Pfaffenweiler 1990

Brodie, Douglas, The Evolution of British Labour Law, in: The Juridical Review, 1997, part 5, S. 287–313

Brooks, Christopher W., Interpersonal Conflict and Social Tension: Civil Litigation in England, 1640–1830, in: A.L. Beier, David Cannadine u. James M. Rosenheim (Hg.), The First Modern Society. Essays in English History in Honour of Lawrence Stone, Cambridge 1989, S. 357–399

Bruch, Rüdiger vom, Streiks und Konfliktregelung im Urteil bürgerlicher Sozialreformer 1872–1914, in: Klaus Tenfelde u. Heinrich Volkmann, Streik. Zur Geschichte des Arbeitskampfes in Deutschland während der Industrialisierung, München 1981, S. 253–270

Brunner, Elisabeth, The Origins of Industrial Peace: The Case of the British Boot and Shoe Industry, in: Oxford Economic Papers 1 (1949), S. 247–259

Burgess, Keith, The Origins of Industrial Relations. The Nineteenth Century Experience, London 1975

Burgess, Keith, Die Amalgamated Society of Engineers vor 1914 – Eine *old* oder *New Union?*, in: Wolfgang J. Mommsen u. Hans-Gerhard Husung (Hg.), Auf dem Wege zur Massengewerkschaft. Die Entwicklung der Gewerkschaften in Deutschland und Großbritannien 1880–1914, Stuttgart 1984, S. 215–236

Burnett, John (Hg.), Useful Toil. Autobiographies of Working People from the 1820s to the 1920s (1974), ND London u. New York 1994

Cannon, J.C., The Roots of Organization among Journeymen Printers, in Journal of the Printing History Society 4 (1968), S. 91–107

Carby-Hall, J.R., Principles of Industrial Law, London 1969

Cairns, John W., Blackstone, Kahn-Freund and the Contract of Employment, in: Law Quarterly Review 105 (1989), S. 300–314

Carson, W.G., The Conventionalization of Early Factory Crime, in: International Journal for the Sociology of Law 7 (1979), S. 37–60

Carter, Susan B., The „Teaching Profession„? Another look at teacher tenure, 1845–1925, in: Explorations in Economic History 29 (1992), S. 410–416

Caunce, Stephen, Farm Servants and the Development of Capitalism in English Agriculture, in: Agricultural History Review 45 (1997), S. 49–60

Challinor, Raymond, A Radical Lawyer in Victorian England. W.P. Roberts and the struggle for workers' rights, London 1990

Chandler, Jr., Alfred D., Scale and Scope. The Dynamics of Industrial Capitalism, Cambridge Mass. u. London 1990

Church, Roy, Technological Change and the Hosiery Board of Conciliation and Arbitration, 1860–1884, in: Yorkshire Bulletin of Economic and Social Research 15 (1963), S. 52–60

Church, Roy, The History of the British Coal Industry, Bd. 3, 1830–1913: Victorian Pre-eminence, Oxford 1986

Claeys, Gregory, Citizens and Saints: Politics and Anti-Politics in Early British Socialism, Cambridge 1989

Clark, Jon u. Wedderburn, Lord, Juridification – a Universal Trend? The British Experience in Labor Law, in: Gunther Teubner (Hg.), Juridification of Social Spheres. A Comparative Analysis in the Areas of Labor, Corporate, Antitrust and Social Welfare Law, Berlin u. New York 1987, S. 163–190

Clark, G. de N., Unfair Dismissal and Reinstatement, in: Modern Law Review 82 (1969), S. 532–546

Clark, Gregory, Factory Discipline, in: Journal of Economic History 54 (1994), S. 128–163

Clegg, H.A.; Fox, Alan u. Thompson, A.F., A History of British Trade Unions since 1889, Bd. 1: 1889–1910, Oxford 1964

Clegg, Hugh Armstrong, A History of British Trade Unions since 1889, Bd. 2: 1911–1933, Oxford 1985,

Clegg, Hugh Armstrong, A History of British Trade Unions since 1889, Bd. 3: 1934–1951, Oxford 1994

Coates, Ken u. Topham, Tony, The History of the Transport and General Workers' Union, Bd. 1: The Making of the Labour Movement. The Formation of the Transport and General Workers' Union 1870–1922, Oxford 1991

Cocks, Raymond, Foundations of the Modern Bar, London 1983

Cocks, Raymond C.J., Sir Henry Maine. A Study in Victorian Jurisprudence, Cambridge 1988

Cockton, Peter, Subject Catalogue of the House of Commons Parliamentary Papers 1801–1900, 5 Bde., Cambridge 1991

Coing, Helmut, Europäisches Privatrecht, Bd. 2: 19. Jahrhundert. Überblick über die Entwicklung des Privatrechts in den ehemals gemeinrechtlichen Ländern, München 1989

Cole, G.D.H., A Study in Legal Repression, in: ders., Persons and Periods (1938), Harmondsworth 1945, S. 99–116

Cole, G.D.H., A Short History of the British Working-Class Movement, 1789–1947, New edition, completely revised and continued to 1947, London 1948

Cole, G.D.H. u. Filson, A.W. (Hg.), British Working Class Movements. Select Documents 1789–1875, London u. New York 1967

Collini, Stefan, Public Moralists. Political Thought and Intellectual Life in Britain 1850–1930, Oxford 1991 (Pb 1993)

Conrad, Christoph, Gewinner und Verlierer im Wohlfahrtsstaat. Deutsche und internationale Tendenzen im 20. Jahrhundert, in: Archiv für Sozialgeschichte 30 (1990), S. 297–326

Conley, Carolyn, The Unwritten Law. Criminal Justice in Victorian Kent, New York u. Oxford 1991

Conley, John M.; O'Barr, William M. u. Lind, E. Allan, The Power of Language: Presentational Style in the Courtroom, in: Duke Law Journal 78 (1978), S. 1375–1399

Conley, John M. u. O'Barr, William M., Rules versus Relationships: The Ethnography of Legal Discourse, Chicago u. London 1990

Conley, John M. u. O'Barr, William M., Just Words. Law, Language, and Power, Chicago u. London 1998

Cooper, W.M. u. Wood, J.C., Outlines of Industrial Law, London 1947

Copelman, Dina, London's Women Teachers: Gender, Class and Feminism 1870–1930, London 1996

Cornelißen, Christoph, Das „Innere Kabinett". Die höhere Beamtenschaft und der Aufbau des Wohlfahrtsstaates in Großbritannien 1893–1919, Husum 1996

Cornish, W.R. u. Clark, G. de N., Law and Society in England 1750–1950, London 1989

Cornish, W.R., Authors in Law, in Modern Law Review 58 (1995), S. 1–16

Cosgrove, Richard A., The Rule of Law: Albert Venn Dicey, Victorian Jurist, London 1980

Cosgrove, Richard A., Law, in: J. Don Vann u. Rosemary T. VanArsdel, Victorian Periodicals and Victorian Society, Toronto u. Buffalo 1994, S. 11–21

Coxall, Bill u. Griggs, Clive, ‚Fiction with a solid background of genuine autobiography': The critical reception of *The Ragged Trousered Philanthropists* in 1914, in: Labour History Review 61 (1996), S. 195–211

Cross, Arthur Lyon, Old English Local Courts and the Movement for their Reform, in: Michigan Law Review 30 (1931–32), S. 369–385

Cross, Gary, A Quest for Time. The Reduction of Work in Britain and France, 1840–1940, Berkeley 1989

Crossick, Geoffrey, An Artisan Elite in Victorian Society. Kentish London 1840–1880, London u. Totowa N.J. 1978

Crowhurst, Andrew, London's ‚Music Hall War': Trade Unionism in an Edwardian Service Industry, in: London Journal 21 (1996), S. 149–163

Daniel, Ute, Arbeiterfrauen in der Kriegsgesellschaft. Beruf, Familie und Politik im Ersten Weltkrieg, Göttingen 1986

Däubler, Wolfgang, Otto Kahn-Freund (1900–1979). Ideologiekritik und Rechtsfortschritt im Arbeitsrecht, in: Kritische Justiz (Hg.), Streitbare Juristen. Eine andere Tradition, Baden-Baden 1988, S. 380–389

Davidson, Roger, The Board of Trade and Industrial Relations 1896–1914, in: Historical Journal 21 (1978), S. 571–591

Davies, Paul u. Freedland, Mark, Labour Legislation and Public Policy, Oxford 1993

Davis, Jennifer, Prosecutions and Their Context. The Use of the Criminal Law in Later Nineteenth-Century London, in: Douglas Hay u. Francis Snyder (Hg.), Policing and Prosecution in Britain 1750–1850, Oxford 1989, S. 397–426

Davis, Jennifer, A Poor Man's System of Justice: The London Police Courts in the Second Half of the Nineteenth Century, in: Historical Journal 27, 2 (1984), S. 309–335

Dickens, Linda; Jones, Michael; Weekes, Brian u. Hart, Moira, Dismissed, Oxford 1985

Dickson, Ralph, The Tolpuddle Martyrs: Guilty or Not Guilty?, in: Journal of Legal History 7 (1986), S. 178–187

Dieckmann, Walther, Probleme der linguistischen Analyse institutioneller Kommunikation, in: ders., Politische Sprache, politische Kommunikation: Vorträge, Aufsätze, Entwürfe, Heidelberg 1981, S. 208–245

Dobson, R.C., Masters and Journeymen. A Prehistory of Industrial Relations, 1717–1800, London 1980

Dölemeyer, Barbara (Hg.), Repertorium ungedruckter Quellen zur Rechtsprechung. Deutschland 1800–1945, 2 Halbbände, Frankfurt/Main 1995

Dölemeyer, Barbara, Justizforschung in Frankreich und Deutschland, in: Zeitschrift für Neuere Rechtsgeschichte 18 (1996), S. 288–299

Douglass, Dave, The Durham Pitman, in: Raphael Samuel (Hg.), Miners, Quarrymen and Saltworkers, London 1977, S. 205–295

Duman, Daniel, The English and Colonial Bars in the Nineteenth Century, London 1983

Dutton, H. I., u. King, J. E., The Limits of Paternalism: the Cotton Tyrants of North Lancashire, 1836–54, in: Social History 7 (1982), S. 59–74

Eder, Klaus, Geschichte als Lernprozeß? Zur Pathogenese politischer Modernität in Deutschland, Frankfurt/Main 1991

Egerton, Robert, Legal Aid, London 1945

Egerton, Robert, Historical Aspects of Legal Aid, in: Law Quarterly Review 61 (1945), S. 87–94

Eibach, Joachim, Kriminalitätsgeschichte zwischen Sozialgeschichte und Historischer Kulturforschung, in: Historische Zeitschrift 263 (1996), S. 681–715

Eisenberg, Christiane, Deutsche und englische Gewerkschaften. Entstehung und Entwicklung bis 1878 im Vergleich, Göttingen 1986

Emery, Norman, The Coalminers of Durham, Stroud 1992

Emsley, Clive, Crime and Society in England, 1750–1900, London u. New York 1987

Emsley, Clive, ,Mother, what *did* policemen do when there weren't any motors?' The law, the police and the regulation of motor traffic in England, 1900–1939, in: Historical Journal 36 (1993), S. 357–381

Epstein, James A., Narrating Liberty's Defense: T.J. Wooler and the Law, in: ders., Radical Expression. Political Language, Ritual, and Symbol in England, 1790–1850, New York u. Oxford 1994, S. 29–69

Falke, Josef u. a., Forschungsbericht: Kündigungspraxis und Kündigungsschutz in der Bundesrepublik Deutschland, Bonn 1981

Feldman, Gerald D., Army, Industry and Labor in Germany, 1914–1918, Princeton 1966, ND Providence u. Oxford 1992

Feser, Klaus, u. a., Arbeitsgerichtsprotokolle, Neuwied u. Darmstadt 1978

Filthaut, Jörg, Dawson und Deutschland. Das deutsche Vorbild und die Reformen im Bildungswesen, in der Stadtverwaltung und in der Sozialversicherung Großbritanniens, 1880–1914, Frankfurt/Main etc. 1994

Finn, Margot C., Class and nation in English radical politics, 1848–1874, Cambridge etc. 1993

Finn, Margot, Debt and Credit in Bath's Court of Requests, 1829–39, in: Urban History 21 (1994), S. 211–236

Finn, Margot, Women, Consumption and Coverture in England, c. 1760–1860, in: Historical Journal 39 (1996), S. 703–722

Fishman, William J., East End 1888. A year in a London borough among the labouring poor, London 1988

Flanders, Allan, Collective Bargaining, in: ders. u. H.A. Clegg (Hg.), The System of Industrial Relations in Great Britain. Its History, Law and Institutions, Oxford 1954, S. 252–322

Fögen, Marie Theres, Der Kampf um die Gerichtsöffentlichkeit, Berlin 1974

Ford, P. u. Ford, G., Select List of British Parliamentary Papers, 1833–1899, Shannon (Ireland) 1969

Ford, P. u. Ford, G., A Breviate of Parliamentary Papers, 1900–1916, Shannon (Ireland) 1969

Fox, Alan, A History of the National Union of Boot and Shoe Operatives 1874–1957, Oxford 1958

Fox, Alan, Beyond Contract: Work, Power and Trust Relations, London 1974

Fox, Alan, History and Heritage. The Social Origins of the British Industrial Relations System, London 1985

Fraenkel, Ernst, Zur Soziologie der Klassenjustiz (1927), wieder in: ders., Zur Soziologie der Klassenjustiz und Aufsätze zur Verfassungskrise 1931–32, Darmstadt 1968, S. 1–41

Frank, W.F., The New Industrial Law, London 1950

Freeman, Michael (Hg.), Alternative Dispute Resolution, Aldershot 1995

Freedland, M.R., The Contract of Employment, Oxford 1976

Freedland, M., Individual Contracts of Employment and the Common Law Courts, in: Industrial Law Journal 21 (1992), S. 135–140

Friedman, Lawrence, The Republic of Choice. Law, Authority, and Culture, Cambridge Mass. u. London 1990

Führer, Karl Christian, Die Rechte von Hausbesitzern und Mietern im Ersten Weltkrieg und in der Zwischenkriegszeit. Frankreich, Großbritannien und Deutschland im Vergleich, in: Hannes Siegrist u. David Sugarman (Hg.), Eigentum im internationalen Vergleich (18.–20. Jahrhundert), Göttingen 1999, S. 225–241

Galanter, Marc, Why the ‚Haves‘ come out ahead – Speculations on the limits of legal change, in: Law and Society Review 9 (1974), S. 95–160

Galanter, Marc, Justice in Many Rooms, in: Journal of Legal Pluralism 1 (1981), S. 1–48

Gatrell, V.A.C., u. Hadden, T.B., Criminal statistics and their Interpretation, in: E.A. Wrigley (Hg.), Nineteenth-century Society. Essays in the Use of Quantitative Methods for the Study of Social Data, Cambridge 1972, S. 336–396

Gatrell, V.A.C., The Decline of Theft and Violence in Victorian and Edwardian England, in: ders., Bruce Lenman u. Geoffrey Parker (Hg.), Crime and the Law. The Social History of Crime in Western Europe since 1500, London 1980, S. 238–370

Gayler, J.L., Industrial law, London 1955

Geissler, Birgit, Netz oder Sieb? Generationenkonflikt und Geschlechterkonflikt in der aktuellen Krise des Sozialstaats, in: Kritische Justiz 30 (1997), S. 1–14

Gibbons, John (Hg.), Language and the Law, London u. New York 1994

Ginsberg, Morris (Hg.), Law and Opinion in England in the 20th Century, London 1959

Globig, Klaus, Gerichtsbarkeit als Mittel sozialer Befriedung, dargestellt am Beispiel der Entstehung der Arbeitsgerichtsbarkeit in Deutschland, Frankfurt/Main 1985

Godfrey, Barry, Private Policing: A Nineteenth Century Example, Ms., Nene College, 1994

Goodland, Graham D., Lord Sankey and Labour: The Radicalization of a Conservative, in: Labour History Review 59 (1994), S. 16–26

Goodrich, Peter, Languages of Law. From Logics of Memory to Nomadic Masks, London 1990

Gower, L.C.B., Business, in: Morris Ginsberg (Hg.), Law and Opinion in England in the 20th Century, London 1959, S. 143–172

Gowers, Robin u. Hatton, Timothy J., The origin and the early impact of the minimum wage in agriculture, in: Economic History Review 50, 1 (1997), S. 82–103

Graf, Günter, Das Arbeitsgerichtsgesetz von 1926. Weimarer Verfassungsvollzug auf justizpolitischen Irrwegen des Kaiserreichs?, Goldbach 1993

Grass, Karl Martin u. Koselleck, Reinhart, Art. Emanzipation, in: Geschichtliche Grundbegriffe Bd. 2, Stuttgart 1975, S. 153–197

Gray, Robert, The factory question and industrial England, 1830–1860, Cambridge 1996

Grayson, Ruth u. White, Alan, ‚More Myth than Reality‘: the Independent Artisan in Nineteenth Century Sheffield, in: Journal of Historical Sociology 9 (1996), S. 335–353

Green, Andy, Education and State Formation. The Rise of Education Systems in England, France and the USA, 2. Aufl. Basingstoke u. London 1992

Griffiths, Clare, Remembering Tolpuddle: Rural History and Commemoration in the Inter-War Labour Movement, in: History Workshop Journal 44 (1997), S. 144–169

Grotmann-Höfling, Günter, Zur Lage der Arbeitsgerichtsbarkeit im Jahr 2000 – Ein Beitrag zur Verringerung der Neuzugänge, in: Zeitschrift für Rechtssoziologie 18 (1997), S. 205–224

Habermas, Jürgen, Theorie des kommunikativen Handelns, 2 Bde., Frankfurt/Main 1981

Habermas, Jürgen, Faktizität und Geltung. Beiträge zur Diskurstheorie des Rechts und des demokratischen Rechtsstaats, Frankfurt/Main 1992

Hall, Jean Graham u. Martin, Douglas F., Haldane: Statesman, Lawyer, Philosopher, Chichester 1996

Hall, P.G., The Industries of London since 1861, London 1962

Harris, Jose, William Beveridge. A Biography, Oxford 1977

Hay, Douglas u. Snyder, Francis, Using the Criminal Law, 1750–1850. Policing, Private Prosecution, and the State, in: dies. (Hg.), Policing and Prosecution in Britain 1750–1850, Oxford 1989, S. 3–52

Hay, Douglas u. Craven, Paul, The Criminalization of ‚Free‘ Labour: Master and Servant in Comparative Perspective, in: Slavery and Abolition 15 (1994), S. 71–101

Hay, Douglas, Patronage, Paternalism, and Welfare: Masters, Workers, and Magistrates in Eighteenth-Century England, in: International Labor and Working-Class History 53 (1998), S. 27–48

Hay, Douglas, Master and Servant in England: Using the Law in the Eighteenth and Nineteenth Centuries, in: Willibald Steinmetz (Hg.), Private Law and Social Inequality in the Industrial Age. Comparing Legal Cultures in Britain, France, Germany and the United States, Oxford 2000, S. 227–264)

Hayek, F.A., The Road to Serfdom (1944), ND London 1993

Hedley, Steve, Words, Words, Words: Making Sense of Legal Judgments, 1875–1940, in: Chantal Stebbings (Hg.), Law Reporting in England, London u. Rio Grande 1995, S. 169–186

Hennock, E.P., British Social Reform and German Precedents. The Case of Social Insurance, 1880–1914, Oxford 1987

Hennock, E.P., Lessons from England: Lujo Brentano on British Trade Unionism, in: German History 11 (1993), S. 140–160

Hepple, B.A. u. O'Higgins, Paul, Individual Employment Law. An Introduction, London 1971

Hepple, B.A.; Neeson, J.M. u. O ,Higgins, Paul, A Bibliography of the Literature on British and Irish Labour Law, London 1975

Hepple, B.A. u. O'Higgins, Paul, Employment Law, London 1976

Hilton, Boyd, The Age of Atonement. The Influence of Evangelicalism on Social and Economic Thought, 1785–1865, 2. Aufl. Oxford 1991

Hilton, George W., The Truck system, including a History of the British Truck Acts, 1465–1960, Cambridge 1960

Hippel, Eike von, Die Kontrolle der Vertragsfreiheit nach anglo-amerikanischem Recht. Zugleich ein Beitrag zur Considerationenlehre, Frankfurt/Main 1963

Hobsbawm, Eric, Custom, Wages and Work-load in Nineteenth-century Industry, in: ders., Labouring Men. Studies in the History of Labour, London 1964, S. 344–370

Hölscher, Lucian, Art. Öffentlichkeit, in: Geschichtliche Grundbegriffe, Bd. 4, Stuttgart 1978, S. 413–467

Hölscher, Lucian, Öffentlichkeit und Geheimnis. Eine begriffsgeschichtliche Untersuchung zur Entstehung der Öffentlichkeit in der frühen Neuzeit, Stuttgart 1979

Holcombe, Lee, Wives and Property. Reform of the Married Women's Property Law in Nineteenth-Century England, Oxford 1983

Holdsworth, William, A History of English Law, 17 Bde., London 1903–1972

Hollenberg, Günter, Englisches Interesse am Kaiserreich. Die Attraktivität Preußen-Deutschlands für konservative und liberale Kreise in Großbritannien 1860–1914, Wiesbaden 1974

Holt, Wythe, Recovery by the Worker Who Quits: A Comparison of the Mainstream, Legal Realist, and Critical Legal Studies Approaches to a Problem of Nineteenth Century Contract Law, in: Wisconsin Law Review, Jg. 1986, S. 677–732

Hohmann, H., Art. Gerichtsrede, in: Historisches Wörterbuch der Rhetorik, hrsg. v. Gert Ueding, Bd. 3, Tübingen 1996, Sp. 770–815

Hohmann, H., Art. Juristische Rhetorik, in: Historisches Wörterbuch der Rhetorik, hrsg. v. Gert Ueding, Bd. 4, Tübingen 1998, Sp. 779–832

Horne, John N., Labour at War. France and Britain 1914–1918, Oxford 1991

Horwitz, Morton J., The Transformation of American Law, 1780–1860, Cambridge Mass. u. London 1977

Horwitz, Morton J., The Transformation of American Law, 1870–1960. The Crisis of Legal Orthodoxy, New York u. Oxford 1992

Howe, Ellic (Hg.), The London Compositor. Documents relating to Wages, Working Conditions and Customs of the London Printing Trade 1785–1900, London 1947

Howe, Ellic u. Waite, Harold E., The London Society of Compositors (re-established 1848). A Centenary History, London etc. 1948, S. 41–46

Huber, Ernst Rudolf, Dokumente zur Deutschen Verfassungsgeschichte, Bd. 2: 1851–1918, Stuttgart 1964

Huber, Ernst Rudolf, Deutsche Verfassungsgeschichte seit 1789, Bd. 4: Struktur und Krisen des Kaiserreichs, 2. Aufl. Stuttgart 1969

Husung, Hans-Gerd, Arbeiterschaft und Arbeiterbewegung im Ersten Weltkrieg: Neue Forschungen über Deutschland und England, in: Klaus Tenfelde (Hg.), Arbeiter und Arbeiterbewegung im Vergleich. Berichte zur internationalen historischen Forschung (= Historische Zeitschrift, Sonderhefte, Bd. 15), München 1986, S. 611–664

Ittmann, Karl, Work, Gender and Family in Victorian England, Basingstoke 1995

Jackson, Christopher R., Infirmative Action: The Law of the Severely Disabled in Germany, in: Central European History 26 (1993), S. 417–455

Jackson, R.M., The Incidence of Jury Trial during the Past Century, in: Modern Law Review 1 (1937), S. 132–144

Jackson, R.M., Stipendiary Magistrates and Lay Justices, in: Modern Law Review 9 (1946), S. 1–12

Jackson's Machinery of Justice, ed. J.R. Spencer, Cambridge etc. 1989 (= 7. rev. Aufl. von: R.M. Jackson, The Machinery of Justice in England, zuerst 1940)

Jaffe, James A., Authority and Job Regulation: Rule-Making by the London Compositors during the Early Nineteenth Century, in: Historical Studies in Industrial Relations, No. 3 (March 1997), S. 1–26

Jefferys, James B., The Story of the Engineers, 1800–1945, London 1946

Jessen, Ralph, Unternehmerherrschaft und staatliches Gewaltmonopol. Hüttenpolizisten und Zechenwehren im Ruhrgebiet (1870–1914), in: Alf Lüdtke (Hg.), „Sicherheit" und „Wohlfahrt". Polizei, Gesellschaft und Herrschaft im 19. und 20. Jahrhundert, Frankfurt/Main 1992, S. 161–186

John, Michael, Politics and the Law in Late Nineteenth-Century Germany. The Origins of the Civil Code, Oxford 1989

Johnson, Paul, Saving and Spending: the working-class economy in Britain, 1870–1939, Oxford 1985

Johnson, Paul, Small debts and economic distress in England and Wales, 1857–1913, in: Economic History Review 46,1 (1993), S. 65–87

Johnson, Paul, Economic Development and Industrial Dynamism in Victorian London, in: London Journal 21 (1996), S. 27–37

Johnson, Paul, Creditors, Debtors and the Law in Victorian and Edwardian England, in: Willibald Steinmetz (Hg.), Private Law and Social Inequality in the Industrial Age. Comparing Legal Cultures in Britain, France, Germany and the United States, Oxford 2000, S. 485–504

Jones, Gareth Stedman, Outcast London. A Study in the Relationship between Classes in Victorian Society, 2. Aufl. Harmondsworth 1984

Joyce, Patrick, Work, Society and Politics: The Culture of the Factory in Later Victorian England, Brighton 1980 (Pb London 1982)

Joyce, Patrick (Hg.), The Historical Meanings of Work, Cambridge 1987

Joyce, Patrick, Work, in: Cambridge Social History of Britain 1750–1950, hrsg. v. F.M.L. Thompson, 3 Bde., Cambridge 1990 (Pb 1993), Bd. 2, S. 131–194

Joyce, Patrick, Visions of the People. Industrial England and the question of class, 1848–1914, Cambridge 1991

Kahn-Freund, Otto, Legal Framework, in: Allan Flanders u. H.A. Clegg (Hg.), The System of Industrial Relations in Great Britain. Its History, Law and Institutions, Oxford 1954, S. 42–127

Kahn-Freund, Otto, Intergroup conflicts and their settlement, in: British Journal of Sociology 5, No. 3 (1954), S. 193–227

Kahn-Freund, Otto, Labour Law, in: Morris Ginsberg (Hg.), Law and Opinion in England in the 20th Century, London 1959, S. 215–263

Kahn-Freund, Otto, A Note on Status and Contract in British Labour Law, in: Modern Law Review 80 (1967), S. 635–644

Kahn-Freund, Otto, Blackstone's Neglected Child: the Contract of Employment, in: Law Quarterly Review 93 (1977), S. 508–528

Kaiser, André, Staatshandeln ohne Staatsverständnis. Die Entwicklung des Politikfeldes Arbeitsbeziehungen in Großbritannien, 1965–1990, Bochum 1995

Karsten, Peter, „Bottomed on Justice": A Reappraisal of Critical Legal Studies Scholarship Concerning Breaches of Labor Contracts by Quitting or Firing in Britain and the U.S., 1630–1880, in: The American Journal of Legal History 34 (1990), S. 214–261

Kaufhold, Karl Heinrich, Die Diskussion um die Neugestaltung des Arbeitsrechts im Deutschen Reich 1890 und die Novelle zur Reichsgewerbeordnung 1891, in: Zeitschrift für Arbeitsrecht 22 (1991), S. 277–322

Kent, David A., Small Businessmen and their Credit Transactions in Early Nineteenth-Century Britain, in: Business History 36 (1994), S. 47–64

Kersting, Wolfgang u. Fisch, Jörg, Art. Vertrag, Gesellschaftsvertrag, Herrschaftsvertrag, in: Geschichtliche Grundbegriffe, Bd. 6, Stuttgart 1990, S. 901–954

Kiefner, Hans, Ubi non est intellectus ibi non est sententia. Baldus' Kommentierung der Lex Iudices (C.7,45,12): Über die Gerichtssprache, in: Tijdschrift voor Rechtsgeschiedenis 60 (1992), 261–287

King, Peter, Gleaners, farmers and the failure of legal sanctions in England 1750–1850, in: Past and Present 125 (1989), S. 116–150

King, Peter, Customary rights and women's earnings: the importance of gleaning to the rural labouring poor, 1750–1850, in: Economic History Review 44 (1991), S. 461–476

Kirk, Neville, The Growth of Working-Class Reformism in Mid-Victorian England, Beckenham 1985

Kocher, Gernot, Zeichen und Symbole des Rechts. Eine historische Ikonographie, München 1992

Kocka, Jürgen, Angestellter, in: Geschichtliche Grundbegriffe, Bd. 1, Stuttgart 1972, S. 110–128

Kocka, Jürgen, Arbeitsverhältnisse und Arbeiterexistenzen. Grundlagen der Klassenbildung im 19. Jahrhundert, Bonn 1990

Koselleck, Reinhart, Geschichte, Recht und Gerechtigkeit, in: Akten des 26. Deutschen Rechtshistorikertages, hrsg. v. Dieter Simon, Frankfurt/Main 1987, S. 129–149

Koss, Stephen E., Lord Haldane. Scapegoat for Liberalism, New York 1969

Kostal, R.W., Law and English Railway Capitalism 1825–1875, Oxford 1994

Kübler, Friedrich (Hg.), Verrechtlichung von Wirtschaft, Arbeit und sozialer Solidarität. Vergleichende Analysen, Frankfurt/Main 1985

Leat, Diana, The Rise and Role of the Poor Man's Lawyer, in: British Journal of Law and Society, 2 (1975), S. 166–181

Lee, Danny, Courts short, in: Time Out, 3.–10. Nov. 1993, S. 13

Lee, J.M., Social Leaders and Public Persons. A Study of County Government in Cheshire since 1888, Oxford 1963

Lerch, Kent, England, in: Filippo Ranieri (Hg.), Gedruckte Quellen der Rechtsprechung in Europa (1800–1945), Frankfurt/Main 1992, 327–403

Lester, V. Markham, Bankruptcy, Imprisonment for Debt, and Company Winding-Up in Nineteenth-Century England, Oxford 1995

Levine, Philippa, Consistent contradictions: prostitution and protective labour legislation in nineteenth-century England, in: Social History 19 (1994), S. 17–35

Lewis, Jane u. Rose, Sonya O., ‚Let England Blush'. Protective Labor Legislation, 1820–1914, in: Ulla Wikander, Alice Kessler-Harris u. Jane Lewis (Hg.), Protecting Women. Labor Legislation in Europe, the United States, and Australia, 1880–1920, Urbana u. Chicago 1995, S. 91–124

Linder, Marc, The Employment Relationship in Anglo-American Law. A Historical Perspective, New York 1989

Lobban, Michael, The Common Law and English Jurisprudence 1760–1850, Oxford 1991

Lobban, Michael, Nineteenth Century Frauds in Company Formation: *Derry* v. *Peek* in Context, in: Law Quarterly Review 112 (1996), S. 261–334

Losurdo, Domenico, Zwischen Hegel und Bismarck. Die achtundvierziger Revolution und die Krise der deutschen Kultur, Berlin 1993

Loux, Andrea C., The Persistence of the Ancient Regime: Custom, Utility, and the Common Law in the Nineteenth Century, in: Cornell Law Review 79 (1993), S. 183–218

Lovell, John, Stevedores and Dockers. A Study of Trade Unionism in the Port of London, 1870–1914, London 1969

Lüdtke, Alf, Stofflichkeit, Macht-Lust und Reiz der Oberflächen. Zu den Perspektiven der Alltagsgeschichte, in: Winfried Schulze (Hg.), Sozialgeschichte, Alltagsgeschichte, Mikro-Historie, Göttingen 1994, S. 65–80

Luhmann, Niklas, Legitimation durch Verfahren, 3. Aufl. 1978, ND Frankfurt/Main 1997

Luhmann, Niklas, Ausdifferenzierung des Rechts. Beiträge zur Rechtssoziologie und Rechtstheorie, Frankfurt/Main 1981, ND 1999

Luhmann, Niklas, Das Recht der Gesellschaft, Frankfurt/Main 1993

MacDonagh, Oliver, A Pattern of Government Growth: The Passenger Acts 1800–1860, London 1961

MacDonagh, Oliver, Coal Mines Regulation: The First Decade, 1842–1852, in: Robert Robson (Hg.), Ideas and Institutions of Victorian Britain. Essays in honour of George Kitson Clark, London 1967, S. 58–86

Macleod, Christine, Negotiating the Rewards of Invention: The Shop-Floor Inventor in Victorian Britain, in: Business History 41 (1999), S. 17–36

Mallmann, Klaus Michael, Die Anfänge der Bergarbeiterbewegung an der Saar (1848–1904), Saarbrücken 1981

Markesinis, Basil S., Litigation-Mania in England, Germany and the USA: Are we so very different?, in: Cambridge Law Journal 49, Nr. 2 (1990), S. 233–276

Malone, Carolyn, Gendered Discourses and the Making of Protective Labor Legislation in England, 1830–1914, in: Journal of British Studies 37 (1998), S. 166–191

Martiny, Martin, Integration oder Konfrontation? Studien zur Geschichte der sozialdemokratischen Rechts- und Verfassungspolitik, Bonn-Bad Godesberg 1976

Maxwell, M. W., The Development of Law Publishing 1799–1974, in: Then and Now, 1799–1974: Commemorating 175 years of Law Bookselling and Publishing, London 1974, S. 121–148

McCord, Norman, The Government of Tyneside, 1800–1850, in: Transactions of the Royal Historical Society, Fifth Series, Bd. 20, London 1970, S. 5–30

McCord, Norman, Taff Vale Revisited, in: History 78 (1993), S. 243–260

McFeely, Mary Drake, Lady Inspectors. The Campaign for a Better Workplace, 1893–1921, Athens (Ga.) u. London 1988

McIlroy, John, Financial Malpractice in British Trade Unions, 1800–1930: The Background to, and Consequences of, *Hornby* v. *Close*, in: Historical Studies in Industrial Relations, No. 6 (Autumn 1998), S. 1–64

McIvor, Arthur J., Organised Capital. Employers' associations and industrial relations in northern England, 1880–1939, Cambridge etc. 1996

McWilliam, Rohan, Radicalism and popular culture: the Tichborne case and the politics of ‚fair play‘, 1867–1886, in: Eugenio F. Biagini u. Alastair J. Reid (Hg.),

Currents of radicalism: popular radicalism, organised labour and party politics in Britain, 1850–1914, Cambridge 1991, S. 44–64

Melling, Joseph, ‚Non-Commissioned Officers': British employers and their supervisory workers, 1880–1920, in: Social History 5 (1980), S. 183–221

Mergel, Thomas, Geschichte und Soziologie, in: Hans-Jürgen Goertz (Hg.), Geschichte. Ein Grundkurs, Reinbek 1998, S. 621–651

Mergel, Thomas u. Welskopp, Thomas, Einleitung: Geschichtswissenschaft und Gesellschaftstheorie, in: dies. (Hg.), Geschichte zwischen Kultur und Gesellschaft. Beiträge zur Theoriedebatte, S. 9–35

Merritt, Adrian, The Nature and Function of Law: A Criticism of E.P. Thompson's ‚Whigs and Hunters', in: British Journal of Law and Society 7 (1980), S. 194–214

Mertz, Elizabeth, Language, Law, and Social Meanings: Linguistic/Anthropological Contributions to the Study of Law, in: Law and Society Review 26 (1992), S. 413–445

Merry, Sally Engle, Getting Justice and Getting Even: Legal Consciousness among Working-Class Americans, Chicago u. London 1990

Metzler, Gabriele, Justiz im Schatten der Weltwirtschaftskrise. Das Konzept der Arbeitsbeziehungen und der innerbetrieblichen Ordnung nach der Rechtsprechung des Reichsarbeitsgerichts (1927–1932), in: Vorträge zur Justizforschung Bd. 2, hrsg. von Heinz Mohnhaupt u. Dieter Simon, Frankfurt/Main 1993, S. 471–497

Michel, Bertram, Der Kampf der Gewerkschaften um die einheitliche Arbeitsgerichtsbarkeit (1926), in: Klaus Feser u.a., Arbeitsgerichtsprotokolle, Neuwied u. Darmstadt 1978, S. 28–53

Milner, Simon, The Coverage of Collective Pay-setting Institutions in Britain, 1895–1990, in: British Journal of Industrial Relations 33 (1995), S. 69–91

Mitchell, B. R., British Historical Statistics, Cambridge 1988

Moir, Esther, British Institutions. The Justice of the Peace, Harmondsworth 1969

Mommsen, Wolfgang J. u. Mock, Wolfgang (Hg.), Die Entstehung des Wohlfahrtsstaates in Großbritannien und Deutschland 1850–1950, Stuttgart 1982

Morgan, Richard I., The Introduction of Civil Legal Aid in England and Wales, 1914–1949, in: Twentieth Century British History 5 (1994), S. 38–76

Moss, David J. u. Hosgood, Chris, The Financial and Trade Press, in: J. Don Vann u. Rosemary VanArsdel (Hg.), Victorian Periodicals and Victorian Society, Toronto 1984, S. 199–218

Müller, Dirk H., Gewerkschaften, Arbeiterausschüsse und Arbeiterräte in der Berliner Kriegsindustrie 1914–1918, in: Gunther Mai (Hg.), Arbeiterschaft in Deutschland 1914–1918. Studien zu Arbeitskampf und Arbeitsmarkt im Ersten Weltkrieg, Düsseldorf 1985, S. 155–178

Musson, A.E., The Typographical Association. Origins and History up to 1949, Oxford 1954

Neeson, Janet M., Commoners: Common Right, Enclosure and Social Change in England, 1700–1820, Cambridge 1993

Nörr, Knut Wolfgang, Arbeitsrecht und Verfassung. Das Beispiel der Weimarer Reichsverfassung von 1919, in: Zeitschrift für Arbeitsrecht 23 (1992), S. 361–377

Oram, Alison, Women Teachers and Feminist Politics, 1900–39, Manchester 1996

Orren, Karen, Belated Feudalism. Labor, the Law, and Liberal Development in the United States, Cambridge 1991

Orth, John V., Combination and Conspiracy. A Legal History of Trade Unionism, 1721–1906, Oxford 1991

Palmer, R.C., English Law in the Age of the Black Death, 1348–1381: A Transformation of Governance and Law, Chapel Hill N.C. 1993

Park, Gyu-Jung, Das Gewerbegerichtsgesetz und die Sozialdemokratie, Ms. Bochum 1998

Peacock, A. E., The successful prosecution of the Factory Acts, 1833–55, in: Economic History Review 37 (1984), S. 197–210

Peacock, A.E., Factory Act Prosecutions: A Hidden Consensus?, in: Economic History Review 38 (1985), S. 431–436

Pellew, Jill, The Home Office 1848–1914: from Clerks to Bureaucrats, London 1982

Pelling, Henry, A History of British Trade Unionism, 2. Aufl., Harmondsworth 1971

Pennybaker, Susan D., A Vision for London 1889–1914: labour, everyday life and the LCC experiment, London u. New York 1995

Philips, David, The Black Country magistracy 1835–60. A changing elite and the exercise of its power, in: Midland History 3 (1976), S. 161–196

Philips, David, Crime and Authority in Victorian England: The Black Country 1835–1860, London 1977

Phillips, Gordon u. Whiteside, Noel, Casual Labour. The Unemployment Question in the Port Transport Industry 1880–1970, Oxford 1985

Plumpe, Gottfried, Chemische Industrie und Hilfsdienstgesetz am Beispiel der Farbenfabriken, vorm. Bayer & Co., in: Gunther Mai (Hg.), Arbeiterschaft in Deutschland 1914–1918. Studien zu Arbeitskampf und Arbeitsmarkt im Ersten Weltkrieg, Düsseldorf 1985, S. 179–209

Pocock, J. G. A., The Ancient Constitution and the Feudal Law. A Study of English Historical Thought in the Seventeenth Century, 2. Aufl. Cambridge 1987

Polden, Patrick, Judicial Independence and Executive Responsibilities. The Lord Chancellor's Department and the County Court Judges, 1846–1971, in: Anglo-American Law Review 25 (1996), S. 1–38 u. 133–162

Polden, Patrick, Judicial Selkirks: The County Court Judges and the Press, 1847–80, in: Christopher Brooks u. Michael Lobban (Hg.), Communities and Courts in Britain 1150–1900, London u. Rio Grande 1997, S. 245–262

Polden, Patrick, Oiling the Machinery: The Lord Chancellor's Office and the County Court Bench, 1927–44, in: Journal of Legal History 19 (1998), S. 224–244

Polden, Patrick, A History of the Country Court, 1846–1971, Cambridge 1999

Pollard, Sidney, A History of Labour in Sheffield, Liverpool 1959

Pollard, Sidney, Factory Discipline in the Industrial Revolution, in: Economic History Review 16 (1963/64), S. 254–271

Pollard, Sidney, The Genesis of Modern Management. A Study of the Industrial Revolution in Great Britain, London 1965, ND Aldershot 1993

Pollard, Sidney, Wirtschaftliche Hintergründe des *New Unionism*, in: Wolfgang J. Mommsen u. Hans-Gerhard Husung (Hg.), Auf dem Wege zur Massengewerkschaft. Die Entwicklung der Gewerkschaften in Deutschland und Großbritannien 1880–1914, Stuttgart 1984, S. 46–75

Pollard, Sidney, „Made in Germany" - die Angst vor der deutschen Konkurrenz im spätviktorianischen England, in: Technikgeschichte 54 (1987), S. 183–195

Pollard, Sidney, Britain's Prime and Britain's Decline. The British Economy 1870–1914, London 1989

Pollard, Sidney, German Trade Union Policy 1929–1933 in the Light of the British Experience, in: J. Baron von Kruedener (Hg.), Economic Crisis and Political Collapse. The Weimar Republic 1924–1933, New York 1990, S. 21–44

Porter, J.H., Industrial Peace in the Cotton Trade, 1875–1913, in Yorkshire Bulletin of Economic and Social Research 19 (1967), S. 49–61

Porter, J.H., Wage Bargaining under Conciliation Agreements, 1860–1914, in: Economic History Review 23 (1970), 460–475

Price, Richard, Masters, unions and men. Work control in building and the rise of labour 1830–1914, Cambridge 1980

Prothero, Iorwerth, Artisans and Politics in Early Nineteenth-Century London. John Gast and his Times, Folkestone 1979

Putnam, Bertha Haven, The Enforcement of the Statutes of Labourers during the First Decade after the Black Death, 1349–1359, New York 1908, ND 1970

Quinault, Roland, The Warwickshire County Magistracy and Public Order, c. 1830–70, in: ders. u. John Stevenson (Hrsg.), Popular Protest and Public Order. Six Studies in British History, 1790–1920, London 1974, S. 181–214

Raiser, Thomas, Das lebende Recht. Rechtssoziologie in Deutschland, 2. Aufl. Baden-Baden 1995

Ramm, Thilo, Die Arbeitsverfassung der Weimarer Republik, in: Franz Gamillscheg u. a. (Hg.), In Memoriam Sir Otto Kahn-Freund, München 1980, S. 225–246

Rasehorn, Theo, Die Justiz als Theater. Alternativen im Recht durch Paradigmawechsel, in: Erhard Blankenburg u. a. (Hg.), Alternative Rechtsformen und Alternativen zum Recht (= Jahrbuch für Rechtssoziologie und Rechtstheorie, Bd. 6), Opladen 1980, S. 328–343

Reader, W.J., Professional Men. The Rise of the Professional Classes in Nineteenth-Century England, London 1966

Reichold, Hermann, Der „Neue Kurs" von 1890 und das Recht der Arbeit: Gewerbegerichte, Arbeitsschutz, Arbeitsordnung, in: Zeitschrift für Arbeitsrecht 21 (1990), S. 5–41

Reid, Fred, The „Independent Collier" Re-Visited. A review of recent historical writing on the social history of nineteenth-century British coal miners, in: Gustav Schmidt (Hg.), Bergbau in Großbritannien und im Ruhrgebiet. Studien zur vergleichenden Geschichte des Bergbaus 1850–1930, Bochum 1985, S. 36–54

Reifner, Udo, Gewerkschaftlicher Rechtsschutz. Geschichte des freigewerkschaftlichen Rechtsschutzes und der Rechtsberatung der Deutschen Arbeitsfront von 1894–1945, Wissenschaftszentrum Berlin, Discussion Papers, Berlin 1979 (181 S.)

Reifner, Udo u. Gorges, Irmela, Alternativen der Rechtsberatung: Dienstleistung, Fürsorge und kollektive Selbsthilfe, in: Erhard Blankenburg u. a. (Hg.), Alternative Rechtsformen und Alternativen zum Recht (Jahrbuch für Rechtssoziologie und Rechtstheorie, Bd. 6), Opladen 1980, S. 233–262

Rexroth, Frank, Das Milieu der Nacht. Obrigkeit und Randgruppen im spätmittelalterlichen London, Göttingen 1999

Ritter, Gerhard A., Sozialversicherung in Deutschland und England. Entstehung und Grundzüge im Vergleich, München 1983

Robb, George, White-Collar Crime in Modern England. Financial fraud and business morality, 1845–1929, Cambridge 1992

Robson, William A., Administrative Law, in: Morris Ginsberg (Hg.), Law and Opinion in England in the 20th Century, London 1959, S. 193–214

Robertson, Geoffrey, The Justice Game, London 1998

Rogowski, Ralf u. Tooze, Adam, Individuelle Arbeitskonfliktlösung und liberaler Korporatismus. Gewerbe- und Arbeitsgerichte in Frankreich, Großbritannien und Deutschland im historischen Vergleich, in: Vorträge zur Justizforschung, Bd. 1, hrsg. v. Heinz Mohnhaupt u. Dieter Simon, Frankfurt/Main 1992, S. 317–386

Rogowski, Ralf, Industrial Relations, Labour Conflict Resolution and Reflexive Labour Law, in: ders. u. Ton Wilthagen (Hg.), Reflexive Labour Law. Studies in Industrial Relations and Employment Regulation, Deventer u. Boston 1994, S. 53–93

Rose, Jonathan, Workers' Journals, in: J. Don Vann u. Rosemary VanArsdel (Hg.), Victorian Periodicals and Victorian Society, Toronto 1994, S. 301–310

Rottleuthner, Hubert, Alternativen in Arbeitskonflikten, in: Erhard Blankenburg u. a. (Hg.), Alternative Rechtsformen und Alternativen zum Recht (Jahrbuch für Rechtssoziologie und Rechtstheorie, Bd. 6), Opladen 1980, S. 263–278

Rottleuthner, Hubert (Hg.), Rechtssoziologische Studien zur Arbeitsgerichtsbarkeit, Baden-Baden 1984

Rottleuthner, Hubert, Aspekte der Rechtsentwicklung in Deutschland – Ein soziologischer Vergleich der deutschen Rechtskulturen, in: Zeitschrift für Rechtssoziologie 6 (1985), S. 206–254

Rubin, G.R., u. Sugarman, David (Hg.), Law, Economy and Society, 1750–1914: Essays in the History of English Law, Abingdon 1984

Rubin, G. R., Law, Poverty and Imprisonment for Debt, 1869–1914, in: ders. u. David Sugarman (Hg.), Law, Economy and Society, S. 241–299

Rubin, G. R., The County Courts and the Tally Trade, 1846–1914, in: ders. u. David Sugarman (Hg.), Law, Economy and Society, S. 321–348

Rubin, Gerry R., War, Law, and Labour. The Munitions Acts, State Regulation, and the Unions, 1915–1921, Oxford 1987

Rubin, Gerry R., Debtors, Creditors and the County Courts, 1846–1914: Some Source Material, in: Legal History 17 (1996), S. 73–81

Rückert, Joachim u. Friedrich, Wolfgang, Betriebliche Arbeiterausschüsse in Deutschland, Großbritannien und Frankreich im späten 19. und frühen 20. Jahrhundert. Eine vergleichende Studie zur Entwicklung des kollektiven Arbeitsrechts, Frankfurt/Main 1979

Rückert, Joachim, „Frei" und „sozial": Arbeitsvertrags-Konzeptionen um 1900 zwischen Liberalismen und Sozialismen, in: Zeitschrift für Arbeitsrecht 23 (1992), S. 225–294

Rückert, Joachim (Hg.), Beschreibende Bibliographie zur Geschichte des Arbeitsrechts mit Sozialrecht, Sozialpolitik und Sozialgeschichte, Berichtszeitraum 1945–1993, Baden-Baden 1996

Rückert, Joachim, Soziale Grundrechte und Arbeitsbeziehungen in der Weimarer Reichsverfassung, in: Mitteilungsblatt des Instituts zur Erforschung der europäischen Arbeiterbewegung 18 (1997), S. 23–35

Rückert, Joachim, Zeitgeschichte des Rechts: Aufgaben, und Leistungen zwishen Geschichte, Rechtswissenschaft, Sozialwissenschaften und Soziologie, in: Zeitschrift der Savigny-Stiftung für Rechtsgeschichte, Germanist. Abt., 115 (1998), S. 1–85

Rückert, Joachim, Die Verrechtlichung der Arbeitsbeziehungen in Deutschland seit dem frühen 19. Jahrhundert, in: Hans G. Nutzinger (Hg.), Die Entstehung des Arbeitsrechts in Deutschland. Eine aktuelle Problematik in historischer Perspektive, Marburg 1998, S. 213–229

Rüfner, Wolfgang, Die Entwicklung der Verwaltungsgerichtsbarkeit, in: Deutsche Verwaltungsgeschichte, hrsg. v. Kurt G.A. Jeserich u.a., Bd. 3: Das Deutsche Reich bis zum Ende der Monarchie, Stuttgart 1984, S. 909–930

Rüthers, Bernd, Beschäftigungskrise und Arbeitsrecht. Zur Arbeitsmarktpolitik der Arbeitsgerichtsbarkeit, Frankfurt/Main 1996

Rütten, Wilhelm, Der Taff Vale Case und das deutsche Gewerkschaftsrecht, in: Archiv für Sozialgeschichte 31 (1991), S. 103–121

Rule, John, The property of skill in the period of manufacture, in: Patrick Joyce (Hg.), The historical meanings of work, Cambridge 1987, S. 99–118

Saldern, Adelheid v., Gewerbegerichte im wilhelminischen Deutschland, in: Karl-Heinz Manegold (Hg.), Wissenschaft, Wirtschaft und Technik. Studien zur Geschichte. Wilhelm Treue zum 60. Geburtstag, München 1969, S. 190–203

Samuel, Raphael, Mineral Workers, in: ders. (Hg.), Miners, Quarrymen and Saltworkers, London 1977, S. 1–97

Saul, Klaus, Zwischen Repression und Integration. Staat, Gewerkschaften und Arbeitskampf im kaiserlichen Deutschland 1884–1914, in: Klaus Tenfelde u. Heinrich Volkmann (Hg.), Streik. Zur Geschichte des Arbeitskampfes während der Industrialisierung, München 1981, S. 209–236

Saul, Klaus, Gewerkschaften zwischen Repression und Integration. Staat und Arbeitskampf im Kaiserreich 1884–1914, in: Wolfgang J. Mommsen u. Hans-Gerhard Husung (Hg.), Auf dem Wege zur Massengewerkschaft. Die Entwicklung der Gewerkschaften in Deutschland und Großbritannien 1880–1914, Stuttgart 1984, S. 433–453

Savage, Gail, Erotic Stories and Public Decency: Newspaper Reporting of Divorce Proceedings in England, in: Historical Journal 41,2 (1998), S. 511–528

Schmidt, Gustav (Hg.), Bergbau in Großbritannien und im Ruhrgebiet. Studien zur vergleichenden Geschichte des Bergbaus 1850–1930, Bochum 1985

Schönholz, Siegfried, Bedingungen und Merkmale der Erledigungsweise im Arbeitsgerichtsverfahren, insbesondere des Abschlusses von Prozeßvergleichen und der Thematik in der Verhandlung, in: Hubert Rottleuthner (Hg.), Rechtssoziologische Studien zur Arbeitsgerichtsbarkeit, Baden-Baden 1984, S. 263–290

Schöttler, Peter, Die rheinischen Fabrikengerichte im Vormärz und in der Revolution von 1848/49. Zwischenergebnisse einer sozialgeschichtlichen Untersuchung, in: Zeitschrift für Neuere Rechtsgeschichte 7 (1985), S. 160–180

Schöttler, Peter, Zur Mikrogeschichte der Arbeitsgerichtsbarkeit am Beispiel der rheinischen Fabrikengerichte im Vormärz und in der Revolution von 1848, in: Rechtshistorisches Journal 9 (1990), S. 127–142

Schöttler, Peter, Aufstieg und Fall eines Fabrikengerichtspräsidenten: Die Karriere des Johann Caspar van der Beeck 1803–1861, in: Archiv für Sozialgeschichte 31 (1991), S. 27–60

Schröder, Rainer, Die strafrechtliche Bewältigung der Streiks durch Obergerichtliche Rechtsprechung zwischen 1870 und 1914, in: Archiv für Sozialgeschichte 31 (1991), S. 85–102

Schubert, Werner, Die deutsche Gerichtsverfassung (1869–1877). Entstehung und Quellen, Frankfurt/Main 1981

Schulte Beerbühl, Margrit, Vom Gesellenverein zur Gewerkschaft. Entwicklung, Struktur und Politik der Londoner Gesellenorganisationen 1550–1825, Göttingen 1991

Searle, G. R., Entrepreneurial Politics in Mid-Victorian Britain, Oxford 1993

Siegrist, Hannes, Advokat, Bürger und Staat. Sozialgeschichte der Rechtsanwälte in Deutschland, Italien und der Schweiz, Frankfurt/Main 1996

Siegrist, Hannes u. Sugarman, David, Geschichte als historisch-vergleichende Eigentumswissenschaft. Rechts-. kultur- und gesellschaftsgeschichtliche Perspektiven, in: dies. (Hg.), Eigentum im internationalen Vergleich (18.–20. Jahrhundert), Göttingen 1999, S. 9–30

Simitis, Spiros, Zur Verrechtlichung der Arbeitsbeziehungen, in: Friedrich Kübler (Hg.), Verrechtlichung von Wirtschaft, Arbeit und sozialer Solidarität. Vergleichende Analysen, Frankfurt/Main 1985, S. 73–165

Simpson, A.W.B., Innovation in Nineteenth Century Contract Law, in: Law Quarterly Review 91 (1975), S. 247–278

Simpson, A.W.B., The Horwitz Thesis and the History of Contracts, in: University of Chicago Law Review 46 (1978/79), S. 533–601

Simpson, A.W.B., Victorian Law and the Industrial Spirit (Selden Society Lecture, 1994), London 1995

Simon, Daphne, Master and Servant, in: John Saville (Hg.), Democracy and the Labour Movement. Essays in honour of Dora Torr, London 1954

Skyrme, Sir Thomas, History of the Justices of the Peace, 3 Bde., Chichester 1991

Söllner, Alfred, Der industrielle Arbeitsvertrag in der deutschen Rechtswissenschaft des 19. Jahrhunderts, in: Walter Wilhelm (Hg.), Studien zur Europäischen Rechtsgeschichte, Frankfurt/Main 1972, S. 288–303

Soubiran-Paillet, Francine, Histoire du droit et sociologie: interrogations sur un vide disciplinaire, in: Genèses 29 (Dez. 1997), S. 141–163

Spain, Jonathan, Trade unionists, Gladstonian Liberals and the labour law reforms of 1875, in: Eugenio F. Biagini u. Alastair J. Reid (Hg.), Currents of Radicalism. Popular radicalism, organised labour and party politics in Britain, 1850–1914, Cambridge 1991, S. 109–133

Stahlhacke, Eugen, Die Entwicklung der Gerichtsbarkeit in Arbeitssachen bis 1890, in: Die Arbeitsgerichtsbarkeit. Festschrift zum 100jährigen Bestehen des Deutschen Arbeitsgerichtsverbandes, Neuwied u. Berlin 1994, S. 59–73

Stebbings, Chantal (Hg.), Law Reporting in England, London u. Rio Grande 1995

Steinfeld, Robert J., The Invention of Free Labor. The Employment Relation in English and American Law and Culture, 1350–1870, Chapel Hill u. London 1991

Steinmetz, Willibald, Das Sagbare und das Machbare. Zum Wandel politischer Handlungsspielräume: England 1780–1867, Stuttgart 1993

Steinmetz, Willibald, Law, Crime and Society in England 1750–1950, in: German Historical Institute London Bulletin 16, Nr. 1 (1994), S. 1–30

Steinmetz, Willibald, Gemeineuropäische Tradition und nationale Besonderheiten im Begriff der ‚Mittelklasse‘. Ein Vergleich zwischen Deutschland, Frankreich und England, in: Reinhart Koselleck u. Klaus Schreiner (Hg.), Bürgerschaft. Rezeption und Innovation der Begrifflichkeit vom Hohen Mittelalter bis ins 19. Jahrhundert, Stuttgart 1994, S. 161–236

Steinmetz, Willibald, „Sprechen ist eine Tat bei euch." Die Wörter und das Handeln in der Revolution von 1848, in: Dieter Dowe, Heinz-Gerhard Haupt u. Dieter Langewiesche (Hg.), Europa 1848. Revolution und Reform, Bonn 1998, S. 1089–1138

Steinmetz, Willibald, Theorie und Praxis des Arbeitsrechts in Deutschland und England (1850–1930). Annäherung an einen Vergleich verschiedener Rechtskulturen, in: Mitteilungsblatt des Instituts zur Erforschung der europäischen Arbeiterbewegung 22 (1999), S. 85–113

Steinmetz, Willibald (Hg.), Private Law and Social Inequality in the Industrial Age. Comparing Legal Cultures in Britain, France, Germany and the United States, Oxford 2000

Steinmetz, Willibald, Introduction: Towards a Comparative History of Legal Cultures, 1750–1950, in: ders. (Hg.), Private Law and Social Inequality, S. 1–41

Steinmetz, Willibald, Was there a De-juridification of Individual Employment Relations in Britain?, in: ders. (Hg.), Private Law and Social Inequality, S. 265–312

Stevens, Robert B., Law and Politics. The House of Lords as a Judicial Body, 1800–1976, London 1979

Stolleis, Michael, Recht im Unrecht. Studien zur Rechtsgeschichte des National-sozialismus, Frankfurt/Main 1994

Styles, John, Embezzlement, industry and the law in England, 1500–1800, in: Maxine Berg, Pat Hudson u. Michael Sonenscher (Hg.), Manufacture in town and country before the factory, Cambridge 1983, S. 173–210

Sugarman, David, The Legal Boundaries of Liberty: Dicey, Liberalism and Legal Science, in: Modern Law Review 46 (1983), S. 102–111

Sugarman, David, Law, Economy and the State in England, 1750–1914: Some Major Issues, in: ders. (Hg.), Legality, Ideology and the State, London 1983, S. 213–266

Sugarman, David, Legal Theory, the Common Law Mind and the Making of the Textbook Tradition, in: William Twining (Hg.), Legal Theory and Common Law, Oxford 1986, S. 26–61

Sugarman, David, Writing ‚Law and Society' Histories, in: Modern Law Review 55 (1992), S. 292–308

Sugarman, David, A Brief History of the Law Society, London 1995

Sugarman, David, Introduction: Histories of Law and Society, in: ders. (Hg.), Law in History: Histories of Law and Society, 2 Bde., Aldershot etc. 1996, Bd. 1, S. XI–XXX

Supple, Barry, The History of the British Coal Industry, Bd. 4, 1913–1946: The Political Economy of Decline, Oxford 1987

Sutherland, Gillian, Policy-Making in Elementary Education 1870–1895, Oxford 1973

Sutherland, Gillian, Education, in: F.M.L. Thompson (Hg.), The Cambridge Social History of Britain 1750–1950, 3 Bde., Cambridge 1990, Pb 1993, Bd. 3, S. 119–169

Swift, Roger, The English urban magistracy and the administration of justice during the early nineteenth century: Wolverhamton 1815–1860, in: Midland History 17 (1992), S. 75–92

Tenfelde, Klaus, Sozialgeschichte der Bergarbeiterschaft an der Ruhr im 19. Jahr-hundert, 2. Aufl. Bonn 1981

Tenfelde, Klaus, Arbeitersekretäre. Karrieren in der deutschen Arbeiterbewegung vor 1914, Heidelberg 1996

Tennstedt, Florian, Vom Proleten zum Industriearbeiter. Arbeiterbewegung und Sozialpolitik in Deutschland 1800 bis 1914, Köln 1983

Teubner, Gunther, Verrechtlichung – Begriffe, Merkmale, Grenzen, Auswege, in: Friedrich Kübler (Hg.), Verrechtlichung von Wirtschaft, Arbeit und sozialer So-lidarität. Vergleichende Analysen, Frankfurt/Main 1985, S. 289–344

Teubner, Gunther (Hg.), Juridification of Social Spheres. A Comparative Analysis in the Areas of Labor, Corporate, Antitrust and Social Welfare Law, Berlin u. New York 1987

Thompson, E.P., The Making of the English Working Class, 2. Aufl. 1968, Harmondsworth 1984

Thompson, E.P., Whigs and Hunters. The Origin of the Black Act (1975), Harmondsworth 1990

Thompson, E.P., Customs in Common (1991), Harmondsworth 1993

Tillyard, Frank, The Worker and the State, 3. Aufl., London 1948

Tomlins, Christopher, How who rides whom. Recent ,new' histories of American labour law and what they may signify, in: Social History 20 (1995), S. 1–21

Tomlins, Christopher, Subordination, Authority, Law: Subjects in Labor History, in: International Labor and Working-Clas History 47 (1995), S. 56–90

Trainor, Richard H., Black Country Élites. The Exercise of Authority in an Industrialized Area 1830–1900, Oxford 1993

Treble, John G., Sliding Scales and Conciliation Boards: Risk-Sharing in the late 19th Century British Coal Industry, in: Oxford Economic Papers 39 (1987), S. 679–698

Tropp, Asher, The School Teachers. The Growth of the Teaching Profession in England and Wales from 1800 to the present day, London 1957

Turner-Samuels, M., British Trade Unions, London 1949

Turner-Samuels, M., Industrial Negotiation and Arbitration, London 1951

Ullmann, Peter, Tarifverträge und Tarifpolitik in Deutschland bis 1914. Entstehung und Entwicklung, interessenpolitische Bedingungen und Bedeutung des Tarifvertragswesens für die sozialistischen Gewerkschaften, Frankfurt/Main 1977

Vogel, Ursula, Patriarchale Herrschaft, bürgerliches Recht, bürgerliche Utopie. Eigentumsrechte der Frauen in Deutschland und England, in: Jürgen Kocka (Hg.), Bürgertum im 19. Jahrhundert. Deutschland im europäischen Vergleich, 3 Bde., München 1988, Bd. 1, S. 406–438

Voigt, Rüdiger (Hg.), Gegentendenzen zur Verrechtlichung (Jahrbuch für Rechtssoziologie und Rechtstheorie, Bd. 9), Opladen 1983

Vormbaum, Thomas, Politik und Gesinderecht im 19. Jahrhundert (vornehmlich in Preußen 1810–1918), Berlin 1980

Wadle, Elmar, Entwicklungsschritte des Geistigen Eigentums in Frankreich und Deutschland, in: Hannes Siegrist und David Sugarman (Hg.), Eigentum im internationalen Vergleich (18.–20. Jahrhundert), Göttingen 1999, S. 245–263

Ward, J.T. u. Fraser, W. Hamish (Hg.), Workers and Employers. Documents on Trade Unions and Industrial Relations in Britain Since the Eighteenth Century, London 1980

Weber, Max, Wirtschaft und Gesellschaft, 5. rev. Aufl. besorgt v. Johannes Winckelmann, Tübingen 1980

Wedderburn, K.W. u. Davies, P.L., Employment Grievances and Disputes Procedures in Britain, Berkeley u. Los Angeles 1969

Wedderburn, K.W., The Worker and the Law, 2. Aufl. Harmondsworth 1971

Wedderburn, Lord, Employment Rights in Britain and Europe. Selected Papers in Labour Law, London 1991

Wedderburn, Lord, Labour Law and Freedom. Further Essays in Labour Law, London 1995

Weisbrod, Bernd, Philanthropie und bürgerliche Kultur. Zur Sozialgeschichte des viktorianischen Bürgertums, in: Hartmut Berghoff u. Dieter Ziegler (Hg.), Pionier und Nachzügler? Vergleichende Studien zur Geschichte Großbritanniens und Deutschlands im Zeitalter der Industrialisierung. Festschrift für Sidney Pollard zum 70. Geburtstag, Bochum 1995, S. 205–220

Weiss, Jochen, Von den Gewerbegerichten zu den Arbeitsgerichten, in: Die Arbeitsgerichtsbarkeit. Festschrift zum 100jährigen Bestehen des Deutschen Arbeitsgerichtsverbands, Neuwied u. Berlin 1994, S. 75–87

Weiß, Jochen, Arbeitsgerichtsbarkeit und Arbeitsgerichtsverband im Kaiserreich und in der Weimarer Republik, Frankfurt/Main 1994

Wendt, Bernd-Jürgen, Whitleyism. Versuch einer Institutionalisierung des Sozialkonfliktes in England am Ausgang des Ersten Weltkrieges, in: Dirk Stegmann u.a. (Hg.), Industrielle Gesellschaft und politisches System. Beiträge zur politischen Sozialgeschichte. Festschrift für Fritz Fischer zum 70. Geburtstag, Bonn 1978, S. 337–353

Wendt, Bernd-Jürgen, „Deutsche Revolution" - „Labour Unrest". Systembedingungen der Streikbewegungen in Deutschland und England 1918–1921, in: Archiv für Sozialgeschichte 20 (1980), S. 1–55

Wesel, Uwe, Aufklärungen über Recht. Zehn Beiträge zur Entmythologisierung, Frankfurt/Main 1981

Whitston, Kevin, Worker Resistance and Taylorism in Britain, in: International Review of Social History 42 (1997), S. 1–24

Wiedenhofer, Siegfried, Art. Tradition, Traditionalismus, in: Geschichtliche Grundbegriffe Bd. 6, Stuttgart 1990, S. 607–649

Wiener, Martin J., English Culture and the Decline of the Industrial Spirit, 1850–1980, Cambridge 1981, ND Harmondsworth 1987

Wiener, Martin J., Reconstructing the criminal. Culture, law, and policy in England, 1830–1914, Cambridge 1990

Wienfort, Monika, Ländliche Gesellschaft und Bürgerliches Recht. Patrimonialgerichtsbarkeit in Preußen 1770–1848/49, (Ms.) Habilitationsschrift, Bielefeld 1998

Wilson, Arnold u. Levy, Hermann, Workmen's Compensation, 2 Bde., London 1939–41

Winkler, Karl Tilman, Handwerk und Markt. Druckerhandwerk, Vertriebswesen und Tagesschrifttum in London 1695–1750, Stuttgart 1993

Wollschläger, Christian, Die Arbeit der europäischen Zivilgerichte im historischen und internationalen Vergleich, in: Erhard Blankenburg (Hg.), Prozeßflut? Studien zur Prozeßtätigkeit europäischer Gerichte in historischen Zeitreihen und im Rechtsvergleich, Köln 1989, S. 21–114

Woods, D.C., The Operation of the Master and Servant Act in the Black Country, 1858–1875, in: Midland History 7 (1982), S. 93–115

Yarmie, A.H., Employers' Organizations in Mid-Victorian England, in: International Review of Social History 25 (1980), S. 209–235

Zangerl, Carl H. E., The Social Composition of the County Magistracy in England
and Wales, 1831–1887, in: Journal of British Studies 11, 1 (Nov. 1971), S. 113–125
Zeitlin, Jonathan, Engineers and Compositors: A comparison, in: ders. u. Royden
Harrison (Hg.), Divisions of Labour, Brighton 1985, S. 185–250
Zeitlin, Jonathan, From Labour History to the History of Industrial Relations, in:
Economic History Review 40 (1987), S. 159–184
Zweigert, Konrad u. Kötz, Hein, Einführung in die Rechtsvergleichung auf dem
Gebiete des Privatrechts, 3. neubearb. Aufl. Tübingen 1996

DANKSAGUNG

Wer als deutscher Historiker ein Buch über die Sozial- und Kulturgeschichte des englischen Arbeitsrechts schreiben will, hat mit manchen Schwierigkeiten zu kämpfen. Es gibt gewiß leichter zugängliche Themen als das englische Rechtssystem in seiner Beziehung zur Arbeitswelt. Das bekam ich schon in den ersten Monaten zu spüren, als ich mich in die für Kontinentaleuropäer fremde Denkweise des *Common law* einarbeiten mußte. Anfälle von Zweifel suchten mich auch später noch heim, als es darum ging, aus Tausenden von gesammelten Aktennotizen und Zeitungsberichten über einzelne ‚Begegnungen vor Gericht' Typisches und Untypisches, Gleichbleibendes und sich Veränderndes herauszulesen.

Ein wenig einsam fühlte ich mich mitunter auch bei meiner Gratwanderung zwischen zwei Disziplinen. Den meisten historischen Fachkolleginnen und -kollegen, denen ich von meinem Vorhaben berichtete, galt die Materie Recht (wie ich meinte: zu Unrecht) als spröde. Für Rechtshistoriker hingegen war meine Herangehensweise etwas ungewohnt. Bisher gibt es kaum Vorbilder für eine Rechtsgeschichte, in der die Kläger und Beklagten als Akteure eine ebenso große Rolle spielen wie die Juristen und Gesetzgeber. Für die Schilderung der vielen kleinen ‚Begegnungen vor Gericht' im Rahmen der größeren Geschichte des Rechts und der Arbeit war mithin eine geeignete Darstellungsform erst zu entwickeln.

Probleme bereitete schließlich die transnationale Kommunikation. Unter deutschen Rechts- und Sozialhistorikern bilden die Englandkenner bekanntlich eine kleine Gemeinde. Den englischen Historikern wiederum erschien ich anfangs als Außenseiter, den englischen Juristen sogar als doppelter Außenseiter: fachfremd und deutsch. Bis ich als Vermittler zwischen beiden Rechts- und Wissenschaftskulturen akzeptiert wurde, war es ein weiter Weg.

In dieser Situation kann ich es nur als einen Glücksumstand werten, daß ich die Arbeit an dem vorliegenden Buch im Deutschen Historischen Institut London beginnen konnte. Ohne diese Institution und ihre Mitarbeiterinnen und Mitarbeiter wären die persönlichen Erfahrungen, Gespräche und Kontakte, die mich allmählich mit der englischen Rechtsgeschichte vertraut werden ließen, nicht zustandegekommen. Ich danke den ehemaligen Direktoren und dem Beirat des Instituts, weil sie mir den nötigen Freiraum ließen, um die empirischen Arbeiten für dieses Buch durchführen zu können. Ein besonderer Dank gilt Professor Peter Wende: Vertrauensvoll überließ er mir die selbständige Organisation einer internationalen Konferenz, die es mir ermöglichte, mein Thema in einem größeren Rahmen mit Juristen und Historikern zu diskutieren. Unter den Beiratsmitgliedern fühle ich mich vor allem Professor Gerhard A. Ritter zu Dank verpflichtet; er hat die Arbeit von der ersten Präsentation des Konzepts bis zur Publikation in mehr als einer Hinsicht interessiert begleitet. Dank gebührt schließlich auch dem jetzigen Direktor des Instituts dafür, daß er die Aufnahme der Arbeit in die Schriftenreihe des DHI London befürwortet hat.

Während meiner Londoner Zeit habe ich in zahlreichen englischen Bibliotheken und Archiven Hilfe in Anspruch nehmen dürfen. Für viele nützliche Hinweise zu britischen Gewerkschaften und eine weit über das übliche Maß hinausgehende Bereitschaft, sich in mein Thema einzudenken, danke ich Richard Storey, Christine Woodland und Richard Temple vom Modern Records Centre an der University of Warwick. In mehreren Lokalarchiven fanden sich Mitarbeiter, die mir ungefragt aus ihren Aktenkellern stapelweise unverzeichnete und seit ihrer Entstehung nie mehr benutzte Protokollbücher von Friedens- und Grafschaftsgerichten an den Tisch brachten und mir erlaubten, diese trotz ihres schlechten Erhaltungszustands einzusehen. Nicht unerwähnt lassen möchte ich auch jene mir namentlich unbekannten Mitarbeiter in den London Metropolitan Archives, die auf die glorreiche Idee gekommen sind, die in englischen Lokalarchiven sonst stets lautstark über ihre sensationellen Funde plaudernden Familienforscher in einen separaten Raum zu verbannen, um so eine ruhige Arbeitsatmosphäre für alle anderen Forscher zu gewährleisten.

Ein Buch entsteht nicht nur aus guten Ideen und gesammelten Notizen. Es muß auch geschrieben werden. Daß ich dies unter relativ angenehmen Bedingungen tun konnte, verdanke ich zwei Institutionen. Die Deutsche Forschungsgemeinschaft sicherte durch ein Habilitandenstipendium die Niederschrift der Arbeit. An der Fakultät für Geschichtswissenschaft der Ruhr-Universität Bochum fand ich als Rückkehrer nach Deutschland nicht nur bereitwillige Aufnahme, sondern auch einige alte und etliche neue Kolleginnen und Kollegen, die mich auf vielerlei Weise unterstützt haben. Beiden Institutionen sei herzlich gedankt.

Unter den Bochumer Kollegen gilt mein Dank allen voran Lucian Hölscher, der mich in jeder erdenklichen Hinsicht förderte. Daß die Integration in die Bochumer Fakultät so gut gelungen ist, habe ich in erster Linie ihm und seinen Mitarbeiterinnen und Mitarbeitern, besonders Stefan Jordan, zu verdanken. Sehr wichtig, vor allem mit Blick auf den Vergleich zu Deutschland, waren auch der Zuspruch und die Kritik von Klaus Tenfelde. Unschätzbar schließlich, sowohl in wissenschaftlicher als auch persönlicher Hinsicht, die Hilfe der Mitglieder des Bochumer ‚Habilkränzls': Matthias Frese, Christian Jansen, Thomas Mergel, Maria Osietzki, Susanne Rouette, Thomas Sokoll, Benjamin Ziemann. Sie haben große Teile des Manuskripts gelesen, Schwächen aufgedeckt, Stärken hervorgehoben und mir das Wiedereinleben in den deutschen Universitätsbetrieb sehr erleichtert.

Außerhalb Londons und Bochums habe ich von vielen Personen Ratschläge und Unterstützung erhalten. Ich denke vor allem an die Teilnehmer an Diskussionen über mein Projekt am King's College Cambridge, in der University of Sussex, den Universitäten Chemnitz, Duisburg, Colchester, Durham, Warwick, Göttingen, Bielefeld und Gießen, dem Europäischen Hochschulinstitut in Florenz und dem Großbritannien-Zentrum in Berlin. All diejenigen angemessen zu würdigen, die mir durch Kommentare, Hinweise, Kritik, Gastfreundschaft und Aufmunterung weitergeholfen haben, ist hier nicht möglich. Ausdrücklich und stellvertretend für andere danke ich Gerhard Dohrn-van Rossum, Jörg Fisch, Melitta Göres, Elisabeth

Hölscher, Reinhart Koselleck, Rudolf Muhs, Katrin Pietzner, Frank Rexroth, Lyndal Roper, Joachim Rückert, Peter Schöttler, Nick Stargardt, Henriette und Benedikt Stuchtey, David Sugarman und Bernd Weisbrod.

Das Manuskript dieses Buches wurde im September 1999 abgeschlossen und im Mai 2000 von der Fakultät für Geschichtswissenschaft der Ruhr-Universität Bochum als Habilitationsschrift angenommen. Für den Druck wurde es leicht überarbeitet. Nach Herbst 1999 erschienene Literatur habe ich nur in Ausnahmefällen noch berücksichtigt. Lucian Hölscher, Klaus Tenfelde und Peter Alter gaben mir mit ihren Gutachten wertvolle Hinweise. Stefan Hanemann und Thomas Sokoll haben mir bei der Gestaltung der Grafiken und Tabellen geholfen. Jane Rafferty und Lothar Kettenacker halfen durch ihre aufmerksame Lektüre das Manuskript von manchen Fehlern zu befreien.

Endlich ist es mir eine Freude, an dieser Stelle den beiden Personen zu danken, mit denen ich über die ganze Zeit der Vorbereitung, des Schreibens und der Publikation des Buches am engsten verbunden war. Das ist einmal mein Kollege und Freund Johannes Paulmann: Ihn durfte ich jederzeit mit den großen und kleinen Problemen der Arbeit und auch darüber hinaus behelligen, und er verlor dabei, bei allem Temperament, nie die Geduld. Und das ist Susanne: Sie war bei den kleinen Fragen des öfteren und meistens zu Recht ungeduldig, aber wenn es wirklich wichtig wurde, hat sie mir wie niemand sonst den Rücken gestärkt und in bewundernswerter Weise Mut gemacht.

Bochum, im März 2001   Willibald Steinmetz

ABSTRACT

This book examines English labour law as it was perceived, and as it actually worked, from the mid-19th century up to the inter-war years. Key events such as the Taff Vale case or the reform of the old master and servant laws have already attracted historians' attention, but here Willibald Steinmetz focuses on ordinary disputes between individual employers and employees who were seeking what they felt to be their rights in supposedly trivial matters such as wrongful dismissal, unpaid wages, breaches of contract and accidents at work.

If these cases reached the courts at all, they were usually dealt with in the lower echelons of the justice system. Drawing from a wide variety of local court records, newspapers, trade union archives and other materials, Steinmetz paints a vivid picture of employers and employees as they faced each other inside and outside English magistrates' courts, and also in county courts which, in this book, are looked at systematically for the first time in their capacity as tribunals for settling employment disputes.

The result is a new legal history of labour which goes far beyond traditional lawyers' legal history. A critical look is taken at the common lawyers' master narrative of the 'Rise and Fall of Freedom of Contract' (Atiyah), and this is contrasted with the law in action, as experienced in the lower courts. Steinmetz shows how legislation and common law doctrines were applied, disfigured, turned to other purposes or, more often than not, evaded at the local level by all parties concerned.

But Steinmetz does not stop here. He also takes issue with old-style labour history and its master narrative of the trade unions' secular and heroic struggle against class legislation and ever more hostile magistrates and judges. While not denying, and indeed demonstrating, that class-bias frequently occurred in English courts, he claims that these cases do not adequately explain why English employees, and also employers, increasingly kept away from legal solutions to their disputes from the late 1870s onwards.

This process, the progressive de-juridification of individual employment relations in England from the late Victorian period to the inter-war years and beyond, still needs an explanation and forms the overarching narrative of the book. According to Lord Wedderburn, one of Britain's leading experts in the field, 'most workers', and here one might add employers, 'want nothing more of the law than that it should leave them alone'. This statement reflects the situation in the late 1960s, before industrial tribunals got to work on a large scale. Since then more individual employees have sued their employers, and in increasing numbers, than ever before in Britain.

The period with which this book is concerned, however, saw the opposite trend. Starting in the late 1870s for the magistrates' courts, and around 1900 for the county courts, English employees and employers turned away in droves from ordinary law as a means of solving disputes. Describing this movement for the first time in quantitative terms is one major achievement of this book, explaining it from various angles is another.

A comparison with developments in Germany gives some initial clues as to why de-juridification took place in England, apart from the obvious reason of class-biassed justice. At around the same time as English employees and employers were leaving the courts, their German counterparts, especially the manual workers, turned to the newly created industrial tribunals, the *Gewerbegerichte* of 1890, in ever larger numbers. This success stimulated the creation of similar tribunals for business clerks, the *Kaufmannsgerichte*, in 1904, and, finally, general employment tribunals, the *Arbeitsgerichte*, in 1926. While these tribunals and German labour law itself were by no means exempt from class bias, German employees, who consistently made up more than 90 per cent of plaintiffs, nonetheless used them from the turn of the century onwards at a rate of more than 100,000 per year, rising to more than 300,000 per year by 1928. By this time individual litigation between employers and employees in England had come to an almost complete halt.

Such a massive divergence in attitudes towards employment litigation in England and Germany is largely attributable, Steinmetz argues, to institutional arrangements. The German employment tribunals were attractive to employees for precisely the inverse reasons to those that made English magistrates' courts and county courts unattractive: costs in the German *Gewerbegerichte* were low, procedures relatively quick and transparent, and judges were obliged to suggest amicable solutions before allowing contentious proceedings.

The 'institutionalist' argument is then further strengthened by chapters exploring barriers to access and obstacles to success for complaining employees, and employers, in English magistrates' or county courts. Starting with examples of individual cases, Steinmetz looks more closely at costs and loss of time for plaintiffs and defendants, risks of dismissal for complaining employees and witnesses, the disproportionate advantages of financially secure litigants (insurance companies), the inadequacy of the poor man's lawyers, the inconveniences of cross-examination and publicity of proceedings, and above all the poor availability of legal aid.

This last aspect receives particular attention in an innovative chapter with case studies on several trade unions (blue collar and white collar), offering insights into their methods of giving legal advice and financial help to members. On the one hand it appears that without the unions' intervention the number of individual employees suing in English courts would have been even lower than it actually was, and on the other that even for middle-sized unions the costs and other barriers to litigation were so high that these unions had to abstain, often against their will, from supporting their members in all but the most promising cases.

This finding, again, sheds light on another argument sometimes advanced by historians to explain the relative legal abstentionism of English employees. According to these historians, recourse to law became unnecessary, at least for organised workers, to the extent that their grievances were effectively dealt with by an increasingly elaborate structure of arbitration and conciliation procedures that was set up in many English industries from the late 1860s onwards. Against this view Steinmetz contends that collective extra-legal grievance procedures cannot be regarded, and indeed were not regarded by workers and unions at the time, as a complete functional equivalent to dealing with individual complaints by law. Rather, it is shown that these procedures had the effect of redefining individual disputes about rights and turning them into collective questions of expediency, thereby gradually transforming the nature of industrial relations in England into a law-free culture in which conflicts, irrespective of their dimensions, could only be solved collectively by negotiation or strikes, or not at all.

In the last chapter of the book Steinmetz goes on from institutionalist arguments to an analysis of the rhetoric and structure of English law itself, and the consequences these had for employers and employees encountering one another in court. This is again done by looking at concrete examples. Here, disputes are chosen which turned around the definition of certain terms that had legal as well as colloquial meanings. These disputes are, firstly, cases concerning the definitions of 'master' and 'servant'; secondly, cases turning on 'customs'; and thirdly, cases in which the meaning and value of 'labour' itself were contested.

Despite differences in detail, all three case studies in legal historical semantics point to similar general conclusions. Expressed in most abstract terms, it can be said that the language of English law, as far as employment relations were concerned, was at the same time too complex and not complex enough to provide, and be perceived as, an adequate solution to the disputes in question. This was due to the fact, on the one hand, that the language of the Common law with its emphasis on abstract principles – for example the rule that promises must be kept – made its application to the complex hierarchies in English workplaces extremely difficult, if not impossible. On the other hand, the Statute law was in itself already a poorly arranged body of overlapping provisions often containing contradictory definitions of essential terms such as, for example, 'workman'. Especially when interpreted by Common law rules or judges' common sense it could produce decisions which were, even in the most ordinary cases, completely unpredictable.

Both experiences, the inapplicability of the Common law because of its remoteness from real working life, and the unpredictability of outcomes under Statute law because of its complexity and interplay with Common law doctrines, contributed to the process of de-juridification described and explained in this book. Along with occasional class bias and institutional arrangements it was therefore the rhetoric and structure of English law itself which discouraged English employees, and to a lesser extent employers, from using the law.

Register